Die deutschen Eishockey-Länderspiele der Männer und Frauen (einschl. DDR)

Helmut Laaß und Stephan Müller

Bibliografische Information der Deutschen Nationalbibliothek: Die Deutsche Nationalbibliothek verzeichnet diese Publikation in der Deutschen Nationalbibliografie; detaillierte bibliografische Daten sind im Internet über dnb.dnb.de abrufbar.

Die automatisierte Analyse des Werkes, um daraus Informationen insbesondere über Muster, Trends und Korrelationen gemäß §44b UrhG („Text und Data Mining") zu gewinnen, ist untersagt.

© 2024 Helmut Laaß und Stephan Müller
www.sport-record.de
E-Mail: info@sport-record.de
Umschlagfotos aus Privatarchiv Stephan Müller: Fotografen Lorenz Bader, Cusian, Michael Sauer

Verlag: BoD · Books on Demand GmbH, In de Tarpen 42, 22848 Norderstedt
Druck: Libri Plureos GmbH, Friedensallee 273, 22763 Hamburg

ISBN: 978-3-7597-5216-1

Vorwort

Es ist uns in mehrjähriger umfangreicher Recherche gelungen für fast sämtliche deutschen Eishockey-Länderspiele die wichtigsten statistischen Daten zusammenzutragen.
Herausgekommen ist eine komplette Einzelstatistik aller Spiele mit folgenden Angaben:

- Lfd. Nummer Länderspiel - Datum und Ergebnis einschl. Drittelergebnisse
- Ort, Eisstadion bzw. -halle, Zuschauerzahl, Schieds- und Linienrichter
- Alle eingesetzten Spieler mit Verein (beim ersten Einsatz in der jeweiligen Saison). Der Vorname ist nur beim ersten Länderspieleinsatz genannt.
- Alle deutschen Tore mit Vorlagengebern
- Alle deutschen Strafen

Als Quellen (vgl. auch Kapitel Quellen) dienten Spielberichtsbögen, sofern sie uns zugänglich waren, ansonsten zeitgenössische Medienberichte (Tages- und Sportzeitungen und in der jüngsten Vergangenheit Internetmeldungen). Als weitere wichtige Quellen auch Informationen von RODI-DB, der russischen Internetseite ice-hockey-stat.com und der französischen Seite hockeyarchives.info. Auch lieferten Eishockeystatistiker aus dem In- und Ausland entsprechende Daten. Stellvertretend genannt seien hier: Aleksandr Arjannikov, Dirk Assen, Franco Beffa, Michael Fischer, Igor Kuperman, Birger Nordmark, Toshi Takahashi, Vanhala Teemu, Dieter Timmer und Andris Zeļenkovs. Ihnen und auch den hier nicht aufgeführten möchten wir an dieser Stelle ausdrücklich danken.
Zum Vergleich wurden auch die Statistiken der DEV-Jahrbücher und für den Bereich des DELV die Ansetzungen und die Analysen der Länderspiele pro Saison herangezogen.

Bei der Erstellung dieser Statistik hatten wir mit nicht wenigen Schwierigkeiten zu kämpfen:
Dass die Zeitungsberichte nicht immer alle Informationen enthielten, ist sicher einleuchtend, aber auch der Informationsgehalt älterer Spielberichte ist mit der heutigen Qualität nicht zu vergleichen. Ein paar Beispiele: Die Liste der Spieler entsprach nicht immer den tatsächlich eingesetzten, Tore waren oft ohne Zeitangabe oder auch unvollständig. Dazu wurden die Spielberichte häufig handschriftlich und damit unleserlich verfasst.
Ein großes Problem: Die Verbände änderten die Liste der offiziellen Länderspiele einige Male und das auch Jahrzehnte später! Die persönlichen Statistiken der Spieler aber wurden eigentlich nie korrigiert.
Und auch die Kriterien, wann ein Spieler einen Länderspieleinsatz bekommt, änderten sich mehrfach: Zuerst nur bei tatsächlicher Eiszeit, später wurde auch dem nicht eingesetzten Ersatztorwart ein Einsatz gutgeschrieben, ehe es schließlich zur heute üblichen Form „auf dem Spielbericht = Einsatz" kam.
Wir haben einige dieser und weiterer Besonderheiten versucht in Kommentaren an den betreffenden Stellen deutlich zu machen.
Nachträgliche Korrekturen der Torschützen gab es recht häufig, ohne dass Details bekannt wurden. Anders sind die Abweichungen zwischen den von uns benutzten Quellen und den Statistiken in den Eissport-Jahrbüchern nicht zu erklären. Dass es darüber hinaus in den veröffentlichten Länderspielstatistiken aller Verbände noch zu Rechen- und Übertragungsfehlern gekommen ist, sei nur der Vollständigkeit erwähnt.
All dies führt dazu, dass unsere Statistiken einigen Fällen von den „offiziellen" Angaben der Verbände abweichen.
Wir hielten es aber trotzdem für richtig für diese Zusammenstellung auf die zeitgenössischen Quellen zurückzugreifen, wobei wir, wenn möglich, für jedes Spiel mehrere Quellen herangezogen haben.

Der DEV/ DEB hatte auch eine B-Auswahl, die 1991 eingestellt wurde. Da heute auch die Vorbereitungsspiele vor Weltmeisterschaften, obwohl noch nicht mit dem endgültigen Kader bestritten, als offizielle Länderspiele gezählt werden, haben wir die damaligen B-Länderspiele mit aufgenommen.
Der DELV der DDR hatte offiziell keine B-Auswahl, obwohl in der DDR-Presse gelegentlich diese Bezeichnung verwendet wurde. Die Nationalmannschaft bestritt allerdings eine ganze Anzahl inoffizieller Spiele gegen B-Mannschaften der stärkeren Verbände. Auch diese Spiele haben wir hier erfasst.
Uns war es auch wichtig, die Länderspiele der Frauen zu erfassen. Allerdings ist hier die Quellenlage in den Anfangsjahren recht dürftig.

Wir wünschen viel Spaß mit diesem Werk der rund 3.000 Spiele deutscher Auswahlteams. Sollten Sie Fehler finden, Korrekturen oder Ergänzungen haben, wären wir über jede Information dankbar.

Berlin, August 2024

Inhalt

Die deutschen Eishockey-Länderspiele der Männer und Frauen (einschl. DDR) Inhalt

Deutsche „Länderspiele" 1910 - 1914

Im Jahr 1989 nahm der DEB die deutschen Spiele bei den Europameisterschaften 1910 - 1914 als Länderspiele neu in die Statistik auf. Etwa 10 Jahre später wurden dann noch weitere Spiele bei einigen internationalen Turnieren aus jener Zeit ebenfalls in der Länderspielliste erfasst. Die Auswahl dieser internationalen Turniere erscheint uns willkürlich, da andere internationalen Turniere nicht berücksichtigt wurden. Wir stellen deshalb in diesem Kapitel unsere eigene Auswahl von Spielen aus dieser Epoche vor.
Aus nachfolgendem Grund führen wir sie außerdem in einem separaten Kapitel:
Bei allen internationalen Spielen in der Zeit vor dem 1. Weltkrieg handelte es sich nicht um Länderspiele nach heutigen Kriterien. Fast immer vertrat der Berliner Schlittschuhclub, u.U. auf einigen Positionen verstärkt, die deutschen Farben. Der Schlittschuhclub war dank der Berliner Kunsteisbahn damals eines der besten Teams Europas. Er hatte auch einige prominente Ausländer in seinen Reihen, die - mit Ausnahme der Europameisterschaften ab 1911 - auch eingesetzt werden durften.
Übrigens: Das erste internationale Turnier mit Beteiligung deutscher Vereine richtete der Schlittschuhclub am 02.-05.11.1908 im Berliner Eispalast in der Lutherstraße aus.
Am 19.09.1909 wurde der Deutscher Eislaufverband (DEV) als sechstes Mitglied in den 1908 gegründeten Weltverband Ligue International de Hockey sur Glace (LIHG) aufgenommen.

Die Mannschaftsaufstellung in den Spielen vor dem 1. Weltkrieg: Torwart - 1 Verteidiger - 2 Läufer - 3 Stürmer.
Auswechslungen fanden nicht statt, auch nicht bei Verletzungen. Einen Trainer kannte man auch noch nicht.
Verantwortlich für Aufstellung und Taktik war der Kapitän.
Die Spielzeit betrug bis 1927 2x20 min.

1909/10

1. Europameisterschaft 1910

Die Eisfläche (Patinoire) des Grand Hotels befand sich auf dem angrenzenden Genfer See. Dabei war eine Hälfte der Spielfläche deutlich breiter als die andere. Die Spielzeit betrug nach einigen Quellen 2x15 min.
Die Faktenlage ist spärlich. Die damaligen Zeitungen meldeten höchstens die Ergebnisse. Als Quellen dienten:
Horst Eckert: „40 Jahre Deutscher Eishockey Bund" (2006)
Ernst Martini: „Deutschlands Eishockey-Länderspiele 1910-1914" (Manuskript 2007)
Der deutsche Vertreter Berliner Schlittschuhclub (verstärkt mit Dr. Hartley) belegte Platz 2.

1. - 10.01.1910 GBR* - GER 1:0 (0:0, 1:0)
* *Prince's Ice Hockey Club London*
Les Avants de Montreux, Patinoire du Grand-Hotel; Z: ?; SR: ?
Wilhelm Bliesener (Berliner SSC) - **Werner Glimm** (Berliner SSC) - **Alfred Steinke** (C - Berliner SSC), **Günther Dreyer** (Berliner SSC) - **Carl M. Lüdecke** (Berliner SSC), **Dr. Charles George Hartley** (USA - ASC Dresden), **Günther Kutscher** (Berliner SSC) - **Richard* Müller** (Berliner SSC), **Bruno Grauel** (Berliner SSC)
* *lt. Eckert Vorname Robert*
S: keine Angaben
Bei Martini keine Angaben; Da nur 7 Spieler eingesetzt werden konnten, ist Anzahl der Spieler zu groß.

2. - 11.01.1910* GER - BEL 5:3
* *Spiel fand am Vormittag statt*
Les Avants de Montreux, Patinoire du Grand-Hotel; Z: ?; SR: ?
Bliesener - Glimm - Steinke, Dreyer - Grauel, Dr. Hartley, **Ernst Jacob** (Berliner SSC) - laut Martini
Lüdecke, Kutscher, Ri. Müller - zusätzliche Spieler laut Eckert
T: Steinke 1, Lüdecke 1, Dr. Hartley 1, Kutscher 1, E. Jacob 1 - möglicherweise
S: keine Angaben
Da nur 7 Spieler eingesetzt werden konnten, ist Anzahl der Spieler zu groß.

11.01.1910* OXF** - GER 4:0
* *Spiel fand am Abend statt, außerhalb der Wertung; ** Oxford Canadians (kanadische Studenten aus London)*
Les Avants de Montreux, Patinoire du Grand-Hotel; Z: ?; SR: ?
Bliesener - Glimm - Steinke (C), Dreyer - Lüdecke, Dr. Hartley, Kutscher - Ri. Müller, Grauel, Jacob
S: keine Angaben
Das Spiel wird weder bei Eckert noch bei Martini erwähnt.
Da nur 7 Spieler eingesetzt werden konnten, ist Anzahl der Spieler zu groß.

3. - 12.01.1910 SUI - GER 1:9
Les Avants de Montreux, Patinoire du Grand-Hotel; Z: ?; SR: ?
Bliesener - Glimm - Steinke (C), Dreyer - Grauel, Dr. Hartley, Jacob - laut Martini
Lüdecke, Kutscher, Ri. Müller - zusätzliche Spieler laut Eckert
T: Lüdecke 3, Dr. Hartley 2, Kutscher 2, Ri. Müller 1, E. Jacob 1 - möglicherweise
S: keine Angaben
Da nur 7 Spieler eingesetzt werden konnten, ist Anzahl der Spieler zu groß.

2. Coupe de Chamonix 1910

Spiele werden in der offiziellen Statistik des DEB als Länderspiele geführt.

Der Berliner Schlittschuhclub war direkt von der Europameisterschaft herübergekommen, trat mit fast der gleichen Mannschaft an und belegte Platz 2.

4. - 16.01.1910 FRA* - GER 4:2 (2:1, 2:1)
* Club des Patineurs de Paris
Chamonix, Eisbahn; Z: ?; SR: ?
Bliesener - Lüdecke - Grauel, Steinke (C) - Glimm, **Franz Lange** (Berliner SSC), Jacob
T: Lange 2
S: keine Angaben

5. - 18.01.1910 GER - BEL* 5:0 (1:0, 4:0)
* Brussels Ice Hockey Club
Chamonix, Eisbahn; Z: ?; SR: ?
Bliesener - Lüdecke - Grauel, Steinke (C) - Glimm, Lake* (CAN - Berliner SSC), Jacob
T: Grauel 3, Lake 1, Steinke 1
S: keine Angaben
* es gibt auch die Schreibweisen Lagh bzw. Lagk

1910/11

Tournoi des Avants

Spiele werden in der offiziellen Statistik des DEB nicht als Länderspiele geführt.

Der deutsche Vertreter Berliner Schlittschuhclub (verstärkt mit Warmuth) belegte Platz 2. Als Mannschaftsleiter amtierte Hermann Kleeberg.

13.01.1911 GER - GBR* 5:4 (4:2, 1:2)
* Prince's Ice Hockey Club London
Les Avants de Montreux, Patinoire du Grand-Hotel; Z: ?; SR: ?
keine weiteren Angaben

13.01.1911 GER - OXF* 1:7 (0:4, 1:3)
* Oxford Canadians
Les Avants de Montreux, Patinoire du Grand-Hotel; Z: ?; SR: ?
keine weiteren Angaben

14.01.1911 BEL* - GER 0:8 (0:4, 0:4)
* Fédération des Patineurs de Belgique
Les Avants de Montreux, Patinoire du Grand-Hotel; Z: ?; SR: ?
Bliesener (Berliner SSC) - **Erich Warmuth** (SC Charlottenburg) - **Max Baer** (Berliner SSC), Grauel (Berliner SSC) - Glimm (Berliner SSC), **Hans Jakemann** (CAN - Berliner SSC), Lange (Berliner SSC) - **Max Bremer** (Berliner SSC)
T: keine Angaben
S: keine Angaben

15.01.1911 SUI - GER 3:4
Les Avants de Montreux, Patinoire du Grand-Hotel; Z: ?; SR: ?
keine weiteren Angaben

3. Coupe de Chamonix 1911

Spiele werden in der offiziellen Statistik des DEB als Länderspiele geführt.

Der Berliner Schlittschuhclub war direkt vom Turnier in Avants herübergekommen, trat mit der gleichen Mannschaft an und belegte Platz 2.

6. - 16.01.1911 GER - BEL* 8:2 (5:1, 3:1)
* Brussels Ice Hockey Club
Chamonix, Eisbahn; Z: ?; SR: Lacroix (FRA)
Bliesener - Warmuth - Baer, Grauel - Glimm, Jakemann, Lange
T: Glimm 1, Lange 2, Jakemann 2 / Lange 1, Jakemann 2
S: keine Angaben

7. - 17.01.1911 GER - GBR* 9:2 (7:2, 2:0)
* Prince's Ice Hockey Club London
Chamonix, Eisbahn; Z: ?; SR: ?
Bliesener - Warmuth - Baer, Grauel - Glimm, Jakemann, Lange
T: keine Angaben
S: keine Angaben

18.01.1911 OXF* - GER 17:0 (11:0, 6:0)
* Oxford Canadians
Chamonix, Eisbahn; Z: ?; SR: Magnus (FRA)
Bliesener - Warmuth - Baer, Grauel - Glimm, Jakemann, Lange
S: keine Angaben

8. - 19.01.1911 FRA* - GER 1:3 (0:2, 1:1)
* Club des Patineurs de Paris
Chamonix, Eisbahn; Z: ?; SR: van den Bulcke (BEL)
Bliesener - Warmuth - Baer, Grauel - Glimm, Jakemann, Lange
T: keine Angaben
S: keine Angaben

2. Europameisterschaft 1911

Der deutsche Vertreter Berliner Schlittschuhclub (verstärkt mit Warmuth, Träger und Kolliner) belegte Platz 2.

9. - 15.02.1911 GER - BOH* 1:4 (1:1, 0:3)
* Das Kronland Böhmen innerhalb der Habsburgermonarchie Österreich-Ungarn war LIHG-Mitglied seit 1908.
Berlin, Eispalast Lutherstraße (Halle); Z: ?; SR: Dufour (SUI)
Bliesener - Warmuth - **Kurt Träger** (Berliner FC Preußen), **Karel Kolliner** (BOH - Berliner FC Preußen) - Lange, Grauel, Kutscher
T: 1:1 (19:45) Lange
S: Warmuth 1

10. - 16.02.1911 GER - BEL 6:0 (2:0, 4:0)
Berlin, Eispalast Lutherstraße; Z: ?; SR: Jakemann (CAN)
Bliesener - Warmuth - Träger, Kolliner - Lange, Grauel, Kutscher
T: Grauel 2, Lange 1; 3 Tore fehlen - Die Tore in der ersten Hälfte fielen in der 16. und 17. Min.
S: keine Angaben

11. - 17.02.1911 GER - SUI 10:0 (5:0, 5:0)
Berlin, Eispalast Lutherstraße; Z: ?; SR: ?
Bliesener - Warmuth - Träger, Kolliner - Lange, Grauel, Kutscher
T: Lange 3, Grauel 1; 6 Tore fehlen
S: keine Angaben

1911/12

4. Coupe de Chamonix 1912

Spiele werden in der offiziellen Statistik des DEB nicht als Länderspiele geführt.

Der deutsche Vertreter Berliner Schlittschuhclub belegte Platz 3.

15.01.1912 GER - BOH* 5:0 (2:0, 3:0)
* SK Slavia Praha
Chamonix, Eisbahn; Z: ?; SR: Lanctot (CAN)
Aufstellung unbekannt
T: 1:0 (20.) Glimm, 2:0 (20.) Glimm, 3:0 (25.) Glimm, 4:0 (31.) Glimm, 5:0 (32.) Glimm
S: keine Angaben

16.01.1912 OXF* - GER 4:2 (1:1, 3:1)
* Oxford Canadians; LIHG-Mitglied von 17.02.1911 - 26.04.1920
Chamonix, Eisbahn; Z: ?; SR: Magnus (FRA)
Aufstellung unbekannt
T: Glimm 1, Lange 1
S: keine Angaben

17.01.1912 FRA* - GER 1:0 (1:0, 0:0)
* Club des Patineurs de Paris
Chamonix, Eisbahn; Z: ?; SR: Higgins (CAN)
Aufstellung unbekannt
S: 2 min. für einen Berliner Spieler

Annullierte Europameisterschaft 1912

| Da Österreich noch nicht Mitglied der LIHG war, wurde die Meisterschaft beim LIHG-Kongress 22.-23.03.1912 annulliert.
Spiele werden in der offiziellen Statistik des DEB als Länderspiele geführt. |
|---|

Die deutsche Mannschaft belegte Platz 2.

12. - 03.02.1912 GER - AUT* 4:1 (2:0, 2:1)
* Deutsche Eishockey Gesellschaft Prag
Praha, Eisbahn des SK Slavia in Letná; Z: 5.000; SR: Herites (BOH)
Erich Hohndorf (Berliner EV 1886) - Warmuth (SC Charlottenburg) - Steinke (C - Berliner SSC), **Anders Jakob** (Berliner TuFC Britannia) - Lange (Berliner SSC), Glimm (Berliner SSC), **Paul Martin** (SC Charlottenburg)
T: 1:0 (10.) Glimm - 2:0 (11.) Lange / 3:1 (34.) Glimm - 4:1 (38.) Lange
S: keine Angaben

13. - 04.02.1912 BOH* - GER 2:2 (1:1, 1:1)
* SK Slavia Praha
Praha, Eisbahn des SK Slavia in Letná; Z: 3.000; SR: Herites (BOH)
Hohndorf - Warmuth - Steinke (C), Jakob - Lange, Glimm, Martin
T: 1:1 (19.) Martin / 1:2 (32.) Lange
S: keine Angaben

1. LIHG-Meisterschaft 1912

| Die LIHG hatte auf ihrem Kongress 1911 beschlossen neben der Europameisterschaft noch eine offene Meisterschaft auszurichten. Im Unterschied zur EM konnten die Klubs Spieler egal welcher Nationalität einsetzen.
Spiele werden in der offiziellen Statistik des DEB als Länderspiele geführt. |
|---|

Der deutsche Vertreter Berliner Schlittschuhclub (verstärkt mit Hohndorf und Sachs) belegte Platz 1.

14. - 21.03.1912 GER - OXF* 9:8 (4:5, 5:3)
* Oxford Canadians
Bruxelles, Eispalast Pôle Nord; Z: ?; SR: ? (ENG)
Hohndorf - Steinke (C), **Walter Sachs** (SC Charlottenburg) - **Johann Ollus** (FIN - Berliner SSC) - Lange, Dr. Hartley (Berliner SSC), **Hans Georgii** (SWE - Berliner SSC)
T: Dr. Hartley 1, Lange 8
S: keine Angaben

15. - 22.03.1912 BEL* - GER 4:8 (4:4, 0:4)
* Brussels Ice Hockey Club
Bruxelles, Eispalast Pôle Nord; Z: ?; SR: ?
Hohndorf - Steinke (C), Sachs - Ollus - Lange, Dr. Hartley, Georgii
T: Lange 5, Dr. Hartley 2, Georgii 1
S: keine Angaben

16. - 23.03.1912 GER - SUI 11:3 (5:1, 6:2)
Bruxelles, Eispalast Pôle Nord; Z: ?; SR: ?
Hohndorf - Steinke (C), Sachs - Ollus - Lange, Dr. Hartley, Georgii
T: Lange 7, Georgii 2, Ollus 2
S: keine Angaben

17. - 24.03.1912 GER - FRA* 3:0 (0:0, 3:0)
* Club des Patineurs de Paris
Bruxelles, Eispalast Pôle Nord; Z: ?; SR: Tait (CAN)
Hohndorf - Steinke (C), Sachs - Ollus - Lange, Dr. Hartley, Georgii
T: 1:0 (?) Ollus - 2:0 (?) Lange - 3:0 (?) Georgii
S: keine Angaben

1912/13

3. Europameisterschaft 1913

Die deutsche Mannschaft belegte Platz 3.

18. - 26.01.1913* GER - BEL** 5:8 (5:3, 0:5)
* Spiel fand am Vormittag statt; ** Brussels Ice Hockey and Skating Club
München, Unsöld'sche Kunsteisbahn* (Halle); Z: ?; SR: Dr. Musson (CAN)
* Die Eisfläche maß nur 16x40 m.
Hans Schmidt (Berliner FC Preußen) - Warmuth (SC Charlottenburg; ab 21. **Emil Rau** (MTV München 1879) - Steinke (C - SC Charlottenburg), Grauel (Berliner SSC) - Lange (Berliner SSC), **Franz Rau** (MTV München 1879), Martin (SC Charlottenburg)
T: Lange 2, F. Rau 2 Steinke 1
S: keine Angaben

19. - 26.01.1913* GER - BOH 2:4 (0:2, 2:2)
* Spiel fand am Abend statt
München, Unsöld'sche Kunsteisbahn; Z: ?; SR: Dr. Musson (CAN)*
* SR van den Bulcke (BEL) von Böhmen abgelehnt
H. Schmidt - Warmuth - Steinke (C), Grauel - Lange, E. Rau, Martin
T: 1:3 (34.) E. Rau - 2:4 (37.) Martin
S: keine Angaben

20. - 27.01.1913 GER - AUT* 14:4 (9:2, 5:2)
* Deutsche Eishockey Gesellschaft Prag
München, Unsöld'sche Kunsteisbahn; Z: ?; SR: Dr. Musson (CAN)
H. Schmidt - Warmuth - Steinke (C), E. Rau - Lange, F. Rau, Martin
T: Lange 6, F. Rau 2, Steinke 1 / Lange 2, 3 Tore fehlen
S: keine Angaben

2. LIHG-Meisterschaft 1913

Spiele werden in der offiziellen Statistik des DEB nicht als Länderspiele geführt.

Der deutsche Vertreter Berliner Schlittschuhclub (verstärkt mit Steinke und Sachs) belegte Platz 1.

22.02.1913 GER - FRA* 2:4 (2:2, 0:2)
* Club des Patineurs de Paris
Sankt Moritz, ?; Z: ?; SR: ?
Arthur Boak (CAN - Berliner SSC) - Steinke (C), Sachs (SC Charlottenburg) - **Nils Molander** (SWE - Berliner SSC) - Lange, Dr. Hartley (Berliner SSC), Georgii (Berliner SSC)
T: Dr. Hartley 1, Lange 1
S: keine Angaben

23.02.1913* GER - BOH** 7:0 (3:0, 4:0)
* Spiel fand um 11:00 statt
** SK Slavia Praha
Sankt Moritz, ?; Z: ?; SR: ?
Boak - Steinke (C), Sachs - Ollus (Berliner SSC) - Lange, Dr. Hartley, Georgii
T: Lange 3, Dr. Hartley 2, Georgii 2
S: keine Angaben

23.02.1913* SUI - GER 0:13 (0:2, 0:11)
* Spiel fand um 15:00 statt
Sankt Moritz, ?; Z: ?; SR: ?
Boak - Steinke (C), Sachs - Grauel (Berliner SSC) - Lange, Dr. Hartley, Georgii
T: Dr. Hartley 5, Georgii 4, Lange 3 - 1 Eigentor SUI
S: keine Angaben

24.02.1913 GER - GBR* 2:1 (1:1, 1:0)
* Prince's Ice Hockey Club London
Sankt Moritz, ?; Z: ?; SR: ?
Boak - Steinke (C), Sachs - Grauel - Lange, Dr. Hartley, Georgii - Molander
T: Lange 2
S: keine Angaben

1913/14

Tournoi des Avants

Spiele werden in der offiziellen Statistik des DEB nicht als Länderspiele geführt.

Der deutsche Vertreter Berliner Schlittschuhclub belegte Platz 2.

16.01.1914 GER - BEL* 10:0 (5:0, 5:0)
* Brussels Ice Hockey Club
Les Avants de Montreux, Patinoire du Grand-Hotel; Z: ?; SR: ?
Boak - Ollus, Molander - Glimm - Georgii, **Dr. Max Holsboer** (SUI), Lange
T: keine Angaben
S: keine Angaben

17.01.1914* SUI - GER 1:9 (0:5, 1:4)
* Spiel fand am Vormittag statt
Les Avants de Montreux, Patinoire du Grand-Hotel; Z: ?; SR: ?
Boak - Ollus, Molander - Glimm - Georgii, Dr. Holsboer, Lange
T: keine Angaben
S: keine Angaben

17.01.1914* GER - BOH 1:1 (1:0, 0:1)
* Spiel fand am Nachmittag statt
Les Avants de Montreux, Patinoire du Grand-Hotel; Z: ?; SR: ?
Boak - Ollus, Molander - Glimm - Georgii, Dr. Holsboer, Lange
T: keine Angaben
S: keine Angaben

18.01.1914 GER - GBR* 1:5 (1:1, 0:4)
* Prince's Ice Hockey Club London
Les Avants de Montreux, Patinoire du Grand-Hotel; Z: ?; SR: ?
Boak - Ollus, Molander - Glimm - Georgii, Dr. Holsboer, Lange
T: 1:0 (?) Georgii
S: keine Angaben

3. LIHG-Meisterschaft 1914

Spiele werden in der offiziellen Statistik des DEB als Länderspiele geführt.

Der Berliner Schlittschuhclub war direkt vom Turnier in Avants herübergekommen, trat mit fast der gleichen Mannschaft an und belegte Platz 2.

21. - 20.01.1914 GER - GBR* 2:3 (2:1, 0:2)
* *Prince's Ice Hockey Club London*
Chamonix, Eisbahn; Z: ?; SR: de Rauch (FRA)
Boak - Ollus, Steinke (C) - Molander - Georgii, Dr. Hartley, Lange
T: 1:0 (?) Lange - 2:0 (?) Molander
S: keine Angaben

22. - 21.01.1914 GER - BOH* 4:2 (2:1, 2:1)
* *SK Slavia Praha*
Chamonix, Eisbahn; Z: ?; SR: Sullivan (GBR)
Boak - Ollus, Steinke (C) - Molander - Georgii, Dr. Holsboer, Lange
T: 1:0 (?) Lange - 2:1 (?) Lange** / 3:2 (?) Lange - 4:2 (?) Lange
** *nach anderer Quelle: schoss das 2. Tor Georgii*
S: keine Angaben

23. - 22.01.1914 FRA* - GER 0:0 (0:0, 0:0)
* *Club des Patineurs de Paris*
Chamonix, Eisbahn; Z: ?; SR: Goodale (USA)
Boak - Ollus, Steinke (C) - Molander - Georgii, Dr. Holsboer, Lange
S: keine Angaben

4. Europameisterschaft 1914

Die deutsche Mannschaft belegte Platz 2.

24. - 26.02.1914 GER - BEL 4:1 (3:0, 1:1)
Berlin, Eispalast Lutherstraße; Z: ?; SR: Stoos (SUI)
Ludwig Römer (MTV München 1879) - Steinke (C), Warmuth (SC Charlottenburg) - E. Rau (MTV München 1879) - **Heinrich Kretzer** (Berliner SSC), Lange, Martin (SC Charlottenburg)
T: 1:0 (8.) Lange - 2:0 (14.) Lange - 3:0 (15.) Lange / 4:0 (21.) E. Rau*
* *nach anderer Quelle: Steinke 1, Lange 2, Kretzer 1*
S: keine Angaben

25. - 27.02.1914 GER - BOH* 0:2 (0:1, 0:1)
* *SK Slavia Praha*
Berlin, Eispalast Lutherstraße; Z: ?; SR: Deprez (BEL)
L. Römer - Steinke (C), Warmuth - Glimm - Kretzer, Lange, Martin
S: keine Angaben

Auswahlspieler 1910 - 1914 von A bis Z

	Spieler	Verein	P	Zeitraum	Einsatz/Tor
1.	Baer Max	Berliner SSC	S	16.01.-19.01.11	3/0
2.	Bliesener Wilhelm „Willi"	Berliner SSC	T	10.01.10-17.02.11	11/0
3.	Boak Arthur (CAN)	Berliner SSC	T	20.01.-22.01.14	3/0
inoff.	*Bremer Max*	*Berliner SSC*	*S*	*14.01.1911*	*1/0*
4.	Dreyer Günther	Berliner SSC	S	10.01.-12.01.10	3/0
5.	Georgii Hans (SWE)	Berliner SSC	S	21.03.12-22.01.14	7/4
6.	Glimm Werner	Berliner SSC	S	10.01.10-27.02.14	11/3
7.	Grauel Bruno	Berliner SSC	S	10.01.10-26.01.13	13/6
8.	Hartley Dr. Charles George (USA)		S	10.01.10-20.01.14	8/6
		ASC Dresden		10.01.-12.01.10	3/3
		Berliner SSC		21.03.12-20.01.14	5/3
9.	Hohndorf Erich	Berliner EV 1886	T	03.02.-24.03.12	6/0
10.	Holsboer Dr. Max (SUI)	Berliner SSC	S	21.01.-22.01.14	2/0
11.	Jacob Ernst	Berliner SSC	S	11.01.-18.01.10	4/2
12.	Jakemann Hans (CAN)	Berliner SSC	S	16.01.-19.01.11	3/4
13.	Jakob Anders	Berliner TuFC Britannia	S	03.02.-04.02.12	2/0
14.	Kolliner Karel (BOH)	Berliner FC Preußen	S	15.02.-17.02.11	3/0

15.	Kretzer Heinrich	Berliner SSC	S	26.02.-27.02.14	2/0
16.	Kutscher Günther	Berliner SSC	S	10.01.10-17.02.11	6/3
17.	Lake (CAN)	Berliner SSC	S	18.01.1910	1/1
18.	Lange Franz	Berliner SSC	S	16.01.10-27.02.14	21/52
19.	Lüdecke Carl M.	Berliner SSC	S	10.01.-18.01.10	5/4
20.	Martin Paul	SC Charlottenburg	S	03.02.12-27.02.14	7/2
21.	Molander Nils (SWE)	Berliner SSC	S	20.01.-22.01.14	3/1
22.	Müller Richard	Berliner SSC	S	10.01.-12.01.10	3/1
23.	Ollus Johan (FIN)	Berliner SSC	S	21.03.12-22.01.14	7/3
24.	Rau Emil	MTV München 1879	S	25.01.13-26.02.14	4/2
25.	Rau Franz	MTV München 1879	S	26.01.-27.01.13	2/4
26.	Römer Ludwig	MTV München 1879	T	26.02.-27.02.14	2/0
27.	Sachs Walter*	SC Charlottenburg	S	21.03.12-24.03.13	4/0
28.	Schmidt Hans	Berliner FC Preußen	T	25.01.-27.01.13	3/0
29.	Steinke Alfred*	Berliner SSC	S	10.01.10-27.02.14	19/4
30.	Träger Kurt	Berliner FC Preußen	S	15.02.-17.02.11	3/0
31.	Warmuth Erich	SC Charlottenburg	S	16.01.11-27.02.14	13/0

ANMERKUNGEN:
inoff. an Stelle der lfd. Nummer = nur in einem inoffiziellen Länderspiel eingesetzt
* war auch Nationalspieler ab 1927
24 Tore können keinem Spieler zugeordnet werden: 17.01.11 GBR (9), 19.01.11 FRA (3), 16.02.11 BEL (3), 17.02.11 SUI (6), 27.01.13 AUT (3)

Vereinsrangliste 1910 - 1914

	Verein	Zeitraum	Spieler	Einsätze/Tore
1.	Berliner SSC	10.01.10-27.02.14	20	132/91
2.	SC Charlottenburg	16.01.11-27.02.14	3	24/2
3.	Berliner FC Preußen	15.02.11-27.01.13	3	9/0
4.	MTV München 1879	26.01.13-27.02.14	3	8/6
5.	Berliner EV 1886	03.02.-24.03.12	1	6/0
6.	ASC Dresden	10.01.-12.01.10	1	3/3
7.	Berliner TuFC Britannia	03.02.-04.02.12	1	2/0

Länderspiel-Bilanz 1910 - 1914

			GESAMT					davon HEIMSPIELE				
	Zeitraum	Land	Sp	S	U	N	Tore	Sp	S	U	N	Tore
1.	03.02.12-27.01.13	**AUT**	2	2	0	0	18:5	1	1	0	0	14:4
2.	11.01.10-26.02.14	**BEL**	7	6	0	1	41:18	3	2	0	1	15:9
3.	15.02.11-27.02.14	**BOH**	5	1	1	3	9:14	3	0	0	3	3:10
4.	16.01.10-22.01.14	**FRA**	4	3	1	0	10:3	-	-	-	-	-
5.	10.01.10-20.01.14	**GBR**	3	1	0	2	11:6	-	-	-	-	-
6.	21.03.1912	**OXF***	1	1	0	0	9:8	-	-	-	-	-
7.	12.01.10-23.03.12	**SUI**	3	3	0	0	30:4	1	1	0	0	10:0
	Gesamt		**25**	**17**	**2**	**6**	**128:58**	**8**	**4**	**0**	**4**	**42:23**

ANMERKUNGEN:
* OXF = Oxford Canadiens - Mannschaft kanadischer Studenten aus Oxford, damals offiziell Mitglied der LIHG

Deutsche A-Länderspiele der Männer seit 1927

Bis zum Jahr 1989 begann die Liste der offiziellen deutschen Länderspiele mit dem 24.01.1927, dem ersten Spiel der deutschen Auswahl bei der Europameisterschaft in Wien.
Da uns wie im vorherigen Kapitel ausgeführt, die Auswahl der Spiele aus der Zeit davor seitens des DEB nicht schlüssig erscheint, beginnen wir die Zählung der Spiele hier neu.
Die LIHG hatte auf ihrem Kongress am 26.04.1920 Deutschland und Österreich in Folge des 1. Weltkrieges ausgeschlossen. Der deutsche Verband wurde erst am 11.01.1926 wieder aufgenommen.
Generelle Hinweise:
- bei den mit ' gekennzeichneten lfd. Nummern der Spiele, ist die Grundlage der Angaben, der offiz. Spielbericht
- Spiel bzw. Spielername kursiv: in der offiziellen DEB-Statistik nicht aufgeführt

1926/27

Außenkapitän (damalige Bezeichnung für den Spielertrainer) Erich Römer

11. Europameisterschaft 1927
Die deutsche Mannschaft belegte Platz 3.

1. - 24.01.1927 GER - TCH 2:1 (2:0, 0:1)
Wien, Kunsteisbahn des WEV (Freiluft, Natureis); Z: 2.500; SR: Loicq (BEL)
Matthias Leis (SC Riessersee; *Lohndorf (SC Charlottenburg) n.e.*) - **Walter Sachs** (C - Berliner SSC), **Hans Heinrich Schmid** (SC Riessersee) - **Alexander Gruber** (SC Riessersee), **Erich Römer** (SC Charlottenburg), **Horst Orbanowski** (Berliner SSC) - **Franz Kreisel** (SC Riessersee), **Gustav Jaenecke** (Berliner SSC)
T: 1:0 (10.) Orbanowski (Gruber) - 2:0 (17.) E. Römer (Orbanowski)
S: Kreisel 4, Orbanowski 2

2. - 25.01.1927 GER - POL 2:1 (1:1, 1:0)
Wien, Kunsteisbahn des WEV; Z: 2.000; SR: Loicq (BEL)
Leis (*Lohndorf n.e.*) - Schmid, Sachs (C) - Orbanowski, Gruber, Jaenecke - E. Römer, Kreisel
T: 1:0 (15.) Jaenecke (Weitschuss) / 2:1 (23.) Jaenecke (Orbanowski)
S: keine Strafen

3. - 27.01.1927 GER - HUN 5:0 (3:0, 2:0)
Wien, Kunsteisbahn des WEV; Z: 800; SR: Graf Osiecimski-Czapski (POL)
Leis (*Lohndorf n.e.*) - Sachs (C), Kreisel - Orbanowski, E. Römer, Jaenecke - Schmid, Gruber
T: 1:0 (4.) Jaenecke (Weitschuss) - 2:0 (7.) Jaenecke (Sachs) - 3:0 (9.) Jaenecke (Gedränge) / 4:0 (38.) Orbanowski (---) - 5:0 (40.) Orbanowski (Kreisel)
S: keine Strafen

4. - 28.01.1927 AUT - GER 2:1 (1:1, 1:0)
Wien, Kunsteisbahn des WEV; Z: 3.000; SR: Loicq (BEL)
Leis (*Lohndorf n.e.*) - Schmid, Sachs (C) - Jaenecke, E. Römer, Orbanowski - Kreisel, Gruber
T: 1:1 (12.) Jaenecke (Orbanowski)
S: Orbanowski 1

5. - 29.01.1927 BEL - GER 3:0 (2:0, 1:0)
Wien, Kunsteisbahn des WEV; Z: 1.000; SR: Maleček (TCH)
Leis (*Lohndorf n.e.*) - Sachs (C), E. Römer - Gruber, Orbanowski, Jaenecke - Kreisel, **Marquard Slevogt** (SC Riessersee)
S: keine Strafen

Die Spielzeit betrug 1928 - 1931 3x15 min.

1927/28

6. - 08.02.1928 GER - POL 0:6 (0:3, 0:1, 0:2)
Davos, Eisstadion (Freiluft, Natureis); Z: 1.000; SR: Bell (CAN)
Leis (SC Riessersee; *Alfred Steinke (Berliner SSC) n.e.*) - Sachs (C - Berliner SSC), Kreisel (SC Riessersee) - E. Römer (Berliner SSC), **Martin Schröttle** (SC Riessersee), **Fritz Rammelmayr** (SC Riessersee) - **Wolfgang Kittel** (Berliner SSC), **Rolf Reschke** (Berliner SSC), Schmid (SC Riessersee)
S: keine Strafen

7. - 09.02.1928 GER - SWE 0:9 (0:4, 0:3, 0:2)
Davos, Eisstadion; Z: 1.500; SR: Spengler (SUI)
Leis (*Steinke n.e.*) - Sachs (C), Kreisel - E. Römer, Schröttle, Rammelmayr - Kittel, Reschke, Schmid
S: keine Strafen

2. Olympische Winterspiele 1928 - Eishockeyturnier
Die deutsche Auswahl konnte sich mit Platz 3 in der Vorrundengruppe B nicht für die Medaillenrunde qualifizieren. Da dieses Turnier von der LIHG auch als 3. WM und 12. EM gewertet wurde, lauteten die Platzierungen hier: OS und WM - 8. Platz, EM - 7. Platz.

VORRUNDE - GRUPPE C

8. - 12.02.1928 GER* - AUT 0:0 (0:0, 0:0, 0:0)
* Nach dem 1. Drittel musste auf Anordnung des Schiedsrichters, die Spielkleidung gewechselt werden, da sie einander zu ähnlich war. Die deutsche Auswahl erschien nun in der Kleidung des St. Moritzer Eishockeyclubs.
Sankt Moritz, Eisstadion Badrutts Park (Freiluft, Natureis); Z: 1.500; SR: Poplimont (BEL)
Steinke (*Leis n.e.*) - Schmid (C), Kreisel - Jaenecke (Berliner SSC), E. Römer, Slevogt (SC Riessersee) - Rammelmayr, Schröttle
S: keine Strafen

9. - 16.02.1928 SUI - GER 1:0 (1:0, 0:0, 0:0)
Sankt Moritz, Eisstadion Badrutts Park; Z: 4.700; SR: Porter (CAN)
Steinke (*Leis n.e.*) - Sachs (C), Kreisel - E. Römer, Jaenecke, Schröttle - Slevogt, Rammelmayr
S: E. Römer 2

1928/29
13. Europameisterschaft 1929
Die deutsche Auswahl konnte sich mit Platz 3 in der Vorrundengruppe A nicht für die nächste Runde qualifizieren. Die deutsche Mannschaft belegte in der Endabrechnung Platz 7.

Vorrunde - Gruppe B

10. - 28.01.1929 AUT - GER 1:0 (1:0, 0:0, 0:0)
Budapest, Eisstadion Varosliget (Freiluft, Kunsteis); Z: 600; SR: Loicq (BEL)
Leis (SC Riessersee; *Walter Leinweber (EV Füssen) n.e.*) - Schmid (C - SC Riessersee), Kreisel (SC Riessersee) - Schröttle (SC Riessersee), E. Römer (Berliner SSC), Jaenecke (Berliner SSC) - Rammelmayr (SC Riessersee), **Rudolf „Rudi" Ball** (Berliner SSC), **Erich Herker** (VfTSS Brandenburg Berlin)
S: keine Strafen

11. - 29.01.1929 TCH - GER 2:1 (1:0, 0:0, 1:1)
Budapest, Eisstadion Varosliget; Z: 300; SR: Poplimont (BEL)
Leinweber (*Leis n.e.*) - Sachs (C), Kreisel - Schröttle, E. Römer, Jaenecke - Rammelmayr, Gruber (SC Riessersee), Herker
T: 2:1 (43.) Jaenecke (E. Römer)
S: keine Strafen

1929/30
4. Welt- und 14. Europameisterschaft 1930
Die deutsche Mannschaft wurde Vizeweltmeister und Europameister.

ERSTE RUNDE
12. - 31.01.1930 GER - GBR 4:2 (0:2, 1:0, 3:0)
Chamonix, Stade Olympique (Freiluft, Natureis); Z: 1.200; SR: Clayton (CAN)
Leinweber (EV Füssen; *Steinke (Berliner SSC) n.e.*) - Schröttle (SC Riessersee), Kreisel (SC Riessersee) - Jaenecke (C - Berliner SSC), E. Römer (Berliner SSC), R. Ball (Berliner SSC) - Herker (VfTSS Brandenburg Berlin), **Günther Kummetz** (VfTSS Brandenburg Berlin)
T: 1:2 (?) E. Römer (Jaenecke) / 2:2 (?) Jaenecke (---) - 3:2 (41.) Jaenecke (?) - 4:2 (44.) Jaenecke (?)
S: keine Strafen

ZWEITE RUNDE
13. - 01.02.1930 GER - HUN 4:1 (1:0, 0:0, 3:1)
Chamonix, Stade Olympique; Z: 1.000; SR: Radke (CAN)
Leinweber (*Steinke n.e.*) - Schröttle, Kreisel - Jaenecke (C), E. Römer, R. Ball - Herker, Kummetz
1:0 (3.) Jaenecke (?) / 2:0 (?) Jaenecke (?) - 3:0 (?) Jaenecke (?) - 4:1 (?) Schröttle (?)
S: keine Strafen

DRITTE RUNDE
14. - 02.02.1930 GER - POL 3:1 (1:1, 2:0, 0:0)
Chamonix, Stade Olympique; Z: 1.000; SR: Armstrong (CAN)
Leinweber (*Steinke n.e.*) - Schröttle, Kreisel - Jaenecke (C), E. Römer, R. Ball - Herker, Kummetz, Slevogt*
* Der DEV hat Slevogt in der Statistik, das ist aber durch keine Quelle belegt:
T: 1:1 (?) Jaenecke (?) / 2:1 (?) Jaenecke (R. Ball) - 3:1 (?) E. Römer (?)
S: keine Strafen

Nachdem schon der Beginn der Weltmeisterschaft witterungsbedingt von einem Tag auf den anderen hatte verschoben werden müssen, setzte am 02. Februar erneut Tauwetter ein. Die LIHG entschied sich deshalb, die weiteren Spiele nach Berlin und Wien (Spiel um Platz 4) auf Kunsteis zu verlegen.

FINALE DER EM UND ENTSCHEIDUNGSSPIEL UM EINZUG INS WM-FINALE
15. - 09.02.1930 GER - SUI 2:1 (0:1, 1:0, 1:0)
Berlin, Sportpalast (Halle); Z: 8.000; SR: Loicq (BEL)
Leinweber (*Steinke n.e.*) - Schröttle, Kreisel - Jaenecke (C), E. Römer, R. Ball - Herker, **Alfred Heinrich** (VfTSS Brandenburg Berlin), Kummetz
T: 1:1 (17.) Jaenecke (R. Ball) / 2:1 (37.) E. Römer (R. Ball)
S: E. Römer 1

WM-FINALE
16. - 10.02.1930 GER - CAN* 1:6 (1:2, 0:2, 0:2)
* Kanada vertreten durch Toronto CCM
Berlin, Sportpalast; Z: 8.000; SR: Loicq (BEL)
Leinweber (*Steinke n.e.*) - Schröttle, Kreisel - Jaenecke* (C - ab 16. Herker), E. Römer, R. Ball - A. Heinrich, Slevogt (SC Riessersee)
*- mit Verletzung (Schlüsselbeinbruch) ausgeschieden
T: 1:0 (2.) R. Ball (Jaenecke)
S: Schröttle 1

1930/31

17. - 14.01.1931 GER - CAN* 1:7 (1:2, 0:1, 0:4)
* Kanada vertreten durch Manitoba Grands
Berlin, Sportpalast; Z: 7.000; SR: Johansson (SWE)
Leinweber (EV Füssen; *Fritz Lincke (Berliner SSC) n.e.*) - E. Römer (Berliner SSC), Kreisel (SC Riessersee) - Jaenecke (C - Berliner SSC), R. Ball (Berliner SSC), Schröttle (SC Riessersee) - **Hans Lang** (SC Riessersee), **Dr. Georg Strobl** (SC Riessersee), **Werner Korff** (Berliner SSC)
T: 1:0 (4.) Schröttle (R. Ball)
S: keine Angaben

Die Spielzeit betrug 1932 - 1939 3x15 min. Bei Unentschieden (OS und WM) wurden maximal drei Verlängerungen à 10 min. gespielt. Die Verlängerungen wurden jeweils durchgespielt (kein Sudden death).

1931/32

3. Olympische Winterspiele 1932 - Eishockeyturnier

Die deutsche Auswahl belegte Platz 3. Da dieses Turnier von der LIHG auch als 6. WM gewertet wurde, lautete die Platzierung hier ebenfalls Platz 3.
18'. - 04.02.1932 GER - POL 2:1 (0:0, 1:1, 1:0)
Lake Placid, Olympic Stadium (Freiluft, Natureis); Z: ?; SR: Marsh (CAN), Sands (USA)
Leinweber (EV Füssen)* - A. Heinrich (VfTSS Brandenburg Berlin), E. Römer (Berliner SSC) - Schröttle (SC Riessersee), R. Ball (Berliner SSC), Jaenecke (C - Berliner SSC) - Dr. Strobl (SC Riessersee), Korff (Berliner SSC), Slevogt (SC Riessersee)
* Der nominierte Ersatztorwart *Fritz Lincke (Berliner SSC)* bekam von seiner Firma keinen Urlaub.
T: 1:0 (15:12) Jaenecke (---) / 2:1 (30:22) Schröttle (R. Ball)
S: A. Heinrich 4, Dr. Strobl 2

19'. - 06.02.1932 CAN* - GER 4:1 (2:0, 2:0, 0:1)
* Kanada vertreten durch Winnipeg Monarchs
Lake Placid, Olympic Stadium; Z: ?; SR: Marsh (CAN), Sands (USA)
Leinweber - A. Heinrich, E. Römer - Jaenecke (C), R. Ball, Korff - Dr. Strobl, *Slevogt**, Herker (VfTSS Brandenburg Berlin) - * Der DEV hat Schröttle für Slevogt. Das entspricht aber nicht dem offiziellen Bericht.
T: 4:1 (43:58) Herker (Korff)
S: A. Heinrich 2, Dr. Strobl 2, Jaenecke 2

20'. - 07.02.1932 USA - GER 7:0 (3:0, 2:0, 2:0)
Lake Placid, Olympic Arena (Halle); Z: ?; SR: Marsh (CAN), Sands (USA)
Leinweber - A. Heinrich, E. Römer - Schröttle, R. Ball, Jaenecke (C) - Dr. Strobl, Slevogt, Korff
S: A. Heinrich 8, Korff 2, Slevogt 2

21'. - 08.02.1932 CAN* - GER 5:0 (2:0, 1:0, 2:0)
* Kanada vertreten durch Winnipeg Monarchs
Lake Placid, Olympic Arena; Z: ?; SR: Marsh (CAN), Sands (USA)
Leinweber - A. Heinrich, E. Römer - Schröttle, R. Ball, Jaenecke (C) - Dr. Strobl, Herker, Korff
S: R. Ball 1

22'. - 10.02.1932 USA - GER 8:0 (2:0, 2:0, 4:0)
Lake Placid, Olympic Arena; Z: ?; SR: Marsh (CAN), Sands (USA)
Leinweber - A. Heinrich, E. Römer - Schröttle, R. Ball, Jaenecke (C) - Dr. Strobl, Slevogt, Korff
S: A. Heinrich 2

23'. - 13.02.1932 GER - POL 4:1 (0:0, 2:1, 2:0)
Lake Placid, Olympic Arena; Z: ?; SR: Marsh (CAN), Sands (USA)
Leinweber - A. Heinrich, E. Römer - Schröttle, R. Ball, Jaenecke (C) - Dr. Strobl, Slevogt, Korff
T: 1:0 (20:57) R. Ball (---) - 2:1 (28:08) R. Ball (---) / 3:1 (32:20) Dr. Strobl (R. Ball) - 4:1 (42:15) R. Ball (---)
S: R. Ball 5, A. Heinrich 2, Jaenecke 2

16. Europameisterschaft 1932

Die Spiele wurden bei unentschiedenem Ausgang nicht verlängert.
Nach der Vorrunde waren in der Gruppe A alle drei Mannschaften punktgleich und hatten auch die gleiche Tordifferenz bzw. -quotienten. Alle teilnehmenden Teams stimmten daraufhin zu, dass aus dieser Gruppe A alle drei und aus den anderen beiden Gruppen nur die Sieger (statt der ersten beiden) in die Endrunde einziehen. Die deutsche Auswahl belegte in der Endrunde Platz 4.

VORRUNDE - GRUPPE A

24. - 14.03.1932 GER - SUI 1:1 (1:0, 0:1, 0:0)
Berlin, Sportpalast; Z: 8.000; SR: Dr. Řezáč (TCH)
Leinweber (*Gerhard Ball (Berliner SSC) n.e.*) - E. Römer, Schröttle - Korff, Jaenecke (C), R. Ball - Dr. Strobl, **Dr. Bernhard Scheublein** (SC Riessersee), Herker
T: 1:0 (5.) R. Ball (Korff, Jaenecke)
S: keine Angaben

25. - 16.03.1932 GER - AUT 1:1 (0:0, 1:0, 0:1)
Berlin, Sportpalast; Z: 8.000; SR: Loicq (BEL)
G. Ball (*Leinweber n.e.*) - E. Römer, Schröttle - Jaenecke (C), R. Ball, Korff - Dr. Strobl, Dr. Scheublein, Herker
T: 1:0 (25.) Dr. Strobl (---)
S: Korff 2

ENDRUNDE

26. - 18.03.1932 TCH - GER 0:1 (0:0, 0:0, 0:1)
Berlin, Sportpalast; Z: 8.000; SR: Loicq (BEL)
G. Ball (*Leinweber n.e.*) - Schröttle, **Johann Albrecht von Bethmann-Hollweg** (SC Riessersee) - R. Ball, Jaenecke (C), Korff - Herker, Dr. Strobl, Dr. Scheublein
T: 0:1 (36.) Dr. Strobl (R. Ball)
S: Jaenecke 1

27. - 20.03.1932 GER - SWE 0:1 (0:0, 0:0, 0:1)
Berlin, Sportpalast; Z: 8.000; SR: Loicq (BEL)
G. Ball (*Leinweber n.e.*) - E. Römer, Schröttle - Dr. Strobl, Dr. Scheublein, Herker - Jaenecke (C), R. Ball, Korff
S: keine Angaben

1932/33

28. - 19.12.1932 GER - CAN* 1:7 (1:2, 0:3, 0:2)
Kanada vertreten durch Edmonton Superiors (in den Spielen 28 - 29)
Berlin, Sportpalast; Z: 7.000; SR: H. Brück (AUT)
Wilhelm **Egginger** (SC Riessersee; G. Ball (Berliner SSC) n.e.) - Korff (Berliner SSC), E. Römer (Berliner SSC)
- Jaenecke (C - Berliner SSC), R. Ball (Berliner SSC), Orbanowski (Berliner SSC) - H. Lang (SC Riessersee),
Dr. Strobl (SC Riessersee), von Bethmann-Hollweg (SC Riessersee)
T: 1:0 (?) R. Ball (Gedränge)
S: keine Strafen

29. - 20.12.1932 GER - CAN* 1:5 (0:3, 0:1, 1:1)
Berlin, Sportpalast; Z: 7.000; SR: H. Brück (AUT)
Egginger (G. Ball n.e.) - von Bethmann-Hollweg, E. Römer - Jaenecke (C), R. Ball, Orbanowski - H. Lang, Dr.
Strobl, Korff
T: 1:5 (?) von Bethmann-Hollweg (R. Ball)
S: 1 Minute (ein deutscher Verteidiger - entweder von Bethmann-Hollweg oder E. Römer)

30. - 15.02.1933 GER - USA* 1:2 (0:1, 0:0, 1:1)
USA vertreten durch Massachusetts Rangers (in den Spielen 30 - 31)
Berlin, Sportpalast; Z: 7.000; SR: Kummetz (GER)
Egginger (G. Ball n.e.) - E. Römer, Schröttle (SC Riessersee) - Jaenecke (C), R. Ball, Orbanowski - H. Lang,
Dr. Strobl, **Hans Schütte** (Tegeler EV)
T: 1:2 (45.) R. Ball (E. Römer)
S: R. Ball 1

31. - 16.02.1933 GER - USA* 2:7 (0:2, 1:3, 1:2)
Berlin, Sportpalast; Z: 7.000; SR: Steinke (GER)
G. Ball (Egginger n.e.) - E. Römer, Schröttle - Jaenecke (C), R. Ball, Orbanowski - H. Lang, Dr. Strobl, Schütte
T: 1:5 (?) R. Ball (---) / 2:7 (?) Schröttle (Jaenecke)
S: Orbanowski 2, Jaenecke 1

7. Welt- und 17. Europameisterschaft 1933

*Die deutsche Mannschaft gewann die Vorrundengruppe B und qualifizierte sich für die Halbfinalgruppe B. Hier
belegte die Mannschaft den 3. Platz. Damit spielte sie um Platz 5, welcher nach einem Unentschieden zwischen
Deutschland und der Schweiz geteilt wurde. In der Europameisterschaft war das ein geteilter Platz 3.*

VORRUNDE - GRUPPE B

32. - 18.02.1933 GER - BEL 6:0 (1:0, 3:0, 2:0)
Praha, Zimní stadion Štvanice (Freiluft, Kunsteis); Z: 5.000; SR: Brück (AUT)
Egginger (G. Ball n.e.) - E. Römer, Schröttle - Jaenecke (C), R. Ball, Orbanowski - H. Lang, Dr. Strobl, **Anton
Wiedemann** (EV Füssen)
T: 1:0 (11.) Jaenecke (Weitschuss) / 2:0 (19.) R. Ball (---) - 3:0 (20.) R. Ball (Jaenecke) - 4:0 (27.) Schröttle (---
) / 5:0 (35.) Orbanowski (Schröttle) - 6:0 (39.) H. Lang (---)
S: keine Strafen

33. - 19.02.1933 GER - POL 2:0 (0:0, 1:0, 1:0)
Praha, Zimní stadion Štvanice; Z: 4.000; SR: Brück (AUT)
Egginger (G. Ball n.e.) - E. Römer, Schröttle - Jaenecke (C), R. Ball, Orbanowski - H. Lang, Dr. Strobl, Korff
T: 1:0 (27.) Jaenecke (Orbanowski) / 2:0 (37.) R. Ball (Jaenecke)
S: H. Lang 2, Schröttle 1, Orbanowski 1

HALBFINALE - GRUPPE E

34. - 21.02.1933 CAN* GER 5:0 (1:0, 2:0, 2:0)
Kanada vertreten durch den Allan-Cup-Sieger 1932 Toronto National Sea Fleas
Praha, Zimní stadion Štvanice; Z: 9.000; SR: Poplimont (BEL)
Egginger (G. Ball n.e.) - E. Römer, Schröttle - Jaenecke (C), R. Ball, Orbanowski - H. Lang, Dr. Strobl, Schütte
S: keine Strafen

35. - 22.02.1933 GER - HUN 4:0 (2:0, 0:0, 2:0)
Praha, Zimní stadion Štvanice; Z: 3.500; SR: Watson (CAN)
Egginger (G. Ball n.e.) - E. Römer, Schröttle - Jaenecke (C), R. Ball, Orbanowski - H. Lang, Dr. Strobl, Wiedemann
T: 1:0 (8.) Schröttle (---) - 2:0 (12.) R. Ball (Jaenecke) / 3:0 (34.) R. Ball (---) - 4:0 (41.) Schröttle (H. Lang)
S: E. Römer 1

36. - 23.02.1933 AUT - GER 2:0 (0:0, 0:0, 2:0)
Praha, Zimní stadion Štvanice; Z: 12.000; SR: Brown (USA)
Egginger (G. Ball n.e.) - E. Römer, Schröttle - Jaenecke (C), R. Ball, Orbanowski - H. Lang, Dr. Strobl, Korff
S: Schröttle 2, Orbanowski 1

SPIEL UM PLATZ 5
37. - 24.02.1933 GER - SUI 1:1 (0:0, 1:1, 0:0)*
* Auf Grund der Witterung (starker Schneefall) wurde auf eine Verlängerung verzichtet.
Praha, Zimní stadion Štvanice; Z: 2.000; SR: Brown (USA)
Egginger (G. Ball n.e.) - E. Römer, Schröttle - Jaenecke (C), R. Ball, Orbanowski - Korff, Dr. Strobl, Wiedemann
T: 1:0 (19.) R. Ball (Jaenecke)
S: keine Strafen

1933/34

8. Welt- und 18. Europameisterschaft 1934

Die deutsche Mannschaft gewann die Vorrundengruppe C und qualifizierte sich für die Halbfinalgruppe C. Hier belegte die Mannschaft den 2. Platz. Am Ende wurde das Spiel um Platz 3 gewonnen und damit auch die Europameisterschaft.

VORRUNDE - GRUPPE C

38. - 03.02.1934 AUT - GER 2:1 (0:1, 1:0, 1:0)
Milano, Palazzo del Ghiaccio (Kunsteis); Z: 2.000; SR: Brown (USA), Loicq (BEL)
Theo Kaufmann (VfTSS Brandenburg Berlin; *Leinweber (EV Füssen) n.e.*) - E. Römer (Berliner SSC), von Bethmann-Hollweg (SC Riessersee) - Jaenecke (C - Berliner SSC), **Roman Kessler** (EV Füssen), Orbanowski (Berliner SSC) - H. Lang (SC Riessersee), Dr. Strobl (SC Riessersee), **Werner George** (VfTSS Brandenburg Berlin)
T: 1:0 (02:00) Orbanowski (Jaenecke)
S: H. Lang 2

39. - 04.02.1934 ITA - GER 2:3 (2:0, 0:2, 0:1)
Milano, Palazzo del Ghiaccio; Z: 2.500; SR: Dewar (CAN), Loicq (BEL)
Leinweber (*T. Kaufmann n.e.*) - E. Römer, von Bethmann-Hollweg - Jaenecke (C), Orbanowski, George - H. Lang, Dr. Strobl, **Alois Kuhn** (EV Füssen)
T: 2:1 (19:30) A. Kuhn (Orbanowski) - 2:2 (23:00) Jaenecke (Weitschuss) / 2:3 (41:00) von Bethmann-Hollweg (---)
S: keine Angaben

40. - 05.02.1934 GER - CAN 0:3 (0:2, 0:1, 0:0) - kein WM-Spiel*
* Freundschaftsspiel, Kanada vertreten durch Saskatoon Quakers (in den Spielen 40 - 41)
Milano, Palazzo del Ghiaccio; Z: ?; SR: Poplimont (BEL)
T. Kaufmann (ab 30:01 Leinweber*) - E. Römer, von Bethmann-Hollweg - Jaenecke (C), Orbanowski, George - H. Lang, Dr. Strobl, A. Kuhn - Korff (Berliner SSC), Kessler - ** vom DEV nicht als Länderspiel gezählt*
S: keine Angaben

ZWISCHENRUNDE - GRUPPE C

41. - 07.02.1934 CAN* - GER 6:0 (0:0, 3:0, 3:0)
Milano, Palazzo del Ghiaccio; Z: ?; SR: Brown (USA), de Marwicz (GBR)
Leinweber (*T. Kaufmann n.e.*) - E. Römer, Jaenecke (C) - A. Kuhn, Orbanowski, George - H. Lang, Dr. Strobl, von Bethmann-Hollweg
S: keine Strafen

42. - 08.02.1934 GER - FRA 4:0 (2:0, 0:0, 2:0)
Milano, Palazzo del Ghiaccio; Z: 200; SR: Brown (USA), de Marwicz (GBR)
Leinweber (*T. Kaufmann n.e.*) - E. Römer, Jaenecke (C) - A. Kuhn, Orbanowski, George - H. Lang, Dr. Strobl, von Bethmann-Hollweg
T: 1:0 (03:00) George (---) - 2:0 (13:00) Jaenecke (---) / 3:0 (34:00) H. Lang (von Bethmann-Hollweg) - 4:0 (37:00) George (Jaenecke)
S: keine Strafen

QUALIFIKATIONSSPIEL DER ZWEITEN VON GRUPPA A UND C
43. - 09.02.1934 TCH - GER 0:1 (0:0, 0:0, 0:0, 0:1) nach Verlängerung
Milano, Palazzo del Ghiaccio; Z: 1.500; SR: Magwood (GBR), Dewar (CAN)
Leinweber (*T. Kaufmann n.e.*) - E. Römer, Jaenecke (C) - A. Kuhn, Orbanowski, George - H. Lang, Dr. Strobl, von Bethmann-Hollweg
T: 0:1 (46:00) E. Römer (Jaenecke)
S: E. Römer 1, von Bethmann-Hollweg 1

HALBFINALE
44. - 10.02.1934 USA - GER 3:0 (1:0, 1:0, 1:0)
Milano, Palazzo del Ghiaccio; Z: ?; SR: Magwood (GBR), Dewar (CAN)
T. Kaufmann (*Leinweber n.e.*) - E. Römer, Jaenecke (C) - A. Kuhn, Orbanowski, Korff - Kessler, Dr. Strobl, von Bethmann-Hollweg
S: keine Angaben

SPIEL UM PLATZ 3
45. - 11.02.1934 GER - SUI 2:1 (0:0, 0:1, 1:0, 0:0, 1:0) nach 2 Verlängerungen
Milano, Palazzo del Ghiaccio; Z: 4.000; SR: Brown (USA), Roncarelli (ITA)
Leinweber (*T. Kaufmann n.e.*) - E. Römer, Jaenecke (C) - A. Kuhn, Orbanowski, George - H. Lang, Dr. Strobl, von Bethmann-Hollweg
T: 1:1 (44:57) E. Römer (Weitschuss) / 2:1 (54:30) H. Lang (Dr. Strobl)
S: von Bethmann-Hollweg 2, A. Kuhn 1

46. - 04.03.1934 SUI - GER 5:0 (2:0, 2:0, 1:0)
Basel, St. Margarethenpark (Freiluft, Kunsteis); Z: 6.000; SR: Bell (CAN)
Leinweber (*T. Kaufmann n.e.*) - E. Römer (C), Korff - George, Dr. Strobl, H. Lang - Wiedemann (EV Füssen), Orbanowski, A. Kuhn
S: ? 1

Mit der offiziellen Bildung des Deutschen Reichsbundes für Leibesübungen (DRL) am 09.03.1934 wurde die nationalsozialistische Gleichschaltung auch im Sport vollzogen. Eishockey wurde im Fachamt Eis- und Rollsport verwaltet. Der DEV hatte sich wie alle Sportverbände bis Ende 1936 aufzulösen.

1934/35

Erster Reichstrainer Valentin "Bobby" Hoffinger CAN

9. Welt- und 19. Europameisterschaft 1935

Die deutsche Mannschaft wurde Letzter der Vorrundengruppe B und musste in die Trostrunde. Hier belegte sie in ihrer Gruppe den 1. Platz. Das anschließende Spiel um Platz 9 wurde gewonnen. In der Europameisterschaft war das Platz 8.

VORRUNDE - GRUPPE B

47. - 19.01.1935 ITA - GER 2:0 (1:0, 1:0, 0:0)
Davos, Erste Eisbahn (Freiluft, Natureis); Z: ?; SR: Andreossi (SUI), Magwood (GBR)
Egginger (SC Riessersee; *Leinweber (EV Füssen) n.e.*) - Schröttle (C - SC Riessersee), Jaenecke (Berliner SSC) - H. Lang (SC Riessersee), Dr. Strobl (SC Riessersee), Korff (Berliner SSC) - A. Kuhn (EV Füssen), Orbanowski (Berliner SSC), **Dr. Philipp Schenk** (SC Riessersee)
S: Korff 2

48. - 20.01.1935 POL - GER 3:1 (1:0, 2:1, 0:0)
Davos, Erste Eisbahn; Z: ?; SR: Müller (SUI), Weinberger (AUT)
Egginger (*Leinweber n.e.*) - Schröttle (C), Jaenecke - A. Kuhn, Dr. Strobl, Dr. Schenk - **Karl Kögel** (EV Füssen), Orbanowski, **Herbert Schibukat** (Rastenburger SV 08)
T: 1:1 (20.) Orbanowski (Kögel)
S: A. Kuhn 1

49. - 21.01.1935 FRA - GER 2:1 (0:0, 0:1, 2:0)
Davos, Erste Eisbahn; Z: ?; SR: Geromini (SUI), Magwood (GBR)
Leinweber (*Egginger n.e.*) - Schröttle (C), Jaenecke - Kögel, Dr. Strobl, Dr. Schenk - A. Kuhn, Orbanowski, Schibukat
T: 0:1 (28.) Jaenecke (---)
S: Kögel 2

TROSTRUNDE - GRUPPE A

50. - 22.01.1935 GER - NED 5:0 (0:0, 5:0, 0:0)
Davos, Dritte Eisbahn (Freiluft, Natureis); Z: ?; SR: Poplimont (BEL), Geromini (SUI)
Leinweber (*Egginger n.e.*) - E. Römer (Berliner SSC), Jaenecke (C) - H. Lang, Orbanowski, Dr. Schenk - A. Kuhn, Dr. Strobl, Korff
T: 1:0 (16.) H. Lang (?) - 2:0 (?) H. Lang (?) - 3:0 (?) Dr. Schenk (?) - 4:0 (?) Orbanowski (?) - 5:0 (?) H. Lang (?)
S: keine Angaben

51. - 24.01.1935 GER - LAT 3:1 (0:0, 1:0, 2:1)
Davos, Dritte Eisbahn; Z: ?; SR: Danielopol (ROU), Honnemann (SUI)
Egginger (*Leinweber n.e.*) - E. Römer, Schröttle (C) - Kögel, Jaenecke, Korff - H. Lang, Dr. Strobl, Dr. Schenk
T: 1:0 (?) Kögel (?) / 2:1 (?) Dr. Strobl (?) - 3:1 (?) Jaenecke (?)
S: keine Angaben

52. - 25.01.1935 GER - ROU 3:0 (2:0, 0:0, 1:0)
Davos, Erste Eisbahn; Z: ?; SR: Calcaterra (ITA), Geromini (SUI)
Leinweber (*Egginger n.e.*) - Schröttle (C), Jaenecke - A. Kuhn, Orbanowski, Korff - Kögel, D. Strobl, Dr. Schenk
T: 1:0 (2.) Orbanowski (?) - 2:0 (5.) Schröttle (?) / 3:0 (38.) Jaenecke (?)
S: keine Angaben

SPIEL UM PLATZ 9
53. - 27.01.1935 GER - POL 5:1 (2:0, 2:1, 1:0)
Davos, Zweite Eisbahn (Freiluft, Natureis); Z: ?; SR: Geromini (SUI), Müller (SUI)
Leinweber (*Egginger n.e.*) - Schröttle (C), Jaenecke - Kögel, D. Strobl, Dr. Schenk - Schibukat, Orbanowski, Korff
T: 1:0 (?) Dr. Strobl (Jaenecke) - 2:0 (?) Schibukat (Orbanowski) / 3:1 (23.) Jaenecke (---) - 4:1 (23.) Jaenecke (---) / 5:1 (31.) Dr. Strobl (Schröttle)
S: keine Angaben
Jaenecke absolvierte als erster Spieler sein 50. Länderspiel.

54. - 05.02.1935 GER - CAN* 2:9 (0:3, 0:5, 2:1)
* Kanada vertreten durch Winnipeg Monarchs
München, Prinzregentenstadion (Freiluft, Kunsteis); Z: 3.000; SR: A. Gruber (GER), M. Schmidt (GER)
Leinweber (*Egginger n.e.*) - Schröttle (C), **Otto Lintner** (EV Füssen) - von Bethmann-Hollweg (SC Riessersee), Dr. Strobl, H. Lang - Wiedemann (EV Füssen), Kessler (EV Füssen), A. Kuhn
T: 1:8 (?) Wiedemann (?) - 2:9 (?) Dr. Strobl (?)
S: keine Angaben

55. - 30.03.1935 NED - GER 1:4 (0:1, 0:2, 1:1)
Amsterdam, Eisbahn an der Linnaeusstraat (Freiluft, Kunsteis); Z: 7.000; SR: ? (NED), ? (GER)
T. Kaufmann (VfTSS Brandenburg; *Egginger n.e.*) - Jaenecke (C), **Rudolf Tobien** (Berliner SSC) - Dr. Schenk, Dr. Strobl, Orbanowski - Wiedemann, A. Kuhn, **Dr. Kurt Adler** (Berliner EV 1886)
T: 0:1 (?) Jaenecke (?) / 0:2 (?) Eigentor Maas (?) - 0:3 (?) A. Kuhn* (?) / 0:4 (?) Adler* (?)
* Torreihenfolge 0:3 bzw. 0:4 nicht bestätigt
S: keine Angaben

1935/36

4. Olympische Winterspiele 1936 - Eishockeyturnier

Die deutsche Mannschaft gewann die Vorrundengruppe B und qualifizierte sich für die Zwischenrundengruppe A. Hier belegte die Mannschaft den 3. Platz und schied aus dem Turnier aus.
Da dieses Turnier von der LIHG auch als 10. WM und 20. EM gewertet wurde, lauteten die Platzierungen hier: OS und WM - 5. Platz, EM - 3. Platz.

VORRUNDE - GRUPPE B

56'. - 06.02.1936 USA - GER 1:0 (1:0, 0:0, 0:0)*

* Während der gesamten Spielzeit starker Schnellfall, das Spiel musste des Öfteren unterbrochen werden, um die Eisfläche vom Schnee zu räumen. Im letzten Drittel wollte der belgische Schiedsrichter das Spiel abbrechen, jedoch war die amerikanische Mannschaft damit nicht einverstanden.
Garmisch-Partenkirchen, Olympia-Eisstadion (Freiluft, Kunsteis); Z: 10.000; SR: Loicq (BEL), Erhardt (GBR)
Egginger (SC Riessersee; *T. Kaufmann (Berliner SSC) n.e.*) - von Bethmann-Hollweg (SC Riessersee), Jaenecke (C - Berliner SSC) - Dr. Schenk (SC Riessersee), R. Ball (Berliner SSC), Kögel (SC Riessersee) - Wiedemann (EV Füssen), Schibukat (Rastenburger SV 08), A. Kuhn (EV Füssen)
S: Jaenecke 2

57'. - 07.02.1936 GER - ITA 3:0 (1:0, 1:0, 1:0)

Garmisch-Partenkirchen, Olympia-Eisstadion; Z: 8.000; SR: Tupalski (POL), Lator (HUN)
Egginger (*T. Kaufmann n.e.*) - von Bethmann-Hollweg, Jaenecke (C) - Dr. Schenk, R. Ball, Kögel - Wiedemann, Schibukat, Dr. Strobl (SC Riessersee)
T: 1:0 (7.) Schibukat (Wiedemann) / 2:0 (20.) Jaenecke (Weitschuss) / 3:0 (37.) R. Ball (Jaenecke)
S: keine Strafen

58'. - 08.02.1936 GER - SUI 2:0 (0:0, 1:0, 1:0)

Garmisch-Partenkirchen, Olympia-Eisstadion; Z: 10.000; SR: Brown (USA), Erhardt (GBR)
Egginger (*T. Kaufmann n.e.*) - von Bethmann-Hollweg, Jaenecke (C) - Dr. Schenk, R. Ball, Kögel - Wiedemann, Schibukat, Dr. Strobl
T: 1:0 (25.) R. Ball (Kögel) / 2:0 (35.) Jaenecke (---)
S: Jaenecke 4

ZWISCHENRUNDE - GRUPPE A

59'. - 11.02.1936 GER - HUN 2:1 (0:0, 1:0, 1:1)

Garmisch-Partenkirchen, Olympia-Eisstadion; Z: 10.000; SR: Brown (USA), Tupalski (POL)
Egginger (*T. Kaufmann n.e.*) - von Bethmann-Hollweg, Jaenecke (C) - Dr. Schenk, R. Ball, Kögel - Wiedemann, Schibukat, A. Kuhn
T: 1:0 (21.) von Bethmann-Hollweg (Jaenecke) / 2:0 (36.) Jaenecke (Schibukat)
S: keine Strafen

60'. - 12.02.1936 GBR - GER 1:1 (0:0, 1:0, 0:1, 0:0, 0:0, 0:0) nach 3 Verlängerungen*

* Bruttospielzeit 156 Minuten
Garmisch-Partenkirchen, Olympia-Eisstadion; Z: 10.000; SR: Brown (USA), Tupalski (POL)
Egginger (*T. Kaufmann n.e.*) - von Bethmann-Hollweg, Jaenecke (C) - Wiedemann, Kögel, A. Kuhn - **Paul Trautmann** (Berliner SSC), Schibukat, George (Berliner SSC)
T: 1:1 (39.) Schibukat (Gedränge)
S: Wiedemann 5, Trautmann 1, Schibukat 1

61'. - 13.02.1936 CAN* - GER 6:2 (1:0, 3:0, 2:2)

* Kanada vertreten durch den Allan-Cup-Sieger 1935 Halifax Wolverines
Garmisch-Partenkirchen, Olympia-Eisstadion; Z: 10.000; SR: Brown (USA), Tupalski (POL)
Egginger (*T. Kaufmann n.e.*) - von Bethmann-Hollweg, Jaenecke (C) - Wiedemann, Schibukat, Dr. Strobl - Trautmann, Kögel, George
T: 4:1 (31:50) Wiedemann (---) - 2:6 (44:35) Dr. Strobl (von Bethmann-Hollweg)
S: Schibukat 4, Kögel 4, Trautmann 2

1936/37

neuer Reichstrainer Robert „Bobby" Bell CAN

11. Welt- und 21. Europameisterschaft 1937

Die deutsche Mannschaft wurde Zweiter der Vorrundengruppe A und qualifizierte sich für die Halbfinalgruppe A. Hier belegte die Mannschaft wieder den 2. Platz und kam in die Finalrunde. Am Ende belegte die Mannschaft den WM-Platz 4 und EM-Platz 3.

VORRUNDE - GRUPPE A

62. - 17.02.1937 GBR - GER 6:0 (1:0, 1:0, 4:0)
London, Wembley Empire Pool (Halle); Z: 6.000; SR: Ališ (TCH), Minder (HUN)
Egginger (SC Riessersee; *T. Kaufmann (Berliner SSC) n.e.*) - **Rolf Haffner** (Berliner SSC), Orbanowski (Düsseldorfer EG) - Kögel (SC Riessersee), R. Ball (Berliner SSC), Schibukat (Rastenburger SV 08) - Dr. Schenk (SC Riessersee), Kessler (Düsseldorfer EG) - **Karl Wild** (SC Riessersee) - **Günther Kelch** (SV Zehlendorfer Wespen 1911)
S: keine Angaben

63. - 18.02.1937 GER - ROU 4:2 (0:0, 1:0, 3:2)
London, Harringay Arena (Halle); Z: 5.000; SR: Erhardt (GBR), Lator* (HUN)
* lt. Statistik E. Martini - Poplimont (BEL)
Egginger (*T. Kaufmann n.e.*) - Haffner, Orbanowski - R. Ball, Dr. Schenk, H. Lang (SC Riessersee) - **Walter Schmidinger** (Düsseldorfer EG), Kögel, Schibukat
T: 1:0 (27.) Kögel (---) / 2:0 (?) Kögel (Schibukat) - 3:0 (?) H. Lang (R. Ball) - 4:1 (42.) Dr. Schenk (H. Lang)
S: Orbanowski 3, H. Lang 1

64. - 19.02.1937 HUN - GER 2:2 (1:0, 0:1, 0:0, 0:0, 1:1, 0:0) nach 3 Verlängerungen
London, Wembley Empire Pool; Z: 5.000; SR: Erhardt (GBR), Trauttenberg (AUT)
T. Kaufmann (*Egginger n.e.*) - Haffner, Jaenecke (C - Berliner SSC) - Orbanowski, Kessler, K. Wild - Kelch, Dr. Schenk, H. Lang - Schmidinger
T: 1:1 (30.) K. Wild (Jaenecke) / 1:2 (60.) Orbanowski (---)
S: keine Strafen

HALBFINALE - GRUPPE A

65. - 20.02.1937 GER - FRA 5:0 (1:0, 3:0, 1:0)
London, Wembley Empire Pool; Z: 10.000; SR: Erhardt (GBR), Trauttenberg (AUT)
Egginger (*T. Kaufmann n.e.*) - Haffner, Jaenecke (C) - R. Ball, Dr. Schenk, H. Lang - Kögel, Kessler, Schibukat - Orbanowski
T: 1:0 (3.) Kessler (Jaenecke) / 2:0 (?) Dr. Schenk (?) - 3:0 (?) Kögel (?) - 4:0 (?) Schibukat (?) / 5:0 (40.) Dr. Schenk (?)
S: Kögel 1

66. - 22.02.1937 CAN* - GER 5:0 (0:0, 3:0, 2:0)
* Kanada vertreten durch den Allan-Cup-Sieger 1936 Kimberley Dynamiters(in den Spielen 66 und 68)
London, Wembley Empire Pool; Z: 4.000; SR: Loicq (BEL), de Marwicz (GBR)
Egginger (*T. Kaufmann n.e.*) - Haffner, Orbanowski - H. Lang, Dr. Schenk, K. Wild - Kögel, Kessler, Schibukat - Kelch
S: Schibukat 1, Kessler 1, Dr. Schenk 1, Kögel 1

67. - 23.02.1937 GER - TCH 2:1 (0:0, 0:1, 1:0, 0:0, 0:0, 1:0) nach 3 Verlängerungen
London, Wembley Empire Pool; Z: 4.000; SR: Poplimont (BEL), Erhardt (GBR)
Egginger (*T. Kaufmann n.e.*) - Haffner, Orbanowski - R. Ball, Dr. Schenk, H. Lang - Kögel, Kessler, Schibukat - Kelch
T: 1:1 (42.) Kessler (Kögel) / 2:1 (66.) Kögel (Weitschuss)
S: H. Lang 3, Dr. Schenk 2, Schibukat 1, Haffner 1, Kögel 1, Orbanowski 1

FINALRUNDE

68. - 25.02.1937 CAN* - GER 5:0 (1:0, 2:0, 2:0)
London, Harringay Arena; Z: 9.000; SR: de Marwicz (GBR), Minder (HUN)
T. Kaufmann (*Egginger n.e.*) - Haffner, Kögel - H. Lang, Dr. Schenk, K. Wild - Kelch, Kessler, Schmidinger - Schibukat
S: Kögel 2, Kessler 1

69. - 26.02.1937 SUI - GER 6:0 (2:0, 2:0, 2:0)
London, Wembley Empire Pool; Z: 8.000; SR: Minder (HUN), Sachs (POL)
Egginger (*T. Kaufmann n.e.*) - Haffner, Orbanowski - R. Ball, Dr. Schenk, Kögel - H. Lang, K. Wild, Kessler - Schibukat
S: Schenk 1 oder 2

70. - 27.02.1937 GBR - GER 5:0 (3:0, 1:0, 1:0)
London, Wembley Empire Pool; Z: 12.000; SR: Poplimont (BEL), Minder (HUN)
Egginger (*T. Kaufmann n.e.*) - Haffner, Orbanowski - Kögel, R. Ball, Schmidinger - Dr. Schenk, Kessler, K. Wild - Kelch
S: keine Angaben

1937/38

71. - 19.12.1937 SUI - GER 3:1 (0:0, 3:0, 0:1)
Basel, St. Margarethenpark; Z: 15.000; SR: Hug (SUI), Kaufmann (GER)
Egginger (SC Riessersee; *T. Kaufmann (Berliner SSC) n.e.*) - Jaenecke (C - Berliner SSC), Dr. Schenk (SC Riessersee) - Kelch (SV Zehlendorfer Wespen 1911), R. Ball (Berliner SSC), Wiedemann (EV Füssen) - Dr. Strobl (SC Riessersee), Trautmann (Berliner SSC), Schibukat (Rastenburger SV 08) - Schmidinger (Düsseldorfer EG)
T: 3:1 (36.*) R. Ball (Jaenecke) * Zeit nicht bestätigt
S: keine Strafen

12. Welt- und 22. Europameisterschaft 1938

Die deutsche Mannschaft wurde Dritter der Vorrundengruppe B und qualifizierte sich für die Zwischenrundengruppe B. Hier belegte die Mannschaft den 2. Platz. Als Gruppenzweiter in einer Gruppe mit einer Überseemannschaft zog sie ins Halbfinale ein. Am Ende belegte die Mannschaft den 4. Platz und in der Europameisterschaft den 3. Platz.

VORRUNDE - GRUPPE A

72. - 11.02.1938 GBR - GER 1:0 (0:0, 0:0, 1:0)
Praha, Zimní stadion Štvanice; Z: 6.000; SR: Krásl* (TCH), Poplimont (BEL)
* lt. Statistik E. Martini - Minder (HUN)
Egginger (*Alfred Hoffmann (SV Zehlendorfer Wespen 1911) n.e.*) - K. Wild (SC Riessersee), Tobien (Düsseldorfer EG) - H. Lang (SC Riessersee), Dr. Strobl, Dr. Schenk - Kessler (Düsseldorfer EG), Schmidinger, Wiedemann - Schibukat
S: Tobien 1

73. - 13.02.1938 GER - LAT 1:0 (0:0, 1:0, 0:0)
Praha, Zimní stadion Štvanice; Z: 2.000; SR: Kraatz (SUI), Saue (EST)
Hoffmann (*Egginger n.e.*) - Jaenecke (C), Tobien - R. Ball, Schibukat, **Ludwig Kuhn** (EV Füssen; ab 16. Dr. Schenk) - Kessler, Schmidinger, Wiedemann
T: 1:0 (21.) Schibukat (R. Ball)
S: Wiedemann 2, Dr. Schenk 1

74. - 14.02.1938 USA - GER 1:0 (1:0, 0:0, 0:0)
Praha, Zimní stadion Štvanice; Z: 8.000; SR: Kraatz (SUI), Kolář* (TCH)
* lt. Statistik E. Martini - Fröhlich (TCH)
Egginger (*Hoffmann n.e.*) - Jaenecke (C), Tobien - H. Lang, Dr. Strobl, Dr. Schenk - Kessler, Schibukat, L. Kuhn - Wiedemann
S: L. Kuhn 1

75. - 15.02.1938 GER - NOR 8:0 (2:0, 1:0, 5:0)
Praha, Zimní stadion Štvanice; Z: 700; SR: Fröhlich (TCH), Reisenzahn (TCH)
Hoffmann (*Egginger n.e.*) - Jaenecke (C), K. Wild - H. Lang, Dr. Strobl, Dr. Schenk - Kessler, R. Ball, Schmidinger - L. Kuhn
T: 1:0 (06:30) K. Wild (R. Ball) - 2:0 (7:00) H. Lang (---) / 3:0 (27.) Schmidinger (Jaenecke) / 4:0 (30:10) R. Ball (---) - 5:0 (35:30) Dr. Strobl (Jaenecke) - 6:0 (36.) Jaenecke (---) - 7:0 (40.) R. Ball (---) - 8:0 (42.) Jaenecke (---)
S: keine Strafen

ZWISCHENRUNDE - GRUPPE B

76. - 16.02.1938 CAN* - GER 3:2 (1:1, 0:1, 1:0, 1:0) nach Verlängerung
* Kanada vertreten durch den Allan-Cup-Sieger 1937 Sudbury Wolves (in den Spielen 76 und 78)
Praha, Zimní stadion Štvanice; Z: 7.000; SR: Sachs (POL), Poplimont (BEL)
Hoffmann (*Egginger n.e.*) - K. Wild, Tobien - H. Lang, Dr. Strobl, Dr. Schenk - Kessler, R. Ball, Schibukat - Wiedemann
T: 0:1 (11.) Tobien (R. Ball) / 1:2 (17.) R. Ball (Schibukat)
S: Tobien 3, Dr. Schenk 1

77. - 17.02.1938 GER - HUN 1:0 (0:0, 1:0, 0:0)
Praha, Zimní stadion Štvanice; Z: 8.000; SR: Kraatz (SUI), Geromini (SUI)
Egginger (*Hoffmann n.e.*) - Jaenecke (C), Tobien - H. Lang, Dr. Strobl, Dr. Schenk - K. Wild, Schmidinger, L. Kuhn - Kessler
T: 1:0 (19.) Dr. Strobl (Dr. Schenk)
S: keine Strafen

HALBFINALE
78. - 19.02.1938 CAN* - GER 1:0 (0:0, 0:0, 1:0)
Praha, Zimní stadion Štvanice; Z: 10.000; SR: Sachs (POL), Poplimont (BEL)
Hoffmann (*Egginger n.e.*) - Jaenecke (C), Tobien - H. Lang, Dr. Strobl, Dr. Schenk - Schmidinger, R. Ball, Schibukat - Wiedemann
S: Jaenecke 3

SPIEL UM PLATZ 3
79. - 20.02.1938 TCH - GER 3:0 (1:0, 2:0, 0.0)
Praha, Zimní stadion Štvanice; Z: 9.000; SR: Sachs (POL), Minder (HUN)
Egginger (*Hoffmann n.e.*) - K. Wild, Tobien - H. Lang, Dr. Strobl, Dr. Schenk - Schibukat, R. Ball, L. Kuhn - Wiedemann
S: K. Wild 2

1938/39

13. Welt- und 23. Europameisterschaft 1939

Die deutsche Mannschaft wurde Zweiter der Vorrundengruppe A und qualifizierte sich für die Zwischenrundengruppe A. Hier belegte die Mannschaft den 3. Platz. Am Ende belegte die Mannschaft WM-Platz 5 und EM- Platz 3.

VORRUNDE - GRUPPE A

80. - 03.02.1939 GER - FIN 12:1 (2:0, 7:1, 3:0)
Basel, St. Margarethenpark; Z: 10.000; SR: Kolář (TCH), Calcatarra (ITA)
Hoffmann (SV Zehlendorfer Wespen 1911; *Egginger (SC Riessersee) n.e.*) - Jaenecke (C - Berliner SSC), **Franz Csöngei** (KE Engelmann Wien) - **Walter Feistritzer** (Wiener EV), **Oskar Nowak** (Wiener EV), **Friedrich Demmer** (Wiener EV) - Kögel (SC Riessersee), Dr. Schenk (SC Riessersee), Schmidinger (Düsseldorfer EG) - L. Kuhn (EV Füssen)
T: 1:0 (?) Feistritzer (?) - 2:0 (?) Schmidinger (?) / die weiteren Tore: Jaenecke 3, Schmidinger 2, Feistritzer 1, Demmer 2, Nowak 2 - Das Gegentor war das 8:1.
S: keine Angaben

81. - 04.02.1939 USA - GER 4:0 (2:0, 0:0, 2:0)
Basel, St. Margarethenpark; Z: 5.000; SR: Kolář (TCH), Hug (SUI)
Egginger (*Hoffmann n.e.*) - K. Wild (SC Riessersee), Tobien (Düsseldorfer EG) - Kögel, Dr. Schenk, Schmidinger - L. Kuhn, Csöngei, Schibukat (Rastenburger SV 08) - Jaenecke (C)
S: Jaenecke 1

82. - 05.02.1939 GER - ITA 4:4 (0:1, 2:3, 2:0, 0:0, 0:0, 0:0) nach 3 Verlängerungen
Basel, St. Margarethenpark; Z: 8.000; SR: Wirtz (USA), Hirtz (SUI)
Hoffmann (*Egginger n.e.*) - K. Wild (24.-32. Schibukat*), Tobien - Feistritzer, O. Nowak, Demmer - Kögel, Dr. Schenk, Schmidinger
* K. Wild im 2. Drittel bis Anfang 3. Drittel verletzt
T: 1:1 (17.) Demmer (Feistritzer) - 2:1 (20.) Feistritzer (Tobien) / 3:4 (31.) Feistritzer (---) - 4:4 (40.) Feistritzer (---)
S: keine Strafen

83. - 06.02.1939 GER - ITA 0:0 (0:0, 0:0, 0:0)*
* Eine Verlängerung konnte wegen des starken Nebels nicht durchgeführt werden. Die deutsche Auswahl qualifizierte sich auf Grund des besseren Torverhältnisses von 16:9 gegenüber 9:11 bei ITA für die Zwischenrunde.
Zürich, Dolder-Eisbahn (Freiluft, Kunsteis); Z: 5.000; SR: Wirtz (USA), Hirtz (SUI)
Hoffmann (*Egginger n.e.*) - Jaenecke (C), Tobien - Feistritzer, O. Nowak, Demmer - Kögel, Dr. Schenk, Csöngei - Schmidinger
S: Kögel 1

ZWISCHENRUNDE - GRUPPE A
84. - 07.02.1939 TCH - GER 1:1 (0:0, 1:0, 0:1, 0:0, 0:0, 0:0) nach 3 Verlängerungen
Zürich, Dolder-Eisbahn; Z: 4.000; SR: Wirtz (USA), Hug (SUI)
Hoffmann (*Egginger n.e.*) - Jaenecke (C), Tobien - Feistritzer, O. Nowak, Demmer - Csöngei, Dr. Schenk, L. Kuhn - Schibukat
T: 1:1 (36.) Jaenecke (---)
S: Csöngei 2, O. Nowak 2, Demmer 2, Tobien 1, Jaenecke 1

85. - 08.02.1939 GER - GBR 1:0 (0:0, 0:0, 1:0)
Zürich, Dolder-Eisbahn; Z: 8.000; SR: Poplimont (BEL), Hug (SUI)
Hoffmann (*Egginger n.e.*) - Jaenecke (C), Tobien - Feistritzer, O. Nowak, Demmer - Kögel, Dr. Schenk, Schmidinger - Csöngei
T: 1:0 (34.) Jaenecke (Csöngei)
S: Jaenecke 1, Csöngei 1

86. - 09.02.1939 CAN* - GER 9:0 (2:0, 5:0, 2:0)
* Kanada vertreten durch den Allan-Cup-Sieger 1938 Trail Smoke Eaters
Zürich, Dolder-Eisbahn; Z: 9.000; SR: Poplimont (BEL), Hug (SUI)
Egginger (*Hoffmann n.e.*) - Jaenecke (C), Tobien - Feistritzer, O. Nowak, Demmer - Kögel, Dr. Schenk, Schmidinger - Csöngei
S: Jaenecke 1

SPIELE UM PLATZ 5-8
       10.02.1939 GBR - GER
Zürich, Dolder-Eisbahn
Wegen Rückzugs der britischen Mannschaft fand das Spiel nicht statt.

87. - 11.02.1939 GER - HUN 6:2 (0:2, 3:0, 3:0)
Zürich, Dolder-Eisbahn; Z: 2.000; SR: Kolář (TCH), Hirtz (SUI)
Hoffmann (*Egginger n.e.*) - Jaenecke (C), Tobien - Feistritzer, O. Nowak, Demmer - Kögel, Dr. Schenk, L. Kuhn - Schmidinger
T: 1:2 (?) O. Nowak (Jaenecke) - 2:2 (?) Demmer (---) - 3:2 (25.) L. Kuhn (Jaenecke) / 4:2 (?) O. Nowak (---) - 5:2 (?) O. Nowak (?) - 6:2 (?) Jaenecke (---)
S: keine Angaben

88. - 12.02.1939 GER - POL 4:0 (1:0, 3:0, 0:0)
Basel, St. Margarethenpark; Z: 2.000; SR: Kolář (TCH), Kladrubský (TCH)
Egginger (*Hoffmann n.e.*) - Jaenecke (C), Tobien - Feistritzer, O. Nowak, Demmer - Kögel, Dr. Schenk*, Schmidinger - L. Kuhn
* Dr. Schenk im 3. Drittel verletzt ausgeschieden
T: 1:0 (10.) O. Nowak (---) / 2:0 (16.) O. Nowak (---) - 3:0 (23.) Dr. Schenk (Schmidinger) - 4:0 (26.) Jaenecke (---)
S: Tobien 1 oder 2

1939/40

89. - 11.01.1940 BOH*- GER 5:1 (2:1, 1:0, 2:0)
Prag, Zimní stadion Štvanice; Z: 8.000; SR: Herman* (BOH), Römer (GER)
* Protektorat Böhmen und Mähren = formal autonome Verwaltungseinheit unter nationalsozialistischer deutscher Herrschaft; wurde am 16.03.1939 nach dem Einmarsch der Wehrmacht gebildet
Hoffmann (KG BFC Preußen/SV Zehlendorfer Wespen 1911; *Josef Wurm (Wiener EG) n.e.*) - Jaenecke (C - Berliner SSC; ab 4. K. Wild (SC Riessersee)), Tobien (Düsseldorfer EG) - Feistritzer (Wiener EG), O. Nowak (TTC Rot-Weiß Berlin), Demmer (Wiener EG) - Schmidinger (Düsseldorfer EG), Dr. Schenk (SC Riessersee), Schibukat (Rastenburger SV 08)
T: 2:1 (9.) Schmidinger (Schibukat)
S: K. Wild 1, Schibukat 1

4. Internationale Wintersportwoche 1940

Die deutsche Mannschaft wurde Zweiter der Vorrundengruppe A und verpasste damit das Endspiel.

VORRUNDE - GRUPPE A

90. - 01.02.1940 GER - YUG 9:0 (3:0, 3:0, 3:0)
Garmisch-Partenkirchen, Olympia-Eisstadion; Z: 10.000; SR: Kudrna (BOH), Gerosa* (ITA)
* lt. Statistik E. Martini - Calcaterra (ITA)
Egginger (SC Riessersee; *Hoffmann n.e.*) - L. Kuhn (EV Füssen), Jaenecke (C) - Feistritzer, Demmer, **Johann Schneider** (Wiener EG) - **Hans Ertl** (Berliner SSC), R. Ball (Berliner SSC), Schibukat - **Fabian Freiherr von Massenbach** (Düsseldorfer EG)
T: 1:0 (10.) L. Kuhn (?) - 2:0 (12.) Schibukat (?) - 3:0 (14.) Jaenecke (?) / 4:0 (24.) Demmer (?) - 5:0 (26.) Jaenecke (?) - 6:0 (29.) Schibukat (?) / 7:0 (33.) L. Kuhn (?) - 8:0 (35.) L. Kuhn (?) - 9:0 (42.) *Eigentor Pavletič (?)*
S: keine Angaben

91. - 03.02.1940 GER - HUN 2:3 (1:1, 1:1, 0:1)
Garmisch-Partenkirchen, Olympia-Eisstadion; Z: 10.000; SR: Kudrna (BOH), Gerosa (ITA)
Hoffmann (*Egginger n.e.*) - Jaenecke (C), Tobien - Feistritzer, Demmer, Schneider - Ertl, R. Ball, Schibukat
T: 1:0 (8.) Tobien (?) / 2:2 (22.) Jaenecke (Tobien)
S: keine Angaben

1940/41

kein Reichstrainer mehr; verantwortlich Reichsfachwart Paul Martin

5. Internationale Wintersportwoche 1941

Die deutsche Mannschaft wurde Zweiter der Vorrundengruppe 3 und qualifizierte sich als bester Gruppenzweiter für das Halbfinale. Nach Siegen im Halbfinale und Finale gewann die deutsche Mannschaft das Turnier.

VORRUNDE - GRUPPE 3

92. - 19.02.1941 GER - SVK 3:2 (1:0, 0:0, 2:2)
Garmisch-Partenkirchen, Olympia-Eisstadion; Z: 6.000; SR: Gerosa (ITA), Kessler (SUI)
Hoffmann (TTC Rot-Weiß Berlin; *J. Wurm (Wiener EG) n.e.*) - K. Wild (SC Riessersee), L. Kuhn (EV Füssen) - Feistritzer (Mannheimer ERC), O. Nowak (TTC Rot-Weiß Berlin), Demmer (Mannheimer ERC) - Schmidinger (SC Riessersee), R. Ball (Berliner SSC), Trautmann (TTC Rot-Weiß Berlin) - Tobien (Düsseldorfer EG)
T: 1:0 (9.) O. Nowak (---) / 2:2 (40.) *Eigentor Javurek* - 3:2 (43.) K. Wild (O. Nowak)
S: keine Strafen

93. - 21.02.1941 GER - HUN 0:0 (0:0, 0:0, 0:0)
Garmisch-Partenkirchen, Olympia-Eisstadion; Z: 6.000; SR: Gerosa (ITA), Stenberg (SWE)
J. Wurm (*Hoffmann n.e.*) - Jaenecke (C - Berliner SSC), K. Wild - Feistritzer, O. Nowak, Demmer - Schmidinger, R. Ball, Trautmann - Schibukat (TTC Rot-Weiß Berlin), Tobien
S: keine Strafen

HALBFINALE
94. - 22.02.1941 GER - HUN 3:1 (1:0, 2:1, 0:0)
Garmisch-Partenkirchen, Olympia-Eisstadion; Z: 6.000; SR: Gerosa (ITA), Kessler (SUI)
J. Wurm (*Hoffmann n.e.*) - Jaenecke (C), K. Wild - Feistritzer, O. Nowak, Demmer - Schmidinger, R. Ball, Schibukat - Trautmann
T: 1:0 (11.) Demmer (?) / 2:1 (18.) K. Wild (?) - 3:1 (28.) Demmer (?) - *Vorlagen: Feistritzer 1*
S: keine Strafen

FINALE
95. - 23.02.1941 GER - SWE 2:1 (1:0, 1:1, 0:0)
Garmisch-Partenkirchen, Olympia-Eisstadion; Z: 12.000; SR: Stenberg (SWE), Kreisel (GER)
Hoffmann (*J. Wurm n.e.*) - Jaenecke (C), K. Wild - Feistritzer, O. Nowak, Demmer - Trautmann, Schmidinger, Schibukat - R. Ball
T: 1:0 (3.) Jaenecke (O. Nowak) / 2:0 (21.) Demmer (Jaenecke)
S: keine Strafen

96. - 02.03.1941 ITA - GER 5:3 (2:0, 2:1, 1:2)
Milano, Palazzo del Ghiaccio; Z: 3.000; SR: Calcaterra (ITA), Kreisel (GER)
Leinweber (EV Füssen; *Egginger (SC Riessersee) n.e.*) - K. Wild, L. Kuhn - Feistritzer, Demmer, Dr. Schenk (SC Riessersee) - H. Lang (SC Riessersee), Dr. Strobl (SC Riessersee), Schmidinger - Kessler (Düsseldorfer EG)
T: 2:1 (16.) K. Wild (?) / 4:2 (34.) Feistritzer (?) - 4:3 (37.) K. Wild (?)
S: keine Angaben

1941/42

97. - 14.12.1941 SUI - GER 3:1 (1:0, 2:1, 0:0)
Zürich, Dolder-Eisbahn; Z: 15.000; SR: Lutta (SUI), Römer (GER)
Egginger (SC Riessersee; *Hoffmann (TTC Rot-Weiß Berlin) n.e.*) - Jaenecke (C - Berliner SSC), K. Wild (SC Riessersee) - Feistritzer (Mannheimer ERC), Demmer (Mannheimer ERC), Schmidinger (SC Riessersee) - Dr. Schenk (SC Riessersee), **Ernst Lortzing** (TTC Rot-Weiß Berlin; 26.-33.* L. Kuhn (EV Füssen)), Schibukat (TTC Rot-Weiß Berlin)
* L. Kuhn kurzzeitig eingesetzt, da Lortzing verletzt
T: 2:1 (22.) Dr. Schenk (Schibukat, Lortzing)
S: keine Strafen

98. - 11.01.1942 GER - SUI 1:4 (1:1, 0:1, 0:2)
München, Prinzregentenstadion; Z: 10.000; SR: Römer (GER), Lutta (SUI)
Egginger (*Hoffmann n.e.*) - K. Wild, Dr. Schenk (SC Riessersee) - Feistritzer, Demmer, Schmidinger - Kögel (SC Riessersee), Schibukat, **Claus Schwarz** (TTC Rot-Weiß Berlin)
T: 1:1 (9.) Kögel (Schibukat)

99. - 28.03.1942 ITA - GER 2:1 (0:0, 2:1, 0:0)
Milano, Palazzo del Ghiaccio; Z: 1.500; SR: Talamona (ITA), Römer (GER)
Hoffmann (*Egginger n.e.*) - Jaenecke (C), Csöngei (Wiener EG) - Feistritzer, Demmer, O. Nowak (TTC Rot-Weiß Berlin) - K. Wild (ab ? Dr. Adler (Berliner SSC)), Schibukat, Schmidinger
T: 0:1 (17.) Feistritzer (Demmer)
S: Jaenecke 2

1942/43

100. - 19.12.1942 SVK - GER 2:10 (0:3, 2:6, 0:1)
Bratislava, Eisstadion (Freiluft, Kunsteis); Z: 5.000; SR: Dr. Okoličáni (SVK), Aigner (GER)
Egginger (SC Riessersee; *J. Wurm (Wiener EG) n.e.*) - Jaenecke (C - Berliner SSC), K. Wild (SC Riessersee) - Feistritzer (Mannheimer ERC), Schibukat (TTC Rot-Weiß Berlin), O. Nowak (TTC Rot-Weiß Berlin) - Kögel (SC Riessersee), Trautmann (TTC Rot-Weiß Berlin), Schwarz (TTC Rot-Weiß Berlin) - **Reinhard Hillmann** (VfTSS Brandenburg Berlin)
T: 0:1 (2.) *Eigentor Škovran* - 0:2 (8.) Kögel (Trautmann) - 0:3 (11.) Feistritzer (O. Nowak) / 0:4 (?) Feistritzer (?) - 0:5 (?) Hillmann (?) - 0:6 (?) Kögel (?) - 0:7 (?) Feistritzer (?) - 2:8 (?) Kögel (?) - 2:9 (?) Kögel (?) / 2:10 (?) Schibukat (?)
S: Jaenecke 1, Trautmann 1

Die LIHG hatte auf ihrem Kongress am 27.04.1946 Deutschland und Japan in Folge des 2. Weltkrieges erneut ausgeschlossen. Hier wurde auch die englische Bezeichnung des Weltverbandes offiziell angenommen: International Ice Hockey Federation (IIHF). Der Übergang vom französischen LIHG zum englischen IIHF war allerdings ein mehrjähriger Prozess. 1954 wurde das LIHG-Logo letztmals in einem offiziellen Dokument verwendet.
Ab 1947 beträgt die Spielzeit 3x20 min. Bei OS und WM wurden keine obligatorischen Verlängerungen mehr gespielt.
Der am 18.09.1949 neugegründete Deutsche Eissport Verband wurde erst am 10.03.1951 (wieder) aufgenommen.
In den offiziellen DEV/DEB-Spielprotokollen gab es bis 1978 keine Zeitangaben für Tore und Strafen.

1951/52

Vier Spieler hatten schon im Zeitraum bis 1942 Länderspiele bestritten: Schibukat K. Wild, Hoffmann, L. Kuhn
Nationaltrainer Franz Kreisel

101. - 18.11.1951 FRG - SWE 1:15 (0:5, 0:4, 1:6)
Berlin, Sportpalast; Z: 7.000; SR: Tschaepeler (SUI), Hauser (SUI)
Hoffmann (SC Riessersee; **Ulrich Jansen** *(Krefelder EV) n.e.*) - K. Wild (C - SC Riessersee), **Anton Biersack**
(SC Riessersee), Schibukat* (Preußen Krefeld) - **Georg Guggemos** (EV Füssen), **Fritz Poitsch** (SC
Riessersee), **Markus Egen** (EV Füssen) - **Xaver Unsinn** (EV Füssen), **Heinz-Dietrich Niehs** (VfL Bad
Nauheim), **Walter Kremershof** (Preußen Krefeld) - **Hans Rampf**** (EC Bad Tölz), **Hans-Georg Pescher**
(Krefelder EV)
** nur drei Verteidiger, da **Karl Bierschel** (Krefelder EV) verletzt war*
** Einsatz lt. DEV-Jahrbuch 1952/53, jedoch nicht eingesetzt
T: 1:14 (?) Guggemos (?)
S: keine Angaben

102. - 21.11.1951 FRG - SWE 5:8 (3:4, 0:3, 2:1)
Krefeld, Rheinlandhalle; Z: 7.000; SR: Tschaepeler (SUI), Hauser (SUI)
Jansen (**Heinz Wackers** *(Preußen Krefeld) n.e.*) - K. Wild (C), Biersack, Schibukat* - Guggemos, Poitsch, M.
Egen - Unsinn, Niehs, W. Kremershof (ab 40:01 **Engelbert Holderied** (EV Füssen)) - Pescher, **Ulrich Eckstein**
(Krefelder EV)
* nur dritter Verteidiger, da Bierschel verletzt war
T: 1:3 (?) Pescher (Poitsch) - 2:4 (?) W. Kremershof (?) - 3:4 (?) Schibukat (M. Egen) / 4:8 (?) K. Wild (Weitschuß)
- 5:8 (?) Guggemos (?)
S: M. Egen 2

103. - 11.01.1952 SUI - FRG 5:6 (1:3, 3:1, 1:2)
Zürich, Dolder-Eisbahn; Z: 7.000; SR: Bernhard (SUI), Heinecke (FRG)
Jansen (*Hoffmann n.e.*) - L. Kuhn (EV Füssen), Bierschel - Biersack, K. Wild (C) - Unsinn, Poitsch, M. Egen -
Pescher, Holderied, **Bruno Guttowski** (Krefelder EV) - **Hans-Werner Münstermann** (Krefelder EV), Niehs,
Karl Enzler (SC Riessersee)
T: 0:1 (10.) Poitsch (M. Egen) - 0:2 (16.) M. Egen (---) - 1:3 (19.) Poitsch (Unsinn) / 3:4 (27.) M. Egen (---) / 5:5
(48.) Poitsch (M. Egen) - 5:6 (53.) M. Egen (---)
S: K. Wild 2

104. - 13.01.1952 SUI - FRG 15:3 (5:0, 5:1, 5:2)
Basel, St. Margarethenpark; Z: 15.500; SR: Lutta (SUI), Heinecke (FRG)
Jansen (ab 31. Hoffmann) - K. Wild (C), Biersack - L. Kuhn, Bierschel - Unsinn, Poitsch, M. Egen - Pescher,
Holderied, Enzler - Münstermann, Niehs, Guttowski
T: 1:7 (25.) Biersack (Enzler) / 2:10 (38.) Biersack (Holderied) - 3:10 (42.) Poitsch (---)
S: keine Strafen

Die Spiele 105 und 106 wurden erst 2010 in die offizielle Länderspiel-Statistik des DEB aufgenommen, ohne die
persönlichen Statistiken der Spieler zu korrigieren. Gegner waren die Edmonton Mercurys, die Kanada bei den
Olympischen Winterspielen 1952 vertreten werden.

105. - 22.01.1952 FRG - CAN 3:10 (1:2, 0:4, 2:4)
Garmisch-Partenkirchen, Olympia-Eisstadion; Z: 15.500; SR: Leinweber (FRG), Rammelmayr (FRG)
Hoffmann (*Wackers n.e.*) - K. Wild, Biersack - Bierschel, L. Kuhn - Unsinn, Schibukat (C), W. Kremershof -
Poitsch, M. Egen, Guggemos - Enzler, Holderied, Pescher
T: 1:1 (11.) M. Egen (Weitschuss) / 2:8 (53.) L. Kuhn (Weitschuss) - 3:10 (59.) Poitsch (---)
S: Guggemos 2

106. - 23.01.1952 FRG - CAN 4:1 (1:1, 1:0, 2:0)
München, Prinzregentenstadion; Z: 10.000; SR: Leinweber (FRG), Rammelmayr (FRG)
Wackers (*Hoffmann n.e.*) - K. Wild (C), Biersack - Bierschel, L. Kuhn - Unsinn, Holderied, W. Kremershof -
Poitsch, M. Egen, Guggemos - Enzler, Niehs, Pescher
T: 1:1 (14.) Pescher (Weitschuss) / 2:1 (39.) Enzler (Nachschuss) / 3:1 (42.) M. Egen (---) - 4:1 (54.) Pescher (-
--)
S: keine Angaben

6. Olympische Winterspiele 1952 - Eishockeyturnier

Da dieses Turnier von der LIHG auch als 19. WM und 29. EM gewertet wurde, lauteten die Platzierungen:
OS und WM - 8. Platz, EM - 6. Platz.
Die deutsche Mannschaft wurde beim Olympischen Turnier vom Kanadier Joe Aitken trainiert.

107'. - 15.02.1952 CAN* - FRG 15:1 (6:1, 7:0, 2:0)
* Kanada vertreten durch Edmonton Mercurys
Oslo, Eisstadion Jordal Amfi (Freiluft, Kunsteis); Z: 4.500; SR: Sandö (SWE), Ahlin (SWE)
Wackers (*Hoffmann n.e.*) - K. Wild, Schibukat (C) - L. Kuhn, Bierschel - M. Egen, Poitsch, Guggemos - Holderied, W. Kremershof, Unsinn - Enzler, Niehs, Pescher
T: 2:1 (11:20) W. Kremershof (---)
S: Guggemos 2, Pescher 2

108'. - 16.02.1952 USA - FRG 8:2 (1:0, 3:1, 4:1)
Sandvika, Kadettangen-Stadion (Freiluft, Natureis); Z: 1.500; SR: Leacock (GBR), Dwars (NED)
Hoffmann (*Wackers n.e.*) - K. Wild, Schibukat (C) - L. Kuhn, Bierschel - M. Egen, Poitsch, Guggemos - Holderied, W. Kremershof, Unsinn - Enzler, Niehs, Pescher
T: 3:1 (32:30) M. Egen (Guggemos) / 4:2 (44:12) W. Kremershof (---)
S: L. Kuhn 2, Bierschel 2, Guggemos 2, M. Egen 2

109'. - 17.02.1952 FRG - TCH 1:6 (0:0, 0:2, 1:4)
Oslo, Eisstadion Jordal Amfi; Z: 4.000; SR: Bernhard (SUI), Dwars (NED)
Wackers (*Hoffmann n.e.*) - K. Wild, Schibukat (C), Bierschel - M. Egen, Poitsch, Unsinn - Enzler, Niehs, Pescher - W. Kremershof, Guggemos
T: 1:6 (59:40) Poitsch (M. Egen)
S: K. Wild 2, Guggemos 2

110'. - 18.02.1952 SWE - FRG 7:3 (3:2, 0:0, 4:1)
Oslo, Eisstadion Jordal Amfi; Z: 4.000; SR: Beránek (TCH), Sandsund (FIN)
Hoffmann (*Wackers n.e.*) - K. Wild, Schibukat (C) - L. Kuhn, Bierschel - M. Egen, Poitsch, Unsinn - Enzler, Niehs, Pescher - W. Kremershof, Guggemos
T: 0:1 (7.) M. Egen (?) - 1:2 (10.) M. Egen (?) / 6:3 (53.) Poitsch (?)
S: W. Kremershof 2

111'. - 20.02.1952 FRG - POL 4:4 (1:1, 1:3, 2:0)
Oslo, Eisstadion Jordal Amfi; Z: 1.000; SR: Bernhard (SUI), Hauser (SUI)
Wackers (*Hoffmann n.e.*) - K. Wild, Schibukat (C) - L. Kuhn, Bierschel - M. Egen, Poitsch, Guggemos - Enzler, Niehs, W. Kremershof - Pescher
T: 1:0 (5.) Poitsch (---) / 2:2 (26.) M. Egen (?) / 3:4 (48.) M. Egen (?) - 4:4 (52.) M. Egen (?)
S: W. Kremershof 2, Poitsch 2

112'. - 21.02.1952 NOR - FRG 2:6 (0:0, 1:1, 1:5)
Oslo, Eisstadion Jordal Amfi; Z: 8.000; SR: Ahlin (SWE), Wieland (SUI)
Hoffmann (*Wackers n.e.*) - K. Wild, Schibukat (C) - L. Kuhn, Bierschel - M. Egen, Poitsch, Unsinn - Enzler, Niehs, W. Kremershof - Pescher, Guggemos
T: 0:1 (28.) M. Egen (?) - 1:2 (?) Unsinn (?) - 1:3 (?) W. Kremershof (?) - 1:4 (?) Poitsch (?) - 1:5 (?) W. Kremershof (?) - 2:6 (?) Poitsch (?)
S: K. Wild 2, Poitsch 2, Schibukat 2

113'. - 22.02.1952 FIN - FRG 5:1 (1:0, 2:0, 2:1)
Oslo, Eisstadion Jordal Amfi; Z: 300; SR: Leacock (GBR), Beránek (TCH)
Hoffmann (ab 40:01 *Wackers**) - Schibukat (C), L. Kuhn - Bierschel - M. Egen, Poitsch, Unsinn - Enzler, W. Kremershof, Guggemos - Niehs, Pescher
* lt. offizieller Olympia-Statistik auch Wackers eingesetzt, jedoch lt. DEV-Jahrbuch 1952/53 nicht
T: 3:1 (42.) M. Egen (?)
S: Niehs 2

114'. - 24.02.1952 SUI - FRG 6:3 (1:1, 3:1, 2:1)
Oslo, Dæhlenenga (Freiluft, Natureis); Z: 200; SR: Dwars (NED), Sandö (SWE)
Wackers (*Hoffmann n.e.*) - Schibukat (C), L. Kuhn - Bierschel - M. Egen, Poitsch, Guggemos - Enzler, Niehs, Pescher - Unsinn, W. Kremerhof
T: 1:1 (9.) M. Egen (Guggemos) / 4:2 (37.) W. Kremershof (---) / 4:3 (41.) Guggemos (M. Egen)
S: M. Egen 4, Bierschel 2

115. - 14.03.1952 FRG - SUI 6:5 (2:3, 1:1, 3:1)
München, Prinzregentenstadion; Z: 7.000; SR: Lutta (SUI), Rammelmayr (FRG)
Hoffmann (*Jansen n.e.*) - K. Wild (C), Biersack - Bierschel, L. Kuhn - Unsinn, M. Egen, H. Rampf - Enzler, Niehs, **Artur Endreß** (SC Riessersee) - **Günther Jochems** (Preußen Krefeld), **Josef Wörschhauser** (EC Bad Tölz) - Guttowski
T: 1:1 (4.) Niehs (Enzler) - 2:3 (15.) L. Kuhn (Gewühl) / 3:3 (31.) M. Egen (Unsinn) / 4:4 (43.) M. Egen (Weitschuss) - 5:4 (45.) Biersack (L. Kuhn) - 6:5 (49.) M. Egen (---)
S: K. Wild 2, Biersack 4

116. - 15.03.1952 FRG - SUI 4:3 (2:1, 2:2, 0:0)
Füssen, Eisstadion am Kobelhang (Freiluft, Kunsteis); Z: 7.000; SR: Lutta (SUI), Leinweber (FRG)
Jansen (*Hoffmann n.e.*) - L. Kuhn (C), Biersack - Guttowski, Bierschel - Unsinn, M. Egen, H. Rampf - Enzler, Niehs, Endreß - Jochems*, J. Wörschhauser*
* Einsatz lt. DEV-Jahrbuch 1952/53, jedoch nicht eingesetzt
T: 1:1 (12.) Biersack (Enzler) - 2:1 (18.) M. Egen (H. Rampf) / 3:2 (23.) M. Egen (Biersack) - 4:3 (24.) L. Kuhn (Nachschuss)
S: Guttowski 2, M. Egen 2

1952/53

neuer Nationaltrainer Joe Aitken CAN

117. - 21.11.1952 SUI - FRG 2:1 (0:0, 0:1, 2:0)
Lausanne, Patinoire de Montchoisi (Freiluft*, Kunsteis); Z: 10.000; SR: Toffel (SUI), Neumaier (FRG)
* vorm Spiel und im 2. und 3. Drittel Regen
Jansen (Krefelder EV; **Richard Wörschhauser** (EC Bad Tölz) n.e.*) - Biersack (SC Riessersee), L. Kuhn (C - EV Füssen) - Guttowski (Krefelder EV), Bierschel (Krefelder EV) - Münstermann (Krefelder EV), Eckstein (Krefelder EV), Pescher (Krefelder EV) - **Herbert Ulrich** (VfL Bad Nauheim)**, Poitsch (SC Riessersee), Niehs (VfL Bad Nauheim) - Enzler (SC Riessersee), M. Egen (EV Füssen), H. Rampf (EC Bad Tölz)
* Einsatz lt. DEV-Jahrbuch 1953/54; In keinem Bericht ein Hinweis, dass R. Wörschhauser eingesetzt wurde.
** wird beim DEB nicht als Nationalspieler geführt
T: 0:1 (35.) Guttowski (---)
S: Enzler 2

118. - 23.11.1952 SUI - FRG 7:5 (3:1, 0:3, 4:1)
Basel, St. Margarethenpark; Z: 13.000; SR: Bernhard (SUI), Neumaier (FRG)
Jansen (R. Wörschhauser n.e.*) - Biersack, L. Kuhn (C) - Guttowski, Bierschel - Münstermann, Eckstein, Pescher - Enzler, M. Egen, H. Rampf - Niehs, Poitsch
* Einsatz lt. DEV-Jahrbuch 1953/54, in keinem Bericht ein Hinweis, dass R. Wörschhauser eingesetzt wurde
T: 3:1 (17.) M. Egen (Poitsch) / 3:2 (29.) Guttowski (Nachschuß) - 3:3 (35.) Bierschel (Weitschuss) - 3:4 (38.) Poitsch (Gedränge) / 4:5 (56.) Pescher (?)
S: Enzler 2, Bierschel 2, Münstermann 2, L. Kuhn 2, Biersack 2

119. - 28.02.1953 FRG - SUI 2:6 (1:2, 1:0, 0:4)
Mannheim, Eisstadion am Friedrichspark (Freiluft, Kunsteis); Z: 12.000; SR: Lutta (SUI), Unger (FRG)
Wilhelm Bechler (EV Füssen; *Jansen n.e.;* R. Wörschhauser n.e.*) - **Martin Beck** (EV Füssen), L. Kuhn (C), Biersack - M. Egen, Unsinn (EV Füssen), Guggemos (EV Füssen) - **Otto Brandenburg** (Preußen Krefeld), W. Kremershof (Preußen Krefeld), Münstermann - Enzler, Poitsch, H. Rampf - Niehs, **Johannes Huber** (EV Rosenheim)
* Einsatz lt. DEV-Jahrbuch 1953/54; In keinem Bericht ein Hinweis, dass R. Wörschhauser im Aufgebot stand.
T: 1:1 (?) Guggemos (M. Egen, Unsinn) / 2:2 (?) Guggemos (Unsinn)
S: Biersack 4, W. Kremershof 2, H. Rampf 2, Beck 2, Brandenburg 2

120. - 01.03.1953 FRG - SUI 5:7 (2:2, 2:2, 1:3)
Köln, Eisstadion an der Lentstraße (Freiluft, Kunsteis); Z: 7.000, SR: Lutta (SUI), Wagner (FRG)
Jansen (Bechler n.e.; R. Wörschhauser n.e.*) - Bierschel, Biersack - Beck, L. Kuhn (C) - M. Egen, Unsinn, Guggemos - Brandenburg, W. Kremershof, Münstermann - Enzler, Poitsch, Jo. Huber - Niehs, H. Rampf**
* Einsatz lt. DEV-Jahrbuch 1953/54; In keinem Bericht ein Hinweis, dass R. Wörschhauser im Aufgebot stand.
** Einsatz lt. DEV-Jahrbuch 1953/54, H. Rampf jedoch nicht eingesetzt
T: 1:0 (2.) M. Egen (Guggemos) - 2:1 (19.) Unsinn (?) / 3:3 (28.) Biersack (?) - 4:4 (39.) M. Egen (Beck) / 5:7 (52.) Unsinn (?)
S: Brandenburg 4, Guggemos 4, M. Egen 2, Münstermann 2

neuer Nationaltrainer Bruno Leinweber

20. Welt- und 30. Europameisterschaft 1953

Die deutsche Mannschaft belegte den 2. Platz in der WM und EM. Die tschechoslowakische Mannschaft wurde am 12.03. zurückbeordert, da der Staatspräsident Klement Gottwald im Sterben lag. Ihre Spiele wurden aus der Wertung genommen.

121. - 07.03.1953 TCH - FRG 11:2 (4:1, 5:0, 2:1)
Basel, St. Margarethenpark; Z: 5.000; SR: Ahlin (SWE), Sandö (SWE)
Hoffmann (SC Riessersee; ab 31. Jansen) - Beck, Biersack - Guttowski, Bierschel - **Kurt Sepp** (EV Füssen), Unsinn, Guggemos - Brandenburg, M. Egen, W. Kremershof - Enzler, H. Rampf, Poitsch
T: 1:1 (9.) Biersack (---) / 10:2 (54.) M. Egen (W. Kremershof)
S: keine Strafen

122. - 08.03.1953 FRG - SWE 6:8 (1:4, 3:3, 2:1)
Zürich, Dolder-Eisbahn; Z: 4.000; SR: Bernhard (SUI), Tencza (TCH)
Jansen (*Hoffmann n.e.*) - Beck, Biersack - Guttowski, Bierschel - Enzler, Unsinn, Guggemos - Brandenburg, M. Egen, W. Kremershof - Sepp*, H. Rampf, Poitsch
* Einsatz lt. DEV-Jahrbuch 1953/54; Sepp jedoch nicht eingesetzt
T: 1:2 (5.) Brandenburg (M. Egen) / 2:6 (28.) Poitsch (Guggemos) - 3:7 (37.) Poitsch (---) - 4:7 (37.) Poitsch (Biersack) / 5:8 (46.) Eigentor Flodqvist* - 6:8 (56.) Guggemos (Poitsch)
* Der schwedische Torwart Thord Flodqvist lenkte einen Schuss von Brandenburg ins eigene Tor. Letztes von fünf Eigentoren in der Länderspiel-Statistik.
S: Guggemos 2, Biersack 2, Brandenburg 2

123. - 10.03.1953 SUI - FRG 3:2 (1:0, 1:2, 1:0)
Zürich, Dolder-Eisbahn; Z: 8.000; SR: Ahlin (SWE), Tencza (TCH)
Jansen (*Hoffmann n.e.*) - Beck, Biersack - Guttowski, Bierschel - Poitsch, Unsinn, Guggemos - Brandenburg, M. Egen, Sepp - H. Rampf, Enzler
T: 1:1 (28.) M. Egen (---) / 1:2 (34.) Poitsch (---)
S: Beck 4, Bierschel 2, Biersack 2, Brandenburg 2

124. - 12.03.1953 FRG - TCH 4:9 (2:4, 1:2, 1:3)
Zürich, Oerlikon-Halle; Z: 2.500; SR: Bernhard (SUI), Olivieri (SUI)
Jansen (*Hoffmann n.e.*) - Beck, Biersack - Guttowski, Bierschel - Poitsch, Unsinn, Guggemos - Enzler, M. Egen, Niehs (C) - W. Kremershof, Brandenburg, H. Rampf - Sepp*
* Einsatz lt. DEV-Jahrbuch 1953/54; Sepp jedoch nicht eingesetzt
T: 1:0 (2.) Poitsch (Biersack) - 2:0 (3.) Niehs (---) / 3:4 (22.) Guggemos (Bierschel) / 4:7 (49:30) Guttowski (Enzler, M. Egen)
S: Biersack 2

125. - 13.03.1953 SWE - FRG 12:2 (2:0, 5:1, 5:1)
Zürich, Oerlikon -Halle; Z: 3.500; SR: Dwars (NED), Tencza (TCH)
Jansen (*Hoffmann n.e.*) - Beck, Biersack - Guttowski, Bierschel - Sepp, Unsinn, Guggemos - Enzler, M. Egen, Niehs (C) - Poitsch, Brandenburg, H. Rampf
T: 7:1 (39.) H. Rampf (---) / 11:2 (57.) Unsinn (Beck)
S: Beck 2

126. - 15.03.1953 SUI - FRG 3:7 (2:4, 0:1, 1:2)
Basel, St. Margarethenpark; Z: 10.000; SR: Ahlin (SWE), Sandö (SWE)
Jansen (*Hoffmann n.e.*) - Beck, Biersack - Guttowski, Bierschel - Poitsch, Unsinn, Guggemos - Enzler, M. Egen, Niehs (C) - Sepp, H. Rampf
T: 1:1 (3.) Guttowski (---) - 2:2 (12.) Unsinn (---) - 2:3 (13:30) M. Egen (Biersack) - 2:4 (14.) Niehs (M. Egen) / 2:5 (34.) Guggemos (Poitsch) / 2:6 (41:30) Biersack (Guggemos) - 2:7 (54.) M. Egen (Niehs)
S: Guggemos 4, Bierschel 2, Beck 2

1953/54

127. - 20.11.1953 ITA - FRG 6:5 (1:0, 3:1, 2:4)
Milano, Palazzo del Ghiaccio; Z: 5.000; SR: Gantschnigg (FRG), Galletti (ITA)
Jansen (Krefelder EV; *R. Wörschhauser (EC Bad Tölz) n.e.*) - Beck (EV Füssen), L. Kuhn (EV Füssen) - Bierschel (Krefelder EV), Guttowski (Krefelder EV) - Enzler (SC Riessersee), Poitsch (SC Riessersee), Endreß (SC Riessersee) - Unsinn (EV Füssen), M. Egen (EV Füssen), H. Rampf (EC Bad Tölz)
T: 2:1 (32.) Unsinn (?) / 5:2 (48.) Enzler (?) - 5:3 (49.) Poitsch* (?) - 5:4 (50.) Unsinn (?) - 5:5 (51.) Poitsch (?)
* In den Pressemeldungen Eigentor des italienischen Torwarts Parisi. In der Statistik des DEV-Jahrbuchs 1954/55 jedoch kein Eigentor.
S: keine Angaben

128. - 21.11.1953 ITA - FRG 4:3 (1:0, 1:2, 2:1)*
* Das Spiel wurde in der 56. Minute nach einer Massenschlägerei abgebrochen.
Bozen, Messehalle; Z: 5.000; SR: Gantschnigg (FRG), Galletti (ITA)
Jansen (R. Wörschhauser n.e.) - Beck, L. Kuhn - Bierschel, Guttowski - Enzler, Poitsch, Endreß - Unsinn, M. Egen, H. Rampf
T: 2:1 (37.) Endreß (Poitsch) - 2:2 (40.) Beck (Unsinn) / 2:3 (44.) Poitsch (---)
S: M. Egen 2, Unsinn 2, H. Rampf 2, Guttowski 2, Beck 2

129. - 09.12.1953 FRG - FIN 5:1 (2:0, 0:0, 3:1)
Krefeld, Rheinlandhalle; Z: 9.000; SR: Henschel (FRG), Karanko (FIN)
Wackers (Preußen Krefeld; Jansen n.e.) - Beck, L. Kuhn - Bierschel, Guttowski - Münstermann (Krefelder EV), Eckstein (Krefelder EV), Pescher (Krefelder EV) - Unsinn, M. Egen, **Reiner Kossmann** (Preußen Krefeld) - Jochems (Krefelder EV), **Rudolf Weide** (Krefelder EV), W. Kremershof (Preußen Krefeld)
T: 1:0 (4.) Münstermann (Pescher) - 2:0 (12.) M. Egen (Nachschuß-Guttowski) / 3:1 (45.) M. Egen (Kossmann) - 4:1 (46.) L. Kuhn (M. Egen) - 5:1 (59.) Unsinn (M. Egen)
S: keine Strafen

130. - 10.12.1953 FRG - FIN 3:2 (1:0, 0:1, 2:1)
Berlin, Sportpalast; Z: 6.000; SR: Henschel (FRG), Karanko (FIN)
Jansen (Wackers n.e.) - Beck, L. Kuhn - Bierschel, Guttowski - Münstermann, Eckstein, Pescher - Unsinn, M. Egen, Kossmann - Jochems, **Oswald Huber** (EV Füssen), W. Kremershof
T: 1:0 (10.) W. Kremershof (Jochems) / 2:1 (43.) W. Kremershof (Kossmann) - 3:2 (53.) M. Egen (Unsinn)
S: Jochems 2

131. - 18.12.1953 SUI - FRG 8:7 (4:2, 3:2, 1:3)
Zürich, Oerlikon -Halle; Z: 8.500; SR: Neumaier (FRG), Olivieri (SUI)
Wackers (R. Wörschhauser n.e.) - Beck, L. Kuhn - Bierschel, Guttowski - Unsinn, M. Egen, O. Huber - Brandenburg (Preußen Krefeld), W. Kremershof, Kossmann - R. Weide, Poitsch, Jochems
T: 3:1 (12.) Poitsch (Nachschuss) - 4:2 (16.) Kossmann (---) / 5:3 (28.) Poitsch (Weitschuß) - 5:4 (32.) R. Weide (Weitschuß) / 7:5 (41.) Kossmann (---) - 7:6 (42.) M. Egen (---) - 7:7 (43.) O. Huber (Weitschuß)
S: Guttowski 4, R. Weide 2, Kossmann 2

132. - 20.12.1953 SUI - FRG 6:4 (3:2, 0:2, 3:0)
Basel, St. Margarethenpark; Z: 10.000; SR: Neumaier (FRG), Toffel (SUI)
R. Wörschhauser (Wackers n. e.) - Beck, L. Kuhn - Bierschel, Guttowski - Unsinn, M. Egen, O. Huber - Brandenburg, W. Kremershof, Kossmann - R. Weide, Poitsch, Jochems
T: 1:1 (7.) Poitsch (Gedränge) - 3:2 (17.) Unsinn (M. Egen) / 3:3 (42.) O. Huber (?) - 3:4 (52.) O. Huber (M. Egen)
S: Poitsch 10 (Disziplinarstrafe), Guttowski 2, Bierschel 2, R. Weide 2, O. Huber 2

133. - 06.01.1954 FRG - ITA 9:4 (2:2, 3:0, 4:2)
Garmisch-Partenkirchen, Olympia-Eisstadion; Z: 8.000; SR: Bernhard (SUI), Hauser (SUI)
R. Wörschhauser (Jansen n.e.) - Biersack (SC Riessersee), **Alfred Nieder** (Preußen Krefeld) - Beck, Guttowski - Jochems, Kossmann, Eckstein - Niehs (Düsseldorfer EG), Münstermann, Poitsch - **Martin Zach** (EC Bad Tölz), J. Wörschhauser (EC Bad Tölz), **Jakob Probst** (EC Bad Tölz)
T: 1:0 (2.) Eckstein (Weitschuss) - 2:2 (19.) Münstermann (Abpraller) / 3:2 (25.) Eckstein (Abpraller) - 4:2 (26.) Nieder (Weitschuss) - 5:2 (30.) Poitsch (Gedränge) / 6:3 (47.) Guttowski (Abpraller) - 7:3 (52.) Münstermann (---) - 8:3 (55.) Biersack (---) - 9:4 (60.) Münstermann (---)
S: Guttowski 4, Nieder 2

134. - 07.01.1954 FRG - ITA 2:0 (1:0, 0:0, 1:0)
Nürnberg, Linde-Eisstadion (Freiluft, Kunsteis); Z: 7.500; SR: Bernhard (SUI), Hauser (SUI)
Jansen (R. Wörschhauser n.e.) - Beck, Nieder - Guttowski, **Ferdinand Peterhans** (EC Bad Tölz) - Jochems, Kossmann, Eckstein - Niehs, Münstermann, Probst
T: 1:0 (13.) Niehs (Gedränge) / 2:0 (54.) Kossmann (---)
S: Guttowski 2, Nieder 2, Kossmann 2

neuer Nationaltrainer Frank Trottier CAN

135. - 14.02.1954 FRG - CAN* 1:4 (0:0, 0:3, 1:1)
* Kanada vertreten durch Lyndhurst Motors Toronto
Mannheim, Eisstadion am Friedrichspark; Z: 10.000; SR: Bernhard (SUI), Lutta (SUI)
R. Wörschhauser (Jansen n.e.) - Biersack, Beck - Guttowski, Bierschel - Unsinn, M. Egen, Kossmann - R. Weide, Poitsch, Jochems - H. Rampf, Sepp (EV Füssen), Probst
T: 1:4 (58.) M. Egen (Gedränge)
S: keine Angaben

136. - 17.02.1954 FRG - CAN* 2:6 (1:4, 1:0, 0:2)
Köln, Eisstadion an der Lentstraße; Z: 6.000; SR: Bernhard (SUI), Lutta (SUI)
Jansen (*R. Wörschhauser n.e.*) - Guttowski, Bierschel - Beck, Nieder - Unsinn, M. Egen, Niehs - Jochems, Sepp,
R. Weide - H. Rampf, Probst, Eckstein - Kossmann
T: 1:4 (19.) Bierschel (M. Egen, Niehs) / 2:4 (26.) Unsinn (?)
S: keine Angaben

21. Welt- und 31. Europameisterschaft 1954
Die deutsche Mannschaft belegte WM-Platz 5 und EM-Platz 4.

137. - 27.02.1954 TCH - FRG 9:4 (2:0, 4:0, 3:4)
Stockholm, Olympiastadion (Freiluft, Natureis); Z: 3.083; SR: Ahlin (SWE), Johannessen (NOR)
R. Wörschhauser (ab 40:01 Jansen) - Biersack, Guttowski (C) - Beck, **Ernst Eggerbauer** (EV Füssen) - Unsinn,
M. Egen, O. Huber - R. Weide, Poitsch, Jochems - Sepp, Probst, H. Rampf
T: 7:1 (44:30) Biersack (Weitschuss) - 8:2 (51:30) M. Egen (---) - 8:3 (54:45) Poitsch (Biersack) - 8:4 (57:30)
Biersack (---)
S: Guttowski 2, Biersack 2, R. Weide 2, Eggerbauer 2, Beck 2

138. - 28.02.1954 FRG - SUI 3:3 (3:2, 0:1, 0:0)
Stockholm, Olympiastadion; Z: 759; SR: Ahlin (SWE), Axberg (SWE)
Jansen (*R. Wörschhauser n.e.*) - Biersack, Guttowski (C) - Beck, E. Eggerbauer - Unsinn, M. Egen, O. Huber -
R. Weide, Poitsch, Jochems - **Fritz Kleber** (EV Füssen), Sepp, H. Rampf
T: 1:2 (14:40) M. Egen (Biersack) - 2:2 (18:25) M. Egen (---) - 3:2 (18:55) R. Weide (---)
S: Beck 6, Biersack 2, M. Egen 2, Jochems 2

139. - 01.03.1954 FRG - URS 2:6 (0:1, 1:1, 1:4)
Stockholm, Östermalms Idrottsplats (Freiluft, Natureis); Z: 2.904; SR: Ahlin (SWE), Olivieri (SUI)
Jansen (*R. Wörschhauser n.e.*) - Biersack, Guttowski (C) - Beck, E. Eggerbauer - Kleber, M. Egen, O. Huber -
Enzler, Poitsch, Jochems - Sepp, Unsinn, R. Weide
T: 1:2 (36:30) R. Weide (Weitschuss) / 2:5 (52:14) M. Egen (Kleber)
S: Biersack 4, Guttowski 2, Jochems 2

140. - 03.03.1954 CAN* - FRG 8:1 (2:0, 2:0, 4:1)
* Kanada vertreten durch Lyndhurst Motors Toronto
Stockholm, Östermalms Idrottsplats; Z: 2.581; SR: Tencza (TCH), Johannessen (NOR)
Jansen (*R. Wörschhauser n.e.*) - Biersack, Guttowski (C) - Beck, E. Eggerbauer - Kleber, M. Egen, O. Huber -
Enzler, Poitsch, Jochems - Sepp, Unsinn, R. Weide
T: 5:1 (42:10) Unsinn (---)
S: M. Egen 2, Poitsch 2, Sepp 2

141. - 04.03.1954 SWE - FRG 4:0 (1:0, 3:0, 0:0)
Stockholm, Olympiastadion; Z: 7.291; SR: Olivieri (SUI), Toffel (SUI)
Jansen (*R. Wörschhauser n.e.*) - Biersack, Guttowski (C) - Beck, E. Eggerbauer - Sepp, Unsinn, R. Weide - H.
Rampf, Probst, Jochems - Enzler, Poitsch, O. Huber
S: Biersack 4, Probst 2

142. - 05.03.1954 FRG - FIN 5:1 (2:0, 1:0, 2:1)
Stockholm, Östermalms Idrottsplats; Z: 5.154; SR: Savin (URS), Kanunnikov (URS)
Jansen (*R. Wörschhauser n.e.*) - Biersack, Guttowski (C) - Beck, E. Eggerbauer - O. Huber, M. Egen, Unsinn -
Enzler, Poitsch, Jochems - H. Rampf, Probst, Sepp
T: 1:0 (08:53) Poitsch (Gedränge) - 2:0 (12:45) M. Egen (Unsinn) / 3:0 (21:05) M. Egen (Guttowski) / 4:0 (54:45)
Probst (E. Eggerbauer) - 5:1 (58:07) Enzler (---)
S: Enzler 2

143. - 07.03.1954 FRG - NOR 7:1 (3:0, 2:0, 2:1)
Stockholm, Östermalms Idrottsplats; Z: 3.484; SR: Savin (URS), Kanunnikov (URS)
Jansen (*R. Wörschhauser n.e.*) - Biersack, Guttowski (C) - Beck, E. Eggerbauer - O. Huber, M. Egen, Unsinn -
Enzler, Poitsch, Jochems - H. Rampf, Probst, Sepp
T: 1:0 (7.) M. Egen (---) - 2:0 (15.) Jochems (Unsinn) - 3:0 (19.) M. Egen (---) / 4:0 (25.) Biersack (---) - 5:0 (27.)
Probst (H. Rampf) / 6:0 (42.) M. Egen (---) - 7:1 (55.) Sepp (Biersack)
S: Biersack 4, M. Egen 2, Poitsch 2

1954/55

144. - 03.12.1954 FRG - SUI 4:6 (1:2, 3:2, 0:2)
Bad Tölz, Eisstadion an der Peter-Freisl-Straße (Freiluft, Kunsteis); Z: 7.000; SR: Egginger (FRG), Müller (SUI)
Karl Fischer (EV Füssen; **Wilhelm Edelmann** *(SC Weßling) n.e.*) - Biersack (SC Riessersee), Bierschel (Krefelder EV) - Beck (EV Füssen), E. Eggerbauer (EV Füssen) - R. Weide (Krefelder EV), M. Egen (EV Füssen), Jochems (Krefelder EV) - Guggemos (EV Füssen), Poitsch (SC Riessersee), Sepp (EV Füssen) - H. Rampf (EC Bad Tölz), Probst (EC Bad Tölz), M. Zach (EC Bad Tölz)
T: 1:1 (10.) M. Zach (Poitsch) / 2:2 (24.) Guggemos (Poitsch) - 3:2 (28.) Poitsch (Sepp) - 4:2 (34.) R. Weide (M. Egen)
S: keine Strafen

145. - 05.12.1954 FRG - SUI 2:2 (1:1, 1:1, 0:0)
Mannheim, Eisstadion am Friedrichspark; Z: 10.000; SR: Perkuhn (FRG), Müller (SUI)
Jansen (Krefelder EV; *Karl Fischer n.e.*) - Bierschel, Guttowski (Krefelder EV) - Beck, Jo. Huber (SC Riessersee) - Pescher (Krefelder EV), Eckstein (Krefelder EV), Jochems - Guggemos, M. Egen, Sepp - R. Weide, **Lothar Sillenberg** (Krefelder EV)
T: 1:0 (7.) Guggemos (M. Egen) / 2:2 (25.) Guttowski (Weitschuss)
S: Sepp 2

146. - 01.01.1955 FRG - TCH 0:8 (0:3, 0:5, 0:0)
Garmisch-Partenkirchen, Olympia-Eisstadion; Z: 10.000; SR: Bernhard (SUI), Hauser (SUI)
Jansen (*R. Wörschhauser (EC Bad Tölz) n.e.*) - Bierschel, Guttowski - Biersack, Jo. Huber - Sillenberg, Niehs (Düsseldorfer EG), R. Weide - H. Rampf, Probst, J. Wörschhauser (EC Bad Tölz) - **Rudolf Pittrich** (SC Riessersee), **Lorenz Fries** (SC Riessersee), **Xaver Breitsamer** (SC Riessersee)
S: Fries 2

147. - 02.01.1955 FRG - TCH 3:7 (0:1, 3:1, 0:5)
Füssen, Eisstadion am Kobelhang; Z: 10.000; SR: Bernhard (SUI), Hauser (SUI)
Jansen (*Karl Fischer n.e.*) - Bierschel, Guttowski - Jo. Huber, O. Huber (EV Füssen) - Unsinn (EV Füssen), Sepp, Guggemos - M. Egen, Kleber (EV Füssen), Pescher
T: 1:2 (28.) Unsinn (Sepp) - 2:2 (36.) Pescher (---) - 3:2 (38.) Pescher (M. Egen)
S: keine Strafen

148. - 12.01.1955 FIN - FRG 2:2 (0:0, 2:2, 0:0)
Tampere, Eisstadion (Freiluft, Kunsteis); Z: 8.000; SR: Lindroos (FIN), Sandsund (FIN)
Jansen (*Karl Fischer n.e.*) - Beck, E. Eggerbauer - O. Huber, Guttowski - Sepp, Unsinn, Guggemos - M. Egen, Kleber, Pescher - Jochems, Eckstein, Sillenberg
T: 2:1 (35.) M. Egen (Pescher, Kleber) - 2:2 (39.) Pescher (M. Egen)
S: keine Angaben

149. - 13.01.1955 FIN - FRG 1:8 (0:4, 0:2, 1:2)
Helsinki, Hesperia-Eisstadion (Freiluft, Kunsteis); Z: 7.000; SR: Lindroos (FIN), Sandsund (FIN)
Jansen (*Karl Fischer n.e.*) - Beck, E. Eggerbauer - O. Huber, Guttowski - Sepp, Unsinn, Guggemos - M. Egen, Kleber, Pescher - Jochems, Eckstein, Sillenberg
T: 0:1 (3.) Jochems (Beck) - 0:2 (6.) Pescher (M. Egen) - 0:3 (7.) Jochems (---) - 0:4 (9.) O. Huber (Gedränge) / 0:5 (23.) Eckstein (---) - 0:6 (34.) Unsinn (Sepp) / 1:7 (48.) Sepp (Eckstein, Sillenberg) - 1:8 (60.) Eckstein (Sillenberg)
S: O. Huber 2

150. - 15.01.1955 SWE - FRG 6:2 (3:0, 2:1, 1:1)
Göteborg, Ullevi-Stadion (Halle); Z: 4.436; SR: Ahlin (SWE), Axberg (SWE)
Jansen (*Karl Fischer n.e.*) - Beck, E. Eggerbauer - O. Huber, Guttowski - Sepp, Unsinn, Guggemos - M. Egen, Kleber, Pescher - Jochems, Eckstein, Sillenberg
T: 4:1 (30.) Guttowski (?) / 5:1 (57.) Guttowski (?)
S: keine Angaben

151. - 16.01.1955 SWE - FRG 6:2 (1:1, 3:0, 2:1)
Göteborg, Ullevi-Stadion; Z: 5.028; SR: Ahlin (SWE), Axberg (SWE)
Jansen (*Karl Fischer n.e.*) - Beck, E. Eggerbauer - O. Huber, Guttowski - Sepp, Unsinn, Guggemos - M. Egen, Kleber, Pescher - Jochems, Eckstein, Sillenberg
T: 0:1 (5.) Guttowski (?) / 4:2 (47.) Beck (?)
S: keine Angaben

152. - 12.02.1955 FRG - USA 2:2 (0:1, 1:0, 1:1)
Füssen, Eisstadion am Kobelhang; Z: 3.500; SR: Egginger (FRG), Neumaier (FRG)
Karl Fischer (*R. Wörschhauser n.e.*) - Bierschel, Guttowski - Beck, E. Eggerbauer - Sepp, M. Egen, Pescher - R. Weide, Eckstein, Jochems (ab ? W. Kremershof (Preußen Krefeld)
T: 1:1 (30.) Pescher (Sepp, M. Egen) / 2:2 (56.) Pescher (M. Egen)
S: Bierschel 2

153. - 13.02.1955 FRG - USA 1:4 (0:2, 1:1, 0:1)
Bad Tölz, Eisstadion an der Peter-Freisl-Straße; Z: 5.000; SR: Egginger (FRG), Neumaier (FRG)
Karl Fischer (*R. Wörschhauser n.e.*) - Bierschel, Guttowski - Beck, E. Eggerbauer - Sepp, M. Egen, Pescher (ab 40:01 Jo. Huber) - R. Weide, Eckstein, Jochems
T: 1:2 (27.) Beck (Weitschuss)
S: Bierschel 2, E. Eggerbauer 2

22. Welt- und 32. Europameisterschaft 1955

Die deutsche Mannschaft belegte WM-Platz 6 und EM-Platz 4.

154. - 25.02.1955 SWE - FRG 5:4 (2:1, 1:2, 2:1)
Krefeld, Rheinlandhalle; Z: 6.000; SR: Savin (URS), Starovoitov (URS)
Jansen (*Karl Fischer n.e.*) - Bierschel, Guttowski - Beck, E. Eggerbauer - Pescher, Jochems, Eckstein - Sepp, M. Egen (C), **Ernst Trautwein** (EV Füssen) - Kossmann (Preußen Krefeld), W. Kremershof, R. Weide
T: 0:1 (2:30) M. Egen (Sepp, Trautwein) / 2:2 (22:40.) M. Egen (Trautwein) - 3:3 (35:40) R. Weide (Kossmann, W. Kremershof) / 3:4 (47:35) M. Egen (Jochems)
S: Pescher 4, Bierschel 2, E. Eggerbauer 2

155. - 26.02.1955 FRG - POL 4:5 (3:3, 0:1, 1:1)
Krefeld, Rheinlandhalle; Z: 2.500; SR: Lutta (SUI), Lecompte (CAN)
Jansen (59:00*; *Karl Fischer n.e.*) - Bierschel, Guttowski - Jo. Huber, E. Eggerbauer - Pescher, Eckstein, Jochems - Sepp, M. Egen (C), Trautwein - Pittrich, W. Kremershof, R. Weide
* *in der 59. Min Jansen für einen sechsten Feldspieler aus dem Spiel genommen*
T: 1:0 (1:39) Pescher (Eckstein) - 2:0 (10.) Jo. Huber (Guttowski) - 3:3 (19:50) M. Egen (Bierschel) / 4:4 (42.) Guttowski (Gewühl)
S: Guttowski 2, E. Eggerbauer 2, Sepp 2, M. Egen 2

156. - 27.02.1955 USA - FRG 6:3 (3:0, 3:3, 0:0)
Dortmund, Westfalenhalle; Z: 6.000; SR: Ahlin (SWE), Axberg (SWE)
Jansen (*Karl Fischer n.e.*) - Bierschel, Guttowski - Jo. Huber, E. Eggerbauer - Pescher, Eckstein, Jochems - Sepp, M. Egen (C), Trautwein - Kossmann, W. Kremershof, R. Weide
T: 5:1 (25:10) Sepp (M. Egen) - 5:2 (29:00) Trautwein (Bierschel) - 5:3 (34:50) Sepp (Abpraller)
S: R. Weide 6, M. Egen 2, Pescher 2

157. - 01.03.1955 FRG - FIN 7:1 (3:0, 3:1, 1:0)
Krefeld, Rheinlandhalle; Z: 6.000; SR: Hauser (SUI), Müller (SUI)
Jansen (*Karl Fischer n.e.*) - Bierschel, Guttowski - Beck, E. Eggerbauer - Pescher, Eckstein, Jochems - Sepp, M. Egen (C), Trautwein - W. Kremershof, Jo. Huber, Pittrich
T: 1:0 (2:10) Beck (E. Eggerbauer) - 2:0 (3:30) M. Egen (---) - 3:0 (19:15) Sepp (Trautwein) / 4:0 (24:20) Pescher (---) - 5:0 (26:45) M. Egen (Trautwein) - 6:1 (34:05) Guttowski (---) / 7:1 (49:30) E. Eggerbauer (M. Egen)
S: M. Egen 2, W. Kremershof 2

158. - 02.03.1955 TCH - FRG 8:0 (0:0, 5:0, 3:0)
Düsseldorf, Eisstadion an der Brehmstraße (Freiluft, Kunsteis); Z: 4.500; SR: Hauser (SUI), Müller (SUI)
Jansen (*Karl Fischer n.e.*) - Guttowski, Beck, E. Eggerbauer - Pescher, Eckstein, Jochems - Sepp, M. Egen (C), Trautwein - Pittrich, W. Kremershof, Jo. Huber
S: keine Strafen

159. - 03.03.1955 URS - FRG 5:1 (0:1, 2:0, 3:0)
Düsseldorf, Eisstadion an der Brehmstraße; Z: 7.000; SR: Johannessen (NOR), Lecompte (CAN)
Karl Fischer (*Jansen n.e.*) - Guttowski, Beck, E. Eggerbauer - Pescher, Eckstein, Jochems - Sepp, M. Egen (C), Trautwein - Pittrich, W. Kremershof, Jo. Huber
T: 0:1 (2:30) Guttowski (Weitschuss)
S: Karl Fischer 2 (dafür Jo. Huber auf der Strafbank), Beck 2, Guttowski 2

160. - 04.03.1955 CAN* - FRG 10:1 (3:0, 4:1, 3:0)

* Kanada vertreten durch den Allan-Cup-Sieger 1954 Penticton V's
Köln, Eisstadion an der Lentstraße; Z: 6.000; SR: Savin (URS), Starovoitov (URS)
Karl Fischer (*Jansen n.e.*) - Guttowski, Beck, E. Eggerbauer - Pescher, Eckstein, Jochems - Sepp, M. Egen (C),
Trautwein - Pittrich, W. Kremershof, Jo. Huber
T: 4:1 (24:48) Jo. Huber (---)
S: M. Egen 2, Pittrich 2

161. - 06.03.1955 FRG - SUI 8:3 (3:1, 1:2, 4:0)

Düsseldorf, Eisstadion an der Brehmstraße; Z: 3.000; SR: Savin (URS), Starovoitov (URS)
Jansen (*Karl Fischer n.e.*) - Guttowski, Beck, E. Eggerbauer - Pescher, Eckstein, Jochems - Sepp, M. Egen (C),
Trautwein - Pittrich, W. Kremershof, Jo. Huber
T: 1:1 (6.) Guttowski (Nachschuss) - 2:1 (12.) M. Egen (---) - 3:1 (17:30) Jo. Huber (Nachschuss) / 4:1 (28.) Jo.
Huber (Pittrich) - 5:3 (43:50) M. Egen (Sepp) - 6:3 (45.) Guttowski (Weitschuss) - 7:3 (47.) Jo. Huber (---) - 8:3
(55.) Sepp (M. Egen)
S: E. Eggerbauer 2, Pescher 2, Trautwein 2

Eishockey-Weltmeisterschaft 1955 Junior-Cup (B-Gruppe)

*FRG (B) unter Trainer Erich Konecki nahm ohne Wertung teil. Die deutsche B-Auswahl belegte inoffiziell Platz
2. Konecki war Lette (Ēriks Koņeckis) und nach dem 2. Weltkrieg in die Bundesrepublik gekommen.*

25.02.1955 FRG (B) - ITA 2:2 (1:1, 0:1, 1:0)
Düsseldorf, Eisstadion an der Brehmstraße; Z: 600; SR: ?
W. Edelmann (**Hans-Richard Obermann** (Krefelder EV) n.e.) - **Johann Langhans** (Preußen Krefeld), **Paul
Ambros** (EV Füssen) - **Franz Deisenrieder** (EC Bad Tölz), **Hans Wechsel** (EC Bad Tölz) - H. Rampf*, Probst,
J. Wörschhauser - **Heinz Günzrodt** (SC Riessersee), Fries, Breitsamer - Sillenberg, **Max Pfefferle** (EV Füssen),
Bernhard Peltzer (Krefelder EV)
* mit Oberschenkelverletzung ausgeschieden
T: 1:0 (11.) Deisenrieder (Weitschuss) / 2:2 (52.) Breitsamer (Gewühl)
S: Langhans 4, Ambros 4, Wechsel 4, Fries 2

26.02.1955 FRG (B) - NED 11:1 (3:0, 2:1, 6:0)
Köln, Eisstadion an der Lentstraße; Z: 1.200; SR: Güldner (AUT), Demetz (ITA)
Obermann (W. Edelmann n.e.) - Langhans, Ambros - Deisenrieder, Wechsel - Günzrodt, Fries, Breitsamer -
Pfefferle, Probst, J. Wörschhauser - Peltzer, Sillenberg
T: 1:0 (1.) Ambros - 2:0 (13.) Probst - 3:0 (19.) Fries / 4:0 (24.) Günzrodt - 5:0 (26.) Breitsamer / 6:1 (48.) J.
Wörschhauser - 7:1 (49.) Sillenberg - 8:1 (52.) Günzrodt - 9:1 (52.) Fries - 10:1 (52.) Breitsamer - 11:1 (55.) J.
Wörschhauser - lt. DEB-Statistik 1 Tor von J. Wörschhauser stattdessen Langhans zugeschrieben
Vorlagen: Fries 2, Breitsamer 1, Günzrodt 1
S: Fries 4, Sillenberg 2, Langhans 2, Deisenrieder 2

27.02.1955 FRG (B) - AUT 3:2 (1:0, 2:1, 0:1)
Köln, Eisstadion an der Lentstraße; Z: 600; SR: Zarzycki (POL), Eberhardt (POL)
W. Edelmann (Obermann n.e.) - Langhans, Ambros - Deisenrieder, Wechsel - H. Rampf, Probst, J.
Wörschhauser - Günzrodt, Fries, Breitsamer - Pfefferle, Peltzer, Sillenberg
T: 1:0 (4.) Probst (?) / 2:0 (?) J. Wörschhauser (?) - 3:1(?) Langhans (?)
S: Ambros 2, H. Rampf 2, Fries 2

01.03.1955 FRG (B) - YUG 5:1 (4:0, 0:0, 1:1)
Düsseldorf, Eisstadion an der Brehmstraße; Z: 700; SR: Güldner (AUT), Demetz (ITA)
W. Edelmann (Obermann n.e.) - Langhans, Ambros - Deisenrieder, Wechsel - H. Rampf, Probst, J.
Wörschhauser - Günzrodt, Fries, Breitsamer - Pfefferle, Peltzer, Sillenberg
T: 1:0 (1.) Probst (---) - 2:0 (12.) Pfefferle (---) - 3:0 (15.) H. Rampf (?) - 4:0 (19.) H. Rampf (?) / 5:0 (45.) Peltzer
(Pfefferle)
S: Langhans 2

04.03.1955 FRG (B) - BEL 11:1 (1:0, 4:0, 6:1)
Düsseldorf, Eisstadion an der Brehmstraße; Z: 3.600; SR: Güldner (AUT), Pogačnik (YUG)
Obermann (W. Edelmann n.e.) - Langhans, Ambros - Deisenrieder, Wechsel - H. Rampf, Probst, J.
Wörschhauser - Günzrodt, Fries, Breitsamer - Pfefferle, Peltzer, Sillenberg
T: 1:0 (?) H. Rampf / 2:0 (?) Langhans - 3:0 (?) Probst - 4:0 (?) Pfefferle - 5:0 (?) Probst / 6:0 (?) Günzrodt - 7:0
(?) Ambros - 8:0 (?) J. Wörschhauser - 9:0 (?) Ambros - 10:0 (?) J. Wörschhauser - 11:1 (?) Pfefferle
Vorlagen: Probst 1, J. Wörschhauser 1
S: Ambros 4, Fries 2

1955/56

162'. - 16.11.1955 GDR - FRG 3:7 (1:0, 2:2, 0:5)*
* Sichtungsspiel zur Bildung einer gemeinsamen deutschen Mannschaft für das Olympische Eishockeyturnier 1956. Da man sich in den Verhandlungen nicht über die anteilige Anzahl der Spieler je Verband einigen konnte (Die Sektion Eishockey verlangte fünf Spieler und ein Torwart, der DEV wollte jedoch nur zwei Spieler und ein Torwart zugestehen.), schlugen beide Verbände den deutschen NOKs vor, die Auswahl des DEV zu nominieren.
Berlin (Ost), Werner-Seelenbinder-Halle; Z: 6.000; SR: Lekens (BEL), Adamec (TCH)
R. Wörschhauser (EC Bad Tölz; *Obermann (Krefelder EV) n.e.*) - Beck (EV Füssen), Ambros (EV Füssen) - Jo. Huber (SC Riessersee), Biersack (C - SC Riessersee) - Trautwein (EV Füssen), M. Egen (EV Füssen), Sepp (EV Füssen) - Pittrich (SC Riessersee), Poitsch (SC Riessersee), Münstermann (Krefelder EV) - M. Zach (EC Bad Tölz), H. Rampf (EC Bad Tölz), Kossmann (Preußen Krefeld)
T: 1:1 (21.) Trautwein (Beck) - 3:2 (39.) Pittrich (Biersack) / 3:3 (41.) Ambros (Weitschuss) - 3:4 (43.) H. Rampf (?) - 3:5 (?) Sepp (?) - 3:6 (?) H. Rampf (---) - 3:7 (58.) M. Egen (?)
S: H. Rampf 2
M. Egen erzielte als erster Spieler 50 Tore.

> Der DEB nahm dieses Sichtungs- und die vier Qualifikationsspiele im Zeitraum von 1955 bis 1963 erst 1982 in die Statistik der Länderspiele auf, ohne die persönlichen Statistiken der Spieler zu korrigieren.

163. - 26.11.1955 TCH - FRG 8:6 (5:2, 1:1, 2:3)
Brno, ZS za Lužánkami; Z: 13.000; SR: Müller (SUI), Schmid (SUI)
R. Wörschhauser (*Jansen (Krefelder EV) n.e.*) - Biersack (C), Jo. Huber - Bierschel (Krefelder EV), Ambros - Sepp, M. Egen, Trautwein - Pittrich, H. Rampf, Pescher (Krefelder EV)
T: 0:1 (3.) Trautwein (---) - 4:2 (15.) Sepp (Weitschuß) / 5:3 (24.) M. Egen (Sepp) / 7:4 (45.) Sepp (M. Egen) - 7:5 (?) Pittrich (Pescher) - 8:6 (?) Pittrich (Pescher)
S: Bierschel 2, Ambros 2

164. - 27.11.1955 TCH - FRG 5:2 (3:1, 1:1, 1:0)
Praha, Zimní stadion Štvanice; Z: 14.000; SR: Müller (SUI), Schmid (SUI)
R. Wörschhauser (*Jansen n.e.*) - Biersack (C), Jo. Huber - Bierschel, Ambros - Sepp, M. Egen, Trautwein - Pittrich, H. Rampf, Pescher
T: 3:1 (17.) Pescher (?) / 3:2 (32.) Jo. Huber (?)
S: Sepp 2, Ambros 2

> **19.01.1956 FRG - USA* 1:4 (0:2, 0:2, 1:0)****
> ** Olympia-Auswahl (in diesem Spiel in Nr. 165), ** inoffizielles Länderspiel*
> *Nürnberg, Linde-Eisstadion; Z: 7.500; SR: Egginger (München), Neumaier (Augsburg)*
> Hoffmann (SC Riessersee; *Jansen n.e.*) - Beck, Ambros - Biersack (C), Guttowski (Mannheimer ERC) - Pittrich, Jo. Huber, Endreß (SC Riessersee) - Jochems (Krefelder EV), H. Rampf, Kossmann - M. Zach, Pescher, Breitsamer (SC Riessersee) - *? Raps (?),* **Anton Edelmann (SC Weßling)**
> **T:** 1:4 (?.) Guttowski (Weitschuss)
> **S:** *keine Strafen*

165. - 21.01.1956 FRG - USA* 1:4 (0:1, 0:1, 1:2)
Garmisch-Partenkirchen, Olympia-Eisstadion; Z: 11.000; SR: Braun (SUI), Breitenstein (SUI)
Jansen (*Hoffmann n.e.*) - Beck, Ambros - Biersack (C), Guttowski - Trautwein, M. Egen, Sepp - Pittrich, Jo. Huber, Endreß - Kossmann, H. Rampf, Jochems
T: 1:4 (52.) Pittrich (Jo. Huber)
S: M. Egen 2, Sepp 2, Pittrich 2

7. Olympische Winterspiele 1956 - Eishockeyturnier

Die Gemeinsame deutsche Mannschaft (vertreten durch die Auswahl des DEV) belegte in der Vorrundengruppe A den 2. Platz und zog in die Finalrunde ein.
Da dieses Turnier von der IIHF auch als 23. WM und 33. EM gewertet wurde, lauteten die Platzierungen:
OS und WM - 6. Platz, EM - 4. Platz.

VORRUNDE - GRUPPE A

166'. - 26.01.1956 CAN* - GER 4:0 (2:0, 2:0, 0:0)
* Kanada vertreten durch den Allan-Cup-Sieger 1955 Kitchener Waterloo Dutchmen
Cortina d' Ampezzo, Stadio del Ghaccio (Freiluft, Kunsteis); Z: 5.000; SR: Dwars (NED), Ahlin (SWE)
Jansen (*Hoffmann n.e.*) - Bierschel, Guttowski - Ambros, Beck (C) - Jochems, M. Egen, Trautwein - Pittrich, Jo. Huber, Endreß - Kossmann, H. Rampf, M. Zach
S: *keine Strafen*

167'. - 27.01.1956 GER - ITA 2:2 (1:1, 1:0, 0:1)
Cortina d' Ampezzo, Stadio del Ghaccio; Z: 4.000; SR: Starovoitov (URS), Kanunnikov (URS)
Hoffmann (*Jansen n.e.*) - Beck (C), Ambros - Guttowski, Biersack - Sepp, M. Egen, Trautwein - Pittrich, Jo.
Huber, Endreß - Jochems, H. Rampf, M. Zach
T: 1:0 (01:45) Jo. Huber (Pittrich) / 2:1 (37:46) M. Egen (H. Rampf)
S: Biersack 8, Ambros 4, Guttowski 2

168'. - 29.01.1956 AUT - GER 0:7 (0:1, 0:1, 0:5)
Cortina d' Ampezzo, Stadio Apollonio (Freiluft, Kunsteis); Z: 1.200; SR: Ahlin (SWE), Axberg (SWE)
Jansen (*Hoffmann n.e.*) - Bierschel, Guttowski - Ambros, Beck (C) - Sepp, M. Egen, Trautwein (ab ? H. Rampf)
- Pittrich, Jo. Huber, Endreß - Kossmann, H. Rampf, M. Zach (*für ein Drittel*)
T: 0:1 (14:10) Endreß (Jo. Huber) / 0:2 (32:10) Pittrich (Guttowski) / 0:3 (46:50) Sepp (M. Egen) - 0:4 (47:20) Jo.
Huber (---) - 0:5 (53:00) M. Egen (Guttowski) - 0:6 (53:15) Guttowski (Weitschuss) - 0:7 (59:30) H. Rampf (---)
S: Ambros 2, M. Egen 2, Guttowski 2, Endreß 4, H. Rampf 2

FINALRUNDE

169'. - 30.01.1956 GER - USA 2:7 (0:6, 1:1, 1:0)
Cortina d' Ampezzo, Stadio del Ghaccio; Z: 2.000; SR: Dwars (NED), Bernhard (SUI)
Hoffmann (ab 24:44 Jansen) - Bierschel, Guttowski - Ambros, Beck (C) - Sepp, M. Egen, Trautwein (ab ? H.
Rampf) - Pittrich, Jo. Huber, Endreß - Jochems, M. Zach, Kossmann*
* lt. DEV-Statistik auch Einsatz von Kossmann, durch Quellen nicht belegt
T: 1:7 (34:27) M. Egen (Trautwein) / 2:7 (42:17) M. Egen (Sepp, Trautwein)
S: Beck 2, H. Rampf 2, M. Egen 2

170'. - 31.01.1956 URS - GER 8:0 (0:0, 7:0, 1:0)
Cortina d' Ampezzo, Stadio del Ghaccio; Z: 8.000; SR: Ahlin (SWE), Axberg (SWE)
Jansen (*Hoffmann n.e.*) - Biersack, Guttowski - Ambros, Beck (C) - Sepp, M. Egen, Trautwein (ab ? H. Rampf)
- Pittrich, Jo. Huber, Endreß - Kossmann, Jochems
S: Guttowski 4, Biersack 2, M. Egen 2, Ambros 2, Beck 2, H. Ramp 2, Sepp 2

171'. - 02.02.1956 CAN* - GER 10:0 (1:0, 4:0, 5:0)
* Kanada vertreten durch den Allan-Cup-Sieger 1955 Kitchener Waterloo Dutchmen
Cortina d' Ampezzo, Stadio del Ghaccio; Z: 4.000; SR: Dwars (NED), Galetti (ITA)
Jansen (*Hoffmann n.e.*) - Biersack, Guttowski - Ambros, Beck (C) - Sepp, M. Egen, H. Rampf (ab ? Endreß) -
Pittrich, Jo. Huber, Endreß (ab ? Jochems) - Kossmann, M. Zach
S: Ambros 4, Beck 2

172'. - 03.02.1956 TCH - GER 9:3 (2:3, 5:0, 2:0)
Cortina d' Ampezzo, Stadio del Ghaccio; Z: 4.000; SR: Lecompte (CAN), Galetti (ITA)
Hoffmann (ab 40:01 Jansen*) - Bierschel (ab ? Jochems), Beck (C) - Ambros, Biersack - Guttowski** - Sepp, M.
Egen, Trautwein - Jochems (ab ? H. Rampf), Jo. Huber, Endreß - M. Zach
** Im 2. Drittel musste das Spiel wegen einer Verletzung von Hoffmann für 15 Minuten unterbrochen werden, weil
der Ersatztorwart nicht zur Stelle war.*
** lt. DEV-Statistik auch Einsatz von Guttowski, durch Quellen nicht belegt
T: 1:1 (12:25) Jo. Huber (Endreß) - 1:2 (12:40) Trautwein (Sepp) - 1:3 (17:35) Sepp (M. Egen)
S: Beck 2, M. Egen 2, Ambros 4

173'. - 04.02.1956 GER - SWE 1:1 (0:0, 1:0, 0:1)
Cortina d' Ampezzo, Stadio del Ghaccio; Z: 2.000; SR: Starovoitov (URS), Kanunnikov (URS)
Jansen (*Hoffmann n.e.*) - Bierschel, Guttowski* - Ambros, Beck (C) - Sepp, M. Egen, Trautwein - H. Rampf, Jo.
Huber, Endreß - Jochems, M. Zach
* lt. offiziellem Report Guttowski nicht eingesetzt, durch Quellen Einsatz aber bestätigt
T: 1:0 (37:14) Sepp (Guttowski)
S: Sepp 2, M. Egen 2

1956/57

neuer Nationaltrainer Karl Wild

174. - 26.01.1957 FRG - ITA 4:1 (0:0, 2:0, 2:1)
Garmisch-Partenkirchen, Olympia-Eisstadion; Z: 10.000; SR: Tencza (TCH), Ivanovic (TCH)
Josef **Buchinger** (EC Bad Tölz; *Obermann (Krefelder EV) n.e.*) - Beck (EV Füssen), E. Eggerbauer (EV Füssen) - Jo. Huber (SC Riessersee), Jochems (Krefelder EV) - **Max Pfefferle** (EV Füssen), M. Egen (C - EV Füssen), Unsinn (EV Füssen) - Pittrich (SC Riessersee), Breitsamer (SC Riessersee), Endreß (SC Riessersee) - Probst (EC Bad Tölz), H. Rampf (EC Bad Tölz), **Georg Eberl** (EC Bad Tölz)
T: 1:0 (24.) Breitsamer (Jochems) - 2:0 (31.) Pittrich (Breitsamer) / 3:1 (45.) H. Rampf (Jochems) - 4:1 (47.) Pfefferle (Beck)
S: Jochems 2, Breitsamer 2, Pittrich 2
Buchinger war der 100. Spieler mit einem Einsatz in der deutschen Auswahl.

175. - 27.01.1957 FRG - ITA 3:2 (0:0, 1:0, 2:2)
Bad Tölz, Eisstadion an der Peter-Freisl-Straße; Z: 3.500; SR: Tencza (TCH), Ivanovic (TCH)
Buchinger (*Obermann n.e.*) - Beck, E. Eggerbauer - Jo. Huber, Jochems - Pfefferle, M. Egen (C), Unsinn - Pittrich, Endreß, Breitsamer - Eberl, Probst, H. Rampf
T: 1:0 (28.) Breitsamer (Pittrich) / 2:1 (45.) Endreß (Pittrich) - 3:1 (51.) Endreß (Pittrich)
S: Probst 2, Eberl 2

176. - 03.02.1957 FRG - POL 7:4 (0:1, 2:1, 5:2)
Garmisch-Partenkirchen, Olympia-Eisstadion; Z: 10.000; SR: Schmid (SUI), Schuster (GDR)
Buchinger (*W. Edelmann (SC Weßling) n.e.*) - Beck, E. Eggerbauer - Jo. Huber, Ambros (EV Füssen) - Trautwein (EV Füssen), M. Egen (C), Unsinn - Pittrich, Breitsamer, Endreß - Probst, H. Rampf, Eberl - Jochems
T: 1:1 (23.) Jo. Huber (Pittrich) - 2:1 (25.) Trautwein (Jochems) / 3:2 (42.) H. Rampf (Unsinn) - 4:2 (43.) Unsinn (M. Egen) - 5:4 (51.) Pittrich (Gedränge) - 6:4 (59.) M. Egen (---) - 7:4 (60.) M. Egen (---)
S: Beck 2, Pittrich 2, Ambros 2, Eberl 2

177. - 08.02.1957 ITA - FRG 6:2 (3:0, 0:2, 3:0)
Milano, Palazzo del Ghiaccio; Z: 3.000; SR: Hauser (SUI), Bernard (SUI)
Buchinger (*W. Edelmann n.e.*) - Jochems, Jo. Huber - Beck, E. Eggerbauer - Pfefferle, M. Egen (C), Trautwein - Pittrich, Unsinn, Breitsamer - H. Rampf, Probst, Eberl - A. Edelmann (SC Weßling)
T: 3:1 (29.) Breitsamer (Unsinn) - 3:2 (39.) Probst (Pfefferle)
S: Trautwein 4, Jochems 2

178. - 09.02.1957 ITA - FRG 2:1 (0:0, 0:0, 2:1)
Torino, Eisstadion; Z: 3.000; SR: Hauser (SUI), Bernard (SUI)
Buchinger (*W. Edelmann n.e.*) - Jochems, Jo. Huber - Beck, E. Eggerbauer - Pfefferle, M. Egen (C), Trautwein - Pittrich, Unsinn, Breitsamer - Eberl, Probst, A. Edelmann
T: 0:1 (42.) Jochems (Unsinn)
S: keine Strafen

14.02.1957 FRG - USA 1:7 (0:2, 0:4, 1:1)*
* inoffizielles Länderspiel
München, Prinzregentenstadion; Z: 8.000; SR: Egginger (FRG), Lecomte (CAN)
W. Edelmann (Buchinger n.e.) - Jo. Huber, Wechsel (EC Bad Tölz) - Beck, E. Eggerbauer - Pfefferle, M. Egen (C), Unsinn - Pittrich, Fries (SC Riessersee), Breitsamer - Eberl, Probst, Siegfried Mayr (EC Bad Tölz)
T: 1:7 (55.) S. Mayr (---)
S: Breitsamer 2, Jo. Huber 2, Eberl 2, Wechsel 2

Die 24. Welt- und 34.Europameisterschaft 1957 in Moskau wurde wegen der sowjetischen Niederschlagung des Ungarn-Aufstandes 1956 von Italien, Kanada, Norwegen, der Schweiz, den USA und der BR Deutschland boykottiert.

1957/58

Drei-Länder-Turnier
Die deutsche Auswahl belegte Platz 3.

179. - 18.10.1957 FRG - TCH (B) 4:5 (2:3, 0:2, 2:0)
München, Prinzregentenstadion; Z: 9.000; SR: Vyvial (TCH), Müller (SUI)
Buchinger (EC Bad Tölz; ab 20:01 W. Edelmann (SC Weßling)) - Jochems (Krefelder EV), Jo. Huber (SC Riessersee) - Ambros (EV Füssen), E. Eggerbauer (EV Füssen) - Pfefferle (EV Füssen), M. Egen (C - EV Füssen), Trautwein (EV Füssen) - Sepp (Mannheimer ERC), Unsinn (EV Füssen), H. Rampf (EC Bad Tölz) - Eberl (EC Bad Tölz), **Alois Mayr** (EC Bad Tölz), Fries (SC Riessersee) - Breitsamer (SC Riessersee)
T: 1:0 (1.) Trautwein (M. Egen) - 2:0 (8.) Unsinn (H. Rampf) / 3:5 (52.) Pfefferle (Trautwein) - 4:5 (53.) Ambros (Weitschuss)
S: Jo. Huber 4

180. - 19.10.1957 FRG - ITA 3:4 (1:2, 2:1, 0:1)
Landsberg, Eisstadion (Freiluft, Kunsteis); Z: 9.000; SR: Vyvial (TCH), Müller (SUI)
W. Edelmann (*Buchinger n.e.*) - Jochems, Jo. Huber - Ambros, E. Eggerbauer - Pfefferle, M. Egen (C), Trautwein - Sepp, Unsinn, H. Rampf - Eberl, Fries, Breitsamer
T: 1:1 (9.) Trautwein (Pfefferle) / 2:3 (29.) Trautwein (---) - 3:3 (36.) Sepp (Unsinn)
S: E. Eggerbauer 2, Fries 2, Breitsamer 2

181. - 16.12.1957 URS (B) - FRG 9:3 (3:1, 2:2, 4:0)
Moskva, Basketball-Stadion (Freiluft, Natureis); Z: 2.000; SR: Vick (NOR), Nordlin (NOR)
Michael Hobelsberger (SC Riessersee; *W. Edelmann n.e.*) - Ambros, E. Eggerbauer - Guttowski (Mannheimer ERC), Jo. Huber - Jochems, Beck (EV Füssen) - Trautwein, M. Egen (C), Sepp - Pittrich (SC Riessersee), Fries, Breitsamer - H. Rampf, **Richard Kappelmeier** (SC Riessersee), Endreß (SC Riessersee)
T: 1:1 (11:30) Fries (Pittrich) / 2:5 (34:29) M. Egen (Trautwein) - 3:5 (35:03) M. Egen (E. Eggerbauer)
S: Ambros 2

182. - 18.12.1957 URS - FRG 9:0 (3:0, 5:0, 1:0)
Moskva, Basketball-Stadion; Z: 5.000; SR: Vick (NOR), Nordlin (NOR)
W. Edelmann (*Hobelsberger n.e.*) - Ambros, E. Eggerbauer - Guttowski, Jo. Huber - Jochems, Beck - Trautwein, M. Egen (C), Sepp - Pittrich, Fries, Breitsamer - H. Rampf, Kappelmeier, Endreß
S: M. Egen 2, Trautwein 2, Ambros 2

183. - 20.12.1957 POL - FRG 4:2 (2:0, 1:1, 1:1)
Warszawa, Hala Torwar (Halle); Z: 5.000; SR: Vojtěch (TCH), Tencza (TCH)
Hobelsberger (*W. Edelmann n.e.*) - Ambros, E. Eggerbauer - Guttowski, Jo. Huber - Jochems, Beck - Trautwein, M. Egen (C), Sepp - Pittrich, Fries, Breitsamer - H. Rampf, Kappelmeier, Endreß
T: 2:1 (22.) E. Eggerbauer (Weitschuss) / 4:2 (52.) Trautwein (---)
S: Fries 2, Breitsamer 2

184. - 15.01.1958 FRG - ITA 8:4 (2:0, 3:4, 3:0)
Dortmund, Westfalenhalle; Z: 8.000; SR: Warner (CAN), Capstrick (CAN)
Jansen (Krefelder EV; *Heinz Ohlber (TuS Eintracht Dortmund) n.e.*) - Biersack (SC Riessersee), Jo. Huber (C) - Jochems, Ambros, **Günther Sailer** (SC Riessersee) - Trautwein, Eckstein (Krefelder EV), Sepp - H. Rampf, Probst (EC Bad Tölz), A. Mayr - **Werner Kadow** (Preußen Krefeld), **Kurt Jablonski** (TuS Eintracht Dortmund), **Karl-Heinz Löggow** (TuS Eintracht Dortmund)
T: 1:0 (12.) Trautwein (Sepp) - 2:0 (13.) A. Mayr (H. Rampf) / 3:2 (25.) A. Mayr (H. Rampf) - 4:2 (30.) H. Rampf (A. Mayr) - 5:3 (39.) Sepp (Trautwein) / 6:4 (46.) Biersack (---) - 7:4 (46.) Probst (H. Rampf) - 8:4 (59.) Jo. Huber (Biersack)
S: Ambros 2, Biersack 2

185. - 01.02.1958 FRG - URS 2:5 (1:2, 1:3, 0:0)
Garmisch-Partenkirchen, Olympia-Eisstadion; Z: 10.000; SR: Tencza (TCH), Dvorský (TCH)
Hobelsberger (*W. Edelmann n.e.*) - Biersack, Jo. Huber (C) - Ambros, Sailer - Trautwein, M. Egen, Pfefferle - H. Rampf, Sepp, A. Mayr - Endreß, Unsinn, W. Kadow
T: 1:0 (00:28) M. Egen (---) / 2:3 (25.) Endreß (Jo. Huber)
S: Sepp 2, Trautwein 2

186. - 02.02.1958 FRG - URS 4:8 (1:3, 1:1, 2:4)
München, Prinzregentenstadion; Z: 10.000; SR: Tencza (TCH), Dvorský (TCH)
W. Edelmann (ab 20:01 Hobelsberger) - Biersack, Jo. Huber (C) - Ambros, E. Eggerbauer - Trautwein, M. Egen, Pfefferle - H. Rampf, Sepp, A. Mayr - Endreß, Fries, W. Kadow
T: 1:1 (14.) Biersack (Weitschuss) / 2:4 (36.) H. Rampf (Biersack) / 3:6 (46.) Biersack (---) - 4:8 (59.) M. Egen (Pfefferle)
S: Pfefferle 2, Ambros 2, M. Egen 2, Sepp 2

187. - 16.02.1958 ITA - FRG 3:4 (1:2, 1:2, 1:0)
Cortina d' Ampezzo, Stadio del Ghaccio; Z: 6.000; SR: Müller (SUI), Schmid (SUI)
Hobelsberger (*W. Edelmann n.e.*) - Biersack, Sailer - Jo. Huber (C), Ambros - Trautwein, M. Egen, Pfefferle - H. Rampf, Probst, A. Mayr - Sepp, Unsinn, Endreß
T: 1:1 (?) Pfefferle (M. Egen) - 1:2 (?) Sepp (Endreß) / 2:3 (28.) M. Egen (Pfefferle) - 2:4 (35.) A. Mayr (Biersack)
S: Sepp 6, Sailer 2, Biersack 2, Ambros 2

Der DEV zog die Meldung der deutschen Auswahl für die 25. Welt- und 35. Europameisterschaft in Norwegen wegen fehlender Leistungsfähigkeit - so die Einschätzung des Verbandes - kurzfristig zurück.

188. - 22.03.1958 FRG - USA 1:9 (1:0, 0:5, 0:4)
Berlin, Sportpalast; Z: 6.000; SR: Adamec (TCH), Pokorný (TCH)
Hobelsberger (*Jansen n.e.*) - Biersack, Jo. Huber (C) - E. Eggerbauer, Ambros - Pfefferle, M. Egen, Trautwein - H. Rampf, Probst, A. Mayr - Sepp, Unsinn, W. Kadow
T: 1:0 (10.) W. Kadow (Unsinn)
S: H. Rampf 2, Jo. Huber 2

1958/59

189. - 22.02.1959 FRG - CAN* 0:7 (0:0, 0:3, 0:4)
* Kanada vertreten durch den Allan-Cup-Sieger 1958 Belleville McFarlands
Garmisch-Partenkirchen, Olympia-Eisstadion; Z: 10.000; SR: Tencza (TCH), Svitil (TCH)
Jansen (Krefelder EV; *Obermann (Preußen Krefeld) n.e.*) - Ambros (EV Füssen), **Leonhard Waitl** (EV Füssen) - Jo. Huber (SC Riessersee), H. Rampf (EC Bad Tölz) - A. Mayr (EC Bad Tölz), Probst (EC Bad Tölz), Eberl (EC Bad Tölz) - Trautwein (EV Füssen), M. Egen (C - EV Füssen), Pfefferle (EV Füssen) - **Horst Franz Schuldes** (SC Riessersee), Sepp (Mannheimer ERC), W. Kadow (Preußen Krefeld)
S: M. Egen 4, H. Rampf 2, A. Mayr 2

190. - 01.03.1959 FRG - NOR 5:4 (3:1, 0:2, 2:1)
Landshut, Städtisches Eisstadion (Freiluft, Kunsteis); Z: 6.000; SR: Warner (CAN), Salisbury (CAN)
Obermann (*Jansen n.e.*) - Ambros, E. Eggerbauer (EV Füssen) - Jo. Huber, H. Rampf - Sepp, Unsinn (EV Füssen), Trautwein - Pfefferle, M. Egen (C), W. Kadow - A. Mayr, Probst, Eberl
T: 1:1 (3.) Jo. Huber (Weitschuss) - 2:1 (6.) Sepp (Trautwein) - 3:1 (8.) M. Egen (Pfefferle) / 4:2 (47.) H. Rampf (Weitschuss) - 5:3 (47.) Sepp (Trautwein)
S: M. Egen 2

neuer Nationaltrainer Gerhard Kießling

26. Welt- und 36. Europameisterschaft 1959

Die deutsche Mannschaft wurde Dritter der Vorrundengruppe C und kam damit nur in die Platzierungsrunde. Die deutsche Mannschaft belegte am Ende WM-Platz 7 und EM-Platz 5.

VORRUNDE - GRUPPE C

191'. - 05.03.1959 FIN - FRG 5:3 (0:0, 1:2, 4:1)
Ostrava, Zimní stadion Josefa Kotase; Z: 7.000; SR: Hauser (SUI), Schmid (SUI)
Jansen (*Obermann n.e.*) - Ambros, E. Eggerbauer - Jo. Huber, H. Rampf - Schuldes, M. Egen (C), Pfefferle - Trautwein, Unsinn, Sepp - A. Mayr, Probst, Eberl
T: 0:1 (30.) Trautwein (E. Eggerbauer) - 1:2 (39.) Pfefferle (M. Egen) / 3:3 (58.) Sepp (Schuldes)
S: Probst 2, Jo. Huber 2, H. Rampf 2

192. - 06.03.1959 ITA - FRG 2:7 (1:4, 0:1, 1:2)
Ostrava, Zimní stadion Josefa Kotase; Z: 3.000; SR: Gustavsson (USA), Dr. Okoličány (TCH)
Jansen (*Obermann n.e.*) - Ambros, E. Eggerbauer - Jo. Huber, Waitl - Pfefferle, M. Egen (C), H. Rampf - Sepp, Unsinn, Trautwein - Eberl, Schuldes, **Siegfried Schubert** (EV Füssen)
T: 1:1 (04:30) H. Rampf (M. Egen) - 1:2 (14:30) Ambros (Weitschuss) / 1:3 (15.) Pfefferle (H. Rampf) - 1:4 (16.) Trautwein (Unsinn) / 1:5 (32.) Sepp (Trautwein) / 2:6 (43.) Unsinn (Sepp) - 2:7 (59.) M. Egen (H. Rampf)
S: Jo. Huber 4, Trautwein 2, S. Schubert 2, Ambros 2, E. Eggerbauer 2, Sepp 2

193. - 07.03.1959 FRG - SWE 1:6 (0:0, 1:2, 0:4)
Ostrava, Zimní stadion Josefa Kotase; Z: 8.000; SR: Shchelchkov (URS), Kanunnikov (URS)
Jansen (*Obermann n.e.*) - Ambros, E. Eggerbauer - J. Huber, Waitl - Pfefferle, M. Egen (C), H. Rampf - Sepp, Unsinn, Trautwein - A. Mayr, Probst, Eberl
T: 1:2 (24.) M. Egen (Pfefferle)
S: M. Egen 2+2+5, Pfefferle 4, Ambros 2, Trautwein 2, Waitl 2

PLATZIERUNGSRUNDE - PLÄTZE 7-12

194. - 09.03.1959 FRG - ITA 2:2 (0:0, 0:2, 2:0)
Kolín, Zimní stadion (Freiluft, Kunsteis); Z: 3.000; SR: Adamec (TCH), Pokorný (TCH)
Jansen (*Obermann n.e.*) - Ambros, E. Eggerbauer - Waitl, Jo. Huber - Pfefferle, M. Egen (C), H. Rampf - Sepp, Unsinn, Trautwein - Eberl, Probst, S. Schubert
T: 1:2 (44.) Eberl (*) - 2:2 (46.) H. Rampf (Pfefferle)
* Schuss vom Torwart Giuliano Ferraris ins eigene Tor gelenkt, in anderen Quellen Eigentor Italiens
S: Eberl 4, M. Egen 2, Unsinn 2, H. Rampf 2

195. - 10.03.1959 POL - FRG 3:5 (1:1, 1:2, 1:2)
Mladá Boleslav, Zimní stadion; Z: 5.500; SR: Ahlin (SWE), Adamec (TCH)
Jansen (*Obermann n.e.*) - Ambros, E. Eggerbauer - Jo. Huber, Waitl - Pfefferle, M. Egen (C), H. Rampf - Sepp, Unsinn, Trautwein - Eberl, Schuldes, S. Schubert
T: 0:1 (6.) Trautwein (Sepp) / 1:2 (27.) M. Egen (---) - 2:3 (36.) Unsinn (Nachschuss) / 2:4 (52.) Jo. Huber (H. Rampf) - 2:5 (56.) E. Eggerbauer (Weitschuss)
S: Ambros 2, M. Egen 2, Schubert 2, Sepp 2

196. - 11.03.1959 FRG - GDR 8:0 (2:0, 4:0, 2:0)
Kladno, Zimní stadion; Z: 7.000; SR: Wiking (SWE), Johannessen (NOR)
Jansen (*Obermann n.e.*) - Ambros, E. Eggerbauer - Jo. Huber, Waitl - Pfefferle, M. Egen (C), H. Rampf - Sepp, Unsinn, Trautwein - S. Schubert, Probst, A. Mayr
T: 1:0 (13.) H. Rampf (Weitschuss) - 2:0 (16.) A. Mayr (Probst) / 3:0 (21.) M. Egen (Nachschuss) - 4:0 (25.) Ambros (M. Egen) - 5:0 (27:30) H. Rampf (M. Egen) - 6:0 (33.) Unsinn (Trautwein) / 7:0 (46.) Unsinn (---) - 8:0 (59:30) M. Egen (Ambros)
S: Sepp 2

197. - 13.03.1959 FRG - NOR 9:4 (3:2, 3:1, 3:1)
Mladá Boleslav, Zimní stadion; Z: 7.000; SR: Pokorný (TCH), Dr. Okoličány (TCH)
Jansen (*Obermann n.e.*) - Ambros, E. Eggerbauer - Jo. Huber, Waitl - Pfefferle, M. Egen (C), H. Rampf - Sepp, Unsinn, Trautwein - S. Schubert, Probst, A. Mayr
T: 1:0 (2.) M. Egen (H. Rampf) - 2:2 (6.) Trautwein (Sepp) - 3:2 (19.) Trautwein (Sepp) / 4:2 (21.) M. Egen (Gedränge) - 5:2 (29:10) Sepp (Nachschuss) - 6:2 (35.) Jo. Huber (Weitschuss) / 7:3 (41.) M. Egen (H. Rampf) - 8:4 (57.) Waitl (---) - 9:4 (58.) Sepp (Trautwein)
S: Ambros 10, Probst 4, M. Egen 2, Waitl 2, Trautwein 2

198. - 14.03.1959 SUI - FRG 0:6 (0:2, 0:2, 0:2)
Kladno, Zimní stadion; Z: 3.000; SR: Tencza (TCH), Johannessen (NOR)
Jansen (*Obermann n.e.*) - Ambros, E. Eggerbauer - Jo. Huber, Waitl - Pfefferle, M. Egen (C), H. Rampf - Sepp, Unsinn, Trautwein - Eberl, Schuldes, S. Schubert
T: 0:1 (12.) Ambros (Weitschuss) - 0:2 (16.) Trautwein (Sepp) / 0:3 (23.) H. Rampf (Pfefferle) - 0:4 (39:20) Trautwein (Nachschuss) / 0:5 (41:30) Sepp (Nachschuss) - 0:6 (48.) Sepp (Unsinn)
S: M. Egen 4+10 (Disziplinarstrafe), Ambros 2

1959/60

199. - 03.10.1959 FRG - SWE 1:5 (0:2, 0:2, 1:1)
Essen, Gruga-Halle; Z: 5.000; SR: Neumaier (FRG), Egginger (FRG)
W. Edelmann (EC Bad Tölz; *Buchinger (EC Bad Tölz) n.e.*) - Ambros (EV Füssen), E. Eggerbauer (EV Füssen) - Jo. Huber (SC Riessersee), Waitl (EV Füssen) - H. Rampf (EC Bad Tölz), M. Egen (C - EV Füssen), S. Schubert (EV Füssen) - Sepp (Mannheimer ERC), **Ernst Köpf** (EV Füssen), Trautwein (EV Füssen) - Eberl (EC Bad Tölz), **Horst Metzer** (Preußen Krefeld), Schuldes (SC Riessersee)
T: 1:4 (57.) Eberl (Sepp)
S: Ambros 2, E. Köpf 2, Trautwein 2

200. - 04.10.1959 FRG - SWE 3:5 (1:2, 2:1, 0:2)
Essen, Gruga-Halle; Z: 5.000; SR: Wiking (SWE), Wilkert (SWE)
Buchinger (*W. Edelmann n.e.*) - Ambros, E. Eggerbauer - Jo. Huber, Waitl, **Otto Schneitberger** (EC Bad Tölz) - H. Rampf, M. Egen (C), S. Schubert - Sepp, Unsinn (EV Füssen), Trautwein - Eberl, Metzer, Schuldes
T: 1:2 (14.) S. Schubert (M. Egen) / 2:2 (21.) Schuldes (---) - 3:3 (32.) Schuldes (Eberl)
S: Ambros 2, Waitl 2, Eberl 2, M. Egen 2

201.- 21.10.1959 FRG - ITA 6:4 (2:1, 1:0, 3:3)
München, Prinzregentenstadion; Z: 8.000; SR: Hauser (SUI), Schmid (SUI)
Jansen (Krefelder EV; *Hobelsberger (SC Riessersee) n.e.*) - Ambros, Waitl - Jo. Huber, Schneitberger - E. Köpf, M. Egen (C), H. Rampf - Sepp, Unsinn, Trautwein - Eberl, **Josef Reif** (EC Bad Tölz), Schuldes
T: 1:1 (7.) M. Egen (H. Rampf) - 2:1 (20.) Ambros (Weitschuss) / 3:1 (22.) Schneitberger (Weitschuss) / 4:2 (47.) Eberl (Schuldes) - 5:2 (49.) Unsinn (---) - 6:3 (54.) Unsinn (Trautwein)
S: Ambros 2, Schneitberger 2, Trautwein 2

202. - 22.10.1959 FRG - ITA 7:1 (3:0, 3:1, 1:0)
Ravensburg, Eisstadion am St. Christina-Hang (Freiluft, Kunsteis); Z: 3.500; SR: Hauser (SUI), Schmid (SUI)
Hobelsberger* (*Jansen n.e.*) - E. Eggerbauer, Waitl - Jo. Huber, Schneitberger - Reif, M. Egen (C), H. Rampf - Sepp, Unsinn, Trautwein - Eberl, Metzer, Schuldes
* *Hobelsberger hielt zwei Penaltys: in der 48. Minute von Crotti bzw. in der 53. Minute von Agazzi*
T: 1:0 (3.) Sepp (Trautwein) - 2:0 (10.) M. Egen (---) - 3:0 (14.) Unsinn (Gedränge) / 4:1 (37.) Reif (M. Egen) - 5:1 (38.) Schneitberger (Trautwein) - 6:1 (39.) Metzer (Gedränge) / 7:1 (47.) M. Egen (H. Rampf)
S: Schneitberger 2, Jo. Huber 2, Unsinn 2

203. - 25.11.1959 SUI - FRG 2:5 (2:2, 0:2, 0:1)
Genève, Sportpalast "Les Vernets" (Halle); Z: 6.500; SR: Demetz (ITA), Lawson (CAN)
Hobelsberger (*Jansen n.e.*) - Ambros, E. Eggerbauer - Jo. Huber, Schneitberger - S. Schubert, M. Egen (C), H. Rampf - Sepp, Unsinn, Trautwein - Eberl, Metzer, Reif
T: 0:1 (3.) Sepp (Trautwein) - 0:2 (5.) Trautwein (---) / 2:3 (21.) Unsinn (Sepp) - 2:4 (29.) Reif (Metzner) / 2:5 (46.) Metzer (Eberl)
S: H. Rampf 2, Jo. Huber 2, E. Eggerbauer 2

Da das NOK der DDR unter Boykottandrohung verhindern wollte, dass Nationaltrainer Gerhard Kießling an den Olympischen Winterspielen teilnimmt, wurde ab jetzt die Mannschaft von Karl Wild betreut.

Ausscheidung zur Teilnahme an den Olympischen Winterspielen 1960

Folgender Modus wurde für die Ausscheidungsspiele zu den olympische Winterspiele 1960 vereinbart: Diejenige Mannschaft, die mit mindestens 4 Toren Vorsprung, das erste Spiel gewinnt, ist direkt qualifiziert. Sollte sich nach zwei Spielen keine Mannschaft klar qualifizieren, wird ein drittes Spiel in der BRD ausgetragen. Die DEV-Auswahl konnte sich am Ende für die Olympischen Winterspiele 1960 qualifizieren.

204. - 09.12.1959 FRG - GDR 5:2 (2:1, 1:1, 2:0)
Garmisch-Partenkirchen, Olympia-Eisstadion; Z: 10.000; SR: Hauser (SUI), Adamec (TCH)
Jansen (*Hobelsberger n.e.*) - Ambros, E. Eggerbauer - Jo. Huber, Waitl - S. Schubert, M. Egen (C), H. Rampf - Sepp, Unsinn, Trautwein - Eberl, Metzer, Schuldes
T: 1:1 (5.) S. Schubert (H. Rampf) - 2:1 (12.) Trautwein (Sepp) / 3:2 (30.) Trautwein (---) / 4:2 (47.) Schuldes (Metzer) - 5:2 (49.) Ambros (---)
S: H. Rampf 4, Ambros 2

205'. - 12.12.1959 GDR - FRG 3:5 (1:2, 2:0, 0:3)
Weißwasser, Eisstadion "Wilhelm-Pieck" (Freiluft, Kunsteis); Z: 8.000; SR: Hauser (SUI), Adamec (TCH)
Hobelsberger (*Herbert Lindner (EV Füssen) n.e.*) - Ambros, Schneitberger - Jo. Huber, Waitl - S. Schubert, M. Egen (C), H. Rampf - Sepp, Unsinn, Trautwein - Eberl, Metzer, Schuldes
T: 1:1 (3.) Sepp (---) - 1:2 (10.) Waitl (M. Egen) / 3:3 (44.) Ambros (Weitschuss) - 3:4 (56.) Trautwein (---) - 3:5 (58.) Trautwein (---)
S: Ambros 4, M. Egen 2, Trautwein 2
M. Egen absolvierte als erster Spieler sein 100. Länderspiel.

29.01.1960 FRG - TCH (J)* 7:3 (4:0, 2:2, 1:1)
* Juniorenauswahl (in diesem und dem folgenden Spiel)
München, Prinzregentenstadion; Z: 10.000; SR: Gasser (ITA), Demetz (ITA)
Jansen (*Hobelsberger n.e.*) - Ambros, E. Eggerbauer - Jo. Huber, Schneitberger - S. Schubert, M. Egen (C), H. Rampf - Sepp, Unsinn, Trautwein - Eberl, Metzer, Schuldes
T: 1:0 (5.) M. Egen (Schubert) - 2:0 (9.) Sepp (Trautwein) - 3:0 (11.) S. Schubert (Weitschuss) - 4:0 (16.) Schuldes (Eberl) / 5:1 (31.) Sepp (Abpraller) - 6:2 (37.) Sepp (*) / 7:3 (52.) Sepp (Trautwein, Unsinn)
* vom TCH-Spieler ins eigene Tor gelenkt; 53. Penalty von Trautwein vom CSR-Torwart gehalten
S: Eberl 4

30.01.1960 FRG - TCH (J)* 2:0 (1:0, 0:0, 1:0)
Garmisch-Partenkirchen, Olympia-Eisstadion; Z: 7.000; SR: Gasser (ITA), Demetz (ITA)
Hobelsberger (*Jansen n.e.*) - Ambros, E. Eggerbauer - Jo. Huber, Waitl* - S. Schubert, M. Egen (C), H. Rampf - Sepp, Unsinn, Trautwein - Eberl, Reif, Schuldes
* Waitl verletzte sich, als M. Egen in der 57. Minute über den am Boden Liegenden stolpert und mit einem Schlittschuh das Wadenbein aufschlitzte.
T: 1:0 (1.) H. Rampf (Ambros) / 2:0 (41.) H. Rampf (M. Egen)
S: Reif 2

8. Olympische Winterspiele 1960 - Eishockeyturnier
Die Gemeinsame deutsche Mannschaft (vertreten durch die Auswahl des DEV) belegte in der Vorrundengruppe B den 2. Platz und zog in die Finalrunde ein. Da dieses Turnier von der IIHF auch als 27. WM und 37. EM gewertet wurde, lauteten die Platzierungen: OS und WM - 6. Platz, EM - 4. Platz.

VORRUNDE - GRUPPE B

206'. - 19.02.1960 URS - GER 8:0 (3:0, 3:0, 2:0)
Squaw Valley, Blyth Memorial Arena (Halle); Z: 300; SR: Riley (USA), Ryman (USA)
Jansen (*Hobelsberger* n.e.*) - Ambros, E. Eggerbauer - Jo. Huber, Waitl - H. Rampf, M. Egen (C), S. Schubert - Sepp, Unsinn, Trautwein - Eberl, Schuldes, **Horst Schulte**** (SC Riessersee)
* lt. offiziellem Report des IOC stand Hobelsberger im Tor, das ist durch Quellen aber nicht bestätigt
** wurde für Metzer nachnominiert, im offiziellen Report des IOC nicht aufgeführt
S: Waitl 4, H. Rampf 5, M. Egen 2+5, Ambros 4

207'. - 21.02.1960 GER - FIN 4:1 (1:0, 2:0, 1:1)
Squaw Valley, Blyth Memorial Arena; Z: 5.000; SR: Riley (USA), Barry (USA)
Hobelsberger (*Jansen n.e.*) - Ambros, E. Eggerbauer - Jo. Huber, Waitl - H. Rampf, M. Egen (C), Schneitberger - Sepp, Unsinn, Trautwein - Eberl, Schuldes, Reif
T: 1:0 (16:16) Sepp (Trautwein) / 2:0 (21:03) Sepp (Trautwein, Unsinn) - 3:0 (32:16) Reif (Eberl) / 4:1 (54:56) H. Rampf (M. Egen)
S: M. Egen 2, Sepp 2, Schuldes 2

FINALRUNDE
208'. - 22.02.1960 CAN*- GER 12:0 (6:0, 1:0, 5:0)
* Kanada vertreten durch Kitchener Waterloo Dutchmen verstärkt mit Spielern anderer Vereine
Squaw Valley, Blyth Memorial Arena; Z: 1.000; SR: Riley (USA), Barry (USA)
Hobelsberger (*Jansen n.e.*) - Ambros, Waitl - Jo. Huber (C), E. Eggerbauer - H. Rampf, Schneitberger, S. Schubert - Sepp, Unsinn, Trautwein - Eberl, Schuldes, Reif - LT SID
S: Waitl 4

209'. - 24.02.1960 USA - GER 9:1 (2:0, 3:1, 4:0)
Squaw Valley, Blyth Memorial Arena; Z: 5.000; SR: McKenzie (CAN), McLean (CAN)
Hobelsberger (*Jansen n.e.*) - Ambros, E. Eggerbauer - Jo. Huber (C), Waitl - S. Schubert, H. Rampf, Schneitberger - Sepp, Unsinn, Trautwein - Eberl, Schuldes, Reif
T: 4:1 (25:42) Sepp (Unsinn)
S: Ambros 4, Reif 4, Waitl 2, Schuldes 2

210'. - 25.02.1960 URS - GER 7:1 (0:1, 4:0, 3:0)
Squaw Valley, Blyth Memorial Arena; Z: 6.000; SR: Riley (USA), Barry (USA)
Hobelsberger (*Jansen n.e.*) - Ambros, E. Eggerbauer - Jo. Huber (C), Waitl - Schneitberger, Schulte, S. Schubert
- Sepp, Unsinn, Trautwein - Eberl, Schuldes, Reif
* lt. offiziellem Report des IOC ohne Schulte, das ist durch Quellen aber nicht bestätigt
T: 0:1 (03:17) Jo. Huber (Weitschuss)
S: E. Eggerbauer 4, Unsinn 2, Ambros 2, Schuldes 2

211'. - 27.02.1960 TCH - GER 9:1 (3:1, 4:0, 2:0)
Squaw Valley, Blyth Memorial Arena; Z: 1.000; SR: McKenzie (CAN), McLean (CAN)
Jansen (*Hobelsberger n.e.*) - Ambros, E. Eggerbauer - Jo. Huber, Waitl - H. Rampf, M. Egen (C), Schneitberger
- Sepp, Unsinn, Trautwein - Eberl, Schuldes, Reif
T: 0:1 (04:26) Schuldes (Eberl)
S: Ambros 4, Waitl 4, M. Egen 2, Sepp 2, Eberl 2

212'. - 28.02.1960 SWE - GER 8:2 (2:0, 2:2, 4:0)
Squaw Valley, Blyth Memorial Arena; Z: 2.000; SR: Riley (USA), Barry (USA)
Hobelsberger (*Jansen n.e.*) - Ambros, E. Eggerbauer - Jo. Huber, Schneitberger - H. Rampf, M. Egen (C), S.
Schubert - Sepp, Unsinn, Trautwein - Eberl, Schuldes, Reif
T: 3:1 (31:16) Eberl (Schuldes) - 3:2 (39:34) M. Egen (---)
S: H. Rampf 4, Jo. Huber 2, Ambros 2, Schneitberger 2

213. - 12.03.1960 JPN - FRG 6:10 (2:2, 3:3, 1:5)
Tokyo, Korakuen Ice Palace; Z: 5.000; SR: ? (JPN), Wagner (FRG)
Jansen (ab ?. Hobelsberger) - Ambros, E. Eggerbauer - Jo. Huber (C), Schneitberger - Sepp, Unsinn, Trautwein
- Eberl, Schuldes, Reif - S. Schubert, Metzer, Schulte - H. Rampf
T: 0:1 (?) Eberl (?) - 0:2 (?) H. Rampf (?) / 4:3 (?) Ambros (?) - 4:4 (?) Reif (?) - 5:5 (?) Unsinn (?) / 5:6 (?) Sepp
(?) - 5:7 (?) H. Rampf (?) - 5:8 (?) Trautwein (?) - 5:9 (?) Schulte (?) - 5:10 (?) Schuldes (?)
S: 8 x 2 Minuten

1960/61

neuer Nationaltrainer Markus Egen

214. - 01.02.1961 FRG - USA 2:2 (1:0, 0:1, 1:1)
Bad Tölz, Eisstadion an der Peter-Freisl-Straße; Z: 6.000; SR: Brüggen (SUI), Gysler (SUI)
W. Edelmann* (EC Bad Tölz; *Jansen (Krefelder EV) n.e.*) - Ambros (EV Füssen), Waitl (EV Füssen) - **Walter
Riedl** (EC Bad Tölz), H. Rampf (C - EC Bad Tölz) - Trautwein (EV Füssen), Sepp (Mannheimer ERC), **Georg
Scholz** (EV Füssen) - Schuldes (SC Riessersee), Probst (EC Bad Tölz), Reif (EC Bad Tölz) - S. Schubert (EV
Füssen), **Helmut Zanghellini** (EV Füssen), E. Köpf (EV Füssen)
** Bei einem Penalty für die USA in der 38. Minute ging Waitl ins Tor. Als der Amerikaner anfuhr, startete er
blitzschnell aus dem Tor auf ihn zu und wehrte den Puck ab.*
T: 1:1 (30.) G. Scholz (Trautwein) / 2:1 (58.) Probst (---)
S: H. Rampf 4, Ambros 2, Reif 2

215. - 03.02.1961 FRG - USA 4:1 (0:0, 3:1, 1:0)
Garmisch-Partenkirchen, Olympia-Eisstadion; Z: 10.000; SR: Brüggen (SUI), Gysler (SUI)
Jansen (*W. Edelmann n.e.*) - Ambros, Waitl (ab 40:01 Riedl) - H. Rampf (C), Deisenrieder* (EC Bad Tölz) -
Trautwein, Sepp, **Remigius Wellen** (Krefelder EV) - Schuldes, **Bernd Herzig** (SC Riessersee), **Albert Loibl***
(SC Riessersee; ab 40:01 Waitl) - E. Köpf, Zanghellini, S. Schubert
* lt. DEV-Jahrbuch keine Einsätze in der Saison1960/61, Einsätze durch Quellen bestätigt
T: 1:0 (21.) Herzig (Schuldes) - 2:0 (22.) Schuldes (Herzig) - 3:1 (38.) Sepp (Nachschuss) / 4:1 (59.) Wellen
(Sepp)
S: keine Strafen

216. - 26.02.1961 FRG - CAN* 3:8 (1:4, 2:2, 0:2)
* Kanada vertreten durch Trail Smoke Eaters
Füssen, Eisstadion am Kobelhang; Z: 11.000; SR: Egginger (FRG), Zeller (FRG)
W. Edelmann* (ab 59. Lindner (EV Füssen)) - Ambros, Waitl - H. Rampf (C), Schneitberger (EC Bad Tölz) -
Trautwein, Sepp, G. Scholz - Schuldes, Herzig, Reif - S. Schubert, Zanghellini, Wellen (ab 20:01 Eberl (EC Bad
Tölz))
* im Gedränge verletzt
T: 1:2 (13.) G. Scholz (Trautwein) / 2:6 (35.) Zanghellini (S. Schubert) - 3:6 (38.) G. Scholz (Trautwein)
S: Ambros 2, Eberl 2, Schneitberger 2, Reif 2

28. Welt- und 38. Europameisterschaft 1961

Die IIHF hatte auf Basis der WM 1959 die Mannschaften in Leistungsgruppen eingeteilt. Die DEV-Auswahl musste als Siebenter der WM 1959 erst ein Qualifikationsspiel zur A-WM bestreiten.
Die deutsche Mannschaft belegte dann WM-Platz 8 und EM-Platz 6.

QUALIFIKATIONSSPIEL ZUR A-WM

217. - 01.03.1961 FRG - SUI 6:5 (1:0, 3:1, 1:4, 1:0) nach Verlängerung (2x5 min.)

Genève, Sportpalast "Les Vernets"; Z: 7.200; SR: Barry (USA), McLean (CAN)
W. Edelmann (*Lindner n.e.*) - Ambros, Waitl - H. Rampf (C), Riedl - Schuldes, Herzig, Reif - Trautwein, Sepp,
G. Scholz - S. Schubert, Zanghellini, Eberl
T: 1:0 (01:30) G. Scholz (Riedl) / 2:1 (29:20) Trautwein (*) - 3:1 (33:45) G. Scholz (Trautwein) - 4:1 (34:15) S.
Schubert (Zanghellini) / 5:5 (56:35) Reif (---) / 6:5 (63:35) Zanghellini (Ambros)
* *Pfostenschuss von Trautwein wird vom Schweizer Torwart Kiener ins eigene Tor gelenkt*
S: Sepp 4+10 (Disziplinarstrafe), H. Rampf 6, Ambros 6, Zanghellini 2, Riedl 2, G. Scholz 2, S. Schubert 2
Trautwein 2

A-WM

218. - 04.03.1961 CAN* - FRG 9:1 (1:1, 3:0, 5:0)

* *Kanada vertreten durch Trail Smoke Eaters*
Lausanne, Patinoire de Montchoisi, Z: 5.000; SR: Barry (USA), Starovoitov (URS)
W. Edelmann (*Lindner n.e.*) - Ambros, Waitl - Schneitberger, Riedl - Wellen, Sepp (C), Trautwein - Schuldes,
Herzig, Reif - S. Schubert, Zanghellini, Eberl
T: 0:1 (18:14) Zanghellini (S. Schubert)
S: Ambros 4, Waitl 2, Riedl 2, Wellen 2, Sepp 2

219. - 05.03.1961 TCH - FRG 6:0 (2:0, 0:0, 4:0)

Genève, Sportpalast "Les Vernets"; Z: 7.200; SR: Barry (USA), McLean (CAN)
W. Edelmann (*Lindner n.e.*) - Ambros, Waitl - Schneitberger, H. Rampf (C) - Trautwein, Sepp, G. Scholz -
Schuldes, Herzig, Reif - S. Schubert, Zanghellini, Eberl
S: H. Rampf 6, Waitl 2, G. Scholz 2, S. Schubert 2, Reif 2

220. - 07.03.1961 USA - FRG 4:4 (3:2, 1:1, 0:1)

Lausanne, Patinoire de Montchoisi; Z: 1.500; SR: Olivieri (SUI), Breitenstein (SUI)
Lindner (ab 20:01 W. Edelmann) - H. Rampf (C), Schneitberger - Ambros, Riedl - Schuldes, Waitl, Reif -
Trautwein, Sepp, G. Scholz - Wellen, S. Schubert, Eberl
T: 1:1 (01:05) Trautwein (Sepp) - 2:1 (02:30) H. Rampf (Nachschuss) / 3:4 (38:10) G. Scholz (Schneitberger) /
4:4 (50:20) G. Scholz (Weitschuss)
S: Schneitberger 6, Reif 4, Riedl 2, Ambros 2

221. - 08.03.1961 SWE - FRG 12:1 (3:0, 3:1, 6:0)

Genève, Sportpalast "Les Vernets"; Z: 2.500; SR: Olivieri (SUI), McLean (CAN)
W. Edelmann (*Lindner n.e.*) - H. Rampf (C), Riedl - Ambros, Schneitberger - Schuldes, Waitl, Reif - Trautwein,
Sepp, G. Scholz - Eberl, Herzig, S. Schubert
T: 1:4 (28:10) G. Scholz (Ambros)
S: Waitl 6, Reif 4, Ambros 4, Herzig 4, Riedl 2, Trautwein 2, Schneitberger 2

222. - 09.03.1961 FIN - FRG 3:3 (1:0, 0:1, 2:2)

Genève, Sportpalast "Les Vernets"; Z: 500; SR: Wiking (SWE), Wilkert (SWE)
W. Edelmann (ab 12:11 Lindner*) - Schneitberger, Riedl - Ambros, Waitl - Reif, H. Rampf (C), Eberl - Trautwein,
Zanghellini, G. Scholz - Schuldes, S. Schubert, Wellen
* *Bei zwei Penaltys für Finnland (48:00 und 51:50) ging Waitl ins Tor. Beide Mal trat Kilpiö an. Den ersten konnte*
Waitl abwehren, den zweiten nicht.
T: 1:1 (26:10) Schneitberger (Weitschuss) / 2:3 (54:20) Schneitberger (Weitschuss) - 3:3 (55:45) Trautwein (---
)
S: Reif 4, Eberl 4, Wellen 2, S. Schubert 2

223. - 11.03.1961 URS - FRG 11:1 (2:0, 4:1, 5:0)
Lausanne, Patinoire de Montchoisi; Z: 4.500; SR: Braun (SUI), Wycisk (POL)
Lindner (*W. Edelmann n.e.**) - H. Rampf (C), Waitl - Schneitberger, Riedl - Schuldes, Herzig, Eberl - Trautwein, Sepp, G. Scholz - S. Schubert, Zanghellini, Wellen
* W. Edelmann verletzt
** Ambros lt. DEV-Jahrbuch 1961/61 Einsatz, jedoch lt. „Deutscher Eissport" und andere Quellen kein Einsatz, da er eine Fußverletzung hatte.
T: 1:5 (34:15) Trautwein (G. Scholz)
S: Waitl 2, S. Schubert 2, G. Scholz 2

12.03.1961 FRG - GDR 0:5*
* wegen des sogenannten „Flaggenstreits" BRD nicht angetreten; Wertung 2:0 Punkte und 5:0 Tore für DDR
Genève, Sportpalast "Les Vernets"; Z: 2.000; SR: Starovoitov (URS), Barry (USA)

1961/62

Interims-Nationaltrainer Erich Konecki

224'. - 20.11.1961 FIN - FRG 4:2 (1:2, 0:0, 3:0)
Helsinki, Eisstadion (Freiluft, Kunsteis); Z: 4.066; SR: Molberg (NOR), Nordlie (NOR)
W. Edelmann (EC Bad Tölz; *Ohlber (TuS Eintracht Dortmund) n.e.*) - Schneitberger (EC Bad Tölz), Riedl (EC Bad Tölz) - **Dieter Hoja** (TuS Eintracht Dortmund), **Heinz Bader** (EC Bad Tölz) - Reif (EC Bad Tölz), **Adolf Floßmann** (EC Bad Tölz), Eberl (C - EC Bad Tölz) - **Manfred Gmeiner** (EV Füssen), E. Köpf (EV Füssen), **Peter Lax** (EC Bad Tölz) - Deisenrieder (EC Bad Tölz), Wellen (Krefelder EV), **Manfred Kramarczyk** (Krefelder EV)
T: 0:1 (12:50) Wellen (E. Köpf) - 0:2 (17:23) Floßmann (Reif)
S: Schneitberger 6, Riedl 2, Kramarczyk 2, Gmeiner 2, Deisenrieder 2, H. Bader 2

225'. - 21.11.1961 FIN - FRG 3:3 (0:2, 1:0, 2:1)
Tampere, Eisstadion; Z: 5.946; SR: Molberg (NOR), Nordlie (NOR)
W. Edelmann (*Ohlber n.e.*) - Schneitberger, Riedl - Hoja, H. Bader - Reif, Floßmann, Eberl (C) - E. Köpf, Lax, Gmeiner - Deisenrieder, Jablonski (TuS Eintracht Dortmund), Wellen
T: 0:1 (01:40) Gmeiner (Lax) - 0:2 (19:02) Deisenrieder (Jablonski) / 3:3 (53:35) Jablonski (---)
S: Schneitberger 2+2+10 (Disziplinarstrafe), Reif 2, Lax 2

23.11.1961 FIN (B) - FRG 4:2 (2:0, 0:1, 2:1)
Rauma, Eisstadion (Freiluft, Kunsteis); Z: 4.000; SR: Molberg (NOR), Nordlie (NOR)
Ohlber (W. Edelmann n.e.) - Bader, Schneitberger - Riedl, Hoja - Reif, Floßmann, Eberl (C) - E. Köpf, Lax, Kramarczyk - Deisenrieder, Jablonski, Wellen
T: *2:1 (38.) Kramarczyk (Jablonski) / 3:2 (47.) Eberl (Reif)*
S: *5 x 2 Minuten, davon Schneitberger 6*

226. - 26.11.1961 NOR - FRG 4:2 (1:2, 2:0, 1:0)
Oslo, Eisstadion Jordal Amfi (1961 überdacht); Z: 4.614; SR: Isotalo (FIN), Lindroos (FIN)
W. Edelmann (*Ohlber n.e.*) - H. Bader, Schneitberger - Hoja, Riedl - Eberl (C), Floßmann, Reif - E. Köpf, Jablonski, Gmeiner - Kramarczyk, Lax, Wellen
T: 0:1 (5.) Floßmann (?) - 1:2 (19.) Jablonski (Riedl)
S: 9 x 2 Minuten

227. - 27.11.1961 NOR - FRG 9:2 (3:0, 3:0, 3:2)
Oslo, Eisstadion Jordal Amfi; Z: 4.000; SR: Isotalo (FIN), Lindroos (FIN)
W. Edelmann (*Ohlber n.e.*) - H. Bader, Schneitberger - Deisenrieder, Riedl - Reif, Jablonski, Eberl (C) - Lax, Floßmann*, E. Köpf - Gmeiner, Wellen, Kramarczyk (dritte Reihe nur 20:01-60:00)
* lt. DEV-Jahrbuch nur 3 Einsätze in der Saison 1961/62, d.h. kein Einsatz in diesem Spiel, durch Quellen nicht bestätigt
T: 9:1 (56.) Schneitberger (?) - 9:2 (59:55) Deisenrieder (?)
S: 5 x 2 Minuten

Übergangsweise wurde die Auswahl von Karl Wild und Mannschaftskapitän Hans Rampf betreut.

228'. - 20.01.1962 FRG - FIN 3:3 (1:1, 1:0, 1:2)
Garmisch-Partenkirchen, Olympia-Eisstadion; Z: 9.000; SR: Müller (SUI), Gysler (SUI)
Hobelsberger (SC Riessersee; W. Edelmann n.e.*) - Waitl (EV Füssen), H. Rampf (C - EC Bad Tölz) - Schneitberger, H. Bader - Eberl, S. Mayr (EC Bad Tölz), Reif - S. Schubert (EV Füssen), Zanghellini (EV Füssen), E. Köpf - A. Loibl (SC Riessersee), Pittrich (SC Riessersee), Lax
* *lt. DEV-Jahrbuch 7 Einsätze in der Saison1961/62, d.h. Einsatz in diesem Spiel, durch Quellen nicht bestätigt*
T: 1:1 (17.) E. Köpf (Schneitberger) / 2:1 (27.) E. Köpf (H. Rampf) / 3:2 (58.) Eberl (S. Mayr) - *im offiz. Spielbericht sind keine Assists aufgeführt*
S: H. Bader 2, Lax 2, Reif 2, H. Rampf 2

229'. - 21.01.1962 FRG - FIN 5:4 (3:0, 0:3, 2:1)
München, Prinzregentenstadion; Z: 9.000; SR: Müller (SUI), Gysler (SUI)
W. Edelmann (*Hobelsberger n.e.*) - Waitl, H. Rampf (C) - Schneitberger, Riedl - A. Loibl, Pittrich, **Dieter Lang** (EV Landshut - ab 40:01 Lax) - Eberl, S. Mayr (ab 40:01 Lang), Reif - S. Schubert, Zanghellini, E. Köpf
T: 1:0 (9.) Pittrich (D. Lang*) - 2:0 (13.) D. Lang (**) - 3:0 (19.) A. Loibl (Zanghellini) / 4:3 (41.) S. Schubert (---) - 5:4 (45.) S. Schubert (H. Rampf) - *im offiz. Spielbericht sind keine Assists aufgeführt*
** *D. Langs Schuss von Suokkos Schläger ins eigene Tor abgefälscht*
S: Schneitberger 4, Riedl 2, Pittrich 2

230. - 17.02.1962 FRG - ITA 1:4 (0:2, 1:2, 0:0)
Füssen, Eisstadion am Kobelhang; Z: 2.500; SR: Müller (SUI), Gysler (SUI)
Hobelsberger (ab 24. Lindner (EV Füssen)) - Ambros (EV Füssen), Waitl - H. Bader, Schneitberger (ab 40:01 Riedl) - Gmeiner, S. Schubert, E. Köpf - A. Loibl, Pittrich, Lax (ab ? Eberl) - Trautwein (EV Füssen), D. Lang, Reif
T: 1:2 (22.) E. Köpf (S. Schubert)
S: keine Strafen

231. - 19.02.1962 ITA - FRG 2:5 (1:1, 0:3, 1:1)
Cortina d' Ampezzo, Stadio del Ghaccio; Z: 7.000; SR: Müller (SUI), Gysler (SUI)
W. Edelmann (*Hobelsberger n.e.*) - Ambros, Waitl - Schneitberger, H. Bader - E. Köpf, S. Schubert, Gmeiner - Eberl, Pittrich, A. Loibl - Trautwein, Zanghellini, Reif
T: 0:1 (4.) Zanghellini (Trautwein) / 1:2 (25.) Reif (Trautwein) - 1:3 (?) E. Köpf (Nachschuss) - 1:4 (36.) Eberl (Pittrich) / 1:5 (45.) Zanghellini (Trautwein)
S: Ambros 4, H. Bader 4, Schneitberger 2, Reif 2, A. Loibl 2

neuer Nationaltrainer Victor "Vic" Heyliger USA

29. A-Welt- und 39. Europameisterschaft 1962

Die IIHF hatte auf Basis der WM 1961 die Mannschaften in Leistungsgruppen eingeteilt. Die DEV-Auswahl kam als Achter der WM 1961 in die A-WM.
Die deutsche Mannschaft belegte dann WM-Platz 6 und EM-Platz 4.

232'. - 09.03.1962 FRG - NOR 4:6 (1:4, 3:0, 0:2)
Denver, Coliseum; Z: 2.000; SR: Barry (USA), Finegold (USA)
Lindner* - Ambros, Waitl - H. Bader, Schneitberger - Gmeiner, S. Schubert, E. Köpf - Trautwein, Pittrich, Eberl - Reif, Zanghellini, H. Rampf (C)
* *Da sich W. Edelmann verletzt hatte und noch vor Turnierbeginn abgereist war, stellte der DEV den Antrag Hobelsberger als zweiten Torwart nachzunominieren, dies wurde jedoch von der IIHF gemäß den Regeln abgelehnt. In den Spielen wurde durch den DEV kein Spieler als Ersatztorwart nominiert.*
T: 1:3 (12:30) Gmeiner (Schubert, E. Köpf) / 2:4 (21:24) S. Schubert (E. Köpf, Gmeiner) - 3:4 (32:56) Reif (---) - 4:4 (36:15) Zanghellini (---)
S: Schneitberger 8, S. Schubert 4, Gmeiner 2, Pittrich 2

233'. - 10.03.1962 FRG - CAN* 0:8 (0:5, 0:3, 0:0)
* *Kanada vertreten durch den Allan-Cup-Sieger 1961 Galt Terriers*
Denver, Coliseum; Z: 4.043; SR: Wiking (SWE), Barry (USA)
Lindner - H. Rampf (C), Riedl - H. Bader, Schneitberger - Gmeiner, S. Schubert, E. Köpf - Eberl, Pittrich, Waitl - Reif, Zanghellini, Trautwein
S: Waitl 4, Schneitberger 2, Reif 2, H. Bader 2, Lindner 2 (dafür Zanghellini auf der Strafbank)

234'. - 12.03.1962 GBR - FRG 0:9 (0:3, 0:3, 0:3)
Colorado Springs, Broadmoore World Arena; Z: 700; SR: Lindqvist (CAN), Wiking (SWE)
Lindner - H. Rampf (C), Riedl - H. Bader, Schneitberger - Gmeiner, S. Schubert, E. Köpf - Eberl, Pittrich, Waitl - Reif, Zanghellini, Trautwein
T: 0:1 (12:05) Waitl (Weitschuss) - 0:2 (14:28) S. Schubert (E. Köpf) - 0:3 (19:23) E. Köpf (S. Schubert) / 0:4 (24:03) Reif (---) - 0:5 (27:32) Reif (---) - 0:6 (36:59) Waitl (Eberl) / 0:7 (40:45) H. Rampf (Gmeiner) - 0:8 (43:39) Reif (Zanghellini) - 0:9 (55:14) Eberl (Pittrich, H. Bader)
S: Schneitberger 6, Reif 4, Pittrich 4, Eberl 2, H. Rampf 2, Riedl 2, H. Bader 2, Gmeiner 2

235'. - 13.03.1962 USA - FRG 8:4 (3:2, 4:1, 1:1)
Denver, Coliseum; Z: 3.026; SR: Wiking (SWE), Lindqvist (CAN)
Lindner - Ambros (C), Waitl - H. Bader, Riedl - S. Schubert, E. Köpf, Gmeiner - Trautwein, Zanghellini, Reif - D. Lang, Pittrich, Eberl
T: 1:1 (03:08) Reif (---) - 2:2 (05:54) Pittrich (Eberl, Waitl) / 7:3 (37:18) Pittrich (D. Lang) / 7:4 (53:19) Eberl (Pittrich, D. Lang)
S: Gmeiner 4, H. Bader 2, D. Lang 2, Riedl 2, Waitl 2

236'. - 15.03.1962 FRG - FIN 3:9 (1:1, 2:6, 0:2)
Colorado Springs, Broadmoore World Arena; Z: 2.121; SR: Wiking (SWE), Barry (USA)
Lindner - Ambros, Riedl - H. Rampf (C), H. Bader - S. Schubert, E. Köpf, Gmeiner - Waitl, Zanghellini, Reif - D. Lang, Pittrich, Eberl
T: 1:1 (09:25) E. Köpf (H. Rampf) / 2:1 (22:07) Eberl (---) - 3:2 (27:25) Reif (Waitl, Zanghellini)
S: Riedl 8, H. Bader 4, Zanghellini 2, Eberl 2, D. Lang 2, H. Rampf 2

237'. - 17.03.1962 FRG - SWE 0:4 (0:2, 0:2, 0:0)
Denver, Coliseum; Z: 3.545; SR: Maschio (CAN), Olivieri (SUI)
Lindner - H. Bader, Schneitberger - Ambros, Riedl - S. Schubert, E. Köpf, Gmeiner - Reif, Zanghellini, Waitl (C) - Eberl, Pittrich, D. Lang
S: Pittrich 10 (Disziplinarstrafe), Gmeiner 4, Ambros 2, Riedl 2, S. Schubert 2, Schneitberger 2, Waitl 2

238'. - 18.03.1962 FRG - SUI 7:1 (3:0, 4:0, 0:1)
Denver, Coliseum; Z: 1.200; SR: Maschio (CAN), Lindqvist (CAN)
Lindner - Ambros, Waitl (C) - H. Bader, Schneitberger - Gmeiner, S. Schubert, E. Köpf - Eberl, Pittrich, D. Lang - Reif, Zanghellini, Trautwein
T: 1:0 (03:56) Trautwein (Zanghellini) - 2:0 (11:16) Eberl (D. Lang, Pittrich) - 3:0 (16:07) Ambros (Weitschuss) / 4:0 (21:32) Eberl (H. Bader) - 5:0 (28:43) Zanghellini (Trautwein, Reif) - 6:0 (32:57) Eberl (D. Lang) - 7:0 (35:03) Trautwein (Reif, Waitl)
S: Ambros 6, Eberl 2

1962/63

239. - 14.11.1962 FRG - SUI 5:4 (1:1, 3:1, 1:2)
München, Prinzregentenstadion; Z: 10.000; SR: Demetz (ITA), Postazza (ITA)
Lindner (EV Füssen; ab 54. **Bernhard Seiffert** (Mannheimer ERC)) - H. Rampf (EC Bad Tölz), H. Bader (EC Bad Tölz; ab 20:01 Riedl (EC Bad Tölz)) - Ambros (EV Füssen), **Hansjörg Nagel** (EC Füssen) - Trautwein (EV Füssen), E. Köpf (EV Füssen), G. Scholz (EV Füssen) - Reif (EC Bad Tölz), Waitl (C - EV Füssen), Lax (EC Bad Tölz) - A. Loibl (SC Riessersee), Gmeiner (EV Füssen), **Rudolf Gröger** (EV Füssen)
T: 1:1 (12.) Lax (Waitl) / 2:1 (24.) Waitl (Reif) - 3:2 (34.) Lax (Reif) - 4:2 (36.) Ambros (Weitschuss) / 5:2 (43.) Waitl (Nachschuss)
S: Ambros 4

240'. - 18.11.1962 FIN - FRG 3:0 (2:0, 0:0, 1:0)
Rauma, Eisstadion; Z: 5.098; SR: Nordlie (NOR), Molberg (NOR)
Lindner (*Fritz Hafensteiner (EC Bad Tölz) n.e.*) - Ambros, Riedl - H. Rampf, Nagel - Reif, Waitl (C), Lax - G. Scholz, E. Köpf, Trautwein - Gmeiner, Gröger, H. Bader
Im offiz. Spielbericht auch A. Loibl aufgeführt, lt. DEV kein Einsatz
S: Lax 4, H. Bader 2, Gmeiner 2

241'. - 19.11.1962 FIN - FRG 6:3 (2:1, 0:2, 4:0)
Helsinki, Eisstadion; Z: 3.806; SR: Nordlie (NOR), Molberg (NOR)
Lindner (*Hafensteiner n.e.*) - Ambros, Nagel - H. Rampf, H. Bader - Reif, Waitl (C), Lax - G. Scholz, E. Köpf, Trautwein - Gmeiner, Gröger*, A. Loibl
* im offiz. Spielbericht Riedl an Stelle von Gröger aufgeführt, durch Quellen nicht bestätigt
T: 2:1 (10:10) Reif (H. Bader) / 2:2 (35:45) Reif (H. Rampf) - 2:3 (38:07) G. Scholz (E. Köpf) - *im offiz. Spielbericht sind keine Assists aufgeführt*
S: Ambros 6, Waitl 4, Reif 2, G. Scholz 2, Gmeiner 2

242. - 23.01.1963 SUI - FRG 4:1 (1:0, 1:1, 2:0)

Lausanne, Patinoire de Montchoisi; Z: 5.000; SR: Costazza (ITA), Demetz (ITA)
Hobelsberger (SC Riessersee; *Ohlber (TuS Eintracht Dortmund) n.e.*) - Ambros, **Sylvester Wackerle** (SC Riessersee) - **Peter Schwimmbeck** (EV Füssen), Nagel, H. Rampf - Lax, Sepp (Mannheimer ERC), Reif - Gmeiner, S. Schubert (EV Füssen), E. Köpf - Trautwein (C), Zanghellini (EV Füssen), G. Scholz
T: 1:1 (35.) S. Schubert (Ambros)
S: Ambros 2, Schwimmbeck 2

243'. - 25.01.1963 FRG - FIN 7:2 (1:1, 1:0, 5:1)

Bad Tölz, Eisstadion an der Peter-Freisl-Straße; Z: 3.000; SR: Schmid (SUI), Müller (SUI)
Hobelsberger (*Ohlber n.e.*) - Ambros, Wackerle - H. Rampf, Nagel - Lax, Sepp, Reif (C) - Gmeiner, S. Schubert, E. Köpf - Trautwein, Zanghellini, G. Scholz
T: 1:0 (2.) S. Schubert (E. Köpf) / 2:1 (37.) Sepp (Lax) / 3:1 (47.) Trautwein (Wackerle) - 4:1 (49.) Gmeiner (S. Schubert) - 5:1 (51.) G. Scholz (E. Köpf) - 6:1 (53.) Lax (Reif) - 7:2 (56.) G. Scholz (E. Köpf)
S: Sepp 2, H. Rampf 2, Reif 2

244. - 26.01.1963 FRG - FIN 2:3 (0:1, 2:1, 0:1)

München, Prinzregentenstadion; Z: 7.000; SR: Schmid (SUI), Müller (SUI)
Ohlber (ab 20:01 Hobelsberger) - Ambros, Wackerle (ab 25. Schwimmbeck) - H. Rampf, Nagel - G. Scholz, Zanghellini, Trautwein (C) - E. Köpf, S. Schubert, Gmeiner - Reif, Sepp, Lax (ab 26. **Horst Ludwig** (Krefelder EV)) - **Walter Schacherbauer** (SC Riessersee)
T: 1:1 (33.) Reif (---) - 2:1 (36.) Ludwig (Sepp)
S: Ambros 2, H. Rampf 2, Trautwein 2

245. - 15.02.1963 FRG - ITA 4:3 (2:0, 2:1, 0:2)

Füssen, Eisstadion am Kobelhang; Z: 7.000; SR: Gysler (SUI), Müller (SUI)
Hobelsberger* (*Ohlber n.e.*) - Ambros, Wackerle - H. Rampf, Nagel - Gmeiner, S. Schubert, E. Köpf - G. Scholz, Zanghellini, Trautwein (C) - Reif, Sepp, Eberl (EC Bad Tölz)
* Ursprünglich war der Einsatz von Lindner geplant, der jedoch auf Grund einer Blinddarmentzündung ausfiel.
T: 1:0 (6.) Zanghellini (G. Scholz, Trautwein) - 2:0 (13.) Eberl (Reif) / 3:0 (26.) Ambros (Trautwein) - 4:0 (28.) E. Köpf (S. Schubert, Gmeiner)
S: S. Schubert 4, Trautwein 2, Eberl 2, E. Köpf 2

246. - 23.02.1963 FRG - USA 7:9 (3:3, 2:5, 2:1)

Garmisch-Partenkirchen, Olympia-Eisstadion; Z: 7.000; SR: Demetz (ITA), Costazza (ITA)
Hobelsberger (ab 40:01 Ohlber) - Ambros, Wackerle - H. Rampf (C), Nagel - Gmeiner, S. Schubert, E. Köpf - G. Scholz, Zanghellini, Schacherbauer - Reif, Sepp, Ludwig
T: 1:1 (6.) H. Rampf (Sepp) - 2:2 (12.) G. Scholz (Schacherbauer) - 3:2 (16.) E. Köpf (S. Schubert) / 4:4 (?) Ludwig (Sepp) - 5:7 (?) Schacherbauer (G. Scholz) / 6:8 (?) E. Köpf (Gmeiner) - 7:8 (?) Sepp (---)
S: keine Strafen

30. A-Welt- und 40. Europameisterschaft 1963

Die IIHF hatte auf Basis der WM 1961 und 1962 die Mannschaften in Leistungsgruppen eingeteilt. Die DEV-Auswahl kam in die A-WM. Die deutsche Mannschaft belegte dann WM-Platz 7 und EM-Platz 4.

247'. - 07.03.1963 TCH - FRG 10:1 (3:0, 4:1, 3:0)

Stockholm, Isstadion Johanneshov (Halle); Z: 1.182; SR: Wiking (SWE), Wilkert (SWE)
Ohlber (*Hobelsberger n.e.*) - Ambros, Wackerle - H. Bader, H. Rampf - Gmeiner, S. Schubert, E. Köpf - G. Scholz, Zanghellini, Trautwein (C) - Reif, Sepp, Lax
T: 6:1 (17:46) G. Scholz (---)
S: keine Strafen

248'. - 08.03.1963 CAN* - FRG 6:0 (2:0, 1:0, 3:0)

* Kanada vertreten durch den Allan-Cup-Sieger 1962 Trail Smoke Eaters
Stockholm, Isstadion Johanneshov; Z: 1.843; SR: Wiking (SWE), Wilkert (SWE)
Hobelsberger (*Nagel n.e.**) - Ambros, Wackerle - H. Bader, H. Rampf (C) - Gmeiner, S. Schubert, E. Köpf - **Peter Rohde** (Mannheimer ERC), Zanghellini, G. Scholz - Reif, Sepp, Lax
* Da sich der Torwart Ohlber gegen TCH verletzt hatte, wurde der Verteidiger Nagel als Ersatztorwart nominiert.
S: Sepp 2

249'. - 10.03.1963 URS - FRG 15:3 (5:2, 4:0, 6:1)

Stockholm, Isstadion Johanneshov; Z: 1.756; SR: Wiking (SWE), Isotalo (FIN)
Hobelsberger (*Ohlber n.e.*) - Ambros, Wackerle - H. Bader, H. Rampf - Gmeiner, S. Schubert, E. Köpf - Trautwein (C), Zanghellini, G. Scholz - Reif, Rohde, Sepp
T: 1:1 (02:01) Reif (---) - 1:2 (03:59) Rohde (E. Köpf) / 12:3 (49:07) Sepp (Nachschuss)
S: Ambros 2, Schubert 2, H. Rampf 2, Zanghellini 2, H. Bader 2

250'. - 11.03.1963 FIN - FRG 4:4 (0:2, 4:1, 0:1)
Stockholm, Isstadion Johanneshov; Z: 1.738; SR: Barry (USA), Lindquist (CAN)
Hobelsberger *(Nagel n.e.)* - Ambros, Wackerle - H. Bader, H. Rampf - E. Köpf, S. Schubert, Reif - Trautwein (C), Zanghellini, G. Scholz - Lax, Rohde, Sepp
T: 0:1 (03:51) G. Scholz (---) - 0:2 (16:23) G. Scholz (H. Rampf) / 4:3 (37:43) Lax (---) / 4:4 (53:44) Zanghellini (Wackerle)
S: E. Köpf 4, Rohde 2

251'. - 13.03.1963 SWE - FRG 10:2 (1:2, 3:0, 6:0)
Stockholm, Isstadion Johanneshov; Z: 8.452; SR: Wycisk (POL), Pokorný (TCH)
Hobelsberger *(ETW*)* - Ambros, Nagel - H. Bader, H. Rampf - E. Köpf, S. Schubert, Gmeiner - Trautwein (C), Zanghellini, G. Scholz - Reif, Rohde, Sepp
* kein Ersatztorwart nominiert
T: 1:1 (14:37) Rohde (S. Schubert) - 1:2 (18:32) Gmeiner (S. Schubert)
S: Ambros 2, Reif 2, H. Bader 2, S. Schubert 2
H. Rampf absolvierte als zweiter Spieler sein 100. Länderspiel.

252'. - 14.03.1963 USA - FRG 8:4 (1:1, 3:1, 4:2)
Stockholm, Isstadion Johanneshov; Z: 905; SR: Lindquist (CAN), Wiking (SWE)
Nagel *(ETW*)* - Ambros, Wackerle - H. Bader, H. Rampf - E. Köpf, S. Schubert, Reif - Trautwein (C), Zanghellini, G. Scholz - Lax, Rohde, Sepp
* kein Ersatztorwart nominiert; Da Hobelsberger und Ohlber verletzt waren, stand der Verteidiger Nagel im Tor.
T: 1:1 (15:04) Rohde (Sepp) / 3:2 (31:51) Sepp (H. Rampf) / 6:3 (47:30) Reif (Sepp) - 8:4 (55:47) H. Bader (Reif)
S: Ambros 6

253'. - 16.03.1963 GDR - FRG 3:4 (0:2, 2:1, 1:1)
Stockholm, Isstadion Johanneshov; Z: 5.080; SR: Barry (USA), Lindquist (CAN)
Hobelsberger *(Nagel n.e.*)* - Ambros, Wackerle - H. Bader, H. Rampf - Trautwein (C), Zanghellini, G. Scholz - Reif, S. Schubert, E. Köpf - Sepp, Rohde, Lax
* Da die DDR die Nachnominierung eines dritten Torwarts der BRD für dieses Spiel ablehnte, wurde der verletzte Hobelsberger eingesetzt.
T: 0:1 (18:43) Rohde (Sepp) - 0:2 (19:41) E. Köpf (S. Schubert) / 1:3 (29:04) G. Scholz (Reif) / 3:4 (58:46) Trautwein (---)
S: Rohde 2, S. Schubert 2, E. Köpf 2, Ambros 2, H. Rampf 2, Sepp 2

Am 16.06.1963 wurde der Deutsche Eishockey Bund (DEB) gegründet. Der DEV wirkte nur noch als Dachverband der vier Eissportfachverbände bis zu seiner endgültigen Auflösung am 22.07.2006.

1963/64

gleichberechtigte Bundestrainer Markus Egen, Engelbert Holderied und Xaver Unsinn

02.11.1963 FRG - ROU 9:3 (2:1, 3:2, 4:0)*
* inoffizielles Länderspiel (dieses und das folgende Spiel)
Füssen, Eisstadion am Kobelhang; Z: 4.000; SR: Müller (SUI), Schmidt (SUI)
Lindner (EV Füssen; Hobelsberger (SC Riessersee) n.e) - Waitl (EV Füssen), Ambros (EV Füssen) - Wackerle (SC Riessersee), Schneitberger (EC Bad Tölz) - G. Scholz (EV Füssen), Zangellini (EV Füssen), Trautwein (EV Füssen) - E. Köpf (EV Füssen), Rohde (Mannheimer ERC), Reif (EC Bad Tölz) - S. Schubert (EV Füssen), Herzig (SG Nürnberg), Schuldes (SC Riessersee)
T: 1:1 (4.) Herzig (Wackerle) - 2:1 (13.) G. Scholz (Penalty) / 3:1 (22.) Schuldes (---) - 4:3 (32.) Herzig (Schuldes) - 5:3 (37.) E. Köpf (Rohde) / 6:3 (42.) Schneitberger (Schuldes) - 7:3 (50.) Trautwein (---) - 8:3 (53.) S. Schubert (Herzig, Schuldes) - 9:3 (58.) E. Köpf (Wackerle)
S: Ambros 2, Schneitberger 2, G. Scholz 2, Schuldes 2

03.11.1963 FRG - ROU 5:2 (0:0, 1:2, 4:0)*
Bad Tölz, Eisstadion an der Peter-Freisl-Straße; Z: 3.500; SR: Müller (SUI), Schmidt (SUI)
Hobelsberger (Lindner n.e) - Waitl, Bader (EC Bad Tölz) - Wackerle, Schneitberger - E. Köpf, Reif, Lax (EC Bad Tölz; ab 40:01 G. Scholz) - S. Schubert, Herzig, Schuldes - Klaus Retzer (EC Bad Tölz), Rohde (ab 40:01 Lax), A. Loibl (EC Bad Tölz)
T: 1:2 (39.) E. Köpf (Reif) / 2:2 (41.) Reif (G. Scholz - 3:2 (44.) Waitl (Lax) - 4:2 (46.) E. Köpf (Reif) - 5:2 (55.) Lax (Nachschuss)
S: Waitl 2, A. Loibl 2, Bader 2

254. - 22.11.1963 FRG - SUI 6:0 (3:0, 3:0)*
Das Spiel wurde wegen des Attentats auf den US-Präsidenten John F. Kennedy nach dem 2. Drittel abgebrochen.
München, Prinzregentenstadion; Z: 6.000; SR: Černý (TCH), Kropáček (TCH)
Jansen (Krefelder EV; *Hobelsberger n.e.*) - Schneitberger, Wackerle - Ambros, Waitl - Reif, S. Schubert, E. Köpf - A. Loibl, Herzig Schuldes - G. Scholz, Sepp (Mannheimer ERC), Trautwein (C)
T: 1:0 (6.) Herzig (A. Loibl) - 2:0 (7.) G. Scholz (Trautwein) - 3:0 (14.) E. Köpf (Wackerle) / 4:0 (24.) Trautwein (---) - 5:0 (27.) Schuldes (Nachschuss) - 6:0 (37.) Schuldes (Herzig)
S: Trautwein 2, Waitl 2, A. Loibl 2, Wackerle 2

255. - 24.11.1963 SUI - FRG 4:8 (1:4, 0:3, 3:1)
Basel, St. Margarethenpark; Z: 8.000; SR: Černý (TCH), Kropáček (TCH)
Hobelsberger (*Jansen n.e.*) - Ambros, Waitl - Schneitberger, Wackerle - H. Bader - Reif, S. Schubert, E. Köpf - A. Loibl, Herzig, Schuldes - Trautwein (C), Sepp, G. Scholz
T: 0:1 (15.) S. Schubert (Nachschuss) - 0:2 (17.) Reif (E. Köpf) - 1:3 (18.) G. Scholz (Trautwein) - 1:4 (20.) Trautwein (---) / 1:5 (21.) S. Schubert (Weitschuss) - 1:6 (24.) G. Scholz (Sepp) - 1:7 (27.) Schuldes (Weitschuss) / 2:8 (48.) A. Loibl (Nachschuss)
S: Sepp 2, Waitl 2, Schuldes 2, Schneitberger 2

Ausscheidung zur Teilnahme an den Olympischen Winterspielen 1964
Folgender Modus wurde für die Ausscheidungsspiele zu den olympischen Winterspiele 1964 vereinbart: Diejenige Mannschaft, die nach den beiden Spielen wenigstens drei Punkte (Sieg = 2, Unentschieden = 1 Punkt) erreicht hat, ist qualifiziert. Bei Punktgleichstand kommt es zu einem Entscheidungsspiel.
Die DEB-Auswahl konnte sich am Ende für die Olympischen Winterspiele 1964 qualifizieren.

256. - 06.12.1963 FRG - GDR 4:4 (2:1, 0:1, 2:2)
Füssen, Eisstadion am Kobelhang (1963 überdacht); Z: 10.000; SR: Starovoitov (URS), Pokorný (TCH)
Jansen (*Hobelsberger n.e.*) - Ambros, Waitl - Schneitberger, Wackerle - Reif, S. Schubert, E. Köpf - A. Loibl, Herzig, Schuldes - G. Scholz, Sepp, Trautwein (C)
T: 1:0 (3.) Ambros (Trautwein) - 2:1 (13.) G. Scholz (Trautwein) / 3:2 (50.) A. Loibl (E. Köpf) - 4:4 (59.) Trautwein (G. Scholz)
S: Schneitberger 4, Ambros 4, Trautwein 2, Schuldes 2, Waitl 2, G. Scholz 2
Sepp absolvierte als dritter Spieler sein 100. Länderspiel.

257'. - 08.12.1963 GDR - FRG 3:4 (0:0, 3:3, 0:1)
Berlin (Ost), Werner-Seelenbinder-Halle; Z: 6.000; SR: Müller (SUI), Schmid (SUI)
Hobelsberger (*Jansen n.e.*) - Ambros, Waitl - Schneitberger, Wackerle - Reif, S. Schubert, E. Köpf (ab. 23. Lax) - A. Loibl, Rohde, Schuldes - G. Scholz, Sepp, Trautwein (C)
T: 1:2 (26.) Rohde (A. Loibl) - 2:2 (27.) Sepp (Nachschuss) - 2:3 (33.) Trautwein (Reif) / 3:4 (44.) Trautwein (---)
S: Waitl 2, Schneitberger 2

258. - 24.01.1964 FRG - SWE 1:6 (0:1, 1:4, 0:1)
Mannheim, Eisstadion am Friedrichspark; Z: 9.000; SR: Svoboda (TCH), Müller (SUI)
Jansen (*Hobelsberger n.e.*) - Ambros, Waitl - Schneitberger, Wackerle - Schwimmbeck (EV Füssen) - Reif, S. Schubert, E. Köpf - A. Loibl, Zanghellini, Schuldes - G. Scholz, Sepp, Trautwein (C) - Herzig
T: 1:5 (35.) Zanghellini (A. Loibl)
S: Reif 2

259. - 25.01.1964 FRG - SWE 3:5 (0:1, 0:3, 3:1)
Garmisch-Partenkirchen, Olympia-Eisstadion; Z: 8.000; SR: Svoboda (TCH), Müller (SUI)
Hobelsberger (*Jansen n.e.*) - Schwimmbeck, Schneitberger - Ambros, Wackerle - E. Köpf, S. Schubert, Reif - A. Loibl, Waitl, Zanghellini - Schuldes, Trautwein (C), Sepp - G. Scholz
T: 1:4 (47.) Sepp (Trautwein) - 2:4 (51.) S. Schubert (Schneitberger) - 3:4 (52.) Zanghellini (Schwimmbeck)
S: 2 x 2 Minuten

9. Olympische Winterspiele 1964 - Eishockeyturnier

Die Gemeinsame deutsche Mannschaft (vertreten durch die Auswahl des DEB) erreichte durch den Sieg im Qualifikationsspiel die A-Gruppe. Da dieses Turnier von der IIHF auch als 31. WM und 41. EM gewertet wurde, lauteten die Platzierungen: OS und WM - 7. Platz, EM - 4. Platz.

QUALIFIKATIONSSPIEL ZUR A-GRUPPE

260'. - 28.01.1964 GER - POL 2:1 (0:1, 1:0, 1:0)
Innsbruck, Olympia-Eisstadion (Halle); Z: 8.000; SR: Isotalo (FIN), Viitala (FIN)
Hobelsberger (ab 07:09 Jansen*) - Schneitberger, Schwimmbeck - Ambros, Wackerle - Reif, S. Schubert, E. Köpf - Schuldes, Zanghellini, Waitl - G. Scholz, Sepp, Trautwein (C) - A. Loibl
* Nach dem 1:0 für Polen war ein Wechsel notwendig, da Hobelsbergers Schlittschuhe falsch geschliffen worden waren.
T: 1:1 (22:17) Schuldes (Zanghellini) / 2:1 (41:00) E. Köpf (Reif)
S: Trautwein 2

A-GRUPPE

261'. - 29.01.1964 GER -TCH 1:11 (0:3, 0:4, 1:4)
Innsbruck, Olympia-Eisstadion; Z: 8.000; SR: Maschio (CAN), Olivieri (SUI)
Hobelsberger (*Jansen n.e.*) - Schneitberger, Waitl - Ambros, Wackerle - Reif, S. Schubert, E. Köpf - A. Loibl, Zanghellini, Herzig - G. Scholz, Sepp, Trautwein (C)
T: 1:11 (56:35) Sepp (Trautwein)
S: E. Köpf 4, Waitl 2

262'. - 31.01.1964 GER - USA 0:8 (0:0, 0:2, 0:6)
Innsbruck, Messehalle; Z: 2.000; SR: Pokorný (TCH), Isotalo (FIN)
Hobelsberger (*Jansen n.e.*) - Schwimmbeck, Ambros - Schneitberger, Wackerle - Reif, S. Schubert, E. Köpf - Schuldes, Zanghellini, Waitl - G. Scholz, Sepp, Trautwein (C) - A. Loibl
S: Ambros 6, Schneitberger 2, S. Schubert 2, E. Köpf 2

263'. - 02.02.1964 GER - CAN* 2:4 (1:2, 0:0, 1:2)
* Kanada vertreten durch die Amateur-Auswahl
Innsbruck, Olympia-Eisstadion; Z: 7.000; SR: Pokorný (TCH), Kuznetsov (URS)
Jansen (*Hobelsberger n.e.*) - Schwimmbeck, Ambros - Schneitberger, Wackerle - Reif, S. Schubert, E. Köpf - Waitl, Zanghellini, G. Scholz - Trautwein (C), Sepp, Schuldes - Herzig
T: 1:1 (09:50) S. Schubert (Reif) / 2:4 (57:45) Trautwein (Sepp)
S: Wackerle 4, G. Scholz 2, S. Schubert 2, Ambros 2

264'. - 04.02.1964 SWE - GER 10:2 (2:1, 4:1, 4:0)
Innsbruck, Olympia-Eisstadion; Z: 8.000; SR: Maschio (CAN), Černý (TCH)
Jansen (ab 41:48 Hobelsberger) - Wackerle (ab 20:01 Waitl), Ambros - Schwimmbeck, Schneitberger - E. Köpf, S. Schubert, Reif - Schuldes, Herzig, Waitl (ab 20:01 A. Loibl) - G. Scholz, Zanghellini, Trautwein (C)
T: 1:1 (12:18) Trautwein (---) / 4:2 (32:17) Waitl (Schneitberger)
S: Ambros 4, Schwimmbeck 4, E. Köpf 2, Schneitberger 2

265'. - 05.02.1964 GER - URS 0:10 (0:2, 0:5, 0:3)
Innsbruck, Olympia-Eisstadion; Z: 8.000; SR: Wiking (SWE), Wilkert (SWE)
Jansen (*Hobelsberger n.e.*) - Ambros, Wackerle - Schneitberger, Schwimmbeck - Reif, S. Schubert, E. Köpf - Schuldes, Herzig, Waitl - G. Scholz, Zanghellini, Trautwein (C) - A. Loibl
S: Ambros 4, Reif 2, S. Schubert 2, Waitl 2, Schuldes 2

266'. - 07.02.1964 GER - SUI 6:5 (2:3, 0:1, 4:1)
Innsbruck, Olympia-Eisstadion; Z: 3.000; SR: Starovoitov (URS), Kuznetsov (URS)
Jansen (*Hobelsberger n.e.*) - Ambros, Wackerle - Schneitberger, Schwimmbeck - Reif, S. Schubert, E. Köpf - Schuldes, Herzig, Waitl - Trautwein (C), Zanghellini, G. Scholz - A. Loibl
T: 1:2 (05:16) Wackerle (S. Schubert) - 2:2 (17:48) Wackerle (E. Köpf) / 3:4 (41:41) S. Schubert (E. Köpf) - 4:5 (56:47) S. Schubert (---) - 5:5 (58:16) Schneitberger (---) - 6:5 (59:35) Waitl (Weitschuss)
S: E. Köpf 4, Waitl 2, S. Schubert 2
Trautwein absolvierte als vierter Spieler sein 100. Länderspiel.

267'. - 08.02.1964 GER - FIN 2:1 (0:0, 1:1, 1:0)
Innsbruck, Olympia-Eisstadion; Z: 4.500; SR: Pokorný (TCH), Černý (TCH)
Jansen (*Hobelsberger n.e.*) - Ambros, Wackerle - Schneitberger, Schwimmbeck - Reif, S. Schubert, E. Köpf - Schuldes, Herzig, Waitl - Trautwein (C), Zanghellini, G. Scholz - A. Loibl
T: 1:1 (29:20) E. Köpf (S. Schubert) / 2:1 (54:40) Trautwein (G. Scholz)
S: Waitl 2, Trautwein 2, S. Schubert 2, E. Köpf 2, Schuldes 2, Schneitberger 2

1964/65

Bundestrainer Markus Egen

268. - 24.11.1964 TCH - FRG 8:0 (1:0, 1:0, 6:0)
Praha, Julius-Fučík-Halle; Z: 12.000; SR: Müller (SUI), Gysler (SUI)
Hobelsberger (SC Riessersee; *Ohlber (TuS Eintracht Dortmund) n.e.*) - Waitl (EV Füssen), Nagel (EV Füssen) - Riedl (EC Bad Tölz), Schwimmbeck (EV Füssen) - E. Köpf (EV Füssen), S. Schubert (EV Füssen), Gmeiner (EV Füssen) - Trautwein (C - EV Füssen), Ludwig (Krefelder EV), Gröger (EV Füssen) - Schuldes (SC Riessersee), Rohde (Mannheimer ERC), **Anton Pohl** (SC Riessersee)
S: Rohde 2, S. Schubert 2

269. - 26.11.1964 TCH (J*) - FRG 2:5 (0:2, 2:1, 0:2)
* *Nachwuchsauswahl (19-21 Jahre); Das Spiel wurde in der Statistik der DEV-Jahrbücher lange irrtümlich als Niederlage geführt und bei den eingesetzten Spielern ist der Einsatz in der persönlichen Länderspielbilanz nicht mit aufgeführt.*
Pardubice, Eishalle; Z: 3.000; SR: Müller (SUI), Gysler (SUI)
Ohlber (*Hobelsberger n.e.*) - Waitl, Nagel - Riedl, **Karl Hahn** (EC Oberstdorf) - E. Köpf, S. Schubert, Gmeiner - Trautwein (C), Ludwig, Gröger - Lax (EC Bad Tölz), Rohde, A. Pohl
T: 0:1 (7.) Gmeiner (---) - 0:2 (19.) E. Köpf (---) / 0:3 (23.) Ludwig (Nachschuss) / 2:4 (41.) Gmeiner (Nachschuss) - 2:5 (58.) S. Schubert (E. Köpf)
S: Rohde 2, Waitl 2, Nagel 2, S. Schubert 2

270. - 29.11.1964 FRG - TCH (B) 3:9 (0:1, 3:1, 0:7)
Düsseldorf, Eisstadion an der Brehmstraße; Z: 10.000; SR: Schmid (SUI), Braun (SUI)
Jansen (Krefelder EV; *Hobelsberger n.e.*) - Waitl, Schwimmbeck - Riedl (20:01-30:00 Hoja* (TuS Eintracht Dortmund)), Schneitberger (EC Bad Tölz) - Reif (EC Bad Tölz), S. Schubert, E. Köpf - Gröger, Ludwig, Trautwein (C) - A. Pohl, Rohde, **Peter Gregory** (Düsseldorfer EG) - Gmeiner
* *Hojas Einsatz wurde vom DEB in seiner persönlichen Bilanz nicht berücksichtigt. Laut DEV-Jahrbuch 1965 hatte H. Bader (EC Bad Tölz) einen Einsatz in der Saison, der durch Quellen aber nicht belegt ist. Vielleicht liegt hier eine Verwechslung vor?*
T: 1:1 (24.) Ludwig (Trautwein) - 2:2 (35.) S. Schubert (Reif) - 3:2 (36.) Schneitberger (Nachschuss)
S: 5 x 2 Minuten u.a. S. Schubert 2

271. - 01.12.1964 FRG - TCH (B) 3:4 (2:3, 0:1, 1:0)
Mannheim, Eisstadion am Friedrichspark; Z: 7.000; SR: Schmid (SUI), Braun (SUI)
Günther Katzur (Mannheimer ERC; 34:00-40:00 Hobelsberger*) - Schwimmbeck, Waitl - Riedl, **Thomas Mixius** (Mannheimer ERC) - Gmeiner, S. Schubert, E. Köpf - Gröger, Zanghellini (EV Füssen), Trautwein (C) - A. Pohl, Rohde, Schuldes
* *Katzur im 2. Drittel verletzt; Nachdem sich jedoch Hobelsberger beim Warmschiessen in der letzten Drittelpause verletzt hatte, stand Katzur im 3. Drittel wieder im Tor.*
T: 1:1 (2.) Zanghellini (Trautwein) - 2:3 (20.) Trautwein (---) / 3:4 (43.) Trautwein (Mixius, Zanghellini)
S: 2 x 2 Minuten u.a. Rohde 2

16.12.1964 FRG (A) - FRG (B) 6:1 (1:0, 3:0, 2:1)*
* Vorbereitungsspiel
Augsburg, Eisstadion am Schleifgraben; Z: 1.500; SR: Zeller (FRG), Keller (FRG)
FRG (A): Hobelsberger (ab ? Ohlber) - Waitl, Hahn - Schwimmbeck, Nagel - E. Köpf, S. Schubert, Gmeiner - Trautwein (C), Zanghellini, **Gustav Hanig** (EV Füssen) - A. Pohl, Ludwig, Gröger - **Erwin Riedmeier** (SC Riessersee)
FRG (B): **Günther Knauss** (EV Füssen; Hafensteiner (EC Bad Tölz) n.e.) - **Manfred Hüttmann** (ESV Kaufbeuren), **Otto Wierl** (ESV Kaufbeuren) - H. Bader, **Christoph Müller** (ESV Kaufbeuren) - **Alfred Hynek** (ESV Kaufbeuren), **Reinhard Rief** (ESV Kaufbeuren) - **Lothar Schleh** (Berliner SCC) - **Alfred Lutzenberger** (ESV Kaufbeuren), **Wolfgang Boos** (ESV Kaufbeuren), **Heinz Weisenbach** (EV Füssen) - **Alois Schloder** (EV Landshut), **Hans Stenger** (EC Oberstdorf), **Günther Loher** (SC Riessersee) - **Norbert Scholltze** (ESV Kaufbeuren)
T: 1:0 (2.) Trautwein (---) / 2:0 (35.) E. Köpf (S. Schubert) - 3:0 (35.) Gmeiner (E. Köpf) - 4:0 Hanig (Gröger) / 5:0 Ludwig (Waitl) - 5:1 (53.) Hynek (Weitschuss) - 6:1 (58.) Ludwig (Gröger)
S: FRG (A) 3 x 2 Minuten, FRG (B) 2 x 2 Minuten

1. Qualifikationsrunde zur A-Weltmeisterschaft 1965

Die IIHF hatte auf Basis der WM 1963 und 1964 die Mannschaften in Leistungsgruppen eingeteilt. Die DEB-Auswahl musste in die 1. Qualifikationsrunde. Der Modus sah für den Fall, dass jede Mannschaft ein Spiel gewinnen würde, ein Entscheidungsspiel vor. Der Austragungsort für diese Spiel wurde durch Los bestimmt. Die deutsche Auswahl erreichte für die zweite Runde.

272. - 18.12.1964 FRG - SUI 2:8 (1:2, 0:2, 1:4)
Augsburg, Eisstadion am Schleifgraben (Freiluft, Kunsteis); Z: 8.000; SR: Černý (TCH), Pokorný (TCH)
Hobelsberger (ab 40:01 Ohlber) - Waitl, Hahn - Schwimmbeck (ab 40:01 Riedmeier*), Nagel - E. Köpf, S. Schubert, Gmeiner - Trautwein (C), Zanghellini, G. Scholz (EV Füssen) - A. Pohl, Ludwig, Gröger
* Riedmeiers Einsatz wurde vom DEB in seiner persönlichen Bilanz nicht berücksichtigt.
T: 1:2 (19.) Gmeiner (Schwimmbeck) / 2:5 (54.) S. Schubert (E. Köpf)
S: Waitl 2, Gmeiner 2, Schwimmbeck 2

273. - 20.12.1964 SUI - FRG 2:7 (0:2, 1:4, 1:1)
Bern, Ka-We-De (Freiluft, Kunsteis); Z: 5.500; SR: Černý (TCH), Pokorný (TCH)
Hobelsberger (Ohlber n.e.) - Nagel, Waitl - Schwimmbeck, Hahn - Gmeiner, S. Schubert, E. Köpf - G. Scholz, Zanghellini, Trautwein (C) - Hanig, Ludwig, Gröger
T: 0:1 (3.) G. Scholz (Trautwein) - 0:2 (13.) Trautwein (---) / 0:3 (20:15) E. Köpf (Nachschuss) - 1:4 (28.) E. Köpf (S. Schubert) - 1:5 (28.) Trautwein (Gedränge) - 1:6 (32.) S. Schubert (---) / 1:7 (52.) Zanghellini (G. Scholz)
S: Schwimmbeck 2, Hanig 2, S. Schubert 2, Waitl 2

274. - 02.01.1965 SUI - FRG 6:7 (1:3, 4:2, 1:2)
Genève, Sportpalast "Les Vernets"; Z: 10.000; SR: Pokorný (TCH), Adamec (TCH)
Hobelsberger (Ohlber n.e.) - Ambros (EV Füssen), Waitl (C) - Nagel, Schwimmbeck - Hahn - Gmeiner, S. Schubert, E. Köpf - Schuldes, Zanghellini, G. Scholz - A. Pohl, Hanig, Ludwig
T: 0:1 (08:52) S. Schubert (---) - 0:2 (15:15) Ludwig (Hanig) - 0:3 (16:50) Schwimmbeck (Weitschuss*) / 3:4 (27:15) Gmeiner (S. Schubert) - 4:5 (33:50) Hahn (Waitl) / 6:6 (53:25) Hanig (G. Scholz) - 6:7 (58:45) E. Köpf (Waitl)
* Schwimmbecks Schuss von Furrer ins eigene Tor abgefälscht
S: E. Köpf 6, Ambros 4, A. Pohl 2, Schuldes 2, Gmeiner 2

275. - 18.02.1965 FRG - URS 0:13 (0:4, 0:3, 0:6)
Dortmund, Westfalenhalle; Z: 6.500; SR: Müller (SUI), Vuillemin (SUI)
Jansen (**Theo Gross** (Münchner EV) n.e.) - Waitl, Schwimmbeck - Riedl, Hahn - Nagel, Hoja - A. Pohl, S. Schubert, E. Köpf - **Gottfried Groß** (EV Füssen), **Werner Bingold** (Mannheimer ERC), Ludwig - Schuldes, Zanghellini, Trautwein (C)
S: 3 x 2 Minuten

276. - 20.02.1965 FRG - URS 3:12 (1:2, 1:3, 1:7)
Füssen, Eisstadion am Kobelhang; Z: 8.500; SR: Müller (SUI), Vuillemin (SUI)
Hobelsberger (Knauss n.e.) - Waitl, Nagel - Riedmeier, Schwimmbeck - Pittrich (EC Bad Tölz), S. Schubert, E. Köpf - A. Pohl, Zanghellini, Trautwein (C) - Groß, Ludwig, Bingold - Rohde*
* lt. DEV-Jahrbuch 5 Einsätze ohne TCH (j) in der Saison 1964/65, jedoch für den Einsatz am 20.02.1965 gibt es durch Quellen keine Bestätigung
T: 1:2 (4.) Trautwein (---) / 2:3 (28.) Trautwein (Weitschuss) / 3:10 (45.) E. Köpf (Pittrich)
S: 3 x 2 Minuten

277. - 21.02.1965 FRG - URS 0:12 (0:1, 0:5, 0:6)
Garmisch-Partenkirchen, Olympia-Eisstadion (1964 überdacht); Z: 6.500; SR: Müller (SUI), Vuillemin (SUI)
Hobelsberger (*Gross n.e.*) - Nagel, Waitl - Riedl (ab 48. Schwimmbeck), Riedmeier - Pittrich, S. Schubert, E. Köpf - Schuldes, Trautwein (C), A. Pohl - Groß, Ludwig, Bingold - Rohde*
* lt. DEV-Jahrbuch 5 Einsätze ohne TCH (j) in der Saison 1964/65, jedoch für den Einsatz am 21.02.1965 gibt es durch Quellen keine Bestätigung
S: Pittrich 2, E. Köpf 2, Ludwig 2, Bingold 2

2. Qualifikationsrunde zur A-Weltmeisterschaft 1965
Nach der Niederlage im Qualifikationsspiel musste die deutsche Auswahl in die B-Gruppe.

278'. - 03.03.1965 FRG - NOR 4:5 (2:4, 1:0, 1:1)
Rauma, Eisstadion; Z: 1.523; SR: Wiking (SWE), Starovoitov (URS)
Hobelsberger (*Knauss n.e.*) - Nagel, Schwimmbeck - Hahn, Riedmeier - Riedl - Pittrich, S. Schubert, E. Köpf - Waitl, Zanghellini, Trautwein (C) - A. Pohl, Ludwig, Groß*
* Auf dem offiziellen Spielbericht ist fälschlicherweise Bingold mit der Rückennummer 14 aufgeführt. Die Nummer 14 trug aber Groß, Bingold hatte die Nummer 16.
T: 1:0 (00:50) Pittrich (Weitschuss) - 2:3 (12:20) Trautwein (---) / 3:4 (28:30) Trautwein (---) / 4:4 (41:00) E. Köpf (S. Schubert)
S: Riedl 4, Ludwig 4, E. Köpf 4, Waitl 2, S. Schubert 2

B-Weltmeisterschaft 1965
Die deutsche Mannschaft belegte Platz 3.

279'. - 05.03.1965 FRG - YUG 8:2 (1:1, 2:0, 5:1)
Rauma, Eisstadion; Z: 348; SR: Sillankorva (FIN), Wycisk (POL)
Knauss (*Hobelsberger n.e.*) - Riedl, Schwimmbeck - Nagel, Riedmeier - Pittrich, S. Schubert, E. Köpf - Trautwein (C; ab 8. Hahn), Zanghellini, Waitl (C) - Groß. Ludwig, A. Pohl
T: 1:0 (04:48) Ludwig (Nagel) / 2:1 (27:34) E. Köpf (Nachschuss) - 3:1 (30:39) E. Köpf (Nagel) / 4:1 (42:34) Groß (---) - 5:1 (44:46) E. Köpf (---) - 6:1 (49:28) Ludwig (---) - 7:2 (55:38) E. Köpf (Ludwig) - 8:2 (55:52) E. Köpf (Hahn)
S: Waitl 2, E. Köpf 2

280'. - 06.03.1965 FRG - GBR 12:4 (3:1, 4:3, 5:0)
Rauma, Eisstadion; Z: 248; SR: Trumble (USA), Braun (SUI)
Hobelsberger (*Knauss n.e.*) - Riedl, Schwimmbeck - Nagel, Hahn - Riedmeier - Pittrich, S. Schubert, E. Köpf - Trautwein (C), Zanghellini, Waitl - Groß, Ludwig, A. Pohl
T: 1:0 (05:06) Groß (Nagel) - 2:0 (06:07) Pittrich (S. Schubert) - 3:1 (16:22) Zanghellini (Waitl, Trautwein) / 4:1 (20:47) Pittrich (Schwimmbeck, Nagel) - 5:3 (27:16) E. Köpf (S. Schubert) - 6:4 (31:04) A. Pohl (Ludwig) - 7:4 (39:49) Trautwein (---) / 8:4 (44:40) E. Köpf (---) - 9:4 (55:19) Waitl (Trautwein) - 10:4 (55:34) Trautwein (Zanghellini) - 11:4 (57:21) E. Köpf (Hahn, S. Schubert) - 12:4 (59:31) Waitl (Zanghellini, Riedmeier)
S: Riedl 4, Ludwig 2, Riedmeier 2, E. Köpf 2

281'. - 08.03.1965 FRG - AUT 2:1 (0:0, 1:0, 1:1)
Pori, Eisstadion (Freiluft, Kunsteis); Z: 387; SR: Viitala (FIN), Olivieri (SUI)
Hobelsberger (*Knauss n.e.*) - Nagel, Schwimmbeck - Hahn, Riedmeier - Riedl - Pittrich, S. Schubert, E. Köpf - Waitl, Zanghellini, Trautwein (C) - Groß, Ludwig, A. Pohl
T: 1:0 (32:35) Waitl (---) / 2:1 (53:14) Trautwein (Zanghellini)
S: Waitl 2, Schwimmbeck 2, Hahn 2, Riedmeier 2

282'. - 09.03.1965 FRG - HUN 4:4 (0:2, 1:2, 3:0)
Pori, Eisstadion; Z: 192; SR: Olivieri (SUI), Lahtinen (FIN)
Knauss (*Hobelsberger n.e.*) - Nagel, Schwimmbeck - Riedmeier, Hahn - Riedl - A. Pohl, S. Schubert, E. Köpf - Trautwein (C), Pittrich, Waitl - Bingold, Groß, Ludwig
T: 1:3 (25:44) E. Köpf (Nachschuss) / 2:4 (48:39) Waitl (Weitschuss) - 3:4 (49:59) E. Köpf (---) - 4:4 (56:37) E. Köpf (Hahn)
S: Nagel 2, S. Schubert 2

283'. - 11.03.1965 FRG - POL 3:3 (0:1, 2:1, 1:1)
Pori, Eisstadion; Z: 719; SR: Trumble (USA), Dahlberg (SWE)
Hobelsberger (58:00 out*; *Knauss n.e.)* - Nagel, Schwimmbeck - Riedmeier, Waitl - E. Köpf, S. Schubert, Ludwig
- Trautwein (C), Pittrich, A. Pohl - Groß, Hahn
Auf offiz. Spielbericht auch Riedl und Bingold, jedoch lt. DEB kein Einsatz
* Hobelsberger für einen sechsten Spieler vom Eis genommen
T: 1:1 (27:28) Pittrich (Weitschuss) - 2:2 (29:01) Groß* (E. Köpf) / 3:2 (46:45) Pittrich (---)
* Tor wurde vom DEB in seiner persönlichen Bilanz nicht berücksichtigt
S: Pittrich 4, Ludwig 2, E. Köpf 2, Groß 2, Nagel 2

284'. - 12.03.1965 FRG - SUI 1:6 (1:2, 0:2, 0:2)
Pori, Eisstadion; Z: 246; SR: Viitala (FIN), Adamec (TCH)
Hobelsberger (*Knauss n.e.)* - Schwimmbeck, Nagel - Hahn, Riedmeier - Riedl - Trautwein (C), Pittrich, Waitl -
Groß, Ludwig, A. Pohl - Bingold
Auf offiziellen Spielbericht auch E. Köpf und S. Schubert, da beide verletzt, jedoch kein Einsatz
T: 1:1 (08:04) Pittrich (Trautwein)
S: Schwimmbeck 4, Waitl 2, Riedl 2, Ludwig 2, Hahn 2

Mit Beginn der Saison 1965/66 wurde vom DEB die Wertung von Länderspieleinsätzen geändert: Ab jetzt wurde allen Spieler, die auf dem offiziellen Spielbericht aufgeführt sind, (in der Regel) ein Länderspieleinsatz zuerkannt, unabhängig davon, ob sie eingesetzt wurden oder nicht.

1965/66

---

neuer Bundestrainer Edmund „Ed" Reigle CAN

---

285. - 26.01.1966 SUI - FRG 0:4 (0:2, 0:2, 0:0)
Basel, St. Margarethenpark; Z: 6.000; SR: Moser (AUT), Valentin (AUT)
Knauss (EV Füssen; **Anton Kehle*** (EV Füssen) n.e.) - Waitl (C - EV Füssen), Schwimmbeck (EV Füssen) -
Riedmeier (EC Bad Tölz) - H. Bader (EC Bad Tölz), Riedl (EC Bad Tölz) - Lutzenberger (ESV Kaufbeuren),
Boos (ESV Kaufbeuren), **Manfred Hubner** (ESV Kaufbeuren) - **Lorenz Funk** (EC Bad Tölz), **Johann
Eimansberger** (EC Bad Tölz), Hanig (EV Füssen) - Weisenbach (EV Füssen), **Horst Meindel** (EV Füssen),
Groß (EV Füssen) - Ludwig (Krefelder EV)
* entgegen der neu eingeführten Regelung, vom DEB nicht als Einsatz gezählt
T: 0:1 (2.) Meindel (Weisenbach) - 0:2 (4.) Hubner (Gedränge) / 0:3 (25.) Waitl (Hubner) - 0:4 (29.) L. Funk
(Ludwig)
S: Riedmeier 2, Weisenbach 2, Knauss 2 (dafür Ludwig auf der Strafbank)

286. - 29.01.1966 ITA - FRG 3:4 (0:2, 3:2, 0:0)
Bozen, Messehalle; Z: 4.500; SR: Moser (AUT), Valentin (AUT)
A. Kehle (ab 40:01 Knauss) - Waitl (C), Riedmeier - H. Bader, Riedl - Schwimmbeck* - Lutzenberger, W. Boos,
Hubner - Weisenbach, Meindel, Groß - Hanig, Eimansberger, L. Funk - Ludwig
* Schwimmbeck verletzt, jedoch lt. DEB mit Einsatz
T: 0:1 (06:52) W. Boos (Lutzenberger) - 0:2 (08:32) Meindel (Gedränge) / 0:3 (24:43) W. Boos (Riedl) - 3:4
(37:47) Eimansberger (L. Funk)
S: W. Boos 6, Weisenbach 2, Lutzenberger 2, H. Bader 2, Riedl 2, Hubner 2, Groß 2

18.02.1966 URS - FRG 4:0 (0:0, 3:0, 1:0)*
* inoffizielles Länderspiel
Moskva, Dinamo-Stadion (Freiluft, Natureis*); Z: 7.000;
* Nieselregen, schlechtes Eis
keine weiteren Angaben

287. - 24.02.1966 FRG - SWE 3:4 (2:2, 1:0, 0:2)
München, Prinzregentenstadion; Z: 6.000; SR: Gysler (SUI), Müller (SUI)
Knauss (**Josef Schramm** (EV Landshut) n.e.) - Waitl (C), Riedl - Riedmeier, H. Bader - Schwimmbeck,
Schneitberger (Düsseldorfer EG) - Hanig, **Kurt Schloder** (EV Landshut), E. Köpf (EV Füssen) - Schloder (EV
Landshut), Ludwig, L. Funk - Groß, W. Boos, Hubner - Weisenbach
T: 1:2 (5.) Ludwig (Gedränge) - 2:2 (14.) A. Schloder (K. Schloder) / 3:2 (34.) Ludwig (L. Funk)
S: keine Strafen

288'. - 26.02.1966 FRG - FIN 5:3 (3:1, 1:2, 1:0)
Berlin, Sportpalast; Z: 6.500; SR: Gysler (SUI), Müller (SUI)
Schramm (Knauss n.e.) - Waitl (C), Riedl - Riedmeier, H. Bader - Schwimmbeck, Schneitberger - Hanig, K. Schloder, E. Köpf - A. Schloder, Ludwig, L. Funk - Groß, W. Boos, Hubner - Weisenbach
T: 1:0 (2.) L. Funk (Schneitberger) - 2:1 (11.) Hanig (K. Schloder) - 3:1 (20.) Ludwig (L. Funk, A. Schloder) / 4:3 (38.) Ludwig (E. Köpf, H. Bader) / 5:3 (56.) E. Köpf (Hanig, K. Schloder)
S: H. Bader 2

B-Weltmeisterschaft 1966
Die IIHF hatte auf Basis der WM 1964 und 1965 die Mannschaften in Leistungsgruppen eingeteilt. Die DEB-Auswahl kam in die B-Gruppe und belegte Platz 1.

289'. - 03.03.1966 FRG - AUT 6:3 (1:1, 2:1, 3:1)
Zagreb, Sportski kompleks "Šalata"; Z: 212; SR: Kerkoš (YUG), Čebulj (YUG)
Knauss (Schramm n.e.) - Waitl (C), Schneitberger - Riedl, H. Bader - Riedmeier - Hanig, K. Schloder, E. Köpf - A. Schloder, Ludwig, L. Funk - Groß, W. Boos, Hubner
T: 1:1 (14:15) Hanig (Waitl) / 2:2 (29:00) Hanig (E. Köpf) - 3:2 (36:10) Riedmeier (Weitschuss) / 4:3 (53:00) A. Schloder (Ludwig) - 5:3 (55:35) E. Köpf (Nachschuss) - 6:3 (58:27) Hanig (K. Schloder)
S: A. Schloder 4, Hubner 2

290'. - 04.03.1966 FRG - ROU 4:1 (0:1, 2:0, 2:0)
Zagreb, Sportski kompleks "Šalata"; Z: 95; SR: Starovoitov (URS), Demetz (ITA)
Knauss (Schramm n.e.) - Waitl (C), Schneitberger - H. Bader, Riedmeier - Hanig, K. Schloder, E. Köpf - A. Schloder, Ludwig, L. Funk - Groß, W. Boos, Hubner
Auf dem offiziellen Spielbericht ist auch Riedl aufgeführt, aber vom DEB nicht als Einsatz gewertet.
T: 1:1 (27:27) A. Schloder (---) - 2:1 (39:37) L. Funk (A. Schloder) / 3:1 (51:01) Waitl (Riedmeier) - 4:1 (59:36) Hanig (E. Köpf)
S: Riedmeier 4, Schneitberger 2, A. Schloder 2, E. Köpf 2

291'. - 06.03.1966 FRG - YUG 6:2 (2:2, 0:0, 4:0)
Zagreb, Sportski kompleks "Šalata"; Z: 4.612; SR: Wiking (SWE), Dahlberg (SWE)
Knauss (Schramm n.e.) - Waitl (C), Schneitberger - Riedl, H. Bader - Riedmeier - Hanig, K. Schloder, E. Köpf - A. Schloder, Ludwig, L. Funk - Groß, W. Boos, Hubner
T: 1:2 (14:31) Hanig (E. Köpf) - 2:2 (19:17) Hanig (E. Köpf) / 3:2 (43:33) Hanig (---) - 4:2 (52:14) A. Schloder (L. Funk) - 5:2 (55:05) E. Köpf (K. Schloder) - 6:2 (59:06) Hanig (E. Köpf)
S: Waitl 4, Schneitberger 2, Riedmeier 2, H. Bader 2, L. Funk 2, W. Boos 2, K. Schloder 2, E. Kopf 2

292'. - 07.03.1966 FRG - GBR 10:4 (1:0, 6:2, 3:2)
Zagreb, Sportski kompleks "Šalata"; Z: 98; SR: Černý (TCH), Kořínek (TCH)
Knauss (ab 40:01 Schramm) - Waitl (C), Schneitberger - Riedl, H. Bader - Riedmeier - Hanig, K. Schloder, E. Köpf - A. Schloder, Ludwig, L. Funk - Groß, W. Boos, Hubner
T: 1:0 (12:42) Hanig (E. Köpf) / 2:0 (23:35) Hanig (---) - 3:0 (24:20) L. Funk (Ludwig) - 4:1 (27:04) W. Boos (Schneitberger) - 5:1 (30:08) Ludwig (---) - 6:1 (34:41) L. Funk (Ludwig) - 7:2 (38:53) E. Köpf (Hanig) / 8:3 (47:00) A. Schloder (---) - 9:3 (47:51) Riedl (Hubner) - 10:3 (53:42) Groß (L. Funk)
S: Schneitberger 5, Riedmeier 2, E. Köpf 2, Waitl 2

293'. - 09.03.1966 SUI - FRG 0:4 (0:0, 0:0, 0:4)
Zagreb, Sportski kompleks "Šalata"; Z: 57; SR: Černý (TCH), Kořínek (TCH)*
* im 1. Drittel verletzt und durch Valentin (AUT) ersetzt
Knauss (Schramm n.e.) - Waitl (C), Schneitberger - Riedl, H. Bader - Riedmeier - Hanig, K. Schloder, E. Köpf - A. Schloder, Ludwig, L. Funk - Groß, W. Boos, Hubner
T: 0:1 (42:44) Ludwig (L. Funk) - 0:2 (47:51) Ludwig (L. Funk) - 0:3 (48:22) W. Boos (Groß) - 0:4 (58:22) A. Schloder (Waitl)
S: K. Schloder 2, Ludwig 2, Schneitberger 2, H. Bader 2

294'. - 10.03.1966 FRG - HUN 1:0 (0:0, 0:0, 1:0)
Zagreb, Sportski kompleks "Šalata"; Z: 83; SR: Janežić (YUG), Kaltnekar (YUG)
Knauss (Schramm n.e.) - Waitl (C), Schneitberger - Riedl, H. Bader - Riedmeier - Hanig, K. Schloder, E. Köpf - A. Schloder, Ludwig, L. Funk - Groß, W. Boos, Hubner
T: 1:0 (49:06) Hanig (---)
S: H. Bader 2, Ludwig 2, Hubner 2, Waitl 2, L. Funk 2

295'. - 12.03.1966 NOR - FRG 2:3 (1:0, 1:1, 0:2)
Zagreb, Sportski kompleks "Šalata"; Z: 73; SR: Olivieri (SUI), Vuillemin (SUI)
Schramm (Knauss n.e.) - Waitl (C), Schneitberger - Riedl, H. Bader - Riedmeier - Hanig, K. Schloder, E. Köpf -
A. Schloder, Ludwig, L. Funk - Weisenbach, W. Boos, Hubner
T: 2:1 (30:10) Schneitberger (K. Schloder) / 2:2 (55:10) E. Köpf (Hanig) - 2:3 (59:59) E. Köpf (Hanig)
S: Waitl 2, Weisenbach 2, Schneitberger 2

1966/67

296. - 29.10.1966 FRG - SUI 4:1 (1:0, 2:0, 1:1)
Berlin, Sportpalast; Z: 5.000; SR: Demetz (ITA), Stanico (ITA)
A. Kehle (EV Füssen; **Anton Klett** (EC Bad Tölz) n.e.) - Riedl (Mannheimer ERC), Waitl (C - FC Bayern
München) - H. Bader (EC Bad Tölz), Riedmeier (EC Bad Tolz) - L. Funk (EC Bad Tölz), Ludwig (Krefelder EV),
A. Schloder (EV Landshut) - **Bernd Kuhn** (EV Füssen), Eimansberger (EC Bad Tölz), Lax (EC Bad Tölz) - Hanig
(EV Füssen), K. Schloder (EV Landshut), **Helmut Klotz** (SC Riessersee) - **Michael Eibl** (EV Landshut), Loher
(SC Riessersee)
T: 1:0 (20.) Ludwig (---) / 2:0 (25.) Ludwig (---) - 3:0 (26.) Klotz (Hanig) / 4:1 (56.) K. Schloder (Abpraller)
S: Waitl 2, Riedmeier 2, A. Schloder 2, K. Schloder 2

297. - 30.10.1966 FRG - SUI 4:4 (3:2, 1:1, 0:1)
Köln, Eisstadion an der Lentstraße (1964 überdacht); Z: 3.000; SR: Demetz (ITA), Stanico (ITA)
Klett (A. Kehle n.e.) - H. Bader, Riedmeier - Waitl (C), Riedl - L. Funk, Ludwig, A. Schloder - B. Kuhn,
Eimansberger, Lax - Hanig, K. Schloder, Klotz - Loher, Eibl
T: 1:0 (2.) Hanig (---) - 2:2 (10.) A. Schloder (L. Funk) - 3:2 (16.) Waitl (Weitschuss) / 4:2 (30.) A. Schloder (---)
S: A. Schloder 2, Waitl 2

298. - 26.02.1967 YUG - FRG 2:4 (2:2, 0:1, 0:1)
Ljubljana, Hala Tivoli; SR: 3.000; SR: Valentin (AUT), Moser (AUT)
Knauss (EV Füssen; ab 20:01 Klett) - Waitl (C), Riedl - H. Bader, Riedmeier - **Horst Roes** (Düsseldorfer EG) -
L. Funk, Ludwig, A. Schloder - Hanig, K. Schloder, Eimansberger - **Willi Leitner** (EC Bad Tolz), Weisenbach
(EV Füssen), Lax - B. Kuhn, Klotz
T: 1:1 (15.) Ludwig (---) - 2:2 (20.) A. Schloder (---) / 2:3 (22.) Lax (Hanig) / 2:4 (51.) Ludwig (L. Funk)
S: A. Schloder 5, Lax 5, Ludwig 2

299. - 28.02.1967 HUN - FRG 3:3 (1:0, 2:0, 0:3)
Budapest, Kisstadion (Freiluft, Kunsteis); Z: 3.500; SR: Ostrowski (POL), Zepak (POL)
Knauss (ab 30:01 Klett) - Waitl (C), Riedl - Roes, Riedmeier - H. Bader - Lax, Hanig, A. Schloder - L. Funk,
Ludwig, K. Schloder - Klotz, **Herbert Stowasser** (EV Füssen), Weisenbach - B. Kuhn
T: 3:1 (49.) Waitl (?) / 3:2 (54.) H. Bader (?) - 3:3 (58.) Lax (?)
S: 5 x 2 Minuten

300. - 02.03.1967 ROU - FRG 6:2 (1:1, 1:0, 4:1)
Bucureşti, Patinoarul "23.August"; Z: 2.500; SR: Kuznetsov (URS), Gurisev (URS)
Hans-Joachim Schmengler (Düsseldorfer EG; Klett n.e.) - Waitl (C), Riedmeier - H. Bader, Roes - Hanig, B.
Kuhn, Eimansberger - Leitner, K. Schloder, Lax - L. Funk, Ludwig, A. Schloder - Klotz, Riedl*
* Riedl verletzt, jedoch lt. DEB mit Einsatz
T: 0:1 (16.) Ludwig (?) / 6:2 (56.) Hanig (?)
S: keine Angabe

301. - 04.03.1967 ROU - FRG 1:2 (1:0, 0:2, 0:0)
Bucureşti, Patinoarul "23.August"; Z: 5.000; SR: Kuznetsov (URS), Gurisev (URS)
Knauss (Klett n.e.) - Waitl (C), Riedmeier - H. Bader, Roes - L. Funk, Ludwig, A. Schloder - Lax, Hanig,
Eimansberger - Stowasser, K. Schloder, Weisenbach - B. Kuhn, Riedl*
* Riedl verletzt, jedoch lt. DEB mit Einsatz
T: 1:1 (36.) Waitl (?) - 1:2 (37.) Stowasser (?)
S: keine Angaben

302. - 15.03.1967 FRG - ROU 3:4 (1:0, 2:0, 0:4)
Garmisch-Partenkirchen, Olympia-Eisstadion; Z: 2.000; SR: Dr. Kuhnert (AUT), Grillmayer (AUT)
Knauss (ab 40:01 Klett) - Waitl (C), Roes - H. Bader, Riedl - Meindel (EV Füssen) - Reif (Düsseldorfer EG), K.
Schloder, Lax - A. Schloder, Ludwig, L. Funk - Leitner, Weisenbach, B. Kuhn - Klotz
T: 1:0 (6.) Lax (---) / 2:0 (35.) Klotz (Weisenbach) - 3:0 (38.) A. Schloder (Waitl)
S: 2 x 2 Minuten davon H. Bader 2

34. A-Welt- und 44. Europameisterschaft 1967

Die IIHF hatte auf Basis der WM 1966 die Mannschaften in Leistungsgruppen eingeteilt. Die DEB-Auswahl kam in die A-WM. Die deutsche Mannschaft belegte dann WM-Platz 8 und EM-Platz 6.

303'. - 18.03.1967 TCH - FRG 6:2 (3:0, 1:2, 2:0)
Wien, Stadthalle; Z: 2.500; SR: Wiking (SWE), Dahlberg (SWE)
Schmengler (Knauss n.e.) - Roes, Waitl (C) - H. Bader, **Rudolf Thanner** (EV Füssen) - Meindel - Lax, K. Schloder, Reif - L. Funk, Ludwig, A. Schloder - B. Kuhn, Weisenbach, Leitner - Hanig
T: 3:1 (26:08) Lax (---) - 3:2 (29:05) Leitner (---)
S: H. Bader 4, Ludwig 2

304'. - 20.03.1967 SWE - FRG 3:1 (0:0, 1:0, 2:1)
Wien, Stadthalle; Z: 4.500; SR: Snetkov (URS), Seglin (URS)
Schmengler (Knauss n.e.) - Roes, Waitl (C) - H. Bader, Thanner - Meindel - Lax, K. Schloder, Reif - L. Funk, Ludwig, A. Schloder - B. Kuhn, Weisenbach, Leitner - Hanig
T: 2:1 (51:48) Lax (K. Schloder)
S: Waitl 4, Thanner 2, H. Bader 2, Ludwig 2, L. Funk 2

305'. - 21.03.1967 FRG - CAN* 1:13 (0:5, 0:3, 1:5)
* Kanada vertreten durch Auswahl Winnipeg
Wien, Stadthalle; Z: 3.000, SR: Daily (USA), Braun (SUI)
Knauss (ab 40:01 Schmengler) - Roes, Waitl (C) - H. Bader, Thanner - Meindel - Lax, K. Schloder, Reif - L. Funk, Ludwig, A. Schloder - B. Kuhn, Weisenbach, Leitner - Hanig
T: 1:13 (51:45) K. Schloder (---)
S: A. Schloder 2, Lax 2, Waitl 2, Meindel 2, K. Schloder 2, Reif 2

306'. - 23.03.1967 FRG - URS 1:16 (1:3, 0:7, 0:6)
Wien, Stadthalle; Z: 5.000; SR: Wiking (SWE), Valentin (AUT)
Knauss (ab 32:59 Schmengler) - Roes, Waitl (C) - H. Bader, Thanner - Meindel - Lax, K. Schloder, Reif - L. Funk, Ludwig, A. Schloder - B. Kuhn, Weisenbach, Leitner - Hanig
T: 1:3 (14:02) K. Schloder (A. Schloder)
S: Weisenbach 2, H. Bader 2, Waitl 2

307'. - 25.03.1967 FRG - FIN 2:2 (0:1, 2:1, 0:0)
Wien, Stadthalle; Z: 4.734; SR: Wiking (SWE), Braun (SUI)
Knauss (Schmengler n.e.) - Roes, Waitl (C) - Bader, Thanner - Meindel - Lax, K. Schloder, Reif - L. Funk, Ludwig, A. Schloder - B. Kuhn, Weisenbach, Leitner - Hanig
T: 1:1 (22:59) K. Schloder (Waitl) / 2:1 (37:06) Ludwig (A. Schloder, Leitner)
S: A. Schloder 4, Roes 4, Weisenbach 2, Teamstrafe 2 (dafür L. Funk auf der Strafbank)

308'. - 26.03.1967 GDR - FRG 8:1 (2:0, 3:0, 3:1)
Wien, Stadthalle; Z: 3.000; SR: Dahlberg (SWE), Wiking (SWE)
Knauss (Schmengler n.e.) - Roes, Waitl (C) - H. Bader, Thanner - Meindel - Lax, K. Schloder, Reif - Klotz, Ludwig, A. Schloder - B. Kuhn, Weisenbach, Hanig - Leitner
T: 5:1 (47:36) Ludwig (Penalty)
S: Klotz 5, Reif 2, B. Kuhn 2, Waitl 2

309'. - 28.03.1967 FRG - USA 3:8 (0:4, 1:3, 2:1)
Wien, Stadthalle; Z: 2.000; SR: van Deelen (CAN), Bat'a (TCH)
Knauss (ab 33:23 Schmengler) - Waitl (C), H. Bader - Thanner, Meindel - Lax, K. Schloder, Reif - Klotz, Ludwig, A. Schloder - B. Kuhn, Weisenbach, Hanig - Leitner, L. Funk
T: 1:7 (36:09) Lax (K. Schloder) / 2:7 (41:38) Reif (Lax) - 3:8 (58:17) Leitner (A. Schloder, Ludwig)
S: Lax 2, Reif 2
Waitl absolvierte als fünfter Spieler sein 100. Länderspiel.

1967/68

310. - 01.10.1967 FRG - USA 3:2 (1:1, 2:1, 0:0)
Mannheim, Eisstadion am Friedrichspark; Z: 8.000; SR: Ehrensperger (SUI), Vuillemin (SUI)
Knauss (EV Füssen; **Robert Merkle** (FC Bayern München) n.e.) - Thanner (EV Füssen), Riedl (Mannheimer ERC) - H. Bader (C - EC Bad Tölz), **Johannes Schichtl** (EC Bad Tölz) - E. Köpf (Augsburger EV), Zanghellini (EV Füssen), **Josef Adlmaier** (EC Bad Tölz) - L. Funk (EC Bad Tölz), Meindel (EV Füssen), A. Schloder (EV Landshut) - B. Kuhn (EV Füssen), Weisenbach (EV Füssen), Hanig (EV Füssen) - Hubner (ESV Kaufbeuren), Waitl* (FC Bayern München)
* auf Grund einer Handverletzung nicht eingesetzt
T: 1:1 (12.) Thanner (Weitschuss) / 2:1 (21.) E. Köpf (Hubner) - 3:2 (37.) Zanghellini (E. Köpf, Hanig)
S: E. Köpf 2, Meindel 2

311. - 03.10.1967 FRG - USA 3:3 (1:0, 2:2, 0:1)
Düsseldorf, Eisstadion an der Brehmstraße; Z: 7.000; SR: Ehrensperger (SUI), Vuillemin (SUI)
Knauss (Merkle n.e.) - Schichtl, Riedl - H. Bader (C), Thanner - E. Köpf, Zanghellini, J. Adlmaier (ab 20:01 Hubner) - L. Funk, Meindel, A. Schloder - B. Kuhn, Weisenbach, Hanig
T: 1:0 (8.) Hanig (Weisenbach) / 2:0 (21.) Hubner * (E. Köpf) - 3:1 (32.) A. Schloder (---)
* in anderen Quellen Selbsttor Hurley
S: 3 x 2 Minuten

312. - 12.01.1968 FRG - CAN* 6:2 (1:1, 1:0, 4:1)
* Kanada vertreten durch den Allan-Cup-Sieger 1967 Drummondville Eagles Quebec (in den Spielen 312 - 313)
Landshut, Städtische Eissporthalle (1967 überdacht); Z: 8.500; SR: Adamec (TCH), Černý (TCH)
Schramm (EV Landshut; Knauss n.e.) - H. Bader (C), Schichtl - Thanner, Schneitberger (Düsseldorfer EG) - **Josef Völk** (EV Füssen) - Meindel, L. Funk, A. Schloder - B. Kuhn, A. Pohl (Krefelder EV), Reif (Düsseldorfer EG) - **Erwin Zeidler** (EV Landshut), E. Köpf, Gmeiner (Mannheimer ERC) - Hanig, Riedl n.e.
T: 1:1 (5.) A. Schloder (L. Funk) / 2:1 (27.) E. Köpf (Zeidler) / 3:1 (41.) E. Köpf (Gmeiner) - 4:1 (45.) B. Kuhn (Hanig) - 5:2 (53.) Zeidler (E. Köpf) - 6:2 (55.) Reif (A. Pohl)
S: 7 x 2 Minuten

313. - 13.01.1968 FRG - CAN* 3:7 (1:2, 0:3, 2:2)
München, Eishalle im Olympiapark; Z: 4.500; SR: Adamec (TCH), Černý (TCH)
Knauss (Schramm n.e.) - H. Bader (C), Schichtl - Riedmeier (EC Bad Tölz), Völk - Thanner, Schneitberger - Meindel, L. Funk, A. Schloder - Lax (EC Bad Tölz), E. Köpf, Hanig - B. Kuhn, Zanghellini, Zeidler - Gmeiner n.e.
T: 1:1 (14.) E. Köpf (Lax) / 2:6 (45.) A. Schloder (L. Funk) - 3:6 (48.) Meindel (A. Schloder)
S: 4 x 2 Minuten

314. - 24.01.1968 FRG - ROU 6:2 (5:0, 1:0, 0:2)
Augsburg, Eisstadion am Schleifgraben; Z: 6.500; SR: Gasser (ITA), Gaspari (ITA)
Schramm (ab 20:01 **Michael Lotz** (Mannheimer ERC)) - H. Bader (C), Schneitberger - Schichtl, Völk - Thanner - Reif, E. Köpf, Gmeiner - Zeidler, Weisenbach, Lax - **Klaus Ego** (EV Füssen) Hanig, G. Scholz (EV Füssen) - A. Schloder, Meindel n.e.
T: 1:0 (3.) Ego (Hanig) - 2:0 (6.) E. Köpf (---) - 3:0 (8.) Reif (Gmeiner) - 4:0 (14.) G. Scholz (---) - 5:0 (19.) G. Scholz (---) / 6:0 (30.) Gmeiner (E. Köpf)
S: Schichtl 2

315'. - 28.01.1968 FRG - USA 1:3 (1:0, 0:2, 0:1)
Bad Tölz, Eissporthalle an der Peter-Freisl-Straße (1965 überdacht); Z: 3.500; SR: Hajný (TCH), Svoboda (TCH)
Knauss (Schramm n.e.) - H. Bader, Schichtl - Völk, Waitl (C) - Hanig, Meindel, Weisenbach - B. Kuhn, L. Funk, Lax - A. Schloder, Reif, E. Köpf - Gmeiner, Thanner n.e., Zeidler n.e.
T: 1:0 (4.) Hanig (E. Köpf)
S: L. Funk 4, Waitl 2, H. Bader 2, Lax 2, Meindel 2, Schichtl 2, Völk 2

316'. - 30.01.1968 FRG - USA 2:0 (2:0, 0:0, 0:0)
Garmisch-Partenkirchen, Olympia-Eisstadion; Z: 5.000; SR: Hajný (TCH), Svoboda (TCH)
Schramm (Knauss n.e.) - Schneitberger, Schichtl - Völk, Waitl (C) - Hanig, Meindel, Weisenbach - B. Kuhn, L. Funk, Lax - A. Schloder, Reif, E. Köpf - Gmeiner, Thanner n.e., **Walter Köberle** (ESV Kaufbeuren)
T: 1:0 (9.) Weisenbach (Reif) - 2:0 (16.) Gmeiner (Reif)
S: Waitl 2, Lax 2, Weisenbach 2, A. Schloder 2, Völk 2

317. - 01.02.1968 FRG - SWE (B)* 1:4 (0:0, 0:3, 1:1)
schwedische Auswahl ohne Olympiateilnehmer
Füssen, Eisstadion am Kobelhang; Z: 4.000; SR: Ehrensperger (SUI), Braun (SUI)
Knauss (Schramm n.e.) - Völk, Schichtl - Waitl (C), Thanner - H. Bader - Hanig, Meindel, A. Schloder - B. Kuhn, Weisenbach, Lax - Gmeiner, E. Köpf, Reif - Köberle
T: 1:4 (54.) E. Köpf (Reif)
S: 2 x 2 Minuten

10. Olympische Winterspiele 1968 - Eishockeyturnier

Die deutsche Mannschaft erreichte durch den Sieg im Qualifikationsspiel die A-Gruppe. Da dieses Turnier von der IIHF auch als 35. WM und 45. EM gewertet wurde, lauteten die Platzierungen: OS und WM - 7. Platz, EM - 5. Platz.

QUALIFIKATIONSSPIEL ZUR A-GRUPPE

318. - 04.02.1968 FRG - ROU* 7:0 (1:0, 3:0, 3:0)
Ursprünglich war die Paarung FRG - POL ausgelost worden. Da jedoch POL (Sieger der B-WM 1967) abgesagt hatte, wurden die Paarungen geändert.
Grenoble, Stade de Glace (Halle, Kunsteis); Z: 3.000; SR: Ehrensperger (SUI), Johannessen (NOR)
Schramm (Knauss n.e.) - Waitl, H. Bader (C) - Schneitberger, Schichtl - Thanner - Lax, Weisenbach, B. Kuhn - A. Schloder, Meindel, L. Funk - Reif, Hanig, E. Köpf - Gmeiner
T: 1:0 (09:30) E. Köpf (Waitl) / 2:0 (23.) L. Funk (Meindel) - 3:0 (26.) Weisenbach (Thanner) - 4:0 (29.) E. Köpf (---) / 5:0 (44.) Thanner (Weitschuss) - 6:0 (46.) Lax (Waitl) - 7:0 (58:30) E. Köpf (---)
S: keine Strafen

A-GRUPPE

319'. - 06.02.1968 FRG - CAN* 1:6 (0:0, 1:4, 0:2)
Kanada vertreten durch Amateur-Auswahl
Grenoble, La Patinoire Municipale (Halle, Kunsteis); Z: 2.000; SR: Seglin (URS), Snetkov (URS)
Schramm (Knauss n.e.) - Schichtl, Waitl - H. Bader (C), Thanner - Völk n.e. - Gmeiner, Hanig, E. Köpf - Lax, Meindel, B. Kuhn - Reif, Weisenbach, L. Funk - A. Schloder
T: 1:4 (35:25) E. Köpf (Hanig)
S: Thanner 4, Schichtl 2, Reif 2

320'. - 08.02.1968 FRG - TCH 1:5 (0:1, 0:2, 1:2)
Grenoble, Stade de Glace; Z: 5.000; SR: McEvoy (CAN), Kubinec (CAN)
Schramm (Knauss n.e.) - Waitl, H. Bader (C) - Schichtl, Völk - Thanner - A. Schloder, Meindel, L. Funk - Reif, E. Köpf, Gmeiner - Lax, Weisenbach, B. Kuhn - Hanig
T: 1:4 (53:44) Lax (H. Bader)
S: Lax 4, Waitl 2, A. Schloder 2, Gmeiner 2, Thanner 2

321'. - 09.02.1968 SWE - FRG 5:4 (4:3, 0:0, 1:1)
Grenoble, Stade de Glace; Z: 3.000; SR: Kořínek (TCH), Bucala (TCH)
Schramm (Knauss n.e.) - H. Bader (C), Waitl - Schichtl, Schneitberger - Völk, Weisenbach, B. Kuhn, Meindel, A. Schloder - Reif, L. Funk, Lax - E- Köpf, Hanig, Gmeiner
T: 1:1 (06:32) B. Kuhn (Waitl) - 3:2 (13:00) Hanig (E. Köpf) - 3:3 (14:50) Reif (---) / 4:4 (45:33) E. Köpf (Lax)
S: Weisenbach 4, A. Schloder 2, Reif 2

322'. - 11.02.1968 URS - FRG 9:1 (4:1, 4:0, 1:0)
Grenoble, Stade de Glace; Z: 5.000; SR: Trumble (USA), Valentin (AUT)
Knauss (ab 09:41 Schramm) - Völk, Schichtl - Schneitberger, H. Bader (C) - Thanner, Waitl - Gmeiner, E. Köpf, Reif - A. Schloder, Meindel, L. Funk - Lax, Weisenbach, B. Kuhn
T: 4:1 (11:14) L. Funk (Meindel, A. Schloder)
S: Schichtl 4, Schneitberger 2, Waitl 2, H. Bader 2

323'. - 12.02.1968 USA - FRG 8:1 (2:1, 4:0, 2:0)
Grenoble, Stade de Glace; Z: 5.000; SR: McEvoy (CAN), Seglin (URS)
Schramm (Knauss n.e.) - Schneitberger, Schichtl - Waitl, H. Bader (C) - Völk - Reif, E. Köpf, Gmeiner - A. Schloder, Meindel, L. Funk - Lax, Weisenbach, B. Kuhn - Hanig
T: 2:1 (05:28) L. Funk (Meindel)
S: Waitl 4, Reif 2, Lax 2

324'. - 16.02.1968 FIN - FRG 4:1 (2:1, 1:0, 1:0)
Grenoble, Stade de Glace; Z: 5.000; SR: Kořínek (TCH), Bucala (TCH)
Schramm (Knauss n.e.) - Waitl, H. Bader (C) - Schneitberger, Schichtl - Thanner - E. Köpf, Hanig, Reif - L. Funk, Meindel, A. Schloder - B. Kuhn, Weisenbach, Lax - Gmeiner n.e.
T: 2:1 (12:07) A. Schloder (---)
S: Schichtl 4, A. Schloder 2, Waitl 2, B. Kuhn 2, L. Funk 2, Meindel 2, H. Bader 2, Schneitberger 2

325'. - 17.02.1968 FRG - GDR 4:2 (1:0, 2:1, 1:1)
Grenoble, Stade de Glace; Z: 3.000; SR: Kořínek (TCH), McEvoy (CAN)
Schramm (Knauss n.e.) - H. Bader (C), Waitl - Schichtl, Schneitberger - Thanner (n.e), Völk n.e. - Gmeiner, B. Kuhn, Lax - Reif, Hanig, E. Köpf - A. Schloder, Meindel, L. Funk
T: 1:0 (10:38) L. Funk (Meindel) / 2:0 (25:03) Waitl (L. Funk) - 3:0 (36:01) Hanig (E. Köpf) / 4:2 (53:16) Lax (Meindel)
S: Schichtl 6, Schneitberger 2, Lax 2, H. Bader 2

326. - 20.02.1968 FRG - TCH 0:10 (0:1, 0:3, 0:6)
Landshut, Städtische Eissporthalle; Z: 5.000; SR: Braun (SUI), Brenzikofer (SUI)
Schramm (Knauss n.e.) - H. Bader (C), Waitl - Schneitberger, Thanner - Schichtl, Völk - B. Kuhn, Weisenbach, Lax - L. Funk, Meindel, A. Schloder - Hanig, E. Köpf, Gmeiner
S: Gmeiner 2

1968/69

neue gleichberechtigte Bundestrainer Vladimír Bouzek TCH und Markus Egen

327. - 26.02.1969 FRG - NOR 5:1 (3:1, 1:0, 1:0)
Garmisch-Partenkirchen, Olympia-Eisstadion; Z: 5.000; SR: Heidinger (AUT), Wurzer (AUT)
Schramm (EV Landshut; A. Kehle (EV Füssen) n.e.) - H. Bader (C - EC Bad Tolz), Waitl (FC Bayern München) - Thanner (EV Füssen), Schneitberger (Düsseldorfer EG) - Völk (EV Füssen) - B. Kuhn (EV Füssen), Hanig (EV Füssen), A. Schloder (EV Landshut) - E. Köpf (Augsburger EV), W. Boos (Düsseldorfer EG), G. Scholz (EV Füssen) - Ego (EV Füssen), **Hans Zach** (EC Bad Tölz), L. Funk (EC Bad Tölz) - **Anton Hofherr** (SC Riessersee), Köberle (ESV Kaufbeuren)
T: 1:0 (6.) B. Kuhn (Weitschuss) - 2:0 (12.) Hanig (B. Kuhn) - 3:0 (14.) G. Scholz (W. Boos) / 4:1 (31.) A. Schloder (Waitl) / 5:1 (46.) E. Köpf (Nachschuss)
S: 4 x 2 Minuten

B-Weltmeisterschaft 1969
Die IIHF hatte auf Basis der WM 1967 die Mannschaften in Leistungsgruppen eingeteilt. Die DEB-Auswahl kam in die B-Gruppe und belegte Platz 4. 1969 wurde zwischen den WM-Gruppen der Auf- und Abstieg eingeführt.

328'. - 28.02.1969 YUG - FRG 4:1 (1:1, 2:0, 1:0)
Ljubljana, Hala Tivoli; Z: 7.000; SR: Valentin (AUT), Wycisk (POL)
Schramm (A. Kehle n.e.) - Waitl, H. Bader (C) - Schneitberger, Thanner - Völk - L. Funk, H. Zach, Ego - E. Köpf, W. Boos, G. Scholz - B. Kuhn, Hanig, A. Schloder - A. Hofherr
T: 0:1 (00:31) A. Schloder (---)
S: Schneitberger 8, Waitl 4, G. Scholz 2, Völk 2

329'. - 01.03.1969 FRG - ROU 6:2 (2:2, 2:0, 2:0)
Ljubljana, Hala Tivoli; Z: 2.000; SR: Dämmrich (GDR), Ehrensperger (SUI)
A. Kehle (Schramm n.e.) - Waitl, H. Bader (C) - Schneitberger, Thanner - Völk - G. Scholz, E. Köpf, A. Hofherr - L. Funk, H. Zach, Ego - A. Schloder, Hanig, B. Kuhn - W. Boos
T: 1:0 (09:12) B. Kuhn (Hanig) - 2:0 (12:23) A. Hofherr (G. Scholz) / 3:2 (33:17) Hanig (B. Kuhn) - 4:2 (36:34) B. Kuhn (A. Schloder) / 5:2 (47:14) Ego (L. Funk) - 6:2 (49:57) E. Köpf (---)
S: keine Strafen

330'. - 03.03.1969 FRG - NOR 5:0 (0:0, 1:0, 4:0)
Ljubljana, Hala Tivoli; Z: 6.000; SR: Kerkoš (YUG), Čebulj (YUG)
Schramm (A. Kehle n.e.) - Waitl, H. Bader (C) - Schneitberger, Thanner - Völk - E. Köpf, L. Funk, G. Scholz - Ego, W. Boos, A. Hofherr - A. Schloder, Hanig, B. Kuhn - Köberle
T: 1:0 (27:21) A. Schloder (B. Kuhn) / 2:0 (44:40) A. Schloder (Hanig) - 3:0 (51:20) Köberle (A. Hofherr) - 4:0 (53:10) L. Funk (---) - 5:0 (57:12) A. Schloder (H. Bader)
S: E. Köpf 14 (davon 10 Disziplinarstrafe bzw. 2 irrtümlich für B. Kuhn), Hanig 2 (für Trainer M. Egen), B. Kuhn 2, A. Hofherr 2

331'. - 04.03.1969 GDR - FRG 6:1 (1:0, 0:1, 5:0)
Ljubljana, Hala Tivoli; Z: 3.000; SR: Ehrensperger (SUI), Turceanu (ROU)
A. Kehle (Schramm n.e.) - Völk, H. Bader (C) - Schneitberger, Waitl - Ego, L. Funk, G. Scholz - A. Hofherr, E. Köpf, Köberle - B. Kuhn, Hanig, A. Schloder - W. Boos, H. Zach
T: 1:1 (38:25) Köberle (---)
S: Schneitberger 4, A. Schloder 2, Hanig 2

332'. - 06.03.1969 FRG - ITA 5:1 (2:0, 1:1, 2:0)
Ljubljana, Hala Tivoli; Z: 2.000; SR: Kerkoš (YUG), Čebulj (YUG)
Schramm (A. Kehle n.e.) - H. Bader (C), Völk - Schneitberger, Waitl - Ego, W. Boos, L. Funk - E. Köpf, H. Zach, G. Scholz - A. Schloder, Hanig, B. Kuhn - A. Hofherr, Köberle
T: 1:0 (13:43) A. Schloder (B. Kuhn) - 2:0 (14:15) E. Köpf (Köberle) / 3:1 (38:02) A. Schloder (Waitl) / 4:1 (44:07) A. Schloder (---) - 5:1 (49:56) E. Köpf (H. Bader)
S: Köberle 2, H. Bader 2

333'. - 08.03.1969 FRG - AUT 8:0 (2:0, 2:0, 4:0)
Ljubljana, Hala Tivoli; Z: 1.000; SR: Stenico (ITA), Čebulj (YUG)
A. Kehle (Schramm n.e.) - Völk, H. Bader (C) - Schneitberger, Waitl - Ego, L. Funk, G. Scholz - A. Hofherr, E. Köpf, Köberle - B. Kuhn, Hanig, A. Schloder - W. Boos, H. Zach
T: 1:0 (03:45) B. Kuhn (Hanig) - 2:0 (14:30) E. Köpf (A. Hofherr) / 3:0 (21:38) A. Schloder (B. Kuhn) - 4:0 (37:31) E. Köpf (---) / 5:0 (43:55) A. Schloder (---) - 6:0 (52:32) B. Kuhn (---) - 7:0 (54:29) Hanig (H. Bader) - 8:0 (59:21) A. Schloder (Hanig)
S: keine Strafen

334'. - 09.03.1969 POL - FRG 3:2 (1:0, 1:1, 1:1)
Ljubljana, Hala Tivoli; Z: 1.500; SR: Stenico (ITA), Turceanu (ROU)
Schramm (A. Kehle n.e.) - H. Bader (C), Völk - Thanner, Waitl - Schneitberger* - G. Scholz, L. Funk, Ego - Köberle, E. Köpf, A. Hofherr - A. Schloder, Hanig, B. Kuhn - W. Boos, H. Zach
* Schneitberger nicht auf dem offiz. Spielbericht, aber beim DEB mit Einsatz
T: 1:1 (26:28) A. Schloder (---) / 3:2 (57:24) Hanig (A. Schloder)
S: Köberle 2, A. Schloder 2, Völk 2

1969/70

Bundestrainer Vladimír Bouzek TCH und ab 09.12.1969 gemeinsam mit Ernst Trautwein

335. - 21.10.1969 FRG - FIN 6:4 (2:1, 3:2, 1:1)
Berlin, Sportpalast; Z: 4.000; SR: Moser (AUT), Valentin (AUT)
A. Kehle (EV Füssen; Knauss (EV Füssen) n.e.) - Schwimmbeck (EV Füssen), Eibl (EV Landshut) - Waitl (C - Augsburger EV), Völk (EV Füssen) - A. Schloder (EV Landshut), Hanig (EV Füssen), E. Köpf (Augsburger EV) - **Reinhold Driendl** (EV Füssen), Meindel (EV Füssen), L. Funk (EC Bad Tölz) - **Frank Neupert** (EV Füssen), **Erich Kühnhackl** (EV Landshut), **Karl-Heinz Egger** (EV Füssen) - **Werner Modes** (EV Füssen), Köberle (ESV Kaufbeuren), Stowasser (EV Füssen)
T: 1:1 (8.) A. Schloder (Schwimmbeck) - 2:1 (14.) A. Schloder (Völk) / 3:2 (24.) E. Kühnhackl (Meindel) - 4:3 (31.) L. Funk (---) - 5:3 (37.) Driendl (L. Funk) / 6:4 (55.) L. Funk (---)
S: Eibl 4, A. Schloder 2, Schwimmbeck 2, Waitl 2, A. Kehle 2 (dafür Schwimmbeck auf der Strafbank)

336. - 23.10.1969 FRG - FIN 3:6 (1:2, 2:1, 0:3)
Düsseldorf, Eisstadion an der Brehmstraße (1969 überdacht); Z: 9.500; SR: Valentin (AUT), Moser (AUT)
Knauss (A. Kehle n.e.) - Schwimmbeck, Eibl - Waitl (C), Völk - B. Kuhn (EV Füssen), Hanig, A. Schloder - L. Funk, E. Kühnhackl, Neupert - Egger, E. Köpf, Köberle - R. Driendl, Modes, Stowasser - Meindel
T: 1:1 (16.) B. Kuhn (A. Schloder, Hanig) / 2:2 (27.) Stowasser (L. Funk) - 3:2 (35.) Egger (E. Köpf)
S: Waitl 4, E. Kühnhackl 4, Schwimmbeck 2
E. Köpf absolvierte als sechster Spieler sein 100. Länderspiel.

337. - 07.11.1969 SUI - FRG 1:2 (0:0, 1:2, 0:0)
Genève, Sportpalast "Les Vernets"; Z: 6.000; SR: Hajný (TCH), Holi (TCH)
A. Kehle (Lotz (Mannheimer ERC) n.e.) - Thanner (EV Füssen), Völk - Eibl, K. Schloder (EV Landshut) - A. Schloder, Hanig, B. Kuhn - Stowasser (ab ? Egger), E. Kühnhackl, **Rainer Philipp** (VfL Bad Nauheim; ab ? Neupert) - L. Funk, Meindel, E. Köpf (C)
T: 0:1 (22:45) A. Schloder (Gewühl) - 1:2 (37:00) A. Schloder (B. Kuhn)
S: Eibl 2, A. Schloder 2

338. - 08.11.1969 SUI - FRG 6:6 (0:2, 5:2, 1:2)
Zug, Hertistadion (Freiluft, Kunsteis); Z: 5.500; SR: Hajný (TCH), Holi (TCH)
Lotz (ab 36. A. Kehle) - Thanner, Völk - Eibl, K. Schloder - A. Schloder, Hanig, B. Kuhn - L. Funk, Meindel, E.
Köpf (C) - Stowasser (ab 40:01 Egger), E. Kühnhackl, R. Philipp
T: 0:1 (17.) Hanig (B. Kuhn) - 0:2 (17.) E. Köpf (Meindel) / 1:3 (25.) E. Kühnhackl (---) - 1:4 (26.) B. Kuhn (Hanig)
/ 6:5 (49.) A. Schloder (Hanig) - 6:6 (54.) Meindel (Nachschuss)
S: 5 x 2 Minuten

339. - 09.12.1969 FRG - YUG 7:0 (1:0, 2:0, 4:0)
Kaufbeuren, Eisstadion am Berliner Platz (Halle); Z: 4.000; SR: Ehrensperger (SUI), Braun (SUI)
Knauss (Lotz n.e.) - Thanner, Völk - Eibl, Waitl (C) - A. Schloder, K. Schloder, E. Köpf - Ego (EV Füssen), Hanig,
B. Kuhn - L. Funk, Hubner (ESV Kaufbeuren), Köberle - Meindel, Egger, Schwimmbeck
T: 1:0 (7.) Waitl (L. Funk) / 2:0 (25.) E. Köpf (L. Funk) - 3:0 (27.) E. Köpf (---) / 4:0 (45.) A. Schloder (---) - 5:0
(46.) K. Schloder (---) - 6:0 (58.) Egger (Meindel) - 7:0 (60.) Ego (L. Funk)
S: Schwimmbeck 2

340. - 10.12.1969 FRG - YUG 4:4 (0:1, 4:3, 0:0)
München, Eishalle im Olympiapark; Z: 2.500; SR: Ehrensperger (SUI), Braun (SUI)
Lotz (ab 22.* Knauss) - Thanner, Völk - Eibl, Waitl (C) - Schwimmbeck - A. Schloder, K. Schloder, E. Köpf - Ego,
Hanig, B. Kuhn - Hubner, Meindel, L. Funk - Egger, Köberle
* Torwartwechsel nach dem 2:0 für YUG
T: 1:3 (32.) Köberle (Nachschuss) - 2:3 (33.) Köberle (Hubner) - 3:4 (37.) B. Kuhn (A. Schloder) - 4:4 (40.) E.
Köpf (Schwimmbeck)
S: 2 x 2 Minuten

341. - 04.01.1970 FRG - CAN* 4:1 (2:0, 1:1, 1:0)
* Kanada vertreten durch den Allan-Cup-Sieger 1969 The Galt Hornets (in den Spielen 341 - 342)
Garmisch- Partenkirchen, Olympia-Eisstadion; Z: 8.000; SR: Gasser (ITA), Stanico (ITA)
Schramm (EV Landshut; **Rainer Makatsch** (VfL Bad Nauheim) n.e.) - Waitl (C), **Paul Langner** (SC Riessersee)
- Eibl, **Günter Magura** (EV Landshut) - **Georg Kink** (Augsburger EV) - A. Schloder, K. Schloder, E. Köpf - L.
Funk, Eimansberger (EC Bad Tölz), J. Adlmaier (EC Bad Tölz) - R. Philipp, E. Kühnhackl, **Franz Hofherr** (SC
Riessersee) - **Georg Hartelt** (SC Riessersee), Hanig, Egger - **Reinhold Bauer** (EV Landsberg)
T: 1:0 (2.) J. Adlmaier (Eimansberger) - 2:0 (4.) Eibl (A. Schloder) / 3:0 (26.) L. Funk (Waitl) / 4:1 (50.) K. Schloder
(A. Schloder)
S: 5 x 2 Minuten

342. - 06.01.1970 FRG - CAN* 6:3 (1:2, 3:1, 2:0)
Landshut, Städtische Eissporthalle; Z: 5.000; SR: Ehrensperger (SUI), Stanico (ITA)
Schramm (Makatsch n.e.) - Eibl, Magura - Völk, **Herbert Kuran** (SG EC Oberstdorf/ERC Sonthofen) - Egger, K.
Schloder, A. Schloder - R. Philipp, Bauer, Hartelt - **Andreas Kink** (SC Riessersee), **Heiko Antons** (ERC
Westfalen Dortmund)
T: 1:0 (6.) A. Schloder (Gedränge) / 2:2 (24.) Völk (Magura) - 3:3 (31.) A. Kink (Völk, R. Phillip) - 4:3 (33.) R.
Philipp (Völk, A. Kink) / 5:3 (51.) A. Schloder (---) - 6:3 (55.) Egger (A. Kink)
S: 1 x 2 Minuten
Kuran war der 200. Spieler mit einem Einsatz in der deutschen Auswahl.

343. - 20.02.1970 FRG - NOR 8:1 (0:0, 4:1, 4:0)
München, Eishalle im Olympiapark; Z: 2.500; SR: Hajný (TCH), Kořínek (TCH)
Makatsch (A. Kehle n.e.) - Thanner, Völk - Eibl, Magura - Modes - A. Schloder, E. Köpf (C), B. Kuhn - L. Funk,
Meindel, Egger - R. Philipp, Eimansberger, K. Schloder - F. Hofherr, Hartelt
T: 1:0 (27.) Hartelt (Nachschuss) - 2:0 (28.) F. Hofherr (R. Philipp) - 3:0 (29.) A. Schloder (Meindel) - 4:1 (38.)
F. Hofherr (Nachschuss) / 5:1 (44.) Eimansberger (A. Schloder) - 6:1 (50.) Egger (L. Funk) - 7:1 (51.) F. Hofherr
(Nachschuss) - 8:1 (57.) Egger (L. Funk)
S: 4 x 2 Minuten
A. Schloder schoss mit dem 3:0 das 1000. Tor für die deutsche Auswahl.

344. - 21.02.1970 FRG - NOR 6:2 (1:1, 3:0, 2:1)
Landshut, Städtische Eissporthalle; Z: 3.000; SR: Hajný (TCH), Kořínek (TCH)
A. Kehle (Makatsch n.e.) - Modes, Thanner - Magura, Eibl - B. Kuhn, K. Schloder, A. Schloder - L. Funk, E. Köpf
(C), Egger - R. Philipp, F. Hofherr, Hartelt - Meindel, Eimansberger
T: 1:0 (3.) Eibl (L. Funk) / 2:1 (31.) E. Köpf (L. Funk) - 3:1 (32.) Eibl (L. Funk) - 4:1 (33.) R. Philipp (Hartelt) / 5:1
(43.) Egger (Nachschuss) - 6:1 (54.) B. Kuhn (A. Schloder, Meindel)
S: 4 x 2 Minuten

B-Weltmeisterschaft 1970
Die DEB-Auswahl belegte Platz 2.

345'. - 24.02.1970 FRG - YUG 6:3 (1:1, 2:1, 3:1)
Bucureşti, Patinoarul „23. August"; Z: 3.000; SR: Gagnon (USA), Turceanu (ROU)
Makatsch (ab 52:44 A. Kehle) - Thanner, Völk - Eibl, Modes - A. Schloder, Meindel, B. Kuhn - Egger, E. Köpf (C), L. Funk - Hartelt, F. Hofherr, R. Philipp - Magura, Eimansberger
T: 1:0 (01:06) E. Köpf (Egger) / 2:1 (22:20) Eibl (Weitschuss) - 3:1 (24:28) Egger (---) / 4:2 (43:07) Hartelt (F. Hofherr) - 5:2 (44:03) E. Köpf (Thanner) - 6:2 (52:44) E. Köpf (---)
S: Thanner 2, Modes 2, A. Schloder 2, Magura 2, F. Hofherr 2

346'. - 25.02.1970 JPN - FRG 1:2 (0:1, 0:0, 1:1)
Bucureşti, Patinoarul „23. August"; Z: 1.500; SR: Wold (NOR), Ehrensperger (SUI)
A. Kehle (Makatsch n.e.) - Thanner, Völk - Eibl, Modes - A. Schloder, K. Schloder, B. Kuhn - Egger, Eimansberger, L. Funk - Hartelt, E. Köpf (C), F. Hofherr - Meindel, R. Philipp
T: 0:1 (08:32) Hartelt (Eibl) / 0:2 (46:15) Hartelt (F. Hofherr)
S: K. Schloder 2, Völk 2, Meindel 2, Modes 2, B. Kuhn 2

347'. - 27.02.1970 SUI - FRG 1:3 (0:0, 0:3, 1:0)
Bucureşti, Patinoarul „23. August"; Z: 2.000; SR: Valentin (AUT), Popov (BUL)
A. Kehle (Makatsch n.e.) - Thanner, Völk - Eibl, Magura - F. Hofherr, E. Köpf (C), Hartelt - R. Philipp, Eimansberger, Egger - L. Funk, Meindel, B. Kuhn - Modes, K. Schloder
T: 0:1 (30:07) R. Philipp (---) - 0:2 (31:01) E. Köpf (---) - 0:3 (31:50) F. Hofherr (---)
S: R. Philipp 4, Hartelt 2, Meindel 2, Egger 2, F. Hofherr 2, K. Schloder 2, Völk 2, Eimansberger 2

348'. - 28.02.1970 USA - FRG 5:2 (0:1, 3:1, 2:0)
Bucureşti, Patinoarul „23. August"; Z: 9.500; SR: Valentin (AUT), Ehrensperger (SUI)
A. Kehle (Makatsch n.e.) - Thanner, Völk - Eibl, K. Schloder - B. Kuhn, Meindel, R. Philipp - Egger, Eimansberger, L. Funk - F. Hofherr, E. Köpf (C), Hartelt - Magura, A. Schloder
T: 0:1 (04:41) Hartelt (E. Köpf, F. Hofherr) / 2:2 (35:56) E. Köpf (---)
S: Hartelt 2, Eimansberger 2

349'. - 02.03.1970 FRG - BUL 13:1 (5:0, 7:0, 1:1)
Bucureşti, Patinoarul „23. August"; Z: 800; SR: Dušanović (YUG), Turceanu (ROU)
Makatsch (A. Kehle n.e.) - Thanner, Völk - Eibl, Magura - A. Schloder, K. Schloder, B. Kuhn - Egger, Eimansberger, L. Funk - F. Hofherr, E. Köpf (C), Hartelt - Modes, R. Philipp
T: 1:0 (00:36) Thanner (Weitschuss) - 2:0 (01:40) Hartelt (---) - 3:0 (01:58) F. Hofherr (---) - 4:0 (09:55) Eibl (Weitschuss) - 5:0 (10:12) Eimansberger (---) / 6:0 (21:25) Eibl (Weitschuss) - 7:0 (23:36) Hartelt (---) - 8:0 (25:12) E. Köpf (B. Kuhn) - 9:0 (26:32) Egger (L. Funk) - 10:0 (32:40) L. Funk (Thanner) - 11:0 (33:15) R. Philipp (Egger) - 12:0 (36:18) Eimansberger (Eibl) / 13:1 (54:18) R. Philipp (---)
S: Thanner 2

350'. - 04.03.1970 ROU - FRG 2:5 (1:0, 0:1, 1:4)
Bucureşti, Patinoarul „23. August"; Z: 2.000; SR: Nakano (JPN), Ehrensperger (SUI)
A. Kehle (Makatsch n.e.) - Thanner, Völk - Eibl, K. Schloder - Modes, E. Köpf (C), B. Kuhn - Egger, Eimansberger, L. Funk - Hartelt, F. Hofherr, R. Philipp - Magura, A. Schloder
T: 1:1 (39:27) R. Philipp (K. Schloder) / 1:2 (44:18) K. Schloder (L. Funk) - 1:3 (50:31) L. Funk (---) - 1:4 (51:55) Eimansberger (L. Funk) - 1:5 (56:30) Thanner (Weitschuss)
S: A. Schloder 2, Modes 2, Thanner 2, Hartelt 2, Egger 2

351'. - 05.03.1970 FRG - NOR 3:0 (0:0, 3:0, 0:0)
Bucureşti, Patinoarul „23. August"; Z: 500; SR: Valentin (AUT), Ehrensperger (SUI)
A. Kehle (Makatsch n.e.) - Thanner, Völk - Eibl, Modes - A. Schloder, K. Schloder, B. Kuhn - Egger, L. Funk, R. Philipp - Hartelt, E. Köpf (C), F. Hofherr - Magura, Meindel
T: 1:0 (22:04) E. Köpf (---) - 2:0 (30:54) L. Funk (E. Köpf) - 3:0 (36:20) B. Kuhn (K. Schloder)
S: Egger 2, Hartelt 2

1970/71

352. - 05.10.1970 NOR - FRG 7:4 (2:1, 3:0, 2:3)
Asker, Askerhallen; Z: 2.000; SR: S. Karlsson (SWE), Boström (SWE)
A. Kehle (EV Füssen; ab 40:01 Makatsch (Düsseldorfer EG)) - Thanner (EV Füssen), Völk (EV Füssen) - **Eduard Derkits** (EC Bad Tölz), Eibl (EV Landshut) - **Helmut Eberhardt** (EC Bad Tölz), G. Kink (Augsburger EV) - B. Kuhn (EV Füssen), E. Köpf (C - Augsburger EV), Meindel (EV Füssen) - L. Funk (EC Bad Tölz), Eimansberger (EC Bad Tölz), A. Schloder (EV Landshut) - R. Philipp (VfL Bad Nauheim), Bauer (EV Landsberg), Egger (EV Füssen) - Hartelt (SC Riessersee), E. Kühnhackl (EV Landshut)
T: 0:1 (11.) R. Philipp (?) / 5:2 (44.) R. Philipp (?) - 7:3 (51.) Egger (?) - 7:4 (60.) R. Philipp (?)
S:? davon B. Kuhn 2

353. - 06.10.1970 NOR - FRG 5:4 (1:2, 1:0, 3:2)
Sarpsborg, Eisstadion Sparta Amfi (Halle); Z: 900; SR: S. Karlsson (SWE), Boström (SWE)
Makatsch (A. Kehle n.e.) - Thanner, Völk - Eibl, G. Kink - Derkits, Eberhardt - B. Kuhn, E. Köpf (C), Egger - L. Funk, Eimansberger, A. Schloder - R. Philipp, Bauer, Hartelt - Meindel, E. Kühnhackl
T: 0:1 (3.) Eibl (?) - 0:2 (10.) R. Philipp (?) / 4:3 (52.) Hartelt (?) - 5:4 (56.) Bauer (?)
S: 4 x 2 Minuten

354'. - 08.10.1970 FIN - FRG 9:5 (2:0, 3:2, 4:3)
Tampere, Tampereen jäähalli; Z: 4.168; SR: Tegnér (SWE), J. Andersson (SWE)
Makatsch (A. Kehle n.e.) - Thanner, Völk - Eibl, Derkits - G. Kink, Eberhardt - B. Kuhn, E. Kühnhackl, A. Schloder - L. Funk, Eimansberger, E. Köpf (C) - R. Philipp, Bauer, Hartelt - Egger, Meindel
T: 3:1 (33:17) R. Philipp (---) - 5:2 (39:54) A. Schloder (Penalty) / 5:3 (40:22) B. Kuhn (L. Funk) - 5:4 (42:44) E. Kühnhackl (Hartelt) - 6:5 (49:21) B. Kuhn (---)
S: A. Schloder 4, Eimansberger 2, Völk 2

355'. - 09.10.1970 FIN - FRG 11:3 (3:2, 4:0, 4:1)
Helsinki, Helsingin jäähalli; Z: 4.963; SR: Tegnér (SWE), J. Andersson (SWE)
A. Kehle (Makatsch n.e.) - Thanner, Völk - Eibl, Derkits - G. Kink, Eberhardt - B. Kuhn, E. Kühnhackl, A. Schloder - L. Funk, Eimansberger, E. Köpf (C) - R. Philipp, Bauer (ab 7. Meindel), Hartelt - Egger
T: 1:1 (14:48) R. Philipp (---) - 2:2 (16:28) B. Kuhn (A. Schloder) / 9:3 (51:18) Hartelt (---)
S: A. Kehle 4, Derkits 2, E. Köpf 2, Meindel 2, Eibl 2, A. Schloder 2, Hartelt 2

356'. - 03.11.1970 YUG - FRG 1:8 (0:2, 0:2, 1:4)
Ljubljana, Hala Tivoli; Z: 2.000; SR: Moser (AUT), Valentin (AUT)
A. Kehle (Schramm (EV Landshut) n.e.) - Völk, Thanner - Riedmeier (EC Bad Tölz), Langner (SC Riessersee) - Eberhardt - A. Schloder (C), B. Kuhn, Hanig (EV Füssen) - R. Philipp, Bauer, Hartelt - **Hans Rothkirch** (EC Bad Tölz), L. Funk, Derkits - **Martin Wild** (SC Riessersee)
T: 0:1 (17.) L. Funk (A. Schloder) - 0:2 (17.) Bauer (Hartelt) / 0:3 (26.) L. Funk (Derkits) - 0:4 (39.) Hanig (A. Schloder) / 1:5 (47.) R. Philipp (Hartelt) - 1:6 (53.) L. Funk (Thanner) - 1:7 (56.) Hartelt (R. Philipp) - 1:8 (58.) Rothkirch (L. Funk)
S: Derkits 2

357'. - 04.11.1970 YUG - FRG 3:9 (0:4, 1:0, 2:5)
Ljubljana, Hala Tivoli; Z: 1.000; SR: Moser (AUT), Valentin (AUT)
Schramm (29.-40. A. Kehle) - Völk, Thanner - Riedmeier, Langner - Eberhardt - A. Schloder, B. Kuhn, Hanig - L. Funk (C), Derkits, Rothkirch - R. Philipp, Bauer, Hartelt - M. Wild
T: 0:1 (4.) A. Schloder (---) - 0:2 (13.) Hartelt (---) - 0:3 (20.) L. Funk (Rothkirch) - 0:4 (20.) Rothkirch (L. Funk) / 1:5 (45.) Völk (Weitschuss) - 1:6 (47.) Hanig (---) - 3:7 (54.) Hartelt (R. Philipp) - 3:8 (58.) Hartelt (R. Philipp) - 3:9 (59.) Thanner (Derkits)
S: Völk 5+2, Riedmeier 2, B. Kuhn 2

Qualifikationsspiele zur A-Weltmeisterschaft 1971

Die Spiele zwischen POL (Letzter der A-WM 1970) und FRG (Zweiter der B-WM 1970) waren notwendig geworden, da die GDR (5. der A-WM 1970) freiwillig in die B-WM 1971 zurückgezogen hatte. Die deutsche Auswahl qualifizierte sich für die A-WM 1971.

358. - 08.11.1970 FRG - POL 6:3 (2:0, 3:2, 1:1)
München, Eishalle im Olympiapark; Z: 6.500; SR: Ehrensperger (SUI), Gerber (SUI)
A. Kehle (Schramm n.e.) - Völk, Thanner - Riedmeier, Langner - Waitl (C - Augsburger EV), Schichtl (EC Bad Tölz) - B. Kuhn, Hanig, A. Schloder - E. Köpf, L. Funk, Rothkirch - R. Philipp, Bauer, Hartelt - Derkits
T: 1:0 (9.) A. Schloder (Hanig) - 2:0 (18.) Rothkirch (---) / 3:0 (21.) Hanig (Völk) - 4:1 (31.) A. Schloder (Thanner) - 5:2 (39.) Thanner (Weitschuss) / 6:3 (53.) Bauer (Hartelt)
S: Waitl 2, Rothkirch 2

359. - 12.11.1970 POL - FRG 4:4 (2:0, 2:0, 0:4)
Łódź, Pałac Sportu (Halle); Z: 8.000; SR: Karandin (URS), Bat'a (TCH)
A. Kehle (ab 43. Schramm) - Waitl (C), Völk - Langner, Riedmeier - B. Kuhn, Hanig, A. Schloder - L. Funk, Derkits, Rothkirch - R. Philipp, Bauer, Hartelt - Egger
T: 4:1 (55.) L. Funk (Waitl) - 4:2 (56.) Hanig (B. Kuhn) - 4:3 (57.) R. Philipp (?) - 4:4 (59.) Hartelt (?)
S: 7 x 2 Minuten davon A. Schloder 2, Hartelt 2, Waitl 2, R. Philipp 2, B. Kuhn 2

360'. - 03.01.1971 JPN - FRG 1:9 (0:2, 1:0, 0:7)
Sapporo, Makomanai Indoor Skating Rink (Halle); Z: 5.000; SR: Nakano (JPN), Zeller (FRG)
A. Kehle (Schramm n.e.) - Thanner, Völk - Riedmeier, Schichtl - Waitl (C), Eibl - A. Schloder, Hanig, B. Kuhn - Rothkirch, L. Funk, Egger - Hartelt, Bauer, R. Philipp - F. Hofherr (SC Riessersee)
T: 0:1 (09:02) Hanig (Thanner) - 0:2 (19:52) B. Kuhn (Hanig, A. Schloder) / 1:3 (41:39) Völk (Nachschuss) - 1:4 (50.18.) Egger (L. Funk) - 1:5 (54:39) Hanig (A. Schloder) - 1:6 (57:47) B. Kuhn (A. Schloder) - 1:7 (58:24) Egger (L. Funk) - 1:8 (58:49) Egger (L. Funk) - 1:9 (59:30) Waitl (Weitschuss)
S: keine Strafen

361. - 04.01.1971 JPN - FRG 3:6 (0:0, 3:1, 0:5)
Tomakomai, Eishalle der Oji-Papierfabrik; Z: 3.500; SR: Narita (JPN), Zeller (FRG)
A. Kehle (Schramm n.e.) - Thanner, Völk - Riedmeier, Schichtl - Waitl (C), Eibl - A. Schloder, Hanig, B. Kuhn - Rothkirch, L. Funk, Egger - Hartelt, Bauer, R. Philipp - F. Hofherr
T: 3:1 (40.) A. Schloder (B. Kuhn) / 3:2 (42.) B. Kuhn (Hanig) - 3:3 (46.) R. Philipp (Hartelt) - 3:4 (49.) Thanner (Waitl) - 3:5 (53.) A. Schloder (---) - 3:6 (57.) Thanner (Weitschuss)
S: 4 x 2 Minuten

362'. - 06.01.1971 JPN - FRG 3:6 (0:3, 1:3, 2:0)
Sapporo, Makomanai Indoor Skating Rink; Z: 3.000; SR: Takagi (JPN), Zeller (FRG)
Schramm (A. Kehle n.e.) - Thanner, Völk - Riedmeier, Schichtl - Waitl (C), Eibl - A. Schloder, Hanig, B. Kuhn - Rothkirch, L. Funk, F. Hofherr - Hartelt, Bauer, R. Philipp - Egger
T: 0:1 (00:58) B. Kuhn (Hanig) - 0:2 (08:28) Hartelt (Bauer) - 0:3 (11:27) Thanner (A. Schloder) / 1:4 (27:36) Rothkirch (L. Funk) - 1:5 (32:35) Waitl (Bauer) - 1:6 (32:50) R. Philipp (Bauer)
S: Waitl 2, Völk 2

363'. - 10.01.1971 JPN - FRG 0:7 (0:3, 0:3, 0:1)
Tokyo, Kokuritsu Yoyogi Kyogijo (Halle); Z: 4.000; SR: Nobe (JPN), Zeller (FRG)
Schramm (A. Kehle n.e.) - Thanner, Völk - Riedmeier, Schichtl - Waitl (C), Eibl - A. Schloder, Hanig, B. Kuhn - Rothkirch, F. Hofherr, Egger - Hartelt, L. Funk, R. Philipp - Bauer
T: 0:1 (06:00) A. Schloder (Hanig) - 0:2 (07:20) R. Philipp (Schichtl) - 0:3 (19:31) Bauer (F. Hofherr) / 0:4 (27:32) R. Philipp (L. Funk) - 0:5 (38:54) L. Funk (Gedränge) - 0:6 (39:23) Egger (F. Hofherr, Rothkirch) / 0:7 (40:41) B. Kuhn (A. Schloder)
S: Egger 2+5, A. Schloder 4, Schichtl 2, Riedmeier 2

38. A-Welt- und 48. Europameisterschaft 1971
Die deutsche Mannschaft belegte den 5. Platz in der WM und EM.

364'. - 19.03.1971 URS - FRG 11:2 (2:2, 3:0, 6:0)
Bern, Eisstadion Allmend (Halle); Z: 4.900; SR: Bat'a (TCH), Gagnon (USA)
A. Kehle (Schramm n.e.) - Thanner, Völk - Modes (EV Füssen), Schneitberger (Düsseldorfer EG) - Schichtl, Riedmeier - A. Schloder (C), Hanig, B. Kuhn - A. Hofherr (SC Riessersee), L. Funk, R. Philipp - Ego (EV Füssen), Weisenbach (EV Füssen), Egger
T: 2:1 (16:30) A. Schloder (---) - 2:2 (18:04) R. Philipp (Thanner)
S: A. Schloder 6, B. Kuhn 2, Schichtl 2, L. Funk 2

365'. - 20.03.1971 FRG - FIN 3:4 (1:2, 1:1, 1:1)
Bern, Eisstadion Allmend; Z: 4.600; SR: Karadin (URS), Gerber (SUI)
A. Kehle (Schramm n.e.) - Thanner, Langner - Modes, Schneitberger - Schichtl, Riedmeier - A. Schloder (C),
Hanig, B. Kuhn - A. Hofherr, L. Funk, R. Philipp - F. Hofherr, Eimansberger, Egger
T: 1:0 (07:21) Hanig (A. Schloder) / 2:3 (36:28) B. Kuhn (Hanig) / 3:4 (54:48) R. Philipp (L. Funk)
S: A. Hofherr 4, Schichtl 2, B. Kuhn 2, Modes 2, A. Schloder 2, L. Funk 2

366'. - 22.03.1971 TCH - FRG 9:1 (1:0, 3:1, 5:0)
Bern, Eisstadion Allmend; Z: 4.300; SR: Gagnon (USA), Sillankorva (FIN)
A. Kehle (ab 31:17 Schramm) - Thanner, Völk - Modes, Schneitberger - Riedmeier, Langner - A. Schloder (C),
Hanig, B. Kuhn - A. Hofherr, Eimansberger, R. Philipp - F. Hofherr, Weisenbach, Egger
T: 1:1 (22:06) Eimannsberger (A. Hofherr)
S: Weisenbach 4, A. Schloder 2, Völk 2, Schneitberger 2, Modes 2

367'. - 23.03.1971 SWE - FRG 7:2 (3:0, 2:1, 2:1)
Bern, Eisstadion Allmend; Z: 4.200; SR: Bat'a (TCH), Sillankorva (FIN)
Schramm (A. Kehle n.e.) - Thanner, Völk - Langner, Schneitberger - Riedmeier, Schichtl - A. Schloder (C), Hanig,
B. Kuhn - A. Hofherr, L. Funk, R. Philipp - F. Hofherr, Eimansberger, Weisenbach
T: 5:1 (39:49) A. Schloder (---) / 6:2 (47:28) R. Philipp (A. Hofherr)
S: Schichtl 5, A. Schloder 4, Schneitberger 2, Eimansberger 2

368'. - 25.03.1971 USA - FRG 2:7 (0:2, 1:3, 1:2)
Bern, Eisstadion Allmend; Z: 5.200; SR: Bat'a (TCH), Gerber (SUI)
A. Kehle (Schramm n.e.) - Thanner, Völk - Langner, Schneitberger - Riedmeier, Modes - A. Schloder (C), Hanig,
B. Kuhn - A. Hofherr, L. Funk, R. Philipp - Weisenbach, Eimansberger, Egger
T: 0:1 (05:57) A. Hofherr (Eimansberger) - 0:2 (13:08) Völk (Thanner) / 0:3 (20:33) Hanig (A. Schloder) - 1:4
(36:21) R. Philipp (---) - 1:5 (38:44) R. Philipp (A. Hofherr) / 1:6 (47:56) A. Hofherr (---) / 1:7 (49:13) B. Kuhn (A.
Schloder)
S: Riedmeier 2, A. Schloder 2, B. Kuhn 2

369'. - 27.03.1971 FRG - URS 2:12 (1:1, 0:7, 1:4)
Genève, Sportpalast "Les Vernets"; Z: 5.500; SR: Bat'a (TCH), Sillankova (FIN)
A. Kehle (ab 29:01 Schramm) - Völk, Langner - Modes, Schneitberger - Schichtl, Riedmeier - A. Schloder (C),
Hanig, B. Kuhn - A. Hofherr, L. Funk, Ego - F. Hofherr, Eimansberger, Egger
T: 1:1 (19:12) A. Schloder (Hanig) / 2:11 (55:26) Modes (A. Schloder)
S: Langner 2

370'. - 28.03.1971 FIN - FRG 7:2 (3:0, 0:1, 4:1)
Genève, Sportpalast "Les Vernets"; Z: 3.200; SR: Dahlberg (SWE), Wycisk (POL)
A. Kehle (Schramm n.e.) - Völk, Langner - Modes, Schneitberger - Schichtl, Riedmeier - A. Schloder (C), Hanig,
B. Kuhn - A. Hofherr, L. Funk, R. Philipp - Weisenbach, Eimansberger, Egger
T: 3:1 (20:33) B. Kuhn (---) / 5:2 (52:09) Egger (Modes)
S: Weisenbach 4, B. Kuhn 4, A. Hofherr 2

371'. - 30.03.1971 FRG - TCH 0:4 (0:1, 0:1, 0:2)
Genève, Sportpalast "Les Vernets"; Z: 3.000; SR: Gerber (SUI), Sillankova (FIN)
Schramm (A. Kehle n.e.) - Völk, Langner - Modes, Schneitberger - Schichtl, Riedmeier - A. Schloder (C), Hanig,
B. Kuhn - A. Hofherr, L. Funk, R. Philipp - F. Hofherr, Eimansberger, Egger
S: Langner 2, Egger 2

372'. - 31.03.1971 FRG - SWE 2:1 (0:1, 2:0, 0:0)
Genève, Sportpalast "Les Vernets"; Z: 1.800; SR: Bat'a (TCH), Dämmrich (GDR)
A. Kehle (Schramm n.e.) - Völk, Langner - Modes, Schneitberger - Schichtl, Riedmeier - A. Schloder (C), Hanig,
B. Kuhn - A. Hofherr, L. Funk, R. Philipp - F. Hofherr, Eimansberger, Egger
T: 1:1 (25:10) Schneitberger (L. Funk) - 2:1 (39:18) Hanig (---)
S: A. Hofherr 2, Modes 2, Schneitberger 2

373'. - 02.04.1971 FRG - USA 1:5 (0:1, 0:4, 1:0)
Genève, Sportpalast "Les Vernets"; Z: 5.500; SR: Karandin (URS), Sillankorva (FIN)
A. Kehle (Schramm n.e.) - Thanner, Völk - Modes, Schneitberger - Schichtl, Langner - A. Schloder (C), Hanig,
B. Kuhn - A. Hofherr, L. Funk, R. Philipp - Weisenbach, Eimansberger, Egger
T: 1:5 (44:36) A. Hofherr (---)
S: Schichtl 2, Modes 2, B. Kuhn 2, A. Schloder 2, Langner 2

1971/72

374. - 24.09.1971 FRG - URS 4:9 (0:4, 1:3, 3:2)
Düsseldorf, Eisstadion an der Brehmstraße; Z: 10.000; SR: Ehrensperger (SUI), Gerber (SUI)
Makatsch (Düsseldorfer EG; **Georg Biehler** (SC Riessersee) n.e.) - Schneitberger (Düsseldorfer EG), Langner (VfL Bad Nauheim) - **Erich Weide** (Düsseldorfer EG), **Helmut Keller** (EC Bad Tölz) - **Erwin Haas** (Krefelder EV), Eberhardt (EC Bad Tölz) - E. Kühnhackl (EV Landshut), A. Schloder (C - EV Landshut), F. Hofherr (SC Riessersee) - L. Funk (EC Bad Tölz), A. Hofherr (SC Riessersee), R. Philipp (VfL Bad Nauheim) - Eimansberger (EC Bad Tölz), Rothkirch (EC Bad Tölz), Egger (EV Füssen) - Bauer (Augsburger EV), M. Wild (SC Riessersee)
T: 1:4 (23.) A. Hofherr (R. Philipp) / 2:7 (47.) R. Philipp (A. Hofherr) - 3:9 (57.) A. Schloder (E. Kühnhackl) - 4:9 (59.) Egger (---)
S: 2 x 2 Minuten

375. - 25.09.1971 FRG - URS 1:14 (1:1, 0:9, 0:4)
Düsseldorf, Philipshalle; Z: 4.000; SR: Ehrensperger (SUI), Gerber (SUI)
Makatsch (ab 32. Biehler) - Schneitberger, Langner - E. Weide, Eberhardt - Haas - E. Kühnhackl, A. Schloder (C), F. Hofherr - L. Funk, A. Hofherr, R. Philipp - Eimansberger, Rothkirch, Egger - M. Wild
T: 1:1 (13.) E. Kühnhackl (Eberhardt)
S: 5 x 2 Minuten

376. - 28.09.1971 FRG - YUG 7:2 (1:0, 3:0, 3:2)
Lauterbach, Eissporthalle im Steinigsgrund; Z: 5.000; SR: Stenico (ITA), Berloffa (ITA)
A. Kehle (EV Füssen; **Franz-Xaver Funk** (Augsburger EV) n.e.) - Schneitberger, Langner - Eberhardt, E. Weide - H. Keller - A. Schloder (C), E. Kühnhackl, F. Hofherr - A. Hofherr, L. Funk, R. Philipp - Egger, Eimansberger, Rothkirch - Bauer, M. Wild
T: 1:0 (13.) E. Weide (A. Hofherr) / 2:0 (25.) E. Kühnhackl (---) - 3:0 (26.) R. Philipp (A. Hofherr) - 4:0 (40.) Bauer (---) / 5:2 (58.) A. Hofherr (R. Philipp) - 6:2 (59.) A. Hoffherr (R. Philipp) - 7:2 (60.) R. Philipp (A. Hofherr)
S: A. Schloder 2, Egger 2

377. - 29.09.1971 FRG - YUG 9:2 (1:1, 5:0, 3:1)
Augsburg, Curt-Frenzel-Stadion* (1971 überdacht); Z: 3.000; SR: Stenico (ITA), Berloffa (ITA)
* Eisstadion am Schleifgraben, 1971 überdacht und in Curt-Frenzel-Stadion umbenannt
F.-X. Funk (A. Kehle n.e.) - Völk (EV Füssen), Thanner (EV Füssen) - Schneitberger, Langner, Eberhardt, E. Weide - A. Schloder (C), E. Kühnhackl, M. Wild - R. Philipp, Bauer, A. Hofherr - Eimansberger, Rothkirch, Egger - F. Hofherr, L. Funk
T: 1:0 (4.) Bauer (A. Hofherr) / 2:1 (22.) A. Schloder (---) - 3:1 (24.) Thanner (F. Hofherr) - 4:1 (27.) Egger (---) - 5:1 (33.) F. Hofherr (A. Schloder) - 6:1 (36.) Langner (Schneitberger) / 7:1 (42.) Langner (Weitschuss) - 8:1 (43.) R. Philipp (Langner) - 9:2 (59.) R. Philipp (A. Hofherr)
S: 5 x 2 Minuten

378. - 04.01.1972 FRG - JPN 9:1 (2:0, 3:1, 4:0)
Garmisch-Partenkirchen, Olympia-Eisstadion; Z: 9.000; SR: Moser (AUT), Valentin (AUT)
A. Kehle (ab 30. Makatsch) - Thanner, Völk - Modes (EV Füssen), Schneitberger - Langner, G. Kink (Augsburger EV) - Eibl (EV Landshut) - A. Schloder (C), E. Kühnhackl, B. Kuhn (EV Füssen) - A. Hofherr, L. Funk, R. Philipp - Rothkirch, Eimansberger, Egger - M. Wild, Köberle (Düsseldorfer EG)
T: 1:0 (00:20) B. Kuhn (E. Kühnhackl) - 2:0 (13.) E. Kühnhackl (A. Schloder) / 3:0 (24.) Thanner (A. Schloder) - 4:1 (35.) B. Kuhn (Völk) - 5:1 (39.) Thanner (A. Schloder) / 6:1 (42.) B. Kuhn (E. Kühnhackl) - 7:1 (44.) E. Kühnhackl (Gedränge) - 8:1 (45.) A. Schloder (B. Kuhn) - 9:1 (56.) B. Kuhn (A. Schloder)
S: 3 x 2 Minuten

379. - 05.01.1972 FRG - JPN 6:3 (0:1, 2:0, 4:2)
Landshut, Städtische Eissporthalle; Z: 7.000; SR: Moser (AUT), Valentin (AUT)
Makatsch (A. Kehle n.e.) - Thanner, Völk - Modes, Schneitberger - Antons (Düsseldorfer EG), Eibl - **Anton Steiger** (EV Landshut) - A. Schloder (C), E. Kühnhackl, B. Kuhn - A. Hofherr, L. Funk, Köberle - Egger, Bauer, Rothkirch - A. Pohl (Düsseldorfer EG), M. Wild, Eimansberger n.e.
T: 1:1 (30.) E. Kühnhackl (A. Schloder) - 2:1 (39.) Köberle (M. Wild) / 3:1 (50.) A. Schloder (---) - 4:1 (54.) A. Schloder (E. Kühnhackl) - 5:2 (59.) L. Funk (A. Hofherr) - 6:3 (60.) A. Schloder (B. Kuhn)
S: 1 x 2 Minuten

11. Olympische Winterspiele 1972 - Eishockeyturnier

Die deutsche Mannschaft verlor das Qualifikationsspiel zur A-Gruppe. Durch den Gewinn der B-Gruppe belegte man Platz 7.

QUALIFIKATIONSSPIEL ZUR A-GRUPPE

__380'. - 04.02.1972 FRG - POL 0:4 (0:0, 0:3, 0:1)__
Sapporo, Makomanai Indoor Skating Rink; Z: 3.000; SR: Ehrensperger (SUI), Nadin (CAN)
A. Kehle (Makatsch n.e.) - Thanner, Völk - Schneitberger, Modes - Langner - A. Schloder (C), E. Kühnhackl, B. Kuhn - A. Hofherr, L. Funk, R. Philipp - Eimansberger, Egger, Rothkirch - Bauer
S: Völk 4, Schneitberger 2, Thanner 2, A. Hofherr 2

PLATZIERUNGSRUNDE - B-GRUPPE

__381'. - 06.02.1976 FRG - SUI 5:0 (2:0, 0:0, 3:0)__
Sapporo, Tsukisamu Indoor Skating Rink (Halle); Z: 3.000; SR: Karandin (URS), Nakano (JPN)
A. Kehle (Makatsch n.e.) - Thanner, Völk - Schneitberger, Modes - Langner, G. Kink - A. Schloder (C), E. Kühnhackl, B. Kuhn - M. Wild, L. Funk, R. Philipp - Rothkirch, Eimansberger, Egger
T: 1:0 (04:25) E. Kühnhackl (---) - 2:0 (04:40) E. Kühnhackl (B. Kuhn) / 3:0 (43:22) Rothkirch (Eimansberger) - 4:0 (51:09) Modes (M. Wild) - 5:0 (53:43) A. Schloder (E. Kühnhackl)
S: G. Kink 4, Schneitberger 2, Egger 2, B. Kuhn 2, Eimansberger 2, Rothkirch 2, A. Schloder 2

__382'. - 07.02.1972 FRG - YUG 6:2 (2:1, 3:1, 1:0)__
Sapporo, Tsukisamu Indoor Skating Rink; Z: 2.500; SR: Bat'a (TCH), Wiitala (FIN)
A. Kehle (Makatsch n.e.) - Thanner, Völk - Schneitberger, Modes - Antons, G. Kink - A. Schloder (C), E. Kühnhackl, B. Kuhn - A. Hofherr, Bauer, R. Philipp - Rothkirch, Eimansberger, Egger
T: 1:1 (04:45) A. Schloder (---) - 2:1 (05:33) Völk (Weitschuss) / 3:1 (20:57) A. Schloder (E. Kühnhackl) - 4:1 (28:31) Egger (R. Philipp) - 5:1 (33:30) Völk (Weitschuss) / 6:2 (54:50) A. Hofherr (---)
S: Schneitberger 2, Thanner 2, Bauer 2, Eimansberger 2, A. Hofherr 2

__383'. - 09.02.1972 FRG - NOR 5:1 (3:0, 0:0, 2:1)__
Sapporo, Tsukisamu Indoor Skating Rink; Z: 2.800; SR: Janežić (YUG), Karandin (URS)
A. Kehle (Makatsch n.e.) - Thanner, Völk - Schneitberger, Modes - Langner, G. Kink - M. Wild, E. Kühnhackl, B. Kuhn - A. Hofherr, L. Funk (C), R. Philipp - Rothkirch, Eimansberger, Egger
T: 1:0 (09:25) Thanner (E. Kühnhackl) - 2:0 (13:39) Rothkirch (Schneitberger) - 3:0 (16:52) Eimansberger (G. Kink) / 4:0 (48:05) Eimansberger (A. Hofherr) - 5:0 (54:47) Thanner (Weitschuss)
S: A. Hofherr 4, G. Kink 2, Völk 2, Egger 2, Rothkirch 2

__384'. - 12.02.1972 JPN - FRG 7:6 (3:1, 1:2, 3:3)__
Sapporo, Makomanai Indoor Skating Rink; Z: 7.500; SR: Hanqvist (SWE), Karadin (URS)
A. Kehle (Makatsch n.e.) - Thanner, Völk - Schneitberger, Modes - Langner, G. Kink - B. Kuhn, E. Kühnhackl, Bauer - A. Hofherr, L. Funk (C), M. Wild - Rothkirch, Eimansberger, Egger
T: 3:1 (12:22) Thanner (E. Kühnhackl) / 3:2 (23:38) Thanner (Langner) - 3:3 (25:16) A. Hofherr (Thanner) / 5:4 (44:07) L. Funk (A. Hofherr) - 6:5 (54:56) Thanner (A. Hofherr) - 6:6 (56:02) Völk (Weitschuss)
S: B. Kuhn 4, A. Hofherr 2, Langner 2

__385. - 15.02.1972 JPN - FRG* 4:5 (1:0, 0:1, 3:4)__
* lt. Pressemeldungen damals inoffizielles Länderspiel
Tokyo, Kokuritsu Yoyogi Kyogijo; Z: 8.000; SR: ?, ?
Makatsch (A. Kehle n.e.) - Thanner, G. Kink - Modes, Langner - B. Kuhn, E. Kühnhackl, Bauer - A. Hofherr, L. Funk (C), M. Wild - Rothkirch, Eimansberger, Egger
T: 1:1 (25.) B. Kuhn (?) / 4:2 (47.) Eimansberger (?) - 4:3 (50.) Egger (?) - 4:4 (51.) E. Kühnhackl (?) - 4:5 (56.) Thanner (?)
S: keine Angaben

__386. - 12.03.1972 FRG - URS 1:10 (0:3, 0:1, 1:6)__
Füssen, Eisstadion am Kobelhang; Z: 5.000; SR: Sepponen (FIN), Sillankorva (FIN)
A. Kehle (ab 30. Makatsch) - Thanner, Völk - Modes, Langner - G. Kink, Eibl - Schichtl (EC Bad Tölz) - Egger, Hanig (EV Füssen), **Horst Philipp** (VfL Bad Nauheim) - Rothkirch, L. Funk (C), A. Pohl - Bauer, E. Kühnhackl, R. Philipp - A. Hofherr, Eimansberger, M. Wild
T: 1:8 (52.) Hanig (---)
S: 3 x 2 Minuten

387. - 14.03.1972 FRG - URS 0:17 (0:4, 0:8, 0:5)
Garmisch-Partenkirchen, Olympia-Eisstadion; Z: 7.000; SR: Sepponen (FIN), Sillankorva (FIN)
A. Kehle (ab 40:01 Makatsch) - Völk, **Harald Kadow** (Düsseldorfer EG) - Langner, Thanner - G. Kink, Schichtl - Eibl - Rothkirch, Hanig, M. Wild - Bauer, L. Funk (C), Eimansberger - Egger, E. Kühnhackl, R. Philipp - H. Philipp, A. Pohl
S: 1 x 2 Minuten

388. - 15.03.1972 FRG - URS 1:9 (0:3, 0:3, 1:3)
Landshut, Städtische Eissporthalle; Z: 6.000; SR: Sepponen (FIN), Sillankorva (FIN)
Makatsch (ab 40:01 A. Kehle) - Thanner, Schichtl - Eibl, G. Kink - H. Kadow, Langner - H. Philipp, Hanig, Egger - Rothkirch, L. Funk (C), Eimansberger - R. Philipp, E. Kühnhackl, Bauer - M. Wild, A. Pohl
1:7 (58.) Eimansberger (Gedränge)
S: 5 x 2 Minuten

389. - 19.03.1972 FRG - NOR 6:2 (2:0, 3:0, 1:2)
Bad Nauheim, Kunsteisstadion am Nördlichen Park (Halle); Z: 5.000; SR: Krisch (YUG), Hegeduš (YUG)
Makatsch (A. Kehle n.e.) - Thanner, Völk - Schichtl, Langner - Schneitberger, H. Kadow (ab 40:01 Eibl) - G. Kink - H. Philipp, Hanig, Egger - Rothkirch, L. Funk (C), A. Hofherr - R. Philipp, E. Kühnhackl, Bauer (ab ? A. Pohl)
T: 1:0 (3.) Hanig (H. Philipp) - 2:0 (19.) Schneitberger (E. Kühnhackl) / 3:0 (21.) Egger (Hanig) - 4:0 (31.) R. Philipp (E. Kühnhackl) - 5:0 (32.) Egger (H. Philipp) / 6:2 (52.) Egger (---)
S: 1 x 2 Minuten

390. - 21.03.1972 FRG - NOR 16:0 (4:0, 4:0, 8:0)
Oberstdorf, Eisstadion an der Roßbichlstraße (Halle); Z: 4.000; SR: Krisch (YUG), Hegeduš (YUG)
A. Kehle (Makatsch n.e.) - Thanner, Völk - Schichtl, Langner - Schneitberger, H. Kadow - Eibl, G. Kink - H. Philipp, Hanig, Egger - Rothkirch, L. Funk (C), A. Hofherr - R. Philipp, E. Kühnhackl, Bauer - A. Pohl, Eimansberger
T: 1:0 (1.) A. Pohl (?) - 2:0 (6.) Thanner (?) - 3:0 (14.) Hanig (?) - 4:0 (15.) Rothkirch (?) / 5:0 (22.) Egger (?) - 6:0 (23.) R. Philipp (?) - 7:0 (32.) R. Philipp (?) - 8:0 (35.) R. Philipp (?) / 9:0 (47.) L. Funk (?) - 10:0 (50.) Rothkirch (?) - 11:0 (51.) H. Kadow (?) - 12:0 (52.) Hanig (?) - 13:0 (52.) A. Pohl (?) - 14:0 (53.) Eimansberger (?) - 15:0 (56.) Bauer (?) - 16:0 (58.) A. Pohl (?)
S: 4 x 2 Minuten
L. Funk absolvierte als siebenter Spieler sein 100. Länderspiel.

391. - 31.03.1972 TCH - FRG 7:0 (2:0, 4:0, 1:0)
Ústí nad Labem, Zimní stadion (Halle); Z: 6.000; SR: Vápeník (TCH), Pochop (TCH)
A. Kehle (Makatsch n.e.) - Thanner, Völk - Langner, Schichtl - H. Kadow, Schneitberger - Eibl - B. Kuhn, Hanig, A. Schloder (C) - Rothkirch, L. Funk, Eimansberger - E. Kühnhackl, Egger, R. Philipp
S: Völk 5 und 6 x 2 Minuten

392. - 04.04.1972 TCH - FRG 12:1 (4:1, 2:0, 6:0)
Praha, Sportovni hala ČSTV; Z: 5.500; SR: Pražák (TCH), Bucala (TCH)
Makatsch (A. Kehle n.e.) - Thanner, Völk - Langner, Schichtl - H. Kadow, Schneitberger - Eibl - B. Kuhn, Hanig, A. Schloder (C) - Rothkirch, L. Funk, Eimansberger - E. Kühnhackl, Egger, R. Philipp - A. Hofherr, Bauer, A. Pohl
T: 2:1 (6.) E. Kühnhackl (---)
S: 3 x 2 Minuten

39. A-Welt- und 49. Europameisterschaft 1972
Die deutsche Mannschaft belegte den 5. Platz in der WM und EM.

393'. - 07.04.1972 URS - FRG 11:0 (3:0, 3:0, 5:0)
Praha, Sportovni hala ČSTV; Z: 9.080; SR: Isotalo (FIN), Lee (USA)
A. Kehle (ab 30:38 Makatsch) - Thanner, Völk - Schichtl, Langner - H. Kadow, Schneitberger - A. Schloder (C), Hanig, B. Kuhn - Egger, L. Funk, Rothkirch - R. Philipp, Bauer, A. Hofherr
S: Schichtl 4, H. Kadow 2
Schneitberger absolvierte als achter Spieler sein 100. Länderspiel.

394'. - 08.04.1972 FRG - FIN 5:8 (0:5, 4:2, 1:1)
Praha, Sportovní hala ČSTV; Z: 5.340; SR: Bucala (TCH), Kořínek (TCH)
A. Kehle (Makatsch n.e.) - Thanner, Völk - Schichtl, Langner - H. Kadow, Schneitberger - A. Schloder (C), Hanig,
B. Kuhn - Egger, L. Funk, Rothkirch - R. Philipp, Bauer, A. Pohl - A. Hofherr*
* A. Hofherr nicht auf dem offiz. Spielbericht, aber beim DEB mit Einsatz
T: 1:5 (22:05) B. Kuhn (Hanig) - 2:5 (23:06) Egger (Rothkirch) - 3:5 (23:43) Schneitberger (A. Pohl) - 4:5 (24:04)
Hanig (B. Kuhn) / 5:8 (43:17) Egger (L. Funk)
S: Völk 2+10 (Disziplinarstrafe), L. Funk 6, Schneitberger 4, Bauer 2, Rothkirch 2, Schichtl 2

395'. - 10.04.1972 TCH - FRG 8:1 (1:1, 2:0, 5:0)
Praha, Sportovní hala ČSTV; Z: 9.134; SR: Dämmrich (GDR), Haley (CAN)
A. Kehle (Makatsch n.e.) - Thanner, Völk - Schichtl, Langner - H. Kadow, Schneitberger - A. Schloder (C), Hanig,
B. Kuhn - Egger, L. Funk, Rothkirch - R. Philipp, Eimansberger, A. Hofherr
T: 1:1 (03:42) A. Schloder (Thanner)
S: L. Funk 6, B. Kuhn 4, Schichtl 4, Thanner 2, A. Schloder 2, Eimansberger 2
A. Schloder absolvierte als neunter Spieler sein 100. Länderspiel.

396'. - 11.04.1972 FRG - SWE 0:10 (0:3, 0:5, 0:2)
Praha, Sportovní hala ČSTV; Z: 4.811; SR: Haley (CAN), Dombrovskiy (URS)
A. Kehle (ab 40:01 Makatsch) - Thanner, Völk - Schichtl, Langner - H. Kadow, Schneitberger - A. Schloder (C),
Hanig, B. Kuhn - Egger, L. Funk, Rothkirch - R. Philipp, Eimansberger, A. Hofherr
S: Schichtl 2, Eimansberger 2

397'. - 13.04.1972 SUI - FRG 3:6 (2:3, 1:2, 0:1)
Praha, Sportovní hala ČSTV; Z: 3.017; SR: Dombrovskiy (URS), Lee (USA)
A. Kehle (Makatsch n.e.) - Thanner, Völk - Schichtl, Langner - H. Kadow, Schneitberger - A. Schloder (C), Hanig,
B. Kuhn - Egger, L. Funk, Rothkirch - R. Philipp, Eimansberger, A. Hofherr
T: 0:1 (01:22) Hanig (A. Schloder) - 0:2 (03:40) Schneitberger (Eimansberger) - 2:3 (11:27) L. Funk (Egger,
Schichtl) / 3:4 (27:06) R. Philipp (---) - 3:5 (27:42) Eimansberger (H. Kadow) / 3:6 (56:38) L. Funk (Egger,
Schneitberger)
S: Völk 5+2+2, A. Hofherr 4, Schneitberger 2, Rothkirch 2, Langner 2

398'. - 15.04.1972 FRG - URS 0:7 (0:4, 0:1, 0:2)
Praha, Sportovní hala ČSTV; Z: 6.529; SR: Isotalo (FIN), Tegner (SWE)
F.-X. Funk* (Eimansberger n.e.; Makatsch n.e.*) - Thanner, Völk - Schichtl, Langner - Eibl, Schneitberger - A.
Schloder (C), Hanig, B. Kuhn - Egger, L. Funk, Rothkirch - R. Philipp, A. Hofherr, A. Pohl
* F.-X. Funk als dritter Torwart nachnominiert, da Kehle verletzt und Makatsch krank waren. Eimannsberger auf
dem offiz. Spielbericht als Ersatztorwart aufgeführt, jedoch beim DEB kein Einsatz, dafür Makatsch mit Einsatz.
S: Eibl 2, Völk 2, Schneitberger 2, B. Kuhn 2

399'. - 16.04.1972 FIN - FRG 13:3 (4:0, 5:2, 4:1)
Praha, Sportovní hala ČSTV; Z: 5.272; SR: Lee (USA), Tegner (SWE)
F.-X. Funk (Makatsch n.e.) - Thanner, Völk - Schichtl, Langner - H. Kadow, Schneitberger - A. Schloder (C),
Hanig, B. Kuhn - Egger, L. Funk, Rothkirch - R. Philipp, Eimansberger, A. Hofherr
T: 6:1 (26:53) B. Kuhn (A. Schloder) - 7:2 (35:11) A. Schloder (Völk) / 12:3 (56:33) Hanig (Thanner)
S: Schichtl 2, Thanner 2, A. Schloder 2, Egger 2, Eimansberger 2, A. Hofherr 2

400'. - 18.04.1972 FRG - TCH 1:8 (1:3, 0:3, 0:2)
Praha, Sportovní hala ČSTV; Z: 11.388; SR: Lee (USA), Haley (CAN)
Makatsch (ab 40:01 F.-X. Funk) - Thanner, Langner - Eibl, Völk - H. Kadow, Schneitberger - A. Schloder (C),
Hanig, Egger - A. Pohl, L. Funk, Rothkirch - R. Philipp, Eimansberger, A. Hofherr
T: 1:1 (03:22) Eimansberger (Schneitberger, A. Hofherr)
S: Langner 4, A. Schloder 2, Schneitberger 2, Eimansberger 2

401'. - 19.04.1972 SWE - FRG 7:1 (5:0, 1:1, 1:0)
Praha, Sportovní hala ČSTV; Z: 7.613; SR: Pražák (TCH), Isotalo (FIN)
F.-X. Funk (ab 30:59 Makatsch) - H. Kadow, Schichtl - Eibl, Langner - Thanner, Schneitberger - A. Schloder (C),
Hanig, B. Kuhn - A. Pohl, L. Funk, Egger - R. Philipp, Eimansberger, A. Hofherr
T: 6:1 (30:58) B. Kuhn (Hanig)
S: Schichtl 2, Schneitberger 2, A. Schloder 2, B. Kuhn 2

402'. - 21.04.1972 FRG - SUI 4:1 (2:0, 1:0, 1:1)
Praha, Sportovni hala ČSTV; Z: 9.406; SR: Pražák (TCH), Dombrovskiy (URS)
Makatsch (F.-X. Funk n.e.) - Thanner, Völk - Schichtl, Langner - H. Kadow, Schneitberger - A. Schloder (C), Hanig, R. Philipp - A. Pohl, L. Funk, Egger - Eimansberger, A. Hofherr, Eibl
T: 1:0 (08:14) H. Kadow (R. Philipp) - 2:0 (12:30) R. Philipp (Hanig, A. Schloder) / 3:0 (38:30) Hanig (Völk) / 4:0 (45:16) A. Schloder (---)
S: Schneitberger 6, Eimansberger 2, A. Hofherr 2, Völk 2, Thanner 2

1972/73

403. - 21.11.1972 FRG - SUI 6:4 (3:0, 1:3, 2:1)
Duisburg, Mercatorhalle; Z: 4.800; SR: Tuominen (FIN), Sapponen (FIN)
Merkle (Augsburger EV; ab 46. **Karl Huber** (EV Landshut)) - Thanner (EV Füssen), **Karl-Heinz Ruban** (EV Füssen) - Langner (VfL Bad Nauheim), H. Keller (VfL Bad Nauheim) - **Udo Kießling** (SC Riessersee), **Ignaz Berndaner** (SC Riessersee) - **Josef Wünsch** (EV Landshut), Hanig (EV Füssen), A. Schloder (C - EV Landshut) - M. Wild (SC Riessersee), L. Funk (Berliner SSC), A. Hofherr (SC Riessersee) - R. Philipp (VfL Bad Nauheim), E. Kühnhackl (EV Landshut), **Martin Hinterstocker** (SC Riessersee) - **Lothar Kremershof** (Krefelder EV)
T: 1:0 (01:20) A. Hofherr (L. Funk) - 2:0 (5.) M. Wild (Thanner) - 3:0 (17.) L. Funk (A. Schloder) / 4:0 (21.) Hanig (A. Schloder) / 5:4 (57:08) R. Philipp (Hanig) - 6:4 (59:16) R. Philipp (Thanner)
S: Langner 2

404. - 22.11.1972 FRG - SUI 7:3 (2:2, 2:1, 3:0)
Herne, Gysenberghalle; Z: 4.000; SR: Tuominen (FIN), Sapponen (FIN)
K. Huber (**Wolf Herbst** (Krefelder EV) n.e.; Merkle n.e.*) - Thanner, Ruban - Langner, H. Keller - Kießling, Berndaner - Wünsch, Hanig, A. Schloder (C) - M. Wild, L. Funk, A. Hofherr - R. Philipp, E. Kühnhackl, M. Hinterstocker - L. Kremershof
* Da Merkle im Spiel am Vortag verletzt ausgewechselt worden war, ist sein Einsatz unwahrscheinlich.
T: 1:0 (5.) Hanig (---) - 2:1 (7.) R. Philipp (---) / 3:3 (31.) A. Hofherr (---) - 4:3 (38.) M. Hinterstocker (E. Kühnhackl) / 5:3 (52.) M. Hinterstocker (R. Philipp) - 6:3 (55.) E. Kühnhackl (Berndaner) - 7:3 (58.) Langner (R. Philipp)
S: Thanner 2, Langner 2, L. Kremershof 2

405. - 24.11.1972 SUI - FRG 5:5 (3:0, 2:1, 0:4)
Genève, Sportpalast "Les Vernets"; Z: 4.000; SR: Hajný (TCH), Baťa (TCH)
Peter Wasl (SC Riessersee; ab 21. K. Huber) - Langner, H. Keller - Ruban, **Theo Schneider** (EV Füssen) - Kießling, Berndaner - Wünsch, Hanig, A. Schloder (C) - **Norbert Scholz** (EV Füssen), L. Funk, M. Wild - M. Hinterstocker, E. Kühnhackl, **Hans Scherer** (SC Riessersee) - **Michael Wanner** (EV Füssen), **Matthias Maurer** (SC Riessersee; n.e.)
T: 5:1 (39:14) Berndaner (Weitschuss) / 5:2 (44.) Hanig (---) - 5:3 (52.) Hanig (E. Kühnhackl) - 5:4 (57.) E. Kühnhackl (---) - 5:5 (58.) Hanig (E. Kühnhackl)
S: Ruban 4, Wünsch 2, N. Scholz 2

406. - 26.11.1972 SUI - FRG 1:4 (1:0, 0:1, 0:3)
Basel, St. Margarethenpark; Z: 4.000; SR: Hajný (TCH), Baťa (TCH)
K. Huber (Wasl n.e.) - Ruban, Langner - Kießling, Berndaner - H. Keller - Wünsch, Hanig, A. Schloder (C) - N. Scholz, L. Funk, M. Wild - M. Hinterstocker, E. Kühnhackl, Wanner - Scherer, M. Maurer n.e.
T: 1:1 (27.) Wünsch (A. Schloder) / 1:2 (49.) E. Kühnhackl (---) - 1:3 (51.) E. Kühnhackl (Wanner) - 1:4 (52.) A. Schloder (Hanig)
S: Kießling 6, E. Kühnhackl 2, Berndaner 2, N. Scholz 2

407'. - 19.03.1973 FRG - USA 5:3 (1:0, 3:2, 1:1)
Garmisch-Partenkirchen, Olympia-Eisstadion; Z: 4.000; SR: Bucala (TCH), Hajný (TCH)
A. Kehle (EV Füssen; K. Huber n.e.) - Thanner, Völk (EV Füssen) - Langner, H. Keller - B. Kuhn (EV Füssen), L. Funk, A. Schloder (C) - Bauer (Augsburger EV), E. Kühnhackl, R. Philipp - Egger (EV Füssen), H. Zach (SC Riessersee), M. Wild - Wünsch, Eimansberger (EC Bad Tölz), Köberle (Düsseldorfer EG) - E. Weide (Düsseldorfer EG), Berndaner, **Walter Stadler** (Düsseldorfer EG)
T: 1:0 (3.) Langner (E. Kühnhackl) / 2:1 (24.) Berndaner (Weitschuss) - 3:1 (30.) E. Kühnhackl (---) - 4:2 (37.) E. Kühnhackl (H. Keller) / 5:3 (55.) E. Kühnhackl (---)
S: A. Schloder 4, E. Weide 2, M. Wild 2

408'. - 20.03.1973 FRG - USA 4:8 (3:4, 1:0, 0:4)
München, Eishalle im Olympiapark; Z: 2.000; SR: Bucala (TCH), Hajný (TCH)
K. Huber (ab 16. Merkle) - Völk, Thanner - E. Weide, Berndaner - H. Keller, Langner - A. Schloder (C), L. Funk, Stadler - Bauer, E. Kühnhackl, R. Philipp - Wünsch, Eimansberger, Köberle - M. Wild, H. Zach, Egger
T: 1:2 (9.) H. Keller (R. Philipp, E. Kühnhackl) - 2:2 (10.) Stadler (L. Funk) - 3:4 (18.) Thanner (A. Schloder) / 4:4 (24.) R. Philipp (Bauer, E. Kühnhackl)
S: Wünsch 5, Stadler 4, A. Schloder 2, E. Kühnhackl 2

409. - 27.03.1973 SWE - FRG 12:3 (7:0, 2:3, 3:0)
Stockholm, Isstadion Johanneshov; Z: 5.822; Fredriksen (NOR), Fischer (NOR)
A. Kehle (ab 29:48 Merkle) - Thanner, Völk - H. Keller, Langner - E. Weide - B. Kuhn, L. Funk, A. Schloder (C)
- Bauer, E. Kühnhackl, R. Philipp - Wünsch, Eimansberger, Stadler - Egger
T: 8:1 (35:18) E. Kühnhackl (R. Philipp) - 9:2 (36:10) L. Funk (A. Schloder) - 9:3 (38:17) R. Philipp (---)
S: R. Philipp 2

40. A-Welt- und 50. Europameisterschaft 1973

Die deutsche Mannschaft belegte den 6. Platz in der WM und EM und musste in die B-WM absteigen

410'. - 31.03.1973 URS - FRG 17:1 (7:1, 6:0, 4:0)
Moskva, Dvorets sporta Luzhniki*; Z: 14.000; SR: Dahlberg (SWE), Szczepek (POL)
* offizieller Name Lenin-Sportpalast (Dvorets sporta imeni V.I. Lenina)
A. Kehle (ab 40:01 Merkle) - Thanner, Völk - Kießling, Berndaner - E. Weide, Langner - H. Keller - L. Funk,
Bauer, B. Kuhn - A. Schloder (C), E. Kühnhackl, R. Philipp - Wünsch, Eimansberger, Egger - M. Hinterstocker
T: 0:1 (01:03) A. Schloder (---)
S: Kießling 4, Langner 2, Thanner 2, Bauer 2, B. Kuhn 2, M. Hinterstocker 2

411'. - 01.04.1973 FRG - FIN 3:8 (1:3, 0:3, 2:2)
Moskva, Dvorets sporta Luzhniki; Z: 10.000; SR: Bat'a (TCH), Zakharov (URS)
A. Kehle (Merkle n.e.) - Thanner, Völk - Kießling, Berndaner - H. Keller, Langner - E. Weide - L. Funk, Bauer, B.
Kuhn - A. Schloder (C), E. Kühnhackl. R. Philipp - M. Hinterstocker, Eimansberger, Egger - Wünsch
T: 1:3 (14:28) Berndaner (E. Kühnhackl) / 2:7 (48:19) M. Hinterstocker (B. Kuhn) - 3:8 (52:35) R. Philipp
(Berndaner)
S: L. Funk 2, Thanner 2, A. Schloder 2

412'. - 03.04.1973 TCH - FRG 4:2 (1:0, 2:1, 1:1)
Moskva, Dvorets sporta Luzhniki; Z: 8.000; SR: Karadin (URS), Izumisawa (JPN)
A. Kehle (Merkle n.e.) - Kießling, Berndaner - Thanner, Völk - E. Weide, Langner - H. Keller - A. Schloder (C),
E. Kühnhackl, R. Philipp - Stadler, Bauer, Egger - M. Hinterstocker, L. Funk, B. Kuhn - Eimansberger*
* Eimansberger nicht auf dem offiz. Spielbericht, aber beim DEB mit Einsatz
T: 1:1 (21:09) A. Schloder (L. Funk) / 4:2 (59:25) E. Kühnhackl (A. Schloder)
S: M. Hinterstocker 2, Völk 2, B. Kuhn 2

413'. - 04.04.1973 FRG - SWE 2:8 (1:1, 0:4, 1:3)
Moskva, Dvorets sporta Luzhniki; Z: 10.000; SR: Isotalo (FIN), Szczepek (POL) (ab 12. Minute Lee (USA))
A. Kehle (Merkle n.e.) - Thanner, Völk - Kießling, Berndaner - E. Weide, Langner - H. Keller - Stadler, L. Funk,
B. Kuhn - A. Schloder (C), E. Kühnhackl, R. Philipp - Wünsch, Bauer, Egger - Eimansberger
T: 1:1 (18:01) L. Funk (Stadler) / 2:6 (43:57) Bauer (Egger)
S: B. Kuhn 4, A. Schloder 2, E. Kühnhackl 2, Wünsch 2

414'. - 06.04.1973 POL - FRG 2:4 (2:1, 0:2, 0:1)
Moskva, Dvorets sporta Luzhniki; Z: 7.000; SR: Zakharov (URS), Lee (USA)
A. Kehle (Merkle n.e.) - Berndaner, Völk - Kießling, Thanner - E. Weide, H. Keller - Stadler, L. Funk, B. Kuhn -
A. Schloder (C), E. Kühnhackl, R. Philipp - Bauer, Eimansberger, Egger - M. Hinterstocker
T: 0:1 (02:30) E. Kühnhackl (A. Schloder) / 2:2 (22:02) R. Philipp (E. Kühnhackl) - 2:3 (35:18) Eimansberger
(Egger) / 2:4 (52:16) E. Kühnhackl (---)
S: Kießling 2, B. Kuhn 2

415'. - 08.04.1973 FRG - URS 2:18 (1:9, 0:2, 1:7)
Moskva, Dvorets sporta Luzhniki; Z: 8.000; SR: Gobetzky (AUT), Dahlberg (SWE)
A. Kehle (ab 20:01 Merkle) - B. Kuhn, Völk - Kießling, Berndaner - H. Keller - Stadler, L. Funk, B. Kuhn - A.
Schloder (C), E. Kühnhackl, R. Philipp - Bauer, Eimansberger, Egger - M. Hinterstocker, Wünsch
T: 1:8 (16:37) Stadler (---) / 2:16 (57:01) M. Hinterstocker (---)
S: E. Kühnhackl 4, H. Keller 4, Eimansberger 2, A. Schloder 2
B. Kuhn absolvierte als zehnter Spieler sein 100. Länderspiel.

416'. - 09.04.1973 FIN - FRG 2:1 (0:0, 0:1, 2:0)
Moskva, Dvorets sporta Luzhniki; Z: 4.000; SR: Zakharov (URS), Karandin (URS)
A. Kehle (Merkle n.e.) - E. Weide, Völk - Kießling, Berndaner - H. Keller, Langner - Stadler, L. Funk, B. Kuhn -
A. Schloder (C), E. Kühnhackl, R. Philipp - Bauer, Eimansberger, Egger - M. Hinterstocker
T: 0:1 (25:43) L. Funk (Stadler)
S: Egger 2, Stadler 2, Völk 2, E. Kühnhackl 2, A. Schloder 2, M. Hinterstocker 2, Teamstrafe 2 (dafür Egger auf
der Strafbank)

417'. - 11.04.1973 FRG - TCH 2:7 (1:2, 0:3, 1:2)
Moskva, Dvorets sporta Luzhniki; Z: 7.000; SR: Szczepek (POL), Ehrensperger (SUI)
Merkle (A. Kehle n.e.) - E. Weide, Völk - Kießling, Berndaner - H. Keller, Langner - M. Hinterstocker, L. Funk, B. Kuhn - A. Schloder (C), E. Kühnhackl, R. Philipp - Bauer, Eimansberger, Egger - Wünsch*, Stadler
* *Wünsch nicht auf dem offiz. Spielbericht, aber beim DEB mit Einsatz*
T: 1:0 (05:11) E. Kühnhackl (A. Schloder) / 2:7 (58:02) E. Kühnhackl (R. Philipp, Berndaner)
S: B. Kuhn 2, A. Schloder 2, R. Philipp 2, Merkle 2

418'. - 12.04.1973 SWE - FRG 12:1 (2:1, 6:0, 4:0)
Moskva, Dvorets sporta Luzhniki; Z: 8.000; SR: Bat'a (TCH), Karandin (URS)
A. Kehle (ab 29:17 Merkle) - E. Weide, Völk - Kießling, Berndaner - H. Keller - M. Hinterstocker, L. Funk, B. Kuhn - A. Schloder (C), E. Kühnhackl, R. Philipp - Bauer, Eimansberger, Egger - Wünsch, Stadler
T: 0:1 (03:36) A. Schloder (R. Philipp)
S: Berndaner 2, Egger 2, E. Kühnhackl 2

419'. - 14.04.1973 FRG - POL 1:4 (1:1, 0:0, 0:3)
Moskva, Dvorets sporta Luzhniki; Z: 12.000; SR: Bat'a (TCH), Ehrensperger (SUI)
A. Kehle (Merkle n.e.) - E. Weide, Völk - Kießling, Berndaner - H. Keller, Langner - M. Hinterstocker, L. Funk, B. Kuhn - A. Schloder (C), E. Kühnhackl, R. Philipp - Bauer, Eimansberger, Egger - Wünsch, Stadler
T: 1:0 (03:53) E. Kühnhackl (A. Schloder, R. Philipp)
S: Völk 2+2+10 (Disziplinarstrafe), B. Kuhn 2

1973/74

420. - 02.11.1973 FRG - SUI 5:4 (2:1, 1:2, 2:1)
Berlin, Eissporthalle an der Jafféstraße; Z: 3.500; SR: Hegeduš (YUG), Krisch (YUG)
Merkle (Augsburger EV; Makatsch (Düsseldorfer EG) n.e.) - Langner (VfL Bad Nauheim), Kießling (Augsburger EV) - Berndaner (SC Riessersee), **Klaus Auhuber** (EV Landshut) - G. Kink (Augsburger EV), **Peter Bachl** (EV Landshut) - **Horst-Peter Kretschmer** (EC Bad Tölz), H. Keller (VfL Bad Nauheim) - A. Schloder (C - EV Landshut), E. Kühnhackl (EV Landshut), R. Philipp (VfL Bad Nauheim) - Egger (EV Füssen), Hanig (EV Füssen), M. Hinterstocker (SC Riessersee) - Rothkirch (EC Bad Tölz), L. Funk (Berliner SSC), Wünsch (EV Landshut)
T: 1:1 (8.) M. Hinterstocker (Nachschuss) - 2:1 (12.) Berndaner (Weitschuss) / 3:3 (36.) R. Philipp (---) / 4:4 (47.) M. Hinterstocker (Egger) - 5:4 (51.) Langner (Weitschuss)
S: Langner 2

421. - 04.11.1973 FRG - SUI 5:5 (2:1, 0:4, 3:0)
Mannheim, Eisstadion am Friedrichspark (1969 überdacht); Z: 4.000; SR: Hegeduš (YUG), Krisch (YUG)
Makatsch (Merkle n.e.) - Berndaner, Kießling - Langner, H. Keller - Auhuber, Kretschmer - G. Kink, Bachl - A. Schloder (C), E. Kühnhackl, R. Philipp - Egger, Hanig, M. Hinterstocker - Wünsch, L. Funk, Rothkirch
T: 1:0 (00:13.) A. Schloder (Kießling) - 2:1 (15.) M. Hinterstocker (Egger) / 3:5 (41.) E. Kühnhackl (?) - 4:5 (47.) M. Hinterstocker (?) - 5:5 (59:43) E. Kühnhackl (?)
S: 3 x 2 Minuten

422. - 30.11.1973 POL - FRG 4:1 (1:0, 2:1, 1:0)
Łódź, Pałac Sportu; Z: 4.000; SR: Barnet (TCH), Pláteník (TCH)
Schmengler (Kölner EC; Merkle n.e.) - Thanner (EV Füssen), Völk (EV Füssen) - Kießling, Kretschmer - Modes (EV Füssen), Auhuber - Langner, G. Kink - Egger, L. Funk (C), **Franz Reindl** (SC Riessersee) - A. Hofherr (SC Riessersee), **Werner Kadow jr.** (VfL Bad Nauheim), Wanner (Berliner SSC) - Wünsch, Hanig, R. Philipp - **Rolf Knihs** (VfL Bad Nauheim)
T: 3:1 (31.) R. Philipp (?)
S: keine Angaben

423. - 01.12.1973 POL - FRG 4:1 (2:1, 0:0, 2:0)
Warszawa, Hala Towar; Z: 3.500; SR: Barnet (TCH), Pláteník (TCH)
Schmengler (Merkle* n.e.) - Thanner, Völk - Kießling, Kretschmer - Modes, Auhuber - Langner, G. Kink - Egger, L. Funk (C), Reindl - A. Hofherr, W. Kadow jr., Wanner - Wünsch, Hanig, R. Philipp - Knihs
T: 2:1 (15.) Egger (Völk)
S: keine Angaben
Hanig absolvierte als elfter Spieler sein 100. Länderspiel.

424. - 23.02.1974 SUI - FRG 4:3 (2:1, 2:1, 0:1)
Genève, Sportpalast "Les Vernets"; Z: 3.800; SR: Langhammer (AUT), Reymond (FRA)
F.-X. Funk (Berliner SSC, 59:48 out; K. Huber (EV Landshut) n.e.) - Auhuber, Langner - Kießling, Berndaner - Kretschmer, G. Kink - A. Schloder (C), E. Kühnhackl, **Nikolaus Mangold** (Berliner SSC) - M. Hinterstocker (ab 20:01 **Ferenc Vozar** (Berliner SSC)), Hanig (ab 20:01 **Tibor Vozar** (Berliner SSC)), R. Philipp - A. Hofherr, L. Funk, Wünsch
T: 2:1 (11.) A. Schloder (E. Kühnhackl) / 3:2 (32.) Mangold (---) / 4:3 (45.) Auhuber (Weitschuss)
S: 5 x 2 Minuten

425. - 24.02.1974 SUI - FRG 1:5 (0:1, 0:3, 1:1)
Zug, Hertistadion; Z: 3.300; SR: Langhammer (AUT), Reymond (FRA)
K. Huber (F.-X. Funk n.e.) - Auhuber, Langner - Kießling, Berndaner - Kretschmer, G. Kink - A. Schloder (C), E. Kühnhackl, Mangold - M. Hinterstocker, Hanig, R. Philipp - A. Hofherr, L. Funk, Wünsch - F. Vozar n.e., T. Vozar n.e.
T: 0:1 (18.) L. Funk (A. Schloder, Auhuber) / 0:2 (27.) M. Hinterstocker (---) - 0:3 (33.) Auhuber (R. Philipp) - 0:4 (40.) E. Kühnhackl (L. Funk) / 1:5 (53.) E. Kühnhackl (---)
S: 8 x 2 Minuten davon Kießling 4, A. Hofherr 2, Auhuber 2

426'. - 12.03.1974 FRG - POL 1:1 (0:0, 0:1, 1:0)
Garmisch-Partenkirchen, Olympia-Eisstadion; Z: 3.000; SR: Nilsson (SWE), Andersson (SWE)
Merkle (F.-X. Funk n.e.) - Auhuber, Langner - G. Kink, Berndaner - H. Keller, Kretschmer - A. Schloder (C), E. Kühnhackl, A. Hofherr - Wünsch, Hanig, R. Philipp - F. Vozar, L. Funk, T. Vozar - Egger, Knihs
T: 1:1 (55.) A. Schloder (Kretschmer)
S: Auhuber 2, Langner 2, E. Kühnhackl 2

427'. - 14.03.1974 FRG - POL 6:10 (1:3, 3:1, 2:6)
Bad Nauheim, Kunsteisstadion am Nördlichen Park; Z: 5.500; SR: Nilsson (SWE), Andersson (SWE)
F.-X. Funk (ab 40:01* K. Huber) - Langner, H. Keller - Berndaner, Kretschmer - G. Kink - A. Schloder (C), E. Kühnhackl, Knihs - Wünsch, Hanig, R. Philipp - F. Vozar, L. Funk, A. Hofherr - T. Vozar
* Zeitpunkt des Torwartwechsels nicht bestätigt
T: 1:0 (12.) Hanig (---) / 2:3 (31.) Knihs (Langner) - 3:3 (32.) R. Philipp (Gedränge) - 4:3 (33.) H. Keller (---) / 5:4 (43.) L. Funk (---) - 6:5 (44.) Berndaner (---)
S: Kretschmer 4, Langner 2

428'. - 17.03.1974 FRG - JPN 9:6 (3:4, 2:2, 4:0)
Rosenheim, Frucade-Stadion (Halle); Z: 5.700; SR: Berloffa (ITA), Postinghel (ITA)
Merkle (F.-X. Funk n.e.) - Auhuber, Langner - Berndaner, Kießling - Kretschmer, Derkits (EV Rosenheim) - H. Keller, G. Kink - Wünsch (Knihs), E. Kühnhackl, A. Schloder (C) - R. Philipp, Hanig, M. Hinterstocker - A. Hofherr, L. Funk, F. Vozar - T. Vozar
T: 1:0 (2.) M. Hinterstocker (---) - 2:3 (9.) Hanig (R. Philipp) - 3:3 (18.) R. Philipp (---) / 4:4 (21.) Knihs (---) - 5:4 (23.) Hanig (R. Philipp) / 6:6 (53.) A. Schloder (L. Funk) - 7:6 (56.) M. Hinterstocker (Hanig) - 8:6 (57.) L. Funk (A. Schloder) - 9:6 (60.) L. Funk (---)
S: Kießling 2, M. Hinterstocker 2

B-Weltmeisterschaft 1974
Die DEB-Auswahl belegte Platz 3.

429'. - 21.03.1974 FRG - NOR 7:4 (1:2, 5:1, 1:1)
Ljubljana, Hala Tivoli; Z: 5.005; SR: Bucala (TCH), Janežić (YUG)
Merkle (F.-X. Funk n.e.) - Auhuber, Langner - Berndaner, Kießling - H. Keller, Kretschmer - L. Funk, E. Kühnhackl, A. Schloder (C) - R. Philipp, Hanig, M. Hinterstocker - Knihs, A. Hofherr, F. Vozar - G. Kink, Egger
T: 1:1 (09:56) M. Hinterstocker (Kießling) / 2:2 (20:43) R. Philipp (L. Funk) - 3:2 (21:26) Hanig (---) - 4:2 (22:57) E. Kühnhackl (A. Schloder) - 5:2 (27:32) M. Hinterstocker (---) - 6:3 (34:00) A. Schloder (L. Funk) / 7:4 (53:04) E. Kühnhackl (L. Funk)
S: Kretschmer 4, Langner 2

430'. - 23.03.1974 FRG - JPN 6:1 (1:0, 4:0, 1:1)
Ljubljana, Hala Tivoli; Z: 1.450; SR: Ehrensperger (SUI), Hanqvist (SWE)
Merkle (F.-X. Funk n.e.) - Auhuber, Langner - Berndaner, Kießling - H. Keller, Kretschmer - L. Funk, E. Kühnhackl, A. Schloder (C) - R. Philipp, Hanig, M. Hinterstocker - Knihs, A. Hofherr, F. Vozar - Wünsch, Egger
T: 1:0 (12:30) A. Hofherr (---) / 2:0 (24:58) L. Funk (---) - 3:0 (25:45) A. Philipp (Hanig, Kießling) - 4:0 (29:36) E. Kühnhackl (A. Schloder) - 5:0 (36:02) F. Vozar (Knihs) / 6:0 (45:03) Wünsch (H. Keller)
S: Berndaner 2, M. Hinterstocker 2, Auhuber, Kießling 2, Egger 2

431'. - 24.03.1974 FRG - AUT 4:2 (1:0, 0:2, 3:0)
Ljubljana, Hala Tivoli; Z: 1.200; SR: Hegeduš (YUG), Zaalberg (NED)
Merkle (F.-X. Funk n.e.) - Auhuber, Langner - Kießling, Kretschmer - H. Keller - L. Funk, E. Kühnhackl, A. Schloder (C) - R. Philipp, Hanig, M. Hinterstocker - Wünsch, A. Hofherr, Egger - Knihs, F. Vozar
T: 1:0 (00:51) E. Kühnhackl (L. Funk) / 2:2 (44:46) R. Philipp (Kretschmer) - 3:2 (48:39) L. Funk (Hanig) - 4:2 (53:21) A. Hofherr (Knihs)
S: Kretschmer 2, R. Philipp 2, Kießling 2, L. Funk 2

432'. - 26.03.1974 FRG - ROU 6:3 (2:0, 1:1, 3:2)
Ljubljana, Hala Tivoli; Z: 1.500; SR: Hegeduš (YUG), Ehrensperger (SUI)
Merkle (F.-X. Funk n.e.) - Langner, Kretschmer - Kießling, Berndaner - G. Kink, H. Keller - L. Funk, Kühnhackl, A. Schloder (C) - R. Philipp, Hanig, M. Hinterstocker - Knihs, A. Hofherr, Egger - F. Vozar, Wünsch
T: 1:0 (15:37) A. Schloder (E. Kühnhackl) - 2:0 (15:48) R. Philipp (Hanig) / 3:1 (35:55) A. Schloder (---) / 4:1 (40:08) L. Funk (A. Schloder) - 5:3 (48:51) E. Kühnhackl (R. Philipp) - 6:3 (51:26) E. Kühnhackl (A. Schloder
S: Kretschmer 2, E. Kühnhackl 2

433'. - 27.03.1974 FRG - NED 5:3 (0:2, 2:0, 3:1)
Ljubljana, Hala Tivoli; Z: 1.700; SR: Hegeduš (YUG), Valentin (AUT)
Merkle (F.-X. Funk n.e.) - Langner, Kretschmer - Kießling, L. Funk - G. Kink, H. Keller - Knihs, E. Kühnhackl, A. Schloder (C) - R. Philipp, Hanig, M. Hinterstocker - Wünsch, A. Hofherr, Egger - F. Vozar
T: 1:2 (22:33) Langner (E. Kühnhackl) - 2:2 (36:07) Kretschmer (Weitschuss) / 3:3 (45:36) Knihs (Langner) - 4:3 (49:27) E. Kühnhackl (Langner) - 5:3 (57:44) Knihs (E. Kühnhackl)
S: A. Schloder 2, Egger 2

434'. - 29.03.1974 YUG - FRG 10:4 (4:1, 3:2, 3:1)
Ljubljana, Hala Tivoli; Z: 6.600; SR: Ehrensperger (SUI), Dr. Groß (GDR)
F.-X. Funk (ab 17:28 Merkle) - Langner, Kretschmer - L. Funk, Kießling - Auhuber, H. Keller - Knihs, E. Kühnhackl, A. Schloder (C) - R. Philipp, Hanig, M. Hinterstocker - Wünsch, A. Hofherr, F. Vozar - G. Kink, Egger
T: 1:1 (10:59) M. Hinterstocker (R. Philipp) / 4:2 (20:59) A. Schloder (Knihs, E. Kühnhackl) - 6:3 (36:24) Hanig (M. Hinterstocker) / 8:4 (47:06) Kießling (R. Philipp)
S: Wünsch 5, Kretschmer 2, Kießling 2

435'. - 30.03.1974 USA - FRG 5:2 (2:0, 1:1, 2:1)
Ljubljana, Hala Tivoli; Z: 4.500; SR: Ehrensperger (SUI), Hanqvist (SWE)
Merkle (F.-X. Funk n.e.) - Langner, Kretschmer - Berndaner, Kießling - G. Kink, H. Keller - L. Funk, E. Kühnhackl, A. Schloder (C) - R. Philipp, Hanig, M. Hinterstocker - Egger, A. Hofherr, Knihs - Wünsch, F. Vozar
T: 2:1 (35:41) E. Kühnhackl (R. Philipp) / 4:2 (50:20) A. Hofherr (E. Kühnhackl)
S: M. Hinterstocker 2, Kießling 2, Knihs 2, A. Schloder 2, A. Hofherr 2

1974/75

neuer Bundestrainer Xaver Unsinn

436. - 12.10.1974 YUG - FRG 2:2 (2:0, 0:2, 0:0)
Zagreb, Sportski kompleks "Šalata"; Z: 3.000; SR: Berloffa (ITA), Tortelli (ITA)
Makatsch (Düsseldorfer EG; F.-X. Funk (Berliner SSC) n.e.) - Auhuber (EV Landshut), G. Kink (Düsseldorfer EG) - Völk (EV Füssen), Kießling (EV Rosenheim) - Berndaner (SC Riessersee), **Paul Sommer** (SC Riessersee) - Wünsch (EV Landshut), E. Kühnhackl (EV Landshut), A. Schloder (C - EV Landshut) - E. Köpf (Berliner SSC), L. Funk (Berliner SSC), Wanner (Berliner SSC) - Köberle (Düsseldorfer EG), F. Vozar (Berliner SSC), Stadler (Düsseldorfer EG) - Knihs (VfL Bad Nauheim)
T: 2:1 (25.) Völk (E. Köpf) - 2:2 (38.) L. Funk (Wanner)
S: E. Kühnhackl 2, Kießling 2

437. - 13.10.1974 YUG - FRG 3:8 (0:1, 1:4, 2:3)
Ljubljana, Hala Tivoli; Z: 3.000; SR: Berloffa (ITA), Tortelli (ITA)
Makatsch (F.-X. Funk n.e.) - Auhuber, G. Kink - Völk, Kießling - Berndaner, Sommer - Wünsch, E. Kühnhackl, A. Schloder (C) - E. Köpf, L. Funk, Wanner - Köberle, F. Vozar, Stadler - Knihs
T: 0:1 (5.) E. Kühnhackl (?) / 1:2 (26.) Wanner (?) - 1:3 (27.) E. Köpf (?) - 1:4 (29.) E. Kühnhackl (?) - 1:5 (34.) Wünsch (?) / 2:6 (49.) Völk (?) - 2:7 (55.) E. Köpf (?) - 3:8 (59.) Köberle (?)
S: Stadler 2, Wünsch 2, E. Kühnhackl 2, G. Kink 2, Auhuber 2

438'. - 29.10.1974 NOR - FRG 2:3 (1:1, 1:1, 0:1)
Oslo, Jordal Amfi Ishall; Z: 2.044; SR: Karlsson (SWE), Cerwall (SWE)
Makatsch (F.-X. Funk n.e.; **Erich Weishaupt** (ESV Kaufbeuren) n.e.) - Kießling, Völk - L. Funk, Auhuber - Langner (VfL Bad Nauheim), G. Kink - Berndaner - Wünsch, E. Kühnhackl, A. Schloder (C) - R. Philipp (VfL Bad Nauheim), E. Köpf, M. Hinterstocker (Berliner SSC) - Egger (EV Füssen), A. Hofherr (Berliner SSC), Wanner - Knihs, Köberle
T: 0:1 (07:41) M. Hinterstocker (E. Köpf) / 1:2 (33:15) R. Philipp (Auhuber) / 2:3 (42:49) G. Kink (A. Hofherr)
S: E. Kühnhackl 2, Kießling 2, Wünsch 2

439'. - 30.10.1974 NOR - FRG 6:6 (0:2, 4:3, 2:1)
Oslo, Jordal Amfi Ishall; Z: 1.006; SR: Karlsson (SWE), Cerwall (SWE)
F.-X. Funk (Weishaupt n.e.) - Völk, Langner - L. Funk, Auhuber - Kießling, G. Kink - Knihs, E. Kühnhackl, A. Schloder (C) - R. Philipp, E. Köpf, M. Hinterstocker - Egger, F. Vozar, Wanner - Wünsch
T: 0:1 (13:43) E. Kühnhackl (Auhuber) - 0:2 (16:40) E. Kühnhackl (A. Schloder) / 0:3 (21:43) E. Köpf (Auhuber) - 0:4 (23:48) E. Kühnhackl (---) - 3:5 (36:57) A. Schloder (Knihs) / 4:6 (40:42) R. Philipp (---)
S: Völk 2, Kießling 2, E. Kühnhackl 2, A. Schloder 2

440'. - 02.11.1974 POL - FRG 9:1 (0:1, 5:0, 4:0)
Warszawa, Hala Torwar; Z: 3.000; SR: Filip (TCH), Pražák (TCH)
Makatsch (Weishaupt n.e.) - Langner, Völk - L. Funk, Auhuber - Kießling, G. Kink - Wünsch, E. Kühnhackl, A. Schloder (C) - R. Philipp, M. Hinterstocker, Egger - F. Vozar, Wanner, Knihs
T: 0:1 (17:48) Wünsch (E. Kühnhackl)
S: E. Kühnhackl 2+5, A. Schloder 2, Völk 2, G. Kink 2, Auhuber 2
Völk absolvierte als zwölfter Spieler sein 100. Länderspiel. L. Funk absolvierte als erster Spieler sein 150. Länderspiel.

441'. - 03.11.1974 POL - FRG 2:3 (0:0, 2:2, 0:1)
Warszawa, Hala Torwar; Z: 3.500; SR: Filip (TCH), Pražák (TCH)
Weishaupt (F.-X. Funk n.e.) - Langner, Völk - L. Funk, Auhuber - Kießling, G. Kink - Wünsch, E. Kühnhackl, A. Schloder (C) - R. Philipp, E. Köpf, M. Hinterstocker - Egger, F. Vozar, Knihs - Wanner
T: 1:1 (26:07) Wünsch (E. Kühnhackl) - 2:2 (39:45) Auhuber (E. Kühnhackl) / 2:3 (54:21) Völk (Weitschuss)
S: L. Funk 2, R. Philipp 2, Wünsch 2, Auhuber 2, Knihs 2

442. - 22.11.1974 FRG - SUI 5:4 (2:2, 1:1, 2:1)
Köln, Eisstadion an der Lentstraße; Z: 3.000; SR: Haidinger (AUT), Gobetzky (AUT)
Schmengler (Kölner EC; Weishaupt n.e.) - Auhuber, Schneitberger (Düsseldorfer EG) - Berndaner, Langner - A. Schloder (C), L. Funk, B. Kuhn (EV Füssen) - M. Hinterstocker, E. Köpf, A. Hofherr - Köberle, W. Boos (Düsseldorfer EG), Egger - Knihs, W. Kadow jr. (VfL Bad Nauheim), Wünsch
T: 1:0 (6.) E. Köpf (?) - 2:0 (7.) Berndaner (?) / 3:3 (35.) W. Boos (?) / 4:3 (40:15) A. Schloder (?) - 5:3 (51.) Egger (?) - *Vorlagen: W. Boos 2*
S: 5 x 2 Minuten

443. - 23.11.1974 FRG - SUI 5:3 (1:2, 2:0, 2:1)
Bad Nauheim, Kunsteisstadion am Nördlichen Park; Z: 4.000; SR: Haidinger (AUT), Gobetzky (AUT)
Weishaupt (Schmengler n.e.) - Auhuber, Schneitberger - Berndaner, Langner - A. Schloder (C), L. Funk, B. Kuhn - R. Philipp, E. Köpf, M. Hinterstocker - Köberle, W. Boos, Egger - Knihs, W. Kadow jr., A. Hofherr - Wünsch
T: 1:2 (14.) Schneitberger (R. Philipp) / 2:2 (25.) L. Funk (A. Schloder) - 3:2 (27.) W. Boos (Köberle) / 4:2 (43.) Auhuber (Köberle) - 5:3 (51.) R. Philipp (Langner)
S: 2 x 2 Minuten

444'. - 04.01.1975 FRG - POL 2:0 (1:0, 0:0, 1:0)
Garmisch-Partenkirchen, Olympia-Eisstadion; Z: 7.000; SR: Mikuletsev (URS), Dombrovskiy (URS)
Weishaupt (Schmengler n.e.) - Thanner (EV Füssen), Völk - Schneitberger, Langner - Kießling, Berndaner - E. Köpf, L. Funk (C), A. Hofherr - Köberle, W. Boos, Stadler - R. Philipp, F. Vozar, M. Hinterstocker - Knihs, Wünsch
T: 1:0 (00:16) L. Funk (E. Köpf) / 2:0 (45.) L. Funk (---)
S: Thanner 2, Langner 2, Köberle 2, Stadler 2

445'. - 05.01.1975 FRG - POL 7:7 (2:1, 3:3, 2:3)
Deggendorf, Eissporthalle an der Trat; Z: 4.500; SR: Mikuletsev (URS), Dombrovskiy (URS)
Schmengler (Weishaupt n.e.) - Thanner, Völk - Schneitberger, Berndaner - E. Köpf, L. Funk (C), A. Hofherr - Köberle, W. Boos, Stadler - Wünsch, Knihs, M. Hinterstocker - Langner
T: 1:1 (9.) L. Funk (Schneitberger) - 2:1 (17.) A. Hofherr (L. Funk) / 3:3 (34.) Stadler (W. Boos) - 4:3 (36.) E. Köpf (---) - 5:4 (38.) E. Köpf (A. Hofherr) / 6:5 (48.) Stadler (Köberle) - 7:7 (56.) Köberle (---)
S: Thanner 2, Berndaner 2, E. Köpf 2

446'. - 29.01.1975 FRG - JPN 3:4 (0:1, 2:0, 1:3)
Düsseldorf, Eisstadion an der Brehmstraße; Z: 4.500; SR: Toemen (NED), ? (NED)
Makatsch (Weishaupt n.e.) - Kießling, Schneitberger - Berndaner, Kretschmer (Düsseldorfer EG) - Langner, Auhuber - A. Schloder (C), E. Kühnhackl, R. Philipp - Stadler, L. Funk, E. Köpf - Köberle, W. Boos, Egger - Wünsch, Knihs
T: 1:1 (31.) A. Schloder (R. Philipp, E. Kühnhackl) - 2:1 (31.) E. Kühnhackl (---) / 3:4 (56.) E. Köpf (Kießling)
S: L. Funk 2

447'. - 01.03.1975 FRG - SWE (O*) 6:5 (0:3, 2:2, 4:0)
* *Olympiaauswahl 1976 (in den Spielen 447 - 448)*
Garmisch-Partenkirchen, Olympia-Eisstadion; Z: 4.000; SR: Ehrensperger (SUI), Mathis (SUI)
Weishaupt (F.-X. Funk n.e.) - Thanner, Auhuber - Langner, Kießling - G. Kink, Berndaner - E. Köpf, L. Funk, A. Hofherr - R. Philipp, E. Kühnhackl, A. Schloder (C) - Köberle, W. Boos, Stadler - M. Hinterstocker, F. Vozar, Wünsch
T: 1:3 (31.) Thanner (L. Funk) - 2:3 (37.) M. Hinterstocker (L. Funk) / 3:5 (41.) E. Kühnhackl (Langner) - 4:5 (49.) Köberle (---) - 5:5 (53.) M. Hinterstocker (---) - 6:5 (54.) Köberle (Penalty)
S: M. Hinterstocker 5, A. Schloder 4, G. Kink 2

448'. - 02.03.1975 FRG - SWE (O*) 4:6 (1:2, 0:2, 3:2)
Oberstdorf, Eisstadion an der Roßbichlstraße; Z: 2.000; SR: Ehrensperger (SUI), Mathis (SUI)
F.-X. Funk (Weishaupt n.e.) - Thanner, Langner - G. Kink, Berndaner - A. Schloder (C), E. Kühnhackl, R. Philipp - E. Köpf, L. Funk, M. Hinterstocker - Köberle, F. Vozar, Stadler - Wünsch, Auhuber, W. Boos
T: 1:1 (4.) A. Schloder (---) / 2:5 (?) A. Schloder (---) - 3:6 (?) R. Philipp (G. Kink) - 4:6 (?) R. Philipp (A. Schloder)
S: G. Kink 4, Thanner 2, E. Kühnhackl 2, Stadler 2, Berndaner 2
R. Philipp absolvierte als dreizehnter Spieler sein 100. Länderspiel.

Das Spiel 449 wurde anfangs (versehentlich?) nicht in die offizielle Länderspiel-Statistik des DEB aufgenommen. Nachdem dies erfolgte, wurden die persönlichen Statistiken der Spieler allerdings nicht korrigiert.

449. - 08.03.1975 FRG - URS 2:10 (0:2, 1:6, 1:2)
Landshut, Städtische Eissporthalle; Z: 5.000; Z: Heguduš (YUG), Krisch (YUG)
Weishaupt (ab 40:01 F.-X. Funk) - Schneitberger, Berndaner - Kießling, Auhuber - G. Kink, Langner - A. Schloder (C), E. Kühnhackl, R. Philipp - E. Köpf, L. Funk, A. Hofherr - Wünsch, F. Vozar, M. Hinterstocker - Köberle, W. Boos, Stadler
T: 1:2 (26.) A. Hofherr (E. Köpf) / 2:9 (52.) R. Philipp (Langner)
S: 4 x 2 Minuten

B-Weltmeisterschaft 1975

Die DEB-Auswahl belegte Platz 2 und stieg auf Grund der Aufstockung der A-WM auf.

450'. - 14.03.1975 FRG - NED 9:2 (3:1, 2:0, 4:1)
Sapporo, Makomanai Indoor Skating Rink; Z: 500; SR: Heguduš (YUG), Gerber (SUI)
Weishaupt (F.-X. Funk n.e.) - Kießling, Völk - Schneitberger, Berndaner - Auhuber, Langner - G. Kink - A. Schloder (C), E. Kühnhackl, R. Philipp - E. Köpf, L. Funk, A. Hofherr - Köberle, W. Boos, Stadler - M. Hinterstocker
T: 1:1 (06:54) R. Philipp (E. Kühnhackl) - 2:1 (11:37) A. Schloder (---) - 3:1 (16:49) A. Schloder (---) / 4:1 (21:40) L. Funk (A. Hofherr) - 5:1 (36:18) E. Kühnhackl (A. Schloder) / 6:1 (41:55) E. Köpf (L. Funk) - 7:1 (52:44) E. Köpf (Schneitberger) - 8:1 (56:20) Kießling (E. Kühnhackl) - 9:2 (59:39) R. Philipp (A. Schloder)
S: Schneitberger 2, Stadler 2, Köberle 2, R. Philipp 2

451'. - 15.03.1975 JPN - FRG 3:6 (0:2, 2:1, 1:3)
Sapporo, Makomanai Indoor Skating Rink; Z: 8.500; SR: Heguduš (YUG), Valentin (AUT)
Weishaupt (F.-X. Funk n.e.) - Kießling, Völk - Schneitberger, Berndaner - Auhuber, Langner - G. Kink - A. Schloder (C), E. Kühnhackl, R. Philipp - E. Köpf, L. Funk, F. Vozar - Köberle, W. Boos, Stadler - M. Hinterstocker
T: 0:1 (04:37) R. Philipp (Kießling) - 0:2 (17:59) E. Kühnhackl (A. Schloder) / 1:3 (34:57) R. Philipp (E. Kühnhackl) / 2:4 (47:49) E. Kühnhackl (A. Schloder) - 2:5 (50:40) Berndaner (Weitschuss) - 2:6 (55:13) W. Boos (Berndaner)
S: A. Schloder 4, Stadler 2, M. Hinterstocker 2

452'. - 17.03.1975 GDR - FRG 5:0 (3:0, 1:0, 1:0)
Sapporo, Makomanai Indoor Skating Rink; Z: 3.000; SR: Takagi (JPN), Nakano (JPN)
Weishaupt (F.-X. Funk n.e.) - Kießling, Völk - Schneitberger, Berndaner - Auhuber, Langner - G. Kink - A. Schloder (C), E. Kühnhackl, R. Philipp - E. Köpf, L. Funk, M. Hinterstocker - Köberle, W. Boos, A. Hofherr - Stadler n.e.*
* *auf dem offiz. Spielbericht, jedoch lt. DEB kein Einsatz*
S: E. Kühnhackl 2+5, Langner 2, Köberle 2, Auhuber 2, R. Philipp 2

453'. - 18.03.1975 FRG - YUG 2:1 (1:0, 1:1, 0:0)
Sapporo, Makomanai Indoor Skating Rink; Z: 6.500; SR: Valentin (AUT), Berloffa (ITA)
Weishaupt (F.-X. Funk n.e.) - Kießling, Völk - Schneitberger, Berndaner - Auhuber, Langner - G. Kink - A. Schloder (C), E. Kühnhackl, R. Philipp - E. Köpf, L. Funk, F. Vozar - Köberle, W. Boos, A. Hofherr - M. Hinterstocker
T: 1:0 (00:46) E. Köpf (A. Hofherr) / 2:1 (32:30) E. Kühnhackl (---)
S: R. Philipp 2, E. Kühnhackl 2

454'. - 20.03.1975 FRG - ITA 5:2 (2:0, 1:1, 2:1)
Sapporo, Makomanai Indoor Skating Rink; Z: 2.000; SR: Schweiger (GDR), Toemen (NED)
Weishaupt (F.-X. Funk n.e.) - Kießling, Völk - Schneitberger, Berndaner - Langner, G. Kink - A. Schloder (C), E. Kühnhackl, R. Philipp - E. Köpf, L. Funk, F. Vozar - Köberle, W. Boos, Stadler - A. Hofherr, M. Hinterstocker
T: 1:0 (00:49) R. Philipp (E. Kühnhackl) - 2:0 (04:05) A. Schloder (---) / 3:1 (39:28) A. Hofherr (---) / 4:2 (48:39) A. Hofherr (L. Funk, Völk) - 5:2 (55:40) E. Kühnhackl (A. Schloder)
S: Völk 2, A. Schloder 2, F. Vozar 2

455'. - 21.03.1975 FRG - ROU 4:1 (1:1, 2:0, 1:0)
Sapporo, Makomanai Indoor Skating Rink; Z: 8.000; SR: Hegeduš (YUG), Nakano (JPN)
Weishaupt (F.-X. Funk n.e.) - Kießling, Völk - Schneitberger, Berndaner - Auhuber, Langner - G. Kink - A. Schloder (C), E. Kühnhackl, R. Philipp - E. Köpf, L. Funk, F. Vozar - Köberle, W. Boos, A. Hofherr - M. Hinterstocker
T: 1:1 (04:08) W. Boos (Köberle) / 2:1 (24:36) Köberle (---) - 3:1 (39:13) E. Kühnhackl (A. Schloder, R. Philipp) / 4:1 (53:38) Völk (Weitschuss)
S: A. Schloder 2

456'. - 23.03.1975 FRG - SUI 8:3 (2:0, 3:2, 3:1)
Sapporo, Makomanai Indoor Skating Rink; Z: 2.500; SR: Hegeduš (YUG), Toemen (NED)
Weishaupt (F.-X. Funk n.e.) - Kießling, Völk - Schneitberger, Berndaner - Auhuber, Langner - G. Kink - A. Schloder (C), E. Kühnhackl, R. Philipp - E. Köpf, L. Funk, A. Hofherr - Köberle, W. Boos, M. Hinterstocker - F. Vozar
T: 1:0 (05:53) L. Funk (A. Hofherr) - 2:0 (10:48) F. Vozar (---) / 3:0 (20:27) R. Philipp (A. Schloder) - 4:0 (24:36) E. Köpf (A. Hofherr) - 5:1 (33:36) L. Funk (Völk) / 6:2 (50:42) R. Philipp (A. Schloder) - 7:3 (54:23) L. Funk (E. Köpf) - 8:3 (58:01) E. Köpf (A. Hofherr)
S: Kießling 5, E. Kühnhackl 2

25.03.1975 FRG - ROU 9:4 (2:3, 5:0, 2:1)*
* inoffizielles Länderspiel
Tokyo, Kokuritsu Yoyogi Kyogijo; Z: 2.000; SR: ?
F.-X. Funk (Weishaupt n.e.) - Kießling, Völk - Schneitberger, Berndaner - Auhuber, Langner - G. Kink - A. Schloder (C), E. Kühnhackl, R. Philipp - E. Köpf, L. Funk, A. Hofherr - Köberle, W. Boos, M. Hinterstocker - F. Vozar
T: E. Köpf 2, A. Hofherr 2, L. Funk 2, W. Boos 1, R. Philipp 1, A. Schloder 1
S: keine Angaben

1975/76

457. - 24.01.1976 FRG - ROU 5:4 (2:1, 2:2, 1:1)
Rosenheim, Frucade-Stadion; Z: 3.000; SR: Berloffa (ITA), Gaspari (ITA)
Weishaupt (Berliner SSC; A. Kehle (EV Füssen) n.e.) - Kießling (EV Rosenheim), Berndaner (SC Riessersee) - Thanner (EV Füssen), Kretschmer (Düsseldorfer EG) - **Stefan Metz** (Berliner SSC), Auhuber (EV Landshut) - A. Schloder (C - EV Landshut), L. Funk (Berliner SSC), E. Köpf (Berliner SSC) - M. Hinterstocker (Berliner SSC), E. Kühnhackl (EV Landshut), R. Philipp (VfL Bad Nauheim) - Köberle (Düsseldorfer EG), W. Boos (Düsseldorfer EG), F. Vozar (Berliner SSC) - Mangold (Berliner SSC), H. Zach (Berliner SSC), **Werner Klatt** (EV Landshut)
T: 1:0 (00:47) E. Köpf (A. Schloder) - 2:1 (17.) E. Kühnhackl (R. Philipp) / 3:2 (22.) R. Philipp (E. Kühnhackl) - 4:2 (37.) A. Schloder (E. Köpf) / 5:3 (46.) L. Funk (E. Köpf)
S: Berndaner 2
Thanner absolvierte als vierzehnter Spieler sein 100. Länderspiel.

458. - 25.01.1976 FRG - ROU 4:7 (2:1, 1:3, 1:3)
Augsburg, Curt-Frenzel-Stadion; Z: 4.500; SR: Berloffa (ITA), Gaspari (ITA)
A. Kehle (K. Huber (EV Landshut) n.e.) - Kießling, Berndaner - Thanner, Kretschmer - Metz, Auhuber - A. Schloder (C), L. Funk, E. Köpf - M. Hinterstocker, E. Kühnhackl, R. Philipp - Reindl (SC Riessersee), H. Zach, Mangold (ab 20:01 **Ernst Höfner** (Augsburger EV)) - Köberle, **Ulrich Egen*** (EV Füssen)
* nicht bestätigt, ob in Spiel 458 oder 457 dem offiz. Spielbericht aufgeführt
T: 1:0 (2.) E. Köpf (---) - 2:0 (10.) E. Köpf (---) / 3:1 (22.) R. Philipp (Kretschmer) / 4:6 (57.) Kretschmer (---)
S: 1 x 2 Minuten

459. - 28.01.1976 FRG - POL 1:4 (0:1, 1:2, 0:1)
Garmisch-Partenkirchen, Olympia-Eisstadion; Z: 4.500; SR: Berschten (SUI), Weidmann (SUI)
Weishaupt (A. Kehle n.e.) - Thanner, Völk (EV Füssen) - Metz, Auhuber - Kießling, Berndaner - A. Schloder (C),
E. Kühnhackl, R. Philipp - M. Hinterstocker, L. Funk, E. Köpf - Köberle, W. Boos, F. Vozar (ab 20:01 Reindl) -
Kretschmer, H. Zach
T: 1:2 (35.) E. Kühnhackl (A. Schloder)
S: 7 x 2 Minuten

12. Olympische Winterspiele 1976 - Eishockeyturnier

Die deutsche Mannschaft gewann das Qualifikationsspiel zur A-Gruppe. In der Abschlusstabelle waren die
Mannschaften auf den Plätzen 3-5 alle punktgleich. In diesem Fall wurden nun die Spiele gegeneinander zur
Bestimmung der weiteren Reihenfolge herangezogen: Wieder waren alle drei Teams punktgleich, die
Tordifferenz betrug für FIN und FRG jeweils +1, für die USA allerdings -2 (damit Platz 5).
Da die deutsche Mannschaft gegenüber Finnland den besseren Torquotienten (1,125 zu 1,167) hatte, gewann
so schlussendlich die Bronzemedaille.

QUALIFIKATIONSSPIEL ZUR A-GRUPPE

460'. - 02.02.1976 FRG - SUI 5:1 (1:0, 2:0, 2:1)
Innsbruck, Olympia-Eisstadion; Z: 7.500; SR: Kerr (USA), Hanqvist (SWE)
Weishaupt (A. Kehle n.e.) - Kießling, Völk - Thanner, Berndaner - Metz, Auhuber - A. Schloder (C), E. Kühnhackl,
R. Philipp - M. Hinterstocker, L. Funk, E. Köpf - Köberle, W. Boos, F. Vozar - Reindl
T: 1:0 (11:27) L. Funk (M. Hinterstocker) / 2:0 (21:53) E. Köpf (M. Hinterstocker) - 3:0 (22:17) L. Funk (---) / 4:0
(44:04) E. Kühnhackl (R. Philipp) - 5:1 (56:35) W. Boos (---)
S: A. Schloder 4, Köberle 4, Auhuber 4, Kießling 2

A-GRUPPE

461'. - 06.02.1976 POL - FRG 4:7 (2:5, 0:0, 2:2)
Innsbruck, Olympia-Eisstadion; Z: 4.000; SR: Ehrensperger (SUI), Hanqvist (SWE)
Weishaupt (A. Kehle n.e.) - Kießling, Völk - Thanner, Berndaner - Metz, Auhuber - A. Schloder (C), E. Kühnhackl,
R. Philipp - M. Hinterstocker, L. Funk, E. Köpf - Köberle, W. Boos, Reindl - F. Vozar
T: 1:1 (01:00) E. Kühnhackl (---) - 1:2 (01:45) M. Hinterstocker (E. Köpf) - 1:3 (02:43) Köberle (---) - 1:4 (07:16)
E. Kühnhackl (---) - 2:5 (19:38) Auhuber (A. Schloder) / 4:6 (45:06) L. Funk (Thanner, E. Köpf) - 4:7 (56:54) E.
Köpf (L. Funk)
S: Kießling 4, Auhuber 4, E. Kühnhackl 4, M. Hinterstocker 2, Köberle 2

462'. - 08.02.1976 FRG - FIN 3:5 (1:2, 1:1, 1:2)
Innsbruck, Olympia-Eisstadion; Z: 5.500; SR: Dombrovskiy (URS), Bat'a (TCH)
Weishaupt (A. Kehle n.e.) - Kießling, Völk - Thanner, Berndaner - Metz, Auhuber - A. Schloder (C), E. Kühnhackl,
R. Philipp - M. Hinterstocker, L. Funk, E. Köpf - Köberle, W. Boos, Reindl - F. Vozar
T: 1:1 (07:54) E. Kühnhackl (Kießling) / 2:3 (36:15) M. Hinterstocker (L. Funk, E. Köpf) / 3:5 (55:14) Berndaner
(E. Köpf, L. Funk)
S: Köberle 4, A. Schloder 2, R. Philipp 2

463'. - 10.02.1976 URS - FRG 7:3 (5:2, 1:0, 1:1)
Innsbruck, Olympia-Eisstadion; Z: 6.500; SR: Lee (USA), Kerr (CAN)
A. Kehle (Weishaupt n.e.) - Kießling, Völk - Thanner, Berndaner - Metz, Auhuber - A. Schloder (C), E. Kühnhackl,
R. Philipp - M. Hinterstocker, L. Funk, E. Köpf - Köberle, W. Boos, Reindl - F. Vozar
T: 3:1 (11:08) R. Philipp (E. Kühnhackl) - 4:2 (15:14) A. Schloder (E. Kühnhackl) / 6:3 (50:19) E. Köpf (M.
Hinterstocker, Berndaner)
S: A. Schloder 6, E. Kühnhackl 4

464'. - 12.02.1976 TCH - FRG 7:4 (4:0, 3:2, 0:2)
Innsbruck, Olympia-Eisstadion; Z: 6.500; SR: Lee (USA), Sepponen (FIN)
Weishaupt (A. Kehle n.e.) - Kießling, Völk - Thanner, Berndaner - Metz, Auhuber - A. Schloder (C), E. Kühnhackl,
R. Philipp - M. Hinterstocker, L. Funk, E. Köpf - Köberle, W. Boos, Reindl - F. Vozar
T: 5:1 (22:32) E. Kühnhackl (R. Philipp) - 5:2 (27:59) L. Funk (Berndaner) / 7:3 (41:20) M. Hinterstocker (E. Köpf,
L. Funk) - 7:4 (53:23) M. Hinterstocker (L. Funk)
S: Auhuber 2+5+2, E. Kühnhackl 2, Kießling 2, R. Philipp 2, L. Funk 2

465'. - 14.02.1976 FRG - USA 4:1 (0:0, 1:0, 3:1)
Innsbruck, Olympia-Eisstadion; Z: 7.500; SR: Ehrensperger (SUI), Dombrovskiy (URS)
A. Kehle (Weishaupt n.e.) - Kießling, Völk - Thanner, Berndaner - Metz, Auhuber - A. Schloder (C), E. Kühnhackl,
R. Philipp - M. Hinterstocker, L. Funk, E. Köpf - Köberle, W. Boos, F. Vozar - Reindl
T: 1:0 (30:30) E. Kühnhackl (---) / 2:0 (42:51) R. Philipp (A. Schloder, E. Kühnhackl) - 3:1 (47:59) A. Schloder
(E. Kühnhackl, R. Philipp) - 4:1 (54:49) E. Köpf (E. Kühnhackl, M. Hinterstocker)
S: Völk 2, Auhuber 2, L. Funk 2, F. Vozar 2, E. Köpf 2, M. Hinterstocker 2

43. A-Welt- und 53. Europameisterschaft 1976

Die deutsche Mannschaft belegte den 6. Platz in der Vorrunde. In der Abstiegsrunde bestätigte die Mannschaft
diesen WM-Platz 6. In der EM-Wertung war es Platz 4.

VORRUNDE

466'. - 08.04.1976 FRG - SWE 1:4 (0:1, 0:1, 1:2)
Katowice, Mała hala "Rondo"; Z: 2.000; SR: Weidmann (SUI), Szczepek (POL)
Weishaupt (A. Kehle n.e.) - Kießling, Völk - Berndaner, Thanner - Kretschmer, Klatt - A. Schloder (C), E.
Kühnhackl, R. Philipp - E. Köpf, L. Funk, Reindl - Köberle, W. Boos, **Vladimir Vacatko** (Düsseldorfer EG) -
Hermann Hinterstocker (EV Rosenheim), H. Zach, Mangold
T: 1:2 (40:39) E. Kühnhackl (Völk, A. Schloder)
S: A. Schloder 2, E. Kühnhackl 2, L. Funk 2

467'. - 10.04.1976 FIN - FRG 5:2 (0:1, 3:1, 2:0)
Katowice, Hala główna "Rondo"; Z: 5.000; SR: Weidmann (SUI), Szczepek (POL)
Weishaupt (A. Kehle n.e.) - Kießling, Völk - Berndaner, Thanner - Kretschmer, Klatt - A. Schloder (C), E.
Kühnhackl, R. Philipp - E. Köpf, L. Funk, Reindl - Köberle, W. Boos, Vacatko - H. Hinterstocker, H. Zach, Mangold
T: 0:1 (11:26) E. Kühnhackl (A. Schloder) / 0:2 (25:42) E. Kühnhackl (A. Schloder, R. Philipp)
S: A. Schloder 4, E. Kühnhackl 2, Kretschmer 2, Kießling 2

468'. - 12.04.1976 POL - FRG 3:5 (1:2, 1:1, 1:2)
Katowice, Hala główna "Rondo"; Z: 10.000; SR: Dombrovskiy (URS), Järvi (FIN)
Weishaupt (A. Kehle n.e.) - Kießling, Völk - Berndaner, Thanner - Kretschmer, Klatt - A. Schloder (C), E.
Kühnhackl, R. Philipp - E. Köpf, L. Funk, Reindl - Köberle, W. Boos, Vacatko - H. Hinterstocker, H. Zach, Mangold
T: 1:1 (08:49) Köberle (E. Köpf) - 1:2 (14:23) E. Kühnhackl (Reindl) / 2:3 (35:55) R. Philipp (A. Schloder) / 2:4
(42:50) Kretschmer (---) - 2:5 (53:29) Köberle (Klatt)
S: A. Schloder 2, E. Köpf 2, E. Kühnhackl 2

469'. - 14.04.1976 GDR - FRG 1:7 (0:3, 0:4, 1:0)
Katowice, Hala główna "Rondo"; Z: 2.000; SR: Dombrovskiy (URS), Järvi (FIN)
Weishaupt (A. Kehle n.e.) - Kießling, Berndaner - Thanner, Völk - Kretschmer, Klatt - A. Schloder (C), E.
Kühnhackl, R. Philipp - Reindl, H. Zach, L. Funk - Köberle, W. Boos, E. Köpf - H. Hinterstocker, Vacatko, Mangold
T: 0:1 (13:26) A. Schloder (---) - 0:2 (16:16) E. Kühnhackl (---) - 0:3 (19:40) E. Kühnhackl (R. Philipp) / 0:4 (33:25)
E. Kühnhackl (Berndaner, A. Schloder) - 0:5 (34:05) Köberle (E. Köpf) - 0:6 (34:37) R. Philipp (E. Kühnhackl,
Völk) - 0:7 (35:46) Berndaner (R. Philipp)
S: W. Boos 2, Kretschmer 2, Berndaner 2, E. Kühnhackl 2

470'. - 15.04.1976 URS - FRG 8:2 (3:1, 3:1, 2:0)
Katowice, Hala główna "Rondo"; Z: 3.500; SR: Zagórski (POL), Karlsson (SWE)
A. Kehle (Weishaupt n.e.) - Kießling, Berndaner - Thanner, Völk - Kretschmer, Klatt - A. Schloder (C), E.
Kühnhackl, R. Philipp - H. Hinterstocker, Vacatko, L. Funk - Mangold, W. Boos, E. Köpf - Reindl, H. Zach,
Köberle
T: 2:1 (15:29) R. Philipp (Berndaner) / 4:2 (28:39) H. Hinterstocker (E. Köpf)
S: A. Schloder 2, Kretschmer 2, Berndaner 2

471'. - 18.04.1976 USA - FRG 5:1 (1:0, 2:0, 2:1)
Katowice, Hala główna "Rondo"; Z: 4.000; SR: Dombrovskiy (URS), Filip (TCH)
Weishaupt (A. Kehle n.e.) - Kießling, Berndaner - Thanner, Völk - Kretschmer, Klatt - A. Schloder (C), E.
Kühnhackl, R. Philipp - L. Funk, Vacatko, H. Hinterstocker - Köberle, W. Boos, E. Köpf - Reindl, H. Zach, Mangold
T: 3:1 (42:10) L. Funk (Köberle)
S: E. Kühnhackl 4, R. Philipp 2, Köberle 2, Kretschmer 2, Weishaupt 2

472'. - 19.04.1976 TCH - FRG 9:1 (5:0, 3:0, 1:1)
Katowice, Mała hala "Rondo"; Z: 2.000; SR: Schweiger (GDR), Guynn (USA)
A. Kehle (Weishaupt n.e.) - Kießling, Berndaner - Thanner, Mangold - Kretschmer, Klatt - A. Schloder (C), E. Kühnhackl, R. Philipp - L. Funk, Vacatko, H. Hinterstocker - Köberle, W. Boos, E. Köpf - Reindl, H. Zach
T: 8:1 (45:30) H. Zach (H. Hinterstocker)
S: H. Hinterstocker 2, Reindl 2

ABSTIEGSRUNDE

473'. - 20.04.1976 FIN - FRG 4:4 (2:1, 1:1, 1:2)
Katowice, Hala główna "Rondo"; Z: 4.000; SR: Karlsson (SWE), Guynn (USA)
Weishaupt (A. Kehle n.e.) - Kießling, Berndaner - Thanner, Völk - Kretschmer, Klatt - A. Schloder (C), E. Kühnhackl, R. Philipp - E. Köpf, L. Funk, Reindl - Köberle, W. Boos, Vacatko - H. Hinterstocker, H. Zach, Mangold
T: 0:1 (01:24) Vacatko (---) / 3:2 (23:04) R. Philipp (A. Schloder) / 4:3 (51:12) L. Funk (Berndaner) - 4:4 (59:32) R. Philipp (Kießling, A. Schloder)
S: E. Kühnhackl 4, Köberle 4, Kretschmer 2, Kießling 2, Vacatko 2

474'. - 22.04.1976 GDR - FRG 1:1 (1:0, 0:1, 0:0)
Katowice, Hala główna "Rondo"; Z: 10.000; SR: Dombrovskiy (URS), Weidmann (SUI)
Weishaupt (A. Kehle n.e.) - Kießling, Berndaner - Thanner, Mangold - Kretschmer, Klatt - A. Schloder (C), E. Kühnhackl, R. Philipp - E. Köpf, L. Funk, Köberle - H. Zach, W. Boos, Reindl - Vacatko, H. Hinterstocker
T: 1:1 (25:12) L. Funk (Köberle, Vacatko)
S: E. Kühnhackl 2, L. Funk 2, Köberle 2

475'. - 24.04.1976 POL - FRG 1:2 (0:1, 1:0, 0:1)
Katowice, Hala główna "Rondo"; Z: 11.000; SR: Dombrovskiy (URS), Weidmann (SUI)
Weishaupt (A. Kehle n.e.) - Kießling, Berndaner - Thanner, Völk - Kretschmer, Klatt - A. Schloder (C), E. Kühnhackl, R. Philipp - E. Köpf, L. Funk, Reindl - Köberle, W. Boos, Vacatko - H. Hinterstocker, H. Zach, Mangold
n.e. - nicht auf dem offiz. Spielbericht, jedoch lt. DEB mit Einsatz
T: 0:1 (15:45) Köberle (L. Funk) / 1:2 (59:39) R. Philipp (A. Schloder)
S: Kießling 4, A. Schloder 2, Kretschmer 2, Thanner 2
A. Kehle absolvierte als fünfzehnter Spieler sein 100. Länderspiel.

1976/77

476. - 21.12.1976 FRG - SUI 9:2 (2:0, 2:1, 5:1)
Freiburg, Eissporthalle an der Ensisheimer Straße; Z: 4.000; SR: Filip (TCH); LR: Barnet (TCH), Kořínek (TCH)
A. Kehle (EV Füssen; **Jan Marek** (Krefelder EV) n.e.) - Kießling (Kölner EC), Berndaner (SC Riessersee) - Völk (VfL Bad Nauheim), Klatt (EV Landshut) - Metz (Berliner SSC), Auhuber (EV Landshut) - R. Philipp (VfL Bad Nauheim), E. Kühnhackl (Kölner EC), **Marcus Kuhl** (Kölner EC) - Vacatko (Düsseldorfer EG), L. Funk (C - Berliner SSC), Köberle (Düsseldorfer EG; ab 40:01 Wünsch (EV Landshut)) - H. Hinterstocker (EV Rosenheim), H. Zach (Berliner SSC), Reindl (SC Riessersee)
T: 1:0 (17.) R. Philipp (Kuhl, E. Kühnhackl) - 2:0 (19.) H. Hinterstocker (H. Zach) / 3:0 (29.) E. Kühnhackl (Kuhl) - 4:1 (39:15) Kuhl (Weitschuss) / 5:1 (40:46) Kießling (Weitschuss) - 6:1 (42.) Vacatko (L. Funk) - 7:1 (45.) E. Kühnhackl (R. Philipp) - 8:1 (52.) E. Kühnhackl (Kießling) - 9:2 (57.) L. Funk (Wünsch, Vacatko)
S: 6 x 2 Minuten davon E. Kühnhackl 2

477. - 22.12.1976 SUI - FRG 4:3 (3:0, 1:2, 0:1)
Zug, Hertistadion (1976 überdacht); Z: 4.200; SR: Filip (TCH); LR: Barnet (TCH), Kořínek (TCH)
Marek (A. Kehle n.e.) - Kießling, Berndaner - Klatt, Völk - Metz, Auhuber - Wünsch, E. Kühnhackl, R. Philipp - Köberle (Kuhl*), L. Funk (C), Vacatko - H. Hinterstocker, H. Zach, Reindl
* Kuhl im 2. Drittel kurze Zeit für Köberle eingesetzt
T: 3:1 (24.) Wünsch (---) - 4:2 (36.) Klatt (Weitschuss) / 4:3 (49.) Klatt (Weitschuss)
S: 10 x 2 Minuten davon Völk 6, E. Kühnhackl 4, Vacatko 2, Köberle 2

478. - 04.01.1977 TCH - FRG 11:2 (4:1, 3:0, 4:1)
Teplice, Zimní stadion (Halle); Z: 6.500; SR: Zagórski (POL); LR: Koval (TCH), Němec (TCH)
A. Kehle (Weishaupt (Berliner SSC) n.e.) - Völk, Berndaner - Klatt, Auhuber - M. Hinterstocker (EV Rosenheim), L. Funk (C), R. Philipp - Reindl, Vacatko, H. Hinterstocker - **Ernst Adlmaier** (Berliner SSC), H. Zach, **Kaj Nilsson** (Berliner SSC) - Wünsch, Kuhl
T: 3:1 (10.) Klatt (?) / 10:2 (59.) Reindl (?)
S: 1 x 2 Minuten

479. - 05.01.1977 TCH - FRG 3:1 (1:1, 2:0, 0:0)
Ústí nad Labem, Zimní stadion; Z: 7.000; SR: Zagórski (POL); LR: Koval (TCH), Němec (TCH)
Weishaupt (A. Kehle n.e.) - **Peter Scharf** (Berliner SSC), Berndaner - Klatt, Auhuber - M. Hinterstocker, L. Funk (C), R. Philipp - Wünsch, Reindl, H. Hinterstocker - Kuhl, H. Zach, Nilsson - E. Adlmaier
T: 0:1 (16.) Reindl (Wünsch)
S: 7 x 2 Minuten

neuer Bundestrainer Hans Rampf

Turnier "Cupa Federaţiei"

Spiele gegen weitere Teilnehmer: 31.03.1977 FRG - SK Uritskogo Kazan (URS) 4:4 (1:1, 3:2, 0:1)
01.04.1977 FRG - TJ Ingstav Brno (TCH) 3:7 (2:1, 1:4, 0:2)
Die deutsche Auswahl belegte Platz 3.

480'. - 03.04.1977 ROU - FRG 2:3 (0:0, 0:1, 2:2)*
Bucureşti, Patinoarul „23. August"; Z: 4.000; SR: Osipchuk (URS); LR: Kuznetsov (URS), Jursa (TCH)
Sigmund Suttner (EV Landshut; ab 31.* **Bernhard Englbrecht** (EV Landshut)) - Kießling, Völk - Auhuber, Klatt - Kretschmer (Düsseldorfer EG), **Joachim Reil** (SC Riessersee) - Scharf, **Dieter Medicus** (ESV Kaufbeuren) - **Gerd Truntschka** (EV Landshut), Vacatko, A. Schloder (C - EV Landshut) - **Günther Kaczmarek** (Krefelder EV), E. Kühnhackl, R. Philipp - Stadler (Düsseldorfer EG), L. Funk, H. Zach - Köberle, Reindl, **Hubert Müller** (SC Riessersee)
* Zeitpunkt des Torwartwechsels nicht bestätigt
T: 0:1 (20:14) Kießling (A. Schloder) / 2:2 (54:51) Kießling (Weitschuss) - 2:3 (56:21) Köberle (---)
S: A. Schloder 4, Auhuber 5, Köberle 4, Stadler 5, Klatt 2, Völk 2, Medicus 2

481'. - 13.04.1977 FRG - CAN 1:8 (0:5, 0:2, 1:1)
Düsseldorf, Eisstadion an der Brehmstraße; Z: 8.300; SR: Ehrensperger (SUI); LR: Arcon (SUI), Frei (SUI)
A. Kehle (ab 16. Marek) - Kießling, Berndaner - Völk, Klatt - Kretschmer, Auhuber - A. Schloder (C), E. Kühnhackl, R. Philipp - Stadler, H. Zach, Reindl - H. Hinterstocker, Vacatko, L. Funk - **Miroslav Slezak** (Krefelder EV), Kaczmarek, Scharf
T: 1:8 (55.) Kaczmarek (Slezak)
S: Kretschmer 2, Kaczmarek 2

482. - 14.04.1977 FRG - CAN 2:3 (0:1, 1:1, 1:1)
Garmisch-Partenkirchen, Olympia-Eisstadion; Z: 5.500; SR: Ehrensperger (SUI); LR: Arcon (SUI), Frei (SUI)
Marek (Suttner n.e.) - Kießling, Berndaner - Völk, Klatt - Kretschmer, Auhuber - Scharf, Reil - A. Schloder (C), E. Kühnhackl, R. Philipp - Stadler, H. Zach, Reindl - H. Hinterstocker, Vacatko, L. Funk - G. Truntschka, Slezak, Kaczmarek
T: 1:2 (36.) Vacatko (---) / 2:3 (57.) H. Hinterstocker (Kretschmer)
S: 6 x 2 Minuten
E. Kühnhackl absolvierte als sechzehnter Spieler sein 100. Länderspiel.

483. - 17.04.1977 FRG - USA 7:4 (2:2, 0:1, 5:1)
München, Eishalle im Olympiapark; Z: 5.000; SR: Bat'a (TCH); LR: ?, ?
Suttner (ab 30. A. Kehle) - Kießling, Berndaner - Völk, Klatt - Auhuber, Kretschmer - Scharf, Reil - A. Schloder (C), E. Kühnhackl, R. Philipp - Stadler, H. Zach, Reindl - Köberle, Vacatko, L. Funk - H. Hinterstocker, Slezak, Kaczmarek - G. Truntschka
T: 1:0 (06:05) H. Hinterstocker (?) - 2:2 (18:48) A. Schloder (Weitschuss) / 3:4 (44:07) Berndaner (?) - 4:4 (47:05) H. Zach* (?) - 5:4 (49:10) H. Zach (?) - 6:4 (50:55) A. Schloder (?) - 7:4 (58:08) E. Kühnhackl (?)
* lt. einigen Quellen Eigentor von Bob Paradise
S: 3 x 2 Minuten

44. A-Welt- und 54. Europameisterschaft 1977

Die deutsche Mannschaft belegte den 7. Platz in der Vorrunde. In der Abstiegsrunde bestätigte die Mannschaft diesen WM-Platz 7. In der EM-Wertung war es Platz 5.
Scharf lt. DEB-Statistik nur 8 Einsätze bei der WM, das lässt sich weder anhand der offiz. Spielberichte noch anderer Quellen bestätigen.

VORRUNDE

484'. - 21.04.1977 FRG - URS 0:10 (0:5, 0:3, 0:2)
Wien, Stadthalle; Z: 4.500; SR: Karlsson (SWE); LR: Presneanu (ROU), Kaisla (FIN)
A. Kehle (ab 29:08 Suttner) - Kießling, Berndaner - Kretschmer, Auhuber - Völk, Klatt - Scharf - A. Schloder (C), E. Kühnhackl, R. Philipp - Köberle, L. Funk, Vacatko - H. Hinterstocker, H. Zach, Reindl - Stadler, Slezak
S: E. Kühnhackl 4, Kretschmer 4, L. Funk 2, Auhuber 2

485'. - 22.04.1977 TCH - FRG 9:3 (4:2, 2:1, 3:0)
Wien, Stadthalle; Z: 1.000; SR: Sepponen (FIN); LR: Presneanu (ROU), Kaisla (FIN)
Suttner (A. Kehle n.e.) - Kießling, Berndaner - Kretschmer, Auhuber - Völk, Scharf - Klatt - A. Schloder (C), E. Kühnhackl, R. Philipp - Köberle, L. Funk, Vacatko - H. Hinterstocker, H. Zach, Reindl - Stadler, Slezak
T: 0:1 (00:24) E. Kühnhackl (A. Schloder) - 1:2 (07:46) Kießling (R. Philipp) / 5:3 (28:06) L. Funk (Köberle)
S: Reindl 4, E. Kühnhackl 4, L. Funk 2, A, Schloder 2, Kretschmer 2

486'. - 24.04.1977 FRG - USA 3:3 (1:2, 1:1, 1:0)
Wien, Stadthalle; Z: 6.000; SR: Dombrovskiy (URS); LR: Wieser (AUT), Kaisla (FIN)
A. Kehle (Suttner n.e.) - Kießling, Berndaner - Kretschmer, Auhuber - Völk, Scharf - Klatt - A. Schloder (C), E. Kühnhackl, R. Philipp - Köberle, L. Funk, Vacatko - H. Hinterstocker, H. Zach, Reindl - Stadler, Slezak
T: 1:1 (08:41) L. Funk (---) / 2:2 (24:42) R. Philipp (E. Kühnhackl) / 3:3 (48:40) E. Kühnhackl (---)
S: R. Philipp 2, Auhuber 2

487'. - 25.04.1977 SWE - FRG 7:1 (2:0, 3:0, 2:1)
Wien, Stadthalle; Z: 2.000; SR: Sepponen (FIN); LR: Westreicher (AUT), Kaisla (FIN)
Suttner (15:35-35:59 + 46:16-60:00 A. Kehle) - Kießling, Berndaner - Kretschmer, Auhuber - Völk, Scharf - Klatt - A. Schloder (C), E. Kühnhackl, R. Philipp - H. Hinterstocker, H. Zach, Reindl - Köberle, Vacatko, L. Funk - Stadler, Slezak
T: 5:1 (46:15) H. Zach (Reindl)
S: E. Kühnhackl 2+10 (Disziplinarstrafe), A. Schloder 6, H. Zach 2, Auhuber 2, Völk 2

488'. - 27.04.1977 ROU - FRG 3:6 (0:3, 2:1, 1:2)
Wien, Stadthalle; Z: 3.000; SR: Dombrovskiy (URS); LR: Kaisla (FIN); Wieser (AUT)
Suttner (A. Kehle n.e.) - Kießling, Klatt - Kretschmer, Auhuber - Berndaner, Scharf - Völk - A. Schloder (C), E. Kühnhackl, R. Philipp - Köberle, Vacatko, L. Funk - H. Hinterstocker, H. Zach, Reindl - Stadler, Slezak
T: 0:1 (01:18) Köberle (Vacatko) / 0:2 (09:25) H. Zach (H. Hinterstocker) - 0:3 (12:35) E. Kühnhackl (---) / 0:4 (27:46) A. Schloder (E. Kühnhackl) - 2:5 (47:22) H. Zach (Reindl) - 2:6 (49:56) R. Philipp (A. Schloder, Kießling)
S: Kretschmer 6, Auhuber 5, Reindl 2, E. Kühnhackl 2, Köberle 2

489'. - 29.04.1977 FRG - CAN 3:9 (1:2, 0:3, 2:4)
Wien, Stadthalle; Z: 3.500; SR: Neagles (USA); LR: Westreicher (AUT), Toemen (NED)
Suttner (ab 28:34 A. Kehle) - Kießling, Klatt - Kretschmer, Auhuber - Völk, Scharf - A. Schloder (C), E. Kühnhackl, R. Philipp - Köberle, Vacatko, L. Funk - H. Hinterstocker, H. Zach, Reindl - Stadler, Slezak
T: 1:1 (15:32) Reindl (H. Zach) / 2:8 (49:31) R. Philipp (E. Kühnhackl) - 3:9 (57:37) Völk (Weitschuss)
S: E. Kühnhackl 2, Auhuber 2, R. Philipp 2, L. Funk 2

490'. - 01.05.1977 FIN - FRG 4:1 (2:0, 1:0, 1:1)
Wien, Stadthalle; Z: 2.500; SR: Dombrovskiy (URS); LR: Wieser (AUT), Westreicher (AUT)
A. Kehle (Suttner n.e.) - Kießling, Berndaner - Kretschmer, Auhuber - Völk, Scharf - Klatt - A. Schloder (C), E. Kühnhackl, R. Philipp - Köberle, Vacatko, L. Funk - H. Hinterstocker, H. Zach, Reindl - Stadler, Slezak
T: 4:1 (59:50) Köberle (L. Funk)
S: Kretschmer 5, H. Hinterstocker 2, Reindl 2, L. Funk 2, Kießling 2, Auhuber 2
L. Funk absolvierte als erster Spieler sein 200. Länderspiel.

ABSTIEGSRUNDE

491'. - 03.05.1977 FRG - USA 1:4 (1:1, 0:3, 0:0)
Wien, Stadthalle; Z: 2.000; SR: Dombrovskiy (URS); LR: Kaisla (FIN), Toemen (NED)
A. Kehle (Suttner n.e.) - Kießling, Berndaner - Kretschmer, Auhuber - Völk, Scharf - Klatt - A. Schloder (C), E. Kühnhackl, R. Philipp - Köberle, Vacatko, L. Funk - H. Hinterstocker, H. Zach, Reindl - Stadler, Slezak
T: 1:1 (17:05) R. Philipp (E. Kühnhackl)
S: Kießling 2, L. Funk 2, A. Schloder 2, Berndaner 2, Reindl 2

492'. - 05.05.1977 FIN - FRG 7:2 (4:0, 0:2, 3:0)
Wien, Stadthalle; Z: 2.000; SR: Vaillancourt (CAN); LR: Presneanu (ROU), Schell (HUN)
Suttner (ab 46:30 A. Kehle) - Kießling, Klatt - Kretschmer, Völk - Auhuber, Scharf - A. Schloder (C), E. Kühnhackl, R. Philipp - Slezak, Vacatko, L. Funk - H. Hinterstocker, H. Zach, Reindl - Stadler
Berndaner und Köberle auf dem offiz. Spielbericht, lt. DEB kein Einsatz
T: 4:1 (22:31) E. Kühnhackl (Kießling) - 4:2 (39:53) E. Kühnhackl (A. Schloder, R. Philipp)
S: Reindl 4, Auhuber 2, Kießling 2, Scharf 2

493'. - 07.05.1977 ROU - FRG 2:3 (0:1, 2:1, 0:1)
Wien, Stadthalle; Z: 2.500; SR: Vaillancourt (CAN); LR: Kaisla (FIN), Toemen (NED)
A. Kehle (Suttner n.e.) - Kießling, Berndaner - Kretschmer, Völk - Auhuber, Scharf - Klatt - A. Schloder (C), E. Kühnhackl, R. Philipp - Slezak, Vacatko, L. Funk - H. Hinterstocker, H. Zach, Reindl
T: 0:1 (12:47) Reindl (H. Zach, H. Hinterstocker) / 2:2 (37:59) Berndaner (A. Schloder) / 2:3 (56:10) A. Schloder (E. Kühnhackl)
S: Vacatko 2, Reindl 2, Teamstrafe 2 (H. Hinterstocker dafür auf der Strafbank)

1977/78

494'. - 08.12.1977 NOR - FRG 4:6 (2:1, 2:3, 0:2)
Oslo, Jordal Amfi Ishall; Z: 1.437; SR: Karlsson (SWE); LR: Jensen (NOR), Martinsen (NOR)
Weishaupt (Berliner SSC; Suttner (EV Landshut) n.e.) - Kießling (Kölner EC), Berndaner (SC Riessersee) - Auhuber (EV Landshut), Scharf (Berliner SSC) - **Harald Krüll** (Kölner EC), Reil (SC Riessersee) - Sommer (EV Rosenheim) - A. Schloder (C - EV Landshut), Vacatko (Düsseldorfer EG), Egger (Düsseldorfer EG) - M. Hinterstocker (Berliner SSC), L. Funk (Berliner SSC), Kuhl (Kölner EC) - H. Hinterstocker (Düsseldorfer EG), H. Zach (EV Landshut), Reindl (SC Riessersee) - **Helmut Steiger** (EV Landshut), H. Müller (SC Riessersee), **Robert Heinrich** (SC Riessersee)
T: 0:1 (03:50) Sommer (M. Hinterstocker) / 2:2 (26:27) M. Hinterstocker (L. Funk) - 2:3 (29:45) R. Heinrich (H. Müller, Reindl) - 4:4 (37:25) Kuhl (L. Funk, M. Hinterstocker) / 4:5 (43:14) H. Hinterstocker (Egger) - 4:6 (50:39) Auhuber (Weitschuss)
S: Sommer 2, Reindl 2, L. Funk 2, Reil 2, H. Steiger 2

495'. - 09.12.1977 NOR - FRG 2:6 (1:0, 1:4, 0:2)
Oslo, Jordal Amfi Ishall; Z: 1.120; SR: Karlsson (SWE); LR: Jensen (NOR), Martinsen (NOR)
Suttner (Weishaupt n.e.) - Kießling, Berndaner - Auhuber, Scharf - Krüll, Reil - Sommer - A. Schloder (C), Vacatko, Egger - M. Hinterstocker, L. Funk, Kuhl - H. Hinterstocker, H. Zach, Reindl - H. Steiger, H. Müller, R. Heinrich
T: 1:1 (22:38) H. Hinterstocker (Vacatko) - 2:2 (30:29) H. Zach (---) - 2:3 (33:28) H. Steiger (Scharf) - 2:4 (39:02) H. Müller (Reindl) / 2:5 (41:33) Kuhl (Suttner, L. Funk) - 2:6 (50:34) A. Schloder (---)
S: Reil 2, Krüll 2, Sommer 2, H. Steiger 2, Kießling 2, Auhuber 2

496'. - 11.12.1977 FIN - FRG 8:2 (4:0, 1:2, 3:0)
Helsinki, Helsingin jäähalli; Z: 6.181; SR: Fransson (SWE); LR: Hoviseppä (FIN), Sinkkonen (FIN)
Weishaupt (Suttner n.e.) - Kießling, Berndaner - Auhuber, Scharf - Krüll, Reil - Sommer - A. Schloder (C), Vacatko, Egger - H. Hinterstocker, H. Zach, Reindl - H. Steiger, H. Müller, R. Heinrich - M. Hinterstocker, Kuhl, L. Funk
T: 5:1 (32:13) Vacatko (Egger) - 5:2 (39:55) Vacatko (---)
S: Scharf 4, Reindl 2, H. Zach 2, Kießling 2, A. Schloder 2, H. Hinterstocker 2

497'. - 12.12.1977 FIN - FRG 7:4 (3:1, 1:3, 3:0)
Lappeenranta, Jäähalli; Z: 5.130; SR: Fransson (SWE); LR: Vanhanen (FIN), Pomoell (FIN)
Suttner (Weishaupt n.e.) - Kießling, Berndaner - Auhuber, Sommer - Scharf, Krüll - Reil - H. Steiger, H. Zach, A. Schloder (C) - Vacatko, Egger, L. Funk - Kuhl, H. Hinterstocker, Reindl - H. Müller, R. Heinrich
T: 2:1 (13:28) H. Zach (---) / 3:2 (20:12) Reindl (Krüll) - 3:3 (35:07) Vacatko (Reil) - 3:4 (35:44) Krüll (Reindl)
S: Auhuber 5, Reil 4, A. Schloder 4, Sommer 2, L. Funk 2, Berndaner 2, Krüll 2, Reindl 2
Egger absolvierte als siebzehnter Spieler sein 100. Länderspiel.

498'. - 13.04.1978 FRG - TCH (B) 2:2 (0:1, 1:1, 1:0)
Kempten, Eishalle; Z: 4.000; SR: Fatton (SUI); LR: Ehle (FRG), Streif (FRG)
Suttner (Weishaupt n.e.) - Kießling, Krüll - Berndaner, **Robert Murray** (SC Riessersee) - Auhuber, Scharf - A. Schloder (C), E. Kühnhackl (Kölner EC), R. Philipp (VfL Bad Nauheim) - M. Hinterstocker, M. Wild (SC Riessersee), Reindl - Köberle (Düsseldorfer EG), L. Funk (ab 40:01 Höfner (Augsburger EV)), Vacatko - H. Zach, H. Hinterstocker
T: 1:2 (25:17) M. Hinterstocker (M. Wild) / 2:2 (58:07) R. Philipp (Krüll)
S: A. Schloder 2, Köberle 2

499'. - 14.04.1978 FRG - TCH (B) 0:1 (0:1, 0:0, 0:0)
Füssen, Eisstadion am Kobelhang; Z: 850; SR: Fatton (SUI); LR: Berkmiller (FRG), Würth (FRG)
Englbrecht (EV Landshut; Weishaupt n.e.) - Kießling, Scharf - Berndaner, Murray - Auhuber, Kretschmer (Düsseldorfer EG) - A. Schloder (C), E. Kühnhackl (Höfner), R. Philipp - M. Hinterstocker, M. Wild, Reindl - Kuhl, H. Zach, H. Hinterstocker - Krüll
S: E. Kühnhackl 2+2+2+10 (Disziplinarstrafe), M. Wild 4, Reindl 2, R. Philipp 2

500'. - 16.04.1978 FRG - TCH (B) 0:0 (0:0, 0:0, 0:0)
Selb, Hutschenreuther-Eissporthalle; Z: 4.200; SR: Fatton (SUI); LR: Frey (FRG), Radosai (FRG)
Weishaupt (Suttner n.e.; Englbrecht n.e.) - Kießling, Scharf - Berndaner, Murray - Auhuber, Kretschmer - A. Schloder (C), E. Kühnhackl, R. Philipp - M. Hinterstocker, M. Wild, Reindl (ab ? Höfner) - Köberle, L. Funk, Vacatko - H. Zach, H. Hinterstocker, Kuhl - Krüll
S: E. Kühnhackl 2+2+10 (Disziplinarstrafe), Kießling 2, Scharf 2, Berndaner 2, Auhuber 2

501'. - 21.04.1978 FRG - URS (B) 3:4 (0:1, 1:2, 2:1)
München, Eishalle im Olympiapark; Z: 2.400; SR: Hegeduš (YUG); LR: Hoppe (FRG), Ondertoller (FRG)
Weishaupt (Englbrecht n.e.) - Kießling, Berndaner - Auhuber, Scharf - Murray, Kretschmer - A. Schloder (C), E. Kühnhackl, R. Philipp - Reindl, M. Hinterstocker, M. Wild - L. Funk, Köberle, Vacatko - H. Zach, H. Hinterstocker, Kuhl
T: 1:2 (31:21) Köberle (---) / 2:4 (49:20) Kretschmer (---) - 3:4 (50:12) R. Philipp (Kießling)
S: E. Kühnhackl 2, R. Philipp 2, A. Schloder 2, Kießling 2, Scharf 2, Auhuber 2

502'. - 22.04.1978 FRG - URS (B) 2:4 (0:0, 1:2, 1:2)
Selb, Hutschenreuther-Eissporthalle; Z: 4.000; SR: Hegeduš (YUG); LR: Frey (FRG), Hanel (FRG)
Englbrecht (Weishaupt n.e.) - Kießling, Berndaner - Auhuber, Scharf - Murray, Kretschmer - A. Schloder (C), E. Kühnhackl, R. Philipp - L. Funk, Reindl, M. Hinterstocker - Köberle, H. Zach, H. Hinterstocker - Vacatko, M. Wild, Kuhl
T: 1:2 (35:45) M. Wild (---) / 2:4 (55:23) M. Wild (E. Kühnhackl)
S: Auhuber 2, Köberle 2, Reindl 2

45. A-Welt- und 55. Europameisterschaft 1978
Die deutsche Mannschaft belegte den 5. Platz in der Vorrunde. In der Abstiegsrunde bestätigte die Mannschaft diesen WM-Platz 5. In der EM-Wertung war es Platz 4.

VORRUNDE

503'. - 26.04.1978 SWE - FRG 6:2 (2:0, 3:1, 1:1)
Praha, Sportovní hala ČSTV; Z: 7.373; SR: Šubrt (TCH); LR: Exner (TCH), Sládeček (TCH)
Weishaupt (Englbrecht n.e.) - Kießling, Scharf - Murray, Berndaner - Kretschmer, Auhuber - A. Schloder (C), E. Kühnhackl, R. Philipp - Reindl, M. Wild, M. Hinterstocker - H. Hinterstocker, H. Zach, Kuhl - Vacatko
Köberle und L. Funk im offiz. Spielbericht aufgeführt, lt. DEB kein Einsatz
T: 2:1 (25:02) Murray (Reindl) / 6:2 (50:52) H. Zach (---)
S: Kretschmer 2+10 (Disziplinarstrafe), Berndaner 4, Auhuber 4, E. Kühnhackl 4, A. Schloder 2, Scharf 2, Kießling 2
A. Schloder absolvierte als zweiter Spieler sein 200. Länderspiel.

504'. - 27.04.1978 FRG - URS 4:7 (2:4, 0:0, 2:3)
Praha, Sportovní hala ČSTV; Z: 5.297; SR: Pierce (USA); LR: Vanhanen (FIN), Ferber (SWE)
Weishaupt (Englbrecht n.e.) - Kießling, Auhuber - Murray, Berndaner - Kretschmer, Scharf - A. Schloder (C), E. Kühnhackl, R. Philipp - Köberle, L. Funk, Vacatko - H. Hinterstocker, H. Zach, Kuhl - Reindl, M. Wild, M. Hinterstocker
T: 1:3 (10:39) M. Wild (Reindl) - 2:4 (17:29) Köberle (L. Funk) / 3:6 (51:36) R. Philipp (E. Kühnhackl) - 4:7 (58:24) A. Schloder (E. Kühnhackl)
S: Auhuber 4, Kießling 2, H. Hinterstocker 2

505'. - 29.04.1978 TCH - FRG 8:2 (2:1, 4:1, 2:0)
Praha, Sportovní hala ČSTV; Z: 12.154; SR: Dombrovskiy (URS); LR: Schell (HUN), Ferber (SWE)
Weishaupt (Englbrecht n.e.) - Murray, Berndaner - Kießling, Scharf - Kretschmer, Auhuber - A. Schloder (C), E. Kühnhackl, R. Philipp - Reindl, M. Wild, M. Hinterstocker - H. Hinterstocker, H. Zach, Kuhl - Köberle, L. Funk, Vacatko
T: 2:1 (10:27) A. Schloder (R. Philipp) / 5:2 (34:50) E. Kühnhackl (---)
S: Murray 2+10 (Disziplinarstrafe), Kretschmer 4, Auhuber 4, Kießling 2, A. Schloder 2, Köberle 2, Berndaner 2

506'. - 01.05.1978 CAN - FRG 6:2 (1:0, 3:1, 2:1)
Praha, Sportovní hala ČSTV; Z: 5.321; SR: Karlsson (SWE); LR: Smirnov (URS), Vanhanen (FIN)
Englbrecht (*Weishaupt n.e.**) - Kießling, Auhuber - Murray, Berndaner - Scharf, Kretschmer - A. Schloder (C), E. Kühnhackl, R. Philipp - Reindl, M. Wild, M. Hinterstocker - H. Hinterstocker, H. Zach, Kuhl - Köberle, L. Funk, Vacatko
* im offiz. Spielbericht aufgeführt, lt. DEB kein Einsatz
T: 3:1 (24:12) Berndaner (E. Kühnhackl) / 4:2 (46:26) R. Philipp (Kießling)
S: Kretschmer 4, Auhuber 2, Murray 2, M. Wild 2, Kießling 2

507'. - 03.05.1978 USA - FRG 4:7 (1:2, 3:1, 0:4)
Praha, Sportovní hala ČSTV; Z: 5.237; SR: Karlsson (SWE); LR: Ferber (SWE), Vanhanen (FIN)
Englbrecht (ab 37:52 Weishaupt) - Kießling, Auhuber - Murray, Berndaner - Scharf, Kretschmer - Kuhl, E. Kühnhackl, R. Philipp - Reindl, M. Wild, M. Hinterstocker - Köberle, H. Zach, L. Funk (C) - H. Hinterstocker,
A. Schloder und Vacatko im offiz. Spielbericht aufgeführt, lt. DEB kein Einsatz
T: 0:1 (10:18) Köberle (Scharf) - 1:2 (16:20) M. Hinterstocker (M. Wild) / 1:3 (23:28) H. Hinterstocker (Kießling)
/ 4:4 (46:22) R. Philipp (---) - 4:5 (46:42) Berndaner (Weitschuss) - 4:6 (57:34) E. Kühnhackl (Kießling) - 4:7 (58:50) M. Wild (Berndaner)
S: Kuhl 2, Scharf 2, Murray 2

508'. - 05.05.1978 FRG - FIN 5:3 (2:0, 1:1, 2:2)
Praha, Sportovní hala ČSTV; Z: 6.199; SR: McCormack (CAN); LR: Schweiger (GDR), Smirnov (URS)
Weishaupt (Englbrecht n.e.) - Kießling, Auhuber - Murray, Berndaner - Scharf, Kretschmer - Kuhl, E. Kühnhackl, R. Philipp - Reindl, M. Wild, M. Hinterstocker - Köberle, H. Zach, H. Hinterstocker - L. Funk (C)
A. Schloder und Vacatko im offiz. Spielbericht aufgeführt, lt. DEB kein Einsatz
T: 1:0 (03:00) E. Kühnhackl (R. Philipp) - 2:0 (08:15) M. Hinterstocker (M. Wild) / 3:0 (23:47) E. Kühnhackl (Auhuber) / 4:1 (46:10) E. Kühnhackl (R. Philipp) - 5:1 (53:57) Kuhl (Kühnhackl)
S: H. Hinterstocker 2, Scharf 2, Reindl 2, M. Hinterstocker 2

509'. - 07.05.1978 FRG - GDR 1:1 (0:1, 1:0, 0:0)
Praha, Sportovní hala ČSTV; Z: 6.752; SR: Dombrovskiy (URS); LR: Westreicher (AUT), Ferber (SWE)
Weishaupt (Englbrecht n.e.) - Kießling, Auhuber - Murray, Berndaner - Scharf, Kretschmer - Kuhl, E. Kühnhackl, R. Philipp - Reindl, M. Wild, M. Hinterstocker - Köberle, H. Zach, H. Hinterstocker - L. Funk, A. Schloder (C)
T: 1:1 (36:31) Kuhl (E. Kühnhackl)
S: Reindl 6, E. Kühnhackl 2, Kretschmer 2, Kießling 2

ABSTIEGSRUNDE

510'. - 09.05.1978 FIN - FRG 4:4 (1:2, 0:0, 3:2)
Praha, Sportovní hala ČSTV; Z: 7.755; SR: McCormack (CAN); LR: Exner (TCH), Sládeček (TCH)
Weishaupt (Englbrecht n.e.) - Kießling, Auhuber - Murray, Berndaner - Scharf, Kretschmer - Kuhl, E. Kühnhackl, R. Philipp - Reindl, M. Wild, M. Hinterstocker - A. Schloder (C), H. Zach, H. Hinterstocker - L. Funk
Köberle im offiz. Spielbericht aufgeführt, lt. DEB kein Einsatz
T: 0:1 (07:25) E. Kühnhackl (R. Philipp) - 1:2 (14:54) Murray (Reindl) / 1:3 (42:28) Kretschmer (Weitschuss) - 2:4 (49:13) R. Philipp (Kießling)
S: Berndaner 4, Auhuber 2

511'. - 11.05.1978 GDR - FRG 0:0 (0:0, 0:0, 0:0)
Praha, Sportovní hala ČSTV; Z: 7.958; SR: Dombrovskiy (URS); LR: Smirnov (URS), Westreicher (AUT)
Weishaupt (Englbrecht n.e.) - Kießling, Auhuber - Murray, Berndaner - Scharf, Kretschmer - A. Schloder (C), E. Kühnhackl, R. Philipp - Köberle, M. Wild, L. Funk - Kuhl, H. Zach, H. Hinterstocker - M. Hinterstocker, Reindl
S: keine Strafen

512'. - 13.05.1978 FRG - USA 8:4 (2:1, 1:1, 5:2)
Praha, Sportovní hala ČSTV; Z: 8.961; SR: Karlsson (SWE); LR: Westreicher (AUT), Sládeček (TCH)
Weishaupt (Englbrecht n.e.) - Kießling, Auhuber - Murray, Berndaner - Scharf, Kretschmer - A. Schloder (C), E. Kühnhackl, R. Philipp - Köberle, L. Funk, M. Hinterstocker - Kuhl, H. Zach, H. Hinterstocker - M. Wild, Reindl, Vacatko
T: 1:0 (06:07) E. Kühnhackl (R. Philipp) - 2:1 (08:06) R. Philipp (E. Kühnhackl) / 3:2 (36:50) M. Hinterstocker (E. Kühnhackl) / 4:2 (41:45) Kuhl (E. Kühnhackl) - 5:4 (48:51) Kuhl (H. Hinterstocker) - 6:4 (49:55) E. Kühnhackl (Kießling) - 7:4 (55:03) R. Philipp (A. Schloder) - 8:4 (59:18) Kuhl (H. Hinterstocker)
S: Auhuber 2+5, E. Kühnhackl 2, R. Philipp 2, A. Schloder 2

1978/79

513. - 20.12.1978 SUI - FRG 2:2 (1:1, 0:1, 1:0)
Zug, Hertistadion; Z: 3.050; SR: Pražák (TCH); LR: Niederhauser (SUI), Wenger (SUI)
Makatsch (Kölner EC; Suttner (EC Deilinghofen) n.e.) - Auhuber (EV Landshut), Berndaner (C - SC Riessersee) - Murray (SC Riessersee), Scharf (SB DJK Rosenheim) - Krüll (Kölner EC), Medicus (ESV Kaufbeuren) - M. Hinterstocker (Berliner SSC), Vacatko (Düsseldorfer EG), H. Hinterstocker (Düsseldorfer EG) - Reindl (SC Riessersee), G. Truntschka (EV Landshut), E. Adlmaier (Berliner SSC) - Kuhl (Kölner EC), U. Egen (EV Füssen), **Gerhard Baldauf** (SB DJK Rosenheim) - Sommer (EHC 70 München), **Wolfgang Hellwig** (SB DJK Rosenheim), **Holger Meitinger** (SB DJK Rosenheim)
T: 1:1 (10.) M. Hinterstocker (Vacatko) / 1:2 (33.) Murray (Vacatko)
S: 2 x 2 Minuten davon Auhuber 2

514. - 22.12.1978 FRG - SUI 5:1 (2:1, 1:0, 2:0)
Augsburg, Curt-Frenzel-Stadion; Z: 1.700; SR: Pražák (TCH); LR: Ehle (FRG), Streif (FRG)
Suttner (Makatsch n.e.) - Auhuber, Berndaner (C) - Murray, Scharf - Medicus, Krüll - Sommer - M. Hinterstocker, Vacatko, H. Hinterstocker - Reindl, G. Truntschka, E. Adlmaier - Meitinger, U. Egen, Kuhl - Hellwig, Baldauf
T: 1:0 (13.) Reindl (G. Truntschka) - 2:1 (17.) Vacatko (Berndaner) / 3:1 (36.) H. Hinterstocker (Vacatko) / 4:1 (52.) M. Hinterstocker (Berndaner) - 5:1 (57.) Kuhl (Hellwig)
S: 5 x 2 Minuten
Berndaner absolvierte als achtzehnter Spieler sein 100. Länderspiel.

515'. - 27.12.1978 FRG - FIN 1:8 (0:3, 0:2, 1:3)
Düsseldorf, Eisstadion an der Brehmstraße; Z: 4.600; SR: Osipchuk (URS); LR: Lemmen (FRG), Volland (FRG)
Makatsch (ab 23:23 Suttner) - Scharf, Murray - Auhuber, Berndaner (C) - Krüll, Medicus - Sommer - M. Hinterstocker, Vacatko, H. Hinterstocker - Reindl, M. Wild (SC Riessersee), E. Adlmeier - Kuhl, U. Egen, Baldauf - G. Truntschka, Meitinger, Hellwig
T: 1:8 (58:41) M. Hinterstocker (Vacatko)
S: Auhuber 6, M. Wild 2, Vacatko 2, Murray 2, M. Hinterstocker 2, Suttner 2

516'. - 28.12.1978 FRG - FIN 2:3 (0:0, 2:2, 0:1)
Hannover, Eisstadion am Pferdeturm; Z: 4.350; SR: Osipchuk (URS); LR: Lemmen (FRG), Priedigkeit (FRG)
Suttner (Makatsch n.e.) - Murray, Scharf - Sommer, Medicus - Auhuber (C), Krüll - M. Hinterstocker, Vacatko, H. Hinterstocker - Reindl, G. Truntschka, E. Adlmaier - Kuhl, U. Egen, Hellwig - Meitinger, Baldauf
T: 1:0 (21:21) M. Hinterstocker (Reindl) - 2:0 (29:00) Kuhl (U. Egen)
S: Auhuber 4, Medicus 2, M. Hinterstocker 2, Reindl 2, G. Truntschka 2

517'. - 23.03.1979 FRG - URS (B) 1:4 (1:2, 0:2, 0:0)
Freiburg, Eisstadion an der Ensisheimer Straße; Z: 4.000; SR: Mathis (SUI); LR: Presl (FRG), Ondertoller (FRG)
Weishaupt (Mannheimer ERC; Englbrecht (EV Landshut) n.e.) - Kießling (Kölner EC), Krüll - Auhuber, Murray - Berndaner, Scharf - **Harold Kreis** (Mannheimer ERC), Medicus - Kuhl, G. Truntschka, R. Philipp (C - VfL Bad Nauheim) - Reindl, H. Zach (EV Landshut), M. Wild - Hellwig, U. Egen, Höfner (Augsburger EV) - H. Hinterstocker, M. Hinterstocker, Vacatko
T: 1:2 (16:17) H. Hinterstocker (---)
S: Berndaner 2, Auhuber 2, Murray 2
Kießling absolvierte als neunzehnter Spieler sein 100. Länderspiel.

518'. - 25.03.1979 FRG - URS (B) 0:9 (0:5, 0:3, 0:1)
Aalen, Eissporthalle im Greut; Z: 1.600; SR: Mathis (SUI); LR: Lacher (FRG), Gutscher (FRG)
Englbrecht (ab 20:01* Suttner) - Murray, Kießling - Krüll, Scharf - Auhuber, Medicus - Kreis, Berndaner - R. Philipp (C), Kuhl, G. Truntschka - H. Hinterstocker, Vacatko, M. Hinterstocker - Reindl, H. Zach, M. Wild - H. Müller (SC Riessersee), Höfner, U. Egen
* Zeitpunkt des Torwartwechsels nicht bestätigt
S: Auhuber 2+5, Murray 4, Kuhl 2, Kießling 2, G. Truntschka 2

519'. - 07.04.1979 FRG - TCH (B) 4:5 (2:2, 1:2, 1:1)
Kempten, Eishalle; Z: 2.400; SR: Westreicher (AUT); LR: Würth (FRG), Berkmiller (FRG)
Weishaupt (Englbrecht n.e.) - Kießling, Krüll - Murray, Auhuber - Berndaner, Scharf - Medicus, Kreis - R. Philipp
(C), Kuhl, Vacatko - M. Hinterstocker, L. Funk (Berliner SSC), U. Egen - Reindl, H. Zach, H. Hinterstocker -
Meitinger, G. Truntschka, R. Heinrich (SC Riessersee)
T: 1:1 (11:52) H. Zach (Reindl, H. Hinterstocker) - 2:1 (16:15) U. Egen (Nachschuss) / 3:2 (22:23) Reindl (---) /
4:5 (49:34) Kuhl (Vacatko, R. Philipp)
S: Vacatko 2, Scharf 2

520'. - 08.04.1979 FRG - TCH (B) 4:5 (3:1, 0:3, 1:1)
Schwenningen, Eisstadion am Bauchenberg; Z: 2.200; SR: Westreicher (AUT); LR: Gutscher (FRG),
Lacher (FRG)
Suttner (Englbrecht n.e.) - Kießling, Krüll - Murray, Auhuber - Berndaner, Scharf - Medicus, Kreis - R. Philipp
(C), Kuhl, Vacatko - Reindl, H. Zach, L. Funk - M. Hinterstocker, H. Hinterstocker, R. Heinrich - H. Müller,
Meitinger, G. Truntschka
T: 1:1 (06:29) H. Müller (G. Truntschka, Meitinger) - 2:1 (15:21) G. Truntschka (Kreis, Meitinger) - 3:1 (18:22) H.
Zach (---) / 4:5 (57:32) R. Philipp (Kuhl, Vacatko)
S: M. Hinterstocker 2, Kießling 2, L. Funk 2, Reindl 2, Vacatko 2, Berndaner 2

521'. - 10.04.1979 FRG - TCH (B) 6:4 (3:2, 3:0, 0:2)
Rosenheim, Frucade-Stadion; Z: 3.150, SR: Haidinger (AUT); LR: Aigner (FRG), Eder (FRG)
Englbrecht (Weishaupt n.e.) - Kießling, Krüll - Murray, Auhuber - Berndaner, Scharf - Medicus, Kreis - R. Philipp
(C), Kuhl, Vacatko - M. Hinterstocker, L. Funk, U. Egen - Reindl, H. Zach. H. Hinterstocker - Meitinger, G.
Truntschka, H. Müller - R. Heinrich
T: 1:0 (11:12) R. Philipp (---) - 2:0 (12:50) H. Zach (Berndaner) - 3:0 (13:05) Reindl (---) / 4:2 (21:53) U. Egen (L.
Funk) - 5:2 (34:59) R. Philipp (Vacatko) - 6:2 (38:36) Kießling (Vacatko, R. Philipp)
S: H. Zach 2+10 (Disziplinarstrafe), Englbrecht 4, Kießling 2, Murray 2, G. Truntschka 2

46. A-Welt- und 56. Europameisterschaft 1979

Die deutsche Mannschaft belegte in der Vorrundengruppe A den 3. Platz. Nach der Abstiegsrunde belegte die
Mannschaft den WM-Platz 6. In der EM-Wertung war es Platz 5.
VORRUNDE GRUPPE A

522'. - 14.04.1979 SWE - FRG 7:3 (2:1, 3:0, 2:2)
Moskva, Dvorets sporta Luzhniki; Z: 10.000; SR: Madill (CAN); LR: Exner (TCH), Schell (HUN)
Weishaupt (ab 34:20 Suttner) - Kießling, Krüll - Murray, Auhuber - Berndaner, Scharf - Kuhl, Vacatko, R. Philipp
(C) - U. Egen, G. Truntschka, Meitinger - M. Hinterstocker, H. Zach, Reindl - H. Hinterstocker, L. Funk
Kreis im offiz. Spielbericht aufgeführt, lt. DEB kein Einsatz
T: 1:0 (10:54) H. Hinterstocker (---) / 2:5 (42:02) Meitinger (---) - 3:5 (46:59) Vacatko (Kießling, Kuhl)
S: Krüll 4, Kießling 4, H. Zach 4, Auhuber 2, Meitinger 2, Weishaupt 2

523'. - 15.04.1979 FRG - URS 2:3 (0:2, 2:1, 0:0)
Moskva, Dvorets sporta Luzhniki; Z: 12.000; SR: Lindgren (SWE); LR: Carlsson (SWE), Luther (USA)
Suttner (Weishaupt n.e.) - Kießling, Krüll - Murray, Auhuber - Berndaner, Scharf - Kuhl, Vacatko, R. Philipp (C)
- U. Egen, G. Truntschka, Meitinger - M. Hinterstocker, H. Zach, Reindl - H. Müller, H. Hinterstocker, L. Funk
T: 2:1 (30:50) Vacatko (U. Egen) - 3:2 (39:12) H. Zach (---)
S: Auhuber 4, Krüll 2, G. Truntschka 2, R. Philipp 2, Meitinger 2, Murray 2

524'. - 17.04.1979 POL - FRG 3:3 (0:1, 1:2, 2:0)
Moskva, Ledoviy dvorets sporta CSKA; Z: 3.000; SR: Dombrovskiy (URS); LR: Schell (HUN), Smirnov
(URS)
Suttner (Weishaupt n.e.) - Kießling, Krüll - Murray, Auhuber - Berndaner, Scharf - Kuhl, Vacatko, R. Philipp (C)
- U. Egen, G. Truntschka, Meitinger - M. Hinterstocker, H. Zach, Reindl - H. Müller, H. Hinterstocker, L. Funk
T: 0:1 (09:11) Meitinger (G. Truntschka) / 0:2 (25:28) Kießling (Kuhl) - 1:3 (39:07) U. Egen (Vacatko)
S: L. Funk 4, Scharf 2, G. Truntschka 2

ABSTIEGSRUNDE

525'. - 18.04.1979 FRG - FIN 2:5 (1:2, 0:0, 1:3)
Moskva, Dvorets sporta Luzhniki; Z: 12.300; SR: Lindgren (SWE); LR: Zagórski (POL), Smirnov (URS)
Weishaupt (Suttner n.e.) - Kießling, Krüll - Murray, Auhuber - Berndaner, Scharf - Kuhl, Vacatko, R. Philipp (C)
- U. Egen, G. Truntschka, Meitinger - M. Hinterstocker, H. Zach, Reindl - H. Müller, H. Hinterstocker, L. Funk
T: 1:1 (18:08) Meitinger (G. Truntschka) / 2:5 (57:07) Vacatko (Kuhl)
S: Scharf 4, Reindl 2, Meitinger 2, Kießling 2, Berndaner 2

526'. - 20.04.1979 USA - FRG 3:6 (2:2, 0:3, 1:1)
Moskva, Dvorets sporta Luzhniki; Z: 12.000; SR: Madill (CAN); LR: Exner (TCH), Barinov (URS)
Suttner (Weishaupt n.e.) - Kießling, Krüll - Auhuber, Kreis - Berndaner, Scharf - Kuhl, Vacatko, R. Philipp (C) - U. Egen, G. Truntschka, Meitinger - M. Hinterstocker, H. Zach, Reindl - H. Hinterstocker, L. Funk, Murray
T: 2:1 (15:30) Auhuber (Kreis) - 2:2 (19:10) Meitinger (Kreis) / 2:3 (20:11) Vacatko (Kuhl) - 2:4 (30:17) R. Philipp (Vacatko) - 2:5 (35:00) Reindl (---) / 2:6 (41:48) U. Egen (Auhuber)
S: Reindl 4, Krüll 2, Kießling 2, M. Hinterstocker 2, Berndaner 2, Kuhl 2, Suttner 2

527'. - 22.04.1979 FRG - POL 8:1 (1:0, 3:1, 4:0)
Moskva, Dvorets sporta Luzhniki; Z: 12.000; SR: Lindgren (SWE); LR: Carlsson (SWE), Vanhanen (FIN)
Suttner (Weishaupt n.e.) - Kießling, Krüll - Auhuber, Kreis - Berndaner, Scharf - Kuhl, Vacatko, R. Philipp (C) - U. Egen, G. Truntschka, Meitinger - M. Hinterstocker, H. Zach, Reindl - H. Hinterstocker, L. Funk, Murray
T: 1:0 (09:56) U. Egen (Auhuber) / 2:0 (25:55) Kießling (Krüll) - 3:0 (34:08) Kuhl (---) - 4:1 (38:38) Berndaner (Weitschuss) / 5:1 (43:54) Kuhl (---) - 6:1 (49:57) G. Truntschka (Meitinger) - 7:1 (56:00) M. Hinterstocker (Reindl) - 8:1 (56:43) Vacatko (Kießling)
S: Kießling 4, U. Egen 2, Reindl 2, M. Hinterstocker 2, Kreis 2, Auhuber 2

528'. - 24.04.1979 FIN - FRG 7:3 (1:2, 3:1, 3:0)
Moskva, Dvorets sporta Luzhniki; Z: 12.000; SR: Dombrovskiy (URS); LR: Barinov (URS), Smirnov (URS)
Suttner (Weishaupt n.e.) - Kießling, Krüll - Auhuber, Kreis - Berndaner, Scharf - Kuhl, Vacatko, H. Müller - U. Egen, G. Truntschka, Meitinger - M. Hinterstocker, H. Zach, Reindl - L. Funk (C), H. Hinterstocker, Murray
T: 1:1 (07:55) H. Zach (---) - 2:1 (15:24) G. Truntschka (Auhuber, Kreis) / 3:2 (25:06) Scharf (H. Zach)
S: Auhuber 4, U. Egen 2, Meitinger 2, Scharf 2, G. Truntschka 2

529'. - 26.04.1979 FRG - USA 5:2 (0:1, 2:1, 3:0)
Moskva, Dvorets sporta Luzhniki; Z: 12.000; SR: Madill (CAN); LR: Vanhanen (FIN), Schell (HUN)
Suttner (Weishaupt n.e.) - Kießling, Krüll - Auhuber, Kreis - Berndaner, Scharf - Kuhl, Vacatko, R. Philipp (C) - U. Egen, G. Truntschka, Meitinger - M. Hinterstocker, H. Zach, Reindl - Murray, L. Funk, H. Hinterstocker
T: 1:1 (20:16) R. Philipp (Kuhl, Vacatko) - 2:1 (31:32) Kuhl (---) / 3:2 (40:22) Kuhl (Kießling) - 4:2 (57:07) Kuhl (---) - 5:2 (59:39) Kuhl (Kießling)
S: Kießling 2, G. Truntschka 2, Reindl 2, Krüll 2, Murray 2, Scharf 2, L. Funk 2

1979/80

530. - 03.01.1980 FRG - TCH 1:3 (0:2, 1:0, 0:1)
Mannheim, Eisstadion am Friedrichspark; Z: 9.000; SR: Dombrovskiy (URS); LR: Frey (FRG), Radosai (FRG)
Suttner (ECD Iserlohn; Englbrecht (EV Landshut) n.e.) - Kretschmer (Düsseldorfer EG), Krüll (Kölner EC) - Medicus (ECD Iserlohn), Kreis (Mannheimer ERC) - Auhuber (EV Landshut), Reil (SC Riessersee) - Kuhl (Mannheimer ERC), Vacatko (Düsseldorfer EG), R. Philipp (C - Kölner EC) - M. Hinterstocker (Berliner SSC) , H. Zach (SB DJK Rosenheim), H. Hinterstocker (Berliner SSC) - U. Egen (EV Füssen), G. Truntschka (Kölner EC), Meitinger (Mannheimer ERC) - M. Wild (SC Riessersee), Höfner (SC Riessersee), H. Steiger (EV Landshut)
T: 1:2 (24.) H. Zach (R. Philipp)
S: 6 x 2 Minuten davon M. Hinterstocker 4, Kreis 2

531. - 05.01.1980 FRG - TCH 4:4 (1:1, 2:1, 1:2)
München, Eishalle im Olympiapark; Z: 6.000; SR: Dombrovskiy (URS); LR: Frey (FRG), Radosai (FRG)
Englbrecht (**Matthias Hoppe** (Berliner SSC) n.e.) - Kretschmer, Krüll - Medicus, Kreis - Auhuber, Reil - Kuhl, Vacatko, R. Philipp (C) - U. Egen, G. Truntschka, Meitinger - M. Hinterstocker, H. Zach, H. Hinterstocker - Reindl (SC Riessersee), Höfner, M. Wild - H. Steiger
T: 1:1 (18.) Reil (Vacatko) / 2:1 (26.) G. Truntschka (U. Egen) - 3:2 (38.) Meitinger (---) / 4:4 (59.) Reil (U. Egen)
S: 3 x 2 Minuten + Reil 5

532. - 30.01.1980 FRG - URS 4:7 (0:3, 3:0, 1:4)
Garmisch-Partenkirchen, Olympia-Eisstadion; Z: 8.000; SR: Šubrt (TCH); LR: ? (FRG), ? (FRG)
Suttner (Englbrecht n.e.) - Kießling (Düsseldorfer EG), Krüll - Auhuber, Reil - Kretschmer, Scharf (SB DJK Rosenheim) - Kuhl, Vacatko, R. Philipp (C) - U. Egen, G. Truntschka, Meitinger - M. Hinterstocker, H. Zach, H. Hinterstocker - Reindl, Höfner, M. Wild
T: 1:3 (32.) U. Egen (G. Truntschka) - 2:3 (35.) Kretschmer (Vacatko) - 3:3 (37.) U. Egen (Meitinger) / 4:7 (59.) U. Egen (Meitinger)
S: 4 x 2 Minuten

533. - 31.01.1980 FRG - URS 2:4 (2:2, 0:2, 0:0)
Krefeld, Rheinlandhalle; Z: 5.200; SR: Šubrt (TCH); LR: ? (FRG), ? (FRG)
Englbrecht (Suttner n.e.) - Kießling, Krüll - Auhuber, Reil - Kretschmer, Scharf - Kuhl, Vacatko, R. Philipp (C) -
U. Egen, G. Truntschka, Meitinger - M. Hinterstocker, H. Zach, H. Hinterstocker - Reindl, Höfner, M. Wild
T: 1:0 (3.) Meitinger (G. Truntschka) - 2:1 (15.) Meitinger (G. Truntschka)
S: 4 x 2 Minuten

13. Olympische Winterspiele 1980 - Eishockeyturnier

Die deutsche Mannschaft belegte in ihrer Vorrundengruppe den 5. Platz. Das war in der Endplatzierung der Platz 9.

VORRUNDE - GRUPPE BLAU

534. - 12.02.1980 ROU - FRG 6:4 (1:1, 2:3, 3:0)
Lake Placid, Olympic Arena; Z: 300; SR: Neagles (USA); LR: Hollett (CAN), Larochelle (CAN)
Suttner (Englbrecht n.e.) - Kießling, Krüll - Scharf, Kretschmer - Auhuber, Reil - R. Philipp (C), Vacatko, Kuhl -
U. Egen, G. Truntschka, Meitinger - Reindl, Höfner, M. Wild - M. Hinterstocker
H. Zach und H. Hinterstocker im offiz. Spielbericht aufgeführt. lt. DEB kein Einsatz
T: 1:1 (11:50) Vacatko (R. Philipp, Krüll) / 1:2 (22:37) G. Truntschka (U. Egen, Kießling) - 2:3 (26:13) Vacatko
(Kuhl, R. Philipp) - 2:4 (35:34) U. Egen (Scharf)
S: Kuhl 4, Meitinger 2, Auhuber 2, Kießling 2, Reil 2, Vacatko 2, Kretschmer 2

535. - 14.02.1980 NOR - FRG 4:10 (2:5, 1:3, 1:2)
Lake Placid, Olympic Fieldhouse; Z: 300; SR: Dombrovskiy (URS); LR: Morrissey (CAN), Reeners (USA)
Englbrecht (Suttner n.e.) - Kießling, Krüll - Scharf, Kretschmer - Auhuber, Reil - R. Philipp (C), Vacatko, Kuhl -
U. Egen, G. Truntschka, Meitinger - M. Hinterstocker, H. Zach, H. Hinterstocker - Reindl, Höfner, M. Wild
T: 1:1 (07:51) Vacatko (Kuhl, Reil) - 1:2 (08:49) Kießling (G. Truntschka, Meitinger) - 1:3 (09:08) H. Zach (Scharf,
M. Hinterstocker) - 1:4 (09:33) Kretschmer (M. Hinterstocker, H. Hinterstocker) - 1:5 (10:18) Höfner (Reindl) /
3:6 (30:52) G. Truntschka (Krüll, Kießling) - 3:7 (34:01) Vacatko (R. Philipp, Kuhl) - 3:8 (39:53) G. Truntschka
(U. Egen, Meitinger) / 3:9 (40:42) Kuhl (Vacatko, Krüll) - 3:10 (50:49) Kretschmer (M. Wild, Scharf)
S: G. Truntschka 5, Meitinger 4, Auhuber 2, U. Egen 2, Kießling 2

536. - 16.02.1980 SWE - FRG 5:2 (1:0, 4:1, 0:1)
Lake Placid, Olympic Arena; Z: 800; SR: Dombrovskiy (URS); LR: Huber (USA), Reeners (USA)
Suttner (ab 32:37 Englbrecht) - Kießling, Krüll - Scharf, Kretschmer - Auhuber, Reil - R. Philipp (C), Vacatko,
Kuhl - U. Egen, G. Truntschka, Meitinger - M. Hinterstocker, M. Wild, Reindl - H. Hinterstocker, H. Zach, Höfner
T: 5:1 (37:06) U. Egen (G. Truntschka) / 5:2 (56:43) Reil (---)
S: Meitinger 2+2+10 (Disziplinarstrafe), M. Hinterstocker 5, Scharf 4, U. Egen 2, Kretschmer 2, Auhuber 2,
Kießling 2, Englbrecht 2
Auhuber absolvierte als zwanzigster Spieler sein 100. Länderspiel.

537. - 18.02.1980 FRG - TCH 3:11 (1:5, 0:5, 2:1)
Lake Placid, Olympic Arena; Z: 500; SR: Kaisla (FIN); LR: Fischer (NOR), Fukuda (JPN)
Englbrecht (ab 20:01 Suttner) - Kießling, Krüll - Scharf, Kretschmer - Auhuber, Reil - R. Philipp (C), Vacatko,
Kuhl - U. Egen, G. Truntschka, Meitinger - M. Hinterstocker, M. Wild, Reindl - H. Hinterstocker, H. Zach, Höfner
T: 1:3 (19:04) Kuhl (G. Truntschka, Kretschmer) / 2:10 (46:28) M. Hinterstocker (H. Zach, Auhuber) - 3:10 (48:36)
Höfner (Kuhl, R. Philipp)
S: Kretschmer 2+10 (Disziplinarstrafe), G. Truntschka 4, Vacatko 2, U. Egen 2

538. - 20.02.1980 FRG - USA 2:4 (2:0, 0:2, 0:2)
Lake Placid, Olympic Fieldhouse; Z: 8.500; SR: Haley (CAN); LR: Hollett (CAN), Toemen (NED)
Suttner (Englbrecht n.e.) - Kießling, Krüll - Scharf, Kretschmer - Auhuber, Reil - R. Philipp (C), Höfner, Kuhl - U.
Egen, G. Truntschka, Meitinger - M. Hinterstocker, H. Zach, Reindl
H. Hinterstocker im offiz. Spielbericht aufgeführt. lt. DEB kein Einsatz
T: 1:0 (01:50) Kretschmer (Weitschuss) - 2:0 (19:45) Kießling (Höfner, Kretschmer)
S: Scharf 2, H. Zach 2, Kretschmer 2, R. Philipp 2

1980/81

Vier-Länder-Turnier
Die deutsche Auswahl belegte Platz 1.

539'. - 19.12.1980 FRG - POL 3:7 (2:3, 0:1, 1:3)
Neuss, Eissporthalle im Südpark; Z: 2.400; SR: Westa (NED); LR: Würth (FRG), Rademacher (FRG)
Suttner (Kölner EC; Englbrecht (EV Landshut) n.e.) - Murray (ERC Freiburg), Medicus (EHC 70 München) - **Peter Gailer** (SC Riessersee), Scharf (SB DJK Rosenheim) - **Manfred Schuster** (ESV Kaufbeuren), **Hans-Peter Egen** (EV Füssen) - **Peter Schiller** (Kölner EC), G. Truntschka (Kölner EC), R. Philipp (C - Kölner EC) - **Jörg Hiemer** (EV Füssen), U. Egen (EV Füssen), **Jochen Mörz** (EV Füssen) - Vacatko (SB DJK Rosenheim), Höfner (SC Riessersee), Reindl (SC Riessersee) - **Wolfgang Rosenberg** (EHC 70 München)
T: 1:0 (01:09) Schiller (G. Truntschka) - 2:3 (17:00) R. Philipp (Schiller) / 3:7 (56:59) Vacatko (Reindl)
S: Höfner 2, Gailer 2, G. Truntschka 2, Murray 2, Medicus 2, J. Hiemer 2

540'. - 20.12.1980 NED - FRG 3:6 (1:2, 0:2, 2:2)
Tilburg, IJssportcentrum; Z: 1.000; SR: Page (BEL); LR: Douwes (NED), Teunissen (NED)
Englbrecht (Suttner n.e.) - H.-P. Egen, Scharf - Gailer, Medicus - Schuster, Murray - Vacatko, Höfner, Reindl - Schiller, G. Truntschka, R. Philipp (C) - J. Hiemer, U. Egen, Rosenberg - Mörz
T: 0:1 (09:23) J. Hiemer (Mörz, U. Egen) - 0:2 (14:09) Reindl (Höfner, Gailer) / 1:3 (30:13) Vacatko (Gailer, Murray) - 1:4 (33:40) Reindl (---) / 1:5 (48:17) Gailer (Murray, Vacatko) - 2:6 (49:20) G. Truntschka (Schuster, Medicus)
S: Reindl 4, Medicus 2, Gailer 2, R. Philipp 2, Schiller 2

541'. - 22.12.1980 FRG - FIN (B) 4:3 (2:0, 1:1, 1:2)
Unna, Eissporthalle am Ligusterweg; Z: 4.000; SR: Toemen (NED); LR: Schnieder (FRG), Griebel (FRG)
Suttner (Englbrecht n.e.) - H.-P. Egen, Scharf - Gailer, Medicus - Schuster, Murray - Vacatko, Höfner, Reindl - Schiller, G. Truntschka, R. Philipp (C) - J. Hiemer, U. Egen, Rosenberg - Mörz
T: 1:0 (03:29) Vacatko (---) - 2:0 (15:47) Gailer (Vacatko) / 3:1 (38:47) Vacatko (Reindl, Höfner) / 4:1 (47:00) Rosenberg (Mörz)
S: G. Truntschka 8, Scharf 4

542'. - 28.12.1980 SWE - FRG 4:0 (1:0, 1:0, 2:0)
Stockholm, Isstadion Johanneshov; Z: 3.938; SR: Dombrovskiy (URS); LR: ? (SWE), ? (SWE)
Englbrecht (Hoppe (Berliner SSC) n.e.) - Scharf, Medicus - Murray, Gailer - Schuster, H.-P. Egen - Auhuber (EV Landshut), Kreis (Mannheimer ERC) - Reindl, Höfner, R. Philipp (C) - U. Egen, G. Truntschka, Meitinger (Mannheimer ERC) - Kuhl (Mannheimer ERC), Vacatko, Rosenberg - J. Hiemer, **Manfred Wolf** (Mannheimer ERC), Mörz
S: Medicus 4, Scharf 2, J. Hiemer 2, Vacatko 2, Ma. Wolf 2, R. Philipp 2

543'. - 29.12.1980 SWE - FRG 6:2 (1:0, 2:1, 3:1)
Västerås, Rocklundahallen; Z: 4.852; SR: Dombrovskiy (URS); LR: ? (SWE), ? (SWE)
Hoppe (ab 25:49 Englbrecht) - Scharf, Medicus - Murray, H.-P. Egen - Auhuber, Kreis - Reindl, Höfner, R. Philipp (C) - U. Egen, G. Truntschka, Meitinger - Kuhl, Vacatko, Rosenberg - J. Hiemer, Ma. Wolf, Mörz
Schuster im offiz. Spielbericht aufgeführt, lt. DEB kein Einsatz
T: 1:1 (23:58) Vacatko (---) / 6:2 (52:58) Ma. Wolf (---)
S: Reindl 4, H.-P. Egen 2, Murray 2, Meitinger 2, Höfner 2, Vacatko 2

544'. - 28.03.1981 FRG - SWE (B) 4:3 (0:0, 2:1, 2:2)
Kaufbeuren, Eisstadion am Berliner Platz; Z: 2.600; SR: Morozov (URS); LR: Prusov (URS), Barinov (URS)
Englbrecht (Hoppe n.e.) - Kretschmer (Düsseldorfer EG), Reil (SC Riessersee) - Kreis, Auhuber - Murray, Gailer - Medicus, **Ulrich Hiemer** (EV Füssen) - Kuhl, E. Kühnhackl (EV Landshut), R. Philipp (C) - U. Egen, G. Truntschka, Meitinger - **Ralph Krueger** (Düsseldorfer EG), Ma. Wolf, Schiller - J. Hiemer, Vacatko, Mörz
T: 1:0 (30:37) G. Truntschka (---) - 2:0 (33:58) E. Kühnhackl (---) / 3:3 (58:11) E. Kühnhackl (R. Philipp) - 4:3 (59:33) E. Kühnhackl (Kuhl)
S: J. Hiemer 2, R. Krueger 2, Kretschmer 2, E. Kühnhackl 2, G. Truntschka 2, Reil 2

545'. - 29.03.1981 FRG - SWE (B) 3:5 (1:1, 2:2, 0:2)
Garmisch-Partenkirchen, Olympia-Eisstadion; Z: 1.000; SR: Morozov (URS); LR: Prusov (URS), Barinov (URS)
Suttner (Englbrecht n.e.) - Kretschmer, Reil - Kreis, Auhuber - Gailer - Medicus, U. Hiemer - Kuhl, E. Kühnhackl, R. Philipp (C) - U. Egen, G. Truntschka, Meitinger - R. Krueger, Ma. Wolf, Schiller - J. Hiemer, Vacatko, Mörz - Rosenberg
Murray im offiz. Spielbericht aufgeführt, lt. DEB kein Einsatz
T: 1:1 (17:04) Mörz (---) / 2:2 (30:07) R. Philipp (Gailer) - 3:2 (33:26) Ma. Wolf (Kreis)
S: Reil 4, Kretschmer 4, Medicus 4, E. Kühnhackl 4, Schiller 2, Ma. Wolf 2, Rosenberg 2, Mörz 2, U. Hiemer 2, Gailer 2

546'. - 04.04.1981 FRG - TCH 1:7 (0:3, 1:2, 0:2)
Selb, Hutschenreuther-Eissporthalle; Z: 4.800; SR: Pisoni (ITA); LR: ? (FRG), ? (FRG)
Suttner (ab 30. Englbrecht) - Kretschmer, Reil - Murray - Scharf, Kreis - Medicus, U. Hiemer - Kuhl, E. Kühnhackl, R. Philipp (C) - Schiller, Höfner, Meitinger - J. Hiemer, U. Egen, Mörz - R. Krueger, Vacatko, Ma. Wolf - Rosenberg*
* Lt. DEB kein Einsatz, da er auf dem Spielbericht nicht aufgeführt ist. Grund hierfür war, dass der Spieler zum Zeitpunkt der Ausfüllung des Spielberichts noch nicht in Selb angekommen war. Die Quellen belegen aber seinen Einsatz.
Gailer im offiz. Spielbericht aufgeführt, lt. DEB kein Einsatz
T: 1:4 (28:32) E. Kühnhackl (Reil)
S: Schiller 2, Vacatko 2, Höfner 2, Kretschmer 2, Mörz 2

547'. - 05.04.1981 TCH - FRG 3:2 (1:0, 2:1, 0:1)
Sokolov, Zimní stadion; Z: 4.500; SR: Schell (HUN); LR: Exner (TCH), Tatíček (TCH)
Karl Friesen (SB DJK Rosenheim; ab 40:01 Hoppe) - Kretschmer, Reil - Murray, Gailer - Scharf, Kreis - Medicus, Rosenberg - U. Hiemer - Kuhl, E. Kühnhackl, R. Philipp (C) - Schiller, Höfner, Meitinger - R. Krueger, Vacatko, Ma. Wolf - U. Egen, Mörz
T: 1:1 (36:33) E. Kühnhackl (Höfner, Meitinger) / 3:2 (48:43) Schiller (Höfner)
S: Kretschmer 6, Gailer 4, R. Philipp 2, Ma. Wolf 2, Mörz 2

47. A-Welt- und 57. Europameisterschaft 1981

Die deutsche Mannschaft belegte in der Vorrundengruppe B den 4. Platz. Nach der Abstiegsrunde belegte die Mannschaft den WM-Platz 7. In der EM-Wertung war es Platz 5.

VORRUNDE GRUPPE B

548'. - 12.04.1981 SWE - FRG 4:2 (1:1, 3:0, 0:1)
Göteborg, Scandinavium; Z: 9.208; SR: Haley (USA); LR: Demmers (USA), Toemen (NED)
Friesen (Englbrecht n.e.) - Kretschmer, Reil - Murray, Gailer - Kreis, Scharf - Kuhl, E. Kühnhackl, R. Philipp (C) - Schiller, Höfner, Meitinger - R. Krueger, Ma. Wolf, Vacatko - J. Hiemer, U. Egen, Mörz
T: 1:1 (19:14) Meitinger (---) / 4:2 (58:29) Höfner (Meitinger)
S: E. Kühnhackl 4, Vacatko 2, Reil 2, J. Hiemer 2, Meitinger 2, Kretschmer 2

549'. - 14.04.1981 TCH - FRG 6:2 (1:1, 2:0, 3:1)
Göteborg, Scandinavium; Z: 3.188; SR: Dombrovskiy (URS); LR: Rapp (SWE), Demmers (USA)
Englbrecht (Friesen n.e.) - Kretschmer, Reil - Murray, Gailer - Kreis, Scharf - Kuhl, E. Kühnhackl, R. Philipp (C) - Schiller, Höfner, Meitinger - R. Krueger, Ma. Wolf, Vacatko - J. Hiemer, U. Egen, Mörz
T: 1:1 (17:39) Kuhl (E. Kühnhackl) / 5:2 (48:59) Kuhl (---)
S: Murray 4, Kretschmer 2, Reil 2, Scharf 2, Schiller 2, J. Hiemer 2

550'. - 15.04.1981 USA - FRG 10:6 (2:3, 2:3, 6:0)
Göteborg, Scandinavium; Z: 5.639; SR: Dombrovskiy (URS); LR: Rapp (SWE), Toemen (NED)
Friesen (Englbrecht n.e.) - Kretschmer, Reil - Murray, Gailer - Kreis, Scharf - Kuhl, E. Kühnhackl, R. Philipp (C) - U. Egen, Höfner, Meitinger - R. Krueger, Ma. Wolf, Vacatko - J. Hiemer, U. Hiemer, Mörz
T: 1:1 (03:39) R. Philipp (Murray) - 2:2 (15:25) Kretschmer (E. Kühnhackl, Kuhl) - 2:3 (18:01) Ma. Wolf (Scharf, Vacatko) / 2:4 (24:26) U. Egen (Meitinger, Höfner) - 3:5 (35:17) Meitinger (Höfner) - 4:6 (39:05) Vacatko (R. Krueger)
S: Kretschmer 2, Reil 2, Gailer 2

ABSTIEGSRUNDE

551'. - 17.04.1981 FIN - FRG 6:3 (3:1, 1:1, 2:1)
Göteborg, Scandinavium; Z: 3.109; SR: Haley (USA); LR: Rapp (SWE), Westreicher (AUT)
Englbrecht (Friesen n.e.) - U. Hiemer, Kretschmer - Murray, Gailer - Kreis, Scharf - Kuhl, E. Kühnhackl, R. Philipp
(C) - U. Egen, Höfner, Meitinger - R. Krueger, Ma. Wolf, Vacatko - J. Hiemer, Schiller, Mörz
T: 1:1 (04:46) Meitinger (---) / 3:2 (31:38) Meitinger (---) / 5:3 (44:48) Höfner (---)
S: Ma. Wolf 2+10 (Disziplinarstrafe), Gailer 2, U. Egen 2, Schiller 2, R. Philipp 2, U. Hiemer 2, Kretschmer 2, R. Krueger 2

552'. - 19.04.1981 NED - FRG 2:9 (1:4, 0:4, 1:1)
Göteborg, Scandinavium; Z: 1.744; SR: Dombrovskiy (URS); LR: Demmers (USA), Westreicher (AUT)
Friesen (Englbrecht n.e.) - U. Hiemer, Kretschmer - Murray, Gailer - Kreis, Scharf - Kuhl, E. Kühnhackl, R. Philipp
(C) - U. Egen, Höfner, Meitinger - R. Krueger, Ma. Wolf, Vacatko - J. Hiemer, Schiller, Mörz
T: 0:1 (07:03) Meitinger (---) - 1:2 (07:55) J. Hiemer (Schiller) - 1:3 (13:59) Kuhl (---) - 1:4 (15:00) Vacatko
(Höfner) / 1:5 (22:40) J. Hiemer (U. Egen, Kreis) - 1:6 (24:15) Höfner (Gailer, Meitinger) - 1:7 (32:27) Ma. Wolf
(R. Philipp, U. Hiemer) - 1:8 (36:16) Höfner (Meitinger) / 2:9 (55:17) Gailer (Vacatko, Meitinger)
S: Kretschmer 4, R. Philipp 4, Scharf 2, R. Krueger 2, Kreis 2, Schiller 2, Höfner 2

553'. - 21.04.1981 USA - FRG 2:6 (0:3, 1:0, 1:3)
Göteborg, Scandinavium; Z: 3.016; SR: Olsson (SWE); LR: Westreicher (AUT), Toemen (NED)
Englbrecht (Friesen n.e.) - Kretschmer, Reil - U. Hiemer, Gailer - Kreis, Scharf - Kuhl, E. Kühnhackl, R. Philipp
(C) - U. Egen, Höfner, Meitinger - R. Krueger, Ma. Wolf, Vacatko - J. Hiemer, Schiller, Mörz
T: 0:1 (00:15) E. Kühnhackl (Kuhl) - 0:2 (02:03) Meitinger (Reil) - 0:3 (14:44) Höfner (Meitinger) / 2:4 (45:08)
Meitinger (---) - 2:5 (46:38) E. Kühnhackl (Kreis, Kuhl) - 2:6 (55:36) U. Egen (Meitinger, Höfner)
S: U. Hiemer 6, Gailer 2, J. Hiemer 2, Kretschmer 2, Meitinger 2

554'. - 23.04.1981 FIN - FRG 4:4 (3:0, 1:2, 0:2)
Göteborg, Scandinavium; Z: 3.955; SR: Dombrovskiy (URS); LR: Westreicher (AUT), Demmers (USA)
Friesen (Englbrecht n.e.) - Kretschmer, Reil - U. Hiemer, Gailer - Kreis, Scharf - Kuhl, E. Kühnhackl, R. Philipp
(C) - U. Egen, Höfner, Meitinger - R. Krueger, Ma. Wolf, Vacatko - J. Hiemer, Schiller, Mörz
T: 3:1 (22:04) Gailer (Meitinger) - 4:2 (29:43) U. Egen (Meitinger, Reil) / 4:3 (43:41) R. Philipp (---) - 4:4 (48:38)
Höfner (Meitinger)
S: E. Kühnhackl 6, Reil 4, R. Philipp 2, Kretschmer 2, Scharf 2, U. Hiemer 2, Gailer 2, Vacatko 2

555'. - 25.04.1981 FRG - NED 12:6 (2:2, 3:1, 7:3)
Göteborg, Scandinavium; Z: 2.941; SR: Haley (CAN); LR: Moström (SWE), Rapp (SWE)
Englbrecht (Friesen n.e.) - Kretschmer, Reil - U. Hiemer, Gailer - Kreis, Scharf - Kuhl, E. Kühnhackl, R. Philipp
(C) - U. Egen, Höfner, Meitinger - R. Krueger, Ma. Wolf, Vacatko - J. Hiemer, Schiller, Mörz
T: 1:1 (05:43) Höfner (U. Egen, Kreis) - 2:1 (12:55) Höfner (---) / 3:2 (30:00) Ma. Wolf (---) - 4:2 (31:52) Meitinger
(Höfner, Gailer) - 5:3 (38:20) E. Kühnhackl (Kretschmer) / 6:5 (45:08) Vacatko (---) - 7:5 (52:50) Höfner
(Meitinger, Gailer) - 8:5 (53:09) Vacatko (Kreis) - 9:5 (56:01) Scharf (Vacatko, Kreis) - 10:5 (56:23) Kuhl (R.
Philipp, Kretschmer) - 11:5 (56:40) Kretschmer (R. Philipp, E. Kühnhackl) - 12:5 (57:43) U. Egen (Meitinger)
S: U. Hiemer 4, Höfner 4, J. Hiemer 2, E. Kühnhackl 2, Kretschmer 2

1981/82

neuer Bundestrainer Xaver Unsinn

556'. - 30.10.1981 NED - FRG 3:3 (0:2, 1:0, 2:1)
Eindhoven, IJssportcentrum; Z: 1.850; SR: Stauffer (SUI); LR: Douwes (NED), Tedwissen (NED)
Weishaupt (Mannheimer ERC; Englbrecht (EV Landshut) n.e.) - Berndaner (SC Riessersee), Reil (SC
Riessersee) - Gailer (SC Riessersee), Kreis (Mannheimer ERC) - Murray (Mannheimer ERC), **Werner Jahn**
(Mannheimer ERC) - E. Kühnhackl (EV Landshut), Reindl (SC Riessersee), Höfner (SC Riessersee) - U. Egen
(EV Füssen), Mörz (EV Füssen), Kuhl (Mannheimer ERC) - H. Hinterstocker (Berliner SSC), R. Philipp (C -
Kölner EC), G. Truntschka (Kölner EC) - Meitinger (Kölner EC), **Roy Roedger** (Mannheimer ERC)
T: 0:1 (01:38) Meitinger (Reil) - 0:2 (05:44) Roedger (H. Hinterstocker) / 2:3 (44:36) Mörz (U. Egen)
S: R. Philipp 2, G. Truntschka 2

557'. - 01.11.1981 FRG - NED 16:1 (5:1, 5:0, 6:0)
Unna, Eissporthalle am Ligusterweg; Z: 2.400; SR: Stauffer (SUI); LR: Schnieder (FRG), Vogt (FRG)
Englbrecht (ab 30:01 Hoppe (Berliner SSC)) - Berndaner, Reil - Gailer, Kreis - Murray, Jahn - E. Kühnhackl, Reindl, Höfner - U. Egen, Mörz, Kuhl - H. Hinterstocker, R. Philipp (C), G. Truntschka - Meitinger, Roedger
T: 1:0 (00:36) Berndaner (Meitinger) - 2:0 (09:18) Reindl (Höfner) - 3:0 (13:54) Mörz (U. Egen) - 4:0 (15:38) E. Kühnhackl (R. Philipp) - 5:1 (18:55) Kuhl (Murray) / 6:1 (21:16) Meitinger (Reindl) - 7:1 (26:18) Meitinger (Reindl) - 8:1 (32:10) Kreis (R. Philipp) - 9:1 (37:08) Meitinger (E. Kühnhackl) - 10:1 (38:55) Meitinger (H. Hinterstocker) / 11:1 (42:32) Meitinger (Reil) - 12:1 (44:20) H. Hinterstocker (G. Truntschka, Meitinger) - 13:1 (45:11) E. Kühnhackl (Kuhl, R. Philipp) - 14:1 (47:00) Meitinger (Reindl) - 15:1 (52:33) U. Egen (Roedger) - 16:1 (59:53) Höfner (Meitinger, Reindl)
S: R. Philipp 2+5, H. Hinterstocker 5, Kreis 2, Mörz 2, Jahn 2, Gailer 2
R. Philipp absolvierte als dritter Spieler sein 200. Länderspiel.

558'. - 27.11.1981 FRG - POL 6:4 (2:1, 4:2, 0:1)
Rosenheim, Frucade-Stadion; Z: 5.700; SR: Jirka (TCH); LR: Aigner (FRG), Frey (FRG)
Friesen (SB DJK Rosenheim; Weishaupt n.e.) - U. Hiemer (Kölner EC), Krüll (Schwenninger ERC) - Auhuber (C - EV Landshut), **Josef Klaus** (Augsburger EV) - Kreis, Kretschmer (SB DJK Rosenheim) - H. Steiger (EV Landshut), G. Truntschka, Meitinger - J. Hiemer (Kölner EC), U. Egen, Mörz - H. Hinterstocker, Vacatko (SB DJK Rosenheim), Roedger - **Manfred Ahne** (VER Selb), **Dieter Hegen** (ESV Kaufbeuren), **Georg Holzmann** (EV Füssen)
T: 1:0 (04:57) Klaus (Meitinger) - 2:0 (08:24) Roedger (Vacatko) / 3:1 (20:35) Kretschmer (Kreis) - 4:1 (24:18) Ahne (---) - 5:1 (27:25) Roedger (---) - 6:3 (32:27) H. Steiger (G. Truntschka, Meitinger)
S: G. Holzmann 4, Kretschmer 2, J. Hiemer 2, U. Egen 2

559'. - 29.11.1981 FRG - POL 6:2 (2:0, 1:0, 3:2)
Kaufbeuren, Eisstadion am Berliner Platz; Z: 5.000; SR: Jirka (TCH); LR: Würth (FRG), Berkmiller (FRG)
Weishaupt (Englbrecht n.e.) - Krüll, Kreis - Kretschmer, Klaus - Medicus (ESV Kaufbeuren), **Rainer Lutz** (ESV Kaufbeuren) - H. Steiger, Meitinger, G. Truntschka - J. Hiemer, U. Egen, Vacatko - D. Hegen, Kuhl (C), Mörz - G. Holzmann, H. Hinterstocker, Roedger
T: 1:0 (04:23) G. Truntschka (---) - 2:0 (07:50) D. Hegen (Medicus) / 3:0 (34:47) D. Hegen (---) / 4:0 (41:09) Meitinger (G. Truntschka, Kuhl) - 5:0 (43:42) Kuhl (G. Holzmann) - 6:1 (47:34) Vacatko (---)
S: G. Holzmann 6, G. Truntschka 4, Lutz 2, Kretschmer 2

560'. - 16.12.1981 FRG - FIN (B) 4:3 (0:0, 2:0, 2:3)
Füssen, Eisstadion am Kobelhang; Z: 1.000; SR: Westreicher (AUT); LR: Würth (FRG), Penz (FRG)
Englbrecht (Weishaupt n.e.) - Gailer, Murray - Kießling (Düsseldorfer EG), Krüll - Reil, Kreis - U. Egen, Mörz, Kuhl - Holzmann - Reindl, Höfner - Ma. Wolf (Mannheimer ERC) - Schiller (Kölner EC), E. Kühnhackl (C), H. Steiger
T: 1:0 (23:28) U. Egen (Murray, Ma. Wolf) - 2:0 (39:20) E. Kühnhackl (Höfner) / 3:0 (40:36) Kießling (H. Steiger) - 4:0 (46:54) E. Kühnhackl (Schiller)
S: Schiller 5+10 (Disziplinarstrafe), Höfner 2+5, Reil 5, Reindl 4, E. Kühnhackl 4, G. Holzmann 2

561'. - 17.12.1981 FRG - FIN (B) 7:2 (2:0, 2:1, 3:1)
Augsburg, Curt-Frenzel-Stadion; Z: 2.186; SR: Wieser (AUT); LR: Berkmiller (FRG), Hoppe (FRG)
Weishaupt (Hoppe n.e.) - Kießling, Murray - Reil, Kreis - Gailer, Krüll - H. Steiger, E. Kühnhackl (C), Vacatko - Reindl, Höfner - U. Egen - Schiller, Kuhl, Ma. Wolf - Mörz, G. Holzmann
T: 1:0 (07:12) E. Kühnhackl (Kießling, Ma. Wolf) - 2:0 (13:11) Krüll (H. Steiger) / 3:1 (27:43) Mörz (G. Holzmann, U. Egen) - 4:1 (32:23) Kuhl (Murray) / 5:2 (51:05) Reindl (Höfner, Kießling) - 6:2 (53:42) Schiller (Krüll, E. Kühnhackl) - 7:2 (56:34) Kießling (Vacatko)
S: E. Kühnhackl 4, H. Steiger 4, G. Holzmann 2, Reil 2

562'. - 21.12.1981 SUI - FRG 1:3 (0:0, 0:2, 1:1)
Kreuzlingen, Eishalle; Z: 5.600; SR: Waschnig (AUT); LR: Erne (AUT); Ornik (AUT)
Weishaupt (Hoppe n.e.*) - Kießling, Krüll - Berndaner, Reil - Gailer, Murray - Kreis - Schiller, E. Kühnhackl (C), H. Steiger - U. Egen, Mörz, G. Holzmann - Höfner, Reindl, Ma. Wolf - Kuhl, Vacatko, Roedger
* im offiz. Spielbericht kein Ersatztorwart aufgeführt, lt. DPA Hoppe, jedoch lt. DEB kein Einsatz
T: 0:1 (32:51) U. Egen (G. Holzmann, Mörz) - 0:2 (34:20) Murray (Kuhl) / 0:3 (43:03) Vacatko (Berndaner)
S: E. Kühnhackl 6, G. Holzmann 4, Kuhl 4, Weishaupt 4, U. Egen 2, Reil 2, Mörz 2, Murray 2

563'. - 22.12.1981 FRG - SUI 5:3 (3:0, 1:0, 1:3)
Freiburg, Franz-Siegel-Halle*; Z: 2.500; SR: Waschnig (AUT); LR: Erne (AUT); Ornik (AUT)
* bisher Eisstadion an der Ensisheimer Straße
Englbrecht (ab 40:01 Hoppe) - Kießling, Krüll - Berndaner - Gailer, Murray - Kreis - Schiller, E. Kühnhackl (C),
H. Steiger - U. Egen, Mörz, G. Holzmann - Höfner, Reindl, Ma. Wolf - Kuhl, Vacatko, Roedger
Reil im offiz. Spielbericht aufgeführt, lt. DEB kein Einsatz
T: 1:0 (04:40) Kreis (Murray, H. Steiger) - 2:0 (12:57) H. Steiger (Krüll) - 3:0 (16:31) Kuhl (---) / 4:0 (32:01) Kreis
(---) / 5:2 (57:55) E. Kühnhackl (U. Egen)
S: Höfner 2+5, G. Holzmann 4, Roedger 4, E. Kühnhackl 4, H. Steiger 2, Gailer 2, Kuhl 2

564'. - 27.12.1981 FRG - URS (B*) 2:7 (0:2, 1:2, 1:3)
* Olympia-Auswahl (in den Spielen 564 - 565)
Frankfurt am Main, Eissporthalle am Ratsweg; Z: 5.500; SR: Frei (SUI); LR: Griebel (FRG), Lacher (FRG)
Helmut de Raaf (Düsseldorfer EG; Hoppe n.e.) - Kreis, Kretschmer - Krüll, Medicus - Lutz, Schuster (ESV
Kaufbeuren) - Kuhl (C), Ma. Wolf, Roedger - Mörz, U, Egen, G. Holzmann - H. Hinterstocker, Vacatko, M.
Hinterstocker (Berliner SSC) - Ahne, **Miroslav Nentvich** (Mannheimer ERC), Murray
T: 1:2 (21:06) H. Hinterstocker (Kuhl, Krüll) / 2:7 (54:11) Roedger (Murray)
S: Roedger 4, Krüll 2, Ma. Wolf 2, Vacatko 2

565'. - 28.12.1981 FRG - URS (B*) 1:7 (1:1, 0:5, 0:1)
Mannheim, Eisstadion am Friedrichspark; Z: 6.000; SR: Frei (SUI); LR: Griebel (FRG), Lacher (FRG)
Hoppe (**Peter Zankl** (VfL Bad Nauheim) n.e.) - Kretschmer, Murray - Kreis, Lutz - Schuster, Medicus - H.
Hinterstocker, Kuhl (C), M. Hinterstocker - Roedger, Ma. Wolf, **Peter Obresa** (Mannheimer ERC) - Ahne,
Vacatko, Nentvich - **Jürgen Adams** (Mannheimer ERC), **Martin Müller** (ERC Freiburg)
T: 1:1 (16:56) Kreis (---)
S: Ma. Wolf 2, Kreis 2, Roedger 2
H. Hinterstocker absolvierte als einundzwanzigster Spieler sein 100. Länderspiel.

566'. - 21.03.1982 FRG - ITA 5:1 (1:0, 0:0, 4:1)
Landshut, Städtische Eissporthalle; Z: 2.500; SR: Šubrt (TCH), LR: L. Maier (FRG), Aigner (FRG)
Englbrecht (de Raaf n.e.) - Kießling, Kretschmer - U. Hiemer, Kreis - **Rainer Blum** (Mannheimer ERC),
Berndaner - Reil, Gailer - Lutz, E. Kühnhackl (C), H. Steiger - Meitinger, G. Truntschka, Schiller - Obresa, Ma.
Wolf, Roedger - D. Hegen, Höfner, Reindl - Kuhl, **Jürgen Lechl** (SB DJK Rosenheim)
T: 1:0 (19:43) Höfner (Meitinger) / 2:0 (42:07) Meitinger (Kreis) - 3:1 (52:26) Berndaner (Meitinger) - 4:1 (57:19)
Meitinger (G. Truntschka) - 5:1 (59:55) Höfner (G. Truntschka)
S: D. Hegen 5, Schiller 2, H. Steiger 2, Reil 2, Ma. Wolf 2, Kretschmer 2

567. - 24.03.1982 ITA - FRG 3:3 (2:2, 0:0, 1:1)
Ortisei (dt. St. Ulrich), Eisstadion Setil; Z: 4.500; SR: Šubrt (TCH); LR: ? (ITA), ? (ITA)
Englbrecht (de Raaf n.e.) - Kießling, U. Hiemer - Berndaner, Reil - Kreis, Blum - Gailer - H. Steiger, E. Kühnhackl
(C), Schiller - G. Truntschka, Höfner, Meitinger - Kuhl, Ma. Wolf, Roedger - Lutz, D. Hegen, Obresa - Lechl
T: 1:1 (08:52) Kießling (U. Hiemer) - 2:2 (14:37) Höfner (Meitinger) / 2:3 (40:59) E. Kühnhackl (Meitinger)
S: 7 x 2 Minuten

568. - 04.04.1982 FRG - URS 2:3 (1:0, 0:1, 1:2)
Mannheim, Eisstadion am Friedrichspark; Z: 4.500; SR: Hendriksson (SWE); LR: ? (FRG), ? (FRG)
Englbrecht (Friesen n.e.) - Kießling, U. Hiemer - Kreis, Gailer - Berndaner, Reil - H. Steiger, E. Kühnhackl (C),
Schiller - G. Truntschka, Kuhl, U. Egen - Reindl, Höfner, D. Hegen - Ma. Wolf, Roedger, Mörz - Blum
T: 1:0 (8.) Kießling (E. Kühnhackl) / 2:3 (59.) Reindl (Kuhl, E. Kühnhackl)
S: 10 x 2 Minuten davon E. Kühnhackl 4, Berndaner 4, Mörz 2, Schiller 2

569. - 06.04.1982 FRG - URS 2:5 (0:2, 0:1, 2:2)
Garmisch-Partenkirchen, Olympia-Eisstadion; Z: 7.500; SR: Hendriksson (SWE); LR: ? (FRG), ? (FRG)
Friesen (Englbrecht n.e.) - Kießling, U. Hiemer - Kreis, Gailer - Berndaner, Reil - H. Steiger, E. Kühnhackl (C),
Schiller - Reindl, Höfner, Meitinger - Kuhl, G. Truntschka, U. Egen - D. Hegen, Blum, Krüll - Ma. Wolf, Roedger
T: 1:5 (52.) Reindl (Höfner) - 2:5 (55.) Meitinger (Reindl)
S: 20 Minuten

570. - 10.04.1982 FRG - USA 9:8 (1:3, 5:2, 3:3)
Garmisch-Partenkirchen, Olympia-Eisstadion; Z: 6.000; SR: Jirka (TCH); LR: ? (FRG), ? (FRG)
Englbrecht (Friesen n.e.) - Kießling, Kretschmer - Berndaner, Reil - Kreis, Gailer - U. Hiemer, Blum - Kuhl, E. Kühnhackl (C), H. Steiger - Reindl, Höfner, Meitinger - Ma. Wolf, G. Truntschka, Schiller - Roedger, U. Egen, D. Hegen - Krüll
T: 1:0 (3.) E. Kühnhackl (---) / 2:3 (21.) H. Steiger (Kuhl, E. Kühnhackl) - 3:3 (23.) Kreis (G. Truntschka) - 4:4 (27.) E. Kühnhackl (Gailer) - 5:5 (35.) H. Steiger (E. Kühnhackl) - 6:5 (39.) H. Steiger (Nachschuss) / 7:5 (41.) Kuhl (E. Kühnhackl) - 8:6 (53.) Kreis (G. Truntschka) - 9:6 (56.) Kuhl (E. Kühnhackl, Kießling)
S: 12 Minuten
E. Kühnhackl erzielte mit dem 1:0 als erster Spieler 100 Tore.

571. - 11.04.1982 FRG - USA 5:1 (0:0, 3:1, 2:0)
Berlin, Eissporthalle an der Jafféstraße; Z: 6.100; SR: Jirka (TCH); LR: ? (FRG), ? (FRG)
Friesen (Englbrecht n.e.) - Kießling, Kretschmer - Berndaner, Reil - Kreis, Gailer - U. Hiemer - Kuhl, E. Kühnhackl (C), H. Steiger - Reindl, Höfner, Meitinger - Ma. Wolf, G. Truntschka, Schiller - Mörz, U. Egen, D. Hegen - Roedger, Blum
T: 1:0 (22.) Meitinger (Höfner) - 2:0 (23.) U. Egen (---) - 3:0 (38.) Berndaner (Höfner) / 4:1 (50.) U. Egen (Mörz) - 5:1 (52.) Meitinger (E. Kühnhackl)
S: 18 Minuten

48. A-Welt- und 58. Europameisterschaft 1982
Die deutsche Mannschaft belegte dann WM-Platz 6 und EM-Platz 5.

572'. - 15.04.1982 FRG - TCH 4:2 (3:0, 0:1, 1:1)
Helsinki, Helsingin jäähalli; Z: 3.700; SR: Doyle (USA); LR: Alaimo (ITA), Korentschnig (AUT)
Friesen (Englbrecht n.e.) - Kießling, Kretschmer - Berndaner, Reil - Kreis, Gailer - Kuhl, E. Kühnhackl (C), H. Steiger - Meitinger, Höfner, Reindl - Ma. Wolf, G. Truntschka, Schiller - U. Egen, D. Hegen, Mörz
T: 1:0 (07:30) Kuhl (E. Kühnhackl, Kießling) - 2:0 (16:43) E. Kühnhackl (---) - 3:0 (18:14) H. Steiger (E. Kühnhackl, Kuhl) / 4:2 (52:46) Kretschmer (H. Steiger, Kießling)
S: Gailer 2, Kießling 2, E. Kühnhackl 2, Meitinger 2

573'. - 16.04.1982 FIN - FRG 4:3 (1:0, 1:1, 2:2)
Helsinki, Helsingin jäähalli; Z: 8.242; SR: Šubrt (TCH); LR: Alaimo (ITA), Korentschnig (AUT)
Friesen (Englbrecht n.e.) - Kießling, Kretschmer - Berndaner, Reil - Kreis, Gailer - Kuhl, E. Kühnhackl (C), H. Steiger - Meitinger, Höfner, Reindl - Ma. Wolf, G. Truntschka, Schiller - U. Egen, D. Hegen, Mörz
T: 2:1 (30:41) G. Truntschka (---) / 2:2 (44:23) Kuhl (H. Steiger) - 4:3 (58:49) H. Steiger (---)
S: Reindl 2+5, Kretschmer 4, H. Steiger 4, Meitinger 2, Schiller 2
Reindl absolvierte als zweiundzwanzigster Spieler sein 100. Länderspiel.

574'. - 18.04.1982 FRG - ITA 5:2 (1:0, 1:1, 3:1)
Helsinki, Helsingin jäähalli; Z: 2.929; SR: Doyle (USA); LR: Jokela (FIN), Korentschnig (AUT)
Friesen (Englbrecht n.e.) - Kießling, Kretschmer - Berndaner, Reil - Kreis, Gailer - Kuhl, E. Kühnhackl (C), H. Steiger - Meitinger, Höfner, Reindl - Ma. Wolf, G. Truntschka, Schiller - U. Egen, D. Hegen, Mörz
T: 1:0 (11:19) Reindl (Höfner) - 2:0 (25:13) Kuhl (E. Kühnhackl, H. Steiger) / 3:1 (40:45) E. Kühnhackl (Kuhl) - 4:1 (50:28) Kuhl (E. Kühnhackl) - 5:2 (59:48) Kießling (Ma. Wolf, G. Truntschka)
S: Schiller 10 (Disziplinarstrafe), H. Steiger 5, G. Truntschka 4, Gailer 2, Ma. Wolf 2

575'. - 19.04.1982 CAN - FRG 7:1 (3:1, 3:0, 1:0)
Helsinki, Helsingin jäähalli; Z: 4.070; SR: Doyle (USA); LR: Jokela (FIN), Korentschnig (AUT)
Friesen (Englbrecht n.e.) - Kießling, Kretschmer - Berndaner, Reil - Kreis, Gailer - Kuhl, E. Kühnhackl (C), H. Steiger - Meitinger, Höfner, Reindl - Ma. Wolf, G. Truntschka, Schiller - U. Egen, D. Hegen, Mörz
T: 0:1 (07:02) E. Kühnhackl (Kuhl)
S: Gailer 2, Kießling 2, Ma. Wolf 2

576'. - 21.04.1982 SWE - FRG 3:1 (0:1, 1:0, 2:0)
Helsinki, Helsingin jäähalli; Z: 3.221; SR: Doyle (USA); LR: Pomoell (FIN), Vanhanen (FIN)
Friesen (Englbrecht n.e.) - Kießling, Kretschmer - Berndaner, Reil - Gailer - Roedger, E. Kühnhackl (C), H. Steiger - Meitinger, Höfner, Reindl - Ma. Wolf, G. Truntschka, Schiller - U. Egen, D. Hegen, Mörz
T: 0:1 (14:51) H. Steiger (E. Kühnhackl)
S: Kießling 6, Kretschmer 6, Berndaner 2, E. Kühnhackl 2, Höfner 2, G. Truntschka 2

577'. - 22.04.1982 URS - FRG 7:0 (3:0, 2:0, 2:0)
Tampere, Tampereen jäähalli; Z: 2.791; SR: Šubrt (TCH); LR: Hoviseppä (FIN), Sinkkonen (FIN)
Friesen (Englbrecht n.e.) - Kießling, Kretschmer - Berndaner, Reil - Gailer, U. Hiemer - Roedger, E. Kühnhackl (C), H. Steiger - Meitinger, Höfner, Reindl - Ma. Wolf, G. Truntschka, Schiller - U. Egen, D. Hegen, Mörz
S: Gailer 4, Ma. Wolf 4, Kießling 2, Reindl 2, Mörz 2, E. Kühnhackl 2, H. Steiger 2, G. Truntschka 2

578'. - 24.04.1982 FRG - USA 5:5 (0:1, 3:2, 2:2)
Tampere, Tampereen jäähalli; Z: 4.925; SR: Fedotov (URS); LR: Jokela (FIN), Wiking (SWE)
Friesen (Englbrecht n.e.) - U. Hiemer, Kießling - Berndaner, Reil - Kretschmer, Kreis - Gailer - U. Egen, E. Kühnhackl (C), H. Steiger - D. Hegen, Höfner, Reindl - Ma. Wolf, G. Truntschka, Meitinger - Roedger, Mörz, Schiller*
* nicht auf dem offiz. Spielbericht, aber Einsatz lt. DEB-Statistik
T: 1:1 (23:10) Ma. Wolf (Meitinger, G. Truntschka) - 2:1 (26:52) G. Truntschka (---) - 3:2 (37:22) Ma. Wolf (Kretschmer, G. Truntschka) / 4:4 (47:21) Roedger (Kießling) - 5:4 (55:21) D. Hegen (Reindl)
S: U. Hiemer 2, Reindl 2, E. Kühnhackl 2

1982/83

Bei den Spielen 579 und 580 war dem DEB in der Statistik ein Fehler unterlaufen, der erst 2004 korrigiert wurde. Für die persönliche Statistik der Spieler waren beide Spiele berücksichtigt, aber in der Gesamtliste der Länderspiele waren sie vergessen worden.

579'. - 29.10.1982 FRG - NOR 7:1 (1:0, 2:1, 4:0)
Nordhorn, Eissporthalle Grafschaft Bentheim; Z: 2.318; SR: Juhola (FIN); LR: Griebel (FRG), Weil (FRG)
Weishaupt (Mannheimer ERC; **Gerhard Hegen** (ESV Kaufbeuren) n.e.) - Kreis (Mannheimer ERC), **Michael Eggerbauer** (Mannheimer ERC) - Berndaner (SC Riessersee), Reil (SC Riessersee) - Blum (Mannheimer ERC), Lutz (ESV Kaufbeuren) - H. Steiger (EV Landshut), E. Kühnhackl (C - EV Landshut), **Klaus Gotsch** (EV Landshut) - Roedger (Mannheimer ERC), Ma. Wolf (Mannheimer ERC), Nentvich (Mannheimer ERC) - Reindl (SC Riessersee), D. Hegen (ESV Kaufbeuren), **Michael Betz** (EV Landshut) - E. Adlmaier (SB DJK Rosenheim), Jahn (Mannheimer ERC), **Ralph Pöpel** (Mannheimer ERC)
T: 1:0 (19:18) Jahn (Betz) / 2:0 (20:06) Gotsch (---) - 3:0 (20:41) Gotsch (E. Kühnhackl) / 4:1 (51:21) D. Hegen (---) - 5:1 (56:38) E. Adlmaier (H. Steiger) - 6:1 (57:44) H. Steiger (E. Kühnhackl) - 7:1 (58:43) D. Hegen (Berndaner)
S: E. Kühnhackl 4, Gotsch 2, H. Steiger 2, Reindl 2, Kreis 2, Ma. Wolf 2

580'. - 30.10.1982 FRG - NOR 9:4 (2:0, 5:1, 2:3)
Bremerhaven, Stadthalle; Z: 1.600; SR: Juhola (FIN); LR: Weil (FRG), Griebel (FRG)
Friesen (SB DJK Rosenheim; Weishaupt n.e.) - Kreis, M. Eggerbauer (ab 40:01 Jahn) - Berndaner, Reil - Blum, Lutz - H. Steiger, E. Kühnhackl (C), E. Adlmaier - Roedger, Ma. Wolf, Reindl - Pöpel (ab 40:01 Nentvich), D. Hegen, Betz
T: 1:0 (14:55) H. Steiger (Nachschuss) - 2:0 (16:40) E. Kühnhackl (E. Adlmaier) / 3:0 (20:49) E. Kühnhackl (Nachschuss) - 4:0 (23:09) Betz (D. Hegen) - 5:1 (32:39) H. Steiger (Reil, E. Kühnhackl) - 6:1 (35:06) D. Hegen (Blum) - 7:1 (39:49) E. Kühnhackl (E. Adlmaier, Berndaner) / 8:4 (52:06) Roedger (D. Hegen, M. Eggerbauer) - 9:4 (57:10) H. Steiger (Berndaner)
S: E. Adlmaier 6, E. Kühnhackl 2, Ma. Wolf 2, Berndaner 2, H. Steiger 2

14. Izvestiya-Cup 1982
Die deutsche Mannschaft belegte Platz 5.

581'. - 16.12.1982 FRG - URS 2:6 (2:3, 0:2, 0:1)
Moskva, Dvorets sporta Luzhniki; Z: 10.000; SR: Lindgren (SWE); LR: Prusov (URS), Barinov (URS)
Weishaupt (de Raaf (Düsseldorfer EG) n.e.) - Blum, Kießling - M. Eggerbauer, Reil - Berndaner, Kreis - U. Hiemer (Kölner EC), Betz - D. Hegen, Höfner (SB DJK Rosenheim), Ma. Wolf - Pöpel, Schiller (Kölner EC), E. Kühnhackl (C) - Kuhl (Kölner EC), E. Adlmaier, G. Truntschka (Kölner EC) - Roedger, H. Steiger
T: 2:1 (08:08) E. Kühnhackl (Kreis) - 2:2 (13:08) G. Truntschka (---)
S: E. Kühnhackl 6, Roedger 4, U. Hiemer 2, Betz 2, H. Steiger 2

582. - 17.12.1982 SWE - FRG 7:2 (3:1, 1:0, 3:1)
Moskva, Dvorets sporta Luzhniki; Z: 2.500; SR: Fedotov (URS); LR: Fasakhutdinov (URS), Smirnov (URS)
Weishaupt (G. Hegen n.e.) - Blum, Kießling - M. Eggerbauer, Reil - Berndaner, Kreis - U. Hiemer, Betz - D. Hegen, Höfner, Ma. Wolf - Pöpel, Schiller, E. Kühnhackl (C) - Kuhl, G. Truntschka, Roedger - E. Adelmaier, H. Steiger
T: 2:1 (05:11) Kreis (Kuhl) / 6:2 (50:02) Roedger (Ma. Wolf)
S: E. Kühnhackl 8, Berndaner 4, H. Steiger 4, G. Truntschka 2, U. Hiemer 2

583. - 19.12.1982 TCH - FRG 11:2 (5:0, 2:1, 4:1)

Moskva, Dvorets sporta Luzhniki; Z: 7.500; SR: Kaisla (FIN); LR: Galinovskiy (URS), Fedoseyev (URS)
Weishaupt (ab 20:01 G. Hegen) - Blum, Kießling - Reil, Berndaner - Kreis, U. Hiemer - Betz - D. Hegen, Höfner, Ma. Wolf - Schiller, E. Kühnhackl (C), Kuhl - G. Truntschka, Roedger, H. Steiger - E. Adlmaier, M. Eggerbauer, Pöpel
T: 6:1 (34:06) Ma. Wolf (Blum) / 11:2 (59:14) Roedger (Ma. Wolf)
S: U. Hiemer 2+5, D. Hegen 2, Schiller 2, Roedger 2, G. Truntschka 2, Höfner 2

584. - 21.12.1982 FRG - FIN 10:2 (2:2, 4:0, 4:0)

Moskva, Dvorets sporta Luzhniki; Z: 4.000; SR: Jirka (TCH) (ab 40:01 Karandin (URS)); LR: Fasakhutdinov (URS), Smirnov (URS)
de Raaf (G. Hegen n.e.) - Blum, Kießling - Reil, Berndaner - Kreis, U. Hiemer - Betz - D. Hegen, Höfner, Ma. Wolf - Schiller, E. Kühnhackl (C), Kuhl - G. Truntschka, Roedger, H. Steiger - E. Adlmaier, M. Eggerbauer, Pöpel
T: 1:0 (07:33) Roedger (Höfner) / 2:0 (09:30) Roedger (Höfner) / 3:2 (22:22) Kießling (U. Hiemer) - 4:2 (25:42) G. Truntschka (Roedger, Kießling) - 5:2 (32:43) Höfner (Ma. Wolf) - 6:2 (35:46) Kreis (Ma. Wolf) / 7:2 (43:27) Höfner (Blum) - 8:2 (58:08) Roedger (---) - 9:2 (58:14) E. Kühnhackl (H. Steiger) - 10:2 (59:55) D. Hegen (G. Truntschka)
S: Ma. Wolf 2, G. Truntschka 2, Betz 2, U. Hiemer 2, D. Hegen 2, Roedger 2, Kreis 2

585. - 27.03.1983 FRG - ITA 8:5 (3:0, 2:2, 3:3)

Rosenheim, Frucade-Stadion; Z: 3.700; SR: Šubrt (TCH); LR: ? (FRG), Alaimo (ITA)
Friesen (Weishaupt n.e.) - Kießling, Berndaner - Kreis, Scharf (SB DJK Rosenheim) - U. Hiemer, **Thomas Gandorfer** (EV Landshut) - Blum, Lutz (ab 40:01 Medicus (ESV Kaufbeuren)) - Kuhl, E. Kühnhackl (C), H. Steiger - Ma. Wolf, Höfner, Roedger - Schiller, G. Truntschka, Meitinger (Kölner EC) - Reindl, D. Hegen, Betz - Gotsch
T: 1:0 (03:04) Meitinger (---) - 2:0 (14:35) H. Steiger (---) - 3:0 (17:56) Ma. Wolf (Höfner) / 4:2 (29:00) E. Kühnhackl (H. Steiger, Kuhl) - 5:2 (39:37) E. Kühnhackl (H. Steiger) / 6:4 (47:00) Höfner (Ma. Wolf) - 7:4 (47:40) D. Hegen (Medicus) - 8:5 (59:10) D. Hegen (Reindl)
S: Höfner 5, Ma. Wolf 5, Kuhl 2, E. Kühnhackl 2, Gandorfer 2, G. Truntschka 2, Kießling 2
Gandorfer war der 300. Spieler mit einem Einsatz in der deutschen Auswahl.

586. - 30.03.1983 ITA - FRG 1:4 (0:1, 0:1, 1:2)

Ortisei (dt. St. Ulrich), Eishalle Setil; Z: 4.000; SR: Šubrt (TCH); LR: Würth (FRG), Masoner (ITA)
Weishaupt (Friesen n.e.) - Kießling, Berndaner - Kreis, Scharf - U. Hiemer, Gandorfer - Medicus, Lutz - Ma. Wolf, Höfner, Roedger - Kuhl, E. Kühnhackl (C), H. Steiger - Schiller, Reindl, Meitinger - D. Hegen, Betz, Blum - Gotsch
T: 0:1 (03:41) Höfner (Scharf) / 0:2 (32:01) Reindl (Schiller) / 0:3 (46:11) D. Hegen (Medicus) - 0:4 (50:48) D. Hegen (Lutz)
S: Roedger 2, Lutz 2, Weishaupt 2

587. - 02.04.1983 FRG - URS 2:3 (1:0, 0:3, 1:0)

Garmisch-Partenkirchen, Olympia-Eisstadion; Z: 8.100; SR: Frei (SUI); LR: ? (FRG), ? (FRG)
Friesen (Weishaupt n.e.) - Kießling, Berndaner - Kreis, Scharf - U. Hiemer, Gandorfer - Medicus, Blum - Kuhl, E. Kühnhackl (C), H. Steiger - Roedger, Höfner, Ma. Wolf - Schiller, G. Truntschka, Meitinger - Betz, D. Hegen, Reindl - Gotsch
T: 1:0 (7.) Roedger (Höfner, Ma. Wolf) / 2:3 (53.) H. Steiger (Kreis)
S: 5 x 2 Minuten

588. - 04.04.1983 FRG - URS 2:5 (1:4, 1:0, 0:1)

Mannheim, Eisstadion am Friedrichspark; Z: 7.500; SR: Frei (SUI); LR: ? (FRG), ? (FRG)
Weishaupt (ab 8. Friesen) - Kießling, Berndaner - Kreis, Scharf (Blum) - U. Hiemer, Medicus - Klaus (SB DJK Rosenheim), Gandorfer - Kuhl, E. Kühnhackl (C), H. Steiger - Roedger, Höfner, Ma. Wolf - Schiller, G. Truntschka, Meitinger - Betz, D. Hegen, Gotsch
T: 1:3 (16.) Kreis (Kuhl) / 2:4 (36.) Meitinger (G. Truntschka, Schiller)
S: 5 x 2 Minuten davon Meitinger 2

589. - 09.04.1983 FRG - CAN 5:4 (1:1, 2:3, 2:0)

Dortmund, Westfalenhalle; Z: 4.200; SR: Lindgren (SWE); LR: ? (FRG), ? (FRG)
Friesen (de Raaf n.e.) - Kießling, Berndaner - Kreis, Klaus (ab 20:01 Lutz) - Blum (ab 35. Medicus), Gandorfer - Kuhl, E. Kühnhackl (C), H. Steiger - Roedger, Höfner, Ma. Wolf - Schiller, G. Truntschka, Meitinger - Betz, D. Hegen, Reindl - Gotsch
T: 1:1 (07:18) Ma. Wolf (Roedger) / 2:4 (34:55) Ma. Wolf (Roedger) - 3:4 (39:19), G. Truntschka (Schiller) / 4:4 (40:30) Kuhl (E. Kühnhackl, H. Steiger) - 5:4 (48:24) Ma. Wolf (Höfner, Medicus)
S: 1 x 2 Minuten

590. - 10.04.1983 FRG - CAN 2:4 (1:2, 0:1, 1:1)
Frankfurt am Main, Eissporthalle am Ratsweg; Z: 6.000; SR: Lindgren (SWE); LR: ? (FRG), ? (FRG)
de Raaf (Friesen n.e.) - Kießling, Berndaner - Kreis, Klaus (Lutz) - U. Hiemer, Gandorfer (Medicus) - Kuhl, E. Kühnhackl (C), H. Steiger - Ma. Wolf, Höfner, Roedger - Schiller, G. Truntschka, Meitinger - Betz, D. Hegen, Reindl - Blum
T: 1:0 (5.) Kuhl (Klaus) / 2:4 (57.) Roedger (Kießling)
S: 4 x 2 Minuten

49. A-Welt- und 59. Europameisterschaft 1983
Die deutsche Mannschaft belegte den 5. Platz in der Vorrunde. In der Abstiegsrunde bestätigte die Mannschaft diesen WM-Platz 5. In der EM-Wertung war es Platz 4.

VORRUNDE

591'. - 16.04.1983 FRG - SWE 1:5 (1:1, 0:2, 0:2)
Dortmund, Westfalenhalle; Z: 9.880; SR: Karandin (URS); LR: Sommerschuh (GDR), Tatíček (TCH)
Friesen (Weishaupt n.e.) - Kießling, Berndaner - Kreis, Scharf - U. Hiemer, Lutz - Kuhl, E. Kühnhackl (C), H. Steiger - Roedger, Höfner, Ma. Wolf - Schiller, G. Truntschka, Meitinger - Betz, D. Hegen, Reindl
T: 1:0 (02:22) Schiller (G. Truntschka, U. Hiemer)
S: Kießling 4, Höfner 2, H. Steiger 2, Kreis 2, Schiller 2, Roedger 2, Betz 2

592'. - 17.04.1983 FRG - ITA 4:0 (1:0, 1:0, 2:0)
Düsseldorf, Eisstadion an der Brehmstraße; Z: 9.145; SR: Karandin (URS); LR: Barinov (URS), Vanhanen (FIN)
Weishaupt (Friesen n.e.) - Kießling, Berndaner - Kreis, Scharf - Medicus, Lutz - Kuhl, E. Kühnhackl (C), H. Steiger - Roedger, Höfner, Ma. Wolf - Schiller, G. Truntschka, Meitinger - Betz, D. Hegen, Reindl
T: 1:0 (07:30) Kreis (E. Kühnhackl) / 2:0 (21:55) Meitinger (G. Truntschka) / 3:0 (42:55) Betz (D. Hegen, Reindl) - 4:0 (55:50) D. Hegen (Betz, Reindl)
S: Kießling 4, Berndaner 2, Reindl 2, Scharf 2, Roedger 2, Betz 2

593'. - 19.04.1983 FRG - FIN 4:3 (3:2, 1:0, 0:1)
Düsseldorf, Eisstadion an der Brehmstraße; Z: 9.164; SR: Šubrt (TCH); LR: Barinov (URS), Tatíček (TCH)
Weishaupt (Friesen n.e.) - Kießling, Berndaner - Kreis, Scharf - U. Hiemer, Lutz - Kuhl, E. Kühnhackl (C), H. Steiger - Roedger, Höfner, Ma. Wolf - Schiller, G. Truntschka, Meitinger - Betz, D. Hegen, Reindl
T: 1:0 (07:47) D. Hegen (Betz) - 2:1 (14:28) Schiller (G. Truntschka, Kießling) - 3:1 (18:06) Kuhl (E. Kühnhackl, H. Steiger) / 4:2 (24:45) H. Steiger (E. Kühnhackl, Kuhl)
S: Berndaner 2, Kießling 2, Reindl 2, Meitinger 2, U. Hiemer 2, Roedger 2, Betz 2

594'. - 20.04.1983 URS - FRG 6:0 (2:0, 2:0, 2:0)
Dortmund, Westfalenhalle; Z: 10.000; SR: Fournier (CAN); LR: Vanhanen (FIN), Tatíček (TCH)
Friesen (Weishaupt n.e.) - Kießling, Berndaner - Kreis, Scharf - U. Hiemer, Medicus - Kuhl, E. Kühnhackl (C), H. Steiger - Roedger, Höfner, Ma. Wolf - Schiller, G. Truntschka, Meitinger - Betz, D. Hegen, Reindl
S: Höfner 2, Schiller 2, Roedger 2, Betz 2

595'. - 22.04.1983 FRG - GDR 4:3 (1:1, 1:1, 2:1)
Dortmund, Westfalenhalle; Z: 10.100; SR: Fournier (CAN); LR: Vanhanen (FIN), Alaimo (ITA)
Weishaupt (Friesen n.e.) - U. Hiemer, Berndaner - Kreis, Scharf - Medicus, Gandorfer - Kuhl, E. Kühnhackl (C), H. Steiger - Roedger, Höfner, Ma. Wolf - Schiller, G. Truntschka, Meitinger - Betz, D. Hegen, Reindl
T: 1:1 (19:59) Höfner (Kreis) / 2:1 (30:26) U. Hiemer (Roedger) / 3:3 (51:15) Scharf (E. Kühnhackl) - 4:3 (54:49) Kuhl (Scharf, E. Kühnhackl)
S: H. Steiger 10 (Disziplinarstrafe), E. Kühnhackl 4, Schiller 2, Höfner 2, U. Hiemer 2, Berndaner 2, Kuhl 2, Ma. Wolf 2

596'. - 24.04.1983 TCH - FRG 3:3 (0:1, 3:0, 0:2)
München, Olympiahalle; Z: 8.820; SR: Fournier (CAN); LR: Barinov (URS), Alaimo (ITA)
Friesen (Weishaupt n.e.) - U. Hiemer, Berndaner - Kreis, Scharf - Medicus, Lutz - Kuhl, E. Kühnhackl (C), H. Steiger - Roedger, Höfner, Ma. Wolf - Schiller, G. Truntschka, Meitinger - Betz, D. Hegen, Reindl
T: 0:1 (04:52) E. Kühnhackl (---) / 3:2 (41:22) E. Kühnhackl (H. Steiger, Kuhl) - 3:3 (47:32) E. Kühnhackl (Kuhl, Kreis)
S: E. Kühnhackl 2, Berndaner 2, Medicus 2, U. Hiemer 2

597'. - 25.04.1983 CAN - FRG 3:1 (0:0, 2:1, 1:0)
München, Olympiahalle; Z: 8.624; SR: Karandin (URS); LR: Vanhanen (FIN), Tatíček (TCH)
Weishaupt (Friesen n.e.) - U. Hiemer, Berndaner - Kreis, Scharf - Medicus, Lutz - Kuhl, E. Kühnhackl (C), H. Steiger - Roedger, Höfner, Ma. Wolf - Schiller, G. Truntschka, Meitinger - Betz, D. Hegen, Reindl
T: 1:1 (32:19) E. Kühnhackl (Berndaner, U. Hiemer)
S: E: Kühnhackl 4

ABSTIEGSRUNDE
598'. - 27.04.1983 FRG - ITA 5:4 (1:1, 2:2, 2:1)
München, Olympiahalle; Z: 5.100; SR: Fournier (CAN); LR: Vanhanen (FIN), Barinov (URS)
Friesen (Weishaupt n.e.) - U. Hiemer, Berndaner - Kreis, Scharf - Medicus, Lutz - Kuhl, E. Kühnhackl (C), H. Steiger - Roedger, Höfner, Ma. Wolf - Schiller, G. Truntschka, Meitinger - Betz, D. Hegen, Reindl
T: 1:0 (15:58) H. Steiger (U. Hiemer, E. Kühnhackl) / 2:2 (23:51) D. Hegen (Betz) - 3:2 (34:43) Höfner (---) / 4:3 (44:49) Scharf (Kreis) - 5:4 (56:40) Reindl (Kreis)
S: Berndaner 2, Scharf 2, Medicus 2, D. Hegen 2

599'. - 29.04.1983 FIN - FRG 4:2 (2:0, 2:2, 0:0)
München, Olympiahalle; Z: 6.900; SR: Fournier (CAN); LR: Tatíček (TCH), Sommerschuh (GDR)
Weishaupt (59:10 out; Friesen n.e.) - U. Hiemer, Berndaner - Kreis, Scharf - Medicus, Lutz - Kuhl, E. Kühnhackl (C), H. Steiger - Reindl, Höfner, Ma. Wolf - Betz, G. Truntschka, D. Hegen - Roedger, Schiller, Meitinger
T: 4:1 (30:56) G. Truntschka (---) - 4:2 (35:24) Betz (Medicus, Lutz)
S: U. Hiemer 2, Scharf 2, G. Truntschka 2, Roedger 2, Weishaupt 2

600'. - 01.05.1983 FRG - GDR 7:3 (1:0, 2:2, 4:1)
München, Olympiahalle; Z: 9.000; SR: Fournier (CAN); LR: Barinov (URS), Vanhanen (FIN)
Friesen (Weishaupt n.e.) - U. Hiemer, Berndaner - Kreis, Scharf - Medicus, Lutz - Kuhl, E. Kühnhackl (C), H. Steiger - Reindl, Höfner, Ma. Wolf - D. Hegen, G. Truntschka, Meitinger - Roedger
T: 1:0 (06:20) H. Steiger (E. Kühnhackl) / 2:0 (21:50) Reindl (Ma. Wolf, Kreis) - 3:0 (31:04) Höfner (Scharf) / 4:2 (41:36) G. Truntschka (---) - 5:2 (46:43) Reindl (Ma. Wolf, G. Truntschka) - 6:3 (51:48) E. Kühnhackl (H. Steiger) - 7:3 (52:07) Ma. Wolf (Höfner)
S: E. Kühnhackl 2+2+2+2+10 (Disziplinarstrafe), G. Truntschka 4, H. Steiger 4, Reindl 4, Ma. Wolf 2, Kreis 2, Höfner 2, Berndaner 2
Kuhl absolvierte als dreiundzwanzigster Spieler sein 100. Länderspiel.

1983/84

601'. - 09.12.1983 CAN - FRG 4:1 (0:0, 2:0, 2:1)
Edmonton, Northlands Coliseum; Z: 2.000; SR: Strohl (CAN); LR: ? (CAN), ? (CAN)
Friesen (SB DJK Rosenheim; Englbrecht (EV Landshut) n.e.) - Kießling (Kölner EC), U. Hiemer (Kölner EC) - Berndaner (SC Riessersee), Gandorfer (EV Landshut) - Kreis (Mannheimer ERC), **Andreas Niederberger** (Mannheimer ERC) - Medicus (ESV Kaufbeuren) - H. Steiger (EV Landshut), E. Kühnhackl (C - EV Landshut), E. Adlmaier (SB DJK Rosenheim) - Reindl (SC Riessersee), G. Truntschka (Kölner EC), Höfner (SB DJK Rosenheim) - Roedger (Mannheimer ERC), Ma. Wolf (Mannheimer ERC), Adams (Mannheimer ERC) - Betz (SB DJK Rosenheim), D. Hegen (ESV Kaufbeuren), Kuhl (Kölner EC) - Obresa (Mannheimer ERC)
T: 2:1 (43.) Reindl (G. Truntschka, Höfner)
S: 4 x 2 Minuten

602'. - 11.12.1983 CAN - FRG 5:5 (2:2, 2:2, 1:1)
Calgary, Olympic Saddledome; Z: 5.814; SR: Descent (CAN); LR: Baacko (CAN), Simack (CAN)
Englbrecht (Friesen n.e.*) - Kießling, U. Hiemer - Kreis, A. Niederberger - Medicus, Berndaner - Gandorfer - H. Steiger, E. Kühnhackl (C), Betz - Reindl, G. Truntschka, Höfner - Roedger, Ma. Wolf, Kuhl - Obresa, D. Hegen, Adams
* auf offiz. Spielbericht kein Ersatztorwart aufgeführt, lt. DEB-Statistik Friesen Ersatztorwart
T: 1:1 (05:50) Höfner (---) - 1:2 (08:58) D. Hegen (Adams, Kreis) / 2:3 (22:51) H. Steiger (---) - 2:4 (24:22) Kuhl (Ma. Wolf, Roedger) / 5:5 (43:02) D. Hegen (Berndaner)
S: Medicus 4, H. Steiger 4, G. Truntschka 2

603'. - 12.12.1983 CAN - FRG 2:2 (1:0, 1:1, 0:1)
Vancouver, Pacific Coliseum; Z: 3.582; SR: Strohl (CAN); LR: ? (CAN), ? (CAN)*
* im offiz. Spielbericht kein Schiedsrichter und keine Linienrichter aufgeführt
Friesen (**Josef Schlickenrieder** (Mannheimer ERC) n.e.) - Kießling, U. Hiemer - Kreis, A. Niederberger - Medicus, Berndaner - Gandorfer - H. Steiger, E. Kühnhackl (C), Betz - Roedger, Ma. Wolf, Kuhl - Reindl, G. Truntschka, Höfner - Obresa, D. Hegen, Adams
T: 2:1 (34:36) Kuhl (Ma. Wolf) / 2:2 (45:40) E. Kühnhackl (Kuhl, Kießling)
S: Kießling 2, Reindl 2, H. Steiger 2, Roedger 2

604. - 19.01.1984 FRG - URS 2:6 (1:1, 1:2, 0:3)
München, Eishalle im Olympiapark; Z: 6.300; SR: Šubrt (TCH); LR: ? (FRG), ? (FRG)
Friesen (Englbrecht n.e.) - Kießling, U. Hiemer - Berndaner, Reil (ECD Iserlohn; ab 40:01 Scharf (SB DJK Rosenheim)) - Kreis, A. Niederberger - Medicus - H. Steiger, E. Kühnhackl (C), Betz - Reindl, G. Truntschka, Höfner - Kuhl, Ma. Wolf, Roedger - Ahne (SB DJK Rosenheim), D. Hegen, Adams
T: 1:1 (17.) Kuhl (Ma. Wolf) / 2:2 (26.) Scharf (Gewühl)
S: Ahne 2, Kuhl 2, Ma. Wolf 2, A. Niederberger 2, E. Kühnhackl 2, Scharf 2

605. - 21.01.1984 FRG - URS 4:12 (2:2, 1:6, 1:4)
Frankfurt am Main, Eissporthalle am Ratsweg; Z: 5.500; SR: Šubrt (TCH); LR: ? (FRG), ? (FRG)
Englbrecht (Friesen n.e.) - Kießling, U. Hiemer - Berndaner, Scharf (ab 40:01 Reil) - Kreis, A. Niederberger - H. Steiger, E. Kühnhackl (C), Adams - Reindl, G. Truntschka, Höfner - Kuhl, Ma. Wolf, Roedger - Ahne, D. Hegen, Betz
T: 1:1 (12.) D. Hegen (Betz) - 2:2 (18.) D. Hegen (---) / 3:5 (32.) D. Hegen (H. Steiger) / 4:9 (45.) Betz (D. Hegen)
S: 3 x 2 Minuten davon E. Kühnhackl 2

606. - 26.01.1984 FRG - CAN (O*) 5:4 (1:2, 1:1, 3:1)
* Olympia-Auswahl (in den Spielen 606 - 608)
Mannheim, Eisstadion am Friedrichspark; Z: 7.000; SR: Jirka (TCH); LR: ? (FRG), ? (FRG)
Schlickenrieder (Englbrecht n.e.) - Kießling, U. Hiemer - Kreis, A. Niederberger - Berndaner, Scharf - Medicus, Reil - Kuhl, Ma. Wolf, Roedger - H. Steiger, E. Kühnhackl (C), Betz - Reindl, B. Truntschka, Höfner - Adams, D. Hegen, Ahne
T: 1:0 (6.) Kießling (E. Kühnhackl) / 2:3 (36.) Betz (H. Steiger, Scharf) / 3:3 (44.) H. Steiger (A. Niederberger) - 4:3 (48.) A. Niederberger (Weitschuss) - 5:3 (51.) E. Kühnhackl (G. Truntschka)
S: 8 x 2 Minuten davon Kießling 4, Höfner 4

607. - 28.01.1984 FRG - CAN (O*) 4:0 (1:0, 1:0, 2:0)
Garmisch-Partenkirchen, Olympia-Eisstadion; Z: 5.500; SR: Jirka (TCH); LR: ? (FRG), ? (FRG)
Englbrecht (Friesen n.e.) - Kießling, U. Hiemer (ab 40:01 Scharf) - Berndaner, Reil (ab 40:01 Medicus) - Kreis, A. Niederberger - H. Steiger, E. Kühnhackl (C), D. Hegen - Reindl, Höfner, Betz - Kuhl, Ma. Wolf, Adams (Ahne)
T: 1:0 (15.) Höfner (---) / 2:0 (32.) Adams (Ma. Wolf) / 3:0 (53.) Kuhl (Ma. Wolf, Adams) - 4:0 (60.) E. Kühnhackl (Kießling)
S: 20 Minuten

608'. - 29.01.1984 FRG - CAN (O*) 7:0 (1:0, 0:0, 6:0)
Rosenheim, Frucade-Stadion; Z: 6.200; SR: Jirka (TCH); LR: Schmagl (FRG), Friedmann (FRG)
Friesen (Schlickenrieder n.e.) - Kießling, U. Hiemer - Kreis, A. Niederberger - Berndaner, Reil - H. Steiger, E. Kühnhackl (C), D. Hegen - Reindl, Höfner, Ahne - Kuhl, Ma. Wolf, Betz - Adams
T: 1:0 (12:37) D. Hegen (H. Steiger) / 2:0 (49:26) A. Niederberger (Kreis) - 3:0 (51:57) Ma. Wolf (Kuhl) - 4:0 (54:24) Reindl (Ahne) - 5:0 (56:07) H. Steiger (D. Hegen) - 6:0 (58:51) H. Steiger (D. Hegen, U. Hiemer) - 7:0 (59:58) Reindl (Eigentor)
S: Reindl 4, Betz 2
D. Hegen schoss mit dem 1:0 das 2000. Tor für die deutsche Auswahl.

14. Olympische Winterspiele 1984 - Eishockeyturnier

Die deutsche Mannschaft belegte in ihrer Vorrundengruppe den 3. Platz. Damit erreichte die Mannschaft das Spiel um Platz 5 gegen den anderen Gruppendritten FIN, welches die deutsche Auswahl gewann.

VORRUNDE - GRUPPE A

609'. - 07.02.1984 FRG - YUG 8:1 (1:1, 4:0, 3:0)
Sarajevo, Hala "Skenderija"; Z: 5.000; SR: Šubrt (TCH); LR: Prusov (URS), Alaimo (ITA)
Friesen (Englbrecht n.e.) - U. Hiemer, Kießling - Berndaner, Reil - Kreis, A. Niederberger - H. Steiger, E. Kühnhackl (C), D. Hegen - Reindl, G. Truntschka, Höfner - Roedger, Ma. Wolf, Kuhl (ab 40:01 Betz, Scharf, Ahne)
T: 1:1 (11:55) E. Kühnhackl (Kießling) / 2:1 (22:18) Ma. Wolf (A. Niederberger) - 3:1 (26:58) E. Kühnhackl (H. Steiger) - 4:1 (31:37) E. Kühnhackl (H. Steiger) - 5:1 (37:57) U. Hiemer (E. Kühnhackl) / 6:1 (49:23) Kuhl (---) - 7:1 (51:33) Kreis (Höfner) - 8:1 (57:05) Berndaner (Roedger)
S: H. Steiger 4, Kießling 2, A. Niederberger 2, Kreis 2, Scharf 2

610'. - 09.02.1984 POL - FRG 5:8 (2:2, 1:3, 2:3)
Sarajevo, Hala "Skenderija"; Z: 1.500; SR: Karandin (URS); LR: Tatíček (TCH), Vanhanen (FIN)
Englbrecht (Friesen n.e.) - U. Hiemer, Kießling - Scharf, Berndaner - Kreis, A. Niederberger (ab 26. Reil) - H. Steiger, E. Kühnhackl (C), D. Hegen (ab 18. Betz) - Reindl, G. Truntschka, Höfner - Roedger, Ma. Wolf, Kuhl - Ahne
T: 0:1 (04:49) Berndaner (Reindl) - 2:2 (19:10) Reindl (Höfner) / 2:3 (28:22) Betz (---) - 3:4 (36:13) E. Kühnhackl (Reindl, G. Truntschka) - 3:5 (37:40) H. Steiger (---) / 3:6 (40:44) Höfner (---) - 3:7 (51:38) Roedger (Scharf, Ma. Wolf) - 4:8 (56:34) Roedger (---)
S: H. Steiger 4, G. Truntschka 4, D. Hegen 2, Höfner 2, Roedger 2, Reindl 2

611'. - 11.02.1984 SWE - FRG 1:1 (1:0, 0:0, 0:1)
Sarajevo, Olimpijska dvorana "Zetra"; Z: 4.000; SR: Šubrt (TCH); LR: Prusov (URS), Vanhanen (FIN)
Friesen (Englbrecht n.e.) - U. Hiemer, Kießling - Berndaner, Reil - Kreis, Scharf - A. Niederberger - H. Steiger, E. Kühnhackl (C), D. Hegen (ab 40:01 Betz) - Reindl, G. Truntschka, Höfner - Roedger, Ma. Wolf, Kuhl - Ahne
T: 1:1 (56:14) U. Hiemer (---)
S: U. Hiemer 4, Roedger 4, Scharf 2, Reindl 2, E. Kühnhackl 2, H. Steiger 2

612'. - 13.02.1984 FRG - URS 1:6 (1:4, 0:2, 0:0)
Sarajevo, Olimpijska dvorana "Zetra"; Z: 4.000; SR: Juhola (FIN); LR: Vanhanen (FIN), Tatíček (TCH)
Friesen (Englbrecht n.e.) - U. Hiemer, Kießling - Berndaner, Reil - Kreis, A. Niederberger - H. Steiger, E. Kühnhackl (C), Scharf - Reindl, G. Truntschka, Höfner - Roedger, Ma. Wolf, Kuhl - Ahne, Betz, D. Hegen
T: 1:4 (19:58) G. Truntschka (---)
S: E. Kühnhackl 4, Roedger 4, Betz 2, A. Niederberger 2

613'. - 15.02.1984 FRG - ITA 9:4 (1:0, 5:1, 3:3)
Sarajevo, Hala "Skenderija"; Z: 500; SR: Šubrt (TCH); LR: Moström (SWE), Tyszkiewicz (POL)
Friesen (Englbrecht n.e.) - Scharf, Kießling - Berndaner, Reil - Kreis, A. Niederberger - U. Hiemer - H. Steiger, E. Kühnhackl (C), D. Hegen - Reindl, G. Truntschka, Höfner - Roedger, Ma. Wolf, Kuhl - Betz, Ahne
T: 1:0 (03:14) Kießling (Weitschuss) / 2:1 (25:08) D. Hegen (H. Steiger, E. Kühnhackl) - 3:1 (25:17) Reindl (Höfner) - 4:1 (37:03) Höfner (Reindl) - 5:1 (37:36) Ma. Wolf (Kreis) - 6:1 (38:19) D. Hegen (E. Kühnhackl) / 7:1 (44:43) Roedger (D. Hegen, Ma. Wolf) - 8:3 (54:47) Kießling (E. Kühnhackl) - 9:3 (55:14) E. Kühnhackl (---)
S: Höfner 4, Kießling 2, E. Kühnhackl 2, G. Truntschka 2, Friesen 2 (dafür D. Hegen auf der Strafbank)

SPIEL UM PLATZ 5

614'. - 17.02.1984 FRG - FIN 7:4 (1:2, 1:2, 5:0)
Sarajevo, Hala "Skenderija"; Z: 1.500; SR: Karandin (URS); LR: Tatíček (TCH), Tyszkiewicz (POL)
Friesen (Englbrecht n.e.) - U. Hiemer, Kießling - Berndaner, Reil (20:01-40:00 Scharf) - Kreis, A. Niederberger - H. Steiger, E. Kühnhackl (C), D. Hegen - Reindl, G. Truntschka, Höfner - Roedger, Ma. Wolf, Kuhl (20:01-36:00 Ahne ab 36:01 Betz)
T: 1:2 (16:02) D. Hegen (E. Kühnhackl) / 2:4 (34:48) E. Kühnhackl (---) / 3:4 (44:39) E. Kühnhackl (---) - 4:4 (49:24) E. Kühnhackl (H. Steiger) - 5:4 (54:37) Ma. Wolf (Roedger) - 6:4 (58:55) D. Hegen (H. Steiger, E. Kühnhackl) - 7:4 (59:33) Kießling (---)
S: Roedger 4, E. Kühnhackl 4, G. Truntschka 2, H. Steiger 2

1984/85

615. - 22.08.1984 FRG - CAN (B) 7:1 (4:0, 2:0, 1:1)
Füssen, Eisstadion am Kobelhang; Z: 4.000; SR: Tomasini (AUT); LR: ? (FRG), ? (FRG)
Friesen (SB DJK Rosenheim; Englbrecht (EV Landshut) n.e.) - Kießling (Kölner EC), U. Hiemer (New Jersey Devils) - Blum (SB DJK Rosenheim), Scharf (SB DJK Rosenheim) - Berndaner (C - SC Riessersee), A. Niederberger (Mannheimer ERC) - Medicus (ESV Kaufbeuren), Reil (ECD Iserlohn) - Kuhl (Kölner EC), G. Truntschka (Kölner EC), Meitinger (Kölner EC) - Reindl (SB DJK Rosenheim), Höfner (SB DJK Rosenheim), H. Steiger (EV Landshut) - Roedger (Mannheimer ERC), Ma. Wolf (Mannheimer ERC), Obresa (Mannheimer ERC) - Betz (SB DJK Rosenheim), D. Hegen (ESV Kaufbeuren), Schiller (Kölner EC)
T: 1:0 (6.) Ma. Wolf (Berndaner, A. Niederberger) - 2:0 (10.) Blum (---) - 3:0 (14.) Meitinger (Kuhl, G. Truntschka) - 4:0 (19.) Obresa (Berndaner) / 5:0 (22.) H. Steiger (Höfner, Scharf) - 6:0 (34.) D. Hegen (Betz) / 7:1 (57.) Ma. Wolf (Roedger, Obresa)
S: 1 x 2 Minuten

616. - 24.08.1984 FRG - CAN (B) 2:0 (1:0, 1:0, 0:0)
Garmisch-Partenkirchen, Olympia-Eisstadion; Z: 1.500; SR: Tomasini (AUT); LR: ? (FRG), ? (FRG)
Englbrecht (Friesen n.e.) - Kießling, U. Hiemer - Blum, Scharf - Berndaner (C), A. Niederberger - Medicus, Reil - Kuhl, G. Truntschka, Meitinger - Reindl, Höfner, H. Steiger - Roedger, Ma. Wolf, Obresa - Betz, D. Hegen, Schiller
T: 1:0 (5.) Reindl (H. Steiger, Höfner) / 2:0 (26.) Höfner (---)
S: 6 x 2 Minuten
Scharf absolvierte als vierundzwanzigster Spieler sein 100. Länderspiel.

617. - 29.08.1984 FRG - SWE 0:8 (0:4, 0:3, 0:1)
London (Ontario), London Gardens; Z: 5.069; SR: Karandin (URS); LR: ? (FRG), ? (FRG)
Friesen (ab 23:07 Englbrecht) - Kießling, U. Hiemer - Blum, Scharf - Berndaner (C), A. Niederberger - Medicus, Reil - Kuhl, G. Truntschka, Meitinger - Reindl, Höfner, H. Steiger - Roedger, Ma. Wolf, Obresa - Betz, D. Hegen, Schiller
S: G. Truntschka 2, U. Hiemer 2, Schiller 2, Ma. Wolf 2, Roedger 2, A. Niederberger 2

3. Canada-Cup 1984
Die DEB-Auswahl belegte Platz 6.

618. - 01.09.1984 CAN - FRG 7:2 (3:0, 2:1, 2:1)
Montreal, Forum; Z: 9.975; SR: Olsson (SWE); LR: ?, ?
Friesen (Englbrecht n.e.) - Kießling, U. Hiemer - Blum, Scharf - Berndaner (C), A. Niederberger - Medicus*, Reil* - Kuhl, G. Truntschka, Meitinger - Reindl, Höfner, H. Steiger - Roedger, Ma. Wolf, Obresa - Betz, D. Hegen, Schiller
* lt. offiz. Statistik nicht eingesetzt, aber Einsatz lt. DEB-Statistik
T: 3:1 (28:50) Obresa (---) / 7:2 (58:59) H. Steiger (Reindl, Höfner)
S: U. Hiemer 4

619. - 04.09.1984 FRG - TCH 4:4 (3:0, 1:3, 0:1)
London (Ontario), London Gardens; Z: 2.982; SR: Wicks (CAN); LR: Finn (USA), Gauthier (CAN)
Friesen (Englbrecht n.e.) - Kießling, U. Hiemer - Blum, Scharf - Berndaner (C), A. Niederberger - Medicus*, Reil* - Kuhl, G. Truntschka, Meitinger - Reindl, Höfner, H. Steiger - Roedger, Ma. Wolf, Obresa - Betz, D. Hegen, Schiller
* lt. offiz. Statistik nicht eingesetzt, aber Einsatz lt. DEB-Statistik
T: 1:0 (05:28) H. Steiger (Höfner) - 2:0 (12:19) G. Truntschka (Kießling) - 3:0 (16:42) H. Steiger (Blum, Höfner) / 4:3 (34:17) Höfner (Reindl)
S: H. Steiger 2+5+20 (Spieldauer), Höfner 2, Kießling 2, Kuhl 2, Obresa 2

620'. - 06.09.1984 URS - FRG 8:1 (0:0, 3:0, 5:1)
Edmonton, Northlands Coliseum; Z: 2.523; SR: Wicks (CAN); LR: Collins (USA), Broseker (USA)
Englbrecht (Friesen n.e.) - Berndaner (C), Reil - Blum, Scharf - Medicus, A. Niederberger - Kießling*, U. Hiemer - Kuhl, G. Truntschka, Meitinger - Reindl, Höfner, D. Hegen - Roedger, Ma. Wolf, Obresa - Betz, Schiller, H. Steiger*
* lt. offiz. Statistik nicht eingesetzt, aber Einsatz lt. DEB-Statistik
T: 8:1 (59:53) Betz (Höfner)
S: Höfner 2, Medicus 2, Roedger 2

621. - 08.09.1984 SWE - FRG 4:2 (1:0, 1:2, 2:0)
Calgary, Olympic Saddledome; Z: 6.161; SR: Lewis (CAN); LR: ?, ?
Friesen (Englbrecht n.e.) - Kießling, A. Niederberger - Berndaner (C), Reil - Blum, Scharf - Medicus*, U. Hiemer* - Kuhl, G. Truntschka, Meitinger - Reindl, Höfner, H. Steiger - Roedger, Ma. Wolf, Obresa - Betz, D. Hegen, Schiller
* lt. offiz. Statistik nicht eingesetzt, aber Einsatz lt. DEB-Statistik
T: 1:1 (29:18) H. Steiger (Höfner) - 1:2 (30:26) Kuhl (G. Truntschka, Meitinger)
S: G. Truntschka 4, H. Steiger 4, Kießling 2, Reil 2, Roedger 2, A. Niederberger 2

622. - 10.09.1984 FRG - USA 4:6 (2:2, 0:2, 2:2)
Calgary, Olympic Saddledome; Z: 4.985; SR: Karandin (URS); LR: ?, ?
Friesen (Englbrecht n.e.) - Kießling, A. Niederberger - Berndaner (C), Reil - Blum (ab 40:01 Medicus), Scharf - - U. Hiemer* - Kuhl, G. Truntschka, Meitinger - Reindl, Höfner, H. Steiger - Roedger, Ma. Wolf, Obresa - Betz, Schiller
* lt. offiz. Statistik nicht eingesetzt, aber Einsatz lt. DEB-Statistik
T: 1:1 (04:21) Kuhl (Scharf) - 2:1 (15:42) Meitinger (Betz, G. Truntschka) / 3:5 (43:01) A. Niederberger (Kuhl, Meitinger) - 4:6 (57:02) Meitinger (---)
S: Reil 2, Blum 2

16. Izvestiya-Cup 1984
Die deutsche Mannschaft belegte Platz 5.

623'. - 16.12.1984 URS - FRG 6:0 (2:0, 0:0, 4:0)
Moskva, Dvorets sporta Luzhniki; Z: 12.000; SR: Šubrt (TCH); LR: Galinovskiy (URS), Pavlovskiy (URS)
de Raaf (Kölner EC; Hoppe (Schwenninger ERC) n.e.) - Kießling, Kretschmer (SB DJK Rosenheim) - Blum, Scharf - Reil, Berndaner - Medicus, Schuster (ESV Kaufbeuren) - Kuhl, E. Kühnhackl (C - EV Landshut), Ma. Wolf - Reindl, G. Truntschka, Höfner - Mörz (SB DJK Rosenheim), D. Hegen, Betz - Obresa, Schiller, **Axel Kammerer** (SB DJK Rosenheim)
S: E. Kühnhackl 2, Reil 2, Medicus 2, Höfner 2

624. - 17.12.1984 SWE - FRG 2:1 (0:1, 1:0, 1:0)
Moskva, Dvorets sporta Luzhniki; Z: 2.000; SR: Mäkelä (FIN); LR: Yegorov (URS), Prusov (URS)
Hoppe (de Raaf n.e.) - Kießling, Kretschmer - Blum, Scharf - Reil, Berndaner - Medicus, Schuster - Kuhl, E. Kühnhackl (C), Ma. Wolf - Reindl, G. Truntschka, Höfner - Mörz, D. Hegen, Betz - Obresa, Schiller, A. Kammerer
T: 0:1 (02:40) Blum (Weitschuss)
S: Kretschmer 4, Höfner 4, Betz 2, Blum 2, G. Truntschka 2, Berndaner 2, E. Kühnhackl 2

625. - 19.12.1984 FRG - TCH 3:10 (1:3, 1:2, 1:5)
Moskva, Dvorets sporta Luzhniki; Z: 4.000; SR: Henriksson (SWE); LR: Komisarov (URS), Palachyov (URS)
Hoppe (G. Hegen*) - Kießling, Kretschmer - Blum, Scharf - Reil, Berndaner - Medicus, Schuster - Kuhl, E. Kühnhackl (C), Ma. Wolf - Reindl, G. Truntschka, Höfner - Mörz, D. Hegen, Betz - Obresa, Schiller, A. Kammerer
* G. Hegen nominiert, jedoch war auf dem offiziellen Meldebogen kein Ersatztorwart (ETW) aufgeführt. De Raaf saß während des Spiels auf der Tribüne.
T: 1:0 (04:28) Reindl (G. Truntschka) / 2:5 (34:02) Reindl (G. Truntschka) / 3:9 (49:58) Kießling (Kuhl)
S: Höfner 4, E. Kühnhackl 2, Berndaner 2, Medicus 2, Kretschmer 2, Reindl 2, Reil 2, D. Hegen 2

626. - 21.12.1984 FIN - FRG 6:3 (2:0, 0:0, 4:3)
Moskva, Dvorets sporta Luzhniki; Z: 7.000; SR: Karandin (URS); LR: Noskov (URS), Afanasyev (URS)
de Raaf (Hoppe n.e.) - Kießling, Kretschmer - Blum, Scharf - Reil, Berndaner - Medicus, Schuster - Kuhl, E. Kühnhackl (C), Ma. Wolf - Reindl, Schiller, Höfner - Mörz, Obresa, Betz - A. Kammerer, D. Hegen
T: 3:1 (41:07) Höfner (---) - 4:2 (46:19) E. Kühnhackl (Nachschuss) - 6:3 (58:00) Höfner (Reindl)
S: Blum 4, Kießling 4, Schiller 2, Scharf 2

627. - 01.04.1985 FRG - SWE 4:5 (0:1, 1:0, 3:4)
Frankfurt am Main, Eissporthalle am Ratsweg; Z: 5.200; SR: Šubrt (TCH); LR: ? FRG, ? FRG
de Raaf (Friesen n.e.) - Kießling, **Uwe Krupp** (Kölner EC) - Blum, Scharf - Kreis (Mannheimer ERC), A. Niederberger - Medicus, Kretschmer - Kuhl, E. Kühnhackl (C), D. Hegen - Reindl, Höfner, **Georg Franz** (SB DJK Rosenheim) - Roedger, Ma. Wolf, Mörz - Ahne (SB DJK Rosenheim), **Markus Berwanger** (SB DJK Rosenheim), A. Kammerer
T: 1:1 (29:56) Höfner (Scharf) / 2:1 (44:45) Kießling (D. Hegen) - 3:3 (50:09) E. Kühnhackl (D. Hegen) - 4:5 (59:48) Roedger (---)
S: E. Kühnhackl 2, Kretschmer 2, Reindl 2, Höfner 2, D. Hegen 2, A. Niederberger 2, Krupp 2

628. - 03.04.1985 FRG - SWE 2:5 (1:0, 0:2, 1:3)
Berlin, Eissporthalle an der Jafféstraße; Z: 5.728; SR: Šubrt (TCH); LR: ? FRG, ? FRG
Friesen (de Raaf n.e.) - Kießling (C), U. Krupp - Blum, Scharf - Kreis, A. Niederberger - Kretschmer, Schuster - Kuhl, D. Hegen, Betz - Reindl, Höfner, G. Franz - Roedger, **Horst Heckelsmüller** (ESV Kaufbeuren), Mörz - Ahne, Berwanger, A. Kammerer
T: 1:0 (02:44) Roedger (Heckelsmüller) / 2:2 (41:39) Höfner (Reindl)
S: Kießling 2, Mörz 2, A. Niederberger 2, A. Kammerer 2, Berwanger 2

629. - 07.04.1985 FRG - URS 1:8 (1:2, 0:2, 0:4)
Rosenheim, Frucade-Stadion; Z: 6.200; SR: Lindgren (SWE); LR: ? FRG, ? FRG
Friesen (Schlickenrieder (Mannheimer ERC) n.e.) - Kießling (C), U. Krupp - Blum, Scharf - Kreis, A. Niederberger - Kretschmer, Medicus - Schuster - Kuhl, E. Kühnhackl (C - ab 35. Heckelsmüller), D. Hegen - Reindl, Höfner, G. Franz - Roedger, Ma. Wolf, Mörz - Ahne, Berwanger, A. Kammerer - Betz
T: 1:0 (04:44) Kuhl (Kießling)
S: 3 x 2 Minuten
Kretschmer absolvierte als fünfundzwanzigster Spieler sein 100. Länderspiel.

630. - 08.04.1985 FRG - URS 3:3 (1:2, 1:1, 1:0)
München, Eishalle im Olympiapark; Z: 5.000; SR: Lindgren (SWE); LR: ? FRG, ? FRG
Schlickenrieder (de Raaf n.e.) - Kießling (C), U. Krupp - Blum, Scharf - Kreis, A. Niederberger - Medicus, Schuster - Kuhl, D. Hegen, Betz - Reindl, Heckelsmüller, G. Franz - Roedger, Ma. Wolf, Mörz - Ahne, Berwanger, A. Kammerer - E. Kühnhackl*, Höfner*
* nicht eingesetzt, aber Einsatz lt. DEB-Statistik
T: 1:1 (00:27) Heckelsmüller (---) / 2:3 (37:52) D. Hegen (---) / 3:3 (55:32) Reindl (Heckelsmüller)
S: 7 x 2 Minuten

631. - 12.04.1985 FRG - USA 7:6 (1:2, 5:3, 1:1)
Augsburg, Curt-Frenzel-Stadion; Z: 7.000; SR: Karandin (URS); LR: ? FRG, ? FRG
Friesen (ab 30:01 de Raaf) - Kießling, U. Hiemer - Blum, Scharf - Kreis, A. Niederberger - Medicus, Kretschmer - U. Krupp - Kuhl, E. Kühnhackl (C), D. Hegen - Reindl, Höfner, G. Franz - Roedger, Ma. Wolf, Mörz - Ahne, Berwanger, A. Kammerer - Betz
T: 1:0 (06:43) U. Hiemer (D. Hegen) / 2:3 (22:28) Kretschmer (---) - 3:4 (29:22) Ahne (Kreis) - 4:4 (30:18) E. Kühnhackl (---) - 5:4 (35:57) Blum (Reindl) - 6:4 (37:53) E. Kühnhackl (U. Hiemer) / 7:6 (55:47) Mörz (A. Niederberger)
S: 14 x 2 Minuten + Medicus 5, davon Höfner 2, Blum 2
E. Kühnhackl absolvierte als vierter Spieler sein 200. Länderspiel und Höfner als sechsundzwanzigster Spieler sein 100. Länderspiel.

632. - 13.04.1985 FRG - USA 3:8 (0:3, 3:1, 0:4)
Kaufbeuren, Eisstadion am Berliner Platz; Z: 5.100; SR: Karandin (URS); LR: ? FRG, ? FRG
Schlickenrieder (de Raaf n.e.) - Kießling, U. Hiemer - Blum, Scharf - Kreis, Kretschmer - Medicus, Schuster - U. Krupp - Kuhl, E. Kühnhackl (C), D. Hegen - Heckelsmüller, Höfner, G. Franz - Mörz, Ma. Wolf, Betz - Ahne, Berwanger, A. Kammerer - Roedger*, A. Niederberger
* spielte wegen einer Halsentzündung nicht, aber Einsatz lt. DEB-Statistik
T: 1:3 (27:58) Höfner (Blum) - 2:3 (30:58) D. Hegen (---) - 3:3 (32:09) Betz (Scharf)
S: 9 x 2 Minuten davon Kretschmer 6, Ma. Wolf 4, Medicus 2

50. A-Welt- und 60. Europameisterschaft 1985

Die deutsche Mannschaft belegte den 7. Platz in der Vorrunde. In der Abstiegsrunde bestätigte die Mannschaft diesen WM-Platz 7. In der EM-Wertung war es Platz 5.

VORRUNDE

633'. - 17.04.1985 SWE - FRG 3:2 (1:1, 1:1, 1:0)
Praha, Sportovní hala ČSTV; Z: 9.500; SR: Hood (CAN); LR: Tatíček (TCH), Lipina (TCH)
Friesen (58:52 out; de Raaf n.e.) - Kießling, U. Hiemer - Blum, Scharf - Kreis, A. Niederberger n.e. - Kuhl, E. Kühnhackl (C), D. Hegen - Reindl, Höfner, G. Franz - Roedger, Ma. Wolf, Betz - Ahne, Berwanger, A. Kammerer - Heckelsmüller*
* nicht auf dem offiz. Spielbericht, aber Einsatz lt. DEB-Statistik
T: 1:1 (18:03) Höfner (Blum, Reindl) / 2:2 (39:47) Kreis (G. Franz)
S: Berwanger 2, Kießling 2, E. Kühnhackl 2, Reindl 2

634'. - 18.04.1985 FRG - CAN 0:5 (0:3, 0:1, 0:1)
Praha, Sportovní hala ČSTV; Z: 10.352; SR: Juhola (FIN); LR: Vanhanen (FIN), Karlsson (SWE)
Friesen (de Raaf* n.e.) - Kießling, U. Hiemer - Blum, Scharf - Kreis, A. Niederberger - Kuhl, E. Kühnhackl (C), D. Hegen - Reindl, Höfner, G. Franz - Roedger, Ma. Wolf, Betz - Ahne, Berwanger, A. Kammerer - Heckelsmüller*
* nicht auf dem offiz. Spielbericht, aber Einsatz lt. DEB-Statistik
S: Betz 2, Kießling 2

635'. - 20.04.1985 TCH - FRG 6:1 (2:0, 1:1, 3:0)
Praha, Sportovní hala ČSTV; Z: 14.077; SR: Hood (CAN); LR: Vanhanen (FIN), Karlsson (SWE)
Friesen (de Raaf n.e.) - Kießling, U. Hiemer - Blum, Scharf - Kreis, A. Niederberger - Schuster n.e. - Kuhl, E. Kühnhackl (C), D. Hegen - Reindl, Höfner, G. Franz - Roedger, Ma. Wolf, Betz - Ahne, Berwanger, A. Kammerer - Heckelsmüller n.e.
T: 3:1 (32:56) U. Hiemer (Kießling, Roedger)
S: E. Kühnhackl 2, Reindl 2, Kießling 2, D. Hegen 2, Blum 2

636'. - 21.04.1985 FRG - URS 2:10 (0:7, 1:2, 1:1)
Praha, Sportovní hala ČSTV; Z: 7.850; SR: Lind (SWE); LR: Caban (TCH), Tatíček (TCH)
de Raaf (ab 20:01 Friesen) - Kießling, U. Hiemer - Schuster, Scharf - Kreis, A. Niederberger - Blum n.e. -
Roedger, E. Kühnhackl (C), Ma. Wolf - Reindl, Höfner, G. Franz - Heckelsmüller, D. Hegen, Betz - Ahne,
Berwanger, A. Kammerer - Kuhl n.e.
T: 1:9 (36:00) Reindl (Höfner) / 2:10 (56:44) G. Franz (Reindl)
S: E. Kühnhackl 6, Heckelsmüller 4, Kießling 2

637'. - 23.04.1985 USA - FRG 4:3 (2:1, 1:2, 1:0)
Praha, Zimní stadion Slavia; Z: 3.500; SR: Šubrt (TCH); LR: Lipina (TCH), Karlsson (SWE)
Friesen (de Raaf n.e.) - Kießling, U. Hiemer - Blum, Scharf - Kreis, A. Niederberger - D. Hegen, E. Kühnhackl
(C), A. Kammerer - Reindl, Höfner, G. Franz - Roedger, Ma. Wolf, Betz - Ahne, Berwanger, Heckelsmüller -
Kuhl*
* nicht auf dem offiz. Spielbericht, aber Einsatz lt. DEB-Statistik
T: 0:1 (08:05) D.Hegen (Höfner) / 2:2 (21:39) Reindl (Scharf) - 3:3 (33:15) D. Hegen (U. Hiemer)
S: E. Kühnhackl 6, U. Hiemer 4, A. Kammerer 2, Betz 2, Höfner 2, Scharf 2

638'. - 24.04.1985 FIN - FRG 3:3 (1:0, 1:2, 1:1)
Praha, Sportovní hala ČSTV; Z: 9.115; SR: Hood (CAN); LR: Tatíček (TCH), Lipina (TCH)
Friesen (de Raaf n.e.) - Kießling, A. Niederberger - Blum, Scharf - Kreis, U. Hiemer - D. Hegen, E. Kühnhackl
(C), Heckelsmüller - Reindl, Höfner, G. Franz - Roedger, Ma. Wolf, Betz - Ahne, Berwanger, A. Kammerer -
Kuhl*
* nicht auf dem offiz. Spielbericht, aber Einsatz lt. DEB-Statistik
T: 1:1 (20:47) G. Franz (Blum) - 1:2 (30:16) E. Kühnhackel (D. Hegen) / 3:3 (48:56) D. Hegen (E. Kühnhackl,
Kießling)
S: Reindl 4, U. Hiemer 2, Berwanger 2, D. Hegen 2, Ahne 2, Betz 2

639'. - 26.04.1985 FRG - GDR 6:0 (2:0, 2:0, 2:0)
Praha, Sportovní hala ČSTV; Z: 10.307; SR: Juhola (FIN); LR: Tatíček (TCH), Lipina (TCH)
Friesen (de Raaf n.e.) - Kießling, A. Niederberger - Blum, Scharf - Kreis, U. Hiemer - D. Hegen, E. Kühnhackl
(C), Heckelsmüller - Reindl, Höfner, G. Franz - Roedger, Ma. Wolf, Betz - Ahne, Berwanger, A. Kammerer -
Kuhl*
* nicht auf dem offiz. Spielbericht, aber Einsatz lt. DEB-Statistik
T: 1:0 (05:44) G. Franz (Höfner) - 2:0 (19:04) Reindl (Höfner) / 3:0 (23:48) Ma. Wolf (Kreis) - 4:0 (30:46) A.
Kammerer (D. Hegen) / 5:0 (54:13) Heckelsmüller (E. Kühnhackl) - 6:0 (57:01) A. Kammerer (Ahne)
S: Kießling 4, Betz 2, E. Kühnhackl 2, Scharf 2, Reindl 2

ABSTIEGSRUNDE

640'. - 28.04.1985 FRG - SWE 2:5 (0:0, 1:3, 1:2)
Praha, Sportovní hala ČSTV; Z: 11.300; SR: Karandin (URS); LR: Caban (TCH), Kriška (TCH)
Friesen (de Raaf n.e.) - Kießling, A. Niederberger - Blum, Scharf - Kreis, U. Hiemer - D. Hegen, E. Kühnhackl
(C), Heckelsmüller - Reindl, Höfner, G. Franz - Roedger, Ma. Wolf, Betz - Ahne, Berwanger, A. Kammerer -
Kuhl*
* nicht auf dem offiz. Spielbericht, aber Einsatz lt. DEB-Statistik
T: 1:2 (30:27) Roedger (Ma. Wolf, A. Niederberger) / 2:4 (49:16) Reindl (G. Franz)
S: Reindl 2, U. Hiemer 2, Betz 2, Blum 2

641'. - 30.04.1985 FRG - FIN 5:4 (2:2, 1:1, 2:1)
Praha, Sportovní hala ČSTV; Z: 9.898; SR: Hood (CAN); LR: Tatíček (TCH), Lipina (TCH)
Friesen (de Raaf n.e.) - Kießling, A. Niederberger - Blum, Scharf - Kreis, U. Hiemer - D. Hegen, E. Kühnhackl
(C), Heckelsmüller - Reindl, Höfner, G. Franz - Roedger, Ma. Wolf, Betz - Ahne, Berwanger, A. Kammerer -
Kuhl*
* nicht auf dem offiz. Spielbericht, aber Einsatz lt. DEB-Statistik
T: 1:0 (02:38) Berwanger (A. Niederberger) - 2:1 (08:24) D. Hegen (E. Kühnhackl, Kießling) / 3:3 (27:04) E.
Kühnhackl (Heckelsmüller, D. Hegen) / 4:3 (44:37) D. Hegen (E. Kühnhackl) - 5:4 (48:02) E. Kühnhackl (D.
Hegen, A. Niederberger)
S: Reindl 2, Roedger 2, Scharf 2, Blum 2, U. Hiemer 2, Kießling 2

642'. - 02.05.1985 GDR - FRG 1:4 (0:1, 1:1, 0:2)
Praha, Sportovní hala ČSTV; Z: 11.256; SR: Hood (CAN); LR: Caban (TCH), Lipina (TCH)
Friesen (de Raaf n.e.) - Kießling, A. Niederberger - Blum, Schuster - Kreis, U. Hiemer - D. Hegen, E. Kühnhackl
(C), Heckelsmüller - Reindl, Höfner, G. Franz - Roedger, Ma. Wolf, Betz - Ahne, Berwanger, A. Kammerer -
Kuhl*
* nicht auf dem offiz. Spielbericht, aber Einsatz lt. DEB-Statistik
T: 0:1 (16:58) Betz (Roedger, Kreis) / 0:2 (34:51) U. Hiemer (D. Hegen, Heckelsmüller) / 1:3 (45:00) Kreis
(Höfner) - 1:4 (48:45) Reindl (---)
S: Kießling 2, Blum 2, E. Kühnhackl, Betz 2, Roedger 2, A. Niederberger 2, Höfner 2

1985/86

643. - 19.12.1985 FRG - SUI 7:3 (1:1, 3:0, 3:2)
München, Eishalle im Olympiapark; Z: 2.500; SR: Kozin (URS); LR: Schäufl (FRG), Lichtnecker (FRG)
de Raaf (Kölner EC; Hoppe (Schwenninger ERC) n.e.) - A. Niederberger (SB DJK Rosenheim), **Anton Maidl**
(SB DJK Rosenheim) - Kießling (C - Kölner EC), **Franz-Xaver Müller** (Schwenninger ERC) - Kreis (Mannheimer
ERC), **Michael Schmidt** (Düsseldorfer EG) - Schuster (ESV Kaufbeuren) - Reindl (SB DJK Rosenheim), Höfner
(SB DJK Rosenheim), A. Kammerer (SB DJK Rosenheim) - H. Steiger (Kölner EC), G. Truntschka (Kölner EC),
George Fritz (Schwenninger ERC) - Roedger (Düsseldorfer EG), Ma. Wolf (Düsseldorfer EG), R. Krueger (ECD
Iserlohn) - Ahne (SB DJK Rosenheim), D. Hegen (ESV Kaufbeuren), G. Holzmann (Schwenninger ERC) -
Heckelsmüller (ESV Kaufbeuren)
T: 1:0 (10:31) Reindl (Höfner) / 2:1 (21:31) H. Steiger (Fritz) - 3:1 (31:53) Ma. Wolf (Roedger) - 4:1 (37:51) Reindl
(Höfner, A. Niederberger) / 5:1 (47:21) Ahne (Schuster, G. Holzmann) - 6:1 (48:06) Höfner (Reindl) - 7:2 (54:27)
H. Steiger (G. Truntschka)
S: 8 x 2 Minuten davon G. Truntschka 2, Maidl 2
Kreis absolvierte als siebenundzwanzigster Spieler sein 100. Länderspiel.

644. - 22.12.1985 SUI - FRG 3:8 (1:3, 1:3, 1:2)
Zürich, Hallenstadion; Z: 7.500; SR: Kozin (URS); LR: Erne (AUT), Häusle (AUT)
Hoppe (de Raaf n.e.) - A. Niederberger, Maidl - Kießling (C), F.-X. Müller - Kreis, M. Schmidt - Schuster - Reindl,
Höfner, A. Kammerer - H. Steiger, G. Truntschka, Fritz - Roedger, Ma. Wolf, R. Krueger - Ahne, D. Hegen, G.
Holzmann - Heckelsmüller
T: 0:1 (8.) G. Holzmann (---) - 0:2 (9.) A. Kammerer (Höfner, Maidl) - 1:3 (20.) F.-X. Müller (G. Truntschka) / 2:4
(25.) D. Hegen (G. Holzmann) - 2:5 (28.) R. Krueger (---) - 2:6 (39.) F.-X. Müller (G. Truntschka, H. Steiger) / 2:7
(41.) G. Truntschka (Maidl, Kießling) - 2:8 (43.) Roedger (H. Steiger, Fritz)
S: 6 x 2 Minuten davon Reindl 2, Ma. Wolf 2

645'. - 24.03.1986 FIN - FRG 5:1 (2:0, 2:0, 1:1)
Helsinki, Helsingin jäähalli; Z: 3.404; SR: Tschanz (SUI); LR: Pomoell (FIN), Kaukokari (FIN)
Englbrecht (EV Landshut; ab 53:27 de Raaf) - Kießling (C), U. Krupp (Kölner EC) - Kretschmer (SB DJK
Rosenheim), A. Niederberger - Schuster, M. Schmidt - Blum (SB DJK Rosenheim), Scharf (SB DJK Rosenheim)
- H. Steiger, D. Hegen, Schiller (Kölner EC) - Ahne, Berwanger (SB DJK Rosenheim), A. Kammerer - Roedger,
G. Holzmann, Fritz (ab 40:01 R. Krueger) - Reindl, Heckelsmüller, G. Franz (SB DJK Rosenheim) - F.-X. Müller
T: 4:1 (41:35) Reindl (Blum)
S: Kießling 2, H. Steiger 2, Berwanger 2, Kretschmer 2, Schiller 2, Schuster 2, G. Holzmann 2

646'. - 25.03.1986 FIN - FRG 4:2 (1:0, 2:1, 1:1)
Tampere, Tampereen jäähalli; Z: 4.311; SR: Tschanz (SUI); LR: Lindholm (FIN), Kiviaho (FIN)
de Raaf (Weishaupt (Düsseldorfer EG) n.e.) - Kießling (C), U. Krupp - Kretschmer, A. Niederberger - Schuster,
F.-X. Müller - Blum, Scharf - M. Schmidt - H. Steiger, D. Hegen, Schiller - Ahne, Heckelsmüller, A. Kammerer -
Roedger, G. Holzmann, R. Krueger - Reindl, Fritz, G. Franz
T: 2:1 (29:01) G. Holzmann (---) / 4:2 (48:45) D. Hegen (A. Kammerer)
S: Ahne 4, Reindl 2, Scharf 2, H. Steiger 2, F.-X. Müller 2

647. - 29.03.1986 FRG - URS 4:7 (1:2, 3:1, 0:4)
Düsseldorf, Eisstadion an der Brehmstraße; Z: 6.500; SR: Jalarvo (FIN); LR: ? (FRG), ? (FRG)
Weishaupt (de Raaf n.e.) - Kießling (C), U. Krupp - Blum, Scharf - Kretschmer, A. Niederberger - Schuster, M.
Schmidt - H. Steiger, G. Truntschka, Schiller - Reindl, G. Holzmann, G. Franz - Ahne, Berwanger, A. Kammerer
- Roedger, Fritz, R. Krueger - F.-X. Müller
T: 1:2 (19:38) Schiller (H. Steiger, G. Truntschka) / 2:2 (20:45) H. Steiger (---) - 3:2 (23:32) R. Krueger (M.
Schmidt) - 4:2 (36:40) R. Krueger (Fritz, Roedger)
S: 20 Minuten, davon Kießling 2, H. Steiger 2, U. Krupp 2, Weishaupt 2 (dafür F.-X. Müller auf der Strafbank)

648. - 30.03.1986 FRG - URS 0:9 (0:3, 0:1, 0:5)
Mannheim, Eisstadion am Friedrichspark; Z: 3.833; SR: Jalarvo (FIN); LR: ? (FRG), ? (FRG)
de Raaf (Weishaupt n.e.) - Kießling (C), U. Krupp - Blum, Scharf - Kretschmer, A. Niederberger - Schuster, F.-X. Müller - H. Steiger, G. Truntschka, Schiller - Reindl, G. Holzmann, G. Franz - Ahne, Berwanger, A. Kammerer - Roedger, Fritz, R. Krueger - M. Schmidt
S: 3 x 2 Minuten

649. - 07.04.1986 FRG - CAN 4:4 (2:1, 1:3, 1:0)
München, Eishalle im Olympiapark; Z: 4.600; SR: Jirka (TCH); LR: ? (FRG), ? (FRG)
Weishaupt (de Raaf n.e.) - Kießling (C), U. Krupp - Blum, Scharf - Kretschmer, A. Niederberger - Schuster, M. Schmidt - H. Steiger, G. Truntschka, Schiller - Reindl, G. Holzmann, G. Franz - Ahne, D. Hegen, A. Kammerer - Roedger, Fritz, R. Krueger
T: 1:0 (10.) Schiller (---) - 2:1 (19.) A. Kammerer (A. Niederberger) / 3:2 (28.) A. Kammerer (D. Hegen) / 4:4 (48.) R. Roedger (Fritz, R. Krueger)
S: 22 Minuten
G. Truntschka absolvierte als achtundzwanzigster Spieler sein 100. Länderspiel.

650. - 08.04.1986 FRG - CAN 3:4 (1:2, 1:0, 1:2)
Rosenheim, Frucade-Stadion; Z: 3.200; SR: Jirka (TCH); LR: ? (FRG), ? (FRG)
de Raaf (Weishaupt n.e.) - Kießling (C), U. Krupp - Blum, Scharf - A. Niederberger, Schuster - M. Schmidt - H. Steiger, G. Truntschka, Schiller - Reindl, Höfner, G. Franz - R. Krueger, Fritz, Roedger - Ahne, D. Hegen, A. Kammerer - G. Holzmann, Heckelsmüller
T: 1:2 (16.) G. Truntschka (H. Steiger, Kießling) / 2:2 (28.) Roedger (Krupp, Kießling) / 3:3 (50.) G. Holzmann (G. Franz)
S: 9 x 2 Minuten + U. Krupp 5, G. Truntschka 10 (Disziplinarstrafe)

51. A-Welt- und 61. Europameisterschaft 1986

Die deutsche Mannschaft belegte den 7. Platz in der Vorrunde. In der Abstiegsrunde bestätigte die Mannschaft diesen WM-Platz 7. In der EM-Wertung war es Platz 4.
VORRUNDE

651'. - 12.04.1986 CAN - FRG 8:3 (2:1, 3:0, 3:2)
Moskva, Malaya sportivnaya arena Luzhniki; Z: 9.000; SR: Šubrt (TCH); LR: Vanhanen (FIN), Lundström (SWE)
de Raaf (Weishaupt n.e.) - Kießling (C), U. Krupp - Blum, Scharf - Kretschmer, A. Niederberger - H. Steiger, Truntschka, Schiller - Reindl, Höfner, G. Franz - R. Krueger, Fritz, Roedger - D. Hegen, Ahne, A. Kammerer
T: 0:1 (08:13) U. Krupp (G. Truntschka) / 6:2 (47:39) Kießling (U. Krupp) - 7:3 (59:05) Höfner (Reindl)
S: G. Truntschka 2, Ahne 2, H. Steiger 2, U. Krupp 2, A. Kammerer 2
Kießling absolvierte als fünfter Spieler sein 200. Länderspiel und Weishaupt als neunundzwanzigster Spieler sein 100. Länderspiel.

652'. - 13.04.1986 FRG - TCH 4:3 (0:1, 2:2, 2:0)
Moskva, Malaya sportivnaya arena Luzhniki; Z: 9.000; SR: Jalarvo (FIN); LR: Prusov (URS), Yegorov (URS)
Weishaupt (de Raaf n.e.) - Kießling (C), U. Krupp - Blum, Scharf - Kretschmer, A. Niederberger - H. Steiger, G. Truntschka, Schiller - Reindl, Höfner, G. Franz - R. Krueger, Fritz, Roedger - D. Hegen, Ahne, A. Kammerer
T: 1:1 (33:44) D. Hegen (A. Niederberger) - 2:3 (39:59) H. Steiger (G. Truntschka) / 3:3 (44:33) G. Truntschka (---) - 4:3 (53:46) Kießling (G. Truntschka, H. Steiger)
S: Kretschmer 10 (Disziplinarstrafe), Fritz 4, Kießling 4, Ahne 2, G. Truntschka 2, Scharf 2, D. Hegen 2

653'. - 15.04.1986 USA - FRG 9:2 (5:0, 1:2, 3:0)
Moskva, Malaya sportivnaya arena Luzhniki; Z: 8.000; SR: Karandin (URS); LR: Galinovskiy (URS), Pavlovskiy (URS)
Weishaupt (ab 13:15 de Raaf) - Kießling (C), U. Krupp - Blum, Scharf - Kretschmer, A. Niederberger - H. Steiger, G. Truntschka, Schiller - Reindl, Höfner, G. Franz - R. Krueger, Fritz, Roedger - D. Hegen, Ahne, A. Kammerer
T: 6:1 (34:52) Fritz (R. Krueger, Roedger) - 6:2 (39:26) U. Krupp (Schiller, G. Truntschka)
S: Roedger 4, Ahne 2, G. Truntschka 2, D. Hegen 2, Blum 2, Kretschmer 2

654'. - 16.04.1986 URS - FRG 4:1 (1:0, 1:0, 2:1)
Moskva, Dvorets sporta Luzhniki; Z: 12.000; SR: Banfield (CAN); LR: Lipina (TCH), Gerasimov (BUL)
de Raaf (Weishaupt n.e.) - Kießling (C), A. Niederberger - Blum, Scharf - Kretschmer, Schuster - Fritz, G. Truntschka, G. Holzmann - Reindl, Höfner, G. Franz - Schiller, Roedger, R. Krueger - D. Hegen, Ahne, A. Kammerer
T: 4:1 (56:11) Roedger (A. Niederberger, Kießling)
S: Kretschmer 4, Schiller 4, Kießling 2, Blum 2, Fritz 2, D. Hegen 2, G. Truntschka 2, A. Niederberger 2

655'. - 18.04.1986 SWE - FRG 4:2 (2:1, 0:1, 2:0)
Moskva, Malaya sportivnaya arena Luzhniki; Z: 9.000; SR: Jalarvo (FIN); LR: Vanhanen (FIN), Gerasimov (BUL)
de Raaf (Weishaupt n.e.) - Kießling (C), A. Niederberger - Blum, Scharf - Kretschmer, Schuster - Fritz, G. Truntschka, G. Holzmann - Reindl, Höfner, G. Franz - Roedger, R. Krueger, Schiller - D. Hegen, Ahne, A. Kammerer
T: 0:1 (07:13) Kießling (Roedger) / 2:2 (37:57) Höfner (Ahne)
S: Kießling 4, Schiller 4, Kretschmer 2, Fritz 2, G. Holzmann 2, Höfner 2

656'. - 19.04.1986 FRG - FIN 1:10 (0:3, 1:3, 0:4)
Moskva, Dvorets sporta Luzhniki; Z: 10.000; SR: Karandin (URS); LR: Prusov (URS), Yegerov (URS)
Weishaupt (de Raaf n.e.) - Kießling (C), A. Niederberger - Blum, Scharf - Kretschmer, Schuster - Fritz, G. Truntschka, H. Steiger - Reindl, Höfner, G. Franz - Roedger, R. Krueger, Schiller - D. Hegen, Ahne, A. Kammerer
T: 1:3 (25:10) Fritz (---)
S: Kießling 4, G. Truntschka 2, Reindl 2, Schiller 2, Blum 2, Kretschmer 2

657'. - 21.04.1986 FRG - POL 4:1 (0:0, 3:1, 1:0)
Moskva, Dvorets sporta Luzhniki; Z: 5.000; SR: Banfield (CAN); LR: Prusov (URS), Yegorov (URS)
de Raaf (Weishaupt n.e.) - Kießling (C), A. Niederberger - Blum, Kretschmer - Schuster - Fritz, G. Truntschka, H. Steiger - Reindl, Höfner, G. Franz - D. Hegen, A. Kammerer, Roedger - G. Holzmann, Schiller, Ahne - R. Krueger n.e.
T: 1:0 (22:57) Roedger (Kießling, D. Hegen) - 2:0 (28:50) Schiller (G. Truntschka, H. Steiger) - 3:1 (37:50) G. Truntschka (H. Steiger) / 4:1 (41:49) Reindl (Kretschmer)
S: Reindl 6, Kretschmer 4, Kießling 2, G. Holzmann 2, Blum 2, Fritz 2, Höfner 2, Schuster 2, Roedger 2, D. Hegen 2, H. Steiger 2

ABSTIEGSRUNDE

658'. - 23.04.1986 USA - FRG 5:0 (0:0, 2:0, 3:0)
Moskva, Dvorets sporta Luzhniki; Z: 5.500; SR: Eriksson (SWE); LR: Lundström (SWE), Vanhanen (FIN)
de Raaf (Weishaupt n.e.) - Kießling (C), A. Niederberger - Blum, Scharf - Kretschmer, Schuster - Fritz, G. Truntschka, G. Holzmann - Reindl, Höfner, G. Franz - D. Hegen, Ahne, A. Kammerer - Roedger, H. Steiger, Schiller
S: Kießling 4, G. Truntschka 4, Ahne 2, H. Steiger 2, Blum 2, Kretschmer 2, Fritz 2

659'. - 25.04.1986 FRG - TCH 1:3 (0:0, 1:1, 0:2)
Moskva, Dvorets sporta Luzhniki; Z: 8.150; SR: Jalarvo (FIN); LR: Galinovskiy (URS), Pavlovskiy (URS)
Weishaupt (de Raaf n.e.) - Kießling (C), A. Niederberger - Blum, Scharf - Kretschmer, Schuster - H. Steiger, G. Truntschka, Schiller - Reindl, Höfner, G. Franz - Roedger, Fritz, R. Krueger - Ahne, G. Holzmann, A. Kammerer
T: 1:1 (37:20) G. Truntschka (---)
S: Fritz 2, G. Holzmann 2, Kretschmer 2, H. Steiger 2, Roedger 2, G. Franz 2, Weishaupt 2

660'. - 27.04.1986 POL - FRG 5:5 (1:4, 2:0, 2:1)
Moskva, Dvorets sporta Luzhniki; Z: 8.000; SR: Banfield (CAN); LR: Vanhanen (FIN), Gerasimov (BUL)
de Raaf (Weishaupt n.e.) - Kießling (C), A. Niederberger - Blum, Scharf - Kretschmer, Schuster - H. Steiger, G. Truntschka, Schiller - Reindl, Höfner, G. Franz - Roedger, Fritz, R. Krueger - G. Holzmann, A. Kammerer, D. Hegen
T: 0:1 (03:16) Kretschmer (Höfner) - 0:2 (07:44) G. Truntschka (Höfner, H. Steiger) - 0:3 (12:14) H. Steiger (A. Niederberger) - 1:4 (14:44) Kießling (G. Truntschka, H. Steiger) / 4:5 (49:21) Roedger (A. Kammerer, G. Holzmann)
S: G. Holzmann 4, Roedger 2, Kießling 2, Höfner 2, Kretschmer 2, Schiller 2, Reindl 2

1986/87

Im November 1986 weilte die deutsche Nationalmannschaft in Kanada und bestritt 6 Spiele gegen die Olympia-Auswahl für 1988 des kanadischen Verbandes. Diese Spiele waren zum Zeitpunkt der Austragung keine offiziellen Länderspiele. Die persönlichen Statistiken der Spieler wurden vom DEB auch später nicht korrigiert.

661. - 21.11.1986 CAN (O) - FRG 7:0 (2:0, 4:0, 1:0)
Calgary, Saddledome; Z: 8.900; SR: McCorry (CAN); LR: Norland (CAN), Anderson (CAN)
de Raaf (Kölner EC; Hoppe (Schwenninger ERC) n.e.) - Kießling (C - Kölner EC), A. Niederberger (Düsseldorfer EG) - Kreis (Mannheimer ERC), M. Eggerbauer (Mannheimer ERC) - M. Schmidt (Düsseldorfer EG), Schuster (ESV Kaufbeuren) - Kretschmer (SB DJK Rosenheim), Maidl (SB DJK Rosenheim) - Reil (Mannheimer ERC) - H. Steiger (Kölner EC), G. Truntschka (Kölner EC), Fritz (Schwenninger ERC) - Obresa (Mannheimer ERC), G. Holzmann (Mannheimer ERC), G. Franz (SB DJK Rosenheim) - Kuhl (Mannheimer ERC), P. Draisaitl (Mannheimer ERC), Mörz (ESV Kaufbeuren) - Ahne (SB DJK Rosenheim), Berwanger (SB DJK Rosenheim), A. Kammerer (SB DJK Rosenheim)
S: Berwanger 4, Kießling 4

662. - 23.11.1986 CAN (O) - FRG 11:2 (5:1, 3:0, 3:1)
Red Deer, Mini-Stadion; Z: 1.904; SR: Antoniak (CAN); LR: Beexter (CAN), McNamara (CAN)
Hoppe (Schlickenrieder (Mannheimer ERC) n.e.) - Kießling (C), A. Niederberger - Kreis, M. Eggerbauer - Reil, Schuster - Kretschmer, Maidl - H. Steiger, G. Truntschka, Fritz - Obresa, G. Holzmann, G. Franz - Kuhl, P. Draisaitl, Mörz - Ahne, Berwanger, A. Kammerer
T: 1:1 (05:54) P. Draisaitl (Mörz, Kuhl) / 9:2 (52:19) G. Holzmann (A. Kammerer, Obresa)
S: G. Holzmann 4, Reil 2, Kreis 2, G. Truntschka 2

663. - 24.11.1986 CAN (O) - FRG 7:5 (3:2, 2:1, 2:2)
Lethbridge, Sportsplex; Z: 4.364; SR: Bennett (CAN); LR: ? (CAN), ? (CAN)*
* im offiz. Spielbericht unleserlich
Schlickenrieder (de Raaf n.e.) - Kießling (C), A. Niederberger - Kreis, Kretschmer - Reil, Schuster - H. Steiger, G. Truntschka, A. Kammerer - Obresa, G. Holzmann, G. Franz - Kuhl, P. Draisaitl, Mörz
T: 0:1 (01:43) Kreis (Obresa) - 0:2 (03:54) G. Franz (Obresa, G. Holzmann) / 4:3 (32:07) Kuhl (Reil) / 5:4 (40:55) A. Kammerer (H. Steiger, G. Truntschka) - 6:5 (52:30) Mörz (A. Niederberger)
S: G. Holzmann 2, Niederberger 2, G. Truntschka 2, H. Steiger 2

664. - 26.11.1986 CAN (O) - FRG 3:2 (1:1, 2:1, 0:0)
Fernie, Memorial Arena; Z: 2.000; SR: Broeders (CAN); LR: Brown (CAN), Beninger (CAN)
de Raaf (Hoppe n.e.) - Kießling (C), A. Niederberger - Kretschmer, Maidl - Kreis, M. Eggerbauer (M. Schmidt) - H. Steiger, G. Truntschka, P. Draisaitl - Ahne, Berwanger, Fritz - Obresa, Mörz, G. Franz
T: 0:1 (17:38) P. Draisaitl (G. Truntschka, Kießling) / 2:2 (30:16.) M. Schmidt (Mörz)
S: Kießling 4, Kretschmer 2, G. Franz 2, Mörz 2, Ahne 2, A. Niederberger 2, G. Truntschka 2

665. - 28.11.1986 CAN (O) - FRG 6:3 (2:2, 0:0, 4:1)
Kimberley, Civic Centre Arena; Z: 2.000; SR: Rutsate (CAN); LR: Ogilive (CAN), Biddtec (CAN)
Hoppe (Schlickenrieder n.e.) - Kretschmer, A. Niederberger - Kreis, M. Eggerbauer - Schuster, Reil - H. Steiger, G. Truntschka, A. Kammerer (ab 40.01 Berwanger) - Obresa, G. Holzmann, P. Draisaitl - Ahne, Mörz, Kuhl
T: 0:1 (03:46) Ahne (---) - 0:2 (05:24) Obresa (M. Eggerbauer, G. Holzmann) / 2:3 (48:32.) A. Niederberger (Kretschmer, H. Steiger)
S: Kretschmer 4, P. Draisaitl 2, Reil 2, Schlickenrieder 2 (dafür P. Draisaitl auf der Strafbank), Teamstrafe 2

666. - 29.11.1986 CAN (O) - FRG 9:5 (1:2, 6:2, 2:1)
Trail, Memorial Centre; Z: 1.500; SR: Rutsate (CAN); LR: Savinkoff (CAN), ? (CAN)
Schlickenrieder (de Raaf n.e.) - Kretschmer, A. Niederberger - Kreis, Berwanger (M. Eggerbauer) - Maidl - Schuster, Reil - Obresa, G. Holzmann, P. Draisaitl - Ahne, G. Truntschka, H. Steiger - Kuhl, Mörz, Fritz
T: 0:1 (05:37) Kuhl (Mörz, Reil) - 1:2 (16:47.) Fritz (Berwanger, Ahne) / 1:3 (22:30) Fritz (Ahne, Kretschmer) - 1:4 (24:04.) Kuhl (Mörz) / 8:5 (51:34.) P. Draisaitl (Kuhl)
S: Schuster 2, Maidl 2
H. Steiger absolvierte als dreißigster Spieler sein 100. Länderspiel.

667'. - 26.03.1987 FRG - URS (B) 2:5 (1:2, 1:0, 0:3)
München, Eishalle im Olympiapark; Z: 5.000; SR: Jalarvo (FIN); LR: Weitl (FRG), Lichtnecker (FRG)
de Raaf (Schlickenrieder n.e.) - Kießling (C), A. Niederberger - Medicus (ESV Kaufbeuren), Schuster - Reil, **Jörg Hanft** (Mannheimer ERC) - Kretschmer - H. Steiger, G. Truntschka, G. Franz - Roedger (Düsseldorfer EG), Ma. Wolf (Düsseldorfer EG), **Daniel Held** (ECD Iserlohn) - Ahne, Höfner (SB DJK Rosenheim), A. Kammerer - Kuhl, G. Holzmann, D. Hegen (Kölner EC)
T: 1:0 (04:59) Held (Schuster) / 2:2 (36:00) Höfner (D. Hegen)
S: G. Truntschka 4, Ahne 2, G. Franz 2

668'. - 28.03.1987 FRG - URS (B) 5:2 (2:1, 1:1, 2:0)
Kaufbeuren, Eisstadion am Berliner Platz; Z: 4.451; SR: Jalarvo (FIN); LR: Mayr (FRG), Schaeufl (FRG)
Friesen (SB DJK Rosenheim; de Raaf n.e.) - Kießling (C), A. Niederberger - Medicus, Schuster - Reil, Kretschmer - Kuhl, G. Truntschka, G. Franz - Roedger, Ma. Wolf, Held - Ahne, Höfner, A. Kammerer - Obresa, G. Holzmann, D. Hegen
T: 1:1 (11:35) Höfner (A. Kammerer) - 2:1 (19:22) A. Kammerer (---) / 3:2 (32:50) Ma. Wolf (---) / 4:2 (46:47) Kretschmer (Höfner) - 5:2 (54:57) Obresa (G. Holzmann, D. Hegen)
S: Medicus 4, D. Hegen 4, Kießling 2, Kuhl 2, G. Truntschka 2, G. Holzmann 2
Ma. Wolf absolvierte als einunddreißigster Spieler sein 100. Länderspiel.

669'. - 07.04.1987 FRG - FIN 4:4 (0:2, 1:0, 3:2)
Mannheim, Eisstadion am Friedrichspark; Z: 3.000; SR: Tyszkiewicz (POL); LR: von de Fenn (FRG), Schrills (FRG)
Schlickenrieder (Friesen n.e.) - Kießling (C), A. Niederberger - Kreis, Kretschmer - Medicus, Schuster - Reil, Hanft - H. Steiger, G. Truntschka, G. Franz - Ahne, Höfner, A. Kammerer - Roedger, Ma. Wolf, Held - Kuhl, G. Holzmann, D. Hegen
T: 1:2 (24:37) Roedger (Ma. Wolf, Held) / 2:2 (44:46) Höfner (Kretschmer) - 3:3 (49:55) Roedger (Ma. Wolf) - 4:3 (50:26) Held (Medicus)
S: Kießling 4, Kretschmer 2, Held 2

670'. - 08.04.1987 FRG - FIN 6:5 (2:1, 2:3, 2:1)
Frankfurt am Main, Eissporthalle am Ratsweg; Z: 3.200; SR: Tyszkiewicz (POL); LR: von de Fenn (FRG), Schrills (FRG)
de Raaf (Friesen n.e.; Schlickenrieder n.e.) - Kießling (C), A. Niederberger - Kreis, Kretschmer - Medicus, Schuster - Reil, Hanft - H. Steiger, G. Truntschka, G. Franz - Ahne, Höfner, A. Kammerer - Kuhl, G. Holzmann, D. Hegen - Roedger, Ma. Wolf, Held
T: 1:0 (02:14) Ma. Wolf (Held) - 2:1 (14:22) Medicus (Weitschuss) / 3:3 (31:42) A. Kammerer (Kießling) - 4:4 (36:06) A. Kammerer (---) / 5:4 (40:14) G. Franz (Held, G. Truntschka) - 6:4 (40:35) G. Franz (G. Truntschka, H. Steiger)
S: Kießling 2, Ma. Wolf 2, G. Holzmann 2, D. Hegen 2, Held 2

671. - 11.04.1987 FRG - SWE 4:6 (0:1, 1:3, 3:2)
Rosenheim, Frucade-Stadion; Z: 3.000; SR: Morozov (URS); LR: Lichtnecker (FRG), Mayr (FRG)
Friesen (59:00 out; de Raaf n.e.) - Kießling (C), A. Niederberger - Kreis, Kretschmer - Medicus, Schuster - Reil, Hanft - H. Steiger, G. Truntschka, G. Franz - Ahne, Höfner, A. Kammerer - Kuhl, G. Holzmann, D. Hegen - Roedger, Ma. Wolf, Held
T: 1:4 (38:34) G. Truntschka (H. Steiger, Kießling) / 2:4 (46:36) Held (Ma. Wolf) - 3:5 (54:43) Roedger (Held, Kießling) - 4:5 (56:45) D. Hegen (G. Holzmann)
S: Medicus 6, Kießling 2, Reil 2, G. Holzmann 2

672. - 12.04.1987 FRG - SWE 2:4 (0:1, 0:2, 2:1)
München, Eishalle im Olympiapark; Z: 4.000; SR: Morozov (URS); LR: Lichtnecker (FRG), Mayr (FRG)
de Raaf (Schlickenrieder n.e.) - Kießling (C), A. Niederberger - Kreis, Reil - Medicus, Schuster - Hanft - **Miroslav Sikora** (Kölner EC), G. Truntschka, H. Steiger - Ahne, Höfner, A. Kammerer - G. Holzmann, D. Hegen, G. Franz - Roedger, Ma. Wolf, Held - Kuhl
T: 1:4 (48:10) Höfner (Ahne) - 2:4 (58:50) Kießling (Weitschuss)
S: Kießling 2, G. Truntschka 2, Medicus 2, Ma. Wolf 2, D. Hegen 2, A. Kammerer 2, Held 2, Sikora 2

52. A-Welt- und 62. Europameisterschaft 1987

Die deutsche Mannschaft belegte den 5. Platz in der Vorrunde. In der Abstiegsrunde wurde es dann der WM-Platz 6. In der EM-Wertung war es Platz 5.

VORRUNDE

673'. - 17.04.1987 SWE - FRG 3:0 (2:0, 1:0, 0:0)
Wien, Stadthalle; Z: 4.000; SR: Šubrt (TCH); LR: Prusov (URS), Gerasimov (BUL)
de Raaf (Friesen n.e.) - Kießling (C), A. Niederberger - Kreis, Reil - Medicus, Schuster - Sikora, G. Truntschka, H. Steiger - Ahne, Höfner, A. Kammerer - Kuhl, D. Hegen, G. Franz - Roedger, Ma. Wolf, Held
S: Kreis 2, Schuster 2, H. Steiger 2, Held 2, Teamstrafe 2
D. Hegen und Roedger absolvierten als zwei- bzw. dreiunddreißigster Spieler ihr 100. Länderspiel.

674'. - 18.04.1987 FRG - URS 0:7 (0:0, 0:3, 0:4)
Wien, Donauparkhalle; Z: 2.823; SR: Banfield (CAN); LR: Korentschnig (AUT), Gerasimov (BUL)
Friesen (Schlickenrieder n.e.) - Kießling (C), A. Niederberger - Kreis, Reil - Medicus, Schuster - Sikora, G. Truntschka, H. Steiger - Ahne, Höfner, A. Kammerer - Kuhl, G. Holzmann, G. Franz - Roedger, Ma. Wolf, Held
S: H. Steiger 4, Medicus 4, Kießling 4, G. Holzmann 2, A. Niederberger 2, Sikora 2, Roedger 2

675'. - 20.04.1987 FIN - FRG 1:3 (1:0, 0:3, 0:0)
Wien, Stadthalle; Z: 3.888; SR: Morozov (URS); LR: Prusov (URS), Gerasimov (BUL)
de Raaf (Friesen n.e.) - Kießling (C), A. Niederberger - Kreis, Kretschmer - Medicus, Schuster - Sikora, G. Truntschka, H. Steiger - Ahne, Höfner, A. Kammerer - Kuhl, G. Holzmann, G. Franz - Roedger, Ma. Wolf, Held
T: 1:1 (26:02) Sikora (A. Niederberger) - 1:2 (26:43) Kießling (G. Truntschka) - 1:3 (37:42) H. Steiger (G. Truntschka, Kießling)
S: Höfner 2, G. Truntschka 2, Kretschmer 2, Held 2

676'. - 21.04.1987 FRG - CAN 5:3 (1:0, 3:2, 1:1)
Wien, Stadthalle; Z: 3.203; SR: Šubrt (TCH); LR: Lundström (SWE), Hausner (AUT)
Friesen (Schlickenrieder n.e.) - Kießling (C), A. Niederberger - Kreis, Kretschmer - Medicus, Schuster - Sikora*, G. Truntschka, H. Steiger - Ahne, Höfner, A. Kammerer - Kuhl, G. Holzmann, G. Franz - Roedger, D. Hegen, Held
* Finnland hatte nach der Niederlage gegen Deutschland Protest gegen die Mitwirkung Sikoras eingelegt, da dieser für sein Geburtsland Polen als Junior schon an Weltmeisterschaften teilgenommen hatte. Er durfte daraufhin keine Spiele mehr bei der WM bestreiten.
T: 1:0 (04:09) Sikora (H. Steiger, G. Truntschka) / 2:0 (20:09) H. Steiger (Sikora) - 3:0 (23:21) Held (D. Hegen) - 4:1 (30:23) Roedger (---) / 5:2 (49:24) Kreis (Höfner, A. Kammerer)
S: Kießling 4, A. Niederberger 2, Medicus 2, H. Steiger 2, Höfner 2

677'. - 23.04.1987 USA - FRG 6:4 (0:1, 4:0, 2:3)
Wien, Stadthalle; Z: 4.510; SR: Lindgren (SWE); LR: Lipina (TCH), Prusov (URS)
Friesen (de Raaf n.e.) - Kießling (C), A. Niederberger - Kreis, Kretschmer - Medicus, Schuster - Reil - H. Steiger, G. Truntschka, G. Franz - Ahne, Höfner, A. Kammerer - G. Holzmann, Ma. Wolf, Held - Roedger, D. Hegen
T: 0:1 (02:05) Medicus (Ma. Wolf) / 6:2 (54:20) G. Holzmann (Held) - 6:3 (57:27) Kießling (Weitschuss) - 6:4 (58:09) Kießling (Höfner)
S: Kießling 6, G. Holzmann 4, Höfner 2, Reil 2

678'. - 25.04.1987 FRG - TCH 2:5 (0:1, 2:1, 0:3)
Wien, Stadthalle; Z: 4.968; SR: Banfield (CAN); LR: Prusov (URS), Gerasimov (BUL)
de Raaf (Friesen n.e.) - Kießling (C), A. Niederberger - Kreis, Kretschmer - Medicus, Schuster - Reil n.e. - H. Steiger, G. Truntschka, G. Franz - Ahne, Höfner, A. Kammerer - G. Holzmann, Ma. Wolf, Held - Kuhl n.e., D. Hegen
T: 1:2 (30:19) G. Truntschka (Kießling) - 2:2 (33:18) Ma. Wolf (G. Holzmann, Held)
S: A. Niederberger 4, Höfner 2, Schuster 2, G. Truntschka 2

679'. - 27.04.1987 SUI - FRG 3:4 (1:1, 2:2, 0:1)
Wien, Stadthalle; Z: 4.811; SR: Lindgren (SWE); LR: Lipina (TCH), Gerasimov (BUL)
de Raaf (Friesen n.e.) - Kießling (C), A. Niederberger - Kreis, Kretschmer - Medicus, Schuster - Reil n.e. - H. Steiger, G. Truntschka, D. Hegen - Ahne, Höfner, A. Kammerer - G. Holzmann, Ma. Wolf, Roedger - Held
T: 0:1 (02:31) Kießling (H. Steiger) / 2:2 (25:00) D. Hegen (G. Truntschka) - 3:3 (28:06) Roedger (G. Holzmann) / 3:4 (41:16) H. Steiger (---)
S: Kretschmer 2, Kreis 2, Ma. Wolf 2, D. Hegen 2

ABSTIEGSRUNDE

680'. - 28.04.1987 FRG - SUI 8:1 (4:0, 2:0, 2:1)
Wien, Stadthalle; Z: 4.938; SR: Morozov (URS); LR: Gerasimov (BUL), Korentschnig (AUT)
Friesen (Schlickenrieder n.e.) - Kießling (C), A. Niederberger - Kreis, Kretschmer - Reil, Schuster - Medicus n.e. - H. Steiger, G. Truntschka, D. Hegen - Ahne, Höfner, A. Kammerer - Roedger, Ma. Wolf, Held - G. Holzmann n.e.
T: 1:0 (00:29) G. Truntschka (D. Hegen, H. Steiger) - 2:0 (03:25) D. Hegen (A. Niederberger) - 3:0 (08:28) D. Hegen (G. Truntschka) - 4:0 (13:44) Roedger (Ma. Wolf) / 5:0 (31:47) H. Steiger (G. Truntschka, A. Niederberger) - 6:0 (39:29) Ahne (---) / 7:0 (43:19) Roedger (Reil, Ma. Wolf) - 8:1 (58:49) Kießling (H. Steiger)
S: G. Truntschka 5+2, Höfner 5+2, Kießling 4, H. Steiger 2

681'. - 30.04.1987 USA - FRG 6:3 (2:1, 2:1, 2:1)
Wien, Stadthalle; Z: 5.549; SR: Šubrt (TCH); LR: Lipina (TCH), Prusov (URS)
de Raaf (Schlickenrieder n.e.) - Kießling (C), A. Niederberger - Kreis, Kretschmer - Medicus, Schuster - Reil n.e.
- H. Steiger, G. Truntschka, D. Hegen - Ahne, Höfner, A. Kammerer - Roedger, G. Holzmann, Held - Ma. Wolf
T: 1:1 (05:15) G. Truntschka (Schuster) / 2:2 (23:00) H. Steiger (G. Truntschka) / 6:3 (55:24) Roedger (Held)
S: Kretschmer 5, Höfner 2, Ma. Wolf 2, G. Holzmann 2, A. Niederberger 2, de Raaf 2

682'. - 02.05.1987 FRG - FIN 2:2 (2:1, 0:1, 0:0)
Wien, Stadthalle; Z: 6.392; SR: Banfield (CAN); LR: Lipina (TCH), Prusov (URS)
Friesen (de Raaf n.e.) - Kießling (C), A. Niederberger - Kreis, Kretschmer - Medicus, Schuster - Reil - H. Steiger,
G. Truntschka, D. Hegen - Ahne, Höfner, A. Kammerer - Roedger, G. Holzmann, Held - Ma. Wolf
T: 1:0 (12:01) D. Hegen (H. Steiger, A. Niederberger) - 2:1 (14:11) D. Hegen (Kießling, G. Truntschka)
S: Ma. Wolf 2, Kretschmer 2, G. Holzmann 2, G. Truntschka 2, Medicus 2, D. Hegen 2, A. Niederberger 2, H.
Steiger 2

1987/88

19. Izvestiya-Cup 1987

Die deutsche Mannschaft belegte Platz 6.

683'. - 16.12.1987 URS - FRG 10:1 (5:0, 2:0, 3:1)
Moskva, Dvorets sporta Luzhniki; Z: 11.000; SR: Nässen (SWE); LR: Tolstikov (URS), Shakirov (URS)
de Raaf (Kölner EC; Schlickenrieder (Mannheimer ERC) n.e.) - Kreis (Mannheimer ERC), U. Hiemer
(Düsseldorfer EG) - **Ronald Alexander Fischer** (SB DJK Rosenheim), Kretschmer (SB DJK Rosenheim) -
Kießling (C - Kölner EC), A. Niederberger (Düsseldorfer EG) - Schuster (ESV Kaufbeuren), Medicus (ESV
Kaufbeuren) - Obresa (Mannheimer ERC), G. Holzmann (Mannheimer ERC), P. Draisaitl (Mannheimer ERC) -
Christian Brittig (EV Landshut), Kuhl (Mannheimer ERC), Schiller (Mannheimer ERC) - G. Truntschka (Kölner
EC), H. Steiger (Kölner EC), D. Hegen (Kölner EC) - Roedger (Düsseldorfer EG), G. Franz (SB DJK Rosenheim),
Ma. Wolf (Düsseldorfer EG) - **Bernd Truntschka** (EV Landshut), **Ewald Steiger** (EV Landshut) n.e.
T: 10:1 (59:16) Schiller (---)
S: Medicus 2, Roedger 2, Kretschmer 2, Kreis 2, R. Fischer 2, P. Draisaitl 2

684'. - 17.12.1987 SWE - FRG 3:2 (1:1, 0:0, 2:1)
Moskva, Dvorets sporta Luzhniki; Z: 2.500; SR: Vögtlin (SUI); LR: Yershov (URS), Kozin (URS)
Schlickenrieder (de Raaf n.e.) - Kreis, Schuster - R. Fischer, Kretschmer - Kießling (C), A. Niederberger -
Medicus n.e., *U. Hiemer** - Obresa, G. Holzmann, P. Draisaitl - G. Truntschka, Kuhl, Schiller - H. Steiger, B.
Truntschka, D. Hegen - Roedger, G. Franz, Ma. Wolf - Brittig n.e., E. Steiger n.e.
* *auf dem offiz. Spielbericht, aber kein Einsatz lt. DEB-Statistik*
T: 0:1 (09:45) D. Hegen (---) / 3:2 (57:05) G. Holzmann (Obresa)
S: Kretschmer 2, Obresa 2, H. Steiger 2, G. Truntschka 2

685'. - 19.12.1987 FRG - FIN 2:8 (1:2, 1:4, 0:2)
*Moskva, Sportivniy kompleks Olimpiyskiy; Z: 6.300; SR: Tyszkiewicz (POL); LR: Yershov (URS), Kozin
(URS)*
de Raaf (Schlickenrieder n.e.) - Kreis, U. Hiemer - R. Fischer, Kretschmer - Kießling (C), A. Niederberger -
Schuster, Medicus - Obresa, G. Holzmann, P. Draisaitl - Brittig, Kuhl, Schiller - H. Steiger, B. Truntschka, D.
Hegen - Roedger, G. Franz, Ma. Wolf - E. Steiger, G. Truntschka
T: 1:2 (13:53) D. Hegen (G. Truntschka) / 2:4 (29:05) H. Steiger (---)
S: Roedger 4, R. Fischer 2, Kuhl 2

686. - 20.12.1987 FRG - CAN 1:2 (0:0, 1:1, 0:1)
Moskva, Dvorets sporta Luzhniki; Z: 8.300; SR: Vögtlin (SUI); LR: Yershov (URS), Kozin (URS)
Schlickenrieder (de Raaf n.e.) - R. Fischer, A. Niederberger - Kreis, Kretschmer - Medicus, Schuster - *U. Hiemer**
- H. Steiger, G. Truntschka, D. Hegen - Obresa, G. Holzmann, G. Franz - Roedger, Ma. Wolf, Brittig - Kuhl,
Schiller, B. Truntschka - P. Draisaitl
* *auf dem offiz. Spielbericht, aber kein Einsatz lt. DEB-Statistik*
T: 1:1 (24:57) Kuhl (B. Truntschka)
S: Brittig 2, G. Holzmann 2, Schiller 2

687'. - 22.12.1987 TCH - FRG 3:4 (1:1, 1:0, 1:3)
Moskva, Sportivniy kompleks Olimpiyskiy; Z: 2.000; SR: Tyszkiewicz (POL); LR: Pavlovskiy (URS), Komissarov (URS)
de Raaf (Schlickenrieder n.e.) - Kreis, R. Fischer - Kießling (C), A. Niederberger - Medicus, Schuster - Kretschmer, *U. Hiemer** - H. Steiger, G. Truntschka, D. Hegen - Obresa, G. Holzmann, B. Truntschka - Kuhl, P. Draisaitl, Schiller - Roedger, Ma. Wolf, E. Steiger - G. Franz, Brittig n.e.
* auf dem offiz. Spielbericht, aber kein Einsatz lt. DEB-Statistik
T: 0:1 (10:21) Kießling (Weitschuss) / 2:2 (40:41) D. Hegen (G. Truntschka) - 3:3 (47:49) E. Steiger (R. Fischer, Ma. Wolf) - 3:4 (57:39) D. Hegen (G. Truntschka)
S: D. Hegen 6, R. Fischer 4, G. Holzmann 2, Kreis 2, Kretschmer 2

1. Deutschland-Cup 1987

Die deutsche Mannschaft belegte Platz 2.

688. - 28.12.1987 FRG - POL 5:1 (3:0, 0:1, 2:0)
Stuttgart, Hanns-Martin-Schleyer-Halle; Z: 4.500; SR: Olsson (SWE); LR: Mayr (FRG), Lichtnecker (FRG)
Hoppe (Schwenninger ERC; Friesen (SB DJK Rosenheim) n.e.) - Kießling (C), A. Niederberger - Kreis, Kretschmer - Medicus, Schuster - Reil (SB DJK Rosenheim) - H. Steiger, D. Hegen, Schiller - Obresa, G. Holzmann, G. Franz - Hanft (Manheimer ERC), Ma. Wolf, R. Fischer - Ahne (SB DJK Rosenheim), P. Draisaitl, B. Truntschka - Brittig, A. Kammerer (Berliner SC Preußen)
T: 1:0 (05:55) Kießling (A. Niederberger, H. Steiger) - 2:0 (09:00) A. Niederberger (P. Draisaitl, Ahne) - 3:0 (15:56) G. Franz (G. Holzmann) / 4:1 (51:50) Brittig (R. Fischer) - 5:1 (55:04) H. Steiger (D. Hegen)
S: Kießling 4, Kretschmer 2, G. Holzmann 2, P. Draisaitl 2

689. - 30.12.1987 FRG - TCH 2:3 (1:0, 0:1, 1:2)
Stuttgart, Hanns-Martin-Schleyer-Halle; Z: 7.500; SR: Olsson (SWE); LR: Lichtnecker (FRG), Müller (FRG)
Friesen (Hoppe n.e.) - Kießling (C), A. Niederberger - Kreis, Kretschmer - Medicus, Schuster - Reil - H. Steiger, G. Truntschka, D. Hegen - Obresa, G. Holzmann, G. Franz - Roedger, Ma. Wolf, R. Fischer - Brittig, P. Draisaitl, B. Truntschka - Schiller, Ahne, Hanft - A. Kammerer
T: 1:0 (11:28) P. Draisaitl (Ahne) / 2:1 (40:14) G. Truntschka (D. Hegen)
S: H. Steiger 2+10 (Disziplinarstrafe), Kretschmer 2, Roedger 2, G. Holzmann 2, D. Hegen 2, R. Fischer 2

03.02.1988 FRG - Bundesliga-All-Stars 6:8 (2:1, 1:3, 2:1, Penaltyschiessen 1:3)
Düsseldorf, Eisstadion an der Brehmstraße; Z: 8.500; SR: Kompalla (FRG); LR: Böhm (FRG), Erhard (FRG)
Friesen (de Raaf n.e.) - Kießling (C), A. Niederberger - Kreis, Kretschmer - Medicus, Schuster - Roedger, Ma. Wolf, Brittig - Obresa, G. Holzmann, G. Franz - Schiller, G. Truntschka, D. Hegen - B. Truntschka, P. Draisaitl, R. Fischer
T: 1:0 (06:45) Schuster (---), 2:0 (11:16) Obresa (G. Holzmann, G. Franz) / 3:3 (30:43) A. Niederberger (G. Holzmann, G. Franz) / 4:4 (43:22) Ma. Wolf (Medicus), 5:5 (56:52) G. Franz (G. Holzmann, Obresa)
PS: 5:6 BL - 5:6 G. Holzmann (vergeben) - 5:7 BL - 5:7 Obresa (vergeben) - 5:7 BL (vergeben) - 6:7 G. Truntschka - 6:8 BL - 6:8 Brittig (vergeben)
S: 3 x 2 Minuten

690'. - 10.02.1988 FRG - FIN 4:2 (1:1, 3:0, 0:1)
Lethbridge, Canada Games Sportsplex; Z: 2.294; SR: West (CAN); LR: ?, ?*
* im offiz. Spielbericht keine Linienrichter aufgeführt
Friesen (de Raaf n.e.) - Kießling (C), A. Niederberger - Medicus, Schuster - Kretschmer, Reil - Kreis - H. Steiger, G. Truntschka, D. Hegen - Obresa, G. Holzmann, G. Franz - Roedger, Schiller, R. Fischer - Brittig, Ma. Wolf, P. Draisaitl - B. Truntschka
T: 1:1 (14:10) G. Holzmann (Obresa) / 2:1 (31:29) D. Hegen (G. Truntschka, H. Steiger) - 3:1 (36:23) H. Steiger (D. Hegen) - 4:1 (39:37) G. Truntschka (---)
S: D. Hegen 2, A. Niederberger 2, H. Steiger 2, R. Fischer 2, Ma. Wolf 2

15. Olympische Winterspiele 1988 - Eishockeyturnier

Die deutsche Mannschaft belegte in ihrer Vorrundengruppe den 2. Platz. Damit qualifizierte sich die Mannschaft
für die Finalrunde. Am Ende belegte das deutsche Team den 5. Platz.

VORRUNDE - GRUPPE B

691'. - 13.02.1988 TCH - FRG 1:2 (1:0, 0:1, 0:1)
Calgary, Olympic Saddledome; Z: 3.000; SR: Banfield (CAN); LR: Porter (CAN), Brousseau (CAN)
Friesen (Schlickenrieder n.e.) - Kießling (C), A. Niederberger - Kreis, Kretschmer - Medicus, Schuster - Reil - H.
Steiger, G. Truntschka, D. Hegen - Obresa, G. Holzmann, G. Franz - Roedger, Schiller, R. Fischer - B.
Truntschka, P. Draisaitl, Brittig - Ma. Wolf
T: 1:1 (25:39) H. Steiger (G. Truntschka) / 1:2 (52:59) Schiller (Roedger, R. Fischer)
S: Kießling 2, Roedger 2, G. Holzmann 2, P. Draisaitl 2, G. Franz 2, Schiller 2, Kretschmer 2

692'. - 15.02.1988 NOR - FRG 3:7 (0:2, 1:3, 2:2)
Calgary, Olympic Saddledome; Z: 4.000; SR: Koskinen (FIN); LR: Porter (CAN), Brousseau (CAN)
de Raaf (Friesen n.e.) - Kießling (C), A. Niederberger - Kreis, Kretschmer - Reil, Schuster - H. Steiger, G.
Truntschka, D. Hegen - Obresa, G. Holzmann, G. Franz - Roedger, Schiller, R. Fischer - B. Truntschka, P.
Draisaitl, Brittig - Medicus*, Ma. Wolf
* nicht auf dem offiz. Spielbericht, aber Einsatz lt. DEB-Statistik
T: 0:1 (05:45) G. Franz (Obresa) - 0:2 (08:46) G. Truntschka (Kießling, H. Steiger) / 0:3 (20:31) H. Steiger (D.
Hegen, G. Truntschka) - 1:4 (27:11) G. Truntschka (H. Steiger) - 1:5 (36:07) G. Holzmann (Weitschuss) / 2:6
(51:18) Brittig (---) - 2:7 (54:27) Kießling (G. Holzmann)
S: Kießling 6, Reil 4, D. Hegen 2, Obresa 2, Schuster 2, R. Fischer 2, G. Franz 2, Kretschmer 2, B. Truntschka
2, Schiller 2

693'. - 17.02.1988 FRG - AUT 3:1 (1:1, 1:0, 1:0)
Calgary, Stampede Corral; Z: 6.000; SR: Morozov (URS); LR: Brousseau (CAN), Lundby (NOR)
Friesen (Schlickenrieder n.e.) - Kießling (C), A. Niederberger - Kreis, Kretschmer - Medicus, Schuster - H.
Steiger, G. Truntschka, D. Hegen - Obresa, Schiller, G. Franz - Roedger, Ma. Wolf, R. Fischer - B. Truntschka,
P. Draisaitl, Brittig
T: 1:1 (08:51) G. Truntschka (Kießling) / 2:1 (20:38) H. Steiger (A. Niederberger, D. Hegen) / 3:1 (42:57) Obresa
(G. Franz, Kreis)
S: Kießling 4, Schuster 4, P. Draisaitl 2, D, Hegen 2, H. Steiger 2, Kretschmer 2

694'. - 19.02.1988 FRG - URS 3:6 (1:2, 1:2, 1:2)
Calgary, Olympic Saddledome; Z: 16.000; SR: LaRue (USA); LR: Vanhanen (FIN), Porter (CAN)
Schlickenrieder (Friesen n.e.) - Kießling (C), A. Niederberger - Kreis, Kretschmer - Medicus, Schuster - Reil - H.
Steiger, G. Truntschka, D. Hegen - Obresa, Schiller, G. Franz - Roedger, Ma. Wolf, R. Fischer - B. Truntschka,
P. Draisaitl, Brittig
T: 1:2 (12:27) Schiller (Kießling, B. Truntschka) / 2:3 (30:02) G. Franz (---) / 3:6 (59:52) D. Hegen (Kreis, G.
Truntschka)
S: Schuster 4, Kießling 2, Kretschmer 2, G. Truntschka 2, R. Fischer 2

695'. - 21.02.1988 FRG - USA 4:1 (2:0, 0:0, 2:1)
Calgary, Olympic Saddledome; Z: 18.000; SR: Lind (SWE); LR: Brosseau (CAN), Tatíček (TCH)
Friesen (Schlickenrieder n.e.) - Kießling (C), A. Niederberger - Kreis, Kretschmer - Medicus, Schuster - Reil -
Schiller, G. Truntschka, D. Hegen - Obresa, G. Holzmann, G. Franz - Roedger, Ma. Wolf, Brittig - B. Truntschka,
P. Draisaitl, R. Fischer, H. Steiger*
* nicht auf dem offiz. Spielbericht, aber Einsatz lt. DEB-Statistik
T: 1:0 (11:19) D. Hegen (G. Truntschka, Schiller) - 2:0 (14:32) R. Fischer (P. Draisaitl, Kießling) / 3:0 (42:12)
Obresa (G. Franz, G. Holzmann) - 4:1 (59:09) Roedger (G. Truntschka)
S: G. Holzmann 4, A. Niederberger 2, Kießling 2, G. Truntschka 2, Teamstrafe 2 (dafür A. Niederberger auf der
Strafbank)

FINALRUNDE

696'. - 24.02.1988 FIN - FRG 8:0 (3:0, 3:0, 2:0)
Calgary, Olympic Saddledome; Z: 18.000; SR: Lind (SWE); LR: Horne (USA), Prusov (URS)
Friesen (de Raaf n.e.) - Kießling (C), A. Niederberger - Kreis, Kretschmer - Medicus, Schuster - Reil - H. Steiger,
G. Truntschka, D. Hegen - Obresa, Schiller, G. Franz - Roedger, Ma. Wolf, Brittig - B. Truntschka, P. Draisaitl,
R. Fischer
S: G. Franz 2

697'. - 26.02.1988 FRG - CAN 1:8 (0:1, 1:4, 0:3)
Calgary, Olympic Saddledome; Z: 14.000; SR: Vögtlin (SUI); LR: Vanhanen (FIN), Górski (POL)
Schlickenrieder (ab 31:21 Friesen) - Kießling (C), A. Niederberger - Kreis, Kretschmer - Medicus, Schuster - Reil
- H. Steiger, G. Truntschka, D. Hegen - Obresa, Schiller, G. Franz - Roedger, Ma. Wolf, Brittig - B. Truntschka,
P. Draisaitl, R. Fischer
T: 1:1 (25:45) D. Hegen (G. Truntschka)
S: Kießling 2, G. Franz 2, G. Truntschka 2, Schuster 2, Roedger 2

698'. - 28.02.1988 FRG - SWE 2:3 (1:0, 1:1, 0:2)
Calgary, Olympic Saddledome; Z: 16.000; SR: LaRue (USA); LR: Prusov (URS), Korentschnig (AUT)
Friesen (59:20 out; Schlickenrieder n.e.) - Kießling (C), A. Niederberger - Kreis, Kretschmer - Medicus, Schuster
- Reil - H. Steiger, G. Truntschka, D. Hegen - Obresa, Schiller, G. Franz - Roedger, Ma. Wolf, Brittig - B.
Truntschka, P. Draisaitl, R. Fischer - G. Holzmann
T: 1:0 (11:45) D. Hegen (H. Steiger, G. Truntschka) / 2:0 (23:40) D. Hegen (Kießling, H. Steiger)
S: G. Truntschka 4, Obresa 2, Kießling 2, Schiller 2, R. Fischer 2
Reil absolvierte als vierunddreißigster Spieler sein 100. Länderspiel.

1988/89

699. - 02.09.1988 FRG - SWE 4:3 (1:1, 1:0, 2:2)
Garmisch-Partenkirchen, Olympia-Eisstadion; Z: 5.900; SR: Vögtlin (SUI); LR: Lichtnecker (FRG), Müller (FRG)
Friesen (SB DJK Rosenheim; **Klaus Merk** (Berliner SC Preußen) n.e.) - Kießling (C - Kölner EC), A.
Niederberger (Düsseldorfer EG) - Kreis (Mannheimer ERC), U. Hiemer (Düsseldorfer EG) - **Robert Sterflinger**
(Kölner EC), Schuster (ESV Kaufbeuren) - H. Steiger (Kölner EC), G. Truntschka (Kölner EC), D. Hegen (Kölner
EC) - Obresa (Mannheimer ERC), G. Holzmann (Berliner SC Preußen), G. Franz (SB DJK Rosenheim) -
Andreas Brockmann (Düsseldorfer EG), P. Draisaitl (Mannheimer ERC), A. Kammerer (Berliner SC Preußen)
- Roedger (Düsseldorfer EG), Ma. Wolf (Düsseldorfer EG), B. Truntschka (EV Landshut) - **Klaus Micheller**
(Berliner SC Preußen), **Andreas Pokorny** (Kölner EC)
T: 1:1 (17:10) H. Steiger (D. Hegen, G. Truntschka) / 2:1 (28:32) H. Steiger (G. Truntschka) / 3:2 (44:11) D.
Hegen (Kießling) - 4:3 (58:22) Obresa (P. Draisaitl, U. Hiemer)
S: B. Truntschka 4, A. Niederberger 2, U. Hiemer 2, Roedger 2

700. - 04.09.1988 FRG - SWE 1:4 (1:0, 0:1, 0:3)
Dortmund, Westfalenhalle; Z: 8.500; SR: Vögtlin (SUI); LR: ? FRG, ? FRG
Schlickenrieder (Mannheimer ERC; Merk n.e.) - Kießling (C), A. Niederberger - Kreis, U. Hiemer - Pokorny (ab
40:01 Micheller), Schuster - H. Steiger, G. Truntschka, D. Hegen - Obresa, G. Holzmann, G. Franz - Brockmann,
P. Draisaitl, A. Kammerer - Roedger, Ma. Wolf, B. Truntschka
T: 1:0 (01:06) G. Holzmann (---)
S: Kreis 2, G. Holzmann 2, D. Hegen 2, B. Truntschka 2

701. - 13.12.1988 SWE - FRG 5:1 (2:0, 2:1, 1:0)
Uppsala, Gränby Ishaller; Z: 3.500; SR: Lípa (TCH); LR: Tatíček (TCH), Janíček (TCH)
Friesen (Hoppe (Schwenninger ERC) n.e.) - Kießling (C), A. Niederberger - R. Fischer (SB DJK Rosenheim),
Michael Heidt (Schwenninger ERC) - Medicus (ESV Kaufbeuren), Pokorny - **Bernd Wagner** (EV Landshut),
Hanft (Mannheimer ERC) - H. Steiger, G. Truntschka, D. Hegen - Obresa, G. Holzmann, G. Franz - **Dieter
Willmann** (Schwenninger ERC), P. Draisaitl, A. Kammerer - Roedger, Fritz (Schwenninger ERC), Held (SG
Eintracht Frankfurt) - Berwanger (SB DJK Rosenheim)
T: 3:1 (34:10) Kießling (G. Truntschka)
S: R. Fischer 4, D. Hegen 2, Held 2

702. - 14.12.1988 SWE - FRG 3:5 (0:1, 2:1, 1:3)
Stockholm, Globe Arena; Z: 4.500; SR: Lípa (TCH); LR: Tatíček (TCH), Janíček (TCH)
Hoppe (Schlickenrieder n.e.) - Kießling (C), A. Niederberger - R. Fischer, Pokorny - Medicus, Heidt - B. Wagner,
Hanft - H. Steiger, G. Truntschka, D. Hegen - Obresa, G. Holzmann, G. Franz - Willmann, P. Draisaitl, A.
Kammerer - Roedger, Berwanger, Fritz - Held
T: 0:1 (08:25) Roedger (Fritz) / 0:2 (25:21) G. Truntschka (Kießling) / 3:3 (51:07) G. Truntschka (D. Hegen) - 3:4
(52:15) Held (Heidt) - 3:5 (58:10) R. Fischer (G. Holzmann, Obresa)
S: G. Holzmann 4, B. Wagner 2, A. Kammerer 2, D. Hegen 2, Medicus 2

703. - 16.12.1988 NOR - FRG 1:5 (1:2, 0:1, 0:2)
Asker, Askerhallen; Z: 1.000; SR: Koskinen (FIN); LR: ? (NOR), ? (NOR)
Schlickenrieder (Friesen n.e.) - Kießling (C), A. Niederberger - R. Fischer, Pokorny - Medicus, Heidt - B. Wagner, Hanft - H. Steiger, G. Truntschka, D. Hegen - Obresa, G. Holzmann, G. Franz - Held, P. Draisaitl, A. Kammerer - Roedger, Berwanger, Fritz - Willmann
T: 0:1 (10:22) H. Steiger (G. Truntschka) - 1:2 (16:45) Held (P. Draisaitl, A. Kammerer) / 1:3 (33:44) D. Hegen (A. Niederberger) / 1:4 (48:01) P. Draisaitl (A. Kammer, Held) - 1:5 (55:23) Kießling (G. Truntschka)
S: Kießling 2, R. Fischer 2
Friesen absolvierte als fünfunddreißigster Spieler sein 100. Länderspiel.

704. - 17.12.1988 NOR - FRG 4:1 (1:0, 2:1, 1:0)
Lillehammer, Kristins Hall; Z: 3.600; SR: Koskinen (FIN); LR: ? (NOR), ? (NOR)
Friesen (Hoppe n.e.) - R. Fischer (C), A. Niederberger - Medicus, Heidt - B. Wagner, Hanft - Pokorny - Obresa, G. Holzmann, G. Franz - Willmann, P. Draisaitl, A. Kammerer - Roedger, Berwanger, Held - Fritz
T: 1:1 (25:22) P. Draisaitl (Willmann)
S: Berwanger 6, G. Holzmann 4, Held 4, Roedger 2, P. Draisaitl 2, R. Fischer 2, B. Wagner 2
A. Niederberger absolvierte als sechsunddreißigster Spieler sein 100. Länderspiel.

2. Deutschland-Cup 1988
Die deutsche Mannschaft belegte Platz 2.

705. - 27.12.1988 FRG - POL 5:1 (2:0, 2:0, 1:1)
Stuttgart, Hanns-Martin-Schleyer-Halle; Z: 5.000; SR: Nässen (SWE); LR: Lichtnecker (FRG), Pfahler (FRG)
Hoppe (Schlickenrieder n.e.) - Kießling (C), A. Niederberger - Kreis, U. Hiemer - R. Fischer, Pokorny - Medicus, Hanft (ab 40:01 B. Wagner) - H. Steiger, G. Truntschka, D. Hegen - Obresa, **Harald Birk** (Berliner SC Preußen), Willmann - Brittig (EV Landshut), P. Draisaitl, A. Kammerer - Roedger, Berwanger, G. Franz
T: 1:0 (03:51) G. Truntschka (---) - 2:0 (15:50) G. Franz (Hanft, Berwanger) / 3:0 (26:20) Kießling (Weitschuss) - 4:0 (28:46) G. Franz (Berwanger) / 5:1 (55:45) H. Birk (Willmann)
S: Roedger 2, Obresa 2
Kießling absolvierte als erster Spieler sein 250. Länderspiel.

706'. - 29.12.1988 FRG - URS (B)* 2:5 (2:3, 0:2, 0:0)
* Spartak Moskva verstärkt mit Torwart Myshkin (Dinamo Moskva), zum Zeitpunkt der Austragung kein offizielles Länderspiel
Stuttgart, Hanns-Martin-Schleyer-Halle; Z: 6.000; SR: Nässen (SWE); LR: Schrills (FRG), Tursas (FRG)
Schlickenrieder (**Joseph Heiß** (Kölner EC) n.e.) - Kießling (C), A. Niederberger - Kreis, U. Hiemer - R. Fischer, Pokorny - Medicus, Hanft - B. Wagner - H. Steiger, G. Truntschka, D. Hegen - Obresa, H. Birk, Willmann - Brittig, P. Draisaitl, A. Kammerer - Roedger, Berwanger, G. Franz
T: 1:0 (00:27) Kießling (G. Truntschka) - 2:1 (11:17) Obresa (U. Hiemer)
S: Roedger 4, H. Steiger 2, Berwanger 2

707. - 30.12.1988 FRG - SUI 8:7 (3:0, 3:4, 2:3)
Stuttgart, Hanns-Martin-Schleyer-Halle; Z: 4.500; SR: Nässen (SWE); LR: Lichtnecker (FRG), Pfahler (FRG)
Hoppe (ab 40:01 Heiß) - R. Fischer, A. Niederberger - Kreis (C), U. Hiemer - B. Wagner, Hanft - Medicus, Pokorny - H. Steiger, G. Truntschka, D. Hegen - Obresa, H. Birk, Willmann - Brittig, P. Draisaitl, A. Kammerer - Roedger, Berwanger, G. Franz
T: 1:0 (08:24) R. Fischer (G. Truntschka, Brittig) - 2:0 (10:16) P. Draisaitl (A. Kammerer, Hanft) - 3:0 (19:39) U. Hiemer (R. Fischer) / 4:1 (31:51) Roedger (P. Draisaitl) - 5:3 (36:25) Roedger (Pokorny) - 6:3 (38:55) Obresa (Willmann) / 7:4 (45:24) Kreis (H. Birk) - 8:7 (59:42) Obresa (P. Draisaitl)
S: U. Hiemer 4, Berwanger 2

03.01.1989 FRG - Bundesliga-All-Stars 4:5 (1:1, 1:3, 2:1)
Bad Tölz; Eissporthalle an der Peter-Freisl-Straße; Z: 6.000; SR: Kompalla (FRG); LR: Würth (FRG), Ondertoller (FRG)
Friesen (ab 40:01 Schlickenrieder) - R. Fischer, A. Niederberger - Kreis (C), U. Hiemer - Medicus, Pokorny - B. Wagner, Hanft - H. Steiger, G. Truntschka, D. Hegen - A. Kammerer, H. Birk, Willmann - Obresa, P. Draisaitl, Brittig - Roedger, Berwanger, G. Franz
T: 1:0 (8.) H. Steiger (G. Truntschka, D. Hegen) / 2:1 (24.) Roedger (Berwanger) / 3:5 (50.) Obresa (G. Franz) - 4:5 (51.) D. Hegen (---)
S: 3 x 2 Minuten

708'. - 01.04.1989 FRG - URS 4:5 (0:3, 0:1, 4:1)
München, Eishalle im Olympiapark; Z: 3.500; SR: Lípa (TCH); LR: Pfahler (FRG), Weitl (FRG)
Schlickenrieder (Hoppe n.e.) - Kießling (C), A. Niederberger - R. Fischer, Kreis - B. Wagner, M. Schmidt (Düsseldorfer EG) - Pokorny - H. Steiger, G. Truntschka, D. Hegen - Obresa, G. Holzmann, G. Franz - Ahne (SB DJK Rosenheim), Berwanger, A. Kammerer - Roedger, P. Draisaitl, H. Birk - Brittig
T: 1:4 (42:35) A. Kammerer (Ahne) - 2:4 (47:46) Ahne (Berwanger, Pokorny) - 3:5 (57:49) A. Niederberger (G. Truntschka) - 4:5 (58:32) Ahne (---)
S: G. Truntschka 4, R. Fischer 4, H. Steiger 2, D. Hegen 2, Pokorny 2

709'. - 02.04.1989 FRG - URS 2:5 (2:2, 0:3, 0:0)
Köln, Eisstadion an der Lentstraße; Z: 4.500; SR: Lípa (TCH); LR: Tursas (FRG), Schutz (FRG)
Hoppe (ab 40:01 Schlickenrieder) - Kießling (C), A. Niederberger - R. Fischer, Kreis - B. Wagner, M. Schmidt, Pokorny - H. Steiger, G. Truntschka, D. Hegen - Obresa, G. Holzmann, G. Franz - Ahne, Berwanger, A. Kammerer - Roedger, P. Draisaitl, Brittig - H. Birk
T: 1:1 (01:55) A. Kammerer (Ahne, Berwanger) - 2:2 (12:11) G. Truntschka (A. Niederberger)
S: G. Holzmann 4, Roedger 2, D. Hegen 2, A. Niederberger 2, M. Schmidt 2

710. - 06.04.1989 FRG - CAN 3:7 (2:1, 0:3, 1:3)
Stuttgart, Hanns-Martin-Schleyer-Halle; Z: 5.332; SR: Morozov (URS); LR: ? (FRG), ? (FRG)
Friesen (ab 40:01 Hoppe) - Kießling (C), A. Niederberger - Kreis, U. Hiemer - R. Fischer, M. Schmidt - B. Wagner, Pokorny - H. Steiger, G. Truntschka, D. Hegen - Obresa, G. Holzmann, G. Franz - Ahne, Berwanger, A. Kammerer - Roedger, P. Draisaitl, H. Birk - Brittig
T: 1:1 (15:50) H. Birk (---) - 2:1 (17:18) D. Hegen (Kießling) / 3:7 (58:34) H. Steiger (---)
S: D. Hegen 2, Berwanger 2

711. - 07.04.1989 FRG - CAN 4:2 (0:1, 1:0, 3:1)
Frankfurt am Main, Eissporthalle am Ratsweg; Z: 6.000; SR: Morozov (URS); LR: Schäfer (FRG), Tursas (FRG)
Friesen (Schlickenrieder n.e.) - Kießling (C), A. Niederberger - Kreis, U. Hiemer - B. Wagner, M. Schmidt - R. Fischer, Pokorny - H. Steiger, G. Truntschka, D. Hegen - Obresa, G. Holzmann, G. Franz - Ahne, Berwanger, A. Kammerer - Roedger, P. Draisaitl, H. Birk
T: 1:1 (29:34) Ahne (Berwanger) / 2:1 (46:22) G. Franz (P. Draisaitl) - 3:1 (56:31) A. Niederberger (G. Truntschka) - 4:2 (59:24) H. Steiger (G. Truntschka, Kießling)
S: Kießling 2, Roedger 2, Ahne 2, P. Draisaitl 2, R. Fischer 2

53. A-Welt- und 63. Europameisterschaft 1989

Die deutsche Mannschaft belegte den 8. Platz in der Vorrunde. In der Abstiegsrunde wurde es dann der WM-Platz 7. In der EM-Wertung war es Platz 6.

VORRUNDE

712'. - 15.04.1989 TCH - FRG 3:3 (0:1, 1:2, 2:0)
Stockholm, Globe Arena; Z: 8.948; SR: Vögtlin (SUI); LR: Lärking (SWE), Enestedt (SWE)
Friesen (Schlickenrieder n.e.) - Kießling (C), A. Niederberger - Kreis, U. Hiemer - B. Wagner, M. Schmidt - H. Steiger, G. Truntschka, D. Hegen - Obresa, G. Holzmann, G. Franz - Ahne, Berwanger, A. Kammerer - Roedger, R. Fischer, P. Draisaitl
T: 0:1 (11:58) D. Hegen (G. Truntschka) / 1:2 (36:35) A. Kammerer (Berwanger) - 1:3 (37:33) G. Truntschka (---)
S: G. Holzmann 5, A. Kammerer 2, U. Hiemer 2, Roedger 2

713'. - 16.04.1989 URS - FRG 5:1 (1:0, 2:0, 2:1)
Södertälje, Scaniarinken; Z: 3.565; SR: Mäkelä (FIN); LR: Ekhagen (SWE), Enestedt (SWE)
Schlickenrieder (Hoppe n.e.) - Kießling (C), A. Niederberger - Kreis, U. Hiemer - B. Wagner, M. Schmidt - H. Steiger, G. Truntschka, D. Hegen - G. Franz, R. Fischer, Obresa - A. Kammerer, Berwanger, Ahne - Roedger, P. Draisaitl, H. Birk
T: 3:1 (46:41) U. Hiemer (Kreis)
S: R. Fischer 4, U. Hiemer 2, H. Birk 2, Obresa 2

714'. - 18.04.1989 SWE - FRG 3:3 (1:1, 2:0, 0:2)
Stockholm, Globe Arena; Z: 13.850; SR: Morley (CAN); LR: Tatíček (TCH), Galinovskiy (URS)
Friesen (Hoppe n.e.) - Kießling (C), A. Niederberger - Kreis, U. Hiemer - B. Wagner, M. Schmidt - H. Steiger, G. Truntschka, D. Hegen - R. Fischer, G. Holzmann, G. Franz - Ahne, Berwanger, A. Kammerer - Roedger, P. Draisaitl, H. Birk
T: 1:1 (18:01) G. Franz (---) / 3:2 (45:26) G. Holzmann (Kreis) - 3:3 (59:23) U. Hiemer (D. Hegen)
S: Berwanger 4, U. Hiemer 2, Kießling 2, G. Truntschka 2, Ahne 2, D. Hegen 2

715'. - 19.04.1989 FRG - CAN 2:8 (1:2, 1:3, 0:3)
Stockholm, Globe Arena; Z: 10.832; SR: Morozov (URS); LR: Lundström (SWE), Ekhagen (SWE)
Friesen (Schlickenrieder n.e.) - Kießling (C), A. Niederberger - Kreis, U. Hiemer - M. Schmidt, Pokorny - H. Steiger, G. Truntschka, D. Hegen - R. Fischer, G. Holzmann, G. Franz - Ahne, Berwanger, A. Kammerer - Roedger, P. Draisaitl, Obresa
T: 1:0 (08:32) R. Fischer (Kreis) / 2:3 (24:36) G. Truntschka (D. Hegen, A. Niederberger)
S: G. Truntschka 2, A. Niederberger 2, Kießling 2

716'. - 21.04.1989 FRG - USA 4:7 (0:0, 3:4, 1:3)
Södertälje, Scaniarinken; Z: 4.760; SR: Lípa (TCH); LR: Tatíček (TCH), Górski (POL)
Friesen (Schlickenrieder n.e.) - Kießling (C), A. Niederberger - Kreis, U. Hiemer - B. Wagner, M. Schmidt - H. Steiger, G. Truntschka, D. Hegen - R. Fischer, G. Holzmann, G. Franz - Ahne, Berwanger, A. Kammerer - Roedger, H. Birk, Obresa
T: 1:3 (26:48) Berwanger (---) - 2:3 (31:33) G. Franz (R. Fischer, G. Holzmann) - 3:4 (39:25) Kießling (H. Steiger, G. Truntschka) / 4:6 (54:58) D. Hegen (---)
S: D. Hegen 4, Berwanger 4, Kießling 2, H. Birk 2, G. Franz 2

717'. - 23.04.1989 POL - FRG 5:3 (2:3, 3:0, 0:0)
Stockholm, Globe Arena; Z: 4.532; SR: Lind (SWE); LR: Tatíček (TCH), Galinovskiy (URS)
Schlickenrieder (59:35 out; Hoppe n.e.) - Kießling (C), A. Niederberger - Kreis, U. Hiemer - B. Wagner, M. Schmidt - H. Steiger, G. Truntschka, D. Hegen - R. Fischer, G. Holzmann, G. Franz - Ahne, Berwanger, A. Kammerer - Roedger, H. Birk, Obresa
T: 1:1 (10:11) G. Truntschka (D. Hegen) - 1:2 (15:41) H. Birk (B. Wagner) - 2:3 (17:34) H. Birk (M. Schmidt)
S: Kießling 4, G. Truntschka 4, H. Steiger 4, Obresa 2, G. Holzmann 2

718'. - 25.04.1989 FIN - FRG 3:1 (2:1, 1:0, 0:0)
Stockholm, Globe Arena; Z: 10.212; SR: Morozov (URS); LR: Galinovskiy (URS), Górski (POL)
Friesen (59:45 out; Schlickenrieder n.e.) - Kießling (C), A. Niederberger - U. Hiemer, M. Schmidt - Kreis, Pokorny - H. Steiger, G. Truntschka, D. Hegen - Roedger, G. Holzmann, G. Franz - Ahne, Berwanger, A. Kammerer - R. Fischer, P. Draisaitl, H. Birk
T: 1:1 (06:03) Ahne (A. Kammerer)
S: G. Truntschka 2, M. Schmidt 2, R. Fischer 2

ABSTIEGSRUNDE
719'. - 26.04.1989 FIN - FRG 3:0 (2:0, 1:0, 0:0)
Stockholm, Globe Arena; Z: 4.832; SR: Lípa (TCH); LR: Tatíček (TCH), Galinovskiy (URS)
Friesen (Schlickenrieder n.e.) - Kießling (C), A. Niederberger - U. Hiemer, M. Schmidt - Kreis, Pokorny - H. Steiger, G. Truntschka, D. Hegen - Ahne, Berwanger, A. Kammerer - R. Fischer, G. Holzmann, G. Franz - Roedger n.e., H. Birk n.e., Obresa* n.e.
* auf dem offiz. Spielbericht, aber kein Einsatz lt. DEB-Statistik
S: D. Hegen 4, G. Holzmann 2, G. Franz 2, G. Truntschka 2, M. Schmidt 2

720'. - 28.04.1989 USA - FRG 4:3 (2:2, 1:0, 1:1)
Stockholm, Globe Arena; Z: 5.527; SR: Lind (SWE); LR: Tatíček (TCH), Galinovskiy (URS)
Friesen (Schlickenrieder n.e.) - Kießling (C), A. Niederberger - U. Hiemer, M. Schmidt - Kreis, Pokorny - H. Steiger, G. Truntschka, D. Hegen - R. Fischer, G. Holzmann, G. Franz - Ahne, Berwanger, A. Kammerer - Roedger, P. Draisaitl, H. Birk
T: 2:1 (10:27) A. Niederberger (G. Truntschka, H. Steiger) - 2:2 (11:50) A. Kammerer (Kreis) / 3:3 (49:53) Kießling (Weitschuss)
S: P. Draisaitl 2, Kreis 2, U. Hiemer 2, Kießling 2, D. Hegen 2

721'. - 30.04.1989 FRG - POL 2:0 (0:0, 1:0, 1:0)
Stockholm, Globe Arena; Z: 9.214; SR: Morozov (URS); LR: Lundström (SWE), Ekhagen (SWE)
Friesen (Schlickenrieder n.e.) - Kießling (C), A. Niederberger - U. Hiemer, M. Schmidt - Kreis, Pokorny - H. Steiger, G. Truntschka, D. Hegen - R. Fischer, G. Holzmann, G. Franz - Ahne, Berwanger, A. Kammerer - Roedger n.e., H. Birk, Obresa n.e.
T: 1:0 (20:59) R. Fischer (G. Holzmann) / 2:0 (43:54) G. Franz (U. Hiemer)
S: D. Hegen 4, Ahne 4, G. Truntschka 2

Nach der Saison überarbeitete der DEB seine Länderspielstatistik. Dabei wurden die persönlichen Statistiken der Spieler wie immer nicht korrigiert.
Gestrichen wurden folgende Spiele gegen B-Mannschaften:
FIN 541+560+561, SWE 544+545, TCH 498+499+500+519+520+521, URS 501+502+517+518+564+565
Außerdem gestrichen, die Spiele 89+92+100.
Alle diese Annullierungen wurden schon 1992 wieder zurückgenommen.
Neu aufgenommen wurden die Spiele bei den Europameisterschaften 1910 - 1914.

1989/90

722. - 04.09.1989 FRG - SWE 3:3 (2:2, 1:1, 0:0)
Garmisch-Partenkirchen, Olympia-Eisstadion; Z: 4.200; SR: Frey (SUI); LR: Kunz (SUI), Clemençon (SUI)
Friesen (SB DJK Rosenheim; Schlickenrieder (Mannheimer ERC) n.e.) - Kießling (C - Kölner EC), A.
Niederberger (Düsseldorfer EG) - Kreis (Mannheimer ERC), U. Hiemer (Düsseldorfer EG) - R. Fischer (SB DJK
Rosenheim), Pokorny (Kölner EC) - B. Wagner (EV Landshut), **Stephan Sinner** (SG Eintracht Frankfurt) - H.
Steiger (Kölner EC), G. Truntschka (Düsseldorfer EG), D. Hegen (Düsseldorfer EG) - H. Birk (Berliner SC
Preußen), G. Holzmann (Berliner SC Preußen), G. Franz (SB DJK Rosenheim) - Ahne (SB DJK Rosenheim),
Berwanger (SB DJK Rosenheim), **Raimond Hilger** (SB DJK Rosenheim) - Willmann (Düsseldorfer EG), P.
Draisaitl (Mannheimer ERC), A. Kammerer (Berliner SC Preußen) - **Andreas Lupzig** (Kölner EC)
T: 1:0 (01:09) G. Franz (G. Holzmann) - 2:1 (17:46) G. Franz (---) / 3:3 (37:40) P. Draisaitl (---)
S: Berwanger 4, R. Fischer 2

723. - 05.09.1989 FRG - SWE 2:1 (0:0, 1:0, 1:1)
München, Eishalle im Olympiapark; Z: 2.500; SR: Frey (SUI); LR: Kunz (SUI), Clemençon (SUI)
Schlickenrieder (de Raaf (Düsseldorfer EG) n.e.) - Kießling (C), A. Niederberger - Kreis, U. Hiemer - R. Fischer,
Pokorny - Sinner - Willmann, G. Truntschka, D. Hegen - H. Birk, G. Holzmann, A. Kammerer - Ahne, Berwanger,
Hilger - Lupzig, P. Draisaitl, **Thomas Brandl** (Kölner EC)
T: 1:0 (21:58) D. Hegen (Willmann, Kießling) / 2:1 (57:44) Berwanger (D. Hegen)
S: G. Truntschka 4, D. Hegen 2, R. Fischer 2, Sinner 2

2. Nissan-Cup 1989

Die deutsche Mannschaft belegte Platz 3.

724'. - 08.11.1989 FRG - FIN 5:4 (1:1, 4:0, 0:3)
Zürich, Hallenstadion; Z: 976; SR: Bertolotti (SUI); LR: Kunz (SUI), Stalder (SUI)
de Raaf (Heiß (Kölner EC) n.e.) - Kießling (C), Pokorny - A. Niederberger, U. Hiemer - Micheller (Berliner SC
Preußen), B. Wagner - Lupzig, Brandl, **Ernst Köpf jr.** (Kölner EC) - Willmann, D. Hegen, B. Truntschka
(Düsseldorfer EG) - H. Birk, G. Holzmann, A. Kammerer - Brockmann (Düsseldorfer EG), P. Draisaitl, Brittig (EV
Landshut)
T: 1:0 (17:38) U. Hiemer (A. Niederberger, H. Birk) / 2:1 (21:11) A. Niederberger (Willmann) - 3:1 (25:32) H. Birk
(---) - 4:1 (29:20) H. Birk (Pokorny) - 5:1 (39:12) Brockmann (P. Draisaitl)
S: Lupzig 4, Brandl 2

725. - 09.11.1989 SUI - FRG 8:2 (2:0, 4:1, 2:1)
Zürich, Hallenstadion; Z: 2.976; SR: Yegorov (URS); LR: Clémençon (SUI), Schmid (SUI)
de Raaf (ab 40:01 Merk (Berliner SC Preußen)) - Kießling (C), Pokorny - A. Niederberger, U. Hiemer - Micheller,
B. Wagner - Lupzig, Brandl, E. Köpf jr. - Willmann, D. Hegen, B. Truntschka - H. Birk, G. Holzmann, A. Kammerer
- Brockmann, P. Draisaitl, Brittig
T: 5:1 (36:48) G. Holzmann (A. Kammerer) / 7:2 (44:42) A. Niederberger (P. Draisaitl)
S: Micheller 2+10 (Disziplinarstrafe), U. Hiemer 4, Kießling 2, G. Holzmann 2, B. Wagner 2

726. - 12.12.1989 SWE - FRG 5:1 (1:0, 1:0, 3:1)
Göteborg, Scandinavium; Z: 6.782; SR: Hansen (NOR); LR: Ekman (SWE), ? (SWE)
Merk (Heiß n.e.) - Kießling (C), Pokorny - A. Niederberger, Sterflinger (Kölner EC) - Kreis, B. Wagner - Lupzig,
Brockmann, E. Köpf jr. - Ahne, Berwanger, Hilger - H. Birk, P. Draisaitl, A. Kammerer - Sinner, B. Truntschka,
Micheller
T: 4:1 (51:41) Berwanger (Ahne)
S: Kießling 2, Kreis 2, P. Draisaitl 2, Sterflinger 2, Brockmann 2, B. Wagner 2

727. - 13.12.1989 SWE - FRG 6:1 (1:0, 3:1, 2:0)
Södertälje, Scaniarinken; Z: 2.196; SR: Hansen (NOR); LR: Enestedt (SWE), Kärking (SWE)
Heiß (Merk n.e.) - Kießling (C), Pokorny - A. Niederberger, Sterflinger - Kreis, B. Wagner - Lupzig, Brockmann,
E. Köpf jr. - Ahne, Berwanger, Hilger - H. Birk, P. Draisaitl, A. Kammerer - Sinner, B. Truntschka, Micheller
T: 1:1 (23:26) Brockmann (Kießling)
S: P. Draisaitl 4, Berwanger 2, H. Birk 2, Hilger 2

21. Izvestiya-Cup 1989

Die deutsche Mannschaft belegte Platz 5.

728'. - 16.12.1989 URS - FRG 6:1 (3:0, 0:0, 3:1)

Moskva, Dvorets sporta Luzhniki; Z: 8.000; SR: Lípa (TCH); LR: Komissarov (URS), Pavlovskiy (URS)

Merk (Heiß n.e.) - Kießling (C), Pokorny - Kreis, B. Wagner - **Stefan Steinecker** (Berliner SC Preußen), Micheller - Sinner, Sterflinger - B. Truntschka, G. Truntschka, D. Hegen - **Jürgen Trattner** (SB DJK Rosenheim), Berwanger, Hilger - H. Birk, A. Kammerer, P. Draisaitl - Lupzig, Brockmann, Brittig - **Anton Krinner** (Mannheimer ERC)

T: 6:1 (54:52) Hilger (B. Wagner)

S: Berwanger 5+10 (Disziplinarstrafe), Sterflinger 2, Kießling 2, Sinner 2, A. Kammerer 2, Hilger 2, P. Draisaitl 2

729'. - 17.12.1989 CAN - FRG 2:2 (0:0, 0:2, 2:0)

Moskva, Sportivniy kompleks Olimpiyskiy; Z: 2.200; SR: Morozov (URS); LR: Komissarov (URS), Pavlovskiy (URS)

Heiß (de Raaf n.e.) - Kießling (C), Pokorny - Kreis, B. Wagner - Steinecker, Micheller - Sinner, Sterflinger - B. Truntschka, G. Truntschka, D. Hegen - Trattner, Brittig, Hilger - H. Birk, P. Draisaitl, A. Kammerer - Lupzig, Brockmann, Krinner

T: 0:1 (21:10) Trattner (Brittig) - 0:2 (38:39) B. Wagner (D. Hegen)

S: Lupzig 4, Micheller 2, G. Truntschka 2, Sterflinger 2

730'. - 19.12.1989 FIN - FRG 9:2 (5:1, 2:1, 2:0)

Moskva, Dvorets sporta Luzhniki; Z: 3.000; SR: Lípa (TCH); LR: Razumovich (URS), Bervenskiy (URS)

de Raaf (Merk n.e.) - Kießling (C), Pokorny - Kreis, B. Wagner - Steinecker, Micheller - Sinner, Sterflinger - B. Truntschka, G. Truntschka, D. Hegen - Trattner, Berwanger, Hilger - H. Birk, Brittig, A. Kammerer - Lupzig, Brockmann, Krinner - P. Draisaitl

T: 2:1 (02:47) G.Truntschka (D. Hegen, Pokorny) / 5:2 (22:16) Trattner (Kreis, Berwanger)

S: Micheller 4, B. Wagner 2, Trattner 2

731'. - 20.12.1989 FRG - SWE 3:2 (0:1, 1:1, 2:0)

Moskva, Dvorets sporta Luzhniki; Z: 1.000; SR: Morozov (URS); LR: Balin (URS), Zainutdinov (URS)

Merk (de Raaf n.e.) - Kießling (C), Pokorny - Kreis, B. Wagner - Sinner, Sterflinger - Micheller - B. Truntschka, G. Truntschka, D. Hegen - Trattner, Berwanger, Hilger - H. Birk, P. Draisaitl, A. Kammerer - Lupzig, Brockmann, Brittig - Krinner

T: 1:1 (21:32) Trattner (B. Wagner, Hilger) / 2:2 (47:24) P. Draisaitl (---) - 3:2 (55:12) Hilger (---)

S: D. Hegen 2, Sterflinger 2, Pokorny 2, Hilger 2

732'. - 22.12.1989 TCH - FRG 5:0 (2:0, 1:0, 2:0)

Moskva, Sportivniy kompleks Olimpiyskiy; Z: 1.000; SR: Kaisla (FIN); LR: Balin (URS), Zainutdinov (URS)

Heiß (Merk n.e.) - Kießling (C), Pokorny - Kreis, B. Wagner - Steinecker, Micheller - Sinner, Sterflinger - B. Truntschka, G. Truntschka, D. Hegen - Trattner, Berwanger, Hilger - H. Birk, A. Kammerer, P. Draisaitl - Lupzig, Brockmann, Brittig - Krinner

S: Lupzig 2, H. Birk 2, Brockmann 2, Hilger 2, Sinner 2, Brittig 2

733. - 06.04.1990 FRG - CAN 4:8 (1:2, 0:1, 3:5)

Berlin, Eissporthalle an der Jafféstraße; Z: 3.600; SR: Morozov (URS); LR: Awizus (FRG), ? (FRG)

Merk (de Raaf n.e.) - Kreis, A. Niederberger - U. Hiemer, M. Schmidt (Düsseldorfer EG) - Kießling (C), Pokorny - Sterflinger, **Heinrich Schiffl** (SB DJK Rosenheim) - Willmann, G. Truntschka, D. Hegen - B. Truntschka, G. Holzmann, H. Birk - H. Steiger, Brandl, Lupzig - Trattner, Berwanger, Hilger

T: 1:1 (12:19) Lupzig (Pokorny) / 2:4 (43:23) A. Niederberger (G. Truntschka, Willmann) - 3:5 (47:29) D. Hegen (G. Truntschka) - 4:6 (51:08) Willmann (M. Schmidt)

S: G. Truntschka 2, Brandl 2

734. - 08.04.1990 FRG - CAN 2:6 (1:2, 1:2, 0:2)

Frankfurt am Main, Eissporthalle am Ratsweg; Z: 3.500; SR: Morozov (URS); LR: ? (FRG), ? (FRG)

de Raaf (Heiß n.e.) - Kreis, A. Niederberger - U. Hiemer, M. Schmidt - Kießling (C), Pokorny - Sterflinger, Schiffl - Willmann, G. Truntschka, D. Hegen - B. Truntschka, G. Holzmann, H. Birk - H. Steiger, P. Draisaitl, Lupzig - Trattner, Berwanger, Hilger - Brandl

T: 1:0 (04:12) D. Hegen (G. Truntschka) / 2:3 (34:25) D. Hegen (A. Niederberger, G. Truntschka)

S: U. Hiemer 2, G. Holzmann 2, D. Hegen 2, M. Schmidt 2, Hilger 2, Lupzig 2

735. - 11.04.1990 FRG - USA 1:0 (0:0, 1:0, 0:0)
Augsburg, Curt-Frenzel-Stadion; Z: 5.500; SR: Vögtlin (SUI); LR: Schindler (FRG), ? (FRG)
de Raaf (ab 40:01 Merk) - Kreis, A. Niederberger - Sterflinger, M. Schmidt - Kießling (C), Pokorny - Willmann, D. Hegen, Brittig - B. Truntschka, G. Holzmann, H. Birk - H. Steiger, Brandl, Lupzig - Trattner, P. Draisaitl, Hilger - Schiffl
T: 1:0 (25:04) M. Schmidt (Willmann, Brittig)
S: G. Holzmann 10 (Disziplinarstrafe), B. Truntschka 4, Willmann 4, Kreis 2, Brittig 2, Sterflinger 2, Brandl 2

736. - 12.04.1990 FRG - USA 4:5 (3:3, 1:1, 0:1)
Garmisch-Partenkirchen, Olympia-Eisstadion; Z: 4.200; SR: Vögtlin (SUI); LR: Wilhelm (FRG), ? (FRG)
Heiß (Merk n.e.) - Kreis, B. Wagner - Sterflinger, M. Schmidt - Kießling (C), Pokorny - Schiffl - Willmann, Brittig, A. Kammerer - B. Truntschka, G. Holzmann, H. Birk - H. Steiger, Brandl, Lupzig - Trattner, P. Draisaitl, Hilger
T: 1:1 (03:15) Kießling (Kreis, Hilger) - 2:3 (16:42) Kießling (Lupzig, Pokorny) - 3:3 (19:50) Pokorny (Kießling, H. Steiger) / 4:3 (20:10) H. Steiger (---)
S: G. Holzmann 2, B. Truntschka 2, Brittig 2, Willmann 2, H. Birk 2, Brandl 2, Trattner 2

54. A-Welt- und 64. Europameisterschaft 1990

Die deutsche Mannschaft belegte den 8. Platz in der Vorrunde. In der Abstiegsrunde wurde es dann der WM-Platz 7. In der EM-Wertung war es Platz 6.

VORRUNDE

737'. - 16.04.1990 CAN - FRG 5:1 (4:1, 1:0, 0:0)
Fribourg, Patinoire de Saint-Léonard; Z: 6.132; SR: Morozov (URS); LR: Shakirov (URS), Järvelä (FIN)
de Raaf (Merk n.e.) - Kießling (C), A. Niederberger - U. Hiemer, M. Schmidt - Kreis, Pokorny - H. Steiger, G. Truntschka, D. Hegen - H. Birk, G. Holzmann, Hilger - B. Truntschka, P. Draisaitl, Brittig - Willmann, Brandl, Lupzig - A. Kammerer*
* nicht auf dem offiz. Spielbericht, aber Einsatz lt. DEB-Statistik
T: 4:1 (16:18) H. Steiger (Kießling, G. Truntschka)
S: H. Birk 2, Kreis 2, Teamstrafe 2 (dafür D. Hegen auf der Strafbank)

738'. - 17.04.1990 FRG - URS 2:5 (1:2, 1:2, 0:1)
Bern, Eisstadion Allmend; Z: 5.771; SR: Hansen (NOR); LR: Bell (CAN), Rouspetr (TCH)
Merk (Heiß n.e.) - Kießling (C), A. Niederberger - U. Hiemer, M. Schmidt - Kreis, Pokorny - H. Steiger, G. Truntschka, D. Hegen - H. Birk, G. Holzmann, Hilger - B. Truntschka, Brittig, A. Kammerer - Willmann, Brandl, Lupzig
T: 1:1 (12:51) H. Steiger (Nachschuss) / 2:3 (32:54) G. Truntschka (M. Schmidt)
S: Brandl 4, U. Hiemer 2, Brittig 2, Lupzig 2, M. Schmidt 2, H. Birk 2, B. Truntschka 2

739'. - 19.04.1990 SWE - FRG 6:0 (1:0, 3:0, 2:0)
Bern, Eisstadion Allmend; Z: 6.911; SR: Gaudet (CAN); LR: Järvelä (FIN), Shakirov (URS)
de Raaf (Merk n.e.) - Kießling (C), A. Niederberger - U. Hiemer, M. Schmidt - U. Krupp (Buffalo Sabres), Kreis - H. Steiger, G. Truntschka, D. Hegen - H. Birk, G. Holzmann, Hilger - B. Truntschka, Brittig, A. Kammerer - Willmann, Brandl, Lupzig
S: G. Truntschka 4, D. Hegen 2, U. Hiemer 2, H. Birk 2, U. Krupp 2
U. Hiemer absolvierte als siebenunddreißigster Spieler sein 100. Länderspiel.

740'. - 20.04.1990 TCH - FRG 3:0 (1:0, 0:0, 2:0)
Fribourg, Patinoire de Saint-Léonard; Z: 5.950; SR: Piotrowski (USA); LR: Järvelä (FIN), Clémençon (SUI)
Merk (de Raaf n.e.) - Kießling (C), A. Niederberger - U. Hiemer, M. Schmidt - Kreis, U. Krupp* - H. Steiger, G. Truntschka, D. Hegen - B. Truntschka, G. Holzmann, H. Birk - Lupzig, Brandl, Hilger - Willmann, P. Draisaitl, A. Kammerer
* U. Krupp wurde nach dem Spiel zum Dopingtest ausgelost und positiv getestet. Es folgte eine 18-monatige Sperre für internationale Spiele.
S: G. Holzmann 4, Kreis 2, D. Hegen 2, H. Steiger 2, Hilger 2, Kießling 2

741'. - 22.04.1990 USA - FRG 6:3 (2:0, 3:0, 1:3)
Bern, Eisstadion Allmend; Z: 10.704; SR: Olsson (SWE); LR: Enestedt (SWE), Ekhagen (SWE)
Merk (de Raaf n.e.) - Kießling (C), A. Niederberger - U. Hiemer, M. Schmidt - Kreis, Pokorny - H. Steiger, G. Truntschka, D. Hegen - B. Truntschka, G. Holzmann, H. Birk - Lupzig, Brandl, Hilger - Willmann, P. Draisaitl, A. Kammerer
T: 5:1 (47:31) Kießling (G. Truntschka, Willmann) - 5:2 (49:59) Kießling (G. Truntschka, Willmann) - 5:3 (50:18) G. Truntschka (H. Steiger, Willmann)
S: G. Truntschka 5, Lupzig 4, Hilger 4, G. Holzmann 2, Brandl 2, Kießling 2

742'. - 23.04.1990 FRG - FIN 2:4 (1:0, 1:0, 0:4)
Bern, Eisstadion Allmend; Z: 3.718; SR: Morozov (URS); LR: Bell (CAN), Benedetto (USA)
de Raaf (Merk n.e.) - Kießling (C), A. Niederberger - U. Hiemer, M. Schmidt - Kreis, Pokorny - H. Steiger, G. Truntschka, D. Hegen - B. Truntschka, G. Holzmann, Brittig - Lupzig, Brandl, A. Kammerer - Willmann n.e., P. Draisaitl n.e.
T: 1:0 (17:08) M. Schmidt (G. Truntschka) / 2:0 (21:51) B. Truntschka (Brandl)
S: G.Truntschka 4, A. Kammerer 2, Brittig 2, D. Hegen 2, Lupzig 2, Brandl 2
A. Kammerer absolvierte als achtunddreißigster Spieler sein 100. Länderspiel.

743'. - 25.04.1990 NOR - FRG 7:3 (3:1, 4:1, 0:1)
Bern, Eisstadion Allmend; Z: 2.980; SR: Mäkelä (FIN); LR: Benedetto (USA), Rouspetr (TCH)
Merk (12:58-20:48 und 21:46-60:00 de Raaf) - Kießling (C), A. Niederberger - U. Hiemer, M. Schmidt - Kreis, Pokorny - H. Steiger, G. Truntschka, D. Hegen - B. Truntschka, G. Holzmann, Brittig - Lupzig, Brandl, Hilger - Willmann, P. Draisaitl, A. Kammerer
T: 2:1 (11:24) D. Hegen (G. Truntschka) / 5:2 (29:06) G. Truntschka (U. Hiemer, M. Schmidt) / 7:3 (55:10) A. Niederberger (P. Draisaitl)
S: G. Holzmann 2+10+2+10 (zweimal Disziplinarstrafe), Brittig 4, B. Truntschka 2, A. Niederberger 2, Pokorny 2, Lupzig 2, H. Steiger 2, U. Hiemer 2, Willmann 2, Hilger 2, Teamstrafe 2 (dafür B. Truntschka auf der Strafbank)

ABSTIEGSRUNDE

> Der erkrankte Bundestrainer Xaver Unsinn wurde in der Abstiegsrunde von seinem Assistenten Erich Kühnhackl vertreten.

744'. - 27.04.1990 USA - FRG 5:3 (1:0, 2:1, 2:2)
Bern, Eisstadion Allmend; Z: 4.061; SR: Morozov (URS); LR: Clémençon (SUI), Rouspetr (TCH)
de Raaf (Merk n.e.) - A. Niederberger, M. Schmidt - U. Hiemer, Kreis - Kießling (C), Pokorny - B. Truntschka, G. Truntschka, D. Hegen - Willmann, G. Holzmann, Hilger - H. Steiger, Brandl, Lupzig - P. Draisaitl, A. Kammerer, Brittig*
* Brittig auf dem offiz. Spielbericht, aber kein Einsatz lt. DEB-Statistik
T: 1:1 (22:13) H. Steiger (---) / 3:2 (43:11) Hilger (G. Truntschka) - 4:3 (56:20) M. Schmidt (A. Niederberger)
S: G. Holzmann 2, M. Schmidt 2, Kießling 2, Brandl 2

745'. - 29.04.1990 FIN - FRG 1:1 (0:0, 0:1, 1:0)
Bern, Eisstadion Allmend; Z: 4.500; SR: Olsson (SWE); LR: Benedetto (USA), Rouspetr (TCH)
de Raaf (Merk n.e.) - A. Niederberger, M. Schmidt - U. Hiemer, Kreis - Kießling (C), Pokorny - B. Truntschka, G. Truntschka, D. Hegen - Hilger, G. Holzmann, H. Birk - H. Steiger, Brandl, Lupzig - Willmann n.e., A. Kammerer n.e., Brittig* n.e.
* Brittig auf dem offiz. Spielbericht, aber kein Einsatz lt. DEB-Statistik
T: 0:1 (36:40) Pokorny (Lupzig, Brandl)
S: Hilger 4, A. Niederberger 2, Kießling 2, G. Truntschka 2, Lupzig 2

746'. - 01.05.1990 FRG - NOR 4:0 (2:0, 2:0, 0:0)
Bern, Eisstadion Allmend; Z: 7.548; SR: Gaudet (CAN); LR: Bell (CAN), Benedetto (USA)
de Raaf (Merk n.e.) - A. Niederberger, M. Schmidt - U. Hiemer, Kreis - Kießling (C), Pokorny - B. Truntschka, G. Truntschka, D. Hegen - Hilger, G. Holzmann, H. Birk - H. Steiger, Brandl, Lupzig - Willmann, P. Draisaitl, A. Kammerer
T: 1:0 (08:48) A. Niederberger (D. Hegen, M. Schmidt) - 2:0 (13:56) Lupzig (Kießling) / 3:0 (32:49) G. Truntschka (A. Niederberger, Kreis) - 4:0 (35:58) Hilger (G. Holzmann)
S: D. Hegen 2, Kießling 2, Pokorny 2, Kreis 2, H. Birk 2

1990/91

> neue gleichberechtigte Bundestrainer Ladislav Olejník (TCH) und Erich Kühnhackl

747. - 21.07.1990 FRG - SUI 2:2 (2:1, 0:1, 0:0)
Füssen, BLZ-Arena; Z: 3.500; SR: Lípa (TCH); LR: Schimm (SUI), Trainer (FRG)
Heiß (Kölner EC; ab 29:14 **Peter Franke** (Mannheimer ERC)) - Kießling (C - Kölner EC), Pokorny (Kölner EC) - Sinner (SB DJK Rosenheim), Schiffl (SB DJK Rosenheim) - **Ladislav Strompf** (SG Eintracht Frankfurt), B. Wagner (EV Landshut) - Micheller (Berliner SC Preußen), **Marco Rentzsch** (Berliner SC Preußen) - E. Köpf jr. (Kölner EC), Brandl (Kölner EC), Krinner (Mannheimer ERC) - Trattner (SB DJK Rosenheim), **Michael Pohl** (SB DJK Rosenheim), Hilger (SB DJK Rosenheim) - B. Truntschka (Düsseldorfer EG), **Thomas Schinko** (EV Landshut), **Günter Oswald** (EV Landshut) - **Michael Rumrich** (SG Eintracht Frankfurt), **Thomas Werner** (Düsseldorfer EG), **Oliver Kasper** (Düsseldorfer EG) - **Ulrich Liebsch** (Kölner EC)
T: 1:0 (1.) Brandl (E. Köpf jr., Krinner) - 2:0 (9.) G. Oswald (Liebsch, B. Truntschka)
S: Brandl 6, E. Köpf jr. 4, Strompf 4, Liebsch 2, Rentzsch 2, Kießling 2

2. Goodwill Games 1990 - Eishockeyturnier

Die deutsche Mannschaft belegte in ihrer Vorrundengruppe den 4. Platz. Damit erreichte die Mannschaft nur die Platzierungsrunde. Dort verlor sie das Halbfinale und gewann dann aber das Spiel um Platz 7.

VORRUNDE - GRUPPE A

748'. - 28.07.1990 URS - FRG 3:0 (1:0, 1:0, 1:0)
Kennewick, Tri-Cities Coliseum; Z: 4.157; SR: Galvin (USA); LR: Barden (USA), Janíček (TCH)
Heiß (Franke n.e.) - Kießling (C), Pokorny - Sinner, Schiffl - Strompf, B. Wagner - Rentzsch, Micheller - E. Köpf jr., B. Truntschka, G. Oswald - Trattner, Kasper, Hilger - Krinner, Werner, M. Pohl - Liebsch, **Tobias Abstreiter** (EV Landshut), M. Rumrich
S: Trattner 5+25 (Matchstrafe), Sinner 6, E. Köpf jr. 4, Micheller 2, Schiffl 2, Werner 2, Kießling 2, M. Pohl 2, Strompf 2, Rentzsch 2

749. - 30.07.1990 FRG - SUI 1:3 (0:0, 0:0, 1:3)
Kennewick, Tri-Cities Coliseum; Z: 968; SR: Johansson (SWE); LR: Jacobs (USA), Shakirov (URS)
Heiß (59. out; Franke n.e.) - Kießling (C), Pokorny - Sinner, Schiffl - Strompf, B. Wagner - Rentzsch, Micheller - E. Köpf jr., B. Truntschka, G. Oswald - Trattner, Kasper, Hilger - Krinner, Werner, M. Pohl - Liebsch, T. Abstreiter, M. Rumrich
T: 1:1 (47:01) B. Truntschka (---)
S: Hilger 2+2+2+5+20 (Spieldauer), B. Wagner 4, Pokorny 4, Strompf 4, Liebsch 2, Sinner 2, Trattner 2, Kasper 2, M. Pohl 2, E. Köpf jr. 2

750. - 01.08.1990 USA - FRG 9:3 (2:1, 3:1, 4:1)
Kennewick, Tri-Cities Coliseum; Z: 5.844; SR: Johansson (SWE); LR: Rautavuori (FIN), Enestedt (SWE)
Heiß (Franke n.e.) - Kießling (C), Pokorny - Sinner, Schiffl - Strompf, B. Wagner - Rentzsch, Micheller - E. Köpf jr., B. Truntschka, G. Oswald - Trattner, Kasper, Krinner - Liebsch, Werner, M. Rumrich - M. Pohl, T. Abstreiter
T: 1:1 (06:46) E. Köpf jr. (Kießling, Pokorny) / 5:2 (32:10) G. Oswald (Kießling, E. Köpf jr.) / 7:3 (54:44) Rentzsch (Liebsch, Strompf)
S: Rentzsch 2, G. Oswald 2

SPIEL UM DIE PLÄTZE 5-8

751. - 02.08.1990 FRG - FIN 1:3 (0:1, 1:0, 0:2)
Kennewick, Tri-Cities Coliseum; Z: 3.957; SR: Morozov (URS); LR: Jacobs (USA), Shakirov (URS)
Franke (59:20 out; Heiß n.e.) - Kießling (C), Pokorny - Sinner, Schiffl - Rentzsch, B. Wagner - E. Köpf jr., B. Truntschka, G. Oswald - Trattner, Kasper, Krinner - Liebsch, Werner, M. Rumrich - T. Abstreiter, Strompf, Micheller
T: 1:1 (27:21) Liebsch (M. Rumrich)
S: Werner 2, Pokorny 2, Teamstrafe 2 (dafür Strompf auf der Strafbank)

SPIEL UM PLATZ 7

752. - 03.08.1990 FRG - SUI 4:2 (2:1, 1:1, 1:0)
Kennewick, Tri-Cities Coliseum; Z: 862; SR: Galvin (USA); LR: Rautavuori (SWE), Janíček (TCH)
Heiß (Franke n.e.) - Kießling (C), Pokorny - Sinner, Schiffl - Rentzsch, B. Wagner - Micheller - Strompf, B. Truntschka, G. Oswald - Trattner, T. Abstreiter, Krinner - M. Rumrich, Werner, Liebsch
T: 1:0 (01:11) T. Abstreiter (Krinner) - 2:0 (11:20) Werner (M. Rumrich) / 3:2 (30:49) Strompf (Pokorny, B. Truntschka) / 4:2 (59:58) Trattner (---)
S: M. Rumrich 4, Liebsch 2, G. Oswald 2, Micheller 2, B. Wagner 2

3. Deutschland-Cup 1990

Die deutsche Mannschaft belegte Platz 4.

753'. - 08.11.1990 GER - FIN 3:2 (1:0, 2:2, 0:0)
Stuttgart, Hanns-Martin-Schleyer-Halle; Z: 5.000; SR: Frey (SUI); LR: Schimm (GER), Trainer (GER)
de Raaf (Düsseldorfer EG; Heiß n.e.) - U. Hiemer (Düsseldorfer EG), M. Schmidt (Düsseldorfer EG) - Micheller, Rentzsch - Kreis (C - Mannheimer ERC), A. Niederberger (Düsseldorfer EG) - B. Truntschka, P. Draisaitl (Kölner EC), Brockmann (Düsseldorfer EG) - Werner, Brandl, Liebsch - **Mario Naster** (EHC Dynamo Berlin), **Ralf Hantschke** (PEV Weißwasser), Krinner - **Marcus Bleicher** (Mannheimer ERC), T. Schinko, **Jörg Mayr** (Kölner EC)
T: 1:0 (18:58) M. Schmidt (Krinner) / 2:1 (26:25) Bleicher (Krinner) - 3:1 (29:18) Krinner (---)
S: Kreis 2, U. Hiemer 2, Krinner 2

754. - 10.11.1990 GER - SWE 1:5 (0:1, 0:3, 1:1)
Stuttgart, Hanns-Martin-Schleyer-Halle; Z: 3.000; SR: Morozov (URS); LR: ? (GER), ? (GER)
René Bielke (EHC Dynamo Berlin; Heiß n.e.) - U. Hiemer, M. Schmidt - A. Niederberger, Kreis (C) - Micheller, Rentzsch - B. Truntschka, G. Truntschka (Düsseldorfer EG), Brockmann - Werner, Brandl, Liebsch - Naster, P. Draisaitl, Hantschke - Krinner, Bleicher, T. Schinko - J. Mayr
T: 1:5 (55:46) Bleicher (Krinner)
S: G. Truntschka 2, Micheller 2, Liebsch 2, J. Mayr 2

755. - 11.11.1990 GER - TCH 2:4 (1:1, 0:2, 1:1)
Stuttgart, Hanns-Martin-Schleyer-Halle; Z: 4.000; SR: Morozov (URS); LR: ? (GER), ? (GER)
Heiß (Bielke n.e.) - A. Niederberger, M. Schmidt - Kreis (C), J. Mayr - Micheller, Rentzsch - B. Truntschka, G. Truntschka, Brockmann - Werner, P. Draisaitl, Liebsch - Naster, Hantschke, Krinner - Bleicher, T. Schinko
T: 1:0 (08:46) B. Truntschka (G. Truntschka) / 2:3 (42:26) T. Schinko (Bleicher)
S: Micheller 2, Brockmann 2

3. Nissan-Cup 1990
Die deutsche Mannschaft belegte Platz 4.

HALBFINALE

756'. - 07.12.1990 GER - URS 0:10 (0:2, 0:2, 0:6)
Fribourg, Patinoire de Saint-Léonard; Z: 4.200; SR: Frey (SUI); LR: Kunz (SUI), Stalder (SUI)
Merk (Berliner SC Preußen; Heiß n.e.) - Kießling (C), Pokorny - Kreis, B. Wagner - Sinner, Rentzsch - **Klaus Birk** (Berliner SC Preußen), P. Draisaitl, Liebsch - H. Birk (Berliner SC Preußen), M. Rumrich, A. Kammerer (Berliner SC Preußen) - **Reemt Pyka** (SB DJK Rosenheim), Bleicher, Hilger - **Thomas Mitew** (EHC Dynamo Berlin), **Sven Prusa** (EHC Dynamo Berlin), **Guido Hiller** (EHC Dynamo Berlin)
S: Sinner 2, A. Kammerer 2, P. Draisaitl 2, R. Pyka 2

SPIEL UM PLATZ 3

757. - 08.12.1990 GER - CAN 1:4 (0:2, 0:1, 1:1)
Bern, Eisstadion Allmend; Z: 1.000; SR: Frey (SUI); LR: Gobbi (SUI), Kurmann (SUI)
Heiß (Merk n.e.) - Kießling (C), Pokorny - Kreis, B. Wagner - Rentzsch, Prusa - Hilger, P. Draisaitl, Liebsch - H. Birk, M. Rumrich, A. Kammerer - Sinner, K. Birk, R. Pyka - Mitew, Bleicher, Hiller
T: 1:4 (57:41) R. Pyka (---)
S: R. Pyka 2

758. - 04.04.1991 FIN - GER 3:2 (0:1, 1:1, 2:0)
Turku, "Typhoon"; Z: 4.000; SR: Johannson (SWE); LR: Rautanno (FIN), Ringholm (FIN)
de Raaf (Heiß n.e.) - Kießling (C), Pokorny - Steinecker (Berliner SC Preußen), M. Schmidt - Rentzsch, B. Wagner - E. Köpf jr., Brandl, T. Schinko - Werner, P. Draisaitl, D. Hegen (Düsseldorfer EG) - G. Oswald, Berwanger (SB DJK Rosenheim) - Hilger, J. Mayr, K. Birk - A. Kammerer
T: 0:1 (16:35) Werner (D. Hegen, P. Draisaitl) / 0:2 (25:39) P. Draisaitl (Werner)
S: B. Wagner 4, G. Oswald 2

759. - 05.04.1991 FIN - GER 5:2 (3:1, 1:0, 1:1)
Tampere, Tampereen jäähalli; Z: 4.000; SR: Johannson (SWE); LR: Mäkelä (FIN), Kappinen (FIN)
Merk (Heiß n.e.) - Kießling (C), Pokorny - Steinecker, M. Schmidt - Rentzsch, B. Wagner - E. Köpf jr., Brandl, A. Kammerer - Werner, P. Draisaitl, D. Hegen - G. Oswald, Berwanger, Hilger - K. Birk, J. Mayr
T: 0:1 (00:28) E. Köpf jr. (Kießling, A. Kammerer) / 5:2 (58:33) A. Kammerer (Brandl)
S: Kießling 2, D. Hegen 2, Berwanger 2, M. Schmidt 2, Brandl 2, Rentzsch 2, G. Oswald 2
Kießling absolvierte als erster Spieler sein 300. Länderspiel.

760'. - 07.04.1991 GER - URS 0:2 (0:2, 0:0, 0:0)
Garmisch-Partenkirchen, Olympia-Eisstadion; Z: 4.800; SR: Lundqvist (SWE); LR: Slapke (GER), Winkelmeier (GER)
Heiß (Merk n.e.) - Kießling (C), Pokorny - Steinecker, M. Schmidt - Rentzsch, B. Wagner - J. Mayr - E. Köpf jr., Brandl, A. Kammerer - B. Truntschka, P. Draisaitl, D. Hegen - Werner, Berwanger, Hilger - K. Birk, M. Rumrich, G. Oswald - Naster, **Jan Schertz** (EHC Dynamo Berlin)
S: Rentzsch 2, M. Schmidt 2, D. Hegen 2, Brandl 2, Hilger 2, G. Oswald 2, Naster 2

761'. - 08.04.1991 GER - URS 2:9 (1:1, 1:4, 0:4)
Weiden, Eisstadion an der Raiffeisenstraße; Z: 2.800; SR: Lundqvist (SWE); LR: Schimm (GER), Trainer (GER)
Merk (Heiß n.e.) - Kießling (C), Pokorny - Steinecker, Rentzsch - B. Wagner, J. Mayr - B. Truntschka, P. Draisaitl, D. Hegen - Werner, Berwanger, Hilger - E. Köpf jr., Brandl, G. Oswald - K. Birk, M. Rumrich, A. Kammerer - Naster, Schertz
T: 1:0 (02:32) B. Wagner (G. Oswald, E. Köpf jr.) / 2:5 (38:04) D. Hegen (B. Truntschka)
S: Brandl 4, Rentzsch 2, Berwanger 2, Steinecker 2, P. Draisaitl 2, Kießling 2, J. Mayr 2

762. - 11.04.1991 GER - TCH 2:3 (1:2, 1:0, 0:1)
München, Eishalle im Olympiapark; Z: 2.500; SR: Tschanz (SUI); LR: Salis (SUI), Höltschi (SUI)
de Raaf (Heiß n.e.) - Kießling (C), Pokorny - J. Mayr, M. Schmidt - Rentzsch, B. Wagner - E. Köpf jr., Brandl, A. Kammerer - B. Truntschka, P. Draisaitl, D. Hegen - Werner, Berwanger, Hilger - Naster, M. Rumrich, G. Oswald - K. Birk, Schertz, Steinecker
T: 1:2 (09:41) D. Hegen (P. Draisaitl) / 2:2 (38:57) E. Köpf jr. (Kießling, A. Kammerer)
S: Brandl 6, B. Truntschka 2, E. Köpf jr. 2

55. A-Welt- und 65. Europameisterschaft 1991

Die deutsche Mannschaft belegte den 8. Platz in der Vorrunde. In der Abstiegsrunde konnte sich die Mannschaft nicht verbessern und blieb auf WM-Platz 8. In der EM-Wertung war es Platz 6.

VORRUNDE

763'. - 19.04.1991 SWE - GER 8:1 (3:0, 2:0, 3:1)
Helsinki, Helsingin jäähalli; Z: 5.516; SR: Mäkelä (FIN); LR: Shakirov (URS), Feofanov (URS)
de Raaf (Heiß n.e.) - Kießling (C), Pokorny - A. Niederberger, M. Schmidt - Rentzsch, B. Wagner - E. Köpf jr., Brandl, A. Kammerer - B. Truntschka, P. Draisaitl, D. Hegen - Werner, Berwanger, Hilger - Naster, M. Rumrich, G. Oswald - Schertz*
* nicht auf dem offiz. Spielbericht, aber Einsatz lt. DEB-Statistik
T: 6:1 (48:21) B. Wagner (Hilger)
S: B. Wagner 2, Rentzsch 2, M. Rumrich 2, Naster 2

764'. - 20.04.1991 GER - URS 3:7 (0:1, 1:2, 2:4)
Turku, "Typhoon"; Z: 3.945; SR: Adam (USA); LR: Stalder (SUI), Enestedt (SWE)
Heiß (59:42 out; Merk n.e.) - Kießling (C), Pokorny - A. Niederberger, M. Schmidt - Rentzsch, B. Wagner - J. Mayr - E. Köpf jr., Brandl, A. Kammerer - B. Truntschka, P. Draisaitl, D. Hegen - G. Oswald, Werner, Hilger - Naster, M. Rumrich, Schertz - Berwanger*
* nicht auf dem offiz. Spielbericht, aber Einsatz lt. DEB-Statistik
T: 1:2 (28:19) D. Hegen (B. Truntschka) / 2:4 (48:48) G. Oswald (Hilger) - 3:7 (59:41) Pokorny (Brandl)
S: A. Niederberger 6, Brandl 4, B. Truntschka 2, E. Köpf jr. 2, B. Wagner 2, P. Draisaitl 2, G. Oswald 2

765'. - 22.04.1991 CAN - GER 3:2 (1:1, 1:0, 1:1)
Turku, "Typhoon"; Z: 2.562; SR: Morozov (URS); LR: Stalder (SUI), Lärking (SWE)
Merk (59:30 out, de Raaf n.e.) - Kießling (C), Pokorny - A. Niederberger, M. Schmidt - Rentzsch, B. Wagner - J. Mayr - E. Köpf jr., Brandl, A. Kammerer - B. Truntschka, P. Draisaitl, D. Hegen - Werner, Berwanger, Hilger - Naster, M. Rumrich, G. Oswald - Schertz*
* nicht auf dem offiz. Spielbericht, aber Einsatz lt. DEB-Statistik
T: 1:1 (16:50) M. Rumrich (Naster, G. Oswald) / 2:2 (47:06) Brandl (Pokorny)
S: A. Niederberger 2, Hilger 2

766'. - 23.04.1991 GER - TCH 1:7 (1:2, 0:2, 0:3)
Turku, "Typhoon"; Z: 2.655; SR: Lynch (USA); LR: Ingman (FIN), Feofanov (URS)
de Raaf (Merk n.e.) - Kießling (C), Pokorny - A. Niederberger, M. Schmidt - Rentzsch, B. Wagner - J. Mayr* - E. Köpf jr., Brandl, A. Kammerer - B. Truntschka, P. Draisaitl, D. Hegen - Werner, Berwanger, Hilger - Naster, M. Rumrich, G. Oswald - Schertz
* nicht auf dem offiz. Spielbericht, aber Einsatz lt. DEB-Statistik
T: 1:0 (07:51) Brandl (D. Hegen, E. Köpf jr.)
S: G. Oswald 4, B. Wagner 2, P. Draisaitl 2, Brandl 2, Berwanger 2, Rentzsch 2, Kießling 2

767'. - 25.04.1991 FIN - GER 6:0 (0:0, 3:0, 3:0)
Tampere, Tampereen jäähalli; Z: 8.044; SR: Johansson (SWE); LR: Furmánek (TCH), Shakirov (URS)
de Raaf (Merk n.e.) - Kießling (C), Pokorny - J. Mayr, M. Schmidt - Rentzsch, B. Wagner - E. Köpf jr., Brandl, D. Hegen - B. Truntschka, P. Draisaitl, Werner - G. Oswald, Berwanger, Hilger - Schertz, M. Rumrich, A. Kammerer - Naster*
* nicht auf dem offiz. Spielbericht, aber Einsatz lt. DEB-Statistik
S: Berwanger 2, J. Mayr 2, Pokorny 2, Kießling 2, Teamstrafe 2 (dafür J. Mayr auf der Strafbank)

768'. - 26.04.1991 GER - USA 4:4 (1:1, 2:3, 1:0)
Tampere, Tampereen jäähalli; Z: 7.827; SR: Morozov (URS); LR: Enestedt (SWE), Ingman (FIN)
Merk (Heiß n.e.) - Kießling (C), Pokorny - J. Mayr, M. Schmidt - Rentzsch, B. Wagner - E. Köpf jr., Brandl, A. Kammerer - B. Truntschka, P. Draisaitl, D. Hegen - G. Oswald, Berwanger, Hilger - Schertz, M. Rumrich, Werner - Naster*
* nicht auf dem offiz. Spielbericht, aber Einsatz lt. DEB-Statistik
T: 1:0 (07:56) E. Köpf jr. (Kießling, Pokorny) / 2:1 (21:48) B. Truntschka (P. Draisaitl, M. Schmidt) - 3:2 (29:24) Brandl (B. Truntschka, D. Hegen) / 4:4 (46:24) Berwanger (G. Oswald, Hilger)
S: G. Oswald 4, Pokorny 2, Hilger 2

769'. - 28.04.1991 SUI - GER 5:2 (2:0, 2:0, 1:2)
Tampere, Tampereen jäähalli; Z: 2.644; SR: Mäkelä (FIN); LR: Ingman (FIN), Rautavuori (FIN)
Merk (Heiß n.e.) - Kießling (C), Pokorny - A. Niederberger, M. Schmidt - Rentzsch, B. Wagner - J. Mayr - E. Köpf jr., Brandl, A. Kammerer - B. Truntschka, P. Draisaitl, D. Hegen - G. Oswald, Berwanger, Hilger - Werner, M. Rumrich, Schertz - Naster*
* nicht auf dem offiz. Spielbericht, aber Einsatz lt. DEB-Statistik
T: 5:1 (53:56) A. Kammerer (E. Köpf jr., Brandl) - 5:2 (55:11) Hilger (G. Oswald)
S: D. Hegen 6, B. Truntschka 2, Hilger 2, M. Schmidt 2, Berwanger 2

ABSTIEGSRUNDE

770'. - 29.04.1991 GER - FIN 2:4 (1:2, 1:0, 0:2)
Turku, "Typhoon"; Z: 8.593; SR: Hansen (NOR); LR: Stalder (SUI), Furmánek (TCH)
Heiß (59:03-59:44 out; Merk n.e.) - Kießling (C), Pokorny - A. Niederberger, M. Schmidt - Rentzsch - B. Wagner - J. Mayr - E. Köpf jr., Brandl, A. Kammerer - B. Truntschka, P. Draisaitl, D. Hegen - Werner, Berwanger, Hilger - Schertz, M. Rumrich, G. Oswald - Naster*
* nicht auf dem offiz. Spielbericht, aber Einsatz lt. DEB-Statistik
T: 1:1 (10:56) D. Hegen (---) / 2:2 (36:07) P. Draisaitl (B. Truntschka, A. Niederberger)
S: M. Rumrich 4, Rentzsch 2, M. Schmidt 2, Brandl 2

771'. - 01.05.1991 TCH - GER 4:1 (3:0, 0:0, 1:1)
Turku, "Typhoon"; Z: 9.060; SR: Adam (USA); LR: Ingman (FIN), Rautavuori (FIN)
Heiß (59:53 out; Merk n.e.) - Kießling (C), Pokorny - A. Niederberger, M. Schmidt - Rentzsch, B. Wagner - J. Mayr - E. Köpf jr., Brandl, A. Kammerer - B. Truntschka, P. Draisaitl, D. Hegen - Werner, Berwanger, Hilger - G. Oswald, M. Rumrich, Naster - Schertz*
* nicht auf dem offiz. Spielbericht, aber Einsatz lt. DEB-Statistik
T: 4:1 (51:04) D. Hegen (P. Draisaitl)
S: M. Rumrich 5+20 (Spieldauer), Brandl 4, D. Hegen 4, A. Kammerer 2, Berwanger 2, P. Draisaitl 2, E. Köpf jr. 2

772'. - 03.05.1991 GER - SUI 3:3 (0:0, 2:1, 1:2)
Turku, "Typhoon"; Z: 10.092; SR: Mäkelä (FIN); LR: Ingman (FIN), Rautavuori (FIN)
Merk (Heiß n.e.) - Kießling (C), Pokorny - A. Niederberger, M. Schmidt - Rentzsch, B. Wagner - J. Mayr* - E. Köpf jr., Brandl, Werner - B. Truntschka, P. Draisaitl, D. Hegen - G. Oswald, Berwanger, Hilger - A. Kammerer, Schertz*, Naster*
* nicht auf dem offiz. Spielbericht, aber Einsatz lt. DEB-Statistik
T: 1:0 (23:19) Werner (---) - 2:1 (39:00) Hilger (A. Niederberger, B. Wagner) / 3:3 (54:56) B. Truntschka (A. Niederberger)
S: Berwanger 2+10 (Disziplinarstrafe), Pokorny 2, M. Schmidt 2, Brandl 2, Kießling 2, E. Köpf jr. 2, Teamstrafe 2 (dafür G. Oswald auf der Strafbank)

1991/92

> 1992 - 2006 wurden bei OS und WM alle unentschiedenen Playoff-Spiele um eine 10-minütige Sudden death overtime verlängert. Wenn notwendig folgte dann ein Penaltyschießen (5 Schützen).

neuer Bundestrainer Luděk Bukač (TCH)

4. Deutschland-Cup 1991

Die deutsche Mannschaft belegte Platz 3.

773'. - 07.11.1991 GER - URS 3:5 (1:3, 2:0, 0:2)
Frankfurt am Main, Eissporthalle am Ratsweg; Z: 2.000; SR: Bertolotti (SUI); LR: Mosler (GER), Tursas (GER)
Heiß (Kölner EC; Merk (Berliner SC Preußen) n.e.) - Steinecker (Berliner SC Preußen), Rentzsch (Berliner SC Preußen) - R. Fischer (SB DJK Rosenheim), Heidt (SB DJK Rosenheim) - Kreis (C - Mannheimer ERC), J. Mayr (Kölner EC) - **Torsten Kienaß** (EHC Dynamo Berlin), Schiffl (SB DJK Rosenheim) - T. Schinko (Berliner SC Preußen), G. Holzmann (Berliner SC Preußen), Hilger (SB DJK Rosenheim) - **Jürgen Rumrich** (Berliner SC Preußen), M. Rumrich (Berliner SC Preußen), **Anthony Vogel** (SB DJK Rosenheim) - E. Köpf jr. (Kölner EC), T. Abstreiter (EV Landshut), Lupzig (Kölner EC) - **Lorenz Funk jr.** (EV Landshut), P. Draisaitl (Kölner EC), A. Kammerer (Berliner SC Preußen)
T: 1:3 (18:00) P. Draisaitl (---) / 2:3 (27:08) M. Rumrich (Lupzig, E. Köpf jr.) - 3:3 (36:12) J. Rumrich (M. Rumrich, Vogel)
S: Steinecker 2, Rentzsch 2, J. Mayr 2

774. - 09.11.1991 GER - SWE 2:3 (1:1, 0:2, 1:0)
Frankfurt am Main, Eissporthalle am Ratsweg; Z: 2.843; SR: Morozov (URS); LR: Schimm (GER), Trainer (GER)
Merk (**Rupert Meister** (EC Hedos München) n.e.) - Kreis (C), J. Mayr - R. Fischer, Heidt - Steinecker, Rentzsch - Kienaß, Schiffl - E. Köpf jr., P. Draisaitl, Lupzig - J. Rumrich, M. Rumrich, Vogel - T. Schinko, G. Holzmann, Hilger - M. Pohl (SB DJK Rosenheim), T. Abstreiter, A. Kammerer
T: 1:1 (15:33) G. Holzmann (Hilger) / 2:3 (47:03) G. Holzmann (R. Fischer, Heidt)
S: E. Köpf jr. 2, J. Rumrich 2

775. - 10.11.1991 GER - TCH 4:3 (1:1, 2:1, 1:1)
Frankfurt am Main, Eissporthalle am Ratsweg; Z: 3.200; SR: Morozov (URS); LR: Schimm (GER), Trainer (GER)
Heiß (ab 29:57 Merk) - Kreis (C), J. Mayr - R. Fischer, Heidt - Steinecker, Rentzsch - Kienaß, Schiffl - E. Köpf jr., P. Draisaitl, Lupzig - J. Rumrich, M. Rumrich, Vogel - M. Pohl, G. Holzmann, Hilger - L. Funk jr., T. Abstreiter, A. Kammerer
T: 1:1 (06:45) Lupzig (P. Draisaitl, E. Köpf jr.) / 2:2 (30:31) P. Draisaitl (E. Köpf jr.) - 3:2 (38:54) R. Fischer (G. Holzmann, Hilger) / 4:2 (44:00) Hilger (G. Holzmann, M. Pohl)
S: Hilger 2, M. Rumrich 2, T. Abstreiter 2, J. Mayr 2

4. Nissan-Cup 1992

Die deutsche Mannschaft belegte Platz 4.

HALBFINALE

776. - 01.02.1992 SUI - GER 3:2 (1:0, 0:1, 1:1, 0:0, 1:0) OT (5 min.) und PS
Bern, Eisstadion Allmend; Z: 2.863; SR: Stenico (ITA); LR: Gobbi (SUI), Kurmann (SUI)
Friesen (SB DJK Rosenheim; de Raaf (Düsseldorfer EG) n.e.) - A. Niederberger (Düsseldorfer EG), **Richard Amann** (Düsseldorfer EG) - U. Hiemer (Düsseldorfer EG) - Kießling (C - Kölner EC), J. Mayr - R. Fischer, Heidt - Micheller (Krefelder EV)* - B. Truntschka (Düsseldorfer EG), G. Truntschka (Düsseldorfer EG), D. Hegen (Düsseldorfer EG) - Hilger, G. Holzmann, G. Franz (SB DJK Rosenheim) - J. Rumrich, M. Rumrich, Brockmann (Düsseldorfer EG) - E. Köpf jr., P. Draisaitl, Brandl (Kölner EC) - A. Kammerer*
* nicht eingesetzt, aber Einsatz lt. DEB-Statistik
T: 1:1 (28:41) G. Truntschka (Amann, Brockmann) / 1:2 (47:41) Hilger (G. Holzmann)
PS: 1:0 SUI - 1:0 D. Hegen (verschießt) / 2:0 SUI - 2:0 G. Truntschka (gehalten) - 2:0 SUI (verschießt) - 2:0 Brockmann (gehalten) - 3:0 SUI
S: 9 x 2 Minuten

SPIEL UM PLATZ 3

777'. - 04.02.1992 GER - FIN 2:5 (0:1, 1:2, 1:2)
Leukerbad, Sportarena; Z: 800; SR: Moreno (SUI); LR: Ghiggia (SUI), Gobbi (SUI)
de Raaf (Heiß n.e.) - Micheller, A. Niederberger - Kießling (C), J. Mayr - M. Schmidt, U. Hiemer - R. Fischer, Heidt - Lupzig, B. Truntschka, A. Kammerer - E. Köpf j., P. Draisaitl, Brockmann - J. Rumrich, G. Holzmann, M. Rumrich - Hilger, Brandl
T: 1:2 (35:10) A. Kammerer (R. Fischer) / 2:3 (40:49) Brandl (Brockmann)
S: Lupzig 10 (Disziplinarstrafe), A. Kammerer 2, E. Köpf jr. 2, Brandl 2, R. Fischer 2, M. Rumrich 2

16. Olympische Winterspiele 1992 - Eishockeyturnier

Die deutsche Mannschaft belegte in ihrer Vorrundengruppe den 4. Platz. Damit erreichte die Mannschaft das Viertelfinale. Am Ende belegte das deutsche Team den 6. Platz.

VORRUNDE - GRUPPE A

778'. - 09.02.1992 FIN - GER 5:1 (1:0, 2:0, 2:1)
Méribel, Palais de Glaces; Z: 4.410; SR: Adam (USA); LR: Benoît (FRA), Larssen (NOR)
Friesen (de Raaf n.e.) - R. Fischer, Heidt - Kießling, Amann - U. Hiemer, M. Schmidt - J. Mayr - J. Rumrich, G. Holzmann, M. Rumrich - E. Köpf jr., P. Draisaitl, Brockmann - B. Truntschka, G. Truntschka (C), D. Hegen - Hilger, Brandl, A. Kammerer
T: 3:1 (44:19) Brockmann (Heidt)
S: U. Hiemer 6, P. Draisaitl 4, D. Hegen 2, Kießling 2, Brandl 2, R. Fischer 2, Brockmann 2, Heidt 2

779'. - 11.02.1992 USA - GER 2:0 (0:0, 1:0, 1:0)
Méribel, Palais de Glaces; Z: 6.063; SR: Morozov (EUN); LR: Rautavuori (FIN), Enestedt (SWE)
de Raaf (Friesen n.e.) - R. Fischer, Heidt - A. Niederberger, Kießling - Amann, J. Mayr - U. Hiemer, M. Schmidt - J. Rumrich, G. Holzmann, M. Rumrich - E. Köpf jr., P. Draisaitl, Brockmann - B. Truntschka, G. Truntschka (C), D. Hegen - Hilger, Brandl, A. Kammerer
S: G. Truntschka 2, Heidt 2, A. Kammerer 2, D. Hegen 2, U. Hiemer 2

780'. - 13.02.1992 GER - SWE 1:3 (1:3, 0:0, 0:0)
Méribel, Palais de Glaces; Z: 5.528; SR: McCorry (CAN); LR: Benek (TCH), Benoît (FRA)
Heiß (de Raaf n.e.) - R. Fischer, Heidt - A. Niederberger, Amann - U. Hiemer, Kießling - J. Rumrich, G. Holzmann, Hilger - E. Köpf jr., P. Draisaitl, Brockmann - B. Truntschka, G. Truntschka (C), D. Hegen - J. Mayr, M. Rumrich, A. Kammerer
T: 1:1 (06:22) M. Rumrich (Amann, G. Holzmann)
S: D. Hegen 2, U. Hiemer 2, Teamstrafe 2 (dafür J. Rumrich auf der Strafbank)

781'. - 15.02.1992 GER - ITA 5:2 (2:0, 0:2, 3:0)
Méribel, Palais de Glaces; Z: 5.343; SR: Morozov (EUN); LR: Carman (CAN), Ollier (FRA)
de Raaf (Heiß n.e.) - R. Fischer, Heidt - A. Niederberger, Amann - U. Hiemer, Kießling - J. Mayr, M. Schmidt - M. Rumrich, G. Holzmann, J. Rumrich - Hilger, Brandl, A. Kammerer - B. Truntschka, G. Truntschka (C), D. Hegen - Brockmann, P. Draisaitl, E. Köpf jr.
T: 1:0 (02:23) M. Rumrich (G. Holzmann) - 2:0 (10:16) M. Rumrich (---) / 3:2 (49:50) R. Fischer (G. Truntschka) - 4:2 (58:05) M. Rumrich (---) - 5:2 (59:54) P. Draisaitl (D. Hegen)
S: Heidt 2, U. Hiemer 2, Kießling 2, G. Truntschka 2

782'. - 17.02.1992 GER - POL 4:0 (1:0, 1:0, 2:0)
Méribel, Palais de Glaces; Z: 6.100; SR: Sold (SWE); LR: Larssen (NOR), Gasser (ITA)
de Raaf (Heiß n.e.) - Kießling, Heidt - A. Niederberger, Amann - U. Hiemer, J. Mayr - Brockmann, G. Truntschka (C), D. Hegen - E. Köpf jr., P. Draisaitl, Hilger - R. Fischer, Brandl, A. Kammerer - M. Rumrich, G. Holzmann, J. Rumrich
T: 1:0 (04:04) D. Hegen (G. Truntschka, Brockmann) / 2:0 (27:31) E. Köpf jr. (G. Truntschka) / 3:0 (49:55) E. Köpf jr. (R. Fischer, Brandl) - 4:0 (51:44) Brockmann (D. Hegen, J. Mayr)
S: G. Holzmann 4, M. Rumrich 2, Brandl 2
G. Holzmann absolvierte als neununddreißigster Spieler sein 100. Länderspiel.

VIERTELFINALE

783'. - 18.02.1992 CAN - GER 4:3 (1:2, 1:0, 1:1, 0:0, 1:0) OT (10 min.) und PS
Méribel, Palais de Glaces; Z: 6.100; SR: Mäkelä (FIN); LR: Malinovski (USA), Gasser (ITA)
de Raaf (Heiß n.e.) - R. Fischer, Heidt - A. Niederberger, Amann - U. Hiemer, Kießling - J. Mayr - Brockmann, G. Truntschka (C), D. Hegen - E. Köpf jr., P. Draisaitl, Brandl - M. Rumrich, G. Holzmann, J. Rumrich - A. Kammerer
T: 1:1 (12:40) J. Rumrich (G. Holzmann) - 1:2 (16:34) D. Hegen (Brockmann, G. Truntschka) / 3:3 (57:38) E. Köpf jr. (R. Fischer)
PS: 0:0 CAN (vorbei) - 0:0 P. Draisaitl (gehalten) - 0:0 CAN (vorbei) - 0:0 D. Hegen (vorbei) - 1:0 CAN - 1:0 G. Truntschka (gehalten) - 2:0 CAN - 2:1 M. Rumrich - 2:1 CAN (vorbei) - 2:2 Brockmann - 3:2 CAN - 3:2 P. Draisaitl (gehalten)
S: Amann 2, M. Rumrich 2, A. Niederberger 2

PLATZIERUNGSSPIEL PLÄTZE 5-8

784'. - 20.02.1992 GER - FRA 5:4 (1:0, 3:3, 1:1)
Méribel, Palais de Glaces; Z: 6.100; SR: Frey (SUI); LR: Enestedt (SWE), Gasser (ITA)
Heiß (Friesen n.e.) - R. Fischer, Heidt - A. Niederberger, Amann - U. Hiemer, Kießling - J. Mayr - Brockmann, G. Truntschka (C), D. Hegen - E. Köpf jr., P. Draisaitl, Brandl - M. Rumrich, G. Holzmann, J. Rumrich - A. Kammerer
T: 1:0 (07:19) G. Truntschka (Brandl) / 2:0 (27:36) G. Truntschka (D. Hegen) - 3:2 (32:52) D. Hegen (G. Truntschka) - 4:2 (33:35) G. Holzmann (A. Niederberger) / 5:3 (40:38) D. Hegen (---)
S: R. Fischer 2, Kießling 2, M. Rumrich 2, G. Holzmann 2, G. Truntschka 2

SPIEL UM PLATZ 5

785'. - 22.02.1992 GER - SWE 3:4 (2:0, 0:1, 1:3)
Méribel, Palais de Glaces; Z: 5.017; SR: Adam (USA); LR: Shakirov (EUN), Carman (CAN)
Heiß (59:40 out; Friesen n.e.) - R. Fischer, Heidt - A. Niederberger, Amann - U. Hiemer, Kießling (C) - J. Mayr - Brockmann, Brandl, D. Hegen - E. Köpf jr., P. Draisaitl, A. Kammerer - M. Rumrich, G. Holzmann, J. Rumrich
T: 1:0 (12:09) Brockmann (E. Köpf jr.) - 2:0 (18:27) G. Holzmann (J. Rumrich, R. Fischer) / 3:2 (46:50) P. Draisaitl (U. Hiemer)
S: A. Kammerer 4

786'. - 18.04.1992 GER - RUS 2:2 (0:1, 2:1, 0:0)
Landshut, Städtische Eissporthalle; Z: 4.700; SR: Björkman (SWE), LR: Schimm (GER), Nieberg (GER)
de Raaf (ab 03:33 Heiß) - **Ronny Martin** (ES Weißwasser), M. Schmidt - Kießling (C), Pokorny (Kölner EC) - A. Niederberger, Amann - Kienaß, J. Mayr - M. Rumrich, G. Holzmann, J. Rumrich - E. Köpf jr., P. Draisaitl, Lupzig - **Rainer Zerwesz** (Düsseldorfer EG), **Stefan Ustorf** (ESV Kaufbeuren), Brockmann - Hilger, **Wolfgang Kummer** (SB DJK Rosenheim), G. Franz - B. Truntschka
T: 1:2 (26:09) Ustorf (Brockmann) - 2:2 (26:40) G. Franz (Hilger)
S: A. Niederberger 4, P. Draisaitl 2, M. Schmidt 2, Ustorf 2, Kießling 2, M. Rumrich 2
De Raaf absolvierte als vierzigster Spieler sein 100. Länderspiel.

787'. - 19.04.1992 GER - RUS 1:3 (1:1, 0:2, 0:0)
Garmisch-Partenkirchen, Olympia-Eisstadion; Z: 5.000; SR: Björkman (SWE); LR: Schimm (GER), Trainer (GER)
Heiß (**Marc Seliger** (SB DJK Rosenheim) n.e.) - Kießling (C), Pokorny - U. Hiemer (ab 20:01 Kienaß), M. Schmidt - R. Fischer, Heidt - Amann, J. Mayr - M. Rumrich, B. Truntschka, J. Rumrich - Zerwesz, Ustorf, D. Hegen - Hilger, Kummer, G. Franz - E. Köpf jr., P. Draisaitl, Lupzig
T: 1:0 (07:54) M. Rumrich (J. Rumrich)
S: R. Fischer 4, Heidt 4, P. Draisaitl 2, Zerwesz 2, M. Schmidt 2, B. Truntschka 2

788. - 24.04.1992 GER - NOR 5:1 (1:0, 3:0, 1:1)
Füssen, BLZ-Arena; Z: 2.500; SR: Danko (TCH); LR: Strobel (GER), Haupt (GER)
Heiß (Bielke (EHC Dynamo Berlin) n.e.) - R. Fischer, Heidt - A. Niederberger, Amann - U. Hiemer, M. Schmidt - J. Mayr, Pokorny - Kienaß - Hilger, Kummer, G. Franz - B. Truntschka, G. Truntschka (C), D. Hegen - M. Rumrich, G. Holzmann, J. Rumrich - E. Köpf jr., P. Draisaitl, Brockmann - Ustorf
T: 1:0 (14:48) J. Rumrich (G. Holzmann) / 2:0 (29:45) G. Truntschka (D. Hegen) - 3:0 (36:22) G. Franz (U. Hiemer) - 4:0 (37:19) D. Hegen (G. Truntschka) / 5:0 (40:46) D. Hegen (G. Truntschka)
S: G. Franz 2, Kienaß 2
G. Truntschka absolvierte als sechster Spieler sein 200. Länderspiel.

789. - 25.04.1992 GER - NOR 5:1 (1:0, 3:0, 1:1)
Weiden, Eisstadion an der Raiffeisenstraße; Z: 2.000; SR: Danko (TCH); LR: ? (GER), ? (GER)
Bielke (Seliger n.e.) - U. Hiemer, M. Schmidt - Kienaß, J. Mayr - R. Fischer, Heidt - Pokorny - B. Truntschka, G. Truntschka (C), D. Hegen - M. Rumrich, G. Holzmann, J. Rumrich - Hilger, Kummer, Zerwesz - E. Köpf jr., Ustorf, Lupzig
T: 1:0 (15:12) D. Hegen (R. Fischer) / 2:0 (32:13) M. Rumrich (G. Holzmann) - 3:0 (34:12) Ustorf (E. Köpf jr., D. Hegen) - 4:0 (34:41) B. Truntschka (U. Hiemer, G. Truntschka) / 5:0 (41:53) J. Rumrich (M. Schmidt)
S: 6 x 2 Minuten, davon E. Köpf jr. 2, M. Rumrich 2, J. Mayr 2

56. A-Weltmeisterschaft 1992

Die deutsche Mannschaft belegte in ihrer Vorrundengruppe den 2. Platz. Damit erreichte die Mannschaft das Viertelfinale und schied dort aus.

VORRUNDE - GRUPPE A

790'. - 28.04.1992 GER - FIN 3:6 (0:0, 1:2, 2:4)
Praha, Sportovní hala ČSTV; Z: 4.000; SR: Muench (CAN); LR: Feofanov (RUS), Mihálik (TCH)
Heiß (58:57-59:57 out; Bielke n.e.) - A. Niederberger, Amann - R. Fischer, Heidt - U. Hiemer, M. Schmidt - B. Truntschka, G. Truntschka (C), D. Hegen - E. Köpf jr., P. Draisaitl, Brockmann - Hilger, Ustorf, G. Franz - J. Rumrich, G. Holzmann, M. Rumrich
T: 1:0 (23:07) Ustorf (U. Hiemer, M. Schmidt) / 2:5 (56:27) G. Franz (Ustorf) - 3:5 (57:11) Amann (P. Draisaitl, E. Köpf jr.)
S: R. Fischer 4, D. Hegen 4, U. Hiemer 4, G. Holzmann 2, M. Schmidt 2, Brockmann 2, B. Truntschka 2

791'. - 29.04.1992 USA - GER 3:5 (2:1, 0:3, 1:1)
Praha, Sportovní hala ČSTV; Z: 6.200; SR: Hansen (NOR); LR: Lowell (CAN), Janíček (TCH)
Heiß (Bielke n.e.) - A. Niederberger, Amann - R. Fischer, Heidt - U. Hiemer, M. Schmidt - Kummer, J. Mayr - B. Truntschka, G. Truntschka (C), D. Hegen - E. Köpf jr., P. Draisaitl, Brockmann - Hilger, Ustorf, G. Franz - J. Rumrich, G. Holzmann, M. Rumrich
T: 1:1 (07:51) Brockmann (R. Fischer) / 2:2 (22:14) R. Fischer (G. Franz) - 2:3 (24:27) Hilger (A. Niederberger) - 2:4 (24:58) A. Niederberger (Brockmann) / 2:5 (53:57) D. Hegen (G. Truntschka)
S: Amann 6, D. Hegen 2, Brockmann 2, U. Hiemer 2
P. Draisaitl absolvierte als einundvierzigster Spieler sein 100. Länderspiel.

792. - 01.05.1992 GER - SWE 5:2 (1:0, 1:1, 3:1)
Praha, Sportovní hala ČSTV; Z: 10.800; SR: Moreno (SUI); LR: Mihálik (TCH), Svarstad (NOR)
de Raaf (59:52 out; Heiß n.e.) - A. Niederberger, Amann - R. Fischer, Heidt - U. Hiemer, J. Mayr - Kummer, M. Schmidt - B. Truntschka, G. Truntschka (C), D. Hegen - E. Köpf jr., P. Draisaitl, Brockmann - Hilger, Ustorf, G. Franz - J. Rumrich, G. Holzmann, M. Rumrich
T: 1:0 (05:36) Hilger (G. Franz, J. Mayr) / 2:0 (26:00) D. Hegen (G. Truntschka) / 3:1 (41:25) U. Hiemer (D. Hegen) - 4:1 (48:41) J. Mayr (D. Hegen) - 5:2 (59:09) D. Hegen (---)
S: Hilger 4, P. Draisaitl 2, Brockmann 2, G. Truntschka 2, U. Hiemer 2, Amann 2, de Raaf 2

793. - 03.05.1992 GER - ITA 6:2 (0:0, 1:1, 5:1)
Bratislava, Zimný štadión Ondreja Nepelu; Z: 5.117; SR: Björkman (SWE); LR: Kubiszewski (POL), Lojander (FIN)
Heiß (Bielke n.e.) - A. Niederberger, Amann - R. Fischer, Heidt - U. Hiemer, J. Mayr - Kummer, M. Schmidt - B. Truntschka, G. Truntschka (C), D. Hegen - E. Köpf jr., P. Draisaitl, Brockmann - Hilger, Ustorf, G. Franz - J. Rumrich, G. Holzmann, M. Rumrich
T: 1:0 (29:52) Heidt (G. Truntschka, R. Fischer) / 2:1 (41:04) D. Hegen (Amann) - 3:1 (42:50) M. Rumrich (---) - 4:1 (45:09) U. Hiemer (G. Holzmann) - 5:2 (46:58) Hilger (J. Rumrich) - 6:2 (52:57) M. Schmidt (---)
S: Amann 2, Hilger 2, G. Holzmann 2, D. Hegen 2

794. - 04.05.1992 GER - POL 11:1 (4:0, 4:0, 3:1)
Bratislava, Zimný štadión Ondreja Nepelu; Z: 2.817; SR: Jokela (FIN); LR: Borman (USA), Zerbi (ITA)
Bielke (Heiß n.e.) - A. Niederberger, Amann - R. Fischer, Heidt - U. Hiemer, J. Mayr - Kummer, M. Schmidt - B. Truntschka, G. Truntschka (C), D. Hegen - E. Köpf jr., P. Draisaitl, Brockmann - Hilger, Ustorf, G. Franz - J. Rumrich, G. Holzmann, M. Rumrich
T: 1:0 (05:46) D. Hegen (G. Truntschka) - 2:0 (14:28) E. Köpf jr. (---) - 3:0 (18:49) D. Hegen (B. Truntschka) - 4:0 (19:13) U. Hiemer (M. Rumrich, G. Holzmann) / 5:0 (25:08) P. Draisaitl (J. Mayr) - 6:0 (26:09) E. Köpf jr. (P. Draisaitl, Brockmann) - 7:0 (35:44) M. Rumrich (G. Holzmann) - 8:0 (37:45) E. Köpf jr. (A. Niederberger, Amann) / 9:0 (46:13) Heidt (P. Draisaitl) - 10:1 (50:59) Heidt (G. Truntschka, E. Köpf jr.) - 11:1 (59:19) Hilger (Amann)
S: U. Hiemer 4, Heidt 2

VIERTELFINALE

795. - 07.05.1992 SUI - GER 3:1 (1:0, 0:1, 2:0)
Praha, Sportovní hala ČSTV; Z: 12.046; SR: Ammian (USA); LR: Lärking (SWE), Borman (USA)
Heiß (58:52 out; de Raaf n.e.) - A. Niederberger, Amann - R. Fischer, Heidt - U. Hiemer, M. Schmidt - J. Mayr-Kummer - B. Truntschka, G. Truntschka (C), D. Hegen - E. Köpf jr., P. Draisaitl, Brockmann - Hilger, Ustorf, G. Franz - J. Rumrich, G. Holzmann, M. Rumrich
T: 1:1 (25:53) D. Hegen (G. Truntschka)
S: U. Hiemer 2+2+10 (Disziplinarstrafe), G. Truntschka 2, B. Truntschka 2, M. Rumrich 2, M. Schmidt 2, J. Mayr 2, Heidt 2, G. Holzmann 2, D. Hegen 2
D. Hegen absolvierte als siebenter Spieler sein 200. Länderspiel.

1992/93

5. Deutschland-Cup 1992
Die deutsche Mannschaft belegte Platz 2.

796'. - 06.11.1992 GER - RUS 4:5 (0:2, 2:3, 2:0)
Stuttgart, Hanns-Martin-Schleyer-Halle; Z: 4.300; SR: Bertolotti (SUI); LR: Brendl (GER), Trainer (GER)
de Raaf (Düsseldorfer EG; Merk (Berliner SC Preußen) n.e.) - A. Niederberger (Düsseldorfer EG), Amann (Düsseldorfer EG) - U. Hiemer (Düsseldorfer EG), J. Mayr (Kölner EC) - **Michael Bresagk** (EV Landshut), Kienaß (EC Ratingen "Die Löwen") - Pokorny (Kölner EC), Schiffl (Kölner EC) - B. Truntschka (Düsseldorfer EG), G. Truntschka (C - EC Hedos München), D. Hegen (EC Hedos München) - **Leo Stefan** (Kölner EC), Brandl (Kölner EC), Brockmann (Düsseldorfer EG) - Hilger (EC Hedos München), Ustorf (ESV Kaufbeuren), G. Franz (EC Hedos München) - **Andreas Volland** (EC Hedos München), T. Abstreiter (EV Landshut), Kummer (Düsseldorfer EG) - R. Pyka*
* *nicht auf dem offiz. Spielbericht, aber Einsatz lt. DEB-Statistik*
T: 1:5 (35:18) Amann (Brockmann, D. Hegen) - 2:5 (36:54) D. Hegen (G. Truntschka) / 3:5 (56:21) G. Franz (Brandl) - 4:5 (58:52) Bresagk (G. Franz)
S: G. Truntschka 4, D. Hegen 2, T. Abstreiter 2

797. - 07.11.1992 GER - CAN 5:3 (2:1, 3:0, 0:2)
Stuttgart, Hans-Martin-Schleyer-Halle; Z: 4.800; SR: Mäkelä (FIN); LR: Brendl (GER), Trainer (GER)
Merk (Heiß (Kölner EC) n.e.) - U. Hiemer, Bresagk - A. Niederberger, Amann - Pokorny, Schiffl - J. Mayr, Kienaß - Brockmann, Brandl, Hantschke (EV Landshut) - B. Truntschka, G. Truntschka (C), D. Hegen - R. Pyka (Krefelder EV), T. Abstreiter, Kummer - Hilger, Ustorf, G. Franz
T: 1:1 (05:43) Kummer (R. Pyka) - 2:1 (11:53) Brockmann (A. Niederberger) / 3:1 (31:37) Amann (Brockmann) - 4:1 (34:17) Kienaß (Hilger) - 5:1 (37:30) Ustorf (G. Franz)
S: G. Truntschka 5+20 (Spieldauer), U. Hiemer 4, T. Abstreiter 4, A. Niederberger 2, Hilger 2, J. Mayr 2, Amann 2, Bresagk 2
G. Franz absolvierte als zweiundvierzigster Spieler sein 100. Länderspiel.

798. - 08.11.1992 GER - TCH 4:3 (0:0, 3:2, 1:1)
Stuttgart, Hans-Martin-Schleyer-Halle; Z: 4.500; SR: Mäkelä (FIN); LR: Hoch (GER), Langer (GER)
Heiß (de Raaf n.e.) - U. Hiemer, Bresagk - A. Niederberger, Amann - J. Mayr, Kienaß - Schiffl - Volland, Kummer, R. Pyka - B. Truntschka, G. Truntschka (C), D. Hegen - Hilger, Ustorf, G. Franz - Stefan, Brandl, Hantschke - T. Abstreiter
T: 1:0 (20:48) G. Franz (A. Niederberger) - 2:1 (25:23) Kummer (Brandl) - 3:1 (27:49) Ustorf (Hilger, G. Franz) / 4:3 (44:45) D. Hegen (B. Truntschka)
S: Hilger 2, Brandl 2, R. Pyka 2, Kummer 2

23. Izvestiya-Cup 1992

Die deutsche Mannschaft belegte in ihrer Vorrundengruppe den 4. Platz. Damit spielte die Mannschaft nur um Platz 7 und verlor.

Die Spiele beim Izvestiya-Cup waren zum Zeitpunkt der Austragung keine offiziellen Länderspiele. Die persönlichen Statistiken der Spieler wurden vom DEB auch später nicht korrigiert.

VORRUNDE - GRUPPE B

799'. - 16.12.1992 RUS (B*) - GER 8:1 (2:0, 4:1, 2:0)
* Olympia-Auswahl
Sankt Petersburg, Sportivniy kompleks Yubileyiniy; Z: 1.910; SR: Juhola (FIN); LR: Nosov (RUS), Zaytsev (RUS)
Merk (**Christian Frütel** (Düsseldorfer EG) n.e.) - **Raphael Krüger** (EHC Freiburg), **Bradley Bergen** (EC Ratingen "Die Löwen") - Kienaß, Schiffl - Bresagk, **Daniel Kunce** (ESV Kaufbeuren) - **Josef Lehner** (Berliner SC Preußen), Rentzsch (Berliner SC Preußen) - **Daniel Nowak** (EHC Freiburg) - Stefan, **Christoph Sandner** (Kölner EC), **Till Feser** (Berliner SC Preußen) - E. Köpf jr. (C - Düsseldorfer EG), **Christian Schmitz** (Düsseldorfer EG), **Jörg Handrick** (EV Landshut) - **Hans-Jörg Mayer** (ESV Kaufbeuren), T. Abstreiter, J. Rumrich (Berliner SC Preußen) - Zerwesz (Düsseldorfer EG), R. Pyka, T. Schinko (Berliner SC Preußen - n.e.)
T: 5:1 (35:00) E. Köpf jr. (---)
S: Feser 2, H.-J. Mayer 2, D. Nowak 2, Krüger 2, Bergen 2

800'. - 17.12.1992 FIN - GER 6:2 (2:1, 0:1, 4:0)
Sankt Petersburg, Sportivniy kompleks Yubileyiniy; Z: 2.137; SR: Lundqvist (SWE); LR: Suchkov (RUS), Boshkin (RUS)
Frütel (Merk n.e.) - Krüger, D. Nowak - Kienaß, Schiffl - Bresagk, Kunce - Lehner, Rentzsch - Bergen n.e. - Stefan, Sandner, Feser - E. Köpf jr. (C), Schmitz, Handrick - H.-J. Mayer, T. Abstreiter, J. Rumrich - T. Schinko, Zerwesz, R. Pyka
T: 1:1 (03:55) Stefan (Sandner) / 2:2 (38:45) E. Köpf jr. (Rentzsch)
S: Zerwesz 2, Schmitz 2, T. Abstreiter 2

801'. - 19.12.1992 GER - SWE 1:4 (0:1, 1:2, 0:1)
Sankt Petersburg, Sportivniy kompleks Yubileyiniy; Z: 2.237; SR: Gubernatorov; LR: Boshkin (RUS), Suchkov (RUS)
Merk (Frütel n.e.) - Krüger, Bergen - Kienaß, Schiffl - Bresagk, Kunce - Lehner, Rentzsch - D. Nowak - Stefan, Sandner, Feser - E. Köpf jr. (C), Schmitz, Handrick - H.-J. Mayer, T. Abstreiter, J. Rumrich - T. Schinko, Zerwesz, R. Pyka
T: 1:1 (30:26) Zerwesz (---)
S: Feser 4, Zerwesz 4, D. Nowak 2, Schiffl 2

SPIEL UM PLATZ 7

802'. - 21.12.1992 GER - CAN 1:6 (1:3, 0:2, 0:1)
Moskva, Ledoviy dvorets sporta CSKA; Z: 800; SR: Moreno (SUI); LR: Zaynutdinov (RUS), Minyaylo (RUS)
Frütel (Merk n.e.) - Krüger, Bergen - Kienaß, Schiffl - Bresagk, Kunce - Lehner, Rentzsch - D. Nowak n.e. - Stefan, Sandner, Feser - E. Köpf jr. (C), Schmitz, Handrick - H.-J. Mayer, T. Abstreiter, J. Rumrich - T. Schinko, Zerwesz, R. Pyka
T: 1:1 (13:17) R. Pyka (T. Schinko, Zerwesz)
S: T. Abstreiter 2, Kunce 2, Sandner 2

5. Nissan-Cup 1993

Die deutsche Mannschaft belegte Platz 1.

803'. - 04.02.1993 GER - FIN 5:4 (2:1, 2:1, 1:2)
Kreuzlingen, Eishalle; Z: 4.200; SR: Moor (SUI); LR: Simmen (SUI), Sommer (SUI)
Heiß (Seliger (SB DJK Rosenheim) n.e.) - J. Mayr, Pokorny - **Jayson Meyer** (Krefelder EV), **Greg Thomson** (Krefelder EV) - Lehner, Steinecker (Berliner SC Preußen) - Kienaß - Hantschke, Brandl, T. Schinko - Hilger, Ustorf, G. Franz - M. Rumrich (Berliner SC Preußen), Volland, J. Rumrich - Zerwesz, G. Holzmann (C - Berliner SC Preußen), L. Funk jr. (Düsseldorfer EG) - H.-J. Mayer
T: 1:1 (06:06) J. Rumrich (Volland, M. Rumrich) - 2:1 (14:11) Hilger (G. Franz, Steinecker) / 3:1 (28:53) J. Rumrich (Hilger, Steinecker) - 4:1 (34:53) Hantschke (G. Holzmann, T. Schinko) / 5:3 (48:39) T. Schinko (Brandl, Hantschke)
S: Lehner 5, Meyer 2, Hantschke 2, Brandl 2

804. - 06.02.1993 GER - CAN 4:1 (0:0, 2:1, 2:0)
Schwenningen, Eisstadion am Bauchenberg; Z: 4.200; SR: Kunz (SUI); LR: ? (GER), ? (GER)
Seliger (Merk n.e.) - J. Mayr, Pokorny - Bresagk, Kienaß - Meyer, Thomson - Lehner, Steinecker - Hantschke, Brandl, T. Schinko - H. -J. Mayer, G. Holzmann (C), L. Funk jr. - Hilger, Ustorf, G. Franz - M. Rumrich, Volland, J. Rumrich
T: 1:0 (24:52) Brandl (T. Schinko) - 2:0 (29:35) Hilger (G. Franz) / 3:1 (41:50) G. Holzmann (*Eigentor Penny*) - 4:1 (55:13) Hilger (Ustorf)
S: J. Rumrich 2, Pokorny 2, G. Holzmann 2, Bresagk 2, Brandl 2

805. - 07.02.1993 SUI - GER 1:3 (0:1*, 1:0, 0:2)
* *1.Drittel nach 16:15 wegen Lichtausfalls unterbrochen und nach ca. 30 min. direkt vor dem 2. Drittel beendet*
Rapperswil, Eishalle Lido; Z: 4.000; SR: Catelain (FRA); LR: Baumgartner (SUI), Grothenn (SUI)
Merk (Heiß n.e.) - J. Mayr, Pokorny - Bresagk, Kienaß - Meyer, Thomson - Lehner, Steinecker - Hantschke, Brandl, T. Schinko - H.-J. Mayer, G. Holzmann (C), L. Funk jr. - Hilger, Ustorf, G. Franz - M. Rumrich, Zerwesz, J. Rumrich - Volland
T: 0:1 (07:22) Hantschke (J. Mayr, Meyer) / 1:2 (54:39) Meyer (G. Franz, Thomson) - 1:3 (59:51) Brandl (Volland)
S: Brandl 4, Kienaß 2, Ustorf 2, Hantschke 2, G. Franz 2, M. Rumrich 2

806. - 25.03.1993 GER - SUI 2:2 (1:1, 1:0, 0:1)
Neu-Ulm, Eissporthalle; Z: 2.500; SR: Danko (CZE); LR: Riegl (GER), Schurr (GER)
Merk (**Marc Pethke** (ESV Kaufbeuren) n.e.) - Meyer, Thomson - Lehner, Steinecker - Bresagk, Kienaß - T. Schinko, G. Truntschka (C), D. Hegen - Hilger, Ustorf, G. Franz - M. Rumrich, T. Abstreiter, J. Rumrich - Hantschke, Volland, H.-J. Mayer
T: 1:1 (08:02) Kienaß (Weitschuss) / 2:1 (39:35) G. Franz (Ustorf, Hilger)
S: 4 x 2 Minuten

807. - 26.03.1993 GER - SUI 2:2 (1:1, 1:0, 0:1)
Füssen, BLZ-Arena; Z: 3.000; SR: Danko (CZE); LR: Schimm (GER), Trainer (GER)
Merk (**Sven Rampf** (Kölner EC) n.e.) - Meyer, Thomson - Lehner, Steinecker - Bresagk, Kienaß - Volland, G. Truntschka (C), D. Hegen - Hilger, Ustorf, **Alexander Serikow** (Mannheimer ERC) - T. Schinko, M. Rumrich, J. Rumrich - Hantschke, T. Abstreiter, H.-J. Mayer
T: 1:1 (18.) D. Hegen (G. Truntschka) / 2:1 (22.) D. Hegen (Merk)
S: 8 x 2 Minuten davon Abstreiter 2

808. - 08.04.1993 SUI - GER 3:0 (0:0, 2:0, 1:0)
Herisau, Sportzentrum; Z: 4.300; SR: Savaris (ITA); LR: Pfister (SUI), Völker (SUI)
Merk (58:16-59:04 out; Seliger n.e.) - Meyer, Thomson - Lehner, Steinecker - Bresagk, Kienaß - Schiffl - Volland, G. Truntschka (C), D. Hegen - Hilger, Ustorf, G. Franz - T. Schinko, M. Rumrich, J. Rumrich - Hantschke, T. Abstreiter, H.-J. Mayer - **Benoit Doucet** (Düsseldorfer EG)
S: 4 x 2 Minuten + Thomson 5, J. Rumrich 5

809'. - 10.04.1993 GER - RUS 6:4 (1:2, 0:0, 5:2)
Kaufbeuren, Eisstadion am Berliner Platz; Z: 3.448; SR: Moreno (SUI); LR: Langer (GER), Dahlke (GER)
Seliger (Merk n.e.) - Meyer, Thomson - U. Hiemer, J. Mayr - A. Niederberger, Amann - **Karsten Mende** (Kölner EC), Kienaß - Schiffl - Volland, G. Truntschka (C), D. Hegen - Stefan, Brandl, Kummer - E. Köpf jr., Doucet, B. Truntschka - Hilger, Ustorf, G. Franz - J. Rumrich
T: 1:1 (02:58) Hilger (G. Franz) / 2:2 (41:58) E. Köpf jr. (B. Truntschka, Doucet) - 3:2 (43:53) D. Hegen (Thomson) - 4:2 (44:39) Doucet (A. Niederberger) - 5:2 (46:42) Kummer (Stefan, U. Hiemer) - 6:4 (52:47) B. Truntschka (Doucet)
S: J. Mayr 4, U. Hiemer 2, A. Niederberger 2, D. Hegen 2, Stefan 2, Mende 2

810'. - 11.04.1993 GER - RUS 0:2 (0:2, 0:0, 0:0)
München, Olympiahalle; Z: 4.514; SR: Moreno (SUI); LR: Schimm (GER), ? (GER)
Heiß (Merk n.e.) - Meyer, Kienaß - A. Niederberger, Thomson - Mende, Schiffl - U. Hiemer, J. Mayr - Amann - M. Rumrich, G. Truntschka (C), D. Hegen - Stefan, Doucet, B. Truntschka - Hilger, Ustorf, G. Franz - Volland, Sandner, J. Rumrich - E. Köpf jr., Brandl, Kummer
S: G. Truntschka 5, B. Truntschka 2, Mende 2, U. Hiemer 2, Stefan 2, Amann 2, G. Franz 2

811. - 14.04.1993 GER - USA 4:5 (0:2, 4:0, 0:3)
Krefeld, Rheinlandhalle; Z: 6.518; SR: Bokarev (RUS); LR: ? (GER), ? (GER)
Merk (59:00 out; Heiß n.e.) - Meyer, Thomson - A. Niederberger, Amann - U. Hiemer, J. Mayr - Schiffl, Kienaß - M. Rumrich, G. Truntschka (C), D. Hegen - E. Köpf jr., Doucet, B. Truntschka - Stefan, Brandl, Kummer - Hilger, Ustorf, G. Franz
T: 1:2 (20:36) D. Hegen (---) - 2:2 (23:49) Meyer (---) - 3:2 (29.28) D. Hegen (---) - 4:2 (34:25) Meyer (M. Rumrich)
S: 5 x 2 Minuten

812. - 15.04.1993 GER - USA 4:0 (0:0, 3:0, 1:0)
Dortmund, Westfalenhalle; Z: 2.400; SR: Bokarev (RUS); LR: ? (GER), ? (GER)
de Raaf (Seliger n.e.) - Mende, Schiffl - A. Niederberger, Amann - Meyer, Thomson - J. Mayr, Kienaß - Stefan, Brandl, Kummer - M. Rumrich, Doucet, B. Truntschka - Hilger, Ustorf, G. Franz - Volland, Sandner, J. Rumrich
T: 1:0 (23:57) Stefan (Brandl, Kummer) - 2:0 (28:25) Hilger (Ustorf) - 3:0 (38:22) Doucet (M. Rumrich, B. Truntschka) / 4:0 (48:01) Mende (G. Franz, Schiffl)
S: 4 x 2 Minuten

57. A-Weltmeisterschaft 1993

Die deutsche Mannschaft belegte in ihrer Vorrundengruppe den 2. Platz. Damit erreichte die Mannschaft das Viertelfinale und schied dort aus.

VORRUNDE - GRUPPE B

813'. - 18.04.1993 NOR - GER 0:6 (0:1, 0:2, 0:3)
Dortmund, Westfalenhalle; Z: 10.092; SR: Bokarev (RUS); LR: Castle (CAN), Pfister (SUI)
de Raaf (Merk n.e.) - Thomson, Meyer - Amann, Kienaß - J. Mayr, Mende - U. Hiemer, A. Niederberger - D. Hegen, G. Truntschka (C), Volland - B. Truntschka, Doucet, E. Köpf jr. - Kummer, Brandl, M. Rumrich - G. Franz, Ustorf, Hilger
T: 0:1 (11:37) Hilger (Ustorf, D. Hegen) / 0:2 (23:01) B. Truntschka (Amann) - 0:3 (29:21) M. Rumrich (J. Mayr) - 0:4 (48:28) D. Hegen (---) / 0:5 (50:30) G. Franz (U. Hiemer) - 0:6 (58:00) Ustorf (Hilger)
S: B. Truntschka 2, Kummer 2, E. Köpf jr. 2, Doucet 2, Mende 2, J. Mayr 2, Thomson 2, Brandl 2

814'. - 20.04.1993 CZE - GER 5:0 (0:0, 3:0, 2:0)
Dortmund, Westfalenhalle; Z: 10.200; SR: Loraas (CAN); LR: Castle (CAN), Stadler (AUT)
Merk (Heiß n.e.) - Thomson, Meyer - Amann, A. Niederberger - J. Mayr, Mende - U. Hiemer, Kienaß - D. Hegen, G. Truntschka (C), Volland - B. Truntschka, Doucet, E. Köpf jr. - Kummer, Brandl, M. Rumrich - G. Franz, Ustorf, Hilger
S: Thomson 5+20 (Spieldauer), Brandl 10 (Disziplinarstrafe), Ustorf 4, M. Rumrich 2, G. Truntschka 2, D. Hegen 2, Merk 2

815'. - 21.04.1993 GER - FRA 5:3 (3:1, 1:1, 1:1)
Dortmund, Westfalenhalle; Z: 7.500; SR: Sold (SWE); LR: Norrman (SWE), Eriksson (SWE)
de Raaf (ab 20:01 Heiß) - Thomson, Meyer - Amann, A. Niederberger - J. Mayr, Mende - U. Hiemer, Kienaß - D. Hegen, G. Truntschka (C), Volland - B. Truntschka, Doucet, E. Köpf jr. - Kummer, Brandl, M. Rumrich - G. Franz, Ustorf, Hilger
T: 1:0 (00:52) D. Hegen (G. Truntschka) - 2:0 (02:08) E. Köpf jr. (Doucet, B. Truntschka) - 3:1 (14:12) B. Truntschka (Doucet) / 4:2 (39:20) D. Hegen (Volland, G. Truntschka) / 5:2 (41:33) Volland (D. Hegen)
S: Ustorf 2+25 (Matchstrafe), U. Hiemer 2+25 (Matchstrafe), Amann 25 (Matchstrafe), D. Hegen 2, A. Niederberger 2

816'. - 23.04.1993 GER - FIN 3:1 (1:0, 2:0, 0:1)
Dortmund, Westfalenhalle; Z: 11.000; SR: Bokarev (RUS); LR: Feofanov (RUS), Karabanov (RUS)
Heiß (Merk n.e.) - Thomson, Meyer - J. Mayr, Kienaß - Mende - D. Hegen, G. Truntschka (C), Volland - B. Truntschka, Doucet, E. Köpf jr. - Kummer, Brandl, M. Rumrich - G. Franz, Hilger
T: 1:0 (11:45) M. Rumrich (Kummer, Thomson) / 2:0 (24:45) D. Hegen (Mende) - 3:0 (36:06) E. Köpf jr. (Mende, B. Truntschka)
S: Doucet 2, E. Köpf jr. 2, Thomson 2, G. Franz 2, Volland 2, D. Hegen 2, Kienaß 2, M. Rumrich 2

817'. - 25.04.1993 GER - USA 6:3 (5:0, 0:0, 1:3)
Dortmund, Westfalenhalle; Z: 11.000; SR: Bokarev (RUS); LR: Castle (CAN), Norrman (SWE)
Merk (Heiß n.e.) - Thomson, Meyer - Amann, A. Niederberger - J. Mayr, Mende - U. Hiemer, Kienaß - D. Hegen, G. Truntschka (C), Volland - B. Truntschka, Doucet, E. Köpf jr. - Kummer, Brandl, M. Rumrich - G. Franz, Hilger
T: 1:0 (07:12) Hilger (Kienaß, G. Franz) - 2:0 (11:16) G. Truntschka (G. Franz, Hilger) - 3:0 (11:55) E. Köpf jr. (Doucet, B. Truntschka) - 4:0 (16:06) M. Rumrich (---) - 5:0 (18:45) Doucet (A. Niederberger) / 6:1 (46:57) D. Hegen (Volland, G. Truntschka)
S: Volland 4, Merk 4, J. Mayr 4, Meyer 2

VIERTELFINALE

818'. - 27.04.1993 RUS - GER 5:1 (1:0, 1:0, 3:1)
München, Olympiahalle; Z: 11.000; SR: Hearn (USA); LR: Earle (USA), Borman (USA)
de Raaf (Heiß n.e.) - Thomson, U. Hiemer - Amann, A. Niederberger - J. Mayr, Mende - Meyer, Kienaß - D. Hegen, Doucet, Volland - G. Truntschka (C), Franz, Hilger - Kummer, Brandl, M. Rumrich - E. Köpf jr., Ustorf, B. Truntschka
T: 5:1 (48:25) D. Hegen (Brandl)
S: A. Niederberger 2+10 (Disziplinarstrafe), G. Truntschka 4, D. Hegen 4, M. Rumrich 2, Amann 2, J. Mayr 2, Doucet 2

1993/94

6. Deutschland-Cup 1993
Die deutsche Mannschaft belegte in ihrer Vorrundengruppe den 2. Platz. Damit erreichte die Mannschaft das Spiel um Platz 3.

VORRUNDE - GRUPPE A

819. - 05.11.1993 GER - SWE 2:3 (1:1, 0:0, 1:2)
Stuttgart, Hanns-Martin-Schleyer-Halle; Z: 4.173; SR: Bertolotti (SUI); LR: ? (GER), ? (GER)
de Raaf (Düsseldorfer EG; 59:00 out; Heiß (Kölner EC) n.e.) - Mende (Kölner EC), **Mirko Lüdemann** (Kölner EC) - A. Niederberger (Düsseldorfer EG), Amann (C - Düsseldorfer EG) - U. Hiemer (Düsseldorfer EG), Kienaß (Düsseldorfer EG) - Lehner (Berliner SC Preußen), Bresagk (EV Landshut) - Stefan (Kölner EC), Brandl (Kölner EC), D. Hegen (EC Hedos München) - E. Köpf jr. (Düsseldorfer EG), Doucet (Düsseldorfer EG), Kummer (Düsseldorfer EG) - Hilger (EC Hedos München), **Robert Hock** (SB DJK Rosenheim), G. Franz (EC Hedos München) - T. Schinko (Berliner SC Preußen), Sandner (Kölner EC), J. Rumrich (Berliner SC Preußen)
T: 1:1 (12:55) E. Köpf jr. (Kummer, A. Niederberger) / 2:1 (47:51) Hilger (U. Hiemer, Kummer)
S: keine Strafen

820. - 06.11.1993 GER - CAN 3:2 (1:0, 0:1, 2:1)
Stuttgart, Hanns-Martin-Schleyer-Halle; Z: 4.950; SR: Bertolotti (SUI); LR: ? (GER), ? (GER)
Heiß (Merk (Berliner SC Preußen) n.e.) - A. Niederberger, Amann (C) - Lehner, Lüdemann - U. Hiemer, Kienaß - Mende, Meyer (Krefelder EV) - E. Köpf jr., Doucet, D. Hegen - Stefan, Brandl, J. Rumrich - Hilger, Hock, G. Franz - T. Schinko, Kummer, R. Pyka (Krefelder EV)
T: 1:0 (19:13) Lüdemann (E. Köpf jr., D. Hegen) / 2:1 (47:13) D. Hegen (Mende) - 3:1 (52:31) Lüdemann (Brandl, Mende)
S: Doucet 2+10 (Disziplinarstrafe)

SPIEL UM PLATZ 3

821. - 07.11.1993 GER - FIN 2:3 (2:0, 0:1, 0:1, 0:0, 0:1) OT (5 min.) und PS
Stuttgart, Hanns-Martin-Schleyer-Halle; Z: 3.715; SR: Grundström (SWE); LR: Gleich (GER), Benz (GER)
Merk (de Raaf n.e.) - A. Niederberger, Meyer - Lehner, Lüdemann - U. Hiemer (C), Kienaß - Mende, Bresagk - E. Köpf jr., Doucet, D. Hegen - Stefan, Brandl, J. Rumrich - Hilger, Hock, G. Franz - T. Schinko, Sandner, R. Pyka
T: 1:0 (02:36) Meyer (D. Hegen, Doucet) - 2:0 (17:45) D. Hegen (A. Niederberger)
PS: 0:1 FIN - 0:1 E. Köpf j. (vergeben) - 0:1 FIN (vergeben) - 0:1 Doucet (vergeben) - 0:1 FIN (vergeben) - 0:1 Hock (vergeben) - 0:1 FIN (vergeben) - 0:1 Brandl (vergeben) - 0:2 FIN
S: G. Franz 2, R. Pyka 2, Mende 2

6. Nissan-Cup 1994
Die deutsche Mannschaft belegte Platz 3.

822. - 03.02.1994 GER - LAT 5:1 (0:0, 1:0, 4:1)
Kreuzlingen, Eishalle; Z: 2.450: SR: Moor (SUI); LR: Simmen (SUI), Sommer (SUI)
Merk (Seliger (SB DJK Rosenheim) n.e.) - Mende, Lüdemann - Bresagk, **Peter Gulda** (EV Landshut) - **Timo Gschwill** (ESV Kaufbeuren), **Christian Gegenfurtner** (SB DJK Rosenheim) - Lehner - Hilger, **Martin Reichel** (SB DJK Rosenheim), G. Franz - **Jan Benda** (EC Hedos München), T. Abstreiter (EC Hedos München), Handrick (EV Landshut) - **Sven Felski** (Eisbären Berlin), Volland (ESV Kaufbeuren), J. Rumrich - Serikow (Mannheimer ERC), Hock, R. Pyka
T: 1:0 (32:21) Benda (---) / 2:0 (44:57) Benda (Lehner, T. Abstreiter) - 3:0 (56:09) Benda (Handrick, T. Abstreiter) - 4:1 (57:43) G. Franz (Hilger) - 5:1 (58:33) Benda (---)
S: Gegenfurtner 4, Benda 2, Lehner 2, Felski 2, Teamstrafe 2
Felski war der 400. Spieler mit einem Einsatz in der deutschen Auswahl.

823'. - 04.02.1994 GER - FIN 2:4 (1:2, 1:1, 0:1)
Schwenningen, Eisstadion am Bauchenberg; Z: 3.050; SR: Kunz (SUI); LR: Salis (SUI), Huwyler (SUI)
Seliger (Merk n.e.) - U. Hiemer (C). Kienaß - J. Mayr (Kölner EC), Meyer - Gulda, Amann - Lehner, Lüdemann - B. Truntschka (Düsseldorfer EG), Doucet, D. Hegen - Stefan, Brandl, J. Rumrich - Hilger, Ustorf (ESV Kaufbeuren), Handrick - Benda, Kummer, Brockmann (Düsseldorfer EG)
T: 1:2 (15:30) Stefan (J. Mayr, Brandl) / 2:3 (39:19) Benda (Gulda, Kummer)
S: Handrick 4, Brandl 2

824. - 06.02.1994 SUI - GER 6:3 (4:1, 0:2, 2:0)
Rapperswil, Eishalle Lido; Z: 3.400; SR: Lundquist (SWE); LR: Andersson (SWE), Johansson (SWE)
de Raaf (Merk n.e.) - Gulda, Bresagk - Lehner, Gschwill - A. Niederberger, Gegenfurtner - Mende - Brockmann. T. Abstreiter, B. Truntschka - M. Rumrich (Berliner SC Preußen), Volland, J. Rumrich - Felski, M. Reichel, Handrick - Serikow, Hock, Kummer - R. Pyka
T: 4:1 (14:47) Handrick (T. Abstreiter) / 4:2 (22:18) R. Pyka (---) - 4:3 (32:37) B. Truntschka (T. Abstreiter)
S: Lehner 5+20 (Spieldauerstrafe) + 7 x 2 Minuten davon Volland 2, M. Rumrich 2, Gschwill 2

17. Olympische Winterspiele 1994 - Eishockeyturnier

Die deutsche Mannschaft belegte in ihrer Vorrundengruppe den 2. Platz. Damit erreichte die Mannschaft das Viertelfinale. Am Ende belegte das deutsche Team den 7. Platz.

VORRUNDE - GRUPPE A

825'. - 12.02.1994 GER - AUT 4:3 (1:1, 0:0, 3:2)
Lillehammer, Håkons Hall; Z: 7.200; SR: Bokarev (RUS); LR: Eriksson (SWE), Norrman (SWE)
Merk (de Raaf n.e.) - U. Hiemer (C), Kienaß - A. Niederberger, Amann - Lüdemann, J. Mayr - Meyer - Hilger, Ustorf, G. Franz - Stefan, Brandl, Kummer - B. Truntschka, Doucet D. Hegen - Benda, M. Rumrich, Handrick - Serikow
T: 1:0 (04:24) Ustorf (Hilger) / 2:2 (49:57) Kummer (Brandl) - 3:2 (50:19) Doucet (M. Rumrich) - 4:2 (56:19) Brandl (Stefan, U. Hiemer)
S: Benda 2, Brandl 2, Stefan 2

826'. - 14.02.1994 GER - NOR 2:1 (1:0, 1:1, 0:0)
Lillehammer, Håkons Hall; Z: 9.245; SR: Bolina (CZE); LR: Český (CZE), Feofanov (RUS)
de Raaf (Heiß n.e.) - A. Niederberger, Amann - U. Hiemer (C), Meyer - J. Mayr, Lüdemann - Hilger, Ustorf, G. Franz - Stefan, Brandl, Kummer - B. Truntschka, Doucet D. Hegen - Benda, M. Rumrich, Handrick - Serikow
T: 1:0 (12:48) D. Hegen (Benda, Amann) / 2:0 (24:49) Stefan (A. Niederberger)
S: Amann 2, Benda 2, Doucet 2, Ustorf 2, G. Franz 2

827'. - 16.02.1994 CZE - GER 1:0 (0:0, 0:0, 1:0)
Gjøvik, Olympiske Fjellhall; Z: 5.150; SR: Johansson (SWE); LR: Borman (USA), Feofanov (RUS)
Heiß (de Raaf n.e.) - J. Mayr, Meyer - U. Hiemer (C), Kienaß - A. Niederberger, Amann - Stefan, Brandl, Kummer - Benda, M. Rumrich, Handrick - Hilger, Ustorf, G. Franz - B. Truntschka, Doucet, D. Hegen - Serikow
S: Doucet 2+2+5, Amann 2, Meyer 2, Brandl 2, M. Rumrich 2, Kienaß 2, Teamstrafe 2

828'. - 18.02.1994 RUS - GER 2:4 (0:2, 1:1, 1:1)
Lillehammer, Håkons Hall; Z: 8.600; SR: Hansen (NOR); LR: Benek (SVK), Český (CZE)
Merk (Heiß n.e.) - J. Mayr, Meyer - U. Hiemer (C), Kienaß - A. Niederberger, Amann - Stefan, Brandl, Kummer - Benda, M. Rumrich, Handrick - Hilger, Ustorf, G. Franz - B. Truntschka, Doucet, D. Hegen
T: 0:1 (07:00) B. Truntschka (---) - 0:2 (10:12) B. Truntschka (---) / 0:3 (24:52) Stefan (Brandl) / 2:4 (44:47) Kummer (---)
S: Kummer 4, B. Truntschka 4, Amann 2, Meyer 2

829'. - 20.02.1994 FIN - GER 7:1 (3:0, 2:0, 2:1)
Gjøvik, Olympiske Fjellhall; Z: 5.261; SR: Bokarev (RUS); LR: Ollier (FRA), Mair (ITA)
de Raaf (Heiß n.e.) - J. Mayr, Meyer - U. Hiemer (C), Kienaß - A. Niederberger, Amann - Lüdemann - Stefan, Brandl, Kummer - Serikow, M. Rumrich, Handrick - Hilger, Ustorf, G. Franz - B. Truntschka, Doucet, D. Hegen - Benda
T: 5:1 (41:09) Doucet (D. Hegen)
S: A. Niederberger 2, Meyer 2, G. Franz 2, Kummer 2, Brandl 2

VIERTELFINALE

830'. - 23.02.1994 GER - SWE 0:3 (0:0, 0:1, 0:2)

Gjøvik, Olympiske Fjellhall; Z: 5.175; SR: Bokarev (RUS); LR: Feofanov (RUS), Borman (USA)
de Raaf (Merk n.e.) - J. Mayr, Meyer - U. Hiemer (C), Kienaß - A. Niederberger, Amann - Lüdemann - Stefan, Brandl, Kummer - Benda, M. Rumrich, Handrick - Hilger, Ustorf, G. Franz - B. Truntschka, Doucet, D. Hegen - Serikow
S: Hilger 2+10 (Disziplinarstrafe), Brandl 4, D. Hegen 2, J. Mayr 2, Doucet 2, B. Truntschka 2, Kummer 2, Stefan 2
B. Truntschka absolvierte als dreiundvierzigster Spieler sein 100. Länderspiel.

PLATZIERUNGSSPIEL PLÄTZE 5-8

831'. - 24.02.1994 SVK - GER 6:5 (0:3, 3:0, 2:2, 1:0) OT

Lillehammer, Håkons Hall; Z: 8.925; SR: Johansson (SWE); LR: Borman (USA), Český (CZE)
Heiß (61:38; Merk n.e.) - J. Mayr, Kienaß - Meyer, Benda - A. Niederberger, Amann (C) - Stefan, Brandl, Kummer - Hilger, Ustorf, D. Hegen - B. Truntschka, Doucet, G. Franz - Handrick, M. Rumrich, Serikow
T: 0:1 (10:51) B. Truntschka (---) - 0:2 (18:28) M. Rumrich (Serikow, Handrick) - 0:3 (19:32) Hilger (Ustorf) / 4:4 (45:29) Doucet (G. Franz) - 5:5 (51:45) Handrick (---)
S: D. Hegen 2, Kummer 2, Doucet 2, Meyer 2, Benda 2, M. Rumrich 2

SPIEL UM PLATZ 7

832. - 26.02.1994 USA - GER 3:4 (1:1, 1:1, 1:2)

Lillehammer, Håkons Hall; Z: 9.045; SR: Muench (CAN); LR: Feofanov (RUS), Cameron (CAN)
Merk (Heiß n.e.) - J. Mayr, Kienaß - Meyer, Benda - A. Niederberger, Amann (C) - Stefan, Brandl, Kummer - Hilger, Ustorf, D. Hegen - B. Truntschka, Doucet, G. Franz - Handrick, M. Rumrich, Serikow
T: 0:1 (11:03) Stefan (Brandl, Meyer) / 2:2 (29:34) J. Mayr (Handrick) / 2:3 (49:57) Hilger (Ustorf, J. Mayr) - 2:4 (52:20) D. Hegen (---)
S: B. Truntschka 2

Das Spiel 833 wurde zum Zeitpunkt der Austragung nicht als offizielles Länderspiel gewertet. Als der DEB Mitte der 2000er Jahren dies korrigierte, berücksichtigte er das nur in den persönlichen Statistiken der noch aktiven Nationalspieler.

833. - 02.04.1994 SUI - GER (B) 2:1 (1:1, 0:0, 1:0)

Herisau, Sportzentrum; Z: 2.700; SR: Käslin (AUT); LR: Pfister (SUI), Sommer (SUI)
Pethke (ESV Kaufbeuren; ab 31:10 **Patrick Lange** (SB DJK Rosenheim)) - Gschwill, **Markus Wieland** (SB DJK Rosenheim) - Bresagk, Kunce (ESV Kaufbeuren) - Meyer, Gulda - Volland (C), **Rick Boehm** (SB DJK Rosenheim), Serikow - Handrick, Sandner (SB DJK Rosenheim), Felski - **Greg Evtushevski** (Krefelder EV), M. Reichel, R. Pyka - **Andreas Loth** (EV Landshut), Hock, **André Grein** (Krefelder EV)
T: 1:1 (15:22) Meyer (Gulda)
S: Serikow 2, Felski 2, Loth 2

834'. - 09.04.1994 AUT - GER 2:7 (1:4, 0:1, 1:2)

Feldkirch, Vorarlberghalle; Z: 2.000; SR: Moor (SUI); LR: Sommer (SUI), Simmen (SUI)
Heiß (Merk n.e.) - J. Mayr (C), Meyer - Lehner, Bresagk - Mende, Gulda - Stefan, Brandl, Volland - T. Schinko, Boehm, Handrick - Evtushevski, M. Reichel, R. Pyka - M. Rumrich, Hock, Sandner
T: 0:1 (01:21) Lehner (Bresagk) - 1:2 (05:15) R. Pyka (Evtushevski) - 1:3 (06:39) Hock (M. Rumrich, Sandner) - 1:4 (17:13) M. Rumrich (Hock) / 1:5 (30:19) T. Schinko (Mende) / 1:6 (41:00) Handrick (Lehner, Brandl) - 1:7 (41:45) Boehm (Handrick, Bresagk)
S: Bresagk 4, Brandl 2, Gulda 2

835'. - 10.04.1994 GER - AUT 1:3 (0:0, 1:3, 0:0)

Erding, Eissporthalle am Stadion; Z: 3.000; SR: Moor (SUI); LR: Sommer (SUI), Simmen (SUI)
Merk (Heiß n.e.) - J. Mayr (C), Meyer - Lehner, Bresagk - Mende, Gulda - Stefan, Brandl, Felski - T. Schinko, Boehm, Handrick - Evtushevski, M. Reichel, R. Pyka - M. Rumrich, Hock, Serikow - Sandner
T: 1:2 (31:47) Stefan (Mende, Brandl)
S: Boehm 2, Gulda 2

836. - 16.04.1994 GER - CZE 3:0 (1:0, 2:0, 0:0)

Augsburg, Curt-Frenzel-Stadion; Z: 2.529; SR: Ingman (FIN); LR: Schimm (GER), Trainer (GER)
Merk (Heiß n.e.) - J. Mayr (C), Lüdemann - A. Niederberger, Kienaß - Lehner, Meyer - Mende, Gulda - Stefan, Brandl, Kummer - E. Köpf jr., Boehm, Handrick - **Markus Kehle** (Düsseldorfer EG), M. Reichel, Benda - Evtushevski, T. Abstreiter, T. Schinko
T: 1:0 (06:29) Evtushevski (T. Schinko) / 2:0 (24:47) Kummer (Stefan) - 3:0 (36:20) M. Reichel (Meyer)
S: 7 x 2 Minuten

837. - 17.04.1994 GER - CZE 2:3 (1:0, 0:3, 1:0)
Chemnitz, Eissporthalle Küchwald; Z: 4.200; SR: Ingman (FIN); LR: Schimm (GER), Trainer (GER)
Heiß (Merk n.e.) - J. Mayr (C), Lüdemann - Mende, Kienaß - Lehner, Bresagk - Meyer, Gulda - Stefan, Brandl,
R. Pyka - E. Köpf jr. (ab 20:01 M. Rumrich), Boehm, Handrick - M. Kehle, M. Reichel, Benda - Evtushevski, T.
Abstreiter, T. Schinko
T: 1:0 (08:08) Stefan (Brandl) / 2:3 (53:51) J. Mayr (Weitschuss)
S: 3 x 2 Minuten davon Meyer 2

58. A-Weltmeisterschaft 1994

Die deutsche Mannschaft belegte in ihrer Vorrundengruppe den 5. Platz und verfehlte damit das Viertelfinale.

VORRUNDE - GRUPPE A

838'. - 25.04.1994 AUT - GER 2:2 (1:0, 0:0, 1:2)
Bozen, Halle Eiswelle; Z: 6.500; SR: Grundström (SWE); LR: Norrman (SWE), Brázdil (CZE)
Heiß (Merk n.e.) - Lüdemann, J. Mayr (C) - A. Niederberger, Kienaß - Gulda, Meyer - Bresagk* - Kummer,
Brandl, Stefan - E. Köpf jr., M. Reichel, Hilger - Handrick, Boehm, Benda - M. Rumrich, T. Abstreiter, Evtushevski
- T. Schinko*
* lt. IIHF nicht eingesetzt, aber Einsatz lt. DEB-Statistik
T: 1:1 (51:49) Meyer (Gulda) - 2:2 (58:08) Stefan (Brandl)
S: Evtushevski 4, Meyer 2, Lüdemann 2, Hilger 2, A. Niederberger 2

839'. - 27.04.1994 GBR - GER 0:4 (0:1, 0:2, 0:1)
Bozen, Halle Eiswelle; Z: 4.700; SR: Murphy (USA); LR: Strasil (AUT), Rautavuori (FIN)
Merk (Heiß n.e.) - Lüdemann, J. Mayr (C) - A. Niederberger, Kienaß - Gulda, Meyer - Bresagk - Stefan, Brandl,
Benda - E. Köpf jr., Boehm, Kummer - Evtushevski, M. Rumrich, T. Schinko - Hilger, M. Reichel, Handrick - T.
Abstreiter*
* lt. IIHF nicht eingesetzt, aber Einsatz lt. DEB-Statistik
T: 0:1 (09:14) Evtushevski (Gulda) / 0:2 (24:52) Kummer (---) - 0:3 (31:41) E. Köpf jr. (Boehm) / 0:4 (43:47) M.
Rumrich (Evtushevski)
S: Meyer 2, Benda 2, Gulda 2, T. Schinko 2, M. Reichel 2

840'. - 28.04.1994 CAN - GER 3:2 (1:1, 2:0, 0:1)
Bozen, Halle Eiswelle; Z: 5.507; SR: Mäkelä (FIN); LR: Rautavuori (FIN), Burt (USA)
Heiß (59:20 out; Merk n.e.) - Gulda, Meyer - Lüdemann, J. Mayr (C) - A. Niederberger, Kienaß - Bresagk -
Benda, Brandl, Stefan - Kummer, Boehm, E. Köpf jr. - Handrick, M. Reichel, Hilger - M. Rumrich, T. Abstreiter,
Evtushevski - T. Schinko*
* lt. IIHF nicht eingesetzt, aber Einsatz lt. DEB-Statistik
T: 0:1 (04:27) E. Köpf jr. (Boehm) / 3:2 (53:04) Hilger (---)
S: Evtushevski 2, T. Abstreiter 2, Kienaß 2, Meyer 2, Teamstrafe 2 (dafür Evtushevski auf der Strafbank)

841'. - 30.04.1994 RUS - GER 6:0 (3:0, 3:0, 0:0)
Bozen, Halle Eiswelle; Z: 7.160; SR: Danko (SVK); LR: Burt (USA), Elvy (USA)
Merk (Heiß n.e.) - Gulda, Meyer - Bresagk, J. Mayr (C) - A. Niederberger, Kienaß - Lüdemann - Benda, Brandl,
Stefan - T. Schinko, Evtushevski, T. Abstreiter - Hilger, Handrick, M. Rumrich - E. Köpf jr., M. Reichel, Boehm -
Kummer
S: Benda 2+20 (Spieldauer), Stefan 4, Boehm 2, Kummer 2, Bresagk 2, Hilger 2, J. Mayr 2, A. Niederberger 2

842. - 02.05.1994 ITA - GER 3:1 (2:0, 0:0, 1:1)
Bozen, Halle Eiswelle; Z: 6.200; SR: Murphy (USA); LR: Strasil (AUT), Brázdil (CZE)
Heiß (Merk n.e.) - Gulda, Meyer - Bresagk, J. Mayr (C) - A. Niederberger, Kienaß - Lüdemann - Benda, Brandl,
Stefan - T. Schinko, Evtushevski, T. Abstreiter - Hilger, Handrick, M. Rumrich - E. Köpf jr., M. Reichel, Boehm -
Kummer
T: 3:1 (56:46) E. Köpf jr. (Kienaß, M. Reichel)
S: Handrick 2, Hilger 2, Kummer 2

1994/95

neuer Bundestrainer George Kingston (CAN)

843. - 27.08.1994 CZE - GER 3:2 (0:1, 1:0, 2:1)
Liberec, Zimní stadion; Z: 3.000; SR: Kaukonen (FIN); LR: Fedoročko (CZE), Padevět (CZE)
Seliger (Star Bulls Rosenheim; Merk (Berliner SC Preußen) n.e.) - J. Mayr (Kölner Haie), Gulda (EV Landshut) - Kunce (Kaufbeurer Adler), A. Niederberger (Düsseldorfer EG) - Meyer (Krefelder EV), Bresagk (EV Landshut) - Lehner (Berliner SC Preußen), Amann (Düsseldorfer EG) - Handrick (EV Landshut), M. Reichel (Star Bulls Rosenheim), Brockmann (Düsseldorfer EG) - Hilger (Star Bulls Rosenheim), Hock (Star Bulls Rosenheim), G. Franz (EV Landshut) - E. Köpf jr. (Düsseldorfer EG), Serikow (Adler Mannheim), R. Pyka (Krefelder EV) - D. Hegen (C - Maddogs München), T. Abstreiter (Maddogs München), Sandner (Maddogs München)
T: 0:1 (09:23) A. Niederberger (Serikow) / 3:2 (58:57) G. Franz (D. Hegen)
S: 6 x 2 Minuten
Hilger absolvierte als vierundvierzigster Spieler sein 100. Länderspiel.

844. - 28.08.1994 CZE - GER 2:2 (1:1, 0:0, 1:1)
Děčin, Zimní stadion; Z: 2.200; SR: Kaukonen (FIN); LR: Fedoročko (CZE), Padevět (CZE)
Merk (Seliger n.e.) - Lehner, J. Mayr - A. Niederberger, Amann - Meyer, Kunce - Gulda, Bresagk - Handrick, M. Reichel, Brockmann - G. Franz, Hock, Hilger - R. Pyka, Serikow, E. Köpf jr. - Sandner, D. Hegen (C), T. Abstreiter
T: 1:1 (19:29) Sandner (Lehner) / 2:2 (56:38) R. Pyka (Hock)
S: 7 x 2 Minuten

7. Deutschland-Cup 1994

Die deutsche Mannschaft belegte in ihrer Vorrundengruppe den 3. Platz. Damit erreichte die Mannschaft das Spiel um Platz 5.

VORRUNDE - GRUPPE A

845. - 04.11.1994 GER - SVK 0:1 (0:0, 0:0, 0:1)
Stuttgart, Hanns-Martin-Schleyer-Halle; Z: 4.230; SR: Reppa (CAN); LR: ? (GER), ? (GER)
Heiß (Kölner Haie; Merk n.e.) - U. Hiemer (Düsseldorfer EG), Lüdemann (Kölner Haie) - R. Fischer (Star Bulls Rosenheim), Kienaß (Düsseldorfer EG) - Meyer, Gulda - **Alexander Genze** (Maddogs München), **Alexander Engel** (Kassel Huskies) - Stefan (Kölner Haie), Brandl (Kölner Haie), G. Oswald (Krefelder EV) - Zerwesz (Düsseldorfer EG), Doucet (Düsseldorfer EG), D. Hegen (C) - Lupzig (Kölner Haie), G. Holzmann (Berliner SC Preußen), J. Rumrich (Berliner SC Preußen) - Handrick, M. Rumrich (Kölner Haie), R. Pyka
S: 4 x 2 Minuten davon Engel 2 sowie M. Rumrich 5+20 (Spieldauer)

846. - 05.11.1994 GER - CAN 1:2 (1:1, 0:0, 0:1)
Stuttgart, Hanns-Martin-Schleyer-Halle; Z: 4.448; SR: Danko (SVK); LR: ? (GER), ? (GER)
Merk (Heiß n.e.) - U. Hiemer, Lüdemann - R. Fischer, Kienaß - Genze, Engel - Lehner, Meyer - Stefan, Brandl, Lupzig - Zerwesz, Doucet, D. Hegen (C) - G. Oswald, M. Rumrich, J. Rumrich - Hilger, G. Holzmann, G. Franz
T: 1:1 (15:05) G. Holzmann (Meyer)
S: Engel 4, R. Fischer 2, Lupzig 2

SPIEL UM PLATZ 5

06.11.1994 GER - DEL* 4:6 (3:1, 0:3, 1:2)
* DEL-All-Stars
Stuttgart, Hanns-Martin-Schleyer-Halle; Z: 3.753; SR: Reppa (CAN); LR: ? (GER), ? (GER)
Heiß (59:45 out - Merk n.e.) - U. Hiemer, Kienaß - R. Fischer, Lüdemann - Meyer, Gulda - Lehner, Engel - Zerwesz, Doucet, D. Hegen (C) - Stefan, Brandl, R. Pyka - Hilger, G. Holzmann, G. Franz - J. Rumrich, M. Rumrich, Handrick
T: 1:1 (14:10) Brandl (Stefan) - 2:1 (14:58) Meyer (G. Holzmann) - 3:1 (18:27) Franz (Hilger, Meyer) / 4:4 (44:43) Hilger (G. Holzmann, G. Franz)
S: 4 x 2 Minuten, sowie Zerwesz 10 (Disziplinarstrafe)

Die Spiele der Kanadareise 847 - 853 wurden zum Zeitpunkt der Austragung nicht als offizielle Länderspiele gewertet. Als der DEB Mitte der2000er Jahren dies korrigierte, berücksichtigte er das nur in den persönlichen Statistiken der noch aktiven Nationalspieler.

British-Columbia-Cup

Die deutsche Mannschaft belegte in der Vorrunde den 2. Platz und erreichte damit das Finale.
VORRUNDE

847. - 23.03.1995 CAN - GER (B) 5:1 (2:0, 1:0, 2:1)
Kitimat, Tamitik Arena; Z: 2.000; SR: Reibiw (USA); LR: ?, ?
Joachim Appel (Adler Mannheim; Seliger n.e.) - **Christian Curth** (Augsburger Panther), Wieland (Star Bulls Rosenheim) - Kienaß, Hanft (Adler Mannheim) - Kunce, **Gregor Müller** (EC Ratingen "Die Löwen") - D. Nowak (Schwenninger Wild Wings), Gegenfurtner (Star Bulls Rosenheim) - Kummer (Düsseldorfer EG), M. Reichel, Felski (Eisbären Berlin) - Zerwesz, Hock, **Sven Zywitza** (Augsburger Panther) - **Steffen Ziesche** (Frankfurt Lions), **Patrick Vozar** (Frankfurt Lions), Feser (Adler Mannheim) - Serikow, **Elmar Boiger** (Kaufbeurer Adler), Hilger (C)
T: 4:1 (56:31) Ziesche (Hanft)
S: 6 x 2 Minuten, sowie Kummer 5+20 (Spieldauer)

848. - 24.03.1995 GER (B) - USA 5:2 (0:0, 1:1, 4:1)
Kitimat, Tamitik Arena; Z: 1.200; SR: McNamee (CAN); LR: ?, ?
Seliger (Franke (ESG Sachsen „Die Füchse" Weißwasser/Chemnitz) n.e.; J. Appel* n.e.) - Kienaß, Hanft - Curth, Wieland - Kunce, G. Müller - **Frank Appel** (Calgary Royals), Gegenfurtner - Hilger (C), Boiger, Serikow - Felski, M. Reichel, Kummer - Feser, P. Vozar, **Sven Valenti** (Adler Mannheim) - Zywitza, Hock, Zerwesz
* lt. DEB-Statistik
T: 1:1 (30:04) Hilger (Boiger) / 2:1 (43:30) Hilger (Wieland, Seliger) - 3:1 (45:44) Zywitza (Hanft, Hock) - 4:2 (53:26) Feser (F. Appel, Valenti) - 5:2 (59:45) Zerwesz (M. Reichel, Zywitza)
S: 7 x 2 Minuten

FINALE

849. - 26.03.1995 CAN - GER (B) 4:1 (2:1, 2:0, 0:0)
Kitimat, Tamitik Arena; Z: 3.500; SR: McNamee (CAN); LR: ?, ?
Franke (J. Appel n.e.) - Kienaß, Hanft - Curth, Wieland - Kunce, G. Müller - D. Nowak, Gegenfurtner - Hilger (C), Boiger, Zywitza - Felski, M. Reichel, Kummer - Valenti, P. Vozar, Feser - Ziesche, Serikow, Zerwesz
2:1 (13:31) Serikow (Wieland)
S: 8 x 2 Minuten

850. - 28.03.1995 CAN - GER (B) 8:1 (3:0, 3:1, 2:0)
Prince George, Elkcentre Arena; Z: 1.700; SR: Zupp (CAN); LR: ?, ?
Seliger (J. Appel n.e.) - Curth, Wieland - F. Appel, Gegenfurtner - Kunce, G. Müller - Kienaß, Hanft - D. Nowak, Hock, Zerwesz - Hilger (C), M. Reichel, Kummer - Zywitza, P. Vozar, Ziesche - Feser, Serikow, Valenti
T: 3:1 (22:43) P. Vozar (G. Müller, Feser)
S: 7 x 2 Minuten

851. - 29.03.1995 CAN - GER (B) 7:3 (2:0, 3:3, 2:0)
Fraser Lake, Recreation Complex; Z: 900; SR: Zupp (CAN); LR: ?, ?
J. Appel (Seliger n.e.) - D. Nowak, G. Müller - Curth, F. Appel - Kienaß, Hanft - Serikow, Boiger, Feser - Zerwesz, M. Reichel, Felski - Zywitza, P. Vozar, Ziesche - Kummer, Hock, Hilger (C) - Valenti
T: 2:1 (20:13) Boiger (Feser) - 2:2 (22:39) D. Nowak (Hock) - 2:3 (23:15) D. Nowak (Boiger)
S: 5 x 2 Minuten, sowie Serikow 5+20 (Spieldauer)

852. - 31.03.1995 CAN - GER (B) 3:1 (2:0, 1:0, 0:1)
Golden, Golden & District Arena; Z: 800; SR: Brown (CAN); LR: ?, ?
Franke (J. Appel n.e.) - Curth, Wieland - F. Appel, Kienaß - D. Nowak, G. Müller - Hanft - Zerwesz, Serikow, Felski - Hilger (C), M. Reichel, Zywitza - Kummer, Hock, Ziesche - Feser, P. Vozar, Valenti - Boiger
T: 3:1 (53:06) D. Nowak (Kummer)
S: 3 x 2 Minuten

853. - 01.04.1995 CAN - GER (B) 5:1 (1:0 1:1, 3:0)
Golden, Golden & District Arena; Z: 400; SR: Brown (CAN); LR: ?, ?
Seliger (Franke n.e.) - Gegenfurtner, Wieland - Hanft, Kienaß - D. Nowak, G. Müller - F. Appel - Felski, Serikow, Zerwesz - Hilger (C), M. Reichel, Zywitza - Kummer, Hock, Curth - Feser, P. Vozar, Valenti
T: 1:1 (36:51) G. Müller (D. Nowak)
S: 22 Minuten

854. - 09.04.1995 GER - SUI 4:2 (0:0, 3:2, 1:0)
Füssen, BLZ-Arena; Z: 2.200; SR: O. Johnsen (NOR); LR: Breiter (GER), Riepl (GER)
Merk (Seliger n.e.) - Meyer, D. Nowak - U. Hiemer, Curth - Kienaß, Hanft - A. Niederberger, Wieland - Zywitza,
M. Reichel, Zerwesz - Hilger, D. Hegen (C - Düsseldorfer EG), Doucet - **Mark Kosturik** (Berliner SC Preußen),
J. Rumrich, G. Holzmann - R. Pyka, G. Oswald, Serikow
T: 1:0 (28:35) J. Rumrich (Kosturik) - 2:0 (29:40) R. Pyka (G. Oswald) - 3:2 (38:30) D. Nowak (G. Holzmann) /
4:2 (59:56) Doucet (---)
S: 6 x 2 Minuten, davon M. Reichel 2, D. Nowak 2

855. - 12.04.1995 SUI - GER 2:2 (2:1, 0:0, 0:1)
Kloten, Schluefweg; Z: 4.850; SR: Hansen (NOR); LR: Betschart (SUI), Nater (SUI)
Seliger (Merk n.e.) - Meyer, D. Nowak - U. Hiemer, Curth - A. Niederberger, Wieland - Kienaß - G. Oswald,
Serikow, R. Pyka - Zywitza, M. Reichel, Zerwesz - Kosturik, G. Holzmann, J. Rumrich - D. Hegen (C), Doucet,
Hilger
T: 2:1 (15:38) M. Reichel (Zywitza) / 2:2 (47:11) Doucet (D. Hegen, Hilger)
S: 8 x 2 Minuten

856. - 16.04.1995 GER - NOR 3:3 (2:2, 0:0, 1:1)
Garmisch-Partenkirchen, Olympia-Eissport-Zentrum*; Z: 3.500; SR: Marti (SUI); LR: ? (GER), ? (GER)
** Nach umfangreichen Umbauarbeiten 1994 ist das Olympia-Eisstadion jetzt Teil des Olympia-Eissport-
Zentrums*
Heiß (Merk n.e.) - Meyer, Wieland - A. Niederberger, Lüdemann - Bresagk, Kienaß - U. Hiemer (C), D. Nowak -
Zywitza, M. Reichel, Zerwesz - Stefan, Brandl, Lupzig - Kosturik, M. Rumrich, J. Rumrich - Curth, Serikow, R.
Pyka - G. Holzmann, Hilger
T: 1:1 (13:53) Bresagk (M. Rumrich, J. Rumrich) - 2:1 (18:13) A. Niederberger (Brandl, Lupzig) / 3:2 (54:11) J.
Rumrich (Bresagk)
S: 20 Minuten

857'. - 18.04.1995 FIN - GER 7:2 (1:1, 1:1, 5:0)
Tampere, Tampereen jäähalli; Z. 5.910; SR: Yakushev (RUS); LR: Peltonen (FIN), Lundberg (FIN)
Merk (ab 40:01 Seliger) - Lüdemann, A. Niederberger - Meyer, Wieland - U. Hiemer (C), D. Nowak - Bresagk,
Kienaß - Zywitza, M. Reichel, Lupzig - Hilger, Brandl, Serikow - G. Oswald, G. Holzmann, R. Pyka - Stefan,
Doucet, G. Franz
T: 0:1 (13:55) Stefan (Lüdemann, Lupzig) / 2:2 (26:09) Doucet (G. Franz, Stefan)
S: U. Hiemer 4, Kienaß 4, D. Nowak 2, Doucet 2, M. Reichel 2
A. Niederberger absolvierte als achter Spieler sein 200. Länderspiel.

858'. - 19.04.1995 FIN - GER 2:3 (1:0, 1:1, 0:2)
*Turku, Elysée Arena (bis Sommer 1994 "Typhoon"); Z: 5.726; SR: Yakushev (RUS); LR: Bruun (FIN),
Kaplin (FIN)*
Heiß (ab 40:01 Seliger) - Kienaß, Wieland - U. Hiemer (C), A. Niederberger - Bresagk, Lüdemann - D. Nowak -
Zywitza, M. Reichel, Lupzig - Hilger, Brandl, G. Oswald - Serikow, G. Holzmann, R. Pyka - Stefan, Doucet, G.
Franz
T: 2:1 (33:51) Lupzig (M. Reichel, Zywitza) / 2:2 (49:00) Serikow (Doucet, Stefan) - 2:3 (57:26) Stefan (Lupzig)
S: G. Oswald 4 6, G. Holzmann 2, Brandl 2, Kienaß 2, Serikow 2, Lüdemann 2, M. Reichel 2

59. A-Weltmeisterschaft 1995

Die deutsche Mannschaft belegte in ihrer Vorrundengruppe den 5. Platz und verfehlte damit das Viertelfinale.
VORRUNDE - GRUPPE A

859'. - 23.04.1995 FRA - GER 4:0 (2:0, 1:0, 1:0)
Gävle, Gavlerinken; Z: 3.167; SR: Lepaus (FIN); LR: Norrman (SWE), Enestedt (SWE)
Heiß (Merk n.e.) - Lüdemann, A. Niederberger - Kienaß, Bresagk - Meyer, U. Hiemer (C) - Wieland - R. Pyka,
G. Holzmann, D. Nowak - G. Oswald, Brandl, Hilger - Lupzig, M. Reichel, Zywitza - Serikow, Doucet, Stefan*
* lt. IIHF nicht eingesetzt, aber Einsatz lt. DEB-Statistik
S: G. Holzmann 2, Lupzig 2

860'. - 24.04.1995 ITA - GER 2:1 (0:0, 1:1, 1:0)
Gävle, Gavlerinken; Z: 2.696; SR: Danko (SVK); LR: Rautavuori (FIN), Ringbom (FIN)
Merk (Heiß n.e.) - Lüdemann, A. Niederberger - Kienaß, U. Hiemer (C) - Bresagk*, Wieland - Meyer, D. Nowak
- R. Pyka, G. Holzmann, G. Oswald - Lupzig, Brandl, Stefan - G. Franz, Doucet, Hilger - Serikow, M. Reichel,
Zywitza
* lt. IIHF nicht eingesetzt, aber Einsatz lt. DEB-Statistik
T: 1:1 (35:33) Doucet (---)
S: Lupzig 6, Kienaß 2, Stefan 2, Hilger 2, G. Franz 2, Brandl 2, G. Holzmann 2, R. Pyka 2

861'. - 27.04.1995 CAN - GER 5:2 (1:1, 1:0, 3:1)
Gävle, Gavlerinken; Z: 4.358; SR: Vaisfeld (RUS); LR: Rautavuori (FIN), Ringbom (FIN)
Merk (Heiß n.e.) - Wieland, A. Niederberger - Kienaß, U. Hiemer (C) - Lüdemann, D. Nowak - Meyer, Bresagk - R. Pyka, G. Holzmann, G. Oswald - Lupzig, Brandl, Stefan - G. Franz, Doucet, Hilger - Serikow, M. Reichel, Zywitza
T: 0:1 (02:33) Brandl (Stefan) / 3:2 (47:02) Brandl (Wieland)
S: G. Holzmann 2+10 (Disziplinarstrafe), Meyer 4, D. Nowak 4, G. Oswald 2, Doucet 2, R. Pyka 2

862'. - 28.04.1995 RUS - GER 6:3 (0:1, 5:1, 1:1)
Gävle, Gavlerinken; Z: 3.810; SR: Rejthar (CZE); LR: Andersen (NOR), Český (CZE)
Seliger (Heiß n.e.) - Lüdemann, A. Niederberger - Kienaß, U. Hiemer (C) - Meyer, Bresagk - Wieland - R. Pyka, G. Holzmann, G. Oswald - Lupzig, Brandl, Stefan - Serikow, Doucet, Hilger - D. Nowak, M. Reichel, Zywitza
T: 0:1 (16:14) Doucet (U. Hiemer) / 0:2 (20:23) Meyer (Lüdemann) / 6:3 (52:50) Kienaß (Brandl, Stefan)
S: G. Oswald 2+2+10 (Disziplinarstrafe), G. Holzmann 4, Brandl 4, Doucet 4, R. Pyka 2, Zywitza 2, U. Hiemer 2, Kienaß 2

863'. - 30.04.1995 GER - SUI 5:3 (1:0, 2:1, 2:2)
Gävle, Gavlerinken; Z: 6.293; SR: Hearn (USA); LR: Andersen (NOR), Český (CZE)
Merk (Heiß n.e.) - Lüdemann, A. Niederberger - Kienaß, U. Hiemer (C) - Meyer, Bresagk - Wieland, D. Nowak - R. Pyka, G. Holzmann, G. Oswald - Lupzig, Brandl, Stefan - G. Franz, Doucet, Hilger - Serikow, M. Reichel, Zywitza
T: 1:0 (01:20) A. Niederberger (R. Pyka) / 2:0 (26:33) Doucet (Lüdemann, Lupzig) - 3:0 (32:16) Brandl (Lüdemann, Meyer) / 4:1 (40:15) Brandl (Hilger) - 5:2 (53:47) Brandl (Lupzig, U. Hiemer)
S: Doucet 2, G. Holzmann 2, Lupzig 2, Bresagk 2, D. Nowak 2, M. Reichel 2, G. Oswald 2

1995/96

864'. - 02.09.1995 GER - FIN 1:5 (0:1, 0:1, 1:3)
Berlin, Kunsteisstadion im Sportforum Hohenschönhausen; Z: 2.000; SR: Balej (CZE); LR: Langer (GER), Schurr (GER)
Merk (Preußen Devils Berlin; Pethke (Kaufbeurer Adler) n.e.) - Lüdemann (Kölner Haie), D. Nowak (Schwenninger Wild Wings) - Bresagk (EV Landshut), Wieland (Star Bulls Rosenheim) - Curth (EC in Hannover), Kienaß (Düsseldorfer EG) - Kunce (Kaufbeurer Adler) - G. Franz (EV Landshut), Doucet (Düsseldorfer EG), D. Hegen (C - Düsseldorfer EG) - Kosturik (Preußen Devils Berlin), Sandner (SC Riessersee), Benda (Richmond Renegades) - **Jochen Hecht** (Adler Mannheim), J. Rumrich (Preußen Devils Berlin), Felski (Eisbären Berlin) - Hilger (Star Bulls Rosenheim), M. Reichel (Star Bulls Rosenheim), Lupzig (Kölner Haie) - R. Pyka (Krefeld Pinguine), Serikow (Adler Mannheim)
T: 1:3 (52:22.) J. Rumrich (---)
S: Hilger 2, Lupzig 2, Doucet 2, Wieland 2

865'. - 03.09.1995 GER - FIN 4:5 (0:3, 3:1, 1:1)
Chemnitz, Eissporthalle Küchwald; Z: 2.700; SR: Balej (CZE); LR: Langer (GER), Schurr (GER)
Seliger (Frankfurt Lions; Pethke n.e.) - Lüdemann, D. Nowak - Bresagk, Wieland - Curth, Kienaß - Kunce - G. Franz, Doucet, D. Hegen (C) - Kosturik, Sandner, Benda - Hecht, J. Rumrich, Felski - R. Pyka, Serikow, Lupzig
T: 1:3 (20:43) Doucet (---) - 2:4 (30:12) Kosturik (Benda) - 3:4 (34:31) G. Franz (Doucet) / 4:4 (41:03) Doucet (Lupzig)
S: Benda 4, Lupzig 2, Doucet 2, Lüdemann 2, Curth 2

8. Deutschland-Cup 1995

Die deutsche Mannschaft belegte in ihrer Vorrundengruppe den 1. Platz. Damit erreichte die Mannschaft das Finale.

VORRUNDE - GRUPPE B

866. - 03.11.1995 GER - CAN 4:2 (1:1, 1:0, 2:1)
Stuttgart, Hanns-Martin-Schleyer-Halle; Z: 4.520; SR: Andersson (SWE); LR: ? (GER), ? (GER)
Heiß (Kölner Haie; Merk n.e.) - A. Niederberger (Düsseldorfer EG), Kienaß - Lüdemann, Genze (Kölner Haie) - Kunce, D. Nowak - Meyer (Kölner Haie) - **Jürgen Simon** (Kaufbeurer Adler) - Kosturik, Doucet. D. Hegen (C) - Brockmann (Düsseldorfer EG), Brandl (Kölner Haie), Lupzig - **Rochus Schneider** (Augsburger Panther), **Bernd Kühnhauser** (Düsseldorfer EG), Benda (HC Slavia Praha) - **Stefan Mann** (Kölner Haie), P. Draisaitl (Kölner Haie), J. Rumrich
T: 1:1 (15:00) Benda (Brandl, Brockmann) / 2:1 (21:23) D. Hegen (Doucet) / 3:1 (47:29) P. Draisaitl (Mann) - 4:2 (53:01) Mann (Meyer)
S: Lupzig 2+10 (Disziplinarstrafe), A. Niederberger 4, Kosturik 4, Simon 4, Kühnhauser 4, Brandl 4, Mann 2, Brockmann 2, Doucet 2

867. - 04.11.1995 GER - SUI 3:2 (0:0, 3:1, 0:1)
Stuttgart, Hanns-Martin-Schleyer-Halle; Z: 3.000; SR: Andersson (SWE); LR: Schaefer (GER), Schindler (GER)
Merk (Heiß n.e.) - A. Niederberger, D. Nowak - Lüdemann, Genze - Meyer, Simon - Hanft (Adler Mannheim), Kunce - J. Rumrich, Kühnhauser, D. Hegen (C) - Brockmann, Brandl, Lupzig - Mann, P. Draisaitl, Benda - R. Schneider, M. Reichel, R. Pyka
T: 1:0 (21:10) D. Hegen (A. Niederberger) - 2:1 (29:59) R. Pyka (M. Reichel, Meyer) - 3:1 (32:53) D. Hegen (D. Nowak)
S: M. Reichel 4, Hanft 2, Lupzig 2, Benda 2, Merk 2
D. Hegen erzielte mit dem 3:1 als zweiter Spieler 100 Tore.

FINALE

868. - 05.11.1995 GER - CZE 2:1 (0:0, 0:1, 1:0, 1:0) OT
Stuttgart, Hanns-Martin-Schleyer-Halle; Z: 4.500; SR: Hansen (NOR); LR: Aumüller (GER), Hascher (GER)
Heiß (60:53; Merk n.e.) - A. Niederberger, D. Nowak - Lüdemann, Genze - Meyer, Simon - Hanft, Kunce - Kühnhauser, Doucet, D. Hegen (C) - Kosturik, Brandl, Lupzig - J. Rumrich, P. Draisaitl, Benda - R. Schneider, M. Reichel, R. Pyka
T: 1:1 (42:22) Doucet (D. Hegen, Kühnhauser) / 2:1 (60:53) D. Nowak (Brandl)
S: keine Strafen

869. - 20.12.1995 GER - ITA 5:1 (3:0, 0:1, 2:0)
Landsberg, Eissporthalle im Sportzentrum; Z: 2.850; SR: Nieminen (FIN); LR: ? (GER), ? (GER)
Merk (**Christian Künast** (EV Landshut) n.e.) - Curth, Kienaß - **Jochen Molling** (ESG Füchse Sachsen), D. Nowak - Bresagk, Simon - Micheller (Krefeld Pinguine), Heidt (EV Landshut) - G. Franz, **Mark MacKay** (Schwenninger Wild Wings), D. Hegen (C) - Kosturik, J. Rumrich, Benda - Handrick (EV Landshut), Schertz (Eisbären Berlin), R. Pyka - Brockmann, **David Musial** (Adler Mannheim), L. Funk jr. (Düsseldorfer EG)
T: 1:0 (13:58) Brockmann (L. Funk jr.) - 2:0 (18:41) Bresagk (Benda) - 3:0 (19:38) R. Pyka (Curth) / 4:1 (46:27) Handrick (Curth, Schertz) - 5:1 (47:05) Brockmann (L. Funk jr.)
S: Heidt 6, Kienaß 2, Benda 2, Curth 2, Kosturik 2, MacKay 2, Musial 2

870. - 21.12.1995 GER - ITA 4:4 (2:2, 1:2, 1:0)
Memmingen, Eissporthalle am Hühnerberg; Z: 3.700; SR: Nieminen (FIN); LR: Müller (GER), ? (GER)
Künast (Merk n.e.) - Micheller, Heidt - Molling, D. Nowak - Bresagk, Simon - Curth, Kienaß - G. Franz, MacKay, D. Hegen (C) - Kosturik, J. Rumrich, Benda - Handrick, Schertz, R. Pyka - Brockmann, Musial, L. Funk jr. - Kühnhauser
T: 1:1 (15:53) Benda (Bresagk, Künast) - 2:1 (19:58) Bresagk (D. Hegen, Simon) / 3:2 (35:55) Micheller (G. Franz, D. Hegen) / 4:4 (55:39) D. Hegen (G. Franz, Bresagk)
S: G. Franz 2, Brockmann 2, Schertz 2, L. Funk jr. 2, Bresagk 2, Benda 2, Kosturik 2, Simon 2

RIMI-Cup
Die deutsche Mannschaft belegte Platz 4.

871. - 05.02.1996 NOR - GER 3:1 (2:0, 0:1, 1:0)
Oslo, Jordal Amfi Ishall; Z: 1.504; SR: Andersson (SWE); LR: ?, ?
Heiß (Merk n.e.) - J. Mayr (Kölner Haie), Meyer - **Mikael Kraus** (Bodens IK), Heidt - **Erich Goldmann** (Adler Mannheim), Simon - Bresagk, D. Nowak - Schmitz (EC Ratingen "Die Löwen"), MacKay, P. Draisaitl - J. Rumrich, Doucet, D. Hegen (C) - Hantschke (EV Landshut), **Andrej Fuchs** (EC Ratingen "Die Löwen"), Lupzig - **Mario Gehrig** (Adler Mannheim), R. Schneider, Benda
T: 2:1 (27:43) Doucet (MacKay)
S: Heidt 4, Benda 4, Lupzig 2, Bresagk 2, D. Nowak 2, Meyer 2, MacKay 2, Fuchs 2

872. - 06.02.1996 GER - CAN 3:7 (1:1, 1:4, 1:2)
Oslo, Jordal Amfi Ishall; Z: 400; SR: Hansen (NOR); LR: ?, ?
Merk (Heiß n.e.) - Kraus, Heidt - Goldmann, Simon - Bresagk, D. Nowak - J. Mayr - Schmitz, MacKay, P. Draisaitl - J. Rumrich, Doucet, D. Hegen (C) - R. Pyka, Fuchs, Lupzig - Gehrig, R. Schneider, Benda - Handrick
T: 1:1 (11:23) D. Hegen (---) / 2:4 (28:31) MacKay (P. Draisaitl, Benda) / 3:5 (52:49) R. Schneider (---)
S: D. Hegen 4, R. Schneider 2, Fuchs 2, Gehrig 2

873. - 07.02.1996 FRA - GER 5:3 (0:0, 2:0, 3:3)
Oslo, Jordal Amfi Ishall; Z: 200; SR: Berg (NOR); LR: ?, ?
Heiß (59:55 out; Merk n.e.) - J. Mayr, Meyer - Kraus, Heidt - Goldmann, Simon - Bresagk, D. Nowak - Schmitz, MacKay, P. Draisaitl - J. Rumrich, R. Pyka, Handrick - Hantschke, Fuchs, Lupzig - Gehrig, R. Schneider, Benda
T: 3:1 (55:14) R. Schneider (---) - 3:2 (56:30) P. Draisaitl (R. Pyka, D. Nowak) - 4:3 (57:27) Benda (Lupzig)
S: R. Schneider 2

874. - 10.02.1996 GER - CZE (B) 3:3 (2:1, 1:0, 0:2)
Bad Nauheim, Kunsteisstadion am Nördlichen Park; Z: 4.600; SR: Haajanen (FIN); LR: Brodnicki (GER), Gmeinhardt (GER)
Merk (Heiß n.e.) - A. Niederberger, Kienaß - Curth, Simon - Goldmann, Kunce - **Lars Brüggemann** (Nürnberg Ice Tigers), D. Nowak - L. Funk jr., Doucet, D. Hegen (C) - R. Schneider, Evtushevski (Kassel Huskies), R. Pyka - Krinner (Kassel Huskies), M. Reichel, Felski - Kosturik, MacKay, Benda - Kühnhauser
T: 1:0 (03:19) Kosturik (D. Nowak) - 2:1 (16:49) Kosturik (Doucet) / 3:1 (34:13) D. Hegen (---)
S: Evtushevski 6, D. Hegen 2, R. Pyka 2, D. Nowak 2, Doucet 2, Benda 2, R. Schneider 2, MacKay 2, Kunce 2

875. - 11.02.1996 GER - CZE (B) 3:4 (2:0, 1:1, 0:3)
Kassel, Eissporthalle am Auestadion; Z: 6.000; SR: Haajanen (FIN); LR: Brodnicki (GER), Gmeinhardt (GER)
Heiß (ab 20:01 Merk) - Kunce, Simon - Goldmann, D. Nowak - Curth, Kienaß - A. Niederberger, Brüggemann - Evtushevski, Doucet, D. Hegen (C) - Kosturik, Gehrig, Benda - Krinner, M. Reichel, R. Pyka - L. Funk jr., Kühnhauser, Felski
T: 1:0 (06:52) Kühnhauser (Brüggemann) - 2:0 (08:55) Gehrig (---) / 3:1 (37:50) Kienaß (Kühnhauser)
S: Doucet 4, D. Nowak 2, Felski 2, Goldmann 2

> Die WM-Vorbereitungsspiele 876 - 881 wurden zum Zeitpunkt der Austragung nicht als offizielle Länderspiele gewertet. Als der DEB Mitte der2000er Jahren dies korrigierte, berücksichtigte er das nur in den persönlichen Statistiken der noch aktiven Nationalspieler.

876. - 21.03.1996 GER (B) - CZE 1:9 (0:4, 1:2, 0:3)
Amberg, Eishalle am Schanzl; Z: 2.869; SR: Bertolotti (SUI); LR: Aumüller (GER), Sprenger (GER)
Pethke (Augsburger Panther; ab 30:50 **Carsten Solbach** (Schwenninger Wild Wings)) - **Stefan Mayer** (Augsburger Panther), D. Nowak - Simon, Kunce - Curth, Kraus - Wieland, Goldmann, Brüggemann - R. Schneider, M. Reichel, Benda - **Florian Keller** (Star Bulls Rosenheim), Gehrig, Hecht - Schertz, **Tino Boos** (Kassel Huskies), Musial - Feser (Adler Mannheim), P. Vozar (Frankfurt Lions), **Martin Kropf** (Star Bulls Rosenheim)
T: 1:4 (24:15) F. Keller (Hecht, Pethke)
S: D. Nowak 2, M. Reichel 2, P. Vozar 2, Musial 2, Goldmann 2, S. Mayer 2

877. - 22.03.1996 GER (B) - CZE 6:3 (2:1, 2:1, 2:1)
Deggendorf, Eissporthalle an der Trat; Z: 3.000; SR: Bertolotti (SUI); LR: Aumüller (GER), Hascher (GER)
Solbach (ab 30:14 **Udo Döhler** (Eisbären Berlin)) - Molling, D. Nowak - Simon, Kunce - Curth, Brüggemann - Goldmann, Wieland - Kraus - R. Schneider, M. Reichel, Benda - F. Keller, Feser, Hecht - M. Kehle (Nürnberg Ice Tigers), T. Boos, **Henrik Hölscher** (Nürnberg Ice Tigers) - Kropf, Musial, Schertz - P. Vozar
T: 1:0 (02:02) Schertz (Feser) - 2:1 (11:00) F. Keller (Wieland, Goldmann) / 3:1 (27:05) Goldmann (Feser, Benda) - 4:1 (36:55) F. Keller (Hecht, Feser) / 5:2 (47:33) F. Keller (Hecht, Benda) - 6:2 (48:06) T. Boos (M. Kehle, Hölscher)
S: Schertz 2, Feser 2, D. Nowak 2, M. Kehle 2, Hecht 2, R. Schneider 2, Goldmann 2, Kropf 2

878. - 23.03.1996 GER (B) - CZE 2:6 (0:2, 0:3, 2:1)
Bayreuth, Städtisches Kunsteisstadion; Z: 4.500; SR: Bertolotti (SUI); LR: Breiter (GER), Riepl (GER)
Döhler (ab 30:39 Pethke) - Molling, D. Nowak - Goldmann, Brüggemann - Simon, Kunce - Kraus, S. Mayer - R. Schneider, M, Reichel, Benda - Hecht, Feser, Schertz - Curth, P. Vozar, Musial - M. Kehle, Hölscher, T. Boos
T: 1:6 (45:43) Hecht (---) - 2:6 (46:17) Schertz (Hecht, Hölscher)
S: Feser 2, D. Nowak 2, P. Vozar 2, Hecht 2, Musial 2, Goldmann 2, Kraus 2

879. - 02.04.1996 GER (B) - NED 4:1 (0:1, 3:0, 1:0)
Kaufbeuren, Eisstadion am Berliner Platz; Z: 1.000; SR: Korentschnig (AUT); LR: Aumüller (GER), ? (GER)
Merk (Künast n.e.) - S. Mayer, D. Nowak - Bresagk, Simon - Goldmann, Wieland - Curth, Brüggemann - R. Schneider, M. Reichel, Benda - Hecht, Gehrig, F. Keller - J. Rumrich (C), Brittig (Preußen Devils Berlin), Schertz - Feser, Hölscher, P. Vozar
T: 1:1 (30:39) Brittig (J. Rumrich) - 2:1 (37:02) F. Keller (Schertz, Goldmann) - 3:1 (39:01) M. Reichel (---) / 4:1 (42:29) Hecht (F. Keller)
S: Benda 6, Brittig 2, Feser 2, P. Vozar 2, Hecht 2, M. Reichel 2, R. Schneider 2
Merk absolvierte als fünfundvierzigster Spieler sein 100. Länderspiel.

880. - 04.04.1996 CZE - GER (B) 5:2 (1:0, 2:1, 2:1)
Pardubice, Hala Rondo; Z: 3.882; SR: Korentschnig (AUT); LR: Český (CZE), Barvíř (CZE)
Merk (Künast n.e.) - Molling, D. Nowak - S. Mayer, Simon - Wieland, Goldmann - Brüggemann, Curth - R. Schneider, Hölscher, Benda - Brittig, M. Reichel, F. Keller - Feser, Schertz, Hilger - **Robert Brezina** (Schwenninger Wild Wings), Handrick, J. Rumrich
T: 1:1 (34.) D. Nowak (Hilger, Brezina) / 3:2 (45.) Hilger (Benda)
S: 5 x 2 Minuten + Schertz 10 (Disziplinarstrafe)

881. - 05.04.1996 CZE - GER (B) 4:3 (1:1, 2:1, 1:1)
Nymburk, Zimní stadion; Z: 2.300; SR: Korentschnig (AUT); LR: Český (CZE), Padevĕt (CZE)
Merk (Künast n.e.) - Molling, Bresagk - S. Mayer, Simon - Wieland, Goldmann - Brüggemann, Curth - R.
Schneider, Hölscher, Benda - Brittig, M. Reichel, F. Keller - J. Rumrich, Feser, Schertz - Hilger, Brezina, Handrick
T: 0:1 (8.) Brezina (---) / 3:2 (37.) Handrick (Brittig) / 3:3 (52.) J. Rumrich (F. Keller)
S: 9 x 2 Minute + Benda 5+20 (Spieldauer)

882'. - 13.04.1996 GER - RUS 2:2 (0:0, 2:2, 0:0)
Iserlohn, Eissporthalle am Seilersee; Z: 4.500; SR: Vrábel (SVK); LR: Höhl (GER), Skupin (GER)
Merk (Heiß n.e.) - Meyer, Simon - Kienaß, Wieland - Goldmann, Heidt - A. Niederberger, Bresagk - Handrick,
R. Schneider, Schertz - L. Funk jr., M. Reichel, Hilger - J. Rumrich, Doucet, D. Hegen (C) - E. Köpf jr.
(Düsseldorfer EG), P. Draisaitl, F. Keller
T: 1:1 (29:35) D. Hegen (---) - 2:2 (36:25) Doucet (A. Niederberger)
S: R. Schneider 2+2+2+10 (Disziplinarstrafe), Hilger 2+10 (Disziplinarstrafe), Doucet 6, P. Draisaitl 6, E. Köpf
jr. 4, Simon 4, A. Niederberger 2

883'. - 14.04.1996 GER - RUS 3:5 (0:1, 1:3, 2:1)
Essen, Eissporthalle am Westbahnhof; Z: 4.450; SR: Vrábel (SVK); LR: Höhl (GER), Skupin (GER)
Heiß (Künast n.e.) - Kienaß, D. Nowak - Bergen (Düsseldorfer EG), Simon - Goldmann, Heidt - Bresagk, Wieland
- Hecht, MacKay, Benda - Hilger, J. Rumrich, Handrick - Stefan (Kölner Haie), M. Reichel, F. Keller - L. Funk jr.,
Kühnhauser, Schertz
T: 1:1 (25:39) MacKay (Heidt, Bergen) / 2:4 (45:56) Kühnhauser (L. Funk jr.) - 3:5 (59:50) Schertz (Stefan)
S: MacKay 6, D. Nowak 4, M. Reichel 4, Hecht 4, Bresagk 2, Heidt 2, F. Keller 2, Goldmann 2

884. - 17.04.1996 ITA - GER 5:5 (4:1, 1:3, 0:1)
Sëlva (dt. Wolkenstein), Eisstadion Pranives; Z: 1.200; SR: Korentschnig (AUT); LR: Haas (AUT),
Wohlgenannt (AUT)
Merk (ab 40:01 Heiß 59:05-59:10 out) - Meyer, Lüdemann - Kienaß, D. Nowak - Goldmann, Bergen - Wieland -
Kühnhauser, Doucet, D. Hegen (C) - Stefan, P. Draisaitl, Benda - J. Rumrich, MacKay, F. Keller - Hecht, R.
Schneider, Schertz
T: 0:1 (00:54) F. Keller (---) / 4:2 (26:30) P. Draisaitl (F. Keller) - 5:3 (29:03) F. Keller (Stefan) - 5:4 (31:04) Benda
(---) / 5:5 (59:10) Bergen (MacKay)
S: Bergen 2, Doucet 2, Benda 2, Hecht 2, MacKay 2, F. Keller 2
Heiß absolvierte als sechsundvierzigster Spieler sein 100. Länderspiel.

60. A-Weltmeisterschaft 1996

Die deutsche Mannschaft belegte in ihrer Vorrundengruppe den 4. Platz. Damit erreichte die Mannschaft das
Viertelfinale und schied dort aus.

VORRUNDE - GRUPPE A

885'. - 21.04.1996 RUS - GER 2:1 (1:0, 1:1, 0:0)
Wien, Stadthalle; Z: 5.000; SR: Andersson (SWE); LR: Rönnmark (SWE), Andersen (NOR)
Merk (Heiß n.e.) - Wieland, Meyer - Heidt, Goldmann - Lüdemann, Bergen - D. Nowak, Kienaß - Schertz,
Kühnhauser, R. Schneider - Benda, MacKay, Hecht - M. Reichel, P. Draisaitl, Stefan - D. Hegen (C), Doucet, J.
Rumrich
T: 1:1 (34:11) P. Draisaitl (Benda, Stefan)
S: Doucet 2+2+10 (Disziplinarstrafe), Meyer 4, Bergen 4, Kühnhauser 2, Benda 2, Hecht 2

886. - 23.04.1996 USA - GER 4:2 (1:2, 1:0, 2:0)
Wien, Stadthalle; Z: 4.300; SR: Lepaus (FIN); LR: Rönnmark (SWE), Andersen (NOR)
Merk (59:10 out; Heiß n.e.) - Wieland, Meyer - Heidt, Goldmann - Lüdemann, Bergen - D. Nowak, Kienaß -
Schertz, Kühnhauser, R. Schneider - Benda, MacKay, Hecht - M. Reichel, P. Draisaitl, Stefan - D. Hegen (C),
Doucet, J. Rumrich
T: 1:1 (07:19) D. Hegen (J. Rumrich) - 1:2 (16:53) Lüdemann (Bergen)
S: D. Nowak 2, Kühnhauser 2, Benda 2, Hecht 2, D.Hegen 2

887. - 24.04.1996 GER - CAN 5:1 (1:0, 2:1, 2:0)
Wien, Stadthalle; Z: 4.500; SR: Rejthar (CZE); LR: Polyakov (RUS), Rautavuori (FIN)
Heiß (Merk n.e.) - Wieland, Meyer - Heidt, Goldmann - Lüdemann, Bergen - D. Nowak, Kienaß - Schertz,
Kühnhauser, M. Reichel - Benda, MacKay, Hecht - Stefan, P. Draisaitl, J. Rumrich - R. Schneider, Doucet, D.
Hegen (C)
T: 1:0 (00:29) MacKay (Goldmann, Hecht) / 2:0 (20:40) Benda (Hecht, MacKay) - 3:0 (26:25) Doucet (D. Hegen)
/ 4:1 (45:26) P. Draisaitl (Stefan) - 5:1 (54:33) Hecht (---)
S: D. Nowak 4, Benda 4, Kühnhauser 2, Stefan 2, Teamstrafe 2 (dafür R. Schneider auf der Strafbank)

888. - 26.04.1996 AUT - GER 0:3 (0:0, 0:0, 0:3)
Wien, Stadthalle; Z: 9.300; SR: Meier (USA); LR: Calamoneri (FRA), Durante (ITA)
Merk (46:48-47:07 Heiß) - Wieland, Meyer - Heidt, Goldmann - Lüdemann, Bergen - D. Nowak, Kienaß - Schertz, Kühnhauser, M. Reichel - Benda, MacKay, Hecht - Stefan, P. Draisaitl, J. Rumrich - R. Schneider, Doucet, D. Hegen (C)
T: 0:1 (40:19) Heidt (Weitschuss) - 0:2 (40:38) P. Draisaitl (J. Rumrich) - 0:3 (47:55) Kienaß (Weitschuss)
S: Benda 5+20 (Spieldauer), D. Nowak 6, Kühnhauser 2, MacKay 2, Hecht 2, Teamstrafe 2 (dafür R. Schneider auf der Strafbank)

889. - 29.04.1996 SVK - GER 4:1 (0:0, 3:0, 1:1)
Wien, Stadthalle; Z: 6.3000; SR: Schmitt (USA); LR: Andersen (NOR), Baumgartner (SUI)
Merk (Heiß n.e.) - Wieland, Meyer - Heidt, Goldmann - Lüdemann, Bergen - D. Nowak, Kienaß - Schertz, Kühnhauser, M. Reichel - Benda, MacKay, Hecht - Stefan, P. Draisaitl, J. Rumrich - R. Schneider, Doucet, D. Hegen (C)
T: 4:1 (57:55) D. Hegen (R. Schneider)
S: Heidt 2, Lüdemann 2, Kienaß 2, Bergen 2, Doucet 2, D. Nowak 2

VIERTELFINALE

890. - 01.05.1996 CZE - GER 6:1 (2:0, 1:0, 3:1)
Wien, Stadthalle; Z: 6.200; SR: Schmitt (USA); LR: Rautavuori (FIN); Rönnmark (SWE)
Merk (Heiß n.e.) - Wieland, Meyer - Heidt, Goldmann - Lüdemann, Bergen - D. Nowak, Kienaß - Schertz, Kühnhauser, M. Reichel - Benda, MacKay, Hecht - Stefan, P. Draisaitl, J. Rumrich - R. Schneider, Doucet, D. Hegen (C)
T: 5:1 (57:54) Kühnhauser (D. Nowak, M. Reichel)
S: Hecht 2, Heidt 2, MacKay 2, Goldmann 2, Doucet 2

1996/97

891. - 18.08.1996 SVK - GER 3:4 (2:0, 1:3, 0:1)
Bratislava, Zimný štadión Ondreja Nepelu; Z: 4.377; SR: Karaś (POL); LR: Lauff (SVK), Masik (SVK)
Heiß (Kölner Haie; Merk (Berlin Capitals) n.e.) - Kunce (Kaufbeurer Adler), D. Nowak (Schwenninger Wild Wings) - Bergen (Düsseldorfer EG), Lüdemann (Kölner Haie) - Goldmann (Kaufbeurer Adler), Meyer (Kölner Haie) - Kienaß (Nürnberg Ice Tigers), Wieland (EV Landshut) - Benda (HC Sparta Praha), MacKay (Schwenninger Wild Wings), Ustorf (Washington Capitals) - Stefan (Düsseldorfer EG), Brandl (Düsseldorfer EG), Lupzig (Kölner Haie) - Serikow (Adler Mannheim), **Marco Sturm** (EV Landshut), R. Pyka (Krefeld Pinguine) - Hecht (Adler Mannheim), J. Rumrich (Berlin Capitals), F. Keller (Adler Mannheim)
T: 2:1 (24:38) F. Keller (---) - 2:2 (30:23) Kienaß (Weitschuss) - 3:3 (36:56) MacKay (Benda, Ustorf) / 3:4 (51:43) R. Pyka (Lupzig)
S: Serikow 4, Lupzig 2, J. Rumrich 2, Benda 2, Wieland 2

892'. - 20.08.1996 GER - RUS 2:4 (0:2, 1:1, 1:1)
Landshut, Städtische Eissporthalle; Z: 4.200; SR: Hansen (NOR); LR: Oswald (GER), Schurr (GER)
Merk (**Olaf Kölzig** (Washington Capitals) n.e.) - Goldmann, D. Nowak - Meyer, Lüdemann - Heidt (EV Landshut), Wieland - J. Rumrich, Doucet (Düsseldorfer EG), D. Hegen (C - Düsseldorfer EG) - Benda, MacKay, R. Pyka - Hecht, P. Draisaitl (Kölner Haie), Lupzig - Serikow, M. Sturm, F. Keller
T: 1:3 (30:03) Doucet (D. Hegen) / 2:4 (57:20) R. Pyka (Benda, MacKay)
S: Doucet 4, Goldmann 4, MacKay 4, M. Sturm 2, Wieland 2, Benda 2, Meyer 2, Lupzig 2, D. Nowak 2

893. - 22.08.1996 GER - SVK 2:4 (0:1, 1:1, 1:2)
Mannheim, Eisstadion am Friedrichspark; Z: 3.900; SR: Hansen (NOR); LR: ? (GER), ? (GER)
Kölzig (Heiß n.e.) - Kunce, D. Nowak - Goldmann, Heidt - Kienaß, Wieland - Stefan, Brandl, Lupzig - Serikow, Doucet, D. Hegen (C) - Benda, MacKay, Ustorf - Hecht, P. Draisaitl, F. Keller
T: 1:1 (20:43) Heidt (Goldmann) / 2:3 (50:25) Hecht (MacKay)
S: Brandl 2, D. Nowak 2, Kunce 2, MacKay 2

1. World Cup of Hockey 1996

Die deutsche Mannschaft belegte in der Europagruppe den 3. Platz. Damit erreichte die Mannschaft das Viertelfinale und schied dort aus.

VORRUNDE EUROPA

894. - 26.08.1996 SWE - GER 6:1 (0:0, 2:0, 4:1)
Stockholm, Globe Arena; Z: 13.521; SR: Fraser (CAN); LR: Scapinello (CAN), Schachte (USA)
Kölzig (ab 45:25 Merk) - Meyer, Lüdemann - Goldmann, D. Nowak - Heidt, Kunce - J. Rumrich, Doucet, D. Hegen (C) - Stefan, Brandl, Lupzig - Benda, MacKay, Ustorf - Hecht, P. Draisaitl, R. Pyka
T: 6:1 (56:00) MacKay (Ustorf, Benda)
S: Brandl 4, D. Hegen 4, Doucet 2, Goldmann 2, Kunce 2, R. Pyka 2

895. - 28.08.1996 FIN - GER 8:3 (3:0, 3:2, 2:1)
Helsinki, Helsingin jäähalli; Z: 5.364; SR: Marouelli (CAN); LR: Broseker (USA), Heyer (CAN)
Merk (Heiß n.e.) - Kunce, D. Nowak - Meyer, Lüdemann - Kienaß, Heidt - J. Rumrich, Doucet, D. Hegen (C) - Stefan, Brandl, Lupzig - Benda, MacKay, Ustorf - Hecht, P. Draisaitl, R. Pyka
T: 3:1 (24:50) D. Nowak (P. Draisaitl, MacKay) - 5:2 (35:56) R. Pyka (P. Draisaitl) / 8:3 (50:33) Hecht (P. Draisaitl)
S: Kienaß 2, Kunce 2, D. Hegen 2, Ustorf 2, Hecht 2, P. Draisaitl 2, J. Rumrich 2, Meyer 2

896. - 31.08.1996 GER - CZE 7:1 (4:0, 1:0, 2:1)
Garmisch-Partenkirchen, Olympia-Eissport-Zentrum; Z: 5.511; SR: Fraser (CAN); LR: Scapinello (CAN), Schachte (USA)
Heiß (Kölzig n.e.) - Heidt, Goldmann - Kunce, D. Nowak - Meyer, Lüdemann - J. Rumrich, Doucet, D. Hegen (C) - Stefan, Brandl, Lupzig - Benda, MacKay, Ustorf - Hecht, P. Draisaitl, R. Pyka
T: 1:0 (02:24) Lüdemann (P. Draisaitl, Stefan) - 2:0 (05:37) J. Rumrich (Ustorf) - 3:0 (05:58) Benda (Goldmann, MacKay) - 4:0 (12:07) Brandl (Lupzig, Stefan) / 5:0 (27:45) Doucet (MacKay, D. Hegen) / 6:0 (43:39) Benda (Brandl, Heidt) - 7:1 (57:45) Lupzig (Meyer)
S: R. Pyka 2, Brandl 2, Lüdemann 2, Heidt 2

VIERTELFINALE

897. - 05.09.1996 CAN - GER 4:1 (1:0, 2:1, 1:0)
Montreal, Centre Molson; Z: 13.422; SR: Marouelli (CAN); LR: Lazarowich (CAN), Bonney (CAN)
Heiß (Kölzig n.e.) - Meyer, D. Nowak - Heidt, Goldmann - Bergen, Lüdemann - J. Rumrich, Doucet, D. Hegen (C) - Stefan, Brandl, Lupzig - Benda, MacKay, Ustorf - Hecht, P. Draisaitl, R. Pyka
T: 2:1 (28:34) P. Draisaitl (---)
S: Lüdemann 2, D. Nowak 2, MacKay 2, Brandl 2
Brandl absolvierte als siebenundvierzigster Spieler sein 100. Länderspiel.

9. Deutschland-Cup 1996

Die deutsche Mannschaft belegte Platz 1.

898. - 01.11.1996 GER - ITA 3:1 (2:1, 0:0, 1:0)
Stuttgart, Hanns-Martin-Schleyer-Halle; Z: 2.200; SR: Bolina (CZE); LR: Oswald (GER), Schurr (GER)
Merk (Heiß n.e.) - J. Mayr (Kölner Haie), Kienaß - Kunce, Bresagk (Les Albatros de Brest) - Bergen, Wieland - Meyer, Simon (Kaufbeurer Adler) - Stefan, Brandl, Lupzig - R. Schneider (Augsburger Panther), **Fabian Brännström** (Berlin Capitals), D. Hegen (C) - F. Keller, J. Rumrich, R. Pyka - Gehrig (Adler Mannheim), Serikow, Feser (Adler Mannheim)
T: 1:1 (12:47) R. Pyka (Bresagk) - 2:1 (18:56) J. Mayr (Kienaß, D. Hegen) / 3:1 (52:08) J. Mayr (D. Hegen)
S: Brandl 4, Stefan 4, Lupzig 2, Feser 2, Bergen 2, Meyer 2, Serikow 2, Wieland 2, F. Keller 2, Merk 2

899. - 02.11.1996 GER - CAN 4:2 (1:0, 1:2, 2:0)
Stuttgart, Hanns-Martin-Schleyer-Halle; Z: 4.028; SR: Bolina (CZE); LR: Schaefer (GER), Schindler (GER)
Heiß (Merk n.e.) - J. Mayr, Kienaß - Kunce, Bresagk - Bergen, Wieland - Meyer, Lehner (Berlin Capitals) - Stefan, Brandl, Lupzig - R. Schneider, Kühnhauser (Düsseldorfer EG), D. Hegen (C) - F. Keller, J. Rumrich, R. Pyka - Gehrig, Serikow, Hölscher (Nürnberg Ice Tigers)
T: 1:0 (14:46) Lehner (Stefan, Lupzig) / 2:0 (20:33) Stefan (Brandl, J. Mayr) / 3:2 (44:36) F. Keller (J. Mayr, Kienaß) - 4:2 (59:23) Brandl (---)
S: Kühnhauser 6, R. Schneider 4, Lupzig 2, J. Mayr 2, R. Pyka 2, Kunce 2, Serikow 2

900. - 03.11.1996 GER - SVK 4:1 (2:1, 1:0, 1:0)
Stuttgart, Hanns-Martin-Schleyer-Halle; Z: 3.000; SR: Haajanen (FIN); LR: Schaefer (GER), Schindler (GER)
Heiß (ab 30:47 Merk) - J. Mayr, Kienaß - Kunce, Bresagk - Bergen, Simon - Meyer, Lehner - Stefan, Brandl, Hölscher - Gehrig, Kühnhauser, Feser - F. Keller, J. Rumrich, R. Pyka - D. Hegen (C), Brännström
T: 1:1 (10:53) F. Keller (Lehner, Brandl) - 2:1 (13:58) R. Pyka (D. Hegen, Brandl) / 3:1 (24:03) Feser (Stefan, Brännström) / 4:1 (43:49) Stefan (Brandl)
S: J. Mayr 2, Meyer 2, Gehrig 2, Hölscher 2

Olympiaqualifikation 1998

Die deutsche Mannschaft belegte in ihrer Gruppe den 1. Platz und qualifizierte sich für die Olympischen Winterspiele 1998.

GRUPPE 1

901'. - 06.02.1997 GER - UKR 4:4 (0:0, 2:2, 2:2)
Oberhausen, Arena; Z: 3.100; SR: Ingman (FIN); LR: Halas (CZE), Bergamelli (ITA)
Heiß (Künast (Kaufbeurer Adler) n.e.) - J. Mayr, Lüdemann - Bergen, Wieland - S. Mayer (Augsburger Panther), Heidt - Kunce, D. Nowak - Stefan, Brandl, Lupzig - J. Rumrich, Doucet, D. Hegen (C) - M. Sturm, MacKay, Benda - F. Keller, Hecht, R. Pyka
T: 1:1 (31:33) Benda (---) - 2:1 (34:01) Bergen (D. Hegen, Doucet) / 3:3 (43:40) Bergen (---) - 4:4 (51:11) Doucet (Bergen)
S: M. Sturm 4, Brandl 4, Benda 2, Lüdemann 2, Wieland 2, D. Nowak 2

902'. - 07.02.1997 GER - SUI 4:1 (2:1, 1:0, 1:0)
Oberhausen, Arena; Z: 4.552; SR: Meier (CAN); LR: Halas (CZE), Halin (NED)
Heiß (Künast n.e.) - J. Mayr, Lüdemann - Bergen, Wieland - S. Mayer, Heidt - Kunce, D. Nowak - Stefan, Brandl, Lupzig - J. Rumrich, Doucet, D. Hegen (C) - M. Sturm, MacKay, Benda - F. Keller, Hecht, R. Pyka
T: 1:0 (09:02) Heidt (Bergen, F. Keller) - 2:0 (16:30) Heidt (Bergen, Doucet) / 3:1 (37:56) Benda (---) / 4:1 (41:18) Hecht (Heidt)
S: Doucet 2+10 (Disziplinarstrafe), J. Mayr 2, M. Sturm 2, D. Nowak 2, Lupzig 2

903'. - 09.02.1997 GER - SVK 3:2 (1:0, 1:1, 1:1)
Oberhausen, Arena; Z: 6.225; SR: Meier (CAN); LR: Halas (CZE), Halin (NED)
Heiß (Merk n.e.) - J. Mayr, Lüdemann - Bergen, Wieland - S. Mayer, Heidt - Kunce, D. Nowak - Stefan, Brandl, Lupzig - J. Rumrich, Doucet, D. Hegen (C) - M. Sturm, MacKay, Benda - F. Keller, Hecht, R. Pyka
T: 1:0 (02:58) Heidt (---) / 2:0 (34:09) Bergen (Lüdemann) / 3:2 (51:55) Stefan (Lupzig, Brandl)
S: Heidt 2, MacKay 2, Bergen 2, D. Hegen 2

Die Spiele der Kanadareise 904 - 909 wurden zum Zeitpunkt der Austragung nicht als offizielle Länderspiele gewertet. Als der DEB Mitte der 2000er Jahren dies korrigierte, berücksichtigte er das nur in den persönlichen Statistiken der noch aktiven Nationalspieler.

Cabot-Cup

Die deutsche Mannschaft belegte Platz 3.

904. - 27.03.1997 CAN - GER (B) 2:0 (1:0, 1:0, 0:0)
St. John's, ?; Z: 700; SR: Dunnett (CAN); LR: ?, ?
Künast (**Kai Fischer** (Düsseldorfer EG) n.e.) - Goldmann, Lehner - S. Mayer, D. Nowak - Kunce, Molling (Berlin Capitals) - R. Pyka, M. Reichel (Star Bulls Rosenheim), Lupzig - Stefan, P. Draisaitl, **Nikolaus Mondt** (Düsseldorfer EG) - J. Rumrich, Kühnhauser, D. Hegen (C) - **Klaus Kathan** (Berlin Capitals), Zerwesz (Kölner Haie), **Andreas Dimbat** (Berlin Capitals)
S: 7 x 2 Minuten

905. - 28.03.1997 GER (B) - CZE (B) 2:6 (1:3, 1:2, 0:1)
St. John's, ?; Z: 700; SR: Chargner (CAN); LR: ?, ?
Künast (ab 40:01 Kai Fischer) - Goldmann, Lehner - Molling, D. Nowak - Bergen, S. Mayer - Kunce, **Andreas Renz** (Schwenninger Wild Wings) - Dimbat, M. Reichel, Lupzig - R. Pyka, Kühnhauser, Mondt - J. Rumrich, Zerwesz, D. Hegen (C) - Kathan, P. Draisaitl, Brännström
T: 1:0 (12.) P. Draisaitl (D. Nowak) / 2:4 (21.) P. Draisaitl (Kathan)
S: 2 x 2 Minuten

906. - 01.04.1997 CAN - GER (B) 5:4 (3:1, 1:2, 1:1)
Goose Bay, E. J. Bloomfield Arena; Z: 1.500; SR: Murphy (CAN); LR: ?, ?
Künast (Kai Fischer n.e.) - S. Mayer, Nowak - Bergen, Molling - Goldmann, Lehner - Renz - Kathan, P. Draisaitl, Lupzig - R. Pyka, Kühnhauser, Mondt - Dimbat, Brännström, Zerwesz - J. Rumrich, M. Reichel, D. Hegen (C)
T: 0:1 (3.) Kathan (Zerwesz, D. Hegen) / 3:2 (21.) D. Hegen (P. Draisaitl) - 3:3 (26.) Kühnhauser (Renz, Mondt) / 4:4 (53.) J. Rumrich (Zerwesz)
S: 5 x 2 Minuten

907. - 02.04.1997 CAN - GER (B) 6:4 (3:1, 3:0, 0:3)
Goose Bay, E. J. Bloomfield Arena; Z: 1.500; SR: Larragher (CAN); LR: ?, ?
Kai Fischer (Künast n.e.) - S. Mayer, D. Nowak - Bergen, Goldmann - Molling, Renz - Kathan, P. Draisaitl, Lupzig - R. Pyka, Kühnhauser, Mondt - Dimbat, Brännström, Zerwesz - J. Rumrich, M. Reichel, D. Hegen (C)
T: 1:1 (4.) P. Draisaitl (Lupzig) / 6:2 (47.) Kathan (P. Draisaitl, Bergen) - 6:3 (51.) Bergen (P. Draisaitl) - 6:4 (54.) P. Draisaitl (Kathan)
S: 7 x 2 Minuten + Kühnhauser 10 (Disziplinarstrafe)

908. - 04.04.1997 CAN - GER (B) 6:3 (2:1, 2:1, 2:1)
Bathurst, K. C. Irving Centre; Z: 3.214; Z: Dunnett (CAN); LR: ?, ?
Künast (Kai Fischer n.e.) - Kunce, D. Nowak - Goldmann, Molling - S. Mayer, Lehner - Bergen, Renz - Stefan, P. Draisaitl, Lupzig - J. Rumrich, M. Reichel, R. Pyka - Kathan, MacKay, D. Hegen (C) - Zerwesz, Brännström, Mondt
T: 1:1 (18.) D. Hegen (Kathan, MacKay) / 2:2 (21.) D. Hegen (---) / 4:3 (46.) Stefan (P. Draisaitl, Kunce)
S: 5 x 2 Minuten

909. - 05.04.1997 CAN - GER (B) 5:5 (2:1, 2:2, 1:2)
Amherst, Stadium; Z: 1.500; SR: Dunnett (CAN); LR: ?, ?
Kai Fischer (Künast n.e.) - Kunce, D. Nowak - Bergen, Renz - Goldmann, Lehner - S. Mayer - J. Rumrich, M. Reichel, R. Pyka - Stefan, P. Draisaitl, Lupzig - Kathan, MacKay, D. Hegen (C) - Zerwesz, Brännström, Dimbat
T: 0:1 (13.) Stefan (Kunce, Renz) / 2:2 (22.) Lupzig (Stefan, P. Draisaitl) - 3:3 (27.) Kathan (MacKay, Lehner) / 4:4 (48.) MacKay (D. Hegen, Lupzig) - 5:5 (50.) Stefan (Lupzig. P. Draisaitl)
S: 6 x 2 Minuten

> Die beiden Spiele gegen Tschechien 910 - 911 wurden zum Zeitpunkt der Austragung nicht als offizielle Länderspiele gewertet. Als der DEB Mitte der2000er Jahren dies korrigierte, berücksichtigte er das nur in den persönlichen Statistiken der noch aktiven Nationalspieler.

910. - 11.04.1997 GER - CZE 2:4 (0:0, 2:1, 0:3)
Weiden, Eisstadion an der Raiffeisenstraße; Z: 1.678; SR: Clémençon (SUI); LR: Aumüller (GER), Sprenger (GER)
Heiß (Künast n.e.) - Bresagk (EV Landshut), Kienaß - J. Mayr, Lüdemann - S. Meyer, Wieland - Kunce, D. Nowak - Stefan, Brännström, R. Pyka - L. Funk jr. (Eisbären Berlin), Kühnhauser, D. Hegen (C) - Kathan, M. Reichel, Brüggemann (Nürnberg Ice Tigers) - Felski (Eisbären Berlin), MacKay, Benda
T: 1:1 (30:15) Kathan (D. Hegen) - 2:1 (34:41) Lüdemann (Weitschuss)
S: D. Hegen 10 (Disziplinarstrafe), Wieland 2

911. - 12.04.1997 GER - CZE 0:2 (0:0, 0:0, 0:2)
Selb, Hutschenreuther-Eissporthalle; Z: 2.145; SR: Clémençon (SUI); LR: Oswald (GER), Schurr (GER)
Künast (ab 29:49 Kai Fischer) - Bergen, Wieland - Bresagk, S. Mayer - Goldmann, Lüdemann - Kunce, Molling - Kathan, MacKay, Benda - Stefan, J. Rumrich (C), Lupzig - **George Zajankala** (ohne Verein), M. Reichel, Brüggemann - Felski, Brännström, L. Funk jr.
S: Lüdemann 2, Brüggemann 2

912'. - 17.04.1997 GER - LAT 3:2 (1:0, 1:2, 1:0)
Gelsenkirchen, Emscher-Lippe-Halle; Z: 2.300; SR: Mäkelä (FIN); LR: Schulz (GER), Höhl (GER)
Heiß (Künast n.e.) - Kunce, D. Nowak - Bresagk, Goldmann - Bergen, Molling - Wieland, Brüggemann - M. Sturm, MacKay, Benda - F. Keller, Serikow, **Daniel Körber** (Adler Mannheim) - Zajankala, P. Draisaitl, D. Hegen (C) - Felski, Brännström, Kathan
T: 1:0 (02:08) P. Draisaitl (Serikow) / 2:2 (27:54) D. Hegen (Bergen) / 3:2 (45:47) Körber (Kunce)
S: MacKay 4, Brüggemann 2, Felski 2, Bresagk 2, Zajankala 2, Goldmann 2, P. Draisaitl 2

913'. - 18.04.1997 GER - LAT 1:3 (0:0, 0:2, 1:1)
Iserlohn, Eissporthalle am Seilersee; Z: 4.235; SR: Mäkelä (FIN); LR: Schaefer (GER), Smolka (GER)
Künast (ab 31:24 Kai Fischer) - Bresagk, S. Mayer - Goldmann, Lüdemann - Kunce, Molling - Kienaß, Brüggemann - Kathan, Serikow, F. Keller - J. Rumrich (C), M. Reichel, R. Pyka - Felski, Brännström, Körber - Stefan, Hecht, Lupzig
T: 1:2 (44:25) F. Keller (Stefan, M. Reichel)
S: Serikow 2+10 (Disziplinarstrafe), Hecht 4, Molling 4, Bresagk 2, Goldmann 2, Kienaß 2

914'. - 19.04.1997 GER - LAT 4:5 (1:2, 1:1, 2:2)
Essen, Eissporthalle am Westbahnhof; Z: 1.687; SR: Mäkelä* (FIN); LR: ? (GER), ? (GER)
* auf dem offiz. Spielbericht sind weder Schieds- noch Linienrichter aufgeführt
Heiß (Künast n.e.) - Kunce, D. Nowak - Goldmann, Lüdemann - Bergen, Wieland - Kienaß, Molling - S. Mayer - M. Sturm, MacKay, Benda - Hecht, P. Draisaitl, D. Hegen (C) - Zajankala, J. Rumrich, Lupzig - Serikow, M. Reichel, R. Pyka - Stefan
T: 1:2 (16:53) D. Nowak (---) / 2:2 (21:25) D. Hegen (---) / 3:3 (41:25) Goldmann (MacKay) - 4:4 (47:28) Stefan (D. Hegen, P. Draisaitl)
S: Hecht 5+20 (Spieldauer), D. Hegen 2, Lupzig 2, Stefan 2, Bergen 2, Serikow 2, Goldmann 2, Zajankala 2

915. - 23.04.1997 GER - ITA 0:2 (0:0, 0:0, 0:2)
Füssen, BLZ-Arena; Z: 2.000; SR: Hansen (NOR); LR: ? (GER), ? (GER)
Heiß (ab 32:19 Kölzig) - Kunce, D. Nowak - Goldmann, Lüdemann - Kienaß, S. Mayer - Bergen, Molling - Wieland - Hecht, MacKay, Benda - F. Keller, P. Draisaitl, D. Hegen (C) - J. Rumrich, M. Sturm, Serikow - Zajankala, M. Reichel, R. Pyka - Lupzig
S: Wieland 4, F. Keller 2, Zajankala 2

61. A-Weltmeisterschaft 1997

Die deutsche Mannschaft belegte in ihrer Vorrundengruppe den 6. Platz. Damit musste die Mannschaft in die Abstiegsrunde und belegte am Ende den 11. Platz.

VORRUNDE - GRUPPE A

916. - 26.04.1997 CZE - GER 2:1 (0:0, 0:1, 2:0)
Helsinki, Hartwall Areena; Z: 12.862; SR: Andersson (SWE); LR: Gibbs (CAN), Kotyra (USA)
Heiß (59:39 out; Kölzig n.e.) - Lüdemann, Kienaß - Molling, Bergen - D. Nowak, Kunce - Wieland, Goldmann - R. Pyka, M. Reichel, Serikow - D. Hegen (C), J. Rumrich, M. Sturm - Benda, MacKay, Hecht - Lupzig, P. Draisaitl, Stefan
T: 0:1 (31:02) Lüdemann (Stefan, P. Draisaitl)
S: Serikow 4, Stefan 2, R. Pyka 2, M. Reichel 2

917'. - 28.04.1997 RUS - GER 5:1 (0:0, 2:1, 3:0)
Helsinki, Hartwall Areena; Z: 12.865; SR: Joannette (CAN); LR: Odiņš (LAT), Chadziński (POL)
Heiß (58:53-59:39 out; Kölzig n.e.) - Lüdemann, Kienaß - Molling, Bergen - D. Nowak, Kunce - Wieland, Goldmann - R. Pyka, M. Reichel, Serikow - D. Hegen (C), J. Rumrich, M. Sturm - Benda, MacKay, Hecht - Lupzig, P. Draisaitl, Stefan
T: 1:1 (31:38) Bergen (D. Nowak)
S: Lüdemann 2, Benda 2, Serikow 2, M. Sturm 2, D. Nowak 2

918. - 29.04.1997 GER - FIN 0:6 (0:2, 0:2, 0:2)
Helsinki, Hartwall Areena; Z: 13.243; SR: Bertolotti (SUI); LR: Gibbs (CAN), Kotyra (USA)
Kölzig (Heiß n.e.) - Lüdemann, Kienaß - Molling, Bergen - D. Nowak, Kunce - Wieland, Goldmann - R. Pyka, M. Reichel, Serikow - D. Hegen (C), J. Rumrich, M. Sturm - Benda, MacKay, Hecht - P. Draisaitl, Stefan
S: M. Reichel 2, Bergen 2, Benda 2, Molling 2, D. Hegen 2, Teamstrafe 2 (dafür Serikow auf der Strafbank)

919. - 02.05.1997 FRA - GER 2:1 (1:0, 1:0, 0:1)
Helsinki, Hartwall Areena; Z: 13.205; SR: Andersson (SWE); LR: Jensen (NOR), Rönnmark (SWE)
Kölzig (59:10 out; Heiß n.e.) - Lüdemann, Kienaß - Molling, Bergen - D. Nowak, Kunce - Wieland, Goldmann - R. Pyka, M. Reichel, Serikow - D. Hegen (C), J. Rumrich, M. Sturm - Benda, MacKay, Hecht - Lupzig, P. Draisaitl, Stefan
T: 2:1 (42:15) M. Sturm (J. Rumrich, D. Nowak)
S: Hecht 4, D. Nowak 2, P. Draisaitl 2, Benda 2, Serikow 2, D. Hegen 2

920. - 03.05.1997 SVK - GER 0:1 (0:0, 0:0, 0:1)
Helsinki, Hartwall Areena; Z: 12.946; SR: Adam (USA); LR: Gibbs (CAN), Kotyra (USA)
Heiß (Kölzig n.e.) - Lüdemann, Kienaß - Molling, Bergen - D. Nowak, Kunce - Wieland, Goldmann - R. Pyka, M. Reichel, Serikow - D. Hegen (C), J. Rumrich, M. Sturm - Benda, MacKay, Hecht - Lupzig, P. Draisaitl, Stefan
T: 0:1 (54:09) P. Draisaitl (Lüdemann)
S: Kienaß 2, MacKay 2, Lüdemann 2, Lupzig 2

ABSTIEGSRUNDE

921. - 06.05.1997 LAT - GER 8:0 (4:0, 3:0, 1:0)
Tampere, Tampereen jäähalli; Z: 5.641; SR: Adam (USA); LR: Polyakov (RUS), Lauff (SVK)
Heiß (ab 40:01 Kölzig) - Lüdemann, Kienaß - Molling, Bergen - Goldmann, D. Nowak - Wieland - R. Pyka, M. Reichel, Serikow - D. Hegen (C), J. Rumrich, M. Sturm - Benda, MacKay, Hecht - Lupzig, P. Draisaitl, Stefan
S: Lüdemann 4, Benda 4, MacKay 4, M. Sturm 2, Bergen 2, Lupzig 2

922. - 07.05.1997 ITA - GER 5:2 (0:1, 3:1, 2:0)
Tampere, Tampereen jäähalli; Z: 5.403; SR: Mäkelä (FIN); LR: Bruun (FIN), Rautavuori (FIN)
Kölzig (59:08-59:49 out; Heiß n.e.) - Lüdemann, Molling - Kienaß, Goldmann - Bergen, D. Nowak - Wieland - D. Hegen (C), MacKay, Stefan - Lupzig, J. Rumrich, Hecht - Serikow, P. Draisaitl, R. Pyka - M. Sturm, M. Reichel, Benda
T: 0:1 (15:24) R. Pyka (---) - 1:2 (29:04) Hecht (M. Reichel, Lupzig)
S: Benda 4, Lupzig 4, Wieland 2, Kienaß 2, Hecht 2
Kienaß absolvierte als achtundvierzigster Spieler sein 100. Länderspiel.

923. - 09.05.1997 GER - NOR 4:2 (0:0, 0:1, 4:1)
Tampere, Tampereen jäähalli; Z: 5.590; SR: Vaisfeld (RUS); LR: Kotyra (USA), Gibbs (CAN)
Heiß (Kölzig n.e.) - Lüdemann, Molling - Kienaß, Goldmann - Bergen, D. Nowak - Wieland - D. Hegen (C), MacKay, Stefan - Lupzig, J. Rumrich, Hecht - Serikow, P. Draisaitl, R. Pyka - M. Sturm, M. Reichel, Benda
T: 1:1 (40:50) Bergen (Benda, M. Sturm) - 2:2 (47:32) P. Draisaitl (Wieland, Benda) - 3:2 (52:20) Lüdemann (P. Draisaitl, Kienaß) - 4:2 (58:23) Hecht (Lupzig)
S: Stefan 10 (Disziplinarstrafe), Benda 4, D. Hegen 2, R. Pyka 2, Kienaß 2, Molling 2

1997/98

924. - 05.11.1997 GER - CAN 3:2 (0:0, 2:0, 1:2)
Memmingen, Eissporthalle am Hühnerberg; Z: 3.500; SR: Clémençon (SUI); LR: Brodnicki (GER), ? (GER)
Heiß (Kölner Haie; ab 30. Merk (Berlin Capitals)) - Bergen (Düsseldorfer EG), **Markus Krawinkel** (Krefeld Pinguine) - D. Nowak (Schwenninger Wild Wings), Gegenfurtner (Star Bulls Rosenheim) - A. Niederberger (Düsseldorfer EG), S. Mayer (Augsburger Panther) - Bresagk (Frankfurt Lions), Wieland (EV Landshut) - Brüggemann (Jacksonville Lizard Kings), Hecht (Adler Mannheim), F. Keller (Augsburger Panther) - Stefan (Düsseldorfer EG), Ustorf (Berlin Capitals), J. Rumrich (C - Berlin Capitals) - R. Schneider (Schwenninger Wild Wings), **Duanne Moeser** (Augsburger Panther), Körber (Revierlöwen Oberhausen) - L. Funk jr. (Eisbären Berlin), M. Reichel (Nürnberg Ice Tigers), R. Pyka (Krefeld Pinguine)
T: 1:0 (34:16) Brüggemann (---) - 2:0 (39:07) Brüggemann (F. Keller, Hecht) / 3:2 (58:00) Bergen (F. Keller)
S: Brüggemann 4, Moeser 2, Hecht 2, Gegenfurther 2
J. Rumrich absolvierte als neunundvierzigster Spieler sein 100. Länderspiel.

10. Deutschland-Cup 1997
Die deutsche Mannschaft belegte Platz 4.

925. - 07.11.1997 GER - SVK 1:2 (0:0, 1:1, 0:1)
Füssen, BLZ-Arena; Z: 2.300; SR: Rejthar (CZE); LR: Aumüller (GER), Schürr (GER)
Merk (Heiß n.e.) - Bresagk, D. Nowak - A. Niederberger, S. Mayer - Brüggemann, Bergen - Wieland, Gegenfurtner - Stefan, Brandl (Düsseldorfer EG), D. Hegen (C - Düsseldorfer EG) - Hecht, MacKay (Schwenninger Wild Wings), F. Keller - J. Rumrich, Ustorf, Körber - R. Schneider, Doucet (Düsseldorfer EG), Moeser
T: 1:0 (21:52) D. Hegen (Brandl, Merk)
S: Bresagk 4, Stefan 2, Hecht 2, MacKay 2, F. Keller 2

926. - 08.11.1997 GER - SUI 2:5 (1:2, 0:1, 1:2)
München, Eishalle im Olympiapark; Z: 2.000; SR: Rejthar (CZE); LR: Aumüller (GER), Hascher (GER)
Heiß (Merk n.e.) - Bergen, Brüggemann - A. Niederberger, Wieland - Krawinkel, D. Nowak - Bresagk, Gegenfurtner - L. Funk jr., Brandl, Moeser - Körber, Ustorf, J. Rumrich - R. Pyka, Doucet, D. Hegen (C) - Hecht, MacKay, M. Reichel
T: 1:0 (01:24) Brüggemann (J. Rumrich) / 2:4 (54:48) Hecht (Brandl, Krawinkel)
S: D. Hegen 2, D. Nowak 2, Hecht 2, Moeser 2

927. - 09.11.1997 GER - CAN 1:6 (1:2, 0:3, 0:1)
München, Eishalle im Olympiapark; Z: 2.000; SR: Rejthar (CZE); LR: Aumüller (GER), Hascher (GER)
Merk (ab 40:01 Döhler (Eisbären Berlin)) - Krawinkel, Wieland - Bergen, Brüggemann - S. Mayer, D. Nowak - Bresagk, Gegenfurtner - R. Pyka, MacKay, J. Rumrich - R. Schneider, Doucet, D. Hegen (C) - Brandl, Ustorf, Moeser - F. Keller, Hecht, Körber
T: 1:2 (12:18) Hecht (D. Nowak)
S: Brandl 5+20 (Spieldauer), MacKay 4, Ustorf 2, Bresagk 2, Gegenfurtner 2, Hecht 2, R. Schneider 2, S. Mayer 2, D. Nowak 2, Brüggemann 2

Drei-Nationen-Turnier
Die deutsche Mannschaft belegte Platz 3.

928. - 02.02.1998 GER - SVK 0:2 (0:1, 0:0, 0:1)
Tomakomai, Hakucho Arena; Z: 1.000; SR: ?; LR: ?, ?
Heiß (Merk n.e.) - Lüdemann (Kölner Haie), Molling (Berlin Capitals) - Brüggemann, Goldmann (Worcester IceCats) - Kunce (Nürnberg Ice Tigers), Wieland - Benda (Portland Pirates), MacKay, R. Pyka - J. Rumrich, Brandl, Hecht - Lupzig (Kölner Haie), P. Draisaitl (Kölner Haie), Stefan
S: 6 x 2 Minuten

929. - 03.02.1998 GER - FRA 0:4 (0:2, 0:2, 0:0)
Tomakomai, Hakucho Arena; Z: 1.000; SR: ?; LR: ?, ?
Merk (Heiß n.e.) - Lüdemann, Goldmann - Wieland, Molling - Brüggemann, Kunce - Lupzig, P. Draisaitl, Stefan - Hecht, Brandl, J. Rumrich - R. Pyka, MacKay, Benda
S: 4 x 2 Minuten

18. Olympische Winterspiele 1998 - Eishockeyturnier
Die deutsche Mannschaft belegte in ihrer Vorrundengruppe den 2. Platz und spielte damit nur um Platz 9.

VORRUNDE - GRUPPE B

930. - 07.02.1998 JPN - GER 1:3 (0:0, 0:1, 1:2)
Nagano, Big Hat Arena (Kunsteis); Z: 9.861; SR: Adam (USA); LR: Český (CZE), Lauff (SVK)
Heiß (Merk n.e.) - Bergen, Wieland - Goldmann, Kunce - Lüdemann, Molling - Benda, Brandl, Brüggemann - P. Draisaitl, Doucet, Lupzig - MacKay, R. Pyka, J. Rumrich - Ustorf, D. Hegen (C), Hecht
T: 0:1 (37:03) Hecht (Wieland) / 1:2 (51:24) Kunce (Wieland) - 1:3 (55:05) Benda (MacKay)
S: Brandl 6, Benda 4, Kunce 2, Molling 2, Doucet 2, Lupzig 2, MacKay 2, Hecht 2

931. - 09.02.1998 BLR - GER 8:2 (2:0, 3:2, 3:0)
Nagano, Big Hat Arena; Z: 8.063; SR: Haajanen (FIN); LR: Rönnmark (SWE), Rautavuori (FIN)
Merk (Heiß n.e.) - Bergen, Wieland - Goldmann, Kunce - Lüdemann, Molling - Benda, Brandl, Brüggemann - P. Draisaitl, Doucet, Lupzig - MacKay, R. Pyka, J. Rumrich - Ustorf, D. Hegen (C), Hecht
T: 2:1 (23:39) D. Hegen (Bergen, MacKay) - 4:2 (38:39) Bergen (Brandl)
S: Wieland 2, Goldmann 2, Molling 2, Benda 2, Doucet 2, Hecht 2

932. - 10.02.1998 GER - FRA 2:0 (0:0, 1:0, 1:0)
Nagano, Aqua Wing Arena; Z: 3.916; SR: Andersson (SWE); LR: Polyakov (RUS), Takahashi (JPN)
Kölzig (Washington Capitals; Heiß n.e.) - Bergen, Wieland - Goldmann, U. Krupp (C - Colorado Avalanche) - Lüdemann, Molling - Benda, Brandl, Brüggemann - P. Draisaitl, Doucet, Lupzig - MacKay, R. Pyka, J. Rumrich - Ustorf, Hecht, M. Sturm (San Jose Sharks)
T: 1:0 (27:46) MacKay (P. Draisaitl, Lüdemann) / 2:0 (58:06) P. Draisaitl (U. Krupp)
S: Wieland 4, U. Krupp 4, Benda 2, Doucet 2, Lupzig 2, MacKay 2

SPIEL UM PLATZ 9

933. - 12.02.1998 GER - SVK 4:2 (0:1, 1:1, 3:0)
Nagano, Big Hat Arena; Z: 8.670; SR: Adam (USA); LR: Polyakov (RUS), Kotyra (USA)
Kölzig (Merk n.e.) - Wieland, Goldmann - U. Krupp, Kunce - Lüdemann, Molling - Benda, Brandl, Brüggemann - P. Draisaitl, Doucet, Lupzig - MacKay, R. Pyka, J. Rumrich - Ustorf, Hecht, D. Hegen (C) - M. Sturm
T: 1:1 (21:30) P. Draisaitl (Goldmann) / 2:2 (42:51) Benda (Brüggemann, MacKay) - 3:2 (46:59) Benda (U. Krupp) - 4:2 (49:58) Lüdemann (P. Draisaitl)
S: Goldmann 5+20 (Spieldauer), Brandl 2, Hecht 2

Die Spiele 934 - 939 wurden zum Zeitpunkt der Austragung nicht als offizielle Länderspiele gewertet. Als der DEB Mitte der 2000er Jahren dies korrigierte, berücksichtigte er das nur in den persönlichen Statistiken der noch aktiven Nationalspieler.

934. - 11.04.1998 GER (B) - LAT 1:2 (0:0, 0:1, 1:1)

Hannover, Eisstadion am Pferdeturm; Z: 2.500; SR: Johnsen (NOR); LR: Schaefer (GER), Schindler (GER)

Seliger (Revierlöwen Oberhausen; ab 29:47 Kai Fischer (REV Bremerhaven)) - Molling, Krawinkel - **Sascha Goc** (Schwenninger Wild Wings), D. Nowak - S. Mayer, Brüggemann - Renz (Schwenninger Wild Wings), Simon (Heilbronner EC) - Stefan, J. Rumrich, D. Hegen (C) - Schertz (Heilbronner EC), P. Draisaitl, Lupzig - **Christopher Straube** (Nürnberg Ice Tigers), M. Reichel, Zerwesz (Kölner Haie) - F. Keller, Valenti (Heilbronner EC), Körber - Kathan (Berlin Capitals)

T: 1:2 (58:55) Schertz (P. Draisaitl, Lupzig)

S: D. Hegen 2, S. Goc 2

935. - 12.04.1998 GER (B) - LAT 3:3 (0:1, 1:1, 2:1)

Hamburg, Eissporthalle Farmsen; Z: 2.300; SR: Johnsen (NOR); LR: Brodnicki (GER), Gmeinhardt (GER)

Seliger (Kai Fischer n.e.) - S. Goc, D. Nowak - Molling, Krawinkel - Renz, Simon - S. Mayer, Brüggemann - Stefan, P. Draisaitl (C), F. Keller - R. Pyka, Brännström (Berlin Capitals), Schertz - Kathan, Zerwesz, Lupzig - Sandner (SC Riessersee), Straube, Valenti - Körber

T: 1:2 (31:27) Sandner (Straube) / 2:3 (42:51) Sandner (D. Nowak) - 3:3 (47:59) Stefan (F. Keller)

S: D. Nowak 4, Zerwesz 2, Brüggemann 2

936'. - 13.04.1998 GER (B) - LAT 0:1 (0:0, 0:0, 0:1)

Bremerhaven, Eisstadion am Wilhelm-Kaiser-Platz; Z: 2.050; SR: Johnsen* (NOR); LR: ? (GER), ? (GER)
* auf den offiz. Spielbericht weder Schieds- noch Linienrichter aufgeführt

Kai Fischer (Seliger n.e.) - S. Goc, D. Nowak - Brüggemann, Renz - Molling, Krawinkel - Simon, S. Mayer - Schertz, J. Rumrich, D. Hegen (C) - Straube, M. Reichel, Sandner - Zerwesz, Körber, Valenti (ab ? Kathan) - Brännström, R. Pyka, F. Keller

S: Brüggemann 4

Spiele um den „Ulm/Neu-Ulmer Städtepokal"

Da beide Spiele unentschieden geendet hatten, wurde zur Ermittlung des Pokalgewinners nach dem zweiten Spiel ein Penaltyschiessen ausgetragen, welches Frankreich gewann.

937. - 16.04.1998 GER (B) - FRA 2:2 (1:0; 1:1, 0:1)

Neu-Ulm, Eissporthalle; Z: 600; SR: Bertolotti (SUI); LR: ? (GER), ? (GER)

Seliger (Heiß n.e.) - D. Nowak, S. Goc - Molling, S. Mayer - Brüggemann, Renz - Stefan, P. Draisaitl, Lupzig - Straube, J. Rumrich, Sandner - R. Pyka, M. Reichel, Valenti - Zerwesz, MacKay, Schertz

T: 1:0 (18:52) D. Nowak (---) / 2:0 (34:24) Valenti (Sandner, MacKay)

S: 4 x 2 Minuten davon S. Goc 6

938. - 17.04.1998 GER (B) - FRA 3:3 (1:1, 1:2, 1:0, 0:1) plus anschließendes PS

Neu-Ulm, Eissporthalle; Z: 1.000; SR: Bertolotti (SUI); LR: ? (GER), ? (GER)

Kai Fischer (ab 29:56 Seliger) - D. Nowak, S. Goc - Molling, S. Mayer - Brüggemann, Renz - Goldmann, Wieland - Stefan, P. Draisaitl, Lupzig - Straube, J. Rumrich, Sandner - R. Pyka, M. Reichel, Valenti - MacKay, Schertz, D. Hegen (C)

T: 1:0 (06:18) P. Draisaitl (*) / 2:1 (29:55) D. Hegen (---) / 3:3 (57:08) MacKay (---)
* Denis Perez fälscht Puck ins eigene Netz ab

PS: 0:0 FRA (vergeben) - 0:0 MacKay (vergeben) - 0:1 FRA - 0:1 Lupzig (vergeben)

S: 9 x 2 Minuten

939. - 19.04.1998 GER (B) - FRA 5:3 (2:0, 2:2, 1:1)

Haßfurt, Eissportzentrum „Am Großen Anger"; Z: 2.500; SR: Bertoletti (SUI); LR: Aumüller (GER), Sprenger (GER)*
* da beide LR im Stau festsaßen, mussten im 1. Drittel die Torrichter Erdl (GER) und Strätz (GER) einspringen

Heiß (Kai Fischer n.e.) - D. Nowak, Molling - S. Mayer, S. Goc - Goldmann, Renz - J. Rumrich, Straube, M. Reichel - F. Keller, Lupzig, D. Hegen (C) - R. Pyka, Sandner, Schertz - Valenti, Zerwesz, MacKay

T: 1:0 (06:58) F. Keller (MacKay, Valenti) - 2:0 (12:56) Sandner (D. Hegen) - 3:2 (35:37) MacKay (D. Hegen) - 4:2 (37:31) Zerwesz (Lupzig) / 5:2 (51:00) Lupzig (Schertz, Molling)

S: 7 x 2 Minuten davon MacKay 2

940. - 24.04.1998 GER - JPN 5:1 (3:0, 1:0, 1:1)
Füssen, BLZ-Arena; Z: 600; SR: Lepaus (FIN); LR: Hascher (GER), Aumüller (GER)
Heiß (Kai Fischer n.e.) - Molling, Lüdemann - S. Mayer, Goldmann - Wieland, S. Goc - Brüggemann, MacKay, F. Keller - Stefan, P. Draisaitl, Lupzig - Renz, D. Hegen (C), R. Pyka - M. Reichel, Zerwesz, Straube - Sandner, J. Rumrich, Valenti
T: 1:0 (02:31) Straube (S. Goc, Lupzig) - 2:0 (14:39) P. Draisaitl (---) - 3:0 (18:27) Lupzig (P. Draisaitl, Lüdemann) / 4:0 (24:01) Lupzig (---) / 5:0 (46:31) Stefan (---)
S: Molling 6, Zerwesz 2, Valenti 2, MacKay 2, S. Mayer 2, S. Goc 2

941. - 26.04.1998 GER - ITA 1:3 (1:0, 0:0, 0:3)
Bad Tölz, Eissporthalle an der Peter-Freisl-Straße; Z: 1.200; SR: Lepaus (FIN); LR: ? (GER), ? (GER)
Heiß (Kai Fischer n.e.) - D. Nowak, Brüggemann - Molling, S. Mayer - S. Goc, Wieland - Goldmann, Renz - J. Rumrich, Straube, M. Reichel - F. Keller, D. Hegen (C), P. Draisaitl - R. Pyka, Sandner, Valenti - Zerwesz, MacKay
T: 1:0 (11:59) MacKay (M. Reichel)
S: Goldmann 2+2+5+20 (Spieldauer), Wieland 5+20 (Spieldauer), D. Hegen 4, Renz 2, Zerwesz 2, D. Nowak 2, Sandner 2, F. Keller 2, S. Mayer 2, S. Goc 2

942. - 28.04.1998 GER - SUI 2:2 (0:1, 2:1, 0:0)
Garmisch-Partenkirchen, Olympia-Eissport-Zentrum; Z: 1.000; SR: Lepaus (FIN); LR: Oswald (GER), Schurr (GER)
Heiß (ab 40:01 Seliger) - D. Nowak, S. Goc - Goldmann, Renz - S. Mayer, Micheller (Krefeld Pinguine) - Felski (Eisbären Berlin), J. Rumrich (C), F. Keller - Stefan, P. Draisaitl, Lupzig - Sandner, M. Reichel, Straube - Zerwesz, R. Pyka, Valenti
T: 1:1 (21:43) Felski (J. Rumrich, Valenti) - 2:1 (32:56) Lupzig (S. Mayer)
S: Stefan 2, M. Reichel 2, Goldmann 2, F. Keller 2, Straube 2

62. A-Weltmeisterschaft 1998

Die deutsche Mannschaft belegte in ihrer Vorrundengruppe den 3. Platz. Damit musste die Mannschaft in die Platzierungsrunde und belegte am Ende den 11. Platz. Die direkte Qualifikation für die A-WM 1999 wurde also verpasst.

VORRUNDE - GRUPPE A

943. - 01.05.1998 GER - BLR 2:4 (0:1, 2:1, 0:2)
Basel, St. Jakobshalle; Z: 5.200; SR: Johnsen (NOR); LR: Bruun (FIN), Danielsson (SWE)
Heiß (Seliger n.e.) - D. Nowak, S. Goc - Goldmann, Bresagk - Micheller, S. Mayer - Sandner, Brüggemann - D. Hegen (C), MacKay, J. Rumrich - Lupzig, P. Draisaitl, Stefan - F. Keller, Hecht, Felski - R. Pyka, Zerwesz, Straube
T: 1:1 (22:58) D. Hegen (Stefan) - 2:1 (25:26) D. Hegen (---)
S: R. Pyka 4, Goldmann 2, S. Goc 2, Stefan 2, Felski 2, P. Draisaitl 2, MacKay 2

944. - 03.05.1998 GER - JPN 5:1 (0:1, 3:0, 2:0)
Basel, St. Jakobshalle; Z: 3.200; SR: Mihálik (SVK); LR: Mášik (SVK), Halas (CZE)
Heiß (ab 40:01 Seliger) - D. Nowak, S. Goc - Goldmann, Bresagk - Micheller, S. Mayer - Sandner, Brüggemann - D. Hegen (C), MacKay, J. Rumrich - Lupzig, P. Draisaitl, Stefan - F. Keller, Hecht, Felski - R. Pyka, Zerwesz, Straube
T: 1:1 (23:42) J. Rumrich (MacKay, S. Mayer) - 2:1 (27:52) D. Hegen (S. Goc, MacKay) - 3:1 (29:34) P. Draisaitl (Felski) / 4:1 (48:34) Hecht (Micheller, F. Keller) - 5:1 (57:28) Mac Kay (D. Hegen, S. Goc)
S: Felski 4, Stefan 2, Lupzig 2, Goldmann 2, Bresagk 2, S. Goc 2, Brüggemann 2, Teamstrafe 2 (dafür Stefan auf der Strafbank)

945. - 05.05.1998 CZE - GER 8:1 (2:0, 3:1, 3:0)
Basel, St. Jakobshalle; Z: 5.100; SR: Acheson (USA); LR: Jones (CAN), Garofalo (USA)
Seliger (Kai Fischer n.e.) - D. Nowak, S. Goc - Goldmann, Bresagk - Micheller, S. Mayer - Sandner, Brüggemann - D. Hegen (C), MacKay, J. Rumrich - Lupzig, P. Draisaitl, Stefan - F. Keller, Hecht, Felski - R. Pyka, Zerwesz, Straube
T: 4:1 (28:42) MacKay (S. Mayer)
S: Felski 2+10 (Disziplinarstrafe), Bresagk 4, Hecht 2, D. Nowak 2, Micheller 2, Brüggemann 2, F. Keller 2

PLATZIERUNGSRUNDE GRUPPE G

946. - 08.05.1998 USA - GER 1:1 (0:0, 0:0, 1:1)
Zürich, Hallenstadion; Z: 1.300; SR: Bokarev (RUS); LR: Mendlowitcz (FRA), Nater (SUI)
Seliger (Kai Fischer n.e.) - D. Nowak, S. Goc - Goldmann, Bresagk - Micheller, S. Mayer - Sandner, Brüggemann - D. Hegen (C), MacKay, J. Rumrich - Lupzig, P. Draisaitl, Stefan - F. Keller, Hecht, Felski - R. Pyka, Zerwesz, Straube
T: 0:1 (48:38) J. Rumrich (Hecht)
S: Goldmann 6, Micheller 2, S. Goc 2, S. Mayer 2, Lupzig 2

947. - 10.05.1998 GER - LAT 0:5 (0:4, 0:0, 0:1)
Basel, St. Jakobshalle; Z: 1.900; SR: Rejthar (CZE); LR: Garofalo (USA), Jones (CAN)
Seliger (Kai Fischer n.e.) - Goldmann, Bresagk - Micheller, S. Mayer - Sandner, Brüggemann - D. Nowak, S. Goc* - D. Hegen (C), MacKay, J. Rumrich - Lupzig, P. Draisaitl, Stefan - R. Pyka, Zerwesz, Straube - F. Keller, Felski
S: Goldmann 6, Zerwesz 4, Brüggemann 2, F. Keller 2, Bresagk 2
* lt. IIHF nicht eingesetzt, aber Einsatz lt. DEB-Statistik

948. - 11.05.1998 GER - ITA 4:4 (3:2, 0:1, 1:1)
Zürich, Hallenstadion; Z: 900; SR: Mihálik (SVK); LR: Mendlowitcz (FRA), Nater (SUI)
Seliger (59:43 out; Kai Fischer n.e.) - D. Nowak, S. Goc - Goldmann, Bresagk - Micheller, S. Mayer - Sandner, Brüggemann - D. Hegen (C), MacKay, J. Rumrich - Lupzig, P. Draisaitl, Stefan - F. Keller, Hecht, Felski - R. Pyka, Zerwesz, Straube
T: 1:2 (04:38) Lupzig (P. Draisaitl) - 2:2 (07:56) Lupzig (D. Nowak, P. Draisaitl) - 3:2 (17:15) S. Goc (Felski) / 4:3 (47:10) P. Draisaitl (Lupzig)
S: Lupzig 4, MacKay 2, S. Mayer 2, Brüggemann 2, S. Goc 2
D. Hegen absolvierte als zweiter Spieler sein 300. Länderspiel.

1998/99

neuer Bundestrainer Hans Zach

Qualifikation zur A-Weltmeisterschaft 1999
Die deutsche Mannschaft belegte in der Gruppe B den 4. Platz und musste in die B-WM 1999 absteigen.

GRUPPE B

949'. - 05.11.1998 SLO - GER 1:1 (0:0, 1:1, 0:0)
Ljubljana, Hala Tivoli; Z: 4.000; SR: Andersson (SWE); LR: Neuwirth (AUT), Mášik (SVK)
Heiß (Kölner Haie; Merk (Augsburger Panther) n.e.) - J. Mayr (Kölner Haie), Meyer (Krefeld Pinguine) - Molling (Kassel Huskies), Bergen (Augsburger Panther) - Lehner (SC Riessersee), D. Nowak (Schwenninger Wild Wings) - Bresagk (Frankfurt Lions), Kathan (Star Bulls Rosenheim) - J. Rumrich (Kassel Huskies), MacKay (Schwenninger Wild Wings), Benda (Porin Ässät) - Stefan (Düsseldorfer EG), P. Draisaitl (ESC Moskitos Essen), Lupzig (Kölner Haie) - D. Hegen (C - Star Bulls Rosenheim), M. Reichel (Nürnberg Ice Tigers), Felski (Eisbären Berlin) - **Daniel Kreutzer** (Kassel Huskies), T. Abstreiter (Kassel Huskies), **Thomas Dolak** (Kassel Huskies)
T: 0:1 (21:15) Lupzig (Stefan)
S: J. Mayr 2+10 (Disziplinarstrafe), Lupzig 6, D. Nowak 2, Dolak 2, Lehner 2, Meyer 2, Felski 2, Teamstrafe 2 (dafür MacKay auf der Strafbank)

950'. - 07.11.1998 GER - UKR 1:2 (0:0, 1:2, 0:0)
Ljubljana, Hala Tivoli; Z: 2.000; SR: Lepaus (FIN); LR: Günther (AUT), Mášik (SVK)
Merk (58:32 out; Heiß n.e.) - J. Mayr, Meyer - Molling, Bergen - Lehner, D. Nowak - Bresagk, Kathan - J. Rumrich, MacKay, Benda - Stefan, P. Draisaitl, Lupzig - D. Hegen (C), M. Reichel, Felski - Kreutzer, T. Abstreiter, Dolak
T: 1:1 (31:20) MacKay (J. Rumrich, Benda)
S: MacKay 2, D. Nowak 2, D. Hegen 2, Molling 2
Lupzig absolvierte als fünfzigster Spieler sein 100. Länderspiel.

951'. - 08.11.1998 GER - FRA 1:3 (0:1, 1:1, 0:1)
Ljubljana, Hala Tivoli; Z: 2.000; SR: Andersson (SWE); LR: Serdyuk (KAZ), Mášik (SVK)
Heiß (Merk n.e.) - J. Mayr, Meyer - Molling, Bergen - Lehner, D. Nowak - Bresagk, Kathan - J. Rumrich (C), MacKay, Benda - Stefan, P. Draisaitl, Lupzig - Dolak, Kreutzer, T. Abstreiter - M. Reichel, Felski
T: 1:2 (23:02) MacKay (Benda)
S: J. Mayr 4, Felski 2, Lupzig 2

Suisse-Cup 1999
Die deutsche Mannschaft belegte Platz 2.

952. - 12.02.1999 GER - SVK 4:3 (2:1, 1:2, 1:0)
Chur, Hallenstadion auf der Oberen Au; Z: 697; SR: Reiber (CAN); LR: Peer (SUI), Eichmann (SUI)
David Berge (Berlin Capitals; **Robert Müller** (Star Bulls Rosenheim) n.e.) - Kunce (Nürnberg Ice Tigers), Brüggemann (Krefeld Pinguine) - Lüdemann (Kölner Haie), Molling - Wieland (EV Landshut), **Frank Hohenadl** (Star Bulls Rosenheim) - **Markus Pöttinger** (EC Bad Tölz), **Michael Bakos** (Augsburger Panther) - M. Reichel, Benda, R. Pyka (Krefeld Pinguine) - **Craig Streu** (Iserlohner EC), **Terence Campbell** (Iserlohner EC), Zerwesz (Kölner Haie) - Kathan, Kühnhauser (Star Bulls Rosenheim), Loth (VEU Feldkirch) - J. Rumrich (C), T. Boos (Kassel Huskies), Mondt (Kassel Huskies) - Brännström (Düsseldorfer EG)
T: 1:1 (16:32) Kathan (M. Reichel) - 2:1 (18:30) Kunce (Campbell) / 3:1 (23:15) C. Streu (Benda, Campbell) / 4:3 (48:16) Kunce (Kathan, M. Reichel)
S: Hohenadl 2, Lüdemann 2, Brännström 2

953. - 13.02.1999 SUI - GER 5:2 (1:0, 1:2, 3:0)
Chur, Hallenstadion auf der Oberen Au; Z: 3.857; SR: Reiber (CAN); LR: Baumgartner (SUI), Stricker (SUI)
Ro. Müller (**Leonardo Conti** (Augsburger Panther) n.e.) - Kunce, Brüggemann - Lüdemann, Molling - Pöttinger, Hohenadl - Renz (Schwenninger Wild Wings), Wieland - M. Reichel, Benda, R. Pyka - C. Streu, Campbell, Zerwesz - Kathan, Brännström, Loth - J. Rumrich (C), T. Boos, Mondt - Kühnhauser
T: 1:1 (25:04) Hohenadl (Kathan) - 2:2 (30:55) C. Streu (Zerwesz)
S: Kathan 2, Loth 2, Kunce 2, T. Boos 2, Lüdemann 2, Hohenadl 2, J. Rumrich 2

954. - 14.02.1999 GER - ITA 8:2 (3:0, 3:1, 2:1)
Chur, Hallenstadion auf der Oberen Au; Z: 389; SR: Reiber (CAN); LR: Baumgartner (SUI), Stricker (SUI)
Conti (Berge n.e.) - Kunce, Wieland - Lüdemann, Molling - Hohenadl, Renz - Pöttinger, Bakos - M. Reichel, Benda, J. Rumrich (C) - C. Streu, Campbell, Zerwesz - Kathan, Brännström, Brüggemann - T. Boos, Mondt, R. Pyka - Kühnhauser
T: 1:0 (07:32) Benda (Zerwesz) - 2:0 (11:26) Mondt (Kunce, Conti) - 3:0 (14:06) Zerwesz (J. Rumrich) / 4:0 (20:28) M. Reichel (Benda) - 5:0 (28:44) J. Rumrich (T. Boos) - 6:0 (32:09) Campbell (Benda, Lüdemann) / 7:1 (45:45) Lüdemann (C. Streu, Campbell) - 8:1 (49:40) Brüggemann (Hohenadl, R. Pyka)
S: C. Streu 4, Molling 2, Renz 2, Wieland 2

955'. - 03.04.1999 GER - KAZ 3:0 (1:0, 1:0, 1:0)
Unna, Eissporthalle am Ligusterweg; Z: 2.156; SR: Bergman (BEL); LR: Slapke (GER), Dietrich (GER)
Ro. Müller (Conti n.e.) - Lüdemann, Molling - Hohenadl, Brüggemann - Lehner, J. Mayr - Wieland, Renz - J. Rumrich (C), MacKay, Benda - Zerwesz, Campbell, C. Streu - Kathan, T. Boos, Mondt - Loth, Dolak, Kreutzer - **Christoph Paepke** (Kölner Haie)
T: 1:0 (12:23) Mondt (Kathan, T. Boos) / 2:0 (39:59) MacKay (Campbell, Lüdemann) / 3:0 (53:35) T. Boos (Kathan)
S: Benda 4, J. Rumrich 4, Loth 2, T. Boos 2, Lüdemann 2

956'. - 05.04.1999 GER - KAZ 1:4 (0:1, 1:1, 0:2)
Duisburg, Eissporthalle Margaretenstraße; Z: 2.100; SR: Bergman (BEL); LR: Slapke (GER), Dietrich (GER)*
* auf dem offiz. Spielbericht weder Schieds- noch Linienrichter aufgeführt
Conti (Merk n.e.) - Lüdemann, Molling - Hohenadl, Brüggemann - Lehner, J. Mayr (C) - Wieland, Renz - Serikow (Adler Mannheim), Zerwesz, Felski - Kreutzer, Campbell, C. Streu - Kathan, T. Boos, Mondt - Loth, Dolak, Paepke
T: 1:1 (33:35) C. Streu (---)
S: Lehner 4, Kreutzer 4, Renz 2, Molling 2, Lüdemann 2

B-Weltmeisterschaft 1999
Die deutsche Auswahl belegte Platz 4.

957. - 08.04.1999 HUN - GER 2:5 (1:1, 0:3, 1:1)
Odense, Isstadion; Z: 522; SR: Bervenski (BLR); LR: Bergamelli (FRA), Kronborg (NOR)
Merk (Döhler (Eisbären Berlin) n.e.) - Molling, Lüdemann - J. Mayr, Lehner - Kunce, Hohenadl - Renz - Benda, MacKay, J. Rumrich (C) - Mondt, T. Boos, Kathan - C. Streu, Zerwesz, Campbell - Serikow, M. Reichel, Felski - Kreutzer
T: 1:1 (19:35) C. Streu (Campbell, Benda) / 1:2 (25:45) Kathan (T. Boos) - 1:3 (27:50) J. Rumrich (M. Reichel, Benda) - 1:4 (33:45) C. Streu (J. Mayr, Benda) / 1:5 (47:09) Kunce (M. Reichel, Kreutzer)
S: Mondt 4, M. Reichel 2

958. - 09.04.1999 GER - POL 3:1 (0:1, 3:0, 0:0)
Rødovre, Skøjte Arena; Z: 346; SR: Järvelä (FIN); LR: Karlsson (SWE), Coenen (NED)
Döhler (Ro. Müller n.e.) - Molling, Lüdemann - J. Mayr, Lehner - Kunce, Hohenadl - Renz - Benda, MacKay, J.
Rumrich (C) - Mondt, T. Boos, Kathan - C. Streu, Campbell, Kreutzer - Serikow, M. Reichel, Felski
T: 1:1 (28:45) Serikow (Campbell) - 2:1 (29:44) Benda (J. Rumrich) - 3:1 (32:30) M. Reichel (Serikow)
S: Kreutzer 2+2+10 (Disziplinarstrafe), T. Boos 2, Kunce 2, M. Reichel 2, Felski 2

959. - 11.04.1999 GER - GBR 3:2 (1:2, 1:0, 1:0)
Odense, Isstadion; Z: 1.485; SR: Bervenski (BLR); LR: Favorin (FIN), Karlsson (SWE)
Ro. Müller (Merk n.e.) - Molling, Lüdemann - J. Mayr, Lehner - Kunce, Hohenadl - Renz - Benda, MacKay, J.
Rumrich (C) - Mondt, T. Boos, Kathan - C. Streu, Campbell, Kreutzer - Serikow, M. Reichel, Felski
T: 1:1 (13:16) Kreutzer (Hohenadl, Ro. Müller) / 2:2 (28:37) T. Boos (Kunce) / 3:2 (53:54) Lehner (Benda,
MacKay)
S: Hohenadl 2, Lehner 2, Serikow 2, Lüdemann 2, Kreutzer 2, Kunce 2, Teamstrafe 2

960. - 12.04.1999 DEN - GER 6:1 (2:0, 2:0, 2:1)
Odense, Isstadion; Z: 3.100; SR: Järvelä (FIN); LR: Karlsson (SWE), Favorin (FIN)
Merk (Döhler n.e.) - Molling, Lüdemann - J. Mayr, Lehner - Kunce, Renz - Hohenadl - Benda, MacKay, J. Rumrich
(C) - Mondt, T. Boos, Kathan - C. Streu, Campbell, Kreutzer - Serikow, M. Reichel, Felski
T: 4:1 (42:46) J. Rumrich (MacKay, Benda)
S: T. Boos 5+20 (Spieldauer), J. Mayr 4, Hohenadl 2, Mondt 2, Benda 2, Lüdemann 2

961. - 14.04.1999 GER - EST 4:1 (2:0, 0:1, 2:0)
Rødovre, Skøjte Arena; Z: 348; SR: Pahor (SLO); LR: Coenen (NED), Favorin (FIN)
Ro. Müller (Merk n.e.) - Molling, Lüdemann - J. Mayr, Lehner - Benda, Kunce - Renz, Hohenadl - Serikow,
MacKay, J. Rumrich (C) - Mondt, T. Boos, Kathan - C. Streu, Campbell, Zerwesz - Kreutzer, M. Reichel, Felski
T: 1:0 (15:08) Zerwesz (C. Streu) - 2:0 (17:42) J. Rumrich (MacKay, Serikow) / 3:1 (55:41) Serikow (MacKay) -
4:1 (58:26) Mondt (Lehner, J. Mayr)
S: Benda 2+2+10 (Disziplinarstrafe), Kathan 4, MacKay 2, Molling 2

962. - 15.04.1999 SLO - GER 0:2 (0:0, 0:1, 0:1)
Rødovre, Skøjte Arena; Z: 410; SR: Järvelä (FIN); LR: Bergamelli (FRA), Grumsen (DEN)
Ro. Müller (Merk n.e.) - Molling, Lüdemann - J. Mayr, Lehner - Benda, Kunce - Renz, Hohenadl - Serikow,
MacKay, J. Rumrich (C) - Mondt, T. Boos, Kathan - C. Streu, Campbell, Zerwesz - Kreutzer, M. Reichel, Felski
T: 1:0 (22:22) T. Boos (Felski, J. Mayr) / 2:0 (59:33) MacKay (Zerwesz, J. Rumrich)
S: Molling 2, C. Streu 2, T. Boos 2

963. - 17.04.1999 GER - KAZ 1:5 (1:2, 0:2, 0:1)
Rødovre, Skøjte Arena; Z: 661; SR: Schmitt (USA); LR: Favorin (FIN), Coenen (NED)
Ro. Müller (Merk n.e.) - Molling, Lüdemann - J. Mayr, Lehner - Benda, Kunce - Renz, Hohenadl - Serikow,
MacKay, J. Rumrich (C) - Mondt, T. Boos, Kathan - C. Streu, Campbell, Zerwesz - Kreutzer, M. Reichel, Felski
T: 1:0 (04:45) Kunce (J. Rumrich, MacKay)
S: Molling 4, Zerwesz 2, J. Rumrich 2, T. Boos 2, Kathan 2

1999/00

964. - 10.11.1999 GER - SVK 2:3 (1:2, 1:1, 0:0)
Crimmitschau, Kunsteisstadion im Sahnpark; Z: 4.610; SR: Wohlgenannt (AUT); LR: Reichert (GER), ?
(GER)
Künast (München Barons; ab 16:25 Seliger (Nürnberg Ice Tigers)) - Bakos (Augsburger Panther), Bresagk
(Frankfurt Lions) - Lehner (SC Riessersee), J. Mayr (Kölner Haie) - Kienaß (ESC Moskitos Essen), **Sebastian
Klenner** (Revierlöwen Oberhausen) - Molling (Kassel Huskies), **Heiko Smazal** (München Barons) - Wieland
(Adler Mannheim) - Mondt (Kassel Huskies), Brännström (Düsseldorfer EG), J. Rumrich (C - Kassel Huskies) -
R. Pyka (Krefeld Pinguine), Paepke (Kölner Haie), Lupzig (Kölner Haie) - Straube (Adler Mannheim), Campbell
(ESC Moskitos Essen), **Christian Kohmann** (ESC Moskitos Essen) - Kreutzer (Kassel Huskies), Dolak (Kassel
Huskies), Loth (Kassel Huskies)
T: 1:1 (16:53) R. Pyka (Lupzig) / 2:3 (30:59) Loth (Dolak)
S: Paepke 2, Smazal 2

965. - 11.11.1999 GER - SVK 1:2 (0:1, 0:1, 1:0)
Regensburg, Donau-Arena; Z: 948; SR: Wohlgenannt (AUT); LR: Hascher (GER), Walter (GER)
Seliger (Künast n.e.; Conti (Kassel Huskies) n.e.) - Bakos, Bresagk - Lehner, J. Mayr - Kienaß, Klenner - Molling,
Smazal - Wieland - Mondt, Brännström, J. Rumrich (C) - R. Pyka, Paepke, Lupzig - Straube, Campbell, Kohmann
- Kreutzer, Dolak, Loth
T: 1:2 (57:56) Bresagk (J. Rumrich, Campbell)
S: Lupzig 2, R. Pyka 2, Kienaß 2, Lehner 2, Campbell 2

966. - 13.11.1999 GER - AUT 3:1 (0:0, 1:0, 2:1)
Rosenheim, Städtisches Kathrein-Stadion*; Z: 4.021; SR: Clémençon (SUI); LR: Hascher (GER), Reichert (GER)
* bisher Frucade-Stadion
Berge (Berlin Capitals; Conti n.e.) - Smazal, Molling - Kienaß, Bresagk - Wieland, Hohenadl (Star Bulls Rosenheim) - Brüggemann (Krefeld Pinguine), Klenner - Kathan (Star Bulls Rosenheim), Dolak, Mondt - Stefan (Düsseldorfer EG), Hock (Revierlöwen Oberhausen), J. Rumrich (C) - Straube, Zerwesz (Adler Mannheim), Felski (Eisbären Berlin) - Kummer (Star Bulls Rosenheim), L. Funk jr. (Eisbären Berlin), R. Pyka - Brännström
T: 1:0 (20:09) Brännström (Kathan, Smazal) / 2:1 (46:58) J. Rumrich (Bresagk) - 3:1 (49:26) Stefan (Kienaß, Zerwesz)
S: Zerwesz 4, Hock 2, Molling 2, Kathan 2, Dolak 2

967. - 14.11.1999 GER - AUT 2:1 (0:1, 2:0, 0:0)
Augsburg, Curt-Frenzel-Stadion; Z: 1.547; SR: Clémençon (SUI); LR: ? (GER), ? (GER)
Conti (Berge n.e.) - Kienaß, Bresagk - Smazal, Molling - Wieland, Hohenadl - Brüggemann, Klenner - J. Rumrich (C), Brännström, Stefan - Kathan, Dolak, Mondt - Straube, Hock, Felski - L. Funk jr., Kummer, Zerwesz - R. Pyka
T: 1:1 (25:48) Wieland (Hock, Hohenadl) - 2:1 (31:56) Dolak (Kathan, Mondt)
S: Smazal 4, Zerwesz 2, Hock 2, Mondt 2, Hohenadl 2

Olympia-Vorqualifikation für 2002

Die deutsche Mannschaft belegte in der Gruppe 1 den 1. Platz und zog in die zweite Runde 2001 ein.

GRUPPE 1

968. - 10.02.2000 YUG - GER 0:14 (0:5, 0:5, 0:4)
Ljubljana, Hala Tivoli; Z: 253; SR: Bolina (POL); LR: Popovič (SVK), Bagozza (ITA)
Seliger (ab 30:58 Döhler (Eisbären Berlin)) - Lüdemann (Kölner Haie), J. Mayr - Kunce (Nürnberg Ice Tigers), Lehner - Smazal, Molling - Renz (Schwenninger Wild Wings) - Benda (Jokerit Helsinki), MacKay (SERC Wild Wing), J. Rumrich (C) - Kathan, **Leonard Soccio** (Hannover Scorpions), Zajankala (Kölner Haie) - Straube, T. Abstreiter (Kassel Huskies), Brännström - Dolak, T. Boos (Kassel Huskies), Kreutzer - R. Pyka
T: 1:0 (05:27) Soccio (Zajankala) - 2:0 (07:17) Benda (MacKay) - 3:0 (13:16) T. Boos (Kreutzer, Dolak) - 4:0 (14:18) Molling (Soccio) - 5:0 (15:40) T. Boos (Kreutzer, Dolak) / 6:0 (22:30) T. Boos (Kreutzer) - 7:0 (23:16) T. Boos (Kreutzer, Dolak) - 8:0 (23:40) Benda (MacKay) - 9:0 (35:29) T. Abstreiter (---) - 10:0 (36:40) Dolak (J. Mayr) / 11:0 (42:54) J. Rumrich (MacKay) - 12:0 (43:17) Zajankala (Kathan, Soccio) - 13:0 (48:57) Brännström (T. Abstreiter) - 14:0 (55:37) Kathan (---)
S: Lehner 2, Zajankala 2, Soccio 2
J R. Pyka absolvierte als einundfünfzigster Spieler sein 100. Länderspiel.

969. - 12.02.2000 SLO - GER 2:5 (0:1, 2:1, 0:3)
Ljubljana, Hala Tivoli; Z: 2.200; SR: Bolina (POL); LR: Cervenak (AUT), Bagozza (ITA)
Seliger (Döhler n.e.) - Lüdemann, Kunce - J. Mayr, Lehner - Smazal, Molling - Renz - Benda, MacKay, J. Rumrich (C) - Kathan, Soccio, Zajankala - Straube, T. Abstreiter, Brännström - Dolak, T. Boos, R. Pyka
T: 1:0 (03:04) Straube (T. Abstreiter) / 2:0 (25:37) T. Abstreiter (Lüdemann, Benda) / 3:2 (43:19) J. Rumrich (MacKay) - 4:2 (46:52) J. Rumrich (---) - 5:2 (53:3) Dolak (T. Boos)
S: Benda 4, Kathan 2, Zajankala 2, Soccio 2, Kunce 2, MacKay 2

970. - 13.02.2000 GER - ITA 2:1 (1:0, 0:0, 1:1)
Ljubljana, Hala Tivoli; Z: 973; SR: Mihálik (SVK); LR: Cervenak (AUT), Popovič (SVK)
Seliger (58:30-59:52 out; Döhler n.e.) - Lüdemann, Kunce - J. Mayr, Lehner - Smazal, Molling - Renz - Benda, MacKay, J. Rumrich (C) - Kathan, Soccio, Zajankala - Straube, T. Abstreiter, Brännström - Dolak, T. Boos, R. Pyka
T: 1:0 (02:16) Brännström (Straube) / 2:1 (59:52) Lüdemann (Kunce, J. Rumrich)
S: Kunce 2, Lüdemann 2, Benda 2, Kathan 2, Zajankala 2
J. Mayr absolvierte als zweiundfünfzigster Spieler sein 100. Länderspiel.

In den Spielen 971 und 972 vertrat Assistenztrainer Ernst Höfner Bundestrainer Zach, da jener noch mit seinem Klub Kassel Huskies in den Play-offs der DEL engagiert war.

971'. - 04.04.2000 SVK - GER 4:4 (2:1, 1:3, 1:0)
Trnava, Mestský zimný štadión; Z: 1.000; SR: Mihálik (SVK); LR: Mášik (SVK), Lokšík (SVK)
Seliger (Döhler n.e.) - **Lasse Kopitz** (EV Duisburg), Kunce (C) - **Nico Pyka** (Eisbären Berlin), Wieland - **Patrick Köppchen** (Erding Jets), Renz - Kathan, Hock, Zerwesz - Straube, M. Reichel (Nürnberg Ice Tigers), Kosturik (Hannover Scorpions) - Felski, L. Funk jr., R. Pyka - Mann (Nürnberg Ice Tigers), Brüggemann, **Franz-David Fritzmeier** (Jungadler Mannheim) - **Thomas Greilinger** (Deggendorfer EC)
T: 1:1 (02:24) Kopitz (Felski) / 3:2 (24:44) M. Reichel (Straube) - 3:3 (31:50) Straube (Kosturik) - 3:4 (34:35) Kosturik (---)
S: Felski 2, M. Reichel 2, Zerwesz 2, Kosturik 2

972'. - 05.04.2000 SVK - GER 3:1 (1:1, 2:0, 0:0)
Trnava, Mestský zimný štadión; Z: 1.000; SR: Čaprnka (SVK); LR: Mášik (SVK), Druga (SVK)
Döhler (Seliger n.e.) - Kopitz, Kunce (C) - N. Pyka, Wieland - Köppchen, Renz - Kathan, Hock, Zerwesz - Straube, M. Reichel, Kosturik - Felski, L. Funk jr., R. Pyka - Mann, Brüggemann, Fritzmeier - Greilinger
T: 1:1 (18:03) N. Pyka (Kathan, Hock)
S: N. Pyka 4, L. Funk jr. 2, Kathan 2, Kosturik 2, Fritzmeier 2

973. - 07.04.2000 GER - SUI 2:3 (0:1, 1:2, 1:0)
Memmingen, Eissporthalle am Hühnerberg; Z: 2.014; SR: Schimm (GER), Bertolotti (SUI); LR: Reichert (GER), Peer (SUI)*
* erstmaliger Test des Vier-Mann-Systems mit je zwei SR und LR in Deutschland
Conti (59:42 out; Döhler n.e.) - N. Pyka, Klenner - Renz, Wieland - Pöttinger (Berlin Capitals), Molling (C) - Brüggemann, Hohenadl - Zerwesz, MacKay, Greilinger - Straube, Soccio, Kosturik - Kathan, Hock, L. Funk jr. - Felski, M. Reichel, R. Pyka - Mann, Fritzmeier
T: 1:2 (29:34) N. Pyka (Zerwesz) / 2:3 (59:41) Straube (Kosturik, Soccio)
S: Molling 2+10 (Disziplinarstrafe), Renz 4, Soccio 4, Kosturik 2, N. Pyka 2

974. - 08.04.2000 GER - SUI 3:4 (1:0, 1:2, 1:2)
Füssen, BLZ-Arena; Z: 1.100; SR: Schimm (GER), Bertolotti (SUI); LR: Reichert (GER), Peer (SUI)
Döhler (Conti n.e.) - N. Pyka, Klenner - Renz, Molling (C) - Wieland, Pöttinger - Brüggemann, Hohenadl - Fritzmeier, Zerwesz, Greilinger - Straube, Soccio, Kosturik - Kathan, Hock, L. Funk jr. - Mann, M. Reichel, R. Pyka - Felski
T: 1:0 (12:46) M. Reichel (R. Pyka) / 2:1 (23:06) Greilinger (Zerwesz, Molling) / 3:2 (43:02) Wieland (M. Reichel)
S: N. Pyka 6, Greilinger 2, R. Pyka 2, L. Funk jr. 2, Mann 2, Brüggemann 2, Renz 2, Straube 2, Hohenadl 2

B-Weltmeisterschaft 2000
Die deutsche Auswahl belegte Platz 1 und stieg in die A-WM auf.

975. - 12.04.2000 GER - SLO 7:2 (2:1, 3:0, 2:1)
Katowice, Spodek Arena*; Z: 350; SR: McInchak (USA); LR: Folka (GBR), Mášik (SVK)
* früherer Name Hala główna "Rondo"
Seliger (ab 31:40 Döhler) - Kunce, Goldmann (Grand Rapids Griffins) - Klenner, N. Pyka - Renz, Molling - Brüggemann - J. Rumrich (C), MacKay, Greilinger - Straube, Soccio, Kosturik - Kreutzer, T. Abstreiter, Kathan - Dolak, T. Boos, Loth - M. Reichel
T: 1:0 (07:21) J. Rumrich (Kathan, Greilinger) - 2:0 (11:02) Greilinger (MacKay, N. Pyka) / 3:1 (29:51) Soccio (Kosturik) - 4:1 (31:39) Loth (T. Boos, Dolak) - 5:1 (36:02) Soccio (---) / 6:1 (40:31) Kathan (Greilinger, MacKay) - 7:2 (54:07) Straube (Kreutzer, T. Abstreiter)
S: Straube 2+10 (Disziplinarstrafe), Kreutzer 4, Kathan 4, N. Pyka 2, Renz 2, Kunce 2, Loth 2, Goldmann 2, Döhler 2, Teamstrafe 2

976. - 13.04.2000 GER - NED 5:1 (0:0, 3:0, 2:1)
Katowice, Spodek Arena; Z: 300; SR: Pakaslahti (FIN); LR: Odiņš (LAT), Rokicki (POL)
Ro. Müller (Star Bulls Rosenheim; Döhler n.e) - Kunce, Goldmann - Klenner, N. Pyka - Renz, Molling - Brüggemann - Greilinger, M. Reichel, J. Rumrich (C) - Straube, Soccio, Kosturik - Kathan, T. Abstreiter, Kreutzer - Loth, T. Boos, Dolak
T: 1:0 (25:01) Kosturik (Soccio, Straube) - 2:0 (30:48) M. Reichel (Greilinger, Kathan) - 3:0 (39:41) Kathan (T. Abstreiter, Kunce) / 4:1 (56:39) Kunce (Kreutzer) - 5:1 (59:26) T. Abstreiter (Kreutzer)
S: N. Pyka 4, Goldmann 2

977. - 15.04.2000 GER - POL 2:6 (1:2, 0:2, 1:2)
Katowice, Spodek Arena; Z: 8.000; SR: Homola (CZE); LR: Mášik (SVK), Pouzar (CZE)
Ro. Müller (Döhler n.e) - Kunce, Goldmann - Klenner, N. Pyka - Renz, Molling - Brüggemann - Greilinger, M. Reichel, J. Rumrich (C) - Straube, Soccio, Kosturik - Kathan, T. Abstreiter, Kreutzer - Loth, T. Boos, Dolak
T: 1:2 (18:58) Klenner (M. Reichel, Greilinger) / 2:4 (43:13) Greilinger (---)
S: Goldmann 5+20 (Spieldauer), T. Abstreiter 4, Kreutzer 4, N. Pyka 2
Klenner schoss das 3000. Tor für die deutsche Auswahl.

978. - 16.04.2000 EST - GER 2:3 (1:1, 0:2, 1:0)
Katowice, Spodek Arena; Z: 300; SR: Bergman (BEL); LR: Coenen (NED), Pouzar (CZE)
Döhler (Ro. Müller n.e) - Kunce, Goldmann - Klenner, N. Pyka - Renz, Molling - Brüggemann - Greilinger, M. Reichel, J. Rumrich (C) - Loth, Soccio, Kosturik - Straube, T. Abstreiter, Kreutzer - Kathan, T. Boos, Dolak
T: 0:1 (02:50) T. Boos (Kathan, Dolak) / 1:2 (29:26) Soccio (Kosturik, Loth) - 1:3 (30:25) Kreutzer (T. Boos)
S: Brüggemann 4, Kathan 2
M. Reichel absolvierte als dreiundfünfzigster Spieler sein 100. Länderspiel.

979. - 18.04.2000 KAZ - GER 2:5 (0:4, 0:1, 2:0)
Katowice, Spodek Arena; Z: 500; SR: McInchak (USA); LR: Kępa (POL), Pouzar (CZE)
Seliger (Ro. Müller n.e) - Kunce, Goldmann - Klenner, N. Pyka - Renz, Molling - Brüggemann - Loth, Soccio, Kosturik - Straube, T. Boos, Kreutzer - Kathan, T. Abstreiter (C), Dolak - Greilinger, M. Reichel
T: 0:1 (02:35) Goldmann (M. Reichel, Greilinger) - 0:2 (02:57) Kosturik (Loth) - 0:3 (16:43) Kosturik (---) - 0:4 (17:53) Kosturik (Loth, Renz) / 0:5 (27:23) Soccio (Goldmann, Kunce)
S: Kunce 4, Klenner 4, T. Abstreiter 2, Molling 2, Goldmann 2, T. Boos 2, Soccio 2, Kreutzer 2, N. Pyka 2

980. - 19.04.2000 GER - DEN 3:2 (2:0, 1:2, 0:0)
Katowice, Spodek Arena; Z: 500; SR: Homola (CZE); LR: Rokicki (POL), Pouzar (CZE)
Seliger (Ro. Müller n.e) - Kunce, Goldmann - Klenner, N. Pyka - Renz, Molling - Brüggemann - Loth, Soccio, Kosturik - Straube, T. Boos, Kreutzer - Kathan, T. Abstreiter (C), Dolak - Greilinger, M. Reichel
T: 1:0 (11:07) M. Reichel (Greilinger, T. Abstreiter) - 2:0 (18:21) Kathan (Kunce) / 3:2 (39:18) Kathan (Soccio)
S: Molling 4, T. Boos 2, Renz 2, Goldmann 2, Kreutzer 2, T. Abstreiter 2

981. - 21.04.2000 GBR - GER 0:5 (0:0, 0:3, 0:2)
Katowice, Spodek Arena; Z: 600; SR: Dunnett (CAN); LR: Mášik (SVK), Pouzar (CZE)
Seliger (Ro. Müller n.e) - Kunce, Goldmann - Klenner, N. Pyka - Renz, Molling - Brüggemann - Loth, Soccio, Kosturik - Straube, T. Boos, Kreutzer - Kathan, T. Abstreiter (C), Dolak - Greilinger, M. Reichel
T: 0:1 (25:32) Kreutzer (Soccio, Straube) - 0:2 (33:22) Greilinger (Kosturik, T. Abstreiter) - 0:3 (36:04) Kreutzer (Goldmann, Straube) / 0:4 (52:22) Kreutzer (T. Abstreiter) - 0:5 (55:18) Renz (Loth, Kosturik)
S: N. Pyka 6, T. Abstreiter 2, Kunce 2, Molling 2, Kathan 2

2000/01

982'. - 08.11.2000 GER - CAN 1:4 (1:2, 0:0, 0:2)
Landshut, Städtische Eissporthalle; Z: 3.798; SR: Wohlgenannt (AUT); LR: Fischer (AUT), Lenhart (AUT)
Künast (München Barons; Ro. Müller (Adler Mannheim) n.e.) - Goldmann (ESC Moskitos Essen), **Christian Ehrhoff** (Krefeld Pinguine) - Smazal (München Barons), Molling (Kassel Huskies) - N. Pyka (Eisbären Berlin), Klenner (Augsburger Panther) - **Christoph Schubert** (München Barons), Köppchen (Erding Jets) - Stefan (Düsseldorfer EG), **Wayne Hynes** (Adler Mannheim), Zerwesz (Berlin Capitals) - M. Reichel (C - Nürnberg Ice Tigers), Loth (Kassel Huskies), Kathan (Kassel Huskies) - Serikow (München Barons), Brännström (Berlin Capitals), **Marcel Goc** (Schwenninger Wild Wings) - Greilinger (Schwenninger Wild Wings), T. Abstreiter (Kassel Huskies), Kreutzer (Kassel Huskies)
T: 1:0 (12:17) Greilinger (Stefan)
S: Hynes 2, Kreutzer 2, Kathan 2, M. Reichel 2

11. Deutschland-Cup 2000

Die deutsche Mannschaft belegte Platz 4.

983. - 10.11.2000 GER - SVK 1:2 (0:1, 0:0, 1:1)
Hannover, Preussag Arena; Z: 3.870 SR: Wohlgenannt (AUT); LR: Fischer (AUT), Lenhart (AUT)
Ro. Müller (59:11 out; Conti (Frankfurt Lions) n.e.) - Ehrhoff, Goldmann - Pöttinger (Berlin Capitals), Kunce (Nürnberg Ice Tigers) - Smazal, Molling - Bresagk (Frankfurt Lions), Schubert - Serikow, Hynes, Benda (Jokerit Helsinki) - Kosturik (Hannover Scorpions), Soccio (Hannover Scorpions), Kathan - Loth, T. Abstreiter (C), Kreutzer - Greilinger, M. Goc, M. Reichel
T: 1:2 (55:27) Hynes (Benda, Serikow)
S: Serikow 2, M. Reichel 2, Kosturik 2, Greilinger 2

984. - 11.11.2000 GER - SUI 2:4 (1:1, 1:2, 0:1)
Hannover, Preussag Arena; Z: 5.912; SR: Rejthar (CZE); LR: Fischer (AUT), Lenhart (AUT)
Conti (59:12 out; Ro. Müller n.e.) - Ehrhoff, Goldmann - Pöttinger, Kunce - Bresagk, Schubert - N. Pyka, Klenner - Serikow, Hynes, Benda (C) - Kosturik, Soccio, Kathan - Kreutzer, Brännström, Stefan - Greilinger, M. Goc, M. Reichel
T: 1:1 (18:32) Benda (Serikow, Hynes) / 2:1 (23:24) Stefan (Brännström, Kreutzer)
S: Benda 4, Kathan 4, N. Pyka 2, Stefan 2, Kunce 2, Kosturik 2

985. - 12.11.2000 GER - CAN 2:5 (0:2, 2:2, 0:1)
Hannover, Preussag Arena; Z: 6.754; SR: Rejthar (CZE); LR: Hascher (GER), Reichert (GER)
Ro. Müller (Conti n.e.) - Goldmann, Pöttinger - Bresagk, Kunce - Molling, Smazal - Klenner, N. Pyka - Benda, Hynes, M. Goc - M. Reichel, Soccio, Kosturik - T. Abstreiter (C), Loth, Kreutzer - Stefan, Brännström, Greilinger
T: 1:2 (35:10) Smazal (Hynes) - 2:4 (39:03) T. Abstreiter (Loth, Molling)
S: Benda 2, Kosturik 2, Molling 2, Kreutzer 2, Smazal 2
Stefan absolvierte als vierundfünfzigster Spieler sein 100. Länderspiel.

Olympia-Qualifikation für 2002

Die deutsche Mannschaft belegte in der Gruppe A den 1. Platz und qualifizierte sich für die Olympischen Winterspiele 2002.

GRUPPE A

986. - 08.02.2001 NOR - GER 4:6 (0:0, 2:2, 2:4)
Oslo, Jordal Amfi Ishall; Z: 2.845; SR: Vaisfeld (RUS); LR: Takula (SWE), Svensson (SWE)
Ro. Müller (Künast n.e.) - Molling, Smazal - J. Mayr (Kölner Haie), Lüdemann (Kölner Haie) - Kunce, Renz (Schwenninger Wild Wings) - Schubert - Benda, J. Rumrich (C - Nürnberg Ice Tigers), MacKay (Schwenninger Wild Wings) - Loth, T. Boos (Kölner Haie), Kreutzer - Brännström, Soccio, Kathan - Felski (Eisbären Berlin), Hynes, M. Goc - Greilinger
T: 1:1 (23:14) Kathan (Soccio, Brännström) - 2:2 (35:26) Loth (Lüdemann) / 2:3 (41:03) Kathan (Brännström, Soccio) - 4:4 (48:27) Soccio (Brännström) - 4:5 (54:01) Kathan (Soccio), 4:6 (59:21) Kathan (Soccio)
S: Loth 2, Brännström 2, Kathan 2, Smazal 2

987. - 10.02.2001 GER - BLR 1:1 (1:1, 0:0, 0:0)
Oslo, Jordal Amfi Ishall; Z: 510; SR: Acheson (CAN); LR: Bruun (FIN), Staniforth (GBR)
Künast (Ro. Müller n.e.) - Molling, Smazal - J. Mayr, Lüdemann - Renz, Schubert - Kunce, Benda - J. Rumrich (C), MacKay, Greilinger - Loth, T. Boos, Kreutzer - Brännström, Soccio, Kathan - Felski, Hynes, M. Goc
T: 1:1 (10:24) Brännström (Kathan, Soccio)
S: Kathan 2, Soccio 2, Teamstrafe 4 (dafür Kunce bzw. Kathan auf der Strafbank)

988. - 11.02.2001 GER - UKR 3:1 (2:1, 1:0, 0:0)
Oslo, Furuset Forum; Z: 203; SR: Vaisfeld (RUS); LR: Takula (SWE), Staniforth (GBR)
Künast (Conti n.e.) - Molling, Smazal - J. Mayr, Lüdemann - Renz, Schubert - Kunce, Benda - J. Rumrich (C), MacKay, Greilinger - Loth, T. Boos, Kreutzer - Brännström, Soccio, Kathan - Felski, Hynes, M. Goc
T: 1:1 (10:26) Brännström (---) - 2:1 (19:10) Soccio (Brännström, Kathan) / 3:1 (30:27) Lüdemann (Kathan)
S: Lüdemann 4, T. Boos 2, Kathan 2, Smazal 2, Soccio 2

989'. - 12.04.2001 FRA - GER 1:1 (0:0, 0:0, 1:1)
Albertville, Halle olympique; Z: 1.200; SR: Mandioni (SUI); LR: Velay (FRA), Margry (FRA)
Leonhard Wild (ESC Moskitos Essen; Alexander Jung (Eisbären Berlin) n.e.) - Lüdemann, J. Mayr - Ehrhoff, N. Pyka - Goldmann, F. Appel (ESC Moskitos Essen) - Renz, Klenner - Greilinger, Felski, Mondt (Düsseldorfer EG) - Manuel Kofler (Iserlohn Roosters), Eduard Lewandowski (EC Wilhelmshaven-Stichhausen), J. Rumrich (C) - MacKay, Boris Blank (EC Wilhelmshaven-Stichhausen), Soccio - M. Reichel, T. Boos, Zerwesz
T: 1:1 (46:48) Mondt (Soccio, Greilinger)
S: F. Appel 2, Greilinger 2, T. Boos 2, Renz 2, Soccio 2, Ehrhoff 2

990'. - 13.04.2001 FRA - GER 6:3 (3:1, 0:1, 3:1)
Grenoble, Patinoire Polesud; Z: 1.972; SR: Mandioni (SUI); LR: Velay (FRA), Barbez (FRA)
Jung (Conti n.e.) - Goldmann, Renz - J. Mayr, Lüdemann - Klenner, N. Pyka - F. Appel, Ehrhoff - Greilinger, MacKay, J. Rumrich (C) - Felski, Soccio, Mondt - B. Blank, M. Reichel, Lewandowski - Zerwesz, T. Boos, Kofler
T: 3:1 (15:44) Soccio (Ehrhoff) / 3:2 (31:43) Greilinger (Soccio, J. Rumrich) / 5:3 (50:42) Lüdemann (Soccio)
S: T. Boos 2, Renz 2, N. Pyka 2, Greilinger 2, B. Blank 2

991'. - 18.04.2001 GER - UKR 3:3 (0:2, 1:0, 2:1)
Freiburg, Franz-Siegel-Halle; Z: 3.218; SR: Kurmann (SUI); LR: ? GER, ? GER
Conti (59:31 out; L. Wild n.e.) - Ehrhoff, Benda - Klenner, J. Mayr - Molling, N. Pyka - Renz, Goldmann - Lüdemann - J. Rumrich (C), MacKay, Greilinger - Lewandowski, Soccio, Kathan - **Thomas Daffner** (Kassel Huskies), T. Abstreiter, Kreutzer - Loth, Brännström, Felski - B. Blank
T: 1:2 (28:06) Daffner (Klenner, T. Abstreiter) / 2:2 (41:14) Soccio (Benda) - 3:3 (50:24) Daffner (Kreutzer)
S: Goldmann 5+25 (Matchstrafe), J. Mayr 4, Soccio 2, Felski 2, MacKay 2, Greislinger 2, Daffner 2

992'. - 20.04.2001 GER - UKR 1:3 (1:1, 0:1, 0:1)
Schwenningen, Eisstadion am Bauchenberg; Z: 4.300; SR: Kurmann (SUI); LR: Walter (GER), Huber (GER)
L. Wild (Conti n.e.) - Goldmann, Benda - Lüdemann, J. Mayr - Molling, Klenner - N. Pyka, Renz - J. Rumrich (C), MacKay, Greislinger - Mondt, Soccio, Kathan - Daffner, T. Abstreiter, Kreutzer - Loth, Brännström, B. Blank - Lewandowski
T: 1:1 (15:39) Greilinger (Mondt, Kathan)
S: MacKay 4, Kathan 2, Renz 2, Daffner 2, Soccio 2, Molling 2, J. Mayr 2

993'. - 22.04.2001 GER - ITA 1:3 (1:2, 0:1, 0:0)
Landshut, Städtische Eissporthalle; Z: 2.067; SR: Rejthar (CZE); LR: Hatz (GER), M. Huber (GER)
Künast (Conti n.e.) - C. Schubert, Benda - Lüdemann, Goldmann - Molling, Ehrhoff - Renz, **Dennis Seidenberg** (Adler Mannheim) - J. Rumrich (C), MacKay, Greilinger - Mondt, Soccio, Kathan - Daffner, T. Abstreiter, Kreutzer - Loth, Brännström, Felski
T: 1:1 (17:03) Lüdemann (---)
S: MacKay 2, T. Abstreiter 2, Kreutzer 2, Brännström 2, C. Schubert 2, Goldmann 2, Felski 2

994'. - 24.04.2001 GER - ITA 3:3 (3:1, 0:1, 0:1)
Nürnberg, Arena; Z: 3.845; SR: Rejthar (CZE); LR: Hascher (GER), Reichert (GER)
Ro. Müller (Künast n.e.) - D. Seidenberg, Benda - Lüdemann, J. Mayr - Smazal, Goldmann - C. Schubert, Renz - Ehrhoff - J. Rumrich (C), MacKay, Greilinger - Felski, Soccio, Kathan - Daffner, Mondt, Kreutzer - Loth, Hynes, Brännström
T: 1:1 (10:34) Benda (J. Rumrich) - 2:1 (12:49) Greilinger (MacKay) - 3:1 (17:29) Benda (D. Seidenberg, J. Rumrich)
S: Kreutzer 5+20 (Spieldauer), Ehrhoff 6, Felski 2, D. Seidenberg 2, J. Mayr 2, Kathan 2

65. Weltmeisterschaft 2001

Die deutsche Mannschaft belegte in ihrer Vorrundengruppe den 2. Platz und kam damit in die Zwischenrunde. Hier wurde der 4. Platz belegt und das Viertelfinale erreicht.

VORRUNDE - GRUPPE A

995. - 28.04.2001 SUI - GER 1:3 (0:1, 1:0, 0:2)
Köln, Kölnarena; Z: 18.500; SR: Šindler (CZE); LR: Neuwirth (AUT), Popovic (SUI)
Künast (Ro. Müller n.e.) - Benda, D. Seidenberg - J. Mayr, Lüdemann - Smazal, Molling - Renz, Goldmann - Greilinger, MacKay, J. Rumrich (C) - Kathan, Soccio, M. Sturm (San Jose Sharks) - Kreutzer, T. Abstreiter, Daffner - M. Goc, Hynes, Loth
T: 0:1 (18:04) M. Sturm (---) / 1:2 (57:21) Kathan (Lüdemann) - 1:3 (58:04) Kreutzer (---)
S: Loth 4, MacKay 2, J. Rumrich 2, M. Goc 2, Hynes 2, Benda 2
Benda absolvierte als fünfundfünfzigster Spieler sein 100. Länderspiel.

996. - 29.04.2001 CZE - GER 2:2 (1:1, 1:1, 0:0)
Köln, Kölnarena; Z: 15.539; SR: Wright (CAN); LR: Neuwirth (AUT), Popovic (SUI)
Ro. Müller (Künast n.e.) - J. Mayr, Lüdemann - Smazal, Molling - Renz, Goldmann - D. Seidenberg - Benda, M. Goc, J. Rumrich (C) - Kathan, Soccio, M. Sturm - Kreutzer, T. Abstreiter, Daffner - Greilinger, Hynes, Loth
T: 1:1 (11:49) M. Sturm (Benda, Kathan) / 1:2 (26:07) Kreutzer (T. Abstreiter, Daffner)
S: T. Abstreiter 4, Goldmann 2, M. Sturm 2, Renz 2

997. - 02.05.2001 GER - BLR 0:2 (0:1, 0:1, 0:0)
Hannover, Preussag Arena; Z: 10.513; SR: Kurmann (SUI); LR: Lauff (SVK), Odiņš (LAT)
Künast (Ro. Müller n.e.) - D. Seidenberg, J. Mayr - Lüdemann, Goldmann - Smazal, Molling - Renz - Benda, M. Goc, J. Rumrich (C) - Kathan, Soccio, M. Sturm - Kreutzer, T. Abstreiter, Daffner - Greilinger, Hynes, Loth
S: Greilinger 2, Hynes 2, Daffner 2, Renz 2, D. Seidenberg 2, Soccio 2

ZWISCHENRUNDE - GRUPPE E

998. - 04.05.2001 GER - ITA 1:3 (0:1, 0:1, 1:1)
Hannover, Preussag Arena; Z: 7.821; SR: Dell (USA); LR: Garofalo (USA), Popovic (SUI)
Ro. Müller (59:06 out; Künast n.e.) - Lüdemann, D. Seidenberg - J. Mayr, Smazal - Molling, Renz - Goldmann - Benda, M. Goc, J. Rumrich (C) - Kathan, Soccio, M. Sturm - Kreutzer, T. Abstreiter, Daffner - Loth, Hynes, Greilinger
T: 1:2 (45:22) Daffner (M. Sturm, Ro. Müller)
S: M. Sturm 8, Daffner 2, Lüdemann 2, Hynes 2

999. - 05.05.2001 CAN - GER 3:3 (0:1, 0:1, 3:1)
Hannover, Preussag Arena; Z: 10.513; SR: Rådbjer (SWE); LR: Norrman (SWE), Popovic (SUI)
Künast (Ro. Müller n.e.) - J. Mayr, Lüdemann - Goldmann, D. Seidenberg - Molling, Renz - Smazal - Benda, Hynes, J. Rumrich (C) - Kreutzer, M. Sturm, Daffner - Loth, T. Abstreiter, Kathan - M. Goc, Soccio, Greilinger
T: 0:1 (13:11) Hynes (D. Seidenberg, Soccio) / 0:2 (23:42) Hynes (---) / 2:3 (51:36) M. Sturm (Kreutzer, Daffner)
S: M. Sturm 2+2+10 (Disziplinarstrafe), Loth 4, Kreutzer 2, Hynes 2, Molling 2, T. Abstreiter 2, Renz 2

1000'. - 08.05.2001 RUS - GER 3:1 (0:0, 1:1, 2:0)
Hannover, Preussag Arena; Z: 9.068; SR: Mihálik (SVK); LR: Popovic (SUI), Peltonen (FIN)
Ro. Müller (Künast n.e.) - J. Mayr, Smazal - Molling, Renz, Goldmann - D. Seidenberg - Benda, Hynes, J. Rumrich (C) - Kreutzer, M. Sturm, Daffner - Loth, T. Abstreiter, Kathan - M. Goc, Soccio, Greilinger
T: 1:1 (38:15) M. Sturm (Kreutzer, Daffner)
S: J. Mayr 2, Renz 2, Soccio 2, Benda 2, Loth 2, Goldmann 2

VIERTELFINALE

1001. - 10.05.2001 FIN - GER 4:1 (1:0, 2:0, 1:1)
Köln, Kölnarena; Z: 18.514; SR: Šindler (CZE); LR: Blümel (CZE), Lauff (SVK)
Künast (Ro. Müller n.e.) - D. Seidenberg C. Schubert - J. Mayr, Lüdemann - Smazal, Molling - Renz, Goldmann - Benda, Hynes, J. Rumrich (C) - Kreutzer, M. Sturm, Daffner - Loth, Kathan, T. Abstreiter - M. Goc, Soccio, Felski
T: 4:1 (57:36) Loth (T. Abstreiter, Kathan)
S: Smazal 2, Goldmann 2, Soccio 2, Kreutzer 2, M. Sturm 2

2001/02

Poisťovňa Tatra Cup
Die deutsche Mannschaft belegte Platz 3.

1002'. - 30.08.2001 FRA - GER 2:1 (1:1, 1:0, 0:0)
Piešťany, Zimný štadión; Z: 750; SR: Rejthar (CZE); LR: Mášik (SVK), Novák (SVK)
Seliger (Nürnberg Ice Tigers, 59:03 out; L. Wild (ESC Moskitos Essen) n.e.) - Renz (Kölner Haie), D. Seidenberg (Adler Mannheim) - Goldmann (ESC Moskitos Essen), F. Appel (ESC Moskitos Essen) - N. Pyka (Eisbären Berlin), Klenner (Revierlöwen Oberhausen) - **Alexander Dück** (Schwenninger Wild Wings), **Christian Schönmoser** (Nürnberg Ice Tigers) - Loth (C - Kassel Huskies), M. Goc (Schwenninger Wild Wings), Kathan (Kassel Huskies) - Lewandowski (Eisbären Berlin), M. Reichel (Nürnberg Ice Tigers), B. Blank (Eisbären Berlin) - Mondt (Düsseldorfer EG), Dolak (München Barons), Kreutzer (Kassel Huskies) - **Philip Schumacher** (Frankfurt Lions), T. Boos (Kölner Haie), Kofler (Iserlohn Roosters)
T: 1:1 (11:28) M. Reichel (Lewandowski, B. Blank)
S: Schönmoser 2, Mondt 2, N. Pyka 2, Schumacher 2, Loth 2, M. Reichel 2, Lewandowski 2, Kathan 2, Teamstrafe 2

1003'. - 31.08.2001 GER - SLO 1:1 (1:0, 0:0, 0:1)
Piešťany, Zimný štadión; Z: 835; SR: Konc (SVK); LR: Mášik (SVK), Novák (SVK)
L. Wild (Ro. Müller (Adler Mannheim) n.e.) - Renz, D. Seidenberg - Goldmann, F. Appel - N. Pyka, Klenner - Dück, Schönmoser - Loth (C), M. Goc, Kathan - Lewandowski, M. Reichel, B. Blank - Mondt, Dolak, Kreutzer - Schumacher, T. Boos, Kofler
T: 1:0 (07:40) Schumacher (Dolak)
S: Schönmoser 4, Goldmann 2, Kreutzer 2

1004'. - 01.09.2001 SVK - GER 4:0 (0:0, 3:0, 1:0)
Piešťany, Zimný štadión; Z: 2.900; SR: Rejthar (CZE); LR: Popovič (SVK), Čavojský (SVK)
Ro. Müller (Seliger n.e.) - Renz, D. Seidenberg - Goldmann, N. Pyka - F. Appel, Klenner - Dück, Schönmoser - Loth (C), M. Goc, Kathan - Lewandowski, M. Reichel, B. Blank - Mondt, Dolak, Kreutzer - Schumacher, T. Boos, Kofler
S: Lewandowski 2+5+20 (Spieldauer), Kofler 4, D. Seidenberg 2, Klenner 2, Schönmoser 2, Renz 2, Dück 2, N. Pyka 2

1005'. - 07.11.2001 GER - SVK 3:4 (2:2, 1:0, 0:2)
Landshut, Städtische Eissporthalle; Z: 1.327; SR: Kurmann (SUI); LR: Piechaczek (GER), Ruß (GER)
Seliger (ab 29:05 Künast (München Barons); 59:26 out) - Molling (Kassel Huskies), J. Mayr (Kölner Haie) - Smazal (München Barons), C. Schubert (München Barons) - Köppchen (München Barons), Renz - Goldmann, D. Seidenberg - **Vitalij Aab** (Nürnberg Ice Tigers), Hynes (Adler Mannheim), Loth - **Eric Dylla** (Augsburger Panther), M. Reichel, Kreutzer - Lewandowski, Daffner (Kassel Huskies), Kathan - Brännström (Adler Mannheim), **Andreas Morczinietz** (Augsburger Panther), MacKay (C - Schwenninger Wild Wings)
T: 1:0 (01:18) Kathan (Brännström, Goldmann) / 2:0 (01:52) Daffner (M. Reichel) / 3:2 (32:58) Renz (---)
S: C. Schubert 4, Smazal 2, Köppchen 2, Daffner 2

12. Deutschland-Cup 2001
Die deutsche Mannschaft belegte Platz 3.

1006. - 09.11.2001 GER - CAN (B) 3:2 (1:0, 1:1, 1:1)
Hannover, Preussag-Arena; Z: 6.238; SR: Kurmann (SUI); LR: Lenhart (GER), Schornik (GER)
Ro. Müller (Künast n.e.) - J. Mayr, Ehrhoff (Krefeld Pinguine) - Goldmann, Kunce (Krefeld Pinguine) - Molling, Smazal - Renz, D. Seidenberg - M. Reichel, MacKay (C), Aab - Kathan, Soccio (Hannover Scorpions), Morczinietz - Kreutzer, Hock (Revierlöwen Oberhausen), Daffner - Loth, Hynes, Dylla
T: 1:0 (15:21) Daffner (Kreutzer, Hock) / 2:1 (25:30) Aab (MacKay, Dylla) / 3:1 (46:32) Kreutzer (Daffner, Hock)
S: Ehrhoff 4, Daffner 4, Kathan 2, Dylla 2

1007. - 10.11.2001 GER - SVK 0:2 (0:0, 0:1, 0:1)
Hannover, Preussag-Arena; Z: 4.268; SR: Kurmann (SUI); LR: Gemeinhardt (GER), Piechaczek (GER)
Künast (57:12 out; Seliger n.e.) - Köppchen, C. Schubert - Ehrhoff, Kunce - Molling, Smazal - Renz, D. Seidenberg - M. Reichel, MacKay (C), Aab - Kathan, Soccio, Brännström - Kreutzer, Hock, Daffner - Lewandowski, Hynes, Loth
S: D. Seidenberg 2+5+20 (Spieldauer), Köppchen 2+10 (Disziplinarstrafe), Aab 2, Kathan 2, MacKay 2, Künast 2

1008. - 11.11.2001 GER - SUI 1:2 (1:0, 0:1, 0:0, 0:1) OT (5 min.) und PS
Hannover, Preussag-Arena; Z: 3.275; SR: Rådbjer (SWE); LR: Gemeinhardt (GER), Piechaczek (GER)
Seliger (59:56-60:00 out; Ro. Müller n.e.) - Goldmann, C. Schubert - Ehrhoff, Kunce - Molling, Smazal - D. Seidenberg - Aab, M. Reichel, Lewandowski - Brännström, Soccio, Morczinietz - Kreutzer, Hock, Daffner - Dylla, Hynes, Loth (C) - Kathan
T: 1:0 (14:37) Soccio (Hynes, Ehrhoff)
PS: 0:1 SUI - 0:1 Kathan (verschießt) - 0:1 SUI (verschießt) - 0:1 Daffner (verschießt) - 0:1 SUI (verschießt) - 0:1 Soccio (verschießt) - 0:1 SUI (verschießt) - 1:1 Hock - 1:1 SUI (verschießt) - 1:1 Kreutzer (verschießt) - 2. Runde: 1:1 Hock (verschießt) - 1:2 SUI
S: Kreutzer 2, Kunce 2, Molling 2, Loth 2, Aab 2, Morczinietz 2

1009'. - 04.02.2002 GER - UKR 3:1 (0:0, 1:1, 2:0)
West Valley City, E Center; Z: 500; SR: ?; LR: ?, ?*
* auf unserer Kopie des Spielberichts fehlt die Zeile mit den Offiziellen
Seliger (Ro. Müller n.e.) - J. Mayr, Renz - C. Schubert, Ehrhoff - D. Seidenberg, Goldmann - Benda (Ak Bars Kazan), M. Goc - Hynes, Loth, J. Rumrich (C - Nürnberg Ice Tigers) - Kreutzer, Soccio, Kathan - MacKay, T. Abstreiter (Kassel Huskies), Morczinietz - M. Reichel, Ustorf (Adler Mannheim)
T: 1:0 (22:09) M. Goc (---) / 2:1 (41:21) Kathan (Morczinietz) - 3:1 (49:26) Renz (Hynes, Soccio)
S: Ustorf 6, M. Reichel 2, Soccio 2

1010. - 06.02.2002 GER - FRA 3:3 (1:0, 0:2, 2:1)
West Valley City, E Center; Z: ?; SR: ?; LR: ?, ?
Künast (Ro. Müller n.e.) - J. Mayr, Goldmann - Ehrhoff, Kunce - Benda, C. Schubert - Renz, D. Seidenberg - J. Rumrich (C), Ustorf, M. Reichel - Kathan, Soccio, Morczinietz - Kreutzer, T. Abstreiter, M. Goc - Loth, Hynes, MacKay
T: 1:0 (16:34) Benda (Soccio, D. Seidenberg) / 2:2 (41:51) Soccio (Kathan, Kunce) - 3:3 (59:03) T. Abstreiter (M. Goc)
S: Hynes 8, Kathan 4, Ustorf 2, Soccio 2, M. Reichel 2, Morczinietz 2

19. Olympische Winterspiele 2002 - Eishockeyturnier

Die deutsche Mannschaft belegte in ihrer Vorrundengruppe den 1. Platz und qualifizierte sich für die Finalrunde. Mit dem 4. Platz In ihrer Finalgruppe zog das Team ins Viertelfinale ein.

VORRUNDE - GRUPPE A

1011'. - 09.02.2002 SVK - GER 0:3 (0:0, 0:2, 0:1)
West Valley City, E Center; Z: 8.504; SR: Acheson (CAN); LR: Garofalo (USA), Kulakov (RUS)
Seliger (Künast n.e.) - J. Mayr, Goldmann - Ehrhoff, Kunce - Renz, D. Seidenberg - C. Schubert, Benda - J. Rumrich (C), Ustorf, M. Reichel - Soccio, Kathan, Morczinietz - Hynes, Loth, MacKay - M. Sturm (San Jose Sharks), T. Abstreiter, Kreutzer
T: 0:1 (20:30) J. Rumrich (---) - 0:2 (27:03) Benda (MacKay, Soccio) / 0:3 (59:07) Kathan (D. Seidenberg)
S: Soccio 2, C. Schubert 2, Ehrhoff 2, Renz 2, Kunce 2

1012'. - 10.02.2002 AUT - GER 2:3 (0:2, 2:0, 0:1)
Provo, Peaks Ice Arena; Z: 6.444; SR: Hansen (USA); LR: Hämäläinen (FIN), Norrman (SWE)
Seliger (Künast n.e.) - C. Schubert, Goldmann - Ehrhoff, Kunce - Renz, D. Seidenberg - J. Rumrich (C), Ustorf, Benda - Soccio, Kathan, Morczinietz - M. Reichel, Kreutzer, T. Abstreiter - Hynes, Loth, MacKay
T: 0:1 (01:21) Kathan (Soccio, Kunce) - 0:2 (19:14) Soccio (Kathan, Morczinietz) / 2:3 (58:46) Loth (MacKay)
S: Kunce 4, C. Schubert 4, Ehrhoff 2, D. Seidenberg 2

1013'. - 12.02.2002 GER - LAT 4:1 (2:1, 2:0, 0:0)
Provo, Peaks Ice Arena; Z: 6.574; SR: Savolainen (FIN); LR: Bruun (FIN), Norrman (SWE)
Seliger (Künast n.e.) - C. Schubert, Goldmann - Ehrhoff, Kunce - Renz, D. Seidenberg - J. Rumrich (C), Ustorf, Benda - Soccio, Kathan, Morczinietz - M. Reichel, Kreutzer, T. Abstreiter - Hynes, Loth, MacKay
T: 1:0 (02:21) M. Reichel (T. Abstreiter) - 2:0 (04:07) Soccio (Kathan, Morczinietz) / 3:1 (22:56) Ustorf (---) - 4:1 (33:57) Kathan (Soccio)
S: Kunce 4, D. Seidenberg 2, Hynes 2, MacKay 2

FINALRUNDE - GRUPPE C

1014'. - 15.02.2002 CZE - GER 8:2 (3:0, 3:1, 2:1)
Provo, Peaks Ice Arena; Z: 6.303; SR: Acheson (CAN); LR: Hämäläinen (FIN), Morin (CAN)
Künast (ab 29:33 Seliger) - C. Schubert, Goldmann - Ehrhoff, Kunce - Renz, D. Seidenberg - Lüdemann (Kölner Haie), Benda - Hecht (Edmonton Oilers), J. Rumrich (C), Ustorf - M. Sturm, Soccio, Kathan - Hynes, Loth, MacKay - M. Reichel, Kreutzer, T. Abstreiter
T: 4:1 (28:49) Soccio (M. Sturm) / 6:2 (47:46) Ustorf (Hecht)
S: Soccio 4, Goldmann 2, Renz 2, Benda 2

1015'. - 17.02.2002 CAN - GER 3:2 (0:0, 3:0, 0:2)
Provo, Peaks Ice Arena; Z: 6.425; SR: McCreary (CAN); LR: Nowak (USA), Norrman (SWE)
Seliger (59:56 out; Künast n.e.) - C. Schubert, Goldmann - Ehrhoff, Kunce - Renz, D. Seidenberg - Lüdemann, Benda - Hecht, J. Rumrich (C), Ustorf - M. Reichel, Kreutzer, T. Abstreiter - Hynes, Loth, MacKay - M. Sturm, Soccio, Kathan
T: 3:1 (47:36) Loth (MacKay, Lüdemann) - 3:2 (53:51) Hecht (C. Schubert, T. Abstreiter)
S: Kunce 5+20 (Spieldauer), Ehrhoff 2
Lüdemann absolvierte als sechsundfünfzigster Spieler sein 100. Länderspiel.

1016'. - 18.02.2002 GER - SWE 1:7 (0:3, 0:3, 1:1)
Provo, Peaks Ice Arena; Z: 6.348; SR: Savolainen (FIN); LR: Nowak (USA), Lauff (SVK)
Künast (ab 09:59 Ro. Müller) - C. Schubert, Goldmann - Ehrhoff, Kunce - Renz, D. Seidenberg - Lüdemann, Benda - Hecht, J. Rumrich (C), Ustorf - M. Reichel, Kreutzer, T. Abstreiter - Hynes, Loth, MacKay - M. Sturm, Soccio, Kathan
T: 1:7 (58:01) D. Seidenberg (Ustorf)
S: Hynes 4, Renz 4, Ustorf 2, Soccio 2, Ehrhoff 2, Kunce 2
Goldmann absolvierte als siebenundfünfzigster Spieler sein 100. Länderspiel.

VIERTELFINALE
1017'. - 20.02.2002 USA - GER 5:0 (1:0, 4:0, 0:0)
West Valley City, E Center; Z: 8.599; SR: Rådbjer (SWE); LR: Morin (CAN), Nansen (CAN)
Seliger (ab 31:48 Ro. Müller) - C. Schubert, Goldmann - Ehrhoff, Kunce - Renz, D. Seidenberg - Lüdemann, Benda - Hecht, J. Rumrich (C), Ustorf - M. Reichel, Kreutzer, T. Abstreiter - Hynes, Loth, MacKay - M. Sturm, Soccio, Kathan
S: Goldmann 5+20 (Spieldauer), Kunce 6, Hecht 2

1018'. - 10.04.2002 GER - FRA 3:1 (1:0, 0:1, 2:0)
Freiburg, Franz-Siegel-Halle; Z: 3.100; SR: Šindler (CZE); LR: Russ (GER), Piechaczek (GER)
Seliger (**Dimitrij Kotschnew** (Iserlohn Roosters) n.e.; **Markus Janka** (Schwenninger Wild Wings) n.e.) - Molling,
N. Pyka - Kunce, Ehrhoff - Goldmann, F. Appel - Brüggemann (ESC Moskitos Essen), Schönmoser - J. Rumrich
(C), M. Reichel, Greilinger (Nürnberg Ice Tigers) - Morczinietz, Soccio, **David Sulkovsky** (Nürnberg Ice Tigers)
- Lewandowski, Mondt, B. Blank - Aab, **Tomas Martinec** (Iserlohn Roosters), **Robert Francz** (Frankfurt Lions)
T: 1:0 (01:39) B. Blank (Lewandowski) / 2:1 (50:34) Sulkovsky (Lewandowski) - 3:1 (59:06) Mondt (Aab,
Lewandowski)
S: Mondt 2, Ehrhoff 2, Sulkovsky 2, Francz 2

1019'. - 11.04.2002 GER - FRA 5:2 (1:0, 1:2, 3:0)
*Schwenningen, Eisstadion am Bauchenberg; Z: 3.200; SR: Šindler (CZE); LR: Piechaczek (GER), Hatz
(GER)*
Janka {ab 29:11 Kotschnew) - Molling, N. Pyka - Kunce, Ehrhoff - Goldmann, F. Appel - Brüggemann,
Schönmoser - Aab, M. Reichel, Sulkovsky - Morczinietz, Soccio, Kathan - Kreutzer, T. Abstreiter (C), Martinec -
Francz, Mondt, B. Blank
T: 1:0 (15:45) Kreutzer (T. Abstreiter) / 2:1 (29:00) Goldmann (T. Abstreiter, Kreutzer) / 3:2 (41:33) Morczinietz
(Soccio) - 4:2 (50:19) Kreutzer (T. Abstreiter) - 5:2 (54:14) Goldmann (T. Abstreiter)
S: Francz 2+5, Ehrhoff 2, Brüggemann 2, B. Blank 2, Goldmann 2, Martinec 2

1020'. - 13.04.2002 GER - AUT 4:1 (2:0, 0:1, 2:0)
*Rosenheim, Städtisches Kathrein-Stadion; Z: 5.500; SR: Mihálik (SVK); LR: Holzmann (GER), Reichert
(GER)*
Seliger (ab 40:01 Janka) - N. Pyka, Köppchen - Kunce, Ehrhoff - Goldmann, F. Appel - Schönmoser, Molling -
J. Rumrich (C), M. Reichel, Sulkovsky - Morczinietz, Soccio (ab 25. Martinec), Kathan - Francz, T. Abstreiter,
Kreutzer - Lewandowski, Mondt, B. Blank
T: 1:0 (03:24) Morczinietz (Kathan, Soccio) - 2:0 (19:15) Lewandowski (Mondt) / 3:1 (46:58) J. Rumrich (---) -
4:1 (59:09) Martinec (Kreutzer)
S: B. Blank 4, Francz 2, T. Abstreiter 2

1021. - 16.04.2002 LAT - GER 3:1 (1:0, 1:0, 1:1)
Rīga, Rīgas Sporta pils; Z: 4.000; SR: Saarinen (FIN); LR: Berzins (LAT), Sags (LAT)
Seliger (59:10 out; Janka n.e.) - N. Pyka, Köppchen - Kunce, Ehrhoff - Goldmann, F. Appel - Schönmoser,
Molling - J. Rumrich (C), M. Reichel, Sulkovsky - Morczinietz, Soccio, Kathan - Kreutzer, T. Abstreiter, Loth -
Lewandowski, B. Blank, Francz - Martinec
T: 2:1 (55:16) Kreutzer (Schönmoser)
S: F. Appel 2, Goldmann 2, N. Pyka 2, B. Blank 2

1022. - 17.04.2002 LAT - GER 2:2 (0:0, 1:2, 1:0)
Rīga, Rīgas Sporta pils; Z: 4.000; SR: Saarinen (FIN); LR: Berzins (LAT), Odiņš (LAT)
Janka (Seliger n.e.) - N. Pyka, Köppchen - J. Rumrich (C), Ehrhoff - Goldmann, F. Appel - Schönmoser, Molling
- Martinec, M. Reichel, Sulkovsky - Morczinietz, Soccio, Kathan - Kreutzer, T. Abstreiter, Loth - Lewandowski,
B. Blank, Francz
T: 0:1 (32:33) Kathan (Penalty) - 0:2 (33:40) Francz (T. Abstreiter)
S: M. Reichel 2, Goldmann 2, Kathan 2, Schönmoser 2, Sulkovsky 2, Francz 2

1023. - 20.04.2002 GER - CZE 2:4 (1:2, 0:1, 1:1)
Nürnberg, Arena; Z: 6.158; SR: Pakaslahti (FIN); LR: Heffler (GER), Neubert (GER)
Seliger (Janka n.e.) - C. Schubert, Köppchen - Benda, Ehrhoff - N. Pyka, F. Appel - Goldmann, Molling -
Schönmoser - J. Rumrich (C), M. Reichel, Sulkovsky - Morczinietz, Soccio, Kathan - Kreutzer, T. Abstreiter, Loth
- Lewandowski, B. Blank, Francz - Martinec
T: 1:2 (18:56) Kreutzer (T. Abstreiter) / 2:4 (57:16) Kreutzer (Loth)
S: Köppchen 2, B. Blank 2, Francz 2

1024. - 23.04.2002 GER - USA 5:3 (3:1, 0:0, 2:2)
Köln, Kölnarena; Z: 18.543; SR: Kurmann (SUI); LR: Franz (GER), Gemeinhardt (GER)
Seliger (ab 34:05 Ro. Müller) - Köppchen, C. Schubert - Benda, Ehrhoff - Goldmann, Molling - Renz, D.
Seidenberg - J. Rumrich (C), Ustorf, M. Reichel - Morczinietz, Soccio, Kathan - Kreutzer, T. Abstreiter, Loth -
Lewandowski, Hynes, B. Blank - Sulkovsky
T: 1:0 (10:12) Lewandowski (B. Blank, Hynes) - 2:1 (17:23) J. Rumrich (Ustorf, M. Reichel) - 3:1 (17:54) Kathan
(Soccio, Morczinietz) / 4:3 (54:55) Kathan (Benda, Morczinietz) - 5:3 (56:07) T. Abstreiter (Kreutzer)
S: Benda 2, Goldmann 2, Köppchen 2, Hynes 2, B. Blank 2

66. Weltmeisterschaft 2002

Die deutsche Mannschaft belegte in ihrer Vorrundengruppe den 2. Platz und kam damit in die Zwischenrunde. Hier wurde der 4. Platz belegt und das Viertelfinale erreicht.

VORRUNDE - GRUPPE A

1025. - 26.04.2002 GER - JPN 9:2 (2:0, 5:2, 2:0)
Jönköping, Kinnarps Arena; Z: 2.374; SR: Lärking (SWE); LR: Biryukov (RUS), Popovič (SVK)
Seliger (Ro. Müller n.e.) - Köppchen, C. Schubert - Ehrhoff, Benda - Goldmann, Molling - D. Seidenberg, Renz - J. Rumrich (C), Ustorf, M. Reichel - Morczinietz, Soccio, Kathan - Loth, T. Abstreiter, Kreutzer - Lewandowski, Hynes, B. Blank
T: 1:0 (04:36) Morczinietz (Soccio, Ehrhoff) - 2:0 (08:03) D. Seidenberg (T. Abstreiter, Kreutzer) / 3:0 (22:54) B. Blank (Lewandowski, Hynes) - 4:0 (23:54) Ustorf (---) - 5:2 (31:13) Soccio (Benda, Morczinietz) - 6:2 (31:47) B. Blank (---) - 7:2 (37:14) Kathan (M. Reichel, Benda) / 8:2 (48:42) Morczinietz (Benda) - 9:2 (52:37) Kathan (Soccio, Ehrhoff)
S: C. Schubert 2, D. Seidenberg 2, J. Rumrich 2, Ustorf 2, Morczinietz 2, Soccio 2, T. Abstreiter 2

1026. - 28.04.2002 GER - SUI 3:0 (1:0, 1:0, 1:0)
Jönköping, Kinnarps Arena; Z: 3.148; SR: Lepaus (FIN); LR: Popovič (SVK), Staniforth (GBR)
Seliger (Ro. Müller n.e.) - Köppchen, C. Schubert - Ehrhoff, Benda - Goldmann, Molling - D. Seidenberg, Renz - J. Rumrich (C), Ustorf, M. Reichel - Morczinietz, Soccio, Kathan - Loth, T. Abstreiter, Kreutzer - Lewandowski, Hynes, B. Blank
T: 1:0 (09:30) Kreutzer (D. Seidenberg, Ustorf) / 2:0 (20:22) Ustorf (Kreutzer) / 3:0 (40:26) J. Rumrich (---)
S: Soccio 5+20 (Spieldauer), Kathan 4, Goldmann 2, Lewandowski 2, D. Seidenberg 2, Teamstrafe 2

1027. - 29.04.2002 CZE - GER 7:5 (2:1, 2:2, 3:2)
Jönköping, Kinnarps Arena; Z: 4.732; SR: Hutchinson (CAN); LR: Biryukov (RUS), Staniforth (GBR)
Ro. Müller (59:08-59:42 out; Janka n.e.) - C. Schubert, Köppchen - Ehrhoff, Benda - Goldmann, Molling - D. Seidenberg, Renz - J. Rumrich (C), Ustorf, M. Reichel - Morczinietz, Soccio, Kathan - Loth, T. Abstreiter, Kreutzer - B. Blank, Hynes, Lewandowski
T: 0:1 (08:03) Goldmann (Molling, Loth) / 3:2 (37:36) C. Schubert (T. Abstreiter, Ustorf) - 3:3 (37:58) Socio (Kathan, Benda) / 5:4 (49:54) Ehrhoff (Kathan, Morczinietz) - 6:5 (59:07) Hynes (D. Seidenberg, Benda)
S: C. Schubert 6, Ehrhoff 2, Ustorf 2, Kreutzer 2

ZWISCHENRUNDE - GRUPPE E

1028. - 02.05.2002 CAN - GER 3:1 (1:1, 1:0, 1:0)
Karlstad, Löfbergs Lila Arena; Z: 3.370; SR: Mihálik (SVK); LR: Popovič (SVK), Staniforth (GBR)
Seliger (Ro. Müller n.e.) - C. Schubert, Köppchen - Ehrhoff, Molling - D. Seidenberg, Renz - Goldmann - J. Rumrich (C), Ustorf, Kreutzer - Morczinietz, Soccio, Kathan - Loth, Hynes, Benda - B. Blank, M. Reichel, Lewandowski
T: 1:1 (12:30) Hynes (Loth, Benda)
S: Kreutzer 5+20 (Spieldauers), Renz 2, Soccio 2
Molling absolvierte als achtundfünfzigster Spieler sein 100. Länderspiel.

1029. - 03.05.2002 GER - LAT 3:2 (1:1, 0:1, 2:0)
Karlstad, Löfbergs Lila Arena; Z: 4.278; SR: Lepaus (FIN); LR: Makarov (RUS), Biryukov (RUS)
Seliger (Ro. Müller n.e.) - C. Schubert, Köppchen - D. Seidenberg, Ehrhoff - Goldmann, Molling - Renz - J. Rumrich (C), Ustorf, Kreutzer - Morczinietz, Soccio, Kathan - Loth, Hynes, Benda - B. Blank, M. Reichel, Lewandowski
T: 1:1 (18:02) J. Rumrich (M. Reichel, Ustorf) / 2:2 (53:15) B. Blank (Soccio) - 3:2 (59:27) Hynes (---)
S: Benda 4+10 (Disziplinarstrafe), Morczinietz 2, Soccio 2

1030. - 05.05.2002 USA - GER 2:2 (1:0, 0:1, 1:1)
Karlstad, Löfbergs Lila Arena; Z: 5.619; SR: Karabanov (RUS); LR: Makarov (RUS), Staniforth (GBR)
Ro. Müller (59:13 out; Janka n.e.) - C. Schubert, Köppchen - Benda, Ehrhoff - Goldmann, Molling - Renz, D. Seidenberg - J. Rumrich (C), Ustorf, Kreutzer - Morczinietz, Soccio, Kathan - Loth, M. Reichel, Lewandowski - Hynes, B. Blank
T: 1:1 (26:44) Loth (---) / 1:2 (47:50) Benda (Soccio)
S: Renz 2, D. Seidenberg 2, Loth 2, Teamstrafe 2 (dafür Köppchen auf der Strafbank)

VIERTELFINALE

1031. - 07.05.2002 SWE - GER 6:2 (1:2, 2:0, 3:0)
Göteborg, Scandinavium; Z: 10.064; SR: Karabanov (RUS); LR: Kronborg (NOR), Stricker (SUI)
Seliger (Ro. Müller n.e.) - C. Schubert, Köppchen - Benda, Ehrhoff - Goldmann, Molling - Renz, D. Seidenberg - J. Rumrich (C), Ustorf, Martinec - Morczinietz, Soccio, Kathan - Loth, B. Blank, Kreutzer - Lewandowski, Hynes, Sulkovsky
T: 1:1 (17:35) Ehrhoff (---) - 1:2 (19:59) Soccio (Ehrhoff, Benda)
S: Morczinietz 4, Molling 2, Renz 2, D. Seidenberg 2, Ustorf 2, Ehrhoff 2, Martinec 2

2002/03

2003 - 2018 wurde die Overtime im 4 gegen 4 gespielt.

1032. - 06.11.2002 GER - CAN 3:4 (0:1, 1:1, 2:2)
Köln, Kölnarena; Z: 18.387; SR: Reiber (SUI); LR: Seidel (GER), Kowert (GER)
Ro. Müller (Krefeld Pinguine; ab 20:01 **Dimitri Pätzold** (Adler Mannheim); ab 40:01 **Oliver Jonas** (Eisbären Berlin)) - S. Goc (Adler Mannheim), Ehrhoff (Krefeld Pinguine) - **Stephan Retzer** (Kassel Huskies), Goldmann (ERC Ingolstadt) - Molling (Schwenninger Wild Wings), Smazal (Hamburg Freezers) - Renz (Kölner Haie), Köppchen (Hamburg Freezers) - N. Pyka (Eisbären Berlin) - Felski (Eisbären Berlin), Ustorf (C - Adler Mannheim), Serikow (Kassel Huskies) - Greilinger (Nürnberg Ice Tigers), T. Abstreiter (Kassel Huskies), Morczinietz (Kölner Haie) - Sulkovsky (Hamburg Freezers), Kreutzer (DEG Metro Stars), Loth (Kassel Huskies) - B. Blank (Eisbären Berlin), T. Boos (Kölner Haie), Lewandowski (Kölner Haie)
T: 1:1 (28:26) Sulkovsky (Loth, Kreutzer) / 2:2 (45:30) Morczinietz (Greilinger, Smazal) - 3:2 46:32 Felski (Serikow, S. Goc)
S: S. Retzer 2, Lewandowski 2, Loth 2, Molling 2
S. Retzer war der 500. Spieler mit einem Einsatz in der deutschen Auswahl.

13. Deutschland-Cup 2002
Die deutsche Mannschaft belegte Platz 3.

1033. - 08.11.2002 GER - USA 0:2 (0:1, 0:0, 0:1)
Hannover, Preussag-Arena; Z: 5.348; SR: Reiber (SUI); LR: Prudlo (GER), Schröter (GER)
Ro. Müller (59:55 out; Jonas n.e.) - Goldmann, S. Goc - Köppchen, N. Pyka - Molling, Smazal - Renz, S. Retzer - Felski, Ustorf (C), Serikow - Morczinietz, Soccio (Hannover Scorpions), Greilinger - T. Abstreiter, Kreutzer, Loth - B. Blank, T. Boos, Lewandowski
S: T. Abstreiter 2, Ustorf 2, Goldmann 2

1034. - 09.11.2002 GER - SUI 5:2 (4:2, 1:0, 0:0)
Hannover, Preussag-Arena; Z: 7.235; SR: Rejthar (CZE); LR: Kowert (GER), Zantop (GER)
Jonas (Pätzold n.e.) - Ehrhoff, S. Goc - Köppchen, N. Pyka - Molling, Smazal - Renz, S. Retzer - Felski, Ustorf (C), Serikow - Morczinietz, Soccio, Sulkovsky - T. Abstreiter, Kreutzer, Loth - B. Blank, T. Boos, Lewandowski
T: 1:0 (06:32) Ustorf (Ehrhoff, Serikow) - 2:0 (07:07) Morczinietz (Smazal, Soccio) - 3:0 (07:49) T. Abstreiter (---) - 4:1 (14:11) Lewandowski (---) / 5:2 (26:05) Felski (S. Retzer, Ustorf)
S: Kreutzer 4, Ustorf 2

1035. - 10.11.2002 GER - CAN 0:2 (0:0, 0:1, 0:1)
Hannover, Preussag-Arena; Z: 7.180; SR: Reiber (SUI); LR: Hatz (GER), Velkoski (GER)
Pätzold (Ro. Müller n.e.; Jonas n.e.) - Goldmann, S. Goc - Köppchen, N. Pyka - Molling, Smazal - Renz, S. Retzer - Felski, Ustorf (C), Greilinger - Morczinietz, Soccio, Sulkovsky - T. Abstreiter, Kreutzer, Loth - B. Blank, T. Boos, Lewandowski
S: T. Abstreiter 2, Molling 2, Soccio 2, S. Retzer 2

1036. - 05.02.2003 GER - SLO 2:1 (1:0, 0:0, 1:1)
Garmisch-Partenkirchen, Olympia-Eissport-Zentrum; Z: 3.418; SR: Wohlgenannt (AUT); LR: Hatz (GER), Prudlo (GER)
Ro. Müller (ab 29:30 Jung (DEG Metro Stars)) - Benda (C - Ak Bars Kazan), Lüdemann (Kölner Haie) - S. Retzer, Ehrhoff - S. Goc, **Christian Franz** (Iserlohn Roosters) - Molling (Hamburg Freezer), Smazal - Felski, M. Reichel (Nürnberg Ice Tigers), Aab (Nürnberg Ice Tigers) - T. Abstreiter, Kreutzer, Serikow - **Christian Retzer** (Kassel Huskies), **Jonas Lanier** (Krefeld Pinguine), **Mathias Hart** (DEG Metro Stars) - **Neville Rautert** (ERC Ingolstadt), **Gert Acker** (Landshut Cannibals), **Christian Hommel** (Iserlohn Roosters)
T: 1:0 (01:46) Ehrhoff (S. Retzer, T. Abstreiter) / 2:0 (51:32) M. Reichel (Lüdemann)
S: S. Goc 4, Hommel 4, M. Reichel 2, C. Franz 2

1. Škoda-Cup 2003

Die deutsche Mannschaft belegte Platz 2.

1037. - 07.02.2003 GER - CAN (B) 2:2 (1:1, 1:0, 0:1)
Basel, St. Jakob-Arena; Z: 930; SR: Kurmann (SUI); LR: Wehrli (SUI), Wirth (SUI)
Ro. Müller (Jonas n.e.) - Benda (C), Lüdemann - Ehrhoff, S. Goc - Molling, Smazal - S. Retzer, Renz - Felski, Hynes (Adler Mannheim), Martinec (Adler Mannheim) - Brännström (DEG Metro Stars), M. Goc (Adler Mannheim), Kathan (Adler Mannheim) - Serikow, T. Abstreiter, Kreutzer - Lewandowski, T. Boos, B. Blank
T: 1:0 (07:08) Felski (Hynes) / 2:1 (35:54) Kreutzer (T. Abstreiter, Serikow)
S: T. Abstreiter 4, Serikow 4, Felski 2, Smazal 2, B. Blank 2

1038. - 08.02.2003 SUI - GER 0:3 (0:1, 0:2, 0:0)
Basel, St. Jakob-Arena; Z: 3.578; SR: Polyakov (RUS); LR: Rébillard (SUI), Mauron (SUI)
Jonas (Jung n.e.) - Benda (C), Lüdemann - Ehrhoff, S. Goc - Molling, Smazal - S. Retzer, Renz - Felski, M. Reichel, Aab - Martinec, M. Goc, Kathan - Serikow, T. Abstreiter, Kreutzer - Lewandowski, Hynes, B. Blank
T: 1:0 (19:06) T. Abstreiter (Benda, Serikow) / 2:0 (25:07) Serikow (Kreutzer, T. Abstreiter) - 3:0 (38:15) Ehrhoff (Weitschuss)
S: Benda 2, Kathan 2, S. Goc 2, B. Blank 2

1039. - 09.02.2003 GER - SVK 1:2 (1:1, 0:1, 0:0)
Basel, St. Jakob-Arena; Z: 1.672; SR: Rochette (SUI); LR: Rébillard (SUI), Mauron (SUI)
Ro. Müller (Jonas n.e.) - Benda (C), Lüdemann - Ehrhoff, S. Goc - Molling, Smazal - S. Retzer, Renz - Felski, M. Reichel, Aab - Brännström, M. Goc, Kathan - Serikow, T. Abstreiter, Kreutzer - Lewandowski, Hynes, B. Blank
T: 1:1 (16:27) M. Reichel (Aab)
S: Renz 2+10 (Disziplinarstrafe), Felski 2, Ehrhoff 2, S. Retzer 2, Lewandowski 2

In den Spielen 1040 bis 1044 vertrat Assistenztrainer Ernst Höfner Bundestrainer Zach, da jener noch mit seinem Klub Kölner Haie in den Play-offs der DEL engagiert war.

1040. - 10.04.2003 GER - DEN 6:4 (1:0, 4:2, 1:2)
Iserlohn, Eissporthalle am Seilersee; Z: 2.557; SR: Bergman (NED); LR: Schukies (GER), ? (GER)
Jung (Pätzold n.e.) - Molling, Smazal - Köppchen, S. Retzer - Kopitz (Iserlohn Roosters), C. Franz - S. Goc - Greilinger, M. Reichel, Aab - Hommel, Soccio, Kathan - Kreutzer, T. Abstreiter (C), B. Blank - Rautert, M. Goc, Martinec
T: 1:0 (18:52) M. Goc (Martinec, Rautert) / 2:0 (21:56) Martinec (Rautert, M. Goc) - 3:0 (26:52) Kopitz (---) - 4:0 (27:58) Smazal (Köppchen) - 5:2 (39:53) Kreutzer (Köppchen) / 6:4 (56:58) Soccio (Kathan, Hommel)
S: Hommel 4, Kreutzer 2, Soccio 2, Kopitz 2

1041. - 12.04.2003 GER - DEN 1:2 (1:0, 0:1, 0:1)
Nordhorn, Eissporthalle Grafschaft Bentheim; Z: 2.000; SR: Bergman (NED); LR: van der Waarden (NED), Seidel (GER)
Pätzold (Jung n.e.) - Molling, Smazal - Köppchen, S. Retzer - Kopitz, Benda (C) - C. Franz, S. Goc - Greilinger, M. Reichel, Aab - Hommel, Soccio, Kathan - Kreutzer, T. Abstreiter, B. Blank - Rautert, M. Goc, Martinec
T: 1:0 (09:39) Benda (Greilinger)
S: Hommel 6, Kathan 4, Martinec 2, Kopitz 2

1042. - 16.04.2003 SUI - GER 4:3 (2:0, 2:1, 0:2)
Kloten, Schluefweg; Z: 3.851; SR: Mandioni (SUI); LR: Linke (SUI), Peer (SUI)
Pätzold (Jung n.e.) - Molling, Smazal - Kopitz, Benda (C) - S. Retzer, S. Goc - Köppchen, C. Franz - Greilinger, M. Reichel, Aab - Kathan, Soccio, Felski - Kreutzer, T. Abstreiter, Martinec - B. Blank, M. Goc, Hommel - Rautert
T: 3:1 (29:09) M. Goc (Hommel, B. Blank) / 4:2 (44:13) Rautert (M. Reichel, Smazal) - 4:3 (56:55) Rautert (M. Reichel, Smazal)
S: Smazal 4, C. Franz 4, Felski 2, Kopitz 2, Rautert 2

1043. - 17.04.2003 SUI - GER 3:0 (0:0, 2:0, 1:0)
Davos, Eisstadion; Z: 4.690; SR: Kurmann (SUI); LR: Linke (SUI), Peer (SUI)
Jung (Pätzold n.e.) - Molling, Smazal - Kopitz, Benda (C) - S. Retzer, S. Goc - C. Franz - Kathan, Soccio, Rautert - Kreutzer, T. Abstreiter, Martinec - B. Blank, M. Goc, Hommel - M. Reichel, Aab
S: Benda 5+20 (Spieldauer), Hommel 6, Martinec 4, Kreutzer 4, S. Goc 2, Kopitz 2, Aab 2, S. Retzer 2, C. Franz 2

1044. - 20.04.2003 GER - BLR 1:3 (1:0, 0:2, 0:1)
Hannover, Preussag-Arena; Z: 7.135; SR: Kurmann (SUI); LR: Brodnicki (GER), Zantop (GER)
Jonas (ab 40:01 Jung) - Smazal, Molling - Benda (C), Kopitz - S. Goc, S. Retzer - C. Franz - Martinec, M. Reichel, Aab - Kathan, Soccio, Rautert - Kreutzer, T. Abstreiter, Felski - B. Blank, M. Goc, Hommel
T: 1:0 (15:05) S. Retzer (Kreutzer, Felski)
S: Kopitz 4, Felski 2, B. Blank 2

1045. - 23.04.2003 GER - BLR 1:0 (0:0, 1:0, 0:0)
Berlin, Deutschlandhalle; Z: 3.480; SR: Minář (CZE); LR: Lenhart (GER), Schröter (GER)
Jonas (Jung n.e.) - Smazal, Molling - Benda (C), Kopitz - S. Goc, S. Retzer - Martinec, M. Reichel, Aab - Kathan, Soccio, Hommel - Kreutzer, T. Abstreiter, Felski - B. Blank, M. Goc, Lewandowski
T: 1:0 (20:56) Martinec (M. Reichel, Aab)
S: Aab 2, Kopitz 2, Soccio 2, Felski 2, Smazal 2

67. Weltmeisterschaft 2003

Die deutsche Mannschaft belegte in ihrer Vorrundengruppe den 2. Platz und kam damit in die Zwischenrunde. Hier wurde der 4. Platz belegt und das Viertelfinale erreicht.

VORRUNDE - GRUPPE A

1046'. - 27.04.2003 GER - JPN 5:4 (4:2, 0:0, 1:2)
Helsinki, Hartwall Areena; Z: 10.192; SR: Andersson (SWE); LR: Karlsson (SWE), Makarov (RUS)
Ro. Müller (Jonas n.e.) - S. Goc, Ehrhoff - Lüdemann, Benda (C) - Renz, S. Retzer - Molling, Kunce (Krefeld Piguine) - M. Reichel, M. Goc, Martinec - Kathan, Soccio, Morczinietz - Felski, T. Abstreiter, Kreutzer - Lewandowski, T. Boos, B. Blank
T: 1:0 (00:46) Morczinietz (Soccio, Lüdemann) - 2:0 (04:17) Felski (T. Abstreiter, Kreutzer) - 3:0 (08:34) T. Boos (Lewandowski) - 4:2 (19:45) B. Blank (T. Boos, Lewandowski) / 5:3 (56:57) Felski (M. Goc, Lüdemann)
S: Molling 2, Morczinietz 2, S. Goc 2, Soccio 2, Teamstrafe 2
Kathan absolvierte als neunundfünfzigster Spieler sein 100. Länderspiel.

1047'. - 29.04.2003 GER - UKR 3:1 (0:1, 2:0, 1:0)
Helsinki, Hartwall Areena; Z: 7.596; SR: Dutil (CAN); LR: Karlsson (SWE), Semjonov (EST)
Jonas (Ro. Müller n.e.) - S. Goc, Ehrhoff - Lüdemann, Benda (C) - Renz, S. Retzer - Molling, Kunce - M. Goc, M. Reichel, Martinec - Kathan, Soccio, Morczinietz - Felski, T. Abstreiter, Kreutzer - Lewandowski, T. Boos, B. Blank
T: 1:1 (26:18) Morczinietz (Lüdemann, Soccio) - 2:1 (38:38) M. Reichel (M. Goc) / 3:1 (50:51) M. Goc (Benda) - Kathan verschoss einen Penalty (39:49)
S: T. Abstreiter 2, Kunce 2, Molling 2, Kathan 2, T. Boos 2, S. Goc 2

1048'. - 30.04.2003 SVK - GER 3:1 (0:1, 2:0, 1:0)
Helsinki, Hartwall Areena; Z: 7.594; SR: Andersson (SWE); LR: Hämäläinen (FIN), Karlsson (SWE)
Ro. Müller (Jonas n.e.) - S. Goc, S. Retzer - Lüdemann, Benda (C) - Ehrhoff, Kunce - M. Goc, M. Reichel, Martinec - Kathan, Soccio, Morczinietz - Felski, T. Abstreiter, Kreutzer - Lewandowski, T. Boos, Renz
T: 0:1 (18:47) Soccio (Benda)
S: Morczinietz 2, Lewandowski 2, Renz 2, Benda 2, Ehrhoff 2, S. Goc 2, Lüdemann 2, Soccio 2

ZWISCHENRUNDE - GRUPPE E

1049. - 03.05.2003 GER - AUT 5:1 (2:0, 2:1, 1:0)
Helsinki, Hartwall Areena; Z: 12.510; SR: Looker (USA); LR: Makarov (RUS), Linke (SUI)
Jonas (Ro. Müller n.e.) - Ehrhoff, Kunce - Benda (C), Lüdemann - S. Retzer, S. Goc - Kopitz, Renz - M. Goc, M. Reichel, Martinec - Kathan, Soccio, Morczinietz - Kreutzer, T. Abstreiter, Felski - Hommel, T. Boos, Lewandowski
T: 1:0 (09:58) Soccio (Lüdemann) - 2:0 (12:03) Martinec (---) / 3:0 (24:45) Kunce (Lewandowski, T. Boos) - 4:0 (27:46) T. Abstreiter (S. Retzer, S. Goc) / 5:1 (40:52) Morczinietz (Kathan, M. Reichel)
S: Ehrhoff 2, Soccio 2, Felski 2, Hommel 2

1050. - 04.05.2003 CZE - GER 4:0 (1:0, 1:0, 2:0)
Helsinki, Hartwall Areena; Z: 12.152; SR: Matsuoka (CAN); LR: Karlsson (SWE), Laschowski (CAN)
Ro. Müller (Jung n.e.) - Ehrhoff, Kunce - S. Goc, Lüdemann - S. Retzer, Renz - Kopitz, M. Reichel, Martinec - Morczinietz, M. Goc, Kathan - Kreutzer, T. Abstreiter (C), Felski - Hommel, T. Boos, Lewandowski
S: Felski 2+10 (Disziplinarstrafe), Kreutzer 4, Martinec 4, Morczinietz 2
Kunce absolvierte als sechzigster Spieler sein 100. Länderspiel.

1051. - 06.05.2003 FIN - GER 2:2 (2:1, 0:1, 0:0)
Helsinki, Hartwall Areena; Z: 13.289; SR: Kurmann (SUI); LR: Linke (SUI), Makarov (RUS)
Jonas (Jung n.e.) - Ehrhoff, Kunce - Lüdemann, Benda (C) - S. Retzer, S. Goc - Kopitz, Renz - M. Goc, M. Reichel, Martinec - Morczinietz, Soccio, Kathan - Kreutzer, T. Abstreiter, Felski - Hommel, T. Boos, Lewandowski
T: 0:1 (04:25) Soccio (Morczinietz, Kathan) / 2:2 (22:23) Kreutzer (S. Goc)
S: Ehrhoff 4, Kunce 2, Benda 2, Kopitz 2, Renz 2

VIERTELFINALE

1052. - 07.05.2003 CAN - GER 3:2 (1:0, 1:0, 0:2, 1:0) OT
Turku, Elysée Arena; Z: 5.953; SR: Šindler (CZE); LR: Makarov (RUS), Hämäläinen (FIN)
Ro. Müller (60:37; Jonas n.e.) - Ehrhoff, Kunce - Benda (C), S. Retzer - Renz, S. Goc - M. Goc, M. Reichel, Martinec - Morczinietz, Soccio, Kathan - Kreutzer, T. Abstreiter, Kopitz - Hommel, T. Boos, Lewandowski
T: 2:1 (44:31) Kopitz (S. Retzer) - 2:2 (54:00) Kreutzer (Benda)
S: Kunce 6, Renz 2, Martinec 2, Kathan 2

2003/04

1053. - 05.11.2003 GER - CAN 2:2 (0:1, 1:0, 1:1)
Köln, Kölnarena; Z: 16.187; SR: Kurmann (SUI); LR: ? (GER), ? (GER)
Ro. Müller (Krefeld Pinguine; ab 29:29 Jonas (Eisbären Berlin)) - **Robert Leask** (Eisbären Berlin), Benda (C - Ak Bars Kazan) - Kopitz (Nürnberg Ice Tigers), S. Retzer (Kassel Huskies) - Bakos (Adler Mannheim), Molling (Adler Mannheim) - Renz (Kölner Haie), **Stefan Schauer** (Kölner Haie) - Martinec (Adler Mannheim), Ustorf (Adler Mannheim), Greilinger (Nürnberg Ice Tigers) - Kreutzer (DEG Metro Stars), T. Abstreiter (Kassel Huskies), Serikow (Kassel Huskies) - Kathan (Adler Mannheim), M. Reichel (Frankfurt Lions), Morczinietz (Kölner Haie) - Lewandowski (Kölner Haie), T. Boos (Kölner Haie), B. Blank (Kölner Haie)
T: 1:1 (33:34) S. Retzer (M. Reichel, Kopitz) / 2:2 (45:55) Greilinger (Ustorf)
S: T. Boos 2, Benda 2

14. Deutschland-Cup 2003
Die deutsche Mannschaft belegte Platz 2.

1054. - 07.11.2003 GER - USA 1:2 (0:1, 1:0, 0:0, 0:0, 0:1) OT (5 min.) und PS
Hannover, Preussag-Arena; Z: 3.123; SR: Kurmann (SUI); LR: Schröter (GER), Tondera (GER)
Ro. Müller (Jonas n.e.) - Leask, Benda (C) - Kopitz, S. Retzer - Molling, Köppchen (Hamburg Freezers) - Renz, Schauer - Ustorf, Hynes (Hamburg Freezers), Martinec - Greilinger, M. Reichel, **Sebastian Furchner** (Kölner Haie) - Kreutzer, T. Abstreiter, **Peter Abstreiter** (Hamburg Freezers) - Lewandowski, T. Boos, B. Blank
T: 1:1 (21:51) Kreutzer (Molling, P. Abstreiter)
PS: 0:0 Greilinger (verschießt) - 0:0 USA - 0:0 M. Reichel (verschießt) - 0:1 USA - 0:1 Kreutzer (verschießt)
S: B. Blank 4, M. Reichel 2, Molling 2, P. Abstreiter 2

1055. - 08.11.2003 GER - SUI 4:1 (0:0, 2:0, 2:1)
Hannover, Preussag-Arena; Z: 4.668; SR: Aumüller (GER); LR: Zantop (GER), Zehetleitner (GER)
Jonas (Seliger (Adler Mannheim) n.e.) - Leask, Benda (C) - Kopitz, S. Retzer - Molling, Bakos - Renz, Köppchen - Kathan, Hynes, Martinec - Greilinger, M. Reichel, Morczinietz - Kreutzer, T. Abstreiter, P. Abstreiter - Serikow, Ustorf, Furchner
T: 1:0 (28:25) Serikow (Furchner, Kopitz) - 2:0 (37:15) Serikow (Benda, Hynes) / 3:0 (43:42) Kopitz (Greilinger) - 4:1 (58:58) Kopitz (Hynes)
S: Kopitz 4, T. Abstreiter 2, Ustorf 2, Kathan 2, Renz 2, Köppchen 2

1056. - 09.11.2003 GER - CAN 1:2 (0:1, 0:1, 1:0)
Hannover, Preussag-Arena; Z: 4.627; SR: Oswald (GER); LR: Schröter (GER), Tondera (GER)
Seliger (59:55 out; Ro. Müller n.e.) - Leask, Köppchen - Kopitz, S. Retzer - Molling, Bakos - Renz, Schauer - M. Reichel, Hynes, Greilinger - Kreutzer, T. Abstreiter, Morczinietz - Serikow, Ustorf (C), Furchner - Lewandowski, T. Boos, B. Blank
T: 1:2 (55:02) S. Retzer (Greilinger)
S: Kopitz 2, Lewandowski 2, Furchner 2, Teamstrafe 2

1057. - 04.02.2004 GER - AUT 0:2 (0:1, 0:0, 0:1)
Bad Tölz, Hacker-Pschorr-Arena; Z: 4.000; SR: Trilar (SLO); LR: ? (GER), ? (GER)
Jung (DEG Metro Stars; Seliger n.e.) - S. Goc (Adler Mannheim), S. Retzer - Kopitz, Köppchen - Molling, Smazal (Hamburg Freezers) - **Martin Walter** (Hamburg Freezer), **Daniel Rau** (Augsburger Panther) - Felski (Eisbären Berlin), M. Reichel (C), Greilinger - Kathan, Morczinietz, **Michael Hackert** (Frankfurt Lions) - Kreutzer, T. Abstreiter, **Alexander Barta** (Eisbären Berlin) - Lewandowski, T. Boos, **Christoph Ullmann** (Adler Mannheim)
S: Ullmann 4, Felski 2, Molling 2, Greilinger 2

2. Škoda-Cup 2004

Die deutsche Mannschaft belegte Platz 4.

1058. - 06.02.2004 GER - CAN 0:4 (0:1, 0:3, 0:0)

Basel, St. Jakob-Arena; Z: 633; SR: Mandioni (SUI); LR: Wehrli (SUI), Küng (SUI)
Jonas (ab 30:28 Jung) - S. Goc, Leask - Kopitz, S. Retzer - Smazal, Köppchen - Molling, Walter - **Petr Fical** (Nürnberg Ice Tigers), M. Reichel (C), Greilinger - Mondt (ERC Ingolstadt), Dolak (Hannover Scorpions), Kreutzer - Lewandowski, T. Boos, Hackert - A. Barta, Ullmann, Morczinietz
S: Molling 2, Kopitz 2, Morczinietz 2

1059. - 07.02.2004 SUI - GER 3:2 (0:0, 1:1, 2:1)

Basel, St. Jakob-Arena; Z: 2.401; SR: Šindler (CZE); LR: Wehrli (SUI), Küng (SUI)
Seliger (Jung n.e.) - S. Goc, Leask - Kopitz, S. Retzer - Smazal, Köppchen - D. Rau, Walter - Fical, M. Reichel (C), Greilinger - Morczinietz, T. Abstreiter, Kreutzer - Mondt, Dolak, Kathan - A. Barta, Ullmann, Felski
T: 1:1 (33:32) Felski (Fical) / 1:2 (41:15) Kreutzer (---)
S: M. Reichel 2, Leask 2
T. Abstreiter absolvierte als einundsechzigster Spieler sein 100. Länderspiel.

1060. - 08.02.2004 GER - SVK 1:1 (0:0, 0:0, 1:1)

Basel, St. Jakob-Arena; Z: 1.047; SR: Mandioni (SUI); LR: Wehrli (SUI), Küng (SUI)
Jung (Seliger n.e.) - S. Goc, Leask - Kopitz, Köppchen - Smazal, Molling - D. Rau, Walter - Fical, M. Reichel (C), Greilinger - Mondt, T. Abstreiter, Kreutzer - Lewandowski, T. Boos, Kathan - Hackert, A. Barta, Felski
T: 1:1 (51:10) Kathan (Lewandowski, T. Boos)
S: Köppchen 6, Felski 2, S. Goc 2, Kreutzer 2, Leask 2, Hackert 2

1061. - 01.04.2004 GER - SUI 2:2 (1:0, 1:2, 0:0)

Füssen, BLZ-Arena; Z: 3.700; SR: R.Kowalczyk (AUT); LR: Ruß (GER), Fröschle (GER)
Jung (Ro. Müller n.e.) - Goldmann (Iserlohn Roosters), S. Retzer - Molling, Kunce (Krefeld Pinguine) - Kopitz, **Felix Petermann** (Nürnberg Ice Tigers) - Bakos, Renz - **Alexander Sulzer** (DEG Metros Stars) - Kathan, Ullmann, Martinec - Greilinger, Ustorf (C - Krefeld Pinguine), Morczinietz - Kreutzer, T. Abstreiter, Fical - B. Blank, T. Boos, Lewandowski
T: 1:0 (02:43) Martinec (S. Retzer, Kathan) / 2:1 (34:27) Ullmann (---)
S: Kreutzer 4, Kunce 2, T. Boos 2, Kopitz 2, B. Blank 2

1062. - 03.04.2004 GER - SUI 3:2 (1:1, 0:0, 2:1)

Landshut, Städtische Eissporthalle; Z: 4.632; SR: Homola (CZE); LR: Ruß (GER), Velkoski (GER)
Ro. Müller (Jung n.e.) - Goldmann, S. Retzer - Molling, Kunce - Kopitz, Sulzer - Bakos, Renz - Petermann - Kathan, Ustorf (C), Martinec - Greilinger, Ullmann, Morczinietz - Kreutzer, T. Abstreiter, **Ronny Arendt** (Augsburger Panther) - B. Blank, T. Boos, Lewandowski - Fical
T: 1:1 (09:39) T. Boos (Goldmann) / 2:1 (44:46) Ullmann (Fical) - 3:1 (48:32) Arendt (Kreutzer, T. Abstreiter)
S: Lewandowski 4, B. Blank 4, T. Abstreiter 2, Ustorf 2, Kunce 2, Goldmann 2, Bakos 2, Morczinietz 2, Martinec 2, Arendt 2, Kathan 2
Kreutzer absolvierte als zweiundsechzigster Spieler sein 100. Länderspiel.

1063. - 07.04.2004 SVK - GER 3:1 (1:1, 0:0, 2:0)

Nitra, Aréna; Z: 4.550; SR: Rejthar (CZE); LR: Mášik (SVK), Pavlovič (SVK)
Ro. Müller (58:01 out; Kotschnew (Iserlohn Roosters) n.e.) - Lüdemann (Kölner Haie), S. Retzer - Bakos, Renz - Goldmann, Kunce - Kopitz, Sulzer - Molling - Kreutzer, T. Abstreiter, Kathan - Martinec, Ustorf (C), Greilinger - Morczinietz, T. Boos, Lewandowski - Arendt, Ullmann, B. Blank
T: 0:1 (02:06) Kreutzer (T. Abstreiter)
S: Kreutzer 6, Goldmann 2, Kopitz 2

1064. - 08.04.2004 SVK - GER 2:1 (0:0, 1:0, 1:1)

Piešťany, Zimný štadión; Z: 2.700; SR: Rejthar (CZE); LR: Mášik (SVK), Novák (SVK)
Jung (ab 31. Kotschnew) - S. Retzer, Goldmann - Molling, Kunce - Kopitz, Lüdemann - Bakos, Renz - Sulzer - Fical, Ustorf (C), Martinec - Greilinger, Ullmann, Morczinietz - Kreutzer, T. Abstreiter, Arendt - B. Blank, T. Boos, Lewandowski
T: 1:1 (54:39) Lewandowski (T. Boos, Renz)
S: Bakos 2, B. Blank 2, S. Retzer 2, Arendt 2
Renz absolvierte als dreiundsechzigster Spieler sein 100. Länderspiel.

1065. - 10.04.2004 AUT - GER 0:3 (0:0, 0:1, 0:2)
Wien, Albert-Schultz-Halle; Z: 2.400; SR: Schiffauer (AUT); LR: Benecker (AUT), Mandler (AUT)
Ro. Müller (Jung n.e.) - S. Retzer, Goldmann - Kunce, Molling - Kopitz, Lüdemann - Bakos, Renz - Sulzer - Kathan, Ustorf (C), Martinec - Greilinger, Ullmann, Morczinietz - Kreutzer, T. Abstreiter, Arendt - B. Blank, T. Boos, Lewandowski - Fical
T: 0:1 (36:51) Kathan (Ullmann, Morczinietz) / 0:2 (58:24) Morczinietz (Greilinger) - 0:3 (59:14) Kreutzer (---)
S: T. Boos 2, Kreutzer 2, Lewandowski 2

1066. - 15.04.2004 GER - AUT 2:1 (1:0, 0:0, 1:1)
Ravensburg, Eissporthalle; Z: 3.500; SR: Kurmann (SUI); LR: Tondera (GER), Schröter (GER)
Ro. Müller (Jung n.e.) - Lüdemann, S. Retzer - Goldmann, Benda - Smazal, Kopitz - Kunce, Renz - Martinec, Ustorf (C), Greilinger - Morczinietz, Ullmann, Kathan - Fical, Hecht (Buffalo Sabres), Kreutzer - Lewandowski, T. Boos, B. Blank
T: 1:0 (10:31) Benda (Goldmann) / 2:1 (55:00) Lewandowski (B. Blank, Lüdemann)
S: Benda 2, Renz 2, Martinec 2, Ullmann 2

1067. - 17.04.2004 GER - AUT 3:2 (1:1, 2:0, 0:1)
Heilbronn, Knorr-Arena; Z: 4.000; SR: Jonák (SVK); LR: Tondera (GER), ? (GER)
Kölzig (Washington Capitals; Ro. Müller n.e.) - Lüdemann, S. Retzer - Goldmann, Benda - Smazal, Molling - Kunce, Renz - Kopitz - Martinec, Ustorf (C), Greilinger - Morczinietz, Ullmann, Kathan - Fical, Hecht, Kreutzer - Lewandowski, T. Boos, B. Blank - T. Abstreiter
T: 1:1 (17:58) Martinec (Goldmann, Benda) / 2:1 (26:27) Hecht (Kunce, Kreutzer) - 3:1 (34:28) Greilinger (Lewandowski, Ustorf)
S: T. Abstreiter 2, Lüdemann 2, Benda 2, Hecht 2, Goldmann 2, Renz 2, Martinec 2

1068. - 21.04.2004 GER - USA 0:4 (0:3, 0:0, 0:1)
Nürnberg, Arena; Z: 7.822; SR: Mandioni (SUI); LR: ? (GER), ? (GER)
Kölzig (Jonas n.e.) - Lüdemann, S. Retzer - C. Schubert (Binghamton Senators), Smazal - Molling, Renz - Leask, Benda - Felski, Ustorf (C), Greilinger - Morczinietz, M. Reichel, Kathan - Kreutzer, T. Abstreiter, Hecht - Ullmann, T. Boos, Martinec
S: C. Schubert 6, T. Boos 2, Kreutzer 2, Martinec 2, S. Retzer 2

68. Weltmeisterschaft 2004

Die deutsche Mannschaft belegte in ihrer Vorrundengruppe den 3. Platz und kam damit in die Zwischenrunde. Hier wurde der 5. Platz belegt und das Viertelfinale verfehlt.

VORRUNDE - GRUPPE A

1069'. - 24.04.2004 GER - KAZ 4:2 (0:0, 2:1, 2:1)
Praha, Sazka arena; Z: 14.310; SR: Hansen (NOR); LR: Mášik (SVK), Lešnjak (SLO)
Kölzig (Ro. Müller n.e.) - Lüdemann, S. Retzer - Leask, Benda - Molling, Smazal - Renz, Kunce - Greilinger, Ustorf (C), Martinec - Morczinietz, M. Reichel, Kathan - Kreutzer, T. Abstreiter, Hecht - Lewandowski, T. Boos, B. Blank
T: 1:0 (24:24) Lewandowski (T. Boos) - 2:1 (37:11) Hecht (T. Abstreiter) / 3:2 (53:02) Morczinietz (M. Reichel) - 4:2 (56:13) Benda (Kreutzer)
S: Kreutzer 2, T. Abstreiter 2, Kathan 2, T. Boos 2

1070'. - 26.04.2004 GER - LAT 1:1 (0:1, 1:0, 0:0)
Praha, Sazka arena; Z: 14.150; SR: Lärking (SWE); LR: Kautto (FIN), Mášik (SVK)
Kölzig (Ro. Müller n.e.) - Molling, Lüdemann - Leask, Benda - Renz, Kunce - S. Retzer - Greilinger, M. Reichel, Martinec - Morczinietz, Ustorf (C), Kathan - Kreutzer, T. Abstreiter, Hecht - Lewandowski, T. Boos, B. Blank
T: 1:1 (25:34) Hecht (T. Abstreiter)
S: Leask 4, Molling 2, T. Abstreiter 2

1071'. - 28.04.2004 CZE - GER 5:1 (1:0, 0:1, 4:0)
Praha, Sazka arena; Z: 17.360; SR: Dutil (CAN); LR: Kautto (FIN), Takula (SWE)
Ro. Müller (Kölzig n.e.; Jonas n.e.) - Molling, Lüdemann - Leask, Benda - Renz, Kunce - S. Retzer - Greilinger, M. Reichel, Martinec - Morczinietz, Ustorf (C), Kathan - Kreutzer, T. Abstreiter, Hecht - Lewandowski, T. Boos, B. Blank
T: 1:1 (37:08) Kathan (Morczinietz)
S: Molling 4, Renz 4, Martinec 2, S. Retzer 2, M. Reichel 2, Lüdemann 2, Lewandowski 2, Teamstrafe 2

ZWISCHENRUNDE - GRUPPE E

1072'. - 01.05.2004 AUT - GER 1:3 (0:1, 0:1, 1:1)
Praha, Sazka arena; Z: 12.120; SR: Lärking (SWE); LR: Mášik (SVK), Takula (SWE)
Kölzig (Ro. Müller n.e.) - Molling, Lüdemann - Leask, Benda - Renz, Kunce - S. Retzer - Greilinger, M. Reichel, Martinec - Morczinietz, Ustorf (C), Kathan - Kreutzer, T. Abstreiter, Hecht - Lewandowski, T. Boos, B. Blank - Ullmann
T: 0:1 (16:55) Benda (Kreutzer) / 0:2 (32:22) Kreutzer (T. Boos) / 1:3 (59:32) Ustorf (M. Reichel)
S: Hecht 4, T. Abstreiter 2, Leask 2, Lüdemann 2

1073'. - 02.05.2004 CAN - GER 6:1 (3:0, 2:1, 1:0)
Praha, Sazka arena; Z: 14.015; SR: Polyakov (RUS); LR: Makarov (RUS), Pouzar (CZE)
Kölzig (Jonas n.e.) - Molling, Lüdemann - Leask, Benda - Renz, Kunce - Goldmann, S. Retzer - Morczinietz, M. Reichel, Martinec - Ullmann, Ustorf (C), Kathan - Kreutzer, T. Abstreiter, Hecht - Lewandowski, T. Boos, B. Blank
T: 4:1 (29:53) Hecht (Renz, Ustorf)
S: Martinec 8, Goldmann 2, Kunce 2, Kreutzer 2

1074'. - 04.05.2004 GER - SUI 0:1 (0:0, 0:1, 0:0)
Praha, Sazka arena; Z: 8.556; SR: Looker (USA); LR: Kautto (FIN), Takula (SWE)
Kölzig (58:57 out; Ro. Müller n.e.) - Molling, Lüdemann - Leask, Benda - Renz, Kunce - S. Retzer - Greilinger, M. Reichel, Martinec - Hecht, Ustorf (C), Kathan - Kreutzer, T. Abstreiter, Morczinietz - Lewandowski, T. Boos, B. Blank - Ullmann
S: Kunce 4, Lewandowski 2, Lüdemann 2, Leask 2

2004/05

Interims-Bundestrainer Franz Reindl

1075'. - 22.08.2004 GER - RUS 3:3 (0:1, 2:2, 1:0, 0:0) OT (5 min.)
Köln, Kölnarena; Z: 10.135; SR: Schütz (GER); LR: Brodnicki (GER), Gemeinhardt (GER)
Kölzig (Washington Capitals; Jonas (Eisbären Berlin) n.e.) - Lüdemann (Kölner Haie), D. Seidenberg (Philadelphia Flyers) - Ehrhoff (San Jose Sharks), Leask (Eisbären Berlin) - Renz (Kölner Haie), Kopitz (Nürnberg Ice Tigers) - S. Goc (Adler Mannheim), C. Schubert (Binghamton Senators) - Hecht (Buffalo Sabres), M. Goc (San Jose Sharks), M. Sturm (C - San Jose Sharks) - Fical (Nürnberg Ice Tigers), T. Boos (Kölner Haie), Lewandowski (Kölner Haie) - S. Retzer (Kassel Huskies), T. Abstreiter (Kassel Huskies), Kreutzer (DEG Metro Stars) - Morczinietz (Hannover Scorpions), Ustorf (Eisbären Berlin), Kathan (DEG Metro Stars)
T: 1:1 (26:29) M. Goc (Ehrhoff) - 2:3 (34:14) M. Goc (Hecht) / 3:3 (44:58) Ehrhoff (---)
S: Renz 4, Ustorf 4, C. Schubert 2, Lüdemann 2, D. Seidenberg 2, Ehrhoff 2

1076. - 25.08.2004 GER - CZE 4:7 (2:2, 2:3, 0:2)
Köln, Kölnarena; Z: 7.031; SR: Schurr (GER), Schütz (GER); LR: Neubert (GER), Prudlo (GER)
Ro. Müller (Krefeld Pinguine; ab 29:29 Jonas) - Lüdemann, D. Seidenberg - Ehrhoff, Leask - Renz, Kopitz - S. Goc, C. Schubert - Hecht, M. Goc, M. Sturm (C) - Fical, T. Boos, Lewandowski - Morczinietz, T. Abstreiter, Kreutzer - Martinec (Nürnberg Ice Tigers), Ustorf, M. Reichel (Frankfurt Lions)
T: 1:0 (02:16) C. Schubert (Ustorf) - 2:0 (07:51) Martinec (Ustorf, M. Reichel) / 3:4 (30:14) M. Goc (M. Sturm, Hecht) - 4:4 (31:52) M. Reichel (C. Schubert, Martinec)
S: Martinec 2, Leask 2, C. Schubert 2, Hecht 2, T. Abstreiter 2, M. Sturm 2

1077. - 26.08.2004 FIN - GER 4:2 (1:1, 1:1, 2:0)
Helsinki, Hartwall Areena; Z: 7.434; SR: Huhtanen (FIN), Elojärvi (FIN); LR: Devorski (CAN), Lazarowich (CAN)
Kölzig (Ro. Müller n.e.) - Lüdemann (C), D. Seidenberg - Ehrhoff, C. Schubert - S. Goc, Renz - Hecht, M. Goc, Kreutzer - Lewandowski, T. Boos, Martinec - S. Retzer, M. Reichel, Fical - Kopitz, Ullmann (Adler Mannheim), Kathan
T: 1:1 (13:04) Hecht (S. Goc) / 1:2 (31:34) C. Schubert (Ehrhoff)
S: Hecht 2, Renz 2, C. Schubert 2, D. Seidenberg 2, Martinec, Kölzig 2

2. World Cup of Hockey 2004

Die deutsche Mannschaft belegte in der Europagruppe den 4. Platz. Damit erreichte die Mannschaft das Viertelfinale und schied dort aus.

VORRUNDE EUROPA

1078'. - 31.08.2004 SWE - GER 5:2 (1:1, 4:1, 0:0)
Stockholm, Globe Arena; Z: 12.133; SR: Marouelli (CAN), Pollock (CAN); LR: Amell (CAN), Kovachik (CAN)
Kölzig (Jonas n.e.) - Lüdemann, D. Seidenberg - Ehrhoff, C. Schubert - S. Goc, Leask - Hecht, M. Goc, M. Sturm (C) - Lewandowski, T. Boos, Kopitz - S. Retzer, T. Abstreiter, Kreutzer - M. Reichel, Ustorf, Fical
T: 1:1 (17:57) M. Sturm (---) / 4:2 (33:00) Kreutzer (T. Boos)
S: C. Schubert 6, Kopitz 2, T. Abstreiter 2, Leask 2, Hecht 2

1079'. - 02.09.2004 GER - FIN 0:3 (0:1, 0:1, 0:1)
Köln, Kölnarena; Z: 12.975; SR: Joanette (CAN), Koharski (CAN); LR: Devorski (CAN), Lazarowich (CAN)
Kölzig (Ro. Müller n.e.) - Lüdemann, D. Seidenberg - Ehrhoff, C. Schubert - Renz, Leask - Hecht, M. Goc, M. Sturm (C) - Lewandowski, T. Boos, Kathan - Martinec, T. Abstreiter, Kreutzer - M. Reichel, Ustorf, Fical
S: Lewandowski 4, Kreutzer 4, M. Goc 2

1080'. - 03.09.2004 CZE - GER 7:2 (0:0, 5:0, 2:2)
Praha, Sazka arena; Z: 11.944; SR: Joanette (CAN), Koharski (CAN); LR: Devorski (CAN), Lazarowich (CAN)
Ro. Müller (ab 30:18 Jonas) - Lüdemann, D. Seidenberg - Ehrhoff, Renz - S. Goc, Leask - Hecht, Ustorf, Fical - Lewandowski, T. Boos, Kathan - S. Retzer, T. Abstreiter, Kreutzer - Kopitz, M. Sturm (C), Martinec
T: 5:1 (43:55) T. Boos (Lewandowski) - 6:2 (57:19) Hecht (Leask)
S: Leask 4, S. Goc 2, Ehrhoff 2, Kathan 2

VIERTELFINALE

1081'. - 06.09.2004 FIN - GER 2:1 (0:0, 1:0, 1:1)
Helsinki, Hartwall Areena; Z: 8.650; SR: Marouelli (CAN), Pollock (CAN); LR: Amell (CAN), Kovachik (CAN)
Kölzig (59:31 out; Jonas n.e.) - Lüdemann, D. Seidenberg - Ehrhoff, Leask - S. Goc, Renz - M. Sturm (C), M. Goc, Kreutzer - Hecht, Ustorf, Fical - Lewandowski, T. Boos, Kopitz - Kathan, T. Abstreiter, Martinec
T: 1:1 (53:58) M. Sturm (Kreutzer, M. Goc)
S: Kopitz 2, T. Boos 2, Renz 2, Martinec 2

Neuer Bundestrainer Greg Poss (USA)

---

15. Deutschland-Cup 2004

Die deutsche Mannschaft belegte Platz 5.

1082. - 10.11.2004 GER - USA 1:5 (1:2, 0:1, 0:2)
Hamburg, Color Line Arena; Z: 12.429; SR: Reiber (CAN); LR: Krawinkel (GER), Kowert (GER)
Ro. Müller (Jonas n.e.) - Leask, **Shayne Wright** (Krefeld Pinguine) - Schauer (Nürnberg Ice Tigers), Kopitz - Köppchen (Hannover Scorpions), Petermann (Nürnberg Ice Tigers) - S. Goc, S. Retzer - Kreutzer, Hecht (Adler Mannheim), Benda (ohne Verein) - Fical, Martinec, **Benjamin Barz** (Nürnberg Ice Tigers) - Sulkovsky (Frankfurt Lions), Hackert (Frankfurt Lions), Felski (Eisbären Berlin) - Ustorf (C), A. Barta (Eisbären Berlin), Lewandowski
T: 1:1 (08:44) Hecht (Kreutzer, Leask)
S: Kreutzer 2+10 (Disziplinarstrafe), Benda 2, S. Goc 2, Kopitz 2, Köppchen 2, A. Barta 2, Petermann 2

1083. - 12.11.2004 GER - SUI 1:2 (1:0, 0:1, 0:0, 0:0, 0:1) OT (5 min.) und PS
Hannover, TUI Arena*; Z: 3.015; SR: Reiber (CAN); LR: Krawinkel (GER), Kowert (GER)
* *bisheriger Name Preussag-Arena*
Jonas (Kotschnew (Iserlohn Roosters) n.e.) - Leask, Wright - S. Goc, S. Retzer - Petermann, Köppchen - Walter (Hamburg Freezer), Sulzer (DEG Metro Stars) - Kreutzer, Hecht, Benda - Ustorf (C), A. Barta, Lewandowski - Sulkovsky, Hackert, Felski - Furchner (Kölner Haie), Ullmann, Kathan
T: 1:0 (13:28) Sulkovsky (S. Goc, Köppchen)
PS: 0:1 SUI - 1:1 Hecht - 1:2 SUI - 1:2 Felski (verschießt) - 1:2 SUI (verschießt) - 1:2 Hackert (verschießt) - 1:2 SUI (verschießt) - 1:2 Kreutzer (verschießt) - 1:2 SUI (verschießt) - 1:2 Wright (verschießt)
S: Benda 2, Felski 2, Leask 2, Ullmann 2

1084. - 13.11.2004 GER - SVK 2:6 (1:1, 0:0, 1:5)
Hannover, TUI Arena; Z: 3.790; SR: Schütz (GER); LR: Zeheleitner (GER), Höck (GER)
Kotschnew (57:28 out; Jonas n.e.; Ro. Müller n.e.) - Schauer, Kopitz - Petermann, Sulzer - S. Goc, S. Retzer - Leask, Wright - Barz, Fical, Martinec - Furchner, Ullmann, Kathan - Kreutzer, Hecht, Benda - Ustorf (C), A. Barta, Lewandowski
T: 1:1 (17:47) Ustorf (A. Barta, Leask) / 2:4 (58:07) S. Retzer (A. Barta, Furchner)
S: Kreutzer 10 (Disziplinarstrafe), Leask 4, Fical 4, S. Goc 2, Petermann 2, Wright 2, Barz 2

1085. - 14.11.2004 GER - CAN 2:5 (0:3, 2:2, 0:0)
Hannover, TUI Arena; Z: 4.427; SR: Reiber (CAN); LR: Zeheleitner (GER), Höck (GER)
Ro. Müller (ab 12:27 Jonas) - Schauer, Kopitz - Köppchen, Sulzer - S. Goc, S. Retzer - Leask, Wright - Sulkovsky, Hackert, Felski - Furchner, A. Barta, Lewandowski - Fical, Ustorf (C), Martinec - Kreutzer, Ullmann, Kathan
T: 1:5 (26:13) Lewandowski (A. Barta, Furchner) - 2:5 (36:11) Sulkovsky (Hackert, Schauer)
S: Kreutzer 2, Furchner 2, Hackert 2, Fical 2

1086. - 09.02.2005 GER - CAN 1:4 (0:1, 1:0, 0:3)
Krefeld, KönigPALAST; Z: 7.652; SR: Minář (CZE); LR: Brodnicki (GER), Gemeinhardt (GER)
Ro. Müller (Kölzig (Eisbären Berlin) n.e.) - Renz, Wright - Schauer, Leask - Kopitz, Köppchen - Bakos (Adler Mannheim), S. Retzer - Hecht (C), Ustorf, Kreutzer - Felski, A. Barta, **Adrian Grygiel** (Krefeld Pinguine) - Lewandowski, Mondt (ERC Ingolstadt), Furchner - Hackert, Fical, **Marcus Kink** (Adler Mannheim)
T: 1:1 (36:20) Felski (Bakos, Furchner)
S: Renz 2, S. Retzer 2, Leask 2, Schauer 2
Ustorf absolvierte als vierundsechzigster Spieler sein 100. Länderspiel.

Pannon GSM International Tournament
Die deutsche Mannschaft belegte Platz 3.

1087. - 11.02.2005 GER - SVK 1:2 (0:0, 1:0, 0:2)
Budapest, Papp László Budapest Sportaréna; Z: 2.000; SR: Árkovics (HUN); LR: Soós (HUN), Bedő (HUN)
Kölzig (Ro. Müller n.e.) - Bakos, S. Retzer - Wright, Schauer - Kopitz, Köppchen - M. Kink, Petermann - Felski, A. Barta, M. Sturm (C - ERC Ingolstadt) - Hecht, Ustorf, Kreutzer - Arendt (Augsburger Panther), Hackert, Fical - Lewandowski, Mondt, Furchner
T: 1:0 (22:33) A. Barta (M. Sturm, Felski)
S: Wright 4, Ustorf 2, M. Sturm 2, Bakos 2, Furchner 2, Fical 2, Petermann 2

1088. - 12.02.2005 GER - CAN 1:4 (0:1, 0:0, 1:3)
Budapest, Papp László Budapest Sportaréna; Z: 2.500; SR: Árkovics (HUN); LR: Kincses (HUN), Bedő (HUN)
Kölzig (Ro. Müller n.e.) - Bakos, Schauer - Wright, Kopitz - S. Retzer, Köppchen - M. Kink, Petermann - Fical, A. Barta, M. Sturm - Hecht, Ustorf (C), Kreutzer - Furchner, Hackert, Felski - Arendt, Mondt, Grygiel
T: 1:3 (52:44) Fical (A. Barta, Ustorf)
S: Kopitz 4, Ustorf 2, Felski 2

1089. - 13.02.2005 HUN - GER 3:4 (1:0, 2:2, 0:2)
Budapest, Papp László Budapest Sportaréna; Z: 6.000; SR: Konc (SVK); LR: Abonyi (HUN), Bedő (HUN)
Kölzig (Ro. Müller n.e.) - Bakos, Schauer - Wright, Kopitz - S. Retzer, Petermann - Köppchen - Fical, A. Barta, M. Sturm - Furchner, Ustorf (C), Lewandowski - Arendt, Hackert, Felski - M. Kink, Mondt, Grygiel
T: 2:1 (31:14) A. Barta (Kopitz) - 2:2 (35:36) Felski (Kopitz, Hackert) / 3:3 (45:44) M. Sturm (---) - 3:4 (48:55) Furchner (Petermann)
S: Felski 4, Bakos 4, Lewandowski 4, Wright 2, M. Kink 2

1090. - 07.04.2005 GER - SWE 2:0 (1:0, 1:0, 0:0)
Riesa, erdgasarena; Z: 3.200; SR: Šindler (CZE); LR: Jablukov (GER), Schröter (GER)
Jung (DEG Metro Stars; Ro. Müller n.e.) - Schauer, **Sasa Martinovic** (Hamburg Freezer) - Renz, Sulzer - Kopitz, S. Retzer - Petermann, **Collin Danielsmeier** (Iserlohn Roosters) - Fical, Benda (C - Severstal Cherepovets), Martinec - Lewandowski, T. Boos, **Björn Barta** (Augsburger Panther), Kreutzer - Morczinietz, Arendt, Hommel (Kassel Huskies) - **Patrick Reimer** (DEG Metro Stars)
T: 1:0 (08:41) Martinec (Benda) / 2:0 (36:05) Furchner (Lewandowski)
S: Petermann 8+10 (Disziplinarstrafe), S. Retzer 4, Kathan 2, Renz 2, Kreutzer 2, Kopitz 2, Hommel 2, Sulzer 2, Martinovic 2

1091. - 09.04.2005 GER - SWE 2:3 (0:0, 1:3, 1:0)
Riesa, erdgasarena; Z: 5.500; SR: Šindler (CZE); LR: Jablukov (GER), Schröter (GER)
Ro. Müller (Jung n.e.) - Schauer, Martinovic - Renz, Sulzer - Kopitz, S. Retzer - Petermann, Danielsmeier - Fical,
Benda (C), Martinec - Lewandowski, T. Boos, Furchner - Kathan, B. Barta, Kreutzer - Morczinietz, Arendt,
Hommel - P. Reimer
T: 1:2 (34:30) T. Boos (Benda) / 2:3 (44:34) Benda (---)
S: Kreutzer 4, Furchner 4, T. Boos 2, Kopitz 2, Martinec 2, Sulzer 2, Martinovic 2, Danielsmeier 2

1092. - 14.04.2005 BLR - GER 1:1 (0:0, 0:0, 1:1)
Minsk, Palats Sportu; Z: 2.950; SR: Odiņš (LAT); LR: Gotsoulia (BLR), Vasko (BLR)
Jung (58:28-58:57 out; Ro. Müller n.e.) - Schauer, Martinovic - Renz, Sulzer - Kopitz, S. Retzer - Petermann,
Danielsmeier - Wright, Fical, Benda (C) - Lewandowski, T. Boos, Furchner - Kathan, B. Barta, Kreutzer -
Morczinietz, Arendt, Hommel
T: 1:1 (58:57) T. Boos (Kreutzer, Fical)
S: Morczinietz 6, Hommel 4, Petermann 4, T. Boos 2, Kathan 2, Renz 2, Kreutzer 2, Furchner 2, Fical 2, Wright
2, B. Barta 2

1093. - 16.04.2005 BLR - GER 1:4 (0:1, 1:2, 0:1)
Gomel, Lyadovy Palats Sporta; Z: 2.900; SR: Odiņš (LAT); LR: Gotsoulia (BLR), Vasko (BLR)
Ro. Müller (Jung n.e.) - Schauer, Martinovic - Renz, Sulzer - Kopitz, S. Retzer - Petermann, Danielsmeier -
Wright, Fical, Benda (C) - Lewandowski, T. Boos, Furchner - Kathan, B. Barta, Kreutzer - Morczinietz, Arendt,
Hommel
T: 0:1 (15:27) Morczinietz (Fical, Benda) / 0:2 (28:02) Morczinietz (Kreutzer, Benda) - 1:3 (38:36) B. Barta
(Furchner, Ro. Müller) / 1:4 (52:49) Fical (Kreutzer, Benda)
S: Lewandowski 5+20 (Spieldauer), T. Boos 2+25 (Matchstrafe), Kreutzer 4, Danielsmeier 4, Hommel 4, Benda
2, Renz 2, Kopitz 2, S. Retzer 2, Sulzer 2, Arendt 2, Wright 2

1094. - 21.04.2005 GER - LAT 2:4 (0:2, 0:0, 2:2)
Kaufbeuren, Eisstadion am Berliner Platz; Z: 3.156; SR: Reiber (CAN); LR: Höck (GER), Giera (GER)
Ro. Müller (ab 29:33 Jung) - Kopitz, Wright - Renz, Sulzer - Schauer, S. Retzer - Danielsmeier, Petermann,
Martinovic - Fical, Benda (C), Martinec - Lewandowski, T. Boos, Furchner - Kathan, B. Barta, Kreutzer -
Sulkovsky, Hommel, Morczinietz
T: 1:2 (40:58) Furchner (Lewandowski) - 2:3 (52:21) Petermann (Lewandowski, B. Barta)
S: Kopitz 2+10 (Disziplinarstrafe), Furchner 4, Petermann 2

1095. - 23.04.2005 GER - LAT 3:3 (2:2, 0:1, 1:0)
Ravensburg, Eissporthalle; Z: 3.300; SR: Reiber (CAN); LR: Hatz (GER), Haupt (GER)
Pätzold (Cleveland Barons; Ro. Müller n.e.) - Kopitz, Wright - Renz, Sulzer - Schauer, S. Retzer - Danielsmeier,
Petermann, Martinovic - Fical, Benda (C), Martinec - Lewandowski, T. Boos, Furchner - Morczinietz, B. Barta,
Kreutzer - Sulkovsky, Hommel, Kathan
T: 1:0 (05:01) B. Barta (Wright, Kreutzer) - 2:0 (08:07) Kreutzer (B. Barta, Morczinietz) / 3:3 (57:06) Benda
(Morczinietz, Kreutzer)
S: Lewandowski 2, Fical 2, Kathan 2

1096. - 26.04.2005 GER - USA 2:3 (0:2, 0:0, 2:1)
München, Eishalle im Olympiapark; Z: 6.250; SR: Wohlgenannt (AUT); LR: Ruß (GER), Niejodek (GER)
Jonas (59. out - Ro. Müller n.e.) - Schauer, Ehrhoff (Cleveland Barons) - Kopitz, S. Retzer - Renz, Bakos - N.
Pyka (Adler Mannheim), Wright - Danielsmeier - Morczinietz, M. Goc (Cleveland Barons), Kreutzer - Fical, Benda
(C), Martinec - Lewandowski, T. Boos, Furchner - Felski, A. Barta, Kathan
T: 1:2 (48:27) Felski (Bakos, Martinec) - 2:2 (52:38) Benda (Kopitz)
S: Felski 4, Benda 2, Kreutzer 2, Martinec 2, Furchner 2, Wright 2

1097. - 28.04.2005 GER - USA 1:3 (0:0, 1:1, 0:2)
*Rosenheim, Städtisches Kathrein-Stadion; Z: 5.160; SR: Wohlgenannt (AUT); LR: Kees (GER), Fischer
(GER)*
Ro. Müller (59. out - Jung n.e.) - Sulzer, Bakos - N. Pyka, Wright - Schauer, Ehrhoff - Kopitz, S. Retzer -
Morczinietz, M. Goc, Kreutzer - Fical, Benda (C), Martinec - Lewandowski, T. Boos, Furchner - Felski, A. Barta,
Kathan
T: 1:0 (25:16) Ehrhoff (Morczinietz)
S: Kathan 2, N. Pyka 2, Martinec 2, S. Retzer 2, Furchner 2, Sulzer 2

69. Weltmeisterschaft 2005

Die deutsche Mannschaft belegte in ihrer Vorrundengruppe den 4. Platz und musste so in die Abstiegsrunde. Hier wurde der 3. Platz (15. Platz in der Gesamtwertung) belegt. Damit stieg das deutsche Team in die Division I ab.

VORRUNDE - GRUPPE D

1098'. - 01.05.2005 GER - KAZ 1:2 (0:2, 1:0, 0:0)
Wien, Stadthalle; Z: 6.676; SR: Andersson (SWE); LR: Lešnjak (SLO), Popovič (SVK)
Jonas (58:42 out; Ro. Müller n.e.) - Ehrhoff, Schauer - Kopitz, S. Retzer - Bakos, Renz - N. Pyka - Hecht, M. Goc, Kreutzer - Fical, Benda (C), Martinec - Lewandowski, T. Boos, Furchner - Felski, A. Barta, Morczinietz
T: 1:2 (39:32) Martinec (Fical, Lewandowski)
S: T. Boos 6, Schauer 2, Felski 2, Ehrhoff 2, Teamstrafe 2

1099'. - 03.05.2005 CZE - GER 2:0 (1:0, 0:0, 1:0)
Wien, Stadthalle; Z: 8.000; SR: Henriksson (FIN); LR: Lešnjak (SLO), Shelyanin (RUS)
Ro. Müller (Jung n.e.) - Bakos, Renz - Ehrhoff, Schauer - Kopitz, S. Retzer - N. Pyka, Sulzer - Martinec, A. Barta, Fical - Hecht, M. Goc, Kreutzer - Felski, Benda (C), Morcinietz - Lewandowski, T. Boos, Furchner
S: Kreutzer 4, Felski 4, N. Pyka 2, Sulzer 2, A. Barta 2

1100'. - 05.05.2005 GER - SUI 1:5 (1:1, 0:1, 0:3)
Wien, Stadthalle; Z: 7.900; SR: Andersson (SWE); LR: Lešnjak (SLO), Doucette (CAN)
Jonas (52:39-52:56 out; Jung n.e.) - Bakos, Renz - Ehrhoff, Schauer - Kopitz, S. Retzer - N. Pyka, Sulzer - Lewandowski, T. Boos, Furchner - Fical, Benda (C), Martinec - Hecht, M. Goc, Kreutzer - Felski, A. Barta, Morczinietz
T: 1:1 (15:10) Furchner (Lewandowski)
S: Benda 2+5+20 (Spieldauer), Hecht 4, Kopitz 2, Felski 2, Martinec 2

ABSTIEGSRUNDE

1101'. - 06.05.2005 GER - AUT 2:2 (2:0, 0:1, 0:1)
Wien, Stadthalle; Z: 6.150; SR: Matsuoka (CAN); LR: Doucette (CAN), Shelyanin (RUS)
Ro. Müller (Jung n.e.) - Ehrhoff, C. Schubert - Kopitz, S. Retzer - Bakos, Renz - N. Pyka, Schauer - Kathan, A. Barta, Felski - Kreutzer, M. Goc, Fical - Martinec, Benda (C), Hecht - Furchner, T. Boos, Lewandowski
T: 1:0 (02:42) Kathan (Felski, A. Barta) - 2:0 (16:09) A. Barta (Kathan)
S: T. Boos 4, C. Schubert 2, Hecht 2, Martinec 2, Teamstrafe 2

1102'. - 09.05.2005 SLO - GER 1:9 (0:3, 0:5, 1:1)
Innsbruck, Olympiahalle; Z: 2.177; SR: Minář (CZE); LR: Vasko (BLR), Feola (USA)*
* Das Olympia-Eisstadion war im Vorfeld der WM 2005 in eine Mehrzweckhalle umgebaut worden.
Ro. Müller (Jung n.e.) - Kopitz, S. Retzer - Ehrhoff, C. Schubert - Bakos, Renz - N. Pyka, Schauer - Felski, A. Barta, Kathan - Martinec, Benda (C), Hecht - Kreutzer, M. Goc, Fical - Furchner, T. Boos, Lewandowski
T: 0:1 (03:35) M. Goc (---) - 0:2 (10:33) Kreutzer (C. Schubert, Benda) - 0:3 (19:32) Hecht (C. Schubert) / 0:4 (27:06) Benda (Hecht) - 0:5 (27:59) Furchner (---) - 0:6 (28:46) Hecht (Benda) - 0:7 (30:58) T. Boos (Lewandowski. S. Retzer) - 0:8 (33:31) M. Goc (Kreutzer) / 0:9 (48:26) Martinec (Ehrhoff, C. Schubert)
S: Kopitz 2, T. Boos 2, Kreutzer 2, C. Schubert 2, Felski 2, Renz 2

1103'. - 10.05.2005 GER - DEN 2:3 (1:1, 1:1, 0:1)
Innsbruck, Olympiahalle; Z: 2.335; SR: Bulanov (RUS); LR: Pouzar (CZE), Fonselius (FIN)
Ro. Müller (58:47 out; Jung n.e.) - Kopitz, S. Retzer - Renz, Sulzer - N. Pyka, Schauer - Ehrhoff, C. Schubert - Fical, M. Goc, Kreutzer - Hecht, Benda (C), Martinec - Lewandowski, T. Boos, Furchner - Kathan, A. Barta, Felski
T: 1:0 (03:16) Hecht (C. Schubert, Benda) / 2:1 (25:44) T. Boos (Schauer, Furchner)
S: Martinec 2, Sulzer 2, Lewandowski 2, S. Retzer 2, C. Schubert 2, Ehrhoff 2, T. Boos 2

2005/06

16. Deutschland-Cup 2005 (auch TUI Nations Cup)
Die deutsche Mannschaft belegte Platz 5.

1104. - 09.11.2005 GER - USA 7:2 (2:1, 2:0, 3:1)
Mannheim, SAP Arena; Z: 8.314; SR: Kurmann (SUI); LR: Hatz (GER), Haupt (GER)
Thomas Greiss (Kölner Haie; Jung (DEG Metro Stars) n.e.) - S. Goc (Hannover Scorpions), Leask (Eisbären Berlin) - Sulzer (DEG Metro Stars), **Marian Bazany** (DEG Metro Stars) - Kopitz (Kölner Haie), Renz (Kölner Haie) - Bresagk (Frankfurt Lions), **Frank Hördler** (Eisbären Berlin) - Felski (Eisbären Berlin), Ustorf (C - Eisbären Berlin), Lewandowski (Kölner Haie) - Kreutzer (DEG Metro Stars), A. Barta (Hamburg Freezers), Kathan (DEG Metro Stars) - Martinec (Nürnberg Ice Tigers), Ullmann (Adler Mannheim), Fical (Nürnberg Ice Tigers) - Furchner (Kölner Haie), B. Barta (ERC Ingolstadt), **Michael Wolf** (Iserlohn Roosters)
T: 1:0 (05:18) Fical (Ullmann) - 2:0 (14:48) Martinec (Sulzer, Bazany) / 3:1 (26:06) B. Barta (---) - 4:1 (33:48) Kreutzer (Kathan) / 5:1 (40:49) Kreutzer (Bazany) - 6:2 (54:13) Ullmann (Bresagk) - 7:2 (54:49) Furchner (Mi. Wolf, Ullmann)
S: Hördler 2+10 (Disziplinarstrafe), Renz 4, Kopitz 4, Mi. Wolf 2, S. Goc 2, A. Barta 2

1105. - 11.11.2005 GER - SUI 1:2 (0:0, 0:2, 1:0)
Hannover, TUI Arena; Z: 2.148; SR: Aumüller (GER); LR: Höck (GER), Zehetleitner (GER)
Jung (58:26-59:02 + 59:05-60:00 out; Kotschnew (Iserlohn Roosters) n.e.) - S. Goc, Leask - Sulzer, Bazany - Kopitz, Renz - Bresagk, Schauer (Nürnberg Ice Tigers) - Furchner, Ustorf (C), Lewandowski - Kreutzer, A. Barta, Kathan - Martinec, Ullmann, Fical - **André Rankel** (Eisbären Berlin), B. Barta, **Florian Busch** (Eisbären Berlin)
T: 1:2 (59:02) Ullmann (Martinec, Ustorf)
S: Martinec 4, Busch 2, Sulzer 2, Renz 2, Furchner 2, Kopitz 2, Teamstrafe 2 (dafür Kathan auf der Strafbank)

1106. - 12.11.2005 GER - SVK 0:6 (0:0, 0:2, 0:4)
Hannover, TUI Arena; Z: 3.492; SR: Kurmann (SUI); LR: Jablukow (GER), Winnekens (GER)
Kotschnew (Jung n.e.) - Sulzer, Bazany - Kopitz, Schauer - Bresagk, Hördler - Rankel, Leask - Kreutzer, A. Barta, Kathan - Mi. Wolf, Ullmann, Fical - Furchner, Martinec, Lewandowski - Busch, B. Barta, Ustorf (C)
S: Kopitz 4, Sulzer 2, Leask 2, Mi. Wolf 2, A. Barta 2, Furchner 2, Kreutzer 2, Rankel 2

1107. - 13.11.2005 GER - CAN 1:4 (1:1, 0:1, 0:2)
Hannover, TUI Arena; Z: 3.899; SR: Looker (USA); LR: Höck (GER), Zehetleitner (GER)
Greiss (58:18-58:45 + 59:08-59:52 out; Kotschnew n.e.) - S. Goc, Leask - Kopitz, Schauer - Sulzer, Bazany - Bresagk, Hördler - Furchner, Ustorf (C), Lewandowski - Martinec, Ullmann, Fical - Kreutzer, A. Barta, Kathan - Mi. Wolf, B. Barta, Busch
T: 1:1 (19:27) Ustorf (Lewandowski)
S: Bazany 4, Kreutzer 4, Kopitz 4, Ullmann 2, Sulzer 2, Hördler 2, Greiss 2

Neuer Bundestrainer Uwe Krupp

1108. - 08.02.2006 AUT - GER 1:0 (1:0, 0:0, 0:0)
Salzburg, Eisarena; Z: 3.200; SR: Dremelj (SLO); LR: Berneker (AUT), Stocker (AUT)
Ro. Müller (Krefeld Pinguine; 59:41 out; Greiss n.e.) - Kopitz, Renz - Sulzer, Bazany - S. Goc, Leask - Schauer, Hördler - Petermann (Nürnberg Ice Tigers) - Martinec, Benda (HC Hamé Zlín), Lewandowski - Kreutzer, Ustorf (C), Kathan - Felski, A. Barta, Fical - Furchner, T. Boos (Kölner Haie), Busch - **Yannic Seidenberg** (ERC Ingolstadt)
S: Ustorf 5+20 (Spieldauer), Sulzer 5+20 (Spieldauer), T. Boos 4, Martinec 4, Leask 4, Felski 4, Kathan 2, S. Goc 2, Lewandowski 2

1109'. - 11.02.2006 GER - RUS 1:3 (0:1, 0:0, 1:2)
Köln, Kölnarena; Z: 13.500; SR: Wohlgenannt (AUT); LR: Prudlo (GER), Krawinkel (GER)
Greiss (59:10-59:47 out; Ro. Müller n.e.) - Sulzer, Renz - S. Goc, Leask - Kopitz, Schauer - Bazany, Hördler - Furchner, T. Boos, Lewandowski - Martinec, Benda, Busch - Kreutzer, Ustorf (C), Kathan - Felski, A. Barta, Fical
T: 1:1 (46:47) Furchner (Schauer)
S: S. Goc 4, T. Boos 2, Kreutzer 2, Leask 2, Schauer 2, Bazany 2

20. Olympische Winterspiele 2006 - Eishockeyturnier

Die deutsche Mannschaft belegte in ihrer Vorrundengruppe den 5. Platz und verpasste das Viertelfinale.

VORRUNDE - GRUPPE A

1110'. - 15.02.2006 GER - CZE 1:4 (1:0, 0:2, 0:2)
Torino, Palasport Olimpico; Z: 6.463; SR: Marouelli (CAN); LR: Redding (USA), Sericolo (USA)
Kölzig (Washingthon Capitals; 59:03-59:32 out; Greiss n.e.) - Leask, S. Goc - Ehrhoff (San Jose Sharks), C. Schubert (Ottawa Senators) - Schauer, D. Seidenberg (Phoenix Coyotes) - Renz, Sulzer - Felski, A. Barta, Fical - Martinec, M. Goc (San Jose Sharks), Busch - Kathan, Ustorf (C), Kreutzer - Lewandowski, T. Boos, Furchner
T: 1:0 (19:10) T. Boos (Sulzer)
S: S. Goc 4, Fical 2, D. Seidenberg 2, A. Barta 2

1111'. - 16.02.2006 CAN - GER 5:1 (3:0, 1:1, 1:0)
Torino, Palasport Olimpico; Z: 8.554; SR: Lärking (SWE); LR: Halecký (SVK), Nelson (USA)
Greiss (Ro. Müller n.e.) - Leask, S. Goc - Ehrhoff, C. Schubert - Schauer, D. Seidenberg - Renz, Sulzer - Kreutzer, Ustorf (C), Kathan - Martinec, M. Goc, Busch - Fical, A. Barta, Felski - Kopitz, T. Boos, Lewandowski
T: 3:1 (29:13) Ehrhoff (C. Schubert, Ustorf)
S: Busch 4, Ehrhoff 4, Felski 2, Kreutzer 2, Sulzer 2, Martinec 2, D. Seidenberg 2

1112'. - 18.02.2006 ITA - GER 3:3 (1:0, 0:1, 2:2)
Torino, Palasport Olimpico; Z: 8.908; SR: Favorin (FIN); LR: Karlsson (SWE), Mášik (SVK)
Kölzig (58:40-58:43 out; Ro. Müller n.e.) - Leask, S. Goc - Ehrhoff, C. Schubert - Sulzer, D. Seidenberg - Renz, Schauer - Kreutzer, Ustorf (C), Kathan - Fical, M. Goc, Busch - Kopitz, A. Barta, Felski - Martinec, T. Boos, Lewandowski
T: 1:1 (26:21) Martinec (T. Boos) / 2:2 (47:16) Felski (Kreutzer) - 3:3 (58:43) M. Goc (Kreutzer, Lewandowski)
S: S. Goc 4, A. Barta 2, Felski 2, Schauer 2, T. Boos 2, Busch 2, Kölzig 2

1113'. - 19.02.2006 GER - SUI 2:2 (0:0, 1:2, 1:0)
Torino, Palasport Olimpico; Z: 8.756; SR: Van Massenhoven (CAN); Redding (USA), Shelyanin (RUS)
Kölzig (59:48 out; Ro. Müller n.e.) - Leask, S. Goc - Ehrhoff, C. Schubert - Schauer, D. Seidenberg - Renz, Sulzer - Kreutzer, Ustorf (C), Kathan - Fical, M. Goc, Busch - Kopitz, A. Barta, Felski - Martinec, T. Boos, Lewandowski
T: 1:0 (22:20) Felski (Ehrhoff) / 2:2 (52:09) T. Boos (Lewandowski)
S: Leask 2, Renz 2, T. Boos 2, C. Schubert 2

1114'. - 21.02.2006 FIN - GER 2:0 (1:0, 1:0, 0:0)
Torino, Esposizioni; Z: 2.430; SR: Kurmann (SUI); LR: Redding (USA), Halecký (SVK)
Ro. Müller (Greiss n.e.) - Leask, S. Goc - Ehrhoff, C. Schubert - Schauer, D. Seidenberg - Renz, Sulzer - Kreutzer, Ustorf (C), Kathan - Fical, M. Goc, Busch - Kopitz, A. Barta, Felski - Martinec, T. Boos, Lewandowski
S: Leask 4, T. Boos 4, Schauer 2, D. Seidenberg 2, Kathan 2, S. Goc 2, Fical 2
Ro. Müller absolvierte als fünfundsechzigster Spieler sein 100. Länderspiel.

1115. - 06.04.2006 HUN - GER 2:3 (1:2, 1:1, 0:0)
Székesfehérvár, Jégcsarnok; Z: 1.500; SR: Árkovics (HUN); LR: Haszonits (HUN), Bedő (HUN)
Kotschnew (Ro. Müller n.e.) - Walter (Hamburg Freezers), Petermann - S. Retzer (Adler Mannheim), Danielsmeier (Iserlohn Roosters) - **Anton Bader** (EV Duisburg „Die Füchse"), C. Franz (Nürnberg Ice Tigers) - **Martin Ancicka** (Adler Mannheim), Bakos (ERC Ingolstadt) - Kofler (Augsburger Panther), **Fabio Carciola** (Adler Mannheim), **Michael Waginger** (ERC Ingolstadt) - Y. Seidenberg, **Felix Schütz** (ERC Ingolstadt), Mi. Wolf - **Aleksander Polaczek** (Nürnberg Ice Tigers), A. Barta, Fical - M. Kink (Adler Mannheim), Ullmann, Martinec (C - Adler Mannheim)
T: 1:1 (13:38) M. Kink (Martinec) - 1:2 (19:36) Petermann (Martinec, M. Kink) / 2:3 (37:57) Martinec (Mi. Wolf, Ullmann)
S: Martinec 2, Walter 2, Carciola 2

1116. - 08.04.2006 HUN - GER 0:1 (0:0, 0:1, 0:0)
Budapest, Koriközpont; Z: 1.200; SR: Incze (HUN); LR: Soós (HUN), Gebei (HUN)
Ro. Müller (Kotschnew n.e.) - Walter, Petermann - S. Retzer, Danielsmeier - A. Bader, C. Franz - M. Ancicka, Bakos - Kofler, Carciola, Waginger - Y. Seidenberg, F. Schütz, Mi. Wolf - Polaczek, A. Barta, Fical - M. Kink, Ullmann, Martinec (C)
T: 1:0 (32:37) S. Retzer (---)
S: Polaczek 4, Kofler 2, Y. Seidenberg 2

1117. - 13.04.2006 GER - SUI 0:1 (0:1, 0:0, 0:0)
Straubing, Eisstadion am Pulverturm; Z: 3.200; SR: Lauff (SVK); LR: Haas (GER), Pichlmair (GER)
Kotschnew (58:31 out; Ro. Müller n.e.) - M. Ancicka, Köppchen (Hannover Scorpions) - A. Bader, Danielsmeier - Walter, Petermann - Bakos, S. Retzer - Mi. Wolf, T. Boos, M. Kink - Fical, A. Barta, Polaczek - Martinec (C), Ullmann, Y. Seidenberg - Waginger, Carciola, Kofler - F. Schütz
S: Waginger 2+10 (Disziplinarstrafe), M. Ancicka 2, Walter 2, A. Barta 2, Kofler 2

1118. - 15.04.2006 GER - SUI 0:1 (0:0, 0:1, 0:0)
Landshut, Städtische Eissporthalle; Z: 1.800; SR: Lauff (SVK); LR: Hatz (GER), Haupt (GER)
Ro. Müller (59:20 out; Kotschnew n.e.) - M. Ancicka, Köppchen - A. Bader, Danielsmeier - Walter, Petermann - Bakos, S. Retzer - **Philip Gogulla** (Kölner Haie), T. Boos, Lewandowski - M. Kink, Ullmann, Martinec (C) - Mi. Wolf, F. Schütz, Y. Seidenberg - Waginger, Carciola, Kofler - Fical
S: Kofler 4, Waginger 4, Fical 2, M. Kink 2

1119. - 19.04.2006 GER - AUT 3:4 (1:0, 1:3, 1:1)
Iserlohn, Eissporthalle am Seilersee; Z: 2.300; SR: Stricker (SUI); LR: Krawinkel (GER), ? (GER)
Ro. Müller (56:13-56:42 out; Greiss n.e.) - M. Ancicka, Renz (C) - A. Bader, Walter - Bakos, Kopitz - S. Goc, S. Retzer - Fical, A. Barta, Ullmann - Gogulla, T. Boos, Lewandowski - Mi. Wolf, F. Schütz, Y. Seidenberg - Waginger, Carciola, M. Kink - Kofler, Martinec
T: 1:0 (09:30) A. Barta (Fical) / 2:1 (23:30) Fical (---) / 3:4 (56:42) Ullmann (Gogulla, Fical)
S: Martinec 5+20 (Spieldauer), A. Bader 5+20 (Spieldauer), Mi. Wolf 4, Y. Seidenberg 4, M. Ancicka 2, Waginger 2, Kopitz 2, Walter 2, Fical 2, F. Schütz 2

1120. - 20.04.2006 GER - AUT 3:0 (2:0, 1:0, 0:0)
Essen, Eissporthalle am Westbahnhof; Z: 2.002; SR: Stricker (SUI); LR: Mosler (GER), Starke (GER)
Greiss (Ro. Müller n.e.) - S. Goc, Kopitz - Bakos, Hördler - A. Bader, Walter - M. Ancicka, Renz - Fical, Ullmann, Felski - Waginger, Ustorf (C), Busch - Gogulla, F. Schütz, **Christoph Gawlik** (Eisbären Berlin) - Mi. Wolf, Carciola, Y. Seidenberg - Lewandowski
T: 1:0 (02:58) Mi. Wolf (Carciola, Y. Seidenberg) - 2:0 (08:44) Fical (Felski, M. Ancicka) / 3:0 (28:36) Carciola (Mi. Wolf)
S: S. Goc 4, Walter 4, Mi. Wolf 4, A. Bader 2, M. Ancicka 2, Ustorf 2, Felski 2, Bakos 2

Weltmeisterschaft Division I 2006

Die deutsche Auswahl belegte den Platz 1 in der Gruppe A und stieg in die WM auf.

1121'. - 24.04.2006 ISR - GER 2:11 (0:6, 0:3, 2:2)
Amiens, Coliséum; Z: 1.748; SR: Bergman (BEL); LR: Bouguin (FRA), Coenen (NED)
Greiss (Ro. Müller n.e.) - M. Ancicka, Renz - Bakos, Hördler - S. Goc, Sulzer - A. Bader - M. Sturm (Boston Bruins), Ustorf (C), Busch - Fical, A. Barta, Felski - Kreutzer, T. Boos, Ullmann - Gawlik, F. Schütz, Gogulla - Y. Seidenberg
T: 0:1 (01:04) S. Goc (Sulzer) - 0:2 (04:20) T. Boos (Kreutzer, S. Goc) - 0:3 (05:13) A. Bader (M. Sturm, Hördler) - 0:4 (07:48) Gawlik (Gogulla, F. Schütz) - 0:5 (11:02) Gawlik (Bakos, F. Schütz) - 0:6 (14:21) Kreutzer (Ullmann, T. Boos) / 0:7 (23:03) A. Bader (Y. Seidenberg) - 0:8 (24:16) A. Barta (Busch) - 0:9 (36:30) M. Sturm (Y. Seidenberg, Busch) / 2:10 (50:24) M. Sturm (Ustorf, Busch) - 2:11 (51:23) Fical (M. Ancicka, Ullmann)
S: M. Sturm 2, S. Goc 2

1122'. - 25.04.2006 GER - JPN 4:0 (1:0, 1:0, 2:0)
Amiens, Coliséum; Z: 1.221; SR: Lauff (SVK); LR: Rakovič (SLO), Fabre (FRA)
Ro. Müller (Greiss n.e.) - M. Ancicka, Renz - Bakos, Hördler - S. Goc, Sulzer - A. Bader - M. Sturm, Ustorf (C), Busch - Fical, A. Barta, Felski - Kreutzer, T. Boos, Ullmann - Gawlik, F. Schütz, Gogulla - Y. Seidenberg
T: 1:0 (08:55) Renz (Ustorf) / 2:0 (35:29) M. Sturm (Busch) / 3:0 (43:18) Ustorf (Busch, M. Ancicka) - 4:0 (50:35) S. Goc (Ustorf, M. Sturm)
S: Y. Seidenberg 4, Sulzer 2, A. Barta 2, T. Boos 2, Felski 2, Fical 2, M. Sturm 2

1123'. - 27.04.2006 GER - GBR 8:0 (4:0, 1:0, 3:0)
Amiens, Coliséum; Z: 2.012; SR: Sevruk (UKR); LR: Coenen (NED), Fabre (FRA)
Ro. Müller (Greiss n.e.) - M. Ancicka, Renz - Bakos, Hördler - S. Goc, Sulzer - A. Bader - M. Sturm, Ustorf (C), Busch - Fical, A. Barta, Felski - Kreutzer, T. Boos, Ullmann - Gawlik, F. Schütz, Gogulla - Y. Seidenberg
T: 1:0 (02:04) S. Goc (Sulzer) - 2:0 (09:07) Gogulla (F. Schütz) - 3:0 (11:46) S. Goc (Ustorf) - 4:0 (18:55) Kreutzer (A. Bader, S. Goc) / 5:0 (38:54) Gawlik (F. Schütz, Sulzer) / 6:0 (40:51) Ullmann (T. Boos) - 7:0 (46:36) F. Schütz (Hördler) - 8:0 (52:52) F. Schütz (Gogulla)
S: Gogulla 4, Felski 4, Kreutzer 4, Busch 2, Y. Seidenberg 2, Hördler 2

1124'. - 29.04.2006 HUN - GER 2:6 (1:0, 1:2, 0:4)
Amiens, Coliséum; Z: 2.648; SR: Bergman (BEL); LR: Coenen (NED), Rakovič (SLO)
Ro. Müller (Greiss n.e.) - M. Ancicka, Renz - Bakos, Hördler - S. Goc, Sulzer - A. Bader - M. Sturm, Ustorf (C), Busch - Fical, A. Barta, Felski - Kreutzer, T. Boos, Ullmann - Gawlik, F. Schütz, Gogulla - Y. Seidenberg
T: 1:1 (30:54) A. Barta (---) - 2:2 (38:05) T. Boos (S. Goc, Felski) / 2:3 (45:11) Felski (Fical, Bakos) - 2:4 (49:21) Y. Seidenberg (S. Goc, Kreutzer) - 2:5 (54:13) Y. Seidenberg (Hördler, Kreutzer) - 2:6 (54:47) M. Ancicka (M. Sturm, Ustorf)
S: T. Boos 2, Gogulla 2, A. Barta 2, A. Bader 2
Felski und T. Boos absolvierten als sechs- bzw. siebenundsechzigster Spieler ihr 100. Länderspiel.

1125'. - 30.04.2006 GER - FRA 5:0 (2:0, 3:0, 0:0)
Amiens, Coliséum; Z: 3.200; SR: Muylaert (CAN); LR: Coenen (NED), Tschebull (AUT)
Ro. Müller (ab 59:08 Greiss) - M. Ancicka, Renz - Bakos, Hördler - S. Goc, Sulzer - A. Bader - M. Sturm, Ustorf (C), Busch - Fical, A. Barta, Felski - Kreutzer, T. Boos, Y. Seidenberg - Gawlik, F. Schütz, Gogulla - Ullmann
T: 1:0 (09:37) S. Goc (Kreutzer) - 2:0 (11:42) S. Goc (Gogulla) / 3:0 (27:13) M. Ancicka (F. Schütz) - 4:0 (33:21) A. Barta (Fical) - 5:0 (36:42) M. Sturm (A. Bader, S. Goc)
S: Y. Seidenberg 4, M. Sturm 2, Busch 2, Gogulla 2, Felski 2

2006/07

1126. - 03.09.2006 GER - SVK 3:1 (1:0, 0:1, 2:0)
Mannheim, SAP Arena; Z: 6.015; SR: Stalder (SUI); LR: Haupt (GER), Hatz (GER)
Ro. Müller (Adler Mannheim; ab 31:53 Kotschnew (Iserlohn Roosters)) - Schauer (Sinupret Ice Tigers), M. Ancicka (Adler Mannheim) - Sulzer (DEG Metro Stars), S. Goc (Hannover Scorpions) - Kopitz (Kölner Haie), A. Bader (EV Duisburg „Die Füchse") - Renz (C - Kölner Haie), Petermann (Adler Mannheim) - Ullmann (Adler Mannheim), Carciola (Adler Mannheim), Martinec (Adler Mannheim) - Busch (Eisbären Berlin), A. Barta (Hamburg Freezers), Furchner (Kölner Haie) - Y. Seidenberg (ERC Ingolstadt), M. Kink (Adler Mannheim), Fical (Sinupret Ice Tigers) - Gogulla (Kölner Haie), Hackert (Frankfurt Lions), Gawlik (Eisbären Berlin)
T: 1:0 (02:30) Gawlik (M. Ancicka, Gogulla) / 2:1 (43:27) S. Goc (Gawlik, Gogulla) - 3:1 (51:20) Gogulla (Hackert, S. Goc)
S: S. Goc 6, Renz 4, Martinec 2, Schauer 2, Ullmann 2, A. Bader 2, M. Ancicka 2, Gogulla 2

1127. - 08.11.2006 GER - CAN 4:4 (2:2, 0:2, 2:0)
Hamburg, Color Line Arena; Z: 8.978; SR: Partanen (FIN); LR: Naust (GER), Smetana (AUT)
Kotschnew (ab 30:30 Jung (Hannover Scorpions) 58:34-58:50 out) - Sulzer, M. Ancicka - Kopitz, Goldmann (Iserlohn Roosters) - A. Bader, Schauer - Renz (C), Petermann - Mi. Wolf (Iserlohn Roosters), A. Barta, Y. Seidenberg - **John Tripp** (ERC Ingolstadt), Ullmann, Lewandowski (Adler Mannheim) - Gogulla, Hackert, Gawlik - Fical, **Kai Hospelt** (Kölner Haie), Polaczek (Sinupret Ice Tigers) - **René Röthke** (Hannover Scorpions)
T: 1:0 (02:00) Polaczek (Fical) - 2:0 (03:53) Tripp (Ullmann, Kopitz) / 3:4 (58:19) Hospelt (Y. Seidenberg) - 4:4 (58:50) Y. Seidenberg (Lewandowski)
S: M. Ancicka 4, Polaczek 2, Kopitz 2, Schauer 2, Fical 2, Petermann 2
Lewandowski absolvierte als achtundsechzigster Spieler sein 100. Länderspiel.

17. Deutschland-Cup 2006

Die deutsche Mannschaft belegte in ihrer Vorrundengruppe den 2. Platz und spielte damit um Platz 3.
VORRUNDE - GRUPPE A

1128. - 09.11.2006 GER - JPN 5:4 (2:2, 0:1, 3:1)
Hannover, TUI Arena; Z: 4.875; SR: Vinnerborg (SWE); LR: Barth (GER), Schulz (GER)
Jung (Kotschnew n.e.) - Petermann, Sulzer - Bakos (ERC Ingolstadt), Kopitz - M. Ancicka, Schauer - Hördler (Eisbären Berlin), Renz (C) - Kreutzer (DEG Metro Stars), A. Barta, Felski (Eisbären Berlin) - Röthke, Fical, Polaczek - Gawlik, Hackert, Gogulla - Mi. Wolf, Y. Seidenberg, Hospelt
T: 1:0 (05:17) Gogulla (Schauer, M. Ancicka) - 2:2 (18:16) Gogulla (Gawlik, Hackert) / 3:3 (52:50) Kopitz (Bakos, Y. Seidenberg) - 4:4 (58:18) Kreutzer (Felski) - 5:4 (58:40) Kreutzer (M. Ancicka, Felski)
S: Hackert 6, Felski 2, Schauer 2, Fical 2, Petermann 2, Hördler 2, Mi. Wolf 2, Y. Seidenberg 2, M. Ancicka 2, Hospelt 2

1129. - 11.11.2006 GER - SUI 2:3 (2:0, 0:1, 0:1, 0:0, 0:1) OT (5 min.) und PS
Hannover, TUI Arena; Z: 7.685; SR: Vinnerborg (SWE); LR: Winnekens (GER), Gasda (GER)
Kotschnew (Jung n.e.) - A. Bader, Sulzer - Bakos, Kopitz - M. Ancicka, Schauer - Hördler, Renz (C) - Kreutzer, A. Barta, Felski - Tripp, Ullmann, Lewandowski - Gawlik, Hackert, Gogulla - Mi. Wolf, Fical, Polaczek
T: 1:0 (08:53) A. Bader (A. Barta) - 2:0 (14:04) Fical (---)
PS: 0:1 SUI - 0:1 Tripp (vergeben) - 0:2 SUI - 0:2 Felski (vergeben)
S: Kreutzer 10 (Disziplinarstrafe), Ullmann 4, Hackert 4, Renz 2, Bakos 2, Kopitz 2, Lewandowski 2, Fical 2, M. Ancicka 2, Gogulla 2

SPIEL UM PLATZ 3

1130. - 12.11.2006 GER - CAN 4:5 (2:2, 2:1, 0:2)
Hannover, TUI Arena; Z: 5.239; SR: Vinnerborg (SWE); LR: Krawinkel (GER), Gasda (GER)
Jung (57:51-57:58 + 58:06-59:17 + 59:35-60:00 out; Kotschnew n.e.) - A. Bader, Sulzer - Bakos, Kopitz - M. Ancicka, Petermann - Hördler, Goldmann - Kreutzer (C), A. Barta, Felski - Tripp, Ullmann, Lewandowski - Röthke, Hackert, Gogulla - Y. Seidenberg, Fical, Hospelt
T: 1:0 (05:42) Kreutzer (A. Barta, Hördler) - 2:2 (17:41) Tripp (M. Ancicka, Petermann) / 3:3 (25:50) Gogulla (Hackert, Goldmann) - 4:3 (36:54) Ullmann (Tripp)
S: Petermann 4, Sulzer 4, Bakos 4, Kreutzer 2, A. Bader 2, Hördler 2, Kopitz 2, Gogulla 2, M. Ancicka 2

Seit 2007 wird bei einem Unentschieden nach 60 min. bei jedem Spiel eine 5-minütige Sudden death overtime und wenn nötig ein Penaltyschießen (je drei Schützen) zur Ermittlung des Siegers ausgetragen.

1131. - 07.02.2007 GER - SLO 6:0 (1:0, 1:0, 4:0)
Ingolstadt, Saturn-Arena; Z: 3.530; SR: Längle (AUT); LR: Höck (GER), Tondera (GER)
Youri Ziffzer (Eisbären Berlin; ab 53:51 Ro. Müller) - M. Ancicka, **Robert Dietrich** (DEG Metro Stars) - Bakos, **Rainer Köttstorfer** (Krefeld Pinguine) - A. Bader, Petermann - **Moritz Müller** (Kölner Haie), Kopitz - Tripp, Ullmann, Y. Seidenberg - Mi. Wolf, B. Barta (ERC Ingolstadt), Hospelt - Arendt (Adler Mannheim), Fical (C), Polaczek - Gogulla, M. Kink, Furchner
T: 1:0 (11:46) Mi. Wolf (A. Bader, Petermann) / 2:0 (35:46) Fical (Polaczek, Tripp) / 3:0 (44:07) Fical (Arendt) - 4:0 (44:58) Furchner (M. Kink, Gogulla) - 5:0 (53:50) Fical (Arendt, M. Ancicka) - 6:0 (57:49) Dietrich (Gogulla, Furchner)
S: Tripp 4, Polaczek 2, Y. Seidenberg 2, Arendt 2, Ullmann 2

3. Škoda-Cup 2007
Die deutsche Mannschaft belegte Platz 4.

1132. - 09.02.2007 SUI - GER 3:1 (2:0, 1:1, 0:0)
Basel, St. Jakob-Arena; Z: 2.921; SR: Mandioni (SUI); LR: Fluri (SUI), Wirth (SUI)
Jonas (Kölner Haie 58:51 out; Kotschnew n.e.) - A. Bader, Petermann - Bakos, Köttstorfer - Kopitz, M. Kink - M. Ancicka, Renz - Kreutzer, A. Barta, Gogulla - Tripp, Ullmann, Lewandowski - Mi. Wolf, Y. Seidenberg, Furchner - Arendt, Fical (C), Polaczek - Mo. Müller
T: 2:1 (36:48) Mi. Wolf (Y. Seidenberg, M. Ancicka)
S: Tripp 4, Petermann 4, Kreutzer 4, M. Ancicka 2, Mo. Müller 2, Teamstrafe 2

1133. - 10.02.2007 GER - AUT 4:6 (1:2, 1:2, 2:2)
Basel, St. Jakob-Arena; Z: 567; SR: Mandioni (SUI); LR: Fluri (SUI), Wirth (SUI)
Kotschnew (58:10-59.05 out; Jonas n.e.) - A. Bader, Petermann - Bakos, Köttstorfer - Mo. Müller, Kopitz - M. Ancicka, Renz - Kreutzer, A. Barta, Arendt - Tripp, B. Barta, Y. Seidenberg - Mi. Wolf, Ullmann, Lewandowski - Gogulla, Fical (C), Polaczek
T: 1:0 (02:09) Fical (Petermann, A. Bader) / 2:4 (39:43) B. Barta (Renz) / 3:4 (46:12) Mi. Wolf (M. Ancicka) - 4:4 (57:38) Kreutzer (---)
S: Ullmann 4, Renz 2, Kreutzer 2, Gogulla 2, Tripp 2, Mo. Müller 2, Teamstrafe 2

1134. - 11.02.2007 GER - SVK 3:2 (0:0, 1:1, 1:1, 0:0, 1:0) OT und PS
Basel, St. Jakob-Arena; Z: 485; SR: Mandioni (SUI); LR: Fluri (SUI), Arm (SUI)
Jonas (Kotschnew n.e.) - A. Bader, Petermann - Bakos, Köttstorfer - M. Ancicka, Renz - M. Kink - Kreutzer, A. Barta, Arendt - Tripp, B. Barta, Y. Seidenberg - Mi. Wolf, Ullmann, Lewandowski - Gogulla, Fical (C), Polaczek - Furchner
T: 1:1 (23:05) A. Bader (M. Ancicka, Kreutzer) / 2:2 (53:22) A. Barta (---) / 3:2 (65:00) Mi. Wolf (GWS)
PS: 1:0 Mi. Wolf - 1:0 SVK (gehalten) - 1:0 A. Barta (gehalten) - 1:1 SVK - 2:1 Kreutzer - 2:2 SVK - 2:2 SVK (gehalten) - 3:2 Mi. Wolf (GWS)
S: A. Bader 4, M. Ancicka 4, Gogulla 4, Petermann 4, M. Kink 2, A. Barta 2, Tripp 2

1135. - 07.04.2007 LAT - GER 3:2 (0:0, 1;1, 1:1, 0:0, 1:0) OT und PS
Rīga, Arēna; Z: 7.350; SR: Urda (UKR); LR: Eglītis (LAT), Jučers (LAT)
Kotschnew (Ziffzer n.e.) - Köttstorfer, **Robin Breitbach** (Genève-Servette HC) - Hördler, Bakos - **Sebastian Osterloh** (Frankfurt Lions), **Petr Macholda** (Frankfurt Lions) - **Steffen Tölzer** (Augsburger Panther), **Tobias Draxinger** (Eisbären Berlin) - Felski (C), A. Barta, Rankel (Eisbären Berlin) - Y. Seidenberg, Busch, Tripp - **Tobias Wörle** (Frankfurt Lions), Hackert, Mi. Wolf - **Roland Verwey** (Krefeld Pinguine), **Patrick Buzas** (Augsburger Panther), **Florian Schnitzer** (Hamburg Freezers) - **Simon Danner** (Frankfurt Lions)
T: 0:1 (28:45) Busch (---) / 2:2 (46:34) Bakos (A. Barta, Felski)
PS: 0:0 Hackert (gehalten) - 0:0 LAT (gehalten) - Mi. Wolf (gehalten) - 0:0 LAT (gehalten) - 0:0 Wörle (gehalten) - 0:1 LAT - 0:1 Tripps (gehalten) - 0:2 LAT
S: Osterloh 6+10 (Disziplinarstrafe), Tripp 4, Breitbach 4, Macholda 4, Schnitzer 4, Felski 2, Tölzer 2

1136. - 09.04.2007 LAT - GER 1:3 (0:1, 1:1, 0:1)
Rīga, Arēna; Z: 8.250; SR: Urda (UKR); LR: Korsaks (LAT), Bērziņš (LAT)
Ziffzer (Kotschnew n.e.) - Köttstorfer, Breitbach - Hördler, Bakos - Osterloh, Macholda - Tölzer, Draxinger - Felski (C), A. Barta, Rankel - Y. Seidenberg, Busch, Tripp - Wörle, Hackert, Mi. Wolf - Verwey, Buzas, Schnitzer - Danner
T: 1:0 (07:44) Rankel (Felski, A. Barta) / 1:2 (38:20) Mi. Wolf (Tölzer, Hackert) / 1:3 (56:53) Tripp (---)
S: Breitbach 4, Draxinger 2, Danner 2

1137. - 12.04.2007 GER - DEN 4:2 (0:2, 3:0, 1:0)
Kassel, Eissporthalle am Auestadion; Z: 2.436; SR: Piechaczek (GER); LR: Gemeinhardt (GER), Westrich (GER)
Kotschnew (Ziffzer n.e.) - Tölzer, Osterloh - Draxinger, Dietrich - Hördler, Bakos - Breitbach, Kopitz - Macholda - Tripp, A. Barta, Felski (C) - Mi. Wolf, Hackert, Rankel - P. Reimer (DEG Metro Stars), Busch, Buzas - Y. Seidenberg, Gogulla, Verwey - Wörle
T: 1:2 (31:26) A. Barta (Tripp, Felski) - 2:2 (34:43) Tripp (Bakos) - 3:2 (39:59) Gogulla (Macholda, Felski) / 4:2 (59:39) Hackert (Gogulla)
S: Breitbach 5+20 (Spieldauer), Busch 8, Kopitz 4, Osterloh 4, Bakos 2, Y. Seidenberg 2, Verwey 2

1138. - 14.04.2007 GER - DEN 4:2 (1:1, 0:1, 3:0)
Krefeld, KönigPALAST; Z: 4.035; SR: Bergman (BEL); LR: Gemeinhardt (GER), Schelewski (GER)
Jonas (Ziffzer n.e.) - Tölzer, Osterloh - Draxinger, Dietrich - Bakos, Sulzer - Breitbach, Kopitz - Hördler - Tripp, A. Barta, Felski - Mi. Wolf, Hackert, Rankel - P. Reimer, Busch, Kreutzer (C) - Y. Seidenberg, Gogulla, Verwey - Wörle
T: 1:0 (00:21) Rankel (A. Barta, Felski) / 2:2 (47:14) Tripp (Y. Seidenberg, Hackert) - 3:2 (49:26.) Mi. Wolf (Gogulla, Kreutzer) - 4:2 (59:38) Gogulla (---)
S: Kopitz 2, A. Barta 2, P. Reimer 2, Hördler 2, Breitbach 2

1139. - 19.04.2007 SUI - GER 2:3 (0:2, 1:0, 1:1)
Herisau, Sportzentrum; Z: 3.420; SR: Kurmann (SUI); LR: Wirth (SUI), Wehrli (SUI)
Kotschnew (ab 29:48 Ziffzer) - Bakos, Sulzer - Breitbach, Macholda - Draxinger, Dietrich - Hördler, Osterloh - Kopitz - Rankel, A. Barta, Felski - Tripp, Busch, Y. Seidenberg - Mi. Wolf, Hackert, Gogulla - P. Reimer, Kreutzer (C), Verwey
T: 0:1 (06:46) Rankel (A. Barta, Bakos) - 0:2 (07:54) Gogulla (Kreutzer) / 1:3 (51:11) Macholda (Busch, Y. Seidenberg)
S: Kreutzer 2, A. Barta, Hördler 2, Mi. Wolf 2, Y. Seidenberg 2, Tripp 2, Dietrich 2, Breitbach 2

1140. - 21.04.2007 SUI - GER 5:1 (1:0, 3:0, 1:1)
Rapperswil, Diners Club Arena; Z: 5.071; SR: Reiber (CAN); LR: Wirth (SUI), Wehrli (SUI)
Jonas (Kotschnew n.e.) - Bakos, Sulzer - Breitbach, Macholda - Draxinger, Dietrich - M. Ancicka, Petermann - Rankel, A. Barta, Felski - Tripp, Busch, Y. Seidenberg - Mi. Wolf, Hackert, Gogulla - Kreutzer (C), Ullmann, Verwey - P. Reimer
T: 4:1 (48:49) Y. Seidenberg (Tripp)
S: Busch 10 (Disziplinarstrafe), Felski 2, Ullmann 2, Rankel 2, M. Ancicka 2, Macholda 2

71. Weltmeisterschaft 2007

Die deutsche Mannschaft belegte in ihrer Vorrundengruppe den 3. Platz und kam damit in die Zwischenrunde. Hier wurde der 5. Platz belegt und das Viertelfinale verfehlt.

VORRUNDE - GRUPPE C

1141'. - 28.04.2007 GER - CAN 2:3 (1:1, 1:1, 0:1)
Mytishchi, Arena; Z: 4.300; SR: Rönn (FIN); LR: Fonselius (FIN), Oskirko (RUS)
Kotschnew (59:49 out; Jonas n.e.) - Bakos, Sulzer - Osterloh, Hördler - Draxinger, Dietrich - Breitbach, M. Ancicka - Rankel, A. Barta, Felski - Tripp, Busch, Y. Seidenbach - Mi. Wolf, Hackert, Gogulla - Kreutzer (C), Ullmann, Fical
T: 1:0 (09:51) Ullmann (Felski, Kreutzer) / 2:2 (21:23) Dietrich (Hackert)
S: A. Barta 4, Breitbach 4, M. Ancicka 2, Osterloh 2, Bakos 2, Felski 2, Fical 2

1142'. - 30.04.2007 SVK - GER 5:1 (1:0, 1:0, 3:1)
Mytishchi, Arena; Z: 3.800; SR: Kurmann (SUI); LR: Feola (USA); Jakobsen (DEN)
Jonas (Kotschnew n.e.) - Bakos, Sulzer - Osterloh, Hördler - Draxinger, Dietrich - Breitbach, M. Ancicka - Rankel, A. Barta, Felski - Mi. Wolf, Hackert, Gogulla - Kreutzer (C), Ullmann, Fical - Tripp, Busch
T: 2:1 (47:30) Busch (Mi. Wolf, Dietrich)
S: Kreutzer 6, Breitbach 4, Bakos 2, Hördler 2, Felski 2, Fical 2

1143'. - 02.05.2007 NOR - GER 3:5 (0:2, 3:3, 0:0)
Mytishchi, Arena; Z: 2.200; SR: Rönn (FIN); LR: Eglītis (LAT), Kicha (UKR)
Pätzold (Worcester Sharks; Kotschnew n.e.) - Bakos, Sulzer - Osterloh, Hördler - Draxinger, Dietrich - Breitbach, M. Ancicka - Rankel, A. Barta, Felski - Mi. Wolf, Hackert, Gogulla - Fical, Ullmann, Kreutzer (C) - Tripp, Busch
T: 0:1 (08:11) Hackert (Gogulla, M. Ancicka) - 0:2 (14:45) Mi. Wolf (Gogulla, Dietrich) / 3:3 (24:25) Mi. Wolf (Hackert) - 3:4 (26:58) Tripp (Bakos, M. Ancicka) - 3:5 (32:51) A. Barta (Mi. Wolf)
S: Osterloh 4, Rankel 4, Fical 4, Gogulla 2, Felski 2, Sulzer 2

ZWISCHENRUNDE - GRUPPE F

1144'. - 03.05.2007 GER - CZE 2:0 (1:0, 0:0, 1:0)
Mytishchi, Arena; Z: 2.600; SR: Vinnerborg (SWE); LR: Jakobsen (DEN), Kicha (UKR)
Kotschnew (Jonas n.e.) - Bakos, Sulzer - Osterloh, Hördler - Draxinger, Dietrich - Petermann, M. Ancicka - Tripp, A. Barta, Felski - Mi. Wolf, Hackert, Gogulla - Kreutzer (C), Ullmann, Busch - Rankel, Fical, Polaczek
T: 1:0 (19:50) Hackert (Mi. Wolf, Bakos) / 2:0 (58:19) Mi. Wolf (Felski, Tripp)
S: Ullmann 4, M. Ancicka 4, Gogulla 2, Petermann 2, Bakos 2

1145'. - 05.05.2007 USA - GER 3:0 (1:0, 1:0, 1:0)
Mytishchi, Arena; Z: 2.200; SR: Rönn (FIN); LR: Fonselius (FIN), Zatta (ITA)
Pätzold (Jonas n.e.) - Bakos, Sulzer - Osterloh, Hördler - Draxinger, Dietrich - Petermann, Breitbach - Tripp, A. Barta, Felski - Mi. Wolf, Hackert, Gogulla - Kreutzer (C), Ullmann, Busch - Rankel, Fical, Polaczek
S: Polaczek 2, Felski 2, Draxinger 2, Sulzer 2, Fical 2, Busch 2

1146'. - 07.05.2007 BLR - GER 5:6 (2:3, 2:1, 1:2)
Mytishchi, Arena; Z: 2.000; SR: Hansen (NOR); LR: Gordenko (RUS), Pouzar (CZE)
Pätzold (Kotschnew n.e.) - Sulzer, Petermann - Osterloh, Hördler - Draxinger, Dietrich - M. Ancicka, Breitbach - Tripp, A. Barta, Felski - Mi. Wolf, Hackert, Gogulla - Kreutzer (C), Ullmann, Busch - Rankel, Fical, Polaczek
T: 1:1 (05:50) Hackert (Gogulla) - 1:2 (12:08) A. Barta (Felski, Tripp) - 1:3 (17:53) Dietrich (Kreutzer, Hackert) / 2:4 (25:19) Felski (M. Ancicka) / 4:5 (45:24) Mi. Wolf (Gogulla, Hackert) - 5:6 (53:55) Mi. Wolf (Gogulla)
S: Hördler 2+10 (Disziplinarstrafe), Mi. Wolf 6, Draxinger 4, Petermann 2, Tripp 2, Hackert 2, Busch 2, Dietrich 2

2007/08

1147'. - 29.08.2007 CZE - GER 2:4 (1:0, 1:2, 0:2)
Ústí nad Labem, Zlatopramen Arena*; Z: 2.465; SR: Minář (CZE); LR: Bláha (CZE), Pouzar (CZE)
* bisher Zimní stadion
Ro. Müller (Adler Mannheim; Kotschnew (Sinupret Ice Tigers) n.e.) - **Jason Holland** (ERC Ingolstadt), Bakos (ERC Ingolstadt) - S. Goc (Hannover Scorpions), Draxinger (Eisbären Berlin) - M. Ancicka (Adler Mannheim), Renz (Kölner Haie) - Dietrich (DEG Metro Stars), Osterloh (Frankfurt Lions) - Petermann (Adler Mannheim) - Tripp (Hamburg Freezers), Ullmann (Adler Mannheim), Y. Seidenberg (ERC Ingolstadt) - F. Schütz (ERC Ingolstadt), Hackert (Adler Mannheim), Gogulla (Kölner Haie) - **Manuel Klinge** (Kassel Huskies), A. Barta (Hamburg Freezers), Felski (Eisbären Berlin) - Verwey (Krefeld Pinguine), Fical (C - Sinupret Ice Tigers), Polaczek (Sinupret Ice Tigers) - **Marcel Müller** (Kölner Haie)
T: 2:1 (29:17) Tripp (Holland, S. Goc) - 2:2 (34:02) F. Schütz (---) / 2:3 (49:12) Ullmann (S. Goc, M. Ancicka) - 2:4 (58:58) Felski (Osterloh)
S: S. Goc 4, Hackert 4, Tripp 4, M. Ancicka 2, Polaczek 2, Bakos 2, Felski 2, Klinge 2

1148'. - 30.08.2007 CZE - GER 4:2 (1:1, 3:0, 0:1)
Karlovy Vary, Zimní Stadion; Z: 2.340; SR: Homola (CZE); LR: Barvíř (CZE), Blümel (CZE)
Kotschnew (59:34 out; Ro. Müller n.e.) - Holland, Osterloh - S. Goc, Draxinger - M. Ancicka, Renz - Petermann, Bakos - Dietrich - Tripp, Ullmann, Y. Seidenberg - F. Schütz, Hackert, Gogulla - Klinge, A. Barta, Felski - Ma. Müller, Fical (C), Polaczek - Verwey
T: 1:1 (15:10) Tripp (Ullmann) / 4:2 (58:00) Tripp (S. Goc, M. Ancicka)
S: Renz 2+2+10 (Disziplinarstrafe), S. Goc 4, Y. Seidenberg 4, Gogulla 4, Osterloh 2, Draxinger 2, F. Schütz 2, Felski 2, Ullmann 2, M. Ancicka 2

1149'. - 07.11.2007 GER - USA 4:2 (2:0, 0:1, 2:1)
Köln, Kölnarena; Z: 12.780; SR: Mandioni (SUI), Piechaczek (GER); LR: Mosler (GER), Starke (GER)
Ro. Müller (EV Duisburg „Die Füchse"; ab 30:17 Ziffzer (Eisbären Berlin)) - Renz (C), S. Goc - Holland, Christopher Schmidt (Iserlohn Roosters) - Bakos, Köttstorfer (Hannover Scorpions) - Osterloh, Draxinger - Klinge, A. Barta, Busch (Eisbären Berlin) - Mi. Wolf (Iserlohn Roosters), Hackert, Gogulla - Tripp, F. Schütz, Y. Seidenberg - Polaczek, **Alexander Weiß** (Eisbären Berlin), **Christoph Melischko** (ERC Ingolstadt)
T: 1:0 (03:26) Klinge (Busch) - 2:0 (04:53) F. Schütz (Draxinger) / 3:1 (41:08) Tripp (---) - 4:2 (56:27) Mi. Wolf (---)
S: Hackert 4, Bakos 2, F. Schütz 2, Köttstorfer 2, Holland 2

18. Deutschland-Cup 2007
Die deutsche Mannschaft belegte in ihrer Vorrundengruppe den 2. Platz und spielte damit um Platz 3.

VORRUNDE - GRUPPE A

1150. - 08.11.2007 GER - USA 2:3 (0:2, 1:1, 1:0)
Hannover, TUI Arena; Z: 3.093; SR: Mandioni (SUI), Rantala (FIN); LR: Naust (GER), Westrich (GER)
Kotschnew (ab 30:32 Ziffzer; 31:50-32:44 + 55:46-56:19 + 57:00-60:00 out) - Bakos, Köttstorfer - Holland, C. Schmidt - M. Ancicka, Hördler (Eisbären Berlin) - Osterloh, Draxinger - Klinge, A. Barta, Felski (C) - Mi. Wolf, Hackert, Busch - Tripp, F. Schütz, Y. Seidenberg - A. Weiß, Ullmann, Polaczek
T: 1:3 (32:44) Mi. Wolf (Holland, M. Ancicka) / 2:3 (56:19) Tripp (Felski, A. Barta)
S: Polaczek 2+5+20 (Spieldauer), Y. Seidenberg 2+2+10 (Disziplinarstrafe), Bakos 2, Ullmann 2, Köttstorfer 2

1151. - 10.11.2007 GER - DEN 6:2 (4:0, 0:1, 2:1)
Hannover, TUI Arena; Z: 5.797; SR: Looker (USA), Rantala (FIN); LR: Schelewski (GER), Tondera (GER)
Ro. Müller (Ziffzer n.e.) - Bakos, **Jens Baxmann** (Eisbären Berlin) - Holland, C. Schmidt - M. Ancicka, Renz (C) - Draxinger, Hördler - Klinge, Busch, Felski - Mi. Wolf, Hackert, Gogulla - Tripp, Ullmann, Y. Seidenberg - Polaczek, Buzas (Augsburger Panther), Melischko
T: 1:0 (02:43) Mi. Wolf (Draxinger, Hackert) - 2:0 (12:47) Ullmann (Y. Seidenberg, Tripp) - 3:0 (16:21) Felski (Busch, Hördler) - 4:0 (18:12) Felski (---) / 5:1 (53:15) Busch (Holland, Felski) - 6:1 (56:24) Busch (Klinge)
S: Gogulla 6, Baxmann 2, Draxinger 2, Klinge 2, Hackert 2, Bakos 2, Hördler 2

SPIEL UM PLATZ 3

1152. - 11.11.2007 GER - SVK 5:3 (1:1, 2:1, 2:1)
Hannover, TUI Arena; Z: 4.157; SR: Looker (USA), Mandioni (SUI); LR: Kowert (GER), Ponomarjow (GER)
Ziffzer (Ro. Müller n.e.) - Bakos, Baxmann - Holland, C. Schmidt - M. Ancicka, Renz (C) - Draxinger, Hördler - Klinge, Busch, Felski - Mi. Wolf, Hackert, F. Schütz - Tripp, Ullmann, Y. Seidenberg - A. Weiß, Buzas, Melischko
T: 1:1 (12:10) Felski (M. Ancicka, Klinge) / 2:1 (29:56) Felski (Holland, Busch) - 3:2 (39:15) Tripp (Bakos, Ullmann) / 4:2 (40:27) M. Ancicka (Hackert, Mi. Wolf) - 5:2 (42:49) Hackert (M. Ancicka, Mi. Wolf)
S: Bakos 5+20 (Spieldauer), Hackert 6, Baxmann 2, Busch 2, Tripp 2, Holland 2, Felski 2, Y. Seidenberg 2

1153. - 12.12.2007 GER - SUI 1:2 (1:0, 0:1, 0:0, 0:1) OT
Nürnberg, Arena Nürnberger Versicherung*; Z: 3.790; SR: Piechaczek (GER), Homola (CZE); LR: Sauer (GER), Präfke (GER)
* seit 2005 trägt die Arena einen Sponsorennamen
Kotschnew (ab 29:53 Ro. Müller (Kölner Haie) 63:15) - Holland, C. Schmidt - M. Ancicka, Renz - Bakos, Draxinger - **David Cespiva** (Sinupret Ice Tigers), Osterloh - **Florian Ondruschka** (Sinupret Ice Tigers) - Mi. Wolf, Hackert, Gogulla - A. Barta, Busch, Kreutzer (DEG Metro Stars) - Klinge, Fical (C), Polaczek - Tripp, Ullmann, Y. Seidenberg - F. Schütz
T: 1:0 (03:36) Fical (Polaczek)
S: Bakos 2, Ullmann 2, Fical 2, Gogulla 2, Tripp 2, C. Schmidt 2

4. Škoda-Cup 2008
Die deutsche Mannschaft belegte Platz 2.

1154. - 08.02.2008 SUI - GER 2:0 (0:0, 1:0, 1:0)
Lausanne, Centre Intercommunal de Glace de Malley; Z: 2.734; SR: Reiber (CAN), Piechaczek (GER); LR: Kohler (SUI), Zosso (SUI)
Ziffzer (Ro. Müller n.e.) - M. Ancicka, Renz (C) - Holland, C. Schmidt - Bakos, Draxinger - Hördler, Osterloh - Tripp, Ullmann, Y. Seidenberg - Mi. Wolf, Hackert, Gogulla - Klinge, Busch, Felski - Furchner (Kölner Haie), Fical, Polaczek
S: Felski 2+5+20 (Spieldauer), Osterloh 2+2+10 (Disziplinarstrafe), Hackert 4, Ullmann 2, Hördler 2, Polaczek 2, Bakos 2

1155. - 09.02.2008 GER - FRA 6:5 (3:2, 2:1, 1:2)
Lausanne, Centre Intercommunal de Glace de Malley; Z: 779; SR: Kurmann (SUI), Stricker (SUI); LR: Kohler (SUI), Zosso (SUI)
Ro. Müller (Ziffzer n.e.) - M. Ancicka, Baxmann - Holland, C. Schmidt - Bakos, Draxinger - Hördler, Osterloh - Tripp, F. Schütz, Y. Seidenberg - Mi. Wolf, Hackert, Gogulla - Busch, Ullmann, Felski (C) - Furchner, Fical, Polaczek
T: 1:1 (11:14) Tripp (Holland, Ullmann) - 2:1 (11:32) Mi. Wolf (Hackert, Gogulla) - 3:1 (12:43) Busch (Felski) / 4:3 (35:20) Ullmann (M. Ancicka, Tripp) - 5:3 (39:22) Hördler (Mi. Wolf, Gogulla) / 6:5 (59:53) Busch (C. Schmidt, Holland)
S: Furchner 2, Ullmann 2, Hördler 2, Mi. Wolf 2, M. Ancicka 2, Tripp 2, Draxinger 2, C. Schmidt 2

1156. - 10.02.2008 GER - SVK 4:1 (0:0, 1:0, 3:1)
Lausanne, Centre Intercommunal de Glace de Malley; Z: 622; SR: Reiber (CAN), Piechaczek (GER); LR: Kohler (SUI), Zosso (SUI)
Ziffzer (Ro. Müller n.e.) - Baxmann, Osterloh - Holland, C. Schmidt - Bakos, Draxinger - Hördler, Renz (C) - Tripp, F. Schütz, Y. Seidenberg - Klinge, Hackert, Gogulla - Busch, Ullmann, Felski - Furchner, Fical, Polaczek
T: 1:0 (33:13) Klinge (Hackert, Gogulla) / 2:0 (40:30) Felski (Busch, Ullmann) - 3:0 (44:35) Busch (---) - 4:1 (58:17) Ullmann (Y. Seidenberg)
S: Bakos 4, Furchner 2, Hördler 2, Polaczek 2, Tripp 2, Holland 2, Renz 2

1157'. - 10.04.2008 GER - FIN 1:3 (0:2, 0:0, 1:1)
Regensburg, Donau-Arena; Z: 4.786; SR: Looker (USA), Lärking (SWE); LR: Barth (GER), Aicher (GER)
Jung (Hannover Scorpions; **Patrick Ehelechner** (Sinupret Ice Tigers) n.e.) - M. Ancicka, Köttstorfer - Holland, C. Schmidt - Bakos (C), **André Reiss** (Hannover Scorpions) - Petermann, Tölzer (Augsburger Panther) - Fical, Hackert, Polaczek - Ullmann, Tripp, Y. Seidenberg - Waginger (ERC Ingolstadt), Hock (Iserlohn Roosters), Mi. Wolf - **Patrick Hager** (Krefeld Pinguine), Melischko, F. Schütz - Buzas
T: 1:3 (56:44) Mi. Wolf (Waginger)
S: M. Ancicka 4, Fical 2, Reiss 2, Polaczek 2, Waginger 2, Hackert 2

1158'. - 11.04.2008 GER - FIN 0:4 (0:2, 0:1, 0:1)
München, Eishalle im Olympiapark; Z: 6.186; SR: Lärking (SWE), Piechaczek (GER); LR: Sauer (GER), Adam (GER)
Ehelechner (Kotschnew n.e.) - M. Ancicka, Köttstorfer - Holland, C. Schmidt - Bakos (C), Reiss - Petermann, Tölzer - Fical, Hackert, Polaczek - Ullmann, Tripp, Y. Seidenberg - Waginger, Hock, Mi. Wolf - Buzas, Melischko, F. Schütz - Hager
S: Ullmann 2+5+20 (Spieldauer), Waginger 10 (Disziplinarstrafe), Tripp 4, Fical 4, Reiss 2, Y. Seidenberg 2, Petermann 2, Polaczek 2, Hager 2, Holland 2, Mi. Wolf 2

1159. - 19.04.2008 GER - BLR 4:2 (3:0, 1:1, 0:1)
Crimmitschau, Kunsteisstadion im Sahnpark; Z: 5.134; SR: Minář (CZE), Schütz (GER); LR: Ponomarjow (GER), Gemeinhardt (GER)
Pätzold (Worcester Sharks; Kotschnew n.e.) - M. Ancicka, Köttstorfer - Holland, C. Schmidt - Bakos (C), Reiss - Osterloh, Tölzer - Waginger, Fical, P. Reimer (DEG, Metro Stars) - Tripp, Ullmann, Y. Seidenberg - F. Schütz, Hackert, Mi. Wolf - Melischko, Buzas, Hager - Polaczek
T: 1:0 (02:24) Waginger (Bakos) - 2:0 (03:02) Holland (---) - 3:0 (05:45) Hackert (---) / 4:0 (23:34) Reiss (Tölzer)
S: Tölzer 6, M. Ancicka 4, Osterloh 4, F. Schütz 2, Köttstorfer 2

1160. - 21.04.2008 GER - BLR 1:2 (1:1, 0:0, 0:0, 0:1) OT
Dresden, Freiberger Arena; Z: 2.553; SR: Minář (CZE), Schütz (GER); LR: Schröter (GER), Winnekens (GER)
Kotschnew (63:17; Pätzold n.e.) - M. Ancicka, Köttstorfer - Holland, C. Schmidt - Bakos (C), Reiss - Osterloh, Tölzer - Polaczek, Fical, P. Reimer - Tripp, Ullmann, Y. Seidenberg - F. Schütz, Waginger, Mi. Wolf - Melischko, Buzas, Hager
T: 1:0 (04:46) Y. Seidenberg (Ullmann)
S: Osterloh 6, Hager 6, Tripp 4, Reiss 4, Buzas 2, Holland 2, C. Schmidt 2, P. Reimer 2, Y. Seidenberg 2, Kotschnew 2

1161. - 25.04.2008 GER - DEN 3:0 (1:0, 1:0, 1:0)
Bietigheim-Bissingen, Eisarena Ellental; Z: 3.250; SR: Klau (GER), Kadow (GER); LR: Haupt (GER), Präfke (GER)
Pätzold (Kotschnew n.e.) - Bakos (C), Reiss - Holland, C. Schmidt - Osterloh, Köttstorfer - Draxinger, Hördler - M. Ancicka - Tripp, Ullmann, Y. Seidenberg - F. Schütz, Waginger, Mi. Wolf - Polaczek, Fical, P. Reimer - Melischko, Buzas, Hager
T: 1:0 (10:31) P. Reimer (Polaczek, C. Schmidt) / 2:0 (26:09) Melischko (Bakos, Buzas) / 3:0 (59:24) Y. Seidenberg (---)
S: Fical 4, Polaczek 4, Hager 4, Draxinger 2, C. Schmidt 2

72. Weltmeisterschaft 2008

Die deutsche Mannschaft belegte in ihrer Vorrundengruppe den 3. Platz und kam damit in die Zwischenrunde. Hier wurde der 5. Platz belegt und das Viertelfinale verfehlt.
VORRUNDE - GRUPPE C

1162'. - 03.05.2008 GER - FIN 1:5 (0:0, 1:2, 0:3)
Halifax, Metro Centre; Z: 7.658; SR: Lärking (SWE), Vinnerborg (SWE); LR: Losier (CAN), Ulriksson (SWE)
Pätzold (Ro. Müller n.e.) - D. Seidenberg (Carolina Hurricanes), C. Schubert (Ottawa Senators) - Holland, C. Schmidt - Bakos, Hördler - Osterloh, Renz - Busch, Ustorf (Eisbären Berlin), M. Sturm (C - Boston Bruins) - Tripp, Ullmann, Y. Seidenberg - Mi. Wolf, Hackert, Gogulla - Rankel (Eisbären Berlin), Fical, Felski
T: 1:2 (32:44) Busch (C. Schmidt, Ustorf)
S: Osterloh 4, D. Seidenberg 2, Y. Seidenberg 2, Holland 2, Renz 2, Hackert 2

1163'. - 05.05.2008 SVK - GER 2:4 (0:2, 1:1, 1:1)
Halifax, Metro Centre; Z: 7.855; SR: Bulanov (RUS), Polyakov (RUS); LR: Dedyulya (BLR), Oskirko (RUS)
Ro. Müller (Pätzold n.e.) - D. Seidenberg, C. Schubert - Holland, C. Schmidt - Bakos, Hördler - Osterloh, Renz - Busch, Ustorf, M. Sturm (C) - Tripp, Ullmann, Y. Seidenberg - Mi. Wolf, Hackert, Gogulla - Rankel, Fical, Felski
T: 0:1 (06:57) M. Sturm (Busch, C. Schmidt) - 0:2 (15:05) Ustorf (C. Schmidt, Holland) / 1:3 (38:05) Hackert (Gogulla, Bakos) / 1:4 (48:42) Hackert (Gogulla, C. Schubert)
S: Rankel 2, Mi. Wolf 2, D. Seidenberg 2, Fical 2, Gogulla 2, Hördler 2, Felski 2

1164'. - 07.05.2008 NOR - GER 3:2 (0:1, 1:1, 2:0)
Halifax, Metro Centre; Z: 7.414; SR: Minář (CZE), Reiber (CAN); LR: Kaspar (AUT), Ulriksson (SWE)
Ro. Müller (59:26 out; Pätzold n.e.) - D. Seidenberg, C. Schubert - Bakos, Hördler - Osterloh, Renz - C. Schmidt - Busch, Ustorf, M. Sturm (C) - Tripp, Ullmann, Y. Seidenberg - Mi. Wolf, Hackert, Gogulla - Fical, Felski
T: 0:1 (06:37) M. Sturm (Busch, Ustorf) / 0:2 (24:09) Gogulla (Hackert, Mi. Wolf)
S: Felski 4, D. Seidenberg 4, Bakos 2, Renz 2, Y. Seidenberg 2, M. Sturm 2, C. Schubert 2

ZWISCHENRUNDE - GRUPPE F

1165'. - 08.05.2008 USA - GER 6:4 (3:2, 1:1, 2:1)
Halifax, Metro Centre; Z: 7.352; SR: Bulanov (RUS), Polyakov (RUS); LR: Losier (CAN), Ulriksson (SWE)
Pätzold (58:00-58:24 + 58:43-59:51 out; Kotschnew n.e.) - D. Seidenberg, C. Schubert - Reiss, C. Schmidt - Bakos, Hördler - Osterloh, Renz - Busch, Ustorf, M. Sturm (C) - Tripp, Ullmann, Y. Seidenberg - Mi. Wolf, Hackert, Gogulla - Fical, M. Goc (San Jose Sharks), Felski
T: 3:1 (14:03) Hackert (Mi. Wolf, Gogulla) - 3:2 (17:52) C. Schmidt (Y. Seidenberg, Tripp) / 4:3 (30:23) Busch (C. Schmidt, M. Sturm) / 4:4 (44:55) Bakos (Ullmann, Y. Seidenberg)
S: Osterloh 2+2+10 (Disziplinarstrafe), C. Schubert 4, Ustorf 2, Bakos 2, Hördler 2, Mi. Wolf 2, D. Seidenberg 2

1166'. - 10.05.2008 GER - CAN 1:10 (0:4, 0:5, 1:1)
Halifax, Metro Centre; Z: 9.182; SR: Bulanov (RUS), Kurmann (SUI); LR: Wehrli (SUI), Ulriksson (SWE)
Kotschnew (ab 20:01 Ro. Müller) - D. Seidenberg, C. Schubert - Reiss, C. Schmidt - Bakos, Hördler - Osterloh, Renz - Busch, Ustorf, M. Sturm (C) - Tripp, Ullmann, Y. Seidenberg - Mi. Wolf, Hackert, Gogulla - Fical, M. Goc, Felski
T: 1:10 (48:40) Hördler (---)
S: Gogulla 2, C. Schubert 2, Bakos 2, Reiss 2

1167'. - 12.05.2008 LAT - GER 3:5 (1:1, 2:1, 0:3)
Halifax, Metro Centre; Z: 8.614; SR: Kurmann (SUI), Minář (CZE); LR: Kalivoda (CZE), Kicha (UKR)
Pätzold (Ro. Müller n.e.) - D. Seidenberg, C. Schubert - Reiss, C. Schmidt - Bakos, Hördler - Osterloh, Renz - Felski, M. Goc, M. Sturm (C) - Mi. Wolf, Hackert, Gogulla - Tripp, Ullmann, Y. Seidenberg - Fical, Ustorf, Busch
T: 1:1 (18:45) C. Schmidt (Ullmann) / 2:2 (27:23) Mi. Wolf (C. Schubert) / 3:3 (47:51) C. Schubert (Busch, Renz) - 3:4 (50:40) Y. Seidenberg (Ullmann, Renz), 3:5 (52:51) Ullmann (Felski)
S: M. Sturm 4, D. Seidenberg 4, C. Schubert 4, Hördler 2, Gogulla 2, Ustorf 2, C. Schmidt 2, Osterloh 2, Bakos 2

2008/09

1168. - 05.11.2008 GER - CAN 3:0 (0:0, 1:0, 2:0)
Köln, LANXESS arena*; Z: 9.865; SR: Piechaczek (GER), Stricker (SUI); LR: Naust (GER), Erhart (GER)
* bis 01.06.2008 Kölnarena
Ziffzer (Eisbären Berlin; Pätzold (Hannover Scorpions n.e.) - **Sven Butenschön** (Adler Mannheim), C. Schmidt (Iserlohn Roosters) - Bakos (ERC Ingolstadt), Reiss (Hannover Scorpions) - Breitbach (Genève-Servette HC), Baxmann (Eisbären Berlin) - **Nikolai Goc** (Hannover Scorpions), Mo. Müller (Kölner Haie) - Mi. Wolf (Iserlohn Roosters), Hackert (Adler Mannheim), Gogulla (Kölner Haie) - **William Trew** (Straubing Tigers), Ullmann (Kölner Haie), Tripp (Hamburg Freezers) - **Richard Mueller** (Hamburg Freezers), Rankel (Eisbären Berlin), Kreutzer (C - DEG Metro Stars) - Hager (Krefeld Pinguine), Hospelt (Grizzly Adams Wolfsburg), Ma. Müller (Kölner Haie) - Polaczek (Sinupret Ice Tigers)
T: 1:0 (29:18) Mueller (Kreutzer) / 2:0 (43:28) Mueller (---) - 3:0 (59:52) Tripp (Mi. Wolf)
S: Rankel 4, Ullmann 4, Bakos 2, Gogulla 2, Breitbach 2, Hager 2

19. Deutschland-Cup 2008

Die deutsche Mannschaft belegte Platz 3.

1169. - 07.11.2008 GER - SUI 0:1 (0:0, 0:0, 0:1)
Mannheim, SAP Arena; Z: 6.953; SR: Jablukov (GER), Partanen (FIN); LR: Aicher (GER), Präfke (GER)
Pätzold (58:29 out; Ziffzer n.e.) - Butenschön, C. Schmidt - Bakos, Osterloh (Frankfurt Lions) - Breitbach, Baxmann - N. Goc, Mo. Müller - Trew, Hackert, Gogulla - Kreutzer (C), Ullmann, Tripp - Mueller, Rankel, Hager - **Constantin Braun** (Eisbären Berlin), Hospelt, Polaczek
S: Kreutzer 2, Hackert 2, Ullmann 2, Mo. Müller 2, Osterloh 2, C. Schmidt 2, Mueller 2

1170. - 08.11.2008 GER - SVK 5:2 (3:0, 1:1, 1:1)
Frankfurt am Main, Eissporthalle am Ratsweg; Z: 6.200; SR: Piechaczek (GER), Partanen (FIN); LR: Sauer (GER), Präfke (GER)
Ziffzer (Pätzold n. e.) - Butenschön, C. Schmidt - Bakos (C), Reiss - Osterloh, Baxmann - N. Goc, Mo. Müller - Mi. Wolf, Hackert, Gogulla - Hager, Ullmann, Tripp - Trew, Rankel, Polaczek - Mueller, A. Weiß (Eisbären Berlin), C. Braun
T: 1:0 (03:43) Mi. Wolf (Bakos) - 2:0 (09:56) Gogulla (Hackert, Mi. Wolf) - 3:0 (19:49) Mueller (Mo. Müller) / 4:0 (23:12) Hackert (Mi. Wolf, C. Schmidt) / 5:2 (45:27) Mueller (Osterloh)
S: Butenschön 4, N. Goc 2, Mi. Wolf 2, Mo. Müller 2, C. Schmidt 2, Baxmann 2, Reiss 2

1171. - 09.11.2008 GER - CAN 0:3 (0:1, 0:1, 0:1)
Mannheim, SAP Arena; Z: 8.525; SR: Looker (USA), Partanen (FIN); LR: Engelmann (GER), Höck (GER)
Pätzold (Ziffzer n.e.) - Butenschön, C. Schmidt - Bakos (C), Osterloh - Breitbach, Baxmann - N. Goc, Mo. Müller - Mi. Wolf, Hackert, Gogulla - Hager, Ullmann, Tripp - Trew, A. Weiß, Rankel - Ma. Müller, Hospelt, C. Braun
S: Trew 2, C. Schmidt 2, Ullmann 2, C. Braun 2

1172. - 17.12.2008 GER - SUI 1:2 (0:0, 1:1, 0:0, 0:1) OT
Hamburg, Color Line Arena; Z: 6.057; SR: Krog (DEN), Jablukov (GER); LR: Ratz (GER), Sochiera (GER)
Dennis Endras (Augsburger Panther; 61:54; Pätzold n.e.) - C. Schmidt, Macholda (Grizzly Adams Wolfsburg) - Reiss, **Korbinian Holzer** (DEG Metro Stars) - Renz (C - Kölner Haie), Mo. Müller - Breitbach - Gogulla, Hackert, Mi. Wolf - Y. Seidenberg (ERC Ingolstadt), Ullmann, Tripp - M. Kink (Adler Mannheim), Hospelt, Furchner (Grizzly Adams Wolfsburg) - Hager, A. Weiß, Mueller
T: 1:1 (32:34) Tripp (Macholda, Ullmann)
S: Hackert 4, Furchner 2, Mo. Müller 2

Olympia-Qualifikation für 2010

Die deutsche Mannschaft belegte in der Gruppe E den 1. Platz und qualifizierte sich für die Olympischen Winterspiele 2010.

GRUPPE E

1173'. - 05.02.2009 GER - JPN 7:1 (3:1, 3:0, 1:0)
Hannover, TUI Arena; Z: 4.318; SR: Savage (CAN), Šindler (CZE); LR: Gebauer (CZE), Wehrli (SUI)
Pätzold (ab 40:01 Endras) - Bakos, C. Schmidt - Hördler (Eisbären Berlin), Butenschön - M. Ancicka (Sinupret Ice Tigers), Renz (C) - Reiss, Mo. Müller - Mi. Wolf, Hackert, Gogulla - Tripp, Ullmann, Y. Seidenberg - Klinge (Kassel Huskies), A. Barta (Hamburg Freezers), Felski (Eisbären Berlin) - Mueller, **Travis James Mulock** (Tölzer Löwen), Rankel
T: 1:0 (03:57) Y. Seidenberg (---) - 2:0 (06:07) Mi. Wolf (Gogulla, Hackert) - 3:0 (15:00) Gogulla (Hackert, Mi. Wolf) / 4:1 (31:28) Klinge (Felski, A. Barta) - 5:1 (31:57) Mueller (Mulock, Rankel) - 6:1 (32:55) Tripp (Ullmann) / 7:1 (53:22) Tripp (Reiss, Mo. Müller)
S: Rankel 4, Tripp 4, Felski 2, Reiss 2, Hackert 2, Renz 2, Teamstrafe 2

1174'. - 07.02.2009 AUT - GER 1:2 (0:0, 1:2, 0:0)
Hannover, TUI Arena; Z: 5.034; SR: Rönnmark (SWE), Savage (CAN); LR: Dedyulya (BLR), Wehrli (SUI)
Pätzold (Endras n.e.) - Bakos, C. Schmidt - Hördler, Butenschön - M. Ancicka, Renz (C) - Reiss, Mo. Müller - Mi. Wolf, Hackert, Gogulla - Tripp, Ullmann, Y. Seidenberg - Klinge, A. Barta, Felski - Mueller, Mulock, Rankel
T: 0:1 (22:04) Y. Seidenberg (---) - 1:2 (33:03) Tripp (C. Schmidt)
S: Ullmann 4, Mo. Müller 2, Reiss 2, Y. Seidenberg 2

1175'. - 08.02.2009 GER - SLO 2:1 (1:0, 1:0, 0:1)
Hannover, TUI Arena; Z: 3.738; SR: Partanen (FIN), Šindler (CZE); LR: Gebauer (CZE), Kicha (UKR)
Endras (Pätzold n.e.) - Bakos, C. Schmidt - Hördler, Butenschön - M. Ancicka, Renz (C) - Reiss, Mo. Müller - Mi. Wolf, Hackert, Gogulla - Tripp, Ullmann, Y. Seidenberg - Mueller, Mulock, Rankel - Klinge, A. Barta
T: 1:0 (12:22) Hackert (Bakos) / 2:0 (21:12) Mulock (A. Barta, Klinge)
S: Mi. Wolf 4, A. Barta 2, Gogulla 2, Rankel 2, Ullmann 2, Hördler 2, Reiss 2

1176. - 03.04.2009 LAT - GER 1:2 (0:0, 0:1, 1:1)
Rīga, Arēna; Z: 4.431; SR: Odiņš (LAT); LR: Balodis (LAT), Eglītis (LAT)
Kotschnew (HK Spartak Moskva; Endras n.e.) - C. Schmidt, Bakos - Osterloh, Draxinger (ERC Ingolstadt) - Renz (C), M. Ancicka - Tölzer (Augsburger Panther) - Mo. Müller - Mi. Wolf, Mulock, Gogulla - Y. Seidenberg, Ullmann, Aab (Hamburg Freezers) - Hospelt, Fical (Sinupret Ice Tigers), Ma. Müller - Greilinger (ERC Ingolstadt), A. Barta, Hager - **Ulrich Maurer** (Augsburger Panther)
T: 0:1 (37:18) Ullmann (Y. Seidenberg) / 0:2 (44:04) Mi. Wolf (Gogulla)
S: Renz 2, Bakos 2, Aab 2, Mi. Wolf 2, Mo. Müller 2

1177. - 04.04.2009 LAT - GER 2:4 (2:1, 0:3, 0:0)
Rīga, Arēna; Z: 5.123; SR: Bakisovs (LAT); LR: Zucera (LAT), Eglītis (LAT)
Endras (Kotschnew n.e.) - C. Schmidt, Bakos - Osterloh, Draxinger - Renz (C), M. Ancicka - Tölzer, Mo. Müller - Mi. Wolf, Mulock, Gogulla - Y. Seidenberg, Aab, U. Maurer - Hospelt, Fical, Ma. Müller - Greilinger, A. Barta, Hager
1:1 (09:08) Greilinger (Fical) / 2:2 (27:16) Osterloh (Hospelt, Ma. Müller) - 2:3 (33:34) Aab (A. Barta, Y. Seidenberg) - 2:4 (35:26) Mo. Müller (Gogulla, M. Ancicka)
S: Draxinger 4, Tölzer 2, Mi. Wolf 2, Y. Seidenberg 2, Mo. Müller 2, Osterloh 2

1178. - 11.04.2009 GER - CZE 2:6 (0:2, 0:4, 2:0)
Regensburg, Donau-Arena; Z: 4.767; SR: Bauer (GER), Dremelj (SLO); LR: Erhart (GER), Präfke (GER)
Endras (ab 40:01 Kotschnew) - C. Schmidt, Bakos - Osterloh, Mo. Müller - Renz (C), M. Ancicka - Tölzer, Draxinger - Mi. Wolf, Mulock, Gogulla - Y. Seidenberg, A. Barta, Aab - U. Maurer, Fical, Ullmann - Hospelt, Ma. Müller, Hager - Greilinger
T: 1:6 (47:43) Y. Seidenberg (M. Ancicka, Bakos) - 2:6 (54:55) Mi. Wolf (Hager)
S: Y. Seidenberg 5+20 (Spieldauer), C. Schmidt 12+10 (Disziplinarstrafe), Mi. Wolf 6, M. Ancicka 2, Osterloh 2

1179. - 12.04.2009 GER - CZE 3:5 (1:1, 1:2, 1:2)
Ingolstadt, Saturn-Arena; Z: 3.517; SR: Längle (AUT), Vogl (GER); LR: Sauer (GER), Flad (GER)
Kotschnew (59:09-59:17 out; Endras n.e.) - C. Schmidt, Bakos - Osterloh, Mo. Müller - Renz (C), M. Ancicka - Tölzer, Draxinger - Y. Seidenberg, Greilinger, Ullmann - Mi. Wolf, Mulock, Gogulla - Aab, A. Barta, U. Maurer - Hospelt, Ma. Müller, Hager - Fical
T: 1:0 (08:12) Mo. Müller (Greilinger, Y. Seidenberg) / 2:1 (23:22) Greilinger (Bakos, Ullmann) / 3:3 (50:53) Aab (Gogulla, Mulock)
S: Y. Seidenberg 4, Ma. Müller 4, Hager 2, Mulock 2, U. Maurer 2, M. Ancicka 2, Mo. Müller 2, Draxinger 2, Ullmann 2

1180. - 16.04.2009 GER - DEN 3:0 (2:0, 1:0, 0:0)
Ravensburg, Eissporthalle; Z: 2.705; SR: Berneker (AUT), Oswald (GER); LR: ? (GER), ? (GER)
Endras (Pätzold n.e.) - C. Schmidt, Bakos - Butenschön, N. Goc - Osterloh, Mo. Müller - Renz (C), M. Ancicka - Mi. Wolf, Hackert, Gogulla - Mulock, Ullmann, M. Kink - Greilinger, A. Barta, U. Maurer - Hospelt, Ma. Müller, Hager
T: 1:0 (11:18) Hager (Gogulla) - 2:0 (15:10) Gogulla (Hackert) / 3:0 (26:00) Mi. Wolf (Hackert)
S: Osterloh 4, U. Maurer 4, Hackert 2, M. Kink 2, M. Ancicka 2, Gogulla 2

1181. - 18.04.2009 GER - DEN 7:2 (1:1, 3:0, 3:1)
Memmingen, Eissporthalle am Hühnerberg; Z: 3.321; SR: Kurmann (SUI), Piechaczek (GER); LR: ? (GER), ? (GER)
Pätzold (Endras n.e.; Kotschnew n.e.) - C. Schmidt, Bakos - Butenschön, N. Goc - Osterloh, Mo. Müller - Renz (C), M. Ancicka - Mi. Wolf, Hackert, Gogulla - Mulock, Ullmann, M. Kink - Y. Seidenberg, A. Barta, U. Maurer - Hospelt, Ma. Müller, Hager
T: 1:1 (17:44) Mi. Wolf (Butenschön, Gogulla) / 2:1 (20:10) Mi. Wolf (Hackert) - 3:1 (29:27) Mo. Müller (A. Barta, M. Ancicka) - 4:1 (29:46) M. Kink (A. Barta, U. Maurer) / 5:1 (41:48) Mi. Wolf (Hackert, M. Ancicka) - 6:1 (45:09) Mulock (Ullmann, Y. Seidenberg) - 7:2 (54:20) Hospelt (Ma. Müller, Hager)
S: Ma. Müller 2+10 (Disziplinarstrafe), C. Schmidt 6, Hackert 2, Ullmann 2, Gogulla 2, Mo. Müller 2, Hager 2, Mulock 2, U. Maurer 2

73. Weltmeisterschaft 2009

Die deutsche Mannschaft belegte in ihrer Vorrundengruppe den 4. Platz und musste so in die Abstiegsrunde. Hier wurde der 3. Platz (15. Platz in der Gesamtwertung) belegt. Damit hätte das deutsche Team in die Division I absteigen müssen, wenn es nicht als Ausrichter der WM 2010 gesetzt gewesen wäre.

VORRUNDE - GRUPPE B

1182'. - 24.04.2009 GER - RUS 0:5 (0:3, 0:0, 0:2)
Bern, PostFinance-Arena; Z: 10.570; SR: Persson (SWE), Vinnerborg (SWE); LR: Feola (USA), Kaspar (AUT)*
* bis 2002 Eisstadion Allmend
Pätzold (Kotschnew n.e.) - C. Schmidt, Bakos - Butenschön, C. Schubert (Ottawa Senators) - Osterloh, Mo. Müller - Renz (C), Hördler - Mi. Wolf, Hackert, Gogulla - Y. Seidenberg, Ullmann, Hecht (Buffalo Sabres) - Kreutzer, A. Barta, Felski - Mulock, Hospelt, Hager
S: Mi. Wolf 2, C. Schubert 2, Renz 2, Felski 2, Y. Seidenberg 2, Hördler 2, Hackert 2, Ullmann 2, Teamstrafe 2

1183'. - 26.04.2009 SUI - GER 3:2 (1:1, 1:1, 0:0, 1:0) OT
Bern, PostFinance-Arena; Z: 11.423; SR: Partanen (FIN), Rönn (FIN); LR: Dedyulya (BLR), Orelma (FIN)
Pätzold (61:18; Kotschnew n.e.) - C. Schmidt, Bakos - Butenschön, C. Schubert - Osterloh, Mo. Müller - Renz (C), Hördler - Mi. Wolf, Hackert, Gogulla - Y. Seidenberg, Ullmann, Hecht - Kreutzer, A. Barta, Felski - Mulock, Hospelt, Hager
T: 0:1 (06:26) Ullmann (Y. Seidenberg, Butenschön) / 2:2 (33:02) C. Schubert (Hospelt, Hager)
S: Ullmann 4, Hördler 2, C. Schubert 2, Mo. Müller 2, Bakos 2

1184'. - 28.04.2009 FRA - GER 2:1 (2:1, 0:0, 0:0)
Bern, PostFinance-Arena; Z: 9.956; SR: Baluška (SVK), Reiber (CAN); LR: Kaspar (AUT), Kicha (UKR)
Pätzold (58:35-58:39 + 58:47-60:00 out; Kotschnew n.e.) - C. Schmidt, Bakos - Butenschön, C. Schubert - Osterloh, Mo. Müller - Renz (C), Hördler - Mi. Wolf, Hackert, Gogulla - Y. Seidenberg, Ullmann, Hager - Mulock, A. Barta, Hecht - Kreutzer, Hospelt, Felski
T: 1:1 (04:22) Hecht (Bakos)
S: Ullmann 2, Hackert 2, Gogulla 2

ABSTIEGSRUNDE - GRUPPE G

1185'. - 01.05.2009 GER - DEN 1:3 (1:1, 0:0, 0:2)
Bern, PostFinance-Arena; Z: 4.241; SR: Ország (SVK), Šindler (CZE); LR: Bouguin (FRA), Wehrli (SUI)
Pätzold (59:05 out; Kotschnew n.e.) - C. Schmidt, Bakos - Butenschön, C. Schubert - Osterloh, Mo. Müller - Renz (C), Hördler - Mulock, A. Barta, Hecht - Rankel, Ullmann, Y. Seidenberg - Mi. Wolf, Hackert, Gogulla - Kreutzer, Hospelt, Felski
T: 1:1 (13:23) C. Schubert (Ullmann, Butenschön)
S: Bakos 2, Hecht 2, Kreutzer 2, Hördler 2, Renz 2, C. Schubert 2

1186'. - 03.05.2009 GER - AUT 0:1 (0:0, 0:1, 0:0)
Bern, PostFinance-Arena; Z: 3.828; SR: Baluška (SVK), Bulanov (RUS); LR: Gordenko (RUS), Valach (SVK)
Pätzold (58:40 out; Kotschnew n.e.) - C. Schmidt, Bakos - Butenschön, N. Goc - Osterloh, Mo. Müller - Renz (C), Hördler - Mi. Wolf, Hackert, Gogulla - Rankel, Ullmann, Hecht - Kreutzer, A. Barta, Felski - Mulock, Hospelt, Hager
S: Hördler 2, C. Schmidt 2, Hospelt 2, Renz 2, Felski 2, Osterloh 2, Butenschön 2

1187'. - 04.05.2009 HUN - GER 1:2 (1:1, 0:1, 0:0)
Bern, PostFinance-Arena; Z: 3.497; SR: Hansen (NOR), Sterns (USA); LR: Sabelström (SWE), Valach (SVK)
Pätzold (Kotschnew n.e.) - C. Schmidt, Bakos - Butenschön, N. Goc - Osterloh, Mo. Müller - Renz (C), Hördler - Mi. Wolf, Hackert, Gogulla - Rankel, Ullmann, Hecht - Kreutzer, A. Barta, Felski - Mulock, Hospelt, Hager
T: 0:1 (03:11) Mo. Müller (Hackert, Gogulla) / 1:2 (33:23) Bakos (Mi. Wolf)
S: C. Schmidt 2, Hecht 2, Renz 2, Ullmann 2, Hördler 2, Bakos 2, Rankel 2, Hager 2, Teamstrafe 2

2009/10
20. Deutschland-Cup 2009
Die deutsche Mannschaft belegte Platz 1.

1188'. - 06.11.2009 GER - USA 2:3 (0:1, 2:1, 0:0, 0:0, 0:1) OT und PS
München, Olympiahalle; Z: 5.438; SR: Reichert (GER), Stricker (SUI); LR: Büse (GER), Schrader (GER)
Robert Zepp (Eisbären Berlin; Endras (Augsburger Panther) n.e.) - Holland (DEG Metro Stars), C. Schmidt (Adler Mannheim) - Bakos (ERC Ingolstadt), Mo. Müller (Kölner Haie) - Holzer (DEG Metro Stars), Osterloh (Frankfurt Lions) - Jakub Ficenec (ERC Ingolstadt), Reiss (Hannover Scorpions) - Mi. Wolf (Iserlohn Roosters), Mulock (Eisbären Berlin), Y. Seidenberg (Adler Mannheim) - Klinge (Kassel Huskies), Felski (C - Eisbären Berlin), Rankel (Eisbären Berlin) - M. Kink (Adler Mannheim), Hospelt (Grizzly Adams Wolfsburg) - Greilinger (ERC Ingolstadt) - Tripp (Hamburg Freezers), Hager (Krefeld Pinguine), Ma. Müller (Kölner Haie)
T: 1:2 (25:33) Hospelt (Greilinger) - 2:2 (26:51) Mulock (---)
PS: 0:0 Tripp (gehalten) - 0:1 USA - 1:1 Greilinger - 1:2 USA - 2:2 Mi. Wolf - 2:2 USA (gehalten) - 2:3 USA - 2:3 Greilinger (gehalten)
S: Bakos 4, M. Kink 2, Hospelt 2, C. Schmidt 2, Reiss 2, Y. Seidenberg 2, Mo. Müller 2

1189'. - 07.11.2009 GER - SVK 2:1 (0:0, 0:1, 1:0, 0:0, 1:0) OT und PS
München, Olympiahalle; Z: 5.824; SR: Brill (GER), Stricker (SUI); LR: Büse (GER), Schukies (GER)
Endras (Pätzold (ERC Ingolstadt) n.e.) - Holland, C. Schmidt - Bakos, Mo. Müller - Holzer, Osterloh - Ficenec, Reiss - Mi. Wolf, Mulock, Greilinger - Klinge, Felski (C), Rankel - P. Reimer (DEG Metro Stars), Hospelt, Tripp - M. Kink, Hager, Ma. Müller
T: 1:1 (40:26) C. Schmidt (Holland, Greilinger) / 2:1 (65:00) Mi. Wolf (GWS)
PS: 0:1 SVK - 1:1 Felski - 1:1 SVK (Pfosten) - 2:1 Mi. Wolf (GWS) - 2:1 SVK (links vorbei)
S: Holzer 2, Hager 2, Felski 2

1190. - 08.11.2009 GER - SUI 5:1 (3:1, 1:0, 1:0)
München, Olympiahalle; Z: 5.800; SR: Jablukov (GER), Stricker (SUI); LR: Faigle (GER), Schrader (GER)
Pätzold (Zepp n.e.) - Holland, C. Schmidt - Bakos, Mo. Müller - Holzer, Osterloh - Ficenec, Reiss - Mi. Wolf, Mulock, Greilinger - Klinge, Felski (C), Rankel - P. Reimer, Hospelt, Tripp - M. Kink, Hager, Ma. Müller
T: 1:0 (03:03) Hager (M. Kink, C. Schmidt) - 2:0 (12:36) Klinge (Felski, Reiss) - 3:1 (16:42) Mi. Wolf (Mulock, Tripp) / 4:1 (25:09) Holland (Mulock, C. Schmidt) / 5:1 (47:22) Hospelt (P. Reimer, Tripp)
S: M. Kink 2+10 (Disziplinarstrafe), Ma. Müller 2, Rankel 2, Osterloh 2, Bakos 2

1191. - 10.02.2010 GER - LAT 5:2 (0:2, 2:0, 3:0)
Frankfurt am Main, Eissporthalle am Ratsweg; Z: 5.050; SR: Schütz (GER); LR: Winnekens (GER), Schrader (GER)
Endras (Pätzold n.e.) - Ficenec, Reiss - Holzer, Butenschön (Adler Mannheim) - Bakos, C. Schmidt - Osterloh, **Denis Reul** (Adler Mannheim) - Mi. Wolf, Mulock, Greilinger - Klinge, Ma. Müller, Hospelt - Felski (C), Rankel, Tripp - A. Barta (Hamburg Freezers), Ullmann (Kölner Haie), M. Kink - Gawlik (Frankfurt Lions), **Thomas Oppenheimer** (Frankfurt Lions)
T: 1:2 (20:55) Ma. Müller (---) - 2:2 (33:14) A. Barta (Gawlik, Ullmann) / 3:2 (43:10) Mi. Wolf (Greilinger, Mulock) - 4:2 (45:46) Mi. Wolf (Mulock, Holzer) - 5:2 (57:52) Hospelt (Ma. Müller)
S: Osterloh 2+2+10 (Disziplinarstrafe), Mi. Wolf 6, Rankel 4, C. Schmidt 4, Tripp 2

21. Olympische Winterspiele 2010 - Eishockeyturnier

Die deutsche Mannschaft belegte in ihrer Vorrundengruppe den 4. Platz und verlor dann in der Viertelfinal-Qualifikation.

VORRUNDE - GRUPPE C

1192'. - 17.02.2010 SWE - GER 2:0 (0:0, 2:0, 0:0)
Vancouver, Canada Hockey Place; Z: 16.966; SR: Joannette (CAN), Pellerin (CAN); LR: Kicha (UKR), Nelson (USA)
Greiss (San Jose Sharks; Pätzold n.e.) - Ehrhoff (Vancouver Canucks), D. Seidenberg (Florida Panthers) - Ficenec, Sulzer (Nashville Predators) - Holzer, Butenschön - C. Schmidt, Bakos - Hecht (Buffalo Sabres), M. Goc (Nashville Predators), M. Sturm (C - Boston Bruins) - Mi. Wolf, Mulock, Greilinger - Tripp, Felski, Rankel - Ma. Müller, Hospelt, Klinge
S: Ma. Müller 2+10 (Disziplinarstrafe), Mulock 2, Butenschön 2, Ficenec 2, Holzer 2, Felski 2

1193'. - 19.02.2010 FIN - GER 5:0 (1:0, 2:0, 2:0)
Vancouver, Canada Hockey Place; Z: 16.662; SR: Bulanov (RUS), Watson (CAN); LR: Heyer (USA), Losier (CAN)
Pätzold (Greiss n.e.) - Ehrhoff, D. Seidenberg - Ficenec, Sulzer - Holzer, Butenschön - C. Schmidt, Bakos - Hecht, M. Goc, M. Sturm (C) - Mi. Wolf, Mulock, Greilinger - Tripp, Felski, Rankel - Ma. Müller, Hospelt, Klinge
S: Mi. Wolf 2, Greilinger 2, Hecht 2, Hospelt 2, Tripp 2, Ficenec 2

1194'. - 20.02.2010 GER - BLR 3:5 (1:1, 0:1, 2:3)
Vancouver, Canada Hockey Place; Z: 16.979; SR: Kurmann (SUI), McCreary (CAN); LR: Heyer (USA), Blümel (CZE)
Greiss (58:51 out; Pätzold n.e.) - Ehrhoff, D. Seidenberg - Ficenec, Sulzer - Holzer, Butenschön - C. Schmidt, Bakos - Hecht, M. Goc, M. Sturm (C) - Mi. Wolf, Mulock, Greilinger - Tripp, Felski, Rankel - Ma. Müller, Hospelt, Klinge
T: 1:0 (05:39) D. Seidenberg (M. Sturm, M. Goc) / 2:3 (51:49) Tripp (Rankel) - 3:3 (52:10) M. Goc (Hecht)
S: Ehrhoff 4, Sulzer 4

VIERTELFINAL-QUALIFIKATION

1195'. - 23.02.2010 CAN - GER 8:2 (1:0, 3:1, 4:1)
Vancouver, Canada Hockey Place; Z: 17.723; SR: Rönn (FIN), Rooney (USA); LR: Fonselius (FIN), Murphy (USA)
Greiss (Pätzold n.e.) - Ehrhoff, D. Seidenberg - Ficenec, Sulzer - Holzer, Butenschön - C. Schmidt, Bakos - Hecht, M. Goc, M. Sturm (C) - Mi. Wolf, Mulock, Greilinger - Tripp, Felski, Rankel - Ma. Müller, Hospelt, Klinge
T: 4:1 (36:34) M. Goc (C. Schmidt, Ma. Müller) / 8:2 (58:58) Klinge (Ma. Müller, Hospelt)
S: C. Schmidt 2, D. Seidenberg 2
Bakos absolvierte als neunundsechzigster Spieler sein 100. Länderspiel.

1196. - 16.04.2010 GER - NOR 3:0 (0:0, 3:0, 0:0)

Crimmitschau, Kunsteisstadion im Sahnpark; Z: 5.164; SR: Stricker (SUI), Koch (SUI); LR: Flad (GER), Sauer (GER)

Kotschnew (HK Spartak Moskva; Ehelechner (Thomas Sabo Ice Tigers) n.e.) - Butenschön, C. Schmidt - Hördler (Eisbären Berlin), Baxmann (Eisbären Berlin) - Holzer, Reul - **Justin Krueger** (Cornell University), C. Braun (Eisbären Berlin) - Mi. Wolf, Ma. Müller, Kreutzer (DEG Metro Stars) - Felski (C), Tripp, Rankel - Gawlik, Y. Seidenberg, Ullmann - Lewandowski (Neftekhimik Nizhnekamsk), A. Barta, Hager
T: 1:0 (22:34) Mi. Wolf (Hördler, Ma. Müller) - 2:0 (24:50) Tripp (Rankel, Felski) - 3:0 (26:23) Gawlik (Y. Seidenberg, Reul)
S: Tripp 2+10 (Disziplinarstrafe), Hördler 4, Mi. Wolf 2, Kreutzer 2, Reul 2

1197. - 17.04.2010 GER - NOR 8:2 (3:2, 3:0, 2:0)

Dresden, Freiberger Arena; Z: 3.087; SR: Stricker (SUI), Koch (SUI); LR: Engelmann (GER), Schelewski (GER)

Ehelechner (Kotschnew n.e.) - Butenschön, Osterloh - Hördler, Baxmann - Holzer, Reul - J. Krueger, C. Braun - Mi. Wolf, Ma. Müller, Ullmann - Felski (C), Gawlik, Rankel - Lewandowski, A. Barta, Kreutzer - M. Kink, Y. Seidenberg, Hager
T: 1:0 (04:23) Ma. Müller (Mi. Wolf, Ullmann) - 2:2 (11:03) C. Braun (J. Krueger, Y. Seidenberg) - 3:2 (18:18) C. Braun (Lewandowski, A. Barta) / 4:2 (20:31) A. Barta (---) - 5:2 (23:33) Kreutzer (Holzer, A. Barta) - 6:2 (32:13) Hager (M. Kink) / 7:2 (47:42) Osterloh (Kreutzer, A. Barta) - 8:2 (57:26) M. Kink (Y. Seidenberg)
S: Felski 4, Kreutzer 2, Ullmann 2, M. Kink 2, Rankel 2

1198. - 21.04.2010 GER - SUI 1:2 (0:0, 0:1, 1:1)

Schwenningen, Helios Arena; Z: 2.786; SR: Berneker (AUT), Längle (AUT); LR: Kaspar (AUT), Mathis (AUT)*
* bis 2008 Eisstadion am Bauchenberg

Kotschnew (57:55 out; Ehelechner n.e.) - Holzer, C. Schmidt - J. Krueger, C. Braun - **Christopher Fischer** (Grizzly Adams Wolfsburg), Baxmann - Hördler, Osterloh - Butenschön - Lewandowski, A. Barta, Kreutzer - Mi. Wolf, Ullmann, Ma. Müller - Tripp, Rankel, Felski - Greilinger, Hager, Y. Seidenberg - Gawlik
T: 1:1 (41:01) Mi. Wolf (Ma. Müller)
S: Hördler 2+10 (Disziplinarstrafe), A. Barta 2, Rankel 2, Baxmann 2, J. Krueger 2

Drei-Länder-Turnier

Die deutsche Mannschaft belegte Platz 3.

1199. - 24.04.2010 GER - SUI 0:1 (0:0, 0:0, 0:1)

Füssen, BLZ-Arena; Z: 1.293; SR: Baluška (SVK), Brill (GER); LR: Faigle (GER), Tondera (GER)

Kotschnew (58:53 out; Zepp n.e.) - Holzer, C. Schmidt - J. Krueger, C. Braun - C. Fischer, Butenschön - Hördler, Baxmann - Osterloh - Lewandowski, A. Barta, Kreutzer - Mi. Wolf, Ullmann, Ma. Müller - Tripp, Rankel, Felski - Greilinger, Hospelt, Hager - Y. Seidenberg, Gawlik
S: Hördler 4, Rankel 2

1200. - 25.04.2010 GER - SVK 2:3 (1:2, 0:0, 1:0, 0:1) OT

Ravensburg, Eissporthalle; Z: 1.450; SR: Hascher (GER), Vogl (GER); LR: Sauer (GER), Flad (GER)

Zepp (61:10; Ehelechner n.e.) - Holzer, C. Schmidt - J. Krueger, C. Braun - C. Fischer, Butenschön - Hördler, Baxmann - Lewandowski, A. Barta, Kreutzer - Mi. Wolf, Ullmann, Ma. Müller - Tripp, F. Schütz (Portland Pirates), Rankel - Greilinger, Hospelt, Hager - Y. Seidenberg
T: 1:1 (10:44) Ma. Müller (Mi. Wolf, Ullmann) / 2:2 (54:48) Ma. Müller (Mi. Wolf, Hördler)
S: Hager 4, Holzer 2, Hördler 2, Tripp 2, Greilinger 2

1201. - 04.05.2010 GER - CAN 1:4 (1:1, 0:1, 0:2)

Hamburg, Color Line Arena; Z: 6.237; SR: Jablukov (GER), Schütz (GER); LR: Gemeinhardt (GER), Kowert (GER)

Endras (ab 31:46 Kotschnew) - Dietrich (Milwaukee Admirals), Holzer - C. Fischer, C. Braun - Sulzer, J. Krueger - Reiss, N. Goc (Hannover Scorpions) - Hördler - Gogulla (Portland Pirates), M. Goc, Greilinger - Mi. Wolf, Ullmann, Ma. Müller - Rankel, Hospelt, F. Schütz - Felski, A. Barta, Tripp - Kreutzer
T: 1:0 (02:16) Felski (A. Barta, Tripp)
S: Greilinger 2, Ullmann 2, Sulzer 2, Gogulla 2

74. Weltmeisterschaft 2010

Die deutsche Mannschaft belegte in ihrer Vorrundengruppe den 2. Platz und qualifizierte sich für die Zwischenrunde. Hier wurde der 3. Platz belegt und das Viertelfinale erreicht. Am Ende belegte das deutsche Team den WM-Platz 4.

VORRUNDE - GRUPPE D

1202'. - 07.05.2010 USA - GER 1:2 (0:0, 0:1, 1:0, 0:1) OT
Gelsenkirchen, Veltins Arena; Z: 77.803; SR: Lärking (SWE), Savage (CAN); LR: Arm (SUI), Wehrli (SUI)
Endras (Kotschnew n.e.) - Holzer, Dietrich - J. Krueger, Sulzer - Butenschön, N. Goc - C. Braun - F. Schütz, M. Goc (C), Gogulla - Mi. Wolf, Ullmann, Ma. Müller - Hager, Hospelt, Rankel - Tripp, A. Barta, Felski
T: 0:1 (25:20) Mi. Wolf (Ma. Müller, Ullmann) / 1:2 (60:21) F. Schütz (---)
S: Felski 2, Hager 2, Butenschön 2, Dietrich 2

1203'. - 10.05.2010 GER - FIN 0:1 (0:0, 0:1, 0:0)
Köln, LANXESS arena; Z: 18.654; SR: Lärking (SWE), Sjöberg (SWE); LR: Eglītis (LAT), Wehrli (SUI)
Zepp (58:22 out; Kotschnew n.e.) - Holzer, Dietrich - J. Krueger, Sulzer - N. Goc, C. Braun - Butenschön - F. Schütz, M. Goc (C), Gogulla - Mi. Wolf, Ullmann, Ma. Müller - Hager, Hospelt, Rankel - Tripp, A. Barta, Felski
S: N. Goc 2, Mi. Wolf 2, Ullmann 2, Holzer 2

1204'. - 12.05.2010 DEN - GER 1:3 (1:1, 0:2, 0:0)
Köln, LANXESS arena; Z: 18.623; SR: Muylaert (CAN), Savage (CAN); LR: Kaspar (AUT), Kicha (UKR)
Endras (Kotschnew n.e.) - Holzer, Dietrich - J. Krueger, Sulzer - N. Goc, C. Braun - Butenschön - F. Schütz, M. Goc (C), Rankel - Mi. Wolf, Ullmann, Ma. Müller - Tripp, Hospelt, Hager - Kreutzer, A. Barta, Felski - Gogulla
T: 1:1 (08:40) M. Goc (Sulzer) / 1:2 (33:28) F. Schütz (J. Krueger) - 1:3 (35:09) N. Goc (---)
S: Hager 4, Sulzer 4, Felski 2, Ullmann 2, Holzer 2

ZWISCHENRUNDE - GRUPPE E

1205'. - 15.05.2010 RUS - GER 3:2 (1:0, 1:1, 1:1)
Köln, LANXESS arena; Z: 18.343; SR: Minář (CZE), Šindler (CZE); LR: Kaspar (AUT), Kicha (UKR)
Kotschnew (59:15 out; Zepp n.e.) - Ehrhoff, Dietrich - J. Krueger, Sulzer - Holzer, C. Braun - Butenschön, N. Goc - F. Schütz, M. Goc (C), Rankel - Mi. Wolf, Ullmann, Ma. Müller - Tripp, Hospelt, Hager - Kreutzer, A. Barta, Felski
T: 2:1 (39:59) Ehrhoff (Mi. Wolf, Hospelt) / 3:2 (53:39) A. Barta (Kreutzer, Felski)
S: Hospelt 2, Tripp 2, Hager 2, C. Braun 2

1206'. - 16.05.2010 GER - BLR 1:2 (0:1, 0:0, 1:0, 0:1) OT
Köln, LANXESS arena; Z: 11.748; SR: Muylaert (CAN), Savage (CAN); LR: Bechard (CAN), Kicha (UKR)
Endras (58:59 - 59:06 + 64:45 out; Zepp n.e.) - Ehrhoff, Dietrich - J. Krueger, Sulzer - Holzer, C. Braun - Butenschön, N. Goc - F. Schütz, M. Goc (C), Rankel - Mi. Wolf, Ullmann, Ma. Müller - Tripp, Hospelt, Hager - Kreutzer, A. Barta, Felski
T: 1:1 (59:06) Ma. Müller (Felski, F. Schütz)
S: Holzer 4, N. Goc 2, Tripp 2

1207'. - 18.05.2010 SVK - GER 1:2 (0:1, 1:1, 0:0)
Köln, LANXESS arena; Z: 15.137; SR: Hansen (NOR), Sjöberg (SWE); LR: Bechard (CAN), Sabelström (SWE)
Endras (Zepp n.e.) - Ehrhoff, Dietrich - J. Krueger, Sulzer - Holzer, C. Braun - N. Goc - F. Schütz, M. Goc (C), Rankel - Mi. Wolf, Ullmann, Ma. Müller - Tripp, Hospelt, Hager - Kreutzer, A. Barta, Felski - Gogulla
T: 0:1 (07:19) A. Barta (Kreutzer) / 0:2 (24:42) Kreutzer (A. Barta, Felski)
S: F. Schütz 4, M. Goc 2
Ullmann absolvierte als siebzigster Spieler sein 100. Länderspiel.

VIERTELFINALE

1208'. - 20.05.2010 SUI - GER 0:1 (0:0, 0:1, 0:0)
Mannheim, SAP Arena; Z: 12.500; SR: Laaksonen (FIN), Sterns (USA); LR: Brown (USA), Terho (FIN)
Endras (Zepp n.e.) - Ehrhoff, Dietrich - J. Krueger, Sulzer - Holzer, C. Braun - N. Goc - F. Schütz, M. Goc (C), Rankel - Mi. Wolf, Ullmann, Ma. Müller - Hager, Hospelt, Gogulla - Kreutzer, A. Barta, Felski - Tripp
T: 0:1 (30:46) Gogulla (Hospelt, Sulzer)
S: Teamstrafe 25 (Matchstrafe)*, Holzer 2+2+10 (Disziplinarstrafe), M. Goc 2
* direkt nach Spielschluss auf Grund einer Schlägerei zwischen deutschen und Schweizer Spielern

HALBFINALE

1209'. - 22.05.2010 RUS - GER 2:1 (0:1, 1:0, 1:0)
Köln, LANXESS arena; Z: 18.734; SR: Baluška (SVK), Levonen (FIN); LR: Arm (SUI), Kalivoda (CZE)
Zepp (58:30 out; Kotschnew n.e.) - Ehrhoff, Dietrich - J. Krueger, Sulzer - Holzer, C. Braun - Butenschön, N. Goc - F. Schütz, M. Goc (C), Rankel - Mi. Wolf, Ullmann, Ma. Müller - Tripp, Hospelt, Gogulla - Kreutzer, A. Barta, Felski
T: 0:1 (15:30) M. Goc (F. Schütz, Ehrhoff)
S: Felski 4, Kreutzer 2, Tripp 2

SPIEL UM PLATZ 3

1210'. - 23.05.2010 SWE - GER 3:1 (1:0, 0:1, 2:0)
Köln, LANXESS arena; Z: 15.873; SR: Savage (USA), Šindler (CZE); LR: Terho (FIN), Valach (SVK)
Endras (58:56-59:27 + 59:37-59:59 out; Zepp n.e.) - Ehrhoff, Dietrich - J. Krueger, Sulzer - N. Goc, C. Braun - Butenschön, Hördler - F. Schütz, M. Goc (C), Rankel - Mi. Wolf, Ullmann, Ma. Müller - Kreutzer, A. Barta, Felski - Tripp, Hospelt, Gogulla
T: 1:1 (36:03) A. Barta (Kreutzer)
S: Kreutzer 4, C. Braun 2

2010/11

21. Deutschland-Cup 2010
Die deutsche Mannschaft belegte Platz 1.

1211'. - 12.11.2010 GER - CAN 4:3 (3:0, 1:3, 0:0)
München, Olympiahalle; Z: 7.500; SR: Piechaczek (GER), Stricker (SUI); LR: Büse (GER), Schrader (GER)
Endras (Augsburger Panther; Ehelechner (Grizzly Adams Wolfsburg) n.e.) - Köttstorfer (Hamburg Freezers), J. Krueger (SC Bern) - **Florian Kettemer** (Augsburger Panther), **Benedikt Kohl** (Augsburger Panther) - Hördler (Eisbären Berlin), Reul (Adler Mannheim) - N. Goc (Adler Mannheim), Mo. Müller (Kölner Haie) - Mi. Wolf (C - Iserlohn Roosters), Hospelt (Grizzly Adams Wolfsburg), Gogulla (Kölner Haie) - **Martin Buchwieser** (EHC München), **Darin Olver** (Augsburger Panther), P. Reimer (DEG Metro Stars) - Hager (Krefeld Pinguine), **Daniel Pietta** (Krefeld Pinguine), Danner (DEG Metro Stars) - M. Kink (Adler Mannheim), A. Weiß (Eisbären Berlin), **Frank Mauer** (Adler Mannheim)
T: 1:0 (08:22) Hager (Danner) - 2:0 (12:04) Hospelt (Gogulla, Mi. Wolf) - 3:0 (14:56) A. Weiß (Mauer, M. Kink) / 4:3 (33:50) P. Reimer (Kettemer, Buchwieser) - Mi. Wolf verschoss einen Penalty (20:24)
S: M. Kink 2+10 (Disziplinarstrafe), Mi. Wolf 4, Danner 2, Pietta 2

1212'. - 13.11.2010 GER - SVK 2:3 (0:1, 0:1, 2:0, 0:1) OT
München, Olympiahalle; Z: 7.100; SR: Schimm (GER), Stricker (SUI); LR: Büse (GER), Naust (GER)
Ehelechner (61:34; Endras n.e.) - Köttstorfer, J. Krueger - Kettemer, Kohl - Hördler, Reul - Petermann (EHC München), N. Goc - Mi. Wolf (C), Hospelt, Gogulla - Buchwieser, Olver, P. Reimer - **Jerome Flaake** (Hamburg Freezers), Pietta, Hager - A. Weiß, M. Kink, Mauer
T: 1:2 (43:15) Hospelt (Gogulla, Köttstorfer) - 2:2 (51:35) Hospelt (Mi. Wolf, Gogulla)
S: Mauer 5+20 (Spieldauer), Olver 2, N. Goc 2, Hördler 2, Mi. Wolf 2

1213'. - 14.11.2010 GER - SUI 2:1 (0:0, 1:1, 1:0)
München, Olympiahalle; Z: 6.500; SR: Schimm (GER), Zehetleitner (GER); LR: Büse (GER), Sauer (GER)
Endras (Ehelechner n.e.) - Köttstorfer, J. Krueger - Kettemer, Kohl - Reul, Mo. Müller - Petermann, N. Goc - Mi. Wolf (C), Hospelt, Gogulla - Hager, Olver, P. Reimer - **Martin Schymainski** (EHC München), Pietta, Danner - A. Weiß, M. Kink, Mauer
T: 1:1 (38:55) Danner (Pietta, Kohl) / 2:1 (45:38) Pietta (Schymainski)
S: P. Reimer 4, M. Kink 2, Olver 2, Hager 2, Hospelt 2

1214. - 09.02.2011 GER - BLR 3:1 (0:0, 2:0, 1:1)
Frankfurt am Main, Eissporthalle am Ratsweg; Z: 3.200; SR: Brill (GER), Massy (SUI); LR: Schelewski (GER), Kowert (GER)
Zepp (Eisbären Berlin; **Jochen Reimer** (Grizzly Adams Wolfsburg) n.e.) - C. Braun (Eisbären Berlin), J. Krueger - C. Schubert (Hamburg Freezers), Reul - C. Fischer (Grizzly Adams Wolfsburg), Dietrich (Adler Mannheim) - Kohl, Hördler - Mi. Wolf (C), Ullmann (Kölner Haie), Gogulla - Kreutzer (DEG Metro Stars), Pietta, P. Reimer - Buchwieser, A. Weiß, Mauer - M. Kink, Danner, Hager
T: 1:0 (29:41) Mauer (C. Braun, Buchwieser) - 2:0 (30:53) Dietrich (Kreutzer, P. Reimer) / 3:1 (58:10) Mi. Wolf (Pietta)
S: Hager 2+10 (Disziplinarstrafe), M. Kink 4, Mauer 4, P. Reimer 2, Reul 2, C. Schubert 2

1. Slovakia Cup 2011
Die deutsche Mannschaft belegte Platz 4.

HALBFINALE

1215'. - 11.02.2011 SVK - GER 4:1 (0:0, 2:1, 2:0)
Bratislava, Zimný štadión Ondreja Nepelu; Z: 2.000; SR: Konc (SVK), Baluška (SVK); LR: Novák (SVK), Tvrdoň (SVK)
Zepp (J. Reimer n.e.) - C. Braun, J. Krueger - C. Fischer, Dietrich - Kohl, Hördler - Mo. Müller, Reul - Gogulla, Pietta, Tripp (C - Kölner Haie) - Buchwieser, A. Weiß, P. Reimer - Flaake, Hager, Mauer - **Matthias Plachta** (Adler Mannheim), M. Kink, Danner
T: 2:1 (38:30) Mauer (Hager, Flaake)
S: Pietta 2, Flaake 2, Mo. Müller 2, A. Weiß 2

SPIEL UM PLATZ 3

1216'. - 12.02.2011 GER - BLR 2:4 (1:1, 1:1, 0:2)
Bratislava, Zimný štadión Ondreja Nepelu; Z: 2.000; SR: Konc (SVK), Müllner (SVK); LR: Orolín (SVK), Stano (SVK)
J. Reimer (Zepp n.e.) - Hördler, C. Fischer - C. Braun, J. Krueger - Dietrich, Reul - Mo. Müller, Kohl - Gogulla, Pietta, Tripp (C) - Buchwieser, A. Weiß, P. Reimer - Flaake, Hager, Mauer - Plachta, M. Kink, Danner
T: 1:1 (15:34) Buchwieser (C. Fischer, P. Reimer) / 2:2 (30:37) A. Weiß (Hördler, P. Reimer)
S: Hager 2+2+2+2+10 (Disziplinarstrafe), Tripp 4, P. Reimer 4, J. Krueger 2, A. Weiß 2, C. Fischer 2, Hördler 2

1. Euro Hockey Challenge 2011
Die deutsche Mannschaft belegte Platz 6.

1217. - 31.03.2011 GER - AUT 7:0 (1:0, 2:0, 4:0)
Rosenheim, Städtisches Kathrein-Stadion; Z: 3.200; SR: Oswald (GER); LR: Büse (GER), Höck (GER)
Pätzold (Straubing Tigers; **Sebastian Elwing** (EHC München) n.e.) - Draxinger (Straubing Tigers), **Kevin Lavallee** (EHC München) - **Benedikt Brückner** (Straubing Tigers), **René Kramer** (EHC München) - Kettemer, Kohl - Ondruschka (Straubing Tigers) - Wörle (Iserlohn Roosters), A. Barta (Hamburg Freezers), Mi. Wolf (C) - Grygiel (Thomas Sabo Ice Tigers), B. Barta (Thomas Sabo Ice Tigers), Aab (Thomas Sabo Ice Tigers) - Schymainski, Polaczek (Hamburg Freezers), U. Maurer (EHC München) - Flaake, **Simon Fischhaber** (Thomas Sabo Ice Tigers), Oppenheimer (Hamburg Freezers) - **Alexander Oblinger** (Thomas Sabo Ice Tigers)
T: 1:0 (06:43) Grygiel (Aab, B. Barta) / 2:0 (20:54) Grygiel (Kettemer, Aab) - 3:0 (31:41) Wörle (Mi. Wolf, A. Barta) / 4:0 (40:44) Grygiel (Kohl) - 5:0 (51:57) Oppenheimer (Fischhaber, Flaake), 6:0 (52:10) Schymainski (Polaczek, U. Maurer) - 7:0 (56:36) Lavallee (Kohl, Polaczek)
S: Ondruschka 4, Wörle 2, Lavallee 2, Polaczek 2, Oblinger 2, Oppenheimer 2
Brückner war der 600. Spieler mit einem Einsatz in der deutschen Auswahl.

1218. - 01.04.2011 GER - AUT 4:2 (2:1, 2:1, 0:0)
Landshut, Städtische Eissporthalle; Z: 3.950; SR: Bauer (GER); LR: Flad (GER), Sauer (GER)
Elwing (Pätzold n.e.) - Draxinger, Lavallee - Brückner, Kramer - Kettemer, Kohl - Ondruschka - Wörle, A. Barta, Mi. Wolf (C) - Grygiel, B. Barta, Aab - Schymainski, Polaczek, U. Maurer - Flaake, Fischhaber, Oppenheimer - Oblinger
T: 1:0 (02:29) Fischhaber (Flaake) - 2:0 (17:18) Mi. Wolf (Wörle, A. Barta) / 3:2 (30:35) Fischhaber (Flaake, Kohl) - 4:2 (32:36) B. Barta (Grygiel, Lavallee)
S: A. Barta 4, Ondruschka 2, Polaczek 2, Flaake 2

1219. - 06.04.2011 SWE - GER 2:1 (1:0, 1:0, 0:1)
Halmstad, Arena; Z: 3.137; SR: Lüthcke (NOR), Solem (NOR); LR: Ryd (SWE), Pihlblad (SWE)
Pätzold (59:37 out; Endras n.e.) - Dietrich, J. Krueger - Kettemer, Kohl - N. Goc, Lavallee - Draxinger, Reul - Gogulla, Ullmann, Mi. Wolf (C) - Gawlik (ERC Ingolstadt), A. Barta, Greilinger (ERC Ingolstadt) - Flaake, F. Schütz (ERC Ingolstadt), Mauer - Tripp, M. Kink, Klinge (Adler Mannheim)
T: 2:1 (52:02) Kettemer (Greilinger, Gawlik)
S: J. Krueger 2, Draxinger 2, A. Barta 2, Reul 2, M. Kink 2

1220. - 08.04.2011 SWE - GER 2:0 (1:0, 1:0, 0:0)
Göteborg, Scandinavium; Z: 6.056; SR: Lüthcke (NOR), Solem (NOR); LR: Tillerkvist (SWE), Hafsäter (SWE)
Endras (59:34 out; Pätzold n.e.) - Dietrich, J. Krueger - Kettemer, Kohl - N. Goc, Lavallee - Draxinger, Reul - Gogulla, Ullmann, Mauer - Mi. Wolf (C), F. Schütz, Grygiel - Klinge, Gawlik, Greilinger - Tripp, A. Barta, Polaczek
S: N. Goc 4, F. Schütz 4, Tripp 2, Greilinger 2, Draxinger 2, Gawlik 2, J. Krueger 2
A. Barta absolvierte als einundsiebzigster Spieler sein 100. Länderspiel.

1221. - 14.04.2011 GER - FIN 2:4 (0:1, 0:1, 2:2)
Bremerhaven, Eisarena; Z: 4.278; SR: Zehetleitner (GER); LR: Ponomarjow (GER), Schulz (GER)
Endras (Pätzold n.e.) - Dietrich, J. Krueger - Kettemer, Kohl - N. Goc, Lavallee - Draxinger, Reul - Flaake, Ullmann, Klinge - Gogulla, F. Schütz, Mauer - Gawlik, Pietta, Greilinger - Gawlik, Pietta, Greilinger - Tripp, A. Barta, M. Kink
T: 1:4 (58:47) M. Kink (Kettemer, Kohl) - 2:4 (59:44) Mauer (F. Schütz, Gogulla)
S: Dietrich 2, Flaake 2, N. Goc 2, M. Kink 2

1222. - 15.04.2011 GER - FIN 4:2 (3:0, 1:1, 0:1)
Nordhorn, Eissporthalle Grafschaft Bentheim; Z: 2.686; SR: Zehetleitner (GER); LR: Engelmann (GER), Naust (GER)
Pätzold (Endras n.e.) - Reul, J. Krueger - Holzer (Toronto Marlies), Lavallee - Kettemer, Kohl - N. Goc, Dietrich - Gogulla, Ma. Müller (Toronto Marlies), Tripp - Mauer, A. Barta, Greilinger - Klinge, Ullmann, F. Schütz - Gawlik, Pietta, M. Kink
T: 1:0 (06:19) Gawlik (Pietta) - 2:0 (09:40) Gogulla (Kohl, F. Schütz) - 3:0 (10:37) Ullmann (Greilinger, Lavallee) / 4:0 (20:06) Holzer (Dietrich, F. Schütz)
S: Tripp 2, Kettemer 2, Holzer 2, Ma. Müller 2, J. Krueger 2, F. Schütz 2

1223. - 25.04.2011 GER - BLR 2:3 (0:0, 1:1, 1:2)
Köln, LANXESS arena; Z: 7.730; SR: Piechaczek (GER), Brill (GER); LR: Schrader (GER), Iwert (GER)
Endras (58:08 out; Pätzold n.e.) - C. Braun, J. Krueger - Dietrich, Holzer - N. Goc, Lavallee - Hördler, C. Fischer - Reul - Greilinger, Ullmann, Ma. Müller - Rankel (Eisbären Berlin), Hospelt, Mi. Wolf (C) - Gogulla, F. Schütz, Tripp - Kreutzer, A. Barta, P. Reimer - Mauer
T: 1:0 (32:00) Hördler (Mi. Wolf, Hospelt) / 2:3 (59:07) Hospelt (Mi. Wolf, C. Fischer)
S: Kreutzer 2, Ullmann 2, Tripp 2, N. Goc 2, J. Krueger 2, Lavallee 2

75. Weltmeisterschaft 2011
Die deutsche Mannschaft belegte in ihrer Vorrundengruppe den 1. Platz und qualifizierte sich für die Zwischenrunde. Hier wurde der 3. Platz belegt und das Viertelfinale erreicht.

VORRUNDE - GRUPPE A

1224'. - 29.04.2011 GER - RUS 2:0 (0:0, 1:0, 1:0)
Bratislava, Orange aréna*; Z: 9.049; SR: Burchell (CAN), Reiber (CAN); LR: Carlson (CAN), Murchison (CAN)
* Während der WM trug das Zimný štadión Ondreja Nepelu den Namen Orange aréna.
Endras (Pätzold n.e.) - J. Krueger, Dietrich - Holzer, C. Braun - Lavallee, Hördler - N. Goc - Mi. Wolf (C), Hospelt, Rankel - Greilinger, Ullmann, Ma. Müller - Tripp, F. Schütz, Gogulla - P. Reimer, A. Barta, Kreutzer
T: 1:0 (24:19) Greilinger (C. Braun) / 2:0 (57:53) P. Reimer (---)
S: N. Goc 2, Ma. Müller 2, P. Reimer 2

1225'. - 01.05.2011 SVK - GER 3:4 (0:0, 0:3, 3:1)
Bratislava, Orange aréna; Z: 9.303; SR: Burchell (CAN), Lärking (SWE); LR: Carnathan (USA), Dedyulya (BLR)
Pätzold (Endras n.e.) - J. Krueger, Dietrich - Holzer, C. Braun - Lavallee, Hördler - N. Goc - Mi. Wolf (C), Hospelt, Rankel - Greilinger, Ullmann, Ma. Müller - Tripp, F. Schütz, Gogulla - P. Reimer, A. Barta, Kreutzer - Mauer
T: 0:1 (24:51) Ma. Müller (Ullmann, Greilinger) - 0:2 (33:07) Tripp (F. Schütz, Mauer) - 0:3 (36:35) Hördler (Ullmann, Ma. Müller) / 0:4 (44:37) F. Schütz (Tripp, Lavallee) - P. Reimer verschoss einen Penalty (08:45)
S: Lavallee 4, J. Krueger 4, F. Schütz 4, Ma. Müller 2, Rankel 2, Greilinger 2, Teamstrafe 2

1226'. - 03.05.2011 SLO - GER 2:3 (1:0, 1:1, 0:1, 0:0, 0:1) OT und PS
Bratislava, Orange aréna; Z: 8.010; SR: Baluška (SVK), Olenin (RUS); LR: Carnathan (USA), Tillerkvist-Jönsson (SWE)
Endras (Pätzold n.e.) - J. Krueger, Dietrich - Holzer, C. Braun - Lavallee, Hördler - N. Goc - Mi. Wolf (C), Hospelt, Rankel - Greilinger, Ullmann, Ma. Müller - Tripp, F. Schütz, Gogulla - P. Reimer, A. Barta, Kreutzer - Mauer
T: 2:1 (35:19) Mi. Wolf (Rankel, Hospelt) / 2:2 (45:32) F. Schütz (J. Krueger, Gogulla) / 2:3 (65:00) Hördler (GWS)
PS: 0:0 Greilinger (gehalten) - 0:0 SLO (gehalten) - 0:0 Ullmann (gehalten) - 0:0 SLO (gehalten) - 0:0 Mi. Wolf (gehalten) - 0:0 SLO (gehalten) - 1:0 SLO - 1:1 P. Reimer - 1:1 SLO (gehalten) - 1:1 P. Reimer (gehalten) - 1:1 SLO (gehalten) - 1:1 Kreutzer (gehalten) - 1:1 SLO (gehalten) - 1:1 Ma. Müller (rechts vorbei) - 1:1 SLO (gehalten) - 1:2 Hördler (GWS)
S: J. Krueger 2, Ma. Müller 2, P. Reimer 2, Tripp 2
Mi. Wolf absolvierte als zweiundsiebzigster Spieler sein 100. Länderspiel.

ZWISCHENRUNDE - GRUPPE E

1227'. - 06.05.2011 GER - FIN 4:5 (1:1, 3:2, 0:1, 0:0, 0:1) OT und PS
Bratislava, Orange aréna; Z: 9.255; SR: Olenin (RUS), Reiber (CAN); LR: Carlson (CAN), Valach (SVK)
Endras (J. Reimer n.e.) - J. Krueger, Dietrich - Holzer, C. Braun - Lavallee, Hördler - N. Goc - Mi. Wolf (C), Hospelt, Rankel - Greilinger, Ullmann, Ma. Müller - Tripp, F. Schütz, Gogulla - P. Reimer, A. Barta, M. Kink - Mauer
T: 1:1 (14:45) Rankel (Mi. Wolf, Hospelt) / 2:1 (26:28) F. Schütz (Gogulla, Mauer) - 3:1 (27:32) Hospelt (Lavallee, N. Goc) - 4:3 (39:03) P. Reimer (C. Braun, Ma. Müller)
PS: 0:0 FIN (gehalten) - 1:0 P. Reimer - 1:1 FIN - 1:1 Hospelt (gehalten) - 2:1 FIN - 2:2 Mi. Wolf - 2:2 P. Reimer (gehalten) - 2:3 FIN
S: Ullmann 2, Holzer 2, M. Kink 2, Gogulla 2

1228'. - 07.05.2011 DEN - GER 4:3 (1:1, 1:1, 1:1, 0:0, 1:0) OT und PS
Bratislava, Orange aréna; Z: 9.299; SR: Baluška (SVK), Burchell (CAN); LR: Hollenstein (AUT), Valach (SVK)
Endras (Pätzold n.e.) - J. Krueger, Dietrich - Holzer, C. Braun - Lavallee, Hördler - Reul - Mi. Wolf (C), Hospelt, Rankel - Tripp, Ullmann, Ma. Müller - Mauer, F. Schütz, Gogulla - P. Reimer, A. Barta, Kreutzer - M. Kink
T: 1:1 (10:15) Tripp (Ma. Müller, Ullmann) / 2:2 (22:05) A. Barta (M. Kink, P. Reimer) / 2:3 (41:32) Lavallee (Hördler, Ma. Müller)
PS: 0:0 DEN (gehalten) - 0:0 Ma. Müller (gehalten) - 1:0 DEN - 1:1 P. Reimer - 2:1 DEN - 2:1 Mi. Wolf (gehalten)
S: Gogulla 2, Reul 2, Holzer 2, C. Braun 2

1229'. - 09.05.2011 GER - CZE 2:5 (1:2, 0:3, 1:0)
Bratislava, Orange aréna; Z: 9.305; SR: Baluška (SVK), Persson (SWE); LR: Arm (SUI), Dedyulya (BLR)
Endras (Pätzold n.e.) - J. Krueger, Dietrich - Holzer, C. Braun - Lavallee, Hördler - Reul, N. Goc - Mi. Wolf (C), Hospelt, Rankel - P. Reimer, Ullmann, Ma. Müller - Greilinger, A. Barta, Kreutzer - Tripp, F. Schütz, Gogulla
T: 1:1 (01:49) Tripp (Lavallee, Hördler) / 2:5 (58:26) Greilinger (A. Barta)
S: Holzer 4, Tripp 2, Kreutzer 2, Hospelt 2
Kreutzer absolvierte als neunter Spieler sein 200. Länderspiel.

VIERTELFINALE

1230'. - 11.05.2011 SWE - GER 5:2 (2:1, 2:1, 1:0)
Bratislava, Orange aréna; Z: 8.986; SR: Rönn (FIN), Šindler (CZE); LR: Semjonov (EST), Terho (FIN)
Endras (Pätzold n.e.) - J. Krueger, Dietrich - Holzer, C. Braun - Lavallee, Hördler - Reul, N. Goc - Mi. Wolf (C), Hospelt, Rankel - P. Reimer, Ullmann, Ma. Müller - Tripp, F. Schütz, Gogulla - Mauer, A. Barta, M. Kink
T: 1:1 (02:01) A. Barta (Mauer, M. Kink) / 4:2 (38:44) Mi. Wolf (Rankel, Holzer)
S: Ullmann 2, Hospelt 2, C. Braun 2, J. Krueger 2, N. Goc 2, M. Kink 2, Holzer 2

2011/12

Neuer Bundestrainer Jakob Kölliker SUI

22. Deutschland-Cup 2011
Die deutsche Mannschaft belegte Platz 2.

1231'. - 11.11.2011 GER - SUI 4:2 (0:1, 2:0, 2:1)
München, Olympiahalle; Z: 4.500; SR: Aumüller (GER), Massy (SUI); LR: Hauber (GER), Iwert (GER)
Pätzold (Hannover Scorpions; J. Reimer (EHC München) n.e.) - Hördler (Eisbären Berlin), Kohl (Grizzly Adams Wolfsburg) - N. Goc (Adler Mannheim), Lavallee (Kölner Haie) - C. Schubert (Hamburg Freezers), Petermann (EHC München) - Reul (Adler Mannheim), C. Fischer (Grizzly Adams Wolfsburg) - Mauer (Adler Mannheim), Greilinger (ERC Ingolstadt) Hager (Krefeld Pinguine) - Mi. Wolf (C - Iserlohn Roosters), Hospelt (Grizzly Adams Wolfsburg), Rankel (Eisbären Berlin) - Flaake (Hamburg Freezers), M. Kink (Adler Mannheim), Wörle (Iserlohn Roosters) - P. Reimer (DEG Metro Stars), Pietta (Krefeld Pinguine), Gogulla (Kölner Haie)
T: 1:1 (30:27) Rankel (Hospelt) - 2:1 (38:05) Gogulla (P. Reimer, Kohl) / 3:1 (40:12) N. Goc (---) - 4:2 (59:39) Gogulla (---)
S: N. Goc 2+2+2+10 (Disziplinarstrafe), Petermann 2, Hördler 2, C. Schubert 2, Wörle 2

1232'. - 12.11.2011 GER - SVK 3:6 (1:2, 0:1, 2:3)
München, Olympiahalle; Z: 6.000; SR: Jablukov (GER), Massy (SUI); LR: Hoppe (GER), Kretschmer (GER)
J. Reimer (**Danny Aus den Birken** (Kölner Haie) n.e.) - **Benedikt Schopper** (Grizzly Adams Wolfsburg), Hördler - C. Schubert, Petermann - N. Goc, Lavallee - Reul, C. Fischer - Mauer, Greilinger, Hager - Danner (DEG Metro Stars), M. Kink, Wörle - Mi. Wolf (C), Hospelt, Rankel - P. Reimer, Pietta, Gogulla
T: 1:2 (19:22) Mi. Wolf (C. Schubert, Hospelt) / 2:3 (43:55) N. Goc (Pietta) - 3:5 (53:26) C. Fischer (Hospelt, Rankel) - Mi. Wolf verschoss einen Penalty (24:37)
S: Gogulla 4, Reul 4

1233'. - 13.11.2011 GER - USA 3:1 (1:0, 0:0, 2:1)
München, Olympiahalle; Z: 7.300; SR: Aumüller (GER), Massy (SUI); LR: Hauber (GER), Kretschmer (GER)
Aus den Birken (J. Reimer n.e.) - Kohl, Hördler - C. Schubert, Petermann - N. Goc, Lavallee - Reul, C. Fischer - Mauer, Greilinger, Hager - Danner, M. Kink. Flaake - Mi. Wolf (C), Hospelt, Rankel - P. Reimer, Pietta, Gogulla
T: 1:0 (18:33) Hospelt (Rankel) / 2:1 (52:07) Gogulla (Hospelt, Mi. Wolf) - 3:1 (58:56) M. Kink (Kohl)
S: Mi. Wolf 4, Hager 2, Lavallee 2, M. Kink 2, Teamstrafe 2

1234'. - 13.12.2011 GER* - RUS (B) 4:3 (1:2, 1:0, 1:1, 0:0, 1:0) OT und PS
* Perspektivteam „Top-Team Sotschi" (in den Spielen 1234 - 1235)
Essen, Eissporthalle am Westbahnhof; Z: 2.920; SR: Schütz (GER), Schukies (GER); LR: Engelmann (GER), Naust (GER)
Ehelechner (Grizzly Adams Wolfsburg; **Niklas Treutle** (Hamburg Freezers) n.e.) - Ondruschka (Straubing Tigers), **Sinan Akdag** (Krefeld Pinguine) - C. Braun (Eisbären Berlin), Brückner (Straubing Tigers) - **Tim Schüle** (Thomas Sabo Ice Tigers), Kettemer (Augsburger Panther) - **Marco Nowak** (DEG Metro Stars) - Plachta (Adler Mannheim), Hager, Mauer - Flaake, **Garrett Festerling** (Hamburg Freezers), **David Wolf** (Hamburg Freezers) - **Kristopher Sparre** (ERC Ingolstadt), Pietta, Buchwieser (EHC München) - **Laurin Braun** (Eisbären Berlin), Oblinger (Thomas Sabo Ice Tigers), **Daniel Weiß** (Eisbären Berlin) - **Sandro Schönberger** (Straubing Tigers)
T: 1:1 (05:31) Mauer (Hager, Plachta) / 2:2 (21:13) Flaake (D. Wolf, C. Braun) / 3:2 (46:52) Plachta (Hager, Mauer) / 4:3 (65:00) Festerling (GWS)
PS: 0:0 Pietta (vergeben) - 0:0 RUS (vergeben) - 1:0 Festerling - 1:0 RUS (vergeben) - 1:0 Flaake (vergeben) - 1:1 RUS - 1:1 RUS (vergeben) - 2:1 Festerling (GWS)
S: Ondruschka 4, Hager 2, Buchwieser 2, Brückner 2, Oblinger 2, D. Wolf 2

1235'. - 14.12.2011 GER* - RUS (B) 4:1 (1:0, 1:1, 2:0)
Duisburg, Scania Arena*; Z: 2.380; SR: Brüggemann (GER), Jablukov (GER); LR: Iwert (GER), Schrader (GER)
* bisher Eissporthalle Margaretenstraße
Treutle (Ehelechner n.e.) - M. Nowak, Akdag - Ondruschka, C. Braun - Kettemer, **Torsten Ankert** (Kölner Haie) - Schüle, Brückner - Plachta, Hager, Mauer - Flaake, Festerling, Buchwieser - D. Weiß, Pietta, Sparre - Schönberger, Oblinger, L. Braun - D. Wolf
T: 1:0 (08:23) Schüle (---) / 2:1 (32:46) Sparre (Plachta, Pietta) / 3:1 (43:34) Plachta (Hager, Mauer) - 4:1 (44:18) Festerling (Flaake, Buchwieser)
S: Hager 2, Kettemer 2, Pietta 2, D. Weiß 2

BelSwiss-Cup
Die deutsche Mannschaft belegte Platz 4.

HALBFINALE

1236. - 10.02.2012 BLR - GER 4:0 (1:0, 3:0, 0:0)
Minsk, Arena; Z: 8.150; SR: Nalivaiko (BLR), Baluška (SVK); LR: Goliak (BLR), Dedyulya (BLR)
Kotschnew (HK Atlant Moskovskaya oblast; 11:41-12:53 Endras (HIFK Helsinki)) - N. Goc, C. Fischer - Schopper, Kohl - Mo. Müller (Kölner Haie), Ankert - Petermann - Gogulla, F. Schütz (Kölner Haie), Tripp (Kölner Haie) - Hager, A. Barta (Malmö Redhawks), Mi. Wolf (C) - Mauer, Pietta, Buchwieser - D. Wolf, Festerling, P. Reimer - **Evan Kaufmann** (DEG Metro Stars)
S: N. Goc 4, Schopper 4, Hager 2, C. Fischer 2, Mauer 2, D. Wolf 2

SPIEL UM PLATZ 3

1237. - 11.02.2012 GER - SUI 0:1 (0:1, 0:0, 0:0)
Minsk, Arena; Z: 2.345; SR: Baluška (SVK), Proskurov (BLR); LR: Ruf (BLR), Gotsulya (BLR)
Endras (59:09 out; Kotschnew n.e.) - Schopper, Mo. Müller - N. Goc, C. Fischer - Ankert, Petermann - Kohl - E. Kaufmann, Pietta, Buchwieser - Gogulla, F. Schütz, Tripp - Hager, A. Barta, Mi. Wolf (C) - D. Wolf, Festerling, P. Reimer - Mauer
S: E. Kaufmann 4, A. Barta 2, Hager 2, Buchwieser 2

2. Euro Hockey Challenge 2012
Die deutsche Mannschaft belegte Platz 4.

1238'. - 07.04.2012 GER - RUS 4:3 (1:2, 1:1, 2:0)
Freiburg, Franz-Siegel-Halle; Z: 4.005; SR: Haupt (GER), Sicorschi (GER); LR: Büse (GER), Velkoski (GER)
Kotschnew (Pätzold n.e.) - Petermann, Kohl - Mo. Müller, C. Fischer - Akdag, Lavallee - Schüle - Furchner (Grizzly Adams Wolfsburg), Hospelt (C), Tripp - Buchwieser, Pietta, Flaake - Lewandowski (HK Atlant Moskovskaya oblast), A. Barta, E. Kaufmann - Gogulla, F. Schütz, A. Weiß (Kölner Haie) - Hager
T: 1:1 (15:37) Pietta (Flaake, Schüle) / 2:2 (26:08) Tripp (Hospelt, Furchner) / 3:3 (44:32) Tripp (C. Fischer, Hospelt) - 4:3 (51:52) Hospelt (C. Fischer, Tripp)
S: Akdag 4, E. Kaufmann 2, Gogulla 2, Tripp 2, Mo. Müller 2, Hager 2

1239'. - 08.04.2012 GER - RUS 2:3 (0:1, 2:0, 0:1, 0:0, 0:1) OT und PS
Ravensburg, Eissporthalle; Z: 3.300; SR: Brill (GER), ?; LR: Johannes (GER), Flad (GER)
Pätzold (57:25-60:00 out; Aus den Birken n.e.) - Schüle, C. Fischer - Mo. Müller, Kohl - Petermann, Lavallee - Akdag - Lewandowski, A. Barta, E. Kaufmann - Furchner, Hospelt (C), Tripp - Gogulla, Pietta, Flaake - Oblinger, Hager, Wörle - F. Schütz
T: 1:1 (21:10) Tripp (Furchner, Hospelt) - 2:1 (39:19) F. Schütz (Pietta, Mo. Müller)
PS: 0:0 Hospelt (vergeben) - 0:1 RUS - 0:1 F. Schütz (vergeben) - 0:1 RUS (vergeben) - 0:1 A. Barta (vergeben)
S: Tripp 4, Petermann 2, Lavallee 2, Oblinger 2, Akdag 2

1240. - 13.04.2012 CZE - GER 3:2 (0:0, 1:0, 1:2, 1:0) OT
České Budějovice, Budvar aréna; Z: 4.856; SR: Minář (CZE), Šindler (CZE); LR: Pouzar (CZE), Jelínek (CZE)
Pätzold (64:34; Endras n.e.) - C. Schubert, C. Fischer - Petermann, Schüle - Mo. Müller, Kohl - Akdag, Lavallee - P. Reimer, Hager, Buchwieser - Flaake, Hospelt (C), Furchner - F. Schütz, Pietta, Gogulla - Lewandowski, A. Barta, E. Kaufmann - A. Weiß
T: 2:1 (49:59) P. Reimer (Buchwieser, Hager) - 2:2 (53:45) C. Schubert (A. Barta, Gogulla)
S: Flaake 2+10 (Disziplinarstrafe), Buchwieser 4, Lavallee 2, Schüle 2, E. Kaufmann 2, Pietta 2, Gogulla 2, P. Reimer 2

1241. - 14.04.2012 CZE - GER 3:2 (0:1, 2:0, 0:1, 0:0, 1:0) OT und PS
České Budějovice, Budvar aréna; Z: 3.588; SR: Jeřábek (CZE), Minář (CZE); LR: Pouzar (CZE), Lhotský (CZE)
Endras (Kotschnew n.e.) - C. Schubert, Lavallee - Schüle, Kohl - Petermann, Mo. Müller - C. Fischer, Akdag - P. Reimer, Hospelt (C), Hager - Lewandowski, A. Barta, E. Kaufmann - F. Schütz, Gogulla, A. Weiß - Buchwieser, Pietta, Flaake - Furchner
T: 0:1 (18:46) Buchwieser (Gogulla, Pietta) / 2:2 (43:41) C. Schubert (A. Barta)
PS: 0:0 P. Reimer (vergeben) - 0:0 CZE (vergeben) - 0:0 Hospelt (vergeben) - 0:0 CZE (vergeben) - 0:0 E. Kaufmann (vergeben) - 1:0 CZE
S: P. Reimer 4, Schüle 4, Lewandowski 2

1242. - 21.04.2012 GER - DEN 3:1 (0:0, 2:1, 1:0)
Kassel, Eissporthalle am Auestadion; Z: 4.050; SR: Jablukov (GER), ? (GER); LR: Iwert (GER), Schulz (GER)
Kotschnew (Pätzold n.e.) - Ondruschka, C. Schubert - Kohl, Petermann - C. Fischer, Akdag - Mo. Müller - Tripp, Hospelt (C), Furchner - Lewandowski, A. Barta, Flaake - P. Reimer, Pietta, Buchwieser - Greilinger, F. Schütz, Gogulla - E. Kaufmann
T: 1:1 (31:32) C. Fischer (E. Kaufmann, A. Barta) - 2:1 (36:44) Hospelt (Furchner, Akdag) / 3:1 (42:41) Greilinger (Hospelt, C. Schubert)
S: F. Schütz 4, Petermann 2, Pietta 2

1243. - 22.04.2012 GER - DEN 3:2 (0:0, 2:1, 0:1, 0:0, 1:0) OT und PS
Hannover, TUI Arena; Z: 3.609; SR: Jablukov (GER), ? (GER); LR: Schulz (GER), Schelewski GER
Pätzold (Endras n.e.) - Ondruschka, C. Schubert - Kohl, Petermann - C. Fischer, Akdag - Mo. Müller - Tripp, Hospelt (C), Furchner - E. Kaufmann, A. Barta, Flaake - P. Reimer, Pietta, Buchwieser - Greilinger, F. Schütz, Gogulla
T: 1:1 (23:51) A. Barta (Ondruschka, C. Schubert) - 2:1 (26:29) P. Reimer (C. Schubert, Gogulla) / 3:2 (65:00) F. Schütz (GWS)
PS: 0:0 DEN (vergeben) - 0:0 Greilinger (vergeben) - 0:0 DEN (vergeben) - 0:0 P. Reimer (vergeben) - 0:0 DEN (vergeben) - 0:0 Hospelt (vergeben) - 1:0 A. Barta - 1:1 DEN - 2:1 F. Schütz (GWS) - 2:1 DEN (vergeben)
S: Pietta 2

2. Slovakia Cup 2012 (auch Škoda-Cup)
Die deutsche Mannschaft belegte Platz 2.

HALBFINALE

1244'. - 27.04.2012 BLR - GER 2:5 (0:1, 1:3, 1:1)
Bratislava, Zimný štadión Ondreja Nepelu; Z: 2.557; SR: Kubuš (SVK), Müllner (SVK); LR: Šefčík (SVK), Výleta (SVK)
Endras (Kotschnew n.e.) - Ondruschka, C. Fischer - C. Schubert, Schüle - Mo. Müller, J. Krueger (Charlotte Checkers) - Akdag, Lavallee - Tripp, Hospelt (C), Rankel - E. Kaufmann, A. Barta, Furchner - P. Reimer, Pietta, Buchwieser - Greilinger, F. Schütz, Gogulla - Flaake
T: 0:1 (02:13) F. Schütz (Greilinger) / 1:2 (27:09) Greilinger (Gogulla, F. Schütz) - 1:3 (37:26) Rankel (Tripp) - 1:4 (39:11) E. Kaufmann (A. Barta, Schüle) / 1:5 (42:29) Greilinger (F. Schütz, Schüle)
S: C. Schubert 10 (Disziplinarstrafe), Mo. Müller 4, Tripp 2, Schüle 2, Lavallee 2, Ondruschka 2

SPIEL UM PLATZ 1

1245'. - 28.04.2012 SVK - GER 5:4 (1:2, 2:1, 1:1, 0:0, 1:0) OT und PS
Bratislava, Zimný štadión Ondreja Nepelu; Z: 4.610; SR: Baluška (SVK), Konc (SVK); LR: Stano (SVK), Valach (SVK)
Endras (Pätzold n.e.) - Akdag, C. Fischer - Mo. Müller, J. Krueger - Lavallee, Schüle - Petermann, Ondruschka - Tripp, Hospelt (C), Rankel - E. Kaufmann, A. Barta, Furchner - P. Reimer, Pietta, Gogulla - Greilinger, F. Schütz, Mauer - Flaake
T: 1:1 (07:35) P. Reimer (Gogulla, Schüle) - 1:2 (14:33) P. Reimer (Pietta, Gogulla) / 3:3 (35:51) P. Reimer (J. Krueger, Gogulla) / 4:4 (56:34) Akdag (---)
PS: 0:0 SVK (vergeben) - 0:1 P. Reimer - 0:1 SVK (vergeben) - 0:1 Greilinger (vergeben) - 1:1 SVK - 1:1 Rankel (vergeben) - 1:1 Mauer (vergeben) - 2:1 SVK
S: Schüle 2, Akdag 2
Gogulla absolvierte als dreiundsiebzigster Spieler sein 100. Länderspiel.

76. Weltmeisterschaft 2012
Die deutsche Mannschaft belegte in ihrer Vorrundengruppe den 6. Platz und verpasste das Viertelfinale.

VORRUNDE - GRUPPE S

1246'. - 04.05.2012 GER - ITA 3:0 (1:0, 1:0, 1:0)
Stockholm, Ericsson Globe; Z: 1.033; SR: Kurmann (SUI), Patafie (USA); LR: Dehaen (FRA), Dussureault (CAN)*
* bis 2009 Globe Arena
Endras (Kotschnew n.e.) - Ondruschka, C. Fischer - Reul, N. Goc - C. Schubert, Lavallee - J. Krueger - Tripp, Hospelt, Rankel - Greilinger, M. Goc (C - Florida Panthers), F. Schütz - P. Reimer, Ullmann (Adler Mannheim), Gogulla - E. Kaufmann, A. Barta, Furchner - M. Kink
T: 1:0 (16:16) C. Schubert (Ullmann) / 2:0 (22:42) P. Reimer (Ullmann, Gogulla) / 3:0 (45:11) C. Fischer (Gogulla, Ullmann)
S: Teamstrafe 4 (dafür Gogulla bzw. Tripp auf der Strafbank), N. Goc 2

1247'. - 06.05.2012 GER - LAT 2:3 (0:1, 2:1, 0:1)
Stockholm, Ericsson Globe; Z: 4.162; SR: Levonen (FIN), Reiber (CAN); LR: Dehaen (FRA), Semjonov (EST)
Endras (59:05 out; Kotschnew n.e.) - Ondruschka, C. Fischer - J. Krueger, C. Schubert - Reul, N. Goc - Lavallee, Akdag - Tripp, Hospelt, Furchner - P. Reimer, Ullmann, Gogulla - E. Kaufmann, A. Barta, M. Kink - Greilinger, M. Goc (C), Pietta
T: 1:2 (24:58) Tripp (Hospelt, Lavallee) - 2:2 (32:03) Hospelt (P. Reimer, Gogulla)
S: Hospelt 2, Greilinger 2, Ondruschka 2

1248'. - 08.05.2012 RUS - GER 2:0 (1:0, 0:0, 1:0)
Stockholm, Ericsson Globe; Z: 2.897; SR: Baluška (SVK), Boman (FIN); LR: Dedyulya (BLR), Dussureault (CAN)
Kotschnew (Endras n.e.) - J. Krueger, C. Schubert - Ondruschka, C. Fischer - Lavallee, Akdag - Reul, N. Goc - Tripp, Hospelt, Furchner - E. Kaufmann, A. Barta, M. Kink - P. Reimer, Ullmann, Gogulla - Greilinger, M. Goc (C), Pietta
S: C. Fischer 2, N. Goc 2, Tripp 2, J. Krueger 2, E. Kaufmann 2

1249'. - 09.05.2012 SWE - GER 5:2 (1:1, 2:1, 2:0)
Stockholm, Ericsson Globe; Z: 11.500; SR: Kurmann (SUI), Olenin (RUS); LR: Dehaen (FRA), Valach (SVK)
Endras (Kotschnew n.e.) - Reul, N. Goc - C. Schubert, J. Krueger - Lavallee, Akdag - Ondruschka, C. Fischer - Greilinger, M. Goc (C), Pietta - E. Kaufmann, A. Barta, F. Schütz - Tripp, Hospelt, Furchner - P. Reimer, Ullmann, Gogulla
T: 1:1 (19:59) Gogulla (Hospelt, F. Schütz) / 3:2 (36:58) P. Reimer (C. Fischer, Gogulla)
S: N. Goc 2, Akdag 2, Lavallee 2

1250'. - 12.05.2012 GER - DEN 2:1 (0:0, 1:1, 1:0)
Stockholm, Ericsson Globe; Z: 5.107; SR: Kurmann (SUI), Baluška (SVK); LR: Arm (SUI), Dedyulya (BLR)
Endras (Kotschnew n.e.) - J. Krueger, C. Schubert - Reul, N. Goc - Ondruschka, C. Fischer - Lavallee - Tripp, Hospelt, Rankel - F. Schütz, A. Barta, M. Kink - P. Reimer, Ullmann, Gogulla - Greilinger, M. Goc (C), E. Kaufmann - Furchner
T: 1:1 (37:10) Greilinger (C. Fischer, E. Kaufmann) - 2:1 (48:24) Gogulla (P. Reimer, Ullmann)
S: N. Goc 2, P. Reimer 2, C. Fischer 2

1251'. - 13.05.2012 GER - NOR 4:12 (0:3, 1:6, 3:3)
Stockholm, Ericsson Globe; Z: 2.462; SR: Bulanov (RUS), Kaval (USA); LR: Dedyulya (BLR), Dehaen (FRA)
Endras (für ihn 05:35-40:00 + 52:46-60:00 Kotschnew) - J. Krueger, C. Schubert - C. Fischer, Ondruschka - N. Goc, Reul - Lavallee - Tripp, Hospelt, Rankel - P. Reimer, Ullmann, Gogulla - Greilinger, M. Goc (C), E. Kaufmann - F. Schütz, A. Barta, M. Kink - Furchner
T: 1:9 (38:25) P. Reimer (Gogulla, C. Schubert) / 2:10 (41:01) J. Krueger (Gogulla) - 3:11 (46:27) M. Kink (Lavallee) - 4:12 (57:17) C. Fischer (Hospelt, Gogulla)
S: Reul 2+10 (Disziplinarstrafe), Gogulla 4, M. Goc 2, Lavallee 2, C. Schubert 2, M. Kink 2, E. Kaufmann 2

1252'. - 15.05.2012 CZE - GER 8:1 (3:1, 3:0, 2:0)
Stockholm, Ericsson Globe; Z: 2.114; SR: Bulanov (RUS), Olenin (RUS); LR: Arm (SUI), Suominen (FIN)
Endras (Kotschnew n.e.) - Reul, N. Goc - J. Krueger, Ondruschka - C. Fischer, C. Schubert - Lavallee, Akdag - Tripp, M. Goc (C), M. Kink - Greilinger, Hospelt, Furchner - E. Kaufmann, A. Barta, Pietta - P. Reimer, Ullmann, Gogulla
T: 1:1 (07:36) Greilinger (C. Schubert, Ullmann)
S: N. Goc 6, Hospelt 2, Lavallee 2, Greilinger 2, Furchner 2

2012/13

Neuer Bundestrainer Pat Cortina (CAN) - Da der Vertrag erst kurz zuvor unterzeichnet wurde, betreute am 18.09.2012 DEB-Nachwuchstrainer Ernst Höfner die Mannschaft.

1253. - 18.09.2012 AUT - GER 3:4 (1:1, 2:0, 0:3)
Wien, Albert-Schultz-Halle; Z: 2.950; SR: Fussi (AUT), Smetana (AUT); LR: Hofstätter (AUT), Smeibidlo (AUT)
Zepp (Eisbären Berlin; ab 30:09 J. Reimer (EHC Red Bull München)) - N. Goc (Adler Mannheim), Reul (Adler Mannheim) - Mo. Müller (Kölner Haie), Hördler (Eisbären Berlin) - Petermann (EHC Red Bull München), Schopper (Grizzly Adams Wolfsburg) - Schüle (Thomas Sabo Ice Tigers), Akdag (Krefeld Pinguine) - Rankel (Eisbären Berlin), Hospelt (Grizzly Adams Wolfsburg), Mi. Wolf (C - Iserlohn Roosters) - Mauer (Adler Mannheim), Pietta (Krefeld Pinguine), P. Reimer (Thomas Sabo Ice Tigers) - D. Wolf (Hamburg Freezer), M. Kink (Adler Mannheim), Flaake (Hamburg Freezers) - Hager (ERC Ingolstadt), A. Weiß (Kölner Haie), Buchwieser (EHC Red Bull München)
T: 0:1 (09:16) D. Wolf (M. Kink, Flaake) / 3:2 (45:16) Buchwieser (A. Weiß) - 3:3 (49:25) Hager (N. Goc, Buchwieser) - 3:4 (53:30) Hördler (Mo. Müller, Rankel)
S: Buchwieser 5+20 (Spieldauer), M. Kink 4, P. Reimer 2, Mi. Wolf 2, Rankel 2, Hospelt 2

23. Deutschland-Cup 2012
Die deutsche Mannschaft belegte Platz 1.

1254'. - 09.11.2012 GER - CAN 3:2 (0:0, 1:0, 2:2)
München, Eishalle im Olympiapark; Z: 5.400; SR: Brüggemann (GER), Gebei (HUN); LR: Höck (GER), Lajoie (GER)
Zepp (17:02-18:48 Endras (Adler Mannheim)) - Hördler, Baxmann (Eisbären Berlin) - N. Goc, Mo. Müller - Ondruschka (Straubing Tigers), Kohl (Grizzly Adams Wolfsburg) - Petermann, Akdag - Greilinger (ERC Ingolstadt), Hospelt, Ma. Müller (MODO Hockey) - Mi. Wolf (C), Ullmann (Adler Mannheim), Gogulla (Kölner Haie) - Mauer, Pietta, M. Kink - A. Barta (Rögle BK), F. Schütz (Kölner Haie), Buchwieser
T: 1:0 (31:41) M. Kink (Mi. Wolf, Kohl) / 2:0 (41:03) Hördler (Gogulla, Mi. Wolf) - 3:1 (54:01) N. Goc (Mi. Wolf, Gogulla)
S: M. Kink 2, Petermann 2, Buchwieser 2
Greilinger absolvierte als vierundsiebzigster Spieler sein 100. Länderspiel.

1255'. - 10.11.2012 GER - SUI 2:0 (1:0, 0:0, 1:0)
München, Eishalle im Olympiapark; Z: 5.500; SR: Schütz (GER), Gebei (HUN); LR: Hofer (GER), Lajoie (GER)
Endras (Kotschnew (Hamburg Freezers) n.e.) - Hördler, Baxmann - N. Goc, Mo. Müller - Ondruschka, Kohl - Petermann, Akdag - Festerling (Hamburg Freezers), D. Wolf, Flaake - Greilinger, Hospelt, Ma. Müller - Mi. Wolf (C), Ullmann, Gogulla - Mauer, Pietta, M. Kink
T: 1:0 (04:40) Ullmann (Greilinger, Mo. Müller) / 2:0 (59:53) Gogulla (Mi. Wolf, Baxmann)
S: Pietta 2, Gogulla 2, Hördler 2, Kohl 2, D. Wolf 2

1256'. - 11.11.2012 GER - SVK 2:0 (0:0, 0:0, 2:0)
München, Eishalle im Olympiapark; Z: 5.600; SR: Haupt (GER), Schütz (GER); LR: Hofer (GER), Kretschmer (GER)
Kotschnew (Zepp n.e.) - Hördler, Baxmann - N. Goc, Mo. Müller - Ondruschka, Kohl - Petermann, Akdag - Festerling, D. Wolf, Flaake - Greilinger, A. Barta, Ma. Müller - Mi. Wolf (C), Ullmann, Gogulla - M. Kink, Buchwieser, F. Schütz
T: 1:0 (49:36) A. Barta (Ma. Müller, Mi. Wolf) - 2:0 (50:27) Festerling (F. Schütz, Akdag)
S: Buchwieser 5+20 (Spieldauer), Ullmann 2, Festerling 2, N. Goc 2

1257'. - 11.12.2012 GER* - RUS (B) 0:1 (0:0, 0:0, 0:0, 0:0, 0:1) OT und PS
* Perspektivteam „Top-Team Sotschi" (in den Spielen 1257 - 1258)
Chemnitz, Eissporthalle Küchwald; Z: 3.316; SR: Aumüller (GER), Bauer (GER); LR: ? (GER), ? (GER)
Felix Brückmann (Adler Mannheim; Treutle (Hamburg Freezers) n.e.) - Reul, Reiss (Hannover Scorpions) - Ankert (Kölner Haie), Akdag - **Bernhard Ebner** (Düsseldorfer EG), Kohl - **Dominik Bittner** (Adler Mannheim), **Sören Sturm** (EHC Red Bull München) - Hager, F. Schütz, Mauer - **Andreas Driendl** (Krefeld Pinguine), Buchwieser, Ma. Müller - Oppenheimer (Hamburg Freezers), Festerling, D. Wolf - Plachta (Adler Mannheim), **Gerrit Fauser** (Hannover Scorpions), **Martin Hinterstocker jr.** (EHC Red Bull München)
PS: 0:0 M. Hinterstocker jr. (vergeben) - 0:1 RUS - 1:1 Ma. Müller - 1:1 RUS (vergeben) - 1:1 F. Schütz (vergeben) - 1:2 RUS
S: Bittner 2, Oppenheim 2, Hager 2

1258'. - 12.12.2012 GER* - RUS (B) 2:1 (0:0, 1:0, 1:1)
Dresden, EnergieVerbund Arena*; Z: 3.150; SR: Schukies (GER), Krawinkel (GER); LR: ? (GER), ? (GER)
* bis 2010 Freiberger Arena
Treutle (Brückmann n.e.) - Reul, Reiss - Ankert, Akdag - Ebner, Kohl - Bittner, S. Sturm - Hager, F. Schütz, Mauer - A. Driendl, Buchwieser, Ma. Müller - Plachta, Fauser, Oblinger (ERC Ingolstadt) - Festerling, M. Hinterstocker jr., D. Wolf
T: 1:0 (31:29) Akdag (Ankert, Festerling) / 2:1 (56:57) Plachta (Ebner, Kohl)
S: M. Hinterstocker jr. 2, Oblinger 2, D. Wolf 2, Reul 2, Bittner 2, S. Sturm 2, Plachta 2, F. Schütz 2

Olympia-Qualifikation für 2014

Die deutsche Mannschaft belegte in der Gruppe D den 2. Platz und qualifizierte sich damit nicht für die Olympischen Winterspiele 2014.
GRUPPE D

1259' - 07.02.2013 GER - NED 5:1 (2:0, 1:1, 2:0)
Bietigheim-Bissingen, EgeTrans Arena; Z: 3.780; SR: Ravodin (RUS), Šindler (CZE); LR: Hribar (SLO), Korteniemi (FIN)
Zepp (Endras n.e.) - Baxmann, C. Braun (Eisbären Berlin) - N. Goc, Mo. Müller - Kohl, Petermann - Rankel, Hospelt, Ma. Müller - Mi. Wolf (C), A. Barta, Gogulla - M. Kink, P. Reimer, F. Schütz - Flaake, D. Wolf, Festerling - Pietta
T: 1:0 (08:30) A. Barta (Flaake, Gogulla) - 2:0 (11:54) D. Wolf (A. Barta, Flaake) / 3:1 (38:48) A. Barta (Ma. Müller, Rankel) / 4:1 (47:21) Mi. Wolf (Gogulla, A. Barta) - 5:1 (58:57) Mo. Müller (Mi. Wolf, A. Barta)
S: D. Wolf 2, Mo. Müller 2, M. Kink 2, Teamstrafe 2 (dafür Gogulla auf der Strafbank)

1260'. - 08.02.2013 ITA - GER 2:1 (1:1, 0:0, 0:0, 1:0) OT
Bietigheim-Bissingen, EgeTrans Arena; Z: 4.517; SR: Laaksonen (FIN), Ravodin (RUS); LR: Malmqvist (SWE), Korteniemi (FIN)
Endras (62:19; Kotschnew n.e.) - Baxmann, C. Braun - N. Goc, Mo. Müller - Kohl, Petermann - Ebner - Flaake, D. Wolf, Festerling - Rankel, Hospelt, Ma. Müller - M. Kink, Pietta, F. Schütz - Mi. Wolf (C), A. Barta, Gogulla
T: 1:1 (13:29) Flaake (Festerling)
S: Petermann 4, N. Goc 2, F. Schütz 2, Pietta 2

1261'. - 10.02.2013 GER - AUT 3:2 (1:0, 0:1, 1:1, 1:0) OT
Bietigheim-Bissingen, EgeTrans Arena; Z: 4.517; SR: Laaksonen (FIN), Šindler (CZE); LR: Malmqvist (SWE), Korteniemi (FIN)
Zepp (58:59-60:00 out; Endras n.e.) - Baxmann, C. Braun - N. Goc, Mo. Müller - Kohl, Petermann - Ebner - Rankel, Hospelt, Ma. Müller - Mi. Wolf (C), A. Barta, Gogulla - M. Kink, Pietta, F. Schütz - Flaake, D. Wolf, Festerling - P. Reimer
T: 1:0 (18:41) Kohl (C. Braun, Ma. Müller) / 2:1 (46:54) Mi. Wolf (A. Barta, Gogulla) / 3:2 (62:34) P. Reimer (C. Braun)
S: Ma. Müller 2, C. Braun 2

3. Euro Hockey Challenge 2013

Die deutsche Mannschaft belegte Platz 10.

1262'. - 05.04.2013 BLR - GER 4:3 (1:1, 1:1, 1:1, 0:0, 1:0) OT und PS
Minsk, Arena; Z: 8.500; SR: Sidorenko (BLR), Amosov (BLR); LR: Dedyulya (BLR), Badyl (BLR)
J. Reimer (**Andreas Jenike** (Thomas Sabo Ice Tigers) n.e.; Treutle n.e.) - Kettemer (Adler Mannheim), Reul - Ondruschka, Brückner (Straubing Tigers) - **Patrick Seifert** Augsburger Panther), S. Sturm - **Peter Lindlbauer** (Thomas Sabo Ice Tigers), Ebner - Mi. Wolf (C), Fauser, Greilinger - U. Maurer (EHC Red Bull München), M. Hinterstocker jr., Buchwieser - P. Reimer, Buzas (Thomas Sabo Ice Tigers), Ma. Müller - Röthke (Straubing Tigers), Oblinger, Lewandowski (HK Spartak Moskva) - **Bernhard Keil** (Straubing Tigers)
T: 0:1 (10:24) Ma. Müller (Buzas) / 1:2 (30:33) M. Hinterstocker jr. (Brückner, U. Maurer) / 3:3 (55:38) Röthke (Lewandowski, Oblinger)
PS: 0:0 Lewandowski (vergeben) - 0:0 BLR (vergeben) - 0:0 Greilinger (vergeben) - 1:0 BLR - 1:0 Mi. Wolf (vergeben)
S: Brückner 2, S. Sturm 2, Reul 2, Ondruschka 2, P. Reimer 2, Oblinger 2, Seifert 2, Kettemer 2

1263'. - 06.04.2013 BLR - GER 4:2 (0:0, 2:0, 2:2)
Soligorsk, Lyadovy palats sportu; Z: 2.000; SR: Nalivaiko (BLR), Proskurov (BLR); LR: Koleda (BLR), Golyak (BLR)
Treutle (59:30 out; Jenike n.e.) - Kettemer, Reul - Ondruschka, Brückner - Seifert, S. Sturm - Lindlbauer, Ebner - Mi. Wolf (C), Fauser, Greilinger - U. Maurer, M. Hinterstocker jr., Buchwieser - P. Reimer, Buzas, Ma. Müller - Röthke, Oblinger, Lewandowski - Keil
T: 2:1 (46:25) Ma. Müller (---) - 4:2 (59:51) Ebner (S. Sturm)
S: Mi. Wolf 4, Oblinger 4, Ebner 2, S. Sturm 2

1264'. - 12.04.2013 GER - CZE 1:3 (0:1, 1:2, 0:0)
Regensburg, Donau-Arena; Z: 3.650; SR: Leppäalho (FIN), Bauer (GER); LR: Büse (GER), Flad (GER)
Endras (59:12 out; J. Reimer n.e.) - Brückner, Kettemer - Ondruschka, Ebner - Köppchen (Hamburg Freezers), S. Sturm - N. Goc, Lindlbauer - Röthke, Ma. Müller, Greilinger - Mauer, Y. Seidenberg (Adler Mannheim), M. Kink - Plachta, Ullmann, Mi. Wolf (C) - U. Maurer, Buchwieser, Hager - Lewandowski
T: 1:3 (37:14) U. Maurer (Hager, Lindlbauer)
S: Ma. Müller 4, Kettemer 2

1265'. - 13.04.2013 GER - CZE 1:3 (0:0, 1:2, 0:1)
Selb, Hutschenreuther-Eissporthalle; Z: 4.059; SR: Leppäalho (FIN), Krawinkel (GER); LR: Lajoie (GER), Melia (GER)
J. Reimer (Endras n.e.) - Brückner, Kettemer - Ondruschka, Ebner - Köppchen, S. Sturm - Kohl, Lindlbauer - P. Reimer, Ma. Müller, Greilinger - Mauer, Y. Seidenberg, M. Kink - D. Wolf, Ullmann, Mi. Wolf (C) - U. Maurer, Buchwieser, Hager - Lewandowski
T: 1:2 (31:45) Ma. Müller (S. Sturm, Greilinger)
S: Köppchen 2, Ma. Müller 2, D. Wolf 2, Hager 2, Buchwieser 2

1266'. 20.04.2013 GER - SWE 0:8 (0:6, 0:2, 0:0)
Krefeld, KönigPALAST; Z: 5.500; SR: Jablukov (GER), Yazdi (GER); LR: Müller (GER), Schulz (GER)
Endras (ab 20:01 J. Reimer; Treutle n.e.) - Kohl, Schopper - Köppchen, S. Sturm - N. Goc, Lindlbauer - Brückner - P. Reimer, Ma. Müller, Greilinger - Mauer, Y. Seidenberg, M. Kink - Plachta, Ullmann, Mi. Wolf (C) - Hager, Pietta, Lewandowski - Buchwieser, D. Wolf
S: Ma. Müller 4, P. Reimer 4, Buchwieser 2, M. Kink 2, Lindlbauer 2, N. Goc 2, Hager 2, D. Wolf 2

1267'. - 21.04.2013 GER - SWE 5:2 (1:2, 2:0, 2:0)
Frankfurt am Main, Eissporthalle am Ratsweg; Z: 3.152; SR: Aicher (GER), Zehetleitner (GER); LR: Hoppe (GER), Hurtik (GER)
Endras (J. Reimer n.e.) - Kohl, Schopper - Köppchen, S. Sturm - N. Goc, Ebner - Brückner - P. Reimer, Ma. Müller, Greilinger - Mauer, Y. Seidenberg, M. Kink - Plachta, Ullmann, Mi. Wolf (C) - Hager, Pietta, Buchwieser - Lewandowski, D. Wolf
T: 1:1 (18:28) Köppchen (N. Goc, Ullmann) / 2:2 (31:34) Ullmann (N. Goc, Köppchen) - 3:2 (33:57) Mauer (Ma. Müller, Lewandowski) / 4:2 (41:16) Hager (Mauer, D. Wolf) - 5:2 (58:48) N. Goc (---)
S: D. Wolf 2, Greilinger 2, N. Goc 2, Ullmann 2, M. Kink 2

1268. - 26.04.2013 SUI - GER 2:1 (0:0, 1:0, 0:1, 1:0) OT
Langenthal, Eishalle Schoren; Z: 3.922; SR: Kurmann (SUI), Massy (SUI); LR: Arm (SUI), Küng (SUI)
Endras (62:14; Aus den Birken (Kölner Haie) n.e.) - Köppchen, N. Goc - Kohl, Schopper - Baxmann, Mo. Müller - Ankert, Lindlbauer - Rankel, F. Schütz, Greilinger (C) - Gogulla, Pietta, Tripp (Kölner Haie) - Y. Seidenberg, M. Kink, **Marcel Noebels** (Adirondack Phantoms) - D. Wolf, Hager, Mauer
T: 1:1 (41:06) Tripp (Pietta)
S: Kohl 2
Tripp absolvierte als fünfundsiebzigster Spieler sein 100. Länderspiel.

1269. - 27.04.2013 SUI - GER 3:2 (0:0, 2:0, 0:2, 0:0, 1:0) OT und PS
Rapperswil, Diner's Club Arena; Z: 3.922; SR: Kurmann (SUI), Massy (SUI); LR: Arm (SUI), Küng (SUI)*
* bis 2005 Eishalle Lido
Aus den Birken (58:12-58:25 out; Endras n.e.) - Ankert, Mo. Müller - Köppchen, Schopper - N. Goc, Lindlbauer - Gogulla, Ullmann, Mi. Wolf (C) - Ma. Müller, F. Schütz, Tripp - Pietta, Hager, Mauer - Y. Seidenberg, M. Kink, Plachta - Noebels, Greilinger
T: 2:1 (53:47) Mauer (Ankert) - 2:2 (58:28) Mi. Wolf (Ullmann, Gogulla)
PS: 0:0 SUI (verschießt) - 0:0 Mauer (verschießt) - 0:0 SUI (verschießt) - 0:0 Mi. Wolf (verschießt) - 1:0 SUI - 1:0 Gogulla (verschießt)
S: Ullmann 2, Tripp 2, Ankert 2

77. Weltmeisterschaft 2013

Die deutsche Mannschaft belegte in ihrer Vorrundengruppe den 5. Platz und verpasste das Viertelfinale.

VORRUNDE - GRUPPE H

1270'. - 03.05.2013 FIN - GER 4:3 (1:0, 1:1, 1:2, 1:0) OT
Helsinki, Hartwall Areena; Z: 12.115; SR: Fraňo (CZE), Kirk (CAN); LR: Arm (SUI), Dedyulya (BLR)
Zepp (61:58; Endras n.e.) - Ehrhoff (C - Buffalo Sabres), Hördler - N. Goc, Mo. Müller - Baxmann, Ankert - Kohl - F. Schütz, M. Goc (Florida Panthers), Rankel - Mi. Wolf, Ullmann, Gogulla - Tripp, M. Kink, Y. Seidenberg - Greilinger, Mauer, Hager - Noebels
T: 1:1 (30:21) F. Schütz (M. Goc, Rankel) / 2:2 (42:34) Ehrhoff (M. Goc) - 2:3 (56:55) Ankert (M. Goc, Gogulla)
S: Ehrhoff 4, Hager 4, Gogulla 2, N. Goc 2, Y. Seidenberg 2, Baxmann 2, M. Goc 2

1271'. - 05.05.2013 GER - RUS 1:4 (0:0, 0:2, 1:2)
Helsinki, Hartwall Areena; Z: 3.705; SR: Johansson (SWE), Rantala (FIN); LR: Kilian (NOR), Morrison (USA)
Endras (58:33-59:39 out; Zepp n.e.) - Ehrhoff (C), Hördler - N. Goc, Mo. Müller - Baxmann, Ankert - Kohl - Rankel, M. Goc, F. Schütz - Mi. Wolf, Ullmann, Gogulla - Y. Seidenberg, M. Kink, Tripp - Mauer, Pietta, Hager - Greilinger
1:2 (45:03) Tripp (Mi. Wolf, Ehrhoff)
S: N. Goc 2

1272'. - 06.05.2013 GER - SVK 2:3 (1:0, 0:1, 1:2)
Helsinki, Hartwall Areena; Z: 5.078; SR: Fraňo (CZE), Reiber (CAN); LR: Arm (SUI), Dedyulya (BLR)
Zepp (59:02 out; Endras n.e.) - Ehrhoff (C), Hördler - N. Goc, Mo. Müller - Baxmann, Ankert - Kohl - Rankel, M. Goc, F. Schütz - Mi. Wolf, Ullmann, Gogulla - Tripp, M. Kink, Y. Seidenberg - Mauer, Hager, Greilinger - Noebels
1:0 (04:01) Mi. Wolf (N. Goc, Gogulla) / 2:1 (43:01) M. Kink (Tripp, Kohl)
S: Hördler 2

1273'. - 08.05.2013 AUT - GER 0:2 (0:0, 0:1, 0:1)
Helsinki, Hartwall Areena; Z: 6.820; SR: Bulanov (RUS), Croft (USA); LR: Arm (SUI), Kilian (NOR)
Zepp (Endras n.e.) - Ehrhoff (C), Ankert - N. Goc, Mo. Müller - Baxmann, Hördler - J. Krueger (Charlotte Checkers) - Rankel, M. Goc, F. Schütz - Mi. Wolf, Ullmann, Gogulla - Y. Seidenberg, M. Kink, Tripp - Mauer, Hager, Pietta - Greilinger
T: 0:1 (37:00) M. Kink (---) / 0:2 (59:51) M. Kink (---)
S: Ehrhoff 4, Y. Seidenberg 2, Ullmann 2, Hördler 2, F. Schütz 2, Ankert 2, Zepp 2 (dafür N. Goc auf der Strafbank)

1274'. - 11.05.2013 GER - LAT 2:0 (0:0, 1:0, 1:0)
Helsinki, Hartwall Areena; Z: 9.199; SR: Reiber (CAN), Croft (USA); LR: Wilmot (CAN), Kilian (NOR)
Zepp (Endras n.e.) - Ehrhoff (C), Ankert - N. Goc, Mo. Müller - Baxmann, Hördler - J. Krueger - Rankel, M. Goc, F. Schütz - Mi. Wolf, Ullmann, Gogulla - Y. Seidenberg, M. Kink, Tripp - Hager, Pietta, Mauer - Greilinger
T: 1:0 (28:05) Ullmann (Gogulla, Mi. Wolf) / 2:0 (43:05) Hager (Ehrhoff, N. Goc)
S: F. Schütz 2, Hager 2, M. Goc 2, Ankert 2, M. Kink 2

1275'. - 12.05.2013 USA - GER 3:0 (2:0, 0:0, 1:0)
Helsinki, Hartwall Areena; Z: 11.057; SR: Bulanov (RUS), Olenin (RUS); LR: Blümel (CZE), Dedyulya (BLR)
Endras (Aus den Birken n.e.) - J. Krueger, Ehrhoff (C) - Hördler, Ankert - N. Goc, Mo. Müller - Kohl - Greilinger, M. Goc, F. Schütz - Mi. Wolf, Ullmann, Gogulla - Y. Seidenberg, M. Kink, Tripp - Noebels, Pietta, Hager
S: F. Schütz 2, Mo. Müller 2, Tripp 2, Ehrhoff 2

1276'. - 14.05.2013 FRA - GER 2:3 (1:1, 1:0, 0:1, 0:1) OT
Helsinki, Hartwall Areena; Z: 5.062; SR: Baluška (SVK), Reiber (CAN); LR: Blümel (CZE), Morrison (USA)
Zepp (Endras n.e.) - Ehrhoff (C), Ankert - Baxmann, Hördler - N. Goc, Mo. Müller - J. Krueger - Rankel, M. Goc, F. Schütz - Mi. Wolf, Ullmann, Gogulla - Y. Seidenberg, M. Kink, Tripp - Mauer, Hager, Pietta - Greilinger
T: 1:1 (17:32) Ehrhoff (Ullmann, Greilinger) / 2:2 (41:24) Mi. Wolf (Hördler) / 2:3 (61:05) Ehrhoff (M. Goc)
S: Baxmann 2, M. Kink 2

2013/14

24. Deutschland-Cup 2013

Die deutsche Mannschaft belegte Platz 3.

1277'. - 08.11.2013 GER - SUI 2:3 (1:0, 0:0, 1:2, 0:0, 0:1) OT und PS
München, Eishalle im Olympiapark; Z: 5.900; SR: Brill (GER), Müllner (SVK); LR: Hurtik (GER), Schelewski (GER)
Aus den Birken (Kölner Haie; Endras (Adler Mannheim) n.e.) - Petermann (EHC Red Bull München), Ankert (Kölner Haie) - Reul (Adler Mannheim), J. Krueger (SC Bern) - Kohl (Grizzly Adams Wolfsburg), Kettemer (Adler Mannheim) - **Daryl Boyle** (Augsburger Panther), Schopper (ERC Ingolstadt) - A. Barta (EHC Red Bull München), F. Schütz (Admiral Vladivostok), U. Maurer (EHC Red Bull München) - Mi. Wolf (C - Iserlohn Roosters), Ullmann (Adler Mannheim), A. Weiß (Kölner Haie) - M. Kink (Adler Mannheim), Buchwieser (Adler Mannheim), Y. Seidenberg (EHC Red Bull München) - Mauer (Adler Mannheim), Hager (ERC Ingolstadt), Pietta (Krefeld Pinguine) - Plachta (Adler Mannheim)
T: 1:0 (15:17) Mi. Wolf (Ankert) / 2:2 (52:53) Mauer (Hager)
PS: 0:0 Mi. Wolf (gehalten) - 0:0 SUI (gehalten) - 0:0 F. Schütz (gehalten) - 0:1 SUI - 0:1 Mauer (gehalten)
S: Hager 2, Boyle 2

1278'. - 09.11.2013 GER - SVK 2:0 (1:0, 1:0, 0:0)
München, Eishalle im Olympiapark; Z: 6.000; SR: Jablukov (GER); Müllner (SVK); LR: Erdle (GER), Schelewski (GER)
Endras (Pätzold (Schwenninger Wild Wings) n.e.) - Schopper, Ankert - J. Krueger, Ebner (Düsseldorfer EG) - Kohl, Kettemer - Boyle, Petermann - Mauer, Pietta, Hager - Ullmann, A. Barta, U. Maurer - Y. Seidenberg, M. Kink, Festerling (Hamburg Freezer) - Mi. Wolf (C), Plachta, F. Schütz - Röthke (Straubing Tigers)
T: 1:0 (05:44) Mi. Wolf (F. Schütz, Kettemer) / 2:0 (36:45) Boyle (Mauer, F. Schütz)
S: Mi. Wolf 5+20 (Spieldauer), Plachta 2, Y. Seidenbach 2, Teamstrafe 2 (dafür U. Maurer auf der Strafbank)

1279'. - 10.11.2013 GER - USA 4:7 (2:1, 2:4, 0:2)
München, Eishalle im Olympiapark; Z: 6.000; SR: Müllner (SVK), Steinecke (GER); LR: Erdle (GER), Hurtik (GER)
Pätzold (Aus den Birken n.e.) - Schopper, Ankert - Boyle, Lindlbauer (Thomas Sabo Ice Tigers) - Kohl, Kettemer - Reul, Petermann - Mauer, Pietta, Hager - Ullmann, A. Barta, A. Weiß - Y. Seidenberg, M. Kink, Buchwieser - Mi. Wolf (C), F. Schütz, Plachta - Festerling
T: 1:0 (00:20) Hager (Mauer, Pietta) - 2:0 (03:22) Mi. Wolf (F. Schütz, Kohl) / 3:1 (21:14) Mi. Wolf (F. Schütz, Plachta) - 4:3 (25:25) M. Kink (Reul, Y. Seidenberg)
S: Reul 4, Schopper 2, F. Schütz 2, M. Kink 2, Petermann 2, Kohl 2

1280'. - 17.12.2013 GER* - LAT 3:4 (1:2, 0:0, 2:1, 0:0, 0:1) OT und PS
* Perspektivteam „Top-Team Sotschi" (in den Spielen 1280 - 1281)
Herne, Gysenberghalle; Z: 3.250; SR: Krawinkel (GER), Yazdi (GER); LR: Kowert (GER), Schrader (GER)
Timo Pielmeier (ERC Ingolstadt; 58:45-59:14 out; Brückmann (Adler Mannheim) n.e.) - Schüle (Thomas Sabo Ice Tigers), C. Fischer (Adler Mannheim) - Akdag (Krefeld Pinguine), Boyle - Kettemer, **Armin Wurm** (Grizzly Adams Wolfsburg) - **Björn Krupp** (Kölner Haie), **Marcus Weber** (Thomas Sabo Ice Tigers) - Ma. Müller (Kölner Haie), A. Weiß, Oppenheimer (Hamburg Freezers) - Oblinger (ERC Ingolstadt), Hager, Mauer - D. Wolf (Hamburg Freezers), Festerling, Flaake (Hamburg Freezers) - Plachta, Fauser (Grizzly Adams Wolfsburg), **Philip Riefers** (Kölner Haie)
T: 1:2 (19:50) Oppenheimer (Akdag, Oblinger) / 2:2 (41:27) Mauer (Hager, C. Fischer) - 3:2 (53:12) A. Wurm (Fauser, Plachta)
PS: 1:0 A. Weiß - 1:0 LAT (gehalten) - 1:0 Mauer (verschießt) - 1:1 LAT - 1:1 Ma. Müller (verschießt) - 1:1 LAT (gehalten) - 1:1 Flaake (verschießt) - 1:2 LAT
S: Kettemer 2, Mauer 2, Festerling 2

1281'. - 18.12.2013 GER* - LAT 4:0 (0:0, 3:0, 1:0)
Essen, Eissporthalle am Westbahnhof; Z: 2.390; SR: Haupt (GER), Brill (GER); LR: Kowert (GER), Schelewski (GER)
Brückmann (Pielmeier n.e.) - Akdag, Boyle - B. Krupp, A. Wurm - Schüle, Kettemer - Weber - Ma. Müller, A. Weiß, Plachta - Oblinger, Hager, Mauer - D. Wolf, Festerling, Flaake - **Marcel Ohmann** (Kölner Haie), Riefers, Oppenheimer - **Yasin Ehliz** (Thomas Sabo Ice Tigers)
T: 1:0 (22:00) D. Wolf (Kettemer) - 2:0 (32:35) Boyle (Flaake, D. Wolf) - 3:0 (38:37) D. Wolf (Flaake, Festerling) / 4:0 (59:04) Plachta (A. Weiß, Ma. Müller)
S: Hager 2+2+2+10 (Disziplinarstrafe), Schüle 2, Kettemer 2, A. Weiß 2

Vier-Länder-Turnier
Die deutsche Mannschaft belegte Platz 1.

1282'. - 06.02.2014 GER - DEN 2:1 (1:1, 1:0, 0:0)
Briançon, Patinoire René-Froger; Z: 300; SR: Bergamelli (FRA), Garbay (FRA); LR: Barbey (FRA), Furet (FRA)
Aus den Birken (Endras n.e.) - Kohl, A. Wurm - J. Krueger, C. Braun (Eisbären Berlin) - Akdag, Mo. Müller (Kölner Haie) - Lindlbauer, N. Goc (Adler Mannheim) - Gogulla (Kölner Haie), A. Barta, Ma. Müller - U. Maurer, Hager, Mauer - Y. Seidenberg, M. Kink, Tripp (Kölner Haie) - A. Weiß, Hospelt (Adler Mannheim), Oppenheimer
T: 1:1 (17:07) Ma. Müller (Akdag, Gogulla) / 2:1 (31:45) Oppenheimer (J. Krueger, Hospelt)
S: Gogulla 4, Kohl 2, Hager 2, M. Kink 2

1283'. - 07.02.2014 FRA - GER 0:2 (0:0, 0:1, 0:1)
Briançon, Patinoire René-Froger; Z: 1.326; SR: Bergamelli (FRA), Barcelo (FRA); LR: Barbey (FRA), Loos (FRA)
Endras (J. Reimer (EHC Red Bull München) n.e.) - Kohl, A. Wurm - J. Krueger, C. Braun - Akdag, Mo. Müller - Ebner, N. Goc - Gogulla, A. Barta, Ma. Müller - U. Maurer, Greilinger (ERC Ingolstadt), Mauer - Y. Seidenberg, M. Kink, Ehliz - A. Weiß, Hospelt, Oppenheimer
T: 1:0 (28:38) Akdag (A. Barta, Kohl) / 2:0 (54:32) Mauer (M. Kink)
S: A. Wurm 10 (Disziplinarstrafe), M. Kink 2, Mauer 2, Akdag 2

1284'. - 08.02.2014 GER - KAZ 4:1 (3:0, 1:1, 0:0)
Briançon, Patinoire René-Froger; Z: 300; SR: Bergamelli (FRA), Garbay (FRA); LR: Furet (FRA), Loos (FRA)
J. Reimer (Aus den Birken n.e.) - Kohl, A. Wurm - J. Krueger, C. Braun - Akdag, Mo. Müller - Lindlbauer, N. Goc - Gogulla, A. Barta, Ma. Müller - U. Maurer, Greilinger, Mauer - Y. Seidenberg, M. Kink, Tripp - Ehliz, Hospelt, Oppenheimer - Hager
T: 1:0 (01:03) A. Barta (Gogulla, Ma. Müller) - 2:0 (10:42) Ehliz (Kohl, U. Maurer) - 3:0 (16:00) C. Braun (A. Barta, Gogulla) / 4:1 (38:10) Akdag (M. Kink, Y. Seidenberg)
S: J. Krueger 4

4. Euro Hockey Challenge 2014
Die deutsche Mannschaft belegte Platz 8.

1285'. - 10.04.2014 GER - FRA 3:4 (0:1, 2:0, 1:2, 0:0, 0:1) OT und PS
Weißwasser, Eisarena; Z: 3.038; SR: Krawinkel (GER), ? (GER); LR: ? (GER), ? (GER)*
* auf dem offiz. Spielbericht nur ein Schiedsrichter aufgeführt
Brückmann (Jenike (Thomas Sabo Ice Tigers) n.e.) - Boyle, C. Braun - J. Krueger, Brückner (EHC Red Bull München) - Hördler (C - Eisbären Berlin), **Henry Haase** (Eisbären Berlin) - Reul, Lindlbauer - Plachta, **Leon Draisaitl** (Prince Albert Raiders), **Dominik Kahun** (Sudbury Wolves) - **Mirko Höfflin** (Adler Mannheim), Hospelt, Mauer - L. Braun (Eisbären Berlin), F. Schütz, Ehliz - Y. Seidenberg, A. Barta, **Toni Ritter** (EHC Red Bull München)
T: 1:1 (23:24) Hospelt (J. Krueger, Mauer) - 2:1 (35:13) Brückner (Kahun, L. Draisaitl) / 3:2 (48:39) Ehliz (Boyle, L. Braun)
PS: 0:0 FRA (vergeben) - 0:0 Hospelt (vergeben) - 0:0 FRA (vergeben) - 0:0 A. Barta (vergeben) - 0:0 FRA (vergeben) - 0:0 Ehliz (vergeben) - 0:1 FRA - 0:1 Hospelt (vergeben)
S: Lindlbauer 2, Haase 2

1286'. - 11.04.2014 GER - FRA 2:0 (1:0, 0:0, 1:0)
Crimmitschau, Kunsteisstadion im Sahnpark; Z: 5.222; SR: Steinecke (GER), Schütz (GER); LR: ? (GER), ? (GER)*
* auf dem offiz. Spielbericht weder Schieds- noch Linienrichter aufgeführt
Brückmann (Jenike n.e.) - Reul, Akdag - Hördler (C), Haase - J. Krueger, N. Goc - Boyle, C. Braun - Pietta, Hospelt, Mauer - L. Braun, F. Schütz, Ehliz - Y. Seidenberg, A. Barta, Ritter - Kahun, Plachta, L. Draisaitl
T: 1:0 (00:26) Hospelt (Mauer, Reul) / 2:0 (50:36) Plachta (L. Draisaitl, Kahun)
S: N. Goc 4, Ehliz 2, Mauer 2, Hördler 2, Haase 2

1287'. - 17.04.2014 FIN - GER 3:0 (0:0, 1:0, 2:0)
Savonlinna, Talvisalon Jäähalli; Z: 2.014; SR: Pajula (FIN), Metsälä (FIN); LR: Riikonen (FIN), Sorsa (FIN)
Zepp (Eisbären Berlin; Brückmann n.e.) - Kohl, Hördler - Boyle, C. Braun - J. Krueger, Akdag - Reul, Brückner - Pietta, F. Schütz, Ehliz - Höfflin, Hospelt, Mauer - Y. Seidenberg, A. Barta, M. Kink - Plachta, L. Draisaitl, Kahun - L. Braun
S: Boyle 2, A. Barta 2, C. Braun 2

1288'. - 18.04.2014 FIN - GER 3:2 (2:0, 0:2, 1:0)
Mikkeli, Jäähalli; Z: 3.215; SR: Fonselius (FIN), Luoma-aho (FIN); LR: Nikulainen (FIN), Österholm (FIN)
Zepp (Jenike n.e.) - Kohl, Hördler - Boyle, C. Braun - J. Krueger, Akdag - Reul, Brückner - Ehliz, F. Schütz, Mauer - M. Kink, Hospelt, L. Braun - Pietta, A. Barta, Ritter - Plachta, L. Draisaitl, Kahun - Höfflin
T: 2:1 (20:13) Ehliz (Hördler) - 2:2 (33:26) Mauer (Hördler)
S: Plachta 2, Ritter 2

1289'. - 24.04.2014 GER - RUS 2:4 (0:4, 1:0, 1:0)
München, Eishalle im Olympiapark; Z: 5.100; SR: Aumüller (GER), Schimm (GER); LR: Gaube (GER), Holzer (GER)
Zepp (58:30 out; Brückmann n.e.) - Kohl, Hördler (C) - Reul, N. Goc - C. Braun, Boyle - Akdag, J. Krueger - Ehliz, F. Schütz, Mauer - Oppenheimer, Hospelt, Pietta - M. Kink, A. Barta, Y. Seidenberg - Kahun, L. Draisaitl, Plachta - **Tobias Rieder** (Portland Pirates)
T: 1:4 (30:01) Plachta (N. Goc, Kahun) / 2:4 (43:16) F. Schütz (---)
S: Oppenheimer 2, F. Schütz 2, M. Kink 2

1290'. - 26.04.2014 GER - RUS 3:0 (1:0, 1:0, 1:0)
Landshut, Städtische Eissporthalle; Z: 5.380; SR: Bauer (GER), Haupt (GER); LR: Lajoie (GER), Velkoski (GER)
Philipp Grubauer (Washington Capitals; Zepp n.e.) - Kohl, Hördler (C) - Reul, N. Goc - C. Braun, Boyle - Akdag, J. Krueger - F. Schütz, A. Barta, Mauer - Oppenheimer, Hospelt, Noebels (Adirondack Phantoms) - M. Kink, Pietta, Y. Seidenberg - Rieder, L. Draisaitl, Plachta - Ehliz
T: 0:1 (14:59) Ehliz (A. Barta) / 0:2 (24:21) F. Schütz (Mauer, A. Barta) / 0:3 (59:58) Y. Seidenberg (M. Kink, Reul)
S: F. Schütz 4, Rieder 4, Hördler 2, J. Krueger 2, A. Barta 2

1291. - 02.05.2014 GER - SUI 2:0 (0:0, 2:0, 0:0)
Mannheim, SAP Arena; Z: 9.210; SR: Piechaczek (GER), Brill (GER); LR: Schrader (GER), Hurtik (GER)
Zepp (Grubauer n.e.) - Kohl, C. Braun - Reul, Hördler (C) - Boyle, N. Goc - J. Krueger, Akdag - Oppenheimer, Hospelt, Noebels - Mauer, A. Barta, F. Schütz - Y. Seidenberg, M. Kink, Pietta - Rieder, L. Draisaitl, Plachta - Ehliz
T: 1:0 (28:00) Pietta (Rieder, Boyle) - 2:0 (34:46) Rieder (L. Draisaitl, Plachta)
S: N. Goc 4, M. Kink 2, Hördler 2, J. Krueger 2, Akdag 2

1292. - 06.05.2014 GER - USA 1:3 (0:2, 1:1, 0:0)
Nürnberg, Arena Nürnberger Versicherung; Z: 6.300; SR: Jablukov (GER), Bauer (GER); LR: Hunnius (GER), Knauss (GER)
Zepp (ab 40:01 Grubauer) - Ankert, C. Braun - Reul, Mo. Müller - Boyle, N. Goc - J. Krueger, Akdag - Ehliz, A. Barta, F. Schütz - Pietta, M. Kink, Y. Seidenberg - Oppenheimer, A. Weiß, Noebels - Rieder, L. Draisaitl, Plachta - Kahun
T: 1:3 (34:41) Akdag (F. Schütz, Ehliz)
S: Mo. Müller 2, Boyle 2

78. Weltmeisterschaft 2014

Die deutsche Mannschaft belegte in ihrer Vorrundengruppe den 7. Platz und verpasste das Viertelfinale.

VORRUNDE - GRUPPE B

1293'. - 10.05.2014 KAZ - GER 1:2 (1:1, 0:0, 0:0, 0:0, 0:1) OT und PS
Minsk, Arena; Z: 12.880; SR: Rantala (FIN), Šindler (CZE); LR: Dahmén (SWE), Valach (SVK)
Zepp (Grubauer n.e.) - Ankert, C. Braun - Kohl, Hördler (C) - J. Krueger, Akdag - Mo. Müller - Mauer, A. Barta, F. Schütz - Oppenheimer, Hospelt, Noebels - Y. Seidenberg, M. Kink, Pietta - Rieder, L. Draisaitl, Plachta - A. Weiß
T: 1:1 (18:49) Plachta (Ankert, L. Draisaitl) / 1:2 (65:00) Oppenheimer (GWS)
PS: 0:0 KAZ (gehalten) - 0:1 A. Barta - 0:1 KAZ (gehalten) - 0:1 Rieder (gehalten) - 1:1 KAZ - 1:2 Oppenheimer (GWS)
S: J. Krueger 2, A. Barta 2

1294'. - 11.05.2014 GER - LAT 3:2 (1:1, 1:1, 1:0)
Minsk, Arena; Z: 11.200; SR: Patafie (USA), Rönn (FIN); LR: Dehaen (FRA), Kilian (NOR)
Grubauer (Zepp n.e.) - Ankert, C. Braun - Kohl, Hördler (C) - J. Krueger, Akdag - Mo. Müller - Mauer, A. Barta, F. Schütz - Oppenheimer, Hospelt, Noebels - Y. Seidenberg, M. Kink, Pietta - Rieder, L. Draisaitl, Plachta - A. Weiß
T: 1:0 (12:15) Noebels (Oppenheimer, Hördler) / 2:1 (20:30) Mauer (---) / 3:2 (55:26) Oppenheimer (Penalty)
S: Ankert 2, Teamstrafe 2 (dafür Plachta auf der Strafbank)

1295'. - 13.05.2014 GER - FIN 0:4 (0:2, 0:2, 0:0)
Minsk, Arena; Z: 10.959; SR: Fraňo (CZE), Olenin (RUS); LR: Hull (CAN), Valach (SVK)
Zepp (Grubauer n.e.) - Ankert, C. Braun - Kohl, Hördler (C) - J. Krueger, Akdag - Reul, Mo. Müller - Mauer, A. Barta, F. Schütz - Oppenheimer, Hospelt, Noebels - Y. Seidenberg, M. Kink, Pietta - Rieder, L. Draisaitl, Plachta
S: Oppenheimer 2, C. Braun 2, F. Schütz 2, Hördler 2

1296'. - 14.05.2014 SUI - GER 3:2 (1:1, 2:1, 0:0)
Minsk, Arena; Z: 11.628; SR: Patafie (USA), Rantala (FIN); LR: Kilian (NOR), Semjonov (EST)
Zepp (59:01 out; Aus den Birken n.e.) - Ankert, C. Braun - Kohl, Hördler (C) - J. Krueger, Akdag - Reul - Mauer, A. Barta, F. Schütz - Oppenheimer, Hospelt, Noebels - Y. Seidenberg, M. Kink, Pietta - Rieder, L. Draisaitl, Plachta - A. Weiß
T: 1:1 (13:57) Oppenheimer (Hördler, Hospelt) / 3:2 (38:52) Oppenheimer (Akdag, Hospelt)
S: Mauer 4, Y. Seidenberg 2

1297'. - 17.05.2014 BLR - GER 5:2 (1:2, 1:0, 3:0)
Minsk, Arena; Z: 14.478; SR: Gofman (RUS), Vinnerborg (SWE); LR: Dahmén (SWE), Fluri (SUI)
Zepp (Grubauer n.e.) - Ankert, C. Braun - Kohl, Hördler (C) - J. Krueger, Akdag - Mo. Müller - Mauer, A. Barta, F. Schütz - Oppenheimer, Hospelt, Noebels - Y. Seidenberg, M. Kink, Pietta - Rieder, L. Draisaitl, Ehliz - A. Weiß
T: 0:1 (08:04) Hospelt (---) - 0:2 (11:53) A. Barta (F. Schütz, Mauer)
S: J. Krueger 2

1298'. - 18.05.2014 RUS - GER 3:0 (0:0, 0:0, 3:0)
Minsk, Arena; Z: 14.021; SR: Dremelj (SLO), Šindler (CZE); LR: Lederer (CZE), Leermakers (NED)
Grubauer (57:13-59:15 out; Aus den Birken n.e.) - Reul, C. Braun - Kohl, Hördler (C) - J. Krueger, Akdag - Mo. Müller - Mauer, A. Barta, Ehliz - Oppenheimer, Hospelt, Noebels - Y. Seidenberg, M. Kink, L. Draisaitl - Rieder, A. Weiß, Plachta - Pietta
S: Hördler 4, M. Kink 4, Mo. Müller 2, A. Weiß 2

1299'. - 20.05.2014 GER - USA 4:5 (0:0, 3:3, 1:2)
Minsk, Arena; Z: 11.845; SR: Bulanov (RUS), Fraňo (CZE); LR: Fluri (SUI), Kilian (NOR)
Aus den Birken (56:56-58:03 + 58:51-60:00 out; Zepp n.e.) - Hördler (C), Braun - Ankert, Mo. Müller - Reul, Akdag - Rieder, A. Barta, Mauer - Oppenheimer, Hospelt, Noebels - Y. Seidenberg, Pietta, L. Draisaitl - Plachta, A. Weiß, Ehliz
T: 1:1 (23:32) A. Weiß (---) - 2:2 (30:29) Hospelt (Oppenheimer, L. Draisaitl) - 3:3 (35:13) L. Draisaitl (Ankert) / 4:5 (58:03) Rieder (L. Draisaitl, Hospelt)
S: Akdag 2, Ehliz 2, Hospelt 2, Teamstrafe 2 (dafür Mauer auf der Strafbank)
Y. Seidenberg absolvierte als sechsundsiebzigster Spieler sein 100. Länderspiel.

2014/15

25. Deutschland-Cup 2014

Die deutsche Mannschaft belegte Platz 1.

1300'. - 07.11.2014 GER - SUI 3:1 (1:0, 1:1, 1:0)
München, Eishalle im Olympiapark; Z: 5.500; SR: Gofman (RUS), Rohatsch (GER); LR: Gaube (GER), Merten (GER)
Endras (Adler Mannheim; Pielmeier (ERC Ingolstadt) n.e.) - B. Krupp (Kölner Haie), Kettemer (EHC Red Bull München) - Hördler (Eisbären Berlin), Ankert (Kölner Haie) - Reul (Adler Mannheim), N. Goc (Adler Mannheim) - J. Krueger (SC Bern), Akdag (Krefeld Pinguine) - Mi. Wolf (C - EHC Red Bull München), Plachta (Adler Mannheim), Hager (ERC Ingolstadt) - Oppenheimer (Hamburg Freezers), Hospelt (Adler Mannheim), Pietta (Krefeld Pinguine) - P. Reimer (Thomas Sabo Ice Tigers), Ullmann (Adler Mannheim), Gogulla (Kölner Haie) - M. Kink (Adler Mannheim), Y. Seidenberg (EHC Red Bull München), Noebels (Eisbären Berlin) - Buchwieser (Adler Mannheim)
T: 1:0 (15:23) P. Reimer (Gogulla, Ullmann) / 2:1 (28:22) P. Reimer (---) / 3:1 (59:33) Oppenheimer (Pietta, Hördler)
S: N. Goc 2, Hospelt 2, J. Krueger 2

1301'. - 08.11.2014 GER - SVK 2:1 (1:0, 1:0, 0:1)
München, Eishalle im Olympiapark; Z: 5.700; SR: Gofman (RUS), Vogl (GER); LR: Kohlmüller (GER), Müller (GER)
Pielmeier (Endras n.e.) - B. Krupp, Kettemer - Hördler, Ankert - Reul, N. Goc - J. Krueger, Akdag - Mi. Wolf (C), Plachta, Hager - Oppenheimer, Hospelt, Pietta - P. Reimer, Ullmann, Gogulla - M. Kink, Y. Seidenberg, Noebels - Buchwieser
T: 1:0 (01:39) Hager (P. Reimer) / 2:0 (39:20) Ullmann (P. Reimer, Gogulla)
S: Reul 2, Y. Seidenberg 2, Pietta 2, Teamstrafe 2 (dafür Noebels auf der Strafbank)

1302'. - 09.11.2014 GER - CAN 2:4 (2:0, 0:2, 0:2)
München, Eishalle im Olympiapark; Z: 5.000; SR: Gofman (RUS), Haupt (GER); LR: Gaube (GER), Höfer (GER)
Endras (ab 29:31 Pielmeier, 58:50-59:05 + 59:25-60:00 out) - A. Wurm (Grizzly Adams Wolfsburg), B. Krupp - Hördler, Ankert - Reul, Kettemer - J. Krueger, Akdag - Mi. Wolf (C), Plachta, Hager - Oppenheimer, Hospelt, Pietta - P. Reimer, Ullmann, Gogulla - M. Kink, Y. Seidenberg, Noebels - **Sebastian Uvira** (Augsburger Panther)
T: 1:0 (13:12) Reul (Oppenheimer, Hospelt) - 2:0 (17:19) Hager (Mi. Wolf, Hördler)
S: Kettemer 6, Reul 4, Y. Seidenberg 4

5. Slovakia Cup 2015
Die deutsche Mannschaft belegte Platz 3.

1303. - 05.02.2015 SVK - GER 4:1 (1:0, 2:0, 1:1)
Banská Bystrica, Zimný štadión; Z: 2.720; SR: Baluška (SVK), Kubuš (SVK); LR: Korba (SVK), Výleta (SVK)
Aus den Birken (Kölner Haie; Pielmeier n.e.) - Boyle (EHC Red Bull München), Sulzer (Kölner Haie) - J. Krueger, Baxmann (Eisbären Berlin) - Kohl (ERC Ingolstadt), Mo. Müller (Kölner Haie) - Ebner (Düsseldorfer EG), B. Krupp (Grizzly Adams Wolfsburg) - Plachta, Hospelt (C), Ehliz (Thomas Sabo Ice Tigers) - Y. Seidenberg, Pietta, Höfflin (Adler Mannheim) - **Nicolas Krämmer** (Hamburg Freezers), Fauser (Grizzly Adams Wolfsburg), **Marius Möchel** (Thomas Sabo Ice Tigers) - Uvira (Kölner Haie), A. Weiß (Kölner Haie), Ohmann (Kölner Haie) - **Leonhard Pföderl** (Thomas Sabo Ice Tigers)
T: 4:1 (47:09) J. Krueger (Y. Seidenberg, Pföderl)
S: Pietta 4, Ebner 2, Uvira 2, J. Krueger 2, Y. Seidenberg 2

1304. - 06.02.2015 GER - SUI 1:4 (0:1, 1:1, 0:2)
Banská Bystrica, Zimný štadión; Z: 2.720; SR: Konc (SVK), Müllner (SVK); LR: Šefčík (SVK), Výleta (SVK)
Pielmeier (57:51-58:24 out; Aus den Birken n.e.) - Boyle, Sulzer - J. Krueger, Baxmann - Kohl, Mo. Müller - Ebner, B. Krupp - Plachta, Hospelt (C), Höfflin - Y. Seidenberg, Pietta, Ehliz - Krämmer, Fauser, Möchel - Riefers (Augsburger Panther), A. Weiß, Ohmann - Pföderl
T: 1:2 (34:44) Krämmer (Pföderl, Pietta)
S: Y. Seidenberg 2, Pietta 2, Plachta 2, Ehliz 2, Höfflin 2, Pföderl 2

5. Euro Hockey Challenge 2015
Die deutsche Mannschaft belegte Platz 7.

1305'. - 05.04.2015 GER - RUS 0:3 (0:1, 0:1, 0:1)
Oberhausen, König-Pilsener-Arena*; Z: 5.372; SR: Krawinkel (GER), Schütz (GER); LR: Leermakers (GER), Kowert (GER)
* bisher Arena Oberhausen
Aus den Birken (Jenike (Thomas Sabo Ice Tigers) n.e.) - Mo. Müller, Baxmann - Kettmer, Brückner (EHC Red Bull München) - J. Krueger, **Oliver Mebus** (Krefeld Pinguine) - **Jonas Müller** (Eisbären Berlin), Haase (Eisbären Berlin) - P. Reimer, Pietta, Ehliz - Oppenheimer, **Brent Raedeke** (Iserlohn Roosters), Noebels - Uvira, Ohmann, Mi. Wolf (C) - Krämmer, L. Braun (Eisbären Berlin), Pföderl - Schymainski (Krefeld Pinguine)
S: Ehliz 2, Mebus 2, Raedeke 2, Haase 2, Baxmann 2, Mo. Müller 2, J. Müller 2, L. Braun 2, Oppenheimer 2, Mi. Wolf 2

1306'. - 06.04.2015 GER - RUS 2:3 (0:1, 0:1, 2:0, 0:0, 0:1) OT und PS
Oberhausen, König-Pilsener-Arena; Z: 4.321; SR: Daniels (GER), Yazdi (GER); LR: Neutzer (GER), Seeßle (GER)
Aus den Birken (Jenike n.e.) - Mo. Müller, Baxmann - Kettmer, Brückner - J. Krueger, Mebus - J. Müller, Haase - P. Reimer, Pietta, Ehliz - Oppenheimer, Raedeke, Noebels - Uvira, Ohmann, Mi. Wolf (C) - Krämmer, L. Braun, Pföderl - Schymainski
T: 1:2 (45:15) Ehliz (P. Reimer, Pietta) - 2:2 (47:39) P. Reimer (Mi. Wolf)
PS: 0:0 Pföderl (vergeben) - 0:1 RUS - 0:1 P. Reimer (vergeben) - 0:1 RUS (vergeben) - 0:1 Oppenheimer (vergeben)
S: Krämmer 4, Oppenheimer 4, J. Müller 4, Haase 4, Kettmer 2, Noebels 2, Ohmann 2, Mo. Müller 2

1307'. - 09.04.2015 FIN - GER 4:0 (0:0, 2:0, 2:0)
Lahti, Isku Areena; Z: 4.097; SR: Lindqvist (FIN), Suorsa (FIN); LR: Sormunen (FIN), Pesonen (FIN)
Jenike (Brückmann (Grizzly Adams Wolfsburg) n.e.) - Baxmann, **Stephan Daschner** (Düsseldorfer EG) - Haase, Mebus - B. Krupp, J. Müller - Kettmer, Brückner - Ehliz, Pietta, P. Reimer - Noebels, Raedeke, Oppenheimer - Uvira, Y. Seidenberg, Mi. Wolf (C) - Krämmer, L. Braun, Pföderl - Schymainski
S: Raedeke 2, Oppenheimer 2, Daschner 2, P. Reimer 2, Pföderl 2

1308'. - 10.04.2015 FIN - GER 6:1 (2:1, 2:0, 2:0)
Espoo, Barona Areena; Z: 3.146; SR: Lindqvist (FIN), Rantala (FIN); LR: Hägerström (FIN), Nieminen (FIN)
Brückmann (Aus den Birken* n.e.) - Baxmann, Daschner - Haase, Mebus - B. Krupp, Mo. Müller - Kettmer, Brückner - J. Krueger - Ehliz, Pietta, P. Reimer - Noebels, Krämmer, Oppenheimer - Uvira, Y. Seidenberg, Mi. Wolf (C) - Pföderl, L. Braun, Schymainski
* auf offiz. Spielbericht kein Ersatztorwart aufgeführt
T: 1:2 (16:06) L. Braun (---)
S: Schymainski 2, J. Krueger 2, L. Braun 2

1309'. - 16.04.2015 GER - FRA 3:0 (1:0, 1:0, 1:0)
Füssen, BLZ-Arena; Z: 1.810; SR: Aicher (GER), Paule (GER); LR: Gaube (GER), Tschirner (GER)
Aus den Birken (Brückmann n.e.) - J. Krueger, Baxmann - B. Krupp, Mo. Müller - Daschner, Ebner - Haase, J. Müller - Kettemer - P. Reimer, Pietta, Mi. Wolf (C) - Noebels, Y. Seidenberg, Ehliz - Oppenheimer, Raedeke, Krämmer - Pföderl, Schymainski, Uvira
T: 1:0 (19:29) Ehliz (Noebels) / 2:0 (31:50) Ehliz (---) / 3:0 (42:32) Oppenheimer (Krämmer, Raedeke)
S: Krämmer 6, Oppenheimer 6, Y. Seidenberg 2, Noebels 2

1310'. - 18.04.2015 GER - FRA 4:3 (3:0, 1:1, 0:2)
Ravensburg, Eissporthalle; Z: 2.780; SR: Haupt (GER), Brill (GER); LR: Erdle (GER), Hofer (GER)
Brückmann (59:55 out; Aus den Birken n.e.) - Daschner, Ebner - J. Krueger, Mebus - J. Müller, Kettemer - B. Krupp, Mo. Müller - Oppenheimer, Krämmer, Raedeke - P. Reimer, Pietta, Mi. Wolf (C) - Noebels, Y. Seidenberg, Ehliz - Uvira, L. Braun, Pföderl - Schymainski
T: 1:0 (01:10) Ehliz (Pietta, J. Krueger) - 2:0 (03:21) Raedeke (Ehliz, Krämmer) - 3:0 (13:39) B. Krupp (Noebels, Ehliz) / 4:0 (21:40) Daschner (Ebner, Oppenheimer)
S: Uvira 5+20 (Spieldauer), Noebels 4, Krämmer 2, Mo. Müller 2

1311'. - 24.04.2015 DEN - GER 1:0 (0:0, 1:0, 0:0)
Vojens, SE Arena; Z: 1.232; SR: Grumsen (DEN), Gregersen (DEN); LR: Haurum (DEN), Riisom (DEN)
Aus den Birken (58:51 out; Brückmann n.e.) - J. Krueger, Mo. Müller - J. Müller, Daschner - Mebus, Baxmann - Ebner, B. Krupp - Ehliz, Pietta, P. Reimer - Mi. Wolf (C), Rieder (Arizona Coyotes), Y. Seidenberg - Krämmer, Raedeke, Oppenheimer - Uvira, L. Braun, Pföderl - Noebels
S: Krämmer 4, J. Krueger 2, Mi. Wolf 2

1312'. - 25.04.2015 DEN - GER 2:4 (0:0, 2:3, 0:1)
Vojens, SE Arena; Z: 1.512; SR: Grumsen (DEN), Gregersen (DEN); LR: Monniae (DEN), Riisom (DEN)
Brückmann (Aus den Birken n.e.) - J. Krueger, Mebus - Ebner, Daschner - Haase, Baxmann - Mo. Müller, B. Krupp - Ehliz, Pietta, P. Reimer - Mi. Wolf (C), Y. Seidenberg, Rieder - Krämmer, Raedeke, Oppenheimer - Pföderl, L. Braun, Uvira - Schymainski
T: 2:1 (30:36) P. Reimer (Mo. Müller) - 2:2 (37:47) J. Krueger (Rieder, P. Reimer) - 2:3 (38:29) Oppenheimer (Daschner) / 2:4 (59:47) Mo. Müller (Y. Seidenberg)
S: Pietta 5+20 (Spieldauer), Uvira 4, Oppenheimer 2, Haase 2, Raedeke 2, Pföderl 2, Mi. Wolf 2

1313. - 29.04.2015 GER - SLO 4:3 (0:1, 2:1, 1:1, 0:0, 1:0) OT und PS
Berlin, Wellblechpalast*; Z: 4.060; SR: Bauer (GER), Iwert (GER); LR: Ponomajow (GER), Janssen (GER)
* bis 07.10.2001 Eisstadion im Sportforum Hohenschönhausen
Endras (ab 29:34 Pielmeier) - J. Krueger, Mo. Müller - Baxmann, Mebus - Kohl, N. Goc - B. Krupp - Ehliz, Pietta, P. Reimer - M. Kink, Raedeke, Y. Seidenberg - Rieder, Hager, Mi. Wolf (C) - Plachta, Hospelt, Oppenheimer - Ullmann
T: 1:1 (29:33) Mi. Wolf (Hager, Mo. Müller) - 2:1 (31:10) Ehliz (P. Reimer, Pietta) / 3:2 (43:23) Hager (Rieder, Kohl) / 4:3 (65:00) Hospelt (GWS)
PS: 0:0 SLO (vergeben) - 0:0 Rieder (vergeben) - 0:0 SLO (vergeben) - 0:0 J. Krueger (vergeben) - 0:1 SLO - 1:1 P. Reimer -1:2 SLO - 2:2 Plachta - 2:2 SLO (vergeben) - 2:2 Ehliz (vergeben) - 2:2 SLO (vergeben) - 2:2 Oppenheimer (vergeben) - 2:2 SLO (vergeben) - 3:2 Hospelt (GWS)
S: Hager 4, M. Kink 2, P. Reimer 2, Raedeke 2

79. Weltmeisterschaft 2015

Die deutsche Mannschaft belegte in ihrer Vorrundengruppe den 5. Platz und verpasste das Viertelfinale.

VORRUNDE - GRUPPE A

1314'. - 02.05.2015 FRA - GER 1:2 (0:1, 0:0, 1:1)
Praha, O2 arena*; Z: 14.903; SR: Gofman (RUS), Vinnerborg (SWE); LR: Lazarev (RUS), McIntyre (USA)
* bis 29.02.2008 Sazka arena
Endras (Aus den Birken n.e.) - J. Krueger, Mo. Müller - Kohl, N. Goc - Daschner, Köppchen (ERC Ingolstadt) - B. Krupp - Rieder, Hager, Mi. Wolf (C) - Ehliz, Pietta, P. Reimer - Plachta, Hospelt, Oppenheimer - M. Kink, Raedeke, Y. Seidenberg - Ullmann
T: 0:1 (12:10) Mi. Wolf (Rieder, Hager) / 1:2 (59:00) P. Reimer (Hager)
S: Hager 10 (Disziplinarstrafe), Pietta 2, N. Goc 2

1315'. - 03.05.2015 CAN - GER 10:0 (4:0, 5:0, 1:0)
Praha, O₂ arena; Z: 15.046; SR: Kubuš (SVK), Olenin (RUS); LR: McIntyre (USA), Šefčík (SVK)
Endras (ab 24:29 Aus den Birken) - J. Krueger, Mo. Müller - Kohl, N. Goc - B. Krupp, Köppchen - Daschner - Rieder, Hager, Mi. Wolf (C) - Ehliz, Pietta, P. Reimer - Plachta, Hospelt, Oppenheimer - M. Kink, Raedeke, Y. Seidenberg - Ullmann
S: Ullmann 2
Hospelt absolvierte als siebenundsiebzigster Spieler sein 100. Länderspiel.

1316'. - 05.05.2015 SUI - GER 1:0 (0:0, 0:0, 1:0)
Praha, O₂ arena; Z: 10.253; SR: Nord (SWE), Bulanov (RUS); LR: Puolakka (FIN), Šefčík (SVK)
Pielmeier (Endras n.e.) - J. Krueger, Mo. Müller - Kohl, N. Goc - Köppchen, Daschner - B. Krupp - Plachta, Hospelt, Oppenheimer - Rieder, Hager, Mi. Wolf (C) - Ehliz, Pietta, P. Reimer - Raedeke, M. Kink, Y. Seidenberg - Krämmer
S: N. Goc 4, Oppenheimer 2, Hager 2, Pielmeier 2 (dafür Mo. Müller auf der Strafbank), Teamstrafe 2 (dafür Plachta auf der Strafbank)

1317'. - 07.05.2015 SWE - GER 4:3 (2:1, 0:1, 2:1)
Praha, O₂ arena; Z: 16.137; SR: Hodek (CZE), Sidorenko (BLR); LR: McIntyre (USA), Šefčík (SVK)
Pielmeier (58:58 out; Endras n.e.) - J. Krueger, Mo. Müller - Kohl, N. Goc - Köppchen, Daschner - B. Krupp - Ehliz, Hager, P. Reimer - Mi. Wolf (C), Pietta, Rieder - Plachta, Hospelt, M. Kink - Raedeke, Krämmer, Oppenheimer - Y. Seidenberg
T: 2:1 (15:48) M. Kink (Rieder, Daschner) / 2:2 (29:30) Krämmer (---) / 4:3 (54:39) Plachta (Hospelt, Y. Seidenberg)
S: Daschner 5+20 (Spieldauer), Oppenheimer 2, B. Krupp 2

1318'. - 08.05.2015 GER - LAT 2:1 (0:1, 0:0, 2:0)
Praha, O₂ arena; Z: 15.494; SR: Nord (SWE), Wehrli (SUI); LR: Puolakka (FIN), Kilian (NOR)
Endras (Aus den Birken n.e.) - Kohl, N. Goc - J. Krueger, Mo. Müller - B. Krupp, Köppchen - Baxmann - Rieder, Pietta, Mi. Wolf (C) - P. Reimer, Hager, Ehliz - M. Kink, Hospelt, Plachta - Oppenheimer, Krämmer, Raedeke - Y. Seidenberg
T: 1:1 (46:46) Mi. Wolf (P. Reimer, J. Krueger) - 2:1 (57:35) Plachta (---)
S: Kohl 4, Baxmann 2, Hager 2, Teamstrafe 2 (dafür Raedeke auf der Strafbank)

1319'. - 10.05.2015 GER - CZE 2:4 (1:1, 1:2, 0:1)
Praha, O₂ arena; Z: 17.383; SR: Nord (SWE), Björk (SWE); LR: Suominen (FIN), McIntyre (USA)
Pielmeier (57:59 out; Endras n.e.) - J. Krueger, Mo. Müller - Baxmann, Kohl - Daschner, Köppchen - B. Krupp - M. Kink, Hospelt, Plachta - Y. Seidenberg, Hager, P. Reimer - Rieder, Pietta, Mi. Wolf (C) - Oppenheimer, Krämmer, Raedeke - Ullmann
T: 1:0 (07:13) Pietta (Mo. Müller, J. Krueger) / 2:1 (23:50) Mi. Wolf (Rieder)
S: Hospelt 4, J. Krueger 2

1320'. - 11.05.2015 GER - AUT 2:3 (0:0, 0:1, 2:1, 0:0, 0:1) OT und PS
Praha, O₂ arena; Z: 11.302; SR: Bulanov (RUS), Olenin (RUS); LR: Pihlblad (SWE), Šefčík (SVK)
Endras (Pielmeier n.e.) - J. Krueger, Mo. Müller - Baxmann, Kohl - B. Krupp, Köppchen - N. Goc - M. Kink, Hospelt, Plachta - Rieder, Pietta, Mi. Wolf (C) - P. Reimer, Hager, Ullmann - Y. Seidenberg, Krämmer, Raedeke - Ehliz
T: 1:1 (44:14) Mi. Wolf (Pietta, Mo. Müller) - 2:2 (58:00) P. Reimer (Kohl, Krämmer)
PS: 0:1 AUT - 0:1 Hospelt (gehalten) - 0:2 AUT - 1:2 Rieder - 1:2 AUT (gehalten) - 1:2 P. Reimer (verschießt)
S: M. Kink 4, Kohl 2

2015/16

Neuer Bundestrainer Marco Sturm

26. Deutschland-Cup 2015
Die deutsche Mannschaft belegte Platz 1.

1321'. - 06.11.2015 GER - SUI 2:3 (1:0, 0:2, 1:1)
Augsburg, Curt-Frenzel-Stadion*; Z: 4.258; SR: Bauer (GER), Pešina (CZE); LR: Büse (GER), Neutzer (GER)
* nach Umbau ab 2013 geschlossene Halle
Endras (Adler Mannheim; 58:45 out; Brückmann (Grizzlys Wolfsburg) n.e.) - Ankert (Kölner Haie), Akdag (Adler Mannheim) - Daschner (Düsseldorfer EG), Mo. Müller (Kölner Haie) - Boyle (EHC Red Bull München), N. Goc (Adler Mannheim) - Ebner (Düsseldorfer EG) - Flaake (Hamburg Freezers), D. Wolf (Hamburg Freezers), Kahun (EHC Red Bull München) - P. Reimer (C - Thomas Sabo Ice Tigers), F. Schütz (Torpedo Nizhniy Novgorod), Ehliz (Thomas Sabo Ice Tigers) - **Brooks Macek** (Iserlohn Roosters), Hager (Kölner Haie), Gogulla (Kölner Haie) - Krämmer (Hamburg Freezers), Pietta (Krefeld Pinguine), Ma. Müller (Hamburg Freezers)
T: 1:0 (17:58) Gogulla (F. Schütz, Hager) / 2:2 (48:19) Boyle (F. Schütz)
S: D. Wolf 2+2+10 (Disziplinarstrafe), Hager 10 (Disziplinarstrafe), Mo. Müller 4, Krämmer 4, Pietta 2, Ebner 2

1322'. - 07.11.2015 GER - SVK 4:2 (2:0, 2:0, 0:2)
Augsburg, Curt-Frenzel-Stadion; Z: 4.739; SR: Hunnius (GER), Pešina (CZE); LR: Lajoie (GER), Neutzer (GER)
Endras (**Mathias Niederberger** (Düsseldorfer EG) n.e.) - Ankert, Mo. Müller - Kohl (ERC Ingolstadt), N. Goc - Boyle, Akdag - Daschner - Uvira (Kölner Haie), Hospelt (Adler Mannheim), Pföderl (Thomas Sabo Ice Tigers) - Krämmer, Pietta, Kahun - P. Reimer (C), Hager, Ehliz - Gogulla, F. Schütz, Macek
T: 1:0 (00:53) Macek (Gogulla) - 2:0 (14:07) Ehliz (Daschner, Macek) / 3:0 (24:58) Kohl (Gogulla, F. Schütz) - 4:0 (28:11) Gogulla (F. Schütz, Macek)
S: Ankert 4, Hager 2, N. Goc 2, P. Reimer 2

1323'. - 08.11.2015 GER - USA 5:2 (3:0, 1:2, 1:0)
Augsburg, Curt-Frenzel-Stadion; Z: 4.624; SR: Rohatsch (GER), Pešina (CZE); LR: Büse (GER), Kohlmüller (GER)
Brückmann (M. Niederberger n.e.) - Ankert, Mo. Müller (C) - Ebner, Kohl - Akdag, Daschner - Boyle - Uvira, Hospelt, Pföderl - D. Wolf, Kahun, Flaake - Ma. Müller, Hager, Ehliz - Gogulla, F. Schütz, Macek
T: 1:0 (05:22) Kahun (Brückmann) - 2:0 (05:49) Hager (F. Schütz) - 3:0 (13:57) Gogulla (Akdag, Daschner) / 4:1 (33:54) D. Wolf (Flaake, Hager) / 5:2 (59:11) D. Wolf (Hospelt)
S: F. Schütz 4, Flaake 2, Ma. Müller 2, D. Wolf 2, Hospelt 2

6. Euro Hockey Challenge 2016
Die deutsche Mannschaft belegte Platz 11.

1324'. - 06.04.2016 CZE - GER 7:2 (0:0, 3:1, 4:1)
Ústí nad Labem, Zlatopramen Arena; Z: 3.012; SR: Hejduk (CZE), Fraňo (CZE); LR: Ondráček (CZE), Suchánek (CZE)
M. Niederberger (Pielmeier (ERC Ingolstadt) n.e.) - N. Goc, Reul (Adler Mannheim) - Akdag, J. Müller (Eisbären Berlin) - Ebner, Kohl - Brückner (Schwenninger Wild Wings) - Ullmann (Adler Mannheim), M. Goc (C - Adler Mannheim), Höfflin (Straubing Tigers) - Krämmer, F. Schütz (Rögle BK), Macek - **Marcel Brandt** (Düsseldorfer EG), Pietta, Flaake - Buchwieser (Adler Mannheim), Danner (Schwenninger Wild Wings), M. Kink (Adler Mannheim)
T: 1:1 (24:33) F. Schütz (Akdag) / 3:2 (44:09) Danner (J. Müller)
S: Reul 4, Brandt 2, N. Goc 2

1325'. - 08.04.2016 CZE - GER 2:1 (0:0, 1:1, 1:0)
Ústí nad Labem, Zlatopramen Arena; Z: 4.124; SR: Hradil (CZE), Hribik (CZE); LR: Lederer (CZE), Lhotský (CZE)
Pielmeier (M. Niederberger n.e.) - N. Goc, Reul - Akdag, J. Müller - Ebner, Kohl - Brückner - Ullmann, M. Goc (C), Höfflin - Krämmer, F. Schütz, Macek - Brandt, Pietta, Flaake - Buchwieser, Danner, M. Kink
T: 0:1 (20:55) Pietta (Brandt, Flaake)
S: N. Goc 2+2+10 (Disziplinarstrafe), Danner 4, Ebner 2, Reul 2

1326'. - 16.04.2016 GER - SWE 1:3 (0:0, 0:2, 1:1)
Rosenheim, emilo Stadion*; Z: 4.750; SR: Aicher (GER), Haupt (GER); LR: Büse (GER), ? (GER)**
* bisher Städtisches Kathrein-Stadion
** auf dem offiz. Spielbericht fehlt der zweite Linienrichter
M. Niederberger (58:55 out; Pielmeier n.e.) - N. Goc, Reul - Brandt, Ebner - Akdag, J. Müller - Brückner, Kohl - Krämmer, Hager, M. Kink - Ullmann, F. Schütz, Macek - Noebels (Eisbären Berlin), M. Goc, Höfflin - Buchwieser, Pietta, Flaake
T: 1:3 (59:26) Hager (Noebels, M. Goc)
S: N. Goc 4, Buchwieser 2, Reul 2

1327'. - 17.04.2016 GER - SWE 3:2 (0:2, 0:0, 2:0 0:0, 1:0) OT und PS
Landshut, Städtische Eissporthalle; Z: 3.086; SR: Paule (GER), Schütz (GER); LR: Tschirner (GER), ? (GER)*
* auf dem offiz. Spielbericht fehlt der zweite Linienrichter
Pielmeier (M. Niederberger n.e.) - Akdag, C. Braun (Eisbären Berlin) - Mo. Müller, Ankert - Brandt, Reul - Ebner, Kohl - Gogulla, F. Schütz, Macek - Krämmer, Danner, M. Kink - Rieder (Arizona Coyotes), M. Goc, Noebels - Höfflin, Pietta, Flaake
T: 1:2 (41:03) Flaake (Kohl, Pietta) - 2:2 (54:37) M. Kink (C. Braun, Akdag) / 3:2 (65:00) M. Goc
PS: 0:0 Macek (vergeben) - 0:0 SWE (vergeben) - 0:0 Rieder (vergeben) - 0:0 SWE (vergeben) - 1:0 M. Goc (GWS) - 1:0 SWE (vergeben)
S: Mo. Müller 2, Ankert 2, Pietta 2
F. Schütz absolvierte als achtundsiebzigster Spieler sein 100. Länderspiel.

1328'. - 22.04.2016 LAT - GER 3:4 (0:2, 1:2, 2:0)
Rīga, Arēna; Z: 4.744; SR: Odiņš (LAT), Zviedrītis (LAT); LR: Jakovļevs (LAT), Locāns (LAT)
Pielmeier (M. Niederberger n.e.) - Akdag, C. Braun - Mo. Müller, Ankert - Brückner, Kohl - N. Goc, Reul - Pföderl, L. Draisaitl (Edmonton Oilers), Noebels - Macek, F. Schütz, Gogulla - Ullmann, Hager, M. Kink - Danner, Krämmer, Flaake
T: 0:1 (17:53) Noebels (L. Draisaitl, Reul) - 0:2 (18:24) Gogulla (F. Schütz) / 1:3 (34:08) Macek (Gogulla, F. Schütz) - 1:4 (35:23) Danner (Krämmer)
S: F. Schütz 2, Danner 2, M. Kink 2

1329'. - 23.04.2016 LAT - GER 4:1 (0:1, 2:0, 2:0)
Rīga, Arēna; Z: 4.300; SR: Ansons (LAT), Odiņš (LAT); LR: Locāns (LAT), Griškevičs (LAT)
M. Niederberger (Jenike (Thomas Sabo Ice Tigers) n.e.) - Mo. Müller, Ankert - C. Braun, Akdag - N. Goc, Reul - Ebner, Brandt - Gogulla, F. Schütz, Macek - Noebels, M. Goc, Pföderl - Ullmann, Hager, Flaake - Rieder, L. Draisaitl, P. Reimer
T: 0:1 (12:43) P. Reimer (L. Draisaitl, Rieder)
S: Ankert 2, L. Draisaitl 2

1330'. - 29.04.2016 GER - BLR 5:3 (2:0, 2:3, 1:0)
Oberhausen, König-Pilsener-Arena; Z: 3.650; SR: Brill (GER), Krawinkel (GER); LR: Müller (GER), Ponomarjow (GER)
Brückmann (M. Niederberger n.e.) - Akdag, Ankert - Brandt, Boyle - Brückner, Kohl - N. Goc - Rieder, L. Draisaitl, P. Reimer (C) - Krämmer, Danner, M. Kink - Ullmann, Fauser (Grizzlys Wolfsburg), Flaake - Noebels, Kahun, Pföderl
T: 1:0 (00:33) P. Reimer (Akdag, L. Draisaitl) - 2:0 (16:22) Flaake (Brandt, Akdag) / 3:0 (28:01) Rieder (Akdag) - 4:3 (34:42) Rieder (Brückner) / 5:3 (59:48) Kahun (Flaake, Ullmann)
S: M. Kink 4, Krämmer 2, Akdag 2

1331'. - 30.04.2016 GER - BLR 3:4 (1:2, 0:1, 2:1)
Oberhausen, König-Pilsener-Arena; Z: 3.490; SR: Bauer (GER), Schukies (GER); LR: Kowert (GER), Schelewski (GER)
Pielmeier (58:54 out; M. Niederberger n.e.) - Mo. Müller, Ankert - N. Goc, Reul - Brandt, C. Braun - Brückner, Kohl - Noebels, Hager, Mauer (EHC Red Bull München) - Gogulla, F. Schütz, Macek - Y. Seidenberg (EHC Red Bull München), Kahun, Flaake - Krämmer, Fauser, Ullmann
T: 1:0 (05:09) Macek (Gogulla, N. Goc) / 2:3 (45:13) F. Schütz (Gogulla, C. Braun) - 3:4 (56:19) Flaake (Kahun, Ullmann)
S: Flaake 2+10 (Disziplinarstrafe), Mauer 2

1332. - 03.05.2016 SUI - GER 4:3 (0:2, 2:1, 1:0, 1:0) OT
Basel, St. Jakob-Arena; Z: 4.562; SR: Dipietro (SUI), Stricker (SUI); LR: Borga (SUI), Kovacs (SUI)
Pielmeier (63:31; Brückmann n.e.) - Akdag, Ehrhoff (Chicago Blackhawks) - Mo. Müller, Ankert - Reul, Boyle -
C. Braun - Noebels, M. Goc, Flaake - Rieder, L. Draisaitl, P. Reimer - Gogulla, F. Schütz, Macek - Y. Seidenberg,
Hager, M. Kink
T: 0:1 (11:21) L. Draisaitl (Mo. Müller, P. Reimer) - 0:2 (17:48) Noebels (Flaake, Ankert) / 0:3 (21:23) L. Draisaitl
(Ankert)
S: Ehrhoff 2, Hager 2, Flaake 2, Ankert 2, Noebels 2

80. Weltmeisterschaft 2016
Die deutsche Mannschaft belegte in ihrer Vorrundengruppe den 3. Platz und qualifizierte sich fürs Viertelfinale.

VORRUNDE - GRUPPE B

1333'. - 07.05.2016 FRA - GER 3:2 (1:0, 1:2, 0:0, 0:0, 1:0) OT und PS
Sankt-Peterburg, Sportivniy kompleks "Yubileiniy"; Z: 3.750; SR: Fraňo (CZE), Jeřábek (CZE); LR: Kilian
(NOR), Suominen (FIN)
Pielmeier (Brückmann n.e.) - Holzer (Anaheim Ducks), Ehrhoff - Reul, Mo. Müller - Boyle, Akdag - C. Braun -
Rieder, L. Draisaitl, P. Reimer - Macek, F. Schütz, Gogulla - Flaake, M. Goc (C), Noebels - M. Kink, Y.
Seidenberg, Hager
T: 1:1 (20:26) Rieder (Gogulla, F. Schütz) - 1:2 (36:50) F. Schütz (Gogulla, Hager)
PS: 0:0 L. Draisaitl (gehalten) - 0:0 FRA (gehalten) - 0:0 Rieder (gehalten) - 1:0 FRA - 1:0 M. Goc (gehalten)
S: Mo. Müller 4, F. Schütz 2, Flaake 2

1334'. - 08.05.2016 FIN - GER 5:1 (2:0, 2:1, 1:0)
Sankt-Peterburg, Sportivniy kompleks "Yubileiniy"; Z: 4.409; SR: Mayer (USA), Olenin (RUS); LR: Kaderli
(SUI), Kilian (NOR)
Pielmeier (Brückmann n.e.) - Holzer, Ehrhoff - Reul, Mo. Müller - Boyle, Akdag - Ankert, C. Braun - Fauser, M.
Goc (C), Kahun - Macek, F. Schütz, Gogulla - Rieder, L. Draisaitl, P. Reimer - M. Kink, Y. Seidenberg, Hager
T: 4:1 (38:42) Macek (L. Draisaitl, Kahun)
S: Holzer 2+10 (Disziplinarstrafe), L. Draisaitl 4, Reul 4, Boyle 2, Macek 2, Ehrhoff 2, Teamstrafe 2 (dafür Kahun
auf der Strafbank)
M. Kink absolvierte als neunundsiebzigster Spieler sein 100. Länderspiel.

1335'. - 10.05.2016 SVK - GER 1:5 (1:0, 0:3, 0:2)
Sankt-Peterburg, Sportivniy kompleks "Yubileiniy"; Z: 3.715; SR: Iverson (CAN), Rantala (FIN); LR: Kilian
(NOR), Ritter (USA)
Pielmeier (Brückmann n.e.) - Holzer, Ehrhoff - Reul, Mo. Müller - Boyle, Akdag - C. Braun - M. Kink, M. Goc (C),
Y. Seidenberg - Macek, L. Draisaitl, Noebels - Rieder, Kahun, P. Reimer - Hager, F. Schütz, Gogulla - Fauser
T: 1:1 (24:23) Hager (F. Schütz, Gogulla) - 1:2 (28:57) Gogulla (Mo. Müller, Hager) - 1:3 (34:48) P. Reimer
(Kahun, L. Draisaitl) / 1:4 (43:45) Macek (C. Braun, Mo. Müller) - 1:5 (54:36) Kahun (P. Reimer, Rieder)
S: P. Reimer 2, Holzer 2, Y. Seidenberg 2, C. Braun 2, Ehrhoff 2, Reul 2

1336'. - 12.05.2016 CAN - GER 5:2 (1:0, 1:2, 3:0)
Sankt-Peterburg, Sportivniy kompleks "Yubileiniy"; Z: 5.369; SR: Kubuš (SVK), Wehrli (SUI); LR: Kaderli
(SUI), Ritter (USA)
Pielmeier (Greiss (New York Islanders) n.e.) - Boyle, Akdag - Holzer, Ehrhoff - Reul, Mo. Müller - Ankert - Macek,
L. Draisaitl, Noebels - F. Schütz, Hager, Gogulla - M. Kink, M. Goc (C), Y. Seidenberg - Rieder, Kahun, P. Reimer
- Fauser
T: 2:1 (31:31) P. Reimer (Noebels, Kahun) - 2:2 (37:36) Akdag (Gogulla, F. Schütz)
S: Hager 2, Gogulla 2, Ankert 2

1337'. - 13.05.2016 GER - BLR 5:2 (3:0, 1:1, 1:1)
Sankt-Peterburg, Sportivniy kompleks "Yubileiniy"; Z: 5.275; SR: Fonselius (FIN), Iverson (CAN); LR:
Kilian (NOR), Malmqvist (SWE)
Greiss (Pielmeier n.e.) - Holzer, Ehrhoff - Reul, Mo. Müller - Boyle, Akdag - C. Braun - M. Kink, M. Goc (C), Y.
Seidenberg - F. Schütz, Hager, Gogulla - Macek, L. Draisaitl, Noebels - P. Reimer, Kahun, Fauser - Flaake
T: 1:0 (04:26) P. Reimer (Mo. Müller) - 2:0 (05:44) L. Draisaitl (Noebels, Macek) - 3:0 (10:47) F. Schütz (Gogulla,
Hager) / 4:1 (34:23) Macek (Reul, Noebels) / 5:2 (59:51) Gogulla (Boyle)
S: Noebels 2, Hager 2, M. Goc 2, M. Kink 2
Hager absolvierte als achtzigster Spieler sein 100. Länderspiel.

1338'. - 15.05.2016 GER - USA 3:2 (2:1, 0:1, 1:0)
Sankt-Peterburg, Sportivniy kompleks "Yubileiniy"; Z: 4.798; SR: Sidorenko (BLR), Wehrli (SUI); LR: Fluri (SUI), Malmqvist (SWE)
Greiss (Pielmeier n.e.) - Reul, Mo. Müller - Holzer, Ehrhoff - Boyle, Akdag - Ankert - M. Kink, M. Goc (C), Y. Seidenberg - Macek, L. Draisaitl, Noebels - F. Schütz, Hager, Gogulla - Flaake, Kahun, P. Reimer
T: 1:0 (02:19) Hager (F. Schütz, Boyle) - 2:1 (13:06) Ehrhoff (F. Schütz, Hager) / 3:2 (59:27) Holzer (M. Goc)
S: Boyle 2, Hager 2, Y. Seidenberg 2, M. Kink 2, Ehrhoff 2, Reul 2, Greiss 2 (dafür Kahun auf der Strafbank)

1339'. - 16.05.2016 GER - HUN 4:2 (0:1, 1:0, 3:1)
Sankt-Peterburg, Sportivniy kompleks "Yubileiniy"; Z: 5.038; SR: Fraňo (CZE), Olenin (RUS); LR: Kaderli (SUI), Lazarev (RUS)
Greiss (Pielmeier n.e.) - Holzer, Ehrhoff - Boyle, Akdag - Reul, Mo. Müller - C. Braun - M. Kink, M. Goc (C), Y. Seidenberg - Macek, L. Draisaitl, Noebels - F. Schütz, Hager, Gogulla - Flaake, Kahun, P. Reimer
T: 1:1 (31:42) Hager (---) / 2:1 (41:22) Reul (---) - 3:2 (57:24) C. Braun (Akdag, L. Draisaitl) - 4:2 (59:27) M. Goc (Y. Seidenberg, Greiss)
S: C. Braun 2, Kahun 2

VIERTELFINALE

1340'. - 19.05.2016 RUS - GER 4:1 (0:1, 3:0, 1:0)
Moskva, VTB Ledoviy dvorets; Z: 12.199; SR: Björk (SWE), Rantala (FIN); LR: Lhotský (CZE), McIntyre (USA)
Greiss (Pielmeier n.e.) - Holzer, Ehrhoff - Reul, Mo. Müller - Boyle, Akdag - M. Kink, M. Goc (C), Y. Seidenberg - Gogulla, Hager, P. Reimer - Noebels, L. Draisaitl, Macek - Flaake, Kahun, C. Braun
T: 0:1 (04:45) P. Reimer (---)
S: Y. Seidenberg 2, Reul 2

2016/17

Drei-Länder-Turnier
Die deutsche Mannschaft belegte Platz 2.

1341'. - 27.08.2016 GER - FRA 4:0 (1:0, 1:0, 2:0)
Minsk, Arena; Z: 270; SR: Nalivaiko (BLR), Yarets (BLR); LR: Kleshchevnikov (BLR), Yaloshevsky (BLR)
Grubauer (Washington Capitals; ab 30:33 Endras (Adler Mannheim)) - Holzer (Annaheim Ducks), Ehrhoff (Chicago Blackhawks) - Mo. Müller (Kölner Haie), Boyle (EHC Red Bull München) - Hördler (Eisbären Berlin), Akdag (Adler Mannheim) - Daschner (Düsseldorfer EG) - Rieder (Arizona Coyotes), L. Draisaitl (Edmonton Oilers), Macek (EHC Red Bull München) - F. Schütz (Rögle BK), Hager (Kölner Haie), **Tom Kühnhackl** (Pittsburgh Penguins) - M. Kink (Adler Mannheim), M. Goc (C - Adler Mannheim), Y. Seidenberg (EHC Red Bull München) - D. Wolf (Adler Mannheim), Kahun (EHC Red Bull München), Noebels (Eisbären Berlin) - Fauser (Grizzlys Wolfsburg)
T: 1:0 (17:21) L. Draisaitl (Daschner) / 2:0 (32:16) Macek (Rieder, L. Draisaitl) / 3:0 (48:13) D. Wolf (Ehrhoff, Macek) - 4:0 (50:07) F. Schütz (Hördler, Rieder)
S: M. Kink 2+10 (Disziplinarstrafe), Holzer 2, F. Schütz 2
Mo. Müller und M. Goc absolvierten als ein- bzw. zweiundachtzigster Spieler ihr 100. Länderspiel.

1342'. - 28.08.2016 BLR - GER 3:2 (2:0, 0:0, 1:2)
Minsk, Arena; Z: 5.000; SR: Nalivaiko (BLR), Shrubok (BLR); LR: Badyl (BLR), Zinchenko (BLR)
Grubauer (58:40 out; Pielmeier (ERC Ingolstadt) n.e.) - Holzer, Ehrhoff - Mo. Müller, Boyle - Hördler, Akdag - Daschner - Rieder, L. Draisaitl, Macek - F. Schütz, Hager, T. Kühnhackl - M. Kink, M. Goc (C), Y. Seidenberg - D. Wolf, Kahun, P. Reimer (Thomas Sabo Ice Tigers) - Noebels
T: 2:1 (42:46) M. Kink (M. Goc) - 2:2 (51:04) T. Kühnhackl (L. Draisaitl, Ehrhoff)
S: Holzer 6, M. Goc 4, Hördler 2, Boyle 2
Hördler absolvierte als dreiundachtzigster Spieler sein 100. Länderspiel.

Olympia-Qualifikation für 2018

Die deutsche Mannschaft belegte in der Gruppe E den 1. Platz und qualifizierte sich für die Olympischen Winterspiele 2018.

GRUPPE E

1343'. - 01.09.2016 GER - JPN 5:0 (2:0, 3:0, 0:0)

Rīga, Arēna; Z: 979; SR: Gebei (HUN), Nord (SWE); LR: Bogdanovs (LAT), Dalton (GBR)
Grubauer (Endras n.e.) - Holzer, Ehrhoff - D. Seidenberg (Boston Bruins), Mo. Müller - Hördler, Akdag - Boyle - M. Kink, M. Goc (C), Y. Seidenberg - T. Kühnhackl, Hager, F. Schütz - Rieder, L. Draisaitl, Macek - P. Reimer, D. Wolf, Kahun - Fauser
T: 1:0 (03:26) Macek (L. Draisaitl) - 2:0 (17:22) F. Schütz (Hager, Rieder) / 3:0 (22:07) Rieder (L. Draisaitl, Macek) - 4:0 (24:44) T. Kühnhackl (---) - 5:0 (27:56) F. Schütz (Hager, D. Seidenberg)
S: D. Wolf 2, M. Kink 2, Holzer 2

1344'. - 02.09.2016 GER - AUT 6:0 (1:0, 2:0, 3:0)

Rīga, Arēna; Z: 1.062; SR: Nord (SWE), Rantala (FIN); LR: Bogdanovs (LAT), Tošenovjan (CZE)
Grubauer (Endras n.e.) - Holzer, Ehrhoff - D. Seidenberg, Mo. Müller - Hördler, Akdag - Boyle - M. Kink, M. Goc (C), Y. Seidenberg - T. Kühnhackl, Hager, F. Schütz - Rieder, L. Draisaitl, Macek - P. Reimer, D. Wolf, Kahun - Fauser
T: 1:0 (14:22) M. Goc (M. Kink, Y. Seidenberg) / 2:0 (28:04) Hager (F. Schütz, Mo. Müller) - 3:0 (37:20) Mo. Müller (M. Goc) / 4:0 (42:16) P. Reimer (Kahun, Akdag) - 5:0 (54:24) F. Schütz (Rieder, Kahun) - 6:0 (58:00) L. Draisaitl (P. Reimer)
S: Hördler 2, F. Schütz 2, Akdag 2, M. Kink 2

1345'. - 04.09.2016 LAT - GER 2:3 (0:1, 1:1, 1:1)

Rīga, Arēna; Z: 10.035; SR: Fraňo (CZE), Rantala (FIN); LR: Jensen (DEN), Tošenovjan (CZE)
Grubauer (Endras n.e.) - Holzer, Ehrhoff - D. Seidenberg, Mo. Müller - Hördler, Akdag - Boyle - M. Kink, M. Goc (C), Y. Seidenberg - Rieder, L. Draisaitl, Macek - T. Kühnhackl, Hager, F. Schütz - Kahun, D. Wolf, P. Reimer - Fauser
T: 0:1 (16:18) L. Draisaitl (T. Kühnhackl, P. Reimer) / 0:2 (24:51) F. Schütz (Hager, Kahun) / 2:3 (54:51) T. Kühnhackl (Macek, L. Draisaitl)
S: Y. Seidenberg 2, M. Kink 2, D. Wolf 2, Boyle 2, M. Goc 2

27. Deutschland-Cup 2016

Die deutsche Mannschaft belegte Platz 3.

1346'. - 04.11.2016 GER - SVK 1:3 (0:0, 0:1, 1:2)

Augsburg, Curt-Frenzel-Stadion; Z: 4.035; SR: Hunnius (GER), Šír (CZE); LR: Merten (GER), Roth (GER)
Brückmann (Grizzlys Wolfsburg; 57:57-58:20 + 58:36-59:11 out; M. Niederberger (Düsseldorfer EG) n.e.) - J. Krueger (SC Bern), **Konrad Abeltshauser** (EHC Red Bull München) - Kohl (ERC Ingolstadt), B. Krupp (Grizzlys Wolfsburg) - M. Nowak (Düsseldorfer EG), Brandt (Düsseldorfer EG) - J. Müller (Eisbären Berlin) - F. Schütz, Hospelt (C - Kölner Haie), Gogulla (Kölner Haie) - Fauser, Krämmer (Kölner Haie), Pföderl (Thomas Sabio Ice Tigers) - Ehliz (Thomas Sabo Ice Tigers), Flaake (EHC Red Bull München), **Maximilian Kastner** (EHC Red Bull München) - Oppenheimer (ERC Ingolstadt), Pietta (Krefeld Pinguine), Uvira (Kölner Haie)
T: 1:2 (58:20) Krämmer (Oppenheimer, Fauser)
S: Krämmer 2, Ehliz 2, Teamstrafe 2 (dafür Oppenheimer auf der Strafbank)

1347'. - 05.11.2016 GER - SUI 3:2 (0:1, 1:1, 2:0)

Augsburg, Curt-Frenzel-Stadion; Z: 4.985; SR: Iwert (GER), Šír (CZE); LR: Hinterdobler (GER), Kohlmüller (GER)
M. Niederberger (Treutle (Krefeld Pinguine) n.e.) - Akdag, Reul (Adler Mannheim) - J. Krueger, Brandt - Kohl, B. Krupp - J. Müller - **Thomas Holzmann** (Augsburger Panther), Raedeke (Adler Mannheim), Greilinger (ERC Ingolstadt) - F. Schütz, Hospelt (C), Gogulla - Fauser, Krämmer, Pföderl - Ehliz, Pietta, Flaake
T: 1:1 (25:51) Krämmer (Hospelt, Brandt) / 2:2 (45:08) Pföderl (Raedeke) - 3:2 (48:37) Reul (Pföderl)
S: Krämmer 2, Pföderl 2, Raedeke 2, Hospelt 2, J. Krueger 2

1348'. - 06.11.2016 GER - CAN 1:3 (0:3, 0:0, 1:0)

Augsburg, Curt-Frenzel-Stadion; Z: 5.670; SR: Rohatsch (GER), Šír (CZE); LR: Kohlmüller (GER), Merten (GER)
Treutle (58:37 out; Brückmann n.e.) - Akdag, Reul - M. Nowak, Abeltshauser - B. Krupp, Brandt - J. Müller - Oppenheimer, Uvira, Raedeke - T. Holzmann, Hospelt (C), Greilinger - Fauser, Pietta, Flaake - Krämmer, Pföderl, Kastner
T: 1:3 (45:49) Greilinger (Pietta, Flaake)
S: M. Nowak 2, Kastner 2, Krämmer 2

7. Euro Hockey Challenge 2017
Die deutsche Mannschaft belegte Platz 6.

1349'. - 06.04.2017 NOR - GER 5:1 (2:0, 1:1, 2:0)
Lillehammer, Kristins Hall; Z: 827; SR: Holm (NOR), Hallin (NOR); LR: Bråten (NOR), ? (NOR)*
* auf dem offiz. Spielbericht fehlt der zweite Linienrichter
Pielmeier (Endras n.e.) - **Pascal Zerressen** (Kölner Haie), Ehrhoff (Kölner Haie) - Reul, Ebner (Düsseldorfer EG) - Daschner, Mo. Müller - M. Nowak - Oppenheimer, Raedeke, Uvira - Krämmer, Hospelt, Plachta (Adler Mannheim) - M. Kink, T. Holzmann, Höfflin (Adler Mannheim) - **Jakob Mayenschein** (SC Riessersee), **Frederik Tiffels** (Western Michigan University), **Maximilian Kammerer** (Düsseldorfer EG)
T: 2:1 (25:46) Mayenschein (M. Nowak, Ehrhoff)
S: Daschner 2, M. Kink 2, Ehrhoff 2

1350'. - 08.04.2017 NOR - GER 5:2 (0:0, 3:2, 2:0)
Lillehammer, Kristins Hall; Z: 823; SR: Hallin (NOR), Holm (NOR); LR: Bråten (NOR), ? (NOR)*
* auf dem offiz. Spielbericht fehlt der zweite Linienrichter
Endras (57:43-58:25 out; M. Niederberger n.e.) - Akdag, Zerressen - Reul, Mo. Müller - Daschner, Ebner - M. Nowak - Krämmer, Hager, Gogulla - Plachta, Raedeke, D. Wolf - T. Holzmann, Höfflin, Uvira - Mayenschein, F. Tiffels, M. Kammerer
T: 3:1 (32:41) Plachta (D. Wolf, Raedeke) - 3:2 (39:34) D. Wolf (Raedeke, Plachta)
S: T. Holzmann 4, Reul 2, Hager 2, Gogulla 2

1351'. - 14.04.2017 BLR - GER 3:1 (1:1, 2:0, 0:0)
Zhlobin, Lyadovy palats Metalurg; Z: 2.009; SR: Nalivaiko (BLR), Shrubok (BLR); LR: Dedyulya (BLR), Polyakhov (BLR)
Endras (58:28-59:12 + 59:26-60:00 out; Pielmeier n.e.) - Ehrhoff (C), Zerressen - Reul, Mo. Müller - Akdag, Ebner - Daschner - F. Schütz, Hager, Gogulla - Plachta, Raedeke, D. Wolf - Oppenheimer, Hospelt, M. Kink - Uvira, Noebels, Krämmer - F. Tiffels
T: 1:1 (16:27) Mo. Müller (---)
S: Oppenheimer 6, Daschner 2, Noebels 2, Reul 2, Ehrhoff 2, Raedeke 2
Ehrhoff absolvierte als vierundachtzigster Spieler sein 100. Länderspiel.

1352'. - 15.04.2017 BLR - GER 1:2 (0:0, 0:2, 1:0)
Bobruisk, Arena; Z: 7.060; SR: Amosov (BLR), Yarets (BLR); LR: Dedyulya (BLR), Yaloshevsky (BLR)
Pielmeier (M. Niederberger n.e.) - Zerressen, Ehrhoff (C) - Reul, Mo. Müller - Akdag, Hördler - Daschner - Plachta, F. Tiffels, Ehliz - Noebels, Raedeke, D. Wolf - Oppenheimer, Hospelt, M. Kink - F. Schütz, Hager, Gogulla
T: 0:1 (27:25) M. Kink (Mo. Müller, Zerressen) - 0:2 (33:19) Hager (Gogulla)
S: Daschner 4, Noebels 4, Ehliz 2, Hördler 2, Oppenheimer 2, F. Tiffels 2, Hager 2, Akdag 2, Ehrhoff 2

1353'. - 22.04.2017 GER - CZE 7:4 (1:0, 4:3, 2:1)
Nürnberg, Arena Nürnberger Versicherung; Z: 6.550; SR: Bauer (GER), Rohatsch (GER); LR: Flad (GER), Lajoie (GER)
Pielmeier (Endras n.e.) - Zerressen, Ehrhoff (C) - Mo. Müller, Reul - Ebner, Akdag - Hördler, Daschner - Gogulla, Hager, F. Schütz - D. Wolf, Raedeke, Plachta - M. Kink, Hospelt, Oppenheimer - Krämmer, Noebels, F. Tiffels - P. Reimer, Ehliz, Rieder
T: 1:0 (10:57) Raedeke (Ehrhoff, P. Reimer) / 2:1 (32:53) Reul (Hospelt, Raedeke) - 3:2 (34:21) Gogulla (Mo. Müller, Hager) - 4:3 (35:31) Ebner (Ehliz, P. Reimer) - 5:3 (39:05) Ehliz (Penalty) / 6:3 (53:38) Ehliz (Zerressen, P. Reimer) - 7:3 (57:27) Ehliz (P. Reimer, Raedeke)
S: F. Schütz 4, Hospelt 2, Hager 2, Noebels 2

1354'. - 23.04.2017 GER - CZE 3:4 (0:0, 0:1, 3:2, 0:0, 0:1) OT und PS
Mannheim, SAP Arena; Z: 8.472; SR: Brill (GER), Hunnius (GER); LR: Leermakers (GER), Cepik (GER)
Endras (M. Niederberger n.e.) - Zerressen, Ehrhoff (C) - Ebner, Reul - Hördler, Akdag - Daschner - Krämmer, Hospelt, M. Kink - Ehliz, Raedeke, P. Reimer - Gogulla, Hager, F. Schütz - Oppenheimer, Noebels, Plachta - F. Tiffels
T: 1:1 (42:04) Plachta (Hager, P. Reimer) - 2:1 (47:27) Plachta (Hördler, Akdag) - 3:2 (50:38) Ehrhoff (P. Reimer, Raedeke)
PS: 1:0 Oppenheimer - 1:0 CZE (vergeben) - 1:0 Plachta (vergeben) - 1:1 CZE - 1:1 Hager (vergeben) - 1:1 CZE (vergeben) - 1:1 Gogulla (vergeben) - 1:2 CZE
S: Oppenheimer 2, Gogulla 2, Krämmer 2, Hager 2, Hördler 2, Plachta 2

1355'. - 30.04.2017 GER - LAT 3:4 (0:1, 1:1, 2:1, 0:1) OT
Bietigheim-Bissingen, EgeTrans Arena; Z: 4.165; SR: Kopitz (GER), Schukies (GER); LR: Kohlmüller (GER), Gaube (GER)
Greiss (New York Islanders; 59:12-59:43 + 63:46 out; Aus den Birken (EHC Red Bull München) n.e.) - Abeltshauser, J. Krueger - Mo. Müller, Reul - Akdag, Hördler - Zerressen - D. Wolf, Raedeke, P. Reimer - Gogulla, F. Tiffels, Plachta - F. Schütz, Kahun, Macek - Y. Seidenberg, Fauser, M. Kink
T: 1:2 (38:53) M. Kink (Fauser, Mo. Müller) / 2:2 (52:03) F. Tiffels (Plachta, Gogulla) - 3:3 (59:43) Hördler (Gogulla)
S: Macek 4

1356'. - 01.05.2017 GER - LAT 3:2 (0:0, 1:0, 2:2)
Ravensburg, Eissporthalle; Z: 3.300; SR: Köttstorfer (GER), Schrader (GER); LR: Hofer (GER), Schwenk (GER)
Aus den Birken (Brückmann n.e.) - D. Seidenberg (New York Islanders), Mo. Müller - Ehrhoff, Abeltshauser - J. Krueger, Hördler - Reul - Rieder, Kahun, Macek - F. Schütz, Hager, Gogulla - Ehliz, F. Tiffels, P. Reimer - Y. Seidenberg, Fauser, M. Kink
T: 1:0 (27:51) F. Tiffels (J. Krueger) / 2:0 (48:14) F. Tiffels (Reul) - 3:1 (55:08) D. Seidenberg (Ehliz, F. Tiffels)
S: Reul 6, Y. Seidenberg 4, Hördler 2, Macek 2, F. Schütz 2

81. Weltmeisterschaft 2017
Die deutsche Mannschaft belegte in ihrer Vorrundengruppe den 4. Platz und qualifizierte sich fürs Viertelfinale.
VORRUNDE - GRUPPE A

1357'. - 05.05.2017 USA - GER 1:2 (0:1, 0:0, 1:1)
Köln, LANXESS arena; Z: 18.688; SR: Gouin (CAN), Kubuš (SVK); LR: Sormunen (FIN), Suchánek (CZE)
Greiss (Aus den Birken n.e.) - D. Seidenberg (C), Mo. Müller - J. Krueger, Abeltshauser - Reul, Hördler - Macek, Kahun, Rieder - Ehliz, F. Tiffels, P. Reimer - F. Schütz, Hager, Gogulla - M. Kink, Fauser, Y. Seidenberg - Plachta
T: 0:1 (10:50) Rieder (P. Reimer, Kahun) / 1:2 (53:58) Hager (D. Seidenberg, Gogulla)
S: Mo. Müller 2, Plachta 2

1358'. - 06.05.2017 GER - SWE 2:7 (1:1, 1:3, 0:3)
Köln, LANXESS arena; Z: 18.673; SR: Gofman (RUS), Odiņš (LAT); LR: Dedyulya (BLR), Oliver (USA)
Greiss (ab 51:59 Aus den Birken) - J. Krueger, Abeltshauser - D. Seidenberg (C), Mo. Müller - Reul, Hördler - P. Reimer, F. Tiffels, Ehliz - Rieder, Kahun, Macek - F. Schütz, Hager, Gogulla - Plachta, M. Kink, Y. Seidenberg - Fauser
T: 1:1 (16:14) Hager (D. Seidenberg, Ehliz) / 2:2 (25:26) Gogulla (Hager, F. Schütz)
S: Mo. Müller 4, F. Tiffels 4, Hager 2

1359'. - 08.05.2017 GER - RUS 3:6 (0:3, 0:2, 3:1)
Köln, LANXESS arena; Z: 18.734; SR: Gouin (CAN), Salonen (FIN); LR: Suchánek (CZE), Vanoosten (CAN)
Greiss (Aus den Birken n.e.) - D. Seidenberg, Mo. Müller - Ehrhoff (C), Abeltshauser - Reul, Hördler - J. Krueger - Rieder, Kahun, Macek - Ehliz, F. Tiffels, P. Reimer - Gogulla, Hager, F. Schütz - Y. Seidenberg, Fauser, M. Kink - Plachta
T: 1:5 (45:53) Macek (Mo. Müller, D. Seidenberg) - 2:5 (48:34) Gogulla (Ehrhoff, Kahun) - 3:6 (59:10) F. Tiffels (M. Kink, D. Seidenberg)
S: Hager 25 (Matchstrafe), P. Reimer 2, Ehliz 2

1360'. - 10.05.2017 SVK - GER 2:3 (1:0, 1:2, 0:0, 0:0, 0:1) OT und PS
Köln, LANXESS arena; Z: 17.647; SR: Fonselius (FIN), Iverson (CAN); LR: Jensen (DEN), Ritter (USA)
Greiss (ab 09:23 Aus den Birken) - D. Seidenberg, Mo. Müller - Reul, Ehrhoff (C) - Abeltshauser, Hördler - J. Krueger - Ehliz, F. Tiffels, P. Reimer - Y. Seidenberg, Kahun, Macek - D. Wolf, Fauser, Plachta - Gogulla, F. Schütz, M. Kink
T: 2:1 (36:11) P. Reimer (Ehrhoff, Kahun) - 2:2 (36:38) Ehliz (D. Seidenberg, Mo. Müller) / 2:3 (65:00) Kahun (GWS)
PS: 0:1 Kahun (GWS) - 0:1 SVK (gehalten) - 0:1 Macek (Puck verloren) - 0:1 SVK (gehalten) - 0:1 Ehliz (Puck verloren) - 0:1 SVK (links vorbei)
S: M. Kink 2, J. Krueger 2

1361'. - 12.05.2017 DEN - GER 3:2 (2:2, 0:0, 0:0, 1:0) OT
Köln, LANXESS arena; Z: 18.629; SR: Hribik (CZE), Linde (SWE); LR: Lazarev (RUS), Lhotský (CZE)
Aus den Birken (61:40; Greiss n.e.) - Reul, Ehrhoff (C) - D. Seidenberg, Mo. Müller - Abeltshauser, Hördler - J. Krueger - Y. Seidenberg, Kahun, Macek - Ehliz, F. Tiffels, P. Reimer - Gogulla, F. Schütz, Plachta - D. Wolf, Fauser, M. Kink
T: 0:1 (08:26) P. Reimer (Ehliz, D. Seidenberg) - 0:2 (09:43) Macek (Y. Seidenberg, Kahun)
S: Reul 4, Gogulla 2, F. Tiffels 2, Ehrhoff 2, D. Wolf 2

1362'. - 13.05.2017 ITA - GER 1:4 (1:2, 0:2, 0:0)

Köln, LANXESS arena; Z: 18.712; SR: Reneau (USA), Wehrli (SUI); LR: Malmqvist (SWE), Šefčík (SVK)
Aus den Birken (Grubauer n.e.) - Reul, Ehrhoff (C) - D. Seidenberg, Mo. Müller - Hördler, Abeltshauser - J. Krueger - Ehliz, F. Tiffels, P. Reimer - D. Wolf, Hager, F. Schütz - Plachta, L. Draisaitl, Macek - Y. Seidenberg, Kahun, M. Kink - Fauser
T: 0:1 (03:34) Ehrhoff (L. Draisaitl) - 1:2 (18:16) Plachta (D. Seidenberg, Kahun) / 1:3 (22:46) Y. Seidenberg (Hördler) - 1:4 (26:00) Kahun (Y. Seidenberg)
S: D. Seidenberg 4, M. Kink 2, D. Wolf 2

1363'. - 16.05.2017 GER - LAT 4:3 (0:0, 2:1, 1:2, 0:0, 1:0) OT und PS

Köln, LANXESS arena; Z: 18.797; SR: Gouin (CAN), Öhlund (SWE); LR: Ritter (USA), Šefčík (SVK)
Grubauer (58:42-59:27 out; Aus den Birken n.e.) - Reul, Ehrhoff (C) - D. Seidenberg, Mo. Müller - Hördler, Abeltshauser - J. Krueger - Ehliz, L. Draisaitl, P. Reimer - D. Wolf, F. Tiffels, F. Schütz - Plachta, Hager, Macek - Y. Seidenberg, Kahun, M. Kink - Fauser
T: 1:0 (31:02) D. Wolf (Ehrhoff, P. Reimer) - 2:0 (31:29) D. Seidenberg (M. Kink, Mo. Müller) / 3:3 (59:27) F. Schütz (L. Draisaitl) / 4:3 (65:00) F. Tiffels (GWS)
PS: 0:0 LAT (gehalten) - 0:0 Kahun (gehalten) - 0:0 LAT (gehalten) - 0:0 L. Draisaitl (gehalten) - 0:0 LAT (Pfosten) - 1:0 F. Tiffels (GWS)
S: Mo. Müller 2, D. Wolf 2, Ehrhoff 2

VIERTELFINALE

1364'. - 18.05.2017 CAN - GER 2:1 (1:0, 1:0, 0:1)

Köln, LANXESS arena; Z: 16.653; SR: Hribik (CZE), Stricker (SUI); LR: Ritter (USA), Suominen (FIN)
Grubauer (59:50 out; Greiss n.e.) - Reul, Ehrhoff (C) - D. Seidenberg, Mo. Müller - Hördler, Abeltshauser - J. Krueger - Y. Seidenberg, Kahun, M. Kink - Ehliz, L. Draisaitl, P. Reimer - Plachta, Hager, Macek - D. Wolf, F. Tiffels, F. Schütz - Fauser
T: 2:1 (53:21) Y. Seidenberg (Ehrhoff)
S: D. Wolf 2+ (10 Disziplinarstrafe), P. Reimer 2, L. Draisaitl 2, Teamstrafe 2 (dafür F. Tiffels auf der Strafbank)

2017/18

28. Deutschland-Cup 2017

Die deutsche Mannschaft belegte Platz 3.

1365'. - 10.11.2017 GER - RUS 2:8 (1:1, 1:4, 0:3)

Augsburg, Curt-Frenzel-Stadion; Z: 5.050; SR: Mayer (USA), Rohatsch (GER); LR: Hinterdobler (GER), Kohlmüller (GER)
Endras (Adler Mannheim; ab 33:13 Pielmeier (ERC Ingolstadt)) - Abeltshauser (EHC Red Bull München), J. Krueger (SC Bern) - Y. Seidenberg (EHC Red Bull München), J. Müller (Eisbären Berlin) - Zerressen (Kölner Haie), Akdag (Adler Mannheim) - Mo. Müller (Kölner Haie), B. Krupp (Grizzlys Wolfsburg) - Mauer (EHC Red Bull München), Kahun (EHC Red Bull München), Macek (EHC Red Bull München) - T. Holzmann (Augsburger Panther), Raedeke (Adler Mannheim), Plachta (Adler Mannheim) - M. Kink (C - Adler Mannheim), Pietta (Krefeld Pinguine), Ma. Müller (Krefeld Pinguine) - M. Kammerer (Düsseldorfer EG), **Stefan Loibl** (Straubing Tigers), **Andreas Eder** (EHC Red Bull München)
T: 1:1 (13:30) Pietta (Y. Seidenberg, M. Kink) / 2:1 (21:58) Raedeke (M. Kink, Pietta)
S: Y. Seidenberg 2, B. Krupp 2, J. Krueger 2, Pietta 2, Macek 2

1366'. - 11.11.2017 GER - SVK 0:3 (0:1, 0:0, 0:2)

Augsburg, Curt-Frenzel-Stadion; Z: 6.139; SR: Kopitz (GER), Mayer (USA); LR: Gaube (GER), Schwenk (GER)
Pielmeier (58:08-59:37 out; Aus den Birken (EHC Red Bull München) n.e.) - J. Müller, Mo. Müller - B. Krupp, Ebner (Düsseldorfer EG) - Abeltshauser, Akdag - Zerressen, Boyle (EHC Red Bull München) - Ehliz (Thomas Sabo Ice Tigers), Hager (C - EHC Red Bull München), Pföderl (Thomas Sabo Ice Tigers) - M. Kammerer, Kahun, T. Holzmann - Ma. Müller, Raedeke, Plachta - M. Kink, S. Loibl, A. Eder
S: Ehliz 4, Plachta 4, J. Müller 2

1367'. - 12.11.2017 GER - USA 5:1 (1:0, 3:1, 1:0)
Augsburg, Curt-Frenzel-Stadion; Z: 5.310; SR: Mayer (USA), Piechaczek (GER); LR: Gaube (GER), Kohlmüller (GER)
Aus den Birken (Pielmeier n.e.) - B. Krupp, Ebner - J. Krueger, Akdag - Zerressen, Boyle - J. Müller, Y. Seidenberg (C) - Mauer, M. Kammerer, Kahun - Ehliz, Hager, Pföderl - Macek, Pietta, T. Holzmann - S. Loibl, A. Eder, Raedeke
T: 1:0 (03:05) Mauer (M. Kammerer, Kahun) / 2:0 (23:03) Raedeke (Mauer, Kahun) - 3:0 (32:16) Macek (Y. Seidenberg, Kahun) - 4:0 (33:59) T. Holzmann (Pietta) / 5:1 (57:16) Y. Seidenberg (---)
S: M. Kammerer 2, J. Krueger 2, Pietta 2, J. Müller 2

1368'. - 06.02.2018 SUI - GER 1:2 (0:0, 0:1, 1:0, 0:1) OT
Kloten, SWISS Arena; Z: 4.150; SR: Dipietro (SUI), Wiegand (SUI); LR: Castelli (SUI), Kovacs (SUI)*
* bis 2008 Schluefweg
Aus den Birken (ab 40:01 Pielmeier) - Ehrhoff (Kölner Haie), Boyle - Y. Seidenberg, J. Müller - Mo. Müller, Hördler (Eisbären Berlin) - B. Krupp, Noebels (Eisbären Berlin) - M. Kink, Fauser (Grizzly Wolfsburg), Pföderl - D. Wolf (Adler Mannheim), M. Goc (C - Adler Mannheim), Plachta - Ehliz, Kahun, P. Reimer (Thomas Sabo Ice Tigers) - F. Schütz (Kölner Haie), Hager, Macek
T: 0:1 (25:38) D. Wolf (M. Goc, Mo. Müller) / 1:2 (64:42) Kahun (P. Reimer)
S: Hager 2, D. Wolf 2, F. Schütz 2, M. Goc 2, Ehliz 2, M. Kink 2, Ehrhoff 2
P. Reimer absolvierte als fünfundachtzigster Spieler sein 100. Länderspiel.

23. Olympische Winterspiele 2018 - Eishockeyturnier
Die deutsche Mannschaft belegte in ihrer Vorrundengruppe den 3. Platz und erreichte damit die Viertelfinal-Qualifikation. Am Ende gewann das Team die Silbermedaille.

VORRUNDE - GRUPPE C

1369'. - 15.02.2018 FIN - GER 5:2 (2:1, 2:0, 1:1)
Gangneung, Hockey Centre; Z: 3.695; SR: Gouin (CAN), Kubuš (SVK); LR: Fluri (SUI), Lhotský (CZE)
Aus den Birken (Pielmeier n.e.) - Boyle, Ehrhoff, J. Müller, B. Krupp - Hördler, Mo. Müller - Macek, Hager, F. Schütz - M. Kink, Y. Seidenberg, Fauser - P. Reimer, Ehliz, Kahun - Plachta, M. Goc (C), D. Wolf - Pföderl, Noebels
T: 1:1 (08:44) Macek (Ehrhoff, D. Wolf) / 4:2 (41:51) Hördler (---)
S: Ehliz 4, J. Müller 2, F. Schütz 2, Kahun 2

1370'. - 16.02.2018 SWE - GER 1:0 (1:0, 0:0, 0:0)
Gangneung, Kwandong Hockey Centre; Z: 3.077; SR: Mayer (USA), Olenin (RUS); LR: Kaderli (SUI), Vanoosten (CAN)
Pielmeier (58:26 out; Endras n.e.) - Boyle, Ehrhoff - Hördler, Akdag - Mo. Müller, B. Krupp - Mauer, Y. Seidenberg, Kahun - Plachta, M. Goc (C), D. Wolf - Macek, Hager, F. Schütz - M. Kink, P. Reimer, Fauser - Ehliz, Noebels
S: Y. Seidenberg 2, Ehrhoff 2, Plachta 2

1371'. - 18.02.2018 GER - NOR 2:1 (0:0, 1:0, 0:1, 0:0, 1:0) OT und PS
Gangneung, Hockey Centre; Z: 5.534; SR: Lemelin (USA), Salonen (FIN); LR: Dahmén (SWE), Otmakhov (RUS)
Aus den Birken (Pielmeier n.e.) - Boyle, Ehrhoff - Hördler, Akdag - Mo. Müller, B. Krupp - Fauser, Pföderl, Noebels - Mauer, Y. Seidenberg, Ehliz - Plachta, M. Goc (C), D. Wolf - Macek, M. Kink, Hager - Kahun, F. Schütz
T: 1:0 (32:53) Hager (Kahun, Macek) / 2:1 (65:00) Hager (GWS)
PS: 1:0 Hager - 1:0 NOR (Pfosten) - 2:0 Plachta - 2:0 NOR (gehalten) - 3:0 Kahun (GWS) - 3:0 NOR (gehalten)
S: Ehrhoff 2, Hördler 2, D. Wolf 2, F. Schütz 2, Teamstrafe 2 (dafür Kahun auf der Strafbank)

VIERTELFINAL-QUALIFIKATION

1372'. - 20.02.2018 SUI - GER 1:2 (0:1, 1:0, 0:0, 0:1) OT
Gangneung, Kwandong Hockey Centre; Z: 2.878; SR: Hribik (CZE), Öhlund (SWE); LR: McIntyre (USA), Sormunen (FIN)
Aus den Birken (Pielmeier n.e.) - Boyle, Ehrhoff - Mo. Müller, B. Krupp - J. Müller, Hördler - Mauer, Ehliz, Fauser - Y. Seidenberg, M. Goc (C), D. Wolf - Hager, F. Schütz, Pföderl - Macek, M. Kink, Plachta - Noebels, Kahun
T: 0:1 (01:19) Pföderl (Hördler, Hager) / 1:2 (60:26) Y. Seidenberg (Kahun, Mauer)
S: F. Schütz 2, Noebels 2, Hager 2, Mauer 2, Ehliz 2, Boyle 2

VIERTELFINALE

1373'. - 21.02.2018 SWE - GER 3:4 (0:2, 0:0, 3:1, 0:1) OT
Gangneung, Kwandong Hockey Centre; Z: 2.092; SR: Lemelin (USA), Rantala (FIN); LR: Lhotský (CZE), Vanoosten (CAN)
Aus den Birken (Pielmeier n.e.) - Boyle, B. Krupp - J. Müller, Ehrhoff - Hördler, Mo. Müller - P. Reimer, Hager, F. Schütz - Plachta, Y. Seidenberg, M. Goc (C) - Ehliz, Kahun, Noebels - Macek, M. Kink, Mauer - Fauser, D. Wolf
T: 0:1 (13:48) Ehrhoff (Hager, F. Schütz) - 0:2 (14:17) Noebels (M. Kink) / 1:3 (48:28) Kahun (Mauer) / 3:4 (61:30) P. Reimer (Ehliz, Boyle)
S: Ehrhoff 2, Macek 2, F. Schütz 2

HALBFINALE

1374'. - 23.02.2018 CAN - GER 3:4 (0:1, 1:3, 2:0)
Gangneung, Hockey Centre; Z: 4.057; SR: Kubuš (SVK), Mayer (USA); LR: McIntyre (USA), Otmakhov (RUS)
Aus den Birken (Pielmeier n.e.) - Boyle, Ehrhoff - Mo. Müller, B. Krupp - J. Müller, Hördler - P. Reimer, Ehliz, Hager - Plachta, Y. Seidenberg, M. Goc (C) - Mauer, Fauser, F. Schütz - Macek, Kahun, D. Wolf - Noebels, M. Kink
T: 0:1 (14:43) Macek (Kahun) / 0:2 (23:21) Plachta (Hager) - 0:3 (26:49) Mauer (M. Goc, D. Wolf) - 1:4 (32:31) Hager (Plachta, F. Schütz) - Kahun verschoss einen Penalty (43:21)
S: F. Schütz 2, Hager 2, Y. Seidenberg 2, Plachta 2, Hördler 2, Ehrhoff 2, Teamstrafe 4 (dafür zweimal Kahun auf der Strafbank)

FINALE

1375'. - 25.02.2018 OAR* - GER 4:3 (1:0, 0:1, 2:2, 1:0) OT (20 min.)**
* Olympische Athleten aus Russland
** Bei Endspielen dauert die Overtime maximal 20 Minuten.
Gangneung, Hockey Centre; Z: 5.075; SR: Lemelin (USA), Rantala (FIN); LR: Dahmén (SWE), Suominen (FIN)
Aus den Birken (69:40; Pielmeier n.e.) - Boyle, Ehrhoff - J. Müller, B. Krupp - Hördler, Mo. Müller - Macek, M. Goc (C), Noebels - Y. Seidenberg, P. Reimer, Hager - M. Kink, Mauer, Kahun - Plachta, Ehliz, Fauser - F. Schütz, D. Wolf
T: 1:1 (29:32) F. Schütz (Macek, Hager) / 2:2 (53:31) Kahun (Mauer, Ehliz) - 2:3 (56:44) J. Müller (Ehliz, Hördler)
S: P. Reimer 4, Ehrhoff 2

8. Euro Hockey Challenge 2018
Die deutsche Mannschaft belegte Platz 9.

1376'. - 06.04.2018 RUS (O*) - GER 4:1 (1:0, 2:0, 1:1)
* Olympiaauswahl (in den Spielen 1376 - 1377)
Sochi, Ledoviy dvorets „Bolshoy"; Z: 11.171; SR: Oskirko (RUS), Soin (RUS); LR: Novikov (RUS), Krasotin (RUS)
M. Niederberger (Düsseldorfer EG; **Dustin Strahlmeier** (Schwenninger Wild Wings) n.e.) - Brückner (Schwenninger Wild Wings), Zerressen - **Tim Bender** (Schwenninger Wild Wings), M. Nowak (Düsseldorfer EG) - Daschner (Düsseldorfer EG), **Fabio Wagner** (ERC Ingolstadt) - **Simon Sezemsky** (Augsburger Panther), Ebner - S. Loibl, **Daniel Schmölz** (Augsburger Panther), Krämmer (C - Kölner Haie) - Uvira (Kölner Haie), **David Elsner** (ERC Ingolstadt), M. Kammerer - Höfflin (Schwenninger Wild Wings), Danner (Schwenninger Wild Wings), **Marc Michaelis** (Minnesota State University), **Jaroslav Hafenrichter** (Augsburger Panther), T. Holzmann
T: 3:1 (49:03) Michaelis (Ulvira)
S: F. Wagner 4, Elsner 2, Daschner 2, T. Holzmann 2, Ebner 2, Teamstrafe 2 (dafür Elsner auf der Strafbank)

1377'. - 07.04.2018 RUS (O*) - GER 3:4 (1:1, 2:0, 0:2, 0:1) OT
Sochi, Ledoviy dvorets „Bolshoy"; Z: 11.008; SR: Oskirko (RUS), Soin (RUS); LR: Novikov (RUS), Krasotin (RUS)
Strahlmeier (M. Niederberger) - Brückner, Zerressen - Bender, M. Nowak - Daschner, F. Wagner - Sezemsky, Ebner - S. Loibl, Schmölz, Krämmer (C) - Uvira, Elsner, M. Kammerer - Höfflin, Danner, Michaelis - Hafenrichter, T. Holzmann
T: 1:1 (07:23) Michaelis (Bender, M. Nowak) / 3:2 (45:38) Sezemsky (Schmölz) - 3:3 (50:12) M. Kammerer (F. Wagner) / 3:4 (63:08) Ebner (---)
S: Höfflin 2, Sezemsky 2, S. Loibl 2, M. Nowak 2, F. Wagner 2, Teamstrafe 4 (dafür M. Kammerer bzw. Bender auf der Strafbank)

1378'. - 14.04.2018 GER - SVK 1:2 (0:0, 1:0, 0:1, 0:0, 0:1) OT und PS
Weißwasser, Eisarena; Z: 2.750; SR: Bauer (GER), Steinecke (GER); LR: Flad (GER), Lajoe (GER)
M. Niederberger (ab 31:59 Strahlmeier) - Ebner, Zerressen - M. Nowak, F. Wagner - Bender, Brückner - Sezemsky - Uvira, Höfflin, Krämmer (C) - Ma. Müller, Pietta, Michaelis - Hafenrichter, S. Loibl, M. Kammerer - Schmölz, Danner, T. Holzmann
T: 1:0 (38:31) Krämmer (Ma. Müller, Pietta)
PS: 0:0 SVK (vergeben) - 0:0 Pietta (vorbei) - 0:1 SVK - 0:1 S. Loibl (vorbei) - 0:1 SVK (vorbei) - 0:1 Höfflin (gehalten) - 0:1 SVK (vorbei) - 0:1 Ma. Müller (gehalten) - 0:1 SVK (vorbei) - 0:1 Michaelis (vorbei)
S: Uvira 2, Sezemsky 2, M. Nowak 2, Hafenrichter 2

1379'. - 15.04.2018 GER - SVK 1:4 (1:1, 0:1, 0:2)
Dresden, EnergieVerbund Arena; Z: 4.412; SR: Brill (GER), Westrich (GER); LR: Gaube (GER), Tschirner (GER)
Pielmeier (59:02-59:35 out; M. Niederberger n.e.) - B. Krupp, Zerressen - M. Nowak, F. Wagner - Ebner, Sezemsky - Bender, Brückner - Höfflin, Michaelis, F. Tiffels (Wilkes-Barre/Scranton Penguins) - Ma. Müller, Pietta, M. Kammerer - S. Loibl, Krämmer (C), Uvira - Hafenrichter, Danner, T. Holzmann
T: 1:0 (01:40) Ma. Müller (Pietta, F. Wagner)
S: Höfflin 2, F. Tiffels 2

1380'. - 19.04.2018 GER - FRA 7:1 (5:0, 1:0, 1:1)
Wolfsburg, Eis Arena; Z: 4.403; SR: Iwert (GER), Kopitz (GER); LR: Kyei-Nimako (GER), Merten (GER)
Pielmeier (M. Niederberger n.e.) - B. Krupp, Brückner - Mebus (Thomas Sabo Ice Tigers), Mo. Müller - F. Wagner, M. Nowak - Zerressen, Ebner - Krämmer (C), Pietta, Ma. Müller - F. Tiffels, Höfflin, Michaelis - M. Kammerer, S. Loibl, Plachta - Hafenrichter, Danner, Uvira
T: 1:0 (03:41) Pietta (Mebus, Mo. Müller) - 2:0 (07:28) Höfflin (Mo. Müller, Mebus) - 3:0 (08:20) Ebner (Plachta, Zerressen) - 4:0 (13:40) Ma. Müller (Ebner, Pietta) - 5:0 (18:21) Plachta (M. Kammerer, M. Nowak) / 6:0 (31:45) Michaelis (Plachta, M. Nowak) / 7:1 (57:29) Ebner (Höfflin, Michaelis)
S: M. Kammerer 2, Mebus 2

1381'. - 21.04.2018 GER - FRA 2:1 (0:0, 0:1, 1:0, 1:0) OT
Berlin, Wellblechpalast; Z: 4.412; SR: Westhaus (GER), Hunnius (GER); LR: Cepik (GER), Ponomarjow (GER)
Treutle (Thomas Sabo Ice Tigers; ab 30:26 M. Niederberger) - Mebus, Akdag - F. Wagner, M. Nowak - Zerressen, Ebner - Brückner, B. Krupp - F. Tiffels, L. Draisaitl (C - Edmonton Oilers), Michaelis - Krämmer, Pietta, Ma. Müller - M. Kammerer, S. Loibl, Uvira - Ehliz, Höfflin, **Markus Eisenschmid** (Rocket de Laval)
T: 1:1 (41:54) Ehliz (Eisenschmid, L. Draisaitl) / 2:1 (61:57) Ehliz (L. Draisaitl)
S: Höfflin 2, Uvira 2, F. Wagner 2, Eisenschmid 2

1382'. - 25.04.2018 DEN - GER 4:3 (0:1, 3:2, 0:0, 1:0) OT
Vojens, SE Arena; Z: 1.768; SR: Grumsen (DEN), Lundsgaard (DEN); LR: Jensen (DEN), Haurum (DEN)
Treutle (62:07; Pielmeier n.e.) - Mebus, Mo. Müller - B. Krupp, Akdag - Ebner, Zerressen - F. Wagner, M. Nowak - Ehliz, L. Draisaitl (C), Eisenschmid - F. Tiffels, Höfflin, Michaelis - Plachta, Pietta, Ma. Müller - Krämmer, S. Loibl, Uvira
T: 0:1 (16:28) F. Wagner (L. Draisaitl) / 2:2 (30:33) L. Draisaitl (Plachta, M. Nowak) - 3:3 (37:27) Plachta (L. Draisaitl, M. Nowak)
S: B. Krupp 4, Zerressen 4, Uvira 4, Mo. Müller 2, F. Wagner 2

1383'. - 27.04.2018 KOR - GER 3:4 (0:0, 3:2, 2:0)
Odense, Isstadion; Z: 252; SR: Frandsen (DEN), Andersen (DEN); LR: Dahlerup (DEN), Jensen (DEN)
Pielmeier (M. Niederberger n.e.) - D. Seidenberg (C - New York Islanders), B. Krupp - Mebus. Mo. Müller - Zerressen, Akdag - F. Wagner, M. Nowak - Michaelis, F. Tiffels, Eisenschmid - Ehliz, L. Draisaitl, Plachta - M. Kammerer, Pietta, Ma. Müller - Krämmer, Höfflin, Uvira
T: 1:1 (24:37) Eisenschmid (L. Draisaitl, Ehliz) - 3:2 (36:18) L. Draisaitl (Ehliz, Mo. Müller) / 3:3 (49:26) Ehliz (Plachta, M. Nowak) - 3:4 (55:52) Uvira (D. Seidenberg, Krämmer)
S: Uvira 2, L. Draisaitl 2

82. Weltmeisterschaft 2018

Die deutsche Mannschaft belegte in ihrer Vorrundengruppe den 5. Platz und verpasste das Viertelfinale.

VORRUNDE - GRUPPE B

1384'. - 04.05.2018 GER - DEN 2:3 (0:0, 1:2, 1:0, 0:0, 0:1) OT und PS
Herning, Jyske Bank Boxen; Z: 9.982; SR: Kubuš (SVK), Rantala (FIN); LR: Davis (USA), Sormunen (FIN)
Pielmeier (Treutle n.e.) - Holzer (Anaheim Ducks), D. Seidenberg (C) - Y. Seidenberg, Mo. Müller - B. Krupp, J.
Müller - Ebner - Plachta, L. Draisaitl, Ehliz - Hager, **Manuel Wiederer** (San Jose Barracuda), Kahun - Krämmer,
Pietta, Noebels - Uvira, Eisenschmid, Michaelis - F. Tiffels
T: 1:1 (32:12) L. Draisaitl (Ehliz) / 2:2 (50:43) Ehliz (L. Draisaitl, Mo. Müller)
PS: *0:0 Hager (gehalten) - 0:0 DEN (gehalten) - 0:0 Plachta (Puck verloren) - 0:1 DEN - 0:1 Kahun (gehalten) -
0:1 DEN (gehalten) - 0:1 L. Draisaitl (links vorbei) - 0:1 DEN (gehalten) - 0:1 Michaelis (gehalten)*
S: Y. Seidenberg 2, L. Draisaitl 2, Wiederer 2, Michaelis 2

1385'. - 06.05.2018 GER - NOR 4:5 (2:2, 1:1, 1:1, 0:0, 0:1) OT und PS
*Herning, Jyske Bank Boxen; Z: 5.491; SR: Iverson (CAN), Reneau (USA); LR: Otmakhov (RUS),
Vanoosten (CAN)*
Pielmeier (Treutle n.e.) - Holzer, D. Seidenberg (C) - Y. Seidenberg, Mo. Müller - B. Krupp, J. Müller - Mebus -
Hager, Eisenschmid, Kahun - Krämmer, Uvira, Pietta - Michaelis, Noebels, F. Tiffels - Plachta, L. Draisaitl, Ehliz
- Wiederer
T: 1:2 (14:30) Hager (L. Draisaitl, Plachta) - 2:2 (18:41) Michaelis (Noebels, J. Müller) / 3:3 (27:31) Hager (L.
Draisaitl) / 4:4 (50:38) Y. Seidenberg (Plachta, L. Draisaitl)
PS: *0:1 NOR - 0:1 Pietta (gehalten) - 0:1 NOR (gehalten) - 0:1 Hager (gehalten) - 0:2 NOR - 0:2 Kahun (gehalten)
- 0:3 NOR*
S: Holzer 2, J. Müller 2, L. Draisaitl 2, Teamstrafe 2 (dafür Michaelis auf der Strafbank)

1386'. - 07.05.2018 USA - GER 3:0 (0:0, 2:0, 1:0)
*Herning, Jyske Bank Boxen; Z: 10.301; SR: Jeřábek (CZE), Rantala (FIN); LR: Otmakhov (RUS),
Sormunen (FIN)*
Treutle (Pielmeier n.e.) - Holzer, D. Seidenberg (C) - Y. Seidenberg, Mo. Müller - B. Krupp, J. Müller - Ebner -
Hager, Eisenschmid, Kahun - Michaelis, Noebels, F. Tiffels - Plachta, L. Draisaitl, Ehliz - Krämmer, Uvira,
Wiederer - Pietta
S: D. Seidenberg 2, Wiederer 2, F. Tiffels 2, J. Müller 2, Pietta 2, Mo. Müller 2
Pietta absolvierte als sechsundachtzigster Spieler sein 100. Länderspiel.

1387'. - 09.05.2018 GER - KOR 6:1 (1:0, 3:0, 2:1)
*Herning, Jyske Bank Boxen; Z: 7.092; SR: Hribik (CZE), Kaukokari (FIN); LR: Lhotský (CZE), Suominen
(FIN)*
Treutle (Pielmeier n.e.) - Holzer, D. Seidenberg (C) - Y. Seidenberg, Mo. Müller - B. Krupp, J. Müller - Ebner -
Michaelis, Noebels, F. Tiffels - L. Draisaitl, Ehliz, Kahun - Plachta, Hager, Eisenschmid - Krämmer, Wiederer,
Höfflin - Pietta
T: 1:0 (10:02) L. Draisaitl (Plachta, Y. Seidenberg) / 2:0 (20:41) Ehliz (Plachta, Y. Seidenberg) - 3:0 (29:27)
Hager (Holzer, L. Draisaitl) - 4:0 (34:42) F. Tiffels (Michaelis) / 5:0 (48:37) Ehliz (Kahun, L. Draisaitl) - 6:0 (52:33)
Y. Seidenberg (Plachta)
S: J. Müller 2+10 (Disziplinarstrafe), Holzer 2+10 (Disziplinarstrafe), Hager 2, Wiederer 2

1388'. - 12.05.2018 LAT - GER 3:1 (0:0, 1:0, 2:1)
Herning, Jyske Bank Boxen; Z: 8.997; SR: Kaukokari (FIN), Mayer (USA); LR: Fluri (SUI), Malmqvist (SWE)
Treutle (58:29-59:55 out; Pielmeier n.e.) - Holzer, D. Seidenberg (C) - Y. Seidenberg, Mo. Müller - B. Krupp, J.
Müller - Mebus - Plachta, Hager, Eisenschmid - Michaelis, Noebels, F. Tiffels - L. Draisaitl, Ehliz, Kahun -
Krämmer, Wiederer, Höfflin - Pietta
T: 3:1 (48:40) Kahun (L. Draisaitl, Ehliz)
S: L. Draisaitl 2+10 (Disziplinarstrafe), F. Tiffels 2

1389'. - 13.05.2018 GER - FIN 3:2 (0:1, 2:0, 0:1, 1:0) OT
Herning, Jyske Bank Boxen; Z: 5.077; SR: Gouin (CAN), Hribik (CZE); LR: Fluri (SUI), Lazarev (RUS)
M. Niederberger (Pielmeier n.e.) - Holzer, D. Seidenberg (C) - Y. Seidenberg, Mo. Müller - B. Krupp, J. Müller -
Mebus - Plachta, Hager, Eisenschmid - Michaelis, Noebels, F. Tiffels - L. Draisaitl, Ehliz, Kahun - Krämmer,
Uvira, Höfflin - Pietta
T: 1:1 (25:56) F. Tiffels (Y. Seidenberg, Michaelis) - 2:1 (38:48) B. Krupp (Hager, Eisenschmid) / 3:2 (62:00)
Eisenschmid (Kahun)
S: Noebels 2, Plachta 2, F. Tiffels 2

1390'. - 15.05.2018 CAN - GER 3:0 (1:0, 1:0, 1:0)
Herning, Jyske Bank Boxen; Z: 6.200; SR: Gofman (RUS), Reneau (USA); LR: Fluri (SUI), Lazarev (RUS)
Treutle (M. Niederberger n.e.) - Holzer, D. Seidenberg (C) - Y. Seidenberg, Mo. Müller - B. Krupp, J. Müller - Mebus - L. Draisaitl, Ehliz, Kahun - Plachta, Hager, Eisenschmid - Michaelis, Noebels, F. Tiffels - Krämmer, Uvira, Höfflin - Pietta
S: Plachta 2, Uvira 2, Mo. Müller 2

2018/19

29. Deutschland-Cup 2018

Die deutsche Mannschaft belegte Platz 4.

1391'. - 08.11.2018 GER - RUS 3:4 (0:1, 3:1, 0:1, 0:1) OT
Krefeld, KönigPALAST; Z: 4.180; SR: Kopitz (GER), Schukies (GER); LR: Kowert (GER), Schelewski (GER)
M. Niederberger (Düsseldorfer EG; 60:22; Treutle (Thomas Sabo Ice Tigers) n.e.) - Boyle (EHC Red Bull München), Abeltshauser (EHC Red Bull München) - Reul (Adler Mannheim), Akdag (Adler Mannheim) - B. Krupp (Grizzlys Wolfsburg), Ebner (Düsseldorfer EG) - Sezemsky (Augsburger Panther) - S. Loibl (Straubing Tigers), Plachta (Adler Mannheim), D. Wolf (Adler Mannheim) - Pföderl (Thomas Sabo Ice Tigers), Pietta (Krefeld Pinguine), Noebels (Eisbären Berlin) - **Fabio Pfohl** (Kölner Haie), Mauer (EHC Red Bull München), **Lean Bergmann** (Iserlohn Roosters) - M. Kink (C - Adler Mannheim), Höfflin (Schwenninger Wild Wings), **Phil Hungerecker** (Adler Mannheim)
T: 1:1 (20:53) Pföderl (Plachta, Akdag) - 2:2 (28:05) Pföderl (D. Wolf, Plachta) - 3:2 (39:38) Mauer (---)
S: D. Wolf 4, B. Krupp 2

1392'. - 10.11.2018 GER - SUI 3:4 (1:2, 0:1, 2:0, 0:0, 0:1) OT und PS
Krefeld, KönigPALAST; Z: 6.113; SR: Bauer (GER), Hoppe (GER); LR: Cepik (GER), Klima (GER)
Aus den Birken (EHC Red Bull München; ab 49:00 Treutle; 58:55-59:19 out) - Reul, Akdag - Boyle, Abeltshauser - Zerressen (Kölner Haie), Ebner - Sezemsky - Pfohl, Mauer, Bergmann - Pföderl, Pietta, Noebels - S. Loibl, M. Kink (C), P. Hungerecker - Krämmer (Adler Mannheim), **Leonhard Niederberger** (Düsseldorfer EG), Höfflin
T: 1:0 (01:27) Pföderl (Pietta, P. Hungerecker) / 2:3 (51:32) Bergmann (Mauer, Ebner) - 3:3 (59:19) Noebels (Sezemsky, Ebner)
PS: 0:0 Pfohl (übers Tor) - 0:0 SUI (gehalten) - 0:0 Pietta (gehalten) - 0:1 SUI - 0:1 Bergmann (gehalten) - 0:2 SUI - 0:2 Mauer (gehalten)
S: Akdag 2, Boyle 2, Höfflin 2, Bergmann 2
Noebels schoss das 4000. Tor für die deutsche Auswahl.

1393'. - 11.11.2018 GER - SVK 0:2 (0:0, 0:0, 0:2)
Krefeld, KönigPALAST; Z: 4.295; SR: Hoppe (GER), Hunnius (GER); LR: Cepik (GER), Gerth (GER)
Treutle (58:44 out; M. Niederberger) - Zerressen, Mo. Müller (Kölner Haie - C) - Reul, Akdag - B. Krupp, Ebner - Sezemsky - Pfohl, Plachta, D. Wolf - S. Loibl, Bergmann, Noebels - Höfflin, Pföderl, P. Hungerecker - M. Kink, Krämmer, L. Niederberger
S: D. Wolf 2, P. Hungerecker 2, S. Loibl 2, Akdag 2

Neuer Bundestrainer Toni Söderholm (FIN)

1394'. - 05.02.2019 GER* - SUI 4:2 (2:0, 2:1, 0:1)
* Perspektivteam „Top-Team Peking" (in den Spielen 1394 - 1395)
Memmingen, Eissporthalle am Hühnerberg; Z: 2.550; SR: Kannengießer (GER), Rohatsch (GER); LR: Schwenk (GER), Wölzmüller (GER)
Hannibal Weitzmann (Kölner Haie; **Mirko Pantkowski** (Heilbronner Falken) n.e.) - **Dominik Tiffels** (Kölner Haie), F. Wagner (ERC Ingolstadt) - **Kai Wissmann** (Eisbären Berlin), J. Müller (Eisbären Berlin) - **Janik Möser** (Adler Mannheim), **John Rogl** (Augsburger Panther) - **Tobias Fohrler** (EVZ Academy), **Maximillian Adam** (Eisbären Berlin) - Eisenschmid (C - Adler Mannheim), S. Loibl, P. Hungerecker - F. Tiffels (Kölner Haie), Pfohl, Bergmann - **Lucas Dumont** (Kölner Haie), **Tim Brunnhauser** (Ravensburg Towerstars), **Justin Schütz** (Red Bull Hockey Juniors) - **Vincent Hessler** (Eisbären Berlin), **Charlie Jahnke** (Eisbären Berlin), **Marco Sternheimer** (Augsburger Panther)
T: 1:0 (01:20) Bergmann (Pfohl, F. Tiffels) - 2:0 (19:59) Sternheimer (Jahnke) / 3:1 (28:53) Pfohl (F. Tiffels, Fohrler) - 4:1 (38:41) Eisenschmid (Pfohl)
S: Fohrler 4, Rogl 2, Adam 2, Bergmann 2

1395'. - 06.02.2019 GER* - SUI 2:5 (1:0, 0:3, 1:2)
Bietigheim-Bissingen, EgeTrans Arena; Z: 3.020; SR: Hoppe (GER), Klein (GER); LR: Schusser (GER), Tschirner (GER)
Pantkowski (57:44-58:25 out; Weitzmann n.e.) - D. Tiffels, F. Wagner - Wissmann, J. Müller - Möser, Rogl - Fohrler, M. Adam - Eisenschmid (C), S. Loibl, P. Hungerecker - F. Tiffels, Pfohl, Bergmann - Dumont, Brunnhauser, J. Schütz - Hessler, Jahnke, Sternheimer
T: 1:0 (02:14) Bergmann (P. Hungerecker, S. Loibl) / 2:4 (57:07) F. Wagner (Dumont, Bergmann)
S: Adam 2, Pfohl 2, Bergmann 2, F. Tiffels 2, J. Müller 2, Eisenschmid 2, Brunnhuber 2

9. Euro Hockey Challenge 2019
Die deutsche Mannschaft belegte in der Division Zentrum den 2. Platz.

1396'. - 11.04.2019 GER - SVK 2:1 (0:1, 2:0, 0:0)
Kaufbeuren, erdgas schwaben arena; Z: 3.100; SR: Schütz (GER), Kannengießer (GER); LR: Schwenk (GER), Wölzmüller (GER)
M. Niederberger (Treutle n.e.) - Daschner (Straubing Tigers), Schopper (Straubing Tigers) - M. Nowak (Düsseldorfer EG), J. Müller - Bittner (Schwenninger Wild Wings), B. Krupp - Wissmann, F. Wagner - Pföderl, S. Loibl, Bergmann - Elsner (ERC Ingolstadt), Noebels, Höfflin - **Dominik Bokk** (Växjö Lakers), Michaelis (Minnesota State University), **Parker Tuomie** (Minnesota State University) - **Sven Ziegler** (Straubing Tigers), Fauser (C - Grizzlys Wolfsburg), **Tim Wohlgemuth** (ERC Ingolstadt) - **Marcel Kurth** (Schwenninger Wild Wings)
T: 1:1 (25:26) Daschner (Bokk, Pföderl) - 2:1 (38:47) Michaelis (Bokk, Tuomie)
S: Bergmann 2, Daschner 2, B. Krupp 2, S. Loibl 2

1397'. - 13.04.2019 GER - SVK 3:1 (2:0, 1:1, 0:0)
Garmisch-Partenkirchen, Olympia-Eissport-Zentrum; Z: 5.845; SR: Bauer (GER), Kohlmüller (GER); LR: Klima (GER), Tschirner (GER)
Treutle (Strahlmeier (Schwenninger Wild Wings) n.e.) - Daschner, Schopper - M. Nowak, J. Müller - Bittner, B. Krupp - Weber (Thomas Sabo Ice Tigers), F. Wagner - Pföderl, S. Loibl, Bergmann - Elsner, Noebels, Höfflin - Bokk, Michaelis, Tuomie - Ziegler, Fauser (C), Kurth - Wohlgemuth
T: 1:0 (14:00) Bergmann (Pföderl, J. Müller) - 2:0 (15:18) Tuomie (Michaelis, Bokk) / 3:1 (32:46) Noebels (Schopper, Daschner)
S: Schopper 2, B. Krupp 2, Bokk 2

1398'. - 17.04.2019 CZE - GER 5:4 (4:2, 0:1, 1:1)
Karlovy Vary, KV Arena; Z: 5.238; SR: Hribik (CZE), Pešina (CZE); LR: Hynek (CZE), Zika (CZE)
Strahlmeier (M. Niederberger n.e.) - Daschner, Schopper - M. Nowak, Weber - Bittner, B. Krupp - Wissmann, F. Wagner - Pföderl, Michaelis, Bergmann - Elsner, Noebels, Wohlgemuth - Book, S. Loibl, Tuomie - Kurth, Fauser (C), Höfflin - Ziegler
T: 2:1 (07:26) Bergmann (Pföderl) - 2:2 (09:31) Bergmann (Bokk, Michaelis) / 4:3 (24:45) M. Nowak (Bokk, S. Loibl) / 5:4 (56:12) Michaelis (Bokk)
S: Wissmann 2, Daschner 2, Schopper 2, Tuomie 2

1399'. - 18.04.2019 CZE - GER 5:4 (2:2, 0:0, 3:2)
Karlovy Vary, KV Arena; Z: 5.533; SR: Hribik (CZE), Pražák (CZE); LR: Lhotský (CZE), Ondráček (CZE)
Treutle (Strahlmeier n.e.) - Daschner, Schopper - M. Nowak, J. Müller - Bittner, B. Krupp - Weber, F. Wagner - Pföderl, Michaelis, Bergmann - Elsner, Noebels, Wohlgemuth - Book, S. Loibl, Tuomie - Ziegler, Fauser (C), Höfflin - Kurth
T: 0:1 (02:04) S. Loibl (Tuomie) - 0:2 (03:44) Bergmann (---) / 4:3 (46:24) J. Müller (Höfflin, M. Nowak) - 5:4 (59:51) Bergmann (Elsner)
S: Daschner 4, Bittner 2, Schopper 2

1400'. - 25.04.2019 GER - AUT 2:3 (1:0, 1:1, 0:2)
Regensburg, Donau-Arena; Z: 4.682; SR: Hoppe (GER), Schütz (GER); LR: Höfer (GER), Roth (GER)
M. Niederberger (58:34-59:52 out; Treutle n.e.) - Holzer (C - Annaheim Ducks), Mo. Müller - M. Nowak, J. Müller - Daschner, Schopper - Sezemsky, F. Wagner - Michaelis, L. Draisaitl (Edmonton Oilers), F. Tiffels - Bokk, Kahun (Chicago Blackhawks), Bergmann - Elsner, S. Loibl, Fauser - Pföderl, Wohlgemuth, Noebels
T: 1:0 (17:52) L. Draisaitl (Michaelis, F. Tiffels) / 2:0 (24:15) L. Draisaitl (F. Tiffels, J. Müller)
S: Elsner 4, Bokk 2

1401'. - 27.04.2019 GER - AUT 5:1 (0:0, 2:1, 3:0)
Deggendorf, Eisstadion*; Z: 2.790; SR: Haupt (GER), Kohlmüller (GER); LR: Schwenk (GER), Wölzmüller (GER)
* bisher Eissporthalle an der Trat
Strahlmeier (M. Niederberger n.e.) - Sezemsky, Schopper - Holzer, Mo. Müller (C) - Daschner, J. Müller - M. Nowak, F. Wagner - Michaelis, Kahun, Bergmann - Pföderl, L. Draisaitl, F. Tiffels - Bokk, Pfohl, S. Loibl - Elsner, Fauser, Noebels - Wohlgemuth
T: 1:1 (26:05) Pföderl (L. Draisaitl, Kahun) - 2:1 (30:40) L. Draisaitl (F. Tiffels, Mo. Müller) / 3:1 (47:18) L. Draisaitl (Bergmann, Elsner) - 4:1 (50:40) Bergmann (Kahun, Michaelis) - 5:1 (56:43) L. Draisaitl (Kahun, F. Tiffels)
S: Bergmann 4, J. Müller 2, Michaelis 2

1402'. - 07.05.2019 GER - USA 2:5 (2:1, 0:1, 0:3)
Mannheim, SAP Arena; Z: 13.000; SR: Piechazcek (GER), Schrader (GER); LR: Merten (GER), Hinterdobler (GER)
M. Niederberger (ab 32:04 Treutle, 56:34-57:20 out) - Holzer, Mo. Müller (C) - **Moritz Seidler** (Adler Mannheim), Y. Seidenberg (EHC Red Bull München) - M. Nowak, J. Müller - Reul, Schopper - Eisenschmid, L. Draisaitl, Plachta - Mauer, Kahun, F. Tiffels - Pföderl, Hager (EHC Red Bull München), Ehliz (EHC Red Bull München) - Bergmann, Pfohl, Noebels - Michaelis
T: 1:0 (10:13) Eisenschmid (Plachta, L. Draisaitl) - 2:1 (15:22) Kahun (Seider, Mauer)
S: Noebels 2, Hager 2

Seit der WM 2019 wird die Verlängerung im 3 gegen 3 gespielt.

---

83. Weltmeisterschaft 2019
Die deutsche Mannschaft belegte in ihrer Vorrundengruppe den 3. Platz und qualifizierte sich fürs Viertelfinale.

VORRUNDE - GRUPPE A

1403'. - 11.05.2019 GER - GBR 3:1 (0:0, 1:0, 2:1)
Košice, Steel Aréna; Z: 6.866; SR: Gouin (CAN), Hribik (CZE); LR: Malmquist (SWE), Nikulainen (FIN)
M. Niederberger (Treutle n.e.) - Holzer, Mo. Müller (C) - Seider, Y. Seidenberg - M. Nowak, Schopper - Reul - Plachta, L. Draisaitl, Eisenschmid - Mauer, Kahun, F. Tiffels - Ehliz, Hager, Pföderl - Fauser, Bergmann, Noebels
T: 1:0 (39:21) Seider (Y. Seidenberg) / 2:1 (50:39) Ehliz (Plachta) - 3:1 (52:03) L. Draisaitl (Plachta, Eisenschmid)
S: Holzer 2

1404'. - 12.05.2019 DEN - GER 1:2 (0:0, 0:2, 1:0)
Košice, Steel Aréna; Z: 5.605; SR: Nikolic (AUT), Romasko (RUS); LR: McCrank (CAN), Oliver (USA)
M. Niederberger (Treutle n.e.) - Holzer, Mo. Müller (C) - Seider, Y. Seidenberg - M. Nowak, Schopper - Reul - Plachta, L. Draisaitl, Eisenschmid - Mauer, Kahun, F. Tiffels - Ehliz, Hager, Pföderl - Fauser, Bergmann, Noebels
T: 0:1 (30:27) Plachta (L. Draisaitl, Eisenschmid) - 0:2 (39:49) F. Tiffels (Kahun, Mauer)
S: Schopper 4, Hager 2, Reul 2, Holzer 2, M. Nowak 2, Teamstrafe 2 (dafür Eisenschmid auf der Strafbank)

1405'. - 14.05.2019 GER - FRA 4:1 (1:0, 2:1, 1:0)
Košice, Steel Aréna; Z: 4.013; SR: Romasko (RUS), Sidorenko (BLR); LR: Lazarev (RUS), Shishlo (RUS)
Grubauer (Colorado Avalanche; ab 30:10 Treutle; M. Niederberger n.e.) - Holzer, Mo. Müller (C) - Seider, Y. Seidenberg - M. Nowak, J. Müller - Reul - Ehliz, Hager, Pföderl - L. Draisaitl, Kahun, F. Tiffels - Plachta, Eisenschmid, Michaelis - Mauer, Fauser, Noebels
T: 1:0 (17:07) Seider (Fauser, Hager) / 2:1 (33:55) Plachta (Eisenschmid, J. Müller) - 3:1 (37:54) L. Draisaitl (Kahun) / 4:1 (59:02) K. Holzer (---)
S: Hager 2, F. Tiffels 2, Eisenschmid 2, Holzer 2, Teamstrafe 2 (dafür Kahun auf der Strafbank)

1406'. - 15.05.2019 GER - SVK 3:2 (0:0, 1:2, 2:0)
Košice, Steel Aréna; Z: 7.440; SR: Fraňo (CZE), Sidorenko (BLR); LR: Ondráček (CZE), Shishlo (RUS)
M. Niederberger (57:15-57:35 + 57:40-58:00 out; Treutle n.e.) - Holzer, Mo. Müller (C) - Seider, Y. Seidenberg - M. Nowak, Schopper - J. Müller - Ehliz, Hager, Pföderl - L. Draisaitl, Kahun, F. Tiffels - Plachta, Eisenschmid, Michaelis - Fauser, Bergmann, Noebels - Mauer
T: 1:0 (23:54) Michaelis (Eisenschmid) / 2:2 (58:08) Eisenschmid (Y. Seidenberg, Kahun) - 3:2 (59:33) L. Draisaitl (F. Tiffels, Kahun)
S: Holzer 10 (Disziplinarstrafe), Schopper 2, Seider 2, Mo. Müller 2, Ehliz 2

1407'. - 18.05.2019 CAN - GER 8:1 (2:0, 2:1, 4:0)
Košice, Steel Aréna; Z: 6.510; SR: Gofman (RUS), Stano (SVK); LR: Kaderli (SUI), Leermakers (NED)
Treutle (M. Niederberger n.e.) - Holzer, Mo. Müller (C) - M. Nowak, Y. Seidenberg - Reul, J. Müller - Schopper - Ehliz, Hager, Pföderl - L. Draisaitl, Kahun, F. Tiffels - Plachta, Eisenschmid, Michaelis - Mauer, Fauser, Bergmann - Noebels
T: 3:1 (38:01) Ehliz (Eisenschmid, Y. Seidenberg)
S: Hager 2+10 (Disziplinarstrafe), M. Nowak 2, F. Tiffels 2, Teamstrafe 2 (dafür Bergmann auf der Strafbank)

1408'. - 19.05.2019 GER - USA 1:3 (1:1, 0:0, 0:2)
Košice, Steel Aréna; Z: 6.293; SR: Öhlund (SWE), Stano (SVK); LR: Sormunen (FIN), Vanoosten (CAN)
M. Niederberger (58:02 out; Treutle n.e.) - Holzer, Mo. Müller (C) - M. Nowak, Y. Seidenberg - Reul, Schopper - J. Müller - L. Draisaitl, Kahun, F. Tiffels - Mauer, Ehliz, Hager - Plachta, Eisenschmid, Michaelis - S. Loibl, Fauser, Bergmann - Noebels
T: 1:0 (11:55) F. Tifffels (L. Draisaitl)
S: Teamstrafe 2 (dafür Bergmann auf der Strafbank)

1409'. - 21.05.2019 FIN - GER 2:4 (1:1, 1:1, 0:2)
Košice, Steel Aréna; Z: 6.685; SR: Gofman (RUS), Reneau (USA); LR: Hancock (USA), Vanoosten (CAN)
Grubauer (Treutle n.e.) - Holzer, Mo. Müller (C) - M. Nowak, Y. Seidenberg - Reul, J. Müller - Schopper - L. Draisaitl, Ehliz, Hager - Plachta, Eisenschmid, Michaelis - Mauer, Kahun, F. Tiffels - S. Loibl, Fauser, Pföderl - Noebels
T: 1:1 (17:04) Michaelis (Plachta, Eisenschmidt) / 2:2 (33:13) Kahun (L. Draisaitl) / 2:3 (44:46) L. Draisaitl (Pföderl) - 2:4 (59:00) L. Draisaitl (---)
S: J. Müller 2, M. Nowak 2, Hager 2, Y. Seidenberg 2

VIERTELFINALE
1410'. - 23.05.2019 CZE - GER 5:1 (0:0, 1:1, 4:0)
Bratislava, Slovnaft Aréna; Z: 9.085; SR: Öhlund (SWE), Tufts (USA); LR: Golyak (BLR), Nikulainen (FIN)
Grubauer (56:26-59:50 out; Treutle n.e.) - Holzer, Mo. Müller (C) - Seider, Y. Seidenberg - M. Nowak, J. Müller - Reul - L. Draisaitl, Ehliz, Hager - Plachta, Eisenschmid, Michaelis - Mauer, Kahun, F. Tiffels - S. Loibl, Fauser, Pföderl - Noebels
T: 1:1 (37:46) Mauer (F. Tiffels)
S: Hager 4, M. Nowak 2

2019/20
30. Deutschland-Cup 2019
Die deutsche Mannschaft belegte Platz 2.

1411'. - 07.11.2019 GER - RUS 4:3 (1:2, 2:1, 1:0)
Krefeld, Yayla-Arena*; Z: 3.025; SR: Hoppe (GER), Piechaczeck (GER); LR: Hurtig (GER), Laguzov (GER)
* bis Ende 2018 KönigPALAST
M. Niederberger (Düsseldorfer EG; Treutle (Thomas Sabo Ice Tigers) n.e.) - Ebner (Düsseldorfer EG), M. Nowak (C - Düsseldorfer EG) - Sezemsky (Augsburger Panther), F. Wagner (ERC Ingolstadt) - J. Müller (Eisbären Berlin), **Mirko Sacher** (Schwenninger Wild Wings) - Brandt (Straubing Tigers), Bittner (Grizzlys Wolfsburg) - Noebels (Eisbären Berlin), Pietta (Krefeld Pinguine), **Daniel Fischbuch** (Thomas Sabo Ice Tigers) - F. Tiffels (Kölner Haie), M. Kammerer (Düsseldorfer EG), Kastner (EHC Red Bull München) - A. Eder (Thomas Sabo Ice Tigers), F. Schütz (IK Oskarshamn), Uvira (Kölner Haie) - **Maximilian Daubner** (EHC Red Bull München), Ziegler (Straubing Tigers), Brunnhuber (Straubing Tigers)
T: 1:1 (12:50) Pietta (Fischbuch, Noebels) / 2:2 (22:58) Sezemsky (Pietta, Fischbuch) - 3:2 (34:25) M. Kammerer (Kastner, F. Tiffels) / 4:3 (53:02) F. Schütz (Bittner, Brandt)
S: Fischbuch 2, J. Müller 2
Fischbuch war der 700. Spieler mit einem Einsatz in der deutschen Auswahl.

1412'. - 09.11.2019 GER - SUI 3:4 (1:0, 0:1, 2:2, 0:1) OT
Krefeld, Yayla-Arena; Z: 6.217; SR: Kohlmüller (GER), Westhaus (GER); LR: Jürgens (GER), Ponomarjow (GER)
Treutle (64:59; **Kevin Reich** (EHC Red Bull München) n.e.) - M. Nowak (C), Ebner - F. Wagner, Sezemsky - J. Müller, **Colin Ugbekile** (Kölner Haie) - Brandt, Bittner - Fischbuch, Pietta, Noebels - F. Tiffels, M. Kammerer, Kastner - Dumont (Kölner Haie), F. Schütz, Oblinger (Kölner Haie) - Wohlgemuth (ERC Ingolstadt), Daubner, A. Eder
T: 1:0 (03:51) F. Tiffels (Kastner, M. Kammerer) / 2:2 (47:22) Pietta (Fischbuch, Noebels) - 3:2 (50:13) Fischbuch (M. Nowak, Pietta)
S: M. Nowak 4, Sezemsky 2

1413'. - 10.11.2019 GER - SVK 2:3 (1:0, 1:1, 0:1, 0:1) OT
Krefeld, Yayla-Arena; Z: 4.633; SR: Piechaczeck (GER), Westhaus (GER); LR: Merten (GER), Ponomarjow (GER)
M. Niederberger (58:17-60:00 + 62:08 out; Reich n.e.) - Ebner, M. Nowak (C) - Brandt, F. Wagner - J. Müller, Bittner - Ugbekile - F. Tiffels, F. Schütz, M. Kammerer - Fischbuch, Pietta, Noebels - A. Eder, Oblinger, Dumont - Wohlgemuth, Ziegler, Brunnhuber
T: 1:0 (06:25) A. Eder (J. Müller) / 2:0 (28:35) A. Eder (M. Nowak, Ugbekile)
S: keine Strafen

1414'. - 06.02.2020 SUI - GER* 4:2 (0:1, 2:0, 2:1)
* Perspektivteam „Top-Team Peking" (in den Spielen 1414 - 1415)
Herisau, Sportzentrum; Z: 2.252; SR: Hebeisen (SUI), Salonen (FIN); LR: Schlegel (SUI), Fuchs (SUI)
Pantkowski (Heilbronner Falken; 58:11-58:41 out; **Daniel Fießinger** (EHC Red Bull München) n.e.) - Ugbekile, Fohrler (HC Ambri-Piotta) - Rogl (Augsburger Panther), Wissmann (Eisbären Berlin) - **Johannes Huß** (Düsseldorfer EG), **Leon Hüttl** (Löwen Frankfurt) - **Erik Buschmann** (Iserlohn Roosters) - M. Kammerer, A. Eder (C), Dumont - L. Niederberger (Düsseldorfer EG), Brunnhuber, Wohlgemuth - Mayenschein (Augsburger Panther), Sternheimer (Augsburger Panther) - **Samuel Soramies** (Heilbronner Falken), Jahnke (Düsseldorfer EG), **Sebastian Streu** (Eisbären Berlin)
T: 0:1 (17:49) Dumont (---) / 3:2 (46:48) Streu (Jahnke)
S: Wissmann 4, A. Eder 2

1415'. - 07.02.2020 SUI - GER* 2:1 (1:1, 0:0, 0:0, 0:0, 1:0) OT und PS
Olten, Kunsteisbahn Kleinholz; Z: 3.512; SR: Wiegand (SUI), Salonen (FIN); LR: Obwegeser (SUI), Progin (SUI)
Fießinger (Pantkowski n.e.) - Ugbekile, Fohrler - Rogl, Wissmann - Huß, Hüttl - Buschmann - M. Kammerer, A. Eder (C), Dumont - L. Niederberger, Brunnhuber, Wohlgemuth - Mayenschein, Daubner, Sternheimer - Soramies, Jahnke, S. Streu
T: 0:1 (15:42) A. Eder (Ugbekile)
PS: 0:0 Brunnhuber (vergeben) - 0:0 SUI (vergeben) - 0:1 A. Eder - 0:1 SUI (vergeben) - 0:1 M. Kammerer (vergeben) - 1:1 SUI - 1:1 Dumont (vergeben) - 2:1 SUI - 2:2 Wohlgemuth - 3:2 SUI
S: Huß 2, Fohrler 2

Sowohl die Euro Hockey Challenge als auch die Weltmeisterschaft in der Schweiz mussten wegen der Corona-Pandemie abgesagt werden.

2020/21

> Alle Spiele der Saison (mit Ausnahme des Spiels 1432) fanden wegen der Corona-Pandemie unter Ausschluss von Zuschauern statt.

31. Deutschland-Cup 2020

Bundestrainer Söderholm war bei den Spielen des Deutschlandcups in Corona-Quarantäne und wurde durch Thomas Popiesch und Steffen Ziesche vertreten. Trainer des „Top Team Peking" war Tobias Abstreiter.

Die deutsche Mannschaft belegte nach der Vorrunde Platz 1. Das Perspektivteam „Top Team Peking" wurde Vorrundendritter und verpasste das Finale.

VORRUNDE

1416'. - 05.11.2020 GER - TTP* 7:2 (4:1, 1:0, 2:1)

* Da mehrere Verbände wegen der Corona-Pandemie abgesagt hatten, nahm das „Top Team Peking" am Turnier teil. Das Spiel wird vom DEB für die Spieler beider Mannschaften als offizielles Länderspiel gewertet.

Krefeld, Yayla-Arena; Z: ---; SR: Kopitz (GER), Schrader (GER); LR: Jürgens (GER), Laguzov (GER)

GER: Brückmann (Adler Mannheim; ab 32:22 M. Niederberger (Eisbären Berlin)) - Holzer (Avtomobilist Yekaterinburg), F. Wagner (ERC Ingolstadt) - Y. Seidenberg (EHC Red Bull München), **Leon Gawanke** (Eisbären Berlin - ausg.**) - Mo. Müller (C - Kölner Haie), Ugbekile (Kölner Haie) - Brandt (Straubing Tigers), M. Nowak (Düsseldorfer EG) - Noebels (Eisbären Berlin), Plachta (Adler Mannheim), Ehliz (EHC Red Bull München) - Michaelis (Adler Mannheim - ausg.), Bergmann (Adler Mannheim - ausg.), Eisenschmid (Adler Mannheim) - Fischbuch (Düsseldorfer EG), F. Tiffels (Kölner Haie), Kastner (EHC Red Bull München) - A. Eder (Straubing Tigers), M. Kammerer (Düsseldorfer EG), Tuomie (Eisbären Berlin)

TTP: **Tobias Ancicka** (Eisbären Berlin; ab 40:01 **Hendrik Hane** (Düsseldorfer EG)) - Rogl (Augsburger Panther), **Nicolas Appendino** (EHC Red Bull München) - **Niklas Länger** (Augsburger Panther), **Steven Raabe** (EC Hannover Indians - ausg.) - Buschmann (Iserlohn Roosters), Wissmann (C - Eisbären Berlin) - **Luca Münzenberger** (Kölner Junghaie), **Simon Gnyp** (EC Bad Nauheim - ausg.) - Dumont (Kölner Haie), Wohlgemuth (ERC Ingolstadt), Soramies (ERC Ingolstadt) - Daubner (EHC Red Bull München), Brunnhuber (Straubing Tigers), **Filip Reisnecker** (Fischtown Pinguins Bremerhaven) - **Haakon Hänelt** (Eisbären Berlin), **Taro Jentzsch** (Iserlohn Roosters), **Lukas Reichel** (Eisbären Berlin) - **Jan Nijenhuis** (EC Hannover Indians - ausg.), **Nino Kinder** (Eisbären Berlin), **Florian Elias** (Heilbronner Falken - ausg.)

T: 0:1 (02:51) Kinder (---) - 1:1 (08:03) Ehliz (Eisenschmid, Plachta) - 2:1 (11:10) Michaelis (Eisenschmid) - 3:1 (14:14) Brandt (Bergmann, Michaelis) - 4:1 (17:57) Ugbekile (Brandt, Eisenschmid) / 5:1 (32:34) Noebels (Fischbuch, Gawanke) / 6:1 (48:07) Brandt (F. Tiffels, M. Nowak) - 7:1 (49:55) Eisenschmid (Michaelis) - 7:2 (57:04) Hänelt (L. Reichel, Buschmann)

S - GER: Bergmann 2, Noebels 2, Brandt 2 --- **TTP:** Buschmann 2, Rogl 2, Nijenhuis 2, Reisnecker 2

** Wegen der Corona-Pandemie gab es in etlichen Ligen keinen oder verspätet beginnenden Spielbetrieb, daher wurden einige Spieler an andere Vereine ausgeliehen. Die ausleihenden Vereine sind hier genannt.

1417'. - 06.11.2020 LAT - DEB* 4:2 (1:0, 2:2, 1:0)

* Perspektivteam „Top-Team Peking"

Krefeld, Yayla-Arena; Z: ---; SR: Rantala (FIN), Schukies (GER); LR: Kowert (GER), Priebsch (GER)

Hane (58:00-59:23 + 59:33 -60:00 out; Fießinger (EHC Red Bull München) n.e.) - Buschmann, Wissmann (C) - Rogl, Appendino - Länger, Raabe - Münzenberger, Gnyp - Daubner, Brunnhuber, Reisnecker - Dumont, Wohlgemuth, Soramies - L. Reichel, Jentzsch, Hänelt - Nijenhuis, Kinder, Elias

T: 1:1 (25:17) Reisnecker (Elias, Brunnhuber) - 1:2 (35:03) Gnyp (Hane)

S: Länger 2, Gnyp 2, Brunnhuber 2

1418'. - 07.11.2020 GER - LAT 2:0 (0:0, 0:0, 2:0)

Krefeld, Yayla-Arena; Z: ---; SR: Bruggeman (GER), Iwert (GER); LR: Gerth (GER), Merten (GER)

Brückmann (Fießinger n.e.) - F. Wagner, Holzer - Y. Seidenberg, Gawanke - Mo. Müller (C), Ugbekile - Brandt, M. Nowak - Ehliz, Noebels, Plachta - Eisenschmid, Michaelis, Bergmann - F. Tiffels, Kastner, L. Reichel - Tuomie, A. Eder, M. Kammerer

T: 1:0 (54:24) Noebels (Mo. Müller, Ehliz) - 2:0 (58:27) Plachta (---)

S: Noebels 2, Michaelis 2, Bergmann 2, Eisenschmid 2

FINALE

1419'. - 08.11.2020 GER - LAT 2:3 (1:2, 0:0, 1:0, 0:1) OT

Krefeld, Yayla-Arena; Z: ---; SR: Hunnius (GER), Kohlmüller (GER); LR: Cepik (GER), Hurtik (GER)

M. Niederberger (64:01; Brückmann n.e.) - Y. Seidenberg, Holzer - Mo. Müller (C), Gawanke - Ugbekile, M. Nowak - F. Wagner, Eisenschmid, Michaelis, Bergmann - Ehliz, Noebels, Plachta - F. Tiffels, Kastner, Tuomie - Wohlgemuth, A. Eder, M. Kammerer

T: 1:0 (09:57) A. Eder (Wohlgemuth) / 2:2 (46:12) Michaelis (Gawanke, Plachta)

S: Noebels 2, Eisenschmid 2, M. Kammerer 2, Tuomie 2, Michaelis 2

Die geplanten Länderspiele in Füssen gegen die Schweiz am 10. und 11.02.2021 mussten wegen der Corona-Pandemie abgesagt werden.

10. Euro Hockey Challenge 2021
Die deutsche Mannschaft belegte in der Division Zentrum den 3. Platz.

1420'. - 24.04.2021 SVK - GER 4:3 (0:2, 2:1, 1:0, 0:0, 1:0) OT und PS
Piešťany, Easton Aréna*; Z: ---; SR: Snášel (SVK), Orolin (SVK); LR: Stanzel (SVK), Šoltés (SVK)
* früher Zimný štadión
Treutle (Nürnberg Ice Tigers, Pantkowski (Düsseldorfer EG) n.e.*) - Ugbekile, M. Nowak (C) - Ebner (Düsseldorfer EG), Sezemsky (Augsburger Panther) - **Julius Karrer** (Nürnberg Ice Tigers), Mebus (Nürnberg Ice Tigers) - Rogl, Huß (Schwenninger Wild Wings) - Schmölz (Nürnberg Ice Tigers), L. Braun (Krefeld Pinguine), Fischbuch - M. Kammerer, **Tobias Eder** (Düsseldorfer EG), Uvira (Kölner Haie) - **Alexander Ehl** (Düsseldorfer EG), Dumont, **Daniel Pfaffengut** (Schwenninger Wild Wings) - **Boaz Bassen** (Schwenninger Wild Wings), **Maximilian Eisenmenger** (Augsburger Panther), Sternheimer (Augsburger Panther) - **Alexander Blank** (Krefeld Pinguine)
* auf dem offiz. Spielbericht kein ETW aufgeführt
T: 0:1 (05:53) Schmölz (L. Braun, Fischbuch) - 0:2 (09:06) L. Braun (Fischbuch) / 1:3 (28:02) Ehl (T. Eder, Dumont)
PS: 1:0 SVK, 1:0 L. Braun (vergeben), 1:0 SVK (vergeben), 1:1 Fischbuch, 2:1 SVK, 2:1 Sezemsky (vergeben); 3:1 SVK, T. Eder (vergeben)
S: Pfaffengut 4, Rogl 2, Uvira 2, Schmölz 2, Sezemsky 2, Ehl 2, Teamstrafe 2 (dafür Ehl auf der Strafbank)

1421'. - 25.04.2021 SVK - GER 2:1 (0:0, 1:1, 1:0)
Piešťany, Easton Aréna; Z: ---; SR: Snášel (SVK), Orolin (SVK); LR: Stanzel (SVK), Šoltés (SVK)
Pantkowski (ab 29:05 Hane; 58:22 out) - Ugbekile, M. Nowak (C) - Ebner, Sezemsky - Karrer, Mebus - Rogl, Huß - Schmölz, L. Braun, Fischbuch - Ehl, T. Eder, Dumont - Uvira, A. Blank, Pfaffengut - Bassen, Eisenmenger, M. Kammerer - Sternheimer
T: 1:1 (38:05) Schmölz (Fischbuch, Ugbekile)
S: Mebus 2, Dumont 2, Ehl 2, M. Kammerer 2, T. Eder 2, Teamstrafe 2

1422'. - 29.04.2021 GER - CZE 1:4 (0:0, 1:2, 0:2)
Nürnberg, Arena Nürnberger Versicherung; Z: ---; SR: Schadewaldt (GER), Klein (GER); LR: Höfer (GER), Laguzov (GER)
Treutle (58:13 - 58:32 / 58:36 - 59:06 out; Jenike (Iserlohn Roosters) n.e.) - Brandt, Holzer - Mo. Müller (C), Sezemsky - Ugbekile, M. Nowak - Rogl, Mebus - F. Tiffels, J. Schütz (EHC Red Bull München), Fischbuch - Schmölz, A. Eder, **John Jason „JJ" Peterka** (EHC Red Bull München) - Uvira, L. Braun, Dumont - Ehl, T. Eder, Pfaffengut
T: 1:2 (37:46) Sezemsky (A. Eder, Fischbuch)
S: Schmölz 2, Ugbekile 2, Pfaffengut 2

1423'. - 01.05.2021 GER - CZE 4:5 (2:1, 1:1, 1:3)
Nürnberg, Arena Nürnberger Versicherung; Z: ---; SR: Hinterdobler (GER), Steingroß (GER); LR: Heffner (GER), Schwenk (GER)
Jenike (58:22 out; Pantkowski n.e.) - Mo. Müller (C), Sezemsky - Brandt, Holzer - Ugbekile, M. Nowak - Rogl, Mebus - Schmölz, A. Eder, Peterka - F. Tiffels, J. Schütz, Fischbuch - Uvira, L. Braun, Dumont - Ehl, T. Eder, Pfaffengut
T: 1:0 (15:40) Peterka (Schmölz, A. Eder) - 2:0 (19:28) F. Tiffels (J. Schütz) / 3:1 (21:45) Peterka (L. Braun, Brandt) / 4:3 (48:12) Ehl (Rogl, Mebus)
S: Ugbekile 4, Schmölz 2, L. Braun 2, Mo. Müller 2, Uvira 2, Dumont 2, J. Schütz 2

1424'. - 07.05.2021 GER - BLR 1:4 (0:2, 1:0, 0:2)
Nürnberg, Arena Nürnberger Versicherung; Z: ---; SR: Schadewaldt (GER), Schütz (GER); LR: Blankart (GER), Schwenk (GER)
Brückmann (57:27-59:35 out; Treutle n.e.) - Rogl, Mebus - M. Nowak, F. Wagner - Sezemsky, Mo. Müller (C) - Holzer, Brandt - Uvira, Kastner, Krämmer (Adler Mannheim) - Peterka, Wohlgemuth, Schmölz - Fischbuch, J. Schütz, F. Tiffels - Plachta, S. Loibl (Adler Mannheim), Eisenschmid
T: 1:2 (37:31) Schmölz (Plachta, Sezemsky)
S: Kastner 4, M. Nowak 2, Uvira 2

1425'. - 08.05.2021 GER - BLR 2:0 (1:0, 0:0, 1:0)
Nürnberg, Arena Nürnberger Versicherung; Z: ---; SR: Hoppe (GER), Hunnius (GER); LR: Hofer (GER), Hurtik (GER)
Brückmann (Jenike n.e.) - Rogl, Mebus - M. Nowak, Ugbekile - Sezemsky, Mo. Müller (C) - Holzer, F. Wagner - Uvira, A. Eder, Wohlgemuth - F. Tiffels, Kastner, J. Schütz - Fischbuch, Krämmer, Peterka - Plachta, S. Loibl, Eisenschmid
T: 1:0 (05:29) Eisenschmid (Plachta, Rogl) / 2:0 (42:12) J. Schütz (A. Eder, Kastner)
S: Plachta 2, Krämmer 2, F. Tiffels 2, F. Wagner 2, Wohlgemuth 2

84. Weltmeisterschaft 2021

Die deutsche Mannschaft belegte in ihrer Vorrundengruppe den 3. Platz und qualifizierte sich fürs Viertelfinale. Am Ende belegte das Team den 4. Platz.

VORRUNDE - GRUPPE B

1426'. - 21.05.2021 GER - ITA 9:4 (2:2, 5:0, 2:2)
Rīga, Arēna; Z: ---; SR: Bruggeman (USA), Fraňo (CZE); LR: McCrank (CAN), Oliver (USA)
Brückmann (M. Niederberger n.e.) - Mo. Müller (C), Seider (Rögle BK) - Brandt, Holzer - F. Wagner, M. Nowak - J. Müller (Eisbären Berlin), Gawanke (Manitoba Moose) - T. Kühnhackl (Bridgeport Sound Tigers), Krämmer, Rieder (Buffalo Sabres) - L. Reichel, Noebels, Pföderl (Eisbären Berlin) - Plachta, S. Loibl, Eisenschmid - Bergmann (San Jose Barracuda), Kastner, F. Tiffels
T: 1:0 (15:56) T. Kühnhackl (Krämmer) - 2:2 (18:44) Mo. Müller (Eisenschmid, S. Loibl) / 3:2 (24:23) Rieder (T. Kühnhackl, Krämmer) - 4:2 (27:47) F. Tiffels (Eisenschmid, Plachta) - 5:2 (35:13) Noebels (J. Müller, Pföderl) - 6:2 (37:52) L. Reichel (Seider) - 7:2 (38:35) Noebels (Pföderl, L. Reichel) / 8:2 (42:52) Plachta (F. Tiffels, Holzer) - 9:4 (48:41) Pföderl (Noebels, L. Reichel)
S: J. Müller 5+20 (Spieldauer), Eisenschmid 2, Brandt 2

1427'. - 22.05.2021 NOR - GER 1:5 (0:1, 1:3, 0:1)
Rīga, Arēna; Z: ---; SR: Bruggeman (USA), Gouin (CAN); LR: Constantineau (FRA), McCrank (CAN)
M. Niederberger (Brückmann n.e.) - Mo. Müller (C), Seider - Brandt, Holzer - F. Wagner, M. Nowak - J. Müller, Gawanke - T. Kühnhackl, Krämmer, Rieder - L. Reichel, Noebels, Pföderl - Plachta, S. Loibl, Eisenschmid - Bergmann, Kastner, F. Tiffels
T: 0:1 (19:44) Plachta (Mo. Müller, Seider) / 0:2 (23:19) Gawanke (Brandt, Noebels) - 0:3 (26:04) Pföderl (L. Reichel, Noebels) - 0:4 (30:35) L. Reichel (---) / 1:5 (44:41) Bergmann (M. Nowak, Krämmer)
S: Mo. Müller 2, Noebels 2

1428'. - 24.05.2021 GER - CAN 3:1 (2:1, 0:0, 1:0)
Rīga, Arēna; Z: ---; SR: Gofman (RUS), Romasko (RUS); LR: Golyak (BLR), Lazarev (RUS)
M. Niederberger (Brückmann n.e.) - Mo. Müller (C), Seider - Holzer, Brandt - F. Wagner, M. Nowak - J. Müller, Gawanke - T. Kühnhackl, Krämmer, Rieder - L. Reichel, Noebels, Pföderl - Plachta, S. Loibl, Eisenschmid - Bergmann, Kastner, F. Tiffels
T: 1:0 (10:46) S. Loibl (T. Kühnhackl, Rieder) - 2:0 (11:24) Plachta (Eisenschmid) / 3:1 (57:59) Holzer (Plachta, Noebels)
S: Holzer 2+2+2+10 (Disziplinarstrafe), Seider 4, Mo. Müller 2, Rieder 2, Eisenschmid 2, Kastner 2

1429'. - 26.05.2021 KAZ - GER 3:2 (0:0, 1:2, 2:0)
Rīga, Arēna; Z: ---; SR: Ansons (LAT), Heikkinen (FIN); LR: Sormunen (FIN), Zunde (LAT)
M. Niederberger (58:04 out; Brückmann n.e.) - Mo. Müller (C), Seider - Holzer, Brandt - F. Wagner, M. Nowak - J. Müller, Gawanke - T. Kühnhackl, Krämmer, Rieder - L. Reichel, Noebels, Pföderl - Plachta, S. Loibl, Eisenschmid - Bergmann, Kastner, F. Tiffels
T: 1:1 (29:38) T. Kühnhackl (Rieder, Holzer) - 1:2 (34:07) Eisenschmid (S. Loibl, Seider)
S: Holzer 2

1430'. - 29.05.2021 GER - FIN 1:2 (0:1, 1:0, 0:1)
Rīga, Arēna; Z: ---; SR: Fraňo (CZE), Šír (CZE); LR: Ondráček (CZE), Synek (SVK)
M. Niederberger (58:08 out; Treutle n.e.) - Mo. Müller (C), Seider - Holzer, J. Müller - F. Wagner, M. Nowak - Gawanke - T. Kühnhackl, Krämmer, Rieder - Peterka, Noebels, Pföderl - Plachta, S. Loibl, Eisenschmid - Kastner, Fischbuch, F. Tiffels - A. Eder
T: 1:1 (27:58) Holzer (S. Loibl, Plachta)
S: Seider 2, Plachta 2, Mo. Müller 2

1431'. - 31.05.2021 USA - GER 2:0 (0:0, 1:0, 1:0)

Rīga, Arēna; Z: ---; SR: Björk (SWE), Frandsen (DEN); LR: Krøyer (DEN), Yletyinen (SWE)
Brückmann (58:13-59:33 out; Treutle n.e.) - Mo. Müller (C), Seider - Holzer, J. Müller - F. Wagner, M. Nowak - Bittner (Grizzly Wolfsburg), Gawanke - T. Kühnhackl, Krämmer, Rieder - L. Reichel, Noebels, Pföderl - Plachta, Eisenschmid, Kahun (Edmonton Oilers) - Kastner, S. Loibl, Peterka
S: J. Müller 4, Krämmer 2, Holzer 2

1432'. - 01.06.2021 GER - LAT 2:1 (2:0, 0:1, 0:0)

Rīga, Arēna; Z: 934*; SR: Heikkinen (FIN), Vikman (FIN); LR: Nikulainen (FIN), Sormunen (FIN)
* Ab 01.06. wurde eine begrenzte Anzahl geimpfter oder von Corona genesener Zuschauer zu den WM-Spielen zugelassen. Außer am 01.06. wurden keine Zuschauerzahlen bekanntgegeben.
M. Niederberger (Brückmann n.e.) - Mo. Müller (C), Seider - Holzer, J. Müller - F. Wagner, M. Nowak - Gawanke - T. Kühnhackl, Krämmer, Rieder - L. Reichel, Noebels, Pföderl - Plachta, Eisenschmid, Kahun - Kastner, S. Loibl, Peterka - Bergmann
T: 1:0 (03:16) Peterka (Seider) - 2:0 (06:40) Noebels (Pföderl, L. Reichel)
S: Pföderl 2, J. Müller 2, Peterka 2, Teamstrafe 2 (dafür L. Reichel auf der Strafbank)
Plachta absolvierte als siebenundachtzigster Spieler sein 100. Länderspiel.

VIERTELFINALE

1433'. - 03.06.2021 SUI - GER 2:3 (1:0, 1:1, 0:1, 0:0, 0:1) OT und PS*

* Bei KO-Spielen (mit Ausnahme von Endspielen) dauert die Overtime maximal 10 Minuten.
Rīga, Olimpiskais sporta centrs; Z: ---; SR: Ansons (LAT), Romasko (RUS); LR: Lazarev (RUS), Shalagin (RUS)
M. Niederberger (58:35-59:16 out; Brückmann n.e.) - Mo. Müller (C), Seider - Holzer, J. Müller - F. Wagner, M. Nowak - Gawanke - L. Reichel, Noebels, Pföderl - Plachta, Eisenschmid, Kahun - T. Kühnhackl, S. Loibl, Rieder - Kastner, Krämmer, Peterka - Bergmann
T: 2:1 (37:23) T. Kühnhackl (Rieder, M. Nowak) / 2:2 (59:16) Gawanke (Kahun, Noebels) / 2:3 (70:00) Noebels (GWS)
PS: 0:0 SUI (gehalten) - 0:0 Plachta (links vorbei) - 0:0 SUI (gehalten) - 0:0 Krämmer (übers Tor) - 1:0 SUI - 1:1 Kahun - 1:1 SUI (gehalten) - 1:1 L. Reichel (gehalten) - 1:1 SUI (gehalten) - 1:2 Noebels (GWS)
S: Plachta 2+10 (Disziplinarstrafe), T. Kühnhackl 2

HALBFINALE

1434'. - 05.06.2021 FIN - GER 2:1 (2:0, 0:1, 0:0)

Rīga, Arēna; Z: ---; SR: Björk (SWE), Nord (SWE); LR: Hynek (CZE), Ondráček (CZE)
M. Niederberger (58:12 out; Brückmann n.e.) - Mo. Müller (C), Seider - Holzer, J. Müller - F. Wagner, M. Nowak - Gawanke - L. Reichel, Noebels, Pföderl - Plachta, Eisenschmid, Kahun - T. Kühnhackl, S. Loibl, Rieder - Kastner, Krämmer, Peterka - F. Tiffels
T: 2:1 (31:03) Plachta (Seider, Kahun)
S: J. Müller 2, Holzer 2, Eisenschmid 2

SPIEL UM PLATZ 3

1435'. - 06.06.2021 USA - GER 6:1 (1:0, 4:0 1:1)

Rīga, Arēna; Z: ---; SR: Heikkinen (FIN), Vikman (FIN); LR: Nikulainen (FIN), Sormunen (FIN)
Brückmann (M. Niederberger n.e.) - Mo. Müller (C), Seider - Holzer, J. Müller - F. Wagner, M. Nowak - Bittner, Gawanke - L. Reichel, Noebels, Pföderl - Plachta, Eisenschmid, Kahun - T. Kühnhackl, S. Loibl, Rieder - Kastner, Krämmer, Peterka
T: 5:1 (49:28) Bittner (Plachta, Kahun)
S: Holzer 4, Eisenschmid 4, Plachta 2, Krämmer 2, Kastner 2

2021/22

32. Deutschland-Cup 2021

Die deutsche Mannschaft belegte Platz 1.

1436'. - 11.11.2021 GER - RUS 4:3 (2:2, 1:0, 1:1)
Krefeld, Yayla-Arena; Z: 1.560; SR: MacFarlane (USA), Reneau (USA); LR: Synek (SVK), Zunde (LAT)
Jenike (Iserlohn Roosters; Strahlmeier (Grizzlys Wolfsburg) n.e.) - M. Nowak (C - Düsseldorfer EG), F. Wagner (ERC Ingolstadt) - Bittner (Grizzlys Wolfsburg), J. Müller (Eisbären Berlin) - Abeltshauser (EHC Red Bull München), Fohrler (HC Ambri-Piotta) - Huß (Schwenninger Wild Wings), Ankert (Iserlohn Roosters) - Pföderl (Eisbären Berlin), Pietta (ERC Ingolstadt), Noebels (Eisbären Berlin) - Rieder (Växjö Lakers), Ehliz (EHC Red Bull München), Hager (EHC Red Bull München) - S. Loibl (Skellefteå AIK), Bergmann (Adler Mannheim), Wohlgemuth (Adler Mannheim) - Dumont (Kölner Haie), Wiederer (Eisbären Berlin), Fischbuch (Düsseldorfer EG)
T: 1:2 (09:05) Bergmann (---) - 2:2 (12:52) Ehliz (F. Wagner, Hager) / 3:2 (27:29) Pföderl (Pietta, Ankert) / 4:2 (41:39) Rieder (Pföderl, Noebels)
S: M. Nowak 2, Ehliz 2, Hager 2, Fohrler 2

1437'. - 13.11.2021 GER - SUI 3:0 (0:0, 1:0, 2:0)
Krefeld, Yayla-Arena; Z: 2.678; SR: Ansons (LAT), Schrader (GER); LR: Hancock II (USA), Synek (SVK)
Strahlmeier (Jenike n.e.) - M. Nowak (C), F. Wagner - J. Müller, Ankert - Abeltshauser, Fohrler - Bittner, Wissmann (Eisbären Berlin) - S. Loibl, Pföderl, Noebels - Rieder, Ehliz, Hager - Bergmann, Wiederer, Fischbuch - Jentzsch (Iserlohn Rooster), Uvira (Kölner Haie), Ehl (Düsseldorfer EG)
T: 1:0 (27:13) Rieder (Noebels, S. Loibl) / 2:0 (58:11) Pföderl (Noebels, S. Loibl) - 3:0 (59:23) Hager (Ehliz)
S: Pföderl 2, J. Müller 2, Bergmann 2, Teamstrafe 2 (dafür Uvira auf der Strafbank)

1438'. - 14.11.2021 GER - SVK 4:1 (2:0, 1:1, 1:0)
Krefeld, Yayla-Arena; Z: 2.309; SR: Ansons (LAT), Reneau (USA); LR: Hancock II (USA), Merten (GER)
Strahmeier (Hane (Düsseldorfer EG) n.e.) - M. Nowak (C), F. Wagner - J. Müller, Wissmann - Abeltshauser, Fohrler - Bittner, Huß - Rieder, Pföderl, Noebels - S. Loibl, Bergmann, Fischbuch - Dumont, Uvira, Wiederer - Jentzsch, Ehl, T. Eder (Düsseldorfer EG)
T: 1:0 (00:14) Pföderl (Noebels, Rieder) - 2:0 (05:38) Rieder (Noebels) / 3:1 (38:43) Bittner (T. Eder) / 4:1 (55:31) Rieder (---)
S: Fohrler 2, Dumont 2

24. Olympische Winterspiele 2022 - Eishockeyturnier

Die deutsche Mannschaft belegte in ihrer Vorrundengruppe den 3. Platz und erreichte damit die Viertelfinal-Qualifikation.

VORRUNDE - GRUPPE A

1439'. - 10.02.2022 CAN - GER 5:1 (3:0, 1:1, 1:0)
Beijing, Wukesong Sports Centre; Z: 685; SR: Björk (SWE), Bruggemann (USA); LR: Hynek (CZE), Lazarev (RUS)
M. Niederberger (Eisbären Berlin); Brückmann (Adler Mannheim) n.e.) - M. Nowak, Mo. Müller (C - Kölner Haie) - Holzer (Adler Mannheim), F. Wagner - Abeltshauser, J. Müller - Brandt (Straubing Tigers) - T. Kühnhackl (Skellefteå AIK), Ehliz, Hager - S. Loibl, Kahun (SC Bern), F. Tiffels (EHC Red Bull München) - Rieder, Pföderl, Noebels - Plachta (Adler Mannheim), Bergmann, Pietta - D. Wolf (Adler Mannheim)
T: 3:1 (30:45) Rieder (Pföderl)
S: Ehliz 2, Abelshauser 2

1440'. - 12.02.2022 GER - CHN 3:2 (2:0, 1:1, 0:1)
Beijing, National Indoor Stadium; Z: 804; SR: Reneau (USA), Sidorenko (BLR); LR: Oliver (USA), Ondráček (CZE)
M. Niederberger (Aus den Birken (EHC Red Bull München) n.e.) - M. Nowak, Mo. Müller (C) - Holzer, F. Wagner - Abeltshauser, J. Müller - Bittner - T. Kühnhackl, Ehliz, Hager - S. Loibl, Kahun, F. Tiffels - Rieder, Pföderl, Noebels - Plachta, Pietta, D. Wolf - Krämmer (Adler Mannheim)
T: 1:0 (13:33) Brandt (---) - 2:0 (16:24) Holzer (Kahun) / 3:0 (24:41) Kahun (Mo. Müller, Rieder)
S: D. Wolf 4, Ehliz 4, Brandt 2, Teamstrafe 2 (dafür F. Tiffels auf der Strafbank)

1441'. - 13.02.2022 USA - GER 3:2 (1:1, 1:0, 1:1)
Beijing, Wukesong Sports Centre; Z: 708; SR: Romasko (RUS), Sidorenko (BLR); LR: Obwegeser (SUI), Ondráček (CZE)
Aus den Birken (58:11; Brückmann n.e.) - Brandt, Mo. Müller (C) - Holzer, F. Wagner - Abeltshauser, J. Müller - Bittner - Rieder, Plachta, Kahun - S. Loibl, Pföderl, Noebels - Ehliz, Hager, F. Tiffels - Krämmer, T. Kühnhackl, Bergmann
T: 0:1 (02:00) Hager (Plachta, Kahun) / 3:2 (57:31) T. Kühnhackl (Bergmann, J. Müller)
S: T. Kühnhackl 2, Bergmann 2, Brandt 2, F. Wagner 2, Teamstrafe 2 (dafür Bergmann auf der Strafbank)
Noebels absolvierte als achtundachtzigster Spieler sein 100. Länderspiel.

VIERTELFINAL-QUALIFIKATION
1442'. - 15.02.2022 SVK - GER 4:0 (1:0, 2:0, 1:0)
Beijing, National Indoor Stadium; Z: 926; SR: Björk (SWE), Nord (SWE); LR: Lazarev (RUS), Nikulainen (FIN)
M. Niederberger (5626-57:56 out; Aus den Birken n.e.) - Brandt, Mo. Müller (C) - Holzer, F. Wagner - M. Nowak, J. Müller - Abeltshauser, Bittner - Rieder, Plachta, Kahun - S. Loibl, Pföderl, Noebels - Ehliz, Hager, F. Tiffels - Krämmer, T. Kühnhackl, D. Wolf
S: D. Wolf 2+5+20 (Spielstrafe), Plachta 2, Bittner 2, Teamstrafe 2 (dafür F. Tiffels auf der Strafbank)

1443'. - 14.04.2022 CZE - GER 6:2 (2:0, 2:0, 2:2)
Chomutov, Rocknet aréna; Z: 3.852; SR: Pešina (CZE), Pražák (CZE); LR: Brejcha (CZE), Zíka (CZE)
Treutle (Nürnberg Ice Tigers; Jenike n.e.) - Ankert, Bender (Nürnberg Ice Tigers) - Fohrler, Münzenberger (University of Vermont) - Hüttl (ERC Ingolstadt), F. Wagner - Huß, Rogl (Augsburger Panther) - Soramies (ERC Ingolstadt), Pietta (C), Höfflin (ERC Ingolstadt) - L. Braun (Krefeld Pinguine), **Tim Fleischer** (Nürnberg Ice Tigers), Schmölz (Nürnberg Ice Tigers) - Jentzsch, A. Blank (Krefeld Pinguine), **Alexander Karachun** (Schwenninger Wild Wings) - **Justin Volek** (Krefeld Pinguine), Pfaffengut (Schwenninger Wild Wings), **Maciej Rutkowski** (Krefeld Pinguine)
T: 5:1 (46:05) F. Wagner (Volek, A. Blank) - 5:2 (48:46) Schmölz (Höfflin)
S: Fleischer 2, Münzenberger 2

1444'. - 15.04.2022 CZE - GER 0:2 (0:1, 0:0, 0:1)
Chomutov, Rocknet aréna; Z: 4.351; SR: Hradil (CZE), Kika (CZE); LR: Gebauer (CZE), Hlavatý (CZE)
Jenike (Treutle n.e.) - Münzenberger, Bender - Hüttl, F. Wagner - Huß, Rogl - Fleischer, Kahun (C), Schmölz - L. Braun, Soramies, Höfflin - Jentzsch, A. Blank, Karachun - Volek, **Danjo Leonhardt** (EC Red Bull Salzburg), Rutkowski
T: 0:1 (05:28) Schmölz (Kahun, Rogl) / 0:2 (58:31) Höfflin (---)
S: Rogl 2, F. Wagner 2, Bender 2

1445'. - 21.04.2022 GER - SUI 4:2 (0:0, 2:2, 2:0)
Rosenheim, ROFA-Stadion; Z: 1.900; SR: Kannengießer (GER), Bauer (GER); LR: Tschirner (GER), Züchner (GER)*
* bisher emilo Stadion
Treutle (Jenike n.e.) - Hüttl, F. Wagner - Bender, Münzenberger - Fohrler, Weber (Nürnberg Ice Tigers) - Rogl, Huß, Jentzsch, A. Blank, Karachun - Soramies, Pietta (C), Höfflin - Fleischer, S. Loibl, Schmölz - T. Eder, Leonhardt, Ehl
T: 1:1 (24:49) S. Loibl (Schmölz, Bender) - 2:2 (37:14) Karachun (A. Blank, Fohrler) / 3:2 (48:22) Leonhardt (Soramies, Höfflin) - 4:2 (59:02) Schmölz (---)
S: Bender 2, Fohrler 2, Schmölz 2

1446'. - 23.04.2022 GER - SUI 1:6 (0:1, 0:1 1:4)
Rosenheim, ROFA-Stadion; Z: 2.300; SR: Polaczek (GER), Schütz (GER); LR: Kalnik (GER), Römer (GER)
Jenike (Treutle n.e.) - Hüttl, Weber - Bender, Münzenberger - Huß, Rogl - **Mario Zimmermann** (Straubing Tigers) - L. Braun, Pietta (C), Höfflin - Karachun, Jentzsch, Schmölz - T. Eder, A. Blank, Ehl - Fleischer, Leonhardt, Soramies
T: 1:2 (42:01) Ehl (Rogl)
S: Soramies 2, Schmölz 2

1447'. - 29.04.2022 GER - SVK 1:3 (0:3, 1:0, 0:0)
Dresden, JOYNEXT Arena; Z: 2.700; SR: Hoppe (GER), Hunnius (GER); LR: Höfer (GER), Klíma (CZE)*
* bis Januar 2022 EnergieVerbund Arena
Pantkowski (Düsseldorfer EG; 57:33 out; Treutle n.e.) - Hüttl, Möser (Grizzly Wolfsburg) - Bender, Münzenberger - Huß, Rogl - Karrer (Nürnberg Ice Tigers), Zimmermann - Fischbuch, Jentzsch, S. Loibl - T. Eder, A. Blank, Karachun - L. Braun (C), Soramies, Höfflin - Fleischer, Leonhardt, Ehl
T: 1:3 (21:08) Ehl
S: Karachun 2, Fischbuch 2, Jentzsch 2

1448'. - 30.04.2022 GER - SVK 2:3 (1:1, 1:1, 0:1)
Dresden, JOYNEXT Arena; Z: 2.300; SR: Hoppe (GER), Hunnius (GER); LR: Höfer (GER), Klíma (CZE)
Jenike (58:47 out; Treutle n.e.) - Hüttl, F. Wagner - Bender, Münzenberger - Huß, Rogl - Karrer, Zimmermann - Fischbuch, S. Loibl, Schmölz - Jentzsch, A. Blank, T. Eder - L. Braun (C), Soramies, Höfflin - Fleischer, Leonhardt, Ehl
T: 1:0 (14:04) Fleischer (A. Blank) / 2:1 (32:52) Jentzsch (Fleischer, A. Blank)
S: Münzenberger 4, Schmölz 2

1449'. - 08.05.2022 GER - AUT 3:1 (0:0, 1:1, 2:0)
Schwenningen, Helios Arena; Z: 5.200; SR: Brill (GER), Klein (GER); LR: Koziol (GER), Heffner (GER)
Grubauer (Seattle Kraken; ab 28:07 Strahlmeier) - Bittner, Möser - Hüttl, F. Wagner - Holzer, Zimmermann - Seider (Detroit Red Wings), Mo. Müller (C) - Kastner (EHC Red Bull München), Jentzsch, Soramies - Wohlgemuth, S. Loibl, Karachun - Fischbuch, **Tim Stützle** (Ottawa Senators), Michaelis (Toronto Marlies) - Plachta, Kahun, Schmölz
T: 1:1 (39:30) Karachun (---) / 2:1 (55:34) S. Loibl (Hüttl, Karachun) - 3:1 (57:56) Bittner (Kastner)
S: Holzer 6, Schmölz 2, Seider 2

85. Weltmeisterschaft 2022

Die deutsche Mannschaft belegte in ihrer Vorrundengruppe den 2. Platz und qualifizierte sich fürs Viertelfinale.

VORRUNDE - GRUPPE A

1450'. - 13.05.2022 GER - CAN 3:5 (0:2, 1:3, 2:0)
Helsinki, Helsingin jäähalli; Z: 4.632; SR: Ansons (LAT), Šír (CZE); LR: Davis (USA), Špůr (CZE)
Grubauer (56:32-58:11 + 58:45 out; M. Niederberger n.e.) - Seider, Mo. Müller (C) - Holzer, J. Müller - Wissmann, F. Wagner - Bittner - Stützle, Plachta, Ehliz - Michaelis, Pföderl, Noebels - S. Loibl, Schmölz, Fischbuch - Kastner, Soramies, Ehl
T: 1:2 (27:24) Michaelis (Seider, Pföderl) / 2:5 (41:13) Plachta (Stützle, Seider) - 3:5 (52:35) Seider (Stützle, Pföderl)
S: Soramies 2, Stützle 2, F. Wagner 2

1451'. - 14.05.2022 SVK - GER 1:2 (0:0, 1:2, 0:0)
Helsinki, Helsingin jäähalli; Z: 4.387; SR: Heikkinen (FIN), Öhlund (SWE); LR: Sormunen (FIN), Yletyinen (SWE)
Grubauer (M. Niederberger n.e.) - Seider, Mo. Müller (C) - Holzer, J. Müller - Wissmann, F. Wagner - Bittner - Stützle, Plachta, Ehliz - Michaelis, Pföderl, Noebels - S. Loibl, Schmölz, Fischbuch - Kastner, Soramies, Ehl
T: 0:2 (21:34) Plachta (---) - 0:2 (26:41) Pföderl (Noebels)
S: Kastner 2, Mo. Müller 2

1452'. - 16.05.2022 FRA - GER 2:3 (1:2, 1:0, 0:1)
Helsinki, Helsingin jäähalli; Z: 2.652; SR: Hansen (NOR), Heikkinen (FIN); LR: Špůr (CZE), Zunde (LAT)
M. Niederberger (Grubauer n.e.) - Seider, Mo. Müller (C) - Holzer, J. Müller - Wissmann, F. Wagner - Bittner - Stützle, Plachta, Ehliz - Michaelis, Pföderl, Noebels - S. Loibl, Schmölz, Fischbuch - Kastner, Soramies, Ehl
T: 0:1 (02:04) Fischbuch (Pföderl, Michaelis) - 1:2 (17:51) Ehl (Bittner, Kastner) / 2:3 (45:45) Pföderl (Noebels, Michaelis)
S: Soramies 2, Stützle 2, Kastner 2

1453'. - 19.05.2022 GER - DEN 1:0 (0:0, 1:0, 0:0)
Helsinki, Helsingin jäähalli; Z: 2.570; SR: Heikkinen (FIN), Stano (SVK); LR: Davis (USA), Sormunen (FIN)
Grubauer (M. Niederberger n.e.) - Seider, Mo. Müller (C) - Holzer, J. Müller - Wissmann, F. Wagner - Bittner - Plachta, Ehliz, Michaelis - Fischbuch, Pföderl, Noebels - S. Loibl, Schmölz, Karachun - Kastner, Soramies, Ehl
T: 1:0 (32:41) Michaelis (Noebels, Fischbuch)
S: J. Müller 2, Plachta 2

1454'. - 20.05.2022 GER - ITA 9:4 (4:0, 2:1, 3:3)
Helsinki, Helsingin jäähalli; Z: 3.311; SR: Ansons (LAT), Öhlund (SWE); LR: Beresford (GBR), Yletyinen (SWE)
M. Niederberger (Strahlmeier n.e.) - Seider, Mo. Müller (C) - Gawanke (Manitoba Moose), J. Müller - Wissmann, F. Wagner - Bittner - Plachta, Ehliz, Michaelis - L. Reichel (Rockford IceHogs), Fischbuch, Noebels - S. Loibl, Schmölz, Karachun - Kastner, Soramies, Ehl
T: 1:0 (05:01) Karachun (J. Müller, S. Loibl) - 2:0 (06:17) Wissmann (Kastner) - 3:0 (13:14) Ehliz (Bittner, Michaelis) - 4:0 (17:57) Fischbuch (Wissmann, L. Reichel) / 5:0 (25:01) L. Reichel (Noebels, Michaelis) - 6:1 (34:55) Fischbuch (L. Reichel, Wissmann) / 7:1 (41:24) Ehliz (Michaelis, Schmölz) - 8:1 (42:45) Karachun (Schmölz, S. Loibl) - 9:3 (57:04) Soramies (Wissmann, Kastner)
S: Kastner 2, F. Wagner 2

1455'. - 22.05.2022 KAZ - GER 4:5 (2:3, 1:1, 1:1)
Helsinki, Helsingin jäähalli; Z: 3.124; SR: Hansen (NOR), Öhlund (SWE); LR: Beresford (GBR), Niittylä (FIN)
Strahlmeier (M. Niederberger n.e.) - Seider, Mo. Müller (C) - Gawanke, J. Müller - Wissmann, F. Wagner - Bittner - Ehliz, Michaelis, Fischbuch - L. Reichel, Pföderl, Noebels - S. Loibl, Schmölz, Karachun - Kastner, Soramies, Ehl
T: 1:1 (04:38) J. Müller (Bittner, Karachun) - 2:2 (16:10) Pföderl (Seider) - 2:3: (18:33) Fischbuch (F. Wagner, Seider) / 2:4 (25:52) L. Reichel (Gawanke, Noebels) / 4:5 (47:08) Ehliz (Wissmann, Bittner)
S: Ehliz 2, Kastner 2

1456'. - 24.05.2022 GER - SUI 3:4 (2:1, 0:2, 1:0, 0:0, 0:1) OT und PS
Helsinki, Helsingin jäähalli; Z: 3.862; SR: Öhlund (SWE), Stano (SVK); LR: Špůr (CZE), Yletyinen (SWE)
Grubauer (M. Niederberger n.e.) - Seider, Mo. Müller (C) - Holzer, J. Müller - Wissmann, F. Wagner - Gawanke - Plachta, Ehliz, Michaelis - L. Reichel, Pföderl, Noebels - S. Loibl, Fischbuch, Karachun - Kastner, Schmölz, Soramies - Ehl
T: 1:1 (11:51) Wissmann (L. Reichel) - 2:1 (15:30) S. Loibl (Seider, Mo. Müller) / 3:3: (47:57) Plachta (Wissmann)
PS: 0:1 SUI - 0:1 S. Loibl (gehalten) - 0:2 SUI - Plachta (gehalten) - 0:2 SUI - 0:2 Noebels (gehalten) - 0:2 SUI - 0:2 Fischbuch (übers Tor)
S: Mo. Müller 2

VIERTELFINALE
1457'. - 26.05.2022 GER - CZE 1:4 (0:2, 0:1, 1:1)
Helsinki, Helsingin jäähalli; Z: 4.290; SR: Nord (SWE), Štolc (SVK); LR: Chaput (CAN), Synek (SVK)
Grubauer (50:50-53:48 + 55:20-56:46 + 57:18-58:10 + 59:03 out; M. Niederberger n.e.) - Seider, Mo. Müller (C) - Holzer, J. Müller - Wissmann, F. Wagner - Gawanke - Plachta, Ehliz, Michaelis - L. Reichel, Pföderl, Noebels - S. Loibl, Fischbuch, Karachun - Kastner, Schmölz, Soramies - Ehl
T: 1:3 (53:48) Seider (Noebels, Plachta)
S: Ehliz 2, Fischbuch 2, Plachta 2, Holzer 2

2022/23

33. Deutschland-Cup 2022

Die deutsche Mannschaft belegte Platz 1.

1458'. - 10.11.2022 GER - DEN 3:2 (2:1, 0:1, 0:0, 1:0) OT
Krefeld, Yayla-Arena; Z: 1.680; SR: Rohatsch (GER), Fraňo (CZE); LR: Römer (GER), Schwenk (GER)
Strahlmeier (Grizzlys Wolfsburg; Pantkowski (Kölner Haie) n.e.) - Zimmermann (Straubing Tigers), Hüttl (ERC Ingolstadt) - **Luca Zitterbart** (Düsseldorfer EG), Weber (Nürnberg Ice Tigers) - Karrer (Nürnberg Ice Tigers), Möser (Grizzlys Wolfsburg) - Ugbekile (Iserlohn Roosters), **Jan Luca Sennhenn** (Kölner EC) - Michaelis (C - SCL Tigers), Wohlgemuth (Adler Mannheim), Bokk (Löwen Frankfurt) - A. Eder (EHC Red Bull München), F. Tiffels (EHC Red Bull München), M. Kammerer (Kölner Haie) - A. Blank (Düsseldorfer EG), **Luis Schinko** (Grizzlys Wolfsburg), Schmölz (Nürnberg Ice Tigers) - T. Eder (Düsseldorfer EG), Soramies (Augsburger Panther), Ehl (Düsseldorfer EG)
T: 1:0 (15:09) Michaelis (Ugbekile, Wohlgemuth) - 2:0 (18:30) Schmölz (A. Eder, L. Schinko) / 3:2 (62:47) Schmölz (A. Blank, Karrer)
S: Ehl 2

1459'. - 12.11.2022 GER - AUT 3:0 (2:0, 1:0, 0:0)
Krefeld, Yayla-Arena; Z: 3.310; SR: Hoppe (GER), Fraňo (CZE); LR: Heffner (GER), Merten (GER)
Strahlmeier (Pantkowski n.e.) - **Eric Mik** (Eisbären Berlin), Hüttl - Weber, Zitterbart - Möser, Karrer - Ugbekile, Sennhenn - F. Tiffels, Michaelis (C), A. Eder - Schmölz, Wohlgemuth, L. Schinko - J. Schütz (EHC Red Bull München), Leonhardt (Nürnberg Ice Tigers), Ehl - A. Blank, Fleischer (Nürnberg Ice Tigers), T. Eder
T: 1:0 (05:45) A. Eder (Michaelis, F. Tiffels) - 2:0 (17:26) T. Eder (F. Tiffels, A. Eder) / 3:0 (28:34) Leonhardt (Ehl, J. Schütz)
S: Schmölz 5+20 (Spieldauer)

1460'. - 13.11.2022 GER - SVK 3:0 (1:0, 1:0, 1:0)
Krefeld, Yayla-Arena; Z: 3.854; SR: Fraňo (CZE), Schukies (GER); LR: Merten (GER), Römer (GER)
Pantkowski (T. Ancicka (Eisbären Berlin) n.e.) - Hüttl, Zimmermann - Weber (C), Zitterbart - Mik, Karrer - Ugbekile, Bokk, Schmölz, Fleischer - L. Schinko, Wohlgemuth, Leonhardt - A. Blank, J. Schütz, Soramies - M. Kammerer, Ehl, T. Eder
T: 1:0 (06:20) Wohlgemuth (L. Schinko, Zimmermann) / 2:0 (30:50) T. Eder (Bokk, Hüttl) / 3:0 (59:41) Fleischer (---)
S: Ugbekile 2, Zitterbart 2, Karrer 2

Die U25 Auswahl in den Spielen 1461 und 1462 wurde von Assistenztrainer Alexander Sulzer betreut.

1461'. - 08.02.2023 SVK - GER* 2:3 (1:0, 0:1, 1:1, 0:0, 0:1) OT und PS
Es handelte sich bei beiden Mannschaften um die jeweilige U25 Auswahl. (in den Spielen 1461 - 1462)
Michalovce, Zimný Štadión; Z: 3.011; SR: Stano (SVK), Hronský (SVK); LR: Bogdaň (SVK), Konc (SVK)
T. Ancicka (**Arno Tiefensee** (Adler Mannheim) n.e.) - **Maksymilian Szuber** (EHC Red Bull München), Zimmermann - Mik, Zitterbart - Ugbekile, **Daniel Wirt** (Löwen Frankfurt) - Sennhenn, **Fabrizio Pilu** (Adler Mannheim) - L. Schinko, Wohlgemuth, Jentzsch (Adler Mannheim) - Ehl, A. Blank, T. Eder (C) - **Bennet Roßmy** (Eisbären Berlin), **Joshua Samanski** (Straubing Tigers), Soramies - **Dennis Lobach** (Nürnberg Ice Tigers), Leonhardt, Fleischer - **Philipp Krauß** (ERC Ingolstadt)
T: 1:1 (33:25) Leonhardt (Jentzsch, Zitterbart) / 1:2 (42:14) Roßmy (---) / 1:3 (65:00) Wohlgemuth (GWS)
PS: *0:1 Szuber - 1:1 SVK - 1:1 L. Schinko (gehalten) - 1:1 SVK - 1:2 Wohlgemuth - 1:2 SVK - 1:2 Roßmy (Lattenschuss) - 1:2 SVK - 1:2 T. Eder (gehalten) - 1:2 SVK*
S: Samanski 4, Lobach 2, Pilu 2, L. Schinko 2

1462'. - 09.02.2023 SVK - GER* 1:3 (0:0, 1:1, 0:2)
Košice, Steel Aréna; Z: 7.532; SR: Korba (SVK), Štefik (SVK); LR: Bogdaň (SVK), Durmis (SVK)
Florian Bugl (Straubing Tigers; ab 20:01 Tiefensee) - Szuber, Zimmermann - Mik, Zitterbart - Ugbekile, Wirt - Sennhenn, Pilu - L. Schinko, Wohlgemuth, Jentzsch - Ehl, A. Blank, T. Eder (C) - Roßmy, Samanski, Soramies - Lobach, Leonhardt, Fleischer - Krauß
T: 0:1 (26:22) L. Schinko (Sennhenn) / 1:2 (41:18) T. Eder (Wohlgemuth, Roßny) - 1:3 (47:04) Krauß (Fleischer)
S: T. Eder 2+5+20, Mik 4, Zimmermann 2, Wirt 2, Leonhardt 2

Neuer Bundestrainer Harold Kreis

1463'. - 13.04.2023 GER- CZE 2:6 (1:0, 0:2, 1:4)
Kassel, Eissporthalle am Auestadion; Z: 3.800; SR: Hunnius (GER), Polaczek (GER); LR: Jürgens (GER), Cepik (GER)
Maximilian Franzreb (Fischtown Pinguins Bremerhaven, 58:29-58:59 out; Bugl n.e.) - M. Nowak (Eisbären Berlin), J. Müller (Eisbären Berlin) - Karrer, Weber - Zimmermann, Mebus (Nürnberg Ice Tigers) - Fohrler (HC Ambri-Piotta), Mik - Bokk, Wiederer (Eisbären Berlin), Noebels (C - Eisbären Berlin) - Fischbuch (Düsseldorfer EG), M. Kammerer, Karachun (Schwenninger Wild Wings) - Fleischer, Leonhardt, Tuomie (Straubing Tigers) - Ehl, T. Eder, Soramies - Samanski
T: 1:0 (08:11) T. Eder (M. Nowak, Karachun) / 2:4 (51:48) J. Müller (Tuomie, Fleischer)
S: Bokk 2, M. Kammerer 2

1464'. - 15.04.2023 GER - CZE 1:5 (0:1, 0:1, 1:3)
Frankfurt am Main, Eissporthalle am Ratsweg; Z: 5.108; SR: Hunnius (GER), Hoppe (GER); LR: Hurtik (GER), Menz (GER)
T. Ancicka (Bugl n.e.) - Fohrler, J. Müller - Zimmermann, Mebus - Karrer, Weber - **Moritz Wirth** (Fischtown Pinguins Bremerhaven), Mik - Bokk, Wiederer, Noebels (C) - Fischbuch, M. Kammerer, Karachun - Fleischer, Leonhardt, Tuomie - Ehl, T. Eder, Soramies - Samanski
T: 1:4 (54:31) Bokk (J. Müller, Noebels)
S: Wiederer 2, Zimmermann 2, Wirth 2

1465'. - 20.04.2023 GER - AUT 2:0 (2:0, 0:0, 0:0)
Deggendorf, Eisstadion; Z: 2.666; SR: Polaczek (GER), Kapzan (GER); LR: Pfriem (GER), Pfeifer (GER)
Franzreb (T. Ancicka n.e.) - M. Nowak, Mo. Müller (C - Kölner Haie) - Fohrler, J. Müller - Karrer, Wirth - Zimmermann, Mebus - Bokk, Wiederer, Noebels - Ehl, Kahun (SC Bern), Soramies - L. Schinko, M. Kammerer, Karachun - T. Eder, Fleischer, Tuomie - Fischbuch
T: 1:0 (01:11) Bokk (Noebels) - 2:0 (05:29) Tuomie (Zimmermann)
S: Wirth 2

1466'. - 22.04.2023 GER - AUT 2:3 (1:1, 0:1, 1:0, 0:0, 0:1) OT und PS
Landshut, Fanatec Arena*; Z: 4.048; SR: Schadewaldt (GER), Hinterdobler (GER); LR: Koziol (GER), Höfer (GER)
bis Oktober 2021 Städtische Eissporthalle
Tiefensee (T. Ancicka n.e.) - M. Nowak, Mo. Müller (C) - Fohrler, J. Müller - Zimmermann, Mebus - Karrer, Weber - Tuomie, Kahun, Noebels - L. Schinko, **Nico Sturm** (San Jose Sharks), M. Kammerer - T. Eder, Fleischer, Schmölz - Ehl, Wiederer, Soramies - Fischbuch
T: 1:1 (11:42) M. Kammerer (N. Sturm, L. Schinko) / 2:2 (40:52) N. Sturm (Zimmermann, M. Kammerer)
PS: *0:0 Kahun (gehalten) - 0:1 AUT - 0:1 Noebels (gehalten) - 0:2 AUT - 0:2 L. Schinko (gehalten) - 0:3 AUT*
S: Schmölz 4, Wiederer 2, T. Eder 2

1467'. - 28.04.2023 SVK - GER 3:4 (1:1, 0:2, 2:1)
Žilina, Niké Aréna; Z: 5.046; SR: Hronský (SVK), Štefik (SVK); LR: Synek (SVK), Jedlička (SVK)
Franzreb (Strahlmeier n.e.) - Bittner (Grizzlys Wolfburg), Mo. Müller (C) - M. Nowak, J. Müller - Fohrler,
Zimmermann - Karrer, Mebus - Bokk, Kahun, Noebels - Ehl, N. Sturm, Soramies - M. Kammerer, Wiederer,
Tuomie - Fischbuch, T. Eder, Schmölz - L. Schinko
T: 1:1 (16:36) Kahun (Mo. Müller) / 1:2 (29:50) Bokk (Kahun) - 1:3 (32:42) Fischbuch (Schmölz, M. Kammerer)
/ 2:4 (54:10) Kahun (Bokk)
S: Karrer 4, M. Nowak 2, Mo. Müller 2, T. Eder 2, Fohrler 2

1468'. - 29.04.2023 SVK - GER 3:4 (1:0, 2:3, 0:0, 0:1) OT
Trenčin, ZŠ Pavla Demitru; Z: 6.150; SR: Stano (SVK), Štefik (SVK); LR: Synek (SVK), Konc (SVK)
Strahlmeier (T. Ancicka n.e.) - Bittner, Mo. Müller (C) - M. Nowak, J. Müller - Fohrler, Zimmermann - Weber,
Mebus - Bokk, Wiederer, Noebels - Ehl, N. Sturm, Soramies - M. Kammerer, T. Eder, Tuomie - Fischbuch,
Fleischer, Schmölz - L. Schinko
T: 1:1 (22:34) Fischbuch (Fleischer) - 3:2 (39:12) Fischbuch (N. Sturm, Bittner) - 3:3 (39:59) Mo. Müller (Ehl,
Bittner) / 3:4 (61:12) Mo. Müller (Fischbuch, Noebels)
S: Bokk 2, Fohrler 2

1469'. - 09.05.2023 GER - USA 3:6 (0:2, 0:1, 3:3)
*München, Eishalle im Olympiapark; Z: 5.028; SR: Kohlmüller (GER), Iwert (GER); LR: Wolzmüller (GER),
Züchner (GER)*
M. Niederberger (EHC Red Bull München;-58:08-58:33 out; Strahlmeier n.e.) - Bittner, Mo. Müller (C) - M. Nowak,
J. Müller - F. Wagner (ERC Ingolstadt), Hüttl - Fohrler, Szuber - Peterka (Buffalo Sabres), Kahun, F. Tiffels - Ehl,
N. Sturm, Soramies - Fischbuch, Kastner (EHC Red Bull München), Noebels - A. Eder, **Wojciech Stachowiak**
(ERC Ingolstadt), **Filip Varejcka** (EHC Red Bull München) - J. Schütz
T: 1:3 (49:14) Kahun (---) - 2:3 (54:35) Kahun (Peterka, Mo. Müller) - 3:4 (56:16) Hüttl (Fischbuch, Kastner)
S: Fohrler 2+5+20 (Spieldauer), N. Sturm 5+20 (Spieldauer)

86. Weltmeisterschaft 2023

*Die deutsche Mannschaft belegte in ihrer Vorrundengruppe den 4. Platz und qualifizierte sich fürs Viertelfinale.
Am Ende wurde das Team Vizeweltmeister.*

VORRUNDE - GRUPPE A

1470'. - 12.05.2023 SWE - GER 1:0 (0:0, 0:0, 1:0)
Tampere, Nokia-areena; Z: 9.179; SR: Kaukokari (FIN), Štolc (SVK); LR: Cattaneo (SUI), Wyonzek (CAN)
M. Niederberger (58:45 out; Strahlmeier n.e.) - Seider (Detroit Red Wings), Mo. Müller (C) - Wissmann
(Providence Bruins), J. Müller - F. Wagner, Hüttl - Szuber - Peterka, Kahun, F. Tiffels - Soramies, Ehl, N. Sturm
- Kastner, Fischbuch, Noebels - Stachowiak, Tuomie, J. Schütz
S: Szuber 2, Fischbuch 2, Wissmann 2

1471'. - 13.05.2023 GER - FIN 3:4 (1:1, 2:2, 0:1)
Tampere, Nokia-areena; Z: 11.712; SR: Ansons (LAT), Štolc (SVK); LR: Davis (USA), Zunde (LAT)
Strahlmeier (58:07-58:54 + 59:13-59:30 + 59:41 out; M. Niederberger n.e.) - Seider, Mo. Müller (C) - Wissmann,
J. Müller - F. Wagner, Hüttl - Szuber - Peterka, Kahun, F. Tiffels - Soramies, Ehl, N. Sturm - Kastner, Fischbuch,
Noebels - Stachowiak, Tuomie, J. Schütz
T: 1:1 (17:45) Noebels (Fischbuch, Kastner) / 2:1 (32:26) Wissmann (Kastner, Noebels) - 3:3 (39:41) Peterka
(Kahun, F. Tiffels)
S: Noebels 2, Mo. Müller 2

1472'. - 15.05.2023 GER - USA 2:3 (0:0, 2:1, 0:2)
Tampere, Nokia-areena; Z: 8.003; SR: Björk (SWE), Kaukokari (FIN); LR: Cattaneo (SUI), Ondráček (CZE)
M. Niederberger (57:52 out; Strahlmeier n.e.) - Seider, Mo. Müller (C) - Wissmann, J. Müller - F. Wagner, Hüttl
- Gawanke (Manitoba Moose), Szuber - Peterka, Kahun, Noebels - Soramies, Ehl, N. Sturm - Kastner, Wiederer,
F. Tiffels - Stachowiak, Tuomie, J. Schütz
T: 1:1 (30:23) Soramies (Mo. Müller, Seider) - 2:1 (39:55) J. Schütz (Tuomie, Gawanke)
S: Kastner 2, Seider 2

1473'. - 18.05.2023 DEN - GER 4:6 (1:0, 1:3, 2:3)
Tampere, Nokia-areena; Z: 3.964; SR: Hribik (CZE), Langin (CAN); LR: Briganti (USA), Yletyinen (SWE)
M. Niederberger (Strahlmeier n.e.) - Seider, Mo. Müller (C) - Wissmann, J. Müller - Gawanke, Szuber - F. Wagner - Peterka, Kahun, Noebels - Soramies, Ehl, N. Sturm - Kastner, Wiederer, F. Tiffels - Stachowiak, Tuomie, J. Schütz - Varejcka
T: 1:1 (29:12) Peterka (Wissmann) - 1:2 (31:08) Ehl (Mo. Müller, Seider) - 1:3 (37:51) Mo. Müller (Noebels, Peterka) / 3:4 (55:21) J. Müller (Wissmann, Stachowiak) - 3:5 (58:56) Noebels (N. Sturm) - 4:6 (59:35) N. Sturm (---)
S: keine Strafen

1474'. - 19.05.2023 AUT - GER 2:4 (1:2, 0:1, 1:1)
Tampere, Nokia-areena; Z: 7.451; SR: Ansons (LAT), Sewell (GBR); LR: Mackey (CAN), Yletyinen (SWE)
M. Niederberger (Strahlmeier n.e.) - Seider, Mo. Müller (C) - Wissmann, J. Müller - Gawanke, Szuber - F. Wagner - Peterka, Kahun, Noebels - Soramies, Ehl, N. Sturm - Kastner, Wiederer, F. Tiffels - Stachowiak, Tuomie, J. Schütz - Varejcka
T: 0:1 (04:22) N. Sturm (Ehl, M. Niederberger) - 1:2 (16:28) Tuomie (Stachowiak, J. Müller) / 1:3 (33:32) Stachowiak (J. Schütz, Mo. Müller) / 2:4 (58:58) N. Sturm (---)
S: Tuomie 2, Teamstrafe 2 (Peterka auf der Strafbank)

1475'. - 21.05.2023 GER - HUN 7:2 (1:0, 3:0, 3:2)
Tampere, Nokia-areena; Z: 4.821; SR: Heikkinen (FIN), Hribik (CZE); LR: Constantineau (FRA), Nothegger (AUT)
M. Niederberger (Strahlmeier n.e.) - Seider, Mo. Müller (C) - Wissmann, J. Müller - Gawanke, Szuber - F. Wagner - Peterka, Kahun, F. Tiffels - Soramies, Ehl, N. Sturm - Kastner, Wiederer, Noebels - Stachowiak, Tuomie, J. Schütz - Varejcka
T: 1:0 (07:58) Stachowiak (J. Schütz, Tuomie) / 2:0 (35:04) Seider (F. Tiffels, Peterka) - 3:0 (35:22) N. Sturm (Soramies, Ehl) - 4:0 (37:55) N. Sturm (Noebels, Wissmann) / 5:0 (42:39) Peterka (F. Tiffels, Wissmann) - 6:2 (50:06) Kahun (Peterka) - 7:2 (58:38) J. Müller (Wissmann, Peterka)
S: Seider 4, Szuber 25 (Matchstrafe)

1476'. - 23.05.2023 GER - FRA 5:0 (2:0, 1:0, 2:0)
Tampere, Nokia-areena; Z: 8.598; SR: Heikkinen (FIN), Hürlimann (SUI); LR: Krøyer (DEN), Nothegger (AUT)
M. Niederberger (Strahlmeier n.e.) - Seider, Mo. Müller (C) - Wissmann, J. Müller - Gawanke, Szuber - F. Wagner - Peterka, Kahun, F. Tiffels - Soramies, Ehl, N. Sturm - Kastner, Fischbuch, Noebels - Stachowiak, Tuomie, J. Schütz - Varejcka
T: 1:0 (03:31) Ehl (Stachowiak, Tuomie) - 2:0 (15:55) F. Tiffels (Peterka, Kahun) / 3:0 (22:07) Peterka (---) / 4:0 (43:51) Fischbuch (Wissmann, Noebels) - 5:0 (53:34) Kastner (Noebels, Wissmann)
S: Kastner 2, Stachowiak 2, Gawanke 2

VIERTELFINALE

1477'. - 25.05.2023 SUI - GER 1:3 (0:1, 1:2, 0:0)
Rīga, Arēna; Z: 2.896; SR: Ansons (LAT), Björk (SWE); LR: Hautamäki (FIN), Zunde (LAT)
M. Niederberger (Strahlmeier n.e.) - Seider, Mo. Müller (C) - Wissmann, J. Müller - Gawanke, Szuber - F. Wagner - Peterka, Kahun, F. Tiffels - Soramies, Ehl, N. Sturm - Kastner, Fischbuch, Noebels - Stachowiak, Tuomie, J. Schütz - Varejcka
T: 0:1 (06:25) Kastner (Wissmann, J. Müller) / 1:2 (37:51) Peterka (Kahun, Gawanke) - 1:3 (38:27) N. Sturm (Stachowiak, J. Müller)
S: Seider 5+20 (Spieldauer), Szuber 2, J. Müller 2

HALBFINALE

1478'. - 27.05.2023 USA - GER 3:4 (2:2, 1:0, 0:1, 0:1) OT
Tampere, Nokia-areena; Z: 8.011; SR: Björk (SWE), Hribik (CZE); LR: Hautamäki (FIN), Ondráček (CZE)
M. Niederberger (58:21-58:37 out; Strahlmeier n.e.) - Seider, Mo. Müller (C) - Wissmann, J. Müller - Gawanke, Szuber - F. Wagner - Peterka, Kahun, F. Tiffels - Soramies, Ehl, N. Sturm - Kastner, Fischbuch, Noebels - Stachowiak, Tuomie, J. Schütz - Varejcka
T: 2:1 (12:22) F. Tiffels (Fischbuch, Kahun) - 2:2 (16:03) Szuber (N. Sturm, Peterka) / 3:3 (58:37) Noebels (Kahun, Gawanke) / 3:4 (67:32) F. Tiffels (Kahun, Mo. Müller)
S: Stachowiak 2, N. Sturm 2

FINALE

1479'. - 28.05.2023 CAN - GER 5:2 (1:1, 1:1, 3:0)
Tampere, Nokia-areena; Z: 10.470; SR: Björk (SWE), MacFarlane (USA); LR: Briganti (USA), Hynek (CZE)
M. Niederberger (56:39-58:06 out; Strahlmeier n.e.) - Seider, Mo. Müller (C) - Wissmann, J. Müller - Gawanke, Szuber - F. Wagner - Peterka, Kahun, F. Tiffels - Soramies, Ehl, N. Sturm - Kastner, Fischbuch, Noebels - Stachowiak, Tuomie, J. Schütz - Varejcka
T: 0:1 (07:44) Peterka (Seider, Mo. Müller) / 1:2 (33:47) Fischbuch (Kastner, Seider)
S: Szuber 2

2023/24

34. Deutschland-Cup 2023
Die deutsche Mannschaft belegte Platz 1.

1480'. - 09.11.2023 GER - DEN 4:1 (0:0, 1:1, 3:0)
Landshut, Fanatec Arena; Z: 2.223; SR: Iwert (GER), Janssen (GER); LR: Koziol (GER), Wölzmüller (GER)
Tiefensee (Adler Mannheim; Bugl (Straubing Tigers) n.e.) - Fohrler (HC Ambri-Piotta), Ugbekile (Iserlohn Roosters) - **Lukas Kälble** (Fischtown Pinguins Bremerhaven), Zimmermann (Straubing Tigers) - Appendino (Fischtown Pinguins Bremerhaven), Daubner (EHC Red Bull München) - **Mick Köhler** (Augsburger Panther), Möser (Grizzlys Wolfsburg) - Ehliz (EHC Red Bull München), Michaelis (EV Zug), Rieder (C - Växjö Lakers) - Pföderl (Eisbären Berlin), Samanski (Straubing Tigers), M. Kammerer (Kölner Haie) - T. Eder (Eisbären Berlin), Wiederer (Eisbären Berlin), Varejcka (ERC Red Bull München) - Ehl (Düsseldorfer EG), Eisenmenger (Adler Mannheim), Krauß (ERC Ingolstadt)
T: 1:0 (25:58) Pföderl (Samanski, Ugbekile) / 2:1 (52:47) Ugbekile (T. Eder, M. Kammerer), 3:1 (58:06) Ehl (Varejcka, Appendino), 4:1 (59:33) Eisenmenger (---)
S: Fohrler 4, Kälble 2, Wiederer 2, Ugbekile 2

1481'. - 11.11.2023 GER - AUT 5:3 (0:1, 1:1, 4:1)
Landshut, Fanatec Arena; Z: 4.200; SR: Kopitz (GER), Schukies (GER); LR: Schwenk (GER), Wölzmüller (GER)
Leon Hungerecker (Nürnberg Ice Tigers; Tiefensee n.e.) - Fohrler, Ugbekile - Kälble, Zimmermann - Appendino, Daubner - Köhler, Möser - L. Schinko (Grizzlys Wolfsburg), Michaelis, Ehliz (C) - **Luis Üffing** (Düsseldorfer EG), Pfaffengut (Schwenninger Wild Wings), **Josef Eham** (Düsseldorfer EG) - T. Eder, Brunnhuber (Straubinger Tigers), Varejcka - Ehl, Eisenmenger, Krauß
T: 1:2 (31:36) Michaelis (Ehliz) / 2:2 (43:27) Michaelis (L. Schinko, Ehliz), 3:2 (44:10) Varejcka (Pfaffengut), 4:2 (46:26) Ehliz (---), 5:3 (59:57) Pfaffengut (Michaelis)
S: Fohrler 4, Brunnhuber 2, Pfaffengut 2

1482'. - 12.11.2023 GER - SVK 1:2 (0:1, 0:0, 1:1)
Landshut, Fanatec Arena; Z: 4.200; SR: Iwert (GER), Schukies (GER); LR: Jürgens (GER), Wölzmüller (GER)
Bugl (L. Hungerecker n.e.) - Kälble, Zimmermann - Fohrler, Ugbekile - Köhler, Möser - Pföderl (C), Samanski, M. Kammerer - Ehl, Pfaffengut, Eham - T. Eder, Wiederer, Üffing - L. Schinko, Brunnhuber, Appendino
T: 1:2 (55:31) Pföderl (T. Eder, Zimmermann)
S: Fohrler 2, M. Kammerer 2, Wiederer 2, Teamstrafe 2 (dafür Samanski auf der Strafbank)

1483'. - 07.02.2024 SVK - GER* 5:2 (0:0, 0:1, 5:1)
* Perspektivteam
Zvolen, Zimný štadión; Z: 4.017; SR: Stano (SVK), Konc (SVK); LR: Durmis (SVK), Hercog (SVK)
T. Ancicka (58:10-58:26 out; Kölner Haie; **Jonas Stettmer** (Eisbären Berlin) n.e.) - Mik (Eisbären Berlin), **Korbinian Geibel** (Eisbären Berlin) - Sennhenn (Kölner Haie), **Adrian Klein** (Straubing Tigers) - Pilu (Adler Mannheim), **Philipp Preto** (Fischtown Pinguins Bremerhaven) - **Arkadiusz Dziambor** (Schwenninger Wild Wings), Wirth (Düsseldorfer EG), L. Schinko, Leonhardt (Nürnberg Ice Tigers), A. Blank (Düsseldorfer EG) - Jentzsch (Iserlohn Roosters), Fleischer (Nürnberg Ice Tigers), Krauß - **Cedric Schiemenz** (Iserlohn Roosters), **Nikolaus Heigl** (EHC Red Bull München), **Veit Oswald** (EHC Red Bull München) - Wohlgemuth (C - Kölner Haie), Brunnhuber, **Robin Van Calster** (Kölner Haie) - Nijenhuis (ERC Ingolstadt)
T: 0:1 (38:15) Nijenhuis (Mik) / 0:2 (45:00) Nijenhuis (Brunnhuber)
S: Jentzsch 2, Klein 2

1484'. - 08.02.2024 SVK - GER 4:3* (1:1, 2:1, 0:1, 1:0) OT
* Perspektivteam
Zvolen, Zimný štadión; Z: 3.565; SR: Snášel (SVK), Hronský (SVK); LR: Stanzel (SVK), Konc (SVK)
Bugl (57:58-58:36 + 60:39 out; Stettmer n.e.) - Mik, Geibel - Sennhenn, Klein - Pilu, Preto - Dziambor, Wirth - L. Schinko, Leonhardt, A. Blank - Jentzsch, Fleischer, Krauß - Nijenhuis, Heigl, V. Oswald - Wohlgemuth (C), Brunnhuber, Van Calster - Schiemenz
T: 1:1 (14:03) L. Schinko (Wirth, Leonhardt) / 1:2 (30:50) Leonhardt (A. Blank, Mik) / 3:3 (58:36) Brunnhuber (Krauß, Mik)
S: Geibel 2, Fleischer 2, Klein 2, Mik 2, Sennhenn 2

1485'. - 11.04.2024 CZE - GER 3:0 (1:0, 1:0, 1:0)
Karlovy Vary, KV Arena; Z: 5.549; SR: Kika (CZE), Šindel (CZE); LR: Gerát (CZE), Brejcha (CZE)
T. Ancicka (57:50-58:47 out; Tiefensee n.e.) - Mo. Müller (C - Kölner Haie), Sennhenn - Ugbekile, Fohrler - F. Wagner (ERC Ingolstadt), Hüttl (ERC Ingolstadt) - Karrer (Nürnberg Ice Tigers), Weber (Nürnberg Ice Tigers) - J. Schütz (Kölner Haie), Stachowiak (ERC Ingolstadt), Krauß - Plachta (Adler Mannheim), S. Loibl (Adler Mannheim), Fischbach (Adler Mannheim) - Karachun (Schwenninger Wild Wings), Pfaffengut, L. Schinko - **Julian Napravnik** (Löwen Frankfurt), Soramies (Augsburger Panther), Ehl - P. Hungerecker (Schwenninger Wild Wings)
S: F. Wagner 4, P. Hungerecker 2, Plachta 2, Karrer 2

1486'. - 13.04.2024 CZE - GER 4:2 (1:1, 3:0, 0:1)
Karlovy Vary, KV Arena; Z: 5.693; SR: Jeřábek (CZE), Pilný (CZE); LR: Gerát (CZE), Klouček (CZE)
Tiefensee (Treutle (Nürnberg Ice Tigers) n.e.) - Mo. Müller (C), Sennhenn - Ugbekile, Fohrler - F. Wagner, Hüttl - Karrer, Weber - J. Schütz, Stachowiak, Fischbach - Plachta, S. Loibl, L. Schinko - Karachun, Pfaffengut, P. Hungerecker - Napravnik, Soramies, Ehl - Krauß
T: 0:1 (17:46) J. Schütz (Stachowiak) / 4:2 (58:57) Karachun (---)
S: L. Schinko 2, Fohrler 2, Teamstrafe 2 (dafür Fischbuch auf der Strafbank)

1487'. - 18.04.2024 GER - SVK 7:3 (2:2, 3:1, 2:0)
Kaufbeuren, Energie Schwaben Arena; Z: 3.100; SR: Rohatsch (GER), Polaczek (GER); LR: Heffner (GER), Merk (GER)
T. Ancicka (Tiefensee n.e.) - Mo. Müller (C), Zimmermann - F. Wagner, Hüttl - Ugbekile, Fohrler - Karrer, Weber - Kahun (SC Bern), Michaelis, Ehl - J. Schütz, Stachowiak, Fischbuch - Tuomie (Straubing Tigers), Samanski, Plachta - Soramies, Pfaffengut, L. Schinko - Krauß
T: 1:0 (01:29) Samanski (Tuomie, Fischbuch) - 2:2 (15:42) Stachowiak (Plachta, Ugbekile) / 3:2 (26:49) Soramies (Ugbekile, Pfaffengut) - 4:2 (27:35) Tuomie (Stachowiak) - 5:3 (35:51) J. Schütz (Plachta, Ugbekile) / 6:3 (41:18) Fischbuch (Stachowiak, Hüttl) - 7:3 (55:16) Michaelis (L. Schinko)
S: Karrer 2, Plachta 2, Michaelis 2, F. Wagner 2, Mo. Müller 2

1488'. - 20.04.2024 GER - SVK 4:5 (0:2, 3:2, 1:1, 0:1) OT
Augsburg, Curt-Frenzel-Stadion; Z: 6.179; SR: Schadewald (GER), Hoppe (GER); LR: Römer (GER), Reinold (GER)
Bugl (62:03; Tiefensee n.e.) - Mo. Müller (C), Sennhenn - F. Wagner, Hüttl - Ugbekile, Fohrler - Zimmermann, Weber - Kahun, Michaelis, Ehl - J. Schütz, Stachowiak, Fischbuch - Tuomie, Samanski, Plachta - Soramies, Pfaffengut, Krauß - P. Hungerecker
T: 1:1 (24:23) Michaelis (Tuomie, Kahun) - 2:2 (34:03) Zimmermann (Plachta, Tuomie) - 3:2 (34:52) Ehl (Michaelis, Kahun) / 4:4 (50:40) Stachowiak (---)
S: Hüttl 4, Mo. Müller 2, J. Schütz 2, Pfaffengut 2
Mo. Müller absolvierte als zehnter Spieler sein 200. Länderspiel.

1489'. - 25.04.2024 GER - AUT 4:2 (2:1, 0:1, 2:0)
Garmisch-Partenkirchen, Olympia-Eissport-Zentrum; Z: 5.058; SR: Hinterdobler (GER), Schadewald (GER); LR: Schwenk (GER), Koziol (GER)
T. Ancicka (ab 29:23 Bugl) - Mo. Müller (C), Sennhenn - F. Wagner, Hüttl - Ugbekile, Fohrler - Karrer, Weber - Kahun, Michaelis, Ehliz - J. Schütz, Stachowiak, Fischbuch - Tuomie, Samanski, Plachta - Kastner (EHC Red Bull München), Pfaffengut, Ehl - Soramies
T: 1:0 (07:28) Michaelis (Ehliz, Kahun) - 2:0 (10:54) Michaelis (Kahun, Ehliz) / 3:2 (49:05) Fischbuch (J. Schütz, Stachowiak) - 4:2 (51:13) Tuomie (Kahun, Michaelis)
S: Weber 2

1490'. - 27.04.2024 AUT - GER 2:1 (0:1, 0:0, 1:0, 0:0, 1:0) OT und PS
Zell am See, Eishalle; Z: 2.600; SR: Huber (AUT), Smetana (AUT); LR: Badynek (AUT), Seewald (AUT)
M. Niederberger (EHC Red Bull München; 65:00; Bugl n.e.) - Mo. Müller (C), Hüttl - F. Wagner, Zimmermann - Ugbekile, Sennhenn - Karrer, Weber - Kahun, Michaelis, Ehliz - J. Schütz, Stachowiak, Fischbuch - Tuomie, Samanski, Plachta - Soramies, Kastner, Ehl - Krauß
T: 0:1 (06:04) Stachowiak (Ehl, Soramies)
PS: 0:0 Kahun (verschossen) - 0:0 AUT - 0:0 Samanski (verschossen) - 1:0 AUT - 1:0 Michaelis (verschossen) - 2:0 AUT - 2:0 Ehliz (verschossen)
S: Plachta 2, Sennhenn 2, M. Niederberger 2 (dafür Plachta auf der Bank)

1491'. - 04.05.2024 GER - FRA 3:5 (3:1, 0:3, 0:1)
Wolfsburg, Eis Arena; Z: 4.503; SR: Rohatsch (GER), Schrader (GER); LR: Heffner (GER), Jürgens (GER)
Grubauer (Seattle Kraken; ab 30:01 M. Niederberger; 58:25 out) - Mo. Müller (C), Hüttl - Fohrler, F. Wagner - Zimmermann, Ugbekile - Kälble, Sennhenn - Peterka (Buffalo Sabres), Michaelis, Kahun - J. Schütz, Stachowiak, Fischbuch - Tuomie, N. Sturm (San Jose Sharks), Ehliz - Ehl, Samanski, Kastner
T: 1:0 (03:26) Kahun (Zimmermann, Peterka) - 2:0 (17:58) Tuomie (Sennhenn, Kälble) - 3:0 (18:12) Kastner (Ehl, Ugbekile)
S: N. Sturm 2, Mo. Müller 2

1492'. - 06.05.2024 GER - FRA 4:3 (1:0, 2:2, 0:1, 1:0) OT
Weißwasser, weeEisArena; Z: 2.975; SR: Hunnius (GER), Steingroß (GER); LR: Höfer (GER), Cepik (GER)
M. Niederberger (ab 20:01 Grubauer; 62:25) - Wissmann (Eisbären Berlin), J. Müller (Eisbären Berlin) - Szuber (Tucson Roadrunners), Mo. Müller (C) - Kälble, F. Wagner - Fohrle, Ugbekile - T. Eder, N. Sturm, Ehl - Pföderl, Michaelis, Ehliz - Peterka, Kahun, F. Tiffels (Eisbären Berlin) - Fischbuch, Stachowiak, Tuomie - Samanski
T: 1:0 (09:01) F. Tiffels (Kälble, Kahun) / 2:1 (33:45) Pföderl (Ehliz, Wissmann) - 3:2 (36:47) Pföderl (Ehliz, Michaelis) / 4:3 (62:25) Kahun (Wissmann, Peterka)
S: Michaelis 2, Peterka 2
Ehliz absolvierte als neunundachtzigster Spieler sein 100. Länderspiel.

87. Weltmeisterschaft 2024

Die deutsche Mannschaft belegte in ihrer Vorrundengruppe den 3. Platz und qualifizierte sich fürs Viertelfinale.

VORRUNDE - GRUPPE B

1493'. - 10.05.2024 SVK - GER 4:6 (0:0, 2:3, 2:3)
Ostrava, Ostravar Aréna; Z: 9.109; SR: Heikkinen (FIN), Pearce (CAN); LR: Briganti (USA), Zunde (LAT)
Grubauer (M. Niederberger n.e.) - Wissmann, J. Müller - Szuber, Mo. Müller (C) - F. Wagner, Kälble - Fohrler - Ehliz, Michaelis, Pföderl - Peterka, Kahun, F. Tiffels - Stachowiak, Tuomie, Fischbuch - T. Eder, Ehl, N. Sturm
T: 0:1 (29:46) Kahun (Ehliz, Pföderl) - 0:2 (32:31) J. Müller (Michaelis, Tuomie) - 2:3 (39:31) Kälble (---) / 2:4 (44:27) Michaelis (Pföderl, Ehliz) - 3:5 (56:02) Pföderl (Ehliz, J. Müller) - 3:6 (58:55) T. Eder (---)
S: Pföderl 2, Fischbuch 2, F. Tiffels 2, Szuber 2

1494'. - 11.05.2024 USA - GER 6:1 (2:0, 2:1, 2:0)
Ostrava, Ostravar Aréna; Z: 9.109; SR: Björk (SWE), Kaukokari (FIN); LR: Nikulainen (FIN), Yletyinen (SWE)
M. Niederberger (Grubauer n.e.) - Wissmann, J. Müller - Kälble, Mo. Müller (C) - Fohrler, Ugbekile - Ehliz, Michaelis, Pföderl - Peterka, Kahun, F. Tiffels - Stachowiak, Tuomie, Fischbuch - Kastner, T. Eder, Ehl
T: 3:1 (34:05) Ehliz (Pföderl, Michaelis)
S: Ugbekile 2, Michaelis 2, Fohler 2

1495'. - 13.05.2024 GER - SWE 1:6 (0:3, 0:2, 1:1)
Ostrava, Ostravar Aréna; Z: 8.309; SR: Hribik (CZE), Tscherrig (SUI); LR: Ondráček (CZE), Wyonzek (CAN)
Grubauer (ab 40:01 M. Niederberger) - Wissmann, J. Müller - Kälble, Mo. Müller (C) - Fohrler, F. Wagner - Ugbekile - Stachowiak, Peterka, Ehl - Kahun, L. Reichel (Chicago Blackhawks), F. Tiffels - Ehliz, Michaelis, Pföderl - Kastner, T. Eder, Tuomie - Fischbuch
T: 1:5 (47:38) Pföderl (Michaelis, Ehliz)
S: Peterka 2, J. Müller 2, T. Eder 2, Ehliz 2, Kälble 2, Mo. Müller 2, Teamstrafe 2 (Peterka auf der Bank)

1496'. - 15.05.2024 GER - LAT 8:1 (2:0, 5:1, 1:0)
Ostrava, Ostravar Aréna; Z: 8.652; SR: Brander (FIN), Campbell (CAN); LR: Ondráček (CZE), Špůr (CZE)
Grubauer (M. Niederberger n.e.) - Wissmann, J. Müller - Szuber, Mo. Müller (C) - F. Wagner, Kälble - Fohrler, Ugbekile - Stachowiak, Peterka, L. Reichel - Kahun, N. Sturm, F. Tiffels - Ehliz, Michaelis, Pföderl - Kastner, Ehl, Tuomie
T: 1:0 (05:27) Kahun (Kälble, F. Tiffels) - 2:0 (18:05) Wissmann (---) / 3:0 (20:48) Pföderl (Ehliz, J. Müller) - 4:0 (22:42) Tuomie (Kastner, Ugbekile) - 5:0 (25:37) Peterka (L. Reichel, Wissmann) - 6:0 (30:54) Michaelis (Ehliz, J. Müller) - 7:0 (35:53) Peterka (Stachowiak, L. Reichel) / 8:1 (44:28) N. Sturm (---)
S: F. Wagner 2, Stachowiak 2, Michaelis 2

1497'. - 17.05.2024 GER - KAZ 8:2 (2:1, 3:0, 3:1)
Ostrava, Ostravar Aréna; Z: 8.479; SR: Holm (SWE), Vikman (FIN); LR: Briganti (USA), Špůr (CZE)
Grubauer (M. Niederberger n.e.) - Wissmann, J. Müller - Szuber, Mo. Müller (C) - F. Wagner, Kälble - Fohrler, Ugbekile - Stachowiak, Peterka, L. Reichel - Kahun, N. Sturm, F. Tiffels - Ehliz, Michaelis, Pföderl - Kastner, Ehl, Tuomie
T: 1:0 (01:02) Szuber (Stachowiak, Peterka) - 2:0 (02:24) Tuomie (Kastner, Ugbekile) / 3:1 (21:11) Peterka (Stachowiak, Wissmann) - 4:1 (28:29) L. Reichel (Pföderl) - 5:1 (35:17) Kälble (Peterka, Stachowiak) / 6:1 (50:27) L. Reichel (Peterka, Stachowiak) - 7:2 (54:14) F. Tiffels (N. Sturm) - 8:2 (58:34) Kastner (Ehl, Tuomie)
S: J. Müller 4, Mo. Müller 2

1498'. - 18.05.2024 GER - POL 4:2 (0:0, 2:0, 2:2)
Ostrava, Ostravar Aréna; Z: 9.109; SR: Holm (SWE), Vikman (FIN); LR: Briganti (USA), Nyqvist (SWE)
M. Niederberger (Grubauer n.e.) - Wissmann, J. Müller - Szuber, Mo. Müller (C) - F. Wagner, Kälble - Fohrler, Ugbekile - Stachowiak, Peterka, L. Reichel - Kahun, N. Sturm, F. Tiffels - Ehliz, Michaelis, Pföderl - Kastner, Ehl, Tuomie
T: 1:0 (25:14) Ehl (Kastner, Tuomie) - 2:0 (35:17) Peterka (---) / 3:0 (44:28) Ehliz (Pföderl, Michaelis) - 4:2 (56:11) Peterka (L. Reichel)
S: Ehliz 2, F. Wagner 2

1499'. - 21.05.2024 FRA - GER 3:6 (1:1, 2:3, 0:2)
Ostrava, Ostravar Aréna; Z: 9.109; SR: Holm (SWE), Hronský (SVK); LR: Hynek (CZE), Lundgren (SWE)
Grubauer (M. Niederberger n.e.) - Wissmann, J. Müller - Szuber, Mo. Müller (C) - F. Wagner, Kälble - Fohrler, Ugbekile - Stachowiak, Peterka, L. Reichel - Kahun, N. Sturm, F. Tiffels - Ehliz, Michaelis, Pföderl - Kastner, Ehl, Tuomie
T: 1:1 (19:04) Michaelis (Kahun, Ehliz) / 2:2 (25:56) Kälble (Stachowiak, Peterka) - 3:3 (31:01) Stachowiak (L. Reichel) - 3:4 (31:23) Kastner (Michaelis, Szuber) / 3:5 (41:19) Stachowiak (---) - 3:6 (44:50) L. Reichel (N. Sturm, Peterka)
S: F. Tiffels 5+20 (Spieldauer), N. Sturm 2, Stachowiak 2
Kahun absolvierte als neunzigster Spieler sein 100. Länderspiel.

VIERTELFINALE

1500'. - 23.05.2024 SUI - GER 3:1 (2:0, 0:1, 1:0)
Ostrava, Ostravar Aréna; Z: 6.583; SR: Brander (FIN), Holm (SWE); LR: Gustafson (USA), Nyqvist (SWE)
Grubauer (58:18-59:02 + 59:17 out; M. Niederberger n.e.) - Wissmann, J. Müller - Szuber, Mo. Müller (C) - F. Wagner, Kälble - Ugbekile - Stachowiak, Peterka, L. Reichel - Kahun, N. Sturm, F. Tiffels - Ehliz, Michaelis, Pföderl - Kastner, Ehl, Tuomie - Fischbuch
T: 2:1 (31:33) Kahun (Stachowiak)
S: Wissmann 2, Szuber 2, F. Wagner 2

A-Nationalspieler seit 1927 von A bis Z

	Spieler	Verein	P	Zeitraum	Einsatz/Tor
1.	Aab Vitalij		S	07.11.01-01.04.11	21/3
		Nürnberg Ice Tigers		07.11.01-23.04.03	15/1
		Hamburg Freezers		08.02.-12.04.09	4/2
		Thomas Sabo Ice Tigers		31.03.-01.04.11	2/0
2.	Abeltshauser Konrad	EHC Red Bull München	S	04.11.16-15.02.22	23/0
3.	Abstreiter Peter	Hamburg Freezers	S	07.11.-08.11.03	2/0
4.	Abstreiter Tobias*		S	28.07.90-06.09.04	120/10
	älterer Bruder von Peter	EV Landshut		28.07.90-08.04.93	18/1
		EC Hedos München		03.02.-02.05.94	9/0
		Maddogs München		27.08.-28.08.94	2/0
		Kassel Huskies		05.11.98-06.09.04	91/9

5.	Acker Gert	Landshut Cannibals	S	05.02.2003	1/0
6.	Adam Maximilian	Eisbären Berlin	S	05.02.-06.02.19	2/0
7.	Adams Jürgen	Mannheimer ERC	S	28.12.81-29.01.84	9/1
8.	Adler Dr. Kurt		S	30.03.35-28.03.42	2/1
		Berliner EV 1886		30.03.1935	1/1
		Berliner SSC		28.03.1942	1/0
9.	Adlmaier Ernst*		S	04.01.77-09.12.83	13/1
	jüngerer Bruder von Josef	Berliner SSC		04.01.77-28.12.78	6/0
		SB DJK Rosenheim		29.10.82-09.12.83	7/1
10.	Adlmaier Josef*	EC Bad Tölz	S	01.10.67-04.01.70	3/1
11.	Ahne Manfred		S	27.11.81-13.12.89	88/9
		VER Selb		27.11.-28.12.81	3/1
		SB DJK Rosenheim		19.01.84-13.12.89	85/8
12.	Akdag Sinan		S	13.12.11-11.11.18	82/6
		Krefeld Pinguine		13.12.11-09.11.14	42/5
		Adler Mannheim		06.11.15-11.11.18	40/1
13.	Amann Richard „Rick"	Düsseldorfer EG	S	01.02.92-28.08.94	43/3
14.	Ambros Paul*	EV Füssen	S	16.11.55-02.01.65	93/13
15.	Ancicka Martin		S	06.04.06-18.04.09	48/3
	Vater von Tobias	Adler Mannheim		06.04.06-25.04.08	39/3
		Sinupret Ice Tigers		05.02.-18.04.09	9/0
16.	Ancicka Tobias		T	05.11.20-25.04.24	11/0
		Eisbären Berlin		05.11.20-29.04.23	7/0
		Kölner Haie		07.02.-25.04.24	4/0
17.	Ankert Torsten		S	14.12.11-14.04.22	42/1
		Kölner Haie		14.12.11-15.05.16	39/1
		Iserlohn Roosters		11.11.21-14.04.22	3/0
18.	Antons Heiko		S	06.01.70-07.02.72	3/0
		ERC Westfalen Dortmund		06.01.1970	1/0
		Düsseldorfer EG		05.01.-07.02.72	2/0
19.	Appel Frank		S	24.03.95-20.04.02	16/0
		Calgary Royals		24.03-01.04.95	5/0
		ESC Moskitos Essen		12.04.01-20.04.02	11/0
20.	Appel Joachim	Adler Mannheim	T	23.03.-31.03.95	6/0
21.	Appendino Nicolas		S	05.11.20-11.11.23	5/0
		EHC Red Bull München		05.11.-06.11.20	2/0
		Fischtown Pinguins Bremerhaven		09.11.-11.11.23	3/0
22.	Arendt Ronny		S	03.04.04-11.02.07	15/1
		Augsburger Panther		03.04.04-16.04.05	11/1
		Adler Mannheim		07.02.-11.02.07	4/0
23.	Auhuber Klaus „Buzzi"	EV Landshut	S	02.11.73-27.11.81	107/7
24.	Aus den Birken Danny		T	12.11.11-15.02.22	47/0
		Kölner Haie		12.11.11-08.05.15	25/0
		EHC Red Bull München		30.04.17-15.02.22	22/0
25.	Bachl Peter*	EV Landshut	S	02.11.-04.11.73	2/0
26.	Bader Anton		S	06.04.06-11.02.07	19/4
		EV Duisburg „Die Füchse"		06.04.06-03.09.06	12/2
		Sinupret Ice Tigers		08.11.06-11.02.07	7/2
27.	Bader Heinz*	EC Bad Tölz	S	20.11.61-09.03.69	74/2
28.	Baldauf Gerhard	SB DJK Rosenheim	S	20.12.-28.12.78	4/0
29.	Ball Gerhard	Berliner SSC	T	16.03.32-16.02.33	4/0
	älterer Bruder von Rudolf				
30.	Ball Rudolf „Rudi"	Berliner SSC	S	28.01.29-23.02.41	49/20
31.	Bakos Michael		S	12.02.99-23.02.10	100/3
		Augsburger Panther		12.02.-11.11.99	4/0
		Adler Mannheim		05.11.03-09.05.05	19/0
		ERC Ingolstadt		06.04.06-23.02.10	77/3
32.	Barta Alexander		S	04.02.04-20.05.14	153/24
	jüngerer Bruder von Björn	Eisbären Berlin		04.02.04-10.05.05	20/3
		Hamburg Freezers		09.11.05-11.05.11	90/15
		Malmö Redhawks		10.02.-15.05.12	17/1
		Rögle BK		09.11.12-10.02.13	5/3
		EHC Red Bull München		08.11.13-20.05.14	21/2
33.	Barta Björn		S	07.04.05-01.04.11	15/5
		Augsburger Panther		07.04.-23.04.05	6/2

		ERC Ingolstadt		09.11.05-11.02.07	7/2
		Thomas Sabo Ice Tigers		31.03.-01.04.11	2/1
34.	Barz Benjamin	Nürnberg Ice Tigers	S	10.11.-13.11.04	2/0
35.	Bassen Boaz	Schwenninger Wild Wings	S	24.04.-25.04.21	2/0
36.	Bauer Reinhold*		S	04.01.70-14.04.73	43/8
		EV Landsberg		04.01.70-10.01.71	14/4
		Augsburger EV		24.09.71-14.04.73	29/4
37.	Baxmann Jens	Eisbären Berlin	S	10.11.07-11.05.15	39/0
38.	Bazany Marian	DEG Metro Stars	S	09.11.05-11.02.06	6/0
39.	Bechler Wilhelm*	EV Füssen	T	28.02.1953	1/0
40.	Beck Martin „Bolly"*	EV Füssen	S	28.02.53-20.12.57	57/4
41.	Benda Jan		S	03.02.94-11.02.06	170/35
		EC Hedos München		03.02.-02.05.94	17/5
		Richmond Renegades		02.09.-03.09.95	2/0
		HC Slavia Praha		03.11.95-01.05.96	24/5
		HC Sparta Praha		18.08.96-09.05.97	23/4
		Portland Pirates		02.02.-12.02.98	6/3
		Porin Ässät		05.11.98-17.04.99	14/2
		Jokerit Helsinki		10.02.00-10.05.01	20/5
		Ak Bars Kazan		04.02.02-04.05.04	45/7
		ohne Verein		10.11.-13.11.04	3/0
		Severstal Cherepovets		07.04.-10.05.05	14/4
		HC Hamé Zlín		08.02.-11.02.06	2/0
42.	Bender Tim		S	06.04.18-30.04.22	10/0
		Schwenninger Wild Wings		06.04.-15.04.18	4/0
		Nürnberg Ice Tigers		14.04.-30.04.22	6/0
43.	Berge David	Berlin Capitals	T	12.02.-14.11.99	4/0
44.	Bergen Bradley „Brad"		S	16.12.92-08.11.98	47/9
		EC Ratingen „Die Löwen"		16.12.-21.12.92	4/0
		Düsseldorfer EG		14.04.96-10.02.98	40/9
		Augsburger Panther		05.11.-08.11.98	3/0
45.	Bergmann Lean		S	08.11.18-13.02.22	31/11
		Iserlohn Roosters		08.11.18-19.05.19	17/9
		Adler Mannheim		05.11.-08.11.20	3/0
		San Jose Barracuda		21.05.-03.06.21	6/1
		Adler Mannheim		11.11.21-13.02.22	5/1
46.	Berndaner Ignaz	SC Riessersee	S	21.11.72-21.12.84	179/19
47.	Berwanger Markus*	SB DJK Rosenheim	S	01.04.85-03.05.91	69/5
48.	Bethmann-Hollweg Johann Albrecht von	SC Riessersee	S	18.03.32-13.02.36	18/3
49.	Betz Michael*		S	29.10.82-02.05.85	62/9
		EV Landshut		29.10.82-29.04.83	21/3
		SB DJK Rosenheim		09.12.83-02.05.85	41/6
50.	Bielke René (DDR)	EHC Dynamo Berlin	T	10.11.90-04.05.92	8/0
51.	Biehler Georg	SC Riessersee	T	24.09.-25.09.71	2/0
52.	Biersack Anton	SC Riessersee	S	18.11.51-22.03.58	42/14
53.	Bingold Werner*	Mannheimer ERC	S	18.02.-12.03.65	5/0
54.	Birk Harald*	Berliner SC Preußen	S	27.12.88-08.12.90	39/6
	älterer Bruder von Klaus				
55.	Birk Klaus*	Berliner SC Preußen	S	07.12.90-11.04.91	7/0
56.	Bierschel Karl	Krefelder EV	S	11.01.52-04.02.56	48/2
57.	Bittner Dominik		S	11.12.12-09.05.23	27/3
		Adler Mannheim		11.12.-12.12.12	2/0
		Schwenninger Wild Wings		11.04.-18.04.19	4/0
		Grizzlys Wolfsburg		07.11.19-09.05.23	21/3
58.	Blank Alexander		S	24.04.21-08.02.24	15/0
	Sohn von Boris	Krefeld Pinguine		24.04.21-30.04.22	8/0
		Düsseldorfer EG		10.11.22-08.02.24	7/0
59.	Blank Boris		S	12.04.01-04.05.04	52/5
		EC Wilhelmshaven-Stickhausen		12.04.-20.04.01	4/0
		Eisbären Berlin		30.08.01-29.04.03	32/5
		Kölner Haie		05.11.03-04.05.04	16/0
60.	Bleicher Marcus*	Mannheimer ERC	S	08.11.-08.12.90	5/2
61.	Blum Rainer*		S	21.03.82-27.04.86	62/3
		Mannheimer ERC		21.03.82-10.04.83	18/0
		SB DJK Rosenheim		22.08.84-27.04.86	44/3

62.	Boehm Rick	SB DJK Rosenheim	S	02.04.-02.05.94	10/1
63.	Boiger Elmar	Kaufbeurer Adler	S	23.03.-31.03.95	5/1
64.	Bokk Dominik		S	11.04.19.-29.04.23	13/2
		Växjö Lakers		11.04.-27.04.19	6/0
		Löwen Frankfurt		10.11.22-29.04.23	7/2
65.	Boos Tino		S	21.03.96-30.04.06	101/20
	Sohn von Wolfgang	Kassel Huskies		21.03.96-21.04.00	25/9
		Kölner Haie		08.02.01-30.04.06	76/11
66.	Boos Wolfgang*		S	26.01.66-24.04.76	52/9
		ESV Kaufbeuren		26.01.-12.03.66	11/4
		Düsseldorfer EG		26.02.69-24.04.76	41/5
67.	Boyle Daryl		S	08.11.13-10.11.18	45/3
		Augsburger Panther		08.11.13-06.05.14	13/2
		EHC Red Bull München		05.02.15-10.11.18	32/1
68.	Brännström Fabian		S	01.11.96-09.02.03	38/5
		Berlin Capitals		01.11.96-13.04.98	13/0
		Düsseldorfer EG		12.02.99-13.02.00	10/3
		Berlin Capitals		08.11.00-24.04.01	10/2
		Adler Mannheim		07.11.-11.11.01	3/0
		DEG Metro Stars		07.02.-09.02.03	2/0
69.	Brandenburg Otto*	KTSV Preußen 1855 Krefeld	S	28.02.-20.12.53	9/1
70.	Brandl Thomas		S	05.09.89-12.02.98	115/15
		Kölner EC		05.09.89-02.05.94	81/8
		Kölner Haie		04.11.94-05.11.95	13/5
		Düsseldorfer EG		18.08.96-12.02.98	21/2
71.	Brandt Marcel		S	06.04.16-15.02.22	26/3
		Düsseldorfer EG		06.04.-06.11.16	10/0
		Straubing Tigers		07.11.19-15.02.22	16/3
72.	Braun Constantin	Eisbären Berlin	S	07.11.08-19.05.16	63/4
73.	Braun Laurin		S	13.12.11-30.04.22	22/2
	jüngerer Bruder von Constantin	Eisbären Berlin		13.12.11-25.04.15	13/1
		Krefeld Pinguine		24.04.21-30.04.22	9/1
74.	Breitbach Robin	Genève-Servette HC	S	07.04.07-17.12.08	15/0
75.	Breitsamer Xaver*	SC Riessersee	S	01.01.55-20.12.57	11/3
76.	Bresagk Michael (DDR)		S	06.11.92-13.11.05	77/5
		EV Landshut		06.11.92-14.04.96	46/4
		Les Albatros de Brest		01.11.-03.11.96	3/0
		EV Landshut		11.04.-18.04.97	4/0
		Frankfurt Lions		05.11.97-13.11.05	24/1
77.	Brezina Robert	Schwenninger Wild Wings	S	04.04.-05.04.96	2/1
78.	Brittig Christian		S	16.12.87-05.04.96	40/3
		EV Landshut		16.12.87-25.04.90	37/2
		Preußen Devils Berlin		02.04.-05.04.96	3/1
79.	Brockmann Andreas*	Düsseldorfer EG	S	02.09.88-21.12.95	42/9
80.	Brückmann Felix		T	11.12.12-13.02.22	40/0
		Adler Mannheim		11.12.12-24.04.14	8/0
		Grizzly Adams Wolfsburg		09.04.-25.04.15	6/0
		Grizzlys Wolfsburg		06.11.15-01.05.17	10/0
		Adler Mannheim		05.11.20-13.02.22	16/0
81.	Brückner Benedikt		S	31.03.11-21.04.18	29/1
		Straubing Tigers		31.03.11-21.04.13	10/0
		EHC Red Bull München		10.04.14-10.04.15	7/1
		Schwenninger Wild Wings		06.04.16-21.04.18	12/0
82.	Brüggemann Lars		S	10.02.96-11.04.02	55/4
		Nürnberg Ice Tigers		10.02.96-18.04.97	12/0
		Jacksonville Lizard Kings		05.11.97-11.05.98	23/3
		Krefeld Pinguine		12.02.99-21.04.00	18/1
		ESC Moskitos Essen		10.04.-11.04.02	2/0
83.	Brunnhuber Tim		S	05.02.19-08.02.24	12/1
		Ravensburg Towerstars		05.02.-06.02.19	2/0
		Straubing Tigers		07.11.19-08.02.24	10/1
84.	Buchinger Josef*	EC Bad Tölz	T	26.01.57-04.10.59	7/0
85.	Buchwieser Martin		S	12.11.10-16.04.16	33/3
		EHC München		12.11.10-27.04.12	15/2
		EHC Red Bull München		18.09.12-21.04.13	11/1

		Adler Mannheim		08.11.13-16.04.16	7/0
86.	Bugl Florian	Straubing Tigers	S	09.02.23-27.04.24	9/0
87.	Busch Florian	Eisbären Berlin	S	11.11.05-12.05.08	43/9
88.	Buschmann Erik	Iserlohn Roosters	S	06.02.-06.11.20	4/0
89.	Butenschön Sven	Adler Mannheim	S	05.11.08-23.05.10	32/0
90.	Buzas Patrick		S	07.04.07-06.04.13	12/0
		Augsburger Panther		07.04.07-25.04.08	10/0
		Thomas Sabo Ice Tigers		05.04.-06.04.13	2/0
91.	Campbell Terance „Terry"		S	12.02.-11.11.99	14/1
		Iserlohner EC		12.02.-17.04.99	12/1
		ESC Moskitos Essen		10.11.-11.11.99	2/0
92.	Carciola Fabio	Adler Mannheim	S	06.04.-03.09.06	7/1
93.	Cespiva David	Sinupret Ice Tigers	S	12.12.2007	1/0
94.	Conti Leonardo		T	13.02.99-22.04.01	17/0
		Augsburger Panther		13.02.-05.04.99	4/0
		Kassel Huskies		11.11.99-08.04.00	5/0
		Frankfurt Lions		10.11.00-22.04.01	8/0
95.	Csöngei Franz		S	03.02.39-28.03.42	7/0
		KE Engelmann Wien		03.02.-09.02.39	6/0
		Wiener EG		28.03.1942	1/0
96.	Curth Christian		S	23.03.95-05.04.96	22/0
		Augsburger Panther		23.03.-16.04.95	10/0
		EC in Hannover		03.09.95-05.04.96	12/0
97.	Daffner Thomas	Kassel Huskies	S	18.04.-11.11.01	15/5
98.	Danielsmeier Collin	Iserlohn Roosters	S	07.04.05-15.04.06	11/0
99.	Danner Simon		S	07.04.07-19.04.18	19/3
		Frankfurt Lions		07.04.-09.04.07	2/0
		DEG Metro Stars		12.11.10-13.11.12	7/1
		Schwenninger Wild Wings		06.04.16-19.04.18	10/2
100.	Daschner Stephan		S	09.04.15-27.04.19	30/2
		Düsseldorfer EG		09.04.15-08.04.18	24/1
		Straubing Tigers		11.04.-27.04.19	6/1
101.	Daubner Maximilian	EHC Red Bull München	S	07.11.19-11.11.23	8/0
102.	Deisenrieder Franz*	EC Bad Tölz	S	03.02.-27.11.61	4/2
103.	Demmer Friedrich		S	03.02.39-28.03.42	19/8
		Wiener EV		03.02.-12.02.39	8/4
		Wiener EG		11.01.-03.02.40	3/1
		Mannheimer ERC		19.02.41-28.03.42	8/3
104.	de Raaf Helmut		T	27.12.81-23.02.94	116/0
		Düsseldorfer EG		27.12.81-10.04.83	7/0
		Kölner EC		16.12.84-24.02.88	59/0
		Düsseldorfer EG		05.09.89-23.02.94	50/0
105.	Derkits Eduard		S	05.10.70-17.03.74	9/0
		EC Bad Tölz		05.10.-12.11.70	8/0
		EV Rosenheim		17.03.1974	1/0
106.	Dietrich Robert		S	07.02.07-11.05.11	38/4
		DEG Metro Stars		07.02.-30.08.07	13/3
		Milwaukee Admirals		04.05.-23.05.10	10/0
		Adler Mannheim		09.02.-11.05.11	15/1
107.	Dimbat Andreas	Berlin Capitals	S	27.03.-05.04.97	5/0
108.	Döhler Udo*	Eisbären Berlin	T	22.03.96-16.04.00	17/0
109.	Dolak Thomas		S	05.11.98-07.02.04	24/3
		Kassel Huskies		05.11.98-21.04.00	19/3
		München Barons		30.08.-01.09.01	3/0
		Hannover Scorpions		06.02.-07.02.04	2/0
110.	Doucet Benoit	Düsseldorfer EG	S	08.04.93-12.02.98	66/21
111.	Draisaitl Leon		S	10.04.14-23.05.19	56/21
	Sohn von Peter	Prince Albert Raiders		20.04.-20.05.14	15/1
		Edmonton Oilers		22.04.16-23.05.19	41/20
112.	Draisaitl Peter*		S	21.11.86-08.11.98	163/36
		Mannheimer ERC		16.12.87-01.05.90	62/9
		Kölner EC		08.11.90-07.05.92	42/7
		Kölner Haie		03.11.95-11.05.98	56/20
		ESC Moskitos Essen		05.11.-08.11.98	3/0
113.	Draxinger Tobias		S	07.04.07-14.04.11	32/0

		Eisbären Berlin		07.04.07-25.04.08	23/0
		ERC Ingolstadt		03.04.-12.04.09	4/0
		Straubing Tigers		31.03.-14.04.11	5/0
114.	Driendl Andreas	Krefeld Pinguine	S	11.12.-12.12.12	2/0
115.	Driendl Reinhold*	EV Füssen	S	21.10.-23.10.69	2/1
116.	Dück Alexander	Schwenninger Wild Wings	S	30.08.-01.09.01	3/0
117.	Dumont Lucas	Kölner Haie	S	05.02.19-14.11.21	14/1
118.	Dylla Eric	Augsburger Panther	S	07.11-11.11.01	3/0
119.	Dziambor Arkadiusz	Schwenninger Wild Wings	S	07.02.-08.02.24	2/0
120.	Eberhardt Helmut*	EC Bad Tölz	S	05.10.70-29.09.71	10/0
121.	Eberl Georg*	EC Bad Tölz	S	26.01.57-15.02.63	54/14
122.	Ebner Bernhard	Düsseldorfer EG	S	11.12.12-25.04.21	49/5
123.	Eckstein Ulrich	Krefelder EV	S	21.11.52-15.01.58	24/4
124.	Edelmann Anton „Toni"*	SC Weßling	S	08.02.-09.02.1957	2/0
125.	Edelmann Wilhelm „Witschi"*		T	18.10.57-19.02.62	19/0
	älterer Bruder von Anton	SC Weßling		18.10.57-02.02.58	4/0
		EC Bad Tölz		03.10.59-19.02.62	15/0
126.	Eder Andreas		S	10.11.17-12.11.22	18/5
	älterer Bruder von Tobias	EHC Red Bull München		10.11.-12.11.17	3/0
		Thomas Sabo Ice Tigers		07.11.19-07.02.20	5/3
		Straubing Tigers		05.11.20-29.05.21	7/1
		EHC Red Bull München		10.11.-12.11.22	3/1
127.	Eder Tobias		S	24.04.21-13.05.24	27/4
		Düsseldorfer EG		24.04.21-29.04.23	20/3
		Eisbären Berlin		09.11.23-13.05.24	7/1
128.	Egen Hans-Peter*	EV Füssen	S	19.12.-29.12.80	5/0
	älterer Bruder von Ulrich und Sohn von Markus				
129.	Egen Markus*	EV Füssen	S	18.11.51-12.03.60	104/75
130.	Egen Ulrich „Uli"*	EV Füssen	S	25.01.76-24.04.82	63/19
131.	Egger Karl-Heinz		S	21.10.69-12.12.77	100/26
		EV Füssen		21.10.69-29.01.75	96/26
		Düsseldorfer EG		08.12.-12.12.77	4/0
132.	Eggerbauer Ernst*	EV Füssen	S	27.02.54-12.03.60	56/3
133.	Eggerbauer Michael*	Mannheimer ERC	S	29.10.82-29.11.86	11/0
134.	Egginger Wilhelm „Bawa"*	SC Riessersee	T	19.12.32-19.12.42	37/0
135.	Ego Klaus	EV Füssen	S	24.01.68-27.03.71	13/3
136.	Eham Josef	Düsseldorfer EG	S	11.11.-12.11.23	2/0
137.	Ehelechner Patrick		T	10.04.08-14.12.11	11/0
		Sinupret Ice Tigers		10.04.-11.04.08	2/0
		Thomas Sabo Ice Tigers		16.04.-25.04.10	4/0
		Grizzly Adams Wolfsburg		12.11.10-14.12.11	5/0
138.	Ehl Alexander	Düsseldorfer EG	S	24.04.21-23.05.24	59/10
139.	Ehliz Yasin		S	18.12.13-23.05.24	108/30
		Thomas Sabo Ice Tigers		18.12.13-15.05.18	68/20
		EHC Red Bull München		07.05.19-23.05.24	40/10
140.	Ehrhoff Christian		S	08.11.00-25.02.18	118/15
		Krefeld Pinguine		08.11.00-07.05.03	47/4
		San Jose Sharks		22.08.-06.09.04	7/1
		Cleveland Barons		26.04.-10.05.05	8/1
		San Jose Sharks		15.02.-21.02.06	5/1
		Vancouver Canucks		17.02.-23.05.10	10/1
		Buffalo Sabres		03.05.-14.05.13	7/3
		Chicago Blackhawks		03.05.-04.09.16	14/1
		Kölner Haie		06.04.17-25.02.18	20/3
141.	Eibl Michael*	EV Landshut	S	29.10.66-21.04.72	40/7
142.	Eimansberger Johann „Huppa"*	EC Bad Tölz	S	26.01.66-14.04.73	68/14
143.	Eisenmenger Maximilian		S	24.04.21-11.11.23	4/1
		Augsburger Panther		24.04.-25.04.21	2/0
		Adler Mannheim		09.11.-11.11.23	2/1
144.	Eisenschmid Markus		S	21.04.18-06.06.21	36/8
	älterer Bruder von Nicola	Rocket de Laval		21.04.-15.05.18	10/2
	und jüngerer von Tanja	Adler Mannheim		05.02.18-06.06.21	26/6
145.	Elias Florian	Heilbronner Falken	S	05.11.-06.11.20	2/0
146.	Elsner David	ERC Ingolstadt	S	06.04.18-27.04.19	8/0
147.	Elwing Sebastian	EHC München	T	31.03.-01.04.11	2/0

148.	Endras Dennis		T	17.12.08-16.02.18	95/0
		Augsburger Panther		17.12.08-11.05.11	35/0
		HIFK Helsinki		10.02.-15.05.12	14/0
		Adler Mannheim		09.11.12-16.02.18	46/0
149.	Endreß Artur*	SC Riessersee	S	14.03.52-16.02.58	22/5
150.	Engel Alexander	Kassel Huskies	S	04.11.-05.11.94	2/0
151.	Englbrecht Bernhard „Bernie"*	EV Landshut	T	03.04.77-24.03.86	84/0
152.	Enzler Karl	SC Riessersee	S	11.01.52-07.03.54	31/3
153.	Ertl Hans	Berliner SSC	S	01.02.-03.02.40	2/0
154.	Evtushevski Greg		S	02.04.94-11.02.96	12/2
		Krefelder EV		02.04.94-02.05.94	10/2
		Kassel Huskies		10.02.-11.02.96	2/0
155.	Fauser Gerrit		S	11.12.12-23.05.19	52/0
		Hannover Scorpions		11.12.12-06.04.13	4/0
		Grizzly Adams Wolfsburg		17.12.13-06.02.15	3/0
		Grizzlys Wolfsburg		29.04.16-23.05.19	45/0
156.	Feistritzer Walter		S	03.02.39-19.12.42	20/10
		Wiener EV		03.02.-12.02.39	8/5
		Wiener EG		11.01.-03.02.40	3/0
		Mannheimer ERC		19.02.41-19.12.42	9/5
157.	Felski Sven	Eisbären Berlin	S	03.02.94-23.05.10	160/21
158.	Feser Till		S	16.12.92-03.11.96	19/2
		Berliner SC Preußen		16.12.-21.12.92	4/0
		Adler Mannheim		23.03.95-03.11.96	15/2
159.	Festerling Garrett	Hamburg Freezers	S	13.12.11-18.12.13	15/3
160.	Fical Petr		S	06.02.04-12.04.09	95/12
		Nürnberg Ice Tigers		06.02.04-30.04.06	59/6
		Sinupret Ice Tigers		03.09.06-12.04.09	36/6
161.	Ficenec Jakub	ERC Ingolstadt	S	06.11.09-23.02.10	8/0
162.	Fießinger Daniel	EHC Red Bull München	T	06.02.-07.11.20	4/0
163.	Fischbuch Daniel		S	07.11.19-28.05.23	50/12
		Thomas Sabo Ice Tigers		07.11.-10.11.19	3/1
		Düsseldorfer EG		05.11.20-28.05.23	35/9
		Adler Mannheim		11.04.-23.05.24	12/2
164.	Fischer Christopher		S	21.04.10-17.12.13	29/4
		Grizzly Adams Wolfsburg		21.04.10-15.05.12	28/4
		Adler Mannheim		17.12.2013	1/0
165.	Fischer Kai		T	27.03.97-11.05.98	19/0
		Düsseldorfer EG		27.03.-18.04.97	8/0
		REV Bremerhaven		11.04.-11.05.98	11/0
166.	Fischer Karl*	EV Füssen	T	03.12.54-04.03.55	5/0
167.	Fischer Ronald Alexander „Ron"		S	16.12.87-05.11.94	63/8
		SB DJK Rosenheim		16.12.87-07.05.92	61/8
		Star Bulls Rosenheim		04.11.-05.11.94	2/0
168.	Fischhaber Simon	Thomas Sabo Ice Tigers	S	31.03.-01.04.11	2/2
169.	Flaake Jerome		S	13.11.10-06.11.16	46/5
		Hamburg Freezers		13.11.10-19.05.16	43/5
		EHC Red Bull München		04.11.-06.11.16	3/0
170.	Fleischer Tim	Nürnberg Ice Tigers	S	14.04.22-08.02.24	17/2
171.	Floßmann Adolf „Adi"*	EC Bad Tölz	S	20.11.-27.11.61	4/2
172.	Fohrler Tobias		S	05.02.19-21.05.24	33/0
		EVZ Academy		05.02.-06.02.19	2/0
		HC Ambri-Piotta		06.02.20-21.05.24	31/0
173.	Francz Robert	Frankfurt Lions	S	10.04.-20.04.02	6/1
174.	Franke Peter*		T	21.07.90-01.04.95	10/0
		Mannheimer ERC		21.07.-03.08.90	6/0
	ESG Sachsen „Die Füchse" Weißwasser/Chemnitz			24.03.-01.04.95	4/0
175.	Franz Christian		S	05.02.03-08.04.06	8/0
		Iserlohn Roosters		05.02.-20.04.03	6/0
		Nürnberg Ice Tigers		06.04.-08.04.06	2/0
176.	Franz Georg		S	01.04.85-21.12.95	140/27
		SB DJK Rosenheim		01.04.85-07.05.92	98/20
		EC Hedos München		06.11.93-26.02.94	30/5
		EV Landshut		27.08.94-21.12.95	12/2
177.	Franzreb Maximilian	Fischtown Pinguins Bremerhaven	T	13.04.-28.04.23	3/0

178.	Fries Lorenz „Lori"*	SC Riessersee	S	01.01.55-02.02.58	7/1
179.	Friesen Karl	SB DJK Rosenheim	T	05.04.81-22.02.92	117/0
180.	Fritz George*	Schwenninger ERC	S	19.12.85-17.12.88	27/4
181.	Fritzmeier Franz-David	Jungadler Mannheim	S	04.04.-08.04.00	4/0
182.	Frütel Christian	Düsseldorfer EG	T	16.12.-21.12.92	4/0
183.	Fuchs Andrej	EC Ratingen „Die Löwen"	S	05.02.-07.02.96	3/0
184.	Funk Franz-Xaver*		T	28.09.71-23.03.75	34/0
		Augsburger EV		28.09.71-21.04.72	7/0
		Berliner SSC		23.02.74-23.03.75	27/0
185.	Funk Lorenz		S	26.01.66-26.04.79	231/57
	älterer Bruder von Franz-Xaver	EC Bad Tölz		26.01.66-21.04.72	112/27
	und Vater von Lorenz jun.	Berliner SSC		21.11.72-26.04.79	119/30
186.	Funk Lorenz jun.*		S	07.11.91-08.04.00	21/0
		EV Landshut		07.11.-10.11.91	2/0
		Düsseldorfer EG		04.02.93-14.04.96	9/0
		Eisbären Berlin		11.04.97-08.04.00	10/0
187.	Furchner Sebastian		S	07.11.03-15.05.12	54/8
		Kölner Haie		07.11.03-10.02.08	38/8
		Grizzly Adams Wolfsburg		17.12.08-15.05.12	16/0
188.	Gailer Peter*	SC Riessersee	S	19.12.80-24.04.82	34/4
189.	Gandorfer Thomas*	EV Landshut	S	27.03.-12.12.83	10/0
190.	Gawanke Leon		S	05.11.20-26.05.22	25/2
		Eisbären Berlin		05.11.-08.11.20	3/0
		Manitoba Moose		21.05.21-28.05.23	22/2
191.	Gawlik Christoph		S	20.04.06-15.04.11	19/6
		Eisbären Berlin		20.04.-11.11.06	10/4
		Frankfurt Lions		10.02.-24.04.10	5/1
		ERC Ingolstadt		06.04.-15.04.11	4/1
192.	Gegenfurtner Christian		S	03.02.94-09.11.97	11/0
		SB DJK Rosenheim		03.02.-06.02.94	2/0
		Star Bulls Rosenheim		23.03.95-09.11.97	9/0
193.	Gehrig Mario	Adler Mannheim	S	05.02.-03.11.96	9/1
194.	Geibel Korbinian	Eisbären Berlin	S	07.02.-08.02.24	2/0
195.	Genze Alexander		S	04.11.94-05.11.95	5/0
		Maddogs München		04.11.-05.11.94	2/0
		Kölner Haie		03.11.-05.11.95	3/0
196.	George Werner		S	03.02.34-13.02.36	10/2
		VfTSS Brandenburg Berlin		03.02.-04.03.34	8/2
		Berliner SSC		12.02.-13.02.36	2/0
197.	Gmeiner Manfred*		S	20.11.61-20.02.68	47/10
		EV Füssen		20.11.61-02.01.65	32/8
		Mannheimer ERC		12.01.-20.02.68	15/2
198.	Gnyp Simon	EC Bad Nauheim	S	05.11.-06.11.20	2/1
199.	Goc Marcel		S	08.11.00-25.02.18	112/17
	jüngerer Bruder von Sascha	Schwenninger Wild Wings		08.11.00-06.02.02	19/1
	und	Adler Mannheim		07.02.-07.05.03	16/3
	älterer Bruder von Nikolai	San Jose Sharks		22.08.-06.09.04	6/3
		Cleveland Barons		26.04.-10.05.05	8/2
		San Jose Sharks		15.02.06-12.05.08	8/1
		Nashville Predators		17.02.-23.05.10	14/4
		Florida Panthers		04.05.12-14.05.13	14/0
		Adler Mannheim		06.04.16-25.02.18	27/3
200.	Goc Nikolai		S	05.11.08-30.04.16	89/5
		Hannover Scorpions		05.11.08-23.05.10	18/1
		Adler Mannheim		12.11.10-30.04.16	71/4
201.	Goc Sascha		S	11.04.98-07.11.07	70/8
		Schwenninger Wild Wings		11.04.-11.05.98	14/1
		Adler Mannheim		06.11.02-14.11.04	35/0
		Hannover Scorpions		09.11.05-07.11.07	21/7
202.	Gogulla Philip		S	15.04.06-12.05.17	158/29
		Kölner Haie		15.04.06-04.05.09	61/12
		Portland Pirates		04.05.-23.05.10	8/1
		Kölner Haie		12.11.10-12.05.17	89/16
203.	Goldmann Erich		S	05.02.96-12.11.06	128/6
		Adler Mannheim		05.02.-01.05.96	20/1

		Kaufbeurer Adler		18.08.96-09.05.97	25/1
		Worcester IceCats		02.02.-11.05.98	17/0
		Grand Rapids Griffins		12.04.-21.04.00	7/1
		ESC Moskitos Essen		08.11.00-07.05.02	46/3
		ERC Ingolstadt		06.11.-10.11.02	3/0
		Iserlohn Roosters		01.04.04-12.11.06	10/0
204.	Gotsch Klaus	EV Landshut	S	29.10.82-09.04.83	6/2
205.	Gregory Peter*	Düsseldorfer EG	S	29.11.1964	1/0
206.	Greilinger Thomas		S	04.04.00-06.11.16	121/20
		Deggendorfer EC		04.04.-21.04.00	11/4
		Schwenninger Wild Wings		08.11.00-08.05.01	19/4
		Nürnberg Ice Tigers		10.04.02-04.05.04	28/2
		ERC Ingolstadt		03.04.09-06.11.16	63/10
207.	Grein André	Krefelder EV	S	02.04.1994	1/0
208.	Greiss Thomas		T	09.11.05-18.05.17	30/0
		Kölner Haie		09.11.05-30.04.06	14/0
		San Jose Sharks		17.02.-23.02.10	4/0
		New York Islanders		12.05.16-18.05.17	12/0
209.	Gröger Rudolf*	EV Füssen	S	14.11.62-20.12.64	9/0
210.	Groß Gottfried*	EV Füssen	S	18.02.65-10.03.66	20/4
211.	Grubauer Philipp		T	26.04.14-23.05.24	36/0
		Washington Capitals		26.04.14-18.05.17	16/0
		Colorado Avalanche		14.05.-23.05.19	3/0
		Seattle Kraken		08.05.22-23.05.24	17/0
212.	Gruber Alexander	SC Riessersee	S	24.01.27-29.01.29	6/0
213.	Grygiel Adrian		S	09.02.05-08.04.11	6/3
		Krefeld Pinguine		09.02.-13.02.05	3/0
		Thomas Sabo Ice Tigers		31.03.-08.04.11	3/3
214.	Gschwill Timo	ESV Kaufbeuren	S	03.02.-02.04.94	3/0
215.	Guggemos Georg*	EV Füssen	S	18.11.51-16.01.55	27/10
216.	Gulda Peter	EV Landshut	S	03.02.-04.11.94	16/0
217.	Guttowski Bruno „Bubi"		S	11.01.52-20.12.57	57/15
		Krefelder EV		11.01.52-06.03.55	46/14
		Mannheimer ERC		21.01.55-20.12.57	11/1
218.	Haas Erwin*	Krefelder EV	S	24.09.-25.09.71	2/0
219.	Haase Henry	Eisbären Berlin	S	10.04.14-25.04.15	8/0
220.	Hackert Michael		S	04.02.04-04.05.09	62/11
		Frankfurt Lions		04.02.04-07.05.07	27/4
		Adler Mannheim		29.08.07-04.05.09	35/7
221.	Hänelt Haakon	Eisbären Berlin	S	05.11.-06.11.20	2/1
222.	Hafenrichter Jaroslav	Augsburger Panther	S	06.04.-19.04.18	5/0
223.	Haffner Rolf	Berliner SSC	S	17.02.-27.02.37	9/0
224.	Hager Patrick		S	10.04.08-15.02.22	152/28
		Krefeld Pinguine		10.04.08-14.04.12	53/4
		ERC Ingolstadt		18.09.12-11.05.15	34/7
		Kölner Haie		06.11.15-18.05.17	33/9
		EHC Red Bull München		11.11.17-15.02.22	32/8
225.	Hahn Karl	EC Oberstdorf	S	26.11.64-12.03.65	12/1
226.	Handrick Jörg (DDR)	EV Landshut	S	16.12.92-14.04.96	36/5
227.	Hane Hendrik	Düsseldorfer EG	T	05.11.20-14.11.21	4/0
228.	Hanft Jörg*		S	26.03.87-05.11.95	24/0
		Mannheimer ERC		26.03.87-30.12.88	14/0
		Adler Mannheim		23.03.-05.11.95	10/0
229.	Hanig Gustav*	EV Füssen	S	20.12.64-30.03.74	112/51
230.	Hantschke Ralf (DDR)		S	08.11.90-07.02.96	13/2
		PEV Weißwasser		08.11.-11.11.90	3/0
		EV Landshut		07.11.92-07.02.96	10/2
231.	Hart Mathias	DEG Metro Stars	S	05.02.2003	1/0
232.	Hartelt Georg*	SC Riessersee	S	04.01.70-10.01.71	23/15
233.	Hecht Jochen		S	14.04.96-24.02.10	92/24
		Adler Mannheim		02.09.95-11.05.98	50/12
		Edmonton Oilers		15.02.-20.02.02	4/1
		Buffalo Sabres		15.04.04-06.09.04	16/6
		Adler Mannheim		10.04.04-10.05.05	12/4
		Buffalo Sabres		24.04.09-23.02.10	10/1

234.	Heckelsmüller Horst*	ESV Kaufbeuren	S	03.04.85-08.04.86	17/2
235.	Hegen Dieter „Didi"		S	27.11.81-07.11.98	302/117
	jüngerer Bruder von Gerhard	ESV Kaufbeuren		27.11.81-27.04.86	93/35
		Kölner EC		26.03.87-30.04.89	52/21
		Düsseldorfer EG		04.09.89-07.05.92	55/24
		EC Hedos München		06.11.92-26.02.94	27/17
		Maddogs München		27.08.-05.11.94	4/0
		Düsseldorfer EG		09.04.95-11.05.98	69/20
		Star Bulls Rosenheim		05.11.-07.11.98	2/0
236.	Hegen Gerhard*	ESV Kaufbeuren	T	29.10.-21.12.82	4/0
237.	Heidt Michael „Mike"*		S	13.12.88-09.02.97	48/8
		Schwenninger ERC		13.12.-17.12.88	4/0
		SB DJK Rosenheim		07.11.91-07.05.92	22/3
		EV Landshut		20.12.95-09.02.97	22/5
238.	Heigl Nikolaus	EHC Red Bull München	S	07.02.-08.02.24	2/0
239.	Heinrich Alfred	VfTSS Brandenburg Berlin	S	09.02.30-13.02.32	8/0
240.	Heinrich Robert*	SC Riessersee	S	08.12.77-10.04.79	7/1
241.	Heiß Joseph „Peppi"*		S	29.12.88-08.11.98	147/0
	Cousin von Sterflinger Robert	Kölner EC		29.12.88-02.05.94	80/0
		Kölner Haie		27.08.94-08.11.98	67/0
242.	Held Daniel „Danny"		S	26.03.87-17.12.88	20/6
		ECD Iserlohn		26.03.-02.05.87	16/4
		SG Eintracht Frankfurt		13.12.-17.12.88	4/2
243.	Hellwig Wolfgang*	SB DJK Rosenheim	S	20.12.78-23.03.79	5/0
244.	Herbst Wolf	Krefelder EV	T	22.11.1972	1/0
245.	Herker Erich	VfTSS Brandenburg Berlin	S	28.01.29-20.03.32	13/1
246.	Herzig Bernd*		S	03.02.61-08.02.64	17/2
		SC Riessersee		03.02.-11.03.61	7/4
		SG Nürnberg		22.11.63-08.02.64	10/1
247.	Hessler Vincent	Eisbären Berlin	S	05.02.-06.02.19	2/0
248.	Hiemer Jörg*		S	19.12.80-29.11.81	18/3
	älterer Bruder von Ulrich	EV Füssen		19.12.80-25.04.81	16/3
		Kölner EC		27.11.-29.11.81	2/0
249.	Hiemer Ulrich „Uli"		S	28.03.81-30.04.95	161/13
		EV Füssen		28.03.-25.04.81	10/0
		Kölner EC		27.11.81-17.02.84	41/3
		New Jersey Devils		22.08.84-02.05.85	18/3
		Düsseldorfer EG		16.12.87-30.04.95	92/7
250.	Hilger Raimond*		S	04.09.89-14.04.96	124/26
		SB DJK Rosenheim		04.09.89-07.05.92	62/12
		EC Hedos München		06.11.92-02.05.94	37/11
		Star Bulls Rosenheim		27.08.94-14.04.96	25/3
251.	Hiller Guido (DDR)	EHC Dynamo Berlin	S	07.12.-08.12.90	2/0
252.	Hillmann Reinhard	VfTSS Brandenburg Berlin	S	19.12.1942	1/1
253.	Hinterstocker Hermann*		S	08.04.76-28.12.81	76/12
		EV Rosenheim		08.04.76-07.05.77	27/4
		Düsseldorfer EG		08.12.77-26.04.79	36/6
		Berliner SSC		03.01.80-28.12.81	13/2
254.	Hinterstocker Martin		S	21.11.72-28.12.81	100/32
	älterer Bruder von Hermann	SC Riessersee		21.11.72-30.03.74	25/14
	und Vater von Martin jr.	Berliner SSC		29.10.74-14.02.76	27/7
		EV Rosenheim		04.01.-05.01.77	2/0
		Berliner SSC		08.02.77-28.12.81	46/11
255.	Hinterstocker Martin jr.	EHC Red Bull München	S	11.12.12-06.04.13	4/1
256.	Hobelsberger Michael „Mike"*	SC Riessersee	T	16.12.57-12.03.65	46/0
257.	Hock Robert		S	05.11.93-11.04.08	27/1
		SB DJK Rosenheim		05.11.93-02.04.94	8/1
		Star Bulls Rosenheim		27.08.94-01.04.95	8/0
		Revierlöwen Oberhausen		13.11.99-11.11.01	9/0
		Iserlohn Roosters		10.04.-11.04.08	2/1
258.	Höfflin Mirko		S	10.04.14-30.04.22	36/2
		Adler Mannheim		10.04.14-06.02.15	5/0
		Straubing Tigers		06.04.-17.04.16	4/0
		Adler Mannheim		06.04.-08.04.17	2/0
		Schwenninger Wild Wings		06.04.18-18.04.19	19/1

		ERC Ingolstadt		14.04.-30.04.22	6/1
259.	Höfner Ernst		S	25.01.76-02.05.87	139/41
		Augsburger EV		25.01.76-25.03.79	6/0
		SC Riessersee		03.01.80-24.04.82	43/15
		SB DJK Rosenheim		16.12.82-02.05.87	90/26
260.	Hölscher Henrik	Nürnberg Ice Tigers	S	22.03.-03.11.96	7/0
261.	Hördler Frank	Eisbären Berlin	S	09.11.05-25.02.18	124/9
	Sohn von Jochen (DDR)				
262.	Hoffmann Alfred „Eipe"*		T	13.02.38-03.02.56	27/0
		SV Zehlendorfer Wespen 1911		13.02.38-11.02.39	10/0
	KG BFC Preußen/SV Zehlendorfer Wespen 1911			11.01.-03.02.40	2/0
		TTC Rot-Weiß Berlin		19.02.41-28.03.42	3/0
		SC Riessersee		18.11.51-03.02.56	12/0
263.	Hofherr Anton „Dago"*		S	26.02.69-23.03.75	71/18
	älterer Bruder von Franz	SC Riessersee		26.02.69-30.03.74	58/14
		Berliner SSC		29.10.74-23.03.75	13/4
264.	Hofherr Franz*	SC Riessersee	S	04.01.70-29.09.71	24/6
265.	Hohenadl Frank	Star Bulls Rosenheim	S	12.02.99-08.04.00	16/1
266.	Hoja Dieter*	TuS Eintracht Dortmund 1848	S	20.11.61-18.02.65	5/0
267.	Holderied Engelbert	EV Füssen	S	21.11.51-16.02.52	7/0
268.	Holland Jason		S	29.08.07-08.11.09	20/2
		ERC Ingolstadt		29.08.07-05.05.08	17/1
		DEG Metro Stars		06.11.-08.11.09	3/1
269.	Holzer Korbinian		S	17.12.08-26.05.22	91/6
		DEG Metro Stars		17.12.08-22.05.10	23/0
		Toronto Marlies		15.04.-11.05.11	9/1
		Anaheim Ducks		07.05.16-23.05.19	31/2
		Avtomobilist Yekaterinburg		05.11.20-06.06.21	17/2
		Adler Mannheim		10.02.-26.05.22	11/1
270.	Holzmann Georg*		S	27.11.81-30.04.95	127/17
		EV Füssen		27.11.81-27.12.81	7/0
		Schwenninger ERC		19.12.85-27.04.86	14/3
		Mannheimer ERC		21.11.86-28.02.88	32/5
		Berliner SC Preußen		02.09.88-30.04.95	74/9
271.	Holzmann Thomas	Augsburger Panther	S	05.11.16-15.04.18	11/1
272.	Hommel Christian		S	05.02.03-23.04.05	17/0
		Iserlohn Roosters		05.02.03-07.05.03	11/0
		Kassel Huskies		07.04.-23.04.05	6/0
273.	Hoppe Matthias*		T	05.01.80-23.04.89	34/0
		Berliner SSC		05.01.80-28.12.81	11/0
		Schwenninger ERC		16.12.84-23.04.89	23/0
274.	Hospelt Kai		S	08.11.06-23.04.17	115/19
		Kölner Haie		08.11.06-07.02.07	4/1
		Grizzly Adams Wolfsburg		05.11.08-10.02.13	71/13
		Adler Mannheim		06.02.14-08.11.15	32/5
		Kölner Haie		04.11.16-23.04.17	8/0
275.	Huber Johannes „Hans"*		S	28.02.53-12.03.60	65/15
		EV Rosenheim		28.02.-01.03.53	2/0
		SC Riessersee		05.12.54-12.03.60	63/15
276.	Huber Karl	EV Landshut	T	21.11.72-25.01.76	10/0
277.	Huber Oswald	EV Füssen	S	10.12.53-16.01.55	15/4
278.	Hubner Manfred*	ESV Kaufbeuren	S	26.01.66-10.12.69	15/2
279.	Hüttl Leon		S	06.02.20-04.05.24	23/1
		Löwen Frankfurt		06.02.-07.02.20	2/0
		ERC Ingolstadt		14.04.22-04.05.24	21/1
280.	Hungerecker Leon	Nürnberg Ice Tigers	T	11.11.-12.11.23	2/0
282.	Hungerecker Phil		S	08.11.18-20.04.24	8/1
	älterer Bruder von Leon	Adler Mannheim		08.11.18-06.02.19	5/0
		Schwenninger Wild Wings		11.04.-20.04.24	3/1
283.	Huß Johannes		S	06.02.20-30.04.22	12/0
		Düsseldorfer EG		06.02.-07.02.20	2/0
		Schwenninger Wild Wings		24.04.21-30.04.22	10/0
284.	Hynes Wayne		S	08.11.00-09.11.03	42/6
		Adler Mannheim		08.11.00-09.02.03	39/6
		Hamburg Freezers		07.11.-09.11.03	3/0

285.	Jablonski Kurt (DDR)	TuS Eintracht Dortmund 1848	S	15.01.58-27.11.61	4/2
286.	Jaenecke Gustav	Berliner SSC	S	24.01.27-19.12.42	82/43
287.	Jahn Werner*	Mannheimer ERC	S	30.10.81-30.10.82	4/1
288.	Jahnke Charlie		S	05.02.19-07.02.20	4/0
		Eisbären Berlin		05.02.-06.02.19	2/0
		Düsseldorfer EG		06.02.-07.02.20	2/0
289.	Janka Markus	Schwenninger Wild Wings	T	10.04.-05.05.02	8/0
290.	Jansen Ulrich „Uli"	Krefelder EV	T	21.11.51-18.02.65	73/0
291.	Jenike Andreas		T	05.04.13-30.04.22	19/0
	Ehemann von Ronja	Thomas Sabo Ice Tigers		05.04.13-23.04.16	9/0
		Iserlohn Roosters		29.04.21-30.04.22	10/0
292.	Jentzsch Taro		S	05.11.20-08.02.24	15/1
		Iserlohn Roosters		05.11.20-08.05.22	11/1
		Adler Mannheim		08.02.-09.02.23	2/0
		Iserlohn Roosters		07.02.-08.02.24	2/0
293.	Jochems Günther		S	14.03.52-15.01.58	51/4
		KTSV Preußen 1855 Krefeld		14.03.1952	1/0
		Krefelder EV		09.12.53-15.01.58	50/4
294.	Jonas Oliver		T	06.11.02-05.05.07	42/0
	Jüngerer Bruder von Isabel	Eisbären Berlin		06.11.02-05.05.05	33/0
		Kölner Haie		09.02.-05.05.07	9/0
295.	Jung Alexander		T	12.04.01-10.04.08	40/0
		Eisbären Berlin		12.04.-13.04.01	2/0
		DEG Metro Stars		05.02.03-12.11.05	33/0
		Hannover Scorpions		08.11.06-10.04.08	5/0
296.	Kaczmarek Günther*	Krefelder EV	S	03.04.-17.04.77	4/1
297.	Kadow Harald*	Düsseldorfer EG	S	14.03.-21.04.72	15/2
298.	Kadow Werner	KTSV Preußen 1855 Krefeld	S	15.01.58-01.03.59	6/1
	älterer Bruder von Harald und Vater von Werner jr.				
299.	Kadow Werner jr.	VfL Bad Nauheim	S	30.11.73-23.11.74	4/0
300.	Kälble Lukas	Fischtown Pinguins Bremerhaven	S	09.11.23-23.05.24	13/3
301.	Kahun Dominik		S	10.04.10-23.05.24	101/22
		Sudbury Wolves		10.04.-06.05.14	6/0
		EHC Red Bull München		06.11.15-15.05.18	45/9
		Chicago Blackhawks		25.04.-23.05.19	11/2
		Edmonton Oilers		31.05.-06.06.21	5/0
		SC Bern		10.02.22-23.05.24	34/11
302.	Kammerer Axel*		S	16.12.84-22.02.92	135/16
	Vater von Maximilian	SB DJK Rosenheim		16.12.84-02.05.87	58/9
		Berliner SC Preußen		28.12.87-22.02.92	77/7
303.	Kammerer Maximilian		S	06.04.17-12.11.23	32/3
		Düsseldorfer EG		06.04.17-25.04.21	22/2
		Kölner Haie		10.11.22-12.11.23	10/1
304.	Kappelmeier Richard*	SC Riessersee	S	16.12.-20.12.57	3/0
305.	Karachun Alexander	Schwenninger Wild Wings	S	14.04.22-13.04.24	16/4
306.	Karrer Julius	Nürnberg Ice Tigers	S	24.04.21-27.04.24	17/0
307.	Kasper Oliver*	Düsseldorfer EG	S	21.07.-02.08.90	5/0
308.	Kastner Maximilian	EHC Red Bull München	S	04.11.16-28.05.23	49/5
309.	Kathan Klaus		S	27.03.97-21.02.06	154/30
		Berlin Capitals		27.03.97-13.04.98	13/4
		Star Bulls Rosenheim		05.11.98-21.04.00	31/7
		Kassel Huskies		08.11.00-07.05.02	46/15
		Adler Mannheim		07.02.03-04.05.04	34/3
		DEG Metro Stars		22.08.04-21.02.06	30/1
310.	Katzur Günther (DDR)	Mannheimer ERC	T	01.12.1964	1/0
311.	Kaufmann Evan	DEG Metro Stars	S	10.02.-15.05.12	17/1
312.	Kaufmann Theo		T	03.02.34-25.02.37	6/0
		VfTSS Brandenburg Berlin		03.02.34-30.03.35	4/0
		Berliner SSC		19.02.-25.02.37	2/0
313.	Kehle Anton „Toni"*	EV Füssen	T	26.01.66-07.05.77	116/0
314.	Kehle Markus		S	16.04.94-23.03.96	4/0
	Sohn von Anton	Düsseldorfer EG		16.04.-17.04.94	2/0
		Nürnberg Ice Tigers		22.03.-23.03.96	2/0
315.	Keil Bernhard	Straubing Tigers	S	05.04.-06.04.13	2/0
316.	Kelch Günther „Timmy"	SV Zehlendorfer Wespen 1911	S	17.02.-19.12.37	7/0

317.	Keller Florian		S	21.03.96-11.05.98	36/12
		Star Bulls Rosenheim		21.03.-17.04.96	8/7
		Adler Mannheim		18.08.96-23.04.97	12/4
		Augsburger Panther		05.11.97-11.05.98	16/1
318.	Keller Helmut*		S	24.09.71-30.03.74	31/2
		EC Bad Tölz		24.09.-28.09.71	2/0
		VfL Bad Nauheim		21.11.72-30.03.74	29/2
319.	Kessler Roman		S	03.02.34-02.03.41	19/2
		EV Füssen		03.02.34-05.02.35	4/0
		Düsseldorfer EG		17.02.37-02.03.41	15/2
320.	Kettemer Florian		S	12.11.10-18.04.15	29/1
		Augsburger Panther		12.11.10-14.12.11	11/1
		Adler Mannheim		05.04.-18.12.13	9/0
		EHC Red Bull München		07.11.14-18.04.15	9/0
321.	Kienaß Torsten (DDR)		S	07.11.91-14.11.99	105/6
		EHC Dynamo Berlin		07.11.91-25.04.92	7/0
		EC Ratingen „Die Löwen"		06.11.92-27.04.93	23/2
		Düsseldorfer EG		05.11.93-01.05.96	53/3
		Nürnberg Ice Tigers		18.08.96-09.05.97	18/1
		ESC Moskitos Essen		10.11.-14.11.99	4/0
322.	Kießling Udo		S	21.11.72-19.04.92	325/46
	Sohn von Gerhard (DDR)	SC Riessersee		21.11.72-14.04.73	14/0
		Augsburger EV		02.11.73-30.03.74	14/1
		EV Rosenheim		12.10.74-24.04.76	36/1
		Kölner EC		21.12.76-26.04.79	48/7
		Düsseldorfer EG		30.01.80-24.04.82	24/7
		Kölner EC		16.12.82-19.04.92	189/30
323.	Kinder Nino	Eisbären Berlin	S	05.11.-06.11.20	2/1
324.	Kink Andreas*	SC Riessersee	S	06.01.1970	1/1
325.	Kink Georg*		S	04.01.70-23.03.75	46/1
	Bruder von Andreas und	Augsburger EV		04.01.70-30.03.74	30/0
	Vater von Marcus	Düsseldorfer EG		12.10.74-23.03.75	16/1
326.	Kink Marcus	Adler Mannheim	S	09.02.05-11.11.18	139/16
327.	Kittel Wolfgang	Berliner SSC	S	08.02.-09.02.28	2/0
328.	Klatt Werner*	EV Landshut	S	24.01.76-07.05.77	29/3
329.	Klaus Josef*		S	27.11.81-10.04.83	5/1
		Augsburger EV		27.11.-29.11.81	2/1
		SB DJK Rosenheim		04.04.-10.04.83	3/0
330.	Kleber Fritz*	EV Füssen	S	28.02.54-16.01.55	8/0
331.	Klein Adrian	Straubing Tigers	S	07.02.-08.02.24	2/0
332.	Klenner Sebastian		S	10.11.99-01.09.01	23/1
		Revierlöwen Oberhausen		10.11.99-21.04.00	13/1
		Augsburger Panther		08.11.00-20.04.01	7/0
		Revierlöwen Oberhausen		30.08.-01.09.01	3/0
333.	Klett Anton „Toni"	EC Bad Tölz	T	29.10.66-15.03.67	7/0
334.	Klinge Manuel		S	29.08.07-15.04.11	24/5
		Kassel Huskies		29.08.07-23.02.10	20/5
		Adler Mannheim		06.04.-15.04.11	4/0
335.	Klotz Helmut*	SC Riessersee	S	29.10.66-28.03.67	8/2
336.	Knauss Günther „Moses"*	EV Füssen	T	05.03.65-10.12.69	44/0
337.	Knihs Rolf „Pilo"	VfL Bad Nauheim	S	30.11.73-29.01.75	23/4
338.	Köberle Walter*		S	30.01.68-13.05.78	77/21
		ESV Kaufbeuren		30.01.68-10.12.69	12/4
		Düsseldorfer EG		04.01.72-13.05.78	65/17
339.	Kögel Karl		S	20.01.35-19.12.42	29/10
		EV Füssen		20.01.-27.01.35	5/1
		SC Riessersee		06.02.36-19.12.42	24/9
340.	Köhler Mick	Augsburger Panther	S	09.11.-12.11.23	3/0
341.	Kölzig Olaf		T	20.08.96-19.02.06	36/0
		Washington Capitals		20.08.96-06.09.04	29/0
		Eisbären Berlin		09.02.-13.02.05	4/0
		Washington Capitals		15.02.-19.02.06	3/0
342.	Köpf Ernst "Gori"*		S	03.10.59-24.04.76	158/84
	Vater von Ernst jr.	EV Füssen		03.10.59-12.03.66	73/36
		Augsburger EV		01.10.67-08.11.70	46/29

		Berliner SSC		12.10.74-24.04.76	39/19
343.	Köpf Ernst jr.		S	08.11.89-13.04.96	73/20
		Kölner EC		08.11.89-07.05.92	47/10
		Düsseldorfer EG		16.12.92-13.04.96	26/10
344.	Köppchen Patrick		S	04.04.00-11.05.15	53/1
		Erding Jets		04.04.-08.11.00	3/0
		München Barons		07.11.01-07.05.02	14/0
		Hamburg Freezers		06.11.02-08.02.04	14/0
		Hannover Scorpions		10.11.04-15.04.06	9/0
		Hamburg Freezers		12.04.-26.04.13	6/1
		ERC Ingolstadt		02.05.-11.05.15	7/0
345.	Körber Daniel		S	17.04.97-13.04.98	9/1
		Adler Mannheim		17.04.-18.04.97	2/1
		Revierlöwen Oberhausen		05.11.97-13.04.98	7/0
346.	Köttstorfer Rainer		S	07.02.07-14.11.10	16/0
		Krefeld Pinguine		07.02.-09.04.07	6/0
		Hannover Scorpions		07.11.07-25.04.08	7/0
		Hamburg Freezers		12.11.-14.11.10	3/0
347.	Kofler Manuel		S	12.04.01-19.04.06	10/0
		Iserlohn Roosters		12.04.-01.09.01	5/0
		Augsburger Panther		06.04.-19.04.06	5/0
348.	Kohl Benedikt		S	12.11.10-05.11.16	76/2
		Augsburger Panther		12.11.10-15.04.11	12/0
		Grizzly Adams Wolfsburg		11.11.11-18.05.14	43/1
		ERC Ingolstadt		05.02.14-05.11.16	21/1
349.	Kohmann Christian	ESC Moskitos Essen	S	10.11.-11.11.99	2/0
350.	Kopitz Lasse		S	04.04.00-19.04.07	77/6
		EV Duisburg		04.04.-05.04.00	2/1
		Iserlohn Roosters		10.04.-07.05.03	10/2
		Nürnberg Ice Tigers		05.11.03-10.05.05	42/2
		Kölner Haie		09.11.05-19.04.07	23/1
351.	Kossmann Reiner (DDR)	KTSV Preußen 1855 Krefeld	S	09.12.53-02.02.56	16/3
352.	Korff Werner	Berliner SSC	S	14.01.31-27.01.35	24/0
353.	Kosturik Mark		S	09.04.95-12.11.00	25/8
		Berliner SC Preußen		09.04.-16.04.95	3/0
		Preußen Devils Berlin		02.09.95-11.02.96	8/3
		Hannover Scorpions		04.04.-12.11.00	14/5
354.	Kotschnew Dimitrij		T	10.04.02-08.02.13	78/0
		Iserlohn Roosters		10.04.02-07.05.07	31/0
		Sinupret Ice Tigers		29.08.07-10.05.08	10/0
		HK Spartak Moskva		03.04.09-22.05.10	21/0
		HK Atlant Moskovskaya oblast		10.02.-15.05.12	13/0
		Hamburg Freezers		10.11.12-08.02.13	3/0
355.	Krämmer Nicolas		S	05.02.15-15.02.22	64/5
		Hamburg Freezers		05.02.15-30.04.16	24/2
		Kölner Haie		04.11.16-15.05.18	23/3
		Adler Mannheim		10.11.18-15.02.22	17/0
356.	Kramarczyk Manfred*	Krefelder EV	S	20.11.-27.11.61	3/0
357.	Kramer René	EHC München	S	31.03.-01.04.11	2/0
358.	Kraus Mikael	Bodens IK	S	05.02.-23.03.96	6/0
359.	Krauß Philipp	ERC Ingolstadt	S	08.02.23-27.04.24	11/1
360.	Krawinkel Markus	Krefeld Pinguine	S	05.11.97-13.04.98	6/0
361.	Kreis Harold*	Mannheimer ERC	S	23.03.79-10.11.91	187/16
362.	Kreisel Franz	SC Riessersee	S	24.01.27-14.01.31	17/0
363.	Kremershof Lothar „Lola"*	Krefelder EV	S	21.11.-22.11.72	2/0
364.	Kremershof Walter*	KTSV Preußen 1855 Krefeld	S	18.11.51-06.03.55	30/8
365.	Kretschmer Horst-Peter*		S	02.11.73-28.02.88	151/15
		EC Bad Tölz		02.11.73-30.03.74	16/1
		Düsseldorfer EG		29.01.75-25.04.81	63/9
		SB DJK Rosenheim		27.11.81-28.02.88	72/5
366.	Kreutzer Daniel		S	05.11.98-09.05.11	200/36
	jüngerer Bruder von Christof	Kassel Huskies		05.11.98-07.05.02	69/14
		DEG Metro Stars		06.11.02-09.05.11	131/22
367.	Krinner Anton „Toni"*		S	16.12.89-11.02.96	16/1
		Mannheimer ERC		16.11.89-11.11.90	14/1

		Kassel Huskies		10.02.-11.02.96	2/0
368.	Kropf Martin	Star Bulls Rosenheim	S	21.03.-22.03.96	2/0
369.	Krueger Justin		S	16.04.10-12.11.17	99/3
	Sohn von Ralph	Cornell University		16.04.-23.05.10	15/0
		SC Bern		12.11.10-11.05.11	18/0
		Charlotte Checkers		27.04.12-14.05.13	13/1
		SC Bern		08.11.13-12.11.17	53/2
370.	Krueger Ralph		S	28.03.81-27.04.86	29/3
		Düsseldorfer EG		28.03.-25.04.81	12/0
		ECD Iserlohn		19.12.85-27.04.86	17/3
371.	Krüger Raphael	EHC Freiburg	S	16.12.-21.12.92	4/0
372.	Krüll Harald		S	08.12.77-10.04.82	42/2
		Kölner EC		08.12.77-20.02.80	33/1
		Schwenninger ERC		27.11.81-10.04.82	9/1
373.	Krupp Björn		S	17.12.13-18.04.19	53/2
	Sohn von Uwe	Kölner Haie		17.12.13-09.11.14	5/0
		Grizzly Adams Wolfsburg		05.02.-11.05.15	16/1
		Grizzlys Wolfsburg		04.11.16-18.04.19	32/1
374.	Krupp Uwe		S	01.04.85-12.02.98	19/2
		Kölner EC		01.04.85-15.04.86	15/2
		Buffalo Sabres		19.04.-20.04.90	2/0
		Colorado Avalanche		10.02.-12.02.98	2/0
375.	Kühnhackl Erich*		S	21.10.69-02.05.85	211/134
	Vater von Kirstin und Tom	EV Landshut		21.10.69-24.04.76	95/67
		Kölner EC		21.12.76-13.05.78	31/17
		EV Landshut		28.03.81-02.05.85	85/50
376.	Kühnhackl Tom		S	27.08.16-15.02.22	19/7
		Pittsburgh Penguins		27.08.-04.09.16	5/3
		Bridgeport Sound Tigers		21.05.-06.06.21	10/3
		Skellefteå AIK		10.02.-15.02.22	4/1
377.	Kühnhauser Bernd		S	03.11.95-14.02.99	24/4
		Düsseldorfer EG		03.11.95-11.04.97	21/4
		Star Bulls Rosenheim		12.02.-14.02.99	3/0
378.	Künast Christian		T	20.12.95-18.02.02	44/0
		EV Landshut		20.12.95-14.04.96	6/0
		Kaufbeurer Adler		06.02.-19.04.97	13/0
		München Barons		10.11.99-18.02.02	25/0
379.	Kuhl Marcus		S	21.12.76-22.12.87	157/48
		Kölner EC		21.12.76-26.04.79	39/17
		Mannheimer ERC		03.01.80-19.04.82	41/16
		Kölner EC		16.12.82-21.04.85	56/11
		Mannheimer ERC		21.11.86-22.12.87	21/4
380.	Kuhn Alois	EV Füssen	S	04.02.34-12.02.36	18/2
381.	Kuhn Bernd*	EV Füssen	S	29.10.66-23.11.74	106/31
382.	Kuhn Ludwig	EV Füssen	S	13.02.38-20.12.53	37/8
	jüngerer Bruder von Alois und Vater von Bernd				
383.	Kummer Wolfgang		S	18.04.92-14.11.99	48/7
		SB DJK Rosenheim		18.04.-04.05.92	9/0
		Düsseldorfer EG		06.11.92-01.04.95	37/7
		Star Bulls Rosenheim		13.11.-14.11.99	2/0
384.	Kummetz Günther	VfTSS Brandenburg Berlin	S	31.01.-09.02.30	4/0
385.	Kunce Daniel		S	16.12.92-04.05.04	115/7
		ESV Kaufbeuren		16.12.92-02.04.94	5/0
		Kaufbeurer Adler		27.08.94-03.05.97	42/0
		Nürnberg Ice Tigers		02.02.98-11.02.01	33/6
		Krefeld Pinguine		09.11.01-04.05.04	35/1
386.	Kuran Herbert*	SG EC Oberstdorf/ERC Sonthofen	S	06.01.1970	1/0
387.	Kurth Marcel	Schwenninger Wild Wings	S	11.04.-18.04.19	4/0
388.	Länger Niklas	Augsburger Panther	S	05.11.-06.11.20	2/0
389.	Lang Dieter*	EV Landshut	S	21.01.-18.03.62	6/1
390.	Lang Hans	SC Riessersee	S	14.01.31-02.03.41	37/8
391.	Lange Patrick	SB DJK Rosenheim	T	02.04.1994	1/0
392.	Langner Paul*		S	04.01.70-23.03.75	90/6
		SC Riessersee		04.01.70-02.04.71	14/0
		VfL Bad Nauheim		24.09.71-23.03.75	76/6

393.	Lanier Jonas	Krefeld Pinguine	S	05.02.2003	1/0
394.	Lavallee Kevin		S	31.03.11-15.05.12	30/2
		EHC München		31.03.-11.95.11	14/2
		Kölner Haie		11.11.11-15.05.12	16/0
395.	Lax Peter*	EC Bad Tölz	S	20.11.61-20.02.68	47/13
396.	Leask Robert „Rob"	Eisbären Berlin	S	05.11.03-21.02.06	36/0
397.	Lechl Jürgen*	SB DJK Rosenheim	S	21.03.-24.03.82	2/0
398.	Lehner Josef		S	16.12.92-13.02.00	47/3
		Berliner SC Preußen		16.12.92-28.08.94	23/1
		Berlin Capitals		02.11.96-05.04.97	7/1
		SC Riessersee		05.11.98-13.02.00	17/1
399.	Leinweber Walter	EV Füssen	T	29.01.29-02.03.41	27/0
400.	Leis Matthias	SC Riessersee	T	24.01.27-28.01.29	8/0
401.	Leitner Willi*	EC Bad Tölz	S	26.02.-28.03.67	10/2
402.	Leonhardt Danjo		S	15.04.22-08.02.24	13/4
		EC Red Bull Salzburg		15.04.-30.04.22	5/1
		Nürnberg Ice Tigers		12.11.22-08.02.24	8/3
403.	Lewandowski Eduard		S	12.04.01-21.04.13	121/7
		EC Wilhelmshaven-Stickhausen		12.04.-20.04.01	4/0
		Eisbären Berlin		30.08.01-07.05.02	19/2
		Kölner Haie		06.11.02-20.04.06	76/5
		Adler Mannheim		08.11.06-11.02.07	6/0
		Neftekhimik Nizhnekamsk		16.04.-25.04.10	5/0
		HK Atlant Moskovskaya oblast		07.04.-21.04.12	5/0
		HK Spartak Moskva		05.04.-21.04.13	6/0
404.	Liebsch Ulrich*	Kölner EC	S	21.07.-08.12.90	11/1
405.	Lindlbauer Peter	Thomas Sabo Ice Tigers	S	05.04.13-10.04.14	11/0
406.	Lindner Herbert „Harry"*	EV Füssen	S	26.02.61-19.11.62	15/0
407.	Lintner Otto	EV Füssen	S	05.02.1935	1/0
408.	Lobach Dennis	Nürnberg Ice Tigers	S	08.02.-09.02.23	2/0
409.	Löggow Karl-Heinz* (DDR)	TuS Eintracht Dortmund 1848	S	15.01.1958	1/0
410.	Loher Günther*	SC Riessersee	S	29.10.-30.10.66	2/0
411.	Loibl Albert*		S	03.02.61-08.02.64	20/3
		SC Riessersee		03.02.61-19.11.62	7/1
		EC Bad Tölz		22.11.63-08.02.64	13/2
412.	Loibl Stefan		S	10.11.17-13.04.24	57/5
		Straubing Tigers		10.11.17-23.05.19	24/1
		Adler Mannheim		07.05.-06.06.21	12/1
		Skellefteå AIK		11.11.21-26.05.22	19/3
		Adler Mannheim		11.04.-13.04.24	2/0
413.	Lortzing Ernst „Enne"	TTC Rot-Weiß Berlin	S	14.12.1941	1/0
414.	Loth Andreas		S	02.04.94-10.11.02	62/7
		EV Landshut		02.04.1994	1/0
		VEU Feldkirch		12.02.-05.04.99	4/0
		Kassel Huskies		10.11.99-10.11.02	57/7
415.	Lotz Michael*	Mannheimer ERC	T	24.01.68-10.12.69	5/0
416.	Ludwig Horst*	Krefelder EV	S	26.01.63-28.03.67	43/21
417.	Lüdemann Mirko		S	05.11.93-06.09.04	131/13
		Kölner EC		05.11.93-02.05.94	16/2
		Kölner Haie		04.11.94-06.09.04	115/11
418.	Lupzig Andreas*		S	04.09.89-11.11.99	103/13
		Kölner EC		04.09.89-25.04.92	32/3
		Kölner Haie		04.11.94-11.11.99	71/10
419.	Lutz Rainer*	ESV Kaufbeuren	S	29.11.81-01.05.83	19/0
420.	Lutzenberger Alfred*	ESV Kaufbeuren	S	26.01.-29.01.66	2/0
421.	Macek Brooks		S	06.11.15-25.02.18	44/13
		Iserlohn Roosters		06.11.15-19.05.16	19/6
		EHC Red Bull München		27.08.16-25.02.18	25/7
422.	Macholda Petr		S	07.04.07-17.12.08	6/1
		Frankfurt Lions		07.04.-21.04.07	5/1
		Grizzly Adams Wolfsburg		17.12.2008	1/0
423.	MacKay Mark	Schwenninger Wild Wings	S	20.12.95-20.02.02	97/16
424.	Magura Günter	EV Landshut	S	04.01.-05.03.70	10/0
425.	Maidl Anton*	SB DJK Rosenheim	S	19.12.85-29.11.86	6/0
426.	Makatsch Rainer*		T	04.01.70-28.12.78	52/0

		VfL Bad Nauheim		04.01.-05.03.70	11/0
		Düsseldorfer EG		05.10.70-29.01.75	37/0
		Kölner EC		20.12.-28.12.78	4/0
427.	Mangold Nikolaus „Klaus"*	Berliner SSC	S	23.02.74-22.04.76	13/1
428.	Mann Stefan		S	03.11.95-08.04.00	6/1
	Sohn von Rainer (DDR)	Kölner Haie		03.11.-04.11.95	2/1
		Nürnberg Ice Tigers		04.04.-08.04.00	4/0
429.	Marek Jan*	Krefelder EV	T	21.12.76-14.04.77	4/0
430.	Martin Ronny	ES Weißwasser	S	18.04.1992	1/0
431.	Martinec Tomas		S	10.04.02-03.09.06	76/13
		Iserlohn Roosters		10.04.-07.05.02	7/1
		Adler Mannheim		07.02.03-04.05.04	32/5
		Nürnberg Ice Tigers		25.08.04-21.02.06	31/6
		Adler Mannheim		06.04.-03.09.16	6/1
432.	Martinovic Sasa	Hamburg Freezers	S	07.04.-23.04.05	6/0
433.	Massenbach Fabian von	Düsseldorfer EG	S	01.02.1940	1/0
434.	Mauer Frank		S	12.10.10-23.05.19	83/15
		Adler Mannheim		12.11.10-20.05.14	63/11
		EHC Red Bull München		30.04.16-23.05.19	20/4
435.	Maurer Matthias*	SC Riessersee	S	24.11.-26.11.72	2/0
436.	Maurer Ulrich		S	03.04.09-08.02.14	17/1
		Augsburger Panther		03.04.-18.04.09	6/0
		EHC München		31.03.-01.04.11	2/0
		EHC Red Bull München		05.04.13-08.02.14	9/1
437.	Mayenschein Jakob		S	06.04.17-07.02.20	4/1
		SC Riessersee		06.04.-08.04.17	2/1
		Augsburger Panther		06.02.-07.02.20	2/0
438.	Mayer Hans-Jörg	ESV Kaufbeuren	S	16.12.92-08.04.93	10/0
439.	Mayer Stefan	Augsburger Panther	S	23.03.96-11.05.98	37/0
440.	Mayr Alois*	EC Bad Tölz	S	18.10.57-13.03.59	12/4
	älterer Bruder von Siegfried				
441.	Mayr Jörg		S	08.11.90-09.02.02	120/5
		Kölner EC		08.11.90-02.05.94	71/3
		Kölner Haie		27.08.94-09.02.02	49/2
442.	Mayr Siegfried*	EC Bad Tölz	S	20.01.-21.01.62	2/0
443.	Mebus Oliver		S	05.04.15-08.05.21	28/0
		Krefeld Pinguine		05.04.-29.04.15	8/0
		Thomas Sabo Ice Tigers		19.04.-15.05.18	8/0
		Nürnberg Ice Tigers		24.04.21-29.04.23	12/0
444.	Medicus Dieter*		S	03.04.77-30.12.88	98/2
		ESV Kaufbeuren		03.04.77-10.04.79	10/0
		ECD Iserlohn		03.01.-05.01.80	2/0
		EHC 70 München		19.12.80-05.04.81	9/0
		ESV Kaufbeuren		29.11.81-30.12.88	77/2
445.	Meindel Horst	EV Füssen	S	26.01.66-09.10.70	44/4
446.	Meister Rupert*	EC Hedos München	T	09.11.1991	1/0
447.	Meitinger Holger		S	20.12.78-10.09.84	78/34
		SB DJK Rosenheim		20.12.78-26.04.79	15/4
		Mannheimer ERC		03.01.80-25.04.81	23/11
		Kölner EC		30.10.81-10.09.84	40/19
448.	Melischko Christoph	ERC Ingolstadt	S	07.11.07-25.04.08	8/1
449.	Mende Karsten	Kölner EC	S	10.04.93-17.04.94	18/1
450.	Merk Klaus*		T	02.09.88-17.04.99	137/0
		Berliner SC Preußen		02.09.88-30.04.95	88/0
		Preußen Devils Berlin		02.09.95-01.05.96	22/0
		Berlin Capitals		18.08.96-12.02.98	17/0
		Augsburger Panther		05.11.98-17.04.99	10/0
451.	Merkle Robert „Mecky"*		T	01.10.67-30.03.74	28/0
		FC Bayern München		01.10.-03.10.67	2/0
		Augsburger EV		21.11.72-30.03.74	26/0
452.	Metz Stefan	Berliner SSC	S	24.01.-22.12.76	11/0
453.	Metzer Horst*	KTSV Preußen 1855 Krefeld	S	03.10.59-12.03.60	7/2
454.	Meyer Jayson		S	04.02.93-08.11.98	75/7
		Krefelder EV		04.02.93-30.04.95	50/7
		Kölner Haie		03.11.95-09.05.97	22/0

		Krefeld Pinguine		05.11.-08.11.98	3/0
455.	Michaelis Marc		S	06.04.18-23.05.24	58/22
		Minnesota State University		06.04.18-23.05.19	28/8
		Adler Mannheim		05.11.-08.11.20	3/2
		Toronto Marlies		08.05.-26.05.22	9/2
		SCL Tigers		10.11.-12.11.22	2/1
		EV Zug		09.11.23-23.05.24	16/9
456.	Micheller Klaus*		S	02.09.88-11.05.98	30/1
		Berliner SC Preußen		02.09.88-11.11.90	20/0
		Krefelder EV		04.02.1992	1/0
		Krefeld Pinguine		20.12.95-11.05.98	9/1
457.	Mik Eric	Eisbären Berlin	S	12.11.22-08.02.24	8/0
458.	Mitew Thomas	EHC Dynamo Berlin	S	07.12.-08.12.90	2/0
459.	Mixius Thomas*	Mannheimer ERC	S	01.12.1964	1/0
460.	Modes Werner	EV Füssen	S	21.10.69-01.12.73	30/2
461.	Möchel Marius	Thomas Sabo Ice Tigers	S	05.02.-06.02.15	2/0
462.	Mörz Jochen*		S	19.12.80-29.11.86	51/6
		EV Füssen		19.12.80-24.04.82	35/4
		SB DJK Rosenheim		16.12.84-13.04.85	10/1
		ESV Kaufbeuren		21.11.-29.11.86	6/1
463.	Moeser Duanne	Augsburger Panther	S	05.11.-09.11.97	4/0
464.	Möser Janik		S	05.02.19-12.11.23	9/0
		Adler Mannheim		05.02.-06.02.19	2/0
		Grizzlys Wolfsburg		29.04.22-12.11.23	7/0
465.	Molling Jochen		S	20.12.95-04.05.04	139/1
		ESG Sachsen „Die Füchse" Weißwasser/Chemnitz		20.12.95-05.04.96	6/0
		Berlin Capitals		27.03.97-26.04.98	32/0
		Kassel Huskies		05.11.98-07.05.02	65/1
		Schwenninger Wild Wings		06.11.-10.11.02	4/0
		Hamburg Freezers		05.02.-29.04.03	12/0
		Adler Mannheim		05.11.03-04.05.04	20/0
466.	Mondt Nikolaus		S	27.03.97-13.02.05	39/5
		Düsseldorfer EG		27.03.-04.04.97	5/0
		Kassel Huskies		12.02.-14.11.99	16/3
		Düsseldorfer EG		12.04.01-13.04.02	11/2
		ERC Ingolstadt		06.02.04-13.02.05	7/0
467.	Morczinietz Andreas		S	07.11.01.-05.05.05	66/13
		Augsburger Panther		07.11.01-07.05.02	22/4
		Kölner Haie		06.11.02-04.05.04	31/7
		Hannover Scorpions		22.08.04-05.05.05	13/2
468.	Müller Franz-Xaver*	Schwenninger ERC	S	19.12.85-30.03.86	6/2
469.	Müller Gregor „Greg"	EC Ratingen „Die Löwen"	S	23.03.-01.04.95	7/1
470.	Müller Hubert*	SC Riessersee	S	03.04.77-24.04.79	12/2
471.	Müller Jonas	Eisbären Berlin	S	05.04.15-23.05.24	96/6
472.	Müller Marcel		S	29.08.07-27.04.18	72/12
		Kölner Haie		29.08.07-23.05.10	33/5
		Toronto Marlies		15.04.-11.05.11	9/1
		MODO Hockey		09.11.12-27.04.13	15/3
		Kölner Haie		17.12.13-08.02.14	5/1
		Hamburg Freezers		06.11.-08.11.15	2/0
		Krefeld Pinguine		10.11.17-27.04.18	8/2
473.	Müller Martin*	ERC Freiburg	S	28.12.1981	1/0
474.	Müller Moritz	Kölner Haie	S	07.02.07-23.05.24	212/12
475.	Mueller Richard	Hamburg Freezers	S	05.11.08-08.02.09	7/5
476.	Müller Robert		T	12.02.99-12.05.08	127/0
		Star Bulls Rosenheim		12.02.99-21.04.00	14/0
		Adler Mannheim		08.11.00-07.05.02	30/0
		Krefeld Pinguine		06.11.02-30.04.06	67/0
		Adler Mannheim		03.09.06-30.04.07	4/0
		EV Duisburg „Die Füchse"		07.11.-11.11.07	3/0
		Kölner Haie		12.12.07-12.05.08	9/0
477.	Münstermann Hans-Werner	Krefelder EV	S	11.01.52-16.11.55	11/4
478.	Münzenberger Luca		S	05.11.20-30.04.22	8/0
		Kölner Junghaie		05.11.-06.11.20	2/0
		University of Vermont		14.04.-30.04.22	6/0

479.	Mulock Travis James „T.J."		S	05.02.09-23.02.10	23/3
		Tölzer Löwen		05.02.-04.05.09	15/2
		Eisbären Berlin		06.11.09-23.02.10	8/1
480.	Murray Robert „Bob"		S	13.04.78-28.12.81	53/4
		SC Riessersee		13.04.78-26.04.79	32/3
		ERC Freiburg		19.12.80-19.04.81	13/0
		Mannheimer ERC		30.10.-28.12.81	8/1
481.	Musial David	Adler Mannheim	S	20.12.95-23.03.96	5/0
482.	Nagel Hansjörg*	EV Füssen	S	14.11.62-12.03.65	25/0
483.	Napravnik Julian	Löwen Frankfurt	S	11.04.-13.04.24	2/0
484.	Naster Mario* (DDR)	EHC Dynamo Berlin	S	08.11.90-01.05.91	11/0
485.	Nentvich Miroslav*	Mannheimer ERC	S	27.12.81-30.10.82	4/0
486.	Neupert Frank*	EV Füssen	S	21.10.-07.11.69	3/0
487.	Nieder Alfred	KTSV Preußen 1855 Krefeld	S	06.01.-17.02.54	3/1
488.	Niederberger Andreas		S	09.12.83-08.11.97	215/17
		Mannheimer ERC		09.12.83-02.05.85	38/3
		SB DJK Rosenheim		19.12.85-27.04.86	18/0
		Düsseldorfer EG		21.11.86-08.11.97	159/14
489.	Niederberger Leonhard	Düsseldorfer EG	S	10.11.18-07.02.20	4/0
490.	Niederberger Mathias		T	07.11.15-23.05.24	83/0
	älterer Bruder von Leonhard	Düsseldorfer EG		07.11.15-10.11.19	39/0
	und Sohn von Andreas	Eisbären Berlin		05.11.20-26.05.22	22/0
		EHC Red Bull München		09.05.-28.05.23	22/0
491.	Niehs Heinz-Dietrich „Dieter"		S	18.11.51-01.01.55	26/4
		VfL Bad Nauheim		18.11.51-15.03.53	22/3
		Düsseldorfer EG		06.01.54-01.01.55	4/1
492.	Nijenhuis Jan		S	05.11.20-08.02.24	4/2
		EC Hannover Indians		05.11.-06.11.20	2/0
		ERC Ingolstadt		07.02.-08.02.24	2/2
493.	Nilsson Kaj	Berliner SSC	S	04.01.-05.01.77	2/0
494.	Noebels Marcel		S	26.04.13-28.05.23	126/15
		Adirondack Phantoms		26.04.13-20.05.14	15/1
		Eisbären Berlin		07.11.14-28.05.23	111/14
495.	Nowak Daniel		S	16.12.92-08.11.98	94/9
		EHC Freiburg		16.12.-21.12.92	4/0
		Schwenninger Wild Wings		23.03.95-08.11.98	90/9
496.	Nowak Marco		S	13.11.11-09.05.23	62/1
		DEG Metro Stars		13.12.-14.12.11	2/0
		Düsseldorfer EG		04.11.16-15.02.22	54/1
		Eisbären Berlin		13.04.-09.05.23	6/0
497.	Nowak Oskar		S	03.02.39-19.12.42	15/8
		Wiener EV		03.02.-12.02.39	8/7
		TTC Rot-Weiß Berlin		11.01.40-19.12.42	7/1
498.	Obermann Hans-Richard*	KTSV Preußen 1855 Krefeld	T	01.03.1959	1/0
499.	Oblinger Alexander		S	31.03.11-10.11.19	12/0
		Thomas Sabo Ice Tigers		31.03.11-08.04.12	5/0
		ERC Ingolstadt		12.12.12-18.12.13	5/0
		Kölner Haie		09.11.-10.11.19	2/0
500.	Obresa Peter*	Mannheimer ERC	S	28.12.81-30.04.89	61/10
501.	Ohlber Heinz*	TuS Eintracht Dortmund 1848	T	26.01.63-18.12.64	5/0
502.	Ohmann Marcel	Kölner Haie	S	18.12.13-06.04.15	5/0
503.	Olver Darin	Augsburger Panther	S	12.11.-14.11.10	3/0
504.	Ondruschka Florian		S	12.12.07-13.04.13	23/0
		Sinupret Ice Tigers		12.12.2007	1/0
		Straubing Tigers		31.03.11-13.04.13	22/0
505.	Oppenheimer Thomas		S	10.02.10-23.04.17	45/10
		Frankfurt Lions		10.02.2010	1/0
		Hamburg Freezers		31.03.11-10.05.15	37/10
		ERC Ingolstadt		04.11.16-23.04.17	7/0
506.	Orbanowski Horst		S	24.01.27-27.02.37	39/9
		Berliner SSC		24.01.27-30.03.35	31/8
		Düsseldorfer EG		17.02.-27.02.37	8/1
507.	Osterloh Sebastian	Frankfurt Lions	S	07.04.07-24.04.10	50/2
508.	Oswald Günther*		S	21.07.90-30.04.95	32/3
		EV Landshut		21.07.90-03.05.91	21/3

Nr.	Name	Verein		Zeitraum	Sp./T.
		Krefelder EV		04.11.94-30.04.95	11/0
	Oswald Veit	EHC Red Bull München	S	07.02.-08.02.24	2/0
509.	Paepke Christoph	Kölner Haie	S	03.04.-11.11.99	4/0
510.	Pätzold Dimitri		T	06.11.02-10.11.13	64/0
		Adler Mannheim		06.11.02-17.04.03	7/0
		Cleveland Barons		23.04.2005	1/0
		Worcester Sharks		02.05.07-12.05.08	11/0
		Hannover Scorpions		05.11.08-04.05.09	16/0
		ERC Ingolstadt		07.11.09-23.02.10	7/0
		Straubing Tigers		31.03.-11.05.11	13/0
		Hannover Scorpions		11.11.11-28.04.12	7/0
		Schwenninger Wild Wings		09.11.-10.11.13	2/0
511.	Pantkowski Mirko		T	05.02.19-13.11.22	11/0
		Heilbronner Falken		05.02.19-07.02.20	4/0
		Düsseldorfer EG		24.04.21-29.04.22	4/0
		Kölner Haie		10.11.-13.11.22	3/0
512.	Pescher Hans-Georg	Krefelder EV	S	18.11.51-27.11.55	36/13
513.	Peterhans Ferdinand*	EC Bad Tölz	S	07.01.1954	1/0
514.	Peterka John Jason „JJ"		S	29.04.21-23.05.24	31/14
		EHC Red Bull München		29.04.-06.06.21	10/3
		Buffalo Sabres		09.05.23-23.05.24	21/11
515.	Petermann Felix		S	01.04.04-10.11.13	59/2
		Nürnberg Ice Tigers		01.04.04-15.04.06	19/2
		Adler Mannheim		03.09.06-11.04.08	16/0
		EHC München		13.11.10-28.04.12	14/0
		EHC Red Bull München		18.09.12-10.11.13	10/0
516.	Pethke Marc		T	25.03.93-23.03.96	6/0
		ESV Kaufbeuren		25.03.93-02.04.94	2/0
		Kaufbeurer Adler		02.09.-03.09.95	2/0
		Augsburger Panther		21.03.-23.03.96	2/0
517.	Pfaffengut Daniel	Schwenninger Wild Wings	S	24.04.21-25.04.24	12/1
518.	Pfefferle Max*	EV Füssen	S	26.01.57-14.03.59	20/5
519.	Pföderl Leonhard		S	05.02.15-23.05.24	76/21
		Thomas Sabo Ice Tigers		05.02.15-23.05.19	41/6
		Eisbären Berlin		21.05.21-23.05.24	35/15
520.	Pfohl Fabio	Kölner Haie	S	08.11.18-07.05.19	7/1
521.	Philipp Horst „Latz"*	VfL Bad Nauheim	S	12.03.-21.03.72	5/0
522.	Philipp Rainer „Flipper"*		S	07.11.69-01.11.81	200/94
	jüngerer Bruder von Horst	VfL Bad Nauheim		07.11.69-26.04.79	172/90
		Kölner EC		03.01.80-01.11.81	28/4
523.	Pielmeier Timo	ERC Ingolstadt	S	17.12.13-13.05.18	53/0
524.	Pietta Daniel		S	12.11.10-23.04.22	115/9
		Krefeld Pinguine		12.11.10-10.11.19	109/9
		ERC Ingolstadt		11.11.21-23.04.22	6/0
525.	Pilu Fabrizio	Adler Mannheim	S	08.02.23-08.02.24	4/0
526.	Pittrich Rudolf*		S	01.01.55-12.03.65	45/16
		SC Riessersee		01.01.55-18.03.62	36/10
		EC Bad Tölz		20.02.-12.03.65	9/6
527.	Plachta Matthias	Adler Mannheim	S	11.02.11-27.04.24	121/26
528.	Pöpel Ralph*	Mannheimer ERC	S	29.10.-21.12.82	6/0
529.	Pöttinger Markus		S	12.02.99-12.11.00	8/0
		EC Bad Tölz		12.02.-14.02.99	3/0
		Berlin Capitals		07.04.-12.11.00	5/0
530.	Pohl Anton*		S	24.11.64-21.04.72	29/4
		SC Riessersee		24.11.64-12.03.65	16/1
		Krefelder EV		12.01.1968	1/0
		Düsseldorfer EG		05.01.-21.04.72	12/3
531.	Pohl Michael*	SB DJK Rosenheim	S	21.07.90-10.11.91	6/0
532.	Poitsch Fritz	SC Riessersee	S	18.11.51-16.11.55	39/26
533.	Pokorny Andreas	Kölner EC	S	02.09.88-07.02.93	73/3
534.	Polaczek Aleksander		S	06.04.06-08.04.11	33/1
		Nürnberg Ice Tigers		06.04.-13.04.06	3/0
		Sinupret Ice Tigers		08.11.06-08.11.08	27/1
		Hamburg Freezers		31.03.-08.04.11	3/0
535.	Preto Philipp	Fischtown Pinguins Bremerhaven	S	07.02.-08.02.24	2/0

536.	Probst Jakob*	EC Bad Tölz	S	06.01.54-01.02.61	26/5
537.	Prusa Sven (DDR)	EHC Dynamo Berlin	S	07.12.-08.12.90	2/0
538.	Pyka Nico		S	04.04.00-10.05.05	39/2
		Eisbären Berlin		04.04.00-10.11.02	31/2
		Adler Mannheim		26.04.-10.05.05	8/0
539.	Pyka Reemt*		S	07.12.90-08.04.00	106/15
		SB DJK Rosenheim		07.12.-08.12.90	2/1
		Krefelder EV		07.11.92-30.04.95	27/5
		Krefeld Pinguine		02.09.95-08.04.00	77/9
540.	Raabe Steven	EC Hannover Indians	S	05.11.-06.11.20	2/0
541.	Raedeke Brent		S	05.04.15-12.11.17	27/4
		Iserlohn Roosters		05.04.-11.05.15	15/1
		Adler Mannheim		05.11.16-12.11.17	12/3
542.	Rammelmayr Fritz	SC Riessersee	S	08.02.28-29.01.29	6/0
543.	Rampf Hans*	EC Bad Tölz	S	14.03.52-16.03.63	102/20
544.	Rampf Sven	Kölner EC	T	26.03.1993	1/0
545.	Rankel André	Eisbären Berlin	S	11.11.05-14.05.13	76/6
inoff.	Raps ???	???	S	19.01.1956	1/0
546.	Rau Daniel	Augsburger Panther	S	04.02.-08.02.04	3/0
547.	Rautert Neville	ERC Ingolstadt	S	05.02.-20.04.03	6/2
548.	Reich Kevin	EHC Red Bull München	T	09.11.-10.11.19	2/0
	Ehemann von Anna-Maria				
549.	Reichel Lukas		S	05.11.20-26.05.22	22/7
	Sohn von Martin	Eisbären Berlin		05.11.20-06.06.21	12/2
		Rockford IceHogs		20.05.-26.05.22	4/2
		Chicago Blackhawks		13.05.-23.05.24	6/3
550.	Reichel Martin		S	03.02.94-02.09.04	173/15
		SB DJK Rosenheim		03.02.-02.05.94	12/1
		Star Bulls Rosenheim		27.08.94-09.05.97	57/2
		Nürnberg Ice Tigers		05.11.97-07.05.03	85/11
		Frankfurt Lions		05.11.03-02.09.04	19/1
551.	Reif Josef „Sepp"*		S	21.10.59-17.02.68	84/22
		EC Bad Tölz		21.10.59-29.11.64	63/18
		Düsseldorfer EG		15.03.67-17.02.68	21/4
552.	Reil Joachim „Butzi"*		S	03.04.77-28.02.88	100/3
		SC Riessersee		03.04.77-21.12.82	50/3
		ECD Iserlohn		19.01.84-21.12.84	21/0
		Mannheimer ERC		21.11.86-02.05.87	19/0
		SB DJK Rosenheim		28.12.87-28.02.88	10/0
553.	Reimer Jochen		T	09.02.11-08.02.14	15/0
	jüngerer Bruder von Patrick	Grizzly Adams Wolfsburg		09.02.-06.05.11	4/0
		EHC München		11.11.-13.11.11	3/0
		EHC Red Bull München		18.09.12-08.02.14	8/0
554.	Reimer Patrick		S	07.04.05-25.02.18	105/29
		DEG Metro Stars		07.04.05-15.05.12	43/12
		Thomas Sabo Ice Tigers		18.09.12-25.02.18	62/17
555.	Reindl Franz*		S	30.11.73-27.04.86	181/38
	Vater von Franziska	SC Riessersee		30.11.73-17.02.84	136/25
		SB DJK Rosenheim		22.08.84-27.04.86	45/13
556.	Reisnecker Filip	Fischtown Pinguins Bremerhaven	S	05.11.-06.11.20	2/1
557.	Reiss André „Andy"	Hannover Scorpions	S	10.04.08-12.12.12	21/1
558.	Rentzsch Marco*	Berliner SC Preußen	S	21.07.90-21.12.92	33/1
559.	Renz Andreas		S	28.03.97-04.05.09	183/4
		Schwenninger Wild Wings		28.03.97-10.05.01	55/1
		Kölner Haie		30.08.01-04.05.09	128/3
560.	Reschke Rolf	Berliner SSC	S	08.02.-09.02.28	2/0
561.	Retzer Christian	Kassel Huskies	S	05.02.2003	1/0
562.	Retzer Stephan		S	06.11.02-19.04.06	73/5
	älterer Bruder von Christian	Kassel Huskies		06.11.02-10.05.05	68/4
		Adler Mannheim		06.04.-19.04.06	5/1
563.	Reul Denis	Adler Mannheim	S	10.02.10-23.05.19	94/4
564.	Rieder Tobias		S	24.04.14-09.11.23	57/13
		Portland Pirates		24.04.-20.05.14	11/2
		Arizona Coyotes		24.04.15-08.05.17	28/5
		Buffalo Sabres		21.05.-26.06.21	10/1

Nr.	Name	Verein	S	Zeitraum	Sp/To
		Växjö Lakers		11.11.21-09.11.23	8/5
565.	Riedl Walter*		S	01.02.61-12.01.68	53/1
		EC Bad Tölz		01.02.61-12.03.66	43/1
		Mannheimer ERC		29.10.66-12.01.68	10/0
566.	Riedmeier Erwin*		S	18.12.64-31.03.71	45/1
		SC Riessersee		18.12.64-12.03.65	10/0
		EC Bad Tölz		26.01.66-31.03.71	35/1
567.	Riefers Philip		S	17.12.13-06.02.15	3/0
		Kölner Haie		17.12.-18.12.13	2/0
		Augsburger Panther		06.02.2015	1/0
568.	Ritter Toni	EHC Red Bull München	S	10.04.-18.04.14	3/0
569.	Roedger Roy*		S	30.10.81-30.04.89	146/37
		Mannheimer ERC		30.10.81-02.05.85	75/19
		Düsseldorfer EG		19.12.85-30.04.89	71/18
570.	Römer Erich		S	24.01.27-24.01.35	47/6
		SC Charlottenburg		24.01.-29.01.27	5/1
		Berliner SSC		08.02.28-24.01.35	42/5
571.	Röthke René		S	08.11.06-09.11.13	7/1
		Hannover Scorpions		08.11.-12.11.06	3/0
		Straubing Tigers		05.04.-09.11.13	4/1
572.	Roes Horst*	Düsseldorfer EG	S	26.02.-26.03.67	11/0
573.	Rogl John	Augsburger Panther	S	05.02.19-30.04.22	18/0
574.	Rohde Peter*	Mannheimer ERC	S	08.03.63-21.02.65	13/5
575.	Rosenberg Wolfgang*	EHC 70 München	S	19.12.80-05.04.81	8/1
576.	Roßmy Bennet	Eisbären Berlin	S	08.02.-09.02.23	2/1
577.	Rothkirch Hans	EC Bad Tölz	S	03.11.70-04.11.73	37/8
578.	Ruban Karl-Heinz	EV Füssen	S	21.11.-26.11.72	4/0
579.	Rumrich Jürgen*		S	07.11.91-07.05.02	186/28
	jüngerer Bruder von Michael	Berliner SC Preußen		07.11.91-16.04.95	47/8
		Preußen Devils Berlin		02.09.95-01.05.96	22/2
		Berlin Capitals		18.08.96-11.05.98	54/4
		Kassel Huskies		05.11.98-16.04.00	25/9
		Nürnberg Ice Tigers		08.02.01-07.05.02	38/5
580.	Rumrich Michael*		S	21.07.90-16.04.95	78/16
		SG Eintracht Frankfurt		21.07.90-01.05.91	20/1
		Berliner SC Preußen		07.11.91-02.05.94	55/15
		Kölner Haie		04.11.94-16.04.95	3/0
581.	Rutkowski Maciej	Krefeld Pinguine	S	14.04.-15.04.22	2/0
582.	Sacher Mirko	Schwenninger Wild Wings	S	07.11.2019	1/0
583.	Sachs Walter**	Berliner SSC	S	24.01.27-29.01.29	9/0
584.	Sailer Günther*	SC Riessersee	S	15.01.-16.02.58	3/0
585.	Samanski Joshua	Straubing Tigers	S	08.02.23-06.05.24	12/1
586.	Sandner Christoph		S	16.12.92-11.05.98	29/4
		Kölner EC		16.12.92-07.11.93	8/0
		SB DJK Rosenheim		02.04.-10.04.94	3/0
		Maddogs München		27.08.-28.08.94	2/1
		SC Riessersee		02.09.95-11.05.98	16/3
587.	Schacherbauer Walter*	SC Riessersee	S	26.01.-23.02.63	2/1
588.	Scharf Peter*		S	05.01.77-27.04.86	140/5
		Berliner SSC		05.01.77-13.05.78	34/0
		SB DJK Rosenheim		20.12.78-27.04.86	106/5
589.	Schauer Stefan		S	05.11.03-11.11.06	38/0
	älterer Bruder	Kölner Haie		05.11.-09.11.03	3/0
	von Bernadette	Nürnberg Ice Tigers		10.11.04-21.02.06	31/0
		Sinupret Ice Tigers		03.09.-11.11.06	4/0
590.	Schenk Dr. Philipp „Fips"	SC Riessersee	S	19.01.35-11.01.42	43/6
591.	Scherer Hans*	SC Riessersee	S	24.11.-26.11.72	2/0
592.	Schertz Jan* (DDR)		S	07.04.91-19.04.98	32/4
		EHC Dynamo Berlin		07.04.-03.05.91	9/0
		Eisbären Berlin		20.12.95-01.05.96	17/3
		Heilbronner EC		11.04.-19.04.98	6/1
593.	Scheublein Dr. Bernhard	SC Riessersee	S	14.03.-20.03.32	4/0
594.	Schibukat Herbert		S	20.01.35-24.02.52	47/9
		Rastenburger SV 08		20.01.35-03.02.40	29/7
		TTC Rot-Weiß Berlin		21.02.41-19.12.42	7/1

		KTSV Preußen 1855 Krefeld		18.11.51-24.02.52	11/1
595.	Schichtl Johannes „Hans"*	EC Bad Tölz	S	01.10.67-21.04.72	46/0
596.	Schiemenz Cedric	Iserlohn Roosters	S	07.02.-08.02.24	2/0
597.	Schiffl Heinrich*		S	06.04.90-15.04.93	25/0
		SB DJK Rosenheim		06.04.90-10.11.91	13/0
		Kölner EC		06.11.92-15.04.93	12/0
598.	Schiller Peter		S	19.12.80-28.02.88	93/11
		Kölner EC		19.12.80-27.04.86	77/8
		Mannheimer ERC		16.12.87-28.02.88	16/3
599.	Schinko Luis	Grizzlys Wolfsburg	S	10.11.22-18.04.24	16/2
600.	Schinko Thomas		S	21.07.90-02.05.94	29/3
	Vater von Luis	EV Landshut		21.07.90-04.04.91	5/1
		Berliner SC Preußen		07.11.91-02.05.94	24/2
601.	Schlickenrieder Josef „Beppo"*	Mannheimer ERC	T	12.12.83-05.09.89	48/0
602.	Schloder Alois*	EV Landshut	S	24.02.66-13.05.78	207/88
	jüngerer Bruder von Kurt				
603.	Schloder Kurt*	EV Landshut	S	24.02.66-05.03.70	37/7
604.	Schmengler Hans-Joachim*		T	02.03.67-05.01.75	14/0
		Düsseldorfer EG		02.03.-28.03.67	8/0
		Kölner EC		30.11.73-05.01.75	6/0
605.	Schmid Hans Heinrich	SC Riessersee	S	24.01.27-28.01.29	8/0
606.	Schmidinger Walter		S	18.02.37-28.03.42	27/5
		Düsseldorfer EG		18.02.37-11.01.40	19/5
		SC Riessersee		19.02.41-28.03.42	8/0
607.	Schmidt Christopher „Chris"		S	07.11.07-25.04.10	51/3
		Iserlohn Roosters		07.11.07-04.05.09	39/2
		Adler Mannheim		06.11.09-25.04.10	12/1
608.	Schmidt Michael „Mike"*	Düsseldorfer EG	S	19.12.85-07.05.92	70/6
609.	Schmitz Christian		S	16.12.92-07.02.96	7/0
		Düsseldorfer EG		16.12.-21.12.92	4/0
		EC Ratingen „Die Löwen"		05.02.-07.02.96	3/0
610.	Schmölz Daniel		S	06.04.18-29.04.23	28/8
		Augsburger Panther		06.04.-14.04.18	3/0
		Nürnberg Ice Tigers		24.04.21-29.04.23	25/8
611.	Schneider Johann „Hans"	Wiener EG	S	01.02.-03.02.40	2/0
612.	Schneider Rochus		S	03.11.95-09.11.97	26/2
		Augsburger Panther		03.11.95-02.11.96	23/2
		Schwenninger Wild Wings		05.11.-09.11.97	3/0
613.	Schneider Theo	EV Füssen	S	24.11.1972	1/0
614.	Schneitberger Otto*		S	04.10.59-23.03.75	122/13
		EC Bad Tölz		04.10.59-29.11.64	47/7
		Düsseldorfer EG		24.02.66-23.03.75	75/6
615.	Schnitzer Florian	Hamburg Freezers	S	07.04.-09.04.07	2/0
616.	Schönberger Sandro	Straubing Tigers	S	13.12.-14.12.11	2/0
617.	Schönmoser Christian	Nürnberg Ice Tigers	S	30.08.01-20.04.02	9/0
618.	Scholz Georg*	EV Füssen	S	01.02.61-09.03.69	49/24
619.	Scholz Norbert*	EV Füssen	S	24.11.-26.11.72	2/0
620.	Schopper Benedikt		S	12.11.11-21.05.19	24/0
		Grizzly Adams Wolfsburg		12.11.11-27.04.13	8/0
		ERC Ingolstadt		08.11.-10.11.13	3/0
		Straubing Tigers		11.04.-21.05.19	13/0
621.	Schramm Josef*	EV Landshut	T	24.02.66-02.04.71	52/0
622.	Schröttle Martin	SC Riessersee	S	08.02.28-05.02.35	36/8
623.	Schubert Christoph		S	08.11.00-15.05.12	70/9
		München Barons		08.11.00-07.05.02	30/1
		Binghamton Senators		21.04.04-10.05.05	9/2
		Ottawa Senators		15.02.06-01.05.09	15/3
		Hamburg Freezers		09.02.11-15.05.12	16/3
624.	Schubert Siegfried „Silla"*	EV Füssen	S	06.03.59-11.03.65	80/20
625.	Schüle Tim	Thomas Sabo Ice Tigers	S	13.12.11-18.12.13	11/1
626.	Schütz Felix		S	06.04.06-10.11.19	143/27
		ERC Ingolstadt		06.04.06-25.04.08	24/4
		Portland Pirates		25.04.-23.05.10	11/2
		ERC Ingolstadt		06.04.-11.05.11	12/3
		Kölner Haie		10.02.12-14.05.13	30/4

		Admiral Vladivostok		08.11.13-17.05.14	16/2
		Torpedo Nizhniy Novgorod		06.11.-08.11.15	3/0
		Rögle BK		06.04.16-18.05.17	36/10
		Kölner Haie		06.02.-25.02.18	8/1
		IK Oskarshamn		07.11.-10.11.19	3/1
627.	Schütz Justin		S	05.02.19-04.05.24	26/4
		Red Bull Hockey Juniors		05.02.-06.02.19	2/0
		EHC Red Bull München		29.04.21-28.05.23	17/2
		Kölner Haie		11.04.-04.05.24	7/2
628.	Schütte Hans	Tegeler EV	S	15.02.-21.02.33	3/0
629.	Schuldes Horst Franz	SC Riessersee	S	22.02.59-21.02.65	47/10
630.	Schulte Horst	SC Riessersee	S	19.02.-12.03.60	3/1
631.	Schumacher Philip	Frankfurt Lions	S	30.08.-01.09.01	3/1
632.	Schuster Manfred*	ESV Kaufbeuren	S	19.12.80-04.09.88	71/0
633.	Schwarz Claus	TTC Rot-Weiß Berlin	S	11.01.-19.12.42	2/0
634.	Schwimmbeck Peter*	EV Füssen	S	23.01.63-10.12.69	35/1
635.	Schymainski Martin		S	14.11.10-25.04.15	10/1
		EHC München		14.11.10-01.04.11	3/1
		Krefeld Pinguine		05.04.-25.04.15	7/0
636.	Seidenberg Dennis		S	22.04.01-15.05.18	75/5
	älterer Bruder von Yannic	Adler Mannheim		22.04.01-07.05.02	33/2
		Philadelphia Flyers		22.08.-06.09.04	7/0
		Phoenix Coyotes		15.02.-21.02.06	5/0
		Carolina Hurricanes		03.05.-12.05.08	6/0
		Florida Panthers		17.02.-23.02.10	4/1
		Boston Bruins		01.09.-04.09.16	3/0
		New York Islanders		01.05.17-15.05.18	17/2
637.	Seidenberg Yannic		S	08.02.06-08.11.20	173/17
		ERC Ingolstadt		08.03.06-01.05.09	61/10
		Adler Mannheim		06.11.09-14.05.13	19/0
		EHC Red Bull München		08.11.13-08.11.20	93/7
638.	Seider Moritz		S	07.05.19-28.05.23	35/5
		Adler Mannheim		07.05.-23.05.19	6/2
		Rögle BK		21.05.-06.06.21	10/0
		Detroit Red Wings		08.05.22-28.05.23	19/3
639.	Seifert Patrick	Augsburger Panther	S	05.04.-06.04.13	2/0
640.	Seiffert Bernhard „Bernd"*	Mannheimer ERC	T	14.11.1962	1/0
641.	Seliger Marc		T	19.04.92-08.02.04	73/0
		SB DJK Rosenheim		19.04.92-04.02.94	9/0
		Star Bulls Rosenheim		27.08.94-28.04.95	12/0
		Frankfurt Lions		03.09.1995	1/0
		Revierlöwen Oberhausen		11.04.-11.05.98	12/0
		Nürnberg Ice Tigers		10.11.99-07.05.02	34/0
		Adler Mannheim		08.11.03-08.02.04	5/0
642.	Sennhenn Jan Luca	Kölner Haie	S	10.11.22-04.05.24	12/0
643.	Sepp Kurt		S	07.03.53-02.02.64	107/38
		EV Füssen		07.03.53-04.02.56	41/12
		Mannheimer ERC		18.10.57-02.02.64	66/26
644.	Serikow Alexander		S	26.03.93-09.11.03	71/7
		Mannheimer ERC		26.03.93-10.04.94	12/0
		Adler Mannheim		27.08.94-17.04.99	46/4
		München Barons		08.11.-11.11.01	3/0
		Kassel Huskies		06.11.02-09.11.03	10/3
645.	Sezemsky Simon	Augsburger Panther	S	06.04.18-08.05.21	17/3
646.	Sikora Miroslav	Kölner EC	S	12.04.-21.04.87	5/2
647.	Sillenberg Lothar*	Krefelder EV	S	05.12.54-16.01.55	6/0
648.	Simon Jürgen		S	03.11.95-13.04.98	23/0
		Kaufbeurer Adler		03.11.95-03.11.96	20/0
		Heilbronner EC		11.04.-13.04.98	3/0
649.	Sinner Stephan*		S	04.09.89-08.12.90	17/0
		SG Eintracht Frankfurt		04.09.-22.12.89	9/0
		SB DJK Rosenheim		21.07.-08.12.90	8/0
650.	Slevogt Marquard	SC Riessersee	S	29.01.27-13.02.32	9/0
651.	Slezak Miroslav	Krefelder EV	S	13.04.-07.05.77	13/0
652.	Smazal Heiko		S	10.11.99-24.04.04	47/2

		München Barons		10.11.99-11.11.01	25/1
		Hamburg Freezers		06.11.02-24.04.04	22/1
653.	Soccio Leonard „Len"	Hannover Scorpions	S	10.02.00-07.05.03	72/21
	Vater von Kelsey				
654.	Solbach Carsten	Schwenninger Wild Wings	T	21.03.-22.03.96	2/0
655.	Sommer Paul		S	12.10.74-28.12.78	10/1
		SC Riessersee		12.10.-13.10.74	2/0
		EV Rosenheim		08.12-12.12.77	4/1
		EHC 70 München		20.12.-28.12.78	4/0
656.	Soramies Samuel		S	06.02.20-27.04.24	46/3
		Heilbronner Falken		06.02.-07.02.20	2/0
		ERC Ingolstadt		05.11.21-26.05.22	17/1
		Augsburger Panther		10.11.22-27.04.24	27/2
657.	Sparre Kristopher	ERC Ingolstadt	S	13.12.-14.12.11	2/1
658.	Stachowiak Wojciech	ERC Ingolstadt	S	09.05.23-23.05.24	27/7
659.	Stadler Walter*	Düsseldorfer EG	S	19.03.73-05.05.77	36/4
660.	Stefan Leo		S	06.11.92-12.11.00	100/22
		Kölner EC		06.11.92-02.05.94	31/9
		Kölner Haie		04.11.94-01.05.96	18/2
		Düsseldorfer EG		18.08.96-12.11.00	51/11
661.	Steiger Anton*	EV Landshut	S	05.01.1972	1/0
662.	Steiger Ewald*	EV Landshut	S	16.12.-22.12.87	4/1
663.	Steiger Helmut		S	08.12.77-25.04.90	158/53
		EV Landshut		08.12.77-10.09.84	68/28
		Kölner EC		19.12.85-01.05.90	90/25
664.	Steinecker Stefan*	Berliner SC Preußen	S	16.12.89-08.04.93	18/0
665.	Steinke Alfred**	Berliner SSC	T	12.02.-16.02.28	2/0
666.	Sterflinger Robert*	Kölner EC	S	02.09.88-12.04.90	12/0
667.	Sternheimer Marco	Augsburger Panther	S	05.02.19-25.04.21	6/1
668.	Stettmer Jonas	Eisbären Berlin	T	07.02.-08.02.24	2/0
669.	Stowasser Herbert*	EV Füssen	S	28.02.67-08.11.69	6/2
670.	Strahlmeier Dustin		T	06.04.18-28.05.23	28/0
		Schwenninger Wild Wings		06.04.18-27.04.19	7/0
		Grizzlys Wolfsburg		11.11.21-28.05.23	21/0
671.	Straube Christopher „Chris"		S	11.04.98-21.04.00	33/5
		Nürnberg Ice Tigers		11.04.-11.05.98	15/1
		Adler Mannheim		10.11.99-21.04.00	18/4
672.	Streu Craig	Iserlohner EC	S	12.02.-17.04.99	12/5
	Vater von Sebastian				
673.	Streu Sebastian	Eisbären Berlin	S	06.02.-07.02.20	2/1
674.	Strobl Dr. Georg „Stopsi"	SC Riessersee	S	14.01.31-02.03.41	51/10
675.	Strompf Ladislav*	SG Eintracht Frankfurt	S	21.07.-03.08.90	6/1
	Vater von Heidi				
676.	Stützle Tim	Ottawa Senators	S	08.05.-16.05.22	4/0
677.	Sturm Marco		S	18.08.96-23.02.10	54/14
		EV Landshut		18.08.96-09.05.97	16/1
		San Jose Sharks		10.02.98-06.09.04	20/6
		ERC Ingolstadt		11.02.-13.02.05	3/1
		Boston Bruins		24.04.06-23.02.10	15/6
678.	Sturm Nico	San Jose Sharks	S	22.04.23-23.05.24	22/8
679.	Sturm Sören	EHC Red Bull München	S	11.12.12-21.04.13	8/0
680.	Sulkovsky David		S	10.04.02-23.04.05	16/4
		Nürnberg Ice Tigers		10.04.-07.05.02	8/1
		Hamburg Freezers		06.11.-10.11.02	3/1
		Frankfurt Lions		10.11.04-23.04.05	5/2
681.	Sulzer Alexander		S	01.04.04-06.02.15	64/0
		DEG Metro Stars		01.04.04-07.05.07	48/0
		Nashville Predators		17.02.-23.05.10	14/0
		Kölner Haie		05.02.-06.02.15	2/0
682.	Suttner Sigmund „Siggi"*		T	03.04.77-04.04.81	46/0
		EV Landshut		03.04.77-16.04.78	19/0
		EC Deilinghofen		20.12.78-26.04.79	14/0
		ECD Iserlohn		03.01.-20.02.80	8/0
		Kölner EC		19.12.80-04.04.81	5/0
683.	Szuber Maksymilian		S	08.02.-28.05.23	20/2

		EHC Red Bull München		08.02.-28.05.23	13/1
		Tucson Roadrunners		06.05.-23.05.24	7/1
684.	Thanner Rudolf	EV Füssen	S	18.03.67-24.04.76	118/21
685.	Thomson Greg	Krefelder EV	S	04.02.-27.04.93	16/0
686.	Tiefensee Arno	Adler Mannheim	S	08.04.23-20.04.24	9/0
687.	Tiffels Dominik	Kölner Haie	S	05.02.-06.02.19	2/0
688.	Tiffels Frederik		S	06.04.17-23.05.24	83/17
	jüngerer Bruder von Dominik	Western Michigan University		06.04.-18.05.17	16/5
		Wilkes-Barre/Scranton Penguins		15.04.-15.05.18	12/2
		Kölner Haie		05.02.19-05.06.21	29/5
		EHC Red Bull München		10.02.22-28.05.23	17/3
		Eisbären Berlin		06.05.-23.05.24	9/2
689.	Tobien Rudolf „Rolf"		S	30.03.35-21.02.41	20/2
		Berliner SSC		30.03.1935	1/0
		Düsseldorfer EG		11.02.38-21.02.41	19/2
690.	Tölzer Steffen	Augsburger Panther	S	07.04.07-12.04.09	12/0
691.	Trattner Jürgen*	SB DJK Rosenheim	S	16.12.89-03.08.90	15/4
692.	Trautmann Paul		S	12.02.36-19.12.42	8/0
		Berliner SSC		12.02.36-19.12.37	3/0
		TTC Rot-Weiß Berlin		19.02.41-19.12.42	5/0
693.	Trautwein Ernst	EV Füssen	S	25.02.55-12.03.65	117/50
694.	Treutle Niklas		T	13.12.11-13.04.24	47/0
		Hamburg Freezers		13.12.11-20.04.13	7/0
		Krefeld Pinguine		05.11.-06.11.16	2/0
		Thomas Sabo Ice Tigers		21.04.18-09.11.19	26/0
		Nürnberg Ice Tigers		24.04.21-13.04.24	12/0
695.	Trew William	Straubing Tigers	S	05.11.-09.11.08	4/0
696.	Tripp John		S	08.11.06-08.02.14	110/29
		ERC Ingolstadt		08.11.06-07.05.07	19/6
		Hamburg Freezers		29.08.07-23.05.10	51/14
		Kölner Haie		11.02.11-08.02.14	40/9
697.	Truntschka Bernd*		S	16.12.87-26.02.94	102/13
	jüngerer Bruder von Gerd	EV Landshut		16.12.87-04.09.88	18/0
		Düsseldorfer EG		08.11.89-26.02.94	84/13
698.	Truntschka Gerd		S	03.04.77-27.04.93	222/51
		EV Landshut		03.04.77-26.04.79	20/3
		Kölner EC		03.01.80-30.04.89	150/38
		Düsseldorfer EG		04.09.89-07.05.92	37/9
		EC Hedos München		06.11.92-27.04.93	15/1
699.	Tuomie Parker		S	11.04.19-23.05.24	37/8
		Minnesota State University		11.04.-18.04.19	4/1
		Eisbären Berlin		05.11.-08.11.20	3/0
		Straubing Tigers		13.04.23-23.05.24	30/7
700.	Üffing Luis	Düsseldorfer EG	S	11.11.-12.11.23	2/0
701.	Ugbekile Colin		S	09.11.19-09.02.23	35/2
		Kölner Haie		09.11.19-08.05.21	12/1
		Iserlohn Roosters		10.11.22-09.02.23	23/1
702.	Ullmann Christoph		S	04.02.04-30.04.16	156/20
		Adler Mannheim		04.02.04-12.05.08	68/13
		Kölner Haie		05.11.08-14.11.10	48/3
		Adler Mannheim		04.05.12-30.04.16	40/4
703.	Ulrich Herbert	VfL Bad Nauheim	S	21.11.1952	1/0
704.	Unsinn Xaver „Xari"*	EV Füssen	S	18.11.51-12.03.60	76/24
705.	Ustorf Stefan		S	18.04.92-12.05.08	126/17
	Sohn von Peter	ESV Kaufbeuren		18.04.92-26.02.94	36/7
		Washington Capitals		18.08.-05.09.96	6/0
		Berlin Capitals		05.11.97-12.02.98	8/0
		Adler Mannheim		04.02.02-09.11.03	25/5
		Krefeld Pinguine		01.04.-04.05.04	14/1
		Eisbären Berlin		22.08.04-12.05.08	37/4
706.	Uvira Sebastian		S	09.11.14-14.11.21	39/1
		Augsburger Panther		09.11.2014	1/0
		Kölner Haie		05.02.15-14.11.21	38/1
707.	Vacatko Vladimir*		S	08.04.76-28.12.81	89/27
		Düsseldorfer EG		08.04.76-18.02.80	65/16

		SB DJK Rosenheim		19.12.80-28.12.81	24/11
708.	Valenti Sven		S	24.03.95-28.04.98	15/1
	älterer Bruder von Maren	Adler Mannheim		24.03.-01.04.95	6/0
		Heilbronner EC		11.04.-28.04.98	9/1
709.	Van Calster Robin	Kölner Haie	S	07.02.-08.02.24	2/0
710.	Varejcka Filip	EHC Red Bull München	S	09.05.-11.11.23	10/1
711.	Verwey Roland	Krefeld Pinguine	S	07.04.-30.08.07	8/0
712.	Völk Josef		S	12.01.68-07.05.77	142/12
		EV Füssen		12.01.68-24.04.76	125/11
		VfL Bad Nauheim		21.12.76-07.05.77	17/1
713.	Vogel Anthony „Toni"	SB DJK Rosenheim	S	07.11.-10.11.91	3/0
714.	Volek Justin	Krefeld Pinguine	S	14.04.-15.04.22	2/0
715.	Volland Andreas*		S	06.11.92-09.04.94	21/1
		EC Hedos München		06.11.92-27.04.93	17/1
		ESV Kaufbeuren		03.02.-09.04.94	4/0
716.	Vozar Ferenc	Berliner SSC	S	23.02.74-14.02.76	34/2
	jüngerer Bruder von Tibor und Vater von Patrick				
717.	Vozar Patrick	Frankfurt Lions	S	23.03.95-02.04.96	11/1
718.	Vozar Tibor	Berliner SSC	S	23.02.-17.03.74	5/0
719.	Wackerle Sylvester*	SC Riessersee	S	23.01.63-08.02.64	25/2
720.	Wackers Heinz	KTSV Preußen 1855 Krefeld	T	23.01.52-18.12.53	8/0
721.	Waginger Michael	ERC Ingolstadt	S	06.04.06-25.04.08	11/1
722.	Wagner Bernd*	EV Landshut	S	13.12.88-03.05.91	50/3
	Vater von Fabio				
723.	Wagner Fabio	ERC Ingolstadt	S	06.04.18-23.05.24	80/3
724.	Waitl Leonhard „Hartl"*		S	22.02.59-10.01.71	132/21
		EV Füssen		22.02.59-12.03.66	86/14
		FC Bayern München		29.10.66-09.03.69	35/4
		Augsburger EV		21.10.69-10.01.71	11/3
725.	Walter Martin	Hamburg Freezers	S	04.02.04-20.04.06	11/0
726.	Wanner Michael*		S	24.11.72-03.11.74	10/1
		EV Füssen		24.11.-26.11.72	2/0
		Berliner SSC		30.11.-03.11.73	8/1
727.	Wasl Peter*	SC Riessersee	T	24.11.-26.11.72	2/0
728.	Weber Marcus		S	17.12.13-27.04.24	20/0
		Thomas Sabo Ice Tigers		17.12.13-18.04.19	5/0
		Nürnberg Ice Tigers		21.04.22-27.04.24	15/0
729.	Weide Erich*	Düsseldorfer EG	S	24.09.71-14.04.73	17/1
	Sohn von Rudolf				
730.	Weide Rudolf „Rudi"	Krefelder EV	S	09.12.53-27.02.55	18/5
731.	Weisenbach Heinz	EV Füssen	S	26.01.66-02.04.71	36/2
732.	Weishaupt Erich		T	29.10.74-27.04.86	109/0
		ESV Kaufbeuren		29.10.74-23.03.75	19/0
		Berliner SSC		24.01.76-13.05.78	39/0
		Mannheimer ERC		23.03.79-01.05.83	36/0
		Düsseldorfer EG		25.03.-27.04.86	15/0
733.	Weiß Alexander		S	07.11.07-06.02.15	31/3
	älterer Bruder von Daniel	Eisbären Berlin		07.11.07-12.02.11	12/2
		Kölner Haie		07.04.12-06.02.15	19/1
734.	Weiß Daniel	Eisbären Berlin	S	13.12.-14.12.11	2/0
735.	Weitzmann Hannibal	Kölner Haie	T	05.02.-06.02.19	2/0
736.	Wellen Remigius „Remy"*	Krefelder EV	S	03.02.-27.11.61	10/2
737.	Werner Thomas*	Düsseldorfer EG	S	21.07.90-03.05.91	24/3
738.	Wiedemann Anton	EV Füssen	S	18.02.33-20.02.38	19/2
739.	Wiederer Manuel		S	04.05.18-12.11.23	20/0
		San Jose Barracuda		04.05.-12.05.18	5/0
		Eisbären Berlin		11.11.22-12.11.23	15/0
740.	Wieland Markus		S	02.04.94-08.04.00	80/2
		SB DJK Rosenheim		02.04.1994	1/0
		Star Bulls Rosenheim		23.03.95-01.05.96	32/0
		EV Landshut		18.08.96-05.04.99	39/0
		Adler Mannheim		10.11.99-08.04.00	8/2
	Wietfeldt Christoph	siehe Paepke			
741.	Wild Karl	SC Riessersee	S	17.02.37-14.03.52	36/7
742.	Wild Leonhard „Harti"	ESC Moskitos Essen	T	12.04.-31.08.01	5/0

743.	Wild Martin*	SC Riessersee	S	03.11.70-18.02.80	47/5
744.	Willmann Dieter*		S	13.12.88-01.05.90	25/1
		Schwenninger ERC		13.12.-30.12.88	7/0
		Düsseldorfer EG		04.09.89-01.05.90	18/1
745.	Wirt Daniel	Löwen Frankfurt	S	08.02.-09.02.23	2/0
746.	Wirth Moritz		S	15.04.-20.04.20	4/0
		Fischtown Pinguins Bremerhaven		15.04.-20.04.20	2/0
		Düsseldorfer EG		07.02.-08.02.24	2/0
747.	Wissmann Kai		S	05.02.19-23.05.24	37/4
		Eisbären Berlin		05.02.19-26.05.22	18/2
		Providence Bruins		12.05.-28.05.23	10/1
		Eisbären Berlin		06.05.-23.05.24	9/1
748.	Wörle Tobias		S	07.04.07-08.04.12	9/1
		Frankfurt Lions		07.04.-14.04.07	4/0
		Iserlohn Roosters		31.03.11-08.04.12	5/1
749.	Wörschhauser Josef*	EC Bad Tölz	S	14.03.52-01.01.55	3/0
750.	Wörschhauser Richard*	EC Bad Tölz	T	20.12.53-27.11.55	7/0
751.	Wohlgemuth Tim		S	11.04.19-08.02.24	24/2
		ERC Ingolstadt		11.04.19-08.05.21	15/0
		Adler Mannheim		11.11.21-09.02.23	7/2
		Kölner Haie		07.02.-08.02.24	2/0
752.	Wolf David		S	13.12.11-15.02.22	48/10
	Sohn von Manfred	Hamburg Freezers		13.12.11-08.11.15	20/0
		Adler Mannheim		27.08.16-15.02.22	28/4
753.	Wolf Manfred „Mannix"*		S	28.12.80-04.09.88	131/24
		Mannheimer ERC		28.12.80-02.05.83	96/20
		Düsseldorfer EG		19.12.85-04.09.88	35/4
754.	Wolf Michael		S	09.11.05-11.05.15	152/52
		Iserlohn Roosters		09.11.05-10.11.13	133/47
		EHC Red Bull München		07.11.14-11.05.15	19/5
755.	Wright Shayne	Krefeld Pinguine	S	10.11.04-28.04.05	14/0
756.	Wünsch Josef*	EV Landshut	S	21.11.72-05.01.77	46/6
757.	Wurm Armin	Grizzly Adams Wolfsburg	S	17.12.13-09.11.14	6/1
758.	Wurm Josef	Wiener EG	S	21.02.-22.02.41	2/0
759.	Zach Hans*		S	26.02.69-20.02.80	80/16
	jüngerer Bruder von Martin	EC Bad Tölz		26.02.-09.03.69	7/0
		SC Riessersee		19.03.-20.03.73	2/0
		Berliner SSC		24.01.76-07.05.77	31/6
		EV Landshut		08.12.77-26.04.79	32/8
		SB DJK Rosenheim		03.01.-20.02.80	8/2
760.	Zach Martin*	EC Bad Tölz	S	06.01.54-04.02.56	10/1
761.	Zajankala George		S	12.04.97-13.02.00	7/1
		ohne Verein		12.04.-23.04.97	4/0
		Kölner Haie		10.02.-13.02.00	3/1
762.	Zanghellini Helmut*	EV Füssen	S	01.02.61-13.01.68	53/15
763.	Zankl Peter	VfL Bad Nauheim	T	28.12.1981	1/0
764.	Zeidler Erwin*	EV Landshut	S	12.01.-28.01.68	4/1
765.	Zepp Robert „Rob"	Eisbären Berlin	T	06.11.09-20.05.14	37/0
766.	Zerressen Pascal	Kölner Haie	S	06.04.17-11.11.18	20/0
767.	Zerwesz Rainer*		S	18.04.92-13.04.01	59/5
		Düsseldorfer EG		18.04.92-16.04.95	21/2
		Kölner Haie		27.03.97-17.04.99	29/3
		Adler Mannheim		13.11.99-08.04.00	6/0
		Berlin Capitals		08.11.00-13.04.01	3/0
768.	Ziegler Sven	Straubing Tigers	S	11.04.-10.11.19	6/0
769.	Ziesche Steffen	Frankfurt Lions	S	23.03.-31.03.95	5/1
	Sohn von Joachim (DDR) und jüngerer Bruder von Jens (DDR)				
770.	Ziffzer Youri	Eisbären Berlin	T	07.02.06-09.11.08	17/0
771.	Zimmermann Mario	Straubing Tigers	S	23.04.22-15.04.23	21/0
772.	Zitterbart Luca	Düsseldorfer EG	S	10.11.22-09.02.23	5/0
773.	Zywitza Sven	Augsburger Panther	S	23.03.-30.04.95	17/1

ANMERKUNGEN:

inoff. an Stelle der lfd. Nummer = nur in einem inoffiziellen Länderspiel eingesetzt

* war auch B-Nationalspieler ** war auch Auswahlspieler bis 1914

(DDR) = bestritt auch Länderspiele für die DDR

Vereinsrangliste seit 1927

	Verein	Zeitraum	Spieler	Einsätze/Tore
1.	Kölner EC/Haie	30.11.73-23.05.24	85	3276/435
	Kölner EC	*30.11.73-02.05.94*	*33*	*1505/252*
	Kölner Haie	*27.08.94-23.05.24*	*59*	*1771/183*
2.	Mannheimer ERC/Adler Mannheim	19.02.41-23.05.24	107	2705/350
	Mannheimer ERC	*19.02.41-10.04.94*	*37*	*1011/164*
	Adler Mannheim	*27.08.94-23.05.24*	*72*	*1694/186*
3.	Düsseldorfer EG/DEG Metro Stars	17.02.37-23.05.24	89	2597/369
	Düsseldorfer EG	*17.02.37-23.05.24*	*76*	*2238/328*
	DEG Metro Stars	*06.11.02-13.11.12*	*14*	*359/41*
4.	EV Füssen	29.01.29-24.04.82	56	2211/515
5.	SC Riessersee	24.01.27-08.04.17	63	1536/282
6.	EV/SB DJK/Star Bulls Rosenheim	28.02.53-21.04.00	54	1479/176
	EV Rosenheim	*28.02.53-12.12.77*	*6*	*72/6*
	SB DJK Rosenheim	*20.12.78-02.05.94*	*41*	*1184/150*
	Star Bulls Rosenheim	*27.08.94-21.04.00*	*15*	*223/20*
7.	EV Landshut/Landshut Cannibals	21.01.62-05.02.03	41	1355/311
	EV Landshut	*21.01.62-05.04.99*	*40*	*1354/311*
	Landshut Cannibals	*05.02.2003*	*1*	*1/0*
8.	EHC Dynamo/Eisbären Berlin	08.11.90-23.05.24	56	1313/123
	EHC Dynamo Berlin	*08.11.90-04.05.92*	*7*	*41/0*
	Eisbären Berlin	*03.02.94-23.05.24*	*50*	*1272/123*
9.	Krefelder EV/Krefeld Pinguine	18.11.51-30.04.22	49	1071/122
	Krefelder EV	*18.11.51-30.04.95*	*26*	*511/84*
	Krefeld Pinguine	*02.09.95-30.04.22*	*26*	*560/38*
10.	Nürnberg Ice Tigers/Sinupret IT/Thomas Sabo IT	10.02.96-27.04.24	52	981/120
	Nürnberg Ice Tigers	*10.02.96-27.04.24*	*32*	*613/57*
	Sinupret Ice Tigers	*03.09.06-18.04.09*	*9*	*97/9*
	Thomas Sabo Ice Tigers	*16.04.10-07.02.20*	*19*	*271/54*
11.	EC Bad Tölz/Tölzer Löwen	14.03.52-04.05.09	35	922/153
	EC Bad Tölz	*14.03.52-14.02.99*	*34*	*907/151*
	Tölzer Löwen	*05.02.-04.05.09*	*1*	*15/2*
12.	Berliner SSC	24.01.27-28.12.81	34	745/159
13.	BSC Preußen/Preußen Devils/Berlin Capitals	28.12.87-24.04.01	23	738/66
	Berliner SC Preußen	*28.12.87-30.04.95*	*14*	*512/49*
	Preußen Devils Berlin	*02.09.95-01.05.96*	*4*	*55/6*
	Berlin Capitals	*18.08.96-24.04.01*	*10*	*171/11*
14.	EHC 70/EHC/EHC Red Bull München	20.12.78-23.05.24	42	684/79
	EHC 70 München	*20.12.78-05.04.81*	*3*	*21/1*
	EHC München	*12.11.10-28.04.12*	*8*	*55/5*
	EHC Red Bull München	*18.09.12-23.05.24*	*35*	*608/73*
15.	ERC Ingolstadt	06.11.02-23.05.24	35	666/70
16.	Augsburger EV/Panther	01.10.67-27.04.24	49	560/59
	Augsburger EV	*01.10.67-29.11.81*	*9*	*171/38*
	Augsburger Panther	*23.03.95-27.04.24*	*40*	*389/21*
17.	Kassel Huskies	04.11.94-23.02.10	19	544/87
18.	ESV Kaufbeuren/Kaufbeurer Adler	26.01.66-09.05.97	22	523/59
	ESV Kaufbeuren	*26.01.66-09.05.97*	*18*	*416/57*
	Kaufbeurer Adler	*27.08.94-09.05.97*	*6*	*107/2*
19.	Schwenninger ERC/Wild Wings	27.11.81-25.04.24	34	514/52
	Schwenninger ERC	*27.11.81-23.04.89*	*7*	*90/10*
	Schwenninger Wild Wings	*23.03.95-25.04.24*	*27*	*424/42*
20.	EC Deilinghofen/ECD Iserlohn/Iserl. EC/I. Roosters	20.12.78-08.02.24	28	478/85
	EC Deilinghofen	*20.12.78-26.04.79*	*1*	*14/0*
	ECD Iserlohn	*03.01.80-02.05.87*	*5*	*64/7*
	Iserlohner EC	*12.02.-17.04.99*	*2*	*24/6*
	Iserlohn Roosters	*12.04.01-08.02.24*	*21*	*376/72*
21.	Hamburg Freezers	06.11.02-19.05.16	24	406/62
22.	VfL/EC Bad Nauheim	18.11.51-06.11.20	12	363/107

	VfL Bad Nauheim	*18.11.51-28.12.81*	*11*	*361/106*
	EC Bad Nauheim	*05.11.-06.11.20*	*1*	*2/1*
23.	Grizzly Adams/Grizzlys Wolfsburg	05.11.08-18.04.24	16	359/26
	Grizzly Adams Wolfsburg	*05.11.08-11.05.15*	*12*	*211/20*
	Grizzlys Wolfsburg	*06.11.15-18.04.24*	*7*	*148/6*
24.	Eintracht Frankfurt/Frankf. Lions/Löwen Frankf.	13.12.88-13.04.24	24	228/22
	SG Eintracht Frankfurt	*13.12.88-01.05.91*	*4*	*39/4*
	Frankfurt Lions	*23.03.95-24.04.10*	*16*	*176/16*
	Löwen Frankfurt	*06.02.20-13.04.24*	*4*	*13/2*
25.	Straubing Tigers	05.11.08-23.05.24	21	222/16
26.	Hannover Scorpions	04.04.00-06.04.13	13	212/37
27.	EC Hedos/Maddogs München	09.11.91-05.11.94	10	163/41
	EC Hedos München	*09.11.91-02.05.94*	*8*	*153/40*
	Maddogs München	*27.08.-05.11.94*	*4*	*10/1*
28.	SC Bern (SUI)	12.11.10-23.05.24	2	105/13
29.	München Barons*	10.11.99-07.05.02	6	100/2
30.	KTSV Preußen 1855 Krefeld	18.11.51-12.03.60	10	92/17
31.	EC Ratingen/Revierlöwen Oberhausen	06.11.92-11.11.01	9	84/4
	EC Ratingen „Die Löwen"	*06.11.92-07.02.96*	*5*	*40/3*
	Revierlöwen Oberhausen	*05.11.97-11.11.01*	*4*	*44/1*
32.	ESC Moskitos Essen	05.11.98-07.05.02	8	75/3
33.	San Jose Sharks (NHL/USA)	10.02.98-23.05.24	5	72/20
34.	Buffalo Sabres (NHL/USA)	19.04.90-23.05.24	5	66/23
35.	Washington Capitals (NHL/USA)	18.08.96-18.05.17	3	54/0
36.	Rögle BK (SWE)	09.11.12-06.06.21	3	51/13
37.	Edmonton Oilers (NHL/CAN)	15.02.02-06.06.21	3	50/21
38.	Ak Bars Kazan (KHL/RUS)	04.02.02-04.05.04	1	45/7
39.	KE Engelmann Wien/Wiener EV/Wiener EG**	03.02.39-28.03.42	6	41/17
	KE Engelmann Wien	*03.02.-09.02.39*	*1*	*6/0*
	Wiener EV	*03.02.-12.02.39*	*3*	*24/16*
	Wiener EG	*11.01.40-28.03.42*	*5*	*11/1*
40.	VfTSS Brandenburg Berlin	28.01.29-19.12.42	6	38/4
41.	FC Bayern München	29.10.66-09.03.69	2	37/4
42.	Portland Pirates (AHL/USA)	02.02.98-20.05.14	4	36/8
43.	REV/Fischtown Pinguins Bremerhaven	11.04.98-23.05.24	7	36/4
	REV Bremerhaven	*11.04.-11.05.98*	*1*	*11/0*
	Fischtown Pinguins Bremerhaven	*15.04.20-23.05.24*	*6*	*25/4*
44.	Phoenix Coyotes/Arizona C. (Glendale-NHL/USA)	15.02.06-08.05.17	2	33/5
	Phoenix Coyotes (Glendale-NHL/USA)	*15.02.- 21.02.06*	*1*	*5/0*
	*Arizona Coyotes (Glendale-NHL/USA)***	*24.04.15-08.05.17*	*1*	*28/5*
45.	Minnesota State University (Mankato-NCAA/USA)	06.04.18-23.05.19	2	32/9
46.	Annaheim Ducks (NHL/USA)	07.05.16-23.05.19	1	31/2
47.	Chicago Blackhawks (NHL/USA)	03.05.16-23.05.24	3	31/6
48.	HC Ambri-Piotta (SUI)	06.02.20-21.05.24	1	31/0
49.	Rastenburger SV 08	20.01.35-03.02.40	1	29/7
50.	New York Islanders (NHL/USA)	12.05.16-15.05.18	2	29/2
51.	Nashville Predators (NHL/USA)	17.02.-23.05.10	2	28/4
52.	Toronto Marlies (AHL/CAN)	15.04.11-26.05.22	3	27/4
53.	HK Spartak Moskva (KHL/RUS)	03.04.09-21.04.13	2	27/0
54.	Heilbronner EC/Falken	11.04.98-06.11.20	6	26/2
	Heilbronner EC	*11.04.-28.04.98*	*3*	*18/2*
	Heilbronner Falken	*05.02.19-06.11.20*	*3*	*8/0*
55.	TTC Rot-Weiß Berlin	11.01.40-19.12.42	6	25/2
56.	HC Slavia Praha (CZE)	03.11.95-01.05.96	1	24/5
57.	HC Sparta Praha (CZE)	18.08.96-09.05.97	1	23/4
58.	Skellefteå AIK (SWE)	11.11.21-26.05.22	2	23/4
59.	Jacksonville Lizard Kings (ECHL/USA)	05.11.97-11.05.98	1	23/3
60.	Manitoba Moose (Winnipeg-AHL/CAN)	21.05.21-28.05.23	1	22/2
61.	ERC/EHC Freiburg	19.12.80-21.12.92	4	22/0
	ERC Freiburg	*19.12.80-28.12.81*	*2*	*14/0*

	EHC Freiburg	*16.12.-21.12.92*	*2*	*8/0*
62.	Jokerit Helsinki (FIN)	10.02.00-10.05.01	1	20/5
63.	Detroit Red Wings (NHL/USA)	08.05.22-28.05.23	1	19/3
64.	Ottawa Senators (NHL/CAN)	15.02.06-16.05.22	2	19/3
65.	Zehlendorfer Wespen/ KG BFC Preußen/Z. Wespen	17.02.37-03.02.40	2	19/0
	SV Zehlendorfer Wespen 1911	*17.02.37-11.02.39*	*2*	*17/0*
	KG BFC Preußen/SV Zehlendorfer Wespen 1911	*11.01.-03.02.40*	*1*	*2/0*
66.	Boston Bruins (NHL/USA)	24.04.06-04.09.16	2	18/6
67.	New Jersey Devils (Newark-NHL/USA)	22.08.84-02.05.85	1	18/3
68.	Florida Panthers (Sunrise-NHL/USA)	17.02.10-14.05.13	2	18/1
69.	HK Atlant Moskovskaya oblast (Mytischi -KHL/RUS)	10.02.-15.05.12	2	18/0
70.	EV Duisburg/EV Duisburg „Die Füchse"	04.04.00-10.11.07	3	17/3
	EV Duisburg	*04.04.-05.04.00*	*1*	*2/1*
	EV Duisburg „Die Füchse"	*06.04.06-10.11.07*	*2*	*15/2*
71.	Cleveland Barons (AHL/USA)	23.04.-10.05.05	3	17/3
72.	Avtomobilist Yekaterinburg (KHL/RUS)	05.11.20-06.06.21	1	17/2
73.	Malmö Redhawks (SWE)	10.02.-15.05.12	1	17/1
74.	Worcester IceCats (AHL/USA)	02.02.-11.05.98	1	17/0
75.	Seattle Kraken (NHL/USA)	08.05.22-23.05.24	1	17/0
76.	EV Zug (SUI)	09.11.23-23.05.24	1	16/9
77.	Western Michigan University (Kalamazoo-NCAA/USA)			
		06.04.-18.05.17	1	16/5
78.	Admiral Vladivostok (KHL/RUS)	08.11.13-17.05.14	1	16/2
79.	EC in Hannover/EC Hannover Indians	03.09.95-06.11.20	3	16/0
	EC in Hannover	*03.09.95-05.04.96*	*1*	*12/0*
	EC Hannover Indians	*05.11.-06.11.20*	*2*	*4/0*
80.	MODO Hockey (Örnsköldsvik-SWE)	09.11.12-27.04.13	1	15/3
81.	TuS Eintracht Dortmund 1848	15.01.58-18.02.65	4	15/2
82.	Adirondack Phantoms (AHL/USA)	26.04.13-20.05.14	1	15/1
83.	Prince Albert Raiders (WHL/CAN)	20.04.-20.05.14	1	15/1
84.	Genève-Servette HC (SUI)	07.04.07-17.12.08	1	15/0
85.	Cornell University (Ithaca-NCAA/USA)	16.04.-23.05.10	1	15/0
86.	Växjö Lakers (SWE)	11.04.19-09.11.23	2	14/5
87.	EV Landsberg	04.01.70-10.01.71	1	14/4
88.	Severstal Cherepovets (KHL/RUS)	07.04.-10.05.05	1	14/4
89.	Porin Ässät (FIN)	05.11.98-17.04.99	1	14/2
90.	HIFK Helsinki (FIN)	10.02.-15.02.12	1	14/0
91.	PEV/ES Weißwasser/ESG Sachsen WW/Chemnitz	08.11.90-05.04.96	4	14/0
	PEV Weißwasser	*08.11.-11.11.90*	*1*	*3/0*
	ES Weißwasser	*18.04.1992*	*1*	*1/0*
	ESG Sachsen „Die Füchse" Weißwasser/Chemnitz	*24.03.95-05.04.96*	*2*	*10/0*
92.	Charlotte Checkers (AHL/USA)	27.04.12-14.05.13	1	13/1
93.	EC Oberstdorf/ SG Oberstdorf/ERC Sonthofen	26.11.64-06.01.70	2	13/1
	EC Oberstdorf	*26.11.64-12.03.65*	*1*	*12/1*
	SG EC Oberstdorf/ERC Sonthofen	*06.01.1970*	*1*	*1/0*
94.	Wilkes-Barre/Scranton Penguins (AHL/USA)	15.04.-15.05.18	1	12/2
95.	Deggendorfer EC	04.04.-21.04.00	1	11/4
96.	San Jose Barracuda (AHL/USA)	04.05.18-03.06.21	2	11/1
97.	Worcester Sharks (AHL/USA)	02.05.07-12.05.08	1	11/0
98.	Bridgeport Sound Tigers (AHL/USA)	21.05.-06.06.21	1	10/3
99.	Rocket de Laval (AHL/CAN)	21.04.-15.05.18	1	10/2
100.	SG Nürnberg	22.11.63-08.02.64	1	10/1
101.	Vancouver Canucks (NHL/CAN)	17.02.-23.05.10	1	10/1
102.	Providence Bruins (AHL/USA)	12.05.-28.05.23	1	10/1
103.	Milwaukee Admirals (AHL/USA)	04.05.-23.05.10	1	10/0
104.	Binghamton Senators (AHL/USA)	21.04.04-10.05.05	1	9/2
105.	EC Wilhelmshaven-Stickhausen	12.04.-20.04.01	2	8/0
106.	Grand Rapids Griffins (IHL/USA)	12.04.-21.04.00	1	7/1
107.	Tucson Roadrunners (AHL/USA)	06.05.-23.05.24	1	7/1
108.	Philadelphia Flyers (NHL/USA)	22.08.-06.09.04	1	7/0

109.	ohne Verein	12.04.97-13.11.04	2	7/0
110.	Bodens IK (SWE)	05.02.-23.03.96	1	6/0
111.	Carolina Hurricanes (Raleigh-NHL/USA)	03.05.-12.05.08	1	6/0
112.	Sudbury Wolves (OHL/CAN)	10.04.-06.05.14	1	6/0
113.	University of Vermont (Burlington-NCAA/USA)	14.04.-30.04.22	1	6/0
114.	SC Weßling	08.02.57-02.02.58	2	6/0
115.	Pittsburgh Penguins (NHL/USA)	27.08.-04.09.16	1	5/3
116.	SC Charlottenburg	24.01.-29.01.27	1	5/1
117.	EC Red Bull Salzburg (AUT)	15.04.-30.04.22	1	5/1
118.	Calgary Royals (AJHL/CAN)	24.03.-01.04.95	1	5/0
119.	Neftekhimik Nizhnekamsk (KHL/RUS)	16.04.-25.04.10	1	5/0
120.	Colorado Avalanche (Denver-NHL/USA)	10.02.98-23.05.19	2	5/0
121.	Rockford IceHogs (AHL/USA)	20.05.-26.05.22	1	4/2
122.	VEU Feldkirch (AUT)	12.02.-05.04.99	1	4/0
123.	Jungadler Mannheim	04.04.-08.04.00	1	4/0
124.	VER Selb	27.11.-28.12.81	1	3/1
125.	IK Oskarshamn (SWE)	07.11.-10.11.19	1	3/1
126.	Tegeler EV	15.02.-21.02.33	1	3/0
127.	Les Albatros de Brest (FRA)	01.11.-03.11.96	1	3/0
128.	Erding Jets	04.04.-08.11.00	1	3/0
129.	Torpedo Nizhniy Novgorod (KHL/RUS)	06.11.-08.11.15	1	3/0
130.	SCL Tigers (SUI)	10.11.-12.11.22	1	2/1
131.	Richmond Renegades (ECHL/USA)	02.09.-03.09.95	1	2/0
132.	HC Hamé Zlín (CZE)	08.02.-11.02.06	1	2/0
133.	EVZ Academy (SUI)	05.02.-06.02.19	1	2/0
134.	Ravensburg Towerstars	05.02.-06.02.19	1	2/0
135.	Red Bull Hockey Juniors (AUT)	05.02.-06.02.19	1	2/0
136.	Kölner Junghaie	05.11.-06.11.20	1	2/0
137.	Berliner EV 1886	30.03.1935	1	1/1
138.	ERC Westfalen Dortmund	06.01.1970	1	1/0

ANMERKUNGEN:

* 1999 Übernahme der Mannschaft des EV Landshut, diese spielt von 1999-2002 als München Barons, dann weiter als Hamburg Freezers

** am 27.10.1939 Zusammenschluss der Vereine KE Engelmann Wien und Wiener EV zur Wiener EG

*** ab der Saison 2014/15 Umbenennung in Arizona Coyotes

Länderspiel-Bilanz seit 1927

	Zeitraum	Land	GESAMT					davon HEIMSPIELE				
			Sp	S	U	N	Tore	Sp	S	U	N	Tore
1.	28.01.27-27.04.24	AUT	51	33	4	14	151:79	22	16	1	5	64:34
2.	29.01.27-18.02.33	BEL	2	1	0	1	6:3	-	-	-	-	-
3.	09.02.98-08.05.21	BLR	29	10	2	17	67:83	12	5	0	7	24:26
4.	02.03.1970	BUL	1	1	0	0	13:1	-	-	-	-	-
5.	10.02.30-28.05.23	CAN	144	25	9	110	297:698	62	21	4	37	164:244
	10.02.30-28.05.23	CAN	129	17	8	104	240:642	54	13	4	37	126:233
	04.01.70-07.02.03	CAN (B)	4	3	1	0	15:8	3	3	0	0	13:6
	29.01.84-29.11.86	CAN (O)	11	5	0	6	42:48	5	5	0	0	25:5
6.	12.02.2022	CHN	1	1	0	0	3:2	-	-	-	-	-
7.	24.01.27-13.04.24	CZE	136	20	10	106	279:667	49	9	6	34	118:205
	20.04.93-13.04.24	CZE	56	8	2	46	117:230	24	5	1	18	59:97
	10.02.96-28.03.97	CZE (B)	3	0	1	2	8:13	2	0	1	1	6:7
	24.01.27-08.11.92	TCH	66	10	5	51	122:387	14	3	2	9	27:66
	18.10.57-10.04.79	TCH (B)	9	1	2	6	26:35	9	1	2	6	26:35:00
	26.11.1964	TCH (J)	1	1	0	0	5:2	-	-	-	-	-
	11.01.1940	BOH	1	0	0	1	1:5	-	-	-	-	-
8.	12.04.99-09.12.23	DEN	28	19	0	9	84:59	14	12	0	2	52:24
9.	14.04.99-16.04.00	EST	2	2	0	0	7:3	-	-	-	-	-
10.	03.02.39-13.05.23	FIN	125	31	14	80	342:526	33	15	2	16	106:109
		FIN	122	28	14	80	327:518	30	12	2	16	91:101
		FIN (B)	3	3	0	0	15:8	3	3	0	0	15:8
11.	08.02.34-21.05.24	FRA	40	24	4	12	124:86	14	10	2	2	51:31
12.	31.01.30-11.05.19	GBR	14	10	1	3	60:26	1	0	1	0	1:1
13.	16.11.55-02.05.85	GDR	19	12	4	3	73:49	4	3	1	0	20:12
14.	27.01.27-21.05.23	HUN	21	16	4	1	69:31	4	2	1	1	7:5
15.	24.04.2006	ISR	1	1	0	0	11:2	-	-	-	-	-
16.	04.02.34-20.05.22	ITA	60	33	10	17	230:157	25	16	2	7	95:60
17.	12.03.60-01.09.16	JPN	23	21	0	2	138:57	7	6	0	1	44:20
18.	03.04.99-17.05.24	KAZ	11	7	0	4	36:26	2	1	0	1	4:4
19.	27.04.-09.05.18	KOR	2	2	0	0	10:4	-	-	-	-	-
20.	24.01.35-15.05.24	LAT	42	22	4	16	109:99	17	6	2	9	45:45
21.	22.01.35-07.02.13	NED	12	11	1	0	83:24	3	3	0	0	25:3
22.	15.02.38-22.05.21	NOR	51	35	2	14	254:150	14	13	1	0	92:22
23.	25.01.27-18.05.24	POL	51	29	7	15	186:152	13	7	2	4	59:49
24.	25.01.35-12.02.80	ROU	18	14	0	4	77:48	4	2	0	2	18:17
25.	01.03.54-11.11.21	RUS	121	12	4	105	214:750	68	9	4	55	144:367
	01.03.54-07.11.91	URS	67	0	1	66	103:544	30	0	1	29	58:228
	16.12.57-29.12.88	URS (B)	10	1	0	9	21:56	9	1	0	8	18:47
	18.04.92-11.11.21	RUS	40	10	3	27	81:131	29	8	3	18	68:92
	16.12.1992	RUS (B)	1	0	0	1	1:8	-	-	-	-	-
	06.04.-08.04.18	RUS (O)	2	1	0	1	5:7	-	-	-	-	-
	25.02.2018	OAR	1	0	0	1	3:4	-	-	-	-	-
26.	05.11.98-29.04.15	SLO	11	9	2	0	42:14	4	4	0	0	14:5
27.	09.02.28-13.05.24	SWE	105	13	4	88	199:519	34	8	1	25	83:149
	09.02.28-13.05.24	SWE	100	11	4	85	181:496	29	6	1	22	65:126
	01.02.68-29.03.81	SWE (B)	3	1	0	2	8:12	3	1	0	2	8:12
	01.03.-02.03.75	SWE (O)	2	1	0	1	10:11	2	1	0	1	10:11
28.	16.02.28-23.05.24	SUI	160	72	17	71	494:458	72	36	9	27	225:189
29.	19.02.41-29.04.23	SVK	81	36	2	43	197:209	41	18	0	23	91:98
30.	05.11.2020	TTP	1	1	0	0	7:2	1	1	0	0	7:2
31.	06.02.97-29.04.03	UKR	7	3	2	2	18:15	3	0	2	1	8:10
32.	07.02.32-11.05.24	USA	111	32	9	70	312:462	47	19	3	25	144:165
33.	01.02.40-10.02.00	YUG	19	15	2	2	122:44	5	4	1	0	36:8
	Gesamt		**1500**	**573**	**118**	**809**	**4314:5505**	**367**	**94**	**25**	**248**	**836:1543**

Länderspiele der DDR 1951 - 1990

Grundlage der Statistik sind u.a. die vom DELV geführten Analysen der Länderspiele pro Saison. Diese Analyse liegt für folgende Saisons nicht vor: 1968/69, 1969/70, 1970/71, 1971/72, 1976/77, 1978/79, 1988/89 bei den mit ' gekennzeichneten lfd. Nummern der Spiele ist die Grundlage der Angaben der offiz. Spielbericht - Spiel bzw. Spielername kursiv: in der offiziellen DELV-Statistik nicht aufgeführt

1950/51

Verband: Sparte Eis- und Rollsport im Deutschen Sportausschuß (DS) - gegründet 01.10.1948
Nationaltrainer Ernst Liedtke, Martin Wendt und Günther Lehnigk

1. - 28.01.1951 GDR - POL* 3:8 (0:5, 1:2, 2:1)
Polnische Gewerkschafts-Auswahl
Berlin, Werner-Seelenbinder-Halle; Z: 6.000; SR: Zarzycki (POL), Wesselowski (GDR)
Werner Jonack (BSG Textil Pleißengrund Crimmitschau; **Hans Mack** (BSG Ostglas Weißwasser) n.e.*) - **Gerhard Kießling** (C - SG Frankenhausen), **Heinz Heinicke** (SG Frankenhausen) - **Werner Heyer** (BSG Empor Berlin), **Siegfried Mann** (BSG Ostglas Weißwasser) - **Alfred Unterdörfel** (SG Frankenhausen), **Siegfried Speck** (SG Frankenhausen), **Herbert Schindler** (BSG Ostglas Weißwasser) - **Wolfgang Blümel** (BSG Ostglas Weißwasser), **Paul Mann** (BSG Ostglas Weißwasser), **Herbert Tschätsch** (BSG Ostglas Weißwasser) - **Manfred Limmer** (BSG Textil Pleißengrund Crimmitschau), **Harald Grimm** (BSG Textil Pleißengrund Crimmitschau), **Günter Schischefsky** (BSG KWU Dresden)
lt. DELV-Statistik Einsatz, jedoch durch Quellen nicht bestätigt
T: 1:5 (?) S. Mann (Blümel) / 2:7 (?) Blümel (?) - 3:8 (59.) Kießling (---)
S: keine Angaben

2. - 15.04.1951 GDR - TCH 3:27 (0:8, 1:7, 2:12)
Berlin, Werner-Seelenbinder-Halle; Z: 6.000; SR: Tencza (TCH), Wesselowski (GDR)
Jonack (BSG Fortschritt Crimmitschau, Mack* (BSG Chemie Weißwasser) - Kießling (C), H. Heinicke - S. Mann (BSG Chemie Weißwasser), Heyer - A. Unterdörfel, Speck, **Werner Schmiedel** (SG Frankenhausen) - Blümel (BSG Chemie Weißwasser), Schindler (BSG Chemie Weißwasser) - **Reiner Kossmann** (BSG Empor Berlin), Schindler (BSG Chemie Weißwasser) - Schischefsky (BSG Einheit Süd Dresden)
abwechselnd wurden im Tor Jonack und Mack eingesetzt
T: 1:10 (?) Speck (?) / 2:17 (?) R. Kossmann (?) - 3:23 (?) Blümel (?)
S: keine Angaben

3. - 22.04.1951 GDR - URS* 2:21 (1:9, 1:4, 0:8)
Moskauer Auswahl (in den Spielen 3 - 8)
Berlin, Werner-Seelenbinder-Halle; Z: 6.000; SR: Wiesenthal (GDR), Yegorov (URS)
Mack (Jonack n.e.*) - Kießling (C), H. Heinicke - P. Mann (BSG Chemie Weißwasser), Heyer - Tschätsch (BSG Chemie Weißwasser), Blümel, Schindler - A. Unterdörfel, Speck, Schmiedel - Limmer (BSG Fortschritt Crimmitschau), R. Kossmann, **Werner Seeck** (BSG Empor Berlin) - Schischefsky
lt. DELV-Statistik Einsatz, jedoch durch Quellen nicht bestätigt
T: 1:6 (16.) Schindler (?) / 2:10 (35.) Speck (---)
S: keine Angaben

4. - 26.04.1951 GDR - URS* 1:23 (0:4, 0:11, 1:8)
Berlin, Werner-Seelenbinder-Halle; Z: 6.000; SR: ? (GDR), Yegorov (URS)
Mack (41.-50. Jonack) - H. Heinicke, Schischefsky (C) - R. Kossmann, **Heinz Lachmann** (BSG Chemie Weißwasser), P. Mann (BSG Chemie Weißwasser) - **Kurt Stürmer** (BSG Chemie Weißwasser), Schindler, A. Unterdörfel - Speck
T: 1:15 (41.) R. Kossmann (Speck)
S: keine Angaben

5. - 30.04.1951 GDR - URS* 0:10 (0:4, 0:6, 0:0)
Berlin, Werner-Seelenbinder-Halle; Z: 6.000; SR: ? (GDR), Yegorov (URS)
Jonack, **Rudolf Pätzold*** (SG Frankenhausen) - Kießling (C), H. Heinicke - S. Mann, P. Mann - Heyer, R. Kossmann, **Johannes Kossmann** (BSG Einheit Berliner Bär) - Stürmer, Schindler, **Wolfgang Rehfeld** (BSG Einheit Süd Dresden) - Speck, **Kurt Jablonski** (BSG Einheit Berliner Bär), Schmiedel**, A. Unterdörfel**
Pätzold zeitweilig eingesetzt, hier erzielte die URS 4 Tore; lt. DELV-Statistik Ersatztorwart Mack, jedoch laut Quellen nicht im Aufgebot für das Spiel.
***Schmiedel und A. Unterdörfel laut Quellen ohne Einsatz*
S: keine Angaben

6. - 02.05.1951 GDR - URS* 0:20 (0:7, 0:8, 0:5)
Berlin, Werner-Seelenbinder-Halle; Z: 6.000; SR: ? (GDR), Yegorov (URS)
Jonack (Mack n.e.*) - Kießling (C), Schischefsky - P. Mann, Joh. Kossmann - Blümel, Schindler, Tschätsch - Speck, A. Unterdörfel, Schmiedel - Limmer, Seeck, **Werner Ackermann** (BSG Fortschritt Crimmitschau)
* lt. DELV-Statistik Einsatz, jedoch durch Quellen nicht bestätigt
S: keine Angaben

7. - 06.05.1951 GDR - URS* 0:23 (0:10, 0:7, 0:6)
Berlin, Werner-Seelenbinder-Halle; Z: 6.000; SR: ? (GDR), Yegorov (URS)
Pätzold (**Heinz Laufer** (BSG Empor Berlin) n.e.*) - Kießling (C), Schischefsky - H. Heinicke, Heyer - R. Kossmann, Blümel, Schindler - P. Mann, Speck, A. Unterdörfel - Schmiedel, Joh. Kossmann, Seeck - **Jochen Kossmann** (BSG Empor Berlin)
* lt. DELV-Statistik Einsatz, jedoch durch Quellen nicht belegt
S: keine Angaben

8. - 08.05.1951 GDR - URS 2:18* (0:8, 2:5, 0:5)
Berlin, Werner-Seelenbinder-Halle; Z: 6.000; SR: ? (GDR), Yegorov (URS)
Jonack (**Harald Wesselowski** (BSG Empor Berlin) n.e.*) - Kießling (C), Schischefsky - H. Heinicke, Heyer - P. Mann, Schindler, S. Mann - Speck, Joh. Kossmann, Limmer - **Alfred Schumann** (BSG Fortschritt Crimmitschau), Ackermann, Rehfeld
* lt. DELV-Statistik Einsatz, jedoch durch Quellen nicht bestätigt
T: 1:9 (?) Speck (---) - 2:10 (?) Schischefsky (Weitschuss)
S: keine Angaben

1951/52

Neuer Verband ab 11.05.1951: Sektion Eis- und Rollhockey im Deutschen Sportausschuß (DS)

9. - 16.08.1951 GDR - TCH 2:25 (0:10, 1:7, 1:8)
Berlin, Werner-Seelenbinder-Halle; Z: 6.000; SR: ? (GDR), ?
Jonack (BSG Fortschritt Crimmitschau; Mack (BSG Chemie Weißwasser) n.e.*) - Kießling (C - SG Frankenhausen), H. Heinicke (SG Frankenhausen) - S. Mann (BSG Chemie Weißwasser), Schischefsky (BSG Chemie Weißwasser) - P. Mann (BSG Chemie Weißwasser), Schindler (BSG Chemie Weißwasser), Speck (SG Frankenhausen) - A. Unterdörfel (SG Frankenhausen), Schmiedel (SG Frankenhausen), Limmer (BSG Fortschritt Crimmitschau) - Joh. Kossmann (BSG Einheit Berliner Bär), Ackermann (BSG Fortschritt Crimmitschau)
* lt. DELV-Statistik Einsatz, jedoch durch Quellen nicht bestätigt
T: 1:17 (?) Schmiedel (?) / 2:22 (?) P. Mann (?)
S: keine Angaben

10. - 19.08.1951 GDR - TCH 1:19 (0:7, 0:4, 1:8)
Berlin, Werner-Seelenbinder-Halle; Z: 6.000; SR: ?, ?
Jonack (Mack n.e.*) - Kießling (C), H. Heinicke - S. Mann, Schischefsky - P. Mann, Schindler, Speck - A. Unterdörfel, Schmiedel, Limmer - Joh. Kossmann, Ackermann
* lt. DELV-Statistik Einsatz, jedoch durch Quellen nicht bestätigt
T: 1:15 (46.) Joh. Kossmann (?)
S: keine Angaben

11. - 25.12.1951 GDR - POL* 1:10 (0:6, 0:2, 1:2)
* polnische Olympiaauswahl (in den Spielen 11 - 14)
Berlin, Werner-Seelenbinder-Halle; Z: 6.000; SR: Wiesenthal (GDR), Zarzycki (POL)
Mack (Jonack n.e.*) - S. Mann, Schischefsky (C) - **Ernst Mälzer** (BSG Wismut Erz Frankenhausen), Lachmann (BSG Chemie Weißwasser), **Wolfgang Nickel** (BSG Chemie Weißwasser) - P. Mann, Schindler - H. Heinicke (BSG Wismut Erz Frankenhausen), Speck (BSG Wismut Erz Frankenhausen), A. Unterdörfel (BSG Wismut Erz Frankenhausen) - Schmiedel (BSG Wismut Erz Frankenhausen), Jablonski (BSG Einheit Berliner Bär), **Hans Frenzel** (SG Deutsche Volkspolizei Berlin)
* lt. DELV-Statistik Einsatz, jedoch durch Quellen nicht bestätigt
T: 1:8 (43.) Speck (---)
S: keine Angaben

12. - 26.12.1951 GDR - POL* 2:7 (1:3, 0:1, 1:3)
Berlin, Werner-Seelenbinder-Halle; Z: 6.000; SR: Wiesenthal (GDR), Zarzycki (POL)
Mack (Jonack n.e.*) - S. Mann, Schischefsky - Lachmann, E. Mälzer - P. Mann, Schindler, W. Nickel - H. Heinicke, Speck, A. Unterdörfel - Jablonski, H. Frenzel, **Hans-Joachim Rudert** (BSG Wismut Erz Frankenhausen)
* *lt. DELV-Statistik Einsatz Jonack, jedoch durch Quellen nicht bestätigt*
T: 1:2 (12.) Schindler (?) / 2:4 (51.) Schischefsky (Weitschuss)
S: keine Angaben

13. - 30.12.1951 GDR - POL* 5:12 (0:3, 2:5, 3:4)
Berlin, Werner-Seelenbinder-Halle; Z: 6.000; SR: Geibel (GDR), Zarzycki (POL)
Jonack (Mack n.e.*) - S. Mann, Schischefsky - E. Mälzer, Lachmann - P. Mann, Blümel (BSG Chemie Weißwasser), Schindler - H. Heinicke, Speck, A. Unterdörfel - Jablonski, H. Frenzel, Rudert
* *lt. DELV-Statistik Einsatz, jedoch durch Quellen nicht bestätigt*
T: 1:3 (?) Schischefsky (Weitschuss) - 2:3 (?) H. Heinicke (H. Frenzel) / 3:9 (?) P. Mann (?) - 4:10 (?) Blümel (?) - 5:10 (?) Blümel (?)
S: keine Angaben

14. - 01.01.1952 GDR - POL* 3:14 (1:1, 1:7, 1:6)
Berlin, Werner-Seelenbinder-Halle; Z: 6.000; SR: Geibel (GDR), Zarzycki (POL)
Mack (*Jonack n.e.*) - Schischefsky, S. Mann - E. Mälzer, Lachmann - P. Mann, Stürmer (BSG Chemie Weißwasser), Schindler - Speck, A. Unterdörfel, Jablonski - W. Nickel
T: 1:1 (?) Speck (?) / 2:3 (?) Schischefsky (Penalty) / 3:13 (?) Jablonski (?)
S: keine Angaben

1952/53

neuer Nationaltrainer Jiří Anton (TCH)

15. - 28.09.1952 GDR* TCH 1:14 (1:6, 0:6, 0:2)
** *Kombination BSG Chemie Weißwasser/BSG Wismut Erz Frankenhausen, zum Zeitpunkt der Austragung des Spieles kein offizielles Länderspiel*
Berlin, Werner-Seelenbinder-Halle; Z: 6.000; SR: ?, ?
Mack (BSG Chemie Weißwasser; *Jonack (BSG Wismut Erz Frankenhausen) n.e.*) - Kießling (C - BSG Wismut Erz Frankenhausen), P. Mann (BSG Chemie Weißwasser), Schischefsky (BSG Chemie Weißwasser) - Blümel (BSG Chemie Weißwasser), Stürmer (BSG Chemie Weißwasser), W. Nickel (BSG Chemie Weißwasser) - H. Heinicke (BSG Wismut Erz Frankenhausen), A. Unterdörfel (BSG Wismut Erz Frankenhausen), **Rudolf Schmieder** (BSG Wismut Erz Frankenhausen)
T: 1:? (?) ? (?) - Tor keine Angabe
S: keine Angaben

16. - 09.11.1952 GDR - URS* 1:13 (0:2, 1:6, 0:5)
* *Moskauer Gewerkschaftsauswahl (Kombination CDSA Moskva / Dynamo Moskva)*
Berlin, Werner-Seelenbinder-Halle; Z: 6.000; SR: ? (GDR), ? (URS)
Jonack (ab 20:01 Mack) - Kießling (C), S. Mann (BSG Chemie Weißwasser) - Schischefsky, Lachmann (BSG Chemie Weißwasser) - P. Mann, Stürmer, W. Nickel - H. Heinicke, Speck (BSG Wismut Erz Frankenhausen), A. Unterdörfel - Jablonski (BSG Einheit Berliner Bär), H. Frenzel (SG Deutsche Volkspolizei Berlin), Rudert (BSG Wismut Erz Frankenhausen) - Schmiedel (BSG Wismut Erz Frankenhausen)
T: 1:7 (?) H. Frenzel (---)
S: 3 x 2 Minuten

17. - 11.11.1952 GDR - URS* 1:4 (0:2, 0:2, 1:0)
* *Moskauer Gewerkschaftsauswahl (Kombination VVS Moskva / Krylya Sovetov Moskva)*
Berlin, Werner-Seelenbinder-Halle; Z: 7.000; SR: Rieck (GDR), ? (URS)
Jonack (Mack n.e.*) - Kießling (C), S. Mann - Schischefsky, Lachmann - P. Mann, Stürmer, W. Nickel - H. Heinicke, Speck, A. Unterdörfel - Jablonski, H. Frenzel, Rudert - Schmiedel
* *lt. DELV-Statistik Einsatz, jedoch durch Quellen nicht bestätigt*
T: 1:4 (52.) Rudert (A. Unterdörfel)
S: keine Angaben

18. - 23.12.1952 GDR - POL 5:6 (1:2, 2:2, 2:2)
Berlin, Werner-Seelenbinder-Halle; Z: 6.000; SR: Geibel (GDR), Zarzycki (POL)
Jonack (*Mack n.e.*) - Kießling (C), S. Mann - Schischefsky, H. Heinicke - P. Mann, Stürmer, W. Nickel - Speck,
A. Unterdörfel, Schmiedel - Jablonski, H. Frenzel, Rudert
T: 1:2 (?) A. Unterdörfel (Nachschuss) / 2:2 (?) P. Mann (?) - 3:3 (?) Kießling (Rudert) / 4:4 (?) Stürmer
(Schischefsky) - 5:4 (?) Jablonski (P. Mann)
S: keine Angaben

19. - 25.12.1952 GDR - POL 4:8 (2:2, 1:2, 1:4)
Berlin, Werner-Seelenbinder-Halle; Z: 6.000; SR: Wiesenthal (GDR), Zarzycki (POL)
Jonack (*Mack n.e.*) - Kießling (C), Schischefsky - H. Heinicke, Lachmann - P. Mann, Stürmer, W. Nickel - Speck,
A. Unterdörfel, Schmiedel - Jablonski, H. Frenzel, Rudert
T: 1:0 (?) P. Mann (Speck) - 2:0 (?) H. Heinicke (Nachschuss) / 3:2 (?) Schischefsky (---) / 4:5 (?) W. Nickel (?)
S: keine Angaben

---

neuer Nationaltrainer Martin Wendt

---

20. - 27.02.1953 GDR* TCH 1:9 (1:3, 0:1, 0:5)
** Akademische Weltspiele im Wintersport in Wien; Da die DDR-Mannschaft keine Studenten-Auswahl war,
wurde sie für die Spiele nicht zugelassen und trug nur ein Freundschaftsspiel gegen die CSR-Studenten aus.*
Wien, Eislaufbahn des WEV; Z: ?; SR: ?, ?
Jonack (ab 31. **Harry Vogt** (BSG Wismut Erz Frankenhausen)) - Kießling (C), Schischefsky - **Werner Heinicke**
(BSG Wismut Erz Frankenhausen), Lachmann - S. Mann, Stürmer, W. Nickel - H. Heinicke, Speck, Schmiedel
- Jablonski, Rudert, **Lothar Zoller** (BSG Einheit Berliner Bär)
T: 1:? (?) Jablonski (?)
S: keine Angaben

21. - 05.04.1953 GDR - HUN 9:3 (2:0, 6:1, 1:2)
Berlin, Werner-Seelenbinder-Halle; Z: 7.000; SR: Brückner (GDR), Hűvös (HUN)
Jonack (*Vogt n.e.*) - Kießling (C), H. Frenzel (SV Dynamo Berlin) - S. Mann, Schischefsky - Speck, P. Mann, H.
Heinicke - A. Unterdörfel, Schmiedel, Rudert (ab ?. Jablonski) - W. Nickel, Blümel, Stürmer
T: 1:0 (?) ?* (?) - 2:0 (?) ?* (?) / 3:0 (?) Blümel (Kießling) - 4:1 (?) Kießling (W. Nickel) - 5:1 Rudert (?) - 6:1 (?)
H. Heinicke (?) - 7:1 (?) A. Unterdörfel (?) - 8:1 (?) ?* (?) / 9:2 (?) Blümel (?)
* weitere Tore Kießling 1, Jablonski 1, W. Nickel 1 - Reihenfolge der Torschützen nicht bekannt
S: keine Angaben

22. - 06.04.1953 GDR - HUN 14:2 (5:1, 3:1, 6:0)
Berlin, Werner-Seelenbinder-Halle; Z: 7.000; SR: Brückner (GDR), Hűvös (HUN)
Vogt (*Jonack n.e.*) - Kießling (C), S. Mann - Schischefsky, H. Heinicke - P. Mann, Blümel, Stürmer - Speck, A.
Unterdörfel, Schmiedel - Jablonski, H. Frenzel, Rudert - W. Nickel
T: 1:0 (?) Jablonski (?) - 2:1 (?) Speck (?) - 3:1 (?) Jablonski (?) - 4:1 (?) Jablonski (?) - 5:1 (?) Rudert (?) / 6:2
(?) Kießling (?) - 7:2 (?) H. Heinicke (?) - 8:2 (?) P. Mann (?) / 9:2 bis 14:2*
* weitere Tore: Schischefsky 3, H. Heinicke 1, P. Mann 1, Blümel 1 - Reihenfolge der Torschützen nicht bekannt
S: keine Angaben

1953/54

23. - 29.10.1953 GDR - URS 0:15 (0:7, 0:1, 0:7)
Berlin, Werner-Seelenbinder-Halle; Z: 7.000; SR: ? (GDR), ? (URS)
Mack (SG Dynamo Weißwasser; *ETW**) - Schischefsky (C - SG Dynamo Weißwasser), H. Frenzel (SG Dynamo
Weißwasser) - W. Heinicke (BSG Wismut Erz Frankenhausen), E. Mälzer (BSG Wismut Erz Frankenhausen) -
S. Mann (SG Dynamo Weißwasser), Lachmann (SG Dynamo Weißwasser) - W. Nickel (SG Dynamo
Weißwasser), Blümel (SG Dynamo Weißwasser), Stürmer (SG Dynamo Weißwasser) - Schmiedel (BSG Wismut
Erz Frankenhausen), Speck (BSG Wismut Erz Frankenhausen), Rudert (BSG Wismut Erz Frankenhausen) - A.
Unterdörfel (BSG Wismut Erz Frankenhausen)
* Ersatztorwart (ETW) nicht bekannt
S: keine Angaben

24. - 01.11.1953 GDR - URS 1:12 (0:0, 0:3, 1:9)
Berlin, Werner-Seelenbinder-Halle; Z: 7.000; SR: Schuster (GDR), ? (URS)
Mack (*ETW**) - Schischefsky (C), H. Frenzel - W. Heinicke, E. Mälzer - S. Mann, Lachmann - W. Nickel, Blümel,
Stürmer - Schmiedel, Speck, Rudert - A. Unterdörfel, **Gerhard Dietz** (BSG Turbine Crimmitschau)
* Ersatztorwart (ETW) nicht bekannt
T: 1:10 (?) Stürmer (---)
S: keine Angaben

neuer Nationaltrainer Gerhard Kießling

25. - 08.02.1954 URS - GDR 14:1 (3:0, 7:1, 4:0)
Moskva, Dynamo-Stadion; Z: 10.000; SR: ? (URS), ? (GDR)
Günther Katzur* (BSG Motor Treptow; Mack*; **Horst Spätzke*** (HSG Wissenschaft Humboldt-Universität Berlin)) - S. Mann, Schischefsky (C) - W. Heinicke, **Helmuth Senftleben** (BSG Einheit Berliner Bär), **Jochen Mützel** (BSG Einheit Berliner Bär) - Blümel, Stürmer, H. Frenzel - A. Unterdörfel, Schmiedel, **Herbert Hönig** (BSG Wismut Erz Frankenhausen) - Rudert, **Karl-Heinz Löggow** (BSG Motor Treptow), Dietz - **Karl Hülsberg** (BSG Motor Treptow), **Werner Künstler** (BSG Einheit Berliner Bär), **Harald Thieme** (BSG Fortschritt Apolda)
* *lt. DELV-Statistik Einsatz von drei Torwarten, jedoch ist das durch Quellen nicht belegt*
T: 10:1 (?) H. Frenzel (?)
S: keine Angaben

26. - 10.02.1954 URS - GDR 14:1 (4:0, 5:0, 5:1)
Moskva, Dynamo-Stadion; Z: ?; SR: ? (URS), ? (GDR)
Katzur* (Mack*; Spätzke*) -S. Mann, Schischefsky (C) - W. Heinicke, Senftleben, Mützel - Blümel, Stürmer, H. Frenzel - A. Unterdörfel, Schmiedel, Hönig - Rudert, Löggow, Dietz - Hülsberg, W. Künstler, Thieme
* *lt. DELV-Statistik Einsatz von drei Torwarten, jedoch ist das durch Quellen nicht belegt*
T: 10:1 (?) Blümel (?)
S: keine Angaben

1954/55

Am 09. Juni 1954 wurde die Sektion Eis- und Rollhockey der DDR in den Weltverband IIHF aufgenommen.

27. - 20.03.1955 POL - GDR 4:6 (2:3, 1:1, 1:2)
Stalinográd, Eisstadion; Z: 8.000; SR: Bielecki (POL), Jonack (GDR)*
* *Name von Katowice 1953 - 1956*
Mack (SG Dynamo Weißwasser; Katzur (SG Dynamo Weißwasser) n.e.*) - Schischefsky (C - SG Dynamo Weißwasser), Senftleben (SC Einheit Berlin) - W. Heinicke (SC Wismut Karl-Marx-Stadt), Mützel (SC Einheit Berlin) - Stürmer (SG Dynamo Weißwasser), Blümel (SG Dynamo Weißwasser), **Manfred Buder** (SG Dynamo Weißwasser) - Jablonski (SC Einheit Berlin), W. Künstler (SC Einheit Berlin), Löggow (SC Motor Berlin) - H. Frenzel (SG Dynamo Weißwasser), Rudert (SC Wismut Karl-Marx-Stadt), Hönig (SC Wismut Karl-Marx-Stadt)
* *lt. DELV-Statistik Einsatz, jedoch durch Quellen nicht bestätigt*
T: 1:1 (14.) Jablonski (?) - 1:2 (15.) Blümel (?) - 1:3 (15.) Stürmer (?) / 3:4 (38.) Schischefsky (Blümel) / 3:5 (44.) Blümel (Buder) - 3:6 (47.) H. Frenzel (Hönig)
S: keine Angaben

28. - 16.04.1955 GDR - NED* 4:2 (0:0, 2:0, 2:2)
* *In dieser Auswahl wurden 7 niederländische Spieler (4 des YHCC den Haag und 3 der Amsterdamer „Eisvögel"), 1 belgischer Nationalspieler und 4 kanadische Spieler eingesetzt (in den Spielen 28 - 29)*
Berlin, Werner-Seelenbinder-Halle; Z: ?; SR: ? (GDR), ? (NED)
Mack (Katzur n.e.) - Schischefsky (C), **Siegfried Philipp** (SC Wismut Karl-Marx-Stadt) - W. Heinicke, Mützel - Stürmer, Blümel, Buder - Jablonski, W. Künstler, Löggow - H. Frenzel, Rudert, Hönig
T: 1:0 (30.) Blümel (Buder) - 2:0 (32.) H. Frenzel (Hönig) / 3:1 (?) Stürmer (Gedränge) - 4:2 (?) Blümel (---)
S: Jablonski 2, keine weiteren Angaben

29. - 17.04.1955 GDR - NED* 10:3 (4:0, 3:1, 3:2)
Berlin, Werner-Seelenbinder-Halle; Z: ?; SR: ? (GDR), ? (NED)
Mack (Katzur n.e.) - Schischefsky (C), S. Philipp - W. Heinicke, Mützel - Stürmer, Blümel, Buder - Jablonski, W. Künstler, Löggow - H. Frenzel, Rudert, Hönig
T: 1:0 (?) Schischefsky (?) - 2:0 (?) Stürmer (?) - 3:0 (?) Stürmer (?) - 4:0 (?) W. Künstler (?) / 5:1 (?) Buder (?) - 6:1 (?) Stürmer (?) - 7:1 (?) Jablonski (?) / 8:3 (?) H. Frenzel (?) - 9:3 (?) Buder (?) - 10:3 (?) Blümel (?)
S: keine Angaben

30. - 20.04.1955 GDR - ROU 3:2 (2:2, 0:0, 1:0)
Berlin, Werner-Seelenbinder-Halle; Z: 6.000; SR: ? (GDR), ? (ROU)
Mack (Katzur n.e.) - Schischefsky (C), S. Philipp - W. Heinicke, Mützel - Stürmer, Blümel, Buder - Jablonski, W. Künstler, Löggow - H. Frenzel, Rudert, Hönig
T: 1:0 (1.) Stürmer (?) - 2:1 (10.) Buder (?) / 3:2 (47.) Buder (?)
S: keine Angaben

31. - 23.04.1955 GDR - ROU 8:3 (3:2, 1:1, 4:0)
Berlin, Werner-Seelenbinder-Halle; Z: 6.000; SR: ? (GDR), ? (ROU)
Mack (Katzur n.e.*) - Schischefsky (C), S. Philipp - W. Heinicke, Mützel - Stürmer, Blümel, Buder - Jablonski,
W. Künstler, Löggow - H. Frenzel, Rudert, Hönig
* *lt. DELV-Statistik Einsatz, jedoch durch Quellen nicht bestätigt*
T: 1:? bis 4:? Tore: Stürmer 1, H. Frenzel 1, Schischefsky 1, Buder 1* / 5:3 (54.) H. Frenzel (Weitschuss) - 6:3
(?) Löggow (W. Künstler) - 7:3 (?) Löggow (---) - 8:3 (?) Jablonski (---)
* *Reihenfolge der Torschützen nicht bekannt*
S: keine Angaben

1955/56

32'. - 16.11.1955 GDR - FRG 3:7 (1:0, 2:2, 0:5)*
* *Sichtungsspiel zur Bildung einer gemeinsamen deutschen Mannschaft für das Olympische Eishockeyturnier
1956. Da man sich in den Verhandlungen nicht über die anteilige Anzahl der Spieler je Verband einigen konnte
(Die Sektion Eishockey verlangte fünf Spieler und ein Torwart, der DEV wollte jedoch nur zwei Spieler und ein
Torwart zugestehen.), schlugen beide Verbände den deutschen NOKs vor, die Auswahl des DEV zu nominieren.*
Berlin, Werner-Seelenbinder-Halle; Z: 6.000; SR: Lekens (BEL), Adamec (TCH)
Katzur (SG Dynamo Weißwasser; *Mack (SG Dynamo Weißwasser) n.e.*) - Schischefsky (C - SG Dynamo
Weißwasser), Senftleben (SC Einheit Berlin) - W. Heinicke (SC Wismut Karl-Marx-Stadt), Mützel (SC Einheit
Berlin) - Stürmer (SG Dynamo Weißwasser), Blümel (SG Dynamo Weißwasser), Buder (SG Dynamo
Weißwasser) - W. Künstler (SC Einheit Berlin), Jablonski (SC Einheit Berlin), **Helmut Borsutzki** (SC Einheit
Berlin) - H. Frenzel (SG Dynamo Weißwasser), W. Nickel (SG Dynamo Weißwasser), H. Heinicke (SC Wismut
Karl-Marx-Stadt)
T: 1:0 (14.) Buder (Blümel) / 2:1 (24.) Schischefsky (Borsutzki) - 3:1 (29.) W. Künstler (---)
S: Senftleben 2, W. Heinicke 2, Mützel 2

33. - 10.12.1955 GDR - BEL 14:1 (5:1, 5:0, 4:0)
Berlin, Werner-Seelenbinder-Halle; Z: 5.000; SR: Geitel (GDR), Snab (BEL)
Katzur (**Alfred Kuhnke** *(SC Einheit Berlin) n.e.*) - Schischefsky (C), W. Heinicke - **Horst Walter** (SC Einheit
Berlin), Mützel - Stürmer, Blümel, Buder - Borsutzki, Jablonski, W. Künstler - H. Frenzel, Löggow (SC Motor
Berlin), W. Nickel
T: 1:0 (?) W. Künstler (?) - 2:0 (?) W. Heinicke (?) - 3:0 (?) Buder (?) - 4:0 (?) Buder (?) - 5:0 (?) Buder (?) / 6:0
(?) bis 10:0 (?) Tore: Borsutzki 1, Jablonski 2, Blümel 2* / 11:1 (?) Stürmer (?) - 12:1 (?) Buder (?) - 13:1 (?) W.
Nickel (?) - 14:1 (?) Stürmer (?)
* *Reihenfolge der Torschützen nicht bekannt*
S: keine Angaben

34. - 11.12.1955 GDR - BEL 16:1 (5:1, 1:0, 10:0)
Berlin, Werner-Seelenbinder-Halle; Z: 5.000; SR: Geitel (GDR), Snab (BEL)
Katzur (*A. Kuhnke n.e.*) - Schischefsky (C), W. Heinicke - Senftleben (ab ?. Mützel), Walter (ab ?. **Heinz Kuczera**
(SG Dynamo Weißwasser)) - Stürmer, Blümel, Buder - Borsutzki, Jablonski, W. Künstler - H. Frenzel, Löggow,
W. Nickel
T: 1:0 (?) Schischefsky (?) - 2:0 (?) Stürmer (?) - 3:0 (?) Borsutzki (?) - 4:0 (?) Schischefsky (?) - 5:0 (?) W.
Heinicke (?) / 6:1 (?) Buder (?) / 7:1 (?) bis 16:1 (?) Tore: Buder 3, Stürmer 3, Borsutzki 1, Blümel 1, W. Künstler
1, Jablonski 1*
* *Reihenfolge der Torschützen nicht bekannt*
S: keine Angaben

35. - 14.01.1956 GDR - FIN 3:2 (1:0, 1:1, 1:1)
Rostock, Freiluftkunsteisbahn; Z: 8.000; SR: Hentschel (FRG), Eick (GDR)
Katzur (*Mack n.e.*) - Schischefsky (C), W. Heinicke - Senftleben, Walter (ab ? Kuczera) - Stürmer, Blümel, Buder
- Borsutzki, Jablonski, W. Künstler - W. Nickel, H. Frenzel, **Erich Novy** (SG Dynamo Weißwasser; ab 20:01 H.
Heinicke)
T: 1:0 (14.) Buder (H. Frenzel) / 2:0 (28.) Jablonski (Borsutzki) / 3:1 (41.) Stürmer (---)
S: Jablonski 2

36. - 15.01.1956 GDR - FIN 9:4 (1:2, 3:2, 5:0)
Rostock, Freiluftkunsteisbahn; Z: 8.000; SR: Breitenstein (SUI), Hentschel (FRG)
Katzur (ab 8. Mack) - Schischefsky (C), W. Heinicke - Walter, Kuczera - Stürmer, Blümel, Buder - **Erwin
Woitaschek** (SC Einheit Berlin), Jablonski, W. Künstler - H. Frenzel, H. Heinicke, W. Nickel (ab ?. E. Novy)
T: 1:2 (17.) H. Frenzel (Buder, W. Nickel) / 2:2 (21.) Woitaschek (?) - 3:4 (39.) W. Nickel (?) - 4:4 (40.) W. Nickel
(?) / 5:4 (?) bis 9:4 (?) Tore: W. Nickel 1, H. Frenzel 1, W. Künstler 1, Buder 1, E. Novy 1*
* *Reihenfolge der Torschütze nicht bekannt*
S: Walter 2, Buder 2, W. Nickel 2

Inoffizielle B-Weltmeisterschaft 1956 - Juniorcup

Die Sektion Eishockey hatte den Auftrag zur Ausrichtung des B-Turniers der Weltmeisterschaft an den Weltverband zurückgegeben, nachdem die Mehrzahl der eingeladenen Nationen ihre Meldung aus verschiedenen Gründen zurückgezogen hatte. Es fand nur ein Turnier der drei verbliebenen Nationen statt, dass die DDR-Auswahl gewann.

37'. - 08.03.1956 GDR - NOR 4:1 (3:1, 1:0, 0:0)
Berlin, Werner-Seelenbinder-Halle; Z: 5.000; SR: Adamec (TCH), Lekens (BEL)
Katzur (*Mack n.e.*) - Schischefsky (C), Kuczera - W. Heinicke, Zoller (SC Einheit Berlin) - W. Nickel, Buder, H. Frenzel - E. Novy, Blümel, Stürmer - H. Heinicke, Jablonski, Woitaschek
T: 1:0 (4.) H. Frenzel (Buder) - 2:1 (12.) W. Heinicke* (Weitschuss) - 3:1 (17.) Stürmer (Blümel) / 4:1 (21.) Buder (H. Nickel, H. Frenzel)
* lt. Spielbericht Zoller; aber alle anderen Quellen nennen übereinstimmend W. Heinicke
S: Buder 6, H. Frenzel 2, W. Heinicke 2, Schischefsky 2

38'. - 09.03.1956 GDR - BEL 14:7 (7:1, 3:3, 4:3)
Berlin, Werner-Seelenbinder-Halle; Z: 6.000; SR: Narvestad (NOR), Vick (NOR)
Katzur (*Mack n.e.*) - Schischefsky (C), Kuczera - W. Heinicke, Zoller - Stürmer, Blümel, E. Novy - H. Frenzel, Buder, W. Nickel - H. Heinicke, Jablonski, Woitaschek
T: 1:0 (3.) Woitaschek (H. Heinicke) - 2:0 (4.) E. Novy (?) - 3:0 (7.) H. Frenzel (?) - 4:1 (9.) Jablonski (H. Heinicke) - 5:1 (11.) E. Novy (?) - 6:1 (13.) E. Novy (?) - 7:1 (14.) W. Nickel (?) / 8:1 (28.) Buder (?) - 9:3 (?) H. Frenzel (?) - 10:3 (?) Buder (?) / 11:6 (?) Buder (?) - 12:7 (?) H. Frenzel (?) - 13:7 (?) Blümel (?) - 14:7 (?) Buder (?) - *im offiz. Spielbericht keine weiteren Angaben*
S: E. Novy 2, Woitaschek 2

39'. - 11.03.1956 GDR - NOR 5:2 (1:2, 3:0, 1:0)
Berlin, Werner-Seelenbinder-Halle; Z: 5.000; SR: Lekens (BEL), Adamec (TCH)
Katzur (*Mack n.e.*) - Schischefsky (C), Kuczera - W. Heinicke, Zoller - Stürmer, Blümel E. Novy - H. Frenzel, Buder, W. Nickel - H. Heinicke, Jablonski, Woitaschek
T: 1:0 (1.) Buder (?) / 2:2 (26.) Blümel (?) - 3:2 (32.) Blümel (?) - 4:2 (37.) Buder (---) / 5:2 (57.) Blümel (?)
- *im offiziellen Spielbericht keine weiteren Angaben*
S: W. Heinicke 2, H. Frenzel 2, Buder 2

1956/57

40. - 02.11.1956 NOR - GDR 5:3 (1:0, 1:1, 3:2)
Oslo, Eisstadion Jordal Amfi (Freiluft, Kunsteis); Z: 2.600; SR: Narvestad (NOR), G. Lehnigk (GDR)
Katzur (SG Dynamo Weißwasser; ab 49.* A. Kuhnke (SC Einheit Berlin)) - Schischefsky (C - SG Dynamo Weißwasser), Kuczera (SG Dynamo Weißwasser) - Senftleben (SC Einheit Berlin), Zoller (SC Einheit Berlin) - Stürmer (SG Dynamo Weißwasser), Blümel (SG Dynamo Weißwasser), Buder (SG Dynamo Weißwasser) - Woitaschek (SC Einheit Berlin), Jablonski (SC Einheit Berlin), W. Künstler (SC Einheit Berlin) - W. Nickel (SG Dynamo Weißwasser), H. Frenzel (SG Dynamo Weißwasser), E. Novy (SG Dynamo Weißwasser)
* Katzur im 3. Drittel verletzt, Zeitpunkt des Torwartwechsels nicht bestätigt
T: 1:2 (36.) W. Nickel (?) / 2:3 (46.) Buder (?) - 3:3 (48.) Stürmer (?)
S: keine Angaben

41. - 04.11.1956 NOR - GDR 8:4 (2:1, 2:3, 4:0)
Oslo, Eisstadion Jordal Amfi; Z: 2.550; SR: Narvestad (NOR), G. Lehnigk (GDR)
Katzur (A. Kuhnke n.e.*) - Schischefsky (C), W. Heinicke (SC Wismut Karl-Marx-Stadt) - Senftleben, Zoller, Kuczera - Stürmer, Blümel, Buder - W. Nickel, H. Frenzel, E. Novy - H. Heinicke (SC Wismut Karl-Marx-Stadt), Jablonski
* lt. DELV-Statistik Einsatz, jedoch durch Quellen nicht bestätigt
T: ?:1 (?) H. Frenzel (W. Nickel) / ?:2 (?) W. Nickel (?) - ?:3 (?) Buder (?) - 2:4 (?) Buder (?)
S: keine Angaben

Die Spiele 42 und 43 waren um Zeitpunkt der Austragung keine offiziellen Länderspiele.

42'. - 14.12.1956 GDR - ROU* 11:3 (2:0, 3:3, 6:0)
* Bukarester Stadtauswahl (in den Spielen 42 - 43)
Berlin, Werner-Seelenbinder-Halle; Z: 5.000; SR: Teodorescu (ROU), Schuster (GDR)
Katzur (A. Kuhnke n.e.) - Schischefsky (C), W. Heinicke - Senftleben, Zoller, Kuczera - Stürmer, Blümel, Buder - Jablonski, Löggow (SC Motor Berlin), W. Künstler - W. Nickel, H. Frenzel, E. Novy
T: 1:0 (?) Schischefsky (?) - 2:0 (?) Jablonski (?) / 3:1 (?) E. Novy (?) - 4:2 (?) Jablonski (?) - 5:3 (?) W. Heinicke (?) / 6:3 (?) Buder (?) - 7:3 (?) Buder (?) - 8:3 (?) Blümel (?) - 9:3 (?) W. Künstler (?) - 10:3 (?) Schischefsky (?) - 11:3 (?) H. Frenzel (?)
S: Jablonski 2, Zoller 2

43'. - 15.12.1956 GDR - ROU* 7:1 (0:0, 2:0, 5:1)
Berlin, Werner-Seelenbinder-Halle; Z: 5.000; SR: Teodorescu (ROU), Schuster (GDR)
Katzur (A. Kuhnke n.e.) - Schischefsky (C), W. Heinicke - Senftleben, Zoller, Kuczera - Stürmer, Blümel, Buder
- Jablonski, Löggow, W. Künstler - W. Nickel, H. Frenzel, E. Novy
T: 1:0 (?) Stürmer (?) - 2:0 (?) Buder (---) / 3:? (?) W. Nickel (?) - 4:? (?) E. Novy (?) - 5:? (?) Jablonski (?) - 6:?
(?) Kuczera (?) - 7:? (?) Blümel (?)
S: Stürmer 2, W. Heinicke 2, Buder 2, W. Künstler 2

44'. - 28.12.1956 GDR - URS 0:12 (0:3, 0:4, 0:5)
Rostock, Freiluftkunsteisbahn; Z: 6.000; SR: Schömer (GDR), Groß (GDR)
Katzur (ab 24. Mack (SG Dynamo Weißwasser)) - Schischefsky (C), **Horst Heinze** (SG Dynamo Weißwasser)
- W. Heinicke, E. Mälzer (SC Wismut Karl-Marx-Stadt) - W. Nickel, Buder, H. Frenzel - Stürmer, Blümel, E. Novy
- Hönig (SC Wismut Karl-Marx-Stadt), Rudert (SC Wismut Karl-Marx-Stadt), H. Heinicke
S: keine Angaben

45'. - 29.12.1956 GDR - URS 0:5 (0:1, 0:2, 0:2)
Rostock, Freiluftkunsteisbahn; Z: 4.500; SR: Schömer (GDR), Groß (GDR)
Mack (Katzur n.e.*) - Schischefsky (C), Heinze - W. Heinicke, E. Mälzer - W. Nickel, Buder, H. Frenzel - Stürmer,
Blümel, E. Novy - Hönig, Rudert, H. Heinicke - **Peter Lehnigk** (SG Dynamo Weißwasser)
* lt. DELV-Statistik Einsatz, jedoch durch Quellen nicht bestätigt
S: Buder 2

24. Welt- und 34. Europameisterschaft 1957
Die DDR-Auswahl belegte jeweils Platz 5.

46. - 24.02.1957 SWE - GDR 11:1 (5:0, 5:0, 1:1)
Moskva, Lenin-Sportpalast; Z: 13.500; SR: Starovoitov (URS), Kanunnikov (URS)
Katzur (Mack n.e.) - Kuczera, W. Heinicke - Zoller, Senftleben - W. Künstler, Stürmer (C), Blümel - Rudert,
Jablonski, Buder - H. Frenzel, W. Nickel, E. Novy
T: 1:10 (50:59) Rudert (Blümel)
S: Stürmer 2, Zoller 2

47. - 25.02.1957 TCH - GDR 15:1 (6:1, 5:0, 4:0)
Moskva, Lenin-Sportpalast; Z: 5.000; SR: Lindroos (FIN), Hayashi (JPN)
Katzur (ab 14:06 Mack) - Kuczera, W. Heinicke - Zoller, Senftleben - W. Künstler, Stürmer (C), Blümel - Rudert,
Jablonski, Buder - H. Frenzel, W. Nickel, E. Novy
T: 3:1 (11:54) Rudert (Blümel)
S: Buder 2

48'. - 27.02.1957 GDR - FIN 3:5 (1:3, 1:1, 1:1)
Moskva, Lenin-Stadion; Z: 18.000; SR: Yakhonin (URS), Gorbunov (URS)
Katzur (Mack n.e.) - Schischefsky (C), W. Heinicke - Senftleben, Kuczera - Stürmer, Blümel, Buder - Rudert,
Jablonski, W. Künstler - Hönig, Zoller, W. Nickel
T: 1:3 (18:10) Stürmer (---) / 2:4 (23:26) Buder (---) / 3:5 (59:40) Senftleben (Weitschuss)
S: Jablonski 2, Buder 2

49. - 01.03.1957 GDR - JPN 9:2 (3:0, 2:1, 4:1)
Moskva, Lenin-Sportpalast; Z: 8.000; SR: Starovoitov (URS), Ahlin (SWE)
Katzur (Mack n.e.) - Schischefsky (C), W. Heinicke - Senftleben, Kuczera - Stürmer, Blümel, Buder - Rudert,
Jablonski, W. Künstler - W. Nickel, H. Frenzel, E. Novy
T: 1:0 (01:55) Blümel (Stürmer) - 2:0 (04:33) E. Novy (Buder) - 3:0 (04:58) W. Nickel (---) / 4:1 (32:16) Blümel
(Stürmer) - 5:1 (36:42) Rudert (Senftleben) - 6:2 (43:51) Stürmer (Blümel) - 7:2 (49:33) Stürmer (Blümel) - 8:2
(52:48) Schischefsky (Weitschuss) - 9:2 (59:42) Blümel (---)
S: Katzur 2 (dafür H. Frenzel auf der Strafbank), Kuczera 2

50. - 02.03.1957 GDR - POL 6:2 (2:1, 3:0, 1:1)
Moskva, Lenin-Sportpalast; Z: 1.500; SR: Hayashi (JPN), Gorbunov (URS)
Katzur (Mack n.e.) - Schischefsky (C), W. Heinicke - Senftleben, Kuczera - Stürmer, Buder, E. Novy - Rudert,
Jablonski, W. Künstler - Hönig, H. Frenzel
T: 1:0 (01:51) Hönig (Stürmer) - 2:1 (08:12) Jablonski (Kuczera) / 3:1 (22:47) E. Novy (W. Heinicke) - 4:1 (28:21)
Stürmer (Jablonski) - 5:1 (31:02) E. Novy (Buder, W. Künstler) / 6:2 (50:27) W. Künstler (Rudert)
S: E. Novy 2, Hönig 2

51'. - 04.03.1957 URS - GDR 12:0 (1:0, 5:0, 6:0)
Moskva, Dynamo-Stadion; Z: 3.000; SR: Lindroos (FIN), Güldner (AUT)
Mack (*Katzur n.e.*) - Schischefsky (C), W. Heinicke - Senftleben, Zoller, Kuczera - Stürmer, Buder, E. Novy - Rudert, Jablonski, Hönig - H. Frenzel
S: Buder 2

52. - 05.03.1957 GDR - AUT 3:1 (1:0, 0:1, 2:0)
Moskva, Lenin-Sportpalast; Z: 400; SR: Wilkert (SWE), Medzihradský (TCH)
Katzur (*Mack n.e.*) - Schischefsky (C), W. Heinicke - Senftleben, Kuczera - Stürmer, Buder, E. Novy - Rudert, Jablonski, W. Künstler - W. Nickel, H. Frenzel, Hönig
T: 1:0 (4.) H. Frenzel (Jablonski) / 2:1 (41.) W. Nickel (Gedränge) - 3:1 (50.) Kuczera (Weitschuss)
S: Jablonski 4, Stürmer 2

1957/58

neuer Nationaltrainer Rudolf (Rudi) Schmieder
Der bisherige Trainer G. Kießling war am 27.09.1957 mit Familie in die BRD übergesiedelt.

53. - 06.12.1957 GDR - NOR 3:4 (1:1, 0:1, 2:2)
Berlin, Werner-Seelenbinder-Halle; Z: 3.000; SR: Fleischlinger (TCH), Lekens (BEL)
Katzur (SG Dynamo Weißwasser; *A. Kuhnke (SC Einheit Berlin) n.e.*) - W. Heinicke (SC Wismut Karl-Marx-Stadt), Senftleben (SC Einheit Berlin) - Heinze (SG Dynamo Weißwasser), Kuczera (SG Dynamo Weißwasser) - E. Novy (SG Dynamo Weißwasser), Blümel (SG Dynamo Weißwasser), Stürmer (SG Dynamo Weißwasser) - W. Nickel (SG Dynamo Weißwasser), Buder (SG Dynamo Weißwasser), H. Frenzel (SC Dynamo Berlin) - W. Künstler (SC Einheit Berlin), Schischefsky (C - SG Dynamo Weißwasser), **Joachim Ziesche** (SC Einheit Berlin)
T: 1:1 (11.) Stürmer (Blümel) / 2:2 (45.) Blümel (E. Novy) - 3:3 (53.) Buder (W. Nickel)
S: W. Nickel 2, H. Frenzel 2, Senftleben 2, Kuczera 2
Schischefsky absolvierte als erster Spieler sein 50. Länderspiel.

54. - 08.12.1957 GDR - NOR 2:7 (0:4, 0:1, 2:2)
Berlin, Werner-Seelenbinder-Halle; Z: 3.000; SR: Fleischlinger (TCH), Lekens (BEL)
A. Kuhnke (*Katzur n.e.*) - Schischefsky (C), Senftleben - Heinze, Kuczera - E. Novy, Blümel, Stürmer - W. Nickel, Buder, H. Frenzel - W. Künstler, Rudert (SC Wismut Karl-Marx-Stadt), J. Ziesche
T: 1:5 (44.) Kuczera (?) - 2:7 (60.) H. Frenzel (?)
S: J. Ziesche 4, Blümel 2, Schischefsky 2, Senftleben 2

55'. - 19.01.1958 FIN - GDR 2:2 (0:0, 2:1, 0:1)
Helsinki, Pallokentla (Freiluft-Natureisstadion); Z: 5.000; SR: Bogomoloff (FIN), Nylund (FIN)
Katzur (*A. Kuhnke n.e.*) - H. Frenzel, Senftleben - Kuczera, Heinze - J. Ziesche, W. Künstler, Woitaschek (SC Einheit Berlin) - Blümel, E. Novy, Stürmer (C) - Buder, W. Nickel, Rudert
T: 0:1 (24.) Blümel (---) / 2:2 (45.) E. Novy (Blümel)
S: Blümel 2, H. Frenzel 2, J. Ziesche 2

56'. - 20.01.1958 FIN - GDR 9:1 (3:0, 4:1, 2:0)
Tampere, Jääkiekkostadion (Freiluft-Natureisstadion); Z: 7.000; SR: T. Lindroos (FIN), R. Lindroos (FIN)
Katzur (*A. Kuhnke n.e.*) - Senftleben, E. Mälzer (TSC Oberschöneweide) - Kuczera, Heinze - Blümel, E. Novy, Stürmer (C) - Buder, W. Nickel, Rudert - J. Ziesche, W. Künstler, Woitaschek - H. Frenzel
T: 7:1 (38.) Buder (W. Nickel)
S: keine Strafen

Am 31.01.1958 hatte die Sektion Eis- und Rollhockey ihre Teilnahme an der 25. Weltmeisterschaft 1958 in Norwegen zurückgezogen, begründet wurde die Absage mit der fehlenden Leistungsfähigkeit der DDR-Auswahl.

57. - 05.03.1958 ROU - GDR 1:5 (1:1, 0:1, 0:3)
Bucureşti, Patinoarul „23. August"; Z: 2.000; SR: Vojtéch (TCH), Lupu (ROU)
Katzur (*Klaus Hirche (SG Dynamo Weißwasser) n.e.*) - W. Heinicke, Senftleben - Kuczera, Heinze - Stürmer, Blümel, Buder - W. Nickel, **Helmuth Vogel** (SC Wismut Karl-Marx-Stadt), E. Novy - Rudert, J. Ziesche, W. Künstler
T: 0:1 (?) Buder (?) / 1:2 (?) Buder (?) / 1:3 (?) Heinze (?) - 1:4 (?) J. Ziesche (?) - 1:5 (?) Stürmer (?)
S: keine Angaben

58. - 21.03.1958 GDR - POL 3:3 (0:1, 2:1, 1:1)
Berlin, Werner-Seelenbinder-Halle; Z: 2.500; SR: Breitenstein (SUI), Briggen (SUI)
Hirche (*Katzur n.e.*) - Schischefsky (C), Senftleben - Kuczera, Heinze - E. Novy, Blümel, Stürmer - W. Nickel,
Buder, H. Vogel - W. Künstler (ab 20:01 **Hans-Jürgen Johne** (SG Dynamo Weißwasser)), J. Ziesche, Rudert
(ab 20:01 Lehnigk (SG Dynamo Weißwasser))
T: 1:2 (34.) E. Novy (?*) - 2:2 (?) W. Nickel (?*) / 3:3 (51.) Blümel (---)
* Vorlage: J. Ziesche 1
S: keine Angaben

59'. - 22.03.1958 GDR - POL 4:3 (1:2, 2:0, 1:1)
Berlin, Werner-Seelenbinder-Halle; Z: 5.000; SR: Breitenstein (SUI), Briggen (SUI)
Katzur (*Hirche n.e.*) - Schischefsky (C), Senftleben - Kuczera, Heinze - E. Novy, Blümel, Stürmer - W. Nickel,
Buder, H. Vogel - W. Künstler, J. Ziesche, Rudert
T: 1:2 (17.) Blümel (Stürmer) / 2:2 (25.) Buder (Blümel) - 3:2 (32.) Schischefsky (Weitschuss) / 4:2 (45.) Stürmer
(E. Novy)
S: W. Nickel 4, Blümel 2, E. Novy 2, Heinze 2

1958/59

Neuer Verband ab 30.08.1958: Deutscher Eislauf Verband der DDR (DELV)

60. - 14.12.1958 NOR - GDR 3:1 (1:0, 0:1, 2:0)
Oslo, Eisstadion Jordal Amfi; Z: 4.500; SR: Lindroos (FIN), Nylund (FIN)
Hirche (SG Dynamo Weißwasser; *Katzur (SC Dynamo Berlin) n.e.*) - Schischefsky (C - SG Dynamo
Weißwasser), W. Heinicke (SC Wismut Karl-Marx-Stadt) - Kuczera (SG Dynamo Weißwasser), Heinze (SG
Dynamo Weißwasser) - Stürmer (SG Dynamo Weißwasser), Blümel (SG Dynamo Weißwasser), E. Novy (SG
Dynamo Weißwasser) - H. Frenzel (SC Dynamo Berlin), J. Ziesche (SC Dynamo Berlin), **Gerhardt Klügel** SC
Dynamo Berlin) - Rudert (SC Wismut Karl-Marx-Stadt), Buder (SG Dynamo Weißwasser), H. Vogel (SC Wismut
Karl-Marx-Stadt)
T: 1:1 (22.) Blümel (Weitschuss)
S: E. Novy 2

61. - 15.12.1958 NOR - GDR 3:6 (1:2, 2:0, 0:4)
Oslo, Eisstadion Jordal Amfi; Z: 3.268; SR: Lindroos (FIN), Nylund (FIN)
Hirche (*Katzur n.e.*) - Schischefsky (C), Senftleben - Kuczera, Heinze - Stürmer, Blümel, E. Novy - H. Frenzel,
J. Ziesche, Rudert - Buder, **Joachim Franke** (SG Dynamo Weißwasser), H. Vogel
T: 1:1 (11.) E. Novy (J. Ziesche) - 2:1 (19:58) E. Novy (Blümel) / 3:3 (40:40) Blümel (E. Novy) - 4:3 (46.) J.
Ziesche (Buder) - 5:3 (47.) Stürmer (Schischefsky) - 6:3 (59:40) Blümel (Buder)
S: J. Ziesche 2, Heinze 2, Jo. Franke 2, Buder 2, *keine weiteren Angaben*

62'. - 10.01.1959 POL - GDR 6:0 (1:0, 1:0, 4:0)
Warszawa, Hala Torwar (Kunsteis); Z: 5.000; SR: Dr. Groß (GDR), Wycisk (POL)
Hirche (*Walter Kindermann (SC Wismut Karl-Marx-Stadt) n.e.*) - Schischefski (C), W. Heinicke - Kuczera, Heinze
- Stürmer, Blümel, E. Novy - Rudert, Buder, Jo. Franke - H. Frenzel, J. Ziesche, Klügel
S: Buder 4

63'. - 11.01.1959 POL - GDR 2:0 (1:0, 0:0, 1:0)
Łódź, Pałac Sportu (Halle, Kunsteis); Z: 8.000; Dr. Groß (GDR), Wycisk (POL)
Hirche (*Kindermann n.e.*) - Schischefski (C), W. Heinicke - Kuczera, Heinze - Stürmer, Blümel, E. Novy (ab
40:01 Hönig (SC Wismut Karl-Marx-Stadt) - Rudert, Buder, Jo. Franke - H. Frenzel, J. Ziesche, Klügel
S: Blümel 2, Schischefsky 2, E. Novy 2, J. Ziesche 2

26. Welt- und 36. Europameisterschaft 1959

*Die DDR-Auswahl belegte den 4. Platz in ihrer Vorrundengruppe. In der Platzierungsrunde belegte sie WM-Platz
9 und EM-Platz 7.*
VORRUNDE - GRUPPE B
64. - 05.03.1959 URS - GDR 6:1 (2:0, 2:1, 2:0)
Brno, ZS za Lužánkami; Z: 9.000; SR: Tencza (TCH), Wycisk (POL)
Kindermann (*Katzur n.e.*) - Heinze, Kuczera - **Dieter Greiner** (SG Dynamo Weißwasser), **Günther Heinicke**
(SC Wismut Karl-Marx-Stadt) - E. Novy, W. Künstler (SC Dynamo Berlin), Stürmer (C) - J. Ziesche, H. Frenzel,
Klügel - Jo. Franke, Rudert, Buder
T: 4:1 (39.) Buder (---)
S: H. Frenzel 4, Buder 2, Jo. Franke 2, Klügel 2

65. - 06.03.1959 USA - GDR 9:2 (3:0, 3:1, 3:1)
Brno, ZS za Lužánkami; Z: 8.000; SR: Ahlin (SWE), Tencza (TCH)
Katzur (*Kindermann n.e.*) - Heinze, Kuczera - Greiner, W. Heinicke - E. Novy, W. Künstler, Stürmer (C) - J. Ziesche, H. Frenzel, Klügel - Jo. Franke, Rudert, Buder
T: 6:1 (39:10) Stürmer (Buder) / 8:2 (53:37) Klügel (J. Ziesche)
S: H. Frenzel 2, W. Heinicke 2, E. Novy 2

66. - 07.03.1959 GDR - NOR 3:6 (2:2, 0:3, 1:1)
Brno, ZS za Lužánkami; Z: 7.000; SR: Tencza (TCH), Pokorný (TCH)
Kindermann (*Katzur n.e.*) - Heinze, Kuczera - Greiner, W. Heinicke - E. Novy, W. Künstler, Stürmer (C) - J. Ziesche, H. Frenzel, Klügel - Jo. Franke, Rudert, Buder
T: 1:0 (06:40) Buder (Rudert) - 2:0 (07:00) Jo. Franke (Buder) / 3:5 (42:00) J. Ziesche (---)
S: Greiner 4, Klügel 2, H. Frenzel 2, E. Novy 2

PLATZIERUNGSRUNDE 7-12

67. - 09.03.1959 POL - GDR 1:5 (1:3, 0:1, 0:1)
Kladno, Zimní stadion; Z: 4.000; SR: Shchelchkov (URS), Kanunnikov (URS)
Kindermann (*Katzur n.e.*) - Heinze, Kuczera - Greiner, W. Heinicke - E. Novy, Blümel, Stürmer (C) - J. Ziesche, H. Frenzel, Klügel - Jo. Franke, Rudert, Buder
T: 1:1 (04:00) Stürmer (Blümel) - 1:2 (16:30) Kuczera (Weitschuss) - 1:3 (19:00) Blümel (Buder) / 1:4 (39:00) Buder (---) / 1:5 (46:00) H. Frenzel (J. Ziesche)
S: W. Heinicke 4, E. Novy 2, Greiner 2

68. - 10.03.1959 GDR - SUI 6:2 (2:1, 2:0, 2:1)
Kolin, Zimní stadion; Z: 3.000; SR: Shchelchkov (URS), Kanunnikov (URS)
Kindermann (*Katzur n.e.*) - Heinze, Kuczera - Greiner, W. Heinicke - E. Novy, W. Künstler, Stürmer (C) - J. Ziesche, H. Frenzel, Klügel - Jo. Franke, Rudert, Buder
T: 1:1 (07:00) Heinze (Weitschuss) - 2:1 (11:00) H. Frenzel (J. Ziesche) / 3:1 (29:00) H. Frenzel (Klügel) - 4:1 (34:00) Heinze (Weitschuss) / 5:2 (58:00) H. Frenzel (---) - 6:2 (59:30) J. Ziesche (---)
S: Jo. Franke 4, Stürmer 2, J. Ziesche 2

69. - 11.03.1959 FRG - GDR 8:0 (2:0, 4:0, 2:0)
Kladno, Zimní stadion; Z: 7.000; SR: Wiking (SWE), Johannessen (NOR)
Kindermann (ab 25:01 Katzur) - Heinze, Kuczera - Greiner, W. Heinicke - E. Novy, Blümel, Stürmer (C) - J. Ziesche, H. Frenzel, Klügel - Jo. Franke, W. Künstler, Buder
S: E. Novy 4, H. Frenzel 2, Kuczera 2

70. - 13.03.1959 GDR - ITA 8:6 (3:3, 3:3, 2:0)
Kladno, Zimní stadion; Z: 2.500; SR: Ahlin (SWE), Wiking (SWE)
Kindermann (ab 40:01 Katzur) - W. Heinicke, G. Heinicke - Kuczera, Heinze - E. Novy, Stürmer (C), Rudert - J. Ziesche, H. Frenzel, Klügel - W. Künstler, Buder, Jo. Franke
T: 1:2 (11:00) E. Novy (W. Künstler) - 2:3 (19:00) W. Künstler (Buder) - 3:3 (19:30) J. Ziesche (H. Frenzel) / 4:3 (23:00) Jo. Franke (Buder) - 5:3 (25:00) J. Ziesche (H. Frenzel) - 6:4 (34:30) H. Frenzel (Jo. Franke, J. Ziesche) / 7:6 (55:00) W. Heinicke (E. Novy) - 8:6 (56:00) J. Ziesche (Heinze)
S: G. Heinicke 4, Buder 2, E. Novy 2

71'. - 14.03.1959 NOR - GDR 4:1 (1:0, 2:0, 1:1)
Kolin, Zimní stadion; Z: 3.500; SR: Wujek (POL), Wycisk (POL)
Katzur (*Kindermann n.e.*) - W. Heinicke - Kuczera, Greiner - E. Novy, Künstler, Stürmer (C) - Jo. Franke, Rudert, Buder - J. Ziesche, H. Frenzel, Klügel
* Katzur wurde im ersten Spieldrittel von einer Scheibe am Kopf verletzt, kehrte aber nach einer Unterbrechung von fünf Minuten ins Tor zurück
T: 4:1 (55:50) J. Ziesche (Buder)
S: W. Heinicke 2

1959/60

72'. - 07.10.1959 GDR - TCH 2:9 (0:4, 0:4, 2:1)
Karl-Marx-Stadt, Eisstadion Küchwald (Freiluft, Kunsteis); Z: 7.000; SR: Olivieri (SUI), Müller (SUI)
Kindermann (SC Wismut Karl-Marx-Stadt; *Hirche (SG Dynamo Weißwasser) n.e.*) - Heinze (SG Dynamo
Weißwasser), Kuczera (SG Dynamo Weißwasser) - Schischefsky (C - SG Dynamo Weißwasser), **Dieter Voigt**
(SC Dynamo Berlin) - E. Novy (SG Dynamo Weißwasser), Rudert (SC Wismut Karl-Marx-Stadt), Blümel (SG
Dynamo Weißwasser) - Klügel (SC Dynamo Berlin), J. Ziesche (SC Dynamo Berlin), H. Frenzel (SC Dynamo
Berlin) (ab ?. W. Künstler (SC Dynamo Berlin)) - **Dieter Kratzsch** (SC Wismut Karl-Marx-Stadt), Buder (SG
Dynamo Weißwasser), Jo. Franke (SG Dynamo Weißwasser)
T: 1:9 (47.) Blümel (---) - 2:9 (58.) Jo. Franke (Blümel)
S: Schischefsky 2

73'. - 10.10.1959 GDR - TCH 1:2 (1:1, 0:0, 0:1)
Berlin, Werner-Seelenbinder-Halle; Z: 7.000; SR: Olivieri (SUI), Müller (SUI)
Hirche *(Kindermann n.e.)* - Heinze, Kuczera - Schischefsky (C), Voigt - W. Künstler, Blümel, Rudert - Klügel, J.
Ziesche, H. Frenzel - Lehnigk (SC Dynamo Berlin), Buder, Jo. Franke
T: 1:1 (15.) Rudert (W. Künstler)
S: W. Künstler 2, Buder 2, Kuczera 2, Voigt 2

74'. - 11.10.1959 GDR - TCH 4:5 (2:5, 1:0, 1:0)
Berlin, Werner-Seelenbinder-Halle; Z: 4.000; SR: Olivieri (SUI), Müller (SUI)
Hirche *(Kindermann n.e.)* - Heinze, Kuczera - Schischefsky (C), W. Heinicke (SC Wismut Karl-Marx-Stadt) -
Rudert, Blümel, W. Künstler - Klügel, J. Ziesche, H. Frenzel - E. Novy, Buder, Jo. Franke
T: 1:3 (9.) Buder (Jo. Franke) - 2:3 (13.) Jo. Franke (---) / 3:5 (32.) E. Novy (---) / 4:5 (54.) Blümel (H. Frenzel)
S: Buder 4

75'. - 21.11.1959 GDR - NOR 3:1 (3:0, 0:0, 0:1)
Berlin, Werner-Seelenbinder-Halle; Z: 6.000; SR: Dr. Groß (GDR), Schömer (GDR)*
* Schweizer Schiedsrichter auf Grund schlechten Flugwetters nicht angereist
Peter Kolbe (ASK Vorwärts Berlin; Kindermann n.e.*) - Heinze, Kuczera - Schischefsky (C), Voigt - Blümel,
Rudert, E. Novy - Kratzsch, Buder, Jo. Franke - W. Künstler, J. Ziesche, H. Frenzel
** lt. DELV-Statistik Einsatz von Hirche und Kindermann, jedoch durch Quellen nicht bestätigt, auf offiziellen
Spielbericht Hirche nicht aufgeführt*
T: 1:0 (2.) J. Ziesche (Heinze) - 2:0 (8.) Kratzsch (Jo. Franke) - 3:0 (19.) H. Frenzel (J. Ziesche)
S: Kuczera 2, Voigt 2

76'. - 22.11.1959 GDR - NOR 7:2 (2:2, 2:0, 3:0)
*Weißwasser, Eisstadion "Wilhelm Pieck" (Freiluft, Kunsteis); Z: 7.000; SR: Dr. Groß (GDR), Schömer
(GDR)*
Hirche (Kindermann n.e.*) - Heinze, Kuczera - Schischefsky (C), Voigt - Blümel, Rudert, E. Novy - Kratzsch,
Buder, Jo. Franke - W. Künstler, J. Ziesche, H. Frenzel
* lt. DELV-Statistik Einsatz Kindermann, jedoch durch Quellen nicht bestätigt
T: 1:2 (17:25) Kuczera (Heinze) - 2:2 (18:25) Rudert (Blümel) / 3:2 (20:50) H. Frenzel (W. Künstler) - 4:2 (22:35)
Buder (Nachschuss) / 5:2 (45:50) E. Novy (Schischefsky) - 6:2 (49:30) J. Ziesche (Kuczera) - 7:2 (56:28) Buder
(---)
S: Schischefsky 2, H. Frenzel 2

Ausscheidung zur Teilnahme an den Olympischen Winterspielen 1960
*Folgender Modus wurde für die Ausscheidungsspiele zu den olympischen Winterspiele 1960 vereinbart:
Diejenige Mannschaft, die mit mindestens 4 Toren Vorsprung, das erste Spiel gewinnt, ist direkt qualifiziert.
Sollte sich nach zwei Spielen keine Mannschaft klar qualifizieren, wird ein drittes Spiel in der BRD ausgetragen.
Die DDR-Auswahl konnte sich am Ende nicht für die Olympischen Winterspiele 1960 qualifizieren.*

77. - 09.12.1959 FRG - GDR 5:2 (2:1, 1:1, 2:0)
Garmisch-Partenkirchen, Olympia-Eisstadion; Z: 10.000; SR: Adamec (TCH), Hauser (SUI)
Kolbe (Hirche n.e.*) - Heinze, Kuczera - Schischefsky (C), Voigt - Rudert**, Blümel, E. Novy - W. Künstler, H.
Frenzel, J. Ziesche - Kratzsch, Buder, Jo. Franke
* lt. DELV-Statistik Einsatz, jedoch durch Quellen nicht bestätigt
** in allen BRD- und DDR-Quellen Einsatz, jedoch in der Statistik des DELV hier Stürmer
T: 1:0 (5.) Blümel (Rudert) / 2:2 (29.) Kratzsch (Kuczera)
S: Voigt 2, Buder 2, Kuczera 2

78'. - 12.12.1959 GDR - FRG 3:5 (1:2, 2:0, 0:3)
Weißwasser, Eisstadion "Wilhelm Pieck"; Z: 8.000; SR: Adamec (TCH), Hauser (SUI)
Kolbe (Hirche n.e.*) - Schischefsky (C), Voigt - Heinze, Kuczera - E. Novy, Blümel, Stürmer (SG Dynamo Weißwasser) - W. Künstler, H. Frenzel, J. Ziesche - Kratzsch, Buder, Jo. Franke
It. DELV-Statistik Einsatz, jedoch durch Quellen nicht bestätigt
T: 1:0 (2.) H. Frenzel (W. Künstler) / 2:2 (36.) Buder (---) - 3:2 (39.) J. Ziesche (Weitschuss)
S: Buder 4, E. Novy 2

79'. - 09.03.1960 GDR - YUG 10:2 (2:0, 4:1, 4:1)
Erfurt, Freiluftkunsteisbahn; Z: 3.000; SR: Müller (SUI), Schmid (SUI)
Hirche (Katzur (SC Dynamo Berlin) n.e.) - Heinze, Kuczera - Voigt, Greiner (SG Dynamo Weißwasser) - Jo. Franke, Buder (C), E. Novy - J. Ziesche, W. Künstler, **Wolfgang Wünsche** (SG Dynamo Rostock) - **Werner Engelmann** (SG Dynamo Weißwasser), **Horst Budich** (SG Dynamo Weißwasser), **Siegfried Grimm** (ASK Vorwärts Berlin) - G. Heinicke (SC Wismut Karl-Marx-Stadt)
T: 1:0 (1.) Kuczera (*) - 2:0 (17.) Buder (---) / 3:0 (21.) W. Künstler - 4:0 (28.) J. Ziesche - 5:1 (34.) W. Künstler - 6:1 (39.) J. Ziesche / 7:1 (41.) J. Ziesche - 8:1 (47.) J. Ziesche - 9:1 (51.) E. Novy - 10:2 (59.) S. Grimm
* *im offiziellen Spielbericht keinerlei Angaben zu Vorlagengebern*
S: Greiner 2, Voigt 2

80'. - 15.03.1960 GDR - POL 7:1 (1:0, 2:1, 4:0)
Weißwasser, Eisstadion "Wilhelm Pieck"; Z: 6.000; SR: Adamec (TCH), Pokorný (TCH)
Hirche (Katzur n.e.*) - Heinze, Kuczera - Greiner, Voigt - E. Novy, Buder (C), Jo. Franke - Wünsche (ab 20:01 S. Grimm), J. Ziesche, W. Künstler - G. Heinicke, Budich
It. DELV-Statistik Einsatz, jedoch durch Quellen nicht bestätigt
T: 1:0 (10.) Jo. Franke (---) / 2:1 (29:30) W. Künstler (J. Ziesche) - 3:1 (35.) E. Novy (---) / 4:1 (45:43) E. Novy (---) - 5:1 (46.) W. Künstler (Weitschuss) - 6:1 (57:15) Buder (E. Novy) - 7:1 (59:13) Jo. Franke (Buder)
S: J. Ziesche 5+2, Greiner 4, Voigt 2

1960/61

81'. - 07.10.1960 GDR - SWE 3:5 (1:1, 2:1, 0:3)
Berlin, Werner-Seelenbinder-Halle; Z: 6.000; SR: Pokorný (TCH), Bartkovski (TCH)
Kolbe (ASK Vorwärts Crimmitschau; Hirche (SG Dynamo Weißwasser) n.e.*) - Kuczera (SG Dynamo Weißwasser), G. Heinicke (SC Wismut Karl-Marx-Stadt - **Wolfgang Plotka** (SC Dynamo Berlin), Voigt (SC Dynamo Berlin) - E. Novy (SG Dynamo Weißwasser), Buder (C - SG Dynamo Weißwasser), Jo. Franke (SG Dynamo Weißwasser) - W. Künstler (SC Dynamo Berlin), J. Ziesche (SC Dynamo Berlin), **Bernd Hiller** (SC Dynamo Berlin) - Kratzsch (SC Wismut Karl-Marx-Stadt), S. Grimm (ASK Vorwärts Crimmitschau), **Bernd Poindl** (SG Dynamo Weißwasser)
It. DELV-Statistik Einsatz, jedoch durch Quellen nicht bestätigt
T: 1:0 (7.) Kuczera (Weitschuss) / 2:1 (21.) W. Künstler (---) - 3:1 (22.) J. Ziesche (---)
S: Buder 4, E. Novy 2, Plotka 2, Kolbe 2 (dafür Poindl auf der Strafbank)

82'. - 08.10.1960 GDR - SWE 1:3 (0:2, 0:0, 1:1)
Weißwasser, Eisstadion "Wilhelm Pieck"; Z: 10.000; SR: Pokorný (TCH), Bartkovski (TCH)
Hirche (Kolbe n.e.*) - Kuczera, W. Engelmann (SG Dynamo Weißwasser) - Plotka, Voigt - E. Novy, Buder (C), Jo. Franke - W. Künstler, J. Ziesche, B. Hiller - Kratzsch, S. Grimm, Poindl
It. DELV-Statistik Einsatz, jedoch durch Quellen nicht bestätigt
T: 1:3 (46:50) Buder (---)
S: W. Künstler 2, E. Novy 2, Voigt 2, B. Hiller 2

83'. - 06.01.1961 GDR - NOR 4:1 (3:0, 1:0, 0:1)
Dresden, Freiluftkunsteisbahn Heinz-Steyer-Stadions; Z: 10.000; SR: Schmid (SUI), Müller (SUI)
Kolbe (Hirche n.e.*) - Kuczera, Heinze (SG Dynamo Weißwasser) - Plotka, Voigt - E. Novy, Buder (C), Jo. Franke - Klügel (SC Dynamo Berlin), J. Ziesche, Poindl - Kratzsch, **Gerhard Szengel** (SC Einheit Berlin), S. Grimm
It. DELV-Statistik Einsatz, jedoch durch Quellen nicht bestätigt
T: 1:0 (01:15) Buder (---) - 2:0 (01:25) Klügel (J. Ziesche) - 3:0 (11:22) J. Ziesche (Klügel) / 4:0 (30:42) Voigt (J. Ziesche)
S: Heinze 2

84'. - 07.01.1961 GDR - NOR 6:4 (1:2, 3:1, 2:1)
Berlin, Werner-Seelenbinder-Halle; Z: 6.000; SR: Schmid (SUI), Müller (SUI)
Kolbe (Hirche n.e.*) - Kuczera, G. Heinicke - Plotka, Voigt - E. Novy, Buder (C), Jo. Franke - Klügel, J. Ziesche,
B. Hiller - Poindl, Szengel, S. Grimm
* lt. DELV-Statistik Einsatz, jedoch durch Quellen nicht bestätigt
T: 1:0 (7.) J. Ziesche (Weitschuss) / 2:2 (22.) J. Ziesche (Nachschuss) - 3:2 (22.) Klügel (B. Hiller*) - 4:2 (36.) B.
Hiller (J. Ziesche) / 5:2 (41.) E. Novy (Buder) - 6:3 (42.) J. Ziesche (B. Hiller)
* im Spielbericht keine Vorlagengeber aufgeführt
S: Plotka 2, B. Hiller 2, Kuczera 2

> *Da die Hymne nicht gespielt bzw. die Staatsflagge der DDR nicht gehisst wurde, sind die beiden folgenden*
> *Spiele vom DELV nicht als offizielle Länderspiele gewertet worden. In der Statistik des ÖEHV werden beide*
> *Spiele als offizielle Länderspiele Nr. 168 und 169 geführt.*

'   18.02.1961 AUT - GDR 5:6 (3:0, 2:3, 0:3)
Innsbruck, Messehalle; Z: 4.000; SR: Anton (TCH), Platzer (AUT)*
* Da AUT keine internationalen SR eingeladen hatte, wurde der DDR-Trainer Anton als SR eingesetzt.
Kolbe (ab 50. Hirche) - Heinze, Kuczera - Voigt, G. Heinicke - Jo. Franke, Buder (C), E. Novy - B. Hiller, J.
Ziesche, Klügel - Kratzsch, S. Grimm, Poindl
T: 4:1 (?*) J. Ziesche (?*) - 4:2 (?*) Voigt (?*) - 4:3 (?*) Kratzsch (?*) / 5:4 (?*) B. Hiller (?*) - 5:5 (50.) Poindl (?*)
- 5:6 (54.) Buder (?*)
* im offiz. Spielbericht keine Angaben zum Zeitpunkt der erzielten Tore und zu Vorlagengebern
S: J. Ziesche 2

'   19.02.1961 AUT - GDR 2:3 (1:0, 1:1, 0:2)
Salzburg, Eissporthalle im Volksgarten (Kunsteis); Z: 3.500; SR: Moser (AUT), Güldner (AUT)
Hirche (Kolbe n.e.) - Heinze, Kuczera - Voigt, W. Engelmann - Jo. Franke, Buder (C), E. Novy - B. Hiller, J.
Ziesche, Klügel - Kratzsch, S. Grimm, Poindl
T: 1:1 (27.) Poindl (?*) / 2:2 (50.) J. Ziesche (?*) - 2:3 (58.) S. Grimm (?*)
* im offiz. Spielbericht keine Angaben zum Zeitpunkt der erzielten Tore und zu Vorlagengebern
S: Kuczera 2, E. Novy 2

85'. - 24.02.1961 GDR - CAN* 2:8 (0:3, 0:3, 2:2)
* Kanada vertreten durch Trail Smoke Eaters
Weißwasser, Eisstadion "Wilhelm Pieck"; Z: 14.500; SR: Adamec (TCH), Müller (SUI)
Hirche (ab 20:01 Kolbe) - Heinze, Kuczera - **Heinz Schildan** (SG Dynamo Weißwasser; ab 40:01 G. Heinicke),
Voigt - Jo. Franke (ab 20:01-40:00 Poindl), Buder (C), E. Novy - Klügel, J. Ziesche, B. Hiller - Kratzsch, S. Grimm
(ab 40:01 Szengel), Poindl (ab 20:01-40:00 Szengel)
T: 1:7 (48:06) Klügel (---) - 2:8 (54:21) Jo. Franke (J. Ziesche)
S: keine Strafen

28. Welt- und 38. Europameisterschaft 1961
Die IIHF hatte auf Basis der WM 1959 die Mannschaften in Leistungsgruppen eingeteilt. Die DDR-Auswahl
musste als Neunter der WM 1959 erst ein Qualifikationsspiel zur A-WM bestreiten.
Die DDR-Auswahl belegte dann WM-Platz 5 und EM-Platz 4.

QUALIFIKATIONSSPIEL ZUR A-WM

86'. - 02.03.1961 GDR - NOR 6:3 (1:0, 1:1, 4:2)
Lausanne, Patinoire de Montchoisi; Z: 1.000; SR: Barry (USA), MacLean (CAN)
Kolbe (Hirche n.e.) - Heinze, Kuczera - Schildan, Voigt - E. Novy, Buder (C), Jo. Franke - Klügel, J. Ziesche, B.
Hiller - Kratzsch, Poindl, S. Grimm
T: 1:0 (14.) Jo. Franke (Kuczera) / 2:1 (32.) J. Ziesche (---) / 3:1 (41.) Poindl (Buder) - 4:1 (44.) Klügel (Voigt) -
5:2 (53.) Klügel (J. Ziesche) - 6:3 (60.) Poindl (---)
S: Schildan 4, Kratzsch 2, Voigt 2

A-WM

87'. - 04.03.1961 FIN - GDR 6:4 (1:2, 3:1, 2:1)
Genève, Sportpalast "Les Vernets"; Z: 800; SR: Müller (SUI), Pokorný (TCH)
Kolbe (Hirche n.e.) - Heinze, Kuczera - G. Heinicke, Voigt - E. Novy, Buder (C), Jo. Franke - Klügel, J. Ziesche,
Poindl - Kratzsch, Szengel, S. Grimm
T: 1:1 (01:30) Szengel (S. Grimm) - 1:2 (19:55) Kuczera (Buder) / 3:3 (31:20) Buder (J. Ziesche) / 4:4 (48:10) E.
Novy (Weitschuss)
S: S. Grimm 4, Szengel 2, Klügel 2

88'. - 05.03.1961 SWE - GDR 3:2 (1:0, 1:2, 1:0)
Lausanne, Patinoire de Montchoisi; Z: 2.000; SR: Müller (SUI), Braun (SUI)
Hirche (*Kolbe n.e.*) - Heinze, Kuczera - Schildan, Voigt - E. Novy, Buder (C), Jo. Franke - Klügel, J. Ziesche, B.
Hiller - Kratzsch, Szengel, S. Grimm
T: 2:1 (36:00) Klügel (B. Hiller) - 2:2 (40:00) J. Ziesche (B. Hiller)
S: Voigt 2

89'. - 07.03.1961 CAN* GDR 5:2 (0:0, 0:0, 5:2)
* Kanada vertreten durch Trail Smoke Eaters
Lausanne, Patinoire de Montchoisi; Z: 2.000; SR: Wilkert (SWE), Pokorný (TCH)
Hirche (*Kolbe n.e.*) - Heinze, Kuczera (C) - G. Heinicke, Voigt - E. Novy, Poindl, Jo. Franke - Klügel, J. Ziesche,
B. Hiller - Kratzsch, Szengel, S. Grimm
T: 2:1 (43:15) J. Ziesche (B. Hiller) - 5:2 (58:50) J. Ziesche (Kuczera)
S: G. Heinicke 2, Voigt 2

90'. - 08.03.1961 USA - GDR 5:6 (2:2, 3:1, 0:3)
Lausanne, Patinoire de Montchoisi; Z: 1.800; SR: Starovoitov (URS), Wiking (SWE)
Hirche (ab 40:01 Kolbe) - Heinze, Kuczera - Schildan, Voigt - E. Novy, Buder (C), Jo. Franke - Klügel, J. Ziesche,
B. Hiller - Kratzsch, Poindl, S. Grimm
T: 1:1 (11:00) Kratzsch (Kuczera) - 1:2 (14:00) J. Ziesche (---) / 4:3 (39:00) Buder (---) / 5:4 (48:00) Heinze
(Buder) - 5:5 (50:12) Buder (Nachschuss) - 5:6 (52:12) Jo. Franke (Buder)
S: S. Grimm 2

91'. - 09.03.1961 URS - GDR 9:1 (6:0, 1:1, 2:0)
Genève, Sportpalast "Les Vernets"; Z: 2.000; SR: Müller (SUI), Nordlie (NOR)
Kolbe (*Hirche n.e.*) - Heinze, Kuczera - G. Heinicke, Voigt - E. Novy, Buder (C), Jo. Franke - Szengel, J. Ziesche,
B. Hiller - Kratzsch, Poindl, S. Grimm
T: 6:1 (25:23) S. Grimm (Poindl)
S: B. Hiller 2, Kuczera 2

92'. - 11.03.1961 TCH - GDR 5:1 (1:0, 2:1, 2:0)
Genève, Sportpalast "Les Vernets"; Z: 300; SR: Wilkert (SWE), Olivieri (SUI)
Hirche (*Kolbe n.e.*) - Heinze, Kuczera - Schildan, Voigt - E. Novy, Buder (C), Jo. Franke - Klügel, J. Ziesche, B.
Hiller - Kratzsch, Poindl, S. Grimm
T: 3:1 (31:00) S. Grimm (Kuczera)
S: Voigt 4, Buder 2

12.03.1961 FRG* GDR 0:5
* wegen des sogenannten „Flaggenstreits" BRD nicht angetreten; Wertung 2:0 Punkte und 5:0 Tore für DDR
Genève, Sportpalast "Les Vernets"; Z: 2.000; SR: Starovoitov (URS), Barry (USA)
Ersatzweise gab es ein Freundschaftsspiel gegen eine internationale Auswahl, die von Ersatzspielern aus
USA/CAN/SUI gebildet wurde. Ergebnis 5:3 (1:0, 2:3, 2:0) für DDR
Hirche (Kolbe n.e.) - Heinze, Kuczera - Schildan, Voigt - E. Novy, Buder (C), Jo. Franke - Klügel, J. Ziesche, B.
Hiller - Kratzsch, Poindl, S. Grimm
T: 1:0 Klügel (?) / 2:3 J. Ziesche (?) - 3:3 J. Ziesche (?) / 4:3 J. Ziesche (?) - 5:3 Buder (?)
S: keine Angaben

93. - 16.03.1961 NOR - GDR 2:4 (0:0, 2:3, 0:1)
Oslo, Eisstadion Jordal Amfi; Z: 2.994; SR: Wilkert (SWE), Wiking (SWE)
Hirche (Kolbe*) - Heinze, Kuczera - Schildan, Voigt - E. Novy, Buder (C), Jo. Franke - Klügel, J. Ziesche, B.
Hiller - Kratzsch, Poindl, S. Grimm
* lt. DELV-Statistik Einsatz, jedoch durch Quellen nicht bestätigt
T: 2:1 (?) Kratzsch (Poindl) - 2:2 (34.) Buder (Jo. Franke) - 2:3 (38.) Jo. Franke (Heinze) / 2:4 (48:30) Voigt
(Weitschuss)
S: keine Angaben
Buder erzielte als erster Spieler 50 Tore.

94. - 17.03.1961 NOR - GDR 3:4 (2:2, 0:1, 1:1)
Oslo, Eisstadion Jordal Amfi; Z: 1.938; SR: Wilkert (SWE), Wiking (SWE)
Hirche (ab 57.* Kolbe) - Heinze, Kuczera - Schildan, Voigt - E. Novy, Buder (C), Jo. Franke - Klügel, J. Ziesche,
B. Hiller - Kratzsch, Poindl, S. Grimm
* kurz vor Schluss des Spieles wurde Hirche verletzt, genaue Zeitangabe für den Torwartwechsel nicht bestätigt
T: 2:1 (9.) B. Hiller (J. Ziesche) - 2:2 (17.) Jo. Franke (?) / 2:3 (?) Poindl (?) / 2:4 (?) Jo. Ziesche (?)
S: keine Angaben

1961/62

95'. - 08.11.1961 GDR - FIN 6:0 (2:0, 1:0, 3:0)
Rostock, Freiluftkunsteisbahn; Z: 8.000; SR: Svoboda* (TCH), Adamec (TCH)
* in der 54. durch einen Schuss in den Unterleib verletzt und dann ausgeschieden
Hirche (SG Dynamo Weißwasser; *Kolbe (ASK Vorwärts Crimmitschau) n. e.)* - Schildan (SG Dynamo Weißwasser), Kuczera (SG Dynamo Weißwasser) - Heinze (SG Dynamo Weißwasser), Voigt (SC Dynamo Berlin), Plotka (SC Dynamo Berlin) - E. Novy (SG Dynamo Weißwasser), Buder (C - SG Dynamo Weißwasser), Jo. Franke (SG Dynamo Weißwasser) - Klügel (SC Dynamo Berlin), J. Ziesche (SC Dynamo Berlin), B. Hiller (SC Dynamo Berlin) - **Reiner Tudyka** (SG Dynamo Weißwasser), **Helmut Novy** (SG Dynamo Weißwasser), Poindl (SG Dynamo Weißwasser) - W. Engelmann (SG Dynamo Weißwasser)
T: 1:0 (11:40) J. Ziesche (Abpraller von TW Lahtinen) - 2:0 (19:00) J. Ziesche (E. Novy) / 3:0 (32:40) B. Hiller (Voigt) / 4:0 (50:00) J. Ziesche (---) - 5:0 (55:00) Jo. Franke (Nachschuss) - 6:0 (58:00) Jo. Franke (---)
S: Buder 2, E. Novy 2, J. Ziesche 2, Klügel 2

96'. - 09.11.1961 GDR - FIN 3:1 (1:0, 1:0, 1:1)
Berlin, Werner-Seelenbinder-Halle; Z: 6.000; SR: Svoboda (TCH), Adamec (TCH)
Kolbe *(Hirche n.e.)* - Kuczera, Heinze - Voigt, Plotka - E. Novy, Buder (C), Jo. Franke - Klügel, J. Ziesche, B. Hiller - Szengel (SC Einheit Berlin), **Uwe Zander** (SC Einheit Berlin), W. Engelmann
T: 1:0 (15.) B. Hiller (J. Ziesche) / 2:0 (28.) E. Novy (Nachschuss) / 3:1 (55.) Buder (---)
S: Buder 4, Szengel 2, Zander 2, Plotka 2, J. Ziesche 2

97'. - 14.11.1961 GDR - TCH 1:7 (0:4, 1:2, 0:1)
Dresden, Freiluftkunsteisbahn Heinz-Steyer-Stadion; Z: 10.000; SR: Wiking (SWE), Wilkert (SWE)
Kolbe *(Hirche n.e.)* - Schildan, Kuczera - G. Heinicke (SC Wismut Karl-Marx-Stadt), Voigt (ab 16. Plotka*) - E. Novy, Buder (C), Jo. Franke - Klügel, J. Ziesche, B. Hiller - Tudyka, W. Engelmann, Poindl
* Voigt nach einer Knöchelverletzung ausgeschieden und durch Plotka ersetzt; Dieser ist auf dem offiziellen Spielbericht nicht aufgeführt, hier nur die Verletzung von Voigt, der Einsatz jedoch durch verschiedene Quellen bestätigt.
T: 1:4 (22:53) Tudyka (J. Ziesche)
S: J. Ziesche 2, W. Engelmann 2

98'. - 16.11.1961 GDR - TCH 2:8 (2:3, 0:1, 0:4)
Weißwasser, Eisstadion „Wilhelm Pieck"; Z: 7.000; SR: Wiking (SWE), Wilkert (SWE)
Hirche *(Kolbe n.e.)* - Kuczera, Heinze - Schildan, Plotka - G. Heinicke* - E. Novy, W. Engelmann, Buder (C) - Klügel, J. Ziesche, B. Hiller - Tudyka, Poindl, H. Novy
* Einsatz durch Quellen nicht bestätigt
T: 1:3 (14:09) H. Novy (Tudyka) - 2:3 (15:15) Buder (E. Novy)
S: E. Novy 2, Kuczera 2, H. Novy 2, Plotka 2

99. - 13.12.1961 FIN - GDR 10:3 (2:0, 2:1, 6:2)
Tampere, Jääkiekkostadion (Freiluft-Kunsteisstadion)*; Z: 1.500; SR: Eriksson (SWE), Carpedahl (SWE)
* während des Spiels Außentemperatur minus 10 Grad
Hirche *(Kolbe n.e.)* - Schildan, Heinze - Voigt, G. Heinicke - Buder (C), W. Engelmann, E. Novy - B. Hiller, J. Ziesche, Kratzsch (SC Wismut Karl-Marx-Stadt) - H. Novy, Poindl, Tudyka,
T: 2:1 (27.) J. Ziesche (Penalty) / 4:2 (42.) J. Ziesche (Weitschuss) - 4:3 (44.) E. Novy (Buder)
S: Tudyka 2

100. - 14.12.1961 FIN - GDR 3:2 (0:1, 1:0, 2:1)
Rauma, Eisstadion (Freiluft-Kunsteisstadion)*; Z: 2.500; SR: Eriksson (SWE), Carpedahl (SWE)
* während des Spiels Außentemperatur minus 14 Grad
Kolbe *(Hirche n.e.)* - Kuczera, Schildan - G. Heinicke, Voigt - E. Novy, W. Engelmann, Buder (C) - Kratzsch, J. Ziesche, B. Hiller - Tudyka, Poindl, H. Novy
T: 0:1 (10.) Poindl (E. Novy) / 1:2 (51.) H. Novy (---)
S: Poindl 2

101'. - 21.12.1961 GDR - CAN* 1:4 (1:2, 0:2, 0:0)
* Kanada vertreten durch Port Arthur Bearcats (in den Spielen 101 - 102)
Weißwasser, Eisstadion „Wilhelm Pieck"; Z: 15.000; SR: Müller (SUI), Schmid (SUI)
Kolbe *(Hirche n.e.)* - Kuczera, Schildan - Voigt, G. Heinicke - E. Novy, Buder (C), Jo. Franke - Kratzsch, J. Ziesche, B. Hiller - Tudyka, Poindl, H. Novy
T: 1:2 (12:41) J. Ziesche (Tudyka)
S: keine Strafen

102'. - 23.12.1961 GDR - CAN* 0:4 (0:2, 0:2, 0:0)
Berlin, Werner-Seelenbinder-Halle; Z: 6.000; SR: Müller (SUI), Schmid (SUI)
Hirche (*Kolbe n.e.*) - Kuczera, Schildan - Voigt, G. Heinicke - E. Novy, Buder (C), Jo. Franke - Kratzsch, J. Ziesche, B. Hiller (ab 40:01 W. Engelmann) - Tudyka, Poindl, H. Novy
S: keine Strafen

An der 29. Weltmeisterschaft in Colorado Springs und Denver konnte die DDR-Auswahl nicht teilnehmen, da Ihr die Einreisevisa von den USA verweigert wurden.

1962/63

103. - 07.11.1962 POL - GDR 3:3 (2:0, 0:2, 1:1)
Katowice, Eishalle; Z: 10.000; SR: Černý (TCH), Pažout (TCH)
Kolbe (ASK Vorwärts Crimmitschau; ab 40:01 Hirche (SG Dynamo Weißwasser)) - Schildan (SG Dynamo Weißwasser), Kuczera (SG Dynamo Weißwasser) - Voigt (SC Dynamo Berlin), Plotka (SC Dynamo Berlin) - E. Novy (SG Dynamo Weißwasser), Buder (SG Dynamo Weißwasser), Jo. Franke (SG Dynamo Weißwasser) - Klügel (SC Dynamo Berlin), J. Ziesche (C - SC Dynamo Berlin), B. Hiller (SC Dynamo Berlin) - Tudyka (SG Dynamo Weißwasser), Poindl (SG Dynamo Weißwasser), Kratzsch (ASK Vorwärts Crimmitschau)
T: 2:1 (28.) Plotka (Weitschuss) - 2:2 (32.) J. Ziesche (Klügel) / 3:3 (48.) Plotka (Jo. Franke)
S: Buder 2, Plotka 2

104. - 08.11.1962 POL - GDR 2:0 (1:0, 0:0, 1:0)
Łódź, Pałac Sportu; Z: 8.000; SR: Černý (TCH), Pažout (TCH)
Hirche (*Kolbe n.e.*) - Schildan, Kuczera - Voigt, Plotka - E. Novy, Buder, Jo. Franke - Klügel, J. Ziesche (C), B. Hiller - Tudyka, Poindl, W. Engelmann (SG Dynamo Weißwasser)
S: Buder 4, Voigt 2, Plotka 2

105'. - 22.11.1962 GDR - FIN 2:0 (0:0, 0:0, 2:0)
Rostock, Freiluftkunsteisbahn; Z: 3.000; SR: Svoboda (TCH), Krňávek (TCH)*
* während des Spiels Schneeregen
Kolbe (*Hirche n.e.*) - Kuczera, Schildan - Voigt, Plotka - E. Novy, Buder, Jo. Franke - Klügel, J. Ziesche (C), B. Hiller - Tudyka, Poindl, H. Novy (SG Dynamo Weißwasser)
T: 1:0 (48.) H. Novy (Nachschuss) - 2:0 (49.) J. Ziesche (---)
S: Plotka 4, Buder 4, Poindl 2, Schildan 2

106'. - 23.11.1962 GDR - FIN 0:3 (0:0, 0:0, 0:3)
Berlin, Werner-Seelenbinder-Halle; Z: 3.500; SR: Svoboda (TCH), Krňávek (TCH)
Kolbe (*Hirche n.e.*) - Kuczera, Schildan - Voigt, Plotka - E. Novy, Buder, Jo. Franke - Klügel, J. Ziesche (C), B. Hiller - Tudyka, Poindl, H. Novy
S: E. Novy 2, J. Ziesche 2, B. Hiller 2, Klügel 2

107. - 15.12.1962 ROU - GDR 3:2 (1:1, 2:1, 0:0)
Bucureşti, Patinoarul „23. August"; Z: 5.000; SR: Pažout (TCH), Krňávek (TCH)
Kolbe (*Hirche n.e.*) - Kuczera, Schildan - Voigt, Plotka - E. Novy, Buder, Jo. Franke - Kratzsch, J. Ziesche (C), B. Hiller - H. Novy, Poindl, Tudyka
T: 1:1 (3.) Tudyka (H. Novy) / 2:2 (37.) J. Ziesche (---)
S: H. Novy 4, Buder 4, Kuczera 2, E. Novy 2

108. - 16.12.1962 ROU - GDR 4:3 (3:1, 1:2, 0:0)
Bucureşti, Patinoarul „23. August"; Z: 3.000; SR: Pažout (TCH), Krňávek (TCH)
Hirche (ab 28. Kolbe) - Kuczera, Heinze (SG Dynamo Weißwasser) - Voigt, **Jürgen Schmutzler** (SC Dynamo Berlin) - E. Novy, Buder, Jo. Franke - Kratzsch, J. Ziesche (C), B. Hiller - H. Novy, Poindl, Tudyka
T: 0:1 (4.) E. Novy (Buder) / 3:2 (22.) J. Ziesche (Nachschuss) - 3:3 (25.) J. Ziesche (B. Hiller)
S: Buder 2+10, J. Ziesche 2, B. Hiller 2

109'. - 27.12.1962 GDR - URS 0:10 (0:6, 0:2, 0:2)
Dresden, Freiluftkunsteisbahn Heinz-Steyer-Stadion; Z: 8.000; SR: Wiking (SWE), Wilkert (SWE)
Kolbe (*Hirche n.e.*) - Kuczera, Schildan - Voigt, Heinze - Plotka - E. Novy, Buder, Jo. Franke - Kratzsch, J. Ziesche (C), B. Hiller - H. Novy, Poindl, Tudyka
S: Voigt 2, Schildan 2

110'. - 29.12.1962 GDR - URS 1:8 (0:3, 0:3, 1:2)
Berlin, Werner-Seelenbinder-Halle; Z: 4.000; SR: Wiking (SWE), Wilkert (SWE)
Kolbe (*Hirche n.e.*) - Kuczera, Schildan - Voigt, Heinze - E. Novy, Buder, Jo. Franke - Kratzsch, J. Ziesche (C),
B. Hiller - Tudyka, Poindl, H. Novy
T: 1:6 (46.) J. Ziesche (B. Hiller)
S: Kuczera 2

111'. - 15.02.1963 GDR - AUT 3:1 (1:0, 2:0, 0:1)
Dresden, Freiluftkunsteisbahn Heinz-Steyer-Stadion; Z: 7.000; SR: Wiking (SWE), Wilkert (SWE)
Kolbe (*Hirche n.e.*) - Plotka, Voigt - Schildan, Kuczera - Klügel, J. Ziesche (C), B. Hiller - E. Novy, Kratzsch,
Buder - H. Novy, Tudyka, Poindl
T: 1:0 (1.) Plotka (Weitschuss) / 2:0 (34.) Poindl (Tudyka) - 3:0 (37.) Buder (---)
S: Voigt 4

112'. - 16.02.1963 GDR - AUT 5:1 (1:0, 3:0, 1:1)
Weißwasser, Eisstadion „Wilhelm Pieck"; Z: 5.000; SR: Wiking (SWE), Wilkert (SWE)
Hirche (*Kolbe n.e.*) - Plotka, Heinze (ab ?. Voigt) - Schildan, Kuczera - Klügel, Ziesche (C), B. Hiller - E. Novy,
Kratzsch, Buder - H. Novy, Tudyka, Poindl
T: 1:0 (04:18) Plotka (Weitschuss) / 2:0 (28:03) Tudyka (H. Novy) - 3:0 (31:40) Kratzsch (---) - 4:0 (38:20) J.
Ziesche (---) / 5:0 (40:51) Klügel (J. Ziesche)
S: Voigt 5, Schildan 2

30. A-Welt- und 40. Europameisterschaft 1963

Die IIHF hatte auf Basis der WM 1961 und 1962 die Mannschaften in Leistungsgruppen eingeteilt. Die DDR-Auswahl kam in die A-WM. Die DDR-Auswahl belegte dann WM-Platz 6 und EM-Platz 5.

113'. - 07.03.1963 SWE - GDR 5:1 (2:1, 0:0, 3:0)
Stockholm, Isstadion Johanneshov; Z: 8.872; SR: Lindquist (CAN), Barry (USA)
Hirche (*Kolbe n.e.*) - Kuczera, Schildan - Voigt, Plotka - E. Novy, Buder, Jo. Franke - Klügel, J. Ziesche (C),
Kratzsch - Tudyka, H. Novy, Poindl
T: 1:1 (18:20) Jo. Franke (---)
S: keine Strafen

114'. - 09.03.1963 CAN* GDR 11:5 (3:4, 4:1, 4:0)
* Kanda vertreten durch den Allan-Cupsieger 1962 Trail Smoke Eaters
Stockholm, Isstadion Johanneshov; Z: 4.547; SR: Starovoitov (URS), Barry (USA)
Hirche (ab 37:00 Kolbe) - Kuczera, Heinze - Plotka, Voigt - E. Novy, Buder, Schildan - Klügel, J. Ziesche (C),
Schmutzler - Tudyka, H. Novy, Poindl
T: 0:1 (00:52) J. Ziesche (---) - 0:2 (01:55) Plotka (Heinze) - 0:3 (03:45) Buder (E. Novy) - 0:4 (04:40) Buder (---
) / 4:5 (22:45) H. Novy (---)
S: keine Strafen

115'. - 10.03.1963 TCH - GDR 8:3 (1:3, 5:0, 2:0)
Stockholm, Isstadion Johanneshov; Z: 2.283; SR: Barry (USA), Wilkert (SWE)
Kolbe (*Hirche n.e.*) - Heinze, Schildan - Plotka, Voigt - E. Novy, Buder, Jo. Franke - Klügel, J. Ziesche (C),
Schmutzler - Tudyka, H. Novy, Poindl
T: 1:1 (08:54) Buder (E. Novy) - 1:2 (09:09) Klügel (J. Ziesche) - 1:3 (14:11) Klügel (J. Ziesche)
S: Schmutzler 4

116'. - 12.03.1963 URS - GDR 12:0 (4:0, 4:0, 4:0)
Stockholm, Isstadion Johanneshov; Z: 5.677; SR: Nordlie (NOR), Wilkert (SWE)
Hirche (ab 43:57 Kolbe) - Kuczera, Heinze - Plotka, Voigt - E. Novy, Buder, Jo. Franke - Klügel, J. Ziesche (C),
Kratzsch - Tudyka, H. Novy, Poindl
S: Poindl 4, H. Novy 2, Plotka 2, Voigt 2

117'. - 13.03.1963 GDR - FIN 1:0 (0:0, 0:0, 1:0)
Stockholm, Isstadion Johanneshov; Z: 1.737; SR: Starovoitov (URS), Lindquist (CAN)
Kolbe (*Hirche n.e.*) - Kuczera, Schildan - Plotka, Voigt - E. Novy, Buder, Jo. Franke - Klügel, J. Ziesche (C),
Kratzsch - Tudyka, H. Novy, Poindl
T: 1:0 (58:48) H. Novy (---)
S: Voigt 2

118'. - 16.03.1963 GDR - FRG 3:4 (0:2, 2:1, 1:1)
Stockholm, Isstadion Johanneshov; Z: 5.080; SR: Lindquist (CAN), Barry (USA)
Kolbe *(Hirche n.e.)* - Kuczera, Heinze - Plotka, Voigt - E. Novy, Jo. Franke, Schildan - Klügel, J. Ziesche (C), Kratzsch - Tudyka, H. Novy, Poindl
T: 1:2 (22:53) J. Ziesche (E. Novy) - 2:3 (33:52) J. Ziesche (Klügel) / 3:3 (46:50) Poindl (E. Novy)
S: Voigt 2

119'. - 17.03.1963 USA - GDR 3:3 (2:0, 0:0, 1:3)
Stockholm, Isstadion Johanneshov; Z: 2.491; SR: Wilkert (SWE), Idenstedt (SWE)
Kolbe (ab 20:01 Hirche) - Kuczera, Heinze - Plotka, Voigt - E. Novy, Jo. Franke, Schildan - Klügel, J. Ziesche (C), Kratzsch - Tudyka, H. Novy, Poindl
T: 2:1 (41:43) J. Ziesche (Nachschuss) - 2:2 (49:48) Jo. Franke (---) - 2:3 (51:35) Kratzsch (J. Ziesche)
S: Klügel 2

1963/64

120'. - 29.09.1963 GDR - SWE 2:5 (1:1, 1:2, 0:2)
Berlin, Werner-Seelenbinder-Halle; Z: 6.000; SR: Müller (SUI), Olivieri (SUI)
Hirche (SG Dynamo Weißwasser; *Kolbe (ASK Vorwärts Crimmitschau) n. e.)* - Kuczera (SG Dynamo Weißwasser), Schildan (SG Dynamo Weißwasser) - Voigt (SC Dynamo Berlin), Plotka (SC Dynamo Berlin) - **Rüdiger Noack** (SG Dynamo Weißwasser), Buder (SG Dynamo Weißwasser), Jo. Franke (SG Dynamo Weißwasser) - Klügel (SC Dynamo Berlin), J. Ziesche (C - SC Dynamo Berlin), B. Hiller (SC Dynamo Berlin) - E. Novy (SG Dynamo Weißwasser), Poindl (SG Dynamo Weißwasser), H. Novy (SG Dynamo Weißwasser)
T: 1:1 (12.) Klügel (J. Ziesche) / 2:1 (22.) B. Hiller (R. Noack)
S: Voigt 2

121'. - 30.09.1963 GDR - SWE 3:6 (0:0, 2:3, 1:3)
Berlin*, Werner-Seelenbinder-Halle; Z: 300; SR: Müller (SUI), Olivieri (SUI)
* Das Länderspiel war ursprünglich am 28.09. in Weißwasser angesetzt. Auf Grund von starkem Regen musste es jedoch abgesagt werden, obwohl Schweden schon angereist war. Neuer Termin war der 30.09. 12.00 Uhr in Berlin.
Kolbe *(Hirche n.e.)* - Kuczera, Heinze (SG Dynamo Weißwasser) - Voigt, Plotka - **Erhard Braun** (ASK Vorwärts Crimmitschau), Buder, Jo. Franke - Klügel, J. Ziesche (C), B. Hiller - E. Novy, **Lothar Fuchs** (ASK Vorwärts Crimmitschau), H. Novy
T: 1:1 (30.) Jo. Franke (Kuczera) - 2:1 (32.) E. Novy (Heinze) / 3:3 (49.) Kuczera (H. Novy)
S: Voigt 4, Buder 2, Plotka 2

122'. - 03.11.1963 FIN - GDR 3:1 (1:1, 1:0, 1:0)
Rauma, Jäähalli; Z: 4.191; SR: Wold (NOR), Nordlie (NOR)
Hirche *(Kolbe n.e.)* - Kuczera, Heinze - Plotka, Voigt (ab 45. Buder) - E. Novy, Buder (ab 45. Fuchs), Jo. Franke - Klügel, J. Ziesche (C), B. Hiller - R. Noack, Poindl, H. Novy
T: 0:1 (04:45) Buder B. Hiller)
S: Voigt 6, Buder 2

123'. - 04.11.1963 FIN - GDR 3:2 (1:2, 1:0, 1:0)
Tampere, Hakametsän-Jäähalli; Z: 10.000; SR: Wold (NOR), Nordlie (NOR)
Hirche *(Kolbe n.e.)* - Kuczera, Heinze - Buder, Plotka - E. Novy, Fuchs, Jo. Franke - Kratzsch (ASK Vorwärts Crimmitschau), J. Ziesche (C), B. Hiller - R. Noack, Poindl, H. Novy
T: 0:1 (00:44) E. Novy (Fuchs) - 0:2 (14:39) Fuchs (E. Novy)
S: H. Novy 2, Buder 2, Plotka 2

124'. - 01.12.1963 GDR - CAN* 1:4 (0:2, 1:1, 0:1)
* Kanada vertreten durch den Allan-Cupsieger 1963 Windsor Bulldogs
Dresden, Freiluftkunsteisbahn Heinz-Steyer-Stadion; Z: 10.000; SR: Eriksson (SWE), Idenstedt (SWE)
Hirche *(Kolbe n.e.)* - Heinze, **Wilfried Sock** (SG Dynamo Weißwasser) - Plotka, Voigt - E. Novy, Buder, Jo. Franke - Kratzsch, J. Ziesche (C), B. Hiller - R. Noack, Poindl, H. Novy
T: 1:2 (27.) E. Novy (Nachschuss)
S: R. Noack 2

Ausscheidung zur Teilnahme an den Olympischen Winterspielen 1964

Folgender Modus wurde für die Ausscheidungsspiele zu den olympischen Winterspiele 1964 vereinbart:
Diejenige Mannschaft, die nach den beiden Spielen wenigstens drei Punkte (Sieg = 2, Unentschieden = 1 Punkt)
erreicht hat, ist qualifiziert. Bei Punktgleichstand kommt es zu einem Entscheidungsspiel.
Die DDR-Auswahl konnte sich am Ende nicht für die Olympischen Wnterspiele 1964 qualifizieren.

125. - 06.12.1963 FRG - GDR 4:4 (2:1, 0:1, 2:2)
Füssen, Eisstadion am Kobelhang; Z: 10.000; SR: Staravoitov (URS), Pokorný (TCH)
Hirche (*Kolbe n.e.*) - Heinze, Sock - Plotka, Voigt - E. Novy, Buder, Jo. Franke - Kratzsch, J. Ziesche (C), B. Hiller - R. Noack, Poindl, H. Novy
T: 1:1 (11.) Buder (---) / 2:2 (22.) B. Hiller (Nachschuss) / 3:3 (54.) Voigt (E. Novy) - 3:4 (58.) Jo. Franke (Nachschuss)
S: Buder 4, Jo. Franke 4, Voigt 2, B. Hiller 2

126'. - 08.12.1963 GDR - FRG 3:4 (0:0, 3:3, 0:1)
Berlin, Werner-Seelenbinder-Halle; Z: 6.000; SR: Müller (SUI), Schmid (SUI)
Hirche (*Kolbe n.e.*) - Heinze, Sock - Plotka, Voigt - E. Novy, Buder, Jo. Franke - Kratzsch, J. Ziesche (C), B. Hiller - R. Noack, Poindl, H. Novy - Fuchs
T: 1:0 (21.) Buder (Heinze) - 2:0 (22.) B. Hiller (---) - 3:3 (39:30) Buder (B. Hiller)
S: Heinze 2, B. Hiller 2

1964/65

127'. - 25.09.1964 GDR - SWE 0:6 (0:3, 0:2, 0:1)
Berlin, Werner-Seelenbinder-Halle; Z: 5.000; SR: Dr. Hollý (TCH), Bartík (TCH)
Hirche (SG Dynamo Weißwasser; *Kolbe (ASK Vorwärts Crimmitschau) n.e.*) - Kuczera (SG Dynamo Weißwasser), Voigt (SC Dynamo Berlin) - Schildan (SG Dynamo Weißwasser), Sock (SG Dynamo Weißwasser) - B. Hiller (SC Dynamo Berlin), J. Ziesche (C - SC Dynamo Berlin), W. Künstler (SC Dynamo Berlin) - Jo. Franke (SG Dynamo Weißwasser; ab 20:01 Tudyka (SG Dynamo Weißwasser)), Buder (SG Dynamo Weißwasser), Kratzsch (ASK Vorwärts Crimmitschau) - H. Novy (SG Dynamo Weißwasser), Poindl (SG Dynamo Weißwasser), R. Noack (SG Dynamo Weißwasser)
S: keine Strafen

128'. - 26.09.1964 GDR - SWE 1:5 (1:1, 0:2, 0:2)
Crimmitschau, Freiluftkunsteisbahn im Sahnpark; Z: 5.000; SR: Dr. Hollý (TCH), Bartík (TCH)
Kolbe (*Hirche n.e.*) - Kuczera, **Ulrich Noack** (SG Dynamo Weißwasser) - Voigt, **Dieter Dewitz** (TSC Berlin) - Kratzsch, J. Ziesche (C), B. Hiller - **Werner Domke** (SG Dynamo Weißwasser), Buder, Tudyka - R. Noack, Poindl, H. Novy
T: 1:0 (18.) H. Novy (---)
S: Voigt 4, B. Hiller 2, Dewitz 2

129'. - 13.11.1964 GDR - FIN 6:5 (3:4, 2:0, 1:1)
Dresden, Freiluftkunsteisbahn Heinz-Steyer-Stadion; Z: 6.000; SR: Seglin (URS), Kuznetsov (URS)
Kolbe (*Hirche n.e.*) - Schildan, Sock - Buder, U. Noack (ab 42. Plotka (SC Dynamo Berlin)) - B. Hiller, J. Ziesche (C), **Bernd Karrenbauer** (SC Dynamo Berlin) - R. Noack, Poindl, Tudyka - E. Novy (SG Dynamo Weißwasser), Fuchs (ASK Vorwärts Crimmitschau), **Dieter Röhl** (ASK Vorwärts Crimmitschau)
T: 1:2 (11.) J. Ziesche (---) - 2:2 (12.) Fuchs (E. Novy) - 3:2 (15.) Karrenbauer (Buder) / 4:4 (22.) Tudyka (---) - 5:4 (39.) E. Novy (---) / 6:4 (58.) J. Ziesche (---)
S: U. Noack 2, Tudyka 2
Buder erreichte als erster Spieler 100 Länderspiele.

130'. - 14.11.1964 GDR - FIN 4:3 (4:1, 0:1, 0:1)
Weißwasser*, Eisstadion „Wilhelm Pieck"; Z: 10.000; SR: Seglin (URS), Kuznetsov (URS)
* während des Spiels strömender Regen
Hirche (*Kolbe n.e.*) - Buder, Plotka - Schildan, Sock - B. Hiller, J. Ziesche (C), Karrenbauer - R. Noack, Poindl, Tudyka - E. Novy, Fuchs (ab 20:01 Voigt), W. Engelmann (SG Dynamo Weißwasser)
T: 1:0 (4.) J. Ziesche (---) - 2:0 (5.) Tudyka (Nachschuss) - 3:0 (8.) J. Ziesche (---) - 4:1 (20.) Karrenbauer (Nachschuss)
S: J. Ziesche 2, Poindl 2

131'. - 21.11.1964 GDR - ROU 8:2 (4:0, 3:2, 1:0)
Crimmitschau, Freiluftkunsteisbahn im Sahnpark; Z: 5.000; SR: Toufar (TCH), Kropáček (TCH)
Kolbe *(Hirche n.e.)* - Buder, U. Noack - Plotka, W. Künstler - B. Hiller, J. Ziesche (C), Karrenbauer - R. Noack, Poindl, H. Novy - E. Novy, Röhl, Tudyka
T: 1:0 (6.) Karrenbauer (B. Hiller) - 2:0 (13.) R. Noack (H. Novy) - 3:0 (14.) Tudyka (Buder) - 4:0 (17.) H. Novy (Nachschuss) / 5:2 (37.) B. Hiller (---) - 6:2 (38.) Poindl (Buder) - 7:2 (40.) E. Novy (---) / 8:2 (58.) J. Ziesche (--)
S: Poindl 2, H. Novy 2

132'. - 22.11.1964 GDR - ROU 8:0 (6:0, 1:0, 1:0)
Erfurt, Freiluftkunsteisbahn; Z: 1.500; SR: Toufar (TCH), Kropáček (TCH)
Dieter Pürschel *(Hirche n.e.)* - Buder, U. Noack - Schildan, W. Engelmann - B. Hiller, J. Ziesche (C), Karrenbauer - R. Noack, Poindl, H. Novy - E. Novy, **Manfred Künstler** (TSC Berlin), Tudyka
T: 1:0 (4.) Tudyka (---) - 2:0 (7.) B. Hiller (Buder) - 3:0 (7.) U. Noack (Nachschuss) - 4:0 (10.) Schildan (Nachschuss) - 5:0 (11.) B. Hiller (J. Ziesche) - 6:0 (11.) B. Hiller (---) / 7:0 (27.) M. Künstler (Nachschuss) / 8:0 (48.) Karrenbauer (B. Hiller)
S: Schildan 2, Tudyka 2, M. Künstler 2, J. Ziesche 2, U. Noack 2, R. Noack 2, B. Hiller 2, W. Engelmann 2

'   25.11.1964 GDR - TCH (B) 2:6 (2:2, 0:1, 0:3)
Rostock, Freiluftkunsteisbahn*; Z: 1.119; SR: Idenstedt (SWE), Wiking (SWE)
* heftiger Wind, weiches Eis, Nieselregen
Hirche (Pürschel n.e.) - Buder, U. Noack - Schildan, Sock - B. Hiller, J. Ziesche (C), Karrenbauer - H. Novy, Poindl, R. Noack - E. Novy, Röhl, Tudyka - W. Engelmann, M. Künstler
T: 1:0 (13:30) Schildan (Nachschuss) - 2:2 (19.) H. Novy (R. Noack)
S: U. Noack 2
'   27.11.1964 GDR - TCH (B) 3:4 (2:1, 0:2, 1:1)
Berlin, Werner-Seelenbinder-Halle; Z: 3.000; SR: Idenstedt (SWE), Wiking (SWE)
Kolbe (Hirche n.e.) - Buder, U. Noack - Schildan, Sock - B. Hiller, J. Ziesche (C), Karrenbauer - H. Novy, Poindl, R. Noack - E. Novy, M. Künstler (ab 40:01 Fuchs), Tudyka - Plotka
T: 1:0 (1.) Karrenbauer (B. Hiller) - 2:0 (13.) Buder (B. Hiller) / 3:4 (52.) J. Ziesche (R. Noack)
S: J. Ziesche 4, Tudyka 2

Die geplanten Länderspiele gegen Norwegen am 01.12.1964 in Sarpsborg und 02.12.1964 in Oslo konnten nicht durchgeführt werden, da die DDR-Auswahl keine Einreisevisa erhielt.

---

133. - 05.12.1964 SWE (B) - GDR 4:2 (0:1, 3:0, 1:1)
Malmö, Isstadion; Z: 3.000; SR: Johannessen (NOR), Wold (NOR)
Kolbe *(Hirche n.e.)* - U. Noack, Buder - Schildan, Sock - Karrenbauer, J. Ziesche (C), B. Hiller - R. Noack, H. Novy, Poindl - Tudyka, Fuchs (ab 40:01 Plotka), E. Novy
T: 0:1 (14.) H. Novy (R. Noack) / 4:2 (54.) J. Ziesche (U. Noack)
S: keine Strafen

134. - 06.12.1964 SWE (B) - GDR 8:3 (2:1, 2:1, 4:1)
Ängelholm, Vegeholms Ishall; Z: 7.000; SR: Johannessen (NOR), Wold (NOR)
Kolbe *(Hirche n.e.)* - U. Noack, Buder - Schildan, Sock - Karrenbauer, J. Ziesche (C), B. Hiller - R. Noack, H. Novy, Poindl - Tudyka, Fuchs, E. Novy
T: 0:1 (5.) H. Novy (?) / 2:2 (29.) Karrenbauer (?) / 8:3 (55.) H. Novy (?)
S: Buder 2, Schildan 2, U. Noack 2

135'. - 05.01.1965 GDR - NOR 4:3 (1:1, 1:1, 2:1)
Berlin, Werner-Seelenbinder-Halle; Z: 5.000; SR: Wiitala (FIN), Lahtinen (FIN)
Kolbe *(Hirche n.e.)* - Buder, U. Noack - Plotka, Schildan - B. Hiller, J. Ziesche (C), Karrenbauer - H. Novy, Tudyka, R. Noack - E. Novy, M. Künstler, Fuchs
T: 1:1 (15.) B. Hiller (Nachschuss) / 2:2 (22.) R. Noack (Nachschuss) / 3:3 (57.) J. Ziesche (Nachschuss) - 4:3 (59:31) J. Ziesche (Nachschuss)
S: U. Noack 2

136'. - 06.01.1965 GDR - NOR 9:0 (1:0, 4:0, 4:0)
Rostock, Freiluftkunsteisbahn; Z: 1.883; SR: Wiitala (FIN), Lahtinen (FIN)
Hirche* *(Kolbe n.e.)* - Buder, U. Noack - Plotka, Schildan - B. Hiller, J. Ziesche (C), Karrenbauer - H. Novy, Röhl, R. Noack - E. Novy, Fuchs, Tudyka
T: 1:0 (5.) B. Hiller (Nachschuss) / 2:0 (31.) Karrenbauer (Nachschuss) - 3:0 (32.) R. Noack (---) - 4:0 (34.) Plotka (J. Ziesche) - 5:0 (34:30) J. Ziesche (Karrenbauer) / 6:0 (46.) J. Ziesche (B. Hiller) - 7:0 (54.) B. Hiller (---) - 8:0 (58:30) Tudyka (Nachschuss) - 9:0 (59.) J. Ziesche (B. Hiller)
* In der 56. min. hält Hirche einen Penalty der Norwegers Petersen.
S: keine Strafen

137'. - 15.01.1965 GDR - CAN* 3:4 (2:1, 1:2, 0:1)
* Kanada vertreten durch Lacombe Rockets
Weißwasser, Eisstadion „Wilhelm Pieck"; Z: 12.000; SR: Svoboda (TCH), Wycisk (POL)
Hirche (*Kolbe n.e.*) - Buder, U. Noack - Plotka, Schildan - Karrenbauer, J. Ziesche (C), B. Hiller - H. Novy (ab
40:01 Kratzsch), Röhl, R. Noack - E. Novy, Fuchs, Tudyka
T: 1:0 (00:50) J. Ziesche (---) - 2:1 (18.) Karrenbauer (Nachschuss) / 3:3 (28.) Fuchs (E. Novy)
S: U. Noack 2

138'. - 13.02.1965 GDR - URS 3:6 (2:1, 1:2, 0:3)
Weißwasser*, Eisstadion „Wilhelm Pieck"; Z: 11.000; SR: Wiking (SWE), Wilkert (SWE)
* während des Spiels stürmisches Schneetreiben, in der 30. min. eine Pause zum Schneeschieben eingelegt
Hirche (*Kolbe n.e.*) - U. Noack, Sock - Schildan, Plotka - B. Hiller, J. Ziesche (C), Karrenbauer - H. Novy, Poindl,
R. Noack - Jo. Franke, Buder, Tudyka
T: 1:1 (7.) Karrenbauer (J. Ziesche) - 2:1 (13.) J. Ziesche (Nachschuss) / 3:2 (25.) B. Hiller (---)
S: Teamstrafe 2 (dafür R. Noack auf der Strafbank), Poindl 2

139'. - 14.02.1965 GDR - URS 3:7 (2:1, 0:4, 1:2)
Dresden, Freiluftkunsteisbahn Heinz-Steyer-Stadion; Z: 6.000; SR: Wiking (SWE), Wilkert (SWE)
Kolbe (*Hirche n.e.*) - Buder, **Malte Thill** (TSC Berlin) - Plotka, Schildan - B. Hiller, J. Ziesche (C), Karrenbauer -
H. Novy, Poindl, R. Noack - Kratzsch, Fuchs, E. Novy
T: 1:0 (10.) B. Hiller (Nachschuss) - 2:0 (11.) J. Ziesche (Nachschuss) / 3:7 (51.) J. Ziesche (---)
S: Buder 2, Kratzsch 2, R. Noack 2, Fuchs 2
E. Novy erreichte als zweiter Spieler 100 Länderspiele.

'   17.02.1965 GDR - SWE (B) 3:4 (2:3, 1:1, 0:0)
Crimmitschau, Freiluftkunsteisbahn im Sahnpark*; Z: 2.000; SR: Pažout (TCH), Hajný (TCH)
* starker Schneefall während des Spiels
Kolbe (Hirche n.e.) - Schildan, Sock - Buder, U. Noack - B. Hiller, J. Ziesche (C), Karrenbauer - H. Novy, Poindl,
Tudyka - E. Novy, Fuchs, Kratzsch - Jo. Franke
T: 1:0 (5.) H. Novy ---) - 2:2 (11.) Fuchs (---) / 3:3 (32.) Karrenbauer (B. Hiller)
S: Sock 4, U. Novy 2

'   18.02.1965 GDR - SWE (B) 3:4 (1:2, 1:1, 1:1)
Jonsdorf, Eisstadion (Freiluft, Natureis); Z: 3.000; SR: Pažout (TCH), Hajný (TCH)
Hirche (Kolbe n.e.) - Thill, Sock (ab 40:01 Buder) - Plotka, Schildan - B. Hiller, J. Ziesche (C), Karrenbauer - H.
Novy, Poindl, R. Noack - Jo. Franke, Buder (ab 40:01 Fuchs), E. Novy
T: 1:2 (19.) E. Novy (---) / 2:2 (22.) B. Hiller (---) / 3:3 (45.) J. Ziesche (---) LT SPIELBERICHT
S: R. Noack 4, Thill 4, Sock 2, Fuchs 2

140. - 22.02.1965 TCH - GDR 10:1 (1:0, 3:1, 6:0)
Praha, "Julius-Fučik"- Halle; Z: 6.000; SR: Pažout (TCH), Hajný (TCH)
Kolbe (*Hirche n.e.*) - U. Noack, Thill - Schildan, Plotka - B. Hiller, J. Ziesche (C), Karrenbauer - H. Novy, Poindl,
R. Noack - Jo. Franke, Buder, Tudyka - Kratzsch, E. Novy
T: 3:1 (34.) Buder (J. Ziesche)
S: 3 x 2 Minuten

141. - 28.02.1965 SWE - GDR 8:3 (1:1, 5:2, 2:0)
Stockholm, Isstadion Johanneshov; Z: 9.500; SR: Idenstedt (SWE), Wilkert (SWE)
Hirche (ab 33. Kolbe) - U. Noack, Sock - Schildan, Plotka - Jo. Franke, Buder, Tudyka - B. Hiller, J. Ziesche (C),
Karrenbauer - R. Noack, Poindl, H. Novy - Kratzsch, E. Novy
T: 1:1 (19.) E. Novy (---) / 2:2 (24.) Karrenbauer (B. Hiller) - 6:3 (34.) U. Noack (Weitschuss)
S: keine Angaben

32. A-Welt- und 42. Europameisterschaft 1965
Die DDR-Auswahl belegte WM-Platz 5 und EM-Platz 4.

142'. - 04.03.1965 TCH - GDR 5:1 (1:0, 2:1, 2:0)
Tampere, Hakametsän-Jäähalli; Z: 6.238; SR: Olivieri (SUI), Braun (SUI)
Kolbe (*Hirche n.e.*) - U. Noack (ab 48. Buder), Sock - Schildan, Plotka - E. Novy, Buder (ab 48. Kratzsch), Tudyka
- B. Hiller, J. Ziesche (C), Karrenbauer - R. Noack, Poindl, H. Novy
T: 1:1 (29:32) B. Hiller (J. Ziesche)
S: Plotka 2, Schildan 2

143'. - 05.03.1965 GDR - SWE 1:5 (1:2, 0:1, 0:2)
Tampere, Hakametsän-Jäähalli; Z: 2.533; SR: Starovoitov (URS), Čebulj (YUG)
Kolbe *(Hirche n.e.)* - Buder, Sock - Schildan, Plotka - E. Novy, Jo. Franke, Tudyka - Kratzsch, J. Ziesche (C), B. Hiller - H. Novy, Poindl, R. Noack
T: 1:0 (03:55) Plotka (Weitschuss)
S: E. Novy 2

144'. - 07.03.1965 URS - GDR 8:0 (4:0, 1:0, 3:0)
Tampere, Hakametsän-Jäähalli; Z: 6.589; SR: Olivieri (SUI), Isotalo (FIN)
Hirche *(Kolbe n.e.)* - Buder, Sock - Schildan, Plotka - Karrenbauer (ab 20:01 Kratzsch), J. Ziesche (C), B. Hiller - R. Noack, Poindl, H. Novy - Tudyka, Jo. Franke, E. Novy
S: R. Noack 2, Buder 2

145'. - 09.03.1965 GDR - USA 7:4 (2:2, 3:1, 2:1)
Tampere, Hakametsän-Jäähalli; Z: 2.920; SR: Dahlberg (SWE), Wiking (SWE)
Kolbe *(Hirche n.e.)* - U. Noack, Sock - Schildan, Plotka - Karrenbauer, J. Ziesche (C), B. Hiller - Jo. Franke, Buder, Tudyka - R. Noack, Poindl, H. Novy - E. Novy
T: 1:1 (07:30) H. Novy (Weitschuss) - 2:2 (08:19) U. Noack (Weitschuss) / 3:3 (29:11) H. Novy (Schildan) - 4:3 (30:28) Jo. Franke (E. Novy) - 5:3 (34:31) J. Ziesche (---) / 6:3 (46:41) E. Novy (Nachschuss) - 7:4 (58:29) J. Ziesche (B. Hiller)
S: J. Ziesche 2

146'. - 10.03.1965 CAN* GDR 8:1 (4:0, 2:1, 2:0)
* *Kanada vertreten durch den Allan-Cupsieger 1964 Winnipeg Maroons*
Tampere, Hakametsän-Jäähalli; Z: 5.437; SR: Wiitala (FIN), Trumble (USA)
Hirche *(Kolbe n.e.)* - Schildan, Sock - U. Noack, Buder - Kratzsch, J. Ziesche (C), B. Hiller - R. Noack, Poindl, H. Novy - Tudyka, Jo. Franke, E. Novy - Karrenbauer
T: 6:1 (38:42) Kratzsch (J. Ziesche)
S: keine Strafen

147'. - 12.03.1965 GDR - NOR 5:1 (3:1, 2:0, 0:0)
Tampere, Hakametsän-Jäähalli; Z: 4.970; SR: Wycisk (POL), Pokorný (TCH)
Kolbe *(Hirche n.e.)* - Schildan, Sock - U. Noack, Buder - Karrenbauer, J. Ziesche (C), B. Hiller - R. Noack, Poindl, H. Novy - Jo. Franke, Tudyka, E. Novy
T: 1:0 (03:33) Sock (J. Ziesche) - 2:0 (09:16) H. Novy (Poindl) - 3:1 (16:37) R. Noack (J. Ziesche) / 4:1 (27:19) J. Ziesche (B. Hiller) - 5:1 (36:44) R. Noack (H. Novy)
S: R. Noack 2, U. Noack 2, H. Novy 4, Poindl 2, Karrenbauer 2, B. Hiller 2

148'. - 13.03.1965 GDR - FIN 3:2 (2:2, 0:0, 1:0)
Tampere, Hakametsän-Jäähalli; Z: 9.600; SR: Wycisk (POL), Dahlberg (SWE)
Kolbe *(Hirche n.e.)* - Schildan, Sock - U. Noack, Buder - Karrenbauer, J. Ziesche (C), B. Hiller - R. Noack, Poindl, H. Novy - Jo. Franke, Tudyka, E. Novy
T: 1:2 (04:30) Poindl (U. Noack) - 2:2 (07:43) Jo. Franke (U. Noack) / 3:2 (59:13) J. Ziesche (E. Novy)
S: Tudyka 5, Jo. Franke 2, B. Hiller 2, Karrenbauer 2

1965/66

149'. - 09.09.1965 GDR - SWE 1:4 (0:2, 1:1, 0:1)
Berlin, Werner-Seelenbinder-Halle; Z: 4.500; SR: Černý (TCH), Svoboda (TCH)
Kolbe (ASK Vorwärts Crimmitschau; *Hirche (SG Dynamo Weißwasser) n.e.*) - U. Noack (SG Dynamo Weißwasser), Buder (SG Dynamo Weißwasser) - Schildan (SG Dynamo Weißwasser), Sock (SG Dynamo Weißwasser) - Karrenbauer (SC Dynamo Berlin), J. Ziesche (C - SC Dynamo Berlin), **Peter Prusa** (SC Dynamo Berlin) - E. Novy (SG Dynamo Weißwasser), Jo. Franke (SG Dynamo Weißwasser), Tudyka (SG Dynamo Weißwasser) - R. Noack (SG Dynamo Weißwasser), Poindl (SG Dynamo Weißwasser), H. Novy (SG Dynamo Weißwasser)
T: 1:2 (27.) Tudyka (E. Novy)
S: H. Novy 2, E. Novy 2

150'. - 10.09.1965 GDR - SWE 0:5 (0:1, 0:3, 0:1)
Crimmitschau, Freiluftkunsteisbahn im Sahnpark; Z: 5.000; SR: Černý (TCH), Svoboda (TCH)
Kolbe (ab 33. Hirche) - U. Noack, Buder - Plotka (SC Dynamo Berlin), Thill (TSC Berlin) - Karrenbauer, J. Ziesche (C), E. Novy - R. Noack, Poindl, H. Novy - Kratzsch (ASK Vorwärts Crimmitschau), Fuchs (ASK Vorwärts Crimmitschau), M. Künstler (TSC Berlin) - Jo. Franke
S: Buder 2, M. Künstler 2

151. - 14.11.1965 NOR - GDR* 3:7 (0:2, 2:2, 1:3)
* auf Anweisung der norweg. Regierung ohne Flaggen- und Hymnenzeremoniell (in den Spielen 151 - 152)
Oslo, Eisstadion Jordal Amfi; Z: 3.000; SR: Wiitala (FIN), Wahlberg (FIN)
Kolbe (*Hirche n.e.*) - U. Noack, Buder - Plotka, Sock (ab 5. H. Novy) - Karrenbauer, J. Ziesche (C), Poindl - E.
Novy, Jo. Franke, Tudyka - E. Braun (ASK Vorwärts Crimmitschau), Fuchs, Kratzsch
T: 0:1 (8.) Fuchs (Kratzsch) - 0:2 (16.) E. Braun (Fuchs) / 1:3 (24.) J. Ziesche (Karrenbauer) - 2:4 (32.)
Karrenbauer (Poindl) / 3:5 (48.) Poindl (J. Ziesche) - 3:6 (51.) J. Ziesche (---) - 3:7 (56.) Fuchs (Kratzsch)
S: Buder 4

152. - 15.11.1965 NOR - GDR* 5:4 (2:0, 1:1, 2:3)
Sarpsborg, Eisstadion Sparta Amfi (Halle, Kunsteis); Z: 1.250; SR: Wiitala (FIN), Wahlberg (FIN)
Hirche (*Kolbe n.e.*) - Buder, U. Noack - Plotka, Schildan - Karrenbauer, J. Ziesche (C), E. Novy - H. Novy, Poindl,
Tudyka - E. Braun, Kratzsch, Fuchs - Jo. Franke
T: 2:1 (26:50) U. Noack (?) / 4:2 (40:20) Kratzsch (?) - 4:3 (50.) J. Ziesche (?) - 5:4 (60.) Poindl (?)
S: U. Noack 2, keine weiteren Angaben
J. Ziesche erreichte als dritter Spieler 100 Länderspiele.

153'. - 17.11.1965 FIN - GDR 2:1 (0:0, 0:1, 2:0)
Tampere, Hakametsän-Jäähalli; Z: 9.551; SR: Molberg (NOR), Haraldsen (NOR)
Kolbe (*Hirche n.e.*) - Buder, U. Noack - Plotka, H. Novy - Karrenbauer, J. Ziesche (C), Poindl - Tudyka, Jo.
Franke, E. Novy (ab 40:01 Schildan) - Kratzsch, Fuchs, E. Braun
T: 0:1 (25:32) J. Ziesche (---)
S: keine Strafen

154'. - 18.11.1965 FIN - GDR 4:4 (0:1, 2:0, 2:3)
Pori, Jäähalli Isomäki; Z: 6.074; SR: Molberg (NOR), Haraldsen (NOR)
Kolbe (*Hirche n.e.*) - Buder, U. Noack - Plotka, H. Novy - Karrenbauer, J. Ziesche (C), Poindl - Schildan, Jo.
Franke, Tudyka - Kratzsch, Fuchs, E. Braun
T: 0:1 (02:13) Jo. Franke (H. Novy) / 2:2 (40:14) Karrenbauer (Poindl) - 3:3 (47:55) Schildan (Weitschuss) - 3:4
(49:09) Tudyka (---)
S: Buder 2, J. Ziesche 2

155. - 22.11.1965 TCH - GDR 8:1 (2:0, 4:1, 2:0)
Litvínov, Zimni stadion; Z: 9.000; SR: Van Deelen (CAN), Daignault (CAN)
Kolbe (*Hirche n.e.*) - U. Noack, Schildan - Plotka, H. Novy - Buder, Jo. Franke, Tudyka - Karrenbauer, J. Ziesche
(C), M. Künstler - E. Braun, Fuchs, Kratzsch (ab ?. **Hartmut Nickel** (SC Dynamo Berlin))
T: 6:1 (38.) J. Ziesche (Weitschuss)
S: H. Novy 2, U. Noack 2

23.11.1965 TCH (B) - GDR 4:2 (1:1, 2:0, 1:1)
Louny, Zimní stadion (Freiluft, Kunsteis); Z: 5.000; SR: Van Deelen (CAN), Daignault (CAN)
Kolbe (Hirche n.e.) - Schildan, Buder - Plotka, H. Novy - R. Noack, Jo. Franke, Tudyka - Karrenbauer, J. Ziesche
(C), H. Nickel - E. Braun, Fuchs, Kratzsch
T: 0:1 (3.) Tudyka (Jo. Franke) / 4:2 (57.) Plotka (Weitschuß)
S: Tudyka 2, H. Novy 2, Buder 2, Schildan 2

25.11.1965 TCH (B) - GDR 7:2 (2:0, 3:2, 2:0)
Mladá Boleslav, Zimní stadion (Freiluft, Kunsteis); Z: 3.000; SR: Van Deelen (CAN), Daignault (CAN)
Hirche (Kolbe n.e.) - U. Noack, Schildan - H. Novy, Plotka - Karrenbauer, J. Ziesche (C), M. Künstler - Buder,
Jo. Franke, Tudyka - E. Braun, Fuchs, Kratzsch - R. Noack
T: 5:1 (34.) Fuchs (Kratzsch) - 5:2 (37.) Fuchs (Kratzsch)
S: E. Braun 2

02.12.1965 URS (B) - GDR 4:2 (0:0, 0:2, 4:0)
Moskva, Dynamo-Stadion; Z: 2.000; SR: ?
Kolbe (Hirche n.e.) - Schildan, Buder - Plotka, H. Novy - R. Noack, J. Ziesche (C), Karrenbauer - E. Novy,
Tudyka, Jo. Franke - Kratzsch, Fuchs, E. Braun
T: 0:1 (26.) Karrenbauer (---) - 0:2 (27.) Fuchs* (E. Braun) - * nach anderen Quellen Eigentor Menshikov
S: keine Angaben

156'. - 18.12.1965 GDR - POL 6:0 (1:0, 4:0, 1:0)
Weißwasser*, Eisstadion "Wilhelm Pieck"; Z: 1.000; SR: Dr. Hollý (TCH), Toufar (TCH)
* während des Spiels starker Regen
Kolbe (*Hirche n.e.*) - Schildan, Buder - Plotka, H. Novy - R. Noack, J. Ziesche (C), Karrenbauer - E. Novy, Jo.
Franke, Tudyka - Kratzsch, Fuchs, Poindl
T: 1:0 (6.) H. Novy (Weitschuss) / 2:0 (25.) J. Ziesche (Buder) - 3:0 (25.) Buder (Weitschuss) - 4:0 (26.) J.
Ziesche (R. Noack) - 5:0 (39.) Tudyka (Jo. Franke) / 6:0 (58.) Buder (R. Noack)
S: Karrenbauer 2, Poindl 2, Buder 2, Kratzsch 2

157'. - 19.12.1965 GDR - POL 2:3 (0:2, 1:1, 1:0)
Dresden, Freiluftkunsteisbahn Heinz-Steyer-Stadion*; Z: 3.000; SR: Dr. Hollý (TCH), Toufar (TCH)
* weiches Eis, da Außentemperatur plus 15 Grad
Kolbe (*Hirche n.e.*) - Sock (ab 40:01 Thill), Buder - Plotka H. Novy - R. Noack, J. Ziesche (C), Karrenbauer - E.
Novy, Jo. Franke, Tudyka - Kratzsch, Fuchs, E. Braun
T: 1:3 (35.) R. Noack (Karrenbauer) / 2:3 (47.) Fuchs (Buder)
S: H. Novy 6

158'. - 11.01.1966 GDR - CAN* 3:1 (0:0, 2:1, 1:0)
* Kanada vertreten durch den Allan-Cupsieger 1965 Sherbrooke Beavers
Crimmitschau, Freiluftkunsteisbahn im Sahnpark; Z: 5.000; SR: Wiking (SWE), Wilkert (SWE)
Hirche (*Pürschel (SC Dynamo Berlin) n.e.*) - H. Novy, Plotka - U. Noack, Schildan - Poindl, J. Ziesche (C),
Karrenbauer - E. Novy, Tudyka, Jo. Franke - Röhl (ASK Vorwärts Crimmitschau), E. Braun, Fuchs
T: 1:0 (24.) E. Braun (Fuchs) - 2:1 (32.) Karrenbauer (J. Ziesche) / 3:1 (46.) E. Novy (Tudyka)
S: Plotka 2

'   18.02.1966 GDR - TCH (B) 1:6 (1:4, 0:1, 0:1)
Dresden, Freiluftkunsteisbahn Heinz-Steyer-Stadion; Z: 4.000; SR: Jaala (FIN), Sillankorva (FIN)
Hirche (Kolbe n.e.) - Plotka, Voigt - H. Novy, Schildan - Karrenbauer, J. Ziesche (C), R. Noack - E. Novy, Poindl,
Jo. Franke - Kratzsch, Fuchs, E. Braun - Tudyka
T: 1:0 (3.) E. Novy (---)
S: Kratzsch 2

'   19.02.1966 GDR - TCH (B) 4:3 (2:1, 1:1, 1:1)
Crimmitschau, Freiluftkunsteisbahn im Sahnpark; Z: 810; SR: Jaala (FIN), Sillankorva (FIN)
Kolbe (Hirche n.e.) - Plotka, Voigt - H. Novy, Schildan - Karrenbauer, J. Ziesche (C), R. Noack - E. Novy, Jo.
Franke, Tudyka - Kratzsch, Fuchs, E. Braun - Poindl
T: 1:1 (8.) Karrenbauer (---) - 2:1 (9.) E. Novy (Tudyka) / 3:2 (40.) Kratzsch (E. Braun) / 4:3 (54.) E. Novy (---)
S: E. Novy 2

'   21.02.1966 GDR - URS (B*) 0:8 (0:0, 0:2, 0:6)
* Auswahl mit Spielern von Dinamo Moskva, Lokomotiv Moskva, Khimik Voskresensk
Karl-Marx-Stadt, Eissporthalle Küchwald (seit 1965 überdacht); Z: 3.000; SR: Černý (TCH), Kořínek (TCH)
Kolbe (Hirche n.e.) - Plotka, Voigt - Schildan, H. Novy - Karrenbauer, J. Ziesche (C), R. Noack - Kratzsch, Fuchs,
E. Braun - Tudyka, Poindl, Buder - E. Novy
S: Voigt 2, H. Novy 2, Buder 2, Kratzsch 2, Poindl 2, Plotka 2, R. Noack 2

'   23.02.1966 GDR - SWE (B) 1:7 (0:1, 0:3, 1:3)
Weißwasser, Eisstadion "Wilhelm Pieck"; Z: 2.500; SR: Bartík (TCH), Planka (TCH)
Hirche (Kolbe n.e.) - H. Novy, Plotka - Buder, Schildan -Voigt - Karrenbauer, J. Ziesche (C), R. Noack - Tudyka,
E. Novy, Jo. Franke - Kratzsch, Fuchs, Poindl - E. Braun
T: 1:5 (47.) Jo. Franke (---)
S: Karrenbauer 2

'   24.02.1966 GDR - SWE (B) 2:1 (1:1, 1:0, 0:0)
Dresden, Freiluftkunsteisbahn Heinz-Steyer-Stadion; Z: 3.000; SR: Bartík (TCH), Planka (TCH)
Kolbe (Hirche n.e.) - H. Novy, Plotka - Buder, Voigt - Schildan - Karrenbauer, J. Ziesche (C), R. Noack - Tudyka,
E. Novy, Poindl - Kratzsch, Fuchs, E. Braun - Jo. Franke
T: 1:0 (1.) J. Ziesche (---) / 2:1 (27.) Fuchs (---)
S: Poindl 2

33. A-Welt- und 43. Europameisterschaft 1966

Die DDR-Auswahl belegte WM-Platz 5 und EM-Platz 3.
Das Organisationskomitee ignorierte das Reglement, wonach für die EM nur die Spiele der europäischen Länder untereinander zählten, und vergab den dritten Platz an SWE. Erst 1999 korrigierte die IIHF diesen Fehler und vergab eine weitere Bronzemedaille an die DDR-Spieler, die bei korrekter Anwendung des Reglements den dritten Platz belegt hätten.

159'. - 03.03.1966 TCH - GDR 6:0 (1:0, 2:0, 3:0)
Ljubljana, Hala Tivoli; Z: 4.000; SR: Nordlie (NOR), Wycisk (POL)
Kolbe (*Hirche n.e.*) - Plotka, H. Novy - Buder (C), Schildan - Karrenbauer, Poindl, R. Noack - Tudyka, Jo. Franke, E. Novy - Kratzsch, Fuchs, E. Braun
S: Karrenbauer 2, H. Novy 2, Plotka 2, Buder 2, Poindl 2

160'. - 05.03.1966 SWE - GDR 1:4 (0:0, 0:2, 1:2)
Ljubljana, Hala Tivoli; Z: 2.000; SR: Starovoitov (URS), Seglin (URS)
Kolbe (*Hirche n.e.*) - Buder (C), H. Novy - Voigt (SC Dynamo Berlin), Plotka - Karrenbauer; Poindl, R. Noack - Tudyka, Jo. Franke, E. Novy - Kratzsch, Fuchs, E. Braun
T: 0:1 (25:43) Kratzsch (Nachschuss) - 0:2 (32:27) Kratzsch (E. Braun) / 1:3 (54:12) E. Braun (Plotka) - 1:4 (55:20) Karrenbauer (---)
S: Plotka 2, E. Braun 2

161'. - 06.03.1966 URS - GDR 10:0 (1:0, 4:0, 5:0)
Ljubljana, Hala Tivoli; Z: 2.000; SR: Nordlie (NOR), Čebulj (YUG)
Hirche (*Kolbe n.e.*) - H. Novy, Schildan - Voigt, Plotka - R. Noack, J. Ziesche (C), Karrenbauer - Tudyka, Jo. Franke, E. Novy - Poindl (ab 40:01 Buder), E. Braun, Kratzsch
S: Buder 10 (Disziplinarstrafe), Voigt 4, E. Braun 4, E. Novy 4, Jo. Franke 2, Plotka 2

162'. - 08.03.1966 CAN* GDR 6:0 (2:0, 1:0, 3:0)
* Kanada vertreten durch eine Amateurauswahl
Ljubljana, Hala Tivoli; Z: 5.000; SR: Černý (TCH), Kořínek (TCH)
Kolbe (*Hirche n.e.*) - Plotka, Voigt (ab ?. Schildan) - H. Novy, Buder - R. Noack, J. Ziesche (C), Karrenbauer - Tudyka, Jo. Franke, E. Novy - Kratzsch, Fuchs, E. Braun
S: Karrenbauer 4

163'. - 09.03.1966 GDR - POL 4:0 (2:0, 0:0, 2:0)
Ljubljana, Hala Tivoli; Z: 3.500; SR: Olivieri (SUI), Vuillemin (SUI)
Kolbe (*Hirche n.e.*) - Buder, H. Novy - Voigt, Plotka - R. Noack, J. Ziesche (C), Karrenbauer - Tudyka, Jo. Franke, E. Novy - Kratzsch, Fuchs, E. Braun
T: 1:0 (14:58) J. Ziesche (Buder) - 2:0 (15:18) J. Ziesche (R. Noack) / 3:0 (41:02) R. Noack (J. Ziesche) - 4:0 (55:02) Kratzsch (Fuchs)
S: Buder 2

164'. - 11.03.1966 USA - GDR 4:0 (2:0, 0:0, 2:0)
Ljubljana, Hala Tivoli; Z: 10.000; SR: Kerkoš (YUG), Čebulj (YUG)
Kolbe (*Hirche n.e.*) - Buder, H. Novy - Schildan, Plotka - R. Noack, J. Ziesche (C), Karrenbauer - Tudyka, Jo. Franke, E. Novy - Kratzsch, Fuchs, E. Braun
S: keine Strafen

165'. - 12.03.1966 GDR - FIN 4:3 (2:3, 1:0, 1:0)
Ljubljana, Hala Tivoli; Z: 4.000; SR: Wilking (SWE), Dahlberg (SWE)
Kolbe (*Hirche n.e.*) - Buder, H. Novy - Voigt, Plotka - R. Noack, J. Ziesche (C), Karrenbauer - Tudyka, Jo. Franke, Poindl - Kratzsch, Fuchs, E. Braun
T: 1:2 (13:46) R. Noack (H. Novy) - 2:3 (18:32) Jo. Franke (H. Novy) / 3:3 (20:48) H. Novy (Karrenbauer) / 4:3 (52:20) Karrenbauer (Nachschuss)
S: Plotka 5, Voigt 2

166'. - 08.04.1966 GDR - TCH 3:9 (0:2, 2:5, 1:2)
Karl-Marx-Stadt, Eissporthalle Küchwald; Z: 4.500; SR: Granberg (SWE), Boström (SWE)
Pürschel (*Kolbe n.e.*) - Buder, H. Novy - Plotka, Voigt (ab 20:01 Thill) - U. Noack - Karrenbauer, J. Ziesche (C), R. Noack - Kratzsch, Fuchs, E. Braun - Jo. Franke, E. Novy, Tudyka (ab 20:01 **Dieter Huschto** (SG Dynamo Weißwasser)) - P. Prusa, M. Künstler
T: 1:6 (37.) E. Braun (Buder) - 2:7 (38.) R. Noack (J. Ziesche) / 3:8 (49.) Fuchs (E. Braun)
S: keine Strafen

167'. - 10.04.1966 GDR - TCH 0:6 (0:1, 0:4, 0:1)
Berlin, Werner-Seelenbinder-Halle; Z: 6.000; SR: Granberg (SWE), Boström (SWE)
Kolbe (*Pürschel n.e.*) - Buder (ab 40:01 U. Noack), H. Novy (ab 40:01 Thill) - Plotka, Voigt - Karrenbauer, J. Ziesche (C), R. Noack - Kratzsch, Fuchs, E. Braun - Jo. Franke, Tudyka, Huschto (ab 40:01 P. Prusa)
S: Buder 2, R. Noack 2

1966/67

168'. - 07.09.1966 GDR - SWE 1:5 (0:2, 0:3, 1:0)
Karl-Marx-Stadt, Eissporthalle Küchwald; Z: 3.000; SR: Kořínek (TCH), Pažout (TCH)
Kolbe (ASK Vorwärts Crimmitschau; ab 40:01 Pürschel (SC Dynamo Berlin)) - Plotka (SC Dynamo Berlin), Thill (TSC Berlin; ab 20:01 Buder (SG Dynamo Weißwasser)) - Schmutzler (SC Dynamo Berlin), H. Novy (SG Dynamo Weißwasser) - U. Noack (SG Dynamo Weißwasser), Schildan (SG Dynamo Weißwasser) - B. Hiller (SC Dynamo Berlin), J. Ziesche (C - SC Dynamo Berlin), Karrenbauer (SC Dynamo Berlin) - Kratzsch (ASK Vorwärts Crimmitschau), Fuchs (ASK Vorwärts Crimmitschau), E. Braun (ASK Vorwärts Crimmitschau) - Tudyka (SG Dynamo Weißwasser), Jo. Franke (SG Dynamo Weißwasser; ab 40:01 P. Prusa (SC Dynamo Berlin)), R. Noack (SG Dynamo Weißwasser)
T: 1:5 (59:59) H. Novy (Schmutzler)
S: Plotka 2, Schmutzler 2

169'. - 09.09.1966 GDR - SWE 1:8 (0:3, 0:3, 1:2)
Berlin, Werner-Seelenbinder-Halle; Z: 4.000; SR: Kořínek (TCH), Pažout (TCH)
Kolbe (ab 40:01 Pürschel)) - Buder, H. Novy - Plotka, Voigt (SC Dynamo Berlin) - B. Hiller, J. Ziesche (C), Karrenbauer - Kratzsch, Fuchs, E. Braun - P. Prusa (ab 40:01 Tudyka), Jo. Franke, R. Noack
T: 1:7 (58.) B. Hiller (Nachschuss)
S: H. Novy 2, P. Prusa 2

170. - 19.11.1966 TCH - GDR 11:4 (3:0, 4:3, 4:1)
České Budějovice, Zimní stadion; Z: 10.000; SR: Reznikov (URS), Hajný (TCH)*
* für Chojnacki (POL) eingesetzt, da dieser zu spät ankam
Kolbe (ab 34. Pürschel) - H. Novy, Buder (ab 40:01 Huschto (SG Dynamo Weißwasser)) - Plotka, Voigt - B. Hiller (ab 34. H. Nickel (SC Dynamo Berlin)), J. Ziesche (C), Karrenbauer - Kratzsch, Fuchs, E. Braun - R. Noack, Jo. Franke, P. Prusa
T: 3:1 (22.) H. Novy (Nachschuss) - 3:2 (27.) Plotka (Weitschuss) - 5:3 (31.) Karrenbauer (Nachschuss) / 10:4 (55.) Kratzsch (Fuchs)
S: Voigt 2

20.11.1966 TCH (B) - GDR 5:4 (2:2, 1:1, 1:0)
Havlíčkův Brod, Zimní stadion; Z: 3.000; SR: Reznikov (URS), Chojnacki (POL)
Kolbe (*Pürschel n.e.*) - H. Novy, Buder - Plotka, Voigt - B. Hiller (ab 32. H. Nickel), J. Ziesche (C), Karrenbauer - Kratzsch, Fuchs, E. Braun - R. Noack, Jo. Franke, P. Prusa
T: 1:1 (12.) Jo. Franke (R. Noack) - 1:2 (16.) H. Novy (Jo. Franke) / 3:3 (39.) Karrenbauer (Buder) / 5:4 (54.) E. Braun (Nachschuss)
S: keine Angaben

171. - 22.11.1966 NOR - GDR 2:3 (1:1, 0:1, 1:1)
Sarpsborg, Eisstadion Sparta Amfi; Z: 1.000; SR: Wiitala (FIN), Sillankorva (FIN)
Kolbe (*Pürschel n.e.*) - Plotka, Voigt - Buder, H. Novy - H. Nickel, J. Ziesche (C), Karrenbauer - Kratzsch, Fuchs, E. Braun - R. Noack, P. Prusa, Jo. Franke
T: 1:1 (9.) J. Ziesche (H. Nickel) / 1:2 (23.) Voigt (Weitschuss) / 2:3 (52.) J. Ziesche (---)
S: Voigt 2

172. - 23.11.1966 NOR - GDR 4:6 (3:2, 1:2, 0:2)
Oslo, Eisstadion Jordal Amfi; Z: 3.487; SR: Wiitala (FIN), Sillankorva (FIN)
Pürschel (ab 5. Kolbe) - Voigt, Huschto (ab 40:01 Plotka) - Buder, H. Novy - Karrenbauer, J. Ziesche (C), B. Hiller - Kratzsch, Fuchs, E. Braun - Jo. Franke, P. Prusa, R. Noack
T: 2:1 (3.) Jo. Franke (R. Noack) - 3:2 (5.) H. Novy (Buder) / 3:3 (23.) E. Braun (Fuchs) - 4:4 (36.) B. Hiller (J. Ziesche) / 4:5 (57.) B. Hiller (J. Ziesche) - 4:6 (59.) J. Ziesche (Buder)
S: Karrenbauer 4, J. Ziesche 4, H. Novy 4, E. Braun 2

> Die beiden folgenden Spiele wurden zeitweilig als Länderspiele in der Statistik geführt. Vor Beginn der Saison
> 1984/85 vom DELV gestrichen.

25.11.1966 SWE (B) - GDR 5:1 (2:1, 2:0, 1:0)
Landskrona, Ishall Karlslundsvägen; Z: 2.000; SR: Boström (SWE), Lannemo (SWE)
Kolbe (ab 40:01 Pürschel) - Voigt (ab 40:01 Huschto), Plotka - Buder, H. Novy - B. Hiller, J. Ziesche (C),
Karrenbauer - Kratzsch (ab 40:01 H. Nickel), Fuchs, E. Braun - R. Noack, P. Prusa, Jo. Franke
T: 2:1 (20.) P. Prusa (---)
S: keine Strafen

27.11.1966 SWE (B) - GDR 7:2 (3:0, 2:0, 2:2)
Ängelholm, Vegeholm Ishall; Z: 2.000; Boström (SWE), Lannemo (SWE)
Pürschel (Kolbe n.e.) - Voigt, Plotka - Buder, H. Novy, Huschto - B. Hiller, J. Ziesche (C), Karrenbauer - Kratzsch,
Fuchs, E. Braun - R. Noack, P. Prusa, Jo. Franke - H. Nickel
T: 5:1 (43.) Plotka (Voigt) - 6:2 (50.) Plotka (Weitschuss)
S: H. Novy 2, Plotka 2

173'. - 29.11.1966 FIN - GDR 3:3 (2:1, 1:1, 0:1)
Tampere, Hakametsän-Jäähalli; Z: 6.590; SR: Nordlie (NOR), Wold (NOR)
Kolbe (Pürschel n.e.) - Plotka, Voigt - Buder, H. Novy - B. Hiller, J. Ziesche (C), Karrenbauer - Kratzsch, Fuchs,
E. Braun - R. Noack, P. Prusa, Jo. Franke
T: 2:1 (08:31) H. Novy (---) / 2:2 (39:06) Karrenbauer (---) / 3:3 (49:57) Fuchs (E. Braun)
S: Plotka 4, J. Ziesche 2, H. Novy, Kratzsch 2

174'. - 30.11.1966 FIN - GDR 4:2 (1:0, 0:0, 3:2)
Helsinki, Jäähalli; Z: 8.468; SR: Nordlie (NOR), Wold (NOR)
Kolbe (Pürschel n.e.) - Voigt, Plotka - Buder, H. Novy - B. Hiller, J. Ziesche (C), Karrenbauer - Kratzsch, Fuchs,
E. Braun - R. Noack, P. Prusa, Jo. Franke
T: 3:1 (56:40) H. Novy (Fuchs) - 4:2 (58:40) J. Ziesche (R. Noack)
S: E. Braun 4, R. Noack 4, Buder 2, Plotka 2, Kolbe 2 (dafür B. Hiller auf der Strafbank)

175'. - 05.12.1966 GDR - URS 1:6 (1:2, 0:2, 0:2)
Karl-Marx-Stadt, Eissporthalle Küchwald; Z: 6.000; SR: Svoboda (TCH), Bartík (TCH)
Kolbe (ab 50. Hirche (SG Dynamo Weißwasser)) - Buder, H. Novy - Voigt, Plotka (ab 40:01 Huschto) - Röhl
(ASK Vorwärts Crimmitschau) - B. Hiller, J. Ziesche (C), Karrenbauer - Kratzsch, Fuchs, E. Braun - Tudyka,
Poindl (SG Dynamo Weißwasser), Jo. Franke
T: 1:1 (5.) J. Ziesche (---)
S: keine Strafen

176'. - 06.12.1966 GDR - URS 3:3 (1:2, 1:0, 1:1)
Weißwasser, Eisstadion „Wilhelm Pieck"; Z: 6.700; SR: Svoboda (TCH), Bartík (TCH)
Hirche (Kolbe n.e.) - Buder, H. Novy - Voigt, Plotka - Huschto, Röhl - B. Hiller, J. Ziesche (C), Karrenbauer -
Kratzsch, Fuchs, E. Braun - Tudyka, Poindl, Jo. Franke
T: 1:2 (19:58) Buder (---) / 2:2 (39:49) H. Novy (---) / 3:3 (59.) J. Ziesche (---)
S: Röhl 2, Voigt 2, Poindl 2, Buder 2

177. - 09.12.1966 GDR - ROU 10:4 (5:0, 3:3, 2:1)
**Leuna, Freiluftkunsteisbahn der VEB Leuna-Werke "Walter-Ulbricht"; Z: 1.500; SR: Sylwester (POL), Dr.
Przymiński (POL)**
Kolbe (ab 31:01 Hirche) - Buder, H. Novy - Voigt, Plotka - Röhl, Huschto - B. Hiller, J. Ziesche (C), P. Prusa -
Kratzsch, Fuchs, E. Braun - Tudyka, Poindl, Jo. Franke
T: 1:0 (00:31) B. Hiller (P. Prusa) - 2:0 (4.) Kratzsch (Huschto) - 3:0 (6.) B. Hiller (P. Prusa) - 4:0 (17.) Tudyka
(Buder) - 5:0 (19.) E. Braun (Fuchs) / 6:1 (27.) Tudyka (---) - 7:1 (35.) Kratzsch (Fuchs) - 8:2 (38.) J. Ziesche
(Plotka) / 9:4 (56.) Fuchs (Kratzsch) - 10:4 (59.) Kratzsch (Fuchs)
S: Röhl 2

178'. - 11.12.1966 GDR - ROU 4:0 (1:0, 1:0, 2:0)
Weißwasser*, Eisstadion „Wilhelm Pieck"; Z: 656; SR: Sylwester (POL), Dr. Przymiński (POL)
* während des Spiels Regen, daher weiches Eis
Hirche (ab 40:01 Kolbe) - Voigt, Plotka - Buder, H. Novy - Huschto, Röhl - B. Hiller, J. Ziesche (C), P. Prusa -
Fuchs, Kratzsch, E. Braun - Tudyka, Poindl, Jo. Franke
T: 1:0 (5.) Kratzsch (E. Braun) / 2:0 (32.) Kratzsch (Nachschuss) / 3:0 (41.) P. Prusa (---) - 4:0 (55.) P. Prusa (B.
Hiller)
S: keine Strafen
Jo. Franke erreichte als vierter Spieler 100 Länderspiele.

179'. - 22.12.1966 GDR - CAN* 2:3 (0:3, 1:0, 1:0)
* Kanada vertreten durch den Allan-Cupsieger 1966 Drumheller Miners (in den Spielen 179 - 180)
Dresden, Freiluftkunsteisbahn Heinz-Steyer-Stadion; Z: 8.000; SR: Wiking (SWE), Dahlberg (SWE)
Hirche (*Kolbe n.e.*) - Buder, H. Novy - Plotka, Voigt - B. Hiller, J. Ziesche (C), Karrenbauer - Kratzsch, Fuchs, E.
Braun - Tudyka, Poindl (ab 7. P. Prusa), Jo. Franke
T: 1:3 (20:14) Karrenbauer (J. Ziesche) / 2:3 (43.) Fuchs (Nachschuss)
S: Plotka 2, Voigt 2, Fuchs 2

180'. - 23.12.1966 GDR - CAN* 0:2 (0:0, 0:1, 0:1)
Weißwasser*, Eisstadion „Wilhelm Pieck"; Z: 11.000; SR: Wiking (SWE), Dahlberg (SWE)
* während des Spiels Schneetreiben, weiches Eis
Hirche (*Kolbe n.e.*) - Buder (ab ?. Röhl), H. Novy - Plotka, Voigt - B. Hiller, J. Ziesche (C), Karrenbauer - Fuchs,
E. Braun, Kratzsch - Tudyka, P. Prusa, Jo. Franke
S: B. Hiller 2
Buder absolvierte als erster Spieler sein 150. Länderspiel.

181'. - 29.12.1966 GDR - NOR 6:3 (1:2, 3:1, 2:0)
Karl-Marx-Stadt, Eissporthalle Küchwald; Z: 3.000; SR: Granberg (SWE), Wilkert (SWE)
Hirche (ab 31:01 Kolbe) - Buder, H. Novy (ab 43. Röhl) - Plotka, Voigt - B. Hiller, J. Ziesche (C), Karrenbauer -
Kratzsch, Fuchs, E. Braun (ab 40:01 Jo. Franke) - R. Noack (ab 40:01 Tudyka), P. Prusa, **Dietmar Peters** (SC
Empor Rostock)
T: 1:0 (13.) P. Prusa (D. Peters) / 2:2 (23.) Plotka (---) - 3:2 (29.) Kratzsch (---) - 4:2 (31.) J. Ziesche (Karrenbauer)
/ 5:3 (43.) D. Peters (Kratzsch) - 6:3 (46.) J. Ziesche (B. Hiller)
S: B. Hiller 2, J. Ziesche 2, Karrenbauer 2

182'. - 30.12.1966 GDR - NOR 9:4 (2:2, 5:1, 2:1)
Crimmitschau, Freiluftkunsteisbahn im Sahnpark; Z: 3.500; SR: Granberg (SWE), Wilkert (SWE)
Kolbe (ab 40:01 Hirche) - Buder, H. Novy - Plotka, Voigt (ab ?. Röhl) - B. Hiller, J. Ziesche (C), Karrenbauer -
Kratzsch, Fuchs (ab 40:01 R. Noack), E. Braun - Tudyka, P. Prusa, Jo. Franke (ab 40:01 D. Peters)
T: 1:0 (9.) Tudyka (P. Prusa) - 2:0 (10.) J. Ziesche (B. Hiller) / 3:2 (22.) H. Novy (---) - 4:3 (29.) B. Hiller (---) - 5:3
(30.) Karrenbauer (J. Ziesche) - 6:3 (33.) B. Hiller (---) - 7:3 (38.) B. Hiller (Nachschuss) / 8:3 (55.) Karrenbauer
(Nachschuss) - 9:3 (57.) Tudyka (D. Peters)
S: Voigt 2, H. Novy 2

183'. - 05.03.1967 GDR - FIN 0:3 (0:0, 0:0, 0:3)
Dresden, Freiluftkunsteisbahn Heinz-Steyer-Stadion; Z: 4.000; SR: Moser (AUT), Valentin (AUT)
Hirche (**Stefan Talakovics** (ASK Vorwärts Crimmitschau) n.e.) - Plotka, Voigt - Schmutzler, Röhl - Kratzsch,
Fuchs (C), E. Braun - R. Noack, P. Prusa, Jo. Franke - Tudyka, Poindl, D. Peters
S: Röhl 4, Plotka 2, Schmutzler 2, P. Prusa 2

184'. - 06.03.1967 GDR - FIN 0:7 (0:2, 0:4, 0:1)
Weißwasser, Eisstadion „Wilhelm Pieck"; Z: 5.000; SR: Moser (AUT), Valentin (AUT)
Hirche (*S. Talakovics n.e.*) - Plotka, Voigt - Schmutzler, Röhl - Kratzsch, Fuchs (C), E. Braun - R. Noack, P.
Prusa, Jo. Franke - Tudyka, Poindl, D. Peters
S: P. Prusa 2, Jo. Franke 2, Tudyka 2, E. Braun 2

185'. - 08.03.1967 GDR - URS (B) 2:6 (1:5, 0:0, 1:1)
Crimmitschau, Freiluftkunsteisbahn im Sahnpark; Z: 3.000; SR: Čebulj (YUG), Kerkoš (YUG)
Kolbe (*Hirche n.e.*) - Plotka, Röhl (ab 20:01 Voigt) - Buder, H. Novy - Karrenbauer, J. Ziesche (C), B. Hiller - P.
Prusa, Fuchs, Kratzsch - Tudyka, Poindl, Huschto
T: 1:0 (4.) J. Ziesche (Weitschuss) / 2:6 (59.) Tudyka (Huschto)
S: keine Strafen

186'. - 09.03.1967 GDR - URS (B) 1:6 (0:2, 1:3, 0:1)
Karl-Marx-Stadt, Eissporthalle Küchwald; Z: 3.000; SR: Kerkoš (YUG), Čebulj (YUG)
Kolbe (ab 43. Hirche) - Buder, H. Novy - Schmutzler (ab 40:01 Plotka), Voigt - Karrenbauer, J. Ziesche (C), B.
Hiller - P. Prusa, Fuchs, Kratzsch - Jo. Franke (ab 40:01 Tudyka), Poindl, R. Noack
T: 1:3 (24.) B. Hiller (---)
S: H. Novy 6, J. Ziesche 2

34. A-Welt- und 44. Europameisterschaft 1967
Die DDR-Auswahl belegte WM-Platz 7 und EM-Platz 5.

187'. - 18.03.1967 CAN* - GDR 6:3 (2:1, 2:0, 2:2)
* Kanada vertreten durch eine Auswahl der Provinz Winnipeg.
Wien, Donauparkhalle; Z: 3.000; SR: Daily (USA), Braun (SUI)
Kolbe (*Hirche n.e.*) - Buder, H. Novy - Plotka, Voigt - Karrenbauer, J. Ziesche (C), B. Hiller - P. Prusa, Fuchs, Kratzsch - Jo. Franke, Poindl (ab 40:01 Tudyka), R. Noack
T: 1:1 (13:50) Kratzsch (Voigt) / 4:2 (40:09) Karrenbauer (B. Hiller) - 6:3 (52:46) B. Hiller (Plotka, J. Ziesche)
S: J. Ziesche 2, Voigt 2

188'. - 20.03.1967 TCH - GDR 6:0 (3:0, 2:0, 1:0)
Wien, Wiener Stadthalle; Z: 5.500; SR: Van Deelen (CAN), Daily (USA)
Kolbe (ab 31:46 Hirche) - Buder (ab 40:01 Plotka), H. Novy - Voigt, Schmutzler - Karrenbauer; J. Ziesche (C), B. Hiller - P. Prusa, Fuchs, Kratzsch - Tudyka, Poindl, R. Noack - Jo. Franke
S: Voigt 2, Poindl 2, H. Novy 2, Fuchs 2, Buder 2, P. Prusa 2, Schmutzler 2

189'. - 21.03.1967 GDR - URS 0:12 (0:3, 0:4, 0:5)
Wien, Wiener Stadthalle; Z: 3.000; SR: Wiking (SWE), Dahlberg (SWE)
Hirche (ab 40:01 Kolbe) - Buder, H. Novy - Schmutzler (ab 40:01 Voigt), Plotka - Karrenbauer (ab 40:01 Tudyka), J. Ziesche (C), B. Hiller - P. Prusa, Fuchs, Kratzsch - Jo. Franke, Poindl, R. Noack
S: H. Novy 6, Plotka 2, Buder 2

190'. - 23.03.1967 GDR - SWE 2:8 (1:2, 1:5, 0:1)
Wien, Wiener Stadthalle; Z: 3.000; SR: Baťa (TCH), Kořínek (TCH)
Hirche (Kolbe n.e.*) - Buder, H. Novy - Voigt, Plotka - Karrenbauer, J. Ziesche (C), B. Hiller - P. Prusa (ab 40:01 E. Braun), Fuchs, Kratzsch - Jo. Franke (ab 40:01 P. Prusa), Poindl, R. Noack - Tudyka n.e.*, Schmutzler n.e.*
* lt. DELV-Statistik Einsatz, jedoch durch Quellen nicht bestätigt
T: 1:0 (08:09) Kratzsch (Fuchs) / 2:7 (37:23) R. Noack (Poindl)
S: Jo. Franke 2, Voigt 2

191'. - 25.03.1967 USA - GDR 0:0 (0:0, 0:0, 0:0)
Wien, Wiener Stadthalle; Z: 4.000; SR: Baťa (TCH), Kořínek (TCH)
Kolbe (*Hirche n.e.*) - Buder, H. Novy - Voigt, Plotka - Karrenbauer, J. Ziesche (C), B. Hiller - Kratzsch, Fuchs, E. Braun - P. Prusa, Poindl, R. Noack
S: H. Novy 4, Buder 2, Poindl 2

192'. - 26.03.1967 GDR - FRG 8:1 (2:0, 3:0, 3:1)
Wien, Wiener Stadthalle; Z: 4.000; SR: Dahlberg (SWE), Wiking (SWE)
Kolbe (*Hirche n.e.*) - Buder, H. Novy - Voigt, Plotka - Karrenbauer, J. Ziesche (C), B. Hiller - Kratzsch, Fuchs, E. Braun - P. Prusa, Poindl, R. Noack
T: 1:0 (00:40) J. Ziesche (Karrenbauer) - 2:0 (11:17) P. Prusa (Poindl) / 3:0 (20:24) J. Ziesche (B. Hiller) - 4:0 (23:29) Karrenbauer (Plotka) - 5:0 (38:19) B. Hiller (Karrenbauer) / 6:1 (51:06) J. Ziesche (---) - 7:1 (55:28) E. Braun (Plotka) - 8:1 (56:48) P. Prusa (Plotka)
S: H. Novy 4, Plotka 2, Buder 2

193'. - 28.03.1967 GDR - FIN 1:5 (1:4, 0:1, 0:0)
Wien, Wiener Stadthalle; Z: 3.000; SR: Wiking (SWE), Seglin (URS)
Kolbe (ab 16:16 Hirche) - Buder, H. Novy - Voigt, Plotka - Karrenbauer, J. Ziesche (C), B. Hiller - Kratzsch, Fuchs, E. Braun - R. Noack, Poindl, Jo. Franke (ab 40:01 Tudyka) - P. Prusa
T: 1:2 (10:36) Poindl (Jo. Franke)
S: Plotka 2, Jo. Franke 2, Buder 2

194'. - 15.04.1967 GDR - TCH 2:2 (0:1, 1:1, 1:0)
Crimmitschau, Freiluftkunsteisbahn im Sahnpark; Z: 2.500; SR: Starovoitov (URS), Reznikov (URS)
Hirche (Kolbe n.e.) - Plotka, Voigt - Schmutzler, Jo. Franke - Buder, H. Novy - B. Hiller, J. Ziesche (C), Karrenbauer - Kratzsch, Fuchs, E. Braun - R. Noack, Poindl, D. Peters (ab ?. Tudyka)
T: 1:1 (21.) J. Ziesche (*) / 2:2 (47.) B. Hiller (Plotka)
* J. Ziesches Schuss wurde vom Körper des Stürmers Prýl ins eigene Tor abgefälscht
S: Plotka 2, Voigt 2

195'. - 16.04.1967 GDR - TCH 3:5 (1:1, 1:3, 1:1)
Karl-Marx-Stadt, Eissporthalle Küchwald; Z: 4.500; SR: Starovoitov (URS), Reznikov (URS)
Hirche (*Kolbe n.e.*) - Plotka, Voigt - Schmutzler, Jo. Franke - Buder, H. Novy - B. Hiller, J. Ziesche (C), Karrenbauer - Kratzsch, Fuchs, E. Braun - R. Noack, Poindl, D. Peters (ab ?. Tudyka)
T: 1:0 (14.) B. Hiller (Karrenbauer) / 2:1 (24.) Buder (---) / 3:5 (53.) B. Hiller (---)
S: Schmutzler 2, Voigt 2

1967/68

196. - 06.09.1967 GDR - SWE 2:2 (0:0, 0:1, 2:1)
Berlin, Werner-Seelenbinder-Halle; Z: 3.500; SR: Adamec (TCH), Bat'a (TCH)
Hirche (SG Dynamo Weißwasser; *Pürschel (SC Dynamo Berlin) n.e.*) - Plotka (SC Dynamo Berlin), Voigt (SC Dynamo Berlin) - Buder (SG Dynamo Weißwasser), H. Novy (SG Dynamo Weißwasser) - Sock (SG Dynamo Weißwasser), Dewitz (TSC Berlin) - H. Nickel (SC Dynamo Berlin), J. Ziesche (C - SC Dynamo Berlin), B. Hiller (SC Dynamo Berlin) - D. Peters (SC Empor Rostock), P. Prusa (SC Dynamo Berlin), Karrenbauer (SC Dynamo Berlin) - R. Noack (SG Dynamo Weißwasser), Fuchs (ASK Vorwärts Crimmitschau), Poindl (SG Dynamo Weißwasser; ab 55.*Wilfried Rohrbach (SC Dynamo Berlin))
* *Zeitpunkt des Wechsels nicht bestätigt*
T: 1:2 (49.) H. Nickel (B. Hiller, J. Ziesche) - 2:2 (57.) H. Novy (---)
S: D. Peters 5, Plotka 2, Sock 2

197. - 08.09.1967 GDR - SWE 1:8 (1:1, 0:3, 0:4)
Karl-Marx-Stadt, Eissporthalle „VIII. Parlament" Küchwald; Z: 3.000; SR: Adamec (TCH), Bat'a (TCH)*
* *Im Mai 1967 hatte das FDJ-Parlament in der Eissporthalle getagt. Aus diesem Anlass erfolgte Namensergänzung.*
Hirche (ab 40:01 Kolbe (ASK Vorwärts Crimmitschau)) - Plotka, Voigt - Buder, H. Novy - Sock, Dewitz - R. Noack (ab ?. **Wolfgang Mucha** (SG Dynamo Weißwasser)), J. Ziesche (C), B. Hiller - D. Peters, P. Prusa, Karrenbauer - **Dietmar Zahn** (ASK Vorwärts Crimmitschau), Fuchs, **Franz Winkler** (ASK Vorwärts Crimmitschau; ab ?. Poindl)
T: 1:0 (7.) P. Prusa (Karrenbauer)
S: Plotka 4, Dewitz 2, D. Peters 2, Karrenbauer 2, Zahn 2
Mucha war der 100. Spieler mit einem Einsatz in der DDR-Auswahl.

198. - 09.09.1967 GDR - SWE 5:4 (1:2, 2:1, 2:1)
Crimmitschau, Freiluftkunsteisbahn im Sahnpark; Z: 6.000; SR: Adamec (TCH), Bat'a (TCH)
Kolbe (*Hirche n.e.*) - Buder, H. Novy - Plotka, Voigt - Poindl, J. Ziesche (C), B. Hiller - D. Peters, P. Prusa, Karrenbauer - Zahn, Fuchs, Winkler
T: 1:1 (9.) Fuchs (Winkler) / 2:3 (24.) D. Peters (P. Prusa, Karrenbauer) - 3:3 (34.) D. Peters (Karrenbauer) / 4:3 (43.) Fuchs (---) - 5:3 (50.) D. Peters (Karrenbauer)
S: Zahn 2, Buder 2

199. - 18.11.1967 ROU - GDR 0:5 (0:2, 0:0, 0:3)
Bucureşti, Patinoarul „23. August"; Z: 2.000; SR: Braun (SUI), Ruedi (SUI)
Hirche (ab 48. Pürschel) - Voigt, Plotka (ab ?. Sock) - Buder, H. Novy - H. Nickel, J. Ziesche (C), B. Hiller - D. Peters, P. Prusa, Karrenbauer - Poindl (ab ?. R. Noack), Fuchs, Kratzsch (ASK Vorwärts Crimmitschau)
T: 0:1 (16.) J. Ziesche (B. Hiller) - 0:2 (18.) Fuchs (---) / 0:3 (42.) P. Prusa (Karrenbauer) - 0:4 (44.) H. Nickel (Nachschuss) - 0:5 (47.) J. Ziesche (B. Hiller)
S: P. Prusa 4

200. - 19.11.1967 ROU - GDR 2:2 (2:0, 0:0, 0:2)
Bucureşti, Patinoarul „23. August"; Z: 2.000; SR: Braun (SUI), Ruedi (SUI)
Pürschel (*Hirche n.e.*) - Voigt, Plotka (ab ?. Sock) - Buder, H. Novy - H. Nickel, J. Ziesche (C), B. Hiller - D. Peters, P. Prusa, Karrenbauer - R. Noack, Fuchs, Kratzsch
T: 1:2 (42.) Karrenbauer (Nachschuss) - 2:2 (43.) J. Ziesche (B. Hiller)
S: Karrenbauer 4, P. Prusa 4

201. - 26.11.1967 GDR - CAN* 3:3 (0:1, 2:2, 1:0)
* *Kanada vertreten durch das Canada Easter Based National Team (in den Spielen 201 - 202)*
Berlin, Werner-Seelenbinder-Halle; Z: 4.500; SR: Granberg (SWE), Tegner (SWE)
Hirche (*Pürschel n.e.*) - Buder (C), Sock - Plotka (ab 40:01 H. Novy), U. Noack (SG Dynamo Weißwasser) - Karrenbauer, P. Prusa, D. Peters - R. Noack, Poindl, H. Novy (ab 40:01 Rohrbach) - B. Hiller, Fuchs, H. Nickel
T: 1:1 (21.) D. Peters (---) - 2:1 (23.) Fuchs (---) / 3:3 (60.) U. Noack (Weitschuss)
S: Plotka 4

202 - 28.11.1967 GDR - CAN* 4:4 (1:1, 2:1, 1:2)
Weißwasser, Eisstadion „Wilhelm Pieck"; Z: 11.000; SR: Granberg (SWE), Tegner (SWE)
Pürschel (Hirche n.e.*) - U. Noack, Voigt - Sock, Buder (C) - Plotka n.e.* - D. Peters, P. Prusa, Karrenbauer - R. Noack, Poindl, H. Novy - H. Nickel, Fuchs (ab 50. Kratzsch), B. Hiller
* lt. DELV-Statistik Einsatz Hirche und Plotka, jedoch durch keine Quellen bestätigt
T: 1:0 (7.) H. Nickel (Buder, B. Hiller) / 2:1 (22.) R. Noack (Nachschuss) - 3:2 (40.) H. Nickel (B. Hiller) / 4:4 (55.) Karrenbauer (D. Peters, P. Prusa)
S: Buder 2, U. Noack 2
H. Novy erreichte als fünfter Spieler 100 Länderspiele.

203'. - 30.11.1967 FIN - GDR 5:3 (0:1, 2:2, 3:0)
Tampere, Hakametsän-Jäähalli; Z: 6.578; SR: Idenstedt (SWE), Johannsson (SWE)
Hirche (Pürschel n.e.) - Plotka, U. Noack - Sock (ab 39. H. Novy), Buder (C) - D. Peters, P. Prusa, Karrenbauer - R. Noack, Poindl, H. Novy (ab 39. Kratzsch) - H. Nickel, Fuchs, B. Hiller
T: 0:1 (02:39) Fuchs (B. Hiller) / 1:2 (36:07) Fuchs (H. Nickel) - 2:3 (39:55) Karrenbauer (Buder)
S: U. Noack 2

204'. - 01.12.1967 FIN - GDR 7:2 (2:0, 2:1, 3:1)
Helsinki, Jäähalli; Z: 11.000; SR: Idenstedt (SWE), Johannsson (SWE)
Pürschel (ab 40:01 Hirche) - Buder (C), Voigt - U. Noack, H. Novy - D. Peters, P. Prusa, Karrenbauer - Kratzsch, Poindl, Rohrbach (ab 40:01 R. Noack) - H. Nickel, Fuchs, B. Hiller
T: 2:1 (25:18) Rohrbach (Kratzsch) / 7:2 (59:24) B. Hiller (Poindl)
S: Fuchs 6, U. Noack 2, Buder 2
Poindl erreichte als sechster Spieler 100 Länderspiele.

205. - 16.12.1967 POL - GDR 1:3 (0:1, 1:0, 0:2)
Warszawa, Hala Torwar; Z: 3.000; SR: Johannsson (NOR), Isotalo (FIN)
Kolbe (Pürschel n.e.) - Plotka, Voigt - Sock, H. Novy - **Frank Braun** (ASK Vorwärts Crimmitschau), Buder - H. Nickel, J. Ziesche (C), B. Hiller - Karrenbauer, P. Prusa, D. Peters - R. Noack, Fuchs, **Knut-Michael Meisel** (SC Turbine Erfurt; ab ?.* Poindl)
* Meisel verletzt, Zeitpunkt des Wechsels nicht ermittelbar
T: 0:1 (18.) B. Hiller (Plotka) / 1:2 (50.) D. Peters (Karrenbauer) - 1:3 (59:45) B. Hiller (Weitschuss)
S: D. Peters 2
Plotka erreichte als siebenter Spieler 100 Länderspiele.

206. - 17.12.1967 POL - GDR 0:3 (0:2, 0:0, 0:1)
Poznań, Lodowisko Bogdanka; Z: 3.000; SR: Johannsson (NOR), Isotalo (FIN)
Pürschel (Kolbe n.e.) - Plotka, Voigt - Sock (ab ?.* Poindl), H. Novy - F. Braun, Buder - H. Nickel, J. Ziesche (C), B. Hiller - Karrenbauer, P. Prusa, D. Peters - R. Noack, Fuchs, Meisel
* Sock verletzt, Zeitpunkt des Wechsels nicht ermittelbar
T: 0:1 (14.) J. Ziesche (Plotka) - 0:2 (15.) Sock (Weitschuss) / 0:3 (60.) J. Ziesche (H. Nickel)
S: R. Noack 2, Poindl 2

207. - 26.12.1967 GDR - NOR 8:3 (2:2, 4:0, 2:1)
Berlin, Werner-Seelenbinder-Halle; Z: 2.500; SR: Černý (TCH), Prejza (TCH)
Kolbe (ab 30:01 Pürschel) - Voigt, Plotka (ab 20:01 U. Noack) - Buder, Sock - H. Nickel, J. Ziesche (C), B. Hiller - D. Peters, P. Prusa, Karrenbauer - Kratzsch, Fuchs, R. Noack (ab 20:01 Poindl)
T: 1:1 (15.) H. Nickel (J. Ziesche) - 2:1 (18.) Karrenbauer (D. Peters) / 3:2 (21.) J. Ziesche (Buder) - 4:2 (22.) P. Prusa (D. Peters) - 5:2 (24.) H. Nickel (J. Ziesche) - 6:2 (30.) Poindl (Buder) / 7:3 (42.) Fuchs (U. Noack) - 8:3 (59.) Buder (Kratzsch)
S: Sock 6, Voigt 4, Karrenbauer 2, H. Nickel 2, U. Noack 2

208. - 27.12.1967 GDR - NOR 6:1 (1:0, 3:0, 2:1)
Weißwasser, Eisstadion „Wilhelm Pieck"; Z: 3.000; SR: Černý (TCH), Prejza (TCH)
Hirche (Pürschel n.e.) - Plotka, Voigt - U. Noack, Kratzsch - Sock, Buder - H. Nickel, J. Ziesche (C), B. Hiller - D. Peters, P. Prusa, Karrenbauer - R. Noack, Fuchs, Poindl
T: 1:0 (5.) Poindl (Buder) / 2:0 (21.) H. Nickel (J. Ziesche) - 3:0 (24.) R. Noack (Fuchs, Poindl) - 4:0 (36.) P. Prusa (Karrenbauer, D. Peters) / 5:0 (46.) Buder (Poindl) - 6:1 (55.) H. Nickel (B. Hiller, J. Ziesche)
S: H. Nickel 2, Buder 2, R. Noack 2, Voigt 2, P. Prusa 2
Voigt und Kratzsch erreichten als achter und neunter Spieler 100 Länderspiele.

10.01.1968 GDR - URS (B) 1:3 (0:0, 1:3, 0:0)
Karl-Marx-Stadt, Eissporthalle „VIII. Parlament" Küchwald; Z: 3.000; SR: Linko (FIN) Sepponen (FIN)
Pürschel (Hirche n.e.) - Plotka, Voigt - U. Noack, H. Novy - Buder - H. Nickel, J. Ziesche (C), B. Hiller - D. Peters, P. Prusa, Karrenbauer - R. Noack (ab ?. Kratzsch), Fuchs, Poindl
T: 1:3 (38.) H. Nickel (B. Hiller)
S: 2 x 2 Minuten

12.01.1968 GDR - URS (B) 6:4 (3:1, 3:0, 0:3)
Crimmitschau, Freiluftkunsteisbahn im Sahnpark; Z: 1.000; SR: Linko (FIN) Sepponen (FIN)
Kolbe (ab 40:01 Hirche) - Plotka, Voigt - U. Noack, H. Novy - Sock, Buder - H. Nickel, J. Ziesche (C), B. Hiller -
D. Peters, P. Prusa, Karrenbauer - Poindl, Fuchs, Kratzsch
T: 1:0 (4.) B. Hiller (Nachschuss) - 2:1 (8.) P. Prusa (H. Novy) - 3:1 (12.) Karrenbauer (P. Prusa, D. Peters) / 4:1
(36.) H. Nickel (J. Ziesche) - 5:1 (38.) P. Prusa (D. Peters) - 6:1 (40.) Buder (Kratzsch)
S: J. Ziesche 2, H. Novy 2, Voigt 2, Sock 2, Plotka 2

20.01.1968 GDR - TCH (B) 3:2 (2:1, 0:1, 1:0)
Weißwasser, Eisstadion "Wilhelm Pieck"; Z: 3.000; SR: Szczepek (POL), Wróbel (POL)
Hirche (Pürschel n.e.) - Plotka, Voigt - Buder, H. Novy - Sock, U. Noack - H. Nickel, J. Ziesche (C), B. Hiller - D.
Peters, P. Prusa, Karrenbauer - R. Noack, Fuchs (ab ?. Kratzsch), Poindl
T: 1:0 (00:09) B. Hiller (H. Nickel) - 2:1 (14.) J. Ziesche (Nachschuss) / 3:2 (41.) B. Hiller (Nachschuss)
S: D. Peters 2

21.01.1968 GDR - TCH (B) 5:5 (2:3, 3:0, 0:2)
Berlin, Werner-Seelenbinder-Halle; Z: 2.000; SR: Szczepek (POL), Wróbel (POL)
Pürschel (Hirche n.e.) - Plotka, Voigt - U. Noack, H. Novy - Sock, Buder - H. Nickel, J. Ziesche (C), B. Hiller - D.
Peters, P. Prusa, Karrenbauer - R. Noack (ab 40:01 Poindl), Fuchs, Kratzsch
T: 1:3 (16.) D. Peters (Karrenbauer) - 2:3 (20.) P. Prusa (---) / 3:3 (24.) Fuchs (R. Noack) - 4:3 (27.) Kratzsch
(Nachschuss) - 5:3 (28.) Plotka (Weitschuss)
S: Kratzsch 2

10. Olympische Winterspiele 1968 - Eishockeyturnier

Die DDR-Auswahl war wie alle anderen Mannschaften der A-WM 1967 direkt qualifiziert. Allerdings mussten die
Mannschaften, die 1967 nicht unter die ersten Vier gekommen waren, erst noch ein Qualifikationsspiel zur A-
Gruppe gegen ein Team der B-WM 1967 bestreiten.
Die DDR-Auswahl belegte bei ihrer einzigen Olympiateilnahme den 8. Platz. Da dieses Turnier von der IIHF
auch als 35. WM und 45. EM gewertet wurde, lauten die Platzierungen hier: WM - 8. Platz, EM - 6. Platz.

QUALIFIKATIONSSPIEL ZUR A-GRUPPE
Ursprünglich sollte die DDR als zweitschlechtestes Team der A-WM 1967 gegen den Zweiten der B-WM ROU
antreten. Nachdem aber der B-WM-Sieger POL seine Teilnahme zurückgezogen hatten, traf man nun auf den
B-WM-Dritten NOR.

209. - 04.02.1968 GDR - NOR 3:1 (2:1, 0:0, 1:0)
Grenoble, Stade de Glace; Z: 1.000; SR: Wiking (SWE), Sillankorva (FIN)
Hirche (Pürschel n.e.) - Buder, Sock - Kratzsch, H. Novy - Plotka, Voigt - H. Nickel, J. Ziesche (C), B. Hiller -
Karrenbauer, P. Prusa, D. Peters - R. Noack, Fuchs, Poindl
T: 1:1 (16:02) J. Ziesche (Nachschuss) - 2:1 (17:06) P. Prusa (D. Peters) / 3:1 (48:00) Fuchs (Weitschuss)
S: P. Prusa 2, H. Novy 2

A-GRUPPE

210'. - 07.02.1968 URS - GDR 9:0 (4:0, 2:0, 3:0)
Grenoble, Stade de Glace; Z: 3.500; SR: Wycisk (POL), Johannessen (NOR)
Pürschel (Hirche n.e.) - Buder, Sock - Kratzsch, H. Novy - Plotka, Voigt - H. Nickel, J. Ziesche (C), B. Hiller -
Karrenbauer, P. Prusa, D. Peters - R. Noack, Fuchs, Poindl
S: Sock 4, D. Peters 2, H. Novy 2

211'. - 09.02.1968 CAN* - GDR 11:0 (4:0, 4:0, 3:0)
* Kanada vertreten durch eine Amateurauswahl.
Grenoble, Stade de Glace; Z: 3.000; SR: Trumble (USA), Sillankorva (FIN)
Hirche (ab 09:08 Pürschel) - Voigt, Sock - U. Noack, Buder - Plotka, H. Novy - H. Nickel, Fuchs, B. Hiller -
Karrenbauer, P. Prusa, R. Noack - J. Ziesche (C), Poindl, D. Peters
S: Plotka 2, H. Nickel 2, Teamstrafe 2 (dafür U. Noack auf der Strafbank)
B. Hiller erreichte als zehnter Spieler 100 Länderspiele.

212'. - 10.02.1968 SWE - GDR 5:2 (1:0, 2:1, 2:1)
Grenoble, Stade de Glace; Z: 1.500; SR: Seglin (URS), Wycisk (POL)
Pürschel (Hirche n.e.) - Buder, Sock - U. Noack, H. Novy - Plotka, Voigt - H. Nickel, J. Ziesche (C), B. Hiller -
Karrenbauer, P. Prusa, D. Peters - R. Noack, Fuchs, Kratzsch
T: 3:1 (34:12) Plotka (D. Peters) / 4:2 (45:30) Fuchs (R. Noack)
S: keine Strafen

213'. - 12.02.1968 TCH - GDR 10:3 (5:2, 1:0, 4:1)
Grenoble, Stade de Glace; Z: 3.000; SR: Dahlberg (SWE), Sillankorva (FIN)
Hirche (*Pürschel n.e.*) - Buder, Sock - Kratzsch, H. Novy - Plotka, Voigt - H. Nickel, J. Ziesche (C), B. Hiller - Karrenbauer, P. Prusa, D. Peters - R. Noack, Fuchs, Poindl
T: 2:1 (05:04) Karrenbauer (D. Peters) - 5:2 (18:19) H. Novy (---) / 6:3 (45:26) D. Peters (Karrenbauer)
S: J. Ziesche 4, Kratzsch 2, Fuchs 2, Voigt 2, H. Novy 2

214'. - 14.02.1968 FIN - GDR 3:2 (2:1, 1:0, 0:1)
Grenoble, Stade de Glace; Z: 1.500; SR: Bucala (TCH), Seglin (URS)
Pürschel (*Hirche n.e.*) - Buder, Kratzsch - Sock, H. Novy - Plotka, Voigt - H. Nickel, J. Ziesche (C), B. Hiller - Karrenbauer, P. Prusa, D. Peters - R. Noack, Fuchs, Poindl
T: 2:1 (18:47) R. Noack (Plotka) / 3:2 (41:31) D. Peters (---)
S: Plotka 2, Sock 2, R. Noack 2, Voigt 2, H. Novy 2, J. Ziesche 2

215'. - 15.02.1968 USA - GDR 6:4 (3:1, 1:1, 2:2)
Grenoble, Stade de Glace; Z: 1.500; SR: Seglin (URS), Kubinec (CAN)
Pürschel (ab 18:06 Hirche) - Buder, Voigt - Sock, H. Novy - Plotka - H. Nickel, J. Ziesche (C), B. Hiller - Karrenbauer, P. Prusa, D. Peters - R. Noack, Fuchs, Kratzsch - Poindl
T: 3:1 (19:18) Karrenbauer (D. Peters) / 3:2 (28:44) Fuchs (---) / 4:3 (41:52) Fuchs (D. Peters) - 4:4 (46:52) Karrenbauer (D. Peters)
S: Voigt 2, D. Peters 2

216'. - 17.02.1968 GDR - FRG 2:4 (0:1, 1:2, 1:1)
Grenoble, Stade de Glace; Z: 3.000; SR: McEvoy (CAN), Kořínek (TCH)
Pürschel (ab 36:02 Hirche) - Sock, H. Novy - Buder, Voigt - Plotka - Poindl, J. Ziesche (C), B. Hiller - Karrenbauer, P. Prusa, D. Peters - R. Noack, Fuchs, Kratzsch - *H. Nickel n.e.*
T: 1:3 (37:02) B. Hiller (R. Noack) / 2:3 (44:08) Fuchs (Karrenbauer)
S: P. Prusa 2, Buder 2, D. Peters 2

1968/69

217'. - 04.10.1968 GDR - POL 3:4 (0:3, 1:0, 2:1)
Berlin, Werner-Seelenbinder-Halle; Z: 1.000; SR: Wiitala (FIN), Hakimsson (FIN)
Hans-Joachim Koch (SG Dynamo Weißwasser; *Hirche (SG Dynamo Weißwasser) n.e.*) - Huschto (SG Dynamo Weißwasser), **Hartwig Schur** (SG Dynamo Weißwasser) - **Peter Slapke** (SG Dynamo Weißwasser), Buder (SG Dynamo Weißwasser) - F. Braun (ASK Vorwärts Crimmitschau; ab ?. **Peter Bachmann** (ASK Vorwärts Crimmitschau)), Karrenbauer (C - SC Dynamo Berlin) - R. Noack (SG Dynamo Weißwasser), P. Prusa (SC Dynamo Berlin), H. Novy (SG Dynamo Weißwasser) - H. Nickel (SC Dynamo Berlin), J. Ziesche (SC Dynamo Berlin), **Rainer Patschinski** (TSC Berlin) - D. Peters (SC Empor Rostock), Fuchs (SC Turbine Erfurt), **Rolf Bielas** (SG Dynamo Weißwasser)
T: 1:3 (36.) R. Noack (Nachschuss) / 2:3 (42.) H. Nickel (J. Ziesche) - 3:4 (60.) Patschinski (---)
S: Slapke 2

218'. - 05.10.1968 GDR - POL 5:4 (1:1, 2:1, 2:2)
Karl-Marx-Stadt, Eissporthalle „VIII. Parlament" Küchwald; Z: 800; SR: Wiitala (FIN), Hakimsson (FIN)
Hirche (*Koch n.e.*) - Huschto, Schur - Buder (C), Slapke - F. Braun (ab ?. Bachmann), Karrenbauer - R. Noack, **Peter Domko** (SG Dynamo Weißwasser; ab ?. Fuchs), H. Novy - H. Nickel, Patschinski, B. Hiller (SC Dynamo Berlin) - **Rainer Mann** (SG Dynamo Weißwasser), P. Prusa, D. Peters
T: 1:1 (18.) B. Hiller (Buder) / 2:1 (23.) H. Nickel (---) - 3:1 (28.) D. Peters (Huschto) / 4:4 (52.) B. Hiller (D. Peters) - 5:4 (54.) H. Novy (---)
S: Huschto 4

30.11.1968 GDR - URS (J) 4:6 (0:1, 1:2, 3:3)
Crimmitschau, Freiluftkunsteisbahn im Sahnpark; Z: 2.000; SR: Wycisk (POL), Szczepek (POL)
*Hirche (ab 49. Koch) - Schur, Huschto - Bachmann, Röhl (ASK Vorwärts Crimmitschau) - Dewitz (TSC Berlin), H. Novy - Domko, R. Noack, Bielas - J. Ziesche, H. Nickel, P. Prusa - **Rolf Riedel** (ASK Vorwärts Crimmitschau), Fuchs, Patschinski*
***T:** 1:2 (33.) Riedel (Huschto) / 2:5 (49.) Dewitz (Weitschuss), 3:5 (50.) H. Novy (R. Noack), 4:5 (58.) Fuchs (P. Prusa)*
***S:** J. Ziesche 2, Riedel 2, Röhl 2, Dewitz 2, H. Nickel 2*

219'. - 07.12.1968 GDR - ROU 8:1 (2:1, 3:0, 3:0)
Rostock, Freiluftkunsteisbahn; Z: 1.042; SR: Dahlberg (SWE), Johannsson (SWE)
Koch (ab 40:01 Hirche) - Schur, Huschto - Röhl, Dewitz - Bachmann, D. Peters - R. Noack (C), Domko (ab 40:01 Bielas), H. Novy - H. Nickel, J. Ziesche, Bielas (ab 40:01 Patschinski) - Riedel, Fuchs, P. Prusa
T: 1:0 (7.) P. Prusa (---) - 2:1 (17.) R. Noack (H. Novy) / 3:1 (22.) J. Ziesche (Nachschuss) - 4:1 (34.) Huschto (Weitschuss) - 5:1 (38.) H. Novy (R. Noack) / 6:1 (49.) Patschinski (---) - 7:1 (50.) Dewitz (H. Nickel) - 8:1 (52.) D. Peters (---)
S: Fuchs 2, Röhl 2

220'. - 08.12.1968 GDR - ROU 6:3 (1:1, 3:2, 2:0)
Berlin, Werner-Seelenbinder-Halle; Z: 1.000; SR: Dahlberg (SWE), Johannsson (SWE)
Koch (ab 33. Hirche) - Schur, Huschto - Röhl, Bachmann - Dewitz, D. Peters - R. Noack (C), Domko (20:01 Bielas), H. Novy - H. Nickel, J. Ziesche, Bielas (ab 20:01 Patschinski) - Riedel, Fuchs, P. Prusa
T: 1:0 (9.) P. Prusa (Fuchs) / 2:2 (31.) Huschto (Weitschuss) - 3:3 (33.) H. Novy (Weitschuss) - 4:3 (34.) Patschinski (Nachschuss) / 5:3 (43.) P. Prusa (---) - 6:3 (51.) Fuchs (---)
S: Huschto 4, H. Nickel 2

221'. - 02.01.1969 GDR - FIN 2:2 (1:1, 1:1, 0:0)
Crimmitschau, Freiluftkunsteisbahn im Sahnpark; Z: 1.000; SR: Dr. Przymiński (POL), Sylwester (POL)
Koch (Pürschel (SC Dynamo Berlin) n.e.) - F. Braun, D. Peters - H. Novy, Slapke - Röhl, Sock (SG Dynamo Weißwasser) - H. Nickel, J. Ziesche, Patschinski - R. Noack (C), P. Prusa, Bielas - Riedel (ab ?. Huschto), Fuchs, B. Hiller
T: 1:0 (1.) J. Ziesche (H. Nickel) / 2:1 (30.) Patschinski (---)
S: P. Prusa 5, Sock 2

222'. - 03.01.1969 GDR - FIN 3:2 (1:0, 0:0, 2:2)
Dresden, Freiluftkunsteisbahn Heinz-Steyer-Stadion; Z: 5.600; SR: Dr. Przymiński (POL), Sylwester (POL)
Pürschel (Koch n.e.) - D. Peters, F. Braun - Dewitz, H. Novy - Röhl, Sock - H. Nickel, J. Ziesche, Patschinski - Riedel, Fuchs (C), B. Hiller - R. Noack, P. Prusa, Huschto (ab ?.* Bielas)
* nach Verletzung von Huschto wurde Bielas im 1. Drittel eingewechselt, Zeitpunkt des Wechsels nicht ermittelbar
T: 1:0 (6.) B. Hiller (Nachschuss) / 2:2 (47.) J. Ziesche (---) - 3:2 (59:49) H. Nickel (J. Ziesche)
S: keine Strafen

223'. - 12.01.1969 GDR - CAN* 0:3 (0:0, 0:1, 0:2)
* Kanada vertreten durch die Ottawa Nationals (Auswahl der Ostregion) (in den Spielen 223 - 224)
Weißwasser, Eisstadion „Wilhelm Pieck"; Z: 12.000; SR: Wiking (SWE), Tegnér (SWE)
Koch (Hirche n.e.) - D. Peters, F. Braun - H. Novy, Sock - Buder, Slapke - H. Nickel, J. Ziesche, Patschinski (ab 40:01 Karrenbauer) - Riedel (ab 40:01 Röhl), Fuchs (C), B. Hiller - R. Noack, P. Prusa, Bielas
S: R. Noack 5, D. Peters 2, Slapke 2

224'. - 13.01.1969 GDR - CAN* 4:7 (0:2, 2:2, 2:3)
Berlin, Eishalle Sportforum Hohenschönhausen; Z: 4.500; SR: Wiking (SWE), Tegnér (SWE)
Hirche (ab 25. Pürschel) - D. Peters, F. Braun - H. Novy, Dewitz - Slapke, Röhl - H. Nickel, J. Ziesche, Patschinski - Riedel (ab ?. Bielas), Fuchs (C), B. Hiller - R. Noack (ab ?. Sock), P. Prusa, Karrenbauer
T: 1:4 (29.) P. Prusa (Karrenbauer) - 2:4 (40.) H. Nickel (Weitschuss*) / 3:4 (49.) J. Ziesche (D. Peter) - 4:4 (50.) H. Nickel (---)
* TW Clelland parierte zwar den Schuss, aber beim Versuch ihn um das Tor herum zu lenken, schob er ihn dabei selbst ins lange Eck.
S: B. Hiller 2

B-Weltmeisterschaft 1969

Die IIHF hatte auf Basis der WM 1967 die Mannschaften in Leistungsgruppen eingeteilt. Die DDR-Auswahl kam in die B-Gruppe und belegte Platz 1. Da 1969 der Auf- und Abstieg zwischen den WM-Gruppen eingeführt wurde, stieg die Mannschaft in die A-WM 1970 auf.

225'. - 28.02.1969 GDR - ITA 11:1 (2:0, 4:1, 5:0)
Ljubljana, Hala Tivoli; Z: 600; SR: Čebulj (YUG), Kerkoš (YUG)
Hirche (ab 20:01 Koch) - D. Peters, F. Braun - H. Novy, Slapke - Plotka (SC Dynamo Berlin), Röhl - H. Nickel, J. Ziesche (C), Patschinski - Riedel, Fuchs. B. Hiller - R. Noack, P. Prusa, Karrenbauer
T: 1:0 (01:09) Fuchs (Weitschuss) - 2:0 (07:36) Karrenbauer (R. Noack) / 3:0 (28:00) R. Noack (---) - 4:1 (37:03) P. Prusa (Weitschuss) - 5:1 (37:40) Patschinski (Plotka) - 6:1 (38:50) Plotka (J. Ziesche) / 7:1 (41:30) Riedel (Fuchs) - 8:1 (43:16) R. Noack (P. Prusa) - 9:1 (46:12) Fuchs (---) - 10:1 (46:30) B. Hiller (---) - 11:1 (47:00) D. Peters (R. Noack)
S: Fuchs 2, Röhl 2

226'. - 01.03.1969 GDR - NOR 13:4 (4:1, 5:0, 4:3)
Ljubljana, Hala Tivoli; Z: 500; SR: Bader (FRG), Stenico (ITA)
Hirche (ab 40:01 Koch) - D. Peters, F. Braun - H. Novy, Slapke - Plotka (SC Dynamo Berlin), Röhl - Huschto, J. Ziesche (C), Patschinski - Riedel, Fuchs, B. Hiller - R. Noack, P. Prusa, Karrenbauer
T: 1:0 (05:10) D. Peters (---) - 2:0 (06:00) Fuchs (B. Hiller) - 3:0 (08:40) D. Peters (F. Braun) - 4:1 (14:55) B. Hiller (Slapke) / 5:1 (21:50) Huschto (Nachschuss) - 6:1 (28:50) Patschinski (Nachschuss) - 7:1 (29:20) Patschinski (Plotka, J. Ziesche) - 8:1 (30:55) Karrenbauer (Slapke) - 9:1 (39:40) Huschto (Plotka) / 10:1 (40:35) Slapke (Patschinski) - 11:1 (46:25) Riedel (B. Hiller) - 12:1 (50:25) Huschto (J. Ziesche) - 13:1 (50:55) B. Hiller (Nachschuss)
S: F. Braun 2, Plotka 2

227'. - 03.03.1969 GDR - ROU 11:2 (2:1, 4:1, 5:0)
Ljubljana, Hala Tivoli; Z: 2.000; SR: Wycisk (POL), Ehrensperger (SUI)
Hirche (Koch n.e.) - Slapke, H. Novy - Plotka, Röhl (F. Braun*) - Huschto, J. Ziesche (C), Patschinski (H. Nickel*, Röhl*) - Riedel, Fuchs, B. Hiller - R. Noack, P. Prusa, Karrenbauer
* Da nur mit zwei Verteidigerreihen gespielte wurde, zeitweilig H. Nickel für Patschinski, F. Braun für Röhl und Röhl für H. Nickel.
T: 1:0 (07:47) P. Prusa (Nachschuss) - 2:1 (19:37) Fuchs (Röhl) / 3:1 (22:05) B. Hiller (---) - 4:1 (29:03) H. Novy (J. Ziesche) - 5:2 (30:08) Fuchs (---) - 6:2 (32:43) R. Noack (Nachschuss) / 7:2 (41:16) J. Ziesche (Röhl) - 8:2 (42:04) B. Hiller (Fuchs) - 9:2 (46:06) Fuchs (B. Hiller) - 10:2 (53:35) Plotka (Weitschuss) - 11:2 (55:18) Riedel (Nachschuss)
S: P. Prusa 2, H. Novy 2

228'. - 04.03.1969 GDR - FRG 6:1 (1:0, 0:1, 5:0)*
* Bruttospielzeit 2 Stunden und 42 Minuten
Ljubljana, Hala Tivoli; Z: 3.000; SR: Turceanu (ROU), Ehrensperger (SUI)
Hirche (Koch n.e.) - Plotka, D. Peters - Slapke, H. Novy (ab 40:01 F. Braun) - Huschto (ab 40:01 Röhl), J. Ziesche (C), Patschinski - Riedel (ab 40:01 Huschto), Fuchs, B Hiller - R. Noack, P. Prusa, Karrenbauer (ab 40:01 H. Novy)
T: 1:0 (19:35) H. Novy (Plotka) / 2:1 (42:12) Fuchs (Weitschuss) - 3:1 (43:57) Patschinski (Nachschuss) - 4:1 (51:34) Fuchs (B. Hiller) - 5:1 (55:13) B. Hiller (Nachschuss) - 6:1 (55:47) H. Novy (---)
S: D. Peters 4, Slapke 4, J. Ziesche 2, H. Novy 2

229'. - 06.03.1969 GDR - AUT 11:3 (1:1, 7:1, 3:1)
Ljubljana, Hala Tivoli; Z: 3.000; SR: Turceanu (ROU), Wold (NOR)
Koch (Hirche n.e.) - D. Peters, F. Braun - Plotka, Röhl - H. Novy (bis 40:00), Huschto - H. Nickel, J. Ziesche (C), Patschinski - Riedel (ab 40:01 H. Novy), Fuchs, B. Hiller - R. Noack, P. Prusa, Karrenbauer (ab 40:01 Huschto)
T: 1:0 (06:55) Riedel (---) / 2:1 (22:55) D. Peters (Riedel) - 3:1 (23:36) H. Novy (P. Prusa) - 4:1 (26:30) Fuchs (Nachschuss) - 5:1 (27:36) Fuchs (Riedel) - 6:1 (29:50) Patschinski (Nachschuss) - 7:1 (30:30) J. Ziesche (Nachschuss) - 8:1 (31:00) B. Hiller (Riedel) / 9:2 (48:00) P. Prusa (---) - 10:3 (53:45) H. Nickel (J. Ziesche) - 11:3 (56:00) R. Noack (H. Novy)
S: H. Novy 4

230'. - 08.03.1969 GDR - POL 4:1 (2:0, 1:1, 1:0)
Ljubljana, Hala Tivoli; Z: 2.000; SR: Turceanu (ROU), Ehrensperger (SUI)
Hirche (Koch n.e.) - D. Peters, F. Braun - Plotka, Röhl (ab ?.* Slapke) - H. Nickel, J. Ziesche (C), Patschinski (ab ?.* Karrenbauer) - Huschto, Fuchs, B. Hiller - R. Noack, P. Prusa, H. Novy
* exakter Zeitpunkt der Wechsel nicht ermittelbar: bei Slapke heißt es „später", bei Karrenbauer „im 3. Drittel"
T: 1:0 (10:25) Patschinski (D. Peters) - 2:0 (15:15) Plotka (J. Ziesche) / 3:0 (20:15) J. Ziesche (Nachschuss) / 4:1 (52:00) Fuchs (---)
S: keine Strafen
J. Ziesche erzielte als erster Spieler 100 Tore.

231'. - 09.03.1969 YUG - GDR 1:6 (0:1, 0:4, 1:1)
Ljubljana, Hala Tivoli; Z: 7.000; SR: Wycisk (POL), Valentin (AUT)
Hirche (Koch n.e.) - D. Peters, F. Braun - Plotka, Röhl - Slapke, H. Novy - H. Nickel, J. Ziesche (C), Patschinski - Riedel, Fuchs, B. Hiller - Huschto, P. Prusa, Karrenbauer
T: 0:1 (19:09) J. Ziesche (Patschinski, F. Braun) / 0:2 (28:30) Röhl (Weitschuss) - 0:3 (30:30) B. Hiller (J. Ziesche) - 0:4 (36:33) Riedel (---) - 0:5 (39:18) Patschinski (J. Ziesche) / 1:6 (55:00) J. Ziesche (Patschinski)
S: Huschto 2, Karrenbauer 2, Röhl 2

1969/70

232'. - 02.09.1969 GDR - SWE 1:2 (1:1, 0:1, 0:0)
Halle (S.), Eissporthalle am Gimritzer Damm; Z: 3.500; SR: Seglin (URS), Kirilov (URS)
Hirche (SG Dynamo Weißwasser; *Pürschel (SC Dynamo Berlin) n.e.*) - D. Peters (SC Empor Rostock), Karrenbauer (SC Dynamo Berlin) - Röhl (ASK Vorwärts Crimmitschau), F. Braun (ASK Vorwärts Crimmitschau) - Plotka (SC Dynamo Berlin), Slapke (SG Dynamo Weißwasser) - H. Nickel (SC Dynamo Berlin), J. Ziesche (C - SC Dynamo Berlin), Bielas (SG Dynamo Weißwasser; ab 40:01 Patschinski (TSC Berlin)) - Riedel (ASK Vorwärts Crimmitschau, ab 40:01 Huschto (SG Dynamo Weißwasser)), Fuchs (SC Turbine Erfurt), B. Hiller (SC Dynamo Berlin) - P. Prusa (SC Dynamo Berlin), **Ralf Thomas** (SG Dynamo Weißwasser), H. Novy (SG Dynamo Weißwasser)
T: 1:1 (18.) P. Prusa (H. Novy)
S: Plotka 2

233'. - 04.09.1969 GDR - SWE 4:4 (0:0, 2:2, 2:2)
Berlin, Eishalle Sportforum Hohenschönhausen; Z: 3.000; SR: Seglin (URS), Dombrovskiy (URS)
Pürschel (*Hirche n.e.*) - D. Peters, **Hans Schmidt** (SC Dynamo Berlin) - F. Braun, Karrenbauer - Plotka, Slapke - H. Nickel, J. Ziesche (C), Patschinski (ab 20:01 Bielas) - B. Hiller, Fuchs (ab 40:01 Röhl), Huschto (ab 40:01 Riedel) - H. Novy, Thomas, P. Prusa
T: 1:1 (26.) H. Nickel (D. Peters) - 2:1 (30.) H. Novy (---) / 3:4 (45.) H. Novy (---) - 4:4 (47.) Riedel (Röhl)
S: F. Braun 2, H. Schmidt 2

234. - 28.09.1969 FIN - GDR 5:2 (2:2, 1:0, 2:0)
Tampere, Hakametsän-Jäähalli; Z: 5.000; SR: Wold (NOR), Haraldsen (NOR)
Hirche (*Pürschel n.e.*) - D. Peters, H. Schmidt - Slapke, Plotka - F. Braun, Karrenbauer - H. Nickel, J. Ziesche (C), B. Hiller - Röhl, Fuchs, Riedel - P. Prusa, Thomas, Bielas (ab ?. H. Novy)
T: 1:2 (19.) H. Nickel (J. Ziesche) - 2:2 (19.) J. Ziesche (D. Peters)
S: Thomas 2

235. - 29.09.1969 FIN - GDR 8:2 (6:1, 0:1, 2:0)
Helsinki, Jäähalli; Z: 7.395; SR: Wold (NOR), Haraldsen (NOR)
Pürschel (ab 20:01 Hirche) - D. Peters, H. Schmidt - Slapke, Plotka - F. Braun, Karrenbauer - H. Nickel, J. Ziesche (C), B. Hiller - Röhl, Fuchs, P. Prusa - Thomas, Bielas, H. Novy
T: 1:2 (04:45) Bielas (J. Ziesche) / 2:6 (37:37) J. Ziesche (H. Schmidt)
S: J. Ziesche 2, Fuchs 2, P. Prusa 2

236. - 30.10.1969 POL - GDR 2:3 (0:2, 1:0, 1:1)
Toruń, Eishalle; Z: 7.000; SR: Guryshev (URS), Gubernu (ROU)
Kolbe (ASK Vorwärts Crimmitschau; *Hirche n.e.*) - D. Peters, H. Schmidt - F. Braun, Plotka - Schur (SG Dynamo Weißwasser; ab 40:01 Röhl), Slapke - H. Nickel, J. Ziesche (C), Rohrbach (SC Dynamo Berlin) - H. Novy, Fuchs, Bielas - **Joachim Stasche** (TSC Berlin), Patschinski, P. Prusa
T: 0:1 (18.) H. Novy (---) - 0:2 (18.) Bielas (---) / 1:3 (45.) J. Ziesche (Patschinski)
S: 5 x 2 Minuten davon P. Prusa 2

237. - 31.10.1969 POL - GDR 4:6 (0:3, 4:2, 0:1)
Warszawa, Hala Torwar; Z: 2.000; SR: Guryshev (URS), Gubernu (ROU)
Hirche (ab 35. Kolbe) - D. Peters, H. Schmidt - F. Braun, Plotka - Röhl, Slapke - H. Nickel, J. Ziesche (C), Rohrbach - H. Novy, Fuchs, Bielas - Stasche, Patschinski, P. Prusa
T: 0:1 (2.) Bielas (Plotka) - 0:2 (7.) Bielas (?) - 0:3 (17.) Fuchs (?) / 0:4 (21.) D. Peters (?) - 0:5 (21.) H. Nickel (?) / 4:6 (41.) H. Nickel (F. Braun)
S: 9 x 2 Minuten

238. - 06.11.1969 NOR - GDR 4:7 (1:4, 1:1, 2:2)
Stavanger, Siddishallen; Z: 1.100; SR: Sepponen (FIN), Linko (FIN)
Hirche (ab 26. Pürschel) - Slapke, Schur - Plotka, Karrenbauer - D. Peters, F. Braun - Bielas, Fuchs, H. Novy - Patschinski, Röhl, H. Nickel - B. Hiller (C), P. Prusa, Huschto
T: 0:1 (2.) Plotka (Huschto) - 0:2 (5.) Bielas (---) - 0:3 (8.) Röhl (---) - 1:4 (17.) H. Novy (Slapke) / 2:5 (25.) Röhl (H. Nickel) / 2:6 (43.) B. Hiller (---) - 4:7 (52.) Patschinski (---)
S: Huschto 2, Bielas 2, H. Nickel 2, Slapke 2
Fuchs erreichte als elfter Spieler 100 Länderspiele.

239. - 07.11.1969 NOR - GDR 0:5 (0:0, 0:4, 0:1)
Bergen, Bergenshallen; Z: 2.000; SR: Sepponen (FIN), Linko (FIN)
Hirche (ab 40:01 Pürschel) - Slapke, Schur - Plotka, Karrenbauer - D. Peters, F. Braun - Bielas, Fuchs, H. Novy - Patschinski, Röhl, H. Nickel - B. Hiller (C), P. Prusa, Huschto
T: 0:1 (21:53) Slapke (?) - 0:2 (25:02) Bielas (?) - 0:3 (33:12) B. Hiller (?) - 0:4 (37:26) B. Hiller (?) / 0:5 (45:06) Röhl (?)
S: Röhl 2, Slapke 2
Karrenbauer erreichte als zwölfter Spieler 100 Länderspiele.

240. - 18.11.1969 YUG - GDR 2:4 (0:2, 2:2, 0:0)
Ljubljana, Hala Tivoli; Z: 4.000; SR: Valentin (AUT), Moser (AUT)
Hirche (ab 40:01 Kolbe) - D. Peters, Karrenbauer (ab 40:01 H. Schmidt) - Slapke, F. Braun - Plotka, Dewitz (TSC Berlin) - H. Nickel, Patschinski, Rohrbach - **Reinhard Karger** (SC Turbine Erfurt), Fuchs, B. Hiller (C) - Huschto, Thomas, P. Prusa
T: 0:1 (11.) Karger (Fuchs) - 0:2 (18.) Karrenbauer (Patschinski) / 1:3 (34.) B. Hiller (Karger) - 1:4 (37.) F. Braun (Weitschuss)
S: Slapke 4, P. Prusa 2
Hirche erreichte als dreizehnter Spieler 100 Länderspiele.

241. - 19.11.1969 YUG - GDR 1:6 (0:2, 1:2, 0:2)
Ljubljana, Hala Tivoli; Z: 5.000; SR: Valentin (AUT), Moser (AUT)
Hirche (ab 40:01 Kolbe) - D. Peters, Karrenbauer - Plotka, H. Schmidt - Slapke, Dewitz (ab 20:01 F. Braun) - H. Nickel, Patschinski, Rohrbach - Karger, Fuchs, B. Hiller (C) - Huschto (ab 20:01 Dewitz), Thomas, P. Prusa
T: 0:1 (15.) Karrenbauer (Weitschuss) - 0:2 (20.) P. Prusa (---) / 1:3 (27.) Karrenbauer (Weitschuss) - 1:4 (40.) P. Prusa (Thomas) / 1:5 (41.) H. Nickel (---) - 1:6 (48.) Karger (Fuchs)
S: Thomas 5, Huschto 2, Karger 2, H. Schmidt 2, Slapke 2, Dewitz 2

1. Izvestiya - Turnier
Die DDR-Auswahl belegte den 6. Platz.

242. - 01.12.1969 URS - GDR 4:3 (1:1, 2:1, 1:1)
Moskva, Dvorets sporta Luzhniki*; Z: 9.000; SR: Baťa (TCH), Karandin (URS)
* offizieller Name Lenin-Sportpalast (Dvorets sporta imeni V.I. Lenina)
Hirche (Kolbe n.e.) - D. Peters, Karrenbauer - Plotka, Dewitz - Slapke, F. Braun - H. Nickel, J. Ziesche (C), Patschinski (ab 40:01 P. Prusa) - P. Prusa (ab 40:01 Riedel), Fuchs, B. Hiller - Buder (SG Dynamo Weißwasser), Thomas, H. Novy
T: 1:1 (9.) H. Nickel (Karrenbauer) / 2:2 (27.) Plotka (Weitschuss) / 3:3 (46.) Fuchs (---)
S: P. Prusa 2, H. Novy 2, Thomas 2, Riedel 2

243. - 02.12.1969 GDR - CAN* 4:5 (0:3, 4:1, 0:1)
* Amateurauswahl, die Kanada, dann mit 5 Profis verstärkt, bei der Weltmeisterschaft 1970 vertreten sollte.
Moskva, Dvorets sporta Luzhniki; Z: 5.000; SR: Sakharovskiy (URS), Kirilov (URS)
Kolbe (59:55* out; Hirche n.e.) - D. Peters, Karrenbauer - Plotka, H. Schmidt - Slapke, F. Braun - H. Nickel, J. Ziesche (C), Rohrbach - Riedel (ab 20:01 P. Prusa), Fuchs, B. Hiller - Buder, Thomas, H. Novy
* Kolbe wird in den letzten Sekunden durch einen sechsten Feldspieler ersetzt, Zeitpunkt nicht bestätigt
T: 1:3 (26.) Fuchs (P. Prusa) - 2:3 (28.) Slapke (Weitschuss) - 3:4 (38.) Fuchs (Plotka) - 4:4 (39.) Buder (P. Prusa)
S: Slapke 4, B. Hiller 2

244. - 04.12.1969 GDR - TCH 2:10 (0:3, 0:5, 2:2)
Moskva, Dvorets sporta Luzhniki; Z: 4.000; SR: Gusev (URS), Karandin (URS)
Hirche (ab 20:01 Kolbe) - D. Peters, H. Schmidt - Plotka, Dewitz - Slapke, F. Braun - H. Nickel, J. Ziesche (C), Patschinski (ab 20:01 Rohrbach) - P. Prusa, Fuchs, B. Hiller - H. Novy (ab 20:01 Patschinski), Buder, Thomas
T: 1:8 (45.) Rohrbach (J. Ziesche) - 2:10 (60.) Rohrbach (J. Ziesche)
S: F. Braun 2, Plotka 2, Thomas 2

245. - 05.12.1969 SWE - GDR 3:5 (0:0, 3:3, 0:2)
Moskva, Dvorets sporta Luzhniki; Z: 10.000; SR: Baťa (TCH), Sillankorva (FIN)
Hirche (Kolbe n. e.) - Plotka, Dewitz - F. Braun, Slapke - H. Schmidt, Karrenbauer - H. Nickel, J. Ziesche (C), Rohrbach - Riedel (ab 20:01 Patschinski), Fuchs, B. Hiller - P. Prusa, Buder, H. Novy
T: 3:1 (33.) Rohrbach (---) - 3:2 (37.) Plotka (---) - 3:3 (40.) Fuchs (B. Hiller) / 3:4 (46.) P. Prusa (H. Novy) - 3:5 (53.) Plotka (H. Nickel)
S: H. Novy 2, H. Schmidt 2, Hirche 2 (dafür Riedel auf der Strafbank)

246. - 07.12.1969 GDR - FIN 3:9 (0:4, 0:3, 3:2)
Moskva, Dvorets sporta Luzhniki; Z: 4.000; SR: Baťa (TCH), Sakharovskiy (URS)
Hirche (ab 20:01 Kolbe) - Plotka, Dewitz - F. Braun, Slapke - H. Schmidt, Karrenbauer - H. Nickel, J. Ziesche (C), Rohrbach - Patschinski (ab 30. P. Prusa), Fuchs, B. Hiller - P. Prusa (ab 30. Thomas), Buder, H. Novy
T: 1:7 (49.) Rohrbach (Nachschuss) - 2:7 (50.) J. Ziesche (H. Nickel) - 3:8 (58.) J. Ziesche (Rohrbach)
S: P. Prusa 4, Plotka 2, H. Nickel 2, Buder 2, Slapke 2

247. - 18.12.1969 ROU - GDR 1:1 (1:0, 0:1, 0:0)
Poiana Braşov, Natureisbahn (Freiluft); Z: 50; SR: Hollý (TCH), Viltlák (TCH)
Kolbe (*Pürschel n.e.*) - Plotka, Dewitz - Slapke, F. Braun - Karrenbauer, Buder - H. Nickel, J. Ziesche (C), Rohrbach - B. Hiller, Fuchs, Karger - H. Novy, P. Prusa, R. Mann (SG Dynamo Weißwasser)
T: 1:1 (23.) H. Novy (?)
S: 3 x 2 Minuten

248. - 19.12.1969 ROU - GDR 2:7 (1:4, 1:1, 0:2)
Poiana Braşov, Natureisbahn (Freiluft); Z: 100; SR: Hollý (TCH), Viltlák (TCH)
Pürschel (*Kolbe n.e.*) - Plotka, Dewitz - Slapke, F. Braun - Karrenbauer, Buder - H. Nickel, J. Ziesche (C), Rohrbach - H. Novy, P. Prusa, R. Mann (Diese Reihe nur 0:00-20:00 und 40:01-60:00 eingesetzt.) - ab 20:01 B. Hiller, Fuchs, Karger (Diese Reihe ab 20:01 eingesetzt.)
T: 1:1 (12:15) J. Ziesche (?) - 1:2 (13.) P. Prusa (?) - 1:3 (15.) J. Ziesche (?) - 1:4 (19.) P. Prusa (?) / 1:5 (22.) B. Hiller (?) / 2:6 (46.) H. Novy (?) - 2:7 (52.) Karger (?)
S: keine Angaben

249'. - 27.12.1969 GDR - CAN* 1:1 (1:1, 0:0, 0:0)
* Kanada vertreten durch den Allan-Cupsieger 1969 The Galt Hornets (in den Spielen 249 - 251 und 01.01.1970)
Weißwasser, Eisstadion „Wilhelm Pieck"; Z: 12.000; SR: Wiking (SWE), Hanqvist (SWE)
Pürschel (*Koch n.e.*) - Plotka, H. Schmidt - Karrenbauer, F. Braun - Slapke, Sock (SG Dynamo Weißwasser) - H. Nickel, J. Ziesche (C), Rohrbach - P. Prusa (ab ? Karger), Fuchs, B. Hiller - Thomas (ab ?. R. Mann), Buder, H. Novy
T: 1:0 (10.) H. Novy (---)
S: Rohrbach 2

250'. - 29.12.1969 GDR - CAN* 4:3 (2:0, 1:2, 1:1)
Berlin, Eishalle Sportforum Hohenschönhausen; Z: 4.000; SR: Wiking (SWE), Hanqvist (SWE)
Pürschel (*Kolbe n.e.*) - Plotka, H. Schmidt - F. Braun, Röhl - Slapke, Dewitz - H. Nickel, J. Ziesche (C), Rohrbach - Karger (ab 40:01 R. Mann), Fuchs, B. Hiller - P. Prusa, Patschinski, H. Novy (ab 15. Buder)
T: 1:0 (8.) Rohrbach (H. Nickel) - 2:0 (14.) Patschinski (P. Prusa) / 3:0 (24.) Fuchs (H. Novy) / 4:3 (49.) J. Ziesche (H. Nickel)
S: R. Mann 5, B. Hiller 2, Buder 2

251'. - 30.12.1969 GDR - CAN* 3:5 (0:1, 3:1, 0:3)
Dresden, Freiluftkunsteisbahn Heinz-Steyer-Stadion; Z: 6.500; SR: Hanqvist (SWE), Wiking (SWE)
Kolbe (*Pürschel n.e.*) - F. Braun, Röhl - Slapke, Buder - Plotka, Dewitz - H. Nickel, J. Ziesche (C), Rohrbach - Karger, Fuchs, B. Hiller - R. Mann, Patschinski (ab ?. P. Prusa), H. Novy
T: 1:1 (23.) H. Novy (Buder) - 2:2 (25.) Fuchs (---) - 3:2 (31.) Röhl (*)
* von einem kanadischen Verteidiger wurde der Puck ins eigene Tor abgefälscht
S: P. Prusa 4, Slapke 2

01.01.1970 GDR* - CAN 1:3 (0:0, 1:1, 0:2)
* Oberliga-Auswahl; Trainer Alfred Unterdörfel (SC Turbine Erfurt)
Erfurt, Freiluftkunsteisbahn; Z: 3.000; SR: Dämmrich (GDR), Kochendörffer (GDR)
Kolbe (*? n.e.*) - Sock, **Heinz Fabian** (SG Dynamo Weißwasser) - H. Schmidt, Dewitz - **Frank Schmidt** (SC Turbine Erfurt), Schur - R. Mann, Thomas, Mucha (SG Dynamo Weißwasser) - M. Künstler (TSC Berlin), Patschinski, Röhl - Karger, Meisel (SC Turbine Erfurt), **Walter Leinhos** (SC Turbine Erfurt; ab ? **Harald Hebler** (TSC Berlin))
T: 1:0 (23.) Röhl (M. Künstler)
S: Mucha 2, Schur 2

252'. - 02.01.1970 GDR - NOR 6:1 (0:0, 4:1, 2:0)
Crimmitschau, Freiluftkunsteisbahn im Sahnpark*; Z: 1.426; SR: Baťa (TCH), Pražák (TCH)
* während des Spiels Schneeschauer und böige Winde
Kolbe (*Hirche n.e.*) - F. Braun, Buder - Plotka, Slapke (ab ?. **Manfred Schmidt** (ASK Vorwärts Crimmitschau))
- H. Novy, P. Prusa, B. Hiller (C) - H. Nickel, Patschinski, Rohrbach - Riedel (ab ?. **Helmut Talakovics** (ASK
Vorwärts Crimmitschau)), Röhl, **Thomas Birnstein** (ASK Vorwärts Crimmitschau; ab ?. **Frank Mälzer** (ASK
Vorwärts Crimmitschau))
T: 1:0 (25.) H. Novy (---) - 2:0 (26.) H. Nickel (Patschinski, Rohrbach) - 3:0 (28.) Riedel (---) - 4:1 (39.) H. Novy
(P. Prusa) / 5:1 (47.) B. Hiller (F. Braun, Kolbe) - 6:1 (51.) H. Talakovics (F. Braun, Buder)
S: Riedel 2, Slapke 2, H. Novy 2, Plotka 2

253'. - 03.01.1970 GDR - NOR 5:2 (1:1, 4:1, 0:0)
Halle (S.), Eissporthalle am Gimritzer Damm; Z: 3.000; SR: Baťa (TCH), Pražák (TCH)
Hirche (*Kolbe n.e.*) - F. Braun, Buder - Plotka, Slapke (ab ?. M. Schmidt) - H. Novy, P. Prusa, B. Hiller (C) - H.
Nickel, Patschinski, Rohrbach - Riedel (ab ?. H. Talakovics), Röhl, Birnstein (ab ?. F. Mälzer)
T: 1:1 (16.) Patschinski (H. Nickel) / 2:1 (21.) P.Prusa (H. Novy) - 3:2 (28.) Patschinski (---) - 4:2 (31.) B. Hiller
(Plotka) - 5:2 (37.) Riedel (Buder)
S: Slapke 8, Plotka 2

254'. - 27.01.1970 GDR - YUG 5:0 (0:0, 5:0, 0:0)
Crimmitschau, Freiluftkunsteisbahn im Sahnpark; Z: 202; SR: Szczepek (POL), Wróbel (POL)
Kolbe (*Pürschel n.e.*) - Hebler, Karrenbauer - Röhl, Dewitz - F. Braun, M. Schmidt - P. Prusa, Patschinski,
Birnstein - Karger, Fuchs (C), Meisel - Buder (C), Mucha, Bielas
T: 1:0 (24.) Birnstein (---) - 2:0 (25.) Meisel (Fuchs) - 3:0 (27.) Fuchs (Dewitz) - 4:0 (29.) P. Prusa (Patschinski)
- 5:0 (30.) Fuchs (---)
S: Karger 2
Buder erreichte als erster Spieler 200 Länderspiele.

255'. - 28.01.1970 GDR - YUG 4:2 (2:0, 1:1, 1:1)
Erfurt, Freiluftkunsteisbahn; Z: 2.000; SR: Szczepek (POL), Wróbel (POL)
Pürschel (*Kolbe n.e.*) - Hebler, Karrenbauer - Röhl, Dewitz - F. Braun, M. Schmidt - P. Prusa, Patschinski,
Birnstein - Karger, Fuchs (C), Meisel - Buder, Mucha, Bielas
T: 1:0 (1.) P. Prusa (Birnstein) - 2:0 (01:02) Karrenbauer (Hebler) / 3:1 (34.) Fuchs (---) / 4:2 (51.) Bielas (Buder)
S: M. Schmidt 2

24.02.1970 GDR - URS (B) 3:5 (0:2, 1:2, 2:1)
Halle (S.), Eissporthalle am Gimritzer Damm; Z: 2.500; SR: S Linko (FIN) Sepponen (FIN)
Hirche (ab 31:01 Pürschel) - Röhl, Karrenbauer - Slapke, F. Braun - Plotka, Dewitz - Karger, Fuchs, B. Hiller -
R. Noack (SG Dynamo Weißwasser), P. Prusa, H. Novy (ab 40:01 Bielas) - H. Nickel, J. Ziesche (C), Patschinski
(ab 40:01 Rohrbach)
T: 1:4 (36.) J. Ziesche (---) / 2:5 (57.) Fuchs (Nachschuss) - 3:5 (58.) Karrenbauer (Bielas)
S: Karrenbauer 2

' 26.02.1970 GDR - URS (B) 2:10 (1:5, 0:4, 1:1)
Berlin, Eishalle Sportforum Hohenschönhausen; Z: ?; SR: Linko (FIN) Sepponen (FIN)
Pürschel (ab 31:01 Hirche) - Röhl, Karrenbauer - Slapke, F. Braun - Plotka, Dewitz - Karger, Fuchs, B. Hiller -
R. Noack (ab 31. H. Novy), P. Prusa, Bielas - H. Nickel, J. Ziesche (C), Patschinski (ab 34. Rohrbach)
T: 1:0 (5.) R. Noack (P. Prusa) / 2:9 (53.) Karrenbauer (J. Ziesche)
S: Plotka 4

37. A-Welt- und 47. Europameisterschaft 1970
Die DDR-Auswahl belegte WM- und EM-Platz 5.

256'. - 14.03.1970 SWE - GDR 6:1 (1:0, 2:1, 3:0)
Stockholm, Isstadion Johanneshov; Z: 4.871; SR: Baťa (TCH), Kořínek (TCH)
Hirche (ab 40:01 Pürschel) - Plotka, D. Peters - Slapke, H. Novy - F. Braun, Karrenbauer - Karger, Fuchs, B.
Hiller - H. Nickel, J. Ziesche (C), Rohrbach - R. Noack, P. Prusa, Bielas
T: 3:1 (35:27) Bielas (H. Novy)
S: Hirche 2 (dafür Rohrbach auf der Strafbank)

257'. - 15.03.1970 URS - GDR 12:1 (3:0, 3:1, 6:0)
Stockholm, Isstadion Johanneshov; Z: 2.135; SR: Wiking (SWE), Wycisk (POL)
Pürschel (*Hirche n.e.*) - F. Braun, Karrenbauer - Dewitz, Röhl - Slapke, H. Novy - Karger, Fuchs, B. Hiller - R.
Noack, Bielas, Patschinski - H. Nickel, J. Ziesche (C), Rohrbach
T: 5:1 (35:06) J. Ziesche (---)
S: Slapke 2

258'. - 17.03.1970 GDR - TCH 1:4 (0:2, 0:0, 1:2)
Stockholm, Isstadion Johanneshov; Z: 4.629; SR: Sillankorva (FIN), Boström (SWE)
Hirche (ab 10:32 Pürschel) - F. Braun, Karrenbauer - Dewitz, D. Peters - Slapke, H. Novy - H. Nickel, J. Ziesche
(C), Patschinski - R. Noack, Bielas, P. Prusa - Röhl, Fuchs, B. Hiller
T: 1:2 (40:57) Karrenbauer (P. Prusa)
S: P. Prusa 4, Patschinski 2, J. Ziesche 2, Röhl 2, Karrenbauer 2

259'. - 19.03.1970 FIN - GDR 1:0 (1:0, 0:0, 0:0)
Stockholm, Isstadion Johanneshov; Z: 3.577; SR: Karandin (URS), Seglin (URS)
Pürschel (Hirche n.e.) - F. Braun, D. Peters - Plotka, Karrenbauer - Slapke, H. Novy - H. Nickel, J. Ziesche (C),
Rohrbach - Karger, Fuchs, B. Hiller - Bielas, P. Prusa, Röhl
S: P. Prusa 4, H. Novy 2, D. Peters 2

260'. - 21.03.1970 GDR - POL 2:2 (1:0, 1:1, 0:1)
Stockholm, Isstadion Johanneshov; Z: 1.297; SR: Baťa (TCH), Seglin (URS)
Pürschel (Hirche n.e.) - F. Braun, D. Peters - Plotka, Karrenbauer - Slapke, H. Novy - H. Nickel, J. Ziesche (C),
Rohrbach - R. Noack, P. Prusa, Patschinski - Röhl, Fuchs, B. Hiller
T: 1:0 (06:01) R. Noack (Slapke) / 2:0 (36:12) H. Novy (P. Prusa)
S: Plotka 4, Slapke 2
R. Noack erreichte als vierzehnter Spieler 100 Länderspiele.

261'. - 22.03.1970 GDR - SWE 2:6 (1:1, 1:3, 0:2)
Stockholm, Isstadion Johanneshov; Z: 10.226; SR: Karandin (URS), Kořínek (TCH)
Hirche (Pürschel n.e.) - F. Braun, D. Peters - Plotka, Slapke - Karrenbauer, Dewitz - H. Nickel. J. Ziesche (C),
Patschinski - Karger, Fuchs, B. Hiller - H. Novy, P. Prusa, Bielas
T: 1:0 (16:16) D. Peters (H. Novy) / 2:2 (30:59) Plotka (H. Nickel)
S: H. Novy 2, Dewitz 2

262'. - 24.03.1970 GDR - URS 1:7 (0:4, 1:0, 0:3)
Stockholm, Isstadion Johanneshov; Z: 2.024; SR: Baťa (TCH), Boström (SWE)
Hirche (Pürschel n.e.) - F. Braun, Karrenbauer - Slapke, H. Novy - Plotka, Dewitz - H. Nickel, J. Ziesche (C),
Rohrbach (ab ? Patschinski) - R. Noack, P. Prusa, Bielas - Röhl, Fuchs, B. Hiller
T: 1:4 (28:03) Slapke (R. Noack)
S: J. Ziesche 2

263'. - 25.03.1970 TCH - GDR 7:3 (3:0, 1:1, 3:2)
Stockholm, Isstadion Johanneshov; Z: 1.461; SR: Wiking (SWE), Boström (SWE)
Pürschel (ab 07:58 Hirche) - F. Braun, Karrenbauer - D. Peters, Plotka - Slapke, H. Novy - H. Nickel, J. Ziesche
(C), Patschinski - Karger, Fuchs, B. Hiller - R. Noack, P. Prusa, Bielas
T: 4:1 (37:42) J. Ziesche (Patschinski) / 7:2 (47:51) Bielas (Patschinski) - 7:3 (55:01) Fuchs (H. Novy)
S: H. Novy 4, D. Peters 2, Slapke 2

264'. - 28.03.1970 GDR - FIN 4:3 (1:0, 0:3, 3:0)
Stockholm, Isstadion Johanneshov; Z: 3.065; SR: Baťa (TCH), Boström (SWE)
Hirche (Pürschel n.e.) - F. Braun, Karrenbauer - Slapke, H. Novy - D. Peters - H. Nickel, J. Ziesche (C),
Patschinski (ab ? Rohrbach) - Röhl, Fuchs, B. Hiller - R. Noack, P. Prusa, Bielas
T: 1:0 (17:56) P. Prusa (Bielas) / 2:3 (48:55) F. Braun (J. Ziesche) - 3:3 (51:00) J. Ziesche (H. Nickel) - 4:3
(55:21) D. Peters (F. Braun)
S: H. Nickel 4, P. Prusa 2

265'. - 29.03.1970 POL - GDR 2:5 (1:1, 1:0, 0:4)
Stockholm, Isstadion Johanneshov; Z: 3.345; SR: Dahlberg (SWE), Boström (SWE)
Hirche (Pürschel n.e.) - F. Braun, D. Peters - Plotka, Slapke - Röhl - B. Hiller, J. Ziesche (C), H. Nickel - R.
Noack, P. Prusa, Karrenbauer - H. Novy, Bielas, Patschinski
T: 0:1 (00:12) H. Nickel (D. Peters) / 2:2 (46:59) P. Prusa (R. Noack) - 2:3 (47:21) B. Hiller (H. Nickel) - 2:4
(50:52) Plotka (H. Novy) - 2:5 (57:07) B. Hiller (P. Prusa)
S: Röhl 4, H. Novy 2, Bielas 2

1970/71

Im Frühjahr 1969 fasste das Präsidium des Deutschen Turn- und Sportbundes der DDR (DTSB) einen Beschluss, dass in Zukunft nur noch „medaillenträchtige" Sportarten gefördert werden. In einem Sonderbeschluss für das Eishockey wurde festgelegt, den Leistungssport in drei Leistungszentren weiterhin zu betreiben, wenn die Träger - in Weißwasser und Berlin die SV Dynamo bzw. in Crimmitschau die ASV Vorwärts - die Kosten übernehmen. Die Teilnahme am Europa-Cup und an den Weltmeisterschaften sollte weiterhin erfolgen, wahrscheinlich auf Drängen der Sowjetunion und der CSSR bzw. da hier die IIHF ein Teil der Kosten übernahm. Jedoch keine Teilnahme an den Olympischen Winterspielen, da hier der DTSB allein für die Kosten aufkommen müsste. Da Heinz Hoffmann (Minister für Nationale Verteidigung) diesem DTSB-Sonderbeschluss eine klare Absage erteilte, wurde mit Befehl Nr. 127/70 der ASK Vorwärts Crimmitschau zum 31.12.1970 aufgelöst. Zuvor waren schon die Eishockey-Sektionen bei den anderen Sportclubs, vor der Saison 1969/70 beim SC Karl-Marx-Stadt und dann vor der Saison 1970/71 beim TSC Berlin, SC Empor Rostock, SC Turbine Erfurt und beim SC Einheit Dresden aufgelöst worden.

Die Auswahlspieler der aufgelösten Mannschaften wechselten nach Berlin bzw. Weißwasser:

Zum **SC Dynamo Berlin** vom
    TSC Berlin (5): Rainer Patschinski, Joachim Stasche, Dieter Dewitz, Manfred Künstler, Harald Hebler
    SC Empor Rostock (3): Dietmar Peters, Roland Peters, Friedhelm Bögelsack
    ASK Vorwärts Crimmitschau (2): Stefan Talakovics, Dietmar Zahn

Zur **SG Dynamo Weißwasser** vom
    ASK Vorwärts Crimmitschau (4): Frank Braun, Frank Mälzer, Manfred Schmidt, Helmut Talakovics
    SC Turbine Erfurt (2): Reinhard Karger, Knut-Michael Meisel

Da zukünftig nur noch Spieler aus diesen beiden Vereinen in der Nationalmannschaft eingesetzt wurden, werden für diese Vereine folgende Abkürzungen des Vereinsnamens in der weiteren Statistik verwendet: SC Dynamo Berlin - B bzw. SG Dynamo Weißwasser - W

---

neuer Nationaltrainer Joachim Ziesche

---

266. - 05.10.1970 GDR - FIN 3:4 (1:1, 1:1, 1:2)
Berlin, Eishalle Sportforum Hohenschönhausen; Z: 2.000; SR: Korczyk (POL), Chojnacki (POL)
Pürschel (B; *Hirche (W) n.e.*) - Slapke (W), Schur (W) - Sock (W), Karrenbauer (B) - D. Peters (C - B), H. Schmidt (B) - R. Noack (W), Thomas (W), Bielas (W) - Stasche (B), Patschinski (B), Huschto (W) - Karger (W), P. Prusa (B), B. Hiller (B) - R. Mann (W), **Jürgen Breitschuh** (B)
T: 1:1 (17.) Bielas (Nachschuss) / 2:1 (28.) P. Prusa (---) / 3:3 (58:58) Karrenbauer (Weitschuss)
S: Sock 2, Karrenbauer 2

267. - 06.10.1970 GDR - FIN 3:4 (1:2, 0:1, 2:1)
Halle (S.), Eissporthalle am Gimritzer Damm; Z: 3.000; SR: Korczyk (POL), Chojnacki (POL)
Hirche (*Pürschel n.e.*) - Slapke, Schur - D. Peters (C), H. Schmidt - Sock, Karrenbauer - R. Noack, Thomas, Bielas - R. Mann, P. Prusa, Breitschuh - Stasche, Patschinski, B. Hiller (ab ?. Huschto)
T: 1:0 (11.) B. Hiller (D. Peters) / 2:3 (44.) Thomas (Huschto) - 3:3 (46.) Thomas (Huschto)
S: R. Mann 2

268. - 21.10.1970 NOR - GDR 1:8 (0:1, 1:6, 0:1)
Fredrikstad, Stjernehallen; Z: 1.500; SR: Kořínek (TCH), Bucala (TCH)
Hirche (*Pürschel n.e.*) - Karrenbauer, D. Peters (C) - Schur, Slapke - Bielas, Breitschuh, **Harald Felber** (B) - B. Hiller, Huschto, **Dieter Janke** (B) - R. Mann, R. Noack, H. Novy (W) - P. Prusa, Thomas
T: 0:1 (12.) D. Peters (B. Hiller) / 0:2 (21.) Karrenbauer (P. Prusa) - 0:3 (26.) Schur (?) - 0:4 (30.) Karrenbauer (?) - 1:5 (33.) Karrenbauer (?) - 1:6 (34.) Karrenbauer (?), 1:7 (39.) D. Peters (?) / 1:8 (52.) Slapke (?)
S: Thomas 4, R. Mann 2

269. - 22.10.1970 NOR - GDR 5:5 (3:2, 0:3, 2:0)
Asker, Askerhallen; Z: 1.500; SR: Kořínek (TCH), Bucala (TCH)
Pürschel (*Hirche n.e.*) - Karrenbauer, D. Peters (C) - Schur, Slapke - Plotka - Bielas, Breitschuh, Felber - B. Hiller, Huschto, Janke - R. Mann, R. Noack, H. Novy - P. Prusa, Thomas
T: 1:1 (5.) H. Novy (?) - 2:2 (13.) Karrenbauer (?) / 3:3 (25.) D. Peters (?) - 3:4 (26.) Thomas (?) - 3:5 (30.) R. Noack (?)
S: keine Angaben
P. Prusa erreichte als fünfzehnter Spieler 100 Länderspiele.

270'. - 31.10.1970 GDR - POL 3:3 (0:2, 2:1, 1:0)
Berlin, Eishalle Sportforum Hohenschönhausen; Z: 2.000; SR: Hajný (TCH), Pražák (TCH)
Pürschel (ab 28. Hirche) - Plotka, H. Schmidt - **Bernd Engelmann** (W), Karrenbauer (C) - Slapke, Sock - Stasche (ab 20:01 Felber), Patschinski, B. Hiller - Karger, P. Prusa, Breitschuh - H. Novy, Thomas, Bielas
T: 1:2 (23.) Karrenbauer (Thomas) - 2:3 (28.) H. Novy (---) / 3:3 (52.) P. Prusa (Karrenbauer)
S: Plotka 2+10 (Disziplinarstrafe), B. Engelmann 2

271'. - 01.11.1970 GDR - POL 4:4 (0:1, 3:2, 1:1)
Berlin*, Eishalle Sportforum Hohenschönhausen; Z: 2.000; SR: Hajný (TCH), Pražák (TCH)
* auf Grund der warmen Witterung wurde das Spiel von Weißwasser nach Berlin verlegt
Hirche (Pürschel n.e.) - H. Schmidt, Karrenbauer (C) - B. Engelmann, Sock - Schur, Slapke - Felber, P. Prusa, Breitschuh - Stasche (ab 10. Karger), Patschinski, B. Hiller - H. Novy, Thomas, Bielas
T: 1:3 (33.) Karger (B. Hiller) - 2:3 (34.) Patschinski (B. Hiller) - 3:3 (36.) Schur (---) / 4:3 (42.) Karger (---)
S: Slapke 2, Bielas 2, Patschinski 2

'   10.12.1970 GDR - TCH (B) 7:4 (0:1, 4:2, 3:1)
Weißwasser, Eisstadion „Wilhelm Pieck"; Z: 851; SR: Andersson (SWE), Granberg (SWE)
Hirche (Pürschel n.e.) - D. Peters (C), Karrenbauer - Plotka, F. Braun (W) - Slapke, Schur - H. Nickel (B), P. Prusa, B. Hiller - R. Noack, Patschinski, H. Novy - Karger, Thomas, Huschto - Breitschuh
T: 1:2 (26.) Slapke (Patschinski) - 2:2 (32.) Huschto (Slapke) - 3:3 (34.) Plotka (R. Noack) - 4:3 (35.) Huschto (Karger) / 5:3 (50.) H. Nickel (---) - 6:3 (51.) Patschinski (R. Noack) - 7:3 (52.) Thomas (Karger)
S: Plotka 4, Slapke 2, P. Prusa 2

'   12.12.1970 GDR - SWE (B) 3:7 (2:4, 1:0, 0:3)
Berlin, Eishalle Sportforum Hohenschönhausen; Z: 1.000; SR: Bucala (TCH), Vidlák (TCH)
Hirche (Pürschel n.e.) - D. Peters (C), Karrenbauer (ab 21. Breitschuh) - Plotka, F. Braun - Slapke, Schur - H. Nickel, P. Prusa, H. Novy - R. Noack, Patschinski, B. Hiller - Karger, Thomas, Bielas
T: 1:2 (3.) H. Novy (P. Prusa) - 2:2 (7.) Karger (Bielas) / 3:4 (25.) Patschinski (---)
S: Bielas 4, Patschinski 4, Karger 2

'   13.12.1970 GDR - SWE (B) 3:2 (2:0, 1:1, 0:1)
Weißwasser, Eisstadion „Wilhelm Pieck"; Z: 1.085; SR: Bucala (TCH), Vidlák (TCH)
*Hirche (**Wolfgang Fischer** (W) n.e.) - D. Peters (C), H. Novy - Plotka, F. Braun - Slapke, Schur (ab 40:01 Karrenbauer) - H. Nickel (ab 40:01 Huschto), P. Prusa, Huschto (ab 40:01 Breitschuh) - R. Noack (C), Patschinski, B. Hiller - Karger, Thomas, Bielas*
T: 1:0 (12.) Patschinski (H. Novy) - 2:0 (17.) Slapke (Weitschuss) / 3:1 (30.) R. Noack (B. Hiller)
S: Huschto 4, Slapke 2, Karger 2

'   24.02.1971 GDR - TCH (B) 0:5 (0:0, 0:2, 0:3)
Berlin, Eishalle Sportforum Hohenschönhausen; Z: ?; SR: Sylwester (POL), Chojnacki (POL)
Hans-Joachim Hurbanek (B; Fischer n.e.) - Thomas (ab 46. Schur), D. Peters - H. Schmidt, Karrenbauer (C) - Slapke, H. Novy - Karger (ab 35. R. Noack), Meisel (W; ab 41. P. Prusa), Bielas - Janke, **Roland Peters** (B), Breitschuh - Stasche, Patschinski, Huschto
S: Meisel 2, Bielas 2

'   25.02.1971 GDR - TCH (B) 4:4 (3:0, 1:2, 0:2)
Weißwasser, Eisstadion „Wilhelm Pieck"; Z: 735; SR: Sylwester (POL), Chojnacki (POL)
Fischer (Hurbanek n.e.) - Slapke, Schur - D. Peters, Karrenbauer (C) - H. Novy, F. Braun - H. Schmidt - Karger, Meisel, Bielas - H. Nickel, P. Prusa, R. Peters - Janke, Patschinski, R. Noack - Huschto, Breitschuh
T: 1:0 (9.) Bielas (Slapke) - 2:0 (10.) H. Nickel (Nachschuss) - 3:0 (16.) Janke (H. Nickel) / 4:0 (24. P. Prusa (---)
S: Slapke 2

B-Weltmeisterschaft 1971

Die DDR-Auswahl durfte - obwohl qualifiziert - auf Weisung des DTSB nicht in der A-WM antreten. Auch in der B-WM musste so gespielt werden, dass ein Aufstieg nicht möglich war. Die DDR-Mannschaft belegte Platz 3.

272'. - 05.03.1971 JPN - GDR 4:9 (1:0, 1:4, 2:5)
La Chaux-de-Fonds, Patinoise des Mélèzes; Z: 747; SR: Aubert (SUI), Haraldsen (NOR)
Fischer (Hurbanek n.e.) - D. Peters, Slapke - H. Schmidt, Karrenbauer (C) - F. Braun, H. Novy - Meisel, Karger, Bielas - H. Nickel, P. Prusa, R. Peters - R. Noack, Patschinski, Janke
T: 1:1 (27:06) Meisel (---) -1:2 (28:31) Janke (F. Braun) - 1:3 (31:26) P. Prusa (H. Nickel) - 2:4 (36:27) H. Novy (R. Noack) / 2:5 (42:10) R. Noack (---) - 3:6 (44:27) Karger (---) - 4:7 (49:02) P. Prusa (---) - 4:8 (55:41) R. Noack (---) - 4:9 (56:00) Janke (F. Braun)
S: F. Braun 2

273'. - 07.03.1971 POL - GDR 7:4 (3:0, 1:4, 3:0)
Lyss, Eissporthalle; Z: 650; SR: Haraldsen (NOR), Brenzikofer (SUI)
Hurbanek (ab 28:21 Fischer) - Thomas, Karrenbauer (C) - D. Peters, Slapke - H. Novy, Schur - Meisel, Karger, Bielas - Breitschuh, P. Prusa, R. Peters - R. Noack, Patschinski, Janke
T: 3:1 (20:40) Karger (Bielas) - 4:2 (24:21) R. Noack (Janke) - 4:3 (34:32) Patschinski (Janke) - 4:4 (39:06) Patschinski (---)
S: R. Noack 2, Thomas 2, Slapke 2, Karrenbauer 2, Karger 2

274'. - 08.03.1971 GDR - YUG 5:3 (2:1, 1:1, 2:1)
Lyss, Eissporthalle; Z: 350; SR: Nobe (JPN), Stenico (ITA)
Fischer (*Hurbanek n.e.*) - D. Peters, H. Schmidt - F. Braun, Karrenbauer (C) - Schur, Slapke - Meisel, Karger, Bielas - H. Novy, P. Prusa, H. Nickel - R. Noack, Patschinski, Janke
T: 1:0 (01:42) H. Schmidt (Weitschuss) - 2:0 (15:33) Janke (---) / 3:2 (36:21) F. Braun (Weitschuss) / 4:3 (53:55) D. Peters (Weitschuss) - 5:3 (54:08) Patschinski (---)
S: Janke 2

275'. - 10.03.1971 GDR - ITA 11:0 (5:0, 1:0, 5:0)
La Chaux-de-Fonds, Patinoise des Mélèzes; Z: 250; SR: Janežič (YUG), Haraldsen (NOR)
Hurbanek (Fischer n.e.*) - D. Peters, H. Schmidt - F. Braun, Karrenbauer (C) - Thomas, Slapke - R. Peters, Karger, Bielas - Breitschuh, P. Prusa, H. Nickel - R. Noack, Patschinski, Janke
* lt. DELV-Jahrbuch 1971/72 fünf Einsätze bei der WM 1971, hier Bilanz 5 Spiele/3 Siege/2 Niederlagen. Das lässt sich jedoch weder anhand der Spielberichte oder durch andere Quellen bestätigen.
T: 1:0 (00:57) R. Noack (Patschinski) - 2:0 (02:07) Slapke (---) - 3:0 (09:03) H. Schmidt (Weitschuss) - 4:0 (10:57) Karger (Bielas) - 5:0 (13:33) H. Nickel (---) / 6:0 (28:38) Janke (Patschinski) / 7:0 (42:17) Breitschuh (---) - 8:0 (45:59) H. Schmidt (H. Nickel) - 9:0 (47:11) H. Nickel (---) - 10:0 (47:27) Slapke (Bielas) - 11:0 (55:15) Karger (Bielas)
S: R. Peters 2

276'. - 11.03.1971 GDR - AUT 11:3 (3:1, 5:1, 3:1)
Lyss, Eissporthalle; Z: 400; SR: Tsukamoto (JPN), Aubert (SUI)
Hurbanek (*Fischer n.e.*) - D. Peters, H. Schmidt - F. Braun, Karrenbauer (C) - H. Novy, Schur - Meisel, Karger, Bielas - Breitschuh, P. Prusa, H. Nickel - R. Noack, Patschinski, Janke
T: 1:1 (12:55) R. Noack (---) - 2:1 (13:39) Bielas (Karger) - 3:1 (19:12) D. Peters (H. Nickel) / 4:1 (26:45) H. Nickel (---) - 5:1 (28:06) P. Prusa (R. Noack) - 6:1 (29:43) Bielas (F. Braun) - 7:1 (32:16) D. Peters (H. Schmidt) - 8:2 (38:09) Breitschuh (P. Prusa) / 9:2 (42:49) Meisel (Karger) - 10:2 (49:46) H. Nickel (D. Peters) - 11:3 (58:12) Janke (---)
S: Meisel 2, H. Schmidt 2

277'. - 13.03.1971 SUI - GDR 3:1 (2:0, 0:1, 1:0)
Bern, Eisstadion Allmend; Z: 11.000; SR: Valentin (AUT), Janežič (YUG)
Fischer (*Hurbanek n.e.*) - Thomas, H. Schmidt - F. Braun, Karrenbauer (C) - Slapke Schur - Meisel, H. Novy, Bielas - Breitschuh, P. Prusa, H. Nickel - R. Noack, Patschinski, R. Peters
T: 1:2 (36:06) R. Peters (Thomas)
S: F. Braun10 (Disziplinarstrafe), Patschinski 4, Bielas 2, Slapke 2, H. Schmidt 2, Breitschuh 2

278'. - 14.03.1971 GDR - NOR 8:4 (1:0, 4:2, 3:2)
La Chaux-de-Fonds, Patinoise des Mélèzes; Z: 1.000; SR: Brenzikofer (SUI), Aubert (SUI)
Hurbanek (*Fischer n.e.*) - D. Peters, Slapke - H. Schmidt, Schur - F. Braun - Meisel, H. Novy, Bielas - Breitschuh, P. Prusa, H. Nickel - R. Noack (C), Patschinski, R. Peters - Janke
T: 1:0 (04:50) Breitschuh (P. Prusa) / 2:0 (21:03) D. Peters (Breitschuh) - 3:0 (23:46) Slapke (Bielas) - 4:1 (25:27) H. Nickel (P. Prusa) - 5:2 (35:43) R. Peters (---) / 6:2 (43:59) Slapke (R. Peters) - 7:2 (46:03) P. Prusa (---) - 8:3 (48:08) Schur (P. Prusa)
S: Slapke 5, P. Prusa 2, Bielas 2, H. Schmidt 2

1971/72

279. - 27.10.1971 NOR - GDR 2:8 (0:2, 2:4, 0:2)
Asker, Askerhallen; Z: 1.800; SR: Mattsson (SWE), Stahlberg (SWE)
Fischer (W; *Hurbanek (B) n.e.*) - Karrenbauer (B), D. Peters (B) - H. Schmidt (B), F. Braun (W) - Schur (W), Thomas (W) - H. Nickel (B), Patschinski (B), Breitschuh (B) - H. Novy (W), Bielas (W), Meisel (W) - Karger (W), R. Noack (C - W), Domko (W) - Slapke (W)
T: 0:1 (07:53) Patschinski (?) - 0:2 (18:14) Bielas (?) / 0:3 (24:53) H. Nickel (?) - 2:4 (30:12) Patschinski (?) - 2:5 (31:09) R. Noack (?) - 2:6 (32:55) Slapke (?) / 2:7 (47:17) Patschinski (?) - 2:8 (57:20) Meisel (?)
S: 1 x 2 Minuten

280. - 28.10.1971 NOR - GDR 2:6 (2:1, 0:1, 0:4)
Stavanger, Siddishallen; Z: 1.622; SR: Mattsson (SWE), Stahlberg (SWE)
Hurbanek (Fischer n.e.) - Karrenbauer, D. Peters - H. Schmidt, F. Braun - Schur, Thomas - H. Nickel, Patschinski, Breitschuh - H. Novy, Bielas, Meisel - Karger, R. Noack (C), Domko - Slapke
T: 0:1 (00:53) R. Noack (?) / 2:2 (23.) R. Noack (?) / 2:3 (48:38) H. Nickel (?) - 2:4 (49:32) H. Novy (?) - 2:5 (54:15) Patschinski (?) - 2:6 (59:40) Bielas (?)
S: 1 x 2 Minuten

Die beiden folgenden Spiele gegen die schwedische Olympia-Auswahl für 1972 wurden zeitweilig als Länderspiele in der Statistik geführt. Vor Beginn der Saison 1984/85 vom DELV gestrichen.

11.11.1971 SWE (O) - GDR 4:5 (1:1, 3:2, 0:2)
Västerås, Rocklundahallen; Z: 3.489; Kaisla (FIN), Nikkanen (FIN)
Roland Herzig (W; Hurbanek n.e.) - Thomas, Schur - D. Peters, F. Braun - Karrenbauer, H. Novy - Bielas, P. Prusa (B), Karger - H. Nickel, Patschinski, R. Noack (C) - Hans-Jürgen Schiller (W), Slapke, R. Peters (B) - Huschto (W), Breitschuh
T: 0:1 (07:19) Slapke (Schiller) / 1:2 (24:01) Schiller (---) - 4:3 (33:58) R. Noack (---) / 4:4 (49:47) Karger (Schiller) - 4:5 (?) Patschinski (---)
S: Schur 2, H. Novy 2, Slapke 2, Huschto 2

12.11.1971 SWE (O) - GDR 5:5 (4:2, 1:1, 0:2)
Örebro; Eishalle; Z: 4.000; SR: Kaisla (FIN), Nikkanen (FIN)
Hurbanek (R. Herzig n.e.) - Thomas, Schur - D. Peters, F. Braun - Karrenbauer, H. Novy - Bielas, P. Prusa, Karger - H. Nickel, Patschinski, R. Noack (C) - Schiller, Slapke, R. Peters - Huschto, Breitschuh
T: 3:1 (08:46) F. Braun (Weitschuss) - 3:2 (10:54) Breitschuh (---) / 5:3 (36:03) Bielas (---) / 5:4 (50:39) H. Novy (---) - 5:5 (52:48) H. Nickel (---)
S: Thomas 2, D. Peters 2, Bielas 2, Huschto 2

'   13.12.1971 GDR - TCH (B) 3:7 (0:0, 3:4, 0:3)
Berlin, Eishalle Sportforum Hohenschönhausen; Z: ?; SR: Wróbel (POL), Zagórski (POL)
Hurbanek (ab 25. Fischer) - Karrenbauer, D. Peters - Slapke, Jochen Philipp (W) - H. Schmidt, Schur - Huschto, Meisel, Bielas - R. Noack (C), Patschinski, Stasche (B; ab 40:01 R. Peters) - H. Nickel, P. Prusa, Breitschuh
T: 1:0 (21.) D. Peters (---) - 2:0 (21.) Bielas (Huschto) - 3:1 (31.) Breitschuh (H. Nickel)
S: D. Peters 2, Breitschuh 2

'   14.12.1971 GDR - TCH (B) 5:4 (1:3, 2:1, 2:0)
Weißwasser, Eisstadion „Wilhelm Pieck"; Z: 1.512; SR: Wróbel (POL), Zagórski (POL)
Fischer (S. Talakovics (B) n.e.) - Karrenbauer, Slapke - D. Peters, Schur - H. Schmidt, J. Philipp - Huschto, Meisel, Bielas - R. Noack (C), Patschinski, R. Peters - H. Nickel, P. Prusa, Breitschuh
T: 1:0 (11.) R. Noack (D. Peters) / 2:3 (29.) D. Peters (Weitschuss) - 3:4 (37.) R. Noack (---) / 4:4 (46.) R. Noack (R. Peters) - 5:4 (52.) H. Nickel (---)
S: R. Noack 2, Slapke 2, H. Nickel 2

281'. - 17.12.1971 GDR - NOR 7:3 (4:1, 2:1, 1:1)
Halle (S.), Eissporthalle am Gimritzer Damm; Z: 1.500; SR: Kořínek (TCH), Liška (TCH)
Fischer (ab 40:01 S. Talakovics) - D. Peters, Schur - H. Schmidt, F. Braun - Karrenbauer, Thomas - Huschto, Slapke, Bielas - H. Nickel, Patschinski, R. Noack (C) - Stasche, Meisel, R. Peters
T: 1:0 (00:15) Bielas (Slapke) - 2:0 (5.) Bielas (Huschto) - 3:1 (11.) Slapke (Huschto) - 4:1 (13.) Patschinski (D. Peters) / 5:2 (26.) H. Nickel (Patschinski) - 6:2 (39.) R. Peters (D. Peters) / 7:2 (52.) H. Nickel (Patschinski)
S: Thomas 2, F. Braun 2, D. Peters 2, Schur 2

282'. - 18.12.1971 GDR - NOR 4:1 (0:0, 2:0, 2:1)
Weißwasser, Eisstadion „Wilhelm Pieck"; Z: 1.333; SR: Kořínek (TCH), Liška (TCH)
Fischer (S. Talakovics n.e.) - D. Peters, Karrenbauer - F. Braun, Thomas - H. Schmidt, Schur - Karger, Slapke, Bielas - H. Nickel, Patschinski, R. Noack (C) - Stasche, Meisel, R. Peters - Domko
T: 1:0 (24.) R. Peters (Stasche) - 2:0 (26.) Patschinski (---) / 3:0 (42.) Bielas (---) - 4:1 (58.) Patschinski (Bielas)
S: D. Peters 2+10 (Disziplinarstrafe), Karger 2, Karrenbauer 2, R. Peters 2, Slapke 2

---

283. - 21.12.1971 POL - GDR 7:4 (2:0, 4:2, 1:2)
Łódź, Pałac Sportu; Z: 6.000; SR: Hajný (TCH), Prejza (TCH)
S. Talakovics (ab 33.* Fischer) - F. Braun, Thomas - D. Peters, Karrenbauer - Schur, H. Schmidt - Bielas, Slapke, Huschto - R. Noack (C), Patschinski, H. Nickel - Karger, Meisel, R. Peters
* Zeitpunkt des Torwartwechsels nicht bestätigt
T: 6:1 (34.) R. Noack (?) - 6:2 (36.) Karger (?) / 7:3 (46.) Karger (?) - 7:4 (55.) Bielas (?)
S: keine Angaben

284'. - 04.01.1972 GDR - BUL 12:3 (3:0, 4:2, 5:1)
Weißwasser, Eisstadion „Wilhelm Pieck"; Z: 274; SR: Sylwester (POL), Chojnacki (POL)
Hurbanek (ab 31:01 Fischer) - D. Peters, F. Braun (C) - Karrenbauer, H. Novy - Schur, H. Schmidt - Karger, P. Prusa, Bielas - Stasche, Patschinski, Breitschuh - R. Peters, Huschto, Slapke
T: 1:0 (3.) Breitschuh (---) - 2:0 (12.) Stasche (Breitschuh) - 3:0 (13.) Slapke (R. Peters) / 4:0 (24.) Patschinski (Schur) - 5:0 (25.) Bielas (Karger) - 6:0 (29.) Stasche (D. Peters) - 7:0 (30.) Breitschuh (---) / 8:3 (42.) Patschinski (---) - 9:3 (48.) Stasche (D. Peters) - 10:3 (51.) Breitschuh (Patschinski) - 11:3 (54.) H. Novy (---) - 12:3 (56.) Stasche (---)
S: Slapke 2, Karrenbauer 2, P. Prusa 2, Breitschuh 2
Stasche schoss mit dem 12:3 das 1.000 Tor für die DDR-Auswahl.

285'. - 05.01.1972 GDR - BUL 9:1 (1:1, 6:0, 2:0)
Weißwasser, Eisstadion „Wilhelm Pieck"; Z: 300; SR: Sylwester (POL), Chojnacki (POL)
Fischer (ab 32. Hurbanek) - D. Peters, F. Braun - Karrenbauer (C), H. Novy - Schur, H. Schmidt - Karger, P. Prusa, Bielas - Stasche, Patschinski, Breitschuh - R. Peters, Huschto, Slapke
T: 1:0 (8.) Breitschuh (Stasche) / 2:1 (27.) Karger (---) - 3:1 (27.) Slapke (---) - 4:1 (33.) Breitschuh (Patschinski) - 5:1 (33.) D. Peters (Patschinski) - 6:1 (36.) Patschinski (Stasche) - 7:1 (40.) Patschinski (D. Peters) / 8:1 (47.) F. Braun (Weitschuss) - 9:1 (52.) Huschto (---)
S: D. Peters 4, Breitschuh 2, Karrenbauer 2

286. - 11.01.1972 TCH - GDR 8:2 (3:0, 3:2, 2:0)
České Budějovice, Zimní stadion; Z: 7.000; SR: Wycisk (POL), Ehrensperger (SUI)
Hurbanek (*Fischer n.e.*) - Karrenbauer, H. Novy - D. Peters, F. Braun - H. Schmidt, Thomas - Karger, Slapke, Bielas - Patschinski, Stasche, R. Noack (C) - H. Nickel, Prusa, Breitschuh
T: 3:1 (27.) R. Noack (?) - 4:2 (37.) R. Noack (?)
S: keine Angaben

287. - 12.01.1972 TCH - GDR 7:2 (3:1, 3:1, 1:0)
Jihlava, Zimní stadion; Z: 4.500; SR: Wycisk (POL), Ehrensperger (SUI)
Fischer (*Hurbanek n.e.*) - Karrenbauer, H. Novy - D. Peters, H. Schmidt - Thomas, Schur - Huschto, Slapke, Bielas - Patschinski, Stasche, R. Noack (C) - H. Nickel, P. Prusa, R. Peters
T: 2:1 (17.) Huschto (?) / 4:2 (32.) Bielas (?)
S: 6 x 2 Minuten

288. - 14.01.1972 YUG - GDR 4:5 (0:1, 4:2, 0:2)
Ljubljana, Hala Tivoli; Z: 4.000; SR: Stenico (ITA), Gasser (ITA)
Hurbanek* (*Fischer n.e.*) - Karrenbauer, H. Novy - D. Peters, F. Braun - Schur, H. Schmidt - Bielas, Slapke, Karger - R. Noack (C), Patschinski, Stasche - H. Nickel, P. Prusa, Huschto
* *Wer Torwart und wer Ersatz am 14. bzw. 15.01. war, ist nicht bestätigt.*
T: 0:1 (16.) Karger (?) / 1:2 (32.) Karrenbauer (?) - 3:3 (36.) R. Noack (?) / 4:4 (41.) Bielas (?) - 4:5 (58.) Bielas (?)
S: Karger 2

289. - 15.01.1972 YUG - GDR 0:6 (0:2, 0:3, 0:1)
Ljubljana, Hala Tivoli; Z: 4.000; SR: Stenico (ITA), Gasser (ITA)
Fischer* (*Hurbanek n.e.*) - Karrenbauer, H. Novy - D. Peters, F. Braun - Schur, H. Schmidt - Bielas, Slapke, Karger - R. Noack (C), Patschinski, Stasche - H. Nickel, P. Prusa, Huschto
* *Wer Torwart und wer Ersatz am 14. bzw. 15.01. war, ist nicht bestätigt.*
T: 0:1 (15.) Schur (?) - 0:2 (20.) R. Noack (?) / 0:3 (26.) D. Peters (?) - 0:4 (29.) R. Noack (?) - 0:5 (34.) Huschto (?) / 0:6 (47.) H. Nickel (?)
S: H. Novy 2, D. Peters 2

Zu den folgenden beiden Spielen 290 und 291 in Sofia sind kaum Informationen bekannt. In der DDR-Presse wurde nur spärlich und in der bulgarischen Zeitung „Naroden Sport" nur wenig berichtet. Aufgeführt ist die vermutliche Besetzung (in „Naroden Sport" namentlich genannt - mit * gekennzeichnet), Torwart - Ersatztorwart nicht bekannt, Reihenfolge der Torschützen unbekannt.

---

290. - 05.02.1972 BUL - GDR 5:9 (2:2, 1:5, 2:2)
Sofia, Eisstadion Druzhba; Z: ?; SR: ?, ?
R. Herzig (*S. Talakovics n.e.*) - H. Novy, Thomas - F.Braun, D. Peters* - H. Schmidt*, **Heinz Pöhland** (B)* - Zahn (B), Patschinski, Stasche* - Karger, Bielas*, Huschto - R. Mann (W)*, Domko, Mucha (W)* - F. Mälzer (W), P. Prusa
T: Stasche 2, Pöhland 2, D. Peters 1, Mucha 1, Bielas 1, R. Mann 1, H. Schmidt 1
S: keine Angaben

291. - 06.02.1972 BUL - GDR 4:9 (2:2, 1:3, 1:4)
Sofia, Eisstadion Druzhba; Z: ?; SR: ?, ?
R. Herzig *(S. Talakovics n.e.)* - H. Novy*, Thomas - F.Braun, D. Peters - H. Schmidt*, Pöhland - Zahn*, Patschinski*, Stasche - Karger*, Bielas*, Huschto* - R. Mann, Domko*, Mucha - F. Mälzer, P. Prusa
T: Zahn 3, Bielas 2, Patschinski 2, Domko 1, H. Schmidt 1
S: keine Angaben

Olympische Winterspiele 1972

> *Mit dem 3. Platz bei der B-WM 1971 hatte sich die DDR-Auswahl für das Olympische Turnier qualifiziert, wurde jedoch vom NOK der DDR nicht gemeldet.*

292'. - 06.03.1972 GDR - SUI 5:1 (1:1, 4:0, 0:0)
Halle (S.), Eissporthalle am Gimritzer Damm; Z: 2.000; SR: Vidlák (TCH), Pláteník (TCH)
Hurbanek *(R. Herzig n.e.)* - Thomas, Schur - F. Braun, D. Peters - Karrenbauer, H. Novy - Schiller, Slapke, Bielas - R. Noack (C), Patschinski, H. Nickel - Felber (B), P. Prusa, Stasche
T: 1:0 (01:00) Schiller (Bielas) / 2:1 (26.) Slapke (Thomas) - 3:1 (27.) Stasche (P. Prusa) - 4:1 (32.) H. Nickel (Nachschuss) / 5:1 (39.) Bielas (Slapke)
S: Schiller 2, Hurbanek 2 (dafür H. Nickel auf der Strafbank)

293'. - 07.03.1972 GDR - SUI 4:2 (1:1, 1:0, 2:1)
Weißwasser, Eisstadion „Wilhelm Pieck"; Z: 3.000; SR: Vidlák (TCH), Pláteník (TCH)
R. Herzig *(Hurbanek n.e.)* - H. Novy, Karrenbauer - H. Schmidt, F. Braun - R. Noack (C), Patschinski, H. Nickel - Bielas, Slapke, Schiller - Karger, Huschto, Domko - P. Prusa, Stasche, R. Peters - Schur
T: 1:1 (16.) Slapke (Bielas) / 2:1 (29.) H. Schmidt (R. Noack) / 3:1 (41.) Slapke (---) - 4:2 (49.) Bielas (---)
S: H. Novy 2

'   16.03.1972 GDR - TCH (B) 3:4 (0:0, 3:2, 0:2)
Berlin, Eishalle Sportforum Hohenschönhausen; Z: ?; SR: Sorokin (URS), Kukushkin (URS)
Hurbanek (R. Herzig n.e.) - Karrenbauer, Slapke - D. Peters, Schur - H. Schmidt, F. Braun - Huschto, R. Noack (C), Bielas - P. Prusa, Patschinski, R. Peters - Schiller, Stasche, Felber - H. Novy, Karger
T: 1:0 (26.) Huschto (---) - 2:0 (34.) F. Braun (D. Peters) - 3:2 (37.) Bielas (Schiller)
S: Schur 2, Slapke 2

'   17.03.1972 GDR - TCH (B) 3:4 (2:2, 0:1, 1:1)
Halle (S.), Eissporthalle am Gimritzer Damm; Z: ?; SR: Sorokin (URS), Kukushkin (URS)
R. Herzig (Hurbanek n.e.) - Karrenbauer, Slapke - D. Peters, Schur - H. Schmidt, F. Braun - Huschto, R. Noack (C), Bielas - P. Prusa, Patschinski, R. Peters - Schiller, Stasche, Felber - H. Novy, Karger
T: 1:0 (4.) P. Prusa (Karger) - 2:2 (17.) R. Noack (Patschinski) / 3:3 (54.) Slapke (---)
S: Prusa 4, Schiller 2, Schur 2, Slapke 2

B-Weltmeisterschaft 1972

> *Die DDR-Mannschaft belegte Platz 3. Auch bei dieser B-WM musste so gespielt werden, dass ein Aufstieg nicht möglich war.*

294'. - 24.03.1972 GDR - JPN 7:1 (3:0, 4:0, 0:1)
Bucureşti, Patinoarul „23. August"; Z: 1.500; SR: Fischer (NOR), Jahn (USA)
Hurbanek *(R. Herzig n.e.)* - Thomas, Schur - D. Peters, F. Braun - H. Novy, Karrenbauer - Schiller, Slapke, Bielas - R. Noack (C), Patschinski, H. Nickel - Karger, P. Prusa, Stasche
T: 1:0 (01:53) H. Nickel (F. Braun) - 2:0 (14:22) Schiller (Schur) - 3:0 (16:59) R. Noack (H. Nickel) / 4:0 (27:21) Thomas (Weitschuss) - 5:0 (30:10) Karger (Stasche) - 6:0 (31:01) P. Prusa (---) - 7:0 (34:51) Karger (---)
S: keine

295'. - 26.03.1972 GDR - NOR 5:2 (1:2, 1:0, 3:0)
Bucureşti, Patinoarul „23. August"; Z: 2.000; SR: Filip (TCH), Korczyk (POL)
R. Herzig *(Hurbanek n.e.)* - Thomas, Schur - D. Peters, F. Braun - H. Schmidt, H. Novy - Huschto, Slapke, Bielas - R. Noack (C), Patschinski, H. Nickel - Karger, P. Prusa, Stasche
T: 1:1 (12:56) Slapke (Huschto) / 2:2 (36:54) F. Braun (Weitschuss) / 3:2 (45:33) Thomas (Weitschuss) - 4:2 (54:10) R. Noack (H. Nickel) - 5:2 (55:22) Slapke (Thomas)
S: Stasche 5, H. Nickel 2, Thomas 2

296'. - 27.03.1972 GDR - YUG 4:3 (0:3, 2:0, 2:0)
Bucureşti, Patinoarul „23. August"; Z: 2.000; SR: Filip (TCH), Fischer (NOR)
Hurbanek (*R. Herzig n.e.*) - Thomas, H. Schmidt - D. Peters, F. Braun - H. Novy, Karrenbauer - Schiller, Slapke, Bielas - H. Nickel, Patschinski, R. Noack (C) - Karger, P. Prusa, Huschto
T: 1:3 (22:09) Slapke (H. Novy) - 2:3 (24:17) Karger (--) / 3:3 (46:32) F. Braun (H. Novy) / 4:3 (54:05) Bielas (--)
S: Bielas 4

297'. - 29.03.1972 USA - GDR 6:5 (2:2, 0:1, 4:2)
Bucureşti, Patinoarul „23. August"; Z: 7.000; SR: Adam (TCH), Hegeduš (YUG)
R. Herzig (*Hurbanek n.e.*) - Thomas, Schur - D. Peters, F. Braun - H. Novy, Karrenbauer - Schiller, Slapke, Bielas - R. Noack (C), Patschinski, R. Peters - Karger, P. Prusa, Stasche
T: 0:1 (01:22) Slapke (---) - 1:2 (05:32) R. Peters (---) / 2:3 (30:19) R. Noack (D. Peters) / 4:4 (49:22) F. Braun (Weitschuss) - 3:5 (51:56) Slapke (Thomas)
S: Stasche 4, P. Prusa 2, Slapke 2, R. Peters 2

298'. - 30.03.1972 ROU - GDR 3:8 (1:3, 2:2, 0:3)
Bucureşti, Patinoarul „23. August"; Z: 8.000; SR: Fischer (NOR), Izumisawa (JPN)
Hurbanek (*R. Herzig n.e.*) - Thomas, Schur - F. Braun, D. Peters - H. Novy, Karrenbauer - Karger, Slapke, Bielas - H. Nickel, Patschinski, R. Noack (C) - Stasche, P. Prusa, R. Peters
T: 0:1 (05:01) Slapke (Karger) - 0:2 (05:58) F. Braun (---) - 0:3 (16:53) D. Peters (Weitschuss) / 1:4 (20:10) Karger (Stasche) - 3:5 (38:19) Patschinski (Karrenbauer) / 3:6 (40:09) D. Peters (Patschinski) - 3:7 (45:55) F. Braun (Weitschuss) - 3:8 (56:00) F. Braun (Karrenbauer)
S: H. Novy 6, D. Peters 2, Karger 2

299'. - 02.04.1972 POL - GDR 3:2 (2:2, 1:0, 0:0)
Bucureşti, Patinoarul „23. August"; Z: 3.000; SR: Adam (TCH), Izumisawa (JPN)
Hurbanek (*R. Herzig n.e.*) - Thomas, Schur - D. Peters, F. Braun - H. Novy, Karrenbauer - Schiller, Slapke, Bielas - R. Noack (C), Patschinski, Huschto - Stasche, P. Prusa, H. Nickel
T: 0:1 (02:54) H. Nickel (---) - 0:2 (05:16) Schiller (F. Braun)
S: P. Prusa 2

1972/73

300. - 25.09.1972 TCH - GDR 2:2 (1:0, 0:0, 1:2)
Ústí nad Labem, Zimní stadion; Z: 3.500; SR: Korczyk (POL), Zagórski (POL)
Hurbanek (B; *Fischer (W) n.e.*) - Schur (W), Thomas (W) - D. Peters (B), F. Braun (W) - H. Novy (W), Karrenbauer (B) - Bielas (W), Slapke (W), Huschto (W) - Stasche (B), Patschinski (B), R. Peters (B) - Karger (W), **Dieter Simon** (W), R. Noack (C - W) - Dewitz (B), H. Nickel (B), **Jürgen Geisert** (B)
T: 1:1 (45.) H. Nickel (Patschinski) - 1:2 (47.) Bielas (---)
S: Stasche 2, H. Nickel 2, Slapke 2, Karger 2

301. - 27.09.1972 TCH - GDR 3:1 (1:0, 2:1, 0:0)
Liberec, Zimní stadion; Z: 6.500; SR: Korczyk (POL), Zagórski (POL)
Hurbanek (*Fischer n.e.*) - Schur, Thomas - D. Peters, F. Braun - H. Novy, Karrenbauer - Bielas, Slapke, Huschto - Stasche, Patschinski, R. Peters - Karger, Simon, R. Noack (C) - Dewitz, H. Nickel, J. Geisert
T: 1:1 (30.) H. Nickel (?)
S: H. Nickel 2, Stasche 2

302. - 28.09.1972 TCH - GDR 8:1 (4:0, 2:1, 2:0)
Praha, Zimní stadion Slavia; Z: 250; SR: Korczyk (POL), Zagórski (POL)
Hurbanek (*Fischer n.e.*) - Schur, Thomas - D. Peters, F. Braun - H. Novy, Karrenbauer - H. Nickel, Bielas, Huschto - Stasche, Patschinski, R. Peters - Karger, Simon, R. Noack (C)
T: 4:1 (34.) Bielas (?)
S: keine Angaben

303. - 04.11.1972 SUI - GDR 5:13 (1:2, 2:8, 2:3)
Bern, Eisstadion Allmend; Z: 6.000; SR: Janežič (YUG), Krisch (YUG)
Hurbanek (*Fischer n.e.*) - H. Novy, Karrenbauer - Schur, J. Geisert - D. Peters, F. Braun - Karger, Simon, R. Noack (C) - H. Nickel, Patschinski, Stasche - Huschto, Domko (W), P. Prusa (B) (Diese Reihe nur bis 20:00 eingesetzt.) - R. Peters, Slapke, Bielas (Diese Reihe ab 20:01 eingesetzt.)
T: 0:1 (07:15) Schur (Slapke, Bielas) - 1:2 (19:42) Patschinski (---) / 1:3 (20:36) Simon (Karger) - 1:4 (21:46) Stasche (---) - 1:5 (24:43) H. Novy (---) - 1:6 (27:03) F. Braun (Weitschuss) - 1:7 (27:45) Bielas (J. Geisert) - 1:8 (28:44) Karger (Simon, Karrenbauer) - 1:9 (30:00) D. Peters (Patschinski, H. Nickel) - 1:10 (33:49) Karger (Karrenbauer) / 4:11 (43.) Bielas (Slapke) - 4:12 (45.) Huschto (---) - 4:13 (50.) Slapke (---)
S: H. Novy 2

304. - 05.11.1972 SUI - GDR 3:6 (2:3, 1:1, 0:2)
Zug, Hertistadion (Freiluft); Z: 4.120; SR: Janežič (YUG), Krisch (YUG)
Fischer (*Hurbanek n.e.*) - Karrenbauer, H. Novy - D. Peters, F. Braun - Janke (B), Schur - Karger, P. Prusa, R. Noack (C) - H. Nickel, Patschinski, Stasche - R. Peters, Slapke, Bielas (ab ?. Huschto)
T: 0:1 (2.) Stasche (---) - 2:2 (12.) Patschinski (F. Braun) - 2:3 (13.) H. Nickel (?) / 3:4 (40.) D. Peters (?) / 3:5 (45.) Karger (?) - 3:6 (55.) H. Novy (---)
S: 2 x 2 Minuten

305. - 05.12.1972 NOR - GDR 2:8 (1:2, 1:3, 0:3)
Oslo, Jordal Amfi Ishall (seit 1971 überdacht); Z: 2.590; SR: D. Lindberg (SWE), A. Södergren (SWE)
Hurbanek (*Fischer n.e.*) - Karrenbauer, H. Novy - D. Peters, F. Braun - Dewitz, Huschto - Karger, P. Prusa, R. Noack (C) - R. Peters, Patschinski, Stasche - Bielas, Slapke, Simon
T: 1:1 (07:45) Karger (H. Novy) - 1:2 (11:40) Slapke (Huschto) / 2:3 (28:45) Stasche (F. Braun) - 2:4 (36:45) R. Peters (?) - 2:5 (39:20) Slapke (?) / 2:6 (47:45) H. Novy (?) - 2:7 (53:25) Patschinski (?) - 2:8 (59:20) Stasche (?)
S: Prusa 4, H. Novy 2, Slapke 2

306. - 06.12.1972 NOR - GDR 1:3 (1:2, 0:1, 0:0)
Oslo, Jordal Amfi Ishall; Z: 1.441; SR: D. Lindberg (SWE), A. Södergren (SWE)
Fischer (*Hurbanek n.e.*) - Karrenbauer, H. Novy - D. Peters, F. Braun - Dewitz, Huschto - Karger, Breitschuh (B), R. Noack (C) - R. Peters, Patschinski, Stasche - Bielas, Slapke, Simon
T: 0:1 (04:15) Bielas (Slapke) - 0:2 (06:00) R. Noack (---) / 1:3 (29:35) Slapke (Bielas)
S: Karger 2, Slapke 2

307'. - 06.03.1973 GDR - AUT 12:1 (5:1, 2:0, 5:0)
Halle (S.), Eissporthalle am Gimritzer Damm; Z: 900; SR: Mattsson (SWE), Johannsson (SWE)
Hurbanek (*Fischer n.e.*) - Schur, J. Philipp (W) - D. Peters, F. Braun - Karrenbauer, H. Novy - R. Peters (ab 40:01 Felber (B)), Slapke, Bielas - H. Nickel, Patschinski, Stasche - Simon, P. Prusa, R. Noack (C)
T: 1:0 (4.) Stasche (H. Nickel) - 2:0 (4.) R. Noack (Weitschuss) - 3:1 (14.) Bielas (Slapke) - 4:1 (19.) R. Noack (Simon) - 5:1 (19.) Bielas (Slapke) / 6:1 (36.) Patschinski (---) - 7:1 (40.) Patschinski (H. Nickel) / 8:1 (42.) Felber (Bielas) - 9:1 (43.) Bielas (Felber) - 10:1 (43.) Patschinski (---) - 11:1 (45.) Simon (Karrenbauer) - 12:1 (53.) F. Braun (Patschinski)
S: J. Philipp 4
D. Peters erreichte als sechzehnter Spieler 100 Länderspiele.

'   *09.12.1972 GDR - URS (B)* 5:3 (2:1, 1:2, 2:0)*
* Auswahl mit Spielern von Torpedo Gorkiy und Traktor Chelyabinsk (in diesem und dem folgenden Spiel)
Halle (S.), Eissporthalle am Gimritzer Damm; Z: 1.500; SR: Pražák (TCH), Liška (TCH)
Hurbanek (Fischer n.e.) - Karrenbauer, H. Novy - D. Peters, F. Braun - Huschto, Dewitz - Karger, Simon, R. Noack (C) - Stasche, Patschinski, Breitschuh - Bielas, Slapke, R. Peters - Janke, Mucha (W)
T: 1:1 (10.) R. Noack (Karger) - 2:1 (19.) Patschinski (Breitschuh) / 3:3 (38.) Bielas (---) / 4:3 (49.) R. Noack (--) - 5:3 (52.) Stasche (---)
S: D. Peters 2, H. Novy 2, Stasche 2, Simon 2, Patschinski 2

'   *10.12.1972 GDR - URS (B) 3:5 (0:1, 2:2, 1:2)*
Weißwasser, Eisstadion „Wilhelm Pieck"; Z: 2.600; SR: Pražák (TCH), Liška (TCH)
Fischer (Hurbanek n.e.) - F. Braun, Huschto - D. Peters, Dewitz - Karrenbauer, R. Peters - R. Noack (C), Simon, Karger - Stasche, Patschinski, Breitschuh - Bielas, Slapke, Schiller (B) - Janke, Mucha
T: 1:1 (22.) Breitschuh (---) - 2:1 (26.) Bielas (F. Braun) / 3:5 (60.) Patschinski (R. Noack)
S: Huschto 4, Patschinski 2, Stasche 2, D. Peters 2, R. Noack 2, R. Peters 2

'   *19.12.1972 GDR - TCH (B) 7:1 (3:0, 2:1, 2:0)*
Weißwasser, Eisstadion „Wilhelm Pieck"; Z: 500; SR: Wróbel (POL), Strociak (POL)
Fischer (Hurbanek n.e.) - D. Peters, F. Braun (ab 40:01 R. Peters) - Karrenbauer, Dewitz - Schur, Huschto - H. Nickel, Patschinski, Stasche - Karger, P. Prusa, R. Noack (C - ab 40:01 Janke) - Breitschuh, Slapke, Schiller
T: 1:0 (2.) P. Prusa (R. Peters) - 2:0 (4.) F. Braun (Weitschuss) - 3:0 (20.) H. Nickel (Stasche) / 4:1 (30.) R. Noack (Karger) - 5:1 (39.) Stasche (Schur) / 6:1 (58.) Slapke (Breitschuh) - 7:1 (60.) P. Prusa (Karger)
S: Slapke 2, Breitschuh 2

'   *20.12.1972 GDR - TCH (B) 7:3 (4:2, 3:0, 0:1)*
Halle (S.), Eissporthalle am Gimritzer Damm; Z: 1.200; SR: Wróbel (POL), Strociak (POL)
Hurbanek (Fischer n.e.) - D. Peters, R. Peters - Karrenbauer, Dewitz - Huschto, Schur - H. Nickel, Patschinski, Stasche - R. Noack (C), P. Prusa, Karger - Breitschuh, Slapke, Schiller - Janke
T: 1:1 (5.) Patschinski (H. Nickel) - 2:1 (6.) Karger (---) - 3:1 (8.) Patschinski (---) - 4:2 (18.) H. Nickel (Patschinski) / 5:2 (26.) R. Noack (Karrenbauer) - 6:2 (27.) P. Prusa (R. Noack) - 7:2 (40.) R. Noack (P. Prusa)
S: D. Peters 2, Janke 2, Patschinski 2

308'. - 07.03.1973 GDR - AUT 8:2 (3:1, 4:0, 1:1)
Dresden, Eissporthalle Pieschener Allee; Z: 1.000; SR: Mattsson (SWE), Johannsson (SWE)
Fischer (Hurbanek n.e.) - D. Peters, F. Braun - Huschto, Schur (ab ?. Dewitz) - Karrenbauer, H. Novy - Bielas, Slapke, Felber - H. Nickel, Patschinski, Stasche - R. Noack (C), Simon, P. Prusa - J. Philipp, R. Peters
T: 1:0 (2.) Stasche (H. Nickel) - 2:0 (9.) Bielas (---) - 3:1 (13.) Felber (---) / 4:1 (22.) R. Noack (P. Prusa) - 5:1 (25.) Slapke (Bielas) - 6:1 (31.) Bielas (---) - 7:1 (37.) Simon (P. Prusa) / 8:1 (53.) H. Nickel (Stasche)
S: Bielas 4, F. Braun 2

309'. - 16.03.1973 GDR - JPN 11:2 (3:0, 5:0, 3:2)
Dresden, Eissporthalle Pieschener Allee; Z: 1.500; SR: Ehrensperger (SUI), Weidmann (SUI)
Hurbanek (Fischer n.e.) - Karrenbauer, Schur - D. Peters, Dewitz - F. Braun, Huschto (ab ?. J. Philipp) - R. Peters (ab ?. Felber), Slapke, Bielas - H. Nickel, Patschinski, Stasche - R. Noack (C), P. Prusa, Simon (ab ?. Domko)
T: 1:0 (9.) Simon (R. Noack) - 2:0 (11.) Stasche (---) - 3:0 (16.) D. Peters (Stasche) / 4:0 (32.) H. Nickel (Bielas) - 5:0 (33.) D. Peters (H. Nickel) - 6:0 (34.) Huschto (Simon) - 7:0 (35.) Bielas (Schur) - 8:0 (39.) Stasche (Nachschuss) / 9:1 (45.) Slapke - 10:1 (50.) Bielas (Karrenbauer) - 11:2 (54.) R. Noack (Nachschuss)
S: R. Noack 2, Schur 2

310'. - 17.03.1973 GDR - JPN 10:2 (4:0, 2:1, 4:1)
Halle (S.), Eissporthalle am Gimritzer Damm; Z: 1.200; SR: Ehrensperger (SUI), Weidmann (SUI)
Fischer (Hurbanek n.e.) - Karrenbauer, Schur - D. Peters, Dewitz - F. Braun, J. Philipp - Bielas, Slapke, Felber - H. Nickel, Patschinski, Stasche - R. Noack (C), P. Prusa, Domko - R. Peters, Simon, Huschto
T: 1:0 (2.) Stasche (Patschinski) - 2:0 (11.) P. Prusa (Domko) - 3:0 (18.) D. Peters (Stasche) - 4:0 (19.) P. Prusa (J. Philipp) / 5:0 (27.) Slapke (Bielas) - 6:0 (35.) D. Peters (Patschinski) / 7:1 (41.) Felber (Bielas, Slapke) - 8:1 (50.) Slapke (Schur) - 9:1 (51.) H. Nickel (Stasche) - 10:2 (56.) Bielas (---)
S: keine Strafen

B-Weltmeisterschaft 1973
Die DDR-Auswahl belegte Platz 1. Da der DTSB während des Turniers seinen Beschluss zum Nichtaufstieg aufgehoben hatte, durfte die Mannschaft 1974 an der A-WM teilnehmen.

311'. - 22.03.1973 GDR - YUG 6:4 (3:1, 1:1, 2:2)
Graz, Eisstadion Liebenau; Z: 1.500; SR: Valentin (AUT), Tegnér (SWE)
Fischer (Hurbanek n.e.*) - Karrenbauer, Schur - D. Peters, Dewitz - F. Braun, Huschto (ab ?. J. Philipp) - Bielas, Slapke, R. Peters - H. Nickel, Patschinski, Stasche - R. Noack (C), P. Prusa, Felber - Simon
* lt. DELV-Statistik Einsatz, jedoch durch Spielbericht und Quellen nicht bestätigt
T: 1:0 (05:26) Karrenbauer (Bielas) - 2:0 (08:14) F. Braun (R. Noack) - 3:1 (13:57) R. Peters (Slapke) / 4:1 (20:31) H. Nickel (Patschinski) / 5:2 (44:05) H. Nickel (---) - 6:3 (51:03) R. Peters (---)
S: Stasche 2, Huschto 2, Patschinski 2

312'. - 24.03.1973 GDR - SUI 8:5 (4:3, 1:0, 3:2)
Graz, Eisstadion Liebenau; Z: 800; SR: Valentin (AUT), Filip (TCH)
Hurbanek (Fischer n.e.*) - Karrenbauer, J. Philipp - D. Peters, Dewitz - F. Braun, Huschto - Bielas, Slapke, R. Peters - H. Nickel, Patschinski, Stasche - R. Noack (C), Domko, P. Prusa - Schur, Simon
* lt. DELV-Statistik Einsatz, jedoch durch Spielbericht und Quellen nicht bestätigt
T: 1:0 (02:14) Patschinski (H. Nickel) - 2:2 (06:19) Slapke (Bielas) - 3:2 (10:27) Stasche (Patschinski) - 4:2 (11:14) P. Prusa (Domko) / 5:3 (26:05) Patschinski (H. Nickel) / 6:4 (47:39) R. Noack (D. Peters) - 7:5 (53:52) P. Prusa (Slapke) - 8:5 (58:41) Bielas (Dewitz)
S: J. Philipp 2, Bielas 2, R. Peters 2, Slapke 2, Dewitz 2, H. Nickel 2

313'. - 25.03.1973 USA - GDR 4:6 (1:1, 2:1, 1:4)
Graz, Eisstadion Liebenau; Z: 5.000; SR: Valentin (AUT), Zaalberg (NED)
Hurbanek (Fischer n.e.*) - Karrenbauer, Schur - P. Prusa, Bielas - D. Peters, R. Peters - Simon, R. Noack (C), Felber - Domko, Slapke, Stasche - Dewitz, J. Philipp, B. Nickel - Patschinski
* lt. DELV-Statistik Einsatz, jedoch durch Spielbericht und Quellen nicht bestätigt
T: 1:1 (17:03) Domko (R. Noack) / 3:2 (35:40) H. Nickel (Patschinski) - 3:3 (42:50) Stasche (Patschinski) - 3:4 (51:08) Bielas (---) - 3:5 (57:25) D. Peters (---) - 4:6 (59:57) Patschinski (Stasche)
S: Slapke 2, Karrenbauer 2, Simon 2, R. Noack 2, J. Philipp 2, Patschinski 2
H. Nickel erreichte als siebzehnter Spieler 100 Länderspiele.

314'. - 27.03.1973 GDR - ROU 4:2 (0:0, 0:1, 4:1)
Graz, Eisstadion Liebenau; Z: 1.500; SR: Krisch (YUG), Filip (TCH)
Fischer (Hurbanek n.e.*) - Karrenbauer, Schur - D. Peters, Dewitz - J. Philipp, Slapke - H. Nickel, Patschinski,
Stasche - R. Noack (C), Simon, Domko - Bielas, P. Prusa, R. Peters - Felber
* lt. DELV-Statistik Einsatz, jedoch durch Spielbericht und Quellen nicht bestätigt
T: 1:1 (40:28) Slapke (Bielas) - 2:2 (46:53) Patschinski (R. Noack) - 3:2 (53:02) R. Noack (---) - 4:2 (59:21) R.
Noack (---)
S: H. Nickel 2

315'. - 28.03.1973 JPN - GDR 3:5 (0:1, 1:3, 2:1)
Graz, Eisstadion Liebenau; Z: 2.000; SR: Tegnér (SWE), Valentin (AUT)
Hurbanek (Fischer n.e.*) - Schur, J. Philipp - R. Peters, D. Peters - Huschto, Karrenbauer - Stasche, Patschinski,
H. Nickel - Felber, Slapke, Bielas - P. Prusa, R. Noack (C), Simon - Domko
* lt. DELV-Statistik Einsatz, jedoch durch Spielbericht und Quellen nicht bestätigt
T: 0:1 (10:46) Stasche (H. Nickel) / 1:2 (37:25) Slapke (R. Noack) - 1:3 (37:56) Slapke (Bielas) - 1:4 (38:34) D.
Peters (R. Peters) / 1:5 (41:51) Patschinski (Stasche)
S: keine Strafen

316'. - 30.03.1973 ITA - GDR 1:15 (0:3, 0:4, 1:8)
Graz, Eisstadion Liebenau; Z: 2.900; SR: Valentin (AUT), Reznikov (URS)
Fischer (Hurbanek n.e.*) - J. Philipp, Schur - R. Peters, D. Peters - Huschto, Karrenbauer - Felber, Slapke,
Bielas - Stasche, Patschinski, H. Nickel - Domko, Simon, R. Noack (C) - P. Prusa
* lt. DELV-Statistik Einsatz, jedoch durch Spielbericht und Quellen nicht bestätigt
T: 0:1 (11:52) R. Noack (Karrenbauer) - 0:2 (14:10) Patschinski (---) - 0:3 (15:17) Simon (---) / 0:4 (25:30) J.
Philipp (Bielas) - 0:5 (26:13) Stasche (D. Peters) - 6:0 (27:28) Patschinski (R. Peters) - 0:7 (34:53) Slapke (P.
Prusa) / 0:8 (40:17) Slapke (---) - 0:9 (40:38) Bielas (Slapke) - 0:10 (46:17) Slapke (J. Philipp) - 0:11 (48:54)
Huschto (R. Noack) - 0:12 (49:49) Bielas (---) - 0:13 (52:13) H. Nickel (D. Peters) - 1:14 (55:35) Felber (Schur) -
1:15 (56:55) Slapke (Felber)
S: Stasche 2, Huschto 2, Simon 2

317'. - 31.03.1973 AUT - GDR 2:12 (1:4, 1:3, 0:5)
Graz, Eisstadion Liebenau; Z: 2.500; SR: Takagi (JPN), Reznikov (URS)
Hurbanek (Fischer n.e.*) - J. Philipp, Schur - Slapke, Bielas - Felber - H. Nickel, D. Peters, R. Peters -
Karrenbauer, Patschinski, Stasche - Huschto, R. Noack (C), Simon - P. Prusa, Domko
* lt. DELV-Statistik Einsatz, jedoch durch Spielbericht und Quellen nicht bestätigt
T: 0:1 (07:50) P. Prusa (Stasche) - 0:2 (09:46) Felber (Slapke) - 0:3 (11:37) Simon (P. Prusa) - 1:4 (17:10)
Slapke (Schur) / 1:5 (23:23) P. Prusa (D. Peters) - 2:6 (29:19) D. Peters (H. Nickel) - 2:7 (32:40) Bielas (Slapke)
/ 2:8 (46:38) Patschinski (---) - 2:9 (52:38) Patschinski (Stasche) - 2:10 (58:08) H. Nickel (Patschinski) - 2:11
(58:15) Stasche (Patschinski) - 2:12 (58:48) Stasche (Patschinski)
S: R. Noack 2, J. Philipp 2

1973/74

318'. - 13.11.1973 GDR - TCH 3:2 (2:0, 1:2, 0:0)
Weißwasser*, Eisstadion „Wilhelm Pieck"; Z: 4.000; SR: Tegnér (SWE), Andersson (SWE)
* während des Spiels Regen, weiches Eis
Fischer (W; *Hurbanek (B) n. e.*) - Schur (W), Karrenbauer (B) - F. Braun (W), D. Peters (B) - H. Novy (W), B.
Engelmann (W) - R. Noack (C - W), Slapke (W), Bielas (W) - H. Nickel (B), Patschinski (B), Stasche (B) - Karger
(W), Simon (W), Thomas (W) - P. Prusa (B), R. Peters (B), Felber (B)
T: 1:0 (8.) Simon (Karrenbauer) - 2:0 (17.) Simon (Karger) / 3:0 (24.) Simon (---)
S: Thomas 2

319'. - 14.11.1973 GDR - TCH 3:6 (1:0, 1:2, 1:4)
Berlin, Eishalle Sportforum Hohenschönhausen; Z: 2.500; SR: Tegnér (SWE), Andersson (SWE)
Fischer (*Hurbanek n.e.*) - Schur, Karrenbauer - F. Braun, D. Peters - H. Novy, B. Engelmann - R. Noack (C),
Slapke, Bielas - H. Nickel, Patschinski, Stasche - Karger, Simon, Thomas - P. Prusa, R. Peters, Felber
T: 1:0 (16.) P. Prusa (---) / 2:2 (36.) H. Nickel (Patschinski) / 3:6 (57.) Slapke (---)
S: Schur 4, Slapke 2, Simon 2, H. Novy 2

320'. - 27.11.1973 GDR - URS (B) 1:6 (0:1, 0:3, 1:2)
Weißwasser*, Eisstadion „Wilhelm Pieck"; Z: 4.000; SR: Ehrensperger (SUI), Weidmann (SUI)
* während des Spiels starkes Schneetreiben
Fischer (*Hurbanek n.e.*) - F. Braun, B. Engelmann - D. Peters, Schur - Karrenbauer, **Dieter Frenzel** (B) -
Eckhardt Scholz (W), Slapke, Bielas - Stasche, Patschinski, H. Nickel - Karger, P. Prusa, R. Noack (C) - R.
Peters
T: 1:4 (42.) Bielas (Nachschuss)
S: Slapke 4, D. Peters 2, R. Noack 2

321'. - 28.11.1973 GDR - URS (B) 1:5 (1:1, 0:1, 0:3)
Berlin, Eishalle Sportforum Hohenschönhausen; Z: 2.000; SR: Ehrensperger (SUI), Weidmann (SUI)
Hurbanek (*Fischer n.e.*) - F. Braun, B. Engelmann - D. Peters, Schur - Karrenbauer, D. Frenzel - Mucha (W),
Slapke, Bielas - Stasche, Patschinski, H. Nickel - Karger, P. Prusa, R. Noack (C) - R. Peters
T: 1:0 (16.) B. Engelmann (Nachschuss)
S: Patschinski 2, Karrenbauer 2, D. Peters 2

322'. - 05.12.1973 GDR - POL 6:5 (2:2, 1:2, 3:1)
Weißwasser, Eisstadion „Wilhelm Pieck"; Z: 3.000; SR: Bucala (TCH), Okoličány (TCH)
Fischer (*Hurbanek n.e.*) - F. Braun, B. Engelmann - D. Peters, Schur - Karrenbauer, D. Frenzel - Bielas, Slapke,
Gerhard Müller (B) - H. Nickel, Patschinski*, R. Peters - R. Noack (C), P. Prusa, Schur (B), Mucha
T: 1:0 (00:20) F. Braun (---) - 2:1 (13.) P. Prusa (Bielas, B. Engelmann) / 3:2 (28.) D. Frenzel (P. Prusa) / 4:5
(51.) H. Nickel (B. Engelmann) - 5:5 (56.) H. Nickel (P. Prusa) - 6:5 (58:45) F. Braun (P. Prusa)
* Penalty in der ? Minute von Patschinski verschossen
S: Bielas 2, D. Peters 2, Schur 2

323'. - 06.12.1973 GDR - POL 4:5 (2:1, 0:1, 2:3)
Berlin, Eishalle Sportforum Hohenschönhausen; Z: 2.500; SR: Bucala (TCH), Okoličány (TCH)
Hurbanek (*Fischer n.e.*) - F. Braun, B. Engelmann - D. Peters, Schur - D. Frenzel, Dewitz - Thomas, Slapke,
Bielas - H. Nickel, Patschinski, Müller - Karger, P. Prusa, R. Noack (C) - Karrenbauer
T: 1:1 (11.) Slapke (Patschinski) - 2:1 (12.) Patschinski (Nachschuss) / 3:5 (55.) Bielas (R. Noack) - 4:5 (60.)
Bielas (---)
S: B. Engelmann 4+10 (Disziplinarstrafe), Müller 2, Slapke 2, D. Frenzel 2, Schur 2, Patschinski 2

324. - 12.12.1973 TCH - GDR 12:4 (3:1, 6:2, 3:1)
Pardubice, Zimní stadion; Z: 8.000; SR: Wiitala (FIN), Sepponen (FIN)
Fischer (*Hurbanek n.e.*) - F. Braun, B. Engelmann - D. Peters, Dewitz - D. Frenzel, H. Novy - R. Noack (C),
Slapke, Bielas - Stasche, Patschinski, H. Nickel - Müller, P. Prusa, Karger - R. Peters, Thomas
T: 3:1 (15.) Patschinski (?) / 3:2 (21.) R. Noack (?) - 3:3 (24.) D. Frenzel (?) / 12:4 (59.) H. Nickel (?)
S: 3 x 2 Minuten

325. - 13.12.1973 TCH - GDR 6:2 (2:2, 1:0, 3:0)
Hradec Kralové, Zimní stadion; Z: 3.000; SR: Wiitala (FIN), Sepponen (FIN)
Hurbanek (*Fischer n.e.*) - F. Braun, B. Engelmann - D. Peters, Dewitz - H. Novy, D. Frenzel - R. Noack (C),
Slapke, Bielas - Stasche, Patschinski, H. Nickel - Müller, P. Prusa, Karger - Schur, R. Peters
T: 0:1 (4.) Slapke (---) - 1:2 (19.) F. Braun (Bielas)
S: Dewitz 8, Patschinski 2, Schur 2, Slapke 2, F. Braun 2

' 15.12.1973 GDR - SWE (B) 5:3 (1:1, 1:2, 3:0)
Dresden, Eissporthalle Pieschener Allee; Z: 1.200; SR: Filip (TCH), Pláteník (TCH)
Fischer (Hurbanek n.e.) - F. Braun, B. Engelmann - D. Peter, Dewitz - H. Novy, D. Frenzel - Bielas, Slapke, R.
Noack (C) - H. Nickel, Patschinski, Stasche - Karger, P. Prusa, Müller - R. Peters, Schur
T: 1:1 (9.) Slapke (R. Noack) / 2:1 (21.) B. Engelmann (R. Noack, Bielas) / 3:3 (50.) Slapke (R. Noack) - 4:3 (56.)
Slapke (---) - 5:3 (57.) H. Nickel (Stasche)
S: H. Nickel 2, Müller 2, Bielas 2, H. Novy 2

' 16.12.1973 GDR - SWE (B) 4:1 (1:0, 1:0, 2:1)
Weißwasser, Eisstadion „Wilhelm Pieck"; Z: 1.033; SR: Filip (TCH), Pláteník (TCH)
Fischer (Hurbanek n.e.) - F. Braun, B. Engelmann - D. Peter, Schur - H. Novy, D. Frenzel - Bielas, Slapke, R.
Noack (C) - H. Nickel, Patschinski, Stasche - Karger, P. Prusa, Müller - R. Peters, Dewitz
T: 1:0 (3.) P. Prusa (Karger) / 2:0 (36.) Bielas (Karger) / 3:1 (57.) Patschinski (Schur) - 4:1 (58.) Stasche
(Patschinski)
S: Slapke 2, H. Novy 2, Müller 2, P. Prusa 2, Stasche 2, H. Nickel 2

326. - 30.01.1974 NOR - GDR 3:3 (1:2, 1:0, 1:1)
Oslo, Jordal Amfi Ishall; Z: 3.000; SR: Dahlberg (SWE), Granberg (SWE)
Fischer (*Hurbanek n.e.*) - D. Peters, D. Frenzel - Karrenbauer, Huschto (W) - Dewitz, Schur - Bielas, Slapke, R.
Noack (C) - Simon, Thomas, H. Nickel - Patschinski, Scholz, Stasche - Karger, Breitschuh (B), Müller
T: 0:1 (04:18) Stasche (?) - 0:2 (19.) Stasche (?) / 2:3 (44:06) Bielas (?)
S: keine Angaben
Patschinski und Slapke erreichten als achtzehnter und neunzehnter Spieler 100 Länderspiele.

327. - 01.02.1974 NOR - GDR 5:4 (2:3, 1:0, 2:1)
Oslo, Jordal Amfi Ishall; Z: 4.000; SR: Dahlberg (SWE), Granberg (SWE)
Fischer (*Hurbanek n.e.*) - D. Peters, D. Frenzel - Karrenbauer, Huschto - Dewitz, Schur - Bielas, Slapke, R.
Noack (C) - Simon, Thomas, H. Nickel - Scholz, Stasche, Karger - Breitschuh, Müller
T: 1:1 (?) Bielas (?) - 1:2 (?) Breitschuh (?) - 1:3 (?) D. Peters (?) / 5:4 (?) Karrenbauer (?)
S: keine Angaben

' **09.03.1974 GDR - TCH (B) 1:2 (0:1, 0:1, 1:0)**
Weißwasser, Eisstadion „Wilhelm Pieck"; Z: 1.000; SR: Rajski (POL), Korczyk (POL)
Fischer (Hurbanek n.e.) - D. Peters, Huschto - D. Frenzel, Karrenbauer - Schur, J. Philipp (W) - Bielas, Müller,
R. Noack (C) - H. Nickel, Patschinski, Stasche - Karger, Simon, Thomas
T: 1:2 (45.) Bielas (---)
S: D. Peters 2
' **10.03.1974 GDR - TCH (B) 3:3 (3:1, 0:1, 0:1)**
Dresden, Eissporthalle Pieschener Allee; Z: 900; SR: Rajski (POL), Korczyk (POL)
Hurbanek (Fischer) - D. Peters, Huschto - D. Frenzel, Karrenbauer - Schur, J. Philipp - Bielas, Müller, R. Noack
(C) - H. Nickel, Patschinski, Stasche - Karger, Simon, Thomas
T: 1:0 (6.) Müller (Huschto) - 2:1 (9.) Huschto (R. Noack) - 3:1 (18.) D. Peters (---)
S: keine

328'. - 16.03.1974 GDR - NOR 3:2 (0:0, 2:2, 1:0)
Dresden, Eissporthalle Pieschener Allee; Z: 800; SR: Haidinger (AUT), Valentin (AUT)
Fischer (*Hurbanek n.e.*) - D. Peters, B. Engelmann - Karrenbauer, D. Frenzel - F. Braun, Huschto - R. Noack
(C), Slapke, Bielas - H. Nickel, Patschinski, Stasche - Karger, Simon, Thomas (ab ? Müller)
T: 1:0 (23.) Thomas (Karger) - 2:2 (38.) D. Peters (---) / 3:2 (49.) Slapke (R. Noack)
S: Slapke 4, Karger 4, Bielas 2

329'. - 17.03.1974 GDR - NOR 6:2 (2:0, 1:1, 3:1)
Berlin, Eishalle Sportforum Hohenschönhausen; Z: 2.000; SR: Haidinger (AUT), Valentin (AUT)
Hurbanek (*Fischer n.e.*) - D. Peters, B. Engelmann - D. Frenzel, Karrenbauer - Schur, F. Braun - Bielas, Slapke,
R. Noack (C) - H. Nickel, Patschinski, Stasche (ab 40:01 Thomas) - Müller, P. Prusa, Karger
T: 1:0 (00:39) Slapke (R. Noack) - 2:0 (8.) R. Noack (D. Peters) / 3:0 (23.) H. Nickel (---) / 4:1 (44.) Bielas (Slapke)
- 5:2 (51.) P. Prusa (Müller) - 6:2 (57.) H. Nickel (Thomas)
S: R. Noack 2, D. Peters 2, Thomas 2

' **26.03.1974 GDR - URS (B) 4:4 (1:2. 2:0, 1:2)**
Berlin, Eishalle Sportforum Hohenschönhausen; Z: 1.000; SR: Haraldsen (NOR), Fredriksen (NOR)
Hurbanek (Fischer n.e.) - D. Peters, B. Engelmann - Karrenbauer, D. Frenzel - F. Braun, Schur - Bielas, Slapke,
R. Noack (C) - H. Nickel, Patschinski, Stasche - Müller, P. Prusa, Karger - Thomas, Huschto, Simon
T: 1:2 (18.) Stasche (Patschinski) / 2:2 (24.) Bielas (---) - 3:2 (40.) R. Noack (---) / 4:4 (57.) Slapke (---)
S: R. Noack 2, H. Nickel 2, Slapke 2

' **27.03.1974 GDR - URS (B) 2:6 (1:2, 0:1, 1:3)**
Dresden, Eissporthalle Pieschener Allee; Z: 800; SR: Haraldsen (NOR), Fredriksen (NOR)
Fischer (Hurbanek n.e.) - D. Peters, Huschto - Karrenbauer, D. Frenzel - F. Braun, Schur - Bielas, Slapke, R.
Noack (C) - P. Prusa, Patschinski, Müller - Thomas, Simon, Karger - H. Nickel, Stasche, B. Engelmann
T: 1:1 (13.) Karger (Simon) / 2:6 (56.) Slapke (R. Noack)
S: D. Frenzel 2, Bielas 2, D. Peters 2, Slapke 2, P. Prusa 2

41. A-Welt- und 51. Europameisterschaft 1974

Die DDR-Auswahl belegte WM- und EM-Platz 6 und stieg damit in die B-WM 1975 ab.

330'. - 05.04.1974 URS - GDR 5:0 (2:0, 0:0, 3:0)
Helsinki, Jäähalli; Z: 4.088; SR: Wiitala (FIN), Sepponen (FIN)
Hurbanek (*Fischer n.e.*) - B. Engelmann, Schur - Karrenbauer, D. Frenzel - F. Braun, Huschto - R. Noack (C),
Slapke, Bielas - Simon, Patschinski, H. Nickel - Karger, P. Prusa, Müller
S: P. Prusa 5, Schur 2, Huschto 2, Karger 2, Slapke 2, Patschinski 2

331'. - 06.04.1974 GDR - FIN 3:7 (1:2, 0:1, 2:4)
Helsinki, Jäähalli; Z: 6.075; SR: Szczepek (POL), Larsen (USA)
Fischer (*Hurbanek n.e.*) - Karrenbauer, D. Frenzel - F. Braun, Schur - B. Engelmann, D. Peters - Huschto - H.
Nickel, Patschinski, Simon - Karger, P. Prusa, Müller - Bielas, Slapke, R. Noack (C) - Stasche
T: 1:0 (07:17) Simon (H. Nickel) / 2:5 (47:41) H. Nickel (Karrenbauer) - 3:5 (53:51) Patschinski (---)
S: Simon 2, D. Frenzel 2, Karrenbauer 2, Slapke 2
F. Braun erreichte als zwanzigster Spieler 100 Länderspiele.

332'. - 08.04.1974 TCH - GDR 8:0 (3:0, 1:0, 4:0)
Helsinki, Jäähalli; Z: 4.152; SR: Dahlberg (SWE), Wiitala (FIN)
Hurbanek (ab 20:01 Fischer) - B. Engelmann, D. Peters - Karrenbauer, D. Frenzel - F. Braun, Huschto - R. Noack (C), Slapke, Bielas - H. Nickel, Patschinski, Stasche - Karger, P. Prusa (ab 21. Simon), Müller
S: B. Engelmann 4, Slapke 4, Karrenbauer 2, Simon 2

333'. - 09.04.1974 GDR - SWE 1:10 (1:3, 0:3, 0:4)
Helsinki, Jäähalli; Z: 4.141; SR: Pražák (TCH), Wiitala (FIN)
Fischer (*Hurbanek n.e.*) - D. Peters, Schur - Karrenbauer, D. Frenzel - F. Braun, Huschto (ab ? B. Engelmann) - R. Noack (C), Slapke, Bielas - H. Nickel, Patschinski, Stasche (ab 21. P. Prusa) - Müller, Thomas, Simon
T: 1:0 (03:07) Bielas (Slapke)
S: Müller 4, Simon 2

334'. - 11.04.1974 POL - GDR 3:5 (3:1, 0:4, 0:0)
Helsinki, Jäähalli; Z: 4.911; SR: Pražák (TCH), Larsen (USA)
Fischer (*Hurbanek n.e.*) - F. Braun, Slapke (ab 21. Schur) - D. Peters (ab 21. D. Frenzel), Karrenbauer - Bielas, Simon (ab 21. Slapke), R. Noack (C) - H. Nickel (ab 21. Müller), Patschinski, Huschto (ab 21. D. Peters) - Karger, P. Prusa (ab 21. Simon), Müller (ab 21. Huschto)
T: 1:1 (08:54) Bielas (---) / 3:2 (22:40) Karger (Karrenbauer) - 3:3 (23:44) Karrenbauer (D. Peters) - 3:4 (33:02) Karger (Nachschuss) - 3:5 (39:58) R. Noack (F. Braun)
S: Slapke 2

335'. - 13.04.1974 GDR - URS 3:10 (1:7, 0:2, 2:1)
Helsinki, Jäähalli; Z: 4.377; SR: Dahlberg (SWE), Wiitala (FIN)
Hurbanek (ab 17:24 Fischer) - B. Engelmann, D. Peters - Schur, D. Frenzel - F. Braun, Huschto - R. Noack (C), Slapke, Bielas - H. Nickel (ab ? Karger), Patschinski, Simon - Thomas, P. Prusa, Müller - Stasche
T: 1:3 (11:37) Patschinski (Simon) / 2:10 (51:38) B. Engelmann (Weitschuss) - 3:10 (54:28) Huschto (Stasche)
S: H. Nickel 2, Schur 2, Slapke 2

336'. - 14.04.1974 FIN - GDR 7:1 (3:0, 2:0, 2:1)
Helsinki, Jäähalli; Z: 7.927; SR: Dahlberg (SWE), Guynn (USA)
Fischer (ab 25:50 Hurbanek) - Schur, F. Braun - D. Frenzel, Karrenbauer - R. Noack (C), Slapke (C), Bielas - D. Peters, Patschinski, Müller - Huschto, Simon, Karger - H. Nickel
T: 5:1 (43:27) D. Peters (Patschinski)
S: Patschinski 4, Schur 2, Bielas 2, Müller 2

337'. - 16.04.1974 GDR - TCH 2:9 (0:3, 1:3, 1:3)
Helsinki, Jäähalli; Z: 6.141; SR: Dahlberg (SWE), Wiitala (FIN)
Hurbanek (*Fischer n.e.*) - Huschto, D. Peters - Karrenbauer, D. Frenzel - F. Braun, Schur - H. Nickel, Slapke (C), Bielas - Simon, Patschinski, Stasche - Karger, P. Prusa, Müller
T: 1:6 (35:30) F. Braun (Slapke) / 2:9 (57:27) P. Prusa (F. Braun)
S: Stasche 2, D. Peters 2

338'. - 17.04.1974 SWE - GDR 9:3 (2:1, 3:2, 4:0)
Helsinki, Jäähalli; Z: 6.612; SR: Pražák (TCH), Sepponen (FIN)
Fischer (*Hurbanek n.e.*) - B. Engelmann, Schur - Karrenbauer, D. Frenzel - Huschto, F. Braun - D. Peters, Slapke (C), Bielas - H. Nickel, Patschinski, Stasche - Simon, P. Prusa, Müller
T: 2:1 (19:55) Huschto (Slapke) / 2:2 (20:32) Slapke (Nachschuss) - 5:3 (36:49) Huschto (Slapke)
S: Huschto 2

339'. - 19.04.1974 GDR - POL 3:3 (2:2, 0:1, 1:0)
Helsinki, Jäähalli; Z: 7.075; SR: Larsen (USA), Sepponen (FIN)
Fischer (*Hurbanek n.e.*) - F. Braun, Schur - Karrenbauer, D. Frenzel - R. Noack (C), Slapke, Bielas - D. Peters, Patschinski, Huschto - Stasche, Simon, Karger
T: 1:1 (09:27) R. Noack (Slapke, Simon) - 2:2 (14:14) Patschinski (D. Peters) / 3:3 (53:16) Karrenbauer (Bielas)
S: Patschinski 2, D. Peters 2
Bielas erreichte als einundzwanzigster Spieler 100 Länderspiele.

1974/75

340. - 06.11.1974 POL - GDR 4:4 (2:2, 2:2, 0:0)
Poznań, Lodowisko Bogdanka (Freiluft-Kunsteis); Z: 2.000; SR: Karandin (URS), Zakharov (URS)
Fischer (W; R. Herzig (B) n. e.) - F. Braun (W), Thomas (W) - Schur (W), D. Peters (B) - D. Frenzel (B), Karrenbauer (B) - Bielas (W), Slapke (W), R. Noack (C - W) - Stasche (B), Patschinski (B), Felber (B) - R. Peters (B), Müller (B), Breitschuh (B)
T: 0:1 (2.) Stasche (Nachschuss) - 0:2 (4.) Breitschuh (Weitschuss) / 3:3 (22.) Stasche (D. Peters) - 3:4 (31.) Breitschuh (D. Peters)
S: Müller 4, D. Frenzel 2

341. - 07.11.1974 POL - GDR 2:2 (0:1, 0:1, 2:0)
Poznań, Lodowisko Bogdanka; Z: 2.000; SR: Karandin (URS), Zakharov (URS)
Fischer (R. Herzig n.e.) - F. Braun, J. Philipp (W) - D. Peters, Schur - D. Frenzel, Karrenbauer - Bielas, Slapke, R. Noack (C) - Stasche, Patschinski, Felber - Scholz (W), Müller, Breitschuh
T: 0:1 (8.) Scholz (Nachschuss) / 0:2 (22.) Bielas (---)
S: Karrenbauer 2, Scholz 2

342. - 30.11.1974 YUG - GDR 3:7 (0:1, 0:4, 3:2)
Jesenice, Dvorana pod Mežakljom; Z: 3.000; SR: Cerini (SUI), Mathis (SUI)
Fischer (R. Herzig n.e.) - F. Braun, Thomas - D. Peters, **Reinhardt Fengler** (B) - Karrenbauer, Schur - Bielas, Slapke, R. Noack (C) - Stasche, Patschinski, Felber - R. Peters, Müller, Breitschuh - J. Philipp, Scholz, **Friedhelm Bögelsack** (B)
T: 0:1 (3.) Felber (?) / 0:2 (21.) F. Braun (?) - 0:3 (23.) Karrenbauer (?) - 0:4 (39.) R. Peters (?) - 0:5 (40.) Felber (?) / 2:6 (49.) Bögelsack (?) - 3:7 (60.) Karrenbauer (?)
S: keine Strafen

343. - 01.12.1974 YUG - GDR 0:9 (0:1, 0:1, 0:7)
Celje, Mestni Park; Z: 2.500; SR: Cerini (SUI), Mathis (SUI)
R. Herzig (Fischer n.e.) - F. Braun, Thomas - D. Peters, Fengler - Karrenbauer, Schur - Bielas, Slapke, R. Noack (C) - Stasche, Patschinski, Felber - R. Peters, Müller, Breitschuh - J. Philipp, Scholz, Bögelsack
T: 0:1 (15.) Stasche (?) / 0:2 (28.) Felber (?) / 0:3 (45.) Müller (?) - 0:4 (45.) R. Noack (?) - 0:5 (50.) Slapke (?) - 0:6 (52.) Felber (?) - 0:7 (58.) Schur (?) - 0:8 (59.) R. Noack (?) - 0:9 (59.) Scholz (?)
S: 4 x 2 Minuten

344'. - 03.12.1974 AUT - GDR 2:6 (0:1, 1:0, 1:5)
Villach, Stadthalle; Z: 4.500; SR: Spring (SUI), Fatton (SUI)
Fischer (R. Herzig n.e.) - F. Braun, Thomas - D. Peters, Schur - Fengler - Bielas, Slapke, R. Noack (C) - Stasche, Patschinski, Felber - R. Peters, Müller, Breitschuh
T: 0:1 (17:04) Felber (Slapke) / 2:2 (44:12) F. Braun (R. Noack) - 2:3 (45:22) Patschinski (Felber) - 2:4 (49:41) Bielas (F. Braun) - 2:5 (51:07) Breitschuh (*) - 2:6 (53:58) Felber (Stasche, Patschinski)
* Othmar Russ lenkte Breitschuhs Schuss ins eigene Tor
S: D. Peters 2

345'. - 04.12.1974 AUT - GDR 3:7 (1:2, 1:0, 1:5)
Kapfenberg, Sportzentrum; Z: 3.000; SR: Spring (SUI), Fatton (SUI)
R. Herzig (Fischer n.e.) - F. Braun, Thomas - D. Peters, Schur - Fengler - Bielas, Slapke, R. Noack (C) - Stasche, Patschinski, Felber - R. Peters, Müller, Bögelsack
T: 0:1 (08:34) R. Peters (Müller) - 0:2 (11:50) Müller (R. Noack) / 2:3 (44:44) D. Peters (Weitschuss) - 3:4 (52:24) Slapke (Patschinski) - 3:5 (55:30) Müller (R. Peters, Thomas) - 3:6 (56:22) Thomas (R. Noack) - 3:7 (57:27) Patschinski (Felber)
S: Slapke 2

346'. - 07.12.1974 GDR - ROU 4:2 (0:0, 3:1, 1:1)
Weißwasser, Eisstadion „Wilhelm Pieck"; Z: 217; SR: Jursa (TCH), Okoličány (TCH)*
* während des Spiels strömender Regen
Fischer (R. Herzig n.e.) - F. Braun, Thomas - D. Peters, Fengler - Schur, B. Engelmann (W) - Bielas, Slapke, R. Noack (C) - Stasche, Patschinski, Felber - R. Peters, Müller, Breitschuh - Simon (W)
T: 1:0 (25.) Slapke (---) - 2:0 (29.) F. Braun (R. Peters) - 3:1 (38.) Stasche (D. Peters) / 4:2 (54.) Paschinski (Weitschuss)
S: D. Peters 6, Müller 2, Simon 2

347'. - 08.12.1974 GDR - ROU 3:1 (1:0, 0:0, 2:1)
Dresden, Eissporthalle Pieschener Allee; Z: 300; SR: Jursa (TCH), Okoličány (TCH)
R. Herzig (Fischer n.e.) - F. Braun, Thomas - D. Peters, Pöhland (B) - Schur, Simon - Fengler, Scholz - Bielas, Slapke, R. Noack (C) - Stasche, Patschinski, Felber - R. Peters, Müller, Breitschuh - Bögelsack
T: 1:0 (3.) R. Peters (Simon) / 2:0 (42.) Patschinski (Felber) - 3:0 (43.) Müller (Breitschuh)
S: D. Peters 10 (Disziplinarstrafe), R. Peters 4, F. Braun 2, Felber 2, Bielas 2, Scholz 2, Müller 2

' **16.12.1974 GDR - TCH (O*) 2:9 (0:3, 2:3, 0:3)**
* Olympiaauswahl (in diesem und dem folgenden Spiel)
Berlin, Eishalle Sportforum Hohenschönhausen; Z: 1.000; SR: Granberg (SWE), Axelson (SWE)
*Fischer (**Wolfgang Kraske** (B) n.e.) - D. Peters, Fengler - Karrenbauer, Schur - Simon, F. Braun - Bielas, Slapke, R. Noack (C) - Felber, Patschinski, Stasche - R. Peters, Müller, Bögelsack - Scholz*
T: 1:3 (23.) Stasche (D. Peters) - 2:3 (24.) Schur (R. Peters)
S: keine

' **17.12.1974 GDR - TCH (O*) 3:3 (0:2, 1:0, 2:1)**
Dresden, Eissporthalle Pieschener Allee; Z: 500; SR: Granberg (SWE), Axelson (SWE)
Fischer (Kraske n.e.) - F. Braun, Thomas - D. Peters, Simon - Schur, Karrenbauer - Bielas, Slapke, R. Noack (C) - Felber, Patschinski, Stasche - Scholz, R. Peters, Müller - Bögelsack, Fengler
T: 1:2 (33.) Slapke (F.Braun) / 2:3 (58.) Slapke (Müller) - 3:3 (59.) Müller (F. Braun)
S: Müller 4

348. - 29.12.1974 NOR - GDR 2:4 (0:1, 1:1, 1:2)
Oslo, Jordal Amfi Ishall; Z: 2.500; SR: Tegnér (SWE), J. Andersson (SWE)
Fischer (R. Herzig n.e.) - F. Braun, Thomas - D. Peters, Schur - Simon - Bielas, Slapke, R. Noack (C) - Stasche, Patschinski, Felber - R. Peters, Müller, Breitschuh - Karrenbauer, Scholz
T: 0:1 (11:38) R. Noack (?) / 0:2 (24:41) Slapke (?) / 2:3 (56:38) Simon (?) - 2:4 (59:27) Stasche (?)
S: Bielas 4, Müller 4, Karrenbauer 2, R. Noack 2, Stasche 2, Scholz 2

349. - 30.12.1974 NOR - GDR 2:6 (1:2, 1:1, 0:3)
Oslo, Jordal Amfi Ishall; Z: 2.000; SR: Tegnér (SWE), J. Andersson (SWE)
R. Herzig (Fischer n.e.) - F. Braun, Thomas - D. Peters, Fengler - Schur, Simon - Bielas, Slapke, R. Noack (C) - Stasche, Patschinski, Felber - R. Peters, Müller, Breitschuh
T: 1:1 (9:26) Slapke (?) - 1:2 (18:45) Felber (?) / 2:3 (35:31) F. Braun (?) / 2:4 (40:21) Slapke (?) - 2:5 (42:20) Felber (?) - 2:6 (55:39) R. Noack (?)
S: Fengler 4, R. Peters 4, Slapke 2

' **26.02.1975 GDR - TCH (O*) 3:6 (1:2, 0:2, 2:2)**
* Olympiaauswahl (in diesem und dem folgenden Spiel)
Halle (S.), Eissporthalle am Gimritzer Damm; Z: 2.000; SR: Korczyk (POL), Muzalewski (POL)
*Fischer (R. Herzig n.e.) - F. Braun, Fengler - D. Peters, D. Frenzel - Karrenbauer, Schur - Bielas, Slapke, B. Engelmann - Stasche, Patschinski, R. Peters - R. Noack (C), Thomas, Scholz - **Bernd Olbrich** (W), Simon*
T: 1:2 (16.) Thomas (R. Noack) / 2:5 (47.) Bielas (Slapke) - 3:6 (54.) R. Noack (Thomas)
S: R. Peters 2, Stasche 2

' **27.02.1975 GDR - TCH (O*) 0:3 (0:2, 0:0, 0:1)**
Dresden, Eissporthalle Pieschener Allee; Z: 1.000; SR: Korczyk (POL), Muzalewski (POL)
R. Herzig (Fischer n.e.) - F. Braun, Fengler - D. Peters, D. Frenzel - Karrenbauer, Schur - Bielas, Slapke, B. Engelmann - Stasche, Patschinski, Olbrich - R. Noack (C), Thomas, Scholz - R. Peters, Simon
S: Slapke 4, Stasche 2, Karrenbauer 2, Patschinski 2, Scholz 2

' **05.03.1975 GDR - URS (B*) 5:7 (1:4, 2:3, 2:0)**
* Es handelte sich eigentlich um die Mannschaft von Traktor Chelyabinsk (in diesem und dem folgenden Spiel).
Halle (S.), Eissporthalle am Gimritzer Damm; Z: 1.500; SR: Kořínek (TCH), Pláteník (TCH)
Fischer (R. Herzig n.e.) - F. Braun, Fengler - D. Peters, D. Frenzel - Karrenbauer, Schur - Bielas, Slapke, R. Peters - Stasche, Patschinski, Olbrich - Müller, Thomas, R. Noack (C) - B. Engelmann, Simon, Scholz
T: 1:3 (11.) Slapke (Fengler, R. Peters) / 2:5 (23.) R. Noack (Schur) - 3:6 (35.) Müller (R. Noack) / 4:7 (45.) Stasche (Patschinski) - 5:7 (56.) F. Braun (D. Peters)
S: D. Frenzel 2, Slapke 2, B. Engelmann 2, Stasche 2

' **06.03.1975 GDR - URS (B*) 3:1 (1:0, 2:1, 0:0)**
Karl-Marx-Stadt, Eissporthalle „VIII. Parlament" Küchwald; Z: 3.500; SR: Kořínek (TCH), Pláteník (TCH)
R. Herzig (Fischer n.e.) - F. Braun, Fengler - D. Peters, D. Frenzel - Simon, Schur - Scholz, Bielas, Slapke - Stasche, Patschinski, Felber - Thomas, R. Noack (C), Müller - Olbrich, B. Engelmann, R. Peters
T: 1:0 (2.) Patschinski (D. Peters) / 2:1 (32.) Slapke (Scholz) - 3:1 (34.) Stasche (Patschinski)
S: D. Peters 4+10 (Disziplinarstrafe), D. Frenzel 2, Scholz 2, Stasche 2, Schur 2

B-Weltmeisterschaft 1975

Die DDR-Auswahl belegte Platz 1 und stieg in die A-WM 1976 auf.

350'. - 14.03.1975 GDR - ROU 7:3 (1:0, 2:3, 4:0)
Sapporo, Makomanai Indoor Skating Rink; Z: 4.000; SR: Berloffa (ITA), Takagi (JPN)
R. Herzig (ab 28:39 Fischer) - D. Peters, D. Frenzel - F. Braun, Fengler - Schur, Simon - Bielas, Slapke, R. Noack (C) - Patschinski, Stasche, Müller - R. Peters, Thomas, Olbrich - B. Engelmann
T: 1:0 (15:42) F. Braun (Bielas) / 2:0 (21:59.) Stasche (Patschinski) - 3:2 (24:25) Bielas (Slapke) / 4:3 (42:41) Olbrich (Patschinski) - 5:3 (45:40) R. Noack (Thomas, Müller) - 6:3 (48:15) Thomas (R. Noack) - 7:3 (51:09) R. Noack (---)
S: Simon 4, Patschinski 2, Müller 2

351'. - 16.03.1975 GDR - SUI 5:8 (2:2, 0:2, 3:4)
Sapporo, Makomanai Indoor Skating Rink; Z: 2.500; SR: Mureseanu (ROU), Nakano (JPN)
Fischer (*R. Herzig n.e.*) - D. Peters, D. Frenzel - F. Braun, Fengler - Schur, Simon - Bielas, Slapke, R. Noack (C) - Stasche, Patschinski, Müller - R. Peters, Thomas, Scholz - Olbrich
T: 1:0 (05:04) D. Peters (Olbrich) - 2:1 (11:31) Bielas (F. Braun) / 3:4 (42:02) F. Braun (Bielas) - 4:4 (43:06) Stasche (D. Frenzel) - 5:5 (55:58) Slapke (Bielas)
S: D. Peters 2, Stasche 2, Scholz 2

352'. - 17.03.1975 GDR - FRG 5:0 (3:0, 1:0, 1:0)
Sapporo, Makomanai Indoor Skating Rink; Z: 3.000; SR: Takagi (JPN), Nakano (JPN)
Fischer (*R. Herzig n.e.*) - D. Peters, D. Frenzel - F. Braun, Schur - Bielas, Slapke, R. Noack (C) - Stasche, Patschinski, Müller - R. Peters, Thomas, B. Engelmann
T: 1:0 (06:44) D. Peters (Slapke) - 2:0 (16:40) D. Peters (---) - 3:0 (18:52) Bielas (Schur) / 4:0 (20:47) Bielas (B. Engelmann) / 5:0 (47:57) Stasche (Müller)
S: B. Engelmann 2, F. Braun 2, Patschinski 2

353'. - 19.03.1975 GDR - ITA 9:2 (1:1, 1:1, 7:0)
Sapporo, Makomanai Indoor Skating Rink; Z: 1.000; SR: Toemen (NED), Hegeduš (YUG)
R. Herzig (*Fischer n.e.*) - D. Peters, D. Frenzel - F. Braun, Fengler - Schur - Bielas, Slapke, R. Noack (C) - Stasche, Patschinski, Müller - R. Peters, Thomas, Scholz - B. Engelmann
T: 1:1 (08:43) R. Noack (Scholz) / 2:1 (24:12) Bielas (---) / 3:2 (43:14) F. Braun (Slapke) - 4:2 (44:28) D. Peters (---) - 5:2 (46:17) Stasche (Müller) - 6:2 (51:06) R. Noack (Slapke) - 7:2 (52:33) Stasche (Müller) - 8:2 (58:39) Slapke (Schur) - 9:2 (59:53) R. Peters (R. Noack, F. Braun)
S: keine

354'. - 20.03.1975 JPN - GDR 1:3 (0:1, 1:2, 0:0)
Sapporo, Makomanai Indoor Skating Rink; Z: 9.000; SR: Berloffa (ITA), Hegeduš (YUG)
Fischer (*R. Herzig n.e.*) - D. Peters, D. Frenzel - F. Braun, Fengler - Schur, Simon - Bielas, Slapke, R. Noack (C) - Stasche, Patschinski, Müller - R. Peters, Thomas, B. Engelmann - Olbrich
T: 0:1 (10:35) R. Noack (D. Frenzel) / 0:2 (37:00) D. Frenzel (Weitschuss) - 0:3 (38:11) F. Braun (Weitschuss)
S: Stasche 4, Slapke 2, Fischer 2 (? dafür auf der Strafbank)

355'. - 22.03.1975 GDR - NED 6:1 (1:0, 2:0, 3:1)
Sapporo, Makomanai Indoor Skating Rink; Z: 1.500; SR: Berloffa (ITA), Nakano (JPN)
Fischer (*R. Herzig n.e.*) - D. Peters, D. Frenzel - F. Braun, Fengler - Schur - Bielas, Slapke, R. Noack (C) - Stasche, Patschinski, Müller - R. Peters, Thomas, Scholz
T: 1:0 (03:53) Scholz (Slapke) / 2:0 (22:24) Stasche (---) - 3:0 (29:39) R. Noack (R. Peters) / 4:1 (55:43) Stasche (---) - 5:1 (57:00) Bielas (---) - 6:1 (58:45) Thomas (---)
S: Bielas 2

356'. - 23.03.1975 GDR - YUG 6:3 (5:0, 1:1, 0:2)
Sapporo, Makomanai Indoor Skating Rink; Z: 2.500; SR: Takagi (ITA), Nakano (JPN)
Fischer (*R. Herzig n.e.*) - D. Peters, D. Frenzel - F. Braun, Fengler - Schur, Simon - Bielas, Slapke, R. Noack (C) - Stasche, Patschinski, Müller - R. Peters, Thomas, Olbrich - Scholz
T: 1:0 (06:50) Stasche (Schur, Müller) - 2:0 (08:47) Slapke (D. Peters) - 3:0 (11:12) D. Frenzel (Slapke) - 4:0 (11:52) Patschinski (Stasche) - 5:0 (15:55) Thomas (---) / 6:0 (27:27) Thomas (R. Noack)
S: R. Noack 2, D. Peters 2

Japan-Cup 1975
Die DDR-Auswahl belegte Platz 2.

357. - 26.03.1975 GDR - YUG 8:2 (1:0, 2:1, 5:1)
Tokyo, Yoyogi National Stadium; Z: 6.000; SR: Yukamoto (JPN), Toemen (NED)
Fischer (*R. Herzig n.e.*) - D. Peters, D. Frenzel - F. Braun, Fengler - Schur, Simon - Bielas, Slapke, R. Noack
(C) - Stasche, Patschinski, Müller - R. Peters, Thomas, B. Engelmann - Scholz
T: 1:0 (1.) B. Engelmann (?) / 2:1 (29.) Patschinski (?) - 3:1 (36.) Patschinski (?) / 4:1 (41.) B. Engelmann (?) -
5:1 (43.) F. Braun (?) - 6:2 (52.) Slapke (?) - 7:2 (57.) Patschinski (?) - 8:2 (60.) Scholz (?)
S: Fengler 2, Stasche 2, D. Peters 2, Schur 2, Müller 2

358'. - 27.03.1975 JPN - GDR 3:1 (2:1, 1:0, 0:0)
Tokyo, Yoyogi National Stadium; Z: 12.000; SR: Toemen (NED), Hegeduš (YUG)
Fischer (*R. Herzig n.e.*) - D. Peters, D. Frenzel - F. Braun, Schur - Bielas, Slapke, R. Noack (C) - Stasche,
Patschinski, Müller - R. Peters, Thomas, B. Engelmann
T: 2:1 (17:46) R. Peters (R. Noack)
S: D. Frenzel 2, D. Peters 2, Slapke 2

1975/76

359. - 06.09.1975 ITA - GDR 2:6 (0:1, 1:3, 1:2)
Ortisei (dt. St. Ulrich), Eisstadion Setil (Freiluft, Kunsteis); Z: 4.000; SR: Hegeduš (YUG), Krisch (YUG)
Fischer (W; *R. Herzig (W) n.e.*) - F. Braun (W), Schur (W) - D. Peters (B), Fengler (B) - D. Frenzel (B), Felber
(B) - Bielas (W), Slapke (W), R. Noack (C - W) - Müller (B), Patschinski (B), Stasche (B) - R. Peters (B),
Bögelsack (B), **Peter Herzig** (W)
T: 0:1 (18.) Slapke (?) / 0:2 (?) D. Frenzel (?) - 0:3 (?) R. Peters (?) - 0:4 (?) Patschinski (?) / 1:5 (?) R. Noack
(?) - 1:6 (?) Slapke (?)
S: keine Angaben

360. - 07.09.1975 ITA - GDR 2:8 (0:3, 1:4, 1:1)
Cortina da' Ampezzo, Stadio del Ghaccio; Z: 4.000; SR: Hegeduš (YUG), Krisch (YUG)
R. Herzig (*Fischer n.e.*) - F. Braun, Schur - D. Peters, Fengler - D. Frenzel, B. Engelmann (W) - Bielas, Slapke,
R. Noack (C) - Müller, Patschinski, Stasche - R. Peters, Thomas (W), P. Herzig - Felber
T: 0:1 (02:51) Stasche (?) - 0:2 (10:06) Stasche (?) - 0:3 (16:10) D. Peters (?) / 0:4 (28:53) D. Frenzel (?) - 0:5
(31:07) F. Braun (?) - 0:6 (35:47) F. Braun (?) - 0:7 (36:14) D. Peters (?) / 1:8 (53:00) Thomas (?)
S: keine Angaben

361. - 08.09.1975 ITA - GDR 5:11 (2:5, 3:2, 0:4)
Alleghe, Alvise De Toni (Freiluft); Z: 1.000; SR: Hegeduš (YUG), Krisch (YUG)
Fischer (*R. Herzig n.e.*) - F. Braun, Schur - D. Peters, Fengler - D. Frenzel - Bielas, Slapke, R. Noack C) - Müller,
Patschinski, Stasche - R. Peters, Thomas, P. Herzig - Felber
T: 0:1 (01:38) Patschinski (?) - 0:2 (02:34) Thomas (?) - 1:3 (08:26) P. Herzig (?) - 1:4 (08:49) Felber (?) - 2:5
(16:24) Slapke (?) / 3:6 (23:58) R. Peters (?) - 3:7 (31:19) Felber (?) / 5:8 (48:58) Stasche (?) - 5:9 (49:50) Felber
(?) - 5:10 (54:40) Thomas (?) - 5:11 (55:51) R. Noack (?)
S: keine Angaben

' 12.09.1975 GDR - FIN (B) 11:6 (5:2, 2:2, 4:2)
Karl-Marx-Stadt, Eissporthalle „VIII. Parlament" Küchwald; Z: ?; SR: Jursa (TCH), Okoličány (TCH)
*Fischer (Kraske (B) n.e.) - F. Braun, Schur - D. Peters, Fengler - D. Frenzel, Thomas - Felber, Stasche,
Patschinski - Bielas, Slapke, R. Noack (C) - Müller, R. Peters, P. Herzig - **Detlev Mark** (W), B. Engelmann,
Pöhland (B)*
T: *1:0 (5.) Slapke (Schur) - 2:0 (6.) D. Peters (---) - 3:2 (11.) Stasche (Müller) - 4:2 (12.) Bielas (---) - 5:2 (16.)
Slapke (P. Herzig) / 6:2 (23.) Felber (Stasche) - 7:3 (36.) Müller (Stasche) / 8:4 (47.) Bielas (P. Herzig) - 9:5 (51.)
Mark (---) - 10:6 (59.) Stasche (D. Peters) - 11:6 (60.) Felber (---)*
S: Müller 5+10 (Disziplinarstrafe), Thomas 2, Stasche 2, Felber 2, Bielas 2

' 13.09.1975 GDR - FIN (B) 9:5 (4:3, 4:0, 1:2)
Halle (S.), Eissporthalle am Gimritzer Damm; Z: ?; SR: Jursa (TCH), Okoličány (TCH)
*Kraske (ab ?. Fischer) - F. Braun, Schur - D. Peters, D. Frenzel - Pöhland, Fengler - Felber, Patschinski, Stasche
- Bielas, Slapke, R. Noack (C) - Thomas, Müller, B. Engelmann - Mark, R. Peters, P. Herzig*
T: *1:1 (3.) D. Peters (---) - 2:2 (4.) Bielas (---) - 3:3 (11.) Stasche (D. Peters) - 4:3 (15.) Stasche (Müller, D.
Peters) / 5:3 (28.) Patschinski (Müller) - 6:3 (32.) Slapke (---) - 7:3 (32.) D. Peters (Schur) - 8:3 (33.) R. Peters (-
--) / 9:5 (60.) Slapke (Patschinski)*
S: Stasche 2+10 (Disziplinarstrafe), D.Peters 4, Felber 4, B. Engelmann 2, Thomas 2, Slapke 2

362'. - 25.10.1975 GDR - YUG 7:3 (4:1, 1:1, 2:1)
Weißwasser, Eisstadion „Wilhelm Pieck"; Z: 1.097; SR: Barnet (TCH), Jursa (TCH)
R. Herzig *(Kraske n.e.)* - Fengler, Schur - Felber, D. Peters - D. Frenzel, Pöhland - Bielas, Slapke, Olbrich (W) - Breitschuh (B), Patschinski, R. Noack (C) - R. Peters, Müller, Bögelsack
T: 1:0 (1.) Slapke (---) - 2:0 (5.) D. Peters (Breitschuh) - 3:0 (7.) Bögelsack (D. Frenzel, R. Peters) - 4:0 (13.) Olbrich (Schur) / 5:2 (40.) Fengler (Olbrich) - 6:2 (43.) Bögelsack (R. Peters) - 7:3 (57.) Bielas (---)
S: Olbrich 4, D. Peters 2, Fengler 2, Bögelsack 2

363'. - 26.10.1975 GDR - YUG 6:2 (1:1, 2:0, 3:1)
Dresden, Eissporthalle Pieschener Allee; Z: 200; SR: Jursa (TCH), Barnet (TCH)
Kraske *(R. Herzig n.e.)* - Fengler, Schur - Felber, D. Peters - D. Frenzel, Pöhland - Bielas, Slapke, P. Herzig - Breitschuh, Patschinski, R. Noack (C) - R. Peters, Müller, Bögelsack
T: 1:1 (18.) R. Noack (Patschinski) / 2:1 (35.) P. Herzig (---) - 3:1 (38.) Bielas (---) / 4:2 (50.) Müller (R. Peters) - 5:2 (52.) Slapke (---) - 6:2 (56.) R. Noack (D. Peters)
S: Breitschuh 2, Felber 2

364. - 28.11.1975 NOR - GDR 3:11 (1:4, 0:6, 2:1)
Oslo, Jordal Amfi Ishall; Z: 2.202; SR: Dahlberg (SWE), O. Andersson (SWE)*
* lt. „Aftenposten", jedoch davon abweichend in beiden Spielen (364 - 365) lt. „Arbeiderbladet" Ove Dalgren SWE, Olle Karlsson SWE
Fischer *(R. Herzig n.e.)* - D. Peters, D. Frenzel - Fengler, Felber - F. Braun, Schur - Pöhland - Patschinski, Breitschuh, Müller - R. Peters, Bielas, Slapke - R. Noack (C), Thomas, **Jürgen Franke** (W)
T: 0:1 (04:48) Slapke (?) - 0:2 (07:44) J. Franke (?) - 1:3 (14:35) R. Noack (?) - 1:4 (16:18) Slapke (?) / 1:5 (20:48) Slapke (?) - 1:6 (24:47) R. Peters (?) - 1:7 (26:30) Thomas (?) - 1:8 (30:36) Thomas (?) - 1:9 (32:13) Müller (?) - 1:10 (34:00) Patschinski (?) / 2:11 (56:24) Thomas (?)
S: 4 x 2 Minuten

365. - 29.11.1975 NOR - GDR 5:5 (3:2, 1:2, 1:1)
Oslo, Jordal Amfi Ishall; Z: 301; SR: Dahlberg (SWE), O. Andersson (SWE)*
* siehe Anmerkung bei Spiel 364
R. Herzig (ab ? Fischer*) - D. Peters, D. Frenzel - Fengler, Felber - F. Braun, Schur - Pöhland - Patschinski, Breitschuh, Müller - R. Peters, Bielas, Slapke - R. Noack (C), Thomas, J. Franke
* lt. DELV-Einsatz Fischer, Zeitpunkt des Torwartwechsels nicht ermittelt
T: 1:1 (05:11) Slapke (?) - 2:2 (09:56) J. Franke (?) / 3:3 (24:12) Bielas (?) - 3:4 (27:24) J. Franke (?) / 4:5 (50:45) Patschinski (?)
S: 2 x 2 Minuten

366. - 06.12.1975 ROU - GDR 2:4 (1:0, 0:2, 1:2)
Bucureşti, Patinoarul „23. August"; Z: 5.000; SR: Angelov (BUL), Welkov (BUL)
Fischer *(Kraske n.e.)* - F. Braun, Schur - Slapke, Felber - D. Frenzel, Fengler - Bielas, Patschinski, Stasche - R. Noack (C), Thomas, J. Franke - R. Peters, Müller, Breitschuh
T: 1:1 (21.) Stasche (?) - 1:2 (21.) Thomas (?) / 1:3 (44.) Breitschuh (?) - 1:4 (50.) J. Franke (?)
S: 3 x 2 Minuten

367. - 07.12.1975 ROU - GDR 2:7 (1:3, 1:0, 0:4)
Bucureşti, Patinoarul „23. August"; Z: 4.000; SR: Angelov (BUL), Welkov (BUL)
Kraske (ab ?. Fischer*) - F. Braun, Simon (W) - Slapke, Felber - D. Frenzel, Fengler - Bielas, Patschinski, Stasche - R. Noack (C), Thomas, J. Franke - R. Peters, Müller, Breitschuh
* lt. DELV-Statistik Einsatz Fischer, Zeitpunkt des Torwartwechsels nicht ermittelbar
T: 0:1 (4.) Bielas (?) - 1:2 (9.) Slapke (?) - 1:3 (16.) R. Peters (?) / 2:4 (41.) R. Noack (?) - 2:5 (51.) R. Noack (?) - 2:6 (53.) J. Franke (?) - 2:7 (57.) Patschinski (?)
S: keine Angaben

368. - 18.12.1975 SUI - GDR 1:6 (0:1, 0:2, 1:3)
Bern, Eisstadion Allmend; Z: 3.400; SR; Savelkouls (NED), Tamboer (NED)
Fischer *(Kraske n.e.)* - Felber, Slapke - F. Braun, Simon - Pöhland, D. Frenzel - Bielas, Patschinski, Fengler - J. Franke, Thomas, R. Noack (C) - R. Peters, Müller, Breitschuh
T: 0:1 (18.) Patschinski (Bielas) / 0:2 (34.) R. Noack (Thomas) - 0:3 (36.) Pöhland (Weitschuss) / 0:4 (42.) Thomas (J. Franke) - 0:5 (48.) J. Franke (R. Noack) - 1:6 (59.) Müller (---)
S: Patschinski 2 und weitere 4 x 2 Minuten

369. - 20.12.1975 SUI - GDR 3:6 (0:1, 1:3, 2:2)
Aarau, Eishalle; Z: 3.100; SR: Savelkouls (NED), Tamboer (NED)
Kraske (*Fischer n.e.*) - Slapke, Felber - F. Braun, Schur - D. Frenzel, Pöhland - Bielas, Patschinski, Simon -
Thomas, R. Noack (C), J. Franke - R. Peters, Müller, Breitschuh
T: 0:1 (11.) Thomas (Breitschuh) / 1:2 (24.) Breitschuh (Slapke) - 1:3 (29.) Slapke (Weitschuss) - 1:4 (38.) D.
Frenzel (Weitschuss) / 1:5 (44.) R. Noack (Müller) - 3:6 (53.) D. Frenzel (---)
S: Thomas 2 und weitere 6 x 2 Minuten
R. Noack erreichte als zweiter Spieler 200 Länderspiele.

Vorolympisches Eishockeyturnier

Spiel gegen weiteren Teilnehmer in Innsbruck am 28.12.1975: GDR - TJ VŽKG Ostrava (TCH) 6:6 (1:1, 2:2, 3:3)
Die DDR-Auswahl belegte Platz 1.

370. - 27.12.1975 GDR - NED 10:3 (1:1, 3:2, 6:0)
Innsbruck, Olympia-Eisstadion; Z: ?; SR: ?, ?
R. Herzig (Kraske n.e.*) - Slapke, Felber - D. Peters, F. Braun - D. Frenzel, Pöhland - Fengler - Bielas,
Patschinski, Simon - P. Herzig, R. Noack (C), J. Franke - R. Peters, Müller, Breitschuh
* *lt. DELV-Statistik Einsatz, jedoch durch Quellen nicht bestätigt*
T: 1:1 (10.) Pöhland (?) / 2:3 (32.) R. Noack (?) - 3:3 (35.) D. Frenzel (?) - 4:3 (36.) F. Braun (?) / 5:3 (42.) Bielas
(?) - 6:3 (44.) Breitschuh (?) - 7:3 (44.) Fengler (?) - 8:3 (45.) Simon (?) - 9:3 (47.) R. Peters (?) - 10:3 (49.) J.
Franke (?)
S: keine Angaben

371'. - 30.12.1975 AUT - GDR 2:10 (2:5, 0:1, 0:4)
Innsbruck, Olympia-Eisstadion; Z: 2.000; SR: Berloffa (ITA), Postinghel (ITA)
R. Herzig (ab ?. Kraske*) - Slapke, Felber - F. Braun, Simon - D. Frenzel, Pöhland - R. Noack (C), Patschinski,
Fengler - P. Herzig, Bielas, J. Franke - R. Peters, Müller, Breitschuh - B. Engelmann
* *lt. DELV-Statistik Einsatz, jedoch durch Quellen nicht bestätigt*
T: 0:1 (04:52) Fengler (Patschinski) - 1:2 (08:41) Felber (R. Noack) - 1:3 (12:58) D. Frenzel (R. Noack) - 1:4
(13:32) Bielas (J. Franke) - 2:5 (19:45) Breitschuh (D. Frenzel) / 2:6 (27:52) Müller (R. Peters) / 2:7 (41:59) R.
Noack (P. Herzig) - 2:8 (52:07) Bielas (F. Braun) - 2:9 (54:55) Fengler (R. Peters) - 2:10 (56:18) Simon (Bielas)
S: Breitschuh 5, Müller 2, D. Frenzel 2, Simon 2

372. - 24.01.1976 TCH - GDR 5:1 (1:1, 3:0, 1:0)
Pardubice, Zimní stadion; Z: 6.500; SR: Baťa (TCH); LR: Koval (TCH), Němec (TCH)
R. Herzig (*Kraske n.e.*) - Fengler, Felber - F. Braun, Simon - D. Frenzel, B. Engelmann - Breitschuh, Patschinski,
Stasche - J. Franke, Thomas, R. Noack (C) - Bielas (ab ? P. Herzig), Müller, Bögelsack
T: 1:1 (20.) Stasche (?)
S: Bögelsack 2, D. Frenzel 2, Thomas 2, Simon 2, F. Braun 2

373. - 25.01.1976 TCH - GDR 10:1 (5:1, 2:0, 3:0)
Praha, Zimní stadion Slavia; Z: 5.000; SR: Filip (TCH); LR: Aubrecht (TCH), Budínský (TCH)
R. Herzig (*Kraske n.e.*) - Fengler, Felber - F. Braun, Simon - D. Frenzel, B. Engelmann - Breitschuh, Patschinski,
Stasche - J. Franke, Thomas, R. Noack (C) - Bielas (ab ? P. Herzig), Müller, Bögelsack
T: 0:1 (3.) J. Franke (?)
S: 5 x 2 Minuten

Olympische Winterspiele 1976

*Mit dem 1. Platz bei der B-WM 1975 hatte sich die DDR-Auswahl für das Olympische Turnier qualifiziert, wurde
jedoch vom NOK der DDR nicht gemeldet.*

374'. - 13.03.1976 GDR - SUI 8:2 (4:0, 2:1, 2:1)
Halle (S.), Eissporthalle am Gimritzer Damm; Z: 600; SR: Filip (TCH), Pražák (TCH)
R. Herzig (*Kraske n.e.*) - F. Braun, Simon - D. Peters, Felber - Slapke, D. Frenzel - R. Noack (C), Thomas, J.
Franke - Stasche, Patschinski, Breitschuh - Bielas, Müller, Fengler - R. Peters
T: 1:0 (2.) Stasche (Patschinski) - 2:0 (7.) Bielas (D. Frenzel) - 3:0 (17.) Felber (Breitschuh) - 4:0 (20.) Müller (D.
Frenzel) / 5:0 (33.) Fengler (Müller) - 6:1 (35.) Stasche (Patschinski) / 7:2 (47.) R. Noack (Thomas) - 8:2 (56.)
Patschinski (---)
S: Simon 4, Fengler 2, Slapke 2, D. Peters 2, Felber 2

375'. - 14.03.1976 GDR - SUI 4:1 (1:0, 1:0, 2:1)
Dresden, Eissporthalle Pieschener Allee; Z: 1.000; SR: Filip (TCH), Pražák (TCH)
Kraske (*R. Herzig n.e.*) - F. Braun, Mark - D. Peters, Pöhland - Slapke, D. Frenzel - Felber - R. Noack (C),
Bögelsack, R. Peters - Stasche, Patschinski, Breitschuh - Bielas, Müller, Fengler - J. Franke
T: 1:0 (19.) Stasche (J. Franke) / 2:0 (28.) Fengler (Bielas) / 3:0 (55.) Patschinski (---) - 4:0 (55.) Fengler (Bielas)
S: Müller 10 (Disziplinarstrafe), Fengler 4, Mark 4, Pöhland 2, R. Noack 2, Stasche 2, Bögelsack 2, D. Frenzel
2

' 27.03.1976 GDR - TCH (B*) 2:3 (0:1, 1:0, 1:2)
* Es handelte sich eigentlich um die Mannschaft von TJ SONP Kladno (in diesem und dem folgenden Spiel).
Dresden, Eissporthalle Pieschener Allee; Z: 450; SR: Ehrensperger (SUI), Weidmann (SUI)
R. Herzig (Kraske n.e.) - F. Braun, Simon - D. Peters, Felber - Slapke, D. Frenzel - Stasche, Patschinski,
Breitschuh - Bielas, R. Noack (C), Thomas - Müller, R. Peters, J. Franke - Bögelsack, Pöhland, Mark
T: 1:1 (31.) Bielas (Müller) / 2:3 (60.) D. Peter (Bielas)
S: Patschinski 2, Slapke 2, D. Frenzel 2

' 28.03.1976 GDR - TCH (B*) 3:3 (1:0, 1:0, 1:3)
Karl-Marx-Stadt, Eissporthalle „VIII. Parlament" Küchwald; Z: 3.000; SR: Ehrensperger (SUI), Weidmann (SUI)
Kraske (R. Herzig n.e.) - D. Peters, Pöhland - F. Braun, Mark - Slapke, D. Frenzel - Stasche, Patschinski,
Breitschuh - Bielas, J. Franke, Thomas - R. Peters, Bögelsack, Simon - Felber, R. Noack (C)
T: 1:0 (7.) Thomas (F. Braun, Slapke) / 2:0 (29.) R. Peters (Bielas) / 3:2 (50.) Pöhland (Bögelsack)
S: D. Peters 2, Slapke 2, D. Frenzel 2, Bielas 2

43. A-Welt- und 53. Europameisterschaft 1976

Die DDR-Auswahl belegte den 8. Platz in der Vorrunde. In der Abstiegsrunde konnte sie sich nicht verbessern,
belegte am Ende WM-Platz 8 und EM-Platz 7. Das bedeutete den Abstieg in die B-WM 1977.

VORRUNDE

376'. - 08.04.1976 TCH - GDR 10:0 (2:0, 2:0, 6:0)
Katowice, Hala główna "Rondo"; Z: 4.000; SR: Järvi (FIN), Zagórski (POL)
R. Herzig (*Kraske n.e.*) - D. Peters, D. Frenzel - F. Braun, Fengler - Felber, Simon - Slapke, Bielas, Müller -
Patschinski, Stasche, Breitschuh - J. Franke, R. Peters, R. Noack (C)
S: keine Strafen

377'. - 09.04.1976 URS - GDR 4:0 (1:0, 1:0, 2:0)
Katowice, Hala główna "Rondo"; Z: 3.000; SR: Järvi (FIN), Erhard (FRG)
R. Herzig (*Kraske n.e.*) - D. Frenzel, Slapke - Felber, D. Peters - F. Braun, Simon - Fengler, Bielas, Müller -
Breitschuh, Patschinski, Stasche - J. Franke, R. Peters, R. Noack (C)
S: Slapke 2, Patschinski 2

378'. - 11.04.1976 POL - GDR 6:4 (3:0, 2:2, 1:2)
Katowice, Hala główna "Rondo"; Z: 10.000; SR: Filip (TCH), Weidmann (SUI)
R. Herzig (*Kraske n.e.*) - D. Frenzel, Slapke - Felber, D. Peters - F. Braun, Simon - Fengler, Bielas, Müller -
Breitschuh, Stasche, Patschinski - J. Franke, R. Peters, R. Noack (C)
T: 4:1 (24:22) Stasche (Patschinski) - 5:2 (38:23) Stasche (D. Frenzel) / 5:3 (47:28) Patschinski (D. Peters) - 5:4
(55:39) Slapke (Stasche)
S: R. Peters 2+10 (Disziplinarstrafe), Slapke 5+2, D. Peters 4, Müller 4, Fengler 2, Patschinski 2, Breitschuh 2

379'. - 12.04.1976 GDR - USA 2:1 (0:0, 0:0, 2:1)
Katowice, Hala główna "Rondo"; Z: 3.000; SR: Filip (TCH), Zagórski (POL)
Kraske (*R. Herzig n.e.*) - D. Frenzel, Slapke - F. Braun, D. Peters - Felber, Simon - Müller, Thomas, Bielas -
Breitschuh, Patschinski, Stasche - J. Franke, R. Peters, R. Noack (C)
T: 1:0 (40:54) Patschinski (Stasche) - 2:0 (45:37) Müller (---)
S: D. Peters 4, J. Franke 2

380'. - 14.04.1976 GDR - FRG 1:7 (0:3, 0:4, 1:0)
Katowice, Hala główna "Rondo"; Z: 2.000; SR: Järvi (FIN), Dombrovskiy (URS)
R. Herzig (ab 35:47 Kraske) - D. Frenzel, Slapke - Felber, D. Peters - F. Braun, Simon - Fengler, Müller, Bielas
- Breitschuh, Patschinski, Stasche - J. Franke, R. Peters, R. Noack (C) - Thomas
T: 1:7 (47:01) Fengler (Bielas)
S: Bielas 2, D. Frenzel 2, Müller 2

381'. - 17.04.1976 SWE - GDR 8:2 (4:1, 2:1, 2:0)
Katowice, Hala glówna "Rondo"; Z: 2.500; SR: Filip (TCH), Zagórski (POL)
Kraske (ab 23:16 R. Herzig) - D. Frenzel, Slapke - Felber, D. Peters - F. Braun, Simon - Fengler, Thomas, Müller - Breitschuh, Patschinski, Stasche - J. Franke, R. Peters, R. Noack (C)
T: 3:1 (18:43) R. Peters (Müller, Fengler) / 6:2 (35:33) Breitschuh (Patschinski)
S: D. Peters 2

382'. - 18.04.1976 FIN - GDR 1:2 (1:1, 0:1, 0:0)
Katowice, Hala glówna "Rondo"; Z: 3.000; SR: Karlsson (SWE), Lagasse (CAN)
Kraske (*R. Herzig n.e.*) - D. Frenzel, Slapke - Felber, D. Peters - F. Braun, Simon - Fengler, R. Peters, Bielas - R. Noack (C), Thomas, J. Franke - Stasche, Breitschuh
T: 0:1 (15:50) Bielas (Slapke) / 1:2 (25:01) J. Franke (---)
S: Simon 2, D. Peters 2, Felber 2

ABSTIEGSRUNDE

383'. - 20.04.1976 POL - GDR 5:4 (0:1, 1:2, 4:1)
Katowice, Hala glówna "Rondo"; Z: 10.000; SR: Filip (TCH), Dombrovskiy (URS)
Kraske (*R. Herzig n.e.*) - D. Frenzel, Slapke - Felber, D. Peters - F. Braun, Simon - Fengler, Thomas, Bielas - Breitschuh, Patschinski, Stasche - J. Franke, R. Peters, R. Noack (C)
T: 0:1 (03:35) Patschinski (Stasche) / 0:2 (26:04) R. Peters (Weitschuss) - 0:3 (36:33) Thomas (Simon, J. Franke) / 5:4 (59:51) F. Braun (Patschinski)
S: Slapke 2, D. Frenzel 2

384'. - 22.04.1976 GDR - FRG 1:1 (1:0, 0:1, 0:0)
Katowice, Hala glówna "Rondo"; Z: 10.000; SR: Weidmann (SUI), Dombrovskiy (URS)
R. Herzig (*Kraske n.e.*) - D. Frenzel, Slapke - Felber, D. Peters - F. Braun, Simon - J. Franke, Thomas, R. Noack (C) - Müller, Patschinski, Stasche - Fengler, R. Peters, Bielas
T: 1:0 (17:54) Patschinski (---)
S: Stasche 4, R. Noack 2, Slapke 2, Fengler 2

385'. - 24.04.1976 FIN - GDR 9:3 (3:2, 4:1, 2:0)
Katowice, Hala glówna "Rondo"; Z: 3.000; SR: Karlsson (SWE), Lagasse (CAN)
R. Herzig (ab 24:49 Kraske) - D. Frenzel, Slapke - Felber, D. Peters - F. Braun, Simon - J. Franke, Thomas, R. Noack (C) - Fengler, Patschinski, Stasche - R. Peters, Bielas
T: 1:1 (10:21) Slapke (Thomas) - 3:2 (18:54) Thomas (F. Braun) / 5:3 (29:00) Bielas (R. Peters)
S: D. Peters 5+2, Slapke 4, Stasche 2

1976/77

neuer Nationaltrainer Günter Schischefsky

10.11.1976 TCH (B*) - GDR 2:2 (0:0, 0:2, 2:0)
* Auswahl mit Spielern von TJ SONP Kladno und TJ Tesla Pardubice (in diesem und dem folgenden Spiel)
Kladno, Zimní stadion; Z: 1.000; SR: Erhard (FRG); LR: Exner (TCH), Sládeček (TCH)
Kraske (B; R. Herzig (W) n.e.) - F. Braun (W), Simon (W) - Felber (B), Fengler - D. Frenzel (B), Pöhland (B) - Bielas (W), Slapke (C - W), Thomas (W) - Breitschuh (B), Patschinski (B), Stasche (B) - Bögelsack (B), Müller (B), W. Unterdörfel (B)
***T:** 0:1 (?) Slapke (?) - 2:0 (?) Thomas (?)*
***S:** 1 x 2 Minuten*

11.11.1976 TCH (B*) - GDR 5:4 (1:1, 3:2, 1:1)
Pardubice, Zimní stadion; Z: 1.000; SR: Erhard (FRG); LR: Koval (TCH), Němec (TCH)
*R. Herzig (Kraske n.e.) - F. Braun, Simon - Fengler, Mark (W) - D. Frenzel, **Joachim Lempio** (B) - Breitschuh, Patschinski, Stasche - Bielas, Slapke, Müller - R. Noack (C - W), Thomas, Bögelsack - W. Unterdörfel, Pöhland*
***T:** Thomas, Mark, D. Frenzel - 4:4 (50.) Bielas (?)*
***S:** keine Angaben*

386. - 22.11.1976 YUG - GDR 3:9 (1:2, 2:3, 0:4)
Zagreb, Sportski kompleks "Šalata"; Z: 1.500; SR: Bocsák (HUN), Schell (HUN)
Kraske (*R. Herzig n.e.*) - F. Braun, Simon - Felber, Pöhland - D. Frenzel, Lempio - Bielas, Slapke (C), Thomas - Breitschuh, Patschinski, Stasche - Bögelsack, R. Peters (B), Müller - Mark, P. Herzig (W)
T: 1:1 (11.) Thomas (?) - 1:2 (15.) Patschinski (?) / 1:3 (26.) Bögelsack (?) - 1:4 (27.) Bögelsack (?) - 3:5 (35.) Breitschuh (?) / 3:6 (51.) D. Frenzel (?) - 3:7 (52.) Patschinski (?) - 3:8 (56.) Bielas (?) - 3:9 (58.) Bögelsack (?)
S: 4 x 2 Minuten

387. - 23.11.1976 YUG - GDR 2:8 (1:2, 0:3, 1:3)
Ljubljana, Hala Tivoli; Z: 2.000; SR: Bocsák (HUN), Schell (HUN)
Kraske (*R. Herzig n.e.*) - F. Braun, Simon - Felber, Mark - D. Frenzel, Lempio - P. Herzog, Slapke (C), Thomas - Breitschuh, Patschinski, Stasche - Bögelsack, Müller, R. Peters - Bielas, Pöhland
T: 0:1 (13.) Bögelsack (?) - 1:2 (20.) Bögelsack (?) / 1:3 (33.) Patschinski (?) - 1:4 (33.) D. Frenzel (?) - 1:5 (38.) Breitschuh (?) / 1:6 (42.) Slapke (?) - 1:7 (45.) Thomas (?) - 1:8 (46.) Patschinski (?)
S: 4 x 2 Minuten

388'. - 04.12.1976 GDR - AUT 12:1 (3:0, 6:0, 3:1)
Karl-Marx-Stadt, Eissporthalle „VIII. Parlament" Küchwald; Z: 600; SR: Jursa (TCH), Barnet (TCH)
Kraske (*Uwe Schiemann (W) n.e.*) - F. Braun, Simon - D. Frenzel, Fengler - Schur (W), **Klaus Schröder** (B) - Bielas, Slapke, J. Franke (W) - R. Noack (C), Patschinski, Breitschuh - R. Peters, Müller, Bögelsack
T: 1:0 (2.) Slapke (Bielas) - 2:0 (19.) R. Noack (Patschinski) - 3:0 (20.) Schröder (Müller) / 4:0 (25.) Müller (Schröder, Bögelsack) - 5:0 (26.) Breitschuh (D. Frenzel) - 6:0 (28.) Bielas (Simon) - 7:0 (30.) Breitschuh (Fengler) - 8:0 (34.) R. Noack (Fengler) - 9:0 (40.) Patschinski (D. Frenzel) / 10:0 (49.) F. Braun (Bielas) - 11:0 (54.) Slapke (---) - 12:0 (54.) Slapke (Bielas)
S: Müller 2, Schur 2

389'. - 05.12.1976 GDR - AUT 11:2 (2:0, 7:1, 2:1)
Dresden, Eissporthalle Pieschener Allee; Z: 280; SR: Jursa (TCH), Barnet (TCH)
Schiemann (*Kraske n.e.*) - F. Braun, Simon - Schur, Schröder - Pöhland, Fengler - D. Frenzel - Bielas, Slapke, Mark - R. Noack (C), Patschinski, Breitschuh - R. Peters, Müller, Bögelsack
T: 1:0 (1.) Slapke (Simon) - 2:0 (1.) Slapke (---) / 3:0 (24.) Slapke (F. Braun) - 4:0 (24.) Bielas (---) - 5:1 (29.) Mark (Bielas) - 6:1 (30.) Patschinski (---) - 7:1 (31.) R. Peters (Müller) - 8:1 (31.) Schröder (Müller) - 9:1 (32.) Mark (Bielas) / 10:2 (57.) Fengler (R. Noack) - 11:2 (57.) D. Frenzel (Müller)
S: Slapke 2, Müller 2

390. - 08.12.1976 POL - GDR 6:8 (3:0, 1:4, 2:4)
Gdańsk, Hala Olivia; Z: 4.000; SR: Zagórski (POL); LR: Muzalewski (POL), Kapołka (POL)
Kraske (*R. Herzig n.e.*) - F. Braun, Simon - D. Frenzel, Fengler - Schur, Pöhland - Bielas, R. Noack (C), Slapke - Stasche, Patschinski, Breitschuh - R. Peters, Müller, Bögelsack - Mark, Schröder, P. Herzig
T: 3:1 (23.) Breitschuh (?) - 3:2 (25.) Stasche (?) - 3:3 (29.) D. Frenzel (?) - 3:4 (33.) Patschinski (?) / 4:5 (50.) Slapke (?) - 4:6 (51.) Bögelsack (?) - 4:7 (55.) R. Noack (?) - 6:8 (60.) Bielas (?)
S: 2 x 2 Minuten
Schur erreichte als zweiundzwanzigster Spieler 100 Länderspiele.

391. - 09.12.1976 POL - GDR 4:8 (2:1, 2:3, 0:4)
Gdańsk, Hala Olivia; Z: 4.000; SR: Zagórski (POL); LR: Muzalewski (POL), Kapołka (POL)
R. Herzig (ab 40:01 Kraske) - F. Braun, Simon - D. Frenzel, Fengler - Schur, Schröder - Bielas, Slapke, R. Noack (C) - Stasche, Patschinski, Breitschuh - R. Peters, Müller, Bögelsack
T: 0:1 (4.) R. Noack (?) / 2:2 (25.) Slapke (?) - 2:3 (27.) Bielas (?) - 3:4 (39.) Breitschuh (D. Frenzel) / 4:5 (43.) Breitschuh (?) - 4:6 (48.) Slapke (?) - 4:7 (57.) Slapke (?) - 4:8 (60.) Patschinski (?)
S: 9 x 2 Minuten
Stasche erreichte als dreiundzwanzigster Spieler 100 Länderspiele.

392. - 19.02.1977 ROU - GDR 2:6 (1:3, 0:1, 1:2)
Bucureşti, Patinoarul „23. August"; Z: 4.000; SR: Kuznetsov (URS); LR: Osipchuk (URS), Prusov (URS)
R. Herzig (*Kraske n.e.*) - F. Braun, Simon - Fengler, D. Frenzel - Schröder, Schur - Bielas, R. Noack (C), Slapke - Breitschuh, Patschinski, Stasche - Müller; Thomas, Mark - Bögelsack
T: 0:1 (5.) Müller (?) - 0:2 (10.) Slapke (?) - 0:3 (13.) Müller (?) / 1:4 (38.) Müller (?) / 2:5 (56.) Bielas (?) - 2:6 (57.) Bielas (?)
S: 5 x 2 Minuten

393. - 20.02.1977 ROU - GDR 2:3 (1:1, 0:2, 1:0)
Bucureşti, Patinoarul „23. August"; Z: 3.500; SR: Kuznetsov (URS); LR: Osipchuk, (URS), Prusov (URS)
Kraske (*R. Herzig n.e.*) - F. Braun, Simon - Fengler, D. Frenzel - Schröder, Schur - Bielas, R. Noack (C), Slapke - Breitschuh, Patschinski, Stasche - Müller, Thomas
T: 1:1 (17.) Stasche (?) / 1:2 (26.) Thomas (?) - 1:3 (27.) Bielas (?)
S: keine Angaben

'   03.02.1977 GDR - TCH (B*) 5:3 (2:0, 2:2, 1:1)
* Es handelte sich eigentlich um die Mannschaft von VTJ Litoměřice (in diesem und dem folgenden Spiel).
Karl-Marx-Stadt, Eissporthalle „VIII. Parlament" Küchwald; Z: ?; SR: Bocsák (HUN), Schell (HUN)
R. Herzig *(Kraske n.e.)* - F. Braun, Simon - Schur, Schröder - Felber, Mark - Bielas, Patschinski (C), Fengler - Müller, D. Peters (B), Thomas - Bögelsack, R. Peters, J. Franke - Pöhland, Scholz (W)
T: *1:0 (5.) Bielas (Patschinski) - 2:0 (7.) Bielas (Simon) / 3:0 (23.) J. Franke (Mark) - 4:0 (25.) F. Braun (Simon) - 5:3 (48.) R. Peters (Bögelsack)*
S: *Müller 4, Schur 2*

'   04.02.1977 GDR - TCH (B) 11:2 (1:2, 4:0, 6:0)
Berlin, Eishalle Sportforum Hohenschönhausen; Z: ?; SR: Bocsák (HUN), Schell (HUN)
Kraske *(R. Herzig n.e.)* - F. Braun, Simon - Schur, Schröder - Felber, Pöhland - Bielas, Patschinski (C), Fengler - Müller, D. Peters, Thomas - Bögelsack, R. Peters, W. Unterdörfel - Scholz, Mark, J. Franke
T: *1:2 (20.) Bielas (Simon) / 2:2 (24.) Bielas (Patschinski) - 3:2 (26.) Mark (Müller) - 4:2 (28.) F. Braun (Simon) - 5:2 (32.) Thomas (Schur) / 6:2 (41.) Patschinski (Bielas) - 7:2 (47.) W. Unterdörfel (Pöhland) - 8:2 (48.) F. Braun (Simon) - 9:2 (49.) Schur (---) - 10:2 (54.) Simon (---) - 11: 2 (58.) Bielas (Patschinski)*
S: *D. Peters 2+10 (Disziplinarstrafe), Bielas 4, Schröder 2, Scholz 2*

FÉKON-Pokal

Die DDR-Auswahl belegte Platz 1.

394. - 22.02.1977 GDR - YUG 7:0 (1:0, 2:0, 4:0)
Budapest, Kisstadion (Freiluft); Z: 2.000; SR: Schell (HUN), Zsitva (HUN)
R. Herzig *(Kraske n.e.)* - F. Braun, Simon - D. Frenzel, Fengler - Schur - R. Noack (C), Slapke, Bielas - Breitschuh, Patschinski, Stasche - Müller, Thomas, R. Peters - Felber
T: *1:0 (14.) Bielas (?) / 2:0 (26.) Simon (?) - 3:0 (40.) D. Frenzel (?) / 4:0 (41.) Bielas (?) - 5:0 (43.) Müller (?) - 6:0 (52.) Fengler (?) - 7:0 (59.) Müller (?)*
S: *3 x 2 Minute*

395. - 23.02.1977 HUN - GDR 1:6 (0:2, 0:2, 1:2)
Budapest, Velodrom Millenáris; Z: 700; SR: Jursa (TCH), Okoličány (TCH)
R. Herzig *(Kraske n.e.)* - F. Braun, Simon - D. Frenzel, Fengler - Schröder, Schur - R. Noack (C), Slapke, Bielas - Breitschuh, Patschinski, Stasche - Müller, Thomas, Mark - Bögelsack, Felber, R. Peters
T: *0:1 (8.) Felber (?) - 0:2 (20.) Bögelsack (?) / 0:3 (31.) Bielas (?) - 0:4 (38.) Breitschuh (?) / 0:5 (42.) Stasche (?) - 0:6 (45.) F. Braun (?)*
S: *3 x 2 Minuten*

396. - 24.02.1977 GDR - ROU 5:2 (4:0, 0:1, 1:1)
Budapest, Velodrom Millenáris; Z: 500; SR: Schell (HUN), Bocsák (HUN)
Kraske *(R. Herzig n.e.)* - F. Braun, Simon - D. Frenzel, Fengler - Schröder, Schur - R. Noack (C), Bielas, Thomas - Breitschuh, Patschinski, Stasche - Bögelsack, Felber, R. Peters - Mark
T: *1:0 (10.) Patschinski (?) - 2:0 (12.) Thomas (?) - 3:0 (15.) Breitschuh (?) - 4:0 (18.) F. Braun (?) / 5:0 (44.) Simon (?)*
S: *keine Angaben*

397. - 26.02.1977 HUN - GDR 3:9 (1:1, 1:4, 1:4)
Budapest, Velodrom Millenáris; Z: 600; SR: Schell (HUN); LR: Zsitva (HUN), Bocsák (HUN)*
* erstes Match mit drei Referees in Ungarn
R. Herzig *(Kraske n.e.)* - F. Braun, Simon - D. Frenzel, Fengler - Schröder, Schur - Bielas, Thomas, R. Noack (C) - Breitschuh, Patschinski, Stasche - Müller, Mark, Bögelsack - R. Peters, Felber
T: *1:1 (17.) Schröder (?) / 1:2 (24.) Thomas (?) - 1:3 (27.) R. Noack (?) - 1:4 (30.) Bielas (?) - 2:5 (40.) Simon (?) / 2:6 (41.) Thomas (?) - 2:7 (44.) Müller (?) - 2:8 (48.) Müller (?) - 3:9 (54.) F. Braun (?)*
S: *1 x 2 Minuten*

B-Weltmeisterschaft 1977

Die DDR-Auswahl belegte Platz 1 und stieg in die A-WM 1978 auf.

398'. - 10.03.1977 GDR - AUT 7:1 (0:0, 2:1, 5:0)
Tokyo, Yoyogi National Stadium; Z: 2.000; SR: Fischer (NOR); LR: Krisch (YUG), Zaalberg (NED)
R. Herzig *(Kraske n.e.)* - F. Braun, Simon - D. Frenzel, Fengler - Schröder, Schur - R. Noack (C), Slapke, Bielas - Breitschuh, Patschinski, Stasche - Müller, Thomas, Mark - Bögelsack, R. Peters, Felber
T: *1:0 (21:31) Patschinski (Stasche) - 2:1 (39:44) Müller (Thomas) / 3:1 (47:15) Slapke (Bielas) - 4:1 (53:18) Müller (---) - 5:1 (54:50) Slapke (Bielas) - 6:1 (55:23) D. Frenzel (Weitschuss) - 7:1 (56:48) Bögelsack (---)*
S: *Fengler 2*

399'. - 12.03.1977 GDR - YUG 7:6 (2:1, 2:1, 3:4)
Tokyo, Yoyogi National Stadium; Z: 2.500; SR: Haidinger (AUT); LR: Fukuda (JPN), Nakamo (JPN)
R. Herzig (*Kraske n.e.*) - Felber, Simon - Fengler, D. Frenzel - Schröder, Schur - R. Noack (C), Slapke, Bielas - Breitschuh, Patschinski, Stasche - Müller, Thomas, Mark - Bögelsack, R. Peters
T: 1:1 (16:37) Müller (---) - 2:1 (18:26) R. Noack (Simon) / 3:2 (29:03) Mark (Müller) - 4:2 (37:18) Bielas (Felber) / 5:2 (44:46) Breitschuh (Patschinski, D. Frenzel) - 6:3 (46:58) Breitschuh (Patschinski) - 7:3 (52:36) Bielas (---)
S: Stasche 2

400'. - 14.03.1977 GDR - HUN 9:2 (3:1, 0:0, 6:1)
Tokyo, Yoyogi National Stadium; Z: 1.200; SR: Tsukamoto (JPN); LR: Fukuda (JPN), Nakano (JPN)
R. Herzig (*Kraske n.e.*) - F. Braun, Simon - D. Frenzel, Fengler - Schröder, Schur - Bielas, Slapke, R. Noack (C) - Breitschuh, Patschinski, Stasche - Müller, Thomas, Mark - Bögelsack, R. Peters, Felber
T: 1:0 (03:29) Bielas (F. Braun) - 2:0 (04:17) Slapke (Simon) - 3:0 (16:27) Bielas (Simon) / 4:1 (40:23) Bielas (F. Braun) - 5:1 (41:47) Patschinski (Stasche, R. Noack) - 6:1 (42:50) Thomas (Schröder) - 7:1 (49:52) Bögelsack (D. Frenzel) - 8:1 (51:12) F. Braun (R. Noack) - 9:2 (57:23) Thomas (Müller)
S: keine Strafen

401'. - 15.03.1977 POL - GDR 1:7 (0:2, 1:2, 0:3)
Tokyo, Yoyogi National Stadium; Z: 4.000; SR: Stewart (USA); LR: Schell (HUN), Krisch (YUG)
R. Herzig (*Kraske n.e.*) - F. Braun, Simon - D. Frenzel, Fengler - Schröder, Schur - R. Noack (C), Slapke, Bielas - Breitschuh, Patschinski, Stasche - Müller, Thomas, Bögelsack - Mark, R. Peters, Felber
T: 0:1 (03:10) Thomas (Schur) - 0:2 (13:01) Bielas (Simon) / 1:3 (30:15) Breitschuh (Patschinski, Stasche) - 1:4 (33:30) Fengler (Patschinski) / 1:5 (48:41) Müller (Bögelsack) - 1:6 (52:15) Bielas (R. Noack, F. Braun) - 1:7 (59:21) Slapke (Bielas)
S: Fengler 5, Schröder 4, Müller 2

402'. - 17.03.1977 GDR - SUI 10:3 (4:0, 5:1, 1:2)
Tokyo, Yoyogi National Stadium; Z: 1.200; SR: Haidinger (AUT); LR: Fischer (USA), Nakano (JPN)
R. Herzig (*Kraske n.e.*) - F. Braun, Simon - D. Frenzel, Fengler - Schröder, Schur - R. Noack (C), Slapke, Bielas - Breitschuh, Patschinski, Stasche - Müller, Thomas, Bögelsack - Mark, R. Peters, Felber
T: 1:0 (02:28) Slapke (R. Noack) - 2:0 (15:16) Fengler (Stasche) - 3:0 (17:38) Bielas (Slapke) - 4:0 (18:41) Thomas (Müller) / 5:0 (25:38) D. Frenzel (Breitschuh) - 6:0 (28:34) F. Braun (R. Noack) - 7:1 (30:14) Müller (R. Peters, Schur) - 8:1 (30:42) Thomas (Müller) - 9:1 (31:15) Bielas (F. Braun) / 10:1 (43:15) Müller (Thomas)
S: keine Strafen

403'. - 18.03.1977 GDR - NED 4:2 (2:0, 2:2, 0:0)
Tokyo, Yoyogi National Stadium; Z: 2.400; SR: Schell (HUN); LR: Zagórski (POL), Ehrensperger (SUI)
R. Herzig (*Kraske n.e.*) - F. Braun, Simon - D. Frenzel, Fengler - Schröder, Schur - R. Noack (C), Slapke, Bielas - Breitschuh, Patschinski, Stasche - Müller, Thomas, Bögelsack - Mark, R. Peters, Felber
T: 1:0 (05:09) Schur (Weitschuss) - 2:0 (18:48) R. Noack (F. Braun, Patschinski) / 3:0 (25:50) Patschinski (Fengler) - 4:0 (31:31) Thomas (Müller)
S: Thomas 2

404'. - 20.03.1977 GDR - NOR 8:1 (1:0, 3:0, 4:1)
Tokyo, Yoyogi National Stadium; Z: 5.000; SR: Stewart (USA); LR: Schell (HUN), Zaalberg (NED)
R. Herzig (*Kraske n.e.*) - F. Braun, Simon - D. Frenzel, Fengler - Schröder, Schur - R. Noack (C), Slapke, Bielas - Breitschuh, Patschinski, Stasche - Müller, Thomas, R. Peters - Bögelsack, Mark
T: 1:0 (01:06) Bielas (R. Noack) / 2:0 (22:58) Bielas (Slapke, R. Noack) - 3:0 (30:35) Müller (Patschinski) - 4:0 (37:49) Schur (R. Peters) / 5:0 (40:19) Simon (Slapke) - 6:0 (41:48) Patschinski (Bögelsack, Stasche) - 7:0 (44:18) Stasche (---) - 8:0 (47:12) Schur (Thomas)
S: Thomas 4, Stasche 2, R. Peters 2
Thomas erreichte als vierundzwanzigster Spieler 100 Länderspiele.

405'. - 21.03.1977 JPN - GDR 0:5 (0:1, 0:2, 0:2)
Tokyo, Yoyogi National Stadium; Z: 12.200; SR: Stewart (USA); LR: Schell (HUN), Krisch (YUG)
R. Herzig (*Kraske n.e.*) - F. Braun, Simon - D. Frenzel, Fengler - Schröder, Schur - R. Noack (C), Slapke, Bielas - Breitschuh, Patschinski, Stasche - Müller, Thomas, Mark - Bögelsack, R. Peters, Felber
T: 0:1 (09:22) Patschinski (Breitschuh, R. Noack) / 0:2 (24:06) Bielas (R. Noack) - 3:0 (27:26) Bielas (---) / 4:0 (51:33) Thomas (D. Frenzel) - 5:0 (58:17) Patschinski (---)
S: Stasche 2, R. Peters 2, D. Frenzel 2
R. Peters erreichte als fünfundzwanzigster Spieler 100 Länderspiele.

406. - 23.03.1977 GDR - YUG 6:5 (2:2, 3:2, 1:1)
Fukuoka, ?; Z: ?; SR: ? (JPN); LR: Schweiger (GDR), Krisch (YUG)
Kraske (*R. Herzig n.e.*) - F. Braun, Simon - D. Frenzel, Fengler - Schröder, Schur - R. Noack (C), Slapke, Thomas - Breitschuh, Patschinski, Stasche - Müller, R. Peters, Felber
T: keine Angaben
S: keine Angaben

Japan-Cup 1977
Die DDR-Auswahl belegte Platz 2.

407. - 26.03.1977 GDR - YUG 10:4 (5:0, 3:2, 2:2)
Tomakomai, Eishalle der Oji-Papierfabrik; Z: 3.000; SR: Nakanu (JPN); LR: Schweiger (GDR), Krisch (YUG)
Kraske (*R. Herzig n.e.*) - F. Braun, Simon - D. Frenzel, Fengler - Schröder, Schur - R. Noack (C), Slapke, Bielas - Breitschuh, Patschinski, Stasche - Müller, R. Peters, Felber - Bögelsack, Thomas
T: 1:0 (8.) Stasche (?) - 2:0 (15.) Müller (?) - 3:0 (17.) Breitschuh (?) - 4:0 (19.) Müller (?) - 5:0 (19.) Thomas (?) / 6:0 (21.) Stasche (?) - 7:2 (30.) Bögelsack (?) - 8:2 (34.) Thomas (?) / 9:3 (44.) Müller (?) - 10:4 (60.) Bielas (?)
S: keine Angaben

408. - 27.03.1977 JPN - GDR 5:2 (1:1, 3:1, 1:0)
Sapporo, Makomanai Indoor Skating Rink; Z: 8.000; SR: Takari (JPN); LR: Schweiger (GDR), Krisch (YUG)
Kraske (*R. Herzig n.e.*) - F. Braun, Simon - D. Frenzel, Fengler - Schröder, Schur - R. Noack (C), Slapke, Bielas - Breitschuh, Patschinski, Stasche - Müller, R. Peters, Felber - Bögelsack, Thomas, Mark
T: 0:1 (2.) Breitschuh (?) / 4:2 (39.) Thomas (?)
S: keine Angaben

1977/78

30. Tatranský pohár
Die DDR-Auswahl belegte Platz 3.

Spiele gegen die weiteren Teilnehmer: 07.09.1977 GDR - IL Manglerud/Star (NOR) 12:1 (5:0, 3:0, 4:1), 09.09.1977 GDR - TJ VSŽ Košice (TCH) 2:8 (0:4, 2:3, 0:1) und 10.09.1977 GDR - TJ LS Poprad (TCH) 8:2 (3:0, 1:1, 4:1)

11.09.1977 TCH - GDR 7:1 (1:0, 2:0, 4:1)
Poprad, Krytá hala zimného štadióna; Z: 2.500; SR: ?; LR: ?
Kraske (B) - D. Frenzel (B), Schröder (B) - F. Braun (W), Simon (W) - Mark (W), Slapke (W), Bielas (W) - R. Peters (B), Stasche (B), Patschinski (B) - Bögelsack (B), Müller (B), Fengler (B)
T: 5:1 (47.) Fengler (?)
S: 7 x 2 Minuten

409'. - 05.11.1977 GDR - POL 3:4 (0:3, 1:1, 2:0)
Halle (S.), Eissporthalle am Gimritzer Damm; Z: 1.057; SR: Filip (TCH); LR: Schweiger (GDR), Sommerschuh (GDR)
Kraske (*R. Herzig (W) n.e.*) - Simon, F. Braun - D. Peters (B), Lempio (B) - D. Frenzel, Pöhland (B) - Scholz (W), Mark, Bielas - Stasche, Patschinski, R. Peters - Fengler, Müller (C), Bögelsack - B. Engelmann (W), J. Franke (W)
T: 1:3 (25.) Müller (D. Peters) / 2:4 (44.) F. Braun (Simon) - 3:4 (55.) B. Engelmann (Patschinski)
S: Müller 6, Bielas 2, Simon 2

410'. - 06.11.1977 GDR - POL 1:1 (0:0, 1:0, 0:1)
Berlin, Eishalle Sportforum Hohenschönhausen; Z: 2.600; SR: Filip (TCH); LR: Schweiger (GDR), Sommerschuh (GDR)
Kraske (*R. Herzig n.e.*) - Simon, F. Braun - D. Peters, Lempio - D. Frenzel, Pöhland - Scholz, Mark, Bielas - Stasche, Patschinski, R. Peters - Fengler, Müller (C), Bögelsack - B. Engelmann, J. Franke
T: 1:0 (31.) Bielas (Müller)
S: D. Peters 2+10 (Disziplinarstrafe), Pöhland 4, D. Frenzel 2, Fengler 2

411'. - 09.11.1977 FIN - GDR 7:1 (2:1, 1:0, 4:0)
Helsinki, Jäähalli; Z: 4.814; SR: Szczepek (POL); LR: Lehtimäki (FIN), Sihvonen (FIN)
Kraske (R. Herzig n.e.) - F. Braun, Simon - D. Peters, Lempio - D. Frenzel, Pöhland - Scholz, Mark, Bielas - R. Peters, Patschinski, Stasche - Fengler (ab ?. **Detlef Radant** (B)), Müller (C), J. Franke (ab ?. B. Engelmann)
T: 1:1 (06:04) D. Peters (---)
S: Stasche 2, Simon 2, J. Franke 2

412'. - 10.11.1977 FIN - GDR 2:2 (0:0, 0:2, 2:0)
Oulu, Higin Jäähalli; Z: 2.399; SR: Szczepek (POL); LR: Kollanus (FIN), Latvasalo (FIN)
R. Herzig (Kraske n.e.) - F. Braun, Simon - Lempio, D. Peters - D. Frenzel, Fengler - Scholz, Mark, Bielas - R. Peters, Patschinski, Stasche - B. Engelmann, Müller (C), J. Franke
T: 0:1 (24:03) Bielas (---) - 0:2 (28:44) Bielas (D. Peters)
S: D. Frenzel 2, J. Franke 2
Bielas erzielte mit dem 0:1 als zweiter Spieler 100 Tore.

413'. - 15.11.1977 GDR - YUG 13:3 (3:1, 5:1, 5:1)
Berlin, Eishalle Sportforum Hohenschönhausen; Z: 2.000; SR: Schell (HUN); LR: Schweiger (GDR), Exner (GDR)
Kraske (ab 40:01* **Michael Pfuhl** (B)) - D. Peters, Lempio - J. Geisert (B), Schröder - D. Frenzel, Pöhland - Stasche, Patschinski, Fengler - Bögelsack, Müller (C), R. Peters - **Wolfgang Beuthner** (B), Radant, **Wolfgang Unterdörfel** (B) - **Jürgen Weinert** (B)
* Zeitpunkt des Torwartwechsels nicht bestätigt
T: 1:0 (5.) W. Unterdörfel (Beuthner) - 2:0 (12.) Stasche (Fengler) - 3:0 (15.) Beuthner (W. Unterdörfel) / 4:1 (23.) Pöhland (D. Frenzel) - 5:1 (25.) Radant (Beuthner, W. Unterdörfel) - 6:1 (26.) Fengler (Stasche) - 7:2 (28.) D. Peters (Bögelsack) - 8:2 (30.) Radant (---) / 9:2 (44.) W. Unterdörfel (D. Frenzel) - 10:2 (48.) Beuthner (D. Frenzel) - 11:2 (48.) Beuthner (D. Frenzel) - 12:2 (49.) Stasche (Fengler) - 13:3 (54.) W. Unterdörfel (---)
S: D. Frenzel 2, Radant 2

414'. - 16.11.1977 GDR - YUG 8:3 (2:1, 4:1, 2:1)
Weißwasser, Eisstadion „Wilhelm Pieck"; Z: 1.745; SR: Schell (HUN); LR: Schweiger (GDR), Exner (GDR)
R. Herzig (ab 51. **Uwe Hoffmann** (W)) - D. Peters, Lempio - F. Braun (C), Simon - Schur (W), Schröder - Bielas, Mark, Scholz - Stasche, Patschinski (C), W. Unterdörfel - B. Engelmann, R. Peters, J. Franke - **Henry Balzer** (W), Mucha (W), **Peter Franke** (W)
T: 1:0 (13.) B. Engelmann (R. Peters, J. Franke) - 2:0 (18.) Scholz (Bielas, Simon) / 3:1 (23.) Stasche (W. Unterdörfel) - 4:1 (25.) Scholz (Bielas, Simon) - 5:1 (29.) Schur (J. Franke) - 6:2 (38.) F. Braun (Bielas) / 7:2 (50.) J. Franke (B. Engelmann) - 8:3 (56.) Balzer (D. Peters)
S: D. Peters 4, R. Peters 2

415'. - 19.11.1977 GDR - HUN 9:4 (2:1, 3:1, 4:2)
Halle (S.), Eissporthalle am Gimritzer Damm; Z: 1.000; SR: Muzalewski (POL); LR: Schulz (GDR), Schweiger (GDR)
Kraske (ab ?. **Egon Schmeißer*** (B)) - D. Peters, Lempio - D. Frenzel, Pöhland - Schröder, J. Geisert - R. Peters, Patschinski (C), Stasche - Breitschuh (B), Fengler, Bögelsack - Beuthner, Radant, W. Unterdörfel - Frank Proske (B), Weinert
* lt. DELV-Statistik Einsatz Schmeißer, jedoch durch Quellen nicht bestätigt
T: 1:0 (6.) Stasche (Patschinski) - 2:1 (16.) W. Unterdörfel (Radant) / 3:1 (25.) D. Frenzel (---) - 4:2 (31.) W. Unterdörfel (D. Peters) - 5:2 (40.) W. Unterdörfel (Radant) / 6:2 (44.) D. Peters (W. Unterdörfel) - 7:3 (53.) Fengler (---) - 8:3 (54.) Lempio (Breitschuh) - 9:3 (56.) W. Unterdörfel (---)
S: Stasche 2, W. Unterdörfel 2, Fengler 2, D. Frenzel 2, Pöhland 2

416'. - 20.11.1977 GDR - HUN 10:1 (3:1, 2:0, 5:0)
Dresden, Eissporthalle Pieschener Allee; Z: 610; SR: Muzalewski (POL); LR: Schulz (GDR), Schweiger (GDR)
R. Herzig (ab ?. Hoffmann) - F. Braun, Schur - D. Frenzel, Pöhland - Schröder, Fengler - Mark, Bielas, J. Franke (C) - P. Franke, Mucha, Balzer - B. Engelmann, Simon, **Frank Däsler** (W) - Beuthner, Radant, W. Unterdörfel
T: 1:0 (3.) Radant (Beuthner) - 2:0 (9.) Schröder (---) - 3:0 (9.) Däsler (Bielas) / 4:1 (28.) F. Braun (---) - 5:1 (35.) P. Franke (Simon) / 6:1 (41.) Simon (---) - 7:1 (43.) Fengler (B. Engelmann) - 8:1 (50.) Balzer (Pöhland) - 9:1 (55.) Fengler (J. Franke) - 10:1 (55.) Balzer (Schur)
S: B. Engelmann 2, Simon 2, Mark 2, Hoffmann 2 (? dafür auf der Strafbank)

417'. - 03.12.1977 GDR - ROU 7:2 (2:0, 4:0, 1:2)
Karl-Marx-Stadt, Eissporthalle „VIII. Parlament" Küchwald; Z: 1.000; SR: Filip (TCH); LR: Burzalewski (TCH), Schweiger (GDR)
Kraske (*R. Herzig n.e.*) - B. Engelmann, Simon - Fengler, D. Frenzel - Lempio, Schröder - Scholz, Mark, Bielas - R. Peters, Müller (C), Bögelsack - J. Franke, Patschinski, W. Unterdörfel - Breitschuh
T: 1:0 (12.) Müller (Fengler) - 2:0 (15.) Bögelsack (D. Frenzel) / 3:0 (22.) D. Frenzel (Müller) - 4:0 (26.) Müller (D. Frenzel) - 5:0 (29.) Bielas (Lempio) - 6:0 (34.) Bielas (Scholz) / 7:0 (54.) Mark (B. Engelmann)
S: W. Unterdörfel 2+10 (Disziplinarstrafe), Simon 2, B. Engelmann 2, Bielas 2, Müller 2, Lempio 2

418'. - 04.12.1977 GDR - ROU 8:2 (4:0, 3:0, 1:2)
Dresden, Eissporthalle Pieschener Allee; Z: 300; SR: Filip (TCH); LR: Burzalewski (TCH), Schweiger (GDR)
R. Herzig (*Kraske n.e.*) - B. Engelmann, Simon - F. Braun, D. Frenzel - Schröder, Lempio - Scholz, Mark, Bielas - Fengler, Patschinski, Breitschuh - R. Peters, Müller (C), Bögelsack - Balzer, J. Franke, W. Unterdörfel
T: 1:0 (4.) Breitschuh (Patschinski) - 2:0 (8.) Schröder (Patschinski) - 3:0 (15.) Scholz (Nachschuss) - 4:0 (16.) D. Frenzel (Bögelsack) / 5:0 (21.) F. Braun (Scholz) - 6:0 (30.) D. Frenzel (Balzer) - 7:0 (36.) Bielas (---) / 8:2 (43.) W. Unterdörfel (---)
S: Simon 4, Scholz 4, Bielas 4, F. Braun 2, Fengler 2, W. Unterdörfel 2, B. Engelmann 2

419. - 10.12.1977 POL - GDR 5:1 (0:1, 5:0, 0:0)
Warszawa, Hala Torwar; Z: 1.500; SR: Šubrt (TCH); LR: Muzalewski (POL), Zagórski (POL)
Kraske (*R. Herzig n.e.*) - Simon, Schröder - D. Peters, Lempio - D. Frenzel, Fengler - Scholz, Mark, Bielas - J. Franke, Patschinski (C), Breitschuh - Balzer, Radant, W. Unterdörfel
T: 0:1 (20.) Breitschuh (?)
S: 7 x 2 Minuten

420. - 11.12.1977 POL - GDR 7:3 (1:0, 1:0, 5:3)
Warszawa, Hala Torwar; Z: 1.500; SR: Šubrt (TCH); LR: Muzalewski (POL), Zagórski (POL)
Kraske (*R. Herzig n.e.*) - Simon, Schröder - D. Peters, Lempio - D. Frenzel, Pöhland - Scholz, Mark, Bielas - J. Franke, Patschinski, Breitschuh - Bögelsack, Müller (C), W. Unterdörfel - Fengler
T: 3:1 (48.) J. Franke (?) - 3:2 (?) J. Franke (?) - 7:3 (?) W. Unterdörfel (?)
S: keine Angaben

421. - 21.12.1977 SUI - GDR 4:9 (2:4, 1:2, 1:3)
Zug, Hertistadion; Z: 3.500; SR: Westreicher (AUT); LR: Waschnig (AUT), Wieser (AUT)
Kraske (*R. Herzig n.e.*) - D. Peters, Lempio - D. Frenzel, Pöhland - F. Braun, Simon - Schröder - Breitschuh, Patschinski, J. Franke - Däsler, Mark, B. Engelmann - W. Unterdörfel, Balzer, Müller (C)
T: 0:1 (7.) Patschinski (---) - 1:2 (8.) Simon (Däsler) - 1:3 (15.) D. Peters (Lempio) - 2:4 (19.) Patschinski (W. Unterdörfel) / 3:5 (36.) Balzer (Patschinski) - 3:6 (39.) W. Unterdörfel (---) / 3:7 (48.) Balzer (Pöhland) - 3:8 (52.) Lempio (Patschinski) - 3:9 (56.) Patschinski (Lempio)
S: 2 x 2 Minuten

422. - 22.12.1977 SUI - GDR 2:9 (1:3, 0:2, 1:4)
Aarau, Eishalle; Z: 2.500; SR: Westreicher (AUT); LR: Waschnig (AUT), Wieser (AUT)
R. Herzig (*Kraske n.e.*) - D. Peters, Lempio - F. Braun, Schröder - D. Frenzel, Pöhland - Breitschuh, Patschinski J. Franke - B. Engelmann, Mark, Simon - R. Peters, Müller (C), W. Unterdörfel - Balzer, Däsler
T: 0:1 (4.) Patschinski (D. Peters) - 1:2 (10.) Simon (---) - 1:3 (20.) R. Peters (Müller) / 1:4 (24.) Müller (?) - 1:5 (31.) Patschinski (?) / 1:6 (41.) Patschinski (?) - 2:7 (52.) Breitschuh (?) - 2:8 (54.) D. Peters - 2:9 (56.) Müller (?)
S: 5 x 2 Minuten

423'. - 26.02.1978 GDR - POL 1:5 (1:2, 0:1, 0:2)
Berlin, Eishalle Sportforum Hohenschönhausen; Z: 1.000; SR: Barnet (TCH); LR: Schweiger (GDR), Plotka (GDR)
Kraske (*R. Herzig n.e.*) - Fengler, Simon - D. Peters, Lempio - D. Frenzel, Pöhland - Scholz, Slapke (C), Bielas - Stasche (ab ?. J. Franke), Patschinski, Breitschuh - Bögelsack, Müller, R. Peters - W. Unterdörfel
T: 1:0 (11.) Patschinski (---)
S: R. Peters 2, D. Frenzel 2, Fengler 2

424'. - 27.02.1978 GDR - POL 3:2 (2:1, 0:0, 1:1)
Weißwasser, Eisstadion Wilhelm Pieck; Z: 2.473; SR: Barnet (TCH); LR: Schweiger (GDR), Blümel (GDR)
R. Herzig (*Kraske n.e.*) - Fengler, Simon - Lempio, D. Peters - Scholz, Slapke (C), Bielas - J. Franke, Patschinski, R. Peters - Bögelsack, Müller, W. Unterdörfel
T: 1:0 (2.) Patschinski (---) - 2:0 (6.) D. Peters (Lempio) / 3:1 (52.) Slapke (Bielas)
S: Bielas 4, Slapke 2, W. Unterdörfel 2, Simon 2, Lempio 2

425. - 01.03.1978 NOR - GDR 2:6 (1:2, 0:2, 1:2)
Stavanger, Siddishallen; Z: 1.450; SR: Henriksson (SWE); LR: Rønning (NOR), Holden (NOR)
Kraske (*R. Herzig n.e.*) - Mark, Simon - Lempio, D. Peters - Pöhland, Fengler - Scholz, Slapke (C), Bielas - J. Franke, Patschinski, Breitschuh - Bögelsack, Müller, R. Peters (ab ?. W. Unterdörfel)
T: 0:1 (?) J. Franke (?) - 1:2 (?) Bielas (?) / 1:3 (?) Bielas (?) - 1:4 (?) Scholz (?) / 1:5 (?) Patschinski (?) - 2:6 (?) Scholz (?)
S: 3 x 2 Minuten

426. - 02.03.1978 NOR - GDR 2:5 (1:2, 1:1, 0:2)
Oslo, Jordal Amfi Ishall; Z: 2.000; SR: L. Henriksson (SWE); LR: Rønning (NOR), Holden (NOR)
R. Herzig (*Kraske n.e.*) - Mark, Simon - Lempio, D. Peters - Pöhland, Fengler - Scholz, Slapke (C), Bielas - J. Franke, Patschinski, Breitschuh - Bögelsack, Müller, R. Peters (ab ?. W. Unterdörfel)
T: 0:1 (06:25) J. Franke (Breitschuh) - 1:2 (19:21) Patschinski (Breitschuh) / 2:3 (27:56) Müller (?) / 2:4 (48:12) Slapke (?) - 2:5 (?) Müller (?)
S: 7 x 2 Minuten

Vier-Länder-Turnier
Die DDR-Auswahl belegte Platz 1.

427'. - 07.03.1978 GDR - JPN 4:4 (3:0, 1:1, 0:3)
Weißwasser, Eisstadion „Wilhelm Pieck"; Z: 2.577; SR: Westreicher (AUT); LR: Waschnig (AUT), Wieser (AUT)
Kraske (*R. Herzig n.e.*) - F. Braun, Simon - D. Peters, Lempio - D. Frenzel, Schröder - Bielas, Slapke (C), Scholz - J. Franke, Patschinski, W. Unterdörfel - R. Peters, Müller, Fengler
T: 1:0 (2.) D. Peters (J. Franke) - 2:0 (5.) Slapke (Bielas, Scholz) - 3:0 (13.) D. Frenzel (---) / 4:0 (21.) Slapke (F. Braun)
S: Fengler 4, Slapke 2, Patschinski 2, J. Franke 2

428'. - 08.03.1978 GDR - SUI 9:5 (1:0, 5:2, 3:3)
Weißwasser, Eisstadion „Wilhelm Pieck"; Z: 1.332; SR: Wieser (AUT); LR: Exner (GDR), Blümel (GDR)
R. Herzig (*Kraske n.e.*) - F. Braun, Simon - D. Peters, Lempio - D. Frenzel, Pöhland - Bielas, Slapke (C), Scholz - R. Peters, Patschinski, Radant - W. Unterdörfel, Müller, Fengler
T: 1:0 (17.) Müller (Slapke) / 2:0 (21.) Bielas (Scholz) - 3:0 (22.) R. Peters (Radant, D. Peters) - 4:0 (23.) Radant (D. Peters) - 5:1 (31.) Müller (Pöhland) - 6:1 (32.) Bielas (Scholz) / 7:2 (41.) Bielas (Slapke, Scholz) - 8:2 (45.) Simon (Slapke) - 9:3 (48.) W. Unterdörfel (Müller)
S: R. Peters 2, D. Frenzel 2, Lempio 2
Simon erreichte als sechsundzwanzigster Spieler 100 Länderspiele.

429'. - 09.03.1978 GDR - ROU 5:2 (0:1, 3:0, 2:1)
Berlin, Eishalle Sportforum Hohenschönhausen; Z: 2.000; SR: Westreicher (AUT); LR: Waschnig (AUT), Schweiger (GDR)
Kraske (*R. Herzig n.e.*) - F. Braun, Simon - Lempio, D. Peters - D. Frenzel, Pöhland - Scholz, Slapke (C), Bielas - R. Peters, Patschinski, Radant - W. Unterdörfel, Müller, Fengler
T: 1:1 (27.) Lempio (Radant, R. Peters) - 2:1 (35.) D. Peters (Patschinski) - 3:1 (40.) Patschinski (D. Peters) / 4:2 (48.) R. Peters (Radant, Patschinski) - 5:2 (58.) Lempio (D. Peters)
S: W. Unterdörfel 2+2+5+10 (Disziplinarstrafe), D. Peters 4, Müller 2, R. Peters 2, Bielas 2, Lempio 2
Patschinski erreichte als dritter Spieler 200 Länderspiele.

430. - 12.04.1978 TCH - GDR 7:3 (2:2, 3:1, 2:0)
Litvínov, Zimní stadion; Z: 3.000; SR: Frei (SUI); LR: Brunclík (TCH), Les (TCH)
Kraske (ab 40:01 R. Herzig) - F. Braun, Simon - D. Peters, Lempio - D. Frenzel, Fengler - Scholz, Slapke (C), J. Franke - F. Proske, Patschinski, Stasche - Bögelsack, Müller, R. Peters
T: 1:1 (5.) Fengler (?) - 2:2 (17.) D. Peters (?) / 4:3 (35.) Patschinski (?)
S: 2 x 2 Minuten
Müller erreichte als siebenundzwanzigster Spieler 100 Länderspiele. Patschinski erzielte als dritter Spieler 100 Tore.

431. - 13.04.1978 TCH - GDR 8:0 (3:0, 2:0, 3:0)
Teplice, Zimní stadion; Z: 6.000; SR: Frei (SUI); LR: Brunclík (TCH), Les (TCH)
R. Herzig (*Kraske n.e.*) - F. Braun, Simon - D. Peters, Pöhland - D. Frenzel, Schröder - Scholz, Slapke (C), J. Franke - F. Proske, Patschinski, Stasche - Bögelsack, Müller, R. Peters
S: 7 x 2 Minuten
D. Frenzel erreichte als achtundzwanzigster Spieler 100 Länderspiele.

432'. - 22.04.1978 GDR - FIN 2:11 (1:4, 1:3, 0:4)
Berlin, Eishalle Sportforum Hohenschönhausen; Z: 2.500; SR: Jursa (TCH): LR: Okoličány (TCH),
Schweiger (GDR)
R. Herzig (Kraske n.e.*) - Simon, F. Braun - D. Peters, Lempio - Fengler (ab ?. Schröder), D. Frenzel - Scholz,
Slapke (C), Bielas - F. Proske (ab ?. J. Franke), Patschinski, Stasche - Bögelsack (ab ?. W. Unterdörfel), Müller,
R. Peters
* lt. DELV-Statistik Einsatz, jedoch durch Quellen nicht bestätigt
T: 1:1 (13.) Lempio (D. Peters) / 2:7 (40.) Patschinski (---)
S: Slapke 2+5, Simon 2, Patschinski 2, Scholz 2, D. Frenzel 2

433'. - 23.04.1978 GDR - FIN 2:8 (1:1, 1:2, 0:5)
Dresden, Eissporthalle Pieschener Allee; Z: 2.500; SR: Okoličány (TCH); LR: Jursa (TCH), Schweiger
(GDR)
Kraske (R. Herzig n.e.*) - F. Braun, Simon - D. Peters, Lempio - Fengler (ab ?. Schröder), D. Frenzel - Bielas,
Slapke (C), J. Franke (ab ?. Scholz) - Stasche, Patschinski, W. Unterdörfel (ab ?. F. Proske) - Bögelsack, Müller,
R. Peters
* lt. DELV-Statistik Einsatz, jedoch durch Quellen nicht bestätigt
T: 1:0 (8.) Müller (R. Peters) / 2:1 (25.) R. Peters (D. Frenzel)
S: D. Peters 2, Slapke 2

45. A-Welt- und 55. Europameisterschaft 1978

Die DDR-Auswahl belegte den 7. Platz in der Vorrunde. In der Abstiegsrunde konnte sie sich nicht verbessern,
belegte am Ende WM-Platz 8 und EM-Platz 5. Das bedeutete den Abstieg in die B-WM 1979.

VORRUNDE

434'. - 26.04.1978 TCH - GDR 8:0 (2:0, 2:0, 4:0)
Praha, Sportovni hala ČSTV; Z: 13.119; SR: Karlsson (SWE); LR: Ferber (SWE), Westreicher (AUT)
R. Herzig (Kraske n.e.*) - F. Braun, Simon - D. Peters, Lempio - D. Frenzel, Fengler - Scholz, Slapke (C), Bielas
- F. Proske, Patschinski, Stasche - R. Peters, Müller, Bögelsack - J. Franke
* lt. DELV-Statistik Einsatz, jedoch durch Quellen nicht bestätigt
S: Müller 5, D. Peters 4, F. Braun 2, Stasche 2, D. Frenzel 2

435'. - 28.04.1978 GDR - CAN 2:6 (0:3, 0:1, 2:2)
Praha, Sportovni hala ČSTV; Z: 5.780; SR: Dombrovskiy (URS); LR: Smirnov (URS), Vanhanen (FIN)
R. Herzig (*Kraske n.e.*) - F. Braun, Simon - D. Peters, Lempio - Fengler, D. Frenzel - Scholz, Slapke (C), J.
Franke - F. Proske, Patschinski, Stasche - R. Peters, Müller, Bögelsack - W. Unterdörfel, Bielas
T: 1:4 (52:47) Scholz (---) - 2:5 (54:38) Müller (Bögelsack)
S: J. Franke 2

436'. - 29.04.1978 SWE - GDR 10:1 (2:0, 4:0, 4:1)
Praha, Sportovni hala ČSTV; Z: 4.680; SR: Kompalla (FRG); LR: Exner (TCH), Sládeček (TCH)
Kraske (ab 37:04 R. Herzig) - F. Braun, Simon - Lempio, D. Peters - D. Frenzel, Fengler - J. Franke, Slapke (C),
Bielas - F. Proske, Patschinski, Stasche - R. Peters, Müller, Bögelsack - W. Unterdörfel
T: 6:1 (44:35) Patschinski (Lempio)
S: Müller 4, D. Peters 2

437'. - 01.05.1978 URS - GDR 10:2 (2:1, 0:1, 8:0)
Praha, Sportovni hala ČSTV; Z: 5.354; SR: Šubrt (TCH); LR: Exner (TCH), Sládeček (TCH)
Kraske (ab 53:49 R. Herzig) - F. Braun, Simon - Lempio, D. Peters - D. Frenzel, Fengler - Schröder - J. Franke,
Slapke (C), Bielas - F. Proske, Patschinski, Stasche - R. Peters, Müller, Bögelsack - W. Unterdörfel, Scholz
T: 2:1 (12:16) Müller (D. Peters) / 2:2 (31:49) Müller (Simon)
S: Fengler 4, J. Franke 4, Bögelsack 2

438'. - 03.05.1978 FIN - GDR 3:4 (1:1, 1:2, 1:1)
Praha, Sportovni hala ČSTV; Z: 5.293; SR: Dombrovskiy (URS); LR: Exner (TCH), Sládeček (TCH)
Kraske (*R. Herzig n.e.*) - F. Braun, Simon - Lempio, D. Peters - D. Frenzel, Fengler - J. Franke, Slapke (C),
Bielas - F. Proske, Patschinski, Stasche - R. Peters, Müller, Bögelsack
T: 1:1 (15:12) Simon (J. Franke) / 1:2 (28:11) Stasche (D. Peters) - 1:3 (29:32) R. Peters (Stasche) / 2:4 (52:46)
R. Peters (Bögelsack)
S: Müller 4

439'. - 05.05.1978 GDR - USA 3:7 (1:3, 1:2, 1:2)
Praha, Sportovni hala ČSTV; Z: 5.802; SR: Sepponen (FIN); LR: Exner (TCH), Sládeček (TCH)
Kraske (ab 15:18 R. Herzig) - F. Braun, Simon - Lempio, D. Peters - D. Frenzel, Fengler - J. Franke (ab 37. Scholz), Slapke (C), Bielas - F. Proske (ab 40:01 W. Unterdörfel), Patschinski, Stasche - R. Peters, Müller, Bögelsack
T: 1:0 (01:31) Stasche (---) / 2:5 (30:30) Bielas (---) / 3:6 (55:42) Bögelsack (Müller)
S: Lempio 5, Bögelsack 4, Müller 2, Stasche 2, Scholz 2

440'. - 07.05.1978 FRG - GDR 1:1 (0:1, 1:0, 0:0)
Praha, Sportovni hala ČSTV; Z: 6.752; SR: Dombrovskiy (URS); LR: Ferber (SWE), Westreicher (AUT)
R. Herzig (*Kraske n.e.*) - F. Braun, Simon - D. Peters, Lempio - D. Frenzel, Fengler - J. Franke, Slapke (C), Bielas - F. Proske, Patschinski, Stasche - R. Peters, Müller, Bögelsack
T: 0:1 (09:04) R. Peters (Bögelsack)
S: Müller 4, F. Braun 2, Bielas 2

ABSTIEGSRUNDE

441'. - 09.05.1978 USA - GDR 5:5 (0:3, 1:0, 4:2)
Praha, Sportovni hala ČSTV; Z: 6.023; SR: Šubrt (TCH); LR: Smirnov (URS), Westreicher (AUT)
R. Herzig (*Kraske n.e.*) - F. Braun, Simon - Lempio, D. Peters - D. Frenzel, Fengler - J. Franke (ab ?. Scholz), Slapke (C), Bielas - F. Proske (ab ?. W. Unterdörfel), Patschinski, Stasche - R. Peters, Müller, Bögelsack
T: 0:1 (02:53) D. Frenzel (Weitschuss) - 0:2 (05:38) Bögelsack (Patschinski) - 0:3 (09:01) D. Frenzel (Müller) / 4:4 (48:51) Bielas (Scholz) - 4:5 (55:56) Bielas (F. Braun)
S: Stasche 2, Scholz 2, Müller 2
D. Peters erreichte als vierter Spieler 200 Länderspiele.

442'. - 11.05.1978 GDR - FRG 0:0 (0:0, 0:0, 0:0)
Praha, Sportovni hala ČSTV; Z: 7.958; SR: Dombrovskiy (URS); LR: Smirnov (URS), Westreicher (AUT)
R. Herzig (*Kraske n.e.*) - F. Braun, Simon - Lempio, D. Peters - Fengler, D. Frenzel - Scholz, Slapke (C), Bielas - F. Proske (ab ?. W. Unterdörfel), Patschinski, Stasche - R. Peters, Müller; Bögelsack
S: Patschinski 2, Simon 2

443'. - 13.05.1978 GDR - FIN 2:7 (1:3, 0:4, 1:0)
Praha, Sportovni hala ČSTV; Z: 9.578; SR: Šubrt (TCH); LR: Smirnov (URS), Exner (TCH)
R. Herzig (ab 25:29 Kraske) - Simon, F. Braun - D. Peters, Lempio - Fengler, D. Frenzel - Scholz, Slapke (C), Bielas - F. Proske, Patschinski, Stasche - R. Peters, W. Unterdörfel, Bögelsack
T: 1:3 (18:47) Stasche (Lempio) / 2:7 (46:43) Bielas (Simon)
S: D. Peters 2, R. Peters 2, D. Frenzel 2, Scholz 2
F. Braun erreichte als fünfter Spieler 200 Länderspiele.

1978/79

444. - 07.11.1978 YUG - GDR 0:6 (0:0, 0:2, 0:4)
Ljubljana, Hala Tivoli; Z: 2.500; SR: Altamo (ITA); LR: Tradini (ITA), Tuzzi (ITA)
R. Herzig (W; *Hoffmann (W) n e.*) - Simon (W), F. Braun (W) - D. Frenzel (B), Lempio (B) - Schröder (B), Fengler (B) - Bielas (W), Slapke (C - W), Mark (W) - D. Peters (B), Patschinski (B), J. Franke (W) - R. Peters (B), Müller (B), W. Unterdörfel (B) - F. Proske (B), Radant (B), **Harald Kuhnke** (B)
T: 0:1 (23.) D. Frenzel (?) - 0:2 (27.) R. Peters (?) / 0:3 (41.) Bielas (?) - 4:0 (45.) Patschinski (?) - 0:5 (54.) Slapke (?) - 0:6 (59.) Bielas (?)
S: 4 x 2 Minuten.
Slapke erreichte als sechster Spieler 200 Länderspiele.

445. - 08.11.1978 YUG - GDR 3:9 (2:2, 0:6, 1:1)
Zalog, Hokejska dvorana (Freiluft); Z: 2.500; SR: Altamo (ITA); LR: Tradini (ITA), Tuzzi (ITA)
Hoffmann (*R. Herzig n.e.*) - Simon, F. Braun - D. Frenzel, Lempio - Fengler, Schröder - Mark, Slapke (C), Bielas - D. Peters, Patschinski, J. Franke - F. Proske, Radant, H. Kuhnke - R. Peters, Müller, W. Unterdörfel
T: 1:1 (3.) H. Kuhnke (?) - 2:2 (15.) J. Franke (?) / 2:3 (22.) J. Franke (?) - 2:4 (31.) J. Franke (?) - 2:5 (33.) Patschinski (?) - 2:6 (36.) D. Frenzel (?) - 2:7 (37.) H. Kuhnke (?) - 2:8 (38.) H. Kuhnke (?) / 2:9 (46.) Simon (?)
S: 2 x 2 + 1 x 5 Minuten

446. - 14.11.1978 NOR - GDR 4:5 (1:2, 1:2, 2:1)
Oslo, Jordal Amfi Ishall; Z: 1.745; SR: S. Petersen (DEN); LR: Hansen (NOR), Gulbrandsen (NOR)
R. Herzig (Hoffmann n.e.) - F. Braun, Simon - D. Frenzel, Lempio - Schröder, D. Peters - Bielas, J. Franke, Mark - Müller, Patschinski, R. Peters - Radant, H. Kuhnke, F. Proske - Scholz (W), Slapke (C), W. Unterdörfel
T: 0:1 (06:02) J. Franke (D. Peters) - 0:2 (11:36) Simon (?) / 1:3 (21:16) Patschinski (D. Frenzel) - 2:4 (37:10) R. Peters (?) / 4:5 (55:29) W. Unterdörfel (?)
S: 4 x 2 Minuten

447. - 15.11.1978 NOR - GDR 4:5 (0:2, 1:1, 3:2)
Oslo, Jordal Amfi Ishall; Z: 769; SR: S. Petersen (DEN); LR: Hansen (NOR), Gulbrandsen (NOR)
Hoffmann (R. Herzig n.e.) - F. Braun, Fengler - Lempio, D. Peters - D. Frenzel, Schröder - Müller, Patschinski, R. Peters - Radant, H. Kuhnke, F. Proske - Bielas, Slapke (C), Simon - Scholz, J. Franke
T: 0:1 (08:31) Bielas (?) - 0:2 (19:24) Radant (?) / 1:3 (34:15) D. Peters (?) / 4:4 (49:49) Patschinski (?) - 4:5 (55:05) D. Frenzel (?)
S: 4 x 2 Minuten
Bielas erreichte als siebenter Spieler 200 Länderspiele.

' 21.12.1978 GDR - TCH (B*) 5:4 (2:1, 2:3, 1:0)
* Es handelte sich eigentlich um die Mannschaft von TJ CHZ ČSSP Litvínov (in diesem und dem folgenden Spiel).
Berlin, Eishalle Sportforum Hohenschönhausen; Z: ?; SR: Hegeduš (YUG); LR: Repina (YUG), Krisch (YUG)
Schmeißer (B; Schiemann (W)) - D. Peters, Lempio - Schröder, Fengler - D. Frenzel, Pöhland (B) - Stasche (B), Patschinski, Breitschuh (B) - Bögelsack (B), R. Peters, Müller (C) - H. Kuhnke, Radant, Beuthner (B) - **Gerd Vogel (W), Harald Bölke (W), Jochen Hördler (W)**
T: 1:0 (1.) D. Peters (Stasche) - 2:1 (5.) Stasche (D. Peters) / 3:3 (30.) Müller (Beuthner) - 4:3 (33.) Radant (R. Peters) / 5:4 (44.) R. Peters (Müller)
S: Radant 2, Müller 2

' 22.12.1978 GDR - TCH (B*) 3:5 (1:2, 1:1, 1:2)
Karl-Marx-Stadt, Eissporthalle „VIII. Parlament" Küchwald; Z: ?; SR: Krisch (YUG); LR: Hegeduš (YUG), Repina (YUG)
Schmeißer (Schiemann) - D. Peters, Lempio - Schröder, Fengler - D. Frenzel, Pöhland - Stasche, Patschinski, Breitschuh - Bögelsack, R. Peters, Müller (C) - H. Kuhnke, Radant, W. Unterdörfel - G. Vogel, Bölke
T: 1:0 (4.) Patschinski (Stasche) / 2:2 (23.) Patschinski (D. Frenzel) / 3:3 (46.) Bögelsack (---)
S: Stasche 6, Pöhland 2, Bögelsack 2, Müller 2, Patschinski 2

448. - 18.02.1979 TCH - GDR 6:3 (1:0, 3:2, 2:1)
Pardubice, Zimní stadion; Z: 4.000; SR: Gradin (SWE); LR: Exner (TCH), Sládeček (TCH)
R. Herzig (Hoffmann n.e.) - D. Frenzel, Simon - Fengler, Schröder - F. Braun, Slapke (C) - D. Peters, Patschinski, Bielas - Scholz, Müller, W. Unterdörfel - H. Kuhnke, Radant, F. Proske - Mark
T: 2:1 (27.) Patschinski (?) - 2:2 (28.) D. Peters (Patschinski) / 6:3 (59.) Bielas (?)
S: 3 x 2 Minuten

449. - 19.02.1979 TCH - GDR 10:4 (3:3, 4:1, 3:0)
Hradec Králové, Zimní stadion; Z: 8.000; SR: Gradin (SWE); LR: Gottwald (TCH), Šimák (TCH)
Hoffmann (ab 40:01 R. Herzig) - D. Frenzel, Simon - Fengler, Schröder - F. Braun, Slapke (C) - D. Peters, Patschinski, Bielas - Scholz, Müller, W. Unterdörfel - Radant, F. Proske, Mark
T: 0:1 (1.) D. Frenzel (?) - 1:2 (12.) Mark (?) - 2:3 (13.) W. Unterdörfel (?) / 6:4 (29.) Radant (?)
S: 1 x 2 Minuten

450'. - 26.02.1979 GDR - YUG 12:4 (6:0, 5:3, 1:1)
Berlin, Eishalle Sportforum Hohenschönhausen; Z: 500; SR: Pražák (TCH); LR: Plotka (GDR), Schweiger (GDR)
Schmeißer (Hoffmann n.e.) - D. Frenzel, Lempio - Fengler, Schröder - F. Braun, Slapke (C) - D. Peters, Patschinski, Bielas - Scholz, Müller, W. Unterdörfel (ab ?. J. Franke) - F. Proske, Radant, H. Kuhnke - Mark
T: 1:0 (1.) Schröder (Müller) - 2:0 (3.) Radant (F. Proske) - 3:0 (5.) D. Peters (Scholz) - 4:0 (5.) Scholz (Müller) - 5:0 (14.) W. Unterdörfel (---) - 6:0 (16.) Bielas (Patschinski) / 7:0 (24.) W. Unterdörfel (Müller) - 8:0 (25.) H. Kuhnke (F. Braun) - 9:0 (26.) Patschinski (D. Frenzel) - 10:3 (35.) Patschinski (D. Frenzel) - 11:3 (39.) Bielas (D. Peters) / 12:3 (43.) J. Franke (Scholz)
S: Fengler 4, D. Peters 2, J. Franke 2

451'. - 27.02.1979 GDR - YUG 8:3 (3:0, 3:0, 2:3)
Weißwasser, Eisstadion „Wilhelm Pieck"; Z: 1.000; SR: Pražák (TCH); LR: Blümel (GDR), Exner (GDR)
Schmeißer (Hoffmann n.e.*) - D. Frenzel, Lempio - Schröder, Fengler - F. Braun, Slapke (C) - D. Peters, Patschinski, Bielas - R. Peters, Müller, W. Unterdörfel - F. Proske, Radant, H. Kuhnke - Mark, Scholz, J. Franke
* It. DELV-Statistik Einsatz, jedoch durch Quellen nicht bestätigt
T: 1:0 (7.) F. Proske (H. Kuhnke) - 2:0 (11.) H. Kuhnke (Radant) - 3:0 (12.) Lempio (D. Peters) / 4:0 (27.) Lempio (D. Frenzel) - 5:0 (30.) D. Peters (Bielas) - 6:0 (35.) F. Proske (F. Braun) / 7:1 (55.) J. Franke (---) - 8:3 (60.) Patschinski (Bielas)
S: D. Peters 2, Slapke 2, Fengler 2

452. - 06.03.1979 NOR - GDR 2:5 (0:3, 1:0, 1:2)
Trondheim, Leangen ishall; Z: 1.700; SR: Fransson (SWE); LR: ? (NOR), ? (NOR)
Schmeißer (R. Herzig n.e.) - D. Frenzel, Lempio - Fengler, Schröder - F. Braun, Slapke (C) - Bielas, Patschinski, D. Peters - Müller, R. Peters, W. Unterdörfel - H. Kuhnke, F. Proske, Radant - Simon
T: 0:1 (09:27) D. Frenzel (?) - 0:2 (09:51) H. Kuhnke (?) - 0:3 (18:20) Bielas (?) / 2:4 (56:17) R. Peters (?) - 2:5 (59:32) Schröder (?)
S: 7 x 2 Minuten

453. - 07.03.1979 NOR - GDR 4:11 (1:1, 2:3, 1:7)
Trondheim, Leangen ishall; Z: 1.800; SR: Fransson (SWE); LR: ? (NOR), ? (NOR)
R. Herzig (ab ?. Schmeißer*) - D. Frenzel, Simon - Fengler, Schröder - Slapke (C), F. Braun - D. Peters, Patschinski, Bielas - W. Unterdörfel, Müller, R. Peters - F. Proske, Radant, H. Kuhnke - Lempio
* It. DELV-Statistik Einsatz Schmeißer, Zeitpunkt des Torwartwechsels nicht ermittelbar
T: 0:1 (13.) H. Kuhnke (?) / 2:2 (22.) Simon (?) - 2:3 (32.) Patschinski (?) - 2:4 (35.) Müller (?) / 3:5 (41.) Bielas (?) / 3:6 (43.) D. Frenzel (?) - 3:7 (49.) D. Peters (?) - 3:8 (51.) Slapke (?) - 3:9 (51.) F. Braun (?) - 3:10 (57.) D. Frenzel (?) - 3:11 (57.) D. Frenzel (?)
S: 6 x 2 Minuten
Fengler erreichte als neunundzwanzigster Spieler 100 Länderspiele.

B-Weltmeisterschaft 1979
Die DDR-Auswahl belegte den 1. Platz in ihrer Vorrundengruppe. In der Aufstiegsrunde wurde die Mannschaft Zweiter.

VORRUNDE GRUPPE 1

454'. - 16.03.1979 HUN - GDR 2:10 (1:5, 1:3, 0:2)
Galaţi, Patinoarul Artificial Dunărea; Z: 2.000; SR: Fischer (NOR); LR: Tsukumoto (JPN), Pedersen (DEN)
R. Herzig (Schmeißer n.e.*) - Lempio, D. Frenzel - Fengler, Schröder - F. Braun, Slapke (C) - D. Peters, Patschinski, Bielas - Müller, R. Peters, Scholz - F. Proske, Radant, H. Kuhnke - Simon
* It. DELV-Statistik Einsatz, jedoch durch Quellen nicht bestätigt
T: 0:1 (00:26) D. Peters (D. Frenzel) - 0:2 (04:27) Patschinski (D. Peters) - 0:3 (06:09) D. Peters (Patschinski) - 1:4 (14:41) Bielas (Patschinski, D. Peters) - 1:5 (14:50) Müller (---) / 1:6 (24:35) F. Proske (F. Braun) - 1:7 (29:18) Slapke (---) - 2:8 (39:37) Scholz (Müller) / 2:9 (54:32) Simon (Müller) - 2:10 (55:16) Müller (Simon)
S: Müller 2, Lempio 2

455'. - 17.03.1979 DEN - GDR 1:9 (0:2, 1:5, 0:2)
Galaţi, Patinoarul Artificial Dunărea; Z: 1.500; SR: Toemen (NED); LR: Balint (ROU), Wang (CHN)
Schmeißer (R. Herzig n.e.) - Lempio, D. Frenzel - Fengler, Schröder - F. Braun, Slapke (C) - D. Peters, Patschinski, Bielas - Müller, R. Peters, Scholz - F. Proske, Radant, H. Kuhnke - Simon, W. Unterdörfel
T: 0:1 (12:47) Fengler (Müller) - 0:2 (15:14) D. Peters (---) / 0:3 (20:57) Simon (Bielas, D. Peters) - 1:4 (32:04) D. Peters (D. Frenzel) - 1:5 (32:33) Bielas (Patschinski, D. Peters) - 1:6 (34:15) Müller (R. Peters) - 1:7 (36:35) Patschinski (D. Frenzel) / 1:8 (48:56) Patschinski (D. Peters) - 1:9 (52:37) F. Proske (F. Braun)
S: R. Peters 2, Scholz 2, Patschinski 2, H. Kuhnke 2

456'. - 19.03.1979 AUT - GDR 0:7 (0:5, 0:2, 0:0)
Galaţi, Patinorul Artificial Dunărea; Z: 1.500; SR: Toemen (NED); LR: Fischer (NOR), Frei (SUI)
R. Herzig (ab 40:01 Schmeißer) - Simon, D. Frenzel - Fengler, Schröder - F. Braun, Slapke (C) - D. Peters, Patschinski, Bielas - Müller, R. Peters, Scholz (ab ?. W. Unterdörfel) - F. Proske, Radant, H. Kuhnke
T: 0:1 (02:19) Radant (---) - 0:2 (05:15) R. Peters (Scholz, Müller) - 0:3 (06:19) H. Kuhnke (---) - 0:4 (11:31) D. Peters (Bielas) - 0:5 (15:47) D. Frenzel (D. Peters) / 0:6 (23:37) F. Braun (Slapke) - 0:7 (26:29) D. Peters (Scholz)
S: F. Braun 2, Slapke 2, Scholz 2, F. Proske 2

4

57'. - 21.03.1979 ROU - GDR 3:4 (2:2, 0:2, 1:0)
Galaţi, Patinorul Artificial Dunărea; Z: 6.000; SR: Tsukomoto (JPN); LR: Fischer (NOR), Frei (SUI)
Schmeißer (R. Herzig n.e.) - Simon, D. Frenzel - Fengler, Schröder - F. Braun, Slapke (C) - D. Peters, Patschinski, Bielas - Scholz, R. Peters, Müller - F. Proske, Radant, H. Kuhnke
T: 0:1 (06:26) Radant (F. Proske) - 2:2 (20:00) Radant (F. Proske) / 2:3 (25:33) Müller (Schröder) - 2:4 (35:18) D. Peters (D. Frenzel)
S: Bielas 2, R. Peters 2, Simon 2, Scholz 2, Müller 2, H. Kuhnke 2

AUFSTIEGSRUNDE
458'. - 23.03.1979 GDR - NOR 9:2 (2:1, 2:1, 5:0)
Galaţi, Patinorul Artificial Dunărea; Z: 4.500; SR: Westreicher (AUT); LR: Zsitva (HUN), Frei (SUI)
R. Herzig (ab 50:34 Schmeißer) - Simon, D. Frenzel - Fengler, Schröder - F. Braun, Slapke (C) - D. Peters, Patschinski, Bielas - Scholz, R. Peters, Müller - F. Proske, Radant, H. Kuhnke
T: 1:0 (01:33) Müller (Schröder) - 2:1 (08:44) Müller (R. Peters) / 3:2 (24:45) D. Frenzel (R. Peters) - 4:2 (36:05) D. Peters (Weitschuss) / 5:2 (40:49) D. Frenzel (D. Peters) - 6:2 (43:14) Bielas (D. Peters) - 7:2 (50:33) F. Braun (Weitschuss) - 8:2 (53:20) H. Kuhnke (F. Proske, Radant) - 9:2 (53:45) Slapke (H. Kuhnke)
S: Schröder 2, Radant 2

459'. - 24.03.1979 GDR - NED 3:4 (2:0, 1:1, 0:3)
Galaţi, Patinoarul Artificial Dunărea; Z: 5.000; SR: Westreicher (AUT); LR: Grigoryev (URS), Barbu (ROU)
Schmeißer (R. Herzig n.e.) - Simon, D. Frenzel - Fengler, Schröder - F. Braun, Slapke (C) - D. Peters, Patschinski, Bielas - Scholz, R. Peters, Müller - F. Proske, Radant, H. Kuhnke
T: 1:0 (03:45) H. Kuhnke (Radant) - 2:0 (07:05) Radant (F. Proske) / 3:0 (30:49) Slapke (Radant)
S: Bielas 4, Patschinski 2

1979/80

31.10.1979 NED - GDR 2:5 (0:1, 1:3, 1:1)*
* inoffizielles Länderspiel; niederländische Auswahl verstärkt mit Kanadier, die in den Niederlanden spielten
Den Haag, De Uithof; Z: ?; SR: ? (?); LR: ? (?), ? (?)
R. Herzig (W; Schmeißer (B) n.e.) - Slapke (C - W), F. Braun (W) - D. Frenzel (B), Lempio (B) - Schröder (B), D. Peters (B) - Bielas (W), J. Franke (W), Mark (W) - R. Peters (B), Müller (B), Bögelsack (B) - W. Unterdörfel (B), Radant (B), H. Kuhnke (B) - P. Franke (W), **Fred Bartell** (W)
T: Mark 1, F. Braun 1, Bartell 1, Müller 2 - Reihenfolge der Torschützen nicht bekannt
S: keine Angabe

460. - 01.11.1979 NED - GDR 3:3 (1:0, 1:3, 1:0)*
* Wurde vom DELV vor der Saison 1981/82 als offizielles Länderspiel gestrichen, jedoch ist es in einer vom DEB veröffentlichten Statistik 1996 wieder enthalten.
Heerenveen, Thialfstadion; Z: 2.500; SR: McLeod (CAN); LR: ?, ?
R. Herzig (ab ?. Schmeißer*) - Slapke (C), F. Braun - D. Frenzel, Lempio - Schröder, D. Peters - Bielas, J. Franke, Mark - R. Peters, Müller, Bögelsack - W. Unterdörfel, Radant, H. Kuhnke - P. Franke, Bartell
*- lt. DELV-Statistik Einsatz beider Torwarte, jedoch Reihenfolge des Einsatzes bzw. Zeitpunkt des Torwartwechsels nicht ermittelbar
T: 1:1 (21.) F. Braun (?) - 2:2 (25.) F. Braun (?) - 2:3 (32.) Radant (?)
S: 3 x 2 Minuten

461. - 12.12.1979 GDR - POL 4:3 (0:0, 2:3, 2:0)
Berlin, Eishalle Sportforum Hohenschönhausen; Z: 300; SR: Barnet (TCH); LR: Plotka (GDR), Blümel (GDR)
Schmeißer (R. Herzig n.e.*) - F. Braun, **Peter Schumann** (W) - Fengler (B), Simon (W) - D. Frenzel, Lempio - Scholz (W), Mark, J. Franke - Bögelsack, Müller (C), W. Unterdörfel - F. Proske (B), Radant, H. Kuhnke - Bielas, R. Peters, Bartell
* lt. DELV-Statistik Einsatz, jedoch durch Quellen nicht bestätigt
T: 1:1 (25.) F. Braun (?*) - 2:1 (26.) F. Proske (?*) / 3:3 (54.) Müller (?*) - 4:3 (57.) Bartell (?*)
* Vorlagen: Bögelsack 1, Radant 1
S: Scholz 2, Fengler 2, Bögelsack 2

462'. - 13.12.1979 GDR - POL 1:0 (0:0, 1:0, 0:0)
Weißwasser, Eisstadion „Wilhelm Pieck"; Z: 2.500; SR: Barnet (TCH); LR: Plotka (GDR), Blümel (GDR)
R. Herzig (Schmeißer n.e.*) - F. Braun, P. Schumann - Fengler, Schröder - D. Frenzel, Lempio - Scholz, Mark, J. Franke - Bögelsack, Müller (C), H. Kuhnke - Bielas, R. Peters, Bartell - Radant, F. Proske, Simon
* lt. DELV-Statistik Einsatz, jedoch durch Quellen nicht bestätigt
T: 1:0 (40.) H. Kuhnke (Bögelsack)
S: P. Schumann 4, Bielas 2, Schröder 2, Müller 2, F. Braun 2

463. - 15.12.1979 YUG - GDR 4:10 (1:2, 3:6, 0:2)
Ljubljana, Hala Tivoli; Z: 3.500; SR: Pisoni (ITA); LR: Peterlin (YUG), Andrejka (YUG)
Schmeißer (ab 40:01* Schiemann (W)) - F. Braun, Simon - Fengler, Schröder - D. Frenzel, Lempio - Scholz, Mark, J. Franke - R. Peters, Müller (C), Bögelsack - H. Kuhnke, Radant, F. Proske - **Lothar Jurk** (W), P. Franke, Bartell
* Zeitpunkt TW-Wechsel nicht bestätigt
T: 0:1 (6.) Müller (?) - 1:2 (16.) F. Proske (?) / 1:3 (22.) F. Braun (?) - 1:4 (26.) Schröder (?) - 1:5 (28.) Bartell (?) - 1:6 (31.) Müller (?) - 1:7 (32.) Bartell (?) - 1:8 (32.) F. Proske (?) / 4:9 (42.) Bögelsack (?) - 4:10 (47.) Bartell (?)
S: F. Proske 2

464. - 16.12.1979 YUG - GDR 2:6 (1:1, 0:4, 1:1)
Jesenice, Dvorana pod Mežakljom; Z: 1.500; SR: Pisoni (ITA); LR: Eržen (YUG), Čemažar (YUG)
Schiemann (ab 20:01* Schmeißer) - F. Braun, Simon - Fengler, Schröder - D. Frenzel, Lempio - Scholz, Mark, J. Franke - Jurk, Müller (C), Bögelsack - H. Kuhnke, Radant, F. Proske - P. Franke
* Zeitpunkt TW-Wechsel nicht bestätigt
T: 1:1 (3.) F. Proske (?) / 1:2 (25.) H. Kuhnke (?) - 1:3 (25.) Fengler (?) - 1:4 (27.) Bögelsack (?) - 1:5 (28.) Lempio (?) / 2:6 (56.) F. Proske (?)
S: 3 x 2 Minuten.

Olympische Winterspiele 1980

Mit dem 2. Platz bei der B-WM 1979 hatte sich die DDR-Auswahl für das Olympische Turnier qualifiziert, wurde jedoch vom NOK der DDR nicht gemeldet.

465. - 01.03.1980 SUI - GDR 8:3 (2:0, 2:1, 4:2)
Arosa, Festhalle Obersee; Z: 2.573; SR: Van Berkel (NED); LR: Spycher (SUI), Stauffer (SUI)
Schmeißer (ab 35. R. Herzig) - F. Braun, Slapke(C - ab 16. D. Peters) - D. Frenzel, Lempio - Fengler, Schröder - Scholz, Mark, J. Franke - D. Peters (ab 16. H. Kuhnke), Patschinski (B), Bögelsack - R. Peters, Müller, Bielas
T: 4:1 (38.) F. Braun (D. Peters) / 6:2 (54.) H. Kuhnke (D. Peters) - 6:3 (55.) Bögelsack (R. Peters)
S: 4 x 2 Minuten

466. - 02.03.1980 SUI - GDR 6:9 (1:3, 4:2, 1:4)
Kreuzlingen, Eishalle Kreuzlingen-Konstanz; Z: 1.929; SR: Van Berkel (NED); LR: Bucher (SUI), Stauffer (SUI)
Schmeißer (ab 22. R. Herzig) - D. Peters, F. Braun - D. Frenzel, Lempio - Fengler, Schröder - R. Peters, Patschinski, Bielas - J. Franke, Müller (C), Bögelsack - F. Proske, Radant, H. Kuhnke
T: 0:1 (5.) Müller (J. Franke) - 0:2 (14.) F. Proske (Weitschuss) - 1:3 (18.) D. Frenzel (Weitschuss) / 3:4 (24.) J. Franke (Bögelsack) - 5:5 (40.) Bielas (Patschinski) / 5:6 (42.) Schröder (Weitschuss) - 6:7 (55.) J. Franke (---) - 6:8 (56.) Müller (---) - 6:9 (58.) Patschinski (Bielas)
S: 9 x 2 Minuten davon F. Proske 2

IIHF-Turnier „Thayer-Tutt-Trophy"

Turnier für Verbände, die nicht für das Olympische Eishockey-Turnier qualifiziert waren. Die DDR nahm nach ihrem Olympia-Verzicht hier teil.

Die DDR-Auswahl belegte den 2. Platz in ihrer Vorrundengruppe. In der Finalrunde wurde die Mannschaft Zweiter.

VORRUNDE GRUPPE B

467'. - 08.03.1980 GDR - DEN 15:3 (4:0, 6:2, 5:1)
Ljubljana, Hala Tivoli; Z: 80; SR: Krisch (YUG); LR: Petrič (YUG), Čemažar (YUG)
R. Herzig (*Schmeißer n.e.*) - Lempio, D. Peters - Fengler, Schröder - F. Braun, D. Fenzel, - Scholz, Mark, Bielas - Müller (C), Patschinski, Bögelsack - F. Proske, Radant, H. Kuhnke - R. Peters, J. Franke, *Slapke**
* lt. DELV-Statistik kein Einsatz, aber auf dem offiziellen Spielbericht
T: 1:0 (10.) F. Braun (Patschinski) - 2:0 (15.) F. Braun (R. Peters) - 3:0 (18.) Radant (---) - 4:0 (20.) D. Peters (Patschinski) / 5:0 (22.) Fengler (Weitschuss) - 6:0 (24.) J. Franke (Schröder) - 7:0 (24.) F. Proske (Radant) - 8:1 (26.) Patschinski (---) - 9:1 (32.) Fengler (Weitschuss) - 10:1 (33.) Fengler (Weitschuss) / 11:2 (46.) Fengler (J. Franke) - 12:2 (48.) Scholz (D. Frenzel) - 13:2 (51.) Bögelsack (J. Franke) - 14:3 (59.) J. Franke (Schröder) - 15:3 (60.) Müller (---)
S: R. Peters 2

468'. - 09.03.1980 GDR - HUN 12:1 (4:0, 5:0, 3:1)
Ljubljana, Hala Tivoli; Z: 100; SR: Osipchuk (URS); LR: Andrejka (YUG), Repina (YUG)
Schmeißer (*R. Herzig n.e.*) - Lempio, D. Peters - Fengler, Schröder - F. Braun, D. Frenzel - Scholz, Slapke, Bielas - Müller (C), Patschinski, Bögelsack - R. Peters, Mark, J. Franke - F. Proske, Radant, H. Kuhnke
T: 1:0 (3.) Bögelsack (---) - 2:0 (15.) Müller (---) - 3:0 (15.) H. Kuhnke (---) - 4:0 (18.) Müller (Schröder) / 5:0 (22.) F. Proske (---) - 6:0 (24.) Radant (F. Proske) - 7:0 (25.) Radant (H. Kuhnke) - 8:0 (36.) Bögelsack (Müller, Fengler) - 9:0 (37.) Bögelsack (J. Franke) / 10:1 (43.) Slapke (Scholz) - 11:1 (45.) Bögelsack (D. Frenzel) - 12:1 (57.) F. Proske (D. Frenzel)
S: F. Braun 2, Scholz 2, Bielas 2

469'. - 11.03.1980 SUI - GDR 4:2 (1:0, 2:0, 1:2)
Ljubljana, Hala Tivoli; Z: 800; SR: Eriksson (SWE); LR: Andrejka (YUG), Peterlin (YUG)
Schmeißer (*R. Herzig n.e.*) - D. Peters, Lempio - Fengler, Schröder - F. Braun, D. Frenzel - J. Franke, Slapke, Bielas - Müller (C), Patschinski, Bögelsack - F. Proske, Radant, H. Kuhnke - R. Peters, *Scholz*, Mark**
* lt. DELV-Statistik kein Einsatz, aber auf dem offiziellen Spielbericht
T: 3:1 (42.) J. Franke (Müller) - 4:2 (54.) Radant (H. Kuhnert)
S: Bögelsack 4, Müller 4, J. Franke 2, Fengler 2, D. Peters 2

470'. - 12.03.1980 GDR - FRA 20:0 (4:0, 12:0, 4:0)
Ljubljana, Hala Tivoli; Z: 300; SR: Krisch (YUG); LR: Andrejka (YUG), Curk (YUG)
R. Herzig (*Schmeißer n.e.*) - D. Peters, Lempio - Fengler, Schröder - F. Braun, D. Frenzel - J. Franke, Slapke, Bielas - Müller (C), Patschinski, Bögelsack - F. Proske, Radant, H. Kuhnke - Scholz, Mark, R. Peters
T: 1:0 (11.) Slapke (Patschinski) - 2:0 (14.) J. Franke (---) - 3:0 (20.) Patschinski (---) - 4:0 (20.) H. Kuhnke (---) / 5:0 (21.) D. Peters (Weitschuss) - 6:0 (24.) R. Peters (Patschinski, Bielas) - 7:0 (28.) Bielas (Patschinski) - 8:0 (28.) R. Peters (D. Peters) - 9:0 (32.) Lempio (H. Kuhnke) - 10:0 (33.) Scholz (J. Franke) - 11:0 (35.) Radant (F. Proske) - 12:0 (35.) F. Proske (Radant) - 13:0 (37.) Mark (Scholz) - 14:0 (37.) Fengler (Müller) - 15:0 (38.) Müller (R. Peters) - 16:0 (40.) J. Franke (H. Kuhnke) / 17:0 (47.) Lempio (Weitschuss) - 18:0 (49.) Mark (Lempio) - 19:0 (57.) Bielas (Bögelsack) - 20:0 (59.) Scholz (J. Franke)
S: keine Strafen
R. Peters schoss mit dem 8:0 das 2.000 Tor für die DDR-Auswahl.

FINALRUNDE
471'. - 15.03.1980 YUG - GDR 1:3 (0:1, 0:2, 1:0)
Ljubljana, Hala Tivoli; Z: 3.000; SR: Eriksson (SWE); LR: Petrič (YUG), Čemažar (YUG)
R. Herzig (*Schmeißer n.e.*) - D. Peters, Lempio - Fengler, Schröder - D. Frenzel, F. Braun - Slapke, J. Franke, R. Peters - Müller (C), Patschinski, Bögelsack - F. Proske, Radant, H. Kuhnke, *Bielas*, Scholz*, Mark**
* lt. DELV-Statistik kein Einsatz, aber auf dem offiziellen Spielbericht
T: 0:1 (20.) Bögelsack (Müller) / 0:2 (26.) Patschinski (Radant) - 0:3 (31.) Bögelsack (D. Peters)
S: Fengler 2

472'. - 16.03.1980 AUT - GDR 1:7 (0:1, 0:4, 1:2)
Ljubljana, Hala Tivoli; Z: 250; SR: Barnet (TCH); LR: Petrič (YUG), Čemažar (YUG)
R. Herzig (*Schmeißer n.e.*) - D. Peters, Lempio - Fengler, D. Frenzel - F. Braun, Slapke - *Schröder** - Müller (C), Patschinski, Bögelsack - Bielas, Scholz, J. Franke - F. Proske, Radant, H. Kuhnke - R. Peters, Mark
* lt. DELV-Statistik kein Einsatz, aber auf dem offiziellen Spielbericht
T: 0:1 (15.) Fengler (D. Peters) / 0:2 (21.) Bögelsack (R. Peters) - 0:3 (26.) F. Braun (J. Franke) - 0:4 (33.) Müller (J. Franke) - 0:5 (37.) Mark (Müller) / 0:6 (45.) Fengler (Bögelsack) - 0:7 (55.) Bögelsack (Patschinski)
S: Lempio 2

1980/81

neuer Nationaltrainer Joachim Ziesche

Die folgenden beiden Spiele wurden in einer Statistik „Die Länderspiele der Saison 1980/81", veröffentlicht im Deutschen Sportecho Nr. 253 vom 29.12.1980, aufgeführt. Das erste Spiel fand im Rahmen des Turnaj o Zlatý klas statt. Die weiteren Spiele waren am 03.09.1980 GDR - TJ Motor České Budějovice 3:5 (0:2, 3:2, 0:1) und am 04.09.1980 GDR - TJ Sparta ČKD Praha 0:5 (0:0, 0:2, 0:3). Die DDR-Auswahl belegte den 4. Platz.

02.09.1980 TCH - GDR 11:3 (8:0, 2:1, 1:2)
České Budějovice, Zimní stadion; Z: 3.000; SR: Jirka (TCH); LR: Bouška (TCH), Simandl (TCH)
Schmeißer (B; ab 9. Hoffmann (W)) - Schröder (B), Fengler (B) - Mark (W), Schumann (W) - Lempio (B), D. Frenzel (B) - F. Proske (B), Radant (B), H. Kuhnke (B) - Bögelsack (B), Müller (C - B), W. Unterdörfel (B) - P. Franke (W), Bartell (W), J. Franke (W) - R. Peters (B)
T: R. Peters 1, Bögelsack 1, Radant 1
S: 2 x 2 Minuten

08.09.1980 TCH - GDR 7:1 (2:0, 4:1, 1:0)
Pribram, Zimní stadion; Z: 3.000; SR: ? (?); LR: ? (?), ? (?)
Schmeißer (Kraske (B) n.e.) - Schröder, Fengler - Mark, Schumann - Lempio, D. Frenzel - F. Proske, Radant,
H. Kuhnke - Bögelsack, Müller (C), W. Unterdörfel - P. Franke, Jurk (W), J. Franke - R. Peters, Bartell
T: 2:1 (21.) Fengler (?)
S: keine Angaben

473. - 25.10.1980 YUG - GDR 1:10 (0:3, 1:5, 0:2)
Jesenice, Dvorana pod Mežakljom; Z: 1.000; SR: Gaspari (ITA); LR: Petrič (YUG), Čemažar (YUG)
Schmeißer (Kraske n.e.) - Schröder, Fengler - Lempio, D. Frenzel - Bögelsack, Müller (C), W. Unterdörfel -
Thomas Graul (B), R. Peters, Breitschuh (B) - F. Proske, Radant, H. Kuhnke
T: 0:1 (5.) Breitschuh (?) - 0:2 (14.) Bögelsack (?) - 0:3 (20. Radant (?) / 1:4 (26.) Radant (?) - 1:5 (26.) H.
Kuhnke (?) - 1:6 (27.) D. Frenzel (?) - 1:7 (34.) H. Kuhnke (?) - 1:8 (38.) D. Frenzel (?) / 1:9 (45.) Bögelsack (?)
- 1:10 (51.) Müller (?)
S: 2 x 2 Minuten

474. - 26.10.1980 YUG - GDR 2:4 (1:1, 1:2, 0:1)
Celje, Mestni Park; Z: 600; SR: Gaspari (ITA); LR: Curk (YUG), Lešnjak (YUG)
Schmeißer (Kraske n.e.) - Schröder, Fengler - Lempio, D. Frenzel - Bögelsack, Müller (C), W. Unterdörfel -
Graul, R. Peters, Breitschuh - F. Proske, Radant, H. Kuhnke
T: 0:1 (3) R. Peters (?) / 1:2 (24.) Schröder (?) - 1:3 (38.) F. Proske (?) / 2:4 (58.) Breitschuh (?)
S: 1 x 2 Minuten

475. - 31.10.1980 NED - GDR 3:4 (1:0, 0:3, 2:1)
Den Haag, De Uithof; Z: 1.200; SR: Nilsson (SWE); LR: ? (NED), ? (NED)
Schmeißer (Kraske n.e.) - Fengler, Lempio - Schröder, D. Frenzel - Bögelsack, Müller (C), W. Unterdörfel -
Graul, R. Peters, Breitschuh - H. Kuhnke, Radant, F. Proske
T: 1:1 (22:13) F. Proske (?) - 1:2 (28:48) Radant (?) - 1:3 (34:00) Breitschuh (?) / 1:4 (41:25) R. Peters (?)
S: keine Angaben

476. - 01.11.1980 NED - GDR 2:5 (1:1, 0:1, 1:3)
Assen, Triantha halle; Z: 2.100; SR: Nilsson (SWE); LR: ? (NED), ? (NED)
Schmeißer (Kraske n.e.) - Fengler, Lempio - Schröder, D. Frenzel - Bögelsack, Müller (C), W. Unterdörfel -
Graul, R. Peters, Breitschuh - F. Proske, Radant, H. Kuhnke
T: 1:1 (16.) Bögelsack (?) / 1:2 (23.) Radant (?) / 1:3 (41.) Bögelsack (?) - 1:4 (52.) Radant (?) - 1:5 (55.) H.
Kuhnke (?)
S: 4 x 2 Minuten

477. - 08.11.1980 POL - GDR 3:1 (0:0, 0:1, 3:0)
Tychy, Stadion Zimowy; Z: 3.000; SR: Aubrecht (TCH); LR: Tyszkiewicz (POL), Rajski (POL)
Schmeißer (Kraske n.e.) - Fengler, Lempio - Schröder, D. Frenzel - Bögelsack, Müller (C), W. Unterdörfel - J.
Franke, R. Peters, Breitschuh - F. Proske, Radant, H. Kuhnke
T: 0:1 (35.) Bögelsack (?)
S: 3 x 2 Minuten

478. - 09.11.1980 POL - GDR 6:0 (0:0, 4:0, 2:0)
Tychy, Stadion Zimowy; Z: 3.000; SR: Aubrecht (TCH); LR: Tyszkiewicz (POL), Rajski (POL)
Schmeißer (Kraske n.e.) - Fengler, Lempio - Schröder, D. Frenzel - Bögelsack, Müller (C), W. Unterdörfel - J.
Franke, R. Peters, Breitschuh - F. Proske, Radant, H. Kuhnke
S: keine Angaben

479'. - 25.11.1980 GDR - YUG 10:1 (2:0, 5:0, 3:1)
Weißwasser*, Eisstadion „Wilhelm Pieck"; Z: 600; SR: Schell (HUN); LR: Plotka (GDR), Sommerschuh
(GDR)
* während des Spiels ständiger Nieselregen
Schmeißer (ab 40:01* **Bernd Holler** (W)) - **Andreas Heinrich** (W), Mark - Fengler, Schröder - D. Frenzel (C),
Lempio - Bögelsack, R. Peters, W. Unterdörfel - **Hubert Hahn** (W), Hördler (W), J. Franke - **Rolf Nitz** (B),
Andreas Proske (B), Graul - F. Proske, Radant, H. Kuhnke
* Zeitpunkt des Torwartwechsels nicht bestätigt
T: 1:0 (00:07) Bögelsack (W. Unterdörfel) - 2:0 (3.) F. Proske (D. Frenzel) / 3:0 (22.) Graul (---) - 4:0 (23.) Hördler
(Hahn) - 5:0 (25.) Nitz (A. Proske) - 6:0 (34.) Schröder (Hördler) - 7:0 (37.) Graul (Nitz, A. Proske) / 8:0 (48.) H.
Kuhnke (F. Proske) - 9:0 (54.) F. Proske (R. Peters) - 10:1 (59.) H. Kuhnke (Lempio)
S: Schröder 2, A. Proske 2, Mark 2, R. Peters 2

480'. - 26.11.1980 GDR - YUG 4:3 (0:1, 0:1, 4:1)
Weißwasser, Eisstadion „Wilhelm Pieck"; Z: 425; SR: Schell (HUN); LR: Plotka (GDR), Sommerschuh (GDR)
René Bielke (B; *Holler n.e.*) - Fengler, Lempio (C) - Mark, Heinrich* - **Olaf Köllner** (W), P. Schumann - F. Proske, Radant, H. Kuhnke - Balzer (W), **Dieter Kinzel** (W), Scholz (W) - A. Proske, Nitz, Graul - Hahn, Hördler, J. Franke
* *lt. DELV-Statistik kein Einsatz, aber auf dem offiziellen Spielbericht, keine weitere Quelle mit Aufstellung bekannt*
T: 1:2 (45.) Lempio (---) - 2:3 (54.) Kinzel (Balzer, Scholz) - 3:3 (55.) F. Proske (Radant) - 4:3 (59.) Hahn (J. Franke, Hördler)
S: H. Kuhnke 2, P. Schumann 2, Nitz 2

Die folgenden beiden Spiele wurden in einer Statistik „Die Länderspiele der Saison 1980/81", veröffentlicht im Deutschen Sportecho Nr. 253 vom 29.12.1980, aufgeführt. Es wurden nur Spieler des SC Dynamo Berlin eingesetzt.

08.12.1980 TCH - GDR 12:1 (7:1, 3:0, 2:0)
Teplice, Zimní stadion; Z: 4.000; SR: Fedotov (URS); LR: Exner (TCH), Tatíček (TCH)
Schmeißer (Bielke n.e.) - Fengler, Schröder - Lempio, D. Peters (B) - D. Frenzel, Graul - Bögelsack, Müller (C), W. Unterdörfel - Breitschuh, A. Proske, Nitz - F. Proske, Radant, H. Kuhnke
T: 7:1 (19.) F. Proske (?)
S: 5 x 2 Minuten

9.12.1980 TCH - GDR 17:0 (6:0, 2:0, 9:0)
Litvinov, Zimní stadion; Z: 5.000; SR: Fedotov (URS); LR: Bouška (TCH), Simandl (TCH)
Schmeißer (ab ?. Bielke) - Schröder, Fengler - D. Frenzel, Graul - Lempio - Bögelsack, Müller (C), W. Unterdörfel - Breitschuh, R. Peters, D. Peters - F. Proske, Radant, H. Kuhnke
S: 5 x 2 Minuten

481. - 13.12.1980 DEN - GDR 1:4 (1:1, 0:2, 0:1)
Herning, Herning Halls; Z: 480; SR: ?; LR: ?, ?
Schmeißer (*Bielke n.e.*) - Fengler, Schröder - D. Frenzel, **Norbert Schaberg** (B) - Bögelsack, Müller (C), W. Unterdörfel - Graul, R. Peters, Breitschuh - F. Proske, Radant, H. Kuhnke - A. Proske, **Uwe Geisert** (B)
T: 0:1 (13.) Bögelsack (?) / 1:2 (25.) A. Proske (?) - 1:3 (26.) F. Proske (?) / 1:4 (51.) Bögelsack (?)
S: 3 x 2 Minuten

482. - 14.12.1980 DEN - GDR 2:8 (0:1, 0:3, 2:4)
Århus; Eishalle; Z: ?; SR: ?; LR: ?, ?
Schmeißer (*Bielke n.e.*) - Fengler, Schröder - D. Frenzel, Schaberg - Bögelsack, Müller (C), W. Unterdörfel - Graul, R. Peters, Breitschuh - F. Proske, Radant, H. Kuhnke - Nitz, A. Proske, **Frank Möller** (B) - U. Geisert
T: Radant 2, Bögelsack 1, H. Kuhnke 1, Graul 1, F. Proske 1, U. Geisert 1, R. Peters 1 - Torfolge nicht bekannt
S: keine Angaben

483'. - 20.12.1980 GDR - ROU 8:4 (3:1, 2:2, 3:1)
Weißwasser, Eisstadion „Wilhelm Pieck"; Z: 359; SR: Blümel (GDR); LR: Sommerschuh (GDR), Mühle (GDR)
Hoffmann (*Schmeißer n.e.*) - Schröder, Fengler - D. Frenzel, D. Peters - Mark, Heinrich - Graul, Müller (C), W. Unterdörfel - H. Kuhnke, Radant, F. Proske - A. Proske, R. Peters, Breitschuh - Balzer, Bielas (W), Scholz
T: 1:0 (4.) F. Proske (Mark) - 2:1 (13.) Radant (---) - 3:1 (15.) Bielas (---) / 4:1 (33.) Bielas (D. Frenzel) - 5:2 (35.) F. Proske (Radant) / 6:4 (47.) R. Peters (Breitschuh) - 7:4 (60.) R. Peters (---) - 8:4 (60.) D. Frenzel (Müller) - D. Frenzel verschoss in der 18. Minute einen Penalty.
S: D. Peters 2, Mark 2, Radant 2, Balzer 2

484'. - 21.12.1980 GDR - ROU 1:2 (1:2, 0:0, 0:0)
Halle (S.), Eissporthalle am Gimritzer Damm; Z: 800; SR: Sommerschuh (GDR); LR: Blümel (GDR), Gürntke (GDR)
Schmeißer (*Hoffmann n.e.*) - Schröder, Fengler - D. Frenzel, D. Peters - Mark, Heinrich - Graul, Müller (C), W. Unterdörfel - H. Kuhnke, Radant, F. Proske - A. Proske, R. Peters, Breitschuh - Balzer, Bielas, Scholz
T: 1:1 (9.) Mark (W. Unterdörfel)
S: R. Peters 2

485'. - 31.01.1981 GDR - DEN 4:3 (1:1, 2:0, 1:2)
Halle (S.), Eissporthalle am Gimritzer Damm; Z: 1.000; SR: Budínský (TCH); LR: Sommerschuh (GDR), Plotka (GDR)
Bielke *(Hoffmann n.e.)* - D. Peters, Lempio - Heinrich, P. Schumann - D. Frenzel, Graul - W. Unterdörfel, Müller (C), Beuthner (B) - J. Franke, Bielas, Scholz - F. Proske, Radant, A. Proske
T: 1:0 (4.) Beuthner (W. Unterdörfel) / 2:1 (27.) Radant (Graul) - 3:1 (38.) A. Proske (F. Proske) / 4:2 (54.) D. Frenzel (---)
S: P. Schumann 2

486'. - 01.02.1981 GDR - DEN 5:3 (2:1, 1:2, 2:0)
Weißwasser, Eisstadion „Wilhelm Pieck"; Z: 1.200; SR: Budínský (TCH); LR: Sommerschuh (GDR), Blümel (GDR)
Hoffmann *(Bielke n.e.)* - D. Peters, Lempio - Heinrich, P. Schumann - D. Frenzel, Graul - W. Unterdörfel, Müller (C), Beuthner - J. Franke, Bielas, Scholz - F. Proske, Radant, A. Proske - Nitz, Hahn, Hördler
T: 1:1 (8.) Scholz (J. Franke) - 2:1 (11.) Heinrich (J. Franke) / 3:1 (31.) Beuthner (W. Unterdörfel) / 4:3 (56.) Lempio (Müller) - 5:3 (59.) J. Franke (D. Peters)
S: Müller 4, Bielas 2, D. Peters 2, Scholz 2
In der offiz. Jahresanalyse des DELV für das Spiel kein Torwart aufgeführt, hier Quelle Deutsches Sportecho v. 02.02.1981 bzw. offizieller Spielbericht.

B-Weltmeisterschaft 1981
Die DDR-Auswahl belegte Platz 4.

487. - 20.03.1981 GDR - JPN 4:3 (0:2, 0:0, 4:1)
Ortisei, Eishalle Setil (1981 überdacht); Z: 1.500; SR: Frei (SUI); LR: Constantini (ITA), Checchini (ITA)
Hoffmann *(Bielke n.e.)* - D. Frenzel, Lempio - D. Peters, Fengler - Schröder, Mark - Breitschuh, Bielas, J. Franke - Bögelsack, H. Kuhnke, Müller (C) - F. Proske, R. Peters, H. Kuhnke
T: 1:2 (47:02) D. Peters (Weitschuss) - 2:3 (50:51) Schröder (Breitschuh) - 3:3 (51:42) R. Peters (---) - 4:3 (58:28) Fengler (---)
S: D. Peters 2, Lempio 2

488. - 21.03.1981 GDR - YUG 11:3 (4:0, 3:0, 4:3)
Ortisei, Eishalle Setil; Z: 1.500; SR: Frei (SUI); LR: Gaspari (ITA), Tomasi (ITA)
Hoffmann *(Bielke n.e.)* - D. Frenzel, Lempio - D. Peters, Fengler - Schröder, Mark - Breitschuh, Bielas, J. Franke - Graul, Bögelsack, Müller (C) - F. Proske, R. Peters, Radant - Heinrich
T: 1:0 (01:38) Radant (F. Proske) - 2:0 (02:32) Müller (---) - 3:0 (06:13) Bögelsack (Mark) - 4:0 (08:08) D. Frenzel (Radant) / 5:0 (26:43) Bögelsack (Breitschuh) - 6:0 (29:34) J. Franke (D. Peters) - 7:0 (31:50) Bögelsack (Radant) / 8:1 (51:47) Radant (---) - 9:2 (53:53) Radant (---) - 10:3 (59:16) Fengler (D. Frenzel) - 11:3 (59:43) Bielas (J. Franke)
S: Fengler 6, Müller 4, J. Franke 2, Bielas 2, Graul 2, Breitschuh 2

489. - 23.03.1981 ROU - GDR 1:6 (0:1, 0:0, 1:5)
Ortisei, Eishalle Setil; Z: 1.500; SR: Frei (SUI); LR: Checchini (ITA), Tomasi (ITA)
Hoffmann *(Bielke n.e.)* - D. Frenzel, Lempio - Fengler, Schröder - Mark, Heinrich - Breitschuh, Bielas, J. Franke - Bögelsack H. Kuhnke, Müller (C) - F. Proske, R. Peters, Radant
T: 0:1 (02:29) H. Kuhnke (Radant) / 0:2 (41:51) Bielas (---) - 0:3 (43:56) Breitschuh (---) - 0:4 (46:37) J. Franke (Penalty) - 1:5 (52:41) Schröder (H. Kuhnke, Radant) - 1:6 (58:10) Schröder (F. Proske)
S: H. Kuhnke 4, Heinrich 2, D. Frenzel 2, Lempio 2, F. Proske 2

490. - 24.03.1981 SUI - GDR 2:1 (0:0, 1:1, 1:0)
Ortisei, Eishalle Setil; Z: 1.000; SR: Tyszkiewicz (POL); LR: Checchini (ITA), Constantini (ITA)
Hoffmann *(Bielke n.e.)* - Lempio, Fengler - Schröder, Mark - Heinrich - Breitschuh, Bielas, J. Franke - Bögelsack, H. Kuhnke, Müller (C) - F. Proske, R. Peters, Radant
T: 0:1 (27:29) Breitschuh (Bögelsack)
S: Schröder 4, Breitschuh 2, Mark 2, Heinrich 2

491. - 26.03.1981 NOR - GDR 3:6 (2:3, 1:0, 0:3)
Ortisei, Eishalle Setil; Z: 1.500; SR: Frei (SUI); LR: Vister (YUG), Gaspari (ITA)
Hoffmann *(Bielke n.e.)* - Lempio, Fengler - Schröder; Mark - Heinrich - Breitschuh, Bielas, J. Franke - Bögelsack, H. Kuhnke, Müller (C) - F. Proske, R. Peters, Radant
T: 0:1 (05:44) Schröder (F. Proske) - 0:2 (06:10) Radant (F. Proske, Mark) - 1:3 (16:47) Müller (Schröder) / 3:4 (41:54) H. Kuhnke (---) - 3:5 (48:26) Fengler (Radant) - 3:6 (55:26) H. Kuhnke (Radant)
S: Schröder 4, Radant 2, F. Proske 2, Fengler 2

492. - 28.03.1981 GDR - POL 3:7 (1:2, 1:2, 1:3)
Ortisei, Eishalle Setil; Z: 1.500; SR: Frei (SUI); LR: Fischer (NOR), Kurokawa (JPN)
Hoffmann (*Bielke n.e.*) - D. Frenzel, Lempio - D. Peters, Fengler - Schröder, Mark - Heinrich - Breitschuh, Bielas,
J. Franke - Bögelsack, H. Kuhnke, Müller (C) - F. Proske, R. Peters, Radant
T: 0:1 (09:57) Bögelsack (R. Peters) / 4:2 (29:01) H. Kuhnke (Radant) / 7:3 (51:39) Radant (D. Frenzel)
S: R. Peters 6, Müller 4, Radant 2

493. - 29.03.1981 ITA - GDR 6:6 (2:2, 2:2, 2:2)
Ortisei, Eishalle Setil; Z: 4.500; SR: Kompalla (FRG); LR: Frei (SUI), Fischer (NOR)
Hoffmann (*Bielke n.e.*) - Schröder, Fengler - Mark, Heinrich - Lempio - Breitschuh, Bielas, J. Franke - Bögelsack,
H. Kuhnke, Müller (C) - F. Proske, R. Peters, Radant
T: 1:1 (12:47) J. Franke (Bielas) - 2:2 (17:39) Bögelsack (Müller) / 2:3 (21:59) Breitschuh (J. Franke) - 2:4 (27:36)
Müller (Bögelsack) / 4:5 (46:08) J. Franke (Bielas) - 6:4 (47:07) Radant (Fengler, Breitschuh)
S: Bielas 2, Breitschuh 2, Müller 2, Mark 2
Breitschuh erreichte als dreißigster Spieler 100 Länderspiele.

1981/82

494. - 01.11.1981 NOR - GDR 6:6 (1:3, 1:1, 4:2)
Asker, Askerhallen; Z: 1.658; SR: Sepponen (FIN); LR: Jensen (NOR), Hansen (NOR)
Bielke (B; *Hoffmann (W) n.e.*) - D. Peters (B), Lempio (B) - Fengler (B), Schröder (B) - F. Braun (W), D. Frenzel
(C - B) - J. Franke (W), Bielas (W), P. Franke (W) - Bögelsack (B), Müller (W), W. Unterdörfel (B) - F. Proske (B),
Radant (B), H. Kuhnke (B) - Bölke (W), **Jens Ziesche** (B), Graul (B)
T: 0:1 (03:00) J. Franke (?) - 0:2 (04:03) Fengler (?) - 0:3 (12:50) J. Franke (?) / 2:4 (37:46.) Bielas (?) / 2:5
(40:59) Bögelsack (?) - 2:6 (41:20) F. Proske (?)
S: 1 x 2 Minuten

495. - 02.11.1981 NOR - GDR 2:6 (1:3, 1:2, 0:1)
Oslo, Jordal Amfi Ishall; Z: 2.497; SR: Sepponen (FIN); LR: Johansen (NOR), Eriksen (NOR)
Hoffmann (*Bielke n.e.*) - D. Peters, Lempio - Fengler, Schröder - F. Braun, D. Frenzel (C) - J. Franke, Bieas, P.
Franke - Bögelsack, Müller, W. Unterdörfel - F. Proske, Radant, H. Kuhnke - Bölke, Je. Ziesche, Graul
T: 0:1 (6:42) Müller (?) - 1:2 (17:00) J. Franke (?) - 1:3 (17:54) Müller (?) / 1:4 (25:54) Radant (?) - 1:5 (28:42)
Je. Ziesche (?) / 2:6 (57:20) Bögelsack (?)
S: 5 x 2 Minuten + D. Peters 25 (Matchstrafe)

496'. - 10.11.1981 GDR - NED 4:3 (2:2, 2:1, 0:0)
Berlin, Eishalle Sportforum Hohenschönhausen; Z: 2.000; SR: Aubrecht (TCH); LR: Plotka (GDR), Stief (GDR)
Bielke (*Ingolf Spantig (W) n.e.*) - Schröder, Fengler - D. Frenzel (C), Graul - F. Braun, **Andreas Ludwig** (W) -
Lempio, D. Peters - Bögelsack, Müller, W. Unterdörfel - H. Kuhnke, Radant, F. Proske - P. Franke, Bielas, J.
Franke - R. Peters (B), Je. Ziesche, Breitschuh (B)
T: 1:1 (9.) D. Peters (Lempio) - 2:2 (18.) Lempio (---) / 3:2 (23.) F. Proske (D. Frenzel, H. Kuhnke) - 4:3 (39.) P.
Franke (Bielas)
S: Fengler 2, J. Franke 2, Radant 2

497'. - 11.11.1981 GDR - NED 4:4 (2:2, 1:1, 1:1)
Halle (S.), Eissporthalle am Gimritzer Damm; Z: 1.000; SR: Aubrecht (TCH); LR: Blümel (GDR), Sommerschuh (GDR)
Spantig (*Bielke n.e.*) - Schröder, Fengler - D. Frenzel (C), Graul - F. Braun, Ludwig - Lempio, D. Peters - A.
Proske (B), Müller, W. Unterdörfel - H. Kuhnke, Radant, F. Proske - P. Franke, Bielas, J. Franke - Bölke, Je.
Ziesche, Breitschuh
T: 1:0 (4.) P. Franke (Bielas) - 2:1 (10.) Bölke (---) / 3:2 (30.) Bölke (J. Franke) / 4:4 (51.) Radant (F. Proske)
S: F. Proske 2, P. Franke 2, Lempio 2, F. Braun 2

498. - 05.12.1981 YUG - GDR 4:10 (2:2, 2:4, 0:4)
Zagreb, Sportski kompleks "Šalata"; Z: 1.500; SR: Sarto (ITA); LR: Raca (YUG), Stipič (YUG)
Schmeißer (B; *Spantig n.e.*) - D. Peters, Lempio - F. Braun, Ludwig - D. Frenzel (C), Graul - Bögelsack, A.
Proske, W. Unterdörfel - J. Franke, P. Franke, Bölke - Je. Ziesche, Radant, F. Proske
T: 0:1 (2.) Bölke (?) - 1:2 (17.) Lempio (?) / 2:3 (22.) P. Franke (?) - 2:4 (28.) A. Proske (?) - 4:5 (31.) F. Braun
(?) - 4:6 (35.) D. Frenzel (?) / 4:7 (42.) W. Unterdörfel (?) - 4:8 (45.) Bölke (?) - 4:9 (55.) F. Proske (?) - 4:10 (59.)
W. Unterdörfel (?)
S: Radant 4

499. - 06.12.1981 YUG - GDR 1:5 (0:1, 0:2, 1:2)
Sisak, Klizalište Zibel; Z: 2.000; SR: Sarto (ITA); LR: Grepl (YUG), Gregec (YUG)
Spantig (Schmeißer n.e.) - D. Peters, Lempio - F. Braun, Ludwig - D. Frenzel (C), Graul - Bögelsack, Radant,
W. Unterdörfel - J. Franke, P. Franke, Bölke - F. Proske
T: 0:1 (17.) D. Peters (?) / 0:2 (29.) Bölke (?) - 0:3 (37.) J. Franke (?) / 0:4 (45.) Radant (?) - 1:5 (57.) D. Frenzel
(?)
S: 2 x 2 Minuten + 1 x 10 Minuten (Disziplinarstrafe)

500. - 11.12.1981 TCH - GDR 7:0 (3:0, 2:0, 2:0)
Tábor, Zimní stadion; Z: 3.500; SR: Gushchin (URS); LR: Simandl (TCH), Bouška (TCH)
Bielke (Spantig n.e.) - R. Peters, D. Peters - Lempio, Fengler - D. Frenzel (C), Graul - Breitschuh, Bielas,
Bögelsack - J. Franke, P. Franke, Bölke - F. Proske, Radant, H. Kuhnke - Scholz (W), A. Proske
S: 4 x 2 Minuten

501. - 12.12.1981 TCH - GDR 12:0 (5:0, 2:0, 5:0)
Pribram, Zimní stadion; Z: 3.500; SR: Gushchin (URS); LR: Tatíček (TCH), Exner (TCH)
Bielke (Spantig n.e.) - R. Peters, D. Peters (C) - Simon (W), Fengler - D. Frenzel, Graul - Breitschuh, Bielas,
Bögelsack - J. Franke, P. Franke, Bölke - F. Proske, Radant, H. Kuhnke - Scholz, A. Proske
S: 5 x 2 Minuten

14.12.1981 TCH (B*) - GDR 10:5 (3:1, 4:2, 3:2)
* Auswahl U 20
Ústí nad Labem, Zimní stadion; Z: 2.000; SR: Gushchin (URS); LR: Brunclík (TCH), Les (TCH)
Keine weiteren Angaben
T: D. Frenzel 3, Radant 1, F. Proske 1
S: 5 x 2 Minuten

502. - 02.02.1982 GDR - NOR 4:1 (0:0, 2:1, 2:0)
*Berlin, Eishalle Sportforum Hohenschönhausen; Z: 500; SR: Wiesner (AUT); LR: Plotka (GDR), Stief
(GDR)*
Bielke (Spantig n.e.) - Fengler, Schröder - D. Frenzel (C), Lempio - F. Braun, D. Peters - Bögelsack, Müller, W.
Unterdörfel - F. Proske, Radant, Graul - J. Franke, P. Franke, Scholz
T: 1:1 (34.) Graul (?) - 2:1 (37.) Radant (?) / 3:1 (46.) F. Proske (?) - 4:1 (50.) Graul (?)
S: 1 x 2 Minuten + 1 x 10 Minuten (Disziplinarstrafe)

503'. - 03.02.1982 GDR - NOR 6:2 (1:1, 4:1, 1:0)
*Weißwasser, Eisstadion „Wilhelm Pieck"; Z: 2.000; SR: Wiesner (AUT); LR: Sommerschuh (GDR), Exner
(GDR)*
Spantig (Schmeißer n.e.) - Simon, Schröder - D. Frenzel (C), Lempio - F. Braun, D. Peters - Bögelsack, Müller,
W. Unterdörfel - F. Proske, Radant, Graul - Scholz, R. Peters, J. Franke - P. Franke, Bartell (W), Fengler
T: 1:1 (19.) Bartell (R. Peters) / 2:1 (24.) F. Braun (---) - 3:1 (25.) W. Unterdörfel (---) - 4:2 (33.) Müller (Bögelsack)
- 5:2 (36.) Radant (---) / 6:2 (46.) P. Franke (---)
S: Scholz 2, Radant 2

' 11.02.1982 GDR - TCH (B) 8:8 (2:2, 4:2, 2:4)
Berlin, Eishalle Sportforum Hohenschönhausen; Z: ?; SR: Schell (HUN); LR: Plotka (GDR), P. Prusa (GDR)
*Bielke (Schmeißer n.e.) - Schröder, Fengler - D. Frenzel (C), Lempio - D. Peters, F. Braun - Bögelsack, Müller,
W. Unterdörfel - Graul, R. Peters, F. Proske - Bartell, P. Franke, Scholz - Simon*
*T: 1:0 (4.) Schröder (W. Unterdörfel) - 2:2 (17.) P. Franke (F. Braun) / 3:3 (25.) Scholz (D. Peters) - 4:3 (27.)
Bartell (P. Franke) - 5:3 (32.) F. Proske (Graul, R. Peters) - 6:3 (34.) Schröder (Graul) / 7:4 (42.) Müller (---) - 8:6
(51.) Lempio (D. Frenzel)*
S: Lempio 4, F. Proske 2, F. Braun 2, D. Frenzel 2

' 12.02.1982 GDR - TCH (B) 0:6 (0:2, 0:2, 0:2)
Weißwasser, Eisstadion „Wilhelm Pieck"; Z: ?; SR: Schell (HUN); LR: Sommerschuh (GDR), Plotka (GDR)
*Spantig (Schmeißer n.e.) - Schröder, Fengler - Lempio, D. Frenzel (C) - D. Peters, F. Braun - Bögelsack, Müller,
W. Unterdörfel - Graul, R. Peters, F. Proske - Scholz, Bartell, Simon - Bielas*
S: Scholz 4, W. Unterdörfel 2, F. Proske 2

504'. - 02.03.1982 GDR - SUI 6:4 (3:0, 3:2, 0:2)
Weißwasser, Eisstadion „Wilhelm Pieck"; Z: 2.000; SR: Sommerschuh (GDR)*; LR: Exner (GDR), Blümel (GDR)
* Hegeduš (YUG) aus familiären Gründen verspätet angereist
Spantig (*Bielke n.e.*) - Schröder, Fengler - D. Frenzel (C), Lempio - F. Braun, Simon - Bögelsack, Müller, W. Unterdörfel - H. Kuhnke, Radant (ab ?. Graul), F. Proske - Scholz, R. Peters, J. Franke
T: 1:0 (3.) Scholz (J. Franke) - 2:0 (16.) F. Proske (Radant) - 3:0 (17.) F. Braun (Weitschuss) / 4:1 (27.) J. Franke (---) - 5:1 (34.) F. Proske (Radant) - 6:2 (39.) F. Braun (Simon)
S: Radant 2

505'. - 03.03.1982 GDR - SUI 8:1 (3:0, 4:0, 1:1)
Berlin, Eishalle Sportforum Hohenschönhausen; Z: 200; SR: Hegeduš (YUG); LR: Sommerschuh (GDR), Stief (GDR)
Bielke (*Spantig n.e.*) - Schröder, Fengler - D. Frenzel (C), Lempio - F. Braun, D. Peters (ab 53. Simon) - Bögelsack, Müller, W. Unterdörfel (ab 21. Graul) - H. Kuhnke, Radant, F. Proske - J. Franke, R. Peters, Bartell
T: 1:0 (8.) Bartell (---) - 2:0 (14.) F. Braun (R. Peters, D. Peters) - 3:0 (15.) H. Kuhnke (Lempio) / 4:0 (23.) Bartell (F. Braun) - 5:0 (25.) H. Kuhnke (---) - 6:0 (27.) F. Proske (Radant, H. Kuhnke) - 7:0 (30.) Bögelsack (Müller) / 8:0 (55.) Fengler (Bögelsack)
S: D. Peters 10 (Disziplinarstrafe), Bögelsack 2, Radant 2 Bartell 2

506'. - 13.03.1982 AUT - GDR 3:1 (0:0, 2:1, 1:0)
Feldkirch, Vorarlberghalle; Z: 2.800; SR: Claut (ITA); LR: Waschnig (AUT), Erne (AUT)
Bielke (*Spantig n.e.*) - Schröder, Simon - D. Frenzel (C), Lempio - D. Peters, F. Braun - W. Unterdörfel, Müller, Bögelsack - F. Proske, Radant, H. Kuhnke - J. Franke, R. Peters, Bartell - Scholz
T: 1:1 (31:55) F. Proske (Radant, Lempio)
S: Müller 2+5, Schröder 2, Scholz 2

507'. - 14.03.1982 AUT - GDR 3:9 (1:1, 1:3, 1:5)
Feldkirch, Vorarlberghalle; Z: 2.500; SR: Claut (ITA); LR: Waschnig (AUT), Erne (AUT)
Spantig (*Bielke n.e.*) - Schröder, Simon - D. Frenzel (C), Lempio - D. Peters, F. Braun - W. Unterdörfel, Müller, Bögelsack - F. Proske, Radant, H. Kuhnke - J. Franke, R. Peters, Graul
T: 0:1 (14:02) Lempio (Radant, D. Frenzel) / 1:2 (22:53) Bögelsack (Schröder) - 1:3 (25:20) R. Peters (Graul, J. Franke) - 2:4 (33:46) Graul (J. Franke, R. Peters) / 3:5 (47:52) Radant (H. Kuhnke, F. Proske) - 3:6 (50:22) Müller (Simon) - 3:7 (50:36) J. Franke (Lempio, D. Frenzel) - 3:8 (55:12) Simon (W. Unterdörfel) - 3:9 (55:28) Bögelsack (Schröder, Simon)
S: F. Proske 5, R. Peters 2, H. Kuhnke 2, Lempio 2, Müller 2, D. Peters 2

B-Weltmeisterschaft 1982
Die DDR-Auswahl belegte Platz 1 und stieg in die A-WM 1983 auf.

508'. - 18.03.1982 GDR - NOR 10:1 (4:1, 5:0, 1:0)
Klagenfurt, Eissportzentrum; Z: 3.000; SR: Fukuda (JPN); LR: Erne (AUT), Ornik (AUT)
Bielke (*Spantig n.e.*) - Schröder, Simon - D. Frenzel (C), Lempio - D. Peters, F. Braun - Graul, Müller, Bögelsack - F. Proske, Radant, H. Kuhnke - J. Franke, R. Peters, W. Unterdörfel
T: 1:0 (04:29) H. Kuhnke (Lempio) - 2:1 (09:33) F. Proske (H. Kuhnke) - 3:1 (09:53) D. Peters (---) - 4:1 (16:57) J. Franke (F. Braun) / 5:1 (23:35) Simon (W. Unterdörfel) - 6:1 (24:04) H. Kuhnke (Radant) - 7:1 (26:44) Radant (H. Kuhnke, F. Proske) - 8:1 (32:48) F. Braun (Graul) - 9:1 (37:50) Bögelsack (Simon) / 10:1 (51:33) F. Proske (Lempio, D. Frenzel)
S: F. Proske 4, Schröder 2, H. Kuhnke 2

509'. - 19.03.1982 GDR - CHN 13:7 (6:1, 7:2, 0:4)
Klagenfurt, Eissportzentrum; Z: 300; SR: Elley (DEN); LR: Fredriksen (DEN), Pfarrkirchner (AUT)
Spantig (*Bielke n.e.*) - Schröder, Simon - D. Frenzel (C), Lempio - D. Peters, F. Braun - Graul, Müller, Bögelsack - F. Proske, Radant, H. Kuhnke - J. Franke, R. Peters, W. Unterdörfel (ab ? Bartell)
T: 1:0 (03:53) Schröder (Bögelsack) - 2:0 (05:35) F. Proske (Radant) - 3:0 (11:19) F. Braun (J. Franke) - 4:0 (13:11) D. Frenzel (F. Proske, H. Kuhnke) - 5:0 (17:29) H. Kuhnke (Lempio) - 6:1 (19:58) H. Kuhnke (Lempio) / 7:1 (20:55) Radant (Lempio) - 8:2 (26:11) D. Peters (F. Braun) - 9:3 (27:29) Graul (R. Peters) - 10:3 (28:44) Schröder (W. Unterdörfel) - 11:3 (31:25) R. Peters (W. Unterdörfel, Müller) - 12:3 (32:10) F. Proske (Radant) - 13:3 (37:19) Schröder (Simon)
S: R. Peters 2+10 (Disziplinarstrafe), Müller 4, Lempio 2, Radant 2, Bartell 2
J. Franke erreichte als einunddreißigster Spieler 100 Länderspiele.

510'. - 21.03.1982 GDR - SUI 4:2 (2:0, 1:0, 1:2)
Klagenfurt, Eissportzentrum; Z: 3.000; SR: Jirka (TCH); LR: Erne (AUT), Ornik (AUT)
Bielke (Spantig n.e.) - Schröder, Simon - Lempio, D. Frenzel (C) - D. Peters, F. Braun - Graul, Müller, Bögelsack
- F. Proske, Radant, H. Kuhnke - J. Franke, R. Peters, Bartell
T: 1:0 (04:27) Radant (H. Kuhnke) - 2:0 (19:00) F. Braun (R. Peters) / 3:0 (36:34) Bartell (R. Peters) / 4:2 (55:59)
Simon (Bögelsack)
S: Lempio 4, Schröder 2, F. Proske 2, Graul 2, R. Peters 2, Bartell 2
*D. Peters absolvierte als erster Spieler sein 250. Länderspiel. Bögelsack erreichte als zweiunddreißigster Spieler
100 Länderspiele.*

511'. - 22.03.1982 AUT - GDR 4:7 (1:4, 1:2, 2:1)
Klagenfurt, Eissportzentrum; Z: 5.000; SR: Hegeduš (YUG); LR: Fredriksen (DEN), Catelin (FRA)
Bielke (Spantig n.e.) - Schröder, Simon - D. Frenzel (C), Lempio - D. Peters, F. Braun - R. Peters, Müller,
Bögelsack - F. Proske, Radant, H. Kuhnke - J. Franke, Graul, Bartell
T: 0:1 (00:10) R. Peters (Müller) - 0:2 (03:14) R. Peters (H. Kuhnke) - 0:3 (16:45) H. Kuhnke (D. Frenzel) - 1:4
(19:25) J. Franke (D. Peters, F. Braun) / 2:5 (31:23) Graul (Simon) - 2:6 (37:30) Bögelsack (Graul) / 4:7 (54:58)
Graul (Bartell)
S: Müller 4, Radant 4, H. Kuhnke 2, F. Proske 2, Bartell 2

512'. - 24.03.1982 NED - GDR 1:3 (0:0, 1:1, 0:2)
Klagenfurt, Eissportzentrum; Z: 4.500; SR: Fukuda (JPN); LR: Odaira (JPN), Exner (TCH)
Bielke (Spantig n.e.) - Schröder, Simon - D. Frenzel (C), Lempio - D. Peters, F. Braun - R. Peters, Müller,
Bögelsack - F. Proske, Radant, H. Kuhnke - J. Franke, Graul, Bartell
T: 1:1 (35:05) D. Frenzel (Radant) /1:2 (51:59) Bögelsack (---) - 1:3 (59:53) D. Frenzel (---)
S: F. Braun 2, Simon 2, D. Frenzel 2, J. Franke 2, H. Kuhnke 2

513'. - 26.03.1982 GDR - ROU 7:6 (1:2, 3:1, 3:3)
Klagenfurt, Eissportzentrum; Z: 4.000; SR: Hegeduš (YUG); LR: Ornik (AUT), Pfarrkirchner (AUT)
Bielke (Spantig n.e.) - Schröder, Simon - D. Frenzel (C), Lempio - D. Peters, F. Braun - Graul, Müller, Bögelsack
- F. Proske, Radant, H. Kuhnke - J. Franke, R. Peters, Bartell
T: 1:0 (03:25) F. Braun (J. Franke) / 2:2 (26:03) Müller (Bögelsack, Graul) - 3:2 (28:34) F. Proske (H. Kuhnke,
D. Frenzel) - 4:3 (38:06) Bögelsack (Schröder) / 5:4 (49:01) J. Franke (D. Peters) - 6:4 (52:14) Bögelsack (Graul,
Simon) - 7:5 (55:59) Müller (Graul)
S: D. Peters 4, J. Franke 4, Schröder 2

514'. - 27.03.1982 POL - GDR 4:4 (2:2, 2:2, 0:0)
Klagenfurt, Eissportzentrum; Z: 4.500; SR: Jirka (TCH); LR: Waschnig (AUT), Pfarrkirchner (AUT)
Bielke (Spantig n.e.) - Schröder, Simon - D. Frenzel (C), Lempio - D. Peters, F. Braun - Graul, Müller, Bögelsack
- F. Proske, Radant, H. Kuhnke - J. Franke, R. Peters, Scholz - W. Unterdörfel
T: 0:1 (03:27) F. Proske (Lempio, H. Kuhnke) - 0:2 (08:03) D. Frenzel (F. Proske) / 4:3 (33:48) Lempio (F.
Proske) - 4:4 (38:49) F. Proske (Radant)
S: Schröder 4, Scholz 2, Radant 2, D. Frenzel 2, H. Kuhnke 2

515. - 06.04.1982 TCH - GDR 8:0 (5:0, 0:0, 3:0)
Slaný, Zimní stadion; Z: 2.500; SR: Erhard (FRG); LR: Bouška (TCH), Simandl (TCH)
Spantig (Bielke n.e.) - Lempio, Fengler - D. Frenzel (C), P. Schumann (W) - F. Braun, Simon - W. Unterdörfel,
Müller, Graul - H. Kuhnke, R. Peters, F. Proske - Bartell, P. Franke, J. Franke
S: 2 x 2 Minuten
516. - 07.04.1982 TCH - GDR 6:1 (2:1, 3:0, 1:0)
Teplice, Zimní stadion; Z: 1.500; SR: Erhard (FRG); LR: Bouška (TCH), Simandl (TCH)
Bielke (Spantig n.e.) - Lempio, Fengler - D. Frenzel (C), P. Schumann - F. Braun, Simon - Bartell, Müller, Graul
- H. Kuhnke, R. Peter, F. Proske - Scholz, P. Franke, J. Franke
T: 1:1 (6.) H. Kuhnke (F. Proske)
S: 4 x 2 Minuten

1982/83

517'. - 24.11.1982 GDR - ROU 7:1 (1:0, 3:0, 3:1)
Weißwasser, Eisstadion „Wilhelm Pieck"; Z: 2.000; SR: Adam (TCH); LR: Exner (GDR), Blümel (GDR)
Spantig (W; Hoffmann (W) n.e.) - F. Braun (W), Ludwig (W) - Schröder (B), Lempio (B) - D. Peters (B), Fengler
(B) - D. Frenzel (C - B), U. Geisert (B) - Bögelsack (B), Müller (B), Bartell (W) - Bölke (W), Kinzel (W), Scholz
(W) - F. Proske (B), Radant (B), H. Kuhnke (B) - R. Peters (B), Graul (B), **Guido Hiller** (B)
T: 1:0 (3.) Radant (H. Kuhnke) / 2:0 (23.) Kinzel (Bölke) - 3:0 (29.) F. Proske (H. Kuhnke) - 4:0 (36.) U. Geisert
(H. Kuhnke) / 5:0 (47.) Bartell (---) - 6:1 (53.) Müller (Bartell) - 7:1 (57.) F. Braun (Scholz)
S: Scholz 6, F. Braun 2, D. Frenzel 2, Ludwig 2, Schröder 2, R. Peters 2

518'. - 25.11.1982 GDR - ROU 12:2 (3:0, 2:0, 7:2)
Berlin, Eishalle Sportforum Hohenschönhausen; Z: 1.900; SR: Adam (TCH); LR: Sommerschuh (GDR), Stief (GDR)
Hoffmann (*Spantig n.e.*) - F. Braun, Ludwig - Schröder, Lempio - D. Peters, Fengler - D. Frenzel (C), U. Geisert - Scholz, Kinzel, Bölke - Bögelsack, Müller, Bartell - Graul, R. Peters, G. Hiller - F. Proske, Radant, H. Kuhnke
T: 1:0 (6.) Bartell (---) - 2:0 (7.) Schröder (H. Kuhnke) - 3:0 (11.) Radant (---) / 4:0 (21.) Müller (Schröder) - 5:0 (28.) Graul (G. Hiller) / 6:0 (42.) Bögelsack (Müller) - 7:0 (50.) Bögelsack (Lempio) - 8:0 (52.) D. Frenzel (---) - 9:0 (52.) Scholz (Bölke) - 10:0 (54.) Bögelsack (---) - 11:0 (57.) D. Frenzel (Ludwig) - 12:2 (59.) D. Frenzel (---)
S: R. Peters 2+10 (Disziplinarstrafe), Lempio 4, U. Geisert 4, D. Peters 2, Ludwig 2

'   08.12.1982 GDR - TCH (B*) 3:6 (1:0, 1:4, 1:2)
* Auswahl U 20 (in diesem und dem folgenden Spiel)
Weißwasser, Eisstadion „Wilhelm Pieck"; Z: 1.000; SR: Schell (HUN); LR: Blümel (GDR), Kluge (GDR)
Spantig (Bielke (B) n.e.) - Schröder, Lempio - D. Frenzel (C), U. Geisert - P. Schumann (W), Ludwig - D. Peters, F. Braun - Bögelsack, Simon (W), Bartell - H. Kuhnke, Radant, F. Proske - Bölke, Hahn (W), Kinzel - **Stefan Steinbock** (B), Graul, G. Hiller
T: 1:0 (16.) Radant (H. Kuhnke) / 2:3 (38.) Steinbock (Graul) / 3:4 (42.) Kinzel (Hahn)
S: Radant 2, F. Braun 2

'   09.12.1982 GDR - TCH (B*) 8:4 (1:1, 3:1, 4:2)
Berlin, Eishalle Sportforum Hohenschönhausen; Z: ?; SR: Schell (HUN); LR: Plotka (GDR), Sommerschuh (GDR)
Spantig (Bielke n.e.) - Schröder, Lempio - D. Frenzel (C), U. Geisert - D. Peters, F. Braun - Bögelsack, Simon, Bartell - H. Kuhnke, Radant, F. Proske - Bölke, Kinzel, Ludwig - Steinbock, Graul, G. Hiller
T: 1:0 (3.) Lempio (Bögelsack) / 2:1 (27.) Radant (U. Geisert) - 3:1 (33.) Bartell (Bögelsack) - 4:2 (40.) Radant (---) / 5:2 (41.) Bartell (Simon) - 6:3 (45.) D. Frenzel (H. Kuhnke) - 7:3 (46.) Steinbock (D. Peters) - 8:3 (53.) Kinzel (Steinbock)
S: Bartell 4, F. Proske 4, Lempio 2, D.Peters 2, Radant 2

'   13.12.1982 GDR - SWE (O*) 4:5 (1:3, 1:1, 2:1)
* Olympiaauswahl (in diesem und dem folgenden Spiel)
Berlin, Eishalle Sportforum Hohenschönhausen; Z: ?; SR: Šutka (TCH); LR: Stief (GDR), Plotka (GDR)
Bielke (Spantig n.e.) - Schröder, Lempio - D. Peters, Fengler - D. Frenzel (C), Simon - F. Braun, Ludwig - Bögelsack, Müller, G. Hiller - H. Kuhnke, Radant, F. Proske - Steinbock, R. Peters, Graul - Bölke, Kinzel, Bartell
T: 1:3 (7.) D. Frenzel (H. Kuhnke) / 2:4 (31.) Radant (---) / 3:4 (46.) Graul (---) - 4:4 (51.) Bögelsack (Müller)
S: D. Frenzel 2, R. Peters 2, F. Proske 2, Bartell 2, Lempio 2

'   14.12.1982 GDR - SWE (O*) 2:7 (1:1, 1:2, 0:4)
Halle (S.), Eissporthalle am Gimritzer Damm; Z: 2.700; SR: Šutka (TCH); LR: Exner (GDR), Kluge (GDR)
Spantig (Bielke n.e.) - Schröder, Lempio - D. Peters, F. Braun - D. Frenzel (C), Fengler - Ludwig - Bögelsack, Müller, Bartell - Bölke, Simon, Kinzel - Graul, Radant, F. Proske - H. Kuhnke, Steinbock, G. Hiller
T: 1:1 (16.) F. Proske (Bögelsack) / 2:2 (31.) Bartell (---)
S: Simon 2, D. Frenzel 2, Müller 2, F. Proske 2, Lempio 2

Vier-Länder-Turnier
Die DDR-Auswahl belegte Platz 2.

519. - 18.12.1982 SUI - GDR 3:3 (0:1, 2:1, 1:1)
Fribourg, Patinoire communale de Saint-Léonard; Z: 3.200; SR: Böhm (FRG); LR: Hugentobler (SUI), Kaul (SUI)
Bielke (Spantig n.e.) - Schröder, Lempio - D. Peters, F. Braun - D. Frenzel (C), Simon - Bögelsack, Müller, Bartell - Kinzel, R. Peters, Graul - H. Kuhnke, Radant, F. Proske - G. Hiller
T: 0:1 (12.) H. Kuhnke (D. Frenzel) / 1:2 (30.) D. Frenzel (Weitschuss) / 2:3 (42.) Radant (---)
S: H. Kuhnke 6, Schröder 4, Simon 2, Müller 2, R. Peters 2
Schröder und Lempio erreichte als drei- und vierunddreißigster Spieler 100 Länderspiele.

'   19.12.1982 GDR - FIN (O)* 2:2 (1:0, 1:1, 0:1)
* Olympia-Auswahl Finnland
Fribourg, Patinoire communale de Saint-Léonard; Z: 200; SR: Frei (SUI); LR: Brügger (SUI), Voillat (SUI)
Bielke (Spantig n.e.) - Fengler, D. Peters - Lempio, F. Braun - D. Frenzel (C), Simon - Bögelsack, R. Peters, Graul - G. Hiller, Müller, Bartell - H. Kuhnke, Radant, F. Proske
T: 1:0 (14.) Müller (---) / 2:1 (32.) D. Frenzel (H. Kuhnke)
S: 6 x 2 Minuten

520'. - 21.12.1982 GDR - AUT 7:2 (1:1, 2:1, 4:0)
Fribourg, Patinoire communale de Saint- Léonard; Z: 300; SR: Böhm (FRG); LR: Brügger (SUI), Voillat (SUI)
Bielke (*Spantig n.e.*) - F. Braun, D. Peters - Lempio, Schröder - D. Frenzel (C), Simon - Bögelsack, R. Peters, Graul - G. Hiller, Müller, Bartell - H. Kuhnke, Radant, F. Proske - Kinzel
T: 1:0 (01:32) H. Kuhnke (F. Proske) / 2:1 (27:48) Müller (Lempio, Kinzel) - 3:2 (36:27) H. Kuhnke (D. Frenzel, Simon) / 4:2 (44:04) Graul (R. Peters, Bögelsack) - 5:2 (49:18) Bögelsack (F. Braun, R. Peters) - 6:2 (56:57) D. Peters (F. Braun, R. Peters) - 7:2 (58:57) Radant (---)
S: Müller 2

521. - 15.01.1983 DEN - GDR 3:5 (1:3, 0:1, 2:1)
Herning, Herning Halls; Z: 835; SR: ? (NOR); LR: ?, ?
Bielke (*Spantig n.e.*) - F. Braun, P. Schumann - D. Frenzel (C), Simon - Lempio, Fengler - J. Franke (W), Bartell, Bölke - H. Kuhnke, Radant, F. Proske - Bögelsack, R. Peters, Graul - Steinbock
T: 0:1 (7.) Graul (?) - 0:2 (10.) D. Frenzel (?) - 1:3 (18.) Bögelsack (?) / 1:4 (28.) Radant (?) / 2:5 (48.) D. Frenzel (?)
S: 3 x 2 Minuten

522. - 16.01.1983 DEN - GDR 3:10 (1:5, 1:4, 1:1)
Ålborg, Eisarena; Z: 900; SR: ? (NOR); LR: ?, ?
Spantig (*Bielke n.e.*) - F. Braun, P. Schumann - D. Frenzel (C), Simon - Lempio, Fengler - J. Franke, Bartell, Bölke - F. Proske, Radant, H. Kuhnke - Bögelsack, R. Peters, Graul - Steinbock
T: 1:1 (4.) Fengler (?) - 1:2 (5.) Radant (?) - 1:3 (6.) F. Proske (?) - 1:4 (8.) Bartell (?) - 1:5 (18.) R. Peters (?) / 2:6 (31.) Radant (?) - 2:7 (35.) Bögelsack (?) - 2:8 (37.) Radant (?) - 2:9 (40.) Bartell (?) / 2:10 (49.) Radant (?)
S: 5 x 2 Minuten
R. Peters erreichte als achter Spieler 200 Länderspiele.

'   16.02.1983 GDR - TCH (B) 5:3 (2:1, 2:0, 1:2)
Berlin, Eishalle Sportforum Hohenschönhausen; Z: ?; SR: Tyszkiewicz (POL); LR: Plotka (GDR), Stief (GDR)
Bielke (Spantig n.e.) - Fengler, D. Peters - Lempio, Schröder - D. Frenzel (C), Simon - F. Braun, Ludwig - Graul, R. Peters, G. Hiller - W. Unterdörfel (B), Müller, Steinbock - F. Proske, Radant, H. Kuhnke - Scholz, Kinzel, Bartell
T: 1:1 (5.) Steinbock (Schröder) - 2:1 (13.) G. Hiller (Fengler) / 3:1 (40.) Müller (---) - 4:1 (40.) H. Kuhnke (Simon) / 5:3 (58.) Scholz (Müller)
S: Simon 2, W. Unterdörfel 2, Radant 2, F. Braun 2

'   17.02.1983 GDR - TCH (B) 3:3 (0:1, 2:1, 1:1)
Weißwasser, Eisstadion „Wilhelm Pieck"; Z: ?; SR: Tyszkiewicz (POL); LR: Kluge (GDR), Exner (GDR)
Spantig (Bielke n.e.) - D. Frenzel (C), Fengler - Lempio, Schröder - F. Braun, D. Peters - Graul, R. Peters, G. Hiller - F. Proske, Radant, H. Kuhnke - Scholz, Ludwig, Bartell - W. Unterdörfel, Kinzel, Steinbock
T: 1:1 (24.) Graul (G. Hiller) - 2:1 (29.) D. Peters (---) / 3:2 (49.) Graul (---)
S: F. Braun 2, Radant 2, R. Peters 2, Ludwig 2, F. Proske 2, D. Peters 2

523'. - 03.03.1983 GDR - POL 4:4 (1:2, 1:0, 2:2)
Berlin, Eishalle Sportforum Hohenschönhausen; Z: 1.000; SR: Sommerschuh (GDR); LR: P. Prusa (GDR), Stief (GDR)
Bielke (*Hoffmann n.e.*) - D. Frenzel (C), F. Braun - D. Peters, Fengler - Lempio, Schröder - Simon - W. Unterdörfel, Müller, Steinbock - F. Proske, Radant, H. Kuhnke - Graul, R. Peters, G. Hiller - Scholz, Ludwig, Bartell - Bögelsack
T: 1:0 (10.) W. Unterdörfel (Schröder) / 2:2 (35.) Radant (H. Kuhnke) / 3:4 (56.) Lempio (---) - 4:4 (58.) Ludwig (Scholz)
S: keine

524'. - 04.03.1983 GDR - POL 4:6 (2:3, 1:2, 1:1)
Weißwasser, Eisstadion „Wilhelm Pieck"; Z: 2.000; SR: Lípa (TCH); LR: Kluge (GDR), Exner (GDR)
Hoffmann (ab 18. Bielke) - F. Braun, D. Peters - Fengler, Ludwig - Lempio, Schröder - D. Frenzel (C), Simon - W. Unterdörfel, Müller, Bögelsack - Scholz, Bartell, Kinzel - F. Proske, Radant, H. Kuhnke - Graul, R. Peters, G. Hiller - Steinbock
T: 1:2 (14.) F. Braun (Ludwig) - 2:3 (18.) Schröder (Lempio) / 3:3 (30.) Graul (---) / 4:5 (49.) Kinzel (Scholz)
S: W. Unterdörfel 4, Simon 2, Lempio 2

*   30.03.1983 GDR - URS (B*) 4:4 (1:0, 3:2, 0:2)*
* Es handelte sich eigentlich um die Mannschaft von Sibir Novosibirsk (in diesem und dem folgenden Spiel).
Halle (S.), Eissporthalle am Gimritzer Damm; Z: ?; SR: Gottwald (TCH); LR: Exner (GDR), Stief (GDR)
keine weiteren Angaben
T: 1:0 (10.) Radant (?) / 2:0 (21.) R. Peters (?) - 3:0 (23.) H. Kuhnke (?) - 4:2 (35.) F. Proske (?)
S: 12 Minuten

' **01.04.1983 GDR - URS (B*) 3:4 (2:1, 1:2, 0:1)**
Berlin, Werner-Seelenbinder-Halle; Z: ?; SR: Gottwald (TCH); LR: Sommerschuh (GDR), Stief (GDR)
Bielke (Spantig n.e.) - D. Peters, F. Braun - D. Frenzel (C), Fengler - Lempio, Schröder - Simon - Graul, R.
Peters, Bartell - F. Proske, Radant, H. Kuhnke - Steinbock, Müller, Bögelsack - Scholz, Ludwig, Kinzel
T: 1:0 (8.) Steinbock (---) - 2:1 (19.) D. Peters (F. Braun) / 3:2 (25.) D. Frenzel (Fengler)
S: H. Kuhnke 4, D. Peters 2, R. Peters 2

06.04.1983 TCH (B) - GDR 6:0 (3:0, 2:0, 1:0)
Slaný, Zimní stadion; Z: 300; SR: Gottwald (TCH); LR: Šatava (TCH), Vala (TCH)
keine weiteren Angaben
S: 3 x 2 Minuten

07.04.1983 TCH (B) - GDR 9:4 (1:2, 2:1, 6:1)
Teplice, Zimní stadion; Z: 500; SR: Adam (TCH); LR: Šatava (TCH), Vala (TCH)
keine weiteren Angaben
T: 1:1 (12.) Ludwig (?) - 1:2 (19.) Steinbock (?) / 2:3 (39.) Radant (?) / 3:4 (42.) F. Proske (?)
S: 7 x 2 Minuten

49. A-Welt- und 59. Europameisterschaft 1983

Die DDR-Auswahl belegte den 6. Platz in der Vorrunde. In der Abstiegsrunde konnte sie sich nicht verbessern, belegte am Ende WM-Platz 6 und EM-Platz 5.

VORRUNDE

525'. - 16.04.1983 URS - GDR 3:0 (0:0, 2:0, 1:0)
Dortmund, Westfalenhalle; Z: 3.000; SR: Faucette (USA); LR: Frey (FRG), Würth (FRG)
Bielke (*Spantig n.e.*) - D. Peters, F. Braun - Lempio, Schröder - D. Frenzel (C), Fengler - Graul, R. Peters, G.
Hiller - Steinbock, Müller, Bögelsack - F. Proske, Simon, H. Kuhnke - Scholz, Ludwig, Bartell
S: Lempio 2, Bartell 2, Steinbock 2, D. Frenzel 2, Graul 2

526'. - 17.04.1983 TCH - GDR 6:1 (1:0, 1:1, 4:0)
Dortmund, Westfalenhalle; Z: 1.500; SR: Juhola (FIN); LR: Schmid (FRG), Alajmo (ITA)
Bielke (*Spantig n.e.*) - D. Peters, F. Braun - Lempio. Schröder - D. Frenzel (C), Fengler - Graul, R. Peters, G.
Hiller - Steinbock, Müller, Bögelsack - F. Proske, Simon, H. Kuhnke - Scholz, Ludwig, Kinzel
T: 2:1 (23:08) Scholz (Kinzel)
S: Lempio 4, Graul 2

527'. - 19.04.1983 GDR - ITA 3:1 (2:1, 1:0, 0:0)
Dortmund, Westfalenhalle; Z: 320; SR: Olsson (SWE); LR: Frey (FRG), Würth (FRG)
Bielke (*Spantig n.e.*) - D. Peters, F. Braun - Lempio, Schröder - D. Frenzel (C), Fengler - Graul, R. Peters, Bartell
- Steinbock, Müller, Bögelsack - F. Proske, Radant, H. Kuhnke - Scholz, Simon, Ludwig
T: 1:1 (10:00) Graul (Müller, Bögelsack) - 2:1 (19:17) Radant (Schröder) / 3:1 (30:12) F. Proske (Ludwig)
S: Ludwig 4, D. Peters 2, Schröder 2

528'. - 20.04.1983 SWE - GDR 5:4 (1:0, 3:2, 1:2)
Dortmund, Westfalenhalle; Z: 1.150; SR: Faucette (USA); LR: Barinov (URS), Alajmo (ITA)
Spantig (ab 23:29 Bielke) - D. Peters, F. Braun - Lempio, Schröder - D. Frenzel (C), Fengler - Graul, R. Peters,
G. Hiller - Steinbock, Müller, Bögelsack - F. Proske, Simon, H. Kuhnke - Kinzel, Ludwig, Bartell
T: 4:1 (28:42) F. Proske (Simon, H. Kuhnke) - 4:2 (35:49) Ludwig (Kinzel, Bartell) / 5:3 (45:15) R. Peters (Graul)
- 5:4 (58:43) Graul (R. Peters, D. Peters)
S: R. Peters 2, H. Kuhnke 2 Ludwig 2

529'. - 22.04.1983 GDR - FRG 3:4 (1:1, 1:1, 1:2)
Dortmund, Westfalenhalle; Z: 11.100; SR: Fournier (CAN); LR: Vanhanen (FIN), Alajmo (ITA)
Bielke (*Spantig n.e.*) - D. Peters, F. Braun - Lempio - Schröder - D. Frenzel (C), Fengler - Graul, R. Peters, Bartell
- Ludwig, Müller, Bögelsack - F. Proske, Radant, H. Kuhnke - Kinzel, Scholz, Simon
T: 1:0 (15:22) Radant (F. Proske) / 2:2 (32:26) Ludwig (---) / 3:2 (46:14) D. Peters (H. Kuhnke)
S: D. Frenzel 2, Simon 2, Lempio 2

530'. - 24.04.1983 CAN - GDR 5:2 (3:1, 1:1, 1:0)
München, Olympiahalle; Z: 2.770; SR: Olsson (SWE); LR: Schnieder (FRG), Vogt (FRG)
Bielke (*Spantig n.e.*) - D. Peters, F. Braun - Lempio, Schröder - D. Frenzel (C), Fengler - Graul, R. Peters, Bartell
- Steinbock, Müller, Bögelsack - F. Proske, Ludwig, H. Kuhnke - Scholz, Simon, Kinzel
T: 1:1 (08:51) D. Frenzel (Graul) / 4:2 (33:51) F. Braun (Scholz)
S: F. Braun 2
F. Proske erreichte als fünfunddreißigster Spieler 100 Länderspiele.

531'. - 25.04.1983 GDR - FIN 6:4 (1:1, 1:1, 4:2)
München, Olympiahalle; Z: 2.400; SR: Fournier (CAN); LR: Barinov (URS), Alajmo (ITA)
Bielke (Spantig n.e.) - D. Peters, F. Braun - Lempio, Schröder - D. Frenzel (C), Fengler - Graul, R. Peters, Bartell
- G. Hiller, Simon, Bögelsack - F. Proske, Radant, H. Kuhnke - Scholz, Ludwig, Steinbock
T: 1:1 (03:33) Simon (Bögelsack, G. Hiller) / 2:1 (24:00) H. Kuhnke (D. Frenzel) / 3:2 (43:28) R. Peters (Graul) -
4:2 (47:40) D. Frenzel (Radant, H. Kuhnke) - 5:3 (53:05) D. Frenzel (Simon, R. Peters) - 6:4 (56:41) Ludwig (---
)
S: Fengler 2, Radant 2, Graul 2, G. Hiller 2

ABSTIEGSRUNDE

532'. - 27.04.1983 FIN - GDR 2:6 (0:1, 1:1, 1:4)
München, Olympiahalle; Z: 1.000; SR: Faucette (USA); LR: Frey (FRG), Würth (FRG)
Bielke (Spantig n.e.) - Simon, F. Braun - Lempio, Schröder - D. Frenzel (C), Fengler - Graul, R. Peters, Steinbock
- G. Hiller, Müller, Bögelsack - F. Proske, Ludwig, H. Kuhnke - Scholz, Kinzel, Bartell
T: 0:1 1:0 (09:45) Steinbock (R. Peters) / 1:2 (33:19) D. Frenzel (Bartell, Kinzel) / 1:3 (43:38) Bartell (Scholz,
Simon) - 1:4 (47:51) Ludwig (H. Kuhnke) - 1:5 (50:20) Müller (Bögelsack, D. Frenzel) - 1:6 (58:19) Fengler (F.
Braun)
S: Müller 2, Kinzel 2, Scholz 2, F. Braun 2

533'. - 29.04.1983 GDR - ITA 1:3 (0:0, 0:2, 1:1)
München, Olympiahalle; Z: 1.900; SR: Faucette (USA); LR: Schmid (FRG), Vanhanen (FIN)
Bielke (Spantig n.e.) - D. Peters, F. Braun - Lempio, Schröder - D. Frenzel (C), Fengler - Graul, R. Peters, Bartell
- Bögelsack, Ludwig, G. Hiller - F. Proske, Radant, H. Kuhnke - Scholz, Simon, Kinzel
T: 1:2 (43:36) Bartell (Lempio, Graul)
S: F. Proske 4, R. Peters 2, Kinzel 2, G. Hiller 2

534'. - 01.05.1983 GDR - FRG 3:7 (0:1, 2:2, 1:4)
München, Olympiahalle; Z: 9.000; SR: Fournier (CAN); LR: Barinov (URS), Vanhanen (FIN)
Bielke (ab 57:49 Spantig) - D. Peters, F. Braun - Lempio, Schröder - D. Frenzel (C), Fengler - Graul, R. Peters,
Steinbock - Bögelsack, Ludwig, Müller - F. Proske, Radant, H. Kuhnke - Scholz, Simon, Bartell
T: 1:3 (32:45.) Radant (D. Frenzel, D. Peters) - 2:3 (34:45) F. Proske (H. Kuhnke, Fengler) / 3:5 (46:58) F.
Proske (---)
S: Fengler 4, Schröder 4, D. Frenzel 2, Steinbock 2, Radant 2, Ludwig 2, D. Peters 2

1983/84

535. - 16.11.1983 NOR - GDR 1:4 (1:1, 0:2, 0:1)
Oslo, Jordal Amfi Ishall; Z: 2.800; SR: C. Carlsson (SWE); LR: ? (NOR), ? (NOR)
Bielke (B; Schmeißer (B) n.e.) - Lempio (B), Simon (W) - D. Peters (B), Fengler (B) - D. Frenzel (C - B), U.
Geisert (B) - Bögelsack (B), R. Peters (B), W. Unterdörfel (B) - G. Hiller (B), Ludwig (W), Steinbock (B) - F.
Proske (B), Radant (B), H. Kuhnke (B)
T: 1:1 (19:35) Steinbock (?) / 1:2 (21:37) U. Geisert (?) - 1:3 (28:00) Radant (?) / 1:4 (52:00) Steinbock (?)
S: 6 x 2 Minuten
D. Frenzel erreichte als neunter Spieler 200 Länderspiele.

536. - 17.11.1983 NOR - GDR 6:1 (3:1, 2:0, 1:0)
Hamar, Storhamar Ishall; Z: 1.600; SR: C. Carlsson (SWE); LR: ? (NOR), ? (NOR)
Schmeißer (Bielke n.e.*) - Lempio, Simon - D. Peters, Fengler - D. Frenzel (C), U. Geisert - Bögelsack, R. Peters,
W. Unterdörfel - G. Hiller, Ludwig, Steinbock - F. Proske, Radant, H. Kuhnke - Bölke (W), P. Franke (W), Bartell
(W)
* lt. DELV-Statistik Einsatz, jedoch durch Quellen nicht bestätigt
T: 3:1 (19:13) Steinbock (---)
S: 2 x 2 Minuten

537. - 06.12.1983 NED - GDR 4:8 (1:2, 1:4, 2:2)
Zoetermeer, Prins Willem Alexander Halle; Z: 2.000; SR: Hassaert (BEL); LR: ?, ?
Bielke (Hoffmann (W) n.e.) - Lempio, Simon - D. Peters, Fengler - D. Frenzel (C), U. Geisert - Bögelsack, R.
Peters, W. Unterdörfel - G. Hiller, Ludwig, Steinbock - H. Kuhnke, Radant, F. Proske - Bölke, Kinzel (W), Bartell
T: 0:1 (06:03) Bögelsack (?) - 0:2 (08:59) Bartell (?) / 1:3 (25:44) Simon (?) - 1:4 (32:19) R. Peters (?) - 1:5
(33:21) Radant (?) - 1:6 (37:54) Kinzel (?) / 4:7 (55:07) Bögelsack (?) - 4:8 (58:04) Ludwig (?)
S: 6 x 2 Minuten

538. - 07.12.1983 NED - GDR 3:5 (0:3, 2:1, 1:1)
Groningen, Sportcentrum Kardinge; Z: 1.000; SR: Hassaert (BEL); LR: ?, ?
Hoffmann (*Bielke n.e.*) - Lempio, Simon - D. Peters, Fengler - D. Frenzel (C), U. Geisert - Bögelsack, R. Peters, W. Unterdörfel - G. Hiller, Ludwig, Steinbock - H. Kuhnke, Radant, F. Proske - Bölke, Kinzel
T: 0:1 (06:04) Bölke (---) - 0:2 (12:11) R. Peters (---) - 0:3 (17:03) Steinbock (Bögelsack) / 1:4 (27:22) Steinbock (---) / 2:5 (47:21) Kinzel (---)
S: 3 x 2 Minuten

539'. - 20.12.1983 GDR - SUI 3:3 (1:1, 2:2, 0:0)
Berlin, Eishalle Sportforum Hohenschönhausen; 2.500; SR: Aubrecht (TCH); LR: P. Prusa (GDR), Stief (GDR)
Bielke (*Schmeißer n.e.*) - Lempio, Simon - D. Peters, Fengler - D. Frenzel (C), U. Geisert - Bögelsack, R. Peters, Graul (B) - G. Hiller, Ludwig, Steinbock - H. Kuhnke, Radant, F. Proske
T: 1:1 (16.) R. Peters (---) / 2:1 (23.) Radant (F. Proske, D. Frenzel) / 3:3 (40.) Ludwig (D. Frenzel)
S: Steinbock 2, Radant 2, Graul 2, D. Frenzel 2, Simon 2, H. Kuhnke 2

540'. - 10.01.1984 GDR - URS 1:8 (0:3, 1:4, 0:1)
Weißwasser, Eisstadion „Wilhelm Pieck"; Z: 5.900; SR: Westreicher (AUT); LR: Exner (GDR), Blümel (GDR)
Bielke (*Spantig (W) n.e.*) - Lempio, Simon - D. Peters, Fengler - D. Frenzel (C), U. Geisert - Mark (W), Balzer (W) - Bögelsack, R. Peters, Graul - Hahn (W), Ludwig, Scholz (W) - F. Proske, Radant, H. Kuhnke - Bartell, Kinzel, Bölke
T: 1:6 (37.) Kinzel (Bartell, Bölke)
S: D. Frenzel 25 (Matchstrafe), Radant 25 (Matchstrafe), Scholz 2, U. Geisert 2

541'. - 11.01.1984 GDR - URS 0:6 (0:2, 0:1, 0:3)
Berlin, Eishalle Sportforum Hohenschönhausen; Z: 3.500; SR: Westreicher (AUT); LR: Stief (GDR), P. Plotka (GDR)
Bielke (*Schmeißer n.e.*) - Lempio, Simon - D. Peters, Fengler - D. Frenzel (C), U. Geisert - W. Unterdörfel, R. Peters, Bögelsack - G. Hiller, Graul, Steinbock - F. Proske, Radant, H. Kuhnke - Ludwig, Kinzel, Bartell
S: R. Peters 2, H. Kuhnke 2, U. Geisert 2

542. - 14.01.1984 ITA - GDR 2:2 (1:0, 1:0, 0:2)
Bolzano, Messehalle; Z: 4.500; SR: Korentschnig (AUT); LR: Alajmo (ITA), Stenico (ITA)
Bielke (*Schmeißer n.e.*) - Lempio, Simon - D. Peters, Fengler - D. Frenzel (C), U. Geisert - Graul, R. Peters, Bögelsack - G. Hiller, Ludwig, Steinbock - F. Proske, Radant, H. Kuhnke - Bölke, Kinzel, Bartell
T: 1:2 (41:17) Fengler (G. Hiller) - 2:2 (52:31) Radant (F. Proske, H. Kuhnke)
S: keine Strafen

543. - 15.01.1984 ITA - GDR 3:4 (1:1, 0:2, 2:1)
Varese, PalAlbani; Z: 1.200; SR: Korentschnig (AUT); LR: Alajmo (ITA - später Tadini (ITA)), Stenico (ITA)
Bielke (*Schmeißer n.e.*) - Lempio, Simon - D. Peters, Fengler - D. Frenzel (C), U. Geisert - Graul, R. Peters, Bögelsack - G. Hiller, Ludwig, Steinbock - F. Proske, Radant, H. Kuhnke - Bölke, Kinzel, Bartell
T: 0:1 (2.) G. Hiller (?) / 1:2 (34.) R. Peters (?) - 1:3 (38.) Graul (?) / 2:4 (47.) F. Proske (?)
S: keine Angaben

544. - 01.02.1984 POL - GDR 5:4 (3:0, 0:2, 2:2)
Warszawa, Hala Torwar; Z: 1.000; SR: Schell (HUN); LR: Hejnowicz (POL), Tyszkiewicz (POL)
Bielke (*Schmeißer n.e.*) - Lempio, Simon - D. Peters, Fengler - D. Frenzel (C), U. Geisert - W. Unterdörfel, R. Peters, Bögelsack - G. Hiller, Graul, Steinbock - F. Proske, Radant, H. Kuhnke - Hahn, Ludwig, **Olf Engelmann** (W)
T: 3:1 (23.) H. Kuhnke (?) - 3:2 (39.) R. Peters (?) / 3:3 (42.) G. Hiller (?) - 5:4 (53.) Graul (?)
S: 2 x 2 Minuten
Radant erreichte als sechsunddreißigster Spieler 100 Länderspiele.

545. - 02.02.1984 POL - GDR 9:6 (1:1, 5:1, 3:4)
Warszawa, Hala Torwar; Z: 1.000; SR: Schell (HUN); LR: Hejnowicz (POL), Tyszkiewicz (POL)
Schmeißer (ab 40:01 Bielke) - Lempio, Simon - D. Frenzel (C), U. Geisert - Fengler, Graul - W. Unterdörfel, R. Peters, F. Proske, H. Kuhnke, Radant - Hahn, Ludwig, O. Engelmann - G. Hiller, Steinbock
* Zeitpunkt des Torwartwechsels nicht bestätigt
T: 0:1 (7.) D. Frenzel (?) / 4:2 (30.) D. Frenzel (?) / 8:3 (47.) H. Kuhnke (?) - 9:4 (48.) D. Frenzel (?) - 9:5 (51.) Hahn (?) - 9:6 (60.) Radant (?)
S: 5 x 2 Minuten

Olympische Winterspiele 1984

Als Teilnehmer der A-WM 1983 war die DDR-Auswahl für das Olympische Turnier qualifiziert, wurde jedoch vom NOK der DDR nicht gemeldet.

546'. - 28.02.1984 GDR - NED 8:0 (1:0, 4:0, 3:0)
Berlin, Eishalle Sportforum Hohenschönhausen; Z: 3.000; SR: Okoličány (TCH); LR: Plotka (GDR), P. Prusa (GDR)
Bielke (*Hoffmann n.e.*) - Lempio, Simon - D. Peters, Fengler - D. Frenzel (C), U. Geisert - Mark, Balzer - W. Unterdörfel, R. Peters, Graul - G. Hiller, Ludwig, Steinbock - H. Kuhnke, Radant, F. Proske - Hahn, Scholz, Bartell
T: 1:0 (18.) Radant (D. Peters) / 2:0 (31.) F. Proske (U. Geisert) - 3:0 (31.) Radant (F. Proske) - 4:0 (31.) Hahn (Bartell) - 5:0 (35.) F. Proske (---) / 6:0 (42.) D. Peters (Fengler) - 7:0 (53.) Scholz (Hahn) - 8:0 (60.) Scholz (Hahn)
S: Ludwig 4, Simon 2, Radant 2, Hahn 2

547'. - 29.02.1984 GDR - NED 13:1 (5:0, 4:1, 4:0)
Weißwasser, Eisstadion „Wilhelm Pieck"; Z: 2.046; SR: Okoličány (TCH); LR: Kluge (GDR), Blümel (GDR)
Hoffmann (Spantig n.e.*) - Lempio, Simon - D. Peters, Fengler - D. Frenzel (C), U. Geisert - Mark, Balzer - Bartell, R. Peters, Graul - G. Hiller, Ludwig, Steinbock - H. Kuhnke, Radant, F. Proske - Hahn, Scholz, **Henry Domke** (W)
T: 1:0 (00:33) Graul (Lempio) - 2:0 (5.) Steinbock (---) - 3:0 (6.) Radant (H. Kuhnke) - 4:0 (6.) Scholz (Hahn) - 5:0 (13.) F. Proske (D. Frenzel) / 6:0 (23.) G. Hiller (Steinbock) - 7:1 (30.) Ludwig (D. Peters) - 8:1 (32.) D. Frenzel (---) - 9:1 (39.) Mark (Hahn) / 10:1 (48.) Steinbock (G. Hiller, Ludwig) - 11:1 (51.) G. Hiller (Steinbock) - 12:1 (56.) Ludwig (Steinbock) - 13:1 (60.) H. Domke (Hahn)
S: Fengler 2, H. Kuhnke 2, Simon 2, R. Peters 2

548. - 16.03.1984 SUI - GDR 2:7 (1:2, 0:2, 1:3)
Saint-Imier, Patinoire d' Erguël; Z: 1.300; SR: Aubrecht (TCH); LR: Hugentobler (SUI), Voillat (SUI)
Bielke (*Hoffmann n.e.*) - Lempio, Simon - D. Peters, Fengler - D. Frenzel (C), U. Geisert - Graul, R. Peters, Bartell - G. Hiller, Ludwig, Steinbock - F. Proske, Radant, H. Kuhnke - H. Domke, Hahn, Scholz
T: 0:1 (9.) R. Peters (---) - 1:2 (15.) Steinbock (Fengler) / 1:3 (24.) H. Domke (Scholz) - 1:4 (35.) F. Proske (H. Kuhnke, D. Frenzel) / 1:5 (50.) D. Frenzel (R. Peters) - 2:6 (55.) D. Frenzel (H. Domke) - 2:7 (57.) Bartell (D. Frenzel)
S: 8 x 2 Minuten, davon Radant 2, Fengler 2, F. Proske 2

549. - 17.03.1984 SUI - GDR 3:3 (0:2, 2:1, 1:0)
Genève, Sportpalast "Les Vernets"; Z: 1.500; SR: Aubrecht (TCH); LR: Hugentobler (SUI), Voillat (SUI)
Bielke (*Hoffmann n.e.*) - Lempio, Simon - D. Peters, Fengler - D. Frenzel (C), U. Geisert - G. Hiller, Ludwig, Steinbock - F. Proske, Radant, H. Kuhnke - H. Domke, Hahn, Scholz - R. Peters, Bartell
T: 0:1 (7.) D. Frenzel (---) - 0:2 (15.) Fengler (Radant) / 0:3 (39.) U. Geisert (D. Peters, Bartell)
S: 9 x 2 Minuten, davon D. Peters 4, F. Proske 2 + Lempio 10 (Disziplinarstrafe)

IIHF-Turnier „Thayer-Tutt-Trophy"

Turnier für Verbände, die nicht für das Olympische Eishockey-Turnier qualifiziert waren. Die DDR nahm nach ihrem Olympia-Verzicht hier teil.

Die DDR-Auswahl belegte Platz 1.

550. - 20.03.1984 GDR - FRA 6:3 (2:2, 2:0, 2:1)
Grenoble, La Patinoire Municipale; Z: 2.000; SR: Kozin (URS): LR: Noskov (URS), Brunclík (TCH)
Bielke (*Hoffmann n.e.*) - Simon, Lempio - D. Peters, U. Geisert - Fengler, D. Frenzel (C) - Graul, R. Peters, Bartell - G. Hiller, Ludwig, Steinbock - F. Proske, Radant, H. Kuhnke - Hahn, Scholz, H. Domke
T: 1:1 (11:18) F. Proske (Radant) - 2:2 (19:47) Lempio (Radant, F. Proske) / 3:2 (28:55) D. Peters (R. Peters) - 4:2 (30:20) Radant (H. Kuhnke) / 5:2 (42:57) D. Frenzel (D. Peters) - 6:2 (46:09) Ludwig (D. Frenzel)
S: Lempio 2, Fengler 2, H. Kuhnke 2

551. - 21.03.1984 CHN - GDR 3:13 (1:6, 1:2, 1:5)
Briançon, Patinoire René Froger; Z: 800; SR: Illiev (BUL); LR: Rindell (FIN), Demattio (ITA)
Bielke (*Hoffmann n.e.*) - Simon, Lempio - D. Peters, U. Geisert - Fengler, D. Frenzel (C) - Graul, R. Peters, Bartell - Steinbock, Ludwig, G. Hiller - F. Proske, Radant, H. Kuhnke - Hahn, Scholz, H. Domke
T: 0:1 (02:07) H. Kuhnke (D. Peters) - 0:2 (04:45) G. Hiller (---) - 0:3 (05:43) H. Domke (---) - 0:4 (06:53) D. Frenzel (Weitschuss) - 0:5 (10:55) Bartell (Graul) - 1:6 (18:30) Scholz (---) / 2:7 (25:03) D. Peters (Graul) - 2:8 (33:27) Radant (---) / 2:9 (45:05) Bartell (---) - 2:10 (48:07) Radant Solo - 2:11 (48:23) F. Proske (H. Kuhnke) - 3:12 (52:32) F. Proske (Radant) - 3:13 (55:06) Steinbock (---)
S: D. Peters 2, R. Peters 2
H. Kuhnke erreichte als siebenunddreißigster Spieler 100 Länderspiele.

552. - 23.03.1984 GDR - HUN 13:3 (2:1, 6:1, 5:1)
Grenoble, La Patinoire Municipale; Z: 550; SR: Becze (ROU); LR: Demattio (ITA), Migu (ROU)
Hoffmann (Bielke n.e.*) - Simon, Lempio - D. Peters, U. Geisert - Fengler, D. Frenzel (C) - Graul, R. Peters,
Bartell - G. Hiller, Ludwig, Steinbock - F. Proske, Radant, H. Kuhnke - Hahn, Scholz, H. Domke
* *lt. DELV-Statistik Einsatz, jedoch durch Quellen nicht bestätigt*
T: 1:1 (10:43) G. Hiller (Ludwig) - 2:1 (13:55) Bartell (Simon) / 3:1 (23:41) U. Geisert (H. Kuhnke) - 4:1 (23:53)
Hahn (Scholz) - 5:1 (24:40) Fengler (Graul) - 6:1 (28:58) D. Frenzel (Weitschuss) - 7:1 (30:45) Ludwig (G. Hiller)
- 8:2 (38:04) Lempio (Radant) / 9:2 (43:40) Radant (---) - 10:3 (46:43) G. Hiller (D. Frenzel) - 11:3 (52:48) Radant
(F. Proske) - 12:3 (54:07) D. Peters (F. Proske) - 13:3 (59:28) U. Geisert (---)
S: Radant 2, U. Geisert 2, G. Hiller 2

553. - 24.03.1984 NED - GDR 2:2 (1:0, 1:1, 0:1)
Gap, Patinoire Brown-Ferrand; Z: 600; SR: Koskinen (FIN); LR: Rindell (FIN), Migu (ROU)
Bielke (07:45 Hoffmann) - Simon, Lempio - D. Peters, U. Geisert - Fengler, D. Frenzel (C) - Graul, R. Peters,
Bartell - G. Hiller, Ludwig, Steinbock - F. Proske, Radant, H. Kuhnke - Hahn, Scholz, H. Domke
T: 1:1 (23:37) Bartell (R. Peters, Graul) / 2:2 (47:42) D. Frenzel (Weitschuss)
S: D. Frenzel 2, H. Kuhnke 2

554. - 26.03.1984 GDR - ROU 11:4 (3:1, 3:3, 5:0)
Grenoble, La Patinoire Municipale; Z: 700; SR: Kozin (URS); LR: Noskov (URS), Brunclík (TCH)
Hoffmann (Bielke n.e.) - Simon, Lempio - D. Peters, U. Geisert - Fengler, D. Frenzel (C) - Graul, R. Peters,
Bartell - G. Hiller, Ludwig, Steinbock - F. Proske, Radant, H. Kuhnke - Hahn, Scholz, H. Domke
T: 1:0 (04:16) Radant (F. Proske, U. Geisert) - 2:1 (11:57) Graul (Lempio, Ludwig) - 3:1 (16:47) Radant (D.
Frenzel) / 4:1 (20:48) Lempio (Simon) - 5:1 (25:10) Ludwig (---) - 6:2 (36:45) Graul (Fengler) / 7:4 (40:20) Graul
(Bartell) - 8:4 (40:35) Steinbock (D. Peters) - 9:4 (44:37) Radant (F. Proske, D. Frenzel) - 10:4 (48:09) D. Frenzel
(Radant) - 11:4 (50:48) H. Kuhnke (Fengler)
S: R. Peters 2, Simon 2, Graul 2, U. Geisert 2

555. - 27.03.1984 SUI - GDR 1:5 (0:1, 0:2, 1:2)
Grenoble, La Patinoire Municipale; Z: 650; SR: Koskinen (FIN); LR: van de Hout (NED), Migu (ROU)
Hoffmann (Bielke n.e.) - Simon, Lempio - D. Peters, U. Geisert - Fengler, D. Frenzel (C) - Graul, R. Peters,
Bartell - G. Hiller, Ludwig, Steinbock - F. Proske, Radant, H. Kuhnke - Hahn, Scholz, H. Domke
T: 0:1 (11:07) Radant (F. Proske, H. Kuhnke) / 0:2 (27:49) Graul (Simon) - 0:3 (30:37) F. Proske (---) / 1:4 (41:05)
Ludwig (---) - 1:5 (57:07) H. Kuhnke (Radant, D. Frenzel)
S: Graul 2, D. Peters 2, Lempio 2, U. Geisert 2, Bartell 2, Ludwig 2

556. - 29.03.1984 GDR - JPN 8:3 (4:1, 4:1, 0:1)
Grenoble, La Patinoire Municipale; Z: 600; SR: Zagórski (POL); LR: Friedemann (FRG), Demattio (ITA)
Hoffmann (Bielke n.e.) - Simon, Lempio - Fengler, D. Frenzel (C) - U. Geisert - Graul, R. Peters, Bartell - G.
Hiller, Ludwig, Steinbock - F. Proske, Radant, H. Kuhnke - Hahn, Scholz, H. Domke
T: 1:0 (02:34) Hahn (---) - 2:0 (08:57) Steinbock (Ludwig) - 3:0 (10:28) D. Frenzel (Hahn) - 4:0 (10:58) H. Kuhnke
(D. Frenzel) / 5:2 (28:17) Radant (H. Kuhnke) - 6:2 (29:06) Radant (---) - 7:2 (34:35) Radant (D. Frenzel) - 8:2
(35:38) Scholz (---)
S: R. Peters 2, U. Geisert 2

1984/85

557. - 16.10.1984 NOR - GDR 4:1 (2:0, 2:0, 0:1)
Oslo, Jordal Amfi Ishall; Z: 1.884; SR: Helbo (DEN); LR: Fredriksen (DEN), Nielsen (DEN)
Bielke (B; Spantig (W) n.e.*) - Fengler (B), Graul (B) - Lempio (B), D. Frenzel (C - B) - D. Peters (B), Mark (W) -
Bögelsack (B), R. Peters (B), Steinbock (B) - Ludwig (W), **Ralf Hantschke** (W), Hahn (W) - F. Proske (B), H.
Kuhnke (B)
* *lt. DELV-Statistik Einsatz, jedoch durch Quellen nicht bestätigt*
T: 4:1 (43:19) Bögelsack (?)
S: 3 x 2 Minuten

558. - 17.10.1984 NOR - GDR 4:1 (0:0, 3:0, 1:1)
Asker, Askerhallen; Z: 744; SR: Helbo (DEN); LR: Fredriksen (DEN), Nielsen (DEN)
Spantig (Bielke n.e.*) - Fengler, Graul - Lempio, D. Frenzel (C) - D. Peters, Mark - Bögelsack, R. Peters,
Steinbock - Ludwig, Hantschke, Hahn - F. Proske, H. Kuhnke
* *lt. DELV-Statistik Einsatz, jedoch durch Quellen nicht bestätigt*
T: 4:1 (53:32) Ludwig (?)
S: 2 x 2 Minuten

Zu den folgenden drei Spielen in Harbin sind kaum Informationen bekannt. In der DDR-Presse wurden nur die Ergebnisse veröffentlicht. Aufgeführt ist die Besetzung laut „Analyse der Länderspiele" des DELV, Torwart - Ersatztorwart nicht bekannt.

559. - 04.11.1984 CHN - GDR 3:10 (1:2, 1:3, 1:5)
Harbin, Eishalle; Z: 4.500; SR: ?; LR: ?, ?
Bielke/ Spantig - Fengler, Graul - Lempio, D. Frenzel (C) - Mark - Bögelsack, R. Peters, Steinbock - Hahn, Ludwig, Bölke (W) - H. Kuhnke, Radant (B), F. Proske
T: keine Angaben
S: keine Angaben

560. - 09.11.1984 CHN - GDR 4:6 (1:2, 1:4, 2:0)
Harbin, Eishalle; Z: 4.500; SR: ?; LR: ?, ?
Bielke/ Spantig - Fengler, Graul - Lempio, D. Frenzel (C) - Mark - Bögelsack, R. Peters, Steinbock - Hahn, Ludwig, Bölke - H. Kuhnke, Radant, F. Proske
T: keine Angaben
S: keine Angaben

561. - 12.11.1984 CHN - GDR 4:7 (1:3, 2:3, 1:1)
Harbin, Eishalle; Z: 4.500; SR: ?; LR: ?, ?
Bielke/ Spantig - Fengler, Graul - Lempio, D. Frenzel (C) - Mark - Bögelsack, R. Peters, Steinbock - Hantschke, Ludwig, Bölke - H. Kuhnke, Radant, F. Proske
T: keine Angaben
S: keine Angaben

562. - 29.11.1984 GDR - ROU 4:3 (1:1, 1:1, 2:1)
Berlin, Eishalle Sportforum Hohenschönhausen; Z: 1.900; SR: Gottwald (TCH); LR: ? (GDR), ? (GDR)
Schmeißer (B; Spantig n.e.*) - Fengler, Graul - Scholz (W), Mark - D. Frenzel (C), Lempio - P. Franke (W) - Bögelsack, R. Peters, Steinbock - Hantschke, Ludwig, Bölke - F. Proske, Radant, H. Kuhnke
* lt. DELV-Statistik Einsatz, jedoch durch Quellen nicht bestätigt
T: 1:1 (18.) D. Frenzel (?) / 2:1 (26.) H. Kuhnke (?) / 3:2 (45.) Bölke (?) - 4:2 (50.) F. Proske (?)
S: 6 x 2 Minuten

563'. - 30.11.1984 GDR - ROU 5:2 (2:1, 2:1, 1:0)
Halle (S.), Eissporthalle am Gimritzer Damm; Z: 1.700; SR: Gottwald (TCH); LR: Plotka (GDR), P. Prusa (GDR)
Spantig (Schmeißer n.e.*) - Fengler, Graul - Scholz, Mark - D. Frenzel (C), Lempio - **Stephan Großmann** (B), **Mario Naster** (B) - Bögelsack, R. Peters, Nitz (B) - Hantschke, Ludwig, Bölke - F. Proske, Radant, Steinbock - H. Domke (W), P. Franke, Kinzel (W)
* lt. DELV-Statistik Einsatz, jedoch durch Quellen nicht bestätigt
T: 1:1 (6.) Bölke (D. Frenzel) - 2:1 (17.) Radant (F. Proske) / 3:2 (32.) Kinzel (H. Domke) - 4:2 (39.) Ludwig (Fengler) / 5:2 (53.) Radant (D. Frenzel)
S: Lempio 25 (Matchstrafe), Hantschke 2, F. Proske 2, R. Peters 2, Fengler 2, P. Franke 2, Großmann 2, Naster 2
Scholz erreichte als achtunddreißigster Spieler 100 Länderspiele.

10.12.1984 SWE (B) - GDR 8:0 (2:0, 6:0, 2:0)
Skövde, Billingehov; Z: ?; SR: ?; LR: ?
keine weiteren Angaben

11.12.1984 SWE (B) - GDR 9:2 (5:0, 2:2, 2:0)
Nybro, Victoriahallen; Z: ?; SR: ?; LR: ?
keine weiteren Angaben
T: Bölke 1, H. Kuhnke 1

Vier-Länder-Turnier
Die DDR-Auswahl belegte Platz 4.

564. - 19.12.1984 SUI - GDR 3:3 (1:0, 1:1, 1:2)
Widnau, Eishalle; Z: 2.000; SR: Tschanz (AUT); LR: Schneider (SUI), Hirter (SUI)
Bielke (Spantig n.e.*) - Lempio, Graul - Fengler, Mark - D. Frenzel (C), U. Geisert (B) - Steinbock, R. Peters, Bögelsack - Hahn, Bölke, Ludwig - F. Proske, Radant, H. Kuhnke - Hantschke
* lt. DELV-Statistik Einsatz, jedoch durch Quellen nicht bestätigt
T: 1:2 (24:29) Steinbock (Bögelsack) / 2:3 (52:55) H. Kuhnke (Radant) - 3:3 (53:29) Hantschke (---)
S: 4 x 2 Minuten, davon Bögelsack 2, Graul 2

565. - 20.12.1984 GDR - NED 4:4 (0:2, 3:0, 1:2)
Feldkirch, Vorarlberghalle; Z: 50; SR: Waschnig (AUT); LR: Fersterer (AUT), Ornik (AUT)
Bielke (Spantig n.e.*) - Lempio, Graul - Fengler, Mark - D. Frenzel (C), U. Geisert - Bögelsack, R. Peters, Steinbock - Bölke, Ludwig, Hahn - Radant, H. Kuhnke, Hantschke
* lt. DELV-Statistik Einsatz, jedoch durch Quellen nicht bestätigt
T: 1:2 (22.) Ludwig (?) - 2:2 (28.) D. Frenzel (?) - 3:2 (33.) Graul (?) / 4:3 (57.) Radant (?)
S: 5 x 2 Minuten

566'. - 22.12.1984 AUT - GDR 7:2 (3:0, 2:1, 2:1)
Feldkirch, Vorarlberghalle; Z: 1.000; SR: Jirka (TCH); LR: Fersterer (AUT), Ornik (AUT)
Spantig (Bielke n.e.*) - Lempio, Graul - Fengler, Mark - D. Frenzel (C), U. Geisert - R. Peters, Bögelsack, Hantschke - **Andreas Gebauer** (W), Ludwig, Bölke - F. Proske, Radant, H. Kuhnke
* lt. DELV-Statistik Einsatz, jedoch durch Quellen nicht bestätigt
T: 3:1 (22:52) Radant (---) / 5:2 (50:07) Hantschke (---)
S: Ludwig 2, Fengler 2, Mark 2

567'. - 08.01.1985 GDR - URS 1:4 (1:1, 0:2, 0:1)
Weißwasser, Eisstadion „Wilhelm Pieck"; Z: 2.507; SR: Lind (SWE); LR: Kluge (GDR), Blümel (GDR)
Bielke (Spantig n.e.*) - Scholz, **Tom Göbel** (W) - Lempio, D. Frenzel (C) - U. Geisert, Mark - ~~Gerd~~ G. Vogel (W) - Hahn, Kinzel, Bölke - Nitz, Graul, A. Proske (B) - F. Proske, Radant, H. Kuhnke - Hantschke, Naster, Gebauer
* lt. DELV-Statistik Einsatz, jedoch durch Quellen nicht bestätigt
T: 1:0 (12.) Gebauer (---)
S: Radant 2, Göbel 2

568'. - 09.01.1985 GDR - URS 1:9 (0:1, 0:5, 1:3)
Berlin, Eishalle Sportforum Hohenschönhausen; Z: 3.000; SR: Lind (SWE); LR: Plotka (GDR), P. Prusa (GDR)
Bielke (Schmeißer n.e.*) - D. Frenzel (C), U. Geisert - Göbel, Scholz - Lempio, Graul - Mark, G. Vogel - H. Kuhnke, Radant, F. Proske - Kinzel, Ludwig, Bölke - Nitz, A. Proske, W. Unterdörfel (B) - Hantschke
* lt. DELV-Statistik Einsatz, jedoch durch Quellen nicht bestätigt
T: 1:6 (43.) W. Unterdörfel (A. Proske)
S: F. Proske 2, Graul 2, U. Geisert 2

'   21.03.1985 GDR - TCH (B) 4:7 (2:1, 1:3, 1:3)
Weißwasser, Eisstadion „Wilhelm Pieck"; Z: ?; SR: Schell (HUN); LR: Exner (GDR) Kluge (GDR)
Spantig (Schmeißer n.e.) - Lempio, Fengler - Mark, G. Vogel - D. Frenzel (C), Hördler - Scholz, Göbel - Graul, R. Peters, Bögelsack - Hantschke, Ludwig, Gebauer - F. Proske, Radant, H. Kuhnke - Nitz, Naster, Bölke
T: 1:1 (11.) Bögelsack (Hördler) - 2:1 (12.) Bögelsack (D. Frenzel, Radant) / 3:1 (24.) H. Kuhnke (D. Frenzel) / 4:5 (57.) Nitz (---)
S: G. Vogel 4, H. Kuhnke 2, D. Frenzel 2, Ludwig 2

'   22.03.1985 GDR - TCH (B) 2:5 (1:2, 0:1, 1:2)
Berlin, Werner-Seelenbinder-Halle; Z: ?; SR: Schnell (HUN); LR: P. Prusa (GDR), Plotka (GDR)
Schmeißer (Spantig n.e.) - Lempio, Fengler - Mark, G. Vogel - D. Frenzel (C), U. Geisert - Scholz, Göbel - Hördler - Graul, R. Peters, Bögelsack - Hantschke, Ludwig, Gebauer - F. Proske, Radant, H. Kuhnke - Nitz, Naster, Bölke
T: 1:2 (17.) Ludwig (Hantschke) / 2:3 (44.) Radant (D. Frenzel)
S: Gebauer 2, G. Vogel 2, F. Proske 2, Bögelsack 2, Hantschke 2, Ludwig 2

569'. - 27.03.1985 URS - GDR 10:0 (3:0, 3:0, 4:0)
Moskva, Dvorets sporta Luzhniki; Z: 5.000; SR: Reznikov (URS); LR: Yershov (URS), Mitryukhin (URS)
Schmeißer (ab 42:50 Spantig) - Lempio, Fengler - Mark, G. Vogel - D. Frenzel (C), U. Geisert - Göbel*, Scholz* - Bögelsack, R. Peters, Graul - Hantschke, Ludwig, Gebauer - H. Kuhnke, Radant, F. Proske - Bölke, *Naster**, *Nitz**
* lt. DELV-Statistik kein Einsatz, aber auf dem offiziellen Spielbericht
S: G. Vogel 2, R. Peters 2, Radant 2, F. Proske 2

570'. - 28.03.1985 URS - GDR 9:0 (2:0, 3:0, 4:0)
Moskva, Dvorets sporta Luzhniki; Z: 6.000; SR: Nikultsev (URS); LR: Yershov (URS), Yegorov (URS)
Spantig (Schmeißer n.e.**) - Lempio, Fengler - Mark, G. Vogel - D. Frenzel (C), U. Geisert - Göbel*, Scholz* - Bögelsack, R. Peters, Graul - Hantschke, Ludwig, Gebauer - F. Proske, Radant, H. Kuhnke - Bölke, *Naster**, *Nitz**
** lt. DELV-Statistik Einsatz, aber durch offiziellen Spielbericht und andere Quellen nicht bestätigt
* lt. DELV-Statistik kein Einsatz, aber auf dem offiziellen Spielbericht
S: Fengler 4, Bölke 2

571. - 10.04.1985 TCH - GDR 12:3 (4:0, 7:1, 1:2)
Benešov, Zimní stadion; Z: 2.500; SR: Westreicher (AUT); LR: Tatíček (TCH), Lipina (TCH)
Spantig (Schmeißer n.e.*) - Lempio, Fengler - D. Peters, G. Vogel - D. Frenzel (C), U. Geisert - Göbel, Scholz - Graul, R. Peters, Bögelsack - Mark, Ludwig, Hantschke - F. Proske, Radant, H. Kuhnke - Bölke, Naster, Nitz
* lt. DELV-Statistik Einsatz, jedoch durch Quellen nicht bestätigt
T: 9:1 (36.) D. Frenzel (?) / 11:2 (49.) Hantschke (?) - 11:3 (57.) Ludwig (?)
S: 5 x 2 Minuten
Fengler erreichte als zehnter Spieler 200 Länderspiele.

572. - 11.04.1985 TCH - GDR 11:1 (2:0, 7:1, 2:0)
Tábor, Zimní stadion; Z: 4.000; SR: Westreicher (AUT); LR: Tatíček (TCH), Lipina (TCH)
Schmeißer (Spantig n.e.*) - Lempio, Fengler - D. Peters, G. Vogel - D. Frenzel (C), U. Geisert - Göbel, Scholz - H. Kuhnke, R. Peters, Graul - Hantschke, Ludwig, Mark - Radant, F. Proske, Bölke - Nitz, Naster
* lt. DELV-Statistik Einsatz, jedoch durch Quellen nicht bestätigt
T: 9:1 (38.) U. Geisert (?)
S: 6 x 2 Minuten

50. A-Welt- und 60. Europameisterschaft 1985

Die DDR-Auswahl belegte den 8. Platz in der Vorrunde. In der Abstiegsrunde konnte sie sich nicht verbessern, belegte am Ende WM-Platz 8 und EM-Platz 6. Das bedeutete den Abstieg in die B-WM 1986.

VORRUNDE

573'. - 17.04.1985 CAN - GDR 9:1 (3:0, 1:1, 5:0)
Praha, Zimní stadion Slavia; Z: 1.200; SR: Karandin (URS); LR: Caban (TCH), Kriška (TCH)
Bielke (Schmeißer n.e.*) - Fengler, Lempio - D. Peters, Mark - D. Frenzel (C), U. Geisert - R. Peters, Bögelsack, Naster - F. Proske, Radant, H. Kuhnke - Hantschke, Ludwig, Gebauer - Nitz, Graul, Bölke
* lt. DELV-Statistik Einsatz, jedoch durch Spielbericht und Quellen nicht bestätigt
T: 4:1 (33:23) H. Kuhnke (F. Proske)
S: Bölke 2, H. Kuhnke 2

574'. - 18.04.1985 GDR - TCH 1:6 (0:0, 0:3, 1:3)
Praha, Sportovní hala ČSTV; Z: 12.010; SR: Kompalla (FRG); LR: Prusov (URS), von de Fenn (FRG)
Bielke (Schmeißer n.e.*) - Lempio, Fengler - Mark, G. Vogel - D. Frenzel (C), U. Geisert - Graul, R. Peters, Bögelsack - F. Proske, Radant, H. Kuhnke - Hantschke, Ludwig, Gebauer - Scholz, Bölke, Nitz
* lt. DELV-Statistik Einsatz, jedoch durch Spielbericht und Quellen nicht bestätigt
T: 1:4 (50:31) Fengler (Weitschuss)
S: Nitz 2, Ludwig 2

575'. - 20.04.1985 URS - GDR 6:0 (2:0, 3:0, 1:0)
Praha, Zimní stadion Slavia; Z: 3.000; SR: Juhola (FIN); LR: Caban (TCH), von de Fenn (FRG)
Schmeißer (Bielke n.e.*) - Fengler, Lempio - D. Frenzel (C), D. Peters - Mark, G. Vogel - Graul, R. Peters, Bögelsack - Gebauer, Ludwig, Hantschke - F. Proske, Radant, Bölke - Nitz, Scholz, Naster
* lt. DELV-Statistik Einsatz, jedoch durch Spielbericht und Quellen nicht bestätigt
S: Mark 2, Hantschke 2, Naster 2

576'. - 21.04.1985 GDR - SWE 0:11 (0:3, 0:3, 0:5)
Praha, Sportovní hala ČSTV; Z: 5.000; SR: Kompalla (FRG); LR: von de Fenn (FRG), Prusov (URS)
Bielke (ab 45:04 Schmeißer) - D. Peters, Lempio - D. Frenzel (C), U. Geisert - Fengler, G. Vogel - Graul, R. Peters, Bögelsack - Hantschke, Ludwig, Gebauer - F. Proske, Radant, Nitz - Mark, Scholz, Bölke
S: Fengler 2, U. Geisert 2

577'. - 23.04.1985 GDR - FIN 4:4 (1:1, 1:1, 2:2)
Praha, Sportovní hala ČSTV; Z: 7.212; SR: Karandin (URS); LR: Caban (TCH), Kriška (TCH)
Bielke (Schmeißer n.e.*) - Lempio, Fengler - G. Vogel, D. Peters - D. Frenzel (C), U. Geisert - Graul, R. Peters, Bögelsack - Mark, Hantschke, Ludwig - Bölke, F. Proske, Radant - Nitz, Naster, Scholz
* lt. DELV-Statistik Einsatz, jedoch durch Spielbericht und Quellen nicht bestätigt
T: 1:1 (18:03) Bögelsack (Graul) / 2:1 (20:35) Fengler (Graul) / 3:3 (53:13) F. Proske (Lempio) - 4:4 (56:28) Hantschke (D. Frenzel)
S: R. Peters 2, Mark 2

578'. - 24.04.1985 USA - GDR 5:5 (2:1, 2:0, 1:4)
Praha, Sportovní hala ČSTV; Z: 7.500; SR: Lind (SWE - ab 40:01 Šubrt (TCH)); LR: Karlsson (SWE), Vanhanen (FIN)
Bielke (Schmeißer n.e.*) - Fengler, Lempio - G. Vogel, D. Peters - D. Frenzel (C), U. Geisert - Graul, R. Peters, Bögelsack - Mark, Ludwig, Hantschke - F. Proske, Radant, Bölke - Naster, Scholz, Gebauer
* lt. DELV-Statistik Einsatz, jedoch durch Spielbericht und Quellen nicht bestätigt
T: 2:1 (17:08) Bölke (---) / 4:2 (48:21) Bögelsack (D. Peters) - 5:3 (52:55) Hantschke (Ludwig) - 5:4 (53:38) F. Proske (D. Frenzel) - 5:5 (56:24) Graul (Lempio)
S: Mark 2, Hantschke 2

579'. - 26.04.1985 FRG - GDR 6:0 (2:0, 2:0, 2:0)
Praha, Sportovní hala ČSTV; Z: 10.307; SR: Juhola (FIN); LR: Tatíček (TCH), Lipina (TCH)
Bielke (Schmeißer n.e.*) - Fengler, Lempio - G. Vogel, D. Peters - D. Frenzel (C), U. Geisert - Graul, R. Peters, Bögelsack - Mark, Ludwig, Hantschke - F. Proske, Radant, Bölke - Nitz, Naster, Scholz
* lt. DELV-Statistik Einsatz, jedoch durch Spielbericht und Quellen nicht bestätigt
S: Ludwig 2, Radant 2, Hantschke 2, Vogel 2, R. Peters 2

ABSTIEGSRUNDE

580'. - 28.04.1985 FIN - GDR 6:2 (2:0, 4:2, 0:0)
Praha, Sportovní hala ČSTV; Z: 9.441; SR: Hood (CAN); LR: Prusov (URS), von de Fenn (FRG)
Bielke (ab 33:23 Schmeißer) - Fengler, Lempio - G. Vogel, D. Peters - D. Frenzel (C), U. Geisert - Graul, R. Peters, Bögelsack - Hantschke, Ludwig, Gebauer - F. Proske, Radant, Bölke - Nitz, Scholz, Naster
T: 3:1 (27:40) Bögelsack (D. Peters) - 3:2 (27:50) D. Frenzel (Weitschuss)
S: F. Proske 4, Hantschke 2
D. Peters erreichte als erster Spieler 300 Länderspiele.

581'. - 30.04.1985 SWE - GDR 7:2 (2:0, 3:1, 2:1)
Praha, Sportovní hala ČSTV; Z: 8.791; SR: Šubrt (TCH); LR: Caban (TCH), Kriška (TCH)
Schmeißer (ab 23:28 Bielke) - Lempio, Fengler - G. Vogel, D. Peters - D. Frenzel (C), U. Geisert - Graul, R. Peters, Bögelsack - Hantschke, Ludwig, Gebauer - F. Proske, Radant, Bölke - Nitz, Naster, Scholz
T: 5:1 (33:21) Graul (Bögelsack) / 5:2 (48:13) Fengler (Lempio)
S: D. Frenzel 2, U. Geisert 2, Hantschke 2

582'. - 02.05.1985 GDR - FRG 1:4 (0:1, 1:1, 0:2)
Praha, Sportovní hala ČSTV; Z: 11.256; SR: Hood (CAN); LR: Lipina (TCH), Caban (TCH)
Bielke (ab 49:15 Schmeißer) - Lempio, Fengler - G. Vogel, D. Peters - D. Frenzel (C), Scholz - U. Geisert - Graul, R. Peters, Bögelsack - Hantschke, Ludwig, Bölke - F. Proske, Radant, H. Kuhnke - Nitz
T: 1:2 (36:16) Radant (F. Proske)
S: Scholz 4, Radant 2, Fengler 2, Lempio 2

1985/86

583. - 13.11.1985 NOR - GDR 4:7 (1:1, 2:3, 1:3)
Oslo, Jordal Amfi Ishall; Z: 1.388; SR: D. Olsson (SWE); LR: ? (NOR), ? (NOR)
Schmeißer (B; ab 31:01 **Thomas Bresagk** (W)) - Fengler (B), D. Peters (B) - D. Frenzel (C - B), Lempio (B) - Hördler (W), G. Vogel (W) - F. Proske (B), Radant (B), H. Kuhnke (B) - Hantschke (W), P. Franke (W), Gebauer (W) - Graul (B), R. Peters (B), W. Unterdörfel (B) - Nitz (B)
T: 0:1 (11:52) Hantschke (?) / 2:2 (28:06) Radant (?) - 2:3 (31:07) H. Kuhnke (?) - 3:4 (38:44) P. Franke (?) / 3:5 (41:20) D. Frenzel (?) - 3:6 (41:30) D. Frenzel (?) - 3:7 (43:21) Graul (?)
S: 8 x 2 Minuten

584. - 14.11.1985 NOR - GDR 5:6 (2:1, 2:2, 1:3)
Oslo, Jordal Amfi Ishall; Z: 729; SR: D. Olsson (SWE); LR: ? (NOR), ? (NOR)
Bielke (B; Schmeißer n.e.*) - Fengler, D. Peters - D. Frenzel (C), Lempio - Hördler, G. Vogel - F. Proske, Radant, H. Kuhnke - Hantschke, P. Franke, Gebauer - Bölke (W), R. Peters, W. Unterdörfel - Nitz
* lt. DELV-Statistik Einsatz, jedoch durch Quellen nicht bestätigt
T: 1:1 (13:52) H. Kuhnke (?) / 2:2 (30:20) Hantschke (?) - 2:3 (33:35) F. Proske (?) / 4:4 (49:53) Bölke (?) - 5:5 (52:45) P. Franke (?) - 5:6 (57:42) Hantschke (?)
S: 2 x 2 Minuten

585'. - 13.12.1985 GDR - SWE 2:4 (0:2, 2:1, 0:1)
Weißwasser, Eisstadion „Wilhelm Pieck"; Z: 3.500; SR: Vrábel (TCH); LR: Kluge (GDR), Blümel (GDR)
Bielke (27.- 30. T. Bresagk) - Fengler, D. Peters - Lempio, U. Geisert (B) - D. Frenzel (C), **Torsten Karsch** (W) - Bögelsack (B), Nitz, F. Proske - W. Unterdörfel, R. Peters, Bölke - Graul, Radant, H. Kuhnke - Hantschke, Mark (W)
T: 1:3 (30.) Hantschke (Mark) - 2:3 (33.) Graul (Penalty)
S: Mark 4, F. Proske 2, Radant 2, Lempio 2

586'. - 14.12.1985 GDR - SWE 1:2 (0:0, 0:1, 1:1)
Berlin, Eishalle Sportforum Hohenschönhausen; Z: 2.500; SR: Vrábel (TCH); LR: Stief (GDR), Plotka (GDR)
Schmeißer (Bielke n.e.*) - Fengler, D. Peters - Lempio, U. Geisert - D. Frenzel (C), Karsch - Bögelsack, Nitz, F. Proske - W. Unterdörfel, R. Peters, Bölke - Graul, Radant, H. Kuhnke - Hördler, Hantschke
* lt. DELV-Statistik Einsatz, jedoch durch Quellen nicht bestätigt
T: 1:1 (52.) D. Frenzel (H. Kuhnke)
S: Hördler 2, Hantschke 2, W. Unterdörfel 2, Lempio 2

587'. - 21.12.1985 GDR - ITA 3:1 (0:0, 0:1, 3:0)
Berlin, Eishalle Sportforum Hohenschönhausen; Z: 2.500; SR: Gottwald (TCH); LR: Stief (GDR), Plotka (GDR)
Bielke (Schmeißer n.e.*) - U. Geisert, Lempio - Fengler, D. Peters - D. Frenzel (C), **Dirk Perschau** (B) - G. Vogel - Bögelsack, Nitz, R. Peters - Hantschke, Mark, H. Domke (W) - H. Kuhnke, Radant, Graul - W. Unterdörfel, Bölke
* lt. DELV-Statistik Einsatz, jedoch durch Quellen nicht bestätigt
T: 1:1 (45.) H. Domke (Hantschke) - 2:1 (48.) Hantschke (H. Domke) - 3:1 (60.) Radant (Graul)
S: Bölke 2, Radant 2, G. Vogel 2

588'. - 22.12.1985 GDR - ITA 3:2 (1:1, 2:0, 0:1)
Weißwasser, Eisstadion „Wilhelm Pieck"; Z: 2.500; SR: Gottwald (TCH); LR: Blümel (GDR), Kluge (GDR)
Schmeißer (T. Bresagk n.e.*) - U. Geisert, Lempio - Fengler, D. Peters - D. Frenzel (C), Perschau - Bögelsack, Nitz, R. Peters - Hantschke, Mark, H. Domke - Graul, Radant, H. Kuhnke - W. Unterdörfel, P. Franke, Bölke
* lt. DELV-Statistik Einsatz, jedoch durch Quellen nicht bestätigt
T: 1:0 (2.) H. Kuhnke (---) / 2:1 (27.) H. Domke (Hantschke) - 3:1 (37.) Hantschke (---)
S: P. Franke 2, Hantschke 2, Bölke 2, Perschau 2
Graul erreichte als neununddreißigster Spieler 100 Länderspiele.

589. - 28.02.1986 TCH - GDR 9:1 (4:0, 0:0, 5:1)
Příbram, Zimní stadion; Z: 3.500; SR: Tyszkiewicz (POL); LR: Brunclík (TCH), Rouspetr (TCH)
Schmeißer (ab 31:01 Bielke) - Hördler, G. Vogel - Lempio, Perschau - Fengler, D. Peters - D. Frenzel (C), **Torsten Deutscher** (B) - F. Proske, R. Peters, Bölke - Bögelsack, Radant, H. Kuhnke - G. Hiller (B), Graul, Steinbock (B) - Gebauer, Mark, Hantschke
T: 4:1 (42.) Steinbock (?)
S: 6 x 2 Minuten

01.03.1986 TCH (B*) - GDR 5:3 (1:2, 3:1, 1:0)
* Es handelte sich eigentlich um die Mannschaft von TJ Motor České Budějovice verstärkt mit drei weiteren Spielern.
Jindřichův Hradec, Zimní stadion; Z: 3.000; SR: Tyszkiewicz (POL); LR: Fedoročko (TCH), Šimák (TCH)
keine weiteren Angaben
T: 0:1 (3.) Radant (?) - 1:2 (11.) Steinbock (?) / 1:3 (23.) Bögelsack (?)
S: 3 x 2 Minuten

'   13.03.1986 GDR - TCH (B) - GDR 1:3 (0:1, 1:0, 0:2)
Weißwasser, Eisstadion „Wilhelm Pieck"; Z: ?; SR: Stief (GDR); LR: Blümel (GDR), Slapke (GDR)
Bielke (T. Bresagk n.e.) - Lempio, Perschau - Fengler, D. Peters - D. Frenzel (C), Deutscher - Hördler, G. Vogel - F. Proske, R. Peters, Bölke - G. Hiller, Radant, H. Kuhnke - Graul, Steinbock, Bögelsack - Gebauer, Mark, Hantschke
T: 1:1 (23.) Bögelsack (Graul)
S: Mark 2, G. Vogel 2, Hantschke 2

' **14.03.1986 GDR - TCH (B) 3:8 (0:2, 1:5, 2:1)**
Weißwasser, Eisstadion „Wilhelm Pieck"; Z: ?; SR: Stief (GDR); LR: Blümel (GDR), Slapke (GDR)
T. Bresagk (Bielke n.e.) - Lempio, Perschau - Fengler, D. Peters - D. Frenzel (C), Deutscher - Hördler, G. Vogel - F. Proske, R. Peters, Bölke - G. Hiller, Radant, H. Kuhnke - Graul, Steinbock, Bögelsack - Gebauer, Mark, Hantschke
T: *1:5 (34.) Mark (H. Kuhnke) / 2:7 (48.) G. Hiller (Steinbock) - 3:8 (60.) Hantschke (Gebauer) - Bögelsack verschoss in der 29. Minute einen Penalty.*
S: *R. Peters 2, Perschau 2*

B-Weltmeisterschaft 1986
Die DDR-Auswahl belegte Platz 3.

590. - 20.03.1986 GDR - AUT 4:6 (2:1, 0:2, 2:3)
Eindhoven, IJssportcentrum; Z: 500; SR: Barinov (URS); LR: Engelsman (NED), Douwes (NED)
Schmeißer (Bielke n.e.*) - Fengler, D. Peters - Lempio, Mark - D. Frenzel (C), Hördler - G. Hiller, Graul, Steinbock - Bögelsack, Radant, H. Kuhnke - Hantschke, R. Peters, Gebauer - F. Proske
* *lt. DELV-Statistik Einsatz, jedoch durch Quellen nicht bestätigt*
T: 1:0 (04:20) D. Peters (---) - 2:1 (17:47) Hantschke (---) / 3:4 (43:03) Hantschke (---) - 4:5 (53:24) Steinbock (---)
S: G. Hiller 4, Hantschke 2, Radant 2, Hördler 2

591'. - 22.03.1986 GDR - YUG 4:2 (0:0, 2:1, 2:1)
Eindhoven, IJssportcentrum; Z: 1.000; SR: Adam (TCH); LR: Plas (NED), van Agtmael (NED)
Bielke (Schmeißer n.e.*) - Lempio, Mark - D. Peters, Fengler - D. Frenzel (C), Hördler - Hantschke (ab ?. F. Proske), R. Peters, Gebauer - Steinbock, Graul, G. Hiller - Bögelsack, Radant, H. Kuhnke - G. Vogel
* *lt. DELV-Statistik Einsatz, jedoch durch Quellen nicht bestätigt*
T: 1:1 (36:16) G. Hiller (Steinbock) - 2:1 (37:50) D. Frenzel (Weitschuss) / 3:1 (48:14) H. Kuhnke (---) - 4:2 (59:11) D. Frenzel (Weitschuss)
S: Gebauer 4, Hantschke 2, Fengler 2, Graul 2, Mark 2, D. Peters 2

592. - 23.03.1986 GDR - ITA 3:4 (1:1, 1:3, 1:0)
Eindhoven, IJssportcentrum; Z: 1.300; SR: Barinov (URS); LR: Plas (NED), van Agtmael (NED)
Bielke (27:51 - 40:00 Schmeißer) - Lempio, Mark - Fengler, D. Peters - D. Frenzel (C), Hördler - G. Vogel - Hantschke, R. Peters, Gebauer - G. Hiller, Graul, Steinbock (ab ? Bögelsack) - F. Proske, Radant, H. Kuhnke
T: 1:1 (19:17) Fengler (G. Hiller, Graul) / 2:3 (37:01) Bögelsack (F. Proske) / 3:4 (41:11) G. Hiller (Lempio)
S: G. Hiller 4, Lempio 4, H. Kuhnke 2, Bögelsack 2

593. - 25.03.1986 NED - GDR 2:5 (0:2, 1:2, 1:1)
Eindhoven, IJssportcentrum; Z: 2.500; SR: Schell (HUN); LR: Tatíček (TCH), Smirnov (URS)
Bielke (Schmeißer n.e.*) - Lempio, G. Vogel - Fengler, D. Peters - D. Frenzel (C), Hördler - Gebauer, R. Peters, Hantschke - G. Hiller, Graul, Radant - Bögelsack, H. Kuhnke, F. Proske - Mark, Steinbock
* *lt. DELV-Statistik Einsatz, jedoch durch Quellen nicht bestätigt*
T: 0:1 (03:04) Gebauer (R. Peters) - 0:2 (06:50) Radant (D. Peters) / 1:3 (34:52) Radant (Hördler) - 1:4 (37:16) D. Frenzel (H. Kuhnke) / 1:5 (49:57) Radant (---)
S: Lempio 4, Bielke 2, R. Peters 2, G. Vogel 2, D. Peters 2, Gebauer 2, Bögelsack 2, H. Kuhnke 2, D. Frenzel 2

594. - 26.03.1986 JPN - GDR 3:4 (2:0, 0:4, 1:0)
Eindhoven, IJssportcentrum; Z: 300; SR: Schell (HUN); LR: Plas (NED), van Agtmael (NED)
Bielke (Schmeißer n.e.*) - Lempio, G. Vogel - Fengler, D. Peters - D. Frenzel (C), Hördler - Hantschke, R. Peters, Gebauer - G. Hiller, Graul, Radant - Bögelsack, H. Kuhnke, F. Proske - Mark, Steinbock
* *lt. DELV-Statistik Einsatz, jedoch durch Quellen nicht bestätigt*
T: 2:1 (22:42) Hantschke - 2:2 (24:25) Hantschke (Gebauer) - 2:3 (25:33) G. Hiller (Steinbock) - 2:4 (35:49) Gebauer (Hantschke, Lempio)
S: Hördler 4, G. Vogel 2, D. Frenzel 2, Fengler 2

595. - 28.03.1986 GDR - FRA 0:3 (0:1, 0:1, 0:1)
Eindhoven, IJssportcentrum; Z: 400; SR: Westreicher (AUT); LR: Engelsman (NED), Douwes (NED)
Bielke (Schmeißer n.e.*) - Lempio, G. Vogel - Fengler, D. Peters - D. Frenzel (C), Hördler - Hantschke, R. Peters, Bölke - G. Hiller, Radant, Steinbock - Bögelsack, Graul, H. Kuhnke - Mark, F. Proske
* *lt. DELV-Statistik Einsatz, jedoch durch Quellen nicht bestätigt*
S: Lempio 2, H. Kuhnke 2, Hördler 2

596. - 29.03.1986 SUI - GDR 1:5 (1:1, 0:2, 0:2)
Eindhoven, IJssportcentrum; Z: 650; SR: Hansen (NOR); LR: Plas (NED), van Aagtmael (NED)
Bielke (Schmeißer n.e.*) - Lempio, G. Vogel - Fengler, D. Peters - D. Frenzel (C), Hördler - Hantschke, R. Peters, Gebauer - G. Hiller, Radant, Steinbock - Bögelsack, Graul, H. Kuhnke - Mark, F. Proske
* lt. DELV-Statistik Einsatz, jedoch durch Quellen nicht bestätigt
T: 1:1 (14:30) Gebauer (---) / 1:2 (29:25) R. Peters (Hantschke) - 1:3 (36:51) Bögelsack (D. Frenzel) / 1:4 (45:34) G. Hiller (Radant) - 1:5 (51:23) Radant (Hantschke)
S: D. Peters 2, R. Peters 2, Mark 2

597. - 07.04.1986 TCH - GDR 11:2 (4:1, 2:0, 5:1)
Ústí nad Labem, Zimní stadion; Z: 4.500; SR: Šubrt (TCH); LR: Fedoročko (TCH), Šimák (TCH)
T. Bresagk (ab 31:01 Bielke) - Fengler, Graul - Mark, Hördler - G. Vogel, Perschau - Bögelsack, Radant, H. Kuhnke - J. Franke (W), Bölke (ab 31:01 Gebauer), Hantschke - F. Proske, R. Peters (C), Steinbock - Deutscher, **Jörg Handrick** (W)
T: 4:1 (16.) Steinbock (?) / 10:2 (50.) Steinbock (?)
S: 3 x 2 Minuten + Bögelsack 5

08.04.1986 TCH (B) - GDR 10:2 (5:0, 3:1, 2:1)
Slaný, Zimní stadion; Z: 700; SR: Říha (TCH); LR: Tatíček (TCH), Trněný (TCH)
keine weiteren Angaben
T: Bögelsack 1, J. oder P. Franke 1

1986/87

598'. - 28.11.1986 GDR - ROU 8:0 (4:0, 2:0, 2:0)
Weißwasser, Eisstadion „Wilhelm Pieck"; Z: 1.000; SR: Schell (HUN); LR: Kluge (GDR), Plotka (GDR)
Spantig (W; T. Bresagk (W) n.e.) - Karsch (W), Balzer (W) - Lempio (B), Deutscher (B) - D. Frenzel (C - B), Fengler (B) - G. Vogel (W) - Gebauer (W), Hahn (W), Handrick (W) - Steinbock (B), Naster (B), Bögelsack (B) - F. Proske (B), Radant (B), H. Kuhnke (B) - H. Domke (W), Bölke (W)
T: 1:0 (6.) Steinbock (Bögelsack) - 2:0 (10.) Handrick (Hahn) - 3:0 (15.) Naster (---) - 4:0 (19.) H. Domke (Bölke) / 5:0 (27.) D. Frenzel (Steinbock) - 6:0 (31.) Gebauer (---) / 7:0 (48.) F. Proske (H. Kuhnke) - 8:0 (59.) Steinbock (Lempio, Bögelsack)
S: Gebauer 4, Lempio 2, Handrick 2

599'. - 29.11.1986 GDR - ROU 8:2 (2:1, 2:1, 4:0)
Berlin, Eishalle Sportforum Hohenschönhausen; Z: 1.900; SR: Schell (HUN); LR: Plotka (GDR), Dümke (GDR)
T. Bresagk (*Spantig n.e.*) - Karsch, Balzer - Lempio, Deutscher - D. Frenzel (C), Fengler - G. Vogel, Göbel (W) - Gebauer, Hahn, Handrick - Bögelsack, Naster, Steinbock - F. Proske, Radant, H. Kuhnke - P. Franke (W)
T: 1:0 (00:17) Hahn (Handrick, Gebauer) - 2:0 (3.) Bögelsack (---) / 3:2 (30.) Radant (F. Proske, D. Frenzel) - 4:2 (35.) Radant (Fengler) / 5:2 (45.) Göbel (P. Franke) - 6:2 (53.) Steinbock (Lempio, Bögelsack) - 7:2 (53.) Radant (F. Proske) - 8:2 (54.) H. Kuhnke (D. Frenzel)
S: Gebauer 2+5, Karsch 2, F. Proske 2, Lempio 2, Fengler 2

600'. - 12.12.1986 GDR - POL 2:4 (0:1, 0:0, 2:3)
Weißwasser, Eisstadion „Wilhelm Pieck"; Z: 1.000; SR: Schell (HUN); LR: Kluge (GDR), Blümel (GDR)
T. Bresagk (*Spantig n.e.*) - Karsch, Fengler - Lempio, Perschau (B) - D. Frenzel (C), Deutscher - Handrick, Ludwig (W), Hantschke (W) - Graul (B), Naster, Steinbock - F. Proske, Radant, H. Kuhnke - G. Vogel
T: 1:1 (43.) H. Kuhnke (---) - 2:1 (45.) Hantschke (Karsch)
S: Karsch 4, Perschau 2, Hantschke 2, Radant 2

601'. - 13.12.1986 GDR - POL 3:0 (1:0, 1:0, 1:0)
Berlin, Eishalle Sportforum Hohenschönhausen; Z: 1.000; SR: Schell (HUN); LR: Dümke (GDR), Prusa (GDR)
T. Bresagk (*Spantig n.e.*) - Karsch, Fengler - Lempio, Perschau - D. Frenzel (C), Deutscher - G. Vogel, Göbel - Handrick, Ludwig, Hantschke - Graul, Naster, Steinbock - F. Proske, Radant, H. Kuhnke - H. Domke, Hahn, Bölke
T: 1:0 (12.) F. Proske (D. Frenzel) / 2:0 (35.) Steinbock (Perschau) / 3:0 (51.) Radant (Lempio)
S: H. Kuhnke 4, Hantschke 2, Handrick 2, Karsch 2

' **16.12.1986 GDR - FIN (O*) 5:6 (3:1, 0:2, 2:3)**
* *Olympiaauswahl (in diesem und dem folgenden Spiel)*
Halle (S.), Eissporthalle am Gimritzer Damm; Z: 3.000; SR: Gottwald (TCH); LR: Stief (GDR), Plotka (GDR)
*T. Bresagk (Spantig n.e.) - Karsch, Fengler - Lempio, Perschau - D. Frenzel (C), Deutscher - Göbel, U. Geisert
(B) - Gebauer, Ludwig, Hantschke - Graul, R. Peters (B), Steinbock - F. Proske, Radant, H. Kuhnke - Handrick,
Naster, Bögelsack*
*T: 1:0 (10.) Ludwig (Gebauer) - 2:0 (16.) F. Proske (D. Frenzel) - 3:0 (20.) Ludwig (Hantschke) / 4:5 (56.) Naster
(Göbel) - 5:6 (59.) Göbel (---)*
S: *H. Kuhnke 2, Handrick 2, Graul 2, Radant 2*

' **17.12.1986 GDR - FIN (O*) 1:6 (0:1, 0:4, 1:1)**
Weißwasser, Eisstadion „Wilhelm Pieck"; Z: 1.000; SR: Gottwald (TCH); LR: Stief (GDR), Plotka (GDR)
*T. Bresagk (Spantig n.e.) - Karsch, Fengler - Lempio, Perschau - D. Frenzel (C), Deutscher - Göbel, U. Geisert
- Gebauer, Ludwig, Hantschke - Graul, Naster, Bögelsack - F. Proske, Radant, H. Kuhnke - H. Domke, Hahn,
Steinbock*
T: 1:6 (52.) Radant (Deutscher)
S: *Perschau 4, Hantschke 2*

' **12.02.1987 GDR - CAN (O*) 1:5 (0:2, 0:2, 1:1)**
* *Olympiaauswahl (in diesem und dem folgenden Spiel)*
Berlin, Eishalle Sportforum Hohenschönhausen; Z: 3.000; SR: Jirka (TCH); LR: Dümke (GDR), Stief (GDR)
*Schmeißer (B; T. Bresagk n.e.) - Lempio, Göbel - Fengler, Deutscher - D. Frenzel (C), U. Geisert - O. Engelmann
- Gebauer, Ludwig, Hantschke - Graul, R. Peters, Steinbock - G. Hiller (B), Naster, Bögelsack - F. Proske,
Radant, H. Kuhnke*
T: 1:4 (45.) G. Hiller (Fengler)
S: *Radant 8, O. Engelmann 4, Graul 2, Ludwig 2, Fengler 2*

' **13.02.1987 GDR - CAN (O*) 1:5 (1:1, 0:3, 0:1)**
Berlin, Eishalle Sportforum Hohenschönhausen; Z: 3.000; SR: Jirka (TCH); LR: P. Prusa (GDR), Plotka (GDR)
*T. Bresagk (Bielke (B) n.e.) - Lempio, Göbel - Fengler, Deutscher - D. Frenzel (C), U. Geisert - O. Engelmann -
Gebauer, Ludwig, Hantschke - Graul, R. Peters, Steinbock - G. Hiller, Naster, Bögelsack - F. Proske, Radant,
H. Kuhnke*
T: 1:0 (11.) Lempio (Graul)
S: *Naster 2, U. Geisert 2, Graul 2, Bögelsack 2*

' **11.03.1987 GDR - TCH (B*) 3:8 (2:2, 1:5, 0:1)**
* *Es handelte sich eigentlich um die Mannschaft von TJ Motor České Budějovice (in diesem und dem folgenden
Spiel).*
Berlin, Eishalle Sportforum Hohenschönhausen; Z: ?; SR: P. Prusa (GDR); LR: Stief (GDR), Dümke (GDR)
*Schmeißer (T. Bresagk n.e.) - D. Frenzel (C), U. Geisert - Karsch, O. Engelmann - Lempio, Deutscher - Fengler,
Göbel - F. Proske, Radant, H. Kuhnke - Gebauer, Ludwig, Hantschke - Graul, R. Peters, Steinbock - Naster,
Bögelsack, G. Hiller*
T: 1:0 (9.) Handschke (---) - 2:1 (12.) F. Proske (---) / 3:2 (21.) F. Proske (Radant)
S: *F. Proske 2, Bögelsack 2, H. Kuhnke 2*

' **13.03.1987 GDR - TCH (B) 0:2 (0:1, 0:0, 0:1)**
Berlin, Eishalle Sportforum Hohenschönhausen; Z: ?; SR: Plotka (GDR); LR: Müller (GDR), Böhm (GDR)
*T. Bresagk (Schmeißer n.e.) - D. Frenzel (C), U. Geisert - Karsch, O. Engelmann - Lempio, Deutscher - Fengler,
Göbel - F. Proske, Radant, H. Kuhnke - Gebauer, Ludwig, Hantschke - Graul, R. Peters, Steinbock - Naster,
Bögelsack, G. Hiller*
S: *Gebauer 2*

602. - 16.03.1987 FRA - GDR 2:7 (2:2, 0:2, 0:3)
Briançon, Patinoire René Froger; Z: 1.300; SR: ?; LR: ?, ?
Schmeißer (T. Bresagk n.e.) - D. Frenzel (C), U. Geisert - Lempio, Deutscher - Fengler - F. Proske, Radant, H.
Kuhnke - Gebauer, Ludwig, Hantschke - Graul, R. Peters, Steinbock - Naster, Bögelsack, G. Hiller
T: 0:1 (1.) H. Kuhnke (?) - 0:2 (3.) G. Hiller (?) / 2:3 (27.) H. Kuhnke (?) - 2:4 (37.) D. Frenzel (?) / 2:5 (43.) Graul
(?) - 2:6 (47.) U. Geisert (?) - 2:7 (48.) Fengler (?)
S: keine Angaben

603. - 17.03.1987 FRA - GDR 3:5 (2:0, 1:3, 0:2)
Gap, Patinoire Brown-Ferrand; Z: 1.200; SR: ?; LR: ?, ?
T. Bresagk (*Schmeißer n.e.*) - D. Frenzel (C), U. Geisert - Lempio, Deutscher - Fengler, Göbel - F. Proske, Radant, H. Kuhnke - Gebauer, Ludwig, Hantschke - Naster, Bögelsack, G. Hiller - Graul
T: 2:1 (26.) Gebauer (?) - 2:2 (31.) Göbel (?) - 3:3 (37.) Hantschke (?) / 3:4 (46.) Bögelsack (?) - 3:5 (53.) Fengler (?)
S: 26 Minuten

B-Weltmeisterschaft 1987
Die DDR-Auswahl belegte Platz 5.

604. - 27.03.1987 GDR - NED 6:6 (2:1, 3:4, 1:1)
Canazei, Palazzo del ghiaccio Gianmario Scola; Z: 898; SR: Osipchuk (URS); LR: Demattio (ITA), Masoner (ITA)
Schmeißer (*T. Bresagk n.e.*) - D. Frenzel (C), U. Geisert - Lempio, Deutscher - Fengler, Göbel - F. Proske, Radant, H. Kuhnke - Gebauer, Ludwig, Hantschke - Graul, R. Peters, Steinbock - Naster, G. Hiller
T: 1:0 (00:14) F. Proske (Radant) - 2:1 (10:41) G. Hiller (---) / 3:2 (26:41) Steinbock (Graul, R. Peters) - 4:3 (28:37) Ludwig (Fengler) - 5:5 (35:18) H. Kuhnke (Radant) / 6:5 (44:35) Gebauer (Ludwig)
S: Radant 4, Naster 2, Steinbock 2, Göbel 2, R. Peters 2, Teamstrafe 2 (H. Kuhnke? dafür auf der Strafbank)

605. - 28.03.1987 NOR - GDR 6:2 (3:0, 0:1, 3:1)
Canazei, Palazzo del ghiaccio Gianmario Scola; Z: 581; SR: van Berkel (NED); LR: Savaris (ITA), Stenico (ITA)
T. Bresagk (ab 20:01 Schmeißer) - D. Frenzel (C), U. Geisert - Karsch, Lempio - Fengler, Göbel - F. Proske, Radant, H. Kuhnke - Gebauer, Naster, Ludwig - Graul, R. Peters, Steinbock - G. Hiller
T: 3:1 (33:04) Radant (H. Kuhnke) / 6:2 (56:12) Radant (D. Frenzel)
S: Karsch 4, U. Geisert 4, Fengler 2, F. Proske 2, G. Hiller 2

606. - 30.03.1987 GDR - POL 2:1 (1:0, 0:0, 1:1)
Canazei, Palazzo del ghiaccio Gianmario Scola; Z: 772; SR: Weilenmann (SUI); LR: Demattio (ITA), Masoner (ITA)
Schmeißer (*T. Bresagk n.e.*) - D. Frenzel (C), U. Geisert - Göbel, O. Engelmann (W) - Fengler, Deutscher - Karsch - F. Proske, Radant, H. Kuhnke - Gebauer, Bögelsack, Ludwig - Graul, R. Peters, Steinbock - G. Hiller;
T: 1:0 (09:41) R. Peters (Graul) / 2:1 (56:43) Radant (F. Proske)
S: Deutscher 4, Karsch 4, Radant 4, O. Engelmann 2, H. Kuhnke 2, Göbel 2, U. Geisert 2, G. Hiller 2

607. - 31.03.1987 ITA - GDR 5:5 (4:3, 0:0, 1:2)
Canazei, Palazzo del ghiaccio Gianmario Scola; Z: 3.400; SR: Schell (HUN); LR: Tatíček (TCH), van Hees (BEL)
Schmeißer (*T. Bresagk n.e.*) - D. Frenzel (C), U. Geisert - Karsch, O. Engelmann - Fengler, Deutscher - Göbel - F. Proske, Radant, H. Kuhnke - Gebauer, Ludwig, Graul - R. Peters, Steinbock, Bögelsack - G. Hiller
T: 0:1 (08:11) F. Proske (Bögelsack) - 0:2 (11:30) Gebauer (Fengler) - 1:3 (14:58) Graul (---) / 4:4 (40:19) Radant (F. Proske) - 5:5 (56:43) Karsch (Weitschuss)
S: U. Geisert 5, O. Engelmann 4, Deutscher 2, Fengler 2, Radant 2, Göbel 2

608. - 02.04.1987 GDR - CHN 5:1 (1:1, 2:0, 2:0)
Canazei, Palazzo del ghiaccio Gianmario Scola; Z: 426; SR: Jirka (TCH); LR: Tatíček (TCH), van Hees (BEL)
Schmeißer (*T. Bresagk n.e.*) - D. Frenzel (C), U. Geisert - Karsch, Fengler - Deutscher, Göbel - F. Proske, Radant, H. Kuhnke - Gebauer, Ludwig, Graul - R. Peters, Steinbock, Bögelsack - G. Hiller
T: 1:0 (07:22) H. Kuhnke (D. Frenzel) / 2:1 (28:42) Radant (---) - 3:1 (36:08) Bögelsack (Karsch) / 4:1 (40:57) H. Kuhnke (F. Proske, Radant) - 5:1 (57:18) H. Kuhnke (F. Proske)
S: Gebauer 6, Radant 4, Deutscher 2, Steinbock 2, Graul 2, U. Geisert 2

609. - 03.04.1987 GDR - FRA 2:5 (2:0, 0:2, 0:3)
Canazei, Palazzo del ghiaccio Gianmario Scola; Z: 391; SR: Weilenmann (SUI); LR: Savaris (ITA), Stenico (ITA)
Schmeißer (*T. Bresagk n.e.*) - D. Frenzel (C), U. Geisert - Göbel, O. Engelmann - Fengler, Deutscher - Karsch - F. Proske, Radant, H. Kuhnke - Steinbock, Bögelsack, Graul - G. Hiller, Ludwig, Gebauer - Naster
T: 1:0 (13:54) Graul (---) - 2:0 (19:05) Graul (Fengler)
S: Göbel 6, H. Kuhnke 2, Radant 2, O. Engelmann 2

610. - 05.04.1987 AUT - GDR 7:3 (5:2, 1:1, 1:0)
Canazei, Palazzo del ghiaccio Gianmario Scola; Z: 738; SR: Weilenmann (SUI); LR: Demattio (ITA),
Masoner (ITA)
Schmeißer (ab 10:36 T. Bresagk) - D. Frenzel (C), U. Geisert - Fengler, Deutscher - O. Engelmann, Göbel - H.
Kuhnke, Radant, Naster - Steinbock, Bögelsack, Graul - B. Hiller, Ludwig, Gebauer
T: 1:1 (02:17) Fengler (Bögelsack) - 2:2 (09:50) Ludwig (---) / 6:3 (37:32) Ludwig (Göbel, O. Engelmann)
S: Ludwig 2, Göbel 2, Deutscher 2

1987/88

02.12.1987 GDR - SUI (B) 5:2 (2:0, 2:1, 1:1)
Weißwasser, Eisstadion „Wilhelm Pieck"; Z: 1.000; SR: Kluge (GDR); LR: Blümel (GDR), Lehmann (GDR)
T. Bresagk (W; Schmeißer (B) n.e.) - D. Frenzel (C - B), U. Geisert (B) - **Torsten Hanusch** (W), Hördler (W) -
Lempio (B), Deutscher (B) - H. Kuhnke (B), Radant (B), G. Hiller (B) - Gebauer (W), Ludwig (W), Hantschke (W)
- Steinbock (B), Graul (B), **Sven Prusa** (B) - Handrick (W), Hahn (W), Bögelsack (B)
T: 1:0 (6.) Deutscher (?) - 2:0 (18.) Hahn (?) / 3:0 (26.) U. Geisert (?) - 4:1 (38.) D. Frenzel (?) / 5:1 (41.) Ludwig
(?)
S: 8 x 2 Minuten

611. - 05.12.1987 YUG - GDR 5:4 (3:1, 2:2, 0:1)
Jesenice, Dvorana pod Mežakljom; Z: 2.000; SR: Dremelj (YUG); LR: Čemažar (YUG), Rozman (YUG)
Schmeißer (T. Bresagk n.e.) - Hanusch, Hördler - D. Frenzel (C), U. Geisert - Lempio, Deutscher - Hantschke,
Ludwig, **Jens Feller** (W) - H. Kuhnke, Radant, G. Hiller - Graul, S. Prusa, Bögelsack - Handrick, Hahn - Bölke
(W)
T: 3:1 (17.) Handrick (Hahn) / 3:2 (26.) G. Hiller (Hördler) - 3:3 (27.) Ludwig (Hantschke) / 5:4 (58.) Ludwig (---)
S: 5 x 2 Minuten

612. - 06.12.1987 YUG - GDR 1:11 (0:4, 1:1, 0:6)
Bled, Hokejska dvorana; Z: 1.000; SR: Rozman (YUG); LR: Vister (YUG), Dremelj (YUG)
T. Bresagk (Schmeißer n.e.) - Hanusch, Hördler - D. Frenzel (C), U. Geisert - Lempio, Deutscher - Hantschke,
Ludwig, Feller - H. Kuhnke, Radant, G. Hiller - Graul, S. Prusa, Bögelsack - Handrick, Hahn, Bölke
T: Hantschke 4, G. Hiller 3, Radant 1, Feller 1, Lempio 1, Hördler 1 - Reihenfolge der Torschützen nicht bekannt
S: keine Angaben

613. - 10.12.1987 GDR - FRA 3:1 (1:1, 1:0, 1:0)
Halle (S.), Eissporthalle am Gimritzer Damm; Z: 3.000; SR: Hejnowicz (POL); LR: ? (GDR), ? (GDR)
T. Bresagk (Schmeißer n.e.*) - Hanusch, Hördler - Lempio, Fengler (B) - D. Frenzel (C), U. Geisert - Hantschke,
Ludwig, Feller - Graul, S. Prusa, Steinbock - H. Kuhnke, Radant, G. Hiller - Bögelsack
* Name des ETW nicht bestätigt
T: 1:0 (5.) Hantschke (?) / 2:1 (23.) S. Prusa (?) / 3:1 (46.) Bögelsack (?)
S: 3 x 2 Minuten

614. - 11.12.1987 GDR - FRA 3:2 (0:1, 1:1, 2:0)
Berlin, Eishalle Sportforum Hohenschönhausen; Z: 500; SR: Hejnowicz (POL); LR: ? (GDR), ? (GDR)
T. Bresagk (Schmeißer n.e.*) - Hanusch, Hördler - Lempio, Fengler - D. Frenzel (C), U. Geisert - Hantschke,
Ludwig, Feller - Graul, S. Prusa, Steinbock - Handrick, Hahn, Bögelsack
* Name des ETW nicht bestätigt
T: 1:1 (26.) D. Frenzel (?) / 2:2 (41.) Hantschke (?) - 3:2 (51.) Ludwig (?)
S: 2 x 2 Minuten

615. - 06.02.1988 DEN - GDR 1:3 (0:1, 1:1, 0:1)
Odense, Isstadion; Z: 400; SR: ?; LR: ?, ?
Bielke (B; Spantig (W) n.e.*) - D. Frenzel (C), Deutscher - Lempio, Fengler - Göbel (W), Hördler - O. Engelmann
(W) - G. Hiller, H. Kuhnke, Graul - Bögelsack, **Jan Schertz** (B), Ludwig - Bölke, Hahn, Handrick - Feller
* lt. DELV-Statistik Einsatz, jedoch durch Quellen nicht bestätigt
T: 0:1 (17.) Fengler (?) / 1:2 (30.) H. Kuhnke (?) / 1:3 (60.) Schertz (?)
S: 5 x 2 Minuten
Schertz war der 200. Spieler mit einem Einsatz in der DDR-Auswahl.

616. - 07.02.1988 DEN - GDR 3:5 (1:4, 0:1, 2:0)
Esbjerg, Skøjtehal; Z: 1.200; SR: ?; LR: ?, ?
Spantig (Bielke n.e.*) - D. Frenzel (C), Deutscher - Lempio, Fengler - Göbel, Hördler - G. Hiller, H. Kuhnke, Graul
- Bögelsack, Schertz, Steinbock - Bölke, Hahn, Handrick - Feller
* lt. DELV-Statistik Einsatz, jedoch durch Quellen nicht bestätigt
T: 0:1 (3.) G. Hiller (?) - 0:2 (3.) Bölke (?) - 0:3 (5.) G. Hiller (?) - 1:4 (17.) Graul (?) / 1:5 (21.) Graul (?)
S: 5 x 2 Minuten

617. - 26.02.1988 GDR - YUG 6:2 (1:0, 1:1, 4:1)
Karl-Marx-Stadt, Eissporthalle „VIII. Parlament" Küchwald; Z: 2.800; SR: Vrabel (TCH); LR: Dümke (GDR), Prusa (GDR)
Schmeißer (*Spantig n.e.*) - D. Frenzel (C), U. Geisert - Lempio, Fengler - Hördler, O. Engelmann - G. Hiller, H. Kuhnke, Graul - Naster (B), S. Prusa, Steinbock - Bölke, Hahn, Handrick - Schertz
T: 1:0 (13.) Hördler (?) / 2:1 (39.) Handrick (?) / 3:2 (47.) Hahn (?) - 4:2 (52.) Fengler (?) - 5:2 (54.) Steinbock (?) - 6:2 (57.) Bölke (?)
S: keine Angaben

618. - 27.02.1988 GDR - YUG 12:2 (4:1, 4:1, 4:0)
Weißwasser, Eisstadion „Wilhelm Pieck"; Z: 2.000; SR: Vrabel (TCH); LR: ? (GDR), ? (GDR)
Spantig (*Schmeißer n.e.*) - D. Frenzel (C), Lempio - Fengler, U. Geisert - Hördler, O. Engelmann - G. Hiller, H. Kuhnke, Graul - Naster, S. Prusa, Steinbock - Bölke, Hahn, **Frank Peschke** (W) - Bögelsack, Feller, F. Proske (B)
T: 1:0 (5.) Feller (?) - 2:0 (6.) S. Prusa (?) - 3:0 (16.) Graul (?) - 4:1 (20.) G. Hiller (?) / 5:1 (22.) H. Kuhnke (?) - 6:1 (28.) Hahn (?) - 7:2 (34.) Steinbock (?) - 8:2 (38.) G. Hiller (?) / 9:2 (51.) Bögelsack (?) - 10:2 (54.) F. Proske (?) - 11:2 (55.) Hördler (?) - 12:2 (58.) Feller (?)
S: keine Angaben

IIHF-Turnier „Thayer-Tutt-Trophy"

Turnier für Verbände, die nicht für das Olympische Eishockey-Turnier qualifiziert waren.

Die DDR-Auswahl belegte den 2. Platz in ihrer Vorrundengruppe und spielte damit um den 3. Platz.

VORRUNDE - GRUPPE B

619. - 20.03.1988 GDR - DEN 7:2 (1:1, 4:0, 2:1)
Tilburg, Pellikaanhal; Z: 200; SR; Bei Quido (CHN); LR: van Agtmael (NED), Trandafir (ROU)
Bielke (*Spantig n.e.*) - D. Frenzel (C), Lempio - Fengler, U. Geisert - Deutscher, O. Engelmann - Feller - H. Kuhnke, G. Hiller, Graul - Steinbock, Naster, S. Prusa - Hantschke, Hahn, Handrick - Bögelsack, Schertz
T: 1:1 (10:24) Handrick (---) / 2:1 (25:41) Steinbock (---) - 3:1 (27:54) Steinbock (---) - 4:1 (33:05) Graul (Lempio) - 5:1 (38:16) Steinbock (---) / 6:1 (40:42) Graul (---) - 7:1 (45:51) Handrick (---)
S: H. Kuhnke 2, Deutscher 2, Steinbock 2, Handrick 2, Hantschke 2, Graul 2

620. - 21.03.1988 GDR - YUG 6:1 (2:0, 2:1, 2:0)
Eindhoven, IJssportcentrum; Z: 150; SR; Stuiver (NED); LR: van der Meer (NED), Splinter (NED)
Spantig (*Bielke n.e.*) - D. Frenzel (C), Lempio - Fengler, U. Geisert - Deutscher, O. Engelmann - Feller - H. Kuhnke, G. Hiller, Graul - Steinbock, Naster, S. Prusa - Bögelsack, Hantschke, Handrick
T: 1:0 (06:42) Fengler (---) - 2:0 (09:53) H. Kuhnke (G. Hiller, Graul) / 3:1 (25:34) G. Hiller (---) - 4:1 (35:56) D. Frenzel (H. Kuhnke) / 5:1 (55:17) D. Frenzel (Lempio) - 6:1 (56:42) Graul (Lempio)
S: G. Hiller 6, Feller 4, S. Prusa 2, Bögelsack 2, Hantschke 2, Lempio 2, U. Geisert 2

621. - 23.03.1988 HUN - GDR 1:7 (0:3, 0:3, 1:1)
Tilburg, Pellikaanhal; Z: 100; SR; Šaravanja (YUG); LR: Popov (BUL), van der Meer (NED)
Bielke (*Spantig n.e.*) - D. Frenzel (C), Lempio - Fengler, U. Geisert - Hördler, Deutscher - Feller - H. Kuhnke, G. Hiller, Graul - Steinbock, Naster, S. Prusa - Hantschke, Hahn, Handrick - Bögelsack, Schertz
T: 0:1 (09:42) G. Hiller (Graul) - 0:2 (14:27) H. Kuhnke (---) - 0:3 (19:32) H. Kuhnke (Lempio) / 0:4 (33:47) Handrick (Hahn) - 0:5 (35:18) Fengler (Deutscher) - 0:6 (39:17) U. Geisert (Steinbock) / 0:7 (54:32) Graul (G. Hiller)
S: Lempio 2, G. Hiller 2, Naster 2, Deutscher 2

622. - 24.03.1988 ROU - GDR 0:6 (0:1, 0:3, 0:2)
Tilburg, Pellikaanhal; Z: 75; SR; Madsen (DEN); LR: Kapošvarec (YUG), Splinter (NED)
Spantig (*Bielke n.e.*) - D. Frenzel (C), Lempio - Fengler, U. Geisert - O. Engelmann, Deutscher - Feller - H. Kuhnke, G. Hiller, Graul - Steinbock, Naster, S. Prusa - Hantschke, Hahn, Handrick - Bögelsack, Schertz
T: 0:1 (06:35) G. Hiller (Graul) / 0:2 (21:46) Hahn (O. Engelmann) - 0:3 (31:07) D. Frenzel (Graul) - 0:4 (34:47) Hantschke (Hahn) / 0:5 (50:54.) Handrick (Hantschke) - 0:6 (55:10) Hahn (Hantschke)
S: Hahn 4, U. Geisert 2, G. Hiller 2, Handrick 2, S. Prusa 2, Teamstrafe 2 (? dafür auf der Strafbank)

623. - 26.03.1988 GDR - ITA 2:3 (0:1, 2:1, 0:1)
Tilburg, Pellikaanhal; Z: 500; SR; Madsen (DEN); LR: Splinter (NED), Tuinman (NED)
Bielke (*Spantig n.e.*) - D. Frenzel (C), Lempio - Fengler, U. Geisert - Deutscher, O. Engelmann - Feller, Hördler - H. Kuhnke, G. Hiller, Graul - Bögelsack, S. Prusa, Steinbock - Hantschke, Hahn, Handrick - Schertz
T: 1:1 (21:55) Handrick (---) - 2:1 (25:25) Fengler (Steinbock)
S: Lempio 6, Deutscher 4, O. Engelmann 2

SPIEL UM PLATZ 3

624. - 27.03.1988 NED - GDR 4:2 (3:1, 1:1, 0:0)
Tilburg, Pellikaanhal; Z: 700; SR; Madsen (DEN); LR: Popov (BUL), Grepl (YUG)
Bielke (*Spantig n.e.*) - D. Frenzel (C), Lempio - Fengler, U. Geisert - O. Engelmann, Deutscher - Feller - H. Kuhnke, G. Hiller, Graul - Steinbock, Naster, S. Prusa - Hantschke, Hahn, Handrick - Bögelsack, Schertz
T: 1:1 (05:19) Hantschke (Handrick) / 4:2 (39:55) Hahn (Deutscher)
S: Hantschke 4, H. Kuhnke 2, G. Hiller 2, Deutscher 2, Feller 2

1988/89

Internationales Turnier
Die DDR-Auswahl belegte Platz 2.

Spiele gegen die weiteren Teilnehmer: 06.12.1988 GDR - GDR (B) 7:2 (4:2, 2:0, 1:0) und 08.12.1988 GDR - Dynamo Riga (URS) 0:6 (0:4, 0:1, 0:1)

625. - 07.12.1988 GDR - POL 4:2 (2:2, 2:0, 0:0)
Berlin, Eishalle Sportforum Hohenschönhausen; Z: 1.900; SR: Gottwald (TCH); LR: ? (GDR), ? (GDR)
Bielke (B; T. Bresagk (W) n.e.) - O. Engelmann (W), Hanusch (W) - D. Frenzel (C - B), **Torsten Kienaß** (B) - Lempio (B), U. Geisert (B) - **Frank Liebert** (W), G. Vogel (W) - Gebauer (W), Hahn (W), Hantschke (W) - G. Hiller (B), Graul (B), Steinbock (B) - H. Domke (W), Ludwig (W), Feller (W) - Naster (B), S. Prusa (B), Schertz (B)
T: 1:0 (3.) O. Engelmann (?) - 2:1 (7.) H. Domke (?) / 3:2 (28.) H. Domke (?) - 4:2 (29.) Hahn (?)
S: keine Angaben
Lempio erreichte als elfter Spieler 200 Länderspiele.

Mont-Blanc-Turnier
Die DDR-Auswahl belegte Platz 2.

626. - 27.12.1988 FRA - GDR 1:5 (0:2, 1:2, 0:1)
Saint Gervais, Patinoire de Saint-Gervais; Z: 300; SR: ?; LR: ?, ?
Bielke (**Ralf Kößling** (B) n.e.) - D. Frenzel (C), Liebert - Ludwig, O. Engelmann - Lempio, U. Geisert - Graul, H. Kuhnke (B), Schertz - Feller, Hahn, Hantschke - G. Hiller, S. Prusa, Steinbock - H. Domke, Gebauer, Hanusch
T: 0:1 (3.) D. Frenzel (?) - 0:2 (7.) Hantschke (?) / ?:3 (24.) Graul (?) - ?:4 (30.) H. Domke (?) / 1:5 (59.) Ludwig (?)
S: keine Angaben

627. - 29.12.1988 GDR - NOR 1:7 (1:4, 0:1, 0:2)
Mégève, Palais des Sport; Z: 250; SR: Catelin (FRA); LR: ?, ?
Bielke (ab 41.* Kößling) - D. Frenzel (C), Liebert - Ludwig, O. Engelmann - Lempio, U. Geisert - Graul, H. Kuhnke, Schertz - Feller, Hahn, Hantschke - G. Hiller, S. Prusa, Steinbock - H. Domke, Gebauer, Hanusch
* *Zeitpunkt des Torwartwechsels nicht bestätigt*
T: 1:3 (10:31) H. Kuhnke (?)
S: 2 x 2 Minuten

30.12.1988 GDR - SUI (B) 3:1 (1:1, 0:0, 2:0)
Saint Gervais, Patinoire de Saint-Gervais; Z: 120; SR: Catelin (FRA); LR: Ollier (FRA), Brisepierre (FRA)
Bielke (Kößling n.e.) - D. Frenzel (C), Liebert - Ludwig, O. Engelmann - Lempio, U. Geisert - Graul, H. Kuhnke, Schertz - Feller, Hahn, Hantschke - G. Hiller, S. Prusa, Steinbock - H. Domke, Gebauer, Hanusch
T: 1:1 (20.) Steinbock (S. Prusa, Lempio) / 2:1 (43.) G. Hiller (---) - 3:1 (57.) Hantschke (---)
S: 3x2 Minuten

628. - 03.02.1989 SUI - GDR 4:2 (1:1, 2:0, 1:1)
Fribourg, Patinoire de Saint-Léonard; Z: 2.850; SR: Pfarrkirchner (AUT); LR: Ertl (AUT), Stadler (AUT)
Bielke (T. Bresagk n.e.) - O. Engelmann, Göbel (W) - D. Frenzel (C), Kienaß - Ludwig, Hanusch - Lempio, U. Geisert - Gebauer, Hahn, Hantschke - Graul, H. Kuhnke, Schertz - H. Domke, Feller, Bölke (W) - G. Hiller, Steinbock, Naster
T: 1:1 (11:11) H. Domke (Ludwig) / 4:2 (57:29) Hantschke (Göbel, Hahn)
S: Hanusch 4, Hantschke 2, Bölke 2, Kienaß 2, Graul 2

629. - 04.02.1989 SUI - GDR 9:2 (2:0, 4:1, 3:1)
Zürich, Hallenstadion; Z: 3.560; SR: Pfarrkirchner (AUT); LR: Häusle (AUT), Stadler (AUT)
T. Bresagk *(Bielke n.e.)* - O. Engelmann, Göbel - D. Frenzel (C), Kienaß - Ludwig, Hanusch - Lempio, U. Geisert - Gebauer, Hahn, Hantschke - H. Kuhnke, Graul, Schertz - H. Domke, Feller, Bölke - G. Hiller, Naster, Steinbock
T: 5:1 (36.) Gebauer (Hantschke, Ludwig) / 7:2 (44.) Steinbock (Graul)
S: 5 x 2 Minuten, davon Ludwig 2, Graul 2, Feller 2, G. Hiller 2

09.03.1989 GDR - TCH (A*) 4:2 (1:1, 1:1, 2:0)
* Armeeauswahl (in diesem und dem folgenden Spiel)
Weißwasser, Eisstadion „Wilhelm Pieck"; Z: ?; SR: ?; LR: ?
keine weiteren Angaben

10.03.1989 GDR - TCH (A*) 8:7 (3:3, 1:4, 4:0)
Weißwasser, Eisstadion „Wilhelm Pieck"; Z: ?; SR: ?; LR: ?
Kößling (T. Bresagk n.e.) - O. Engelmann - D. Frenzel (C), Deutscher (B) - Ludwig, Hanusch - Lempio - Hahn, Hantschke, F. Proske (B) - H. Domke, Feller, H. Kuhnke - G. Hiller, Radant (B), Steinbock
T: *1:0 (3.) Radant (?) - 2:1 (4.) Radant (?) - 3:2 (17.) Radant (?) / 4:3 (21.) Hantschke (?) / 5:7 (50.) Feller (?) - 6:7 (55.) Lempio (?) - 7:7 (56.) D. Frenzel (?) - 8:7 (59.) Hahn (?)*
S: *keine Angaben*

17.03.1989 GDR - POL (OL*) 5:3 (2:0, 2:1, 1:2)
* Oberligaauswahl (in diesem und dem folgenden Spiel)
Karl-Marx-Stadt, Eissporthalle „VIII. Parlament" Küchwald; Z: 2.500; SR: ?; LR: ?
T. Bresagk (Kößling n.e.) - D. Frenzel (C), Kienaß - O. Engelmann, Deutscher - Lempio, U. Geisert - Göbel, Hanusch - F. Proske, Radant, H. Kuhnke - Gebauer, Hahn, Hantschke - Handrick (W), Feller, H. Domke - G. Hiller, Ludwig, Steinbock - wahrscheinliche Aufstellung
T: *1:0 (1.) Deutscher (?) - 2:0 (16.) Hahn (?) / 3:1 (31.) Gebauer (?) - 4:1 (32.) Radant (?) / 5:2 (50.) G. Hiller (?)*
S: *keine Angaben*

' 18.03.1989 GDR - POL (OL*) 3:3 (1:2, 1:1, 1:0)
Berlin, Eishalle Sportforum Hohenschönhausen; Z: ?; SR: Plotka (GDR); LR: P. Prusa (GDR), Pfuhl (GDR)
Bielke (Kößling n.e.) - D. Frenzel (C), Kienaß - O. Engelmann, Deutscher - Lempio, U. Geisert - Göbel, Hanusch - F. Proske, Radant, H. Kuhnke - Gebauer, Hahn, Hantschke - Handrick, Feller, H. Domke - G. Hiller, Ludwig, Steinbock
T: *1:2 (20.) Handrick (---) / 2:2 (24.) H. Domke (Handrick) / 3:3 (57.) Radant (---)*
S: *keine Strafen*

Internationales Turnier in Weißwasser

> *Spiele gegen die weiteren Teilnehmer: 21.03.1989 GDR - GDR (B) 4:4 (1:0, 1:2, 2:2) und 22.03.1989 GDR - TJ Sparta ČKD Praha (TCH) 5:4. Die DDR-Auswahl belegte Platz 3 vor der zweiten DDR-Mannschaft.*

' 23.03.1989 GDR - TCH (U*) 3:4 (1:2, 0:2, 2:0)
* Nachwuchsauswahl u 21
Weißwasser, Eisstadion „Wilhelm Pieck"; Z: ?; SR: Blümel (GDR); LR: Slapke (GDR), Jo. Franke (GDR)
Bielke (Andre Engmann (W) n.e.) - D. Frenzel (C), Kienaß - O. Engelmann, Deutscher - Lempio, U. Geisert - Göbel, Hanusch - F. Proske, Radant, H. Kuhnke - Gebauer, Hahn, Hantschke - Handrick, Feller, H. Domke - G. Hiller, Steinbock
T: *1:1 (6.) Hantschke (Hahn) / 2:4 (50.) D. Frenzel (---) - 3:4 (52.) Gebauer (Göbel)*
S: *D. Frenzel 2, Handrick 2, Steinbock 2, H. Kuhnke 2, Hantschke 2, Göbel 2*

B-Weltmeisterschaft 1989

Die DDR-Auswahl belegte Platz 5.

630. - 30.03.1989 FRA - GDR 3:5 (1:2, 1:1, 1:2)
Lørenskog, Ishall; Z: 227; SR: Hansen (NOR); LR: Svarstad (NOR), Kølvig (DEN)
Bielke *(T. Bresagk n.e.)* - Göbel, O. Engelmann - Deutscher, D. Frenzel (C) - U. Geisert, Lempio - Hanusch - Hantschke, Hahn, Gebauer - H. Kuhnke, Radant, Handrick - Steinbock, Ludwig, G. Hiller - H. Domke, Feller
T: 0:1 (06:50) G. Hiller (Steinbock) - 1:2 (14:37) Ludwig (H. Kuhnke, Hahn) / 2:3 (32:41) Handrick (D. Frenzel) / 3:4 (45:30) Handrick (Radant) - 3:5 (58:44) Hahn (Göbel)
S: H. Kuhnke 2, D. Frenzel 2, Hahn 2, Göbel 2, Radant 2, G. Hiller 2, Deutscher 2

631. - 01.04.1989 GDR - AUT 4:0 (0:0, 2:0, 2:0)
Lillehammer, Kristins Hall; Z: 900; SR: Tyszkiewicz (POL); LR: Miszek (POL), Miyazaki (JPN)
Bielke (*T. Bresagk n.e.*) - Göbel, O. Engelmann - Deutscher, D. Frenzel (C) - U. Geisert, Lempio - Kienaß - Hantschke, Hahn, Gebauer - H. Kuhnke, Radant, Handrick - Feller, Ludwig, G. Hiller - H. Domke, F. Proske
T: 1:0 (21:42) Radant (---) - 2:0 (35:58) H. Kuhnke (Gebauer) / 3:0 (43:57) Gebauer (Hahn) - 4:0 (49:09) Feller (G. Hiller) - *G. Hiller vergab einen Penalty (36:53)*
S: U. Geisert 4, Gebauer 4, Hantschke 4, Ludwig 4, Handrick 2

632. - 02.04.1989 NOR - GDR 5:2 (1:1, 2:1, 2:0)
Lillehammer, Kristins Hall; Z: 3.761; SR: Gubernatov (URS); LR: Hausner (AUT), Kølvig (DEN)
Bielke (*T. Bresagk n.e.*) - Göbel, O. Engelmann - Deutscher, D. Frenzel (C) - U. Geisert, Lempio - Hanusch, Kienaß - Hantschke, Hahn, Gebauer - H. Domke, Radant, Handrick - Feller, Ludwig, G. Hiller - F. Proske
T: 1:1 (18:25) H. Domke (---) / 2:2 (28:34) Hantschke (Gebauer)
S: G. Hiller 2, Ludwig 2, H. Domke 2, O. Engelmann 2, Hahn 2, Lempio 2, D. Frenzel 2

633. - 04.04.1989 GDR - SUI 0:3 (0:2, 0:0, 0:1)
Lillehammer, Kristins Hall; Z: 1.885; SR: Hansen (NOR); LR: Jollimore (CAN), Svarstad (NOR)
Bielke (*T. Bresagk n.e.*) - Göbel, O. Engelmann - Deutscher, D. Frenzel (C) - U. Geisert, Lempio - Hantschke, Hahn, Gebauer - H. Kuhnke, Radant, Handrick - Steinbock, Ludwig, G. Hiller
S: Deutscher 4, U. Geisert 2, H. Kuhnke 2

634. - 06.04.1989 DEN - GDR 0:9 (0:3, 0:5, 0:1)
Lørenskog, Ishall; Z: 220; SR: Tyszkiewicz (POL); LR: Olsen (NOR), Miyazaki (JPN)
Bielke (ab 40:01 T. Bresagk) - O. Engelmann, Deutscher - D. Frenzel (C), Kienaß - Lempio, U. Geisert - Hanusch - Hantschke, Hahn, Gebauer - F. Proske, Radant, Handrick - Steinbock, Ludwig, G. Hiller - H. Domke, Feller
T: 0:1 (12:26) O. Engelmann (G. Hiller, Steinbock) - 0:2 (18:48) Steinbock (---) - 0:3 (19:38) Hantschke (---) / 0:4 (21:13) F. Proske (D. Frenzel) - 0:5 (26:50) Gebauer (Hantschke) - 0:6 (27:44) F. Proske (Handrick) - 0:7 (34:08) Hantschke (Gebauer, Hahn) - 0:8 (35:32) Steinbock (D. Frenzel) / 0:9 (42:11) Radant (Steinbock)
S: Kienaß 4, F. Proske 2, Hantschke 2, Handrick 2

635. - 08.04.1989 JPN - GDR 8:1 (2:1, 3:0, 3:0)
Oslo, Jordal Amfi Ishall, Z: 142; SR: Pfarrkirchner (AUT); LR: Marcon (FRA), Miszek (POL)
Bielke (*T. Bresagk n.e.*) - O. Engelmann, Hanusch - Lempio, U. Geisert - D. Frenzel (C), Kienaß - Deutscher - Hantschke, Hahn, Gebauer - Steinbock, Ludwig, G. Hiller - F. Proske, Radant, Handrick - H. Domke, Feller
T: 1:1 (10:15) G. Hiller (U. Geisert)
S: Hantschke 2, D. Frenzel 2, Kienaß 2

636. - 09.04.1989 GDR - ITA 1:10 (0:2, 0:3, 1:5)
Lørenskog, Ishall; Z: 285; SR: Hansen (NOR); LR: Kølvig (DEN), Marcon (FRA)
Bielke (ab 32:06 T. Bresagk) - O. Engelmann, Göbel - D. Frenzel (C), Lempio - Hanusch, Ludwig - Kienaß - Hantschke, Hahn, Gebauer - H. Kuhnke, Radant, G. Hiller - H. Domke, Feller, Handrick - Steinbock
T: 1:5 (42:19) Handrick (Steinbock)
S: Hanusch 6, Göbel 4, Hahn 2, H. Domke 2
D. Frenzel erreichte als zweiter Spieler 300 Länderspiele.

1989/90

Internationales Turnier
Die DDR-Auswahl belegte Platz 3.

> *Spiele gegen die weiteren Teilnehmer: 06.12.1989 GDR - GDR (B) 5:3 (2:0, 1:0, 2:3) und 08.12.1989 GDR - Dynamo Moskau (URS) 1:6 (0:1, 0:1, 1:4)*

637'. - 07.12.1989 GDR - AUT 2:3 (0:0, 0:1, 2:2)
Berlin, Eishalle Sportforum Hohenschönhausen; Z: 1.000; SR: Rejthar (TCH); LR: Prusa (GDR), Müller (GDR)
Bielke (B; *Kößling (B) n.e.*) - Ludwig (W), Göbel (W) - Kienaß (B), Lempio (B) - Deutscher (B), Liebert (W) - Gebauer (W), Hahn (W), Hantschke (C - W) - Graul (B), H. Kuhnke (B), Schertz (B) - Handrick (W), Radant (B), H. Domke (W) - G. Hiller (B), Feller (W), Steinbock (B)
T: 1:3 (49.) Feller (Handrick) - 2:3 (59.) Schertz (Graul)
S: Deutscher 4, Lempio 2, Hahn 2

638. - 13.12.1989 POL - GDR 6:1 (3:1, 2:0, 1:0)
Oświęcim, Hala Lodowa; Z: 2.000; SR: Zawadzki (POL); LR: Janus (POL), Rzezycha (POL)
Bielke (*Kößling n.e.*) - Ludwig, Göbel - Lempio, Kienaß - Deutscher, **Michael Bresagk** (W) - Gebauer, Hahn, Hantschke (C) - G. Hiller, Radant, H. Kuhnke - H. Domke, Handrick, Liebert - Schertz
T: 2:1 (14.) Hantschke (?)
S: 2 x 2 Minuten.
M. Bresagk war der 205. und letzte Spieler, der in der DDR-Auswahl zum Einsatz kam.

639. - 14.12.1989 POL - GDR 5:1 (2:1, 2:0, 1:0)
Katowice-Janów, Hala Jantor; Z: 800; SR: Zawadzki (POL); LR: Janus (POL), Miszek (POL)
Bielke (ab 41.* Kößling) - Ludwig, Göbel - Lempio, Kienaß - Deutscher, M. Bresagk - Gebauer, Hahn, Hantschke (C) - G. Hiller, Radant, H. Kuhnke - H. Domke, Liebert, Handrick - Schertz
* Zeitpunkt des Torwartwechsels nicht bestätigt
T: 0:1 (6.) Radant (?)
S: 7 x 2 Minuten

neuer Nationaltrainer Hartmut Nickel

640'. - 02.02.1990 ITA - GDR 3:2 (0:1, 2:0, 1:1)
Bolzano, Messehalle; Z: 1.000; SR: K. Korentschnig (AUT); LR: Gasser (ITA), R. Moschen (ITA)
Bielke (*T. Bresagk (W) n.e.*) - Ludwig, Göbel - Lempio, Kienaß - Deutscher, Perschau (B) - Hantschke (C), Hahn, Gebauer (ab ? Liebert) - Graul, H. Kuhnke, Schertz - Radant, O. Engelmann (W), Naster (W)
T: 0:1 (12:32) Hahn (Gebauer, Hantschke) / 2:2 (48:57) Hahn (Hantschke)
S: Deutscher 4, Perschau 2

641'. - 04.02.1990 ITA - GDR 6:6 (1:2, 4:2, 1:2)
Sëlva (dt. Wolkenstein), Eisstadion Pranives; Z: 1.250; SR: Korentschnig (AUT); LR: Pramstaller (ITA), Lonardi (ITA)
Bielke (*T. Bresagk n.e.*) - Ludwig, Göbel - Lempio, Kienaß - Deutscher, Perschau - Hantschke (C), Hahn, Liebert - Graul, H. Kuhnke, Schertz - O. Engelmann, Naster
T: 0:1 (09:40) H. Kuhnke (Schertz, Kienaß) - 0:2 (12:26) Deutscher (H. Kuhnke) / 3:3 (27:10) Hahn (Perschau, Hantschke) - 5:4 (35:28) Göbel (Hantschke) / 6:5 (47:53) Lempio (Schertz) - 6:6 (49:01) Naster (Ludwig)
S: Lempio 4, Göbel 2

Am 21.03.1990 wurde die Eishockeyabteilung des SC Dynamo Berlin als EHC Dynamo Berlin eigenständig.

25.03.1990 FRG (O*) - GDR 3:1 (1:0, 0:1, 2:0)
* Auswahl gebildet mit Spielern, aus Vereinen, die in der Bundesliga Saison 1989/90 die Plätze 5-10 belegten (in diesem und dem folgenden Spiel)
Bad Tölz, Eissporthalle an der Peter-Freisl-Straße; Z: 2.500; SR: Häusle (AUT); LR: ?
T. Bresagk (Bielke n.e.) - O. Engelmann, Göbel - Lempio, Kienaß - Ludwig, G. Vogel (W) - Gebauer, Hahn, Hantschke (C) - Graul, H. Kuhnke, Radant - H. Domke, Handrick, Liebert - Schertz
T: 1:1 (24.) Gebauer (Hahn, Göbel)
S: 3x2 Minuten

26.03.1990 FRG (O*) - GDR (A) 6:4 (1:0, 1:1, 4:3)
Füssen, BLZ-Arena; Z: 500; SR: Häusle (AUT); LR: ?
Bielke (T. Bresagk n.e.) - O. Engelmann, Göbel - Lempio, Kienaß - Ludwig, G. Vogel - Gebauer, Hahn, Hantschke (C) - Graul, H. Kuhnke, Radant - H. Domke, Handrick, Liebert - Schertz
T: 1:1 (23.) Hahn (Hantschke) / 2:2 (42.) Hantschke (Gebauer) - 4:3 (51.) Liebert (Handrick) - 6:4 (60.) Graul (---)
S: 3x2 Minuten

B-Weltmeisterschaft 1990
Die DDR-Auswahl belegte Platz 5.

642. - 29.03.1990 SUI - GDR 2:2 (1:0, 1:0, 0:2)
Mégève, Palais de Glaces; Z: 525; SR: Stuiver (NED); LR: Häusle (AUT), Lundström (SWE)
Bielke (*T. Bresagk n.e.*) - O. Engelmann, Göbel - Lempio, Kienaß - Ludwig, G. Vogel - Hantschke (C), Hahn, Gebauer - H. Domke, Liebert, Handrick - Graul, H. Kuhnke, Schertz - Radant
T: 2:1 (46:59) Ludwig (Graul) - 2:2 (50:13) Handrick (H. Domke, Radant)
S: H. Kuhnke 4, G. Vogel 2, Handrick 2, H. Domke 2, Göbel 2

643. - 31.03.1990 FRA - GDR 3:2 (2:0, 0:2, 1:0)
Lyon, Patinoire Charlemagne; Z: 1.535; SR: Björkman (SWE); LR: Lundström (SWE), Gasser (ITA)
Bielke (*T. Bresagk n.e.*) - O. Engelmann, Göbel - Lempio, Kienaß - Ludwig, G. Vogel - Hantschke (C), Hahn, Gebauer - Graul, H. Kuhnke, Schertz - Radant, Handrick, H. Domke
T: 2:1 (25:18) H. Kuhnke (---) - 2:2 (39:41) Hantschke (Ludwig)
S: H. Domke 4, Göbel 2, Bielke 2 (? dafür auf der Strafbank)
Ludwig erreichte als vierzigster Spieler 100 Länderspiele.

644. - 01.04.1990 ITA - GDR 6:3 (3:2, 1:1, 2:0)
Lyon, Patinoire Charlemagne; Z: 365; SR: Jokela (FIN); LR: Furmánek (TCH), Furukawa (JPN)
Bielke (*T. Bresagk n.e.*) - O. Engelmann, Göbel - Lempio, Kienaß - Deutscher, Perschau - Ludwig - Hantschke (C), Hahn, Handrick - Naster, Radant, F. Proske (B) - H. Domke, H. Kuhnke, Schertz
T: 0:1 (04:37) Göbel (Hantschke) - 3:2 (16:16) F. Proske (Perschau) / 4:3 (34:45) Naster (Perschau)
S: H. Kuhnke 2, Naster 2, Deutscher 2, Handrick 2

645. - 03.04.1990 GDR - POL 1:1 (0:0, 0:1, 1:0)
Lyon, Patinoire Charlemagne; Z: 222; SR: Björkman (SWE); LR: Stadler (SUI), Häusle (AUT)
Bielke (*T. Bresagk n.e.*) - O. Engelmann, Göbel - Ludwig, Kienaß - Deutscher; Perschau - Hantschke (C), Hahn, Handrick - Naster, Radant, F. Proske - Graul, H. Kuhnke, Schertz
T: 1:1 (51:32) Schertz (Göbel, Graul)
S: Hantschke 2

646. - 05.04.1990 NED - GDR 3:6 (0:4, 1:2, 2:0)
Lyon, Patinoire Charlemagne; Z: 322; SR: Zadwadzki (POL); LR: Gasser (ITA), Stadler (SUI)
Bielke (*T. Bresagk n.e.*) - O. Engelmann, Göbel - Deutscher, Perschau - Ludwig, Kienaß - G. Vogel - Hantschke (C), Hahn, Handrick - Naster, Radant, F. Proske - Graul, H. Kuhnke, Scherz
T: 0:1 (06:46) O. Engelmann (Hantschke, Handrick) - 0:2 (15:54) Hantschke (Hahn) - 0:3 (17:30) Graul (Deutscher) - 0:4 (18:12) Handrick (O. Engelmann) / 0:5 (24:44) G. Vogel (H. Kuhnke) - 1:6 (39:43) Radant (Naster, F. Proske)
S: Deutscher 6, O. Engelmann 5, Ludwig 2, G. Vogel 2, Schertz 2, Naster 2, Göbel 2
Bielke erreichte als einundvierzigster Spieler 100 Länderspiele.

647. - 06.04.1990 JPN - GDR 1:6 (0:3, 1:2, 0:1)
Lyon, Patinoire Charlemagne; Z: 190; SR: Stuiver (NED); LR: Gasser (ITA), Wieckowski (POL)
Bielke (*T. Bresagk n.e.*) - O. Engelmann, Göbel - Deutscher, Perschau - Lempio, Ludwig - Hantschke (C), Hahn, Gebauer - Naster, Radant, F. Proske - Schertz, H. Kuhnke, Handrick
T: 0:1 (00:25) Hantschke (Gebauer, O. Engelmann) - 0:2 (17:01) Hahn (Hantschke) - 0:3 (19:38) Perschau (Radant, F. Proske) / 1:4 (29:51) F. Proske (Bielke) - 1:5 (35:59) Perschau (F. Proske, Naster) / 1:6 (42:01) H. Kuhnke (Ludwig)
S: Hantschke 2, H. Kuhnke 2, F. Proske 2, Deutscher 2, O. Engelmann 2, Handrick 2, Teamstrafe (dafür H. Kuhnke auf der Strafbank)

648. - 08.04.1990 GDR - AUT 2:3 (0:0, 1:1, 1:2)
Mégève, Palais de Glaces; Z: 350; SR: Stuiver (NED); LR: Ollier (FRA), Ranzoni (FRA)
Bielke (59:31 out; *T. Bresagk n.e.*) - O. Engelmann, Göbel - Deutscher, G. Vogel - Lempio, Ludwig - Hantschke (C), Hahn, Gebauer - Naster, Radant, F. Proske - Graul, H. Kuhnke, Handrick - Graul
T: 1:0 (34:13) Gebauer (Hantschke, Hahn) - 2:3 (59:14) Schertz (H. Kuhnke)
S: Lempio 2, O. Engelmann 2, Hantschke 2

Am 15.09.1990 trat der Deutsche Eishockey-Verband der DDR (gegründet am 12.04.1990) dem DEB bei. Zuvor hatte der DDR-Verband zum 31.08.1990 seine Mitgliedschaft in der IIHF beendet.

Nationalspieler der DDR 1951 - 1990 von A bis Z

	Spieler	Verein	P	Zeitraum	Einsatz/Tor
1.	Ackermann Werner	BSG Fortschritt Crimmitschau	S	02.05.-19.08.51	4/0
2.	Bachmann Peter	ASK Vorwärts Crimmitschau	S	04.10.-08.12.68	4/0
3.	Balzer Henry	SG Dynamo Weißwasser	S	16.11.77-29.11.86	14/5
4.	Bartell Fred	SG Dynamo Weißwasser	S	01.11.79-29.03.84	48/20
5.	Beuthner Wolfgang	SC Dynamo Berlin	S	15.11.77-01.02.81	5/5
6.	Bielas Rolf	SG Dynamo Weißwasser	S	04.10.68-12.12.81	239/132
7.	Bielke René (DEB)		T	26.11.80-08.04.90	110/0 (V=8)
		SC Dynamo Berlin		26.11.80-04.02.90	103/0
		EHC Dynamo Berlin		29.03.-08.04.90	7/0

Nr.	Name	Verein		Zeitraum	Spiele/Tore
8.	Birnstein Thomas	ASK Vorwärts Crimmitschau	S	02.01.-28.01.70	4/1
9.	Blümel Wolfgang		S	28.01.51-12.12.59	56/36
		BSG Ostglas Weißwasser		28.01.1951	1/1
		BSG Chemie Weißwasser		15.04.51-06.04.53	8/6
		SG Dynamo Weißwasser		29.10.53-12.12.59	47/29
10.	Bögelsack Friedhelm „Fiete"	SC Dynamo Berlin	S	30.11.74-27.03.88	191/71
11.	Bölke Harald	SG Dynamo Weißwasser	S	01.11.81-04.02.89	59/12
12.	Borsutzki Helmut (R)	SC Einheit Berlin	S	16.11.55-14.01.56	4/3
13.	Braun Erhard	ASK Vorwärts Crimmitschau	S	30.09.63-16.04.67	40/7
14.	Braun Frank		S	16.12.67-01.05.83	268/63
	jüngerer Bruder von Erhard	ASK Vorwärts Crimmitschau		16.12.67-29.03.70	49/2
		SG Dynamo Weißwasser		05.03.71-01.05.83	219/61
15.	Breitschuh Jürgen	SC Dynamo Berlin	S	05.10.70-12.12.81	104/40
16.	Bresagk Michael (DEB)	SG Dynamo Weißwasser	S	13.12.-14.12.89	2/0
	jüngerer Bruder von Thomas				
17.	Bresagk Thomas	SG Dynamo Weißwasser	T	13.11.85-09.04.89	16/0 (V=1)
18.	Buder Manfred	SG Dynamo Weißwasser	S	20.03.55-28.01.70	201/68
19.	Budich Horst	SG Dynamo Weißwasser	S	09.03.-15.03.60	2/0
20.	Däsler Frank	SG Dynamo Weißwasser	S	20.11.-22.12.77	3/1
21.	Deutscher Torsten (DEB-B)		S	28.02.86-08.04.90	40/1
		SC Dynamo Berlin		28.02.86-04.02.90	35/1
		EHC Dynamo Berlin		01.04.-08.04.90	5/0
22.	Dewitz Dieter		S	26.09.64-01.02.74	40/1
		TSC Berlin		26.09.64-24.03.70	23/1
		SC Dynamo Berlin		25.09.72-01.02.74	17/0
23.	Dietz Gerhard	BSG Turbine Crimmitschau	S	01.11.53-10.02.54	3/0
24.	Domke Henry	SG Dynamo Weißwasser	S	29.02.84-01.04.90	32/11
	Sohn von Werner				
25.	Domke Werner	SG Dynamo Weißwasser	S	26.09.1964	1/0
26.	Domko Peter	SG Dynamo Weißwasser	S	05.10.68-31.03.73	18/2
27.	Engelmann Bernd	SG Dynamo Weißwasser	S	31.10.70-22.12.77	39/6
28.	Engelmann Olf	SG Dynamo Weißwasser	S	01.02.84-08.04.90	35/3
29.	Engelmann Werner	SG Dynamo Weißwasser	S	09.03.60-22.11.64	12/0
	Vater von Olf und Cousin von Bernd				
inoff.	*Engmann Andre*	*SG Dynamo Weißwasser*	*T*	*23.03.89*	*1/0*
inoff.	*Fabian Heinz*	*SG Dynamo Weißwasser*	*S*	*01.01.70*	*1/0*
30.	Felber Harald	SC Dynamo Berlin	S	21.10.70-27.03.77	70/19
31.	Feller Jens	SG Dynamo Weißwasser	S	05.12.87-07.12.89	25/5
32.	Fengler Reinhardt	SC Dynamo Berlin	S	30.11.74-27.03.88	251/48
33.	Fischer Wolfgang	SG Dynamo Weißwasser	T	05.03.71-18.12.75	61/0 (V=5)
34.	Franke Joachim	SG Dynamo Weißwasser	S	15.12.58-16.04.67	114/22
35.	Franke Jürgen	SG Dynamo Weißwasser	S	28.11.75-07.04.86	110/41
36.	Franke Peter	SG Dynamo Weißwasser	S	16.11.77-29.11.86	24/7
37.	Frenzel Dieter	SC Dynamo Berlin	S	27.11.73-09.04.89	300/88
38.	Frenzel Hans „Hanne"		S	25.12.51-12.12.59	61/25
	Vater von Dieter	SG Deutsche Volkspolizei Berlin		25.12.51-25.12.52	7/1
		SV Dynamo Berlin		05.04.-06.04.53	2/0
		SG Dynamo Weißwasser		29.10.53-05.03.57	29/15
		SC Dynamo Berlin		06.12.57-12.12.59	23/9
39.	Fuchs Lothar		S	30.09.63-28.03.70	124/45
		ASK Vorwärts Crimmitschau		30.09.63-17.02.68	78/22
		SC Turbine Erfurt		04.10.68-28.03.70	46/23
40.	Gebauer Andreas	SG Dynamo Weißwasser	S	22.12.84-08.04.90	52/13
41.	Geisert Jürgen	SC Dynamo Berlin	S	25.09.72-19.11.77	5/0
	älterer Bruder von Uwe				
42.	Geisert Uwe	SC Dynamo Berlin	S	13.12.80-08.04.90	80/9
43.	Göbel Tom	SG Dynamo Weißwasser	S	08.01.85-08.04.90	35/4
44.	Graul Thomas		S	25.10.80-08.04.90	147/40
		SC Dynamo Berlin		25.10.80-04.02.90	142/39
		EHC Dynamo Berlin		29.03.-08.04.90	5/1
45.	Greiner Dieter „Bobby"	SG Dynamo Weißwasser	S	05.03.59-15.03.60	9/0
46.	Grimm Harald	BSG Textil Pleißengrund Crimmitschau	S	28.01.1951	1/0
47.	Grimm Siegfried		S	09.03.60-17.03.61	16/3
		ASK Vorwärts Berlin		09.03.-15.03.60	2/1
		ASK Vorwärts Crimmitschau		07.10.60-17.03.61	14/2

48.	Großmann Stephan	SC Dynamo Berlin	S	30.11.1984	1/0
49.	Hahn Hubert	SG Dynamo Weißwasser	S	25.11.80-08.04.90	63/17
50.	Handrick Jörg (DEB)	SG Dynamo Weißwasser	S	07.04.86-08.04.90	34/13
51.	Hantschke Ralf (DEB)	SG Dynamo Weißwasser	S	16.10.84-08.04.90	78/33
52.	Hanusch Torsten	SG Dynamo Weißwasser	S	05.12.87-09.04.89	14/0
53.	Hebler Harald	TSC Berlin	S	27.01.-28.01.70	2/0
54.	Heinicke Günther	SC Wismut Karl-Marx-Stadt	S	05.03.59-23.12.61	17/0
55.	Heinicke Heinz „Syrup"		S	28.01.51-29.12.56	29/5
	Cousin von Günther und	SG Frankenhausen		28.01.-19.08.51	9/0
	*Werne*r	BSG Wismut Erz Frankenhausen		25.12.51-06.04.53	11/5
		SC Wismut Karl-Marx-Stadt		16.11.55-29.12.56	9/0
56.	Heinicke Werner		S	27.02.53-11.10.59	44/5
	älterer Bruder von Günther	BSG Wismut Erz Frankenhausen		27.02.53-10.02.54	5/0
		SC Wismut Karl-Marx-Stadt		20.03.55-11.10.59	39/5
57.	Heinrich Andreas	SG Dynamo Weißwasser	S	25.11.80-29.03.81	12/1
58.	Heinze Horst	SG Dynamo Weißwasser	S	28.12.56-08.12.63	59/4
59.	Herzig Peter	SG Dynamo Weißwasser	S	06.09.75-08.12.76	11/2
60.	Herzig Roland		T	05.02.72-16.03.80	77/0 (V=2)
	Bruder von Peter	SG Dynamo Weißwasser		05.02.72-29.03.72	5/0
		SC Dynamo Berlin		01.12.74-19.03.75	6/0
		SG Dynamo Weißwasser		07.09.75-16.03.80	66/0
61.	Heyer Werner	BSG Empor Berlin	S	28.01.-08.05.51	6/0
62.	Hiller Bernd	SC Dynamo Berlin	S	07.10.60-01.11.70	153/56
	Vater von Guido				
63.	Hiller Guido (DEB)	SC Dynamo Berlin	S	24.11.87-14.12.89	78/26
64.	Hirche Klaus	SG Dynamo Weißwasser	T	21.03.58-01.11.70	117/0 (V=6)
65.	Hönig Herbert		S	08.02.54-11.01.59	14/1
		BSG Wismut Erz Frankenhausen		08.02.-10.02.54	2/0
		SC Wismut Karl-Marx-Stadt		20.03.55-11.01.59	12/1
66.	Hördler Jochen	SG Dynamo Weißwasser	S	25.11.80-26.03.88	25/4
	Vater von Frank (DEB)				
67.	Hoffmann Uwe	SG Dynamo Weißwasser	T	16.11.77-29.03.84	25/0 (V=1)
68.	Holler Bernd	SG Dynamo Weißwasser	T	25.11.1980	1/0
69.	Hülsberg Karl (R)	BSG Motor Treptow	S	08.02.-10.02.54	2/0
70.	Hurbanek Hans-Joachim	SC Dynamo Berlin	T	07.03.71-16.04.74	37/0 (V=3)
71.	Huschto Dieter	SG Dynamo Weißwasser	S	08.04.66-19.04.74	72/14
72.	Jablonski Kurt (R) (DEB)		S	30.04.51-05.03.57	36/19
		BSG Einheit Berliner Bär		30.04.51-06.04.53	12/7
		SC Einheit Berlin		20.03.55-05.03.57	24/12
73.	Janke Dieter	SC Dynamo Berlin	S	21.10.70-05.11.72	9/5
74.	Johne Hans-Jürgen	SG Dynamo Weißwasser	S	21.03.1958	1/0
75.	Jonack Werner		T	28.01.51-05.04.53	18/0 (V=3)
		BSG Textil Pleißengrund Crimmitschau		28.01.1951	1/0
		BSG Fortschritt Crimmitschau		15.04.-30.12.51	11/0
		BSG Wismut Erz Frankenhausen		09.11.52-05.04.53	6/0
76.	Jurk Lothar	SG Dynamo Weißwasser	S	15.12.-16.12.79	2/0
77.	Karger Reinhard		S	18.11.69-19.04.74	66/23
		SC Turbine Erfurt		18.11.69-25.03.70	14/3
		SG Dynamo Weißwasser		05.10.70-19.04.74	52/20
78.	Karrenbauer Bernd	SC Dynamo Berlin	S	13.11.64-01.12.74	192/49
79.	Karsch Torsten	SG Dynamo Weißwasser	S	13.12.85-03.04.87	11/1
80.	Katzur Günther (R) (DEB)		T	08.02.54-15.03.60	34/0 (V=4)
		BSG Motor Treptow		08.02.-10.02.54	2/0
		SG Dynamo Weißwasser		20.03.55-22.03.58	27/0
		SC Dynamo Berlin		06.03.59-15.03.60	5/0
81.	Kienaß Torsten (DEB)		S	07.12.88-05.04.90	18/0
		SC Dynamo Berlin		07.12.88-04.02.90	13/0
		EHC Dynamo Berlin		29.03.-05.04.90	5/0
82.	Kießling Gerhard (R)		S	28.01.51-06.04.53	17/5
	Vater von Udo (DEB)	SG Frankenhausen		28.01.-19.08.51	9/1
		BSG Wismut Erz Frankenhausen		28.09.52-06.04.53	8/4
83.	Kindermann Walter	SC Wismut Karl-Marx-Stadt	T	05.03.-22.11.59	9/0 (V=2)
84.	Kinzel Dieter	SG Dynamo Weißwasser	S	26.11.80-09.01.85	21/7
85.	Klügel Gerhardt	SC Dynamo Berlin	S	14.12.58-03.11.63	45/11
86.	Koch Hans-Joachim	SG Dynamo Weißwasser	T	04.10.68-06.03.69	8/0

87.	Köllner Olaf	SG Dynamo Weißwasser	S	26.11.1980	1/0
88.	Kößling Ralf	SC Dynamo Berlin	T	29.12.88-14.12.89	2/0
89.	Kolbe Peter		T	21.11.59-27.01.70	98/0 (V=3)
		ASK Vorwärts Berlin		21.11.-12.12.59	3/0
		ASK Vorwärts Crimmitschau		07.10.60-27.01.70	95/0
90.	Kossmann Jochen (R)	BSG Empor Berlin	S	06.05.1951	1/0
	Bruder von Johannes und Reiner				
91.	Kossmann Johannes (R)	BSG Einheit Berliner Bär	S	30.04.-19.08.51	6/1
92.	Kossmann Reiner (R) (DEB)	BSG Empor Berlin	S	15.04.-06.05.51	5/2
93.	Kraske Wolfgang	SC Dynamo Berlin	T	26.10.75-13.05.78	44/0 (V=4)
94.	Kratzsch Dieter		S	07.10.59-17.02.68	107/20
		SC Wismut Karl-Marx-Stadt		07.10.59-23.12.61	22/4
		ASK Vorwärts Crimmitschau		07.11.62-17.02.68	85/16
95.	Kuczera Heinz	SG Dynamo Weißwasser	S	11.12.55-26.09.64	88/9
96.	Künstler Manfred	TSC Berlin	S	22.11.64-08.04.66	5/1
97.	Künstler Werner		S	08.02.54-21.11.64	48/13
	älterer Bruder von Manfred	BSG Einheit Berliner Bär		08.02.-10.02.54	2/0
		SC Einheit Berlin		20.03.55-22.03.58	26/7
		SC Dynamo Berlin		05.03.59-21.11.64	20/6
98.	Kuhnke Alfred	SC Einheit Berlin	T	02.11.56-08.12.57	3/0 (V=1)
99.	Kuhnke Harald		S	07.11.78-08.04.90	184/68
	Sohn von Alfred	SC Dynamo Berlin		07.11.78-04.02.90	177/66
		EHC Dynamo Berlin		29.03.-08.04.90	7/2
100.	Lachmann Heinz		S	26.04.51-01.11.53	11/0
		BSG Chemie Weißwasser		26.04.51-27.02.53	9/0
		SG Dynamo Weißwasser		29.10.-01.11.53	2/0
101.	Laufer Heinz	BSG Empor Berlin	T	06.05.1951	1/0 (=V)
102.	Lehnigk Peter		S	29.12.56-10.10.59	3/0
		SG Dynamo Weißwasser		29.12.56-21.03.58	2/0
		SC Dynamo Berlin		10.10.1959	1/0
inoff.	*Leinhos Walter*	*SC Turbine Erfurt*	*S*	*01.01.70*	*1/0*
103.	Lempio Joachim		S	22.11.76-08.04.90	221/22
		SC Dynamo Berlin		22.11.76-04.02.90	216/22
		EHC Dynamo Berlin		29.03.-08.04.90	5/0
104.	Liebert Frank	SG Dynamo Weißwasser	S	07.12.88-29.03.90	9/0
105.	Limmer Manfred		S	28.01.-19.08.51	6/0
		BSG Textil Pleißengrund Crimmitschau		28.01.1951	1/0
		BSG Fortschritt Crimmitschau		22.4.-19.08.51	5/0
106.	Löggow Karl-Heinz (R) (DEB)		S	08.02.54-15.12.56	11/2
		BSG Motor Treptow		08.02.-10.02.54	2/0
		SC Motor Berlin		20.03.55-15.12.56	9/2
107.	Ludwig Andreas	SG Dynamo Weißwasser	S	10.11.81-08.04.90	105/26
108.	Mack Hans „Eipe"		T	28.01.51-04.03.57	28/0 (V=8)
		BSG Ostglas Weißwasser		28.01.1951	1/0
		BSG Chemie Weißwasser		15.04.51-11.11.52	13/0
		SG Dynamo Weißwasser		29.10.53-04.03.57	14/0
109.	Mälzer Ernst		S	25.12.51-20.01.58	9/0
	Vater von Frank	BSG Wismut Erz Frankenhausen		25.12.51-01.11.53	6/0
		SC Wismut Karl-Marx-Stadt		28.12.-29.12.56	2/0
		TSC Oberschöneweide		20.01.1958	1/0
110.	Mälzer Frank		S	02.01.70-06.02.72	4/0
		ASK Vorwärts Crimmitschau		02.01.-03.01.70	2/0
		SG Dynamo Weißwasser		05.02.-06.02.72	2/0
111.	Mann Paul		S	28.01.51-06.04.53	20/6
		BSG Ostglas Weißwasser		28.01.1951	1/0
		BSG Chemie Weißwasser		22.04.51-06.04.53	19/6
112.	Mann Rainer	SG Dynamo Weißwasser	S	05.10.68-06.02.72	12/1
113.	Mann Siegfried		S	28.01.51-10.02.54	20/1
	Vater von Rainer und	BSG Ostglas Weißwasser		28.01.1951	1/1
	älterer Bruder von Paul,	BSG Chemie Weißwasser		15.04.51-06.04.53	15/0
	Großvater von Stefan (DEB)	SG Dynamo Weißwasser		29.10.53-10.02.54	4/0
114.	Mark Detlev	SG Dynamo Weißwasser	S	14.03.76-07.04.86	98/10
115.	Meisel Knut-Michael		S	16.12.67-21.12.71	15/4
		SC Turbine Erfurt		16.12.67-28.01.70	4/1
		SG Dynamo Weißwasser		05.03.-21.12.71	11/3

116.	Möller Frank	SC Dynamo Berlin	S	14.12.1980	1/0
117.	Mucha Wolfgang	SG Dynamo Weißwasser	S	08.09.67-20.11.77	9/1
118.	Müller Gerhard	SC Dynamo Berlin	S	05.12.73-01.05.83	193/72
119.	Mützel Jochen (R)		S	08.02.54-11.12.55	10/0
		BSG Einheit Berliner Bär		08.02.-10.02.54	2/0
		SC Einheit Berlin		20.03.55-11.12.55	8/0
120.	Naster Mario (DEB-A/B)		S	30.11.84-08.04.90	38/3
		SC Dynamo Berlin		30.11.84-04.02.90	33/2
		EHC Dynamo Berlin		01.04.-08.04.90	5/1
121.	Nickel Hartmut	SC Dynamo Berlin	S	22.11.65-17.04.74	125/53
122.	Nickel Wolfgang		S	25.12.51-22.03.58	39/13
		BSG Chemie Weißwasser		25.12.51-06.04.53	11/2
		SG Dynamo Weißwasser		29.10.53-22.03.58	28/11
123.	Nitz Rolf	SC Dynamo Berlin	S	25.11.80-22.12.85	24/1
124.	Noack Rüdiger „Riedel"	SG Dynamo Weißwasser	S	29.09.63-27.03.77	237/80
125.	Noack Ulrich	SG Dynamo Weißwasser	S	26.09.64-10.02.68	36/5
126.	Novy Erich	SG Dynamo Weißwasser	S	14.01.56-08.04.66	124/32
	älterer Bruder von Helmut				
127.	Novy Helmut	SG Dynamo Weißwasser	S	08.11.61-13.12.73	198/50
128.	Olbrich Bernd	SG Dynamo Weißwasser	S	14.03.75-25.10.75	5/2
129.	Pätzold Rudolf	SG Frankenhausen	T	30.04.-06.05.51	2/0
130.	Patschinski Rainer		S	04.10.68-16.03.80	238/118
		TSC Berlin		04.10.68-29.03.70	41/15
		SC Dynamo Berlin		05.10.70-16.03.80	197/103
131.	Perschau Dirk (DEB-B)		S	21.12.85-06.04.90	12/2
		SC Dynamo Berlin		21.12.85-04.02.90	8/0
		EHC Dynamo Berlin		01.04.-06.04.90	4/2
132.	Peschke Frank	SG Dynamo Weißwasser	S	27.02.1988	1/0
133.	Peters Dietmar		S	29.12.66-29.03.86	316/85
	älterer Bruder von Roland	SC Empor Rostock		29.12.66-29.03.70	62/17
		SC Dynamo Berlin		05.10.70-29.03.86	254/68
134.	Peters Roland	SC Dynamo Berlin	S	05.03.71-02.04.87	279/55
135.	Pfuhl Michael	SC Dynamo Berlin	T	15.11.1977	1/0 (V=1)
136.	Philipp Jochen	SG Dynamo Weißwasser	S	06.03.73-01.12.74	14/1
137.	Philipp Siegfried	SC Wismut Karl-Marx-Stadt	S	16.04.-23.04.55	4/0
138.	Plotka Wolfgang	SC Dynamo Berlin	S	07.10.60-31.10.70	150/19 (V=1)
139.	Pöhland Heinz	SC Dynamo Berlin	S	05.02.72-13.04.78	31/5
140.	Poindl Bernd	SG Dynamo Weißwasser	S	07.10.60-17.02.68	111/13
141.	Proske Andreas	SC Dynamo Berlin	S	25.11.80-09.01.85	14/3
142.	Proske Frank		S	19.11.77-08.04.90	186/65
	älterer Bruder von Andreas	SC Dynamo Berlin		19.11.77-08.04.89	181/63
		EHC Dynamo Berlin		01.04.-08.04.90	5/2
143.	Prusa Peter	SC Dynamo Berlin	S	09.09.65-17.04.74	156/45
	Vater von Sven				
144.	Prusa Sven (DEB)	SC Dynamo Berlin	S	05.12.87-29.12.88	15/2
145.	Pürschel Dieter	SC Dynamo Berlin	T	22.11.64-31.10.70	37/0
146.	Radant Detlef		S	09.11.77-08.04.90	185/99
		SC Dynamo Berlin		09.11.77-02.02.90	178/98
		EHC Dynamo Berlin		29.03.-08.04.90	7/1
147.	Rehfeld Wolfgang	BSG Einheit Süd Dresden	S	30.04.-08.05.51	2/0
148.	Riedel Rolf „Rolle"	ASK Vorwärts Crimmitschau	S	07.12.68-03.01.70	20/8
149.	Röhl Dieter	ASK Vorwärts Crimmitschau	S	13.11.64-29.03.70	49/5
150.	Rohrbach Wilfried	SC Dynamo Berlin	S	06.09.67-28.03.70	24/6
151.	Rudert Hans-Joachim		S	26.12.51-09.12.59	50/8
		BSG Wismut Erz Frankenhausen		26.12.51-10.02.54	13/3
		SC Wismut Karl-Marx-Stadt		20.03.55-09.12.59	37/5
152.	Schaberg Norbert	SC Dynamo Berlin	S	13.12.-14.12.80	2/0
153.	Schertz Jan (DEB-A/B)		S	06.02.88-08.04.90	25/4
		SC Dynamo Berlin		06.02.88-04.02.90	18/2
		EHC Dynamo Berlin		29.03.-08.04.90	7/2
154.	Schiemann Uwe	SG Dynamo Weißwasser	T	05.12.76-16.12.79	3/0
155.	Schildan Heinz	SG Dynamo Weißwasser	S	24.02.61-07.09.66	62/2
156.	Schiller Hans-Jürgen	SG Dynamo Weißwasser	S	06.03.-02.04.72	6/3
157.	Schindler Herbert (R)		S	28.01.51-01.01.52	14/2
		BSG Ostglas Weißwasser		28.01.1951	1/0

		BSG Chemie Weißwasser		15.04.51-01.01.52	13/2
158.	Schischefsky Günter		S	28.01.51-12.12.59	64/18
		BSG KWU Dresden		28.01.1951	1/0
		BSG Einheit Süd Dresden		15.04.-08.05.51	6/1
		BSG Chemie Weißwasser		16.08.51-06.04.53	14/7
		SG Dynamo Weißwasser		29.10.53-12.12.59	43/10
159.	Schmeißer Egon	SC Dynamo Berlin	T	19.11.77-26.02.88	73/0 (V=18)
inoff.	*Schmidt Frank*	*SC Turbine Erfurt*	*S*	*01.01.70*	*1/0*
160.	Schmidt Hans	SC Dynamo Berlin	S	04.09.69-27.03.72	39/6
161.	Schmidt Manfred	ASK Vorwärts Crimmitschau	S	02.01.-28.01.70	4/0
162.	Schmiedel Werner		S	15.04.51-10.02.54	19/1 (V=1)
		SG Frankenhausen		15.04.-19.08.51	7/0
		BSG Wismut Erz Frankenhausen		25.12.51-10.02.54	12/1
163.	Schmieder Rudolf (R)	BSG Wismut Erz Frankenhausen	S	28.09.1952	1/0
164.	Schmutzler Jürgen	SC Dynamo Berlin	S	16.12.62-16.04.67	13/0 (V=1)
165.	Scholz Eckhardt	SG Dynamo Weißwasser	S	27.11.73-02.05.85	113/24
166.	Schröder Klaus	SC Dynamo Berlin	S	04.12.76-01.05.83	113/20
167.	Schumann Alfred (R)	BSG Fortschritt Crimmitschau	S	08.05.1951	1/0
168.	Schumann Peter	SG Dynamo Weißwasser	S	12.12.79-16.01.83	9/0
169.	Schur Hartwig	SG Dynamo Weißwasser	S	04.10.68-20.11.77	120/10
170.	Seeck Werner (R)	BSG Empor Berlin	S	22.04.-06.05.51	3/0
171.	Senftleben Helmuth „Otto"		S	08.02.54-22.03.58	24/1
		BSG Einheit Berliner Bär		08.02.-10.02.54	2/0
		SC Einheit Berlin		20.03.55-22.03.58	22/1
172.	Simon Dieter	SG Dynamo Weißwasser	S	25.09.72-29.03.84	186/32
173.	Slapke Peter	SG Dynamo Weißwasser	S	04.10.68-16.03.80	222/96
174.	Sock Wilfried	SG Dynamo Weißwasser	S	01.12.63-01.11.70	48/2
175.	Spätzke Horst	HSG Wissenschaft HU Berlin	T	08.02.-10.02.54	2/0 (V=2)
176.	Spantig Ingolf	SG Dynamo Weißwasser	T	11.11.81-24.03.88	32/0 (V=7)
177.	Speck Siegfried		S	28.01.51-01.11.53	23/6
		SG Frankenhausen		28.01.-19.08.51	10/0
		BSG Wismut Erz Frankenhausen		25.12.51-01.11.53	13/6
178.	Stasche Joachim		S	30.10.69-13.05.78	139/60
		TSC Berlin		20.10.-31.10.69	2/0
		SC Dynamo Berlin		05.10.70-13.05.78	137/60
179.	Steinbock Stefan „Zwecke"	SC Dynamo Berlin	S	15.01.83-07.12.89	85/30
180.	Stürmer Kurt „Kutte"		S	26.04.51-12.12.59	61/29
		BSG Chemie Weißwasser		26.04.51-06.04.53	11/1
		SG Dynamo Weißwasser		29.10.53-12.12.59	50/28
181.	Szengel Gerhard	SC Einheit Berlin	S	06.01.-09.11.61	8/1
182.	Talakovics Helmut	ASK Vorwärts Crimmitschau	S	02.01.-03.01.70	2/1
	Bruder von Stefan				
183.	Talakovics Stefan	SC Dynamo Berlin	T	17.12.-21.12.71	2/0
184.	Thieme Harald	BSG Fortschritt Apolda	S	08.02.-10.02.54	2/0
185.	Thill Malte	TSC Berlin	S	14.02.65-07.09.66	7/0
186.	Thomas Ralf	SG Dynamo Weißwasser	S	02.09.69-27.03.77	104/38
187.	Tschätsch Herbert		S	28.01.-02.05.51	3/0
		BSG Ostglas Weißwasser		28.01.1951	1/0
		BSG Chemie Weißwasser		22.04.-02.05.51	2/0
188.	Tudyka Reiner	SG Dynamo Weißwasser	S	08.11.61-16.04.67	84/16 (V=1)
189.	Unterdörfel Alfred		S	28.01.51-10.02.54	24/2 (V=1)
	Vater von Wolfgang	SG Frankenhausen		28.01.-19.08.51	9/0
		BSG Wismut Erz Frankenhausen		25.12.51-10.02.54	15/2
190.	Unterdörfel Wolfgang	SC Dynamo Berlin	S	15.11.77-22.12.85	85/20
191.	Vogel Gerd	SG Dynamo Weißwasser	S	08.01.85-08.04.90	35/1
192.	Vogel Helmuth	SC Wismut Karl-Marx-Stadt	S	05.03.-15.12.58	5/0
193.	Vogt Harry	BSG Wismut Erz Frankenhausen	T	27.02.-06.04.53	2/0
194.	Voigt Dieter „Pico"	SC Dynamo Berlin	S	07.10.59-17.02.68	108/4
195.	Walter Horst „Hotte" (R)	SC Einheit Berlin	S	10.12.55-14.01.56	4/0
196.	Weinert Jürgen	SC Dynamo Berlin	S	15.11.-19.11.77	2/0
197.	Wesselowski Harald (R)	BSG Empor Berlin	T	08.05.1951	1/0 (V=1)
198.	Winkler Franz	ASK Vorwärts Crimmitschau	S	08.09.-09.09.67	2/0
199.	Woitaschek Erwin (R)	SC Einheit Berlin	S	15.01.56-20.01.58	7/2
200.	Wünsche Wolfgang	SG Dynamo Rostock	S	09.03.-15.03.60	2/0
201.	Zahn Dietmar		S	08.09.67-06.02.72	4/3

		ASK Vorwärts Crimmitschau		08.09.-09.09.67	2/0
		SC Dynamo Berlin		05.02.-06.02.72	2/3
202.	Zander Uwe	SC Einheit Berlin	S	09.11.1961	1/0
203.	Ziesche Jens	SC Dynamo Berlin	S	01.11.-05.12.81	5/1
204.	Ziesche Joachim		S	06.12.57-29.03.70	196/113
	Vater von Jens und	SC Einheit Berlin		06.12.57-22.03.58	7/1
	von Steffen (DEB)	SC Dynamo Berlin		14.12.58-29.03.70	189/112
205.	Zoller Lothar		S	27.02.53-04.03.57	12/0
		BSG Einheit Berliner Bär		27.02.1953	1/0
		SC Einheit Berlin		08.03.56-04.03.57	11/0

ANMERKUNGEN:

inoff. an Stelle der lfd. Nummer = nur in einem inoffiziellen Länderspiel eingesetzt

(DEB) = bestritt auch Spiele für den DEV/DEB (A als auch B-Auswahl)

(R) = Republikflüchtling, der Spieler wurde in den offiziellen Statistiken des DELV nach 1961 nicht mehr aufgeführt.

(V) = Spiele, in denen der Spieler laut offizieller Statistik des DELV eingesetzt wurde. Der Einsatz ist jedoch durch Quellen nicht bestätigt.

30 Tore können keinem Spieler zugeordnet werden: 1952 TCH 1, 1977 YUG 6, 1984 in 3 Spiele gegen CHN 23

Vereinsrangliste 1951 - 1990

	Verein	Zeitraum	Spieler	Einsätze/Tore
1.	SC/EHC Dynamo Berlin	06.12.57-08.04.90	63	5161/1434
	SC Dynamo Berlin	*06.12.57-04.02.90*	*63*	*5099/1423*
	EHC Dynamo Berlin	*29.03.-08.04.90*	*11*	*62/11*
2.	BSG Ostglas/ BSG Chemie/SG Dynamo Weißwasser	28.01.51-08.04.90	86	4499/1105
	BSG Ostglas Weißwasser	*28.01.1951*	*6*	*6/2*
	BSG Chemie Weißwasser	*15.04.51-06.04.53*	*10*	*115/24*
	SG Dynamo Weißwasser	*29.10.53-08.04.90*	*84*	*4378/1079*
3.	ASK Vorwärts Berlin/ASK Vorwärts Crimmitschau	21.11.59-29.03.70	15	455/65
	ASK Vorwärts Berlin	*21.11.59-15.03.60*	*2*	*5/1*
	ASK Vorwärts Crimmitschau	*07.10.60-29.03.70*	*15*	*450/64*
4.	SG Fr./Wismut Erz Frankenhausen/SC Wismut KMS	28.01.51-23.12.61	18	296/37
	SG Frankenhausen	*28.01.-19.08.51*	*6*	*46/1*
	BSG Wismut Erz Frankenhausen	*25.12.51-10.02.54*	*12*	*94/21*
	SC Wismut Karl-Marx-Stadt	*20.03.55-23.12.61*	*10*	*156/15*
5.	TSC Berlin und Vorläufer	28.01.51-29.03.70	28	263/56
	BSG Einheit Berliner Bär	*30.04.51-10.02.54*	*6*	*25/8*
	SC Einheit Berlin	*20.03.55-09.11.61*	*12*	*125/27*
	BSG Empor Berlin	*28.01.-08.05.51*	*6*	*17/2*
	BSG Motor Treptow	*08.02.-10.02.54*	*3*	*6/0*
	SC Motor Berlin	*20.03.55-15.12.56*	*1*	*9/2*
	TSC Oberschöneweide	*20.01.1958*	*1*	*1/0*
	TSC Berlin	*26.09.64-29.03.70*	*6*	*80/17*
6.	SC Turbine Erfurt	16.12.67-28.03.70	3	64/27
7.	SG Dynamo/SC Empor Rostock	09.03.60-29.03.70	2	64/17
	SG Dynamo Rostock	*09.03.-15.03.60*	*1*	*2/0*
	SC Empor Rostock	*29.12.66-29.03.70*	*1*	*62/17*
8.	Textil Pleißengrund/Fortschritt/Turbine Crimmitschau	28.01.51-10.02.54	6	27/0
	BSG Textil Pleißengrund Crimmitschau	*28.01.1951*	*3*	*3/0*
	BSG Fortschritt Crimmitschau	*15.04.-30.12.51*	*4*	*21/0*
	BSG Turbine Crimmitschau	*01.11.53-10.02.54*	*1*	*3/0*
9.	SG Deutsche Volkspolizei/SV Dynamo Berlin	25.12.51-06.04.53	1	9/1
	SG Deutsche Volkspolizei Berlin	*25.12.51-25.12.52*	*1*	*7/1*
	SV Dynamo Berlin	*05.04.-06.04.53*	*1*	*2/0*
10.	BSG KWU/Einheit Süd Dresden	28.01.-08.05.51	2	9/1
	BSG KWU Dresden	*28.01.1951*	*1*	*1/0*
	BSG Einheit Süd Dresden	*15.04.-08.05.51*	*2*	*8/1*
11.	BSG Fortschritt Apolda	08.02.-10.02.54	1	2/0
12.	HSG Wissenschaft HU Berlin	08.02.-10.02.54	1	2/0

Länderspiel-Bilanz 1951 - 1990

	Zeitraum	Land	GESAMT					davon HEIMSPIELE				
			Sp	S	U	N	Tore	Sp	S	U	N	Tore
1.	05.03.57-08.04.90	AUT	26	20	0	6	173:64	7	6	0	1	53:11
2.	10.12.55-09.03.56	BEL	3	3	0	0	44:9	3	3	0	0	44:9
3.	04.01.-06.02.72	BUL	4	4	0	0	39:13	2	2	0	0	21:4
4.	24.02.61-17.04.85	CAN	25	2	3	20	51:128	15	2	3	10	31:56
5.	19.03.82-02.04.87	CHN	6	6	0	0	54:22	-	-	-	-	-
6.	17.03.79-06.04.89	DEN	12	12	0	0	84:25	2	2	0	0	9:6
7.	14.01.56-28.04.85	FIN	52	16	6	30	139:223	16	8	1	7	48:59
8.	12.03.80-31.03.90	FRA	11	8	0	3	58:26	2	2	0	0	6:3
9.	16.11.55-02.05.85	FRG	19	3	4	12	49:73	3	0	0	3	9:16
10.	05.04.53-23.03.88	HUN	11	11	0	0	108:23	4	4	0	0	42:10
11.	13.03.59-01.04.90	ITA	22	12	4	6	123:74	2	2	0	0	6:3
12.	01.03.57-06.04.90	JPN	16	12	1	3	89:45	3	2	1	0	25:8
13.	16.04.55-05.04.90	NED	22	15	5	2	119:60	6	5	1	0	43:13
14.	08.03.56-02.04.89	NOR	75	56	4	15	393:225	22	20	0	2	117:50
15.	28.01.51-03.04.90	POL	68	25	12	31	232:273	29	10	5	14	100:131
16.	20.04.55-24.03.88	ROU	44	39	2	3	267:91	23	22	0	1	153:44
17.	24.02.57-14.12.85	SWE	37	3	2	32	71:211	17	1	2	14	29:78
18.	10.03.59-29.02.90	SUI	34	21	5	8	177:111	8	7	1	0	47:19
19.	15.04.51-07.04.86	TCH	56	1	2	53	91:475	15	1	1	13	31:146
20.	22.04.51-20.04.85	URS	47	0	1	46	41:452	26	0	1	25	27:266
21.	06.03.59-24.04.85	USA	13	4	4	5	48:59	-	-	-	-	-
22.	09.03.60-21.03.88	YUG	45	44	0	1	323:106	13	13	0	0	105:30
	Gesamt		648	317	55	276	2773:2788	218	112	16	90	946:962

Deutsche A/B-Länderspiele der Frauen 1988 - 2023

Die Berichterstattung über Damen-Eishockey war vor allem in den Jahren vor 2000 mehr als dürftig. Von wenigen Ausnahmen abgesehen, wurden meist nur wenige Informationen zu den Spielen gemeldet. Daher sind die im Folgenden dargestellten Aufstellungen (die uns am wahrscheinlichsten erscheinenden) Rekonstruktionen anhand von Einsatzstatistiken, sofern uns nicht doch Spielberichte vorlagen. Eine Rekonstruktion weiterer Daten ist auf diesem Wege nicht möglich gewesen.
Die wenigen Spiele der B-Auswahl sind mit einem „B" an Stelle der lfd. Nr. gekennzeichnet.
Folgende Spielerinnen mit je einem Einsatz bis zum 31.08.1993 konnten keinem Länderspiel zugeordnet werden:
Sibylle Rother (ESG Esslingen), Silke Schaffelhuber (EV Füssen), Sabine Schinzel (?), Petra Schulz (ESG Esslingen), Susann Woelk (ESV Kaufbeuren)
Generelle Hinweise:
- bei den mit ' gekennzeichneten lfd. Nummern der Spiele, ist die Grundlage der Angaben, der offiz. Spielbericht
- Spiel bzw. Spielername kursiv: in der offiziellen DEB-Statistik nicht aufgeführt

1988/89

Bundestrainerin Pia Sterner (SWE)

1. - 03.12.1988 FRG - SUI 5:6 (2:1, 1:1, 2:4)
Geretsried, Heinz-Schneider-Eisstadion; Z: 450; SR: Ondertoller (FRG); LR: ?
Aurelia Von der Straß (EHC Eisbären Düsseldorf; ab 40:01 **Birgit Hoebel** (?)) - **Kira Berger** (EHC Eisbären Düsseldorf), **Karin Obermaier** (Mannheimer ERC), **Sabine Scheibel** (EV Füssen), **Ilona Holliday** (Mannheimer ERC), **Claudia Pätzold** (EC Bergkamener Bären), **Ines Molitor** (EHC Eisbären Düsseldorf) - **Marion Kohl** (?), **Brigitte Küchler** (Kölner EDM „Die Panther"), **Birgit Lisewski** (EHC Eisbären Düsseldorf), **Karin Korn** (EV Füssen), **Christina Oswald** (SC Riessersee), **Stefanie Pütz** (EHC Eisbären Düsseldorf), **Elvira Saager** (EHC Eisbären Düsseldorf), **Silvia Schneegans** (EC Bergkamener Bären), **Monika Spring** (Mannheimer ERC), **Petra Heidler** (DEC Eishasen Berlin)
T: 1:0 (13.) Pütz (Saager, Obermaier) - 2:0 (14.) Küchler (Heidler, Kohl) / 3:1 (24.) Saager (Obermaier) / 4:3 (51.) Lisewski (Saager, Pütz) - 5:5 (57.) Küchler (Kohl, Heidler)
S: 6 x 2 Minuten

2. - 04.12.1988 FRG - SUI 2:2 (0:1, 2:1, 0:0)
Kaufbeuren, Eisstadion am Berliner Platz; Z: ?; SR: ?; LR: ?
Astrid Hauke (EV Füssen), Von der Straß - Holliday, Pätzold, Berger, Obermaier, Scheibel, **Cornelia Ostrowski** (OSC Berlin), Molitor - Kohl, Lisewski, Molitor, Korn, Oswald, Pütz, Saager, Schneegans, Spring, ?
T+S: keine Angaben

3. Ochsner-Cup 1988
Die deutsche Mannschaft belegte Platz 2.

3. - 16.12.1988 SUI - FRG 0:4 (0:1, 0:2, 0:1)
Lyss, Seelandhalle; Z: 200; SR: Dombrowski (SUI), Schäuffel (SUI)
Hauke, Von der Straß - Holliday, Berger, Obermaier, Ostrowski, Molitor*, **Petra Lutz** (EV Füssen) - Schneegans, **Beate Baert** (Mannheimer ERC), Oswald, Saager, Pütz, Küchler, Lisewski, **Bettina Kirschner (ESG Esslingen)**, **Sabine Lange*** (EHC Eisbären Düsseldorf), Korn, Spring
* möglicherweise Spiel 4
T: 0:1 (4.) Schneegans (Baert) / 0:2 (26.) Oswald (Lutz) - 0:3 (28.) Saager (Pütz) / 0:4 (56.) Küchler (---)
S: 3 x 2 Minuten

4. - 18.12.1988 FRG - DEN 1:4 (1:2, 0:2, 0:0)
Lyss, Seelandhalle; Z: ?; SR: ?; LR: ?
Hauke, Von der Straß - Holliday, Pätzold*, Berger, Obermaier, Ostrowski, Lutz - Schneegans, Baert, Oswald, Saager, Pütz, Küchler, **Martina Schmitt*** (Mannheimer ERC), Lisewski, Kirschner, Korn, Spring
* möglicherweise Spiel 3
T+S: keine Angaben

1. Europameisterschaft 1989

Die deutsche Mannschaft belegte in ihrer Vorrundengruppe den 2. Platz. Damit erreichte die Mannschaft das Halbfinale. Am Ende belegte das Team den 3. Platz.

VORRUNDE - GRUPPE B

5'. - 04.04.1989 DEN - FRG 0:2 (0:0, 0:0, 0:2)
Düsseldorf, Eisstadion an der Brehmstraße; Z: 1.000; SR: Boczák (HUN); LR: Moore (GBR), Pramstaller (ITA)
Von der Straß (**Maria Ettensberger** (University of Sherbrooke) n.e.) - Berger (C), **Sandra Kinza** (EHC Eisbären Düsseldorf), Obermaier, Holliday, Ostrowski, Pätzold - Saager, Lisewski, Pütz, Baert, Schneegans, Spring, Korn, Oswald, Schmitt, Küchler
T: 1:0 (41:21) Saager (Spring, Pütz) - 2:0 (51:27) Lisewski (Kinza)
S: Kinza 4, Berger 2, Schneegans

6'. - 05.04.1989 FRG - FIN 0:5 (0:0, 0:1, 0:4)
Ratingen, Eissporthalle am Sandbach; Z: 700; SR: Boczák (HUN); LR: Juanín (ESP), Furmánek (TCH)
Von der Straß (Ettensberger n.e.) - Berger (C), Kinza, Obermaier, Holliday, Ostrowski, Pätzold - Saager, Lisewski, Pütz, Baert, Schneegans, Spring, Korn, Oswald, Schmitt, Küchler
S: Saager 4, Ostrowski 4, Spring 2, Berger 2, Baert 2

7'. - 06.04.1989 TCH - GER 0:15 (0:3, 0:7, 0:5)
Düsseldorf, Eisstadion an der Brehmstraße; Z: 700; SR: Nilsen (DEN); LR: Pramstaller (ITA), Keronen (FIN)
Ettensberger (Von der Straß n.e.) - Berger, Kinza, Obermaier (C), Holliday, Ostrowski, Pätzold - Saager, Lisewski, Pütz, Baert, Schneegans, Spring, Korn, Oswald, Schmitt, Küchler
T: 0:1 (01:38) Saager (---) - 0:2 (06:49) Saager (Spring) - 0:3 (10:49) Kinza (Ostrowski, Pütz) / 0:4 (20:38) Lisewski (Pütz, Kinza) - 0:5 (23:43) Kinza (Pütz) - 0:6 (26:22) Kinza (Pütz) - 0:7 (32:22) Schneegans (Korn) - 0:8 (34:17) Saager (Spring) - 0:9 (35:05) Lisewski (Obermaier) - 0:10 (35:33) Lisewski (Pütz, Kinza) / 0:11 (43:12) Pütz (Kinza) - 0:12 (52:03) Schmitt (Spring) - 0:13 (53:07) Küchler (Korn) - 0:14 (53:42) Pütz (Lisewski, Kinza) - 0:15 (58:06) Schneegans (---)
S: Kinza 2, Küchler 2, Saager 2, Korn 2, Lisewski 2, Pütz 2

HALBFINALE

8'. - 08.04.1989 SWE - FRG 4:3 (2:1, 2:1, 0:1)
Ratingen, Eissporthalle am Sandbach; Z: 800; SR: Engelsman (NED); LR: Furmánek (TCH), Moore (GBR)
Von der Straß (ab 23:59 Ettensberger) - Berger (C), Kinza, Obermaier, Holliday, Ostrowski, Pätzold - Saager, Lisewski, Pütz, Baert, Schneegans, Spring, Korn, Oswald, Schmitt, Küchler
T: 0:1 (04:11) Schneegans (Küchler) / 4:2 (35:20) Spring (Schneegans) / 4:3 (46:40) Pütz (Lisewski)
S: Korn 2, Ostrowski 2, Schneegans 2, Lisewski 2, Baert 2, Holliday 2

SPIEL UM PLATZ 3

9'. - 09.04.1989 FRG - NOR 2:1 (0:0, 1:1, 0:0, 0:0, 1:0) OT (10 min.) und PS
Düsseldorf, Eisstadion an der Brehmstraße; Z: 800; SR: Voillat (SUI); LR: Pramstaller (ITA), Moore (GBR)
Ettensberger (Von der Straß n.e.) - Berger (C), Kinza, Obermaier, Holliday, Ostrowski, Pätzold - Saager, Lisewski, Pütz, Baert, Schneegans, Spring, Korn, Oswald, Schmitt, Küchler
T: 1:0 (29:09) Baert (Obermaier) / 2:1 (70:00) Korn (GWS)
PS: 1. Runde: 0:0 NOR (gehalten) - 0:0 Kinza (gehalten) - 0:0 NOR (gehalten) - 0:0 Lisewski (gehalten) - 1:2 NOR - 1:2 Saager (gehalten) - 1:2 NOR (daneben) - 1:2 Spring (daneben) - 1:2 NOR (ohne Schuss) - 2:2 Korn / **2. Runde:** 2:2 Kinza (gehalten) - 2:2 NOR (gehalten) - 3:2 Lisewski - 3:2 NOR (gehalten) - 4:2 Saager - 4:2 NOR (gehalten) - 5:2 Korn (GWS)
S: Obermaier 6, Oswald 2, Kinza 2, Saager 2

1989/90

Neuer Bundestrainer Pierre Delisle (CAN)

10. - 02.12.1989 FRG - SUI 2:3 (1:0, 1:3, 0:0)
Ratingen, Eissporthalle am Sandbach; Z: 200; SR: ?; LR: ?
Von der Straß (EHC Eisbären Düsseldorf; **Karin Berlinghof** (Mannheimer ERC)) - Oswald (SC Riessersee), Berger* (EHC Eisbären Düsseldorf), Kinza (EHC Eisbären Düsseldorf), Obermaier (Mannheimer ERC), Ostrowski (OSC Berlin), Pätzold (EC Bergkamener Bären) - Korn (EV Füssen), Lisewski (EHC Eisbären Düsseldorf), Pütz (EHC Eisbären Düsseldorf), Schneegans (EC Bergkamener Bären), Schmitt (Mannheimer ERC), Spring (Mannheimer ERC), **Silvia Hockauf** (EV Füssen), **Maren Valenti** (Mannheimer ERC), Küchler (1. Hennefer EC Bonn), Kirschner (ESG Esslingen), **Natascha Schaffrik** (Mannheimer ERC)
* *möglicherweise Spiel 11*
T: 1:0 (?) Valenti (?) / 2:0 (?) Korn (?)
S: keine Angaben

11. - 03.12.1989 FRG - SUI 5:3 (2:1, 1:0, 2:2)
Neuss, Eissporthalle im Südpark; Z: 200; SR: ?; LR: ?
Von der Straß, Berlinghof - Oswald, Kinza, Obermaier, Ostrowski, Pätzold - Korn, Lisewski, Pütz, Schneegans, Schmitt, Spring, Hockauf, Valenti, Küchler, Baert* (Mannheimer ERC), Kirschner, Schaffrik
* *möglicherweise Spiel 10*
T: 1:0 (?) Schmitt (?) - 2:0 (?) Spring (?) / 3:1 (?) Hockauf (?) / 4:2 (?) Lisewski (?) - 5:3 (?) Schmitt (?)
S: keine Angaben

Ciba-Geigy Cup 1989
Die deutsche Mannschaft belegte in ihrer Vorrundengruppe den 3. Platz. Damit spielte die Mannschaft um Platz 5.

VORRUNDE - GRUPPE B

Das Spiel vom 27.12.1989 wurde erst nach 2003 aus der offiziellen Länderspiel-Statistik des DEB gestrichen, ohne die persönlichen Statistiken der Spielerinnen zu korrigieren.

27.12.1989 FRG - Harvard University (USA) 2:4 (1:2, 1:0, 0:2)
Bülach, Sportzentrum Hirslen; Z: ?; SR: ?; LR: ?
*Von der Straß (Berlinghof n.e.) - Ostrowski (C), Berger, Kinza, **Claudia Haaf** (Mannheimer ERC), Obermaier, Pätzold, Lutz* (EV Füssen) - Oswald, Lisewski, Pütz, Spring, Saager (EHC Eisbären Düsseldorf), Baert, Schmitt, Schneegans, Valenti, Korn, Hockauf*
* *möglicherweise Spiel 13*
T+S: keine Angaben

12'. - 29.12.1989 FRG - FIN 1:6 (1:0, 0:2, 0:4)
Basel, KEB St. Margarethen; Z: ?; SR: Moser (SUI); LR: Engler (SUI), Berger (SUI)*
* *1984 wurde die Freilufteisfläche im St. Margarethenpark überdacht*
Von der Straß (Berlinghof n.e.) - Ostrowski (C), Berger, Kinza, Haaf, Obermaier, Pätzold, Lutz - Oswald, Lisewski, Pütz, Spring, Saager, Baert, Schmitt, Schneegans, Valenti, Korn, Hockauf
T: 1:0 (13:01) Valenti (Saager)
S: Valenti 4, Berger 2, Kinza 2

SPIEL UM PLATZ 5

13. - 30.12.1989 FRG - FRA 13:4 (5:1, 4:2, 4:1)
Basel, KEB St. Margarethen; Z: ?; SR: ?; LR: ?
Von der Straß (Berlinghof n.e.) - Ostrowski (C), Berger, Kinza, Haaf, Obermaier, Pätzold - Oswald, Lisewski, Pütz, Spring, Saager, Baert, Schmitt, Schneegans, Valenti, Korn, Hockauf
T+S: keine Angaben

1. Weltmeisterschaft 1990

Die deutsche Mannschaft belegte in ihrer Vorrundengruppe den 3. Platz. Damit verpasste die Mannschaft das Halbfinale. Am Ende belegte das Team den 7. Platz.

VORRUNDE - GRUPPE A

14'. - 19.03.1990 FRG - JPN 4:1 (1:0, 1:0, 2:1)
Ottawa, Barbara Ann Scott Arena; Z: ?*; SR: Maybury (CAN); LR: Berg (NOR), Champagne (CAN)
* auf dem offiz. Spielbericht keine Angabe
Von der Straß (Berlinghof n.e.) - Berger, Kinza, Obermaier, Ostrowski (C), Pätzold, Molitor (EHC Eisbären Düsseldorf), Haaf - Saager, Lisewski, Pütz, Baert, Schneegans, Spring, Korn, Oswald, Valenti, Kirschner, Schaffrik
T: 1:0 (04:13) Saager (Spring) / 2:0 (24:51) Pütz (Kinza) / 3:0 (52:56) Baert (Obermaier) - 4:1 (58:38) Baert (Spring)
S: Pätzold 2, Spring 2, Oswald 2, Schneegans 2, Baert 2, Ostrowski 2, Korn 2

15'. - 21.03.1990 CAN - FRG 17:0 (5:0, 5:0, 7:0)
Ottawa, Earl Armstrong Arena; Z: ?**; SR: Svensson (SWE); LR: Garofalo, Graff (beide USA)
** auf dem offiz. Spielbericht keine Angabe
Berlinghof (Von der Straß n.e.) - Berger, Kinza, Obermaier, Ostrowski (C), Pätzold, Molitor, Haaf, Lutz* - Saager, Lisewski, Pütz, Baert, Schneegans, Spring, Korn, Oswald, Valenti, Kirschner, Schaffrik, Hockauf*
* auf dem offiz. Spielbericht gestrichen, kein Einsatz lt. IIHF, aber Einsatz lt. DEB
S: Haaf 2, Pätzold 2, Obermaier 2, Ostrowski 2, Pütz 2, Baert 2, Kinza 2, Spring 2

16'. - 22.03.1990 SWE - FRG 7:0 (2:0, 3:0, 2:0)
Ottawa, Nepean Sportplex; Z: ?**; SR: Jonchev (BUL); LR: Garofalo, Graff (beide USA)
** auf dem offiz. Spielbericht keine Angabe
Von der Straß (Berlinghof n.e.) - Berger, Kinza, Obermaier, Ostrowski (C), Pätzold, Molitor, Haaf, Lutz* - Saager, Lisewski, Pütz, Baert, Schneegans, Spring, Korn, Oswald, Valenti, Kirschner, Schaffrik, Hockauf*
* auf dem offiz. Spielbericht gestrichen, kein Einsatz lt. IIHF, aber Einsatz lt. DEB
S: Oswald 6, Schneegans 2, Pütz 2

SPIELE UM PLATZ 5-8

17'. - 24.03.1990 NOR - FRG 6:3 (3:2, 1:1, 2:0)
Ottawa, Nepean Sportplex; Z: ?*; SR: Sotiroff (USA); LR: Keronen (FIN), Baker (CAN)
* auf dem offiz. Spielbericht keine Angabe
Berlinghof (Von der Straß n.e.) - Berger, Kinza, Obermaier, Ostrowski (C), Pätzold, Molitor, Haaf - Saager, Lisewski, Pütz, Baert, Schneegans, Spring, Korn, Oswald, Valenti, Kirschner, Schaffrik
T: 0:1 (06:01) Spring (Valenti) - 1:2 (09:10) Korn (Schneegans) / 3:3 (21:26) Pütz (Lisewski)
S: Schneegans 2, Oswald 2, Pütz 2

SPIEL UM PLATZ 7

18'. - 25.03.1990 JPN - FRG 2:9 (1:2, 1:2, 0:5)
Ottawa, Nepean Sportplex; Z: ?*; SR: Doór (HUN); LR: Keronen (FIN), Hebert (CAN)
* auf dem offiz. Spielbericht keine Angabe
Von der Straß (Berlinghof n.e.) - Berger, Kinza, Obermaier, Ostrowski (C), Pätzold, Molitor, Haaf - Saager, Lisewski, Pütz, Baert, Schneegans, Spring, Korn, Oswald, Valenti, Kirschner, Schaffrik
T: 0:1 (02:25) Valenti (Schneegans) - 0:2 (03:34) Spring (Kinza) / 1:3 (28:53) Lisewski (Pütz) - 1:4 (29:22) Lisewski (---) / 2:5 (43:36) Kinza (Pütz) - 2:6 (47:50) Saager (Baert) - 2:7 (53:30) Oswald (Pütz) - 2:8 (55:04) Oswald (Lisewski) - 2:9 (55:57) Oswald (Pütz)
S: Von der Straß 2, Pätzold 2, Kinza 2, Pütz 2, Haaf 2

1990/91

Neuer Bundestrainer Hanspeter Amend

19. - 08.12.1990 NED - GER 0:14 (0:5,0:4,0:5)
Valkenburg, Geulhal; Z: ?; SR: ?; LR: ?
Ettensberger (EV Füssen; **Sigrid Buchener** (1. Hennefer EC Bonn) n.e.); Berlinghof (Mannheimer ERC) n.e.) - Molitor (EHC Eisbären Düsseldorf), Pätzold (EC Bergkamener Bären), Ostrowski (OSC Berlin), Kinza (OSC Berlin), Haaf (Mannheimer ERC), **Petra Leonhardt** (Darmstädter TSG 1846), Sab. Kürten (Neusser EC), **Irena Wichmann** (Neusser EC), **Ulrike Kahlert** (EC Bergkamener Bären) - **Anja Merkel** (EV Regensburg), Baert (OSC Berlin), Oswald (SC Riessersee), Pütz (EHC Eisbären Düsseldorf), **Leuwer (geb. Saager** - EHC Eisbären Düsseldorf), Schneegans (EC Bergkamener Bären), Valenti (Mannheimer ERC), Kirschner (ESG Esslingen), **Michaela Hildebrandt** (OSC Berlin), Lange (EC Bergkamener Bären), Schaffrik (Mannheimer ERC), Korn* (EV Füssen), Lisewski (EHC Eisbären Düsseldorf), Spring (Mannheimer ERC), –**Jutta Michael** (SG Eintracht Frankfurt), **Monika Zils** (1. Hennefer EC Bonn), **Ingke Schumacher** (1. Hennefer EC Bonn)
* *möglicherweise Spiel 20*
T+S: keine Angaben

20. - 09.12.1990 GER - NED 11:2 (3:2, 4:0, 4:0)
Eschweiler, Eissporthalle; Z: 300; SR: ?; LR: ?
Ettensberger (Buchener n.e.; Berlinghof n.e.) - Sab. Kürten, Pätzold, Molitor, Wichmann, Kahlert, Kinza, Ostrowski, Leonhardt, Haaf - Merkel, Baert, Oswald, Pütz, Leuwer, Schneegans, Valenti, Kirschner, Hildebrandt, Lange, Schaffrik, Lisewski, Spring, Michael, Zils, Schumacher
T: 1:1 (3.) Leuwer (?) - weitere Tore: Schneegans 2, Valenti 2, Leuwer 1, Pütz 1, Baert 1, Hildebrandt 1, Kirschner 1, Lange 1
S: keine Angaben

21. - 28.12.1990 SUI - GER 4:2 (2:1, 1:0, 1:1)
Zug, Hertistadion; Z: ?; SR: ?; LR: ?
Von der Straß (EC Bergkamener Bären; ab 40:01 Buchener; Berlinghof n.e.) - Sab. Kürten, Ostrowski, Leonhardt, Haaf, **Birgit Brendel** (Mannheimer ERC), Pätzold, Molitor, Wichmann - Baert, Oswald*, Leuwer*, Schneegans, Valenti, Lisewski, Kirschner, Hildebrandt, Lange, Schaffrik, Zils
* *möglicherweise Spiel 22*
T+S: keine Angaben

22. - 29.12.1990 SUI - GER 5:5 (2:2, 1:0, 2:3)
Zug, Hertistadion; Z: ?; SR: ?; LR: ?
Buchener (Von der Straß n.e.; Berlinghof n.e.) - Sab. Kürten, Kinza*, Ostrowski, Leonhardt, B. Brendel, Pätzold, Molitor, Wichmann, Haaf - Schneegans, Valenti, Lisewski, Baert, Kirschner, Hildebrandt, Lange, Pütz*, Schaffrik, Zils
* *möglicherweise Spiel 21*
T+S: keine Angaben

23. - 11.03.1991 GER - SUI 9:4 (5:0, 4:3, 0:1)
Füssen, BLZ-Arena; Z: ?; SR: ?; LR: ?
Ettensberger, Von der Straß (Berlinghof n.e.) - **Birgit Bandelow** (OSC Berlin), Ostrowski, Molitor, Wichmann, Leonhardt, Sab. Kürten, Kinza - Lisewski, Korn*, Spring*, Oswald, Pütz, Leuwer, Schneegans, Valenti, Baert, Kirschner, Hildebrandt, Lange, Schaffrik**, **Beate Roßkothen** (Neusser SC)
* *möglicherweise in den Spielen 21 und 22*
** *möglicherweise im Spiel 24*
T: Leuwer 3, Oswald 2, Lisewski 1, Pütz 1, Valenti 1, Leonhardt 1
V+S: keine Angaben

24. - 12.03.1991 GER - SUI 5:1 (1:0, 3:1, 1:0)
Füssen, BLZ-Arena; Z: ?; SR: ?; LR: ?
Von der Straß (Buchener n.e.; Berlinghof n.e.) - Bandelow, Ostrowski, Leonhardt, Sab. Kürten, Haaf**, Molitor, Wichmann, Kinza - Korn*, Lisewski, Spring*, Oswald, Pütz, Leuwer, Schneegans, Valenti, Baert, Kirschner, Hildebrandt, Lange, Roßkothen
* *möglicherweise in den Spielen 21 und 22*
** *möglicherweise im Spiel 23*
T: Oswald 2, Lisewski 1, Leuwer 1, Schneegans 1
V+S: keine Abgaben

2. Europameisterschaft 1991

Die deutsche Mannschaft belegte in ihrer Vorrundengruppe den 3. Platz. Damit erreichte die Mannschaft das Spiel um Platz 5.
VORRUNDE - GRUPPE B

25'. - 15.03.1991 TCH - GER 1:9 (0:2, 1:5, 0:2)
Frýdek-Místek, VSH; Z: ?; SR: Tschanz (SUI); LR: Dombrowski (SUI), Keronen (FIN)*
* auf dem offiz. Spielbericht keine Angabe
Von der Straß (ab 30:31 Berlinghof) - Bandelow, Kahlert, Leonhardt, Ostrowski (C), Pätzold, Molitor, Wichmann - Hildebrandt, Lisewski, Pütz, Schneegans, Spring, Korn, Oswald, Valenti, Schaffrik, Lange, Leuwer
T: 1:0 (10:15) Hildebrandt (Ostrowski) - 2:0 (17:52) Spring (Leuwer) / 3:0 (23:42) Korn (---) - 4:0 (24:43) Spring (Wichmann) - 5:1 (30:41) Oswald (Leonhardt) - 6:1 (31:44) Bandelow (Wichmann) - 7:1 (32:30) Spring (Leuwer) / 8:1 (41:51) Oswald (Pütz) - 9:1 (43:05) Spring (Wichmann)
S: Wichmann 4, Bandelow 2, Pätzold 2, Molitor 2, Lange 2, Ostrowski 2

26'. - 16.03.1991 GER - GBR 6:0 (4:0, 1:0, 1:0)
Frýdek-Místek, VSH; Z: ?; SR: Doór (HUN); LR: Brázdil (TCH), Keronen (FIN)*
* auf dem offiz. Spielbericht keine Angabe
Berlinghof (ab 31:16 Von der Straß) - Bandelow, Kahlert, Leonhardt, Ostrowski (C), Pätzold, Molitor, Wichmann - Hildebrandt, Lisewski, Pütz, Schneegans, Spring, Korn, Oswald, Valenti, Schaffrik, Lange, Leuwer
T: 1:0 (07:14) Schneegans (Oswald) - 2:0 (08:46) Oswald (Lisewski) - 3:0 (15:24) Hildebrandt (Schneegans) - 4:0 (18:25) Oswald (Leuwer, Valenti) / 5:0 (24:21) Spring (Leuwer) / 6:0 (40:25) Oswald (Lisewski)
S: Oswald 4, Pätzold 2, Molitor 2, Wichmann 2, Spring 2, Hildebrandt 2, Schaffrik 2

27'. - 18.03.1991 GER - DEN 2:3 (0:2, 2:1, 0:0)
Frýdek-Místek, VSH; Z: ?; SR: Lundqvist (SWE); LR: Dombrowski (SUI), Norrman (SWE)*
* auf dem offiz. Spielbericht keine Angabe
Von der Straß (Berlinghof n.e.) - Bandelow, Kahlert, Leonhardt, Ostrowski (C), Pätzold, Molitor, Wichmann - Hildebrandt, Lisewski, Pütz, Schneegans, Spring, Korn, Oswald, Valenti, Lange, Leuwer, Schaffrik n.e.
T: 1:2 (24:05) Leuwer (Valenti) - 2:2 (28:40) Lisewski (---)
S: Lisewski 2, Schneegans 2, Pütz 2

28'. - 21.03.1991 SWE - GER 10:1 (3:1, 2:0, 5:0)
Frýdek-Místek, VSH; Z: ?; SR: Tschanz (SUI); LR: Mihálik (TCH), Brázdil (TCH)*
* auf dem offiz. Spielbericht keine Angabe
Berlinghof (ab 40:01 Von der Straß) - Bandelow, Leonhardt, Ostrowski (C), Pätzold, Molitor, Wichmann, Kahlert n.e. - Hildebrandt, Lisewski, Pütz, Schneegans, Spring, Korn, Oswald, Valenti, Schaffrik, Lange, Leuwer
T: 0:1 (06:03) Hildebrandt (Schneegans, Korn)
S: Wichmann 2, Leuwer 2, Leonhardt 2, Ostrowski 2, Pütz 2

SPIEL UM PLATZ 5
29'. - 23.03.1991 SUI - GER 6:2 (2:1, 3:0, 1:1)
Frýdek-Místek, VSH; Z: ?; SR: Doór (HUN); LR: Brázdil (TCH), Lootens (NED)*
* auf dem offiz. Spielbericht keine Angabe
Von der Straß (20:01-40:00 Berlinghof) - Bandelow, Leonhardt, Ostrowski (C), Pätzold, Molitor, Wichmann, Kahlert n.e. - Hildebrandt, Lisewski, Pütz, Schneegans, Spring, Korn, Oswald, Valenti, Lange, Leuwer, Schaffrik n.e.
T: 0:1 (02:32) Oswald (---) / 6:2 (59:12) Valenti (---)
S: Oswald 6, Leuwer 4, Spring 2

1991/92

30. - 23.11.1991 GER - DEN 1:3 (0:1, 1:1, 0:1)
Salzgitter, Eissporthalle am Salzgittersee; Z: 400; SR: Awizus (GER); LR: ?
Von der Straß (EC Bergkamener Bären; Berlinghof (Mannheimer ERC) n.e.) - Bandelow (OSC Berlin), Holliday (Mannheimer ERC), Sab. Kürten (Neusser EC), **Weber (geb. Leonhardt** - Frankfurter ESC), Molitor (EC Bergkamener Bären), Pätzold (C - EC Bergkamener Bären), Wichmann (Neusser EC), **Iris Heußen** (Grefrather EC), Hockauf (EV Füssen), Leuwer (Neusser EC), **Petra Neußer** (SC Memmingen), Oswald (TuS Geretsried), **Antje Pfau** (Mannheimer ERC), Schaffrik (Mannheimer ERC), **Simone Schnabel*** (EV Füssen), Schneegans (EC Bergkamener Bären), Valenti (Mannheimer ERC), **Andrea Weißbach** (TuS Geretsried)
T: 1:2 (33.) Pfau (?)
* Schnabel hatte schon 2 Länderspiele bestritten, die für die aber kein Nachweis gefunden werden konnte.
S: 1 x 2 Minuten

<u>**31. - 24.11.1991 GER - DEN 1:0 (0:0, 1:0, 0:0)**</u>
Wolfsburg, Eispalast; Z: 300; SR: Awizus (GER); LR: ?
Berlinghof (Von der Straß n.e.) - Bandelow, Holliday, Sab. Kürten, Weber, Molitor, Pätzold (C), Ang. Sterzik, Wichmann - Heußen, Hockauf, Leuwer, Neußer, Oswald, Pfau, Schaffrik, Schnabel, Schneegans, Valenti, Weißbach, Pütz (EHC Eisbären Düsseldorf)
T: 1:0 (30.) Pütz (Oswald)
S: keine Angaben

1. Christmas-Cup 1991

Die deutsche Mannschaft belegte Platz 3.

<u>**32 - 28.12.1991 GER - NOR 3:3 (3:1, 0:2, 0:0)**</u>
Esbjerg, Skøjtehal; Z: ?; SR: ?; LR: ?
Berlinghof, **Nadine Spanihel** (EHC Eisbären Düsseldorf), Von der Straß - Holliday, Sab. Kürten, Weber, Molitor, Pätzold (C), Ang. Sterzik, Wichmann - Heußen, Hockauf, Neußer, Oswald, Pfau, Schaffrik, Schnabel, Schneegans, Valenti, Weißbach
T - alle Spiele: Oswald 2, Schneegans 1, Hockauf 1, Valenti 2, Neußer 1, Pfau 2 Weißbach 2
V - alle Spiele: Oswald 1, Pätzold 1, Hockauf 1, Valenti 1, Weißbach 2
S: 5 x 2 Minuten

<u>**33. - 29.12.1991 DEN - GER 4:6 (?)**</u>
Esbjerg, Skøjtehal; Z: ?; SR: ?; LR: ?
Berlinghof, Spanihel, Von der Straß - Holliday, Sab. Kürten, Weber, Molitor, Pätzold (C), Ang. Sterzik, Wichmann - Heußen, Hockauf, Neußer, Oswald, Pfau, Schaffrik, Schnabel, Schneegans, Valenti, Weißbach
T: siehe Spiel 32
S: keine Strafen

<u>**34. - 30.12.1991 GER - SUI 2:4 (?)**</u>
Esbjerg, Skøjtehal; Z: ?; SR: ?; LR: ?
Berlinghof, Spanihel, Von der Straß - Holliday, Sab. Kürten, Weber, Molitor, Pätzold (C), Ang. Sterzik, Wichmann - Heußen, Hockauf, Neußer, Oswald, Pfau, Schaffrik, Schnabel, Schneegans, Valenti, Weißbach
T: siehe Spiel 32
S: keine Angaben

<u>**35. - 05.04.1992 GER - SUI 1:6 (0:2, 1:1, 0:3)**</u>
Füssen, BLZ-Arena; Z: ?; SR: ?; LR: ?
Von der Straß, Spanihel - Molitor, Pätzold, Ang. Sterzik, Weber, Holliday, Sab. Kürten, Wichmann - Schneegans, Pütz, Heußen, Hockauf, Oswald, Schnabel, Weißbach, Pfau*, Schaffrik, Valenti, Leuwer, **Sandra Meding** (Neusser EC)
* möglicherweise im Spiel 36
T+S: keine Angaben

<u>**36. - 06.04.1992 GER - SUI 4:4 (1:0, 1:3, 2:1)**</u>
Füssen, BLZ-Arena; Z: ?; SR: ?; LR: ?
Von der Straß, Spanihel - Molitor, Pätzold, Ang. Sterzik, Weber, Holliday, Sab. Kürten, Wichmann - Schneegans, Pütz, Heußen, Hockauf, Oswald, Schnabel, Weißbach, Schaffrik, Valenti, Leuwer, Meding
T+S: keine Angaben

2. Weltmeisterschaft 1992

Die deutsche Mannschaft hatte sich nicht qualifiziert. Dazu hätte bei der EM 1991 mindestens der 5. Platz belegt werden müssen.

1992/93

2. Christmas-Cup 1992

Die deutsche Mannschaft belegte in der Vorrunde den 3. Platz. Damit erreichte die Mannschaft das Spiel um Platz 3.

VORRUNDE

37. - 27.12.1992 GER - NOR 4:4 (1:1, 1:2, 2:1)
Königsbrunn, Eishalle der Königstherme; Z: 400; SR: ?; LR: ?
Von der Straß (EC Bergkamener Bären; Berlinghof (Mannheimer ERC) n.e.; **Alin Fischhaber** (TuS Geretsried) n.e.) - Holliday (Mannheimer ERC), Sab. Kürten (Neusser EC), Molitor (EC Bergkamener Bären), Pätzold (C - EC Bergkamener Bären), Oswald (TuS Geretsried), Heußen (Grefrather EV), Pütz (EC Bergkamener Bären) - Hockauf (EV Füssen), Pfau (Mannheimer ERC), Schaffrik (Mannheimer ERC), Schnabel (EV Füssen), Schneegans (EC Bergkamener Bären), Valenti (Mannheimer ERC), Weißbach (TuS Geretsried), Meding (Neusser EC), **Johanna Schweda** (DEC Tigers Königsbrunn), **Raffaela Wolf** (EC Bergkamener Bären)
T: 1:0 (14.) Valenti (Sab. Kürten) / 2:2 (31.) Schaffrik (Weitschuß) / 3:4 (48.) Oswald (?) - 4:4 (60.) Valenti (?)
V - alle Spiele: Oswald 2, Hockauf 1, Valenti 1, Schaffrik 1, Sab. Kürten 2, Weißbach 2
S: 3 x 2 Minuten
S - alle Spiele: Holliday 2, Oswald 10, Pütz 2, Hockauf 2, Valenti 4, Heußen 2, Sab. Kürten 2, Weißbach 2

38. - 28.12.1992 GER - DEN 4:3 (1:0, 0:1, 3:2)
Königsbrunn, Eishalle der Königstherme; Z: ?; SR: ?; LR: ?
Von der Straß, Berlinghof, Fischhaber - Holliday, Sab. Kürten, Molitor, Pätzold (C), Oswald, Heußen, Pütz - Hockauf, Pfau, Schaffrik, Schnabel, Schneegans, Valenti, Weißbach, Meding, Schweda, Wolf
T: 1:0 (01:30) Oswald (?) / 2:2 (?) Valenti (---) - 3:3 (55.) Pütz (?) - 4:3 (59:20) Schneegans (?)
S: siehe Spiel 37

39. - 29.12.1992 GER - SUI 3:7 (0:1, 1:2, 2:4)
Königsbrunn, Eishalle der Königstherme; Z: ?; SR: ?; LR: ?
Von der Straß, Berlinghof, Fischhaber - Holliday, Sab. Kürten, Molitor, Pätzold (C), Oswald, Heußen, Pütz - Hockauf, Pfau, Schaffrik, Schnabel, Schneegans, Valenti, Weißbach, Meding, Schweda, Wolf
T: 1:1 (23.) Weißbach (?) / 2:3 (?) Weißbach (?) - 3:7 (60.) Oswald (?)
S: siehe Spiel 37

SPIEL UM PLATZ 3
40. - 30.12.1992 GER - DEN 2:3 (1:?, 0:?, 1:?, 0:0, 0:1) OT und PS
Königsbrunn, Eishalle der Königstherme; Z: ?; SR: ?; LR: ?
Von der Straß, Berlinghof, Fischhaber - Holliday, Sab. Kürten, Molitor, Pätzold (C), Oswald, Heußen, Pütz - Hockauf, Pfau, Schaffrik, Schnabel, Schneegans, Valenti, Weißbach, Meding, Schweda, Wolf
T: 1:0 (10.) Valenti (?) / 2:2 (55.) Wolf (?)
PS: 5:4 für DEN
S: siehe Spiel 37

3. A-Europameisterschaft 1993

Die deutsche Mannschaft belegte in ihrer Vorrundengruppe den 2. Platz. Damit erreichte die Mannschaft das Spiel um Platz 3.

VORRUNDE - GRUPPE B

41'. - 24.03.1993 DEN - GER 4:6 (3:2, 1:0, 0:4)
Esbjerg, Skøjtehal; Z: 403; SR: Dombrowski (SUI); LR: Eriksen (NOR), Zerbi (ITA)
Von der Straß (Berlinghof n.e.) - Heußen, Sab. Kürten, **Sonja Kuisle** (EV Füssen), Oswald, Pütz (C), Molitor - **Nicole Hertrich** (EC Bergkamener Bären), Hockauf, Meding, Schneegans, **Birgitt Schlesinger** (Neusser EC), Schnabel, Spring (Mannheimer ERC), Valenti, Schaffrik, Weißbach, Wolf
T: 1:1 (04:46) Meding (Pütz) - 3:2 (18:26) Valenti (Sab. Kürten) / 4:3 (42:49) Schaffrik (Kuisle) - 4:4 (54:02) Valenti (---) - 4:5 (55:15) Schneegans (Oswald) - 4:6 (59:36) Hockauf (Pütz)
S: Schaffrik 2, Sab. Kürten 2

42'. - 25.03.1993 GER - SWE 3:10 (0:3, 2:2, 1:5)
Esbjerg, Skøjtehal; Z: 232; SR: Utgård (NOR); LR: Eriksen (NOR), Becze (ROU)
Berlinghof (Von der Straß n.e.) - Heußen, Sab. Kürten, Kuisle, Oswald, Pütz (C), Molitor - Hertrich, Hockauf, Meding, Schneegans, Schlesinger, Schnabel, Spring, Valenti, Schaffrik, Weißbach, Wolf
T: 1:4 (27:50) Schaffrik (Valenti) - 2:4 (31:36) Weißbach (---) / 3:5 (40:18) Sab. Kürten (---)
S: Pütz 2 4, Molitor 2, Heußen 2, Hertrich 2

SPIEL UM PLATZ 3

43'. - 27.03.1993 GER - NOR 3:6 (1:1, 1:3, 1:2)
Esbjerg, Skøjtehal; Z: ?; SR: Dombrowski (SUI); LR: Zerbi (ITA), Korteniemi (SWE)*
* auf dem offiz. Spielbericht keine Angabe
Berlinghof (Von der Straß n.e.) - Heußen, Sab. Kürten, Kuisle, Oswald, Pütz (C), Molitor - Hertrich, Hockauf, **Isabell Jonas (EV Füssen)**, Meding, Schneegans, Schlesinger, Schnabel, Spring, Valenti, Schaffrik, Weißbach, Wolf
T: 1:1 (01:17) Oswald (Pütz) / 2:2 (31:04) Oswald (Valenti) / 3:5 (49:23) Valenti (Oswald)
S: Oswald 6, Schaffrik 5, Spring 4, Kuisle 2, Valenti 2

1993/94
3. Christmas-Cup 1993

Die deutsche Mannschaft belegte in der Vorrunde den 3. Platz. Damit erreichte die Mannschaft das Spiel um Platz 3.

VORRUNDE

44. - 27.12.1993 GER - NOR 0:6 (0:3,0:0,0:3)
Lyss, Seelandhalle; Z: ?; SR: ?; LR: ?
Von der Straß (EC Bergkamener Bären), Berlinghof (Mannheimer ERC), Fischhaber (TuS Geretsried) - Kuisle (EV Füssen), Sab. Kürten (Neusser EC), Weber (Frankfurter ESC), Heußen (Grefrather EV), **Patricia Austin** (EV Füssen), **Nicole Schmitten** (EC Bergkamener Bären) - Oswald (TuS Geretsried), Pütz (C - EC Bergkamener Bären), Meding (Neusser EC), Wolf (EC Bergkamener Bären), Schneegans (EC Bergkamener Bären), Valenti (Mannheimer ERC), Schaffrik (Mannheimer ERC), Spring (Mannheimer ERC), Schnabel (EV Füssen), Weißbach (TuS Geretsried), Hockauf (EV Füssen)
S: keine Angaben

45. - 28.12.1993 SUI - GER 8:5 (4:0, 2:1, 2:4)
Lyss, Seelandhalle; Z: 420; SR: Utgård (NOR); LR: Andersen (DEN), Salvisberg (DEN)
Von der Straß, Berlinghof, Fischhaber - Kuisle, Sab. Kürten, Weber, Schmitten, Austin, Heußen - Meding, Wolf, Oswald, Pütz (C), Schneegans, Valenti, Schaffrik, Spring, Schnabel, Weißbach, Hockauf
T: 4:1 (24.) Oswald (?) / 6:2 (43.) Spring (?) - 7:3 (48.) Valenti (?) - 7:4 (50.) Schaffrik (?) - 7:5 (52.) Valenti (?)
S: 2 x 2 Minuten

46. - 29.12.1993 GER - DEN 4:3 (0:0, 2:2, 2:1)
Lyss, Seelandhalle; Z: ?; SR: ?; LR: ?
Von der Straß, Berlinghof, Fischhaber - Kuisle, Sab. Kürten, Weber, Schmitten, Austin, Heußen - Meding, Wolf, Oswald, Pütz (C), Schneegans, Valenti, Schaffrik, Spring, Schnabel, Weißbach, Hockauf
T: Pütz 3, Valenti 2, Wolf 2, Schaffrik 1, Schnabel 1 - *Tore für beide Spiele gegen DEN*
S: keine Angaben

SPIEL UM PLATZ 3

47. - 30.12.1993 GER - DEN 5:2 (1:1, 1:1, 3:0)
Lyss, Seelandhalle; Z: ?; SR: ?; LR: ?
Von der Straß, Berlinghof, Fischhaber - Kuisle, Sab. Kürten, Weber, Schmitten, Austin, Heußen - Meding, Wolf, Oswald, Pütz (C), Schneegans, Valenti, Schaffrik, Spring, Schnabel, Weißbach, Hockauf
T: siehe Spiel 46
S: keine Angaben

3. Weltmeisterschaft 1994

Die deutsche Mannschaft belegte in ihrer Vorrundengruppe den 4. Platz. Damit verpasste die Mannschaft das Halbfinale. Am Ende belegte das Team den 8. Platz.

VORRUNDE - GRUPPE B

48'. - 11.04.1994 FIN - GER 17:1 (2:1, 7:0, 8:0)
Lake Placid, 1932 Rink Olympic Center; Z: ?*; SR: Kost (CAN); LR: Brown (USA), Young (USA)
* auf dem offiz. Spielbericht keine Angabe
Stephanie Kürten (Neusser EC; Von der Straß n.e.) - Schmitten, Holliday (Mannheimer ERC), Weber, Bandelow (OSC Berlin), Sab. Kürten, Kuisle, Molitor (Toronto Aeros) - Hockauf, Schnabel, Schneegans, Pfau (Mannheimer ERC), Schaffrik, Pütz (C), Heußen, Weißbach, Oswald, Valenti, Spring
T: 0:1 (03:02) Oswald (---)
S: Valenti 6, Holliday 4, Bandelow 2, Weißbach 2, Pütz 2, Molitor 2, Kuisle 2, Hockauf 2

49'. - 12.04.1994 GER - USA 0:16 (0:4, 0:6, 0:6)
Lake Placid, 1932 Rink Olympic Center; Z: ?*; SR: Lahti (SWE); LR: Nonås (NOR), Michaud (CAN)
* auf dem offiz. Spielbericht keine Angabe
Von der Straß (St. Kürten n.e.) - Schmitten, Holliday, Weber, Bandelow, Sab. Kürten, Kuisle, Molitor - Hockauf, Schnabel, Schneegans, Pfau, Schaffrik, Pütz (C), Heußen, Weißbach, Oswald, Valenti, Spring
S: Pütz 4, Heußen 2, Holliday 2, Kuisle 2, Molitor 2, Spring 2, Valenti 2, Schaffrik 2, Weber 2, Schnabel 2

50'. - 14.04.1994 SUI - GER 2:1 (0:0, 0:1, 2:0)
Lake Placid, 1932 Rink Olympic Center; Z: ?*; SR: Utgård (NOR); LR: Svensson (SWE), Michaud (CAN)
* auf dem offiz. Spielbericht keine Angabe
St. Kürten (Von der Straß n.e.) - Schmitten, Holliday, Weber, Bandelow, Sab. Kürten, Kuisle, Molitor - Hockauf, Schnabel, Schneegans, Pfau, Schaffrik, Pütz (C), Heußen, Weißbach, Oswald, Valenti
T: 0:1 (39:07) Oswald (Valenti)
S: Schneegans 2, Valenti 2, St. Kürten 2, Oswald 2, Weber 2
Schneegans absolvierte als erste Spielerin ihr 50. Länderspiel.

SPIEL UM PLATZ 5-8

51'. - 16.04.1994 SWE - GER 7:1 (0:0, 4:1, 3:0)
Lake Placid, 1980 Rink Olympic Center; Z: ?*; SR: Murphy (USA); LR: Michaud (CAN), Lindholm (FIN)
* auf dem offiz. Spielbericht keine Angabe
St. Kürten (Von der Straß n.e.) - Schmitten, Holliday, Weber, Bandelow, Sab. Kürten, Kuisle, Molitor - Hockauf, Schnabel, Schneegans, Pfau, Schaffrik, Pütz (C), Heußen, Weißbach, Oswald, Valenti
T: 4:0 (30:34) Oswald (Schmitten)
S: Schneegans 2, Oswald 2

SPIEL UM PLATZ 7

52'. - 17.04.1994 GER - SUI 3:4 (2:2, 1:2, 0:0)
Lake Placid, 1932 Rink Olympic Center; Z: ?*; SR: Kaukonen (FIN); LR: Moriya (JPN), Michaud (CAN)
* auf dem offiz. Spielbericht keine Angabe
St. Kürten (Von der Straß n.e.) - Schmitten, Holliday, Weber, Bandelow, Sab. Kürten, Kuisle, Molitor - Hockauf, Schnabel, Schneegans, Pfau, Schaffrik, Pütz (C), Heußen, Weißbach, Oswald, Valenti
T: 1:0 (00:13) Valenti (Molitor) - 2:2 (18:39) Oswald (Molitor, Valenti) / 3:4 (32:19) Oswald (Schaffrik)
S: Sab. Kürten 4, Oswald 2, Valenti 2

1994/95

Neuer Bundestrainer Alfred Neidhart

53. - 12.11.1994 GER - SUI 3:5 (0:2, 1:3, 2:0)
Füssen, BLZ-Arena; Z: ?; SR: ?; LR: ?
St. Kürten (ESG Esslingen; Fischhaber* (TuS Geretsried) n.e.) - Merkel (EV Landshut), Sab. Kürten (ESG Esslingen), Kuisle (EV Füssen), Schmitten (Grefrather EV), **Nina Linde** (ERSC Ottobrunn), Wichmann (TuS Wiehl), **Bettina Aumüller** (ESG Planegg-Würmtal), **Ellen Lamers*** (Hennefer EC Rhein-Sieg) - Oswald (TuS Geretsried), Heußen (Grefrather EV), Pütz (C - Grefrather EV), Schneegans (EC Bergkamener Bären), Schaffrik (TuS Wiehl), **Stephanie Frühwirt** (TuS Geretsried), **Corinna Pelant** (FTV Hamburg), Weißbach (TuS Geretsried), Wolf (EHC Wesel), **Traudel Maluga** (EC Bergkamener Bären), **Sandra Rumswinkel** (ESG Planegg-Würmtal), Jonas* (EV Füssen)
* Einsatz nicht bestätigt
T: 1:5 (?) Weißbach (?) / 2:5 (?) Frühwirt (?) - 3:5 (?) Oswald (?)
S: keine Angaben

4. Christmas-Cup 1994

Die deutsche Mannschaft belegte in der Vorrunde den 3. Platz. Damit erreichte die Mannschaft das Spiel um Platz 3.

VORRUNDE

54. - 27.12.1994 NOR - GER 3:2 (0:0, 1:1, 2:1)
Lillehammer, Håkons Hall; Z: ?; SR: ?; LR: ?
St. Kürten, Von der Straß (Grefrather EV) - Oswald, Heußen, Merkel, Sab. Kürten, Kuisle, Schmitten, Linde, Aumüller - Pütz (C), Schneegans, Schaffrik, Frühwirt, Pelant, Weißbach, San. Kürten, Wolf, Hertrich (EC Bergkamener Bären), Maluga, Rumswinkel, Schlesinger (Neusser EC)
T: 0:1 (36.) Oswald (?) / 1:2 (46.) Oswald (?)
S: 4 x 2 Minuten

55. - 28.12.1994 GER - SUI 2:4 (1:2, 0:0, 1:2)
Lillehammer, Håkons Hall; Z: ?; SR: ?; LR: ?
St. Kürten, Von der Straß - Oswald, Heußen, Merkel, Sab. Kürten, Kuisle, Schmitten, Linde, Aumüller - Pütz (C), Schneegans, Schaffrik, Frühwirt, Pelant, Weißbach, San. Kürten, Wolf, Hertrich, Maluga, Rumswinkel, Schlesinger
T: 1:1 (?) Oswald (?) / 2:2 (?) Frühwirt (?)
S: keine Angaben

56. - 29.12.1994 GER - DEN 0:0 (0:0, 0:0, 0:0)
Lillehammer, Håkons Hall; Z: ?; SR: ?; LR: ?
St. Kürten, Von der Straß - Oswald, Heußen, Merkel, Sab. Kürten, Kuisle, Schmitten, Linde, Aumüller - Pütz (C), Schneegans, Schaffrik, Frühwirt, Pelant, Weißbach, San. Kürten, Wolf, Hertrich, Maluga, Rumswinkel, Schlesinger
S: keine Angaben

SPIEL UM PLATZ 3

57. - 30.12.1994 GER - DEN 1:3 (0:1, 1:0, 0:2)
Lillehammer, Håkons Hall; Z: ?; SR: ?; LR: ?
St. Kürten (Von der Straß n.e.) - Oswald, Heußen, Merkel, Sab. Kürten, Kuisle, Schmitten, Linde, Aumüller - Pütz (C), Schneegans, Schaffrik, Frühwirt, Pelant, Weißbach, San. Kürten, Wolf, Hertrich, Maluga, Rumswinkel, Schlesinger
T: 1:1 (?) Sab. Kürten (?)
S: keine Angaben

Vier-Nationen Turnier
Die deutsche Mannschaft belegte Platz 2.

58. - 24.02.1995 ITA - GER 0:6 (0:3, 0:3, 0:0)
Wolkenstein, Eisstadion Pranives; Z: ?; SR: ?; LR: ?
St. Kürten, Von der Straß - Oswald, Heußen, Merkel, Sab. Kürten, Kuisle, Schmitten, Linde, Aumüller - Pütz (C), Schneegans, Schaffrik, Pelant, San. Kürten, Hertrich, **Maritta Becker** (Heilbronner EC), Valenti (Mannheimer ERC), Jonas
T: Oswald 1, Hertrich 1, Schmitten 1, Pelant 1, Becker 1, Kuisle 1
S: keine Angaben

59. - 25.02.1995 GER - FRA 8:4 (?)
Wolkenstein, Eisstadion Pranives; Z: ?; SR: ?; LR: ?
St. Kürten, Von der Straß - Oswald, Heußen, Merkel, Sab. Kürten, Kuisle, Schmitten, Linde, Aumüller - Pütz (C), Schneegans, Schaffrik, Pelant, San. Kürten, Hertrich, Valenti, Becker, Jonas
T: Oswald 2, Heußen 1, Hertrich 1, Kuisle 1, Valenti 1, Sab. Kürten 1, Pelant 1
S: keine Angaben

60. - 26.02.1995 GER - SUI 0:2 (?)
Wolkenstein, Eisstadion Pranives; Z: ?; SR: ?; LR: ?
St. Kürten, Von der Straß - Oswald, Heußen, Merkel, Sab. Kürten, Kuisle, Schmitten, Linde, Aumüller - Pütz (C), Schneegans, Schaffrik, Pelant, San. Kürten, Valenti, Becker, Jonas
S: keine Angaben

61. - 11.03.1995 GER - CZE 5:1 (1:0, 1:1, 3:0)
Germering, Polariom; Z: 150; SR: ?; LR: ?
St. Kürten (ab 31:01 Von der Straß) - Lamers, Linde, Sab. Kürten, Kuisle, Schmitten, Merkel, Aumüller - Oswald, Heußen, Pütz (C), Schneegans, Valenti, Schaffrik, **Nadine Kirchner** (DEC Tigers Königsbrunn), Pelant, San. Kürten, **Alexandra Schulz** (ESG Esslingen), Becker, Austin (ESC Planegg), **Andrea Krudwig** (ESC Moskitos Essen), Hertrich, **Silke Augst** (ESV Kaufbeuren)
T: 1:0 (?) Heußen (Sab. Kürten) / 2:1 (39.) Valenti (?) / 3:1 (?) Pütz (?) - 4:1 (?) Valenti (---) - 5:1 (?) Kirchner (?)
S: Schaffrik 10 (Disziplinarstrafe), ?
62. - 12.03.1995 GER - CZE 7:4 (2:1, 2:2, 3:1)
Esslingen, Richard Hirschmann Eisstadion; Z: 800; SR: ?; LR: ?
St. Kürten, Von der Straß - Lamers, Linde, Sab. Kürten, Kuisle, Schmitten, Merkel, Aumüller - Oswald, Heußen, Pütz (C), Schneegans, Valenti, Schaffrik, Kirchner, Pelant, San. Kürten, A. Schulz, Becker, Austin, Krudwig, Hertrich, Augst
T: 1:0 (00:44) Oswald (?) - 2:0 (14.) Kuisle (?) / 3:1 (26.) San. Kürten (?) - 4:1 (34.) Valenti (?) / 5:3 (46.) Valenti (?) - 6:4 (?) Oswald (?) - 7:4 (54.) Pelant (?)
S: keine Angaben

4. A-Europameisterschaft 1995
Die deutsche Mannschaft belegte Platz 5.

63'. - 20.03.1995 FIN - GER 13:2 (6:0, 3:2, 4:0)
Rīga, Sporta pils; Z: 150; SR: Anderson (SWE); LR: Nonäs (NOR), Odiņs (LAT)
St. Kürten (ab 32:06 Von der Straß n.e.) - Merkel, Schmitten, Linde, Sab. Kürten, Kuisle, Aumüller - Heußen, Oswald, Pütz (C), Austin, San. Kürten, Kirchner, A. Schulz, Schneegans, Becker, Pelant, Valenti, Schaffrik
T: 7:1 (29:21) Sab. Kürten (Oswald) - 8:2 (37:18) Valenti (Schaffrik)
S: Pütz 5+20 (Spieldauer), A. Schulz 6, Kuisle 4, Valenti 2, Heußen 2, Merkel 2, Pelant 2

64. - 21.03.1995 GER - LAT 5:4 (3:1, 1:0, 1:3)
Rīga, Sporta pils; Z: ?; SR: ?; LR: ?
St. Kürten (Von der Straß n.e.) - Merkel, Schmitten, Linde, Sab. Kürten, Kuisle, Aumüller - Heußen, Oswald, Pütz (C), Austin, San. Kürten, Kirchner, A. Schulz, Schneegans, Becker, Pelant, Valenti, Schaffrik
T: 1:0 (01:23) Kuisle (Becker) - 2:1 (16:56) Becker (Oswald, Valenti) - 3:1 (18:32) Valenti (---) / 4:1 (33:30) Pütz (---) / 5:4 (57:04) Valenti (---)
S: Oswald 4, Merkel 2, Linde 2, Valenti 2, Sab. Kürten 2

65. - 22.03.1995 NOR - GER 5:1 (2:1, 2:0, 1:0)
Rīga, Sporta pils; Z: ?; SR: ?; LR: ?
St. Kürten (Von der Straß n.e.) - Merkel, Schmitten, Linde, Sab. Kürten, Kuisle, Aumüller - Heußen, Oswald, Pütz (C), Austin, San. Kürten, Kirchner, A. Schulz, Schneegans, Becker, Pelant, Valenti, Schaffrik
T: 0:1 (00:16) Valenti (Oswald, Schaffrik)
S: Merkel 4, Becker 2, Oswald 2, San. Kürten 2, Aumüller 2, Schneegans 2, A. Schulz 2

66. - 24.03.1995 GER - SWE 1:7 (0:2, 1:2, 0:3)
Rīga, Sporta pils; Z: ?; SR: ?; LR: ?
Von der Straß (St. Kürten n.e.) - Merkel, Schmitten, Linde, Sab. Kürten, Kuisle, Aumüller - Heußen, Oswald,
Pütz (C), Austin, San. Kürten, Kirchner, A. Schulz, Schneegans, Becker, Pelant, Valenti, Schaffrik
T: 1:4 (37:45) Oswald (Valenti)
S: Merkel 4, Pütz 2, Aumüller 2, Valenti 2

67. - 25.03.1995 SUI - GER 6:2 (1:0, 3:0, 2:2)
Rīga, Sporta pils; Z: 500; SR: Järvelä (FIN); LR: ?
St. Kürten (Von der Straß n.e.) - Merkel, Schmitten, Linde, Sab. Kürten, Kuisle, Aumüller - Heußen, Oswald,
Pütz (C), Austin, San. Kürten, Kirchner, A. Schulz, Schneegans, Becker, Pelant, Valenti, Schaffrik
T: 6:1 (56:35) Schaffrik (Becker, Valenti) - 6:2 (57:21) Sab. Kürten (Aumüller)
S: Valenti 4, Sab. Kürten 2, Heußen 2

1995/96

Neuer Bundestrainer Rainer Nittel

68. - 04.11.1995 CZE - GER 3:6 (1:2, 2:4, 0:0)
Rokycany, Zimní stadion; Z: ?; SR: ?; LR: ?
St. Kürten (ESG Esslingen), Spanihel (Mannheimer ERC)*, **Christine Maier*** (DEC Tigers Königsbrunn) -
Oswald (TuS Geretsried), Merkel (EV Landshut), Schmitten (Grefrather EV), Linde (ESC Planegg), Sab. Kürten
(ESG Esslingen), Kuisle (ERC Sonthofen), **Gabriele Wörschhauser*** (TuS Geretsried) - Aumüller (ESC
Planegg), San. Kürten (ESG Esslingen), Kirchner (DEC Tigers Königsbrunn), Schneegans (EC Bergkamener
Bären), Becker (Heilbronner EC), Valenti (Heilbronner EC), Schaffrik (TuS Wiehl), Wolf (Grefrather EV), Frühwirt
(TuS Geretsried), Maluga (EC Bergkamener Bären), **Julia Wierscher** (EC in Hannover), Pelant* (ESG
Esslingen)
* möglicherweise Spiel 69
T: Wolf 3, Valenti 2, Frühwirt 1
V+S: keine Angaben

69. - 05.11.1995 CZE - GER 0:11 (0:1, 0:6, 0:4)
Plzeň, Zimní stadion; Z: ?; SR: ?; LR: ?
St. Kürten, **Esther Thyßen*** (Grefrather EV) - Oswald, Merkel, Schmitten, Linde, Sab. Kürten, Kuisle, Lamers*
(TuS Wiehl) - Aumüller, San. Kürten, Kirchner, Becker, Schneegans, Valenti, Schaffrik, Wolf, Frühwirt, Maluga,
Wierscher, **Rosi Strobl*** (TuS Geretsried)
* möglicherweise Spiel 68
T: Valenti 3, Frühwirt 2, Becker 2, Oswald 1, Schaffrik 1, San. Kürten 1, Merkel 1
V: keine Angaben
S: Lamers 2, weitere Strafen nicht bekannt

5. Christmas-Cup 1995
*Die deutsche Mannschaft belegte in der Vorrunde den 3. Platz. Damit erreichte die Mannschaft das Spiel um
Platz 3.*

VORRUNDE

70. - 27.12.1995 DEN - GER 3:13 (0:5, 2:3, 0:4)
Frederikshavn, Isstadion; Z: ?; SR: ?: LR: ?
St. Kürten, Spanihel - Oswald, Merkel, Schmitten, Linde, Sab. Kürten, Kuisle - Aumüller, San. Kürten, Kirchner,
Becker, Valenti, Schaffrik, Wolf, Pfau (Mannheimer ERC), Frühwirt, Maluga, Rumswinkel (ESC Planegg),
Wierscher, Pelant
T: Oswald 2, Rumswinkel 2, Sab. Kürten 1, Pfau 1, Wolf 1, Kuisle 1, Frühwirt 1, Aumüller 1, Becker 1, Merkel 1,
Maluga 1
S: keine Angaben

71. - 28.12.1995 GER - SUI 1:3 (0:2, 0:1, 1:0)
Frederikshavn, Isstadion; Z: ?; SR: ?: LR: ?
St. Kürten, Spanihel - Oswald, Merkel, Schmitten, Linde, Sab. Kürten, Kuisle - Aumüller, San. Kürten, Kirchner,
Becker, Valenti, Schaffrik, Wolf, Pfau, Frühwirt, Maluga, Rumswinkel, Wierscher, Pelant
T: 1:3 (?) nicht zuordbare Torschützinnen in den Spielen 71 - 73: Pelant 2, Frühwirt 1, Becker 1
S: keine Angaben

72. - 29.12.1995 GER - RUS 2:3 (0:0, 0:2, 2:1)
Frederikshavn, Isstadion; Z: ?; SR: ?: LR: ?
St. Kürten, Spanihel - Oswald, Merkel, Schmitten, Linde, Sab. Kürten, Kuisle - Aumüller, San. Kürten, Kirchner, Becker, Valenti, Schaffrik, Wolf, Pfau, Frühwirt, Maluga, Rumswinkel, Wierscher, Pelant
T: siehe Spiel 71
S: keine Angaben

SPIEL UM PLATZ 3

73. - 30.12.1995 DEN - GER 1:9 (1:3, 0:2, 0:4)
Frederikshavn, Isstadion; Z: ?; SR: ?: LR: ?
St. Kürten, Spanihel - Oswald, Merkel, Schmitten, Linde, Sab. Kürten, Kuisle - Aumüller, San. Kürten, Kirchner, Becker, Valenti, Schaffrik, Wolf, Pfau, Frühwirt, Maluga, Rumswinkel, Wierscher, Pelant
T: San. Kürten 2, Sab. Kürten 1, Oswald 1, Valenti 1, Schaffrik 1, Wolf 1, Kuisle 1, neuntes Tor siehe Spiel 71

5. A-Europameisterschaft 1996

Die deutsche Mannschaft belegte Platz 6.

74. - 23.03.1996 GER - SUI 2:3 (0:1, 1:0, 1:2)
Yaroslavl, Dvorets sporta „Avtodizel"; Z: 2.150; SR: ?; LR: ?
Spanihel (59:32; St. Kürten n.e.) - Oswald (C), Merkel, Schmitten, Linde, Sab. Kürten, Kuisle - Jonas (DEC Tigers Königsbrunn), Aumüller, San. Kürten, Kirchner, Becker, Valenti, Schaffrik, Wolf, Frühwirt, Rumswinkel, Wierscher, Pelant (Mannheimer ERC)
T: 1:1 (39:03) Jonas (San. Kürten, Kuisle) / 2:1 (40:33) Oswald (---)
S: Oswald 2, Aumüller 2

75. - 24.03.1996 SWE - GER 2:2 (0:0, 0:1, 1:1)
Yaroslavl, Dvorets sporta „Avtodizel"; Z: 3.700; SR: ?; LR: ?
St. Kürten (Spanihel n.e.) - Oswald (C), Merkel, Schmitten, Linde, Sab. Kürten, Kuisle - Jonas, Aumüller, San. Kürten, Kirchner, Becker, Valenti, Schaffrik, Wolf, Frühwirt, Rumswinkel, Wierscher, Pelant
T: 0:1 (36:43) Jonas (---) / 1:2 (50:49) Schaffrik (---)
S: Frühwirt 2, Merkel 2, Linde 2, Oswald 2

76'. - 26.03.1996 GER - FIN 0:8 (0:2, 0:3, 0:3)
Yaroslavl, Dvorets sporta „Avtodizel"; Z: 3.900; SR: Dombrowski (SUI); LR: Kozlov (RUS), Antropov (RUS)
St. Kürten (Spanihel n.e.) - Oswald (C), Merkel, Schmitten, Linde, Sab. Kürten, Kuisle - Jonas, Aumüller, San. Kürten, Kirchner, Becker, Valenti, Schaffrik, Wolf, Frühwirt, Rumswinkel, Wierscher, Pelant
S: Merkel 4, Oswald 2, Sab. Kürten 2

77. - 27.03.1996 NOR - GER 4:1 (3:0, 0:0, 1:1)
Yaroslavl, Dvorets sporta „Avtodizel"; Z: ?; SR: ?; LR: ?
St. Kürten (58:07-58:25 out; Spanihel n.e.) - Oswald (C), Merkel, Schmitten, Linde, Sab. Kürten, Kuisle - Jonas, Aumüller, San. Kürten, Kirchner, Becker, Valenti, Schaffrik, Wolf, Frühwirt, Rumswinkel, Wierscher, Pelant
T: 1:3 (46:42) Sab. Kürten (Linde)
S: Valenti 2, Jonas 2

78. - 29.03.1996 RUS - GER 3:2 (2:0, 1:2, 0:0)
Yaroslavl, Dvorets sporta „Avtodizel"; Z: ?; SR: ?; LR: ?
St. Kürten (59:00-59:44 out; Spanihel n.e.) - Oswald (C), Merkel, Schmitten, Linde, Sab. Kürten, Kuisle - Jonas, Aumüller, San. Kürten, Kirchner, Becker, Valenti, Schaffrik, Wolf, Frühwirt, Rumswinkel, Wierscher, Pelant
T: 2:1 (21:08) Wierscher (Oswald) - 3:2 (34:46) Valenti (Sab. Kürten)
S: Merkel 6, Schnitten 2, Valenti 2, Oswald 2

1996/97

79. - 05.10.1996 GER - CZE 5:2 (2:0, 3:0, 0:1)
Crimmitschau, Kunsteisstadion im Sahnpark; Z: 178; SR:?; LR: ?
St. Kürten (ESG Esslingen; ab 31:10 Spanihel (Mannheimer ERC)) - Schmitten (Grefrather EV), Sab. Kürten (ESG Esslingen), Oswald (TuS Geretsried), Linde (ESC Planegg), Merkel (EV Landshut), Kuisle (ERC Sonthofen), **Susan McKenzie** (DEC Tigers Königsbrunn), **Rachel Thyßen** (Grefrather EV) - Valenti (Heilbronner EC), Wierscher (EC in Hannover), Wolf (Grefrather EV), Schaffrik (TuS Wiehl), Kirchner (DEC Tigers Königsbrunn), San. Kürten (ESG Esslingen), Aumüller (ESC Planegg), Frühwirt (TuS Geretsried), Rumswinkel (ESC Planegg), Becker (Heilbronner EC), **Bettina Evers** (EC in Hannover), Pelant (Mannheimer ERC)
T: 1:0 (01:20) Evers (Becker) - 2:0 (04:25) Evers (Sab.Kürten, San. Kürten) / 3:1 (27:32) Evers (---) - 4:1 (32:14) Sab. Kürten (---) - 5:1 (39:19) Valenti (Oswald)
S: Schmitten 2, Oswald 2, Linde 2

80. - 06.10.1996 GER - CZE 5:1 (0:0, 4:1, 1:0)
Crimmitschau, Kunsteisstadion im Sahnpark; Z: 98; SR:?; LR: ?
Maier (DEC Tigers Königsbrunn; St. Kürten n.e.) - Schmitten, Sab. Kürten, Oswald, Linde, Merkel, Kuisle, McKenzie, R. Thyßen - Valenti, Wolf, Schaffrik, Kirchner, San. Kürten, Aumüller, Frühwirt, Rumswinkel, Becker, Evers, Pelant, **Kirstin Kühnhackl*** (EV Landshut)
* möglicherweise Spiel 79
T: 1:0 (22:56) Valenti (Schaffrik, Rumswinkel) - 2:1 (31:44) Oswald (Valenti, Schaffrik) - 3:1 (32:16) Evers (---) - 4:1 (38:35) Frühwirt (Aumüller, Valenti) / 5:1 (56:00) Rumswinkel (Frühwirt)
S: Valenti 2

81. - 02.11.1996 SUI - GER 2:2 (0:1, 2:1, 0:0)
Zuchwil, Sportzentrum; Z: ?; SR: Dombrowski (SUI); LR: Gröger (GER), Kiener (SUI)
Maier (Spanihel n.e.) - Schmitten, Sab. Kürten, Oswald, Linde, Merkel, Kuisle - Valenti, Pelant, Wierscher, Wolf, Schaffrik, Kirchner, San. Kürten, Aumüller, Frühwirt, Rumswinkel, Becker, Schneegans (EC Bergkamener Bären), R. Thyßen, Kühnhackl
T: Merkel 1, Wolf 1
V: Schmitten 1, Wierscher 1
S: Schmitten 2, Valenti 2, Pelant 2

82. - 03.11.1996 SUI - GER 6:3 (0:0, 4:2, 2:1)
Zuchwil, Sportzentrum; Z: ?; SR: Gröger (GER); LR: Dombrowski (SUI), Sidler (SUI)
Spanihel (Maier n.e.) - Schmitten, Sab. Kürten, Oswald, Linde, Merkel, Kuisle - Valenti, Pelant, Wierscher, Wolf, Schaffrik, Kirchner, San. Kürten, Aumüller, Frühwirt, Rumswinkel, Becker, Schneegans, R. Thyßen, Kühnhackl
T: Valenti 2, Becker 1
V: Frühwirt 2, Sab. Kürten 1, Wolf 1, Rumswinkel 1
S: Valenti 6, Linde 2, Merkel 2, Schaffrik 2

6. Christmas-Cup 1996
Die deutsche Mannschaft belegte in der Vorrunde den 2. Platz. Damit erreichte die Mannschaft das Finale.

VORRUNDE

83. - 27.12.1996 GER - DEN 4:0 (?)
Königsbrunn, Eishalle der Königstherme; Z: ?; SR: ?; LR: ?
St. Kürten (Maier n.e.) - Schmitten, Sab. Kürten, Oswald (C), Linde, Merkel, R. Thyßen, Kuisle - Valenti, Schaffrik, Pelant, Wierscher, San. Kürten, Aumüller, Frühwirt, Kirchner, Rumswinkel, Becker, Evans, **Michaela Lanzl** (TuS Geretsried), Heußen (Grefrather EV)
T: Frühwirt 2, Valenti 1, Evers 1
V: Lanzl 1
S: keine Angaben

84. - 28.12.1996 GER - SUI 2:0 (0:0, 0:0, 2:0)
Königsbrunn, Eishalle der Königstherme; Z: ?; SR: ?; LR: ?
St. Kürten (Maier n.e.) - Schmitten, Sab. Kürten, Oswald (C), Linde, Merkel, Kuisle - Valenti, Schaffrik, Pelant, Wierscher, San. Kürten, Aumüller, Frühwirt, Kirchner, Rumswinkel, Becker, Evans, R. Thyßen, M. Lanzl, Heußen
T: Valent 1, Becker 1
S: keine Angaben

85. - 29.12.1996 GER - RUS 3:6 (?)
Königsbrunn, Eishalle der Königstherme; Z: ?; SR: ?; LR: ?
St. Kürten (ab ? Maier) - Schmitten, Sab. Kürten, Oswald (C), Linde, Merkel, Kuisle - Valenti, Schaffrik, Pelant, Wierscher, San. Kürten, Aumüller, Frühwirt, Kirchner, Rumswinkel, Becker, Evans, R. Thyßen, M. Lanzl, Heußen
T: M. Lanzl 2, Valenti 1
S: keine Angaben
Valenti erzielte als erste Spielerin 50 Tore.

FINALE

86. - 30.12.1996 GER - RUS 0:8 (0:1, 0:5, 0:2)
Königsbrunn, Eishalle der Königstherme; Z: ?; SR: ?; LR: ?
St. Kürten (Maier n.e.) - Schmitten, Sab. Kürten, Oswald (C), Linde, Merkel, Kuisle - Valenti, Schaffrik, Pelant, Wierscher, San. Kürten, Aumüller, Frühwirt, Kirchner, Rumswinkel, Becker, Evans, R. Thyßen, M. Lanzl, Heußen
S: keine Angaben

4. Weltmeisterschaft 1997

Die deutsche Mannschaft hatte sich nicht qualifiziert. Dazu hätte bei der EM 1996 mindestens der 5. Platz belegt werden müssen.

1997/98

87. - 03.10.1997 CZE - GER 5:4 (0:3, 2:1, 3:0)
Znojmo, Zimní stadion; Z: ?; SR: ?; LR: ?
E. Thyßen (Grefrather EV; St. Kürten (ESG Esslingen) n.e.) - Oswald (TuS Geretsried), Schaffrik (Mannheimer ERC), Linde (ESC Planegg), Kuisle (ERC Sonthofen), Merkel (EV Landshut), McKenzie (DEC Tigers Königsbrunn), **Sabrina Kruck** (TuS Geretsried), **Bettina Tatzel** (EHC Klostersee) - Valenti (Mannheimer ERC), Frühwirt (ESG Esslingen), Becker (Mannheimer ERC), Rumswinkel (ESC Planegg), Wierscher (EC in Hannover), Evers (EC zu Hannover), R. Thyßen (Grefrather EV), M. Lanzl (TuS Geretsried), **Rebekka Marenbach** (TuS Wiehl), **Nina Ritter** (Altonaer SV Hamburg), **Anja Scheytt** (Mannheimer ERC), **Sara Seiler** (ESC Planegg)
T: Kuisle 1, Becker 1, Marenbach 1, Scheytt 1
S: keine Angaben

88. - 04.10.1997 CZE - GER 1:3 (0:1, 0:2, 0:1)
Třebíč, Zimní stadion; Z: 250; SR: ?; LR: ?
St. Kürten, E. Thyßen - Oswald, Schaffrik, Linde, Kuisle, Merkel, McKenzie, Kruck, Tatzel - Valenti, Frühwirt, Becker, Rumswinkel, Wierscher, Evers, R. Thyßen, M. Lanzl, Marenbach, Ritter, Scheytt, Seiler
T: Oswalt 1, Valenti 1, Becker 1
V: Oswald 1, Valenti 1, Schaffrik 1, Kuisle 1, Linde 1
S: keine Angaben, darunter Teamstrafe 2*
* weil die Mannschaft angeblich zum letzten Drittel zu spät aus der Kabine kam

89. - 30.10.1997 GER - NOR 12:0 (5:0, 3:0, 4:0)
Herford, Eishalle im Kleinen Felde; Z: 400; SR: ?; LR: ?
E. Thyßen (St. Kürten n.e.) - Sab. Kürten (ESG Esslingen), Tatzel, Kruck, McKenzie, Linde, Merkel, Schaffrik, Kinza (OSC Berlin) - Valenti, San. Kürten (ESG Esslingen), **Claudia Grundmann** (OSC Berlin), Frühwirt, M. Lanzl, Seiler, Scheytt, Becker, Ritter, Evers, Marenbach
T: 1:0 (12.) Valenti (San. Kürten, Schaffrik) - 2:0 (13.) Becker (Evers) - 3:0 (14.) Valenti (Schaffrik, San. Kürten) - 4:0 (16.) San. Kürten (Valenti, Schaffrik) - 5:0 (19.) Seiler (Scheytt, Valenti) / 6:0 (25.) Becker (Evers, Sab. Kürten) - 7:0 (26.) Becker (---) - 8:0 (35.) Frühwirt (M. Lanzl) / 9:0 (42.) Schaffrik (---) - 10:0 (49.) Valenti (Scheytt, Schaffrik) - 11:0 (51.) M. Lanzl (---) - 12:0 (58.) Valenti (---)
S: Schaffrik 2, Valenti 2, Becker 2

90. - 31.10.1997 GER - NOR 6:0 (2:0, 3:0, 1:0)
Wolfsburg, Eispalast; Z: 250; SR: ?; LR: ?
S. Kürten (E. Thyßen n.e.) - Sab. Kürten, Tatzel, Kruck, McKenzie, Linde, Merkel, Schaffrik, Kinza - Valenti, San. Kürten, Grundmann, Frühwirt, M. Lanzl, Seiler, Scheytt, Becker, Ritter, Evers, Marenbach
T: Becker 2, Schaffrik 2, Evers 2
V: Becker 2, Sab Kürten 1, San. Kürten 1, M. Lanzl 1, Evers 1
S: Tatzel 2, Becker 2

91. - 01.11.1997 GER - NOR 7:0 (1:0, 3:0, 3:0)
Hannover, Eisstadion am Pferdeturm; Z: 1.100; SR: ?; LR: ?
S. Kürten (ab 33:58 E. Thyßen) - Sab. Kürten, Tatzel, Kruck, McKenzie, Linde, Merkel, Schaffrik, Kinza - Valenti, San. Kürten, Grundmann, Frühwirt, M. Lanzl, Seiler, Scheytt, Becker, Ritter, Evers, Marenbach
T: M. Lanzl 2, Frühwirt 1, San. Kürten 1, Becker 1, Valenti 1, Kinza 1
V: Kinza 1, San. Kürten 1
S: Tatzel 2, Becker 2, Evers 2

92. - 25.11.1997 GER - RUS 1:1 (1:0, 0:1, 0:0)
Füssen, BLZ-Arena; Z: 65; SR: ?; LR: ?
St. Kürten (ab 39:56 E. Thyßen) - Sab. Kürten, Tatzel, Kruck, Oswald, Linde, Merkel, Schaffrik, Kuisle - Valenti, Wierscher, San. Kürten, Frühwirt, M. Lanzl, Seiler, Scheytt, Becker, Ritter, Marenbach
T: 1:0 (13:11) Schaffrik (Valenti, San. Kürten)
S: Valenti 4+10 (Disziplinarstrafe), Wierscher 2, Frühwirt 2, Becker 2

93. - 26.11.1997 GER - RUS 1:1 (0:1, 0:0, 1:0)
Füssen, BLZ-Arena; Z: 58; SR: ?; LR: ?
E. Thyßen (St. Kürten n.e.) - Sab. Kürten, Tatzel, Kruck, Oswald, Linde, Merkel, Schaffrik, Kuisle - Valenti, Wierscher, San. Kürten, Frühwirt, M. Lanzl, Seiler, Scheytt, Becker, Ritter, Marenbach
T: 1:1 (56:04) Valenti (Oswald, Schaffrik)
S: Valenti 6, Oswald 4, Merkel 2, Schaffrik 2

Drei-Nationen-Turnier

Die deutsche Mannschaft belegte Platz 1.

94. - 28.11.1997 GER - RUS 2:1 (0:1, 1:0, 1:0)
Geretsried, Heinz-Schneider-Eisstadion; Z: 450; SR: ?; LR: ?
St. Kürten (E. Thyßen n.e.) - Sab. Kürten, Tatzel, Kruck, Oswald, Linde, Merkel, Schaffrik, Kuisle - Valenti, Wierscher, San. Kürten, Frühwirt, M. Lanzl, Seiler, Scheytt, Becker, Ritter, Marenbach
T: 1:1 (26:00.) Valenti (Schaffrik) / 2:1 (46:42) Schaffrik (San. Kürten, Oswald)
S: Kuisle 4, Oswald 2, Schaffrik 2, Wierscher 2, Becker 2

95. - 30.11.1997 GER - SUI 1:1 (0:0, 0:0, 1:1)
Füssen, BLZ-Arena; Z: 150; SR: Dombrowski (SUI); LR: Botsch (GER), Kapp (GER)
St. Kürten (E. Thyßen n.e.) - Sab. Kürten, Tatzel, Kruck, Oswald, Linde, Merkel, Schaffrik, Kuisle - Valenti, Wierscher, San. Kürten, Frühwirt, M. Lanzl, Seiler, Scheytt, Becker, Ritter, Marenbach, Evers
T: 1:0 (55:21) Valenti (Evers)
S: Oswald 2, Valenti 2, Wierscher 2

7. Christmas-Cup 1997

Die deutsche Mannschaft belegte Platz 2.

96. - 26.12.1997 SUI - GER 2:3 (0:2, 1:0, 1:1)
Lyss, Seelandhalle; Z: 357; SR: Llorente (?); LR: Botsch (GER), Kahlert (GER)
St. Kürten (E. Thyßen n.e.) - Sab. Kürten, Tatzel, Oswald, Linde, Schaffrik, Merkel, Wolf (Calgary Oval X-Treme), Kinza, Kuisle - Valenti, Grundmann, Frühwirt, M. Lanzl, Seiler, Scheytt, Becker, Evers, Wierscher, Ritter
T: 0:1 (02:50) Wolf (Grundmann) - 0:2 (08:53) Becker (Evers) / 2:3 (54:13) Valenti (M. Lanzl)
S: Oswald 2, Kinza 2, Valenti 2, Wierscher 2

97. - 27.12.1997 RUS - GER 3:2 (2:0, 1:2, 0:0)
Lyss, Seelandhalle; Z: 150; SR: Dombrowski (SUI); LR: Sidler (SUI), Lischetti (SUI)
St. Kürten (E. Thyßen n.e.) - Sab. Kürten, Tatzel, Oswald, Linde, Schaffrik, Merkel, Wolf, Kinza, Kuisle - Valenti, Grundmann, Frühwirt, M. Lanzl, Seiler, Scheytt, Becker, Evers, Wierscher, Ritter
T: 1:2 (20:10) Valenti (---) - 2:2 (34:56) Becker (---)
S: Valenti 4, Schaffrik 2, Kinza 2

98. - 29.12.1997 JPN - GER 1:2 (0:1, 1:1, 0:0)
Lyss, Seelandhalle; Z: 10; SR: Dombrowski (SUI); LR: Sidler (SUI), Lischetti (SUI)
E. Thyßen (St. Kürten n.e.) - Sab. Kürten, Tatzel, Oswald, Linde, Schaffrik, Merkel, Wolf, Kinza, Kuisle - Valenti, Grundmann, Frühwirt, M. Lanzl, Seiler, Scheytt, Becker, Evers, Wierscher, Ritter
T: 0:1 (12:23) Becker (Kuisle) / 1:2 (35:14) Schaffrik (Valenti, Becker)
S: Sab. Kürten 2, Kinza 2, Valenti 2, Becker 2

99. - 30.12.1997 GER - DEN 2:0 (1:0, 0:0, 1:0)
Lyss, Seelandhalle; Z: 50; SR: Dombrowski (SUI); LR: Botsch (GER), Kahlert (GER)
St. Kürten (E. Thyßen n.e.) - Sab. Kürten, Tatzel, Oswald, Linde, Schaffrik, Merkel, Wolf, Kinza, Kuisle - Valenti, Grundmann, Frühwirt, M. Lanzl, Seiler, Scheytt, Becker, Evers, Wierscher, Ritter
T: 1:0 (10:24) Valenti (---) / 2:0 (57:13) Becker (Valenti, Schaffrik)
S: Schaffrik 2, Kinza 2, Becker 2, Wierscher 2

100. - 02.01.1998 GER - JPN 0:1 (0:0, 0:1, 0:0)
Füssen, BLZ-Arena; Z: 280; SR: ?; LR: ?
E. Thyßen (Maier (DEC Tigers Königsbrunn) n.e.) - Sab. Kürten, Tatzel, Kruck, Oswald, Linde, Merkel, Schaffrik, Kinza, Kuisle - Evers, Ritter, Becker, Scheytt, Seiler, Frühwirt, Grundmann, Wierscher
S: Tatzel 2, Oswald 2, Scheytt 2

101. - 03.01.1998 GER - JPN 2:3 (1:0, 1:1, 0:2)
Königsbrunn, Eishalle der Königstherme; Z: 380; SR: ?; LR: ?
Maier (E. Thyßen n.e.) - Sab. Kürten, Tatzel, Kruck, Oswald, Linde, Merkel, Schaffrik, Kinza, Kuisle - Evers, Ritter, Becker, Scheytt, Seiler, Frühwirt, Grundmann, Wierscher
T: Schaffrik 1, Kuisle 1
V: Kinza 1
S: Becker 2+2+2+2+2, Kruck 2

102. - 04.01.1998 GER - JPN 1:1 (1:0, 0:1, 0:0)
Garmisch-Partenkirchen, Olympia-Eissport-Zentrum; Z: 500; SR: Gröger (GER); LR: ?
Maier (E. Thyßen n.e.) - Sab. Kürten, Tatzel, Kruck, Oswald, Linde, Merkel, Schaffrik, Kinza, Kuisle - Evers, , Becker, Scheytt, Seiler, Frühwirt, Grundmann, Wierscher, M. Lanzl
T: 1:0 (06:47) Grundmann (Kinza, Kuisle)
S: Oswald 4, Linde 2, M. Lanzl 2

18. Olympische Winterspiele 1998 - Damen-Eishockeyturnier

Die deutsche Mannschaft hatte sich nicht für das erstmalige Damenturnier qualifiziert. Dazu hätte bei der WM 1997 mindestens der 5. Platz belegt werden müssen.

Qualifikation zur A-Weltmeisterschaft 1999 - Gruppe B

Die deutsche Mannschaft belegte den 1. Platz und qualifizierte sich für die A-WM 1999

103. - 23.03.1998 GER - DEN 12:0 (1:0, 6:0, 5:0)
Füssen, BLZ-Arena; Z: ?; SR: ?; LR: ?
St. Kürten, E. Thyßen - Sab. Kürten, Oswald, Linde, Merkel (TuS Geretsried), Kinza, Kuisle - Valenti, Wolf, Schaffrik, San. Kürten, Grundmann, Frühwirt, M. Lanzl, Scheytt, Becker, Ritter, Evers, Wierscher
T*: Valenti 7, M. Lanzl 5, Wolf 3, Oswald 3, Frühwirt 3, Becker 2, Evers 1, Schaffrik 1, Grundmann 1
V*: Sab. Kürten 3, Valenti 3, Schaffrik 3, M. Lanzl 2, Wolf 2, Frühwirt 2, Grundmann 2, Evers 2, Scheytt 1, Becker 1, San. Kürten 1, Oswald 1, Merkel 1, Kuisle 1
S*: Valenti 6, Becker 6, Merkel 2, Kuisle 2
* Tore, Vorlagen und Strafen alle drei Spiele
Oswald erzielte als zweite Spielerin 50 Tore.

104. - 24.03.1998 GER - RUS 4:1 (1:0, 2:1, 1:0)
Füssen, BLZ-Arena; Z: ?; SR: ?; LR: ?
St. Kürten, E. Thyßen - Sab. Kürten, Oswald, Linde, Merkel, Kinza, Kuisle - Valenti, Wolf, Schaffrik, San. Kürten, Grundmann, Frühwirt, M. Lanzl, Scheytt, Becker, Ritter, Evers, Wierscher
T, V, S: siehe Spiel 103
Oswald absolvierte als erste Spielerin ihr 100. Länderspiel.

105. - 25.03.1998 GER - FRA 10:0 (2:0, 6:0, 2:0)
Füssen, BLZ-Arena; Z: ?; SR: ?; LR: ?
St. Kürten, E. Thyßen - Sab. Kürten, Oswald, Linde, Merkel, Kinza, Kuisle - Valenti, Wolf, Schaffrik, San. Kürten, Grundmann, Frühwirt, M. Lanzl, Scheytt, Becker, Ritter, Evers, Wierscher
T, V, S: siehe Spiel 103

1998/99

106. - 30.09.1998 GER - CZE 2:2 (1:2, 0:0, 1:0)
Waldkirchen, Karoli-Eissporthalle; Z: 75; SR: Kahlert (GER); LR: Altmann (GER), Lindinger (GER) E. Thyßen (Grefrather EV; **Manuela Hirschbeck** (Augsburger EV) n.e.) - Sab. Kürten (TV Kornwestheim), Kruck (TuS Geretsried), McKenzie (DEC Tigers Königsbrunn), Oswald (TuS Geretsried), Linde (ESC Planegg), Merkel (TuS Geretsried), Kinza (OSC Berlin), Kuisle (ERC Sonthofen) - Valenti (EHC Freiburg), Wierscher (KEV Hannover), Grundmann (OSC Berlin), **Franziska Reindl** (TuS Geretsried), Frühwirt (TV Kornwestheim), Seiler (ESC Planegg), Scheytt (Mannheimer ERC), Becker (Mannheimer ERC), **Nina Ziegenhals** (TuS Wiehl), Ritter (KEV Hannover), Evers (KEV Hannover), **Johanna Merk** (Augsburger EV)
T: 1:0 (12:15) Kuisle (---) / 2:2 (48:01) Valenti (---)
S: Kruck 2, Kuisle 1, Seiler 2
Reindl war die 100. Spielerin mit einem Einsatz in der deutschen Auswahl.

107. - 01.10.1998 GER - CZE 6:2 (1:0, 3:1, 2:1)
Waldkirchen, Karoli-Eissporthalle; Z: 100; SR: Kahlert (GER); LR: Altmann (GER), Lindinger (GER)
Maier (EHC Memmingen; E. Thyßen n.e.) - Sab. Kürten, Kruck, McKenzie, Oswald, Linde, Merkel, Kinza, Kuisle - Valenti, Wierscher, Grundmann, Frühwirt, Scheytt, Becker, Ziegenhals, Ritter, Evers, Merk, San. Kürten (TV Kornwestheim), Rumswinkel (ESC Planegg)
T: 1:0 (15:06) Kuisle (Becker) / 2:0 (28:16) Grundmann (Ziegenhals, Valenti) - 3:1 (29:40) Rumswinkel (---) - 4:1 (33:33) Rumswinkel (Becker) / 5:1 (41:29) Valenti (San. Kürten, Linde) - 6:2 (55:47) Sab. Kürten (Evers, San. Kürten)
S: Scheytt 2

108. - 02.10.1998 GER - CZE 6:0 (4:0, 1:0, 1:0)
Waldkirchen, Karoli-Eissporthalle; Z: 150; SR: Drews (GER); LR: Altmann (GER), Lindinger (GER)
Hirschbeck (Maier n.e.) - Sab. Kürten, Kruck, McKenzie, Oswald, Linde, Merkel, Kinza, Kuisle - Valenti, Wierscher, Grundmann, Frühwirt, Scheytt, Becker, Ziegenhals, Ritter, Evers, Merk, San. Kürten, Rumswinkel
T: 1:0 (00:58) Becker (Frühwirt) - 2:0 (01:16) Evers (San. Kürten, Wierscher) - 3:0 (08:59) Scheytt (Valenti, Merk) - 4:0 (11:27) Linde (Valenti, San. Kürten) / 5:0 (26:15) Wierscher (Sab. Kürten, Merkel) / 6:0 (54:24) Becker (Kinza)
S: Valenti 4, Wierscher 2, Rumswinkel 2

109. - 24.11.1998 GER - SWE 4:2 (2:0, 1:1, 1:1)
Füssen, BLZ-Arena; Z: ?; SR: ?; LR: ?
Hirschbeck (Maier n.e.) - Sab. Kürten, Kruck, McKenzie, Oswald, Linde, Merkel, Kinza, Kuisle - Valenti, Schaffrik (Mannheimer ERC), Wierscher, Grundmann, Frühwirt, M. Lanzl (TuS Geretsried), Rumswinkel, Scheytt, Becker, Ritter, Evers, Merk
T: Sab. Kürten 1, Wierscher 1, Grundmann 1, Frühwirt 1
V: Oswald 1, M. Lanzl 1, Becker 1, Evers 1
S: Merkel 2, Kuisle 2, Valenti 2, Grundmann 2, Becker 2, Evers 2

110. - 25.11.1998 GER - SWE 4:1 (2:0, 2:1, 0:0)
Füssen, BLZ-Arena; Z: ?; SR: ?; LR: ?
Hirschbeck (Maier n.e.) - Sab. Kürten, Kruck, McKenzie, Oswald, Linde, Merkel, Kinza, Kuisle - Valenti, Schaffrik, Wierscher, Grundmann, Frühwirt, M. Lanzl, Rumswinkel, Scheytt, Becker, Ritter, Evers, Merk
T: Schaffrik 1, Wierscher 1, Frühwirt 1, Becker 1
V: Valenti 2, Schaffrik 1, Wierscher 1, Grundmann 1, M. Lanzl 1
S: Oswald 2, Merkel 2, Valenti 2, Becker 2

Vier-Nationen-Turnier
Die deutsche Mannschaft belegte Platz 2.
111. - 27.11.1998 GER - FIN 0:6 (0:3, 0:1, 0:2)
Sonthofen, Eissporthalle; Z: 383; SR: ?; LR: ?
St. Kürten (TV Kornwestheim; Maier n.e.) - Sab. Kürten, Kruck, McKenzie, Oswald, Linde, Merkel, Kinza, Kuisle - Valenti, Schaffrik, Wierscher, Grundmann, Frühwirt, M. Lanzl, Rumswinkel, Scheytt, Becker, Ritter, Evers, Merk
S: Kinza 2, Valenti 2, Wierscher 2, Becker 2

112. - 28.11.1998 GER - SWE 4:2 (1:1, 2:1, 1:0)
Füssen, BLZ-Arena; Z: ?; SR: ?; LR: ?
Maier (Hirschbeck n.e.) - Sab. Kürten, Kruck, McKenzie, Oswald, Linde, Merkel, Kinza, Kuisle - Valenti, Schaffrik, Wierscher, Grundmann, Frühwirt, M. Lanzl, Rumswinkel, Scheytt, Becker, Ritter, Evers, Merk
T: Becker 2, Frühwirt 1, Rumswinkel 1
V: Oswald 1, Linde 1, Kinza 1, Grundmann 1, M. Lanzl 1, Rumswinkel 1
S: Kinza 2, Valenti 2, Frühwirt 2

113. - 29.11.1998 GER - SUI 3:1 (1:1, 1:0, 1:0)
Füssen, BLZ-Arena; Z: 150; SR: ?; LR: ?
St. Kürten (Maier n.e.) - Sab. Kürten, Kruck, McKenzie, Oswald, Linde, Merkel, Kinza, Kuisle - Valenti, Schaffrik, Wierscher, Grundmann, Frühwirt, M. Lanzl, Rumswinkel, Scheytt, Becker, Ritter, Evers, Merk
T: 1:1 (6.) Becker (Valenti) / 2:1 (31.) Becker (Rumswinkel) / 3:1 (59.) Schaffrik (Becker)
S: Sab. Kürten 2, Oswald 2, Valenti 2

8. Christmas-Cup 1998
Die deutsche Mannschaft belegte Platz 2.

114. - 25.12.1998 GER - CAN (u22) 1:3 (0:2, 1:0, 0:1)
Unna, Eissporthalle am Ligusterweg; Z: 350; SR: ?; LR: ?
Wartosch-Kürten (geb. St. Kürten; E. Thyßen n.e.) - Schmitten (TuS Wiehl), Sab. Kürten, Kruck, Oswald, Linde, Merkel, Schaffrik, Kinza - Valenti, Wierscher, San. Kürten, Grundmann, Frühwirt, M. Lanzl, Rumswinkel, Scheytt, Becker, Ritter, Evers, **Nina Gall** (KEV Hannover)
T: 1:2 (30:53) Evers (---)
S: Becker 4, Oswald 2, Linde 2

115. - 27.12.1998 GER - SUI 2:2 (0:0, 0:1, 2:1)
Unna, Eissporthalle am Ligusterweg; Z: 350; SR: ?; LR: ?
Wartosch-Kürten (E. Thyßen n.e.) - Schmitten, Sab. Kürten, Kruck, Oswald, Linde, Merkel, Schaffrik, Kinza - Valenti, Wierscher, San. Kürten, Grundmann, Frühwirt, M. Lanzl, Rumswinkel, Scheytt, Becker, Ritter, Evers, Gall
T: 1:1 (48:17) Becker (Rumswinkel) - 2:1 (58:14) Sab. Kürten (Becker, Valenti)
S: Becker 4, Evers 2
Schaffrik absolvierte als zweite Spielerin ihr 100. Länderspiel.

116. - 28.12.1998 GER - CAN (u22) 1:3 (0:0, 1:1, 0:2)
Unna, Eissporthalle am Ligusterweg; Z: 405; SR: ?; LR: ?
Wartosch-Kürten (E. Thyßen n.e.) - Schmitten, Sab. Kürten, Kruck, Oswald, Linde, Merkel, Schaffrik, Kinza - Valenti, Wierscher, San. Kürten, Grundmann, Frühwirt, M. Lanzl, Rumswinkel, Scheytt, Becker, Ritter, Evers, Gall
T: 1:0 (25:25) M. Lanzl (---)
S: Linde 2

117. - 30.12.1998 GER - SUI 1:0 (0:0, 0:0, 1:0)
Unna, Eissporthalle am Ligusterweg; Z: 100; SR: ?; LR: ?
Wartosch-Kürten (E. Thyßen n.e.) - Schmitten, Sab. Kürten, Kruck, Oswald, Linde, Merkel, Schaffrik, Kinza - Valenti, Wierscher, San. Kürten, Grundmann, Frühwirt, M. Lanzl, Rumswinkel, Scheytt, Becker, Ritter, Evers, Gall
T: 1:0 (48:53) M. Lanzl (Schmitten, Valenti)
S: Schmitten 2, Oswald 2, Kinza 2, Gall 2
Valenti absolvierte als dritte Spielerin ihr 100. Länderspiel.

B - 14.02.1999 FRA (A) - GER (B*) 6:2 (0:1, 3:0, 3:1)
* kein offizielles B-Länderspiel, eigentlich eine Auswahl Baden-Württembergs
Colmar, Patinoire; Z: 200; SR: ?; LR: ?
Alexandra Scherer (EC Stuttgart; ab 40:01 **Tammy Sachse** (TV Kornwestheim)) - **Miriam Behnke** (TV Kornwestheim), **Linda Bohlig** (ESV Hügelsheim) - **Tanja Dinkelacker** (SC Bietigheim-Bissingen), **Sandra Kunzmann** (ESG Esslingen) - Sab. Kürten, **Denise Wessinger** (TV Kornwestheim) - **Rita Tousovsky** (TV Pforzheim) - **Karine Dufrene*** (?), Frühwirt, **Anna Hartmann** (ESV Hügelsheim) - **Stephanie Ohajun*** (?), **Jutta Rund** (ESV Hügelsheim), **Ulrike Tepper** (TV Pforzheim) - San. Kürten
* französische Gastspielerinnen
T: 0:1 (00:58) Frühwirt (Sab.Kürten) / 6:2 (52:23) San.Kürten (Sab.Kürten)
S: Bohlig 2

118. - 03.03.1999 SWE - GER 6:3 (3:0, 1:2, 2:1)
Stockholm, Ulriksdalshallen; Z: 262; SR: Zättström (SWE); LR: Löfqvist (SWE), Dählin (SWE)
Wartosch-Kürten (E. Thyßen n.e.) - Sab. Kürten, Kruck, Oswald, Linde, Merkel, Schaffrik, Kinza, Kuisle - Valenti, Wierscher, Frühwirt, M. Lanzl, Rumswinkel, Scheytt, Becker, Ritter, Evers, **Westrich (geb. San. Kürten)**
T: Schaffrik 1, Valenti 1, Evers 1
V: Sab. Kürten 1, Oswald 1, Valenti 1, Becker 1
S: Kinza 4, Valenti 4, Linde 2, Wierscher 2, Becker 2

5. A-Weltmeisterschaft 1999

Die deutsche Mannschaft belegte in ihrer Vorrundengruppe den 3. Platz. Damit verpasste die Mannschaft das Halbfinale. Am Ende belegte das Team den 7. Platz.

VORRUNDE - GRUPPE B

119'. - 08.03.1999 FIN - GER 9:0 (3:0, 1:0, 5:0)
Espoo, LänsiAuto Areena; Z: 3.046; SR: Zenk (CAN); LR: Nonås (NOR), Vörös (HUN)
Wartosch-Kürten (ab 36:37 E. Thyßen) - Merkel, Oswald (C) - Sab. Kürten, Linde - Kinza, Kuisle - Westrich, Valenti, Schaffrik - Evers, Becker, Scheytt - M. Lanzl, Frühwirt, Rumswinkel - Wierscher, Kruck
S: Merkel 4, Kinza 2, Kuisle 2, Frühwirt 2, Teamstrafe 2 (dafür Wierscher auf der Strafbank)

120'. - 09.03.1999 GER - CAN 0:13 (0:4, 0:6, 0:3)
Espoo, LänsiAuto Areena; Z: 458; SR: Kale (USA); LR: Vörös (HUN), Eržinová (SVK)
Wartosch-Kürten (ab 31:16 E. Thyßen) - Merkel, Oswald (C) - Linde, Sab. Kürten - Kuisle, Kinza - Westrich, Valenti, Schaffrik - Scheytt, Becker, Evers - Kruck, Grundmann, Wierscher - M. Lanzl, Frühwirt, Rumswinkel
S: Linde 2, M. Lanzl 2, Frühwirt 2, Becker 2

121'. - 11.03.1999 SUI - GER 4:5 (1:1, 0:2, 3:2)
Vantaa, Jäähalli; Z: 320; SR: Knight (USA); LR: Nonås (NOR), Vanderhorst (CAN)
Wartosch-Kürten (E. Thyßen n.e.) - Oswald (C), Merkel - Sab. Kürten, Linde - Kuisle, Kinza - Schaffrik, Valenti, Wierscher - Frühwirt, Becker, Scheytt - M. Lanzl, Evers, Rumswinkel - Kruck, Westrich
T: 1:1 (18:56) M. Lanzl (---) / 1:2 (24:08) Schaffrik (Valenti) - 1:3 (25:35) Becker (Oswald, Valenti) / 1:4 (42:53) M. Lanzl (Sab. Kürten) - 1:5 (43:14) Oswald (---)
S: Becker 2, Oswald 2, Scheytt 2, Linde 2, Kinza 2, Valenti 2

SPIEL UM DIE PLÄTZE 5-8

122'. - 12.03.1999 GER - RUS 2:6 (0:1, 1:1, 1:4)
Vantaa, Jäähalli; Z: ?; SR: Knight (USA); LR: Majapuro (FIN), Vanderhorst (CAN)
Wartosch-Kürten (E. Thyßen n.e.) - Merkel, Oswald (C) - Linde, Sab. Kürten - Kinza, Kuisle - Wierscher, Valenti, Schaffrik - Frühwirt, Becker, Scheytt - M. Lanzl, Evers, Rumswinkel - Kruck, Grundmann, Westrich
T: 1:1 (26:32) Valenti (Wierscher, Schaffrik) / 2:5 (50:56) Evers (Kinza, Rumswinkel)
S: Sab. Kürten 2, Evers 2

SPIEL UM PLATZ 7
123'. - 14.03.1999 SUI - GER 0:3 (0:0, 0:1, 0:2)
Vantaa, Jäähalli; Z: 55; SR: Knight (USA); LR: Konstantinova (RUS), Vanderhorst (CAN)
Wartosch-Kürten (E. Thyßen n.e.) - Oswald (C), Merkel - Sab. Kürten, Linde - Kinza, Kuisle - Schaffrik, Valenti, Grundmann - Evers, Becker, Scheytt – Wierscher, Westrich, Kruck - Rumswinkel, Frühwirt, M. Lanzl
T: 0:1 (35:10) Schaffrik (Valenti, Wartosch-Kürten) / 0:2 (47:55) Frühwirt (M. Lanzl, Evers) - 0:3 (58:55) M. Lanzl (---)
S: Frühwirt 2, Kuisle 2, Linde 2, Schaffrik 2, Becker 2

1999/00

124. - 02.10.1999 CZE - GER 0:3 (0:1, 0:1, 0:1)
Mariánské Lázně, Zimní stadion; Z: ?; SR: ?; LR: ?
E. Thyßen (Grefrather EV; Maier (EHC Memmingen) n.e.) - **Christine Berndaner** (TuS Geretsried), Oswald (TuS Geretsried), Linde (ESC Planegg), Merkel (TuS Geretsried), Schaffrik (Mannheimer ERC), Kinza (OSC Berlin), Kuisle (ERC Sonthofen 1999), McKenzie (ESC Planegg) - Valenti (Mannheimer ERC), Gall (KEV Hannover), Wierscher (TuS Wiehl), Grundmann (OSC Berlin), Frühwirt (TV Kornwestheim), M. Lanzl (TuS Geretsried), Seiler (ESC Planegg), Rumswinkel (ESC Planegg), Scheytt (Mannheimer ERC), Becker (Mannheimer ERC), Ritter (Altonaer SV Hamburg), Merk (DEC Tigers Königsbrunn)
T: 0:1 (?) Valenti (Rumswinkel) / 0:2 (?) M. Lanzl (---) / 0:3 (?) Scheytt (Merkel)
S: Merkel 4, Kuisle 2, Frühwirt 2, Becker 2

125. - 03.10.1999 CZE - GER 3:5 (0:0, 2:2, 1:3)
Karlovy Vary, Zimní stadion; Z: ?; SR: Bolina (CZE): LR: Pouzar (CZE), Zikova (CZE)
Maier (E. Thyßen n.e.) - Berndaner, Oswald, Linde, Merkel, Schaffrik, Kinza, Kuisle, McKenzie - Valenti, Gall, Wierscher, Grundmann, Frühwirt, M. Lanzl, Seiler, Rumswinkel, Scheytt, Becker, Ritter, Merk
T: M. Lanzl 2, Kuisle 1, Grundmann 1, Becker 1
V: Linde 1, Kinza 1, Grundmann 1, Rumswinkel 1, Becker 1
S: Berndaner 2, Linde 2, Schaffrik 2, Frühwirt 2, Becker 2

126. - 26.11.1999 GER - SUI 1:2 (1:1, 0:1, 0:0)
Füssen, BLZ-Arena; Z: ?; SR: Bandlofsky (GER); LR: ?
E. Thyßen (Maier n.e.) - Ziegenhals (TuS Wiehl), Berndaner, Oswald (C), Linde, Merkel, **Jana Schreckenbach** (Tappara Tampere), Schaffrik, Kinza, Kuisle - Valenti, Wierscher, Grundmann, Frühwirt, M. Lanzl, Rumswinkel, Scheytt, Becker, Ritter, Evers (KEV Hannover), Gall
T: 1:1 (07:27) Frühwirt (Schreckenbach)
S: Ziegenhals 2, Oswald 2, Merkel 2, Kinza 2, Wierscher 2

127. - 27.11.1999 GER - SUI 1:0 (0:0, 1:0, 0:0)
Füssen, BLZ-Arena; Z: 100; SR: Bandlofsky (GER); LR: ?
Maier (E. Thyßen n.e.) - Ziegenhals, Berndaner, Oswald (C), Linde, Merkel, Schreckenbach, Schaffrik, Kinza, Kuisle - Valenti, Wierscher, Grundmann, Frühwirt, M. Lanzl, Rumswinkel, Scheytt, Becker, Ritter, Evers, Gall
T: 1:0 (23:34) Linde (Rumswinkel, Becker)
S: Valenti 4, Kuisle 2, Scheytt 2

128. - 28.11.1999 GER - SUI 9:2 (1:1, 2:1, 6:0)
Füssen, BLZ-Arena; Z: ?; SR: Bandlofsky (GER); LR: ?
E. Thyßen (ab 46:10 Maier) - Ziegenhals, Berndaner, Oswald (C), Linde, Merkel, Schreckenbach, Schaffrik, Kinza, Kuisle - Valenti, Wierscher, Grundmann, Frühwirt, M. Lanzl, Rumswinkel, Scheytt, Becker, Ritter, Evers, Gall
T: 1:0 (07:25) Oswald (Becker) / 2:2 (27:55) M. Lanzl (Evers) - 3:2 (32:33) Frühwirt (M. Lanzl) / 4:2 (42:46) Grundmann (---) - 5:2 (42:55) Merkel (Scheytt, Oswald) - 6:2 (46:09) Scheytt (---) - 7:2 (55:32) Valenti (Oswald, Ritter) - 8:2 (57:01) Frühwirt (Ziegenhals) - 9:2 (58:36) Becker (Valenti, Berndaner)
S: Oswald 2, Kinza 2, Frühwirt 2

9. Christmas-Cup 1999
Die deutsche Mannschaft belegte in der Vorrunde den 3. Platz. Damit erreichte die Mannschaft das Spiel um Platz 3.

VORRUNDE

129. - 27.12.1999 GER - CZE 9:0 (2:0, 4:0, 3:0)
Füssen, BLZ-Arena; Z: ?; SR: ?; LR: ?
Hirschbeck (Augsburger EV; Maier n.e.) - Kruck (TuS Geretsried), Kinza - Merkel, Oswald - Linde - Ziegenhals - Rumswinkel, Wolf (University of Maine), Grundmann - Scheytt, Becker, Schaffrik - Frühwirt, Evers, M. Lanzl - Wierscher, Ritter, Gall
T: 1:0 (03:41) M. Lanzl (Evers) - 2:0 (05:29) Scheytt (Becker) / 3:0 (25:16) Merkel (Wierscher) - 4:0 (28:07) Frühwirt (Evers, Wolf) - 5:0 (33:02) Rumswinkel (---) - 6:0 (36:00) Wolf (---) / 7:0 (45:21) Grundmann (Ritter) - 8:0 (53:02) Evers (---) / 9:0 (54:15) Wolf (Kinza)
V: Ziegenhals 1, Grundmann 1 - nicht zuordbar
S: Oswald 2, Frühwirt 2

130. - 28.12.1999 GER - SUI 0:1 (0:1, 0:0, 0:0)
Füssen, BLZ-Arena; Z: ?; SR: ?; LR: ?
Maier (Hirschbeck n.e.) - Ziegenhals, Kruck, Oswald, Linde, Merkel, Kinza, Kuisle - Evers, Wierscher, Wolf, Grundmann, Frühwirt, M. Lanzl, Rumswinkel, Scheytt, Becker, Schaffrik, Ritter, Gall
S: Merkel 2, Wolf 2, Becker 2

131. - 29.12.1999 GER - USA (B) 1:13 (0:6, 1:4, 0:3)
Füssen, BLZ-Arena; Z: ?; SR: ?; LR: ?
Wartosch-Kürten (TV Kornwestheim; ab 22:37 Hirschbeck) - Ziegenhals, Kruck, Oswald, Linde, Merkel, Kinza, Kuisle - Evers, Wierscher, Wolf, Grundmann, Frühwirt, M. Lanzl, Rumswinkel, Scheytt, Becker, Schaffrik, Ritter, Gall
T: 1:? (?) Evers (M. Lanzl)
S: Oswald 4, Kruck 2, Kuisle 2

SPIEL UM PLATZ 3

132. - 30.12.1999 GER - CZE 6:0 (2:0, 1:0, 3:0)
Füssen, BLZ-Arena; Z: ?; SR: ?; LR: ?
Hirschbeck (ab 30:15 Maier) - Ziegenhals, Kruck, Oswald, Linde, Merkel, Kuisle - Evers, Wierscher, Wolf, Grundmann, Frühwirt, M. Lanzl, Rumswinkel, Scheytt, Becker, Schaffrik, Ritter, Gall
T: M. Lanzl 2, Rumswinkel 1, Becker 1, Wierscher 1, Wolf 1
V: Oswald 1, Linde 1, Evers 1
S: Oswald 2, Frühwirt 2, Gall 2, Kuisle 2

Vier-Nationen-Turnier
Die deutsche Mannschaft belegte Platz 3.

133. - 10.02.2000 GER - SUI 2:0 (0:0, 2:0, 0:0)
Füssen, BLZ-Arena; Z: ?; SR: Haanpää (FIN); LR: ?
Hirschbeck (E. Thyßen n.e.) - Ziegenhals, Kruck, Oswald, Linde, Merkel, Kinza, Kuisle - Valenti, Wierscher, Wolf, Grundmann, Frühwirt, M. Lanzl, Rumswinkel, Becker, Schaffrik, Ritter, Evers, Gall
T: 1:0 (22:39) Wierscher (Ritter) - 2:0 (33:04) Rumswinkel (Becker)
S: Ziegenhals 2+10 (Disziplinarstrafe), Merkel 4, Becker 2

134. - 11.02.2000 FIN (u22) - GER 4:2 (1:1, 1:0, 2:1)
Füssen, BLZ-Arena; Z: ?; SR: ?; LR: ?
Maier (E. Thyßen n.e.) - Ziegenhals, Kruck, Oswald, Linde, Merkel, Kinza, Kuisle - Valenti, Wierscher, Wolf, Grundmann, Frühwirt, M. Lanzl, Rumswinkel, Becker, Schaffrik, Ritter, Evers, Gall
T: 1:1 (15.) Evers (Valenti) / 3:2 (55.) Frühwirt (Wolf)
S: Ziegenhals 2, Kruck 2, Kinza 2, Valenti 2, Wierscher 2, Wolf 2, Rumswinkel 2, Becker 2

135'. - 12.02.2000 GER - CAN (u22) 0:3 (0:2, 0:1, 0:0)
Geretsried, Heinz-Schneider-Eisstadion; Z: 500; SR: ?; LR: Schreiber (GER), Kirschner (GER)
E. Thyßen (Hirschbeck n.e.) - Merkel, Ziegenhals - Oswald (C), Linde - Kruck, Kinza - Kuisle - Wolf, Gall, Rumswinkel - Ritter, Frühwirt, Grundmann - Wierscher, Schaffrik, Evers - Becker, Valenti, M. Lanzl
S: Evers 2, Oswald 2, Becker 2, Grundmann 2

136. - 13.02.2000 GER - CAN (u22) 3:10 (1:1, 1:4, 1:5)
Füssen, BLZ-Arena; Z: ?; SR: ?; LR: ?
Hirschbeck (Maier n.e.) - Ziegenhals, Kruck, Oswald, Linde, Merkel, Kinza, Kuisle - Valenti, Wierscher, Wolf, Grundmann, Frühwirt, Becker, Schaffrik, Ritter, Evers, Gall, Scheytt
T: 1:1 (19:45) Oswald (Merkel) / 2:4 (30:43) Becker (Linde) / 2:9 (54:48) Kinza (Becker)
S: Oswald 4, Merkel 2, Grundmann 2, Becker 2, Teamstrafe 2

137. - 14.03.2000 GER - FRA 5:2 (1:1, 4:1, 0:0)
Füssen, BLZ-Arena; Z: ?; SR: ?; LR: ?
E. Thyßen (ab 30:29 Maier) - Ziegenhals, Kruck, Oswald, Linde, Merkel, Kinza, Kuisle - Valenti, Wierscher, Wolf, Grundmann, Frühwirt, Becker, Schaffrik, Ritter, Evers, Gall, Scheytt
T: Valenti 2, Wolf 2, Wierscher 1
V: Oswald 1, Kinza 1, Grundmann 1
S: Ziegenhals 2, Merkel 2, Valenti 2

138. - 29.03.2000 CAN - GER 10:0 (5:0, 2:0, 3:0)
Kitchener, Memorial Auditorium; Z: 1.160; SR: ?; LR: ?
Wartosch-Kürten (Maier n.e.) - Ziegenhals, Oswald, Linde, Kruck, Kuisle - Valenti, Gall, Evers, Wierscher, Grundmann, Frühwirt, M. Lanzl, Rumswinkel, Wolf, Scheytt, Becker, Schaffrik, Ritter
S: Oswald 2, Schaffrik 2, Valenti 2, Becker 2

6. A-Weltmeisterschaft 2000
Die deutsche Mannschaft belegte in ihrer Vorrundengruppe den 4. Platz. Damit verpasste die Mannschaft das Halbfinale. Am Ende belegte das Team den 7. Platz.

VORRUNDE - GRUPPE B

139. - 03.04.2000 USA - GER 16:1 (5:1, 4:0, 7:0)
Barrie, Molson Centre; Z: ?; SR: Hirvonen (FIN); LR: Konstantinova (RUS), Lischetti (SUI)
Wartosch-Kürten (ab 30:05 Hirschbeck) - Ziegenhals, Oswald, Linde, Kruck, Kuisle - Rumswinkel, Wolf, Scheytt, Ritter, M. Lanzl, Frühwirt, Grundmann, Gall, Evers, Wierscher, Becker, Schaffrik, Valenti
T: ?:1 (15:03) Scheytt (Rumswinkel, Valenti)
S: Oswald 4, Kruck 2, Becker 2

140. - 04.04.2000 GER - FIN 1:4 (0:2, 1:1, 0:1)
Mississauga, Hershey Centre; Z: ?; SR: Palm (CAN); LR: Bissonette (CAN), Hujdušová (SVK)
Hirschbeck (Wartosch-Kürten n.e.) - Ziegenhals, Oswald, Linde, Kruck, Kuisle - Rumswinkel, Wolf, Scheytt, Ritter, M. Lanzl, Frühwirt, Grundmann, Gall, Evers, Wierscher, Becker, Schaffrik, Valenti
T: 1:0 (35:56) Valenti (---)
S: Kuisle 4, Linde 2, Scheytt 2, Becker 2

141. - 06.04.2000 GER - RUS 2:7 (0:1, 1:3, 1:3)
Oshawa, Civic Centre; Z: 1.409; SR: Knight (USA); LR: Piacentini (USA), MacKenzie (USA)
Hirschbeck (ab 30:01 Wartosch-Kürten) - Ziegenhals, Oswald, Linde, Kruck, Kuisle - Rumswinkel, Wolf, Scheytt, Ritter, M. Lanzl, Frühwirt, Grundmann, Gall, Evers, Wierscher, Becker, Schaffrik, Valenti
T: Oswald 1, Valenti 1
V: Scheytt 1, Evers 1, Becker 1
S: M. Lanzl 4, Oswald 2, Linde 2, Schaffrik 2, Frühwirt 2

SPIEL UM DIE PLÄTZE 5-8

142. - 07.04.2000 GER - CHN 0:3 (0:0, 0:3, 0:0)
Mississauga, Hershey Centre; Z: 3.303; SR: Palm (CAN); LR: Piacentini (USA), MacKenzie (USA)
Hirschbeck (Wartosch-Kürten n.e.) - Ziegenhals, Oswald, Linde, Kruck, Kuisle - Rumswinkel, Wolf, Scheytt, Ritter, M. Lanzl, Frühwirt, Grundmann, Gall, Evers, Wierscher, Becker, Schaffrik, Valenti
S: Schaffrik 2, Scheytt 2, M. Lanzl 2, Valenti 2

SPIEL UM PLATZ 7

143. - 09.04.2000 GER - JPN 3:2 (0:0, 2:1, 0:1, 0:0, 1:0) OT (10 min.) und PS
Mississauga, Iceland; Z: ?; SR: Hirvonen (FIN); LR: Lischetti (SUI), Hujdušová (SVK)
Hirschbeck (Wartosch-Kürten im Penaltyschießen eingewechselt) - Ziegenhals, Oswald, Linde, Kruck, Kuisle - Rumswinkel, Wolf, Scheytt, Ritter, M. Lanzl, Frühwirt, Grundmann, Gall, Evers, Wierscher, Becker, Schaffrik, Valenti
T: 1:0 (34:48) Kruck (Valenti, Oswald) - 2:0 (35:50) Becker (Valenti) / 3:0 3:2 (65:00) Wolf (GWS)
PS: 1:0 Wolf (GWS) im achten Penalty
S: Schaffrik 2, Kuisle 2, Becker 2

2000/01

144. - 29.09.2000 GER - CZE 0:3 (0:1, 0:2, 0:0)
Pfronten, Eisstadion; Z: ?; SR: ?; LR: ?
E. Thyßen (Grefrather EV; **Pfreundschuh (geb. Spanihel;** Mannheimer ERC) n.e.) - Kinza (OSC Berlin), Kuisle (ERC Sonthofen 1999), Ziegenhals (KEV Hannover), Linde (Mannheimer ERC), Merkel (TuS Geretsried), Berndaner (TuS Geretsried), Kruck (TuS Geretsried), Schreckenbach (Mannheimer ERC) - Oswald (TuS Geretsried), Scheytt (Mannheimer ERC), Frühwirt (TV Kornwestheim), Becker (Mannheimer ERC), Reindl (TuS Geretsried), **Sabrina Rörig** (OSC Berlin), Gall (EC Bergkamener Bären), Wierscher (EC Bergkamener Bären), **Nicole Moller** (EHC Memmingen), Evers (KEV Hannover), Rumswinkel (ESC Planegg), Ritter (Veddige HK), Grundmann (OSC Berlin)
S: 5 x 2 Minuten, darunter Oswald 2, Frühwirt 2, Linde 2, Ziegenhals 2, Rumswinkel 2

145. - 30.09.2000 GER - CZE 1:3 (0:1, 0:1, 1:1)
Füssen, BLZ-Arena; Z: 150; SR: ?; LR: ?
Pfreundschuh (E. Thyßen n.e.) - Ziegenhals, Merkel, Linde, R. Thyßen (Grefrather EV), Berndaner, Kinza, Kuisle, **Susanne Fellner** (TV Kornwestheim) - Frühwirt, Ritter, Grundmann, Moller, Oswald, Scheytt, Schaffrik (Mannheimer ERC), Gall, Wierscher, Becker, **Romy Hübner** (OSC Berlin), Reindl, Rörig
T: 1:3 (?) Frühwirt (Schaffrik)
S: Becker 4, Reindl 4, Ziegenhals 2, Scheytt 2, Berndaner 2, Merkel 2

146. - 01.10.2000 GER - CZE 4:0 (1:0, 2:0, 1:0)
Füssen, BLZ-Arena; Z: 100; SR: ?; LR: ?
E. Thyßen (ab ? Pfreundschuh) - Merkel, Schreckenbach, R. Thyßen, Kruck, Kinza, S. Fellner, Berndaner, Kuisle - Rumswinkel, Ritter, Grundmann, Moller, Scheytt, Oswald, Gall, Evers, Wierscher, Becker, Hübner, Reindl, Rörig
T: 1:0 (?) Rumswinkel (---) / 2:0 (?) Oswald (Grundmann, Scheytt) - 3:0 (?) Ritter (Gall) / 4:0 (?) Grundmann (---)
S: Scheytt 10 (Disziplinarstrafe), Gall 2

Drei-Nationen-Turnier
Die deutsche Mannschaft belegte Platz 3.

147. - 08.11.2000 GER - CAN (u22) 1:8 (0:2, 1:3, 0:3)
Zuchwil, Sportzentrum; Z: ?; SR: ?; LR: ?
Pfreundschuh (Wartosch-Kürten (TV Kornwestheim) n.e.) - R. Thyßen, Merkel, Ziegenhals, Linde, Kinza, Kuisle, Berndaner, S. Fellner - Scheytt, Moller, Oswald, M. Lanzl (TuS Geretsried), Frühwirt, Grundmann, Schaffrik, Gall, Evers, Wierscher, Becker, Merk (DEC Tigers Königsbrunn)
T: 1:5 (24:47) Frühwirt (Becker)
S: Berndaner 4, Ziegenhals 2

148. - 09.11.2000 SUI - GER 2:0 (0:0, 1:0, 1:0)
Zuchwil, Sportzentrum; Z: 200; SR: Stöckli (SUI); LR: Lischetti (SUI), Botsch (GER)
Wartosch-Kürten (Pfreundschuh n.e.) - R. Thyßen, Merkel, Ziegenhals, Linde, Kinza, Kuisle, Berndaner, S. Fellner - Scheytt, Moller, Oswald, M. Lanzl, Frühwirt, Grundmann, Schaffrik, Gall, Evers, Wierscher, Becker, Merk
S: Frühwirt 2, Merkel 2, Schaffrik 2, Gall 2, Ziegenhals 2, Oswald 2, R. Thyßen 2
Kuisle absolvierte als vierte Spielerin ihr 100. Länderspiel.

149. - 10.11.2000 GER - CAN (u22) 1:6 (1:2, 0:3, 0:1)
Zuchwil, Sportzentrum; Z: ?; SR: ?; LR: ?
Wartosch-Kürten (Pfreundschuh n.e.) - R. Thyßen, Merkel, Ziegenhals, Linde, Kuisle, Berndaner, S. Fellner - Scheytt, Moller, Oswald, M. Lanzl, Frühwirt, Grundmann, Schaffrik, Gall, Evers, Wierscher, Becker, Merk, **Jenny Friede** (OSC Berlin)
T: 1:1 (15:37) Becker (Schaffrik)
S: Oswald 2, Kuisle 2

150. - 12.11.2000 SUI - GER 1:0 (0:0, 0:0, 1:0)
Zuchwil, Sportzentrum; Z: ?; SR: ?; LR: ?
Pfreundschuh (Wartosch-Kürten n.e.) - R. Thyßen, Merkel, Ziegenhals, Linde, Kinza, Kuisle, Berndaner, S. Fellner - Scheytt, Moller, Oswald, M. Lanzl, Frühwirt, Grundmann, Schaffrik, Gall, Evers, Wierscher, Becker, Merk
S: Becker 6, Merkel 2, Schaffrik 2

151. - 14.11.2000 GER - CHN 2:2 (0:0, 1:2, 1:0)
Füssen, BLZ-Arena; Z: ?; SR: ?; LR: ?
Pfreundschuh (ab 40:01 Wartosch-Kürten) - Merkel, Berndaner, Kinza, Kruck, S. Fellner, Linde, Kuisle - Oswald, Frühwirt, Gall, Wierscher, Schaffrik, Grundmann, Scheytt, Becker, Ritter, M. Lanzl, Evers
T: 1:2 (34:57) Kuisle (Becker) / 2:2 (59:30) Becker (Oswald)
S: keine Strafen

152. - 17.11.2000 GER - CHN 6:2 (2:0, 2:1, 2:1)
Esslingen, Richard Hirschmann Eisstadion; Z: 240; SR: ?; LR: ?
Wartosch-Kürten (ab 40:01 Pfreundschuh) - Merkel, McKenzie (Mannheimer ERC), R. Thyßen, Berndaner, Kruck, S. Fellner, Linde - Frühwirt, Gall, Wierscher, Schaffrik, Grundmann, Scheytt, Becker, Evers, Rörig, M. Lanzl, Hübner
T: 1:0 (12:14) Scheytt (Grundmann) - 2:0 (15:00) Schaffrik (Becker, Frühwirt) / 3:1 (33:24) Frühwirt (Evers) - 4:1 (38:16) Becker (Schaffrik) / 5:1 (51:31) Scheytt (---) - 6:2 (58:41) Becker (---)
S: Kruck 2, Frühwirt 2, S. Fellner 2, Schaffrik 2, Grundmann 2

Holiday Cup 2000
Die deutsche Mannschaft belegte nach der Vorrunde den 4. Platz und spielte damit um Platz 3.

VORRUNDE

153. - 28.12.2000 USA - GER 7:1 (1:0, 1:1, 5:0)
Lake Placid, vermutl. 1932 Rink Olympic Center; Z: ?; SR: ?; LR: ?
Wartosch-Kürten (**Viona Harrer** (ESC Planegg) n.e.) - Ziegenhals (TV Kornwestheim), Berndaner, Merkel, **Rückauer (geb. Sab. Kürten** (TV Kornwestheim)), Linde, Kuisle, Kinza - Valenti (Panthères de Sainte-Julie), Gall, Wierscher, Frühwirt, Wolf (University of Maine), Schaffrik, Grundmann, Scheytt, Becker, Ritter, Evers, Moller, Reindl
T: ?:1 (?) Scheytt (Becker)
S: Linde 2, Grundmann 2
Linde absolvierte als fünfte Spielerin ihr 100. Länderspiel.

154. - 29.12.2000 GER - RUS 0:2 (0:0, 0:2, 0:0)
Lake Placid, vermutl. 1932 Rink Olympic Center; Z: ?; SR: ?; LR: ?
Wartosch-Kürten (Harrer n.e.) - Ziegenhals, Berndaner, Merkel, Rückauer, Linde, Kinza - Valenti, Gall, Wierscher, Frühwirt, Wolf, Schaffrik, Grundmann, Scheytt, Becker, Evers, Moller, Reindl
S: Becker 2
Rückauer absolvierte als sechste Spielerin ihr 100. Länderspiel.

30.12.2000 GER - Dartmouth College 0:5
Lake Placid, vermutl. 1932 Rink Olympic Center; Z: ?; SR: ?; LR: ?
keine Angaben

SPIEL UM PLATZ 3

155. - 31.12.2000 GER - RUS 3:2 (1:0, 1:1, 2:0)
Lake Placid, vermutl. 1932 Rink Olympic Center; Z: ?; SR: ?; LR: ?
Wartosch-Kürten (Harrer n.e.) - Ziegenhals, Berndaner, Merkel, Rückauer, Linde, Kuisle, Kinza - Valenti, Gall, Wierscher, Frühwirt, Wolf, Schaffrik, Grundmann, Scheytt, Becker, Ritter, Evers, Moller, Reindl
T: Gall 1, Wolf 1, Rückauer 1
V: Valenti 1, Wierscher 1, Wolf 1, Becker 1, Evers 1
S: Evers 2

Qualifikation zu den Olympischen Winterspielen 2002

Die deutsche Mannschaft belegte den 2. Platz und qualifizierte sich für die Olympischen Winterspiele 2002.

156. - 08.02.2001 GER - JPN 3:3 (0:1, 2:0, 1:2)
Engelberg, Sportzentrum; Z: 300; SR: Hirvonen (FIN); LR: Lischetti (SUI, Hujdušová (SVK)
Wartosch-Kürten (Pfreundschuh n.e.) - Rückauer, Ziegenhals - Kinza, Kuisle - Linde, Merkel - Valenti, Wolf, Evers - Becker, Schaffrik, Frühwirt - M. Lanzl, Oswald (C), Grundmann - Gall, Wierscher, Scheytt
T: 1:1 (20:26.) Valenti (Wolf, Evers) - 2:1 (21:40.) Becker (Schaffrik, Frühwirt) / 3:2 (54:17) Frühwirt (Rückauer)
S: Wierscher 2, Gall 2, Merkel 2, Frühwirt 2, Valenti 2, Grundmann 2
Merkel absolvierte als siebente Spielerin ihr 100. Länderspiel.

157. - 10.02.2001 SUI - GER 1:3 (1:0, 0:1, 0:2)
Engelberg, Sportzentrum; Z: 1.300; SR: Hirvonen (FIN); LR: Hujdušová (SVK), Mayerné-Vörös (HUN)
Wartosch-Kürten (Pfreundschuh n.e.) - Rückauer, Ziegenhals - Kinza, Kuisle - Linde, Merkel - Valenti, Wolf, Evers - Frühwirt, Schaffrik, Becker - M. Lanzl, Oswald (C), Grundmann - Scheytt, Wierscher, Gall
T: 1:1 (33:34) Becker (Linde) / 2:1 (49:15) Valenti (Wolf) - 3:1 (59:38) Schaffrik (Wolf)
S: Becker 4, Valenti 2, Rückauer 2, Teamstrafe 2
Becker absolvierte als achte Spielerin ihr 100. Länderspiel.

158. - 11.02.2001 GER - KAZ 1:2 (0:0, 0:1, 1:1)
Engelberg, Sportzentrum; Z: 531; SR: Palm (CAN); LR: Lischetti (SUI), Mayerné-Vörös (HUN)
Wartosch-Kürten (59:43 out; Pfreundschuh n.e.) - Rückauer, Ziegenhals - Kinza, Kuisle - Linde, Merkel - Valenti, Wolf, Evers - Frühwirt, Schaffrik, Becker - M. Lanzl, Oswald (C), Grundmann - Scheytt, Wierscher, Gall
T: 1:1 (47:36) Wolf (Rückauer)
S: Schaffrik 2, Valenti 2, Evers 2, Scheytt 2, Oswald 2
Oswald absolvierte als erste Spielerin ihr 150. Länderspiel.

159. - 13.03.2001 FRA - GER 1:4 (1:2, 0:0, 0:2)
Briançon, Patinoire René-Froger; Z: 200; SR: ?; LR: ?
Pfreundschuh (Harrer n.e.) - S. Fellner, R. Thyßen, Kruck, Kinza, **Yvonne Fleck** (OSC Berlin), Linde, McKenzie, Schreckenbach - Ritter, Merk, Gall, Frühwirt, Schaffrik, Rörig, Grundmann, Reindl, Friede, Scheytt, Becker, Hübner
T: Ritter 1, Merk 1, Grundmann 1, Becker 1
V: Ritter 1, Grundmann 1, Friede 1, Scheytt 1
S: Friede 4, Fleck 2, Merk 2, Becker 2

160. - 14.03.2001 FRA - GER 2:0 (0:0, 1:0, 1:0)
Briançon, Patinoire René-Froger; Z: ?; SR: ?; LR: ?
Harrer (Pfreundschuh n.e.) - S. Fellner, R. Thyßen, Kruck, Kinza, Fleck, Linde, McKenzie, Schreckenbach - Ritter, Merk, Gall, Frühwirt, Schaffrik, Rörig, Grundmann, Reindl, Friede, Scheytt, Becker, Hübner
S: Frühwirt 4, R. Thyßen 2, Linde 2, Schaffrik 2

161. - 29.03.2001 GER - FIN 1:5 (0:1, 0:1, 1:3)
Caledon, ?; Z: ?; SR: ?; LR: ?
Wartosch-Kürten (Pfreundschuh n.e.) - Kinza, Kuisle, Ziegenhals, Linde, Schreckenbach, Berndaner - Becker, Schaffrik, Frühwirt, Grundmann, Oswald, Evers, Valenti, Wolf, Scheytt, Gall, Wierscher, Ritter
T: 1:? (52:08) Wolf (Becker, Valenti)
S: Schaffrik 2, Berndaner 2, Becker 2

162. - 30.03.2001 CAN - GER 5:0 (0:0, 4:0, 1:0)
Toronto, Brampton Sports Centre, ?; Z: ?; SR: ?; LR: ?
Pfreundschuh (Wartosch-Kürten n.e.) - Kinza, Kuisle, Ziegenhals, Linde, Schreckenbach, Berndaner - Becker, Schaffrik, Frühwirt, Grundmann, Oswald, Evers, Valenti, Wolf, Scheytt, Gall, Wierscher, Ritter
S: Frühwirt 2

7. A-Weltmeisterschaft 2001

Die deutsche Mannschaft belegte in ihrer Vorrundengruppe den 4. Platz. Damit verpasste die Mannschaft das Halbfinale. Am Ende belegte das Team den 5. Platz.

VORRUNDE - GRUPPE B

163. - 02.04.2001 GER - USA 0:13 (0:5, 0:6, 0:2)
St. Cloud, National Hockey Center; Z: 455; SR: Haanpää (FIN); LR: Robichaud (CAN), Konstantinova (RUS)
Wartosch-Kürten (ab 26:45 Pfreundschuh) - Kinza, Kuisle - Ziegenhals, Linde - Schreckenbach, Berndaner - Becker, Schaffrik, Frühwirt - Grundmann, Oswald (C), Evers - Valenti, Wolf, Scheytt - Gall, Wierscher, Ritter
S: Kinza 4, Oswald 2
Frühwirt absolvierte als neunte Spielerin ihr 100. Länderspiel.

164. - 03.04.2001 FIN - GER 5:2 (0:1, 3:1, 2:0)
St. Cloud, National Hockey Center; Z: 300; SR: Livingston (USA); LR: Bissonnette (CAN), Piacentini (USA)
Wartosch-Kürten (Pfreundschuh n.e.) - Kinza, Kuisle - Ziegenhals, Linde - Schreckenbach, Berndaner - Becker, Schaffrik, Frühwirt - Grundmann, Oswald (C), Evers - Valenti, Wolf, Scheytt - Gall, Wierscher, Ritter
T: 0:1 (06:05) Becker (Wierscher) / 1:2 (32:38) Frühwirt (Becker, Schaffrik)
S: Ritter 2+10 (Disziplinarstrafe), Oswald 4, Kinza 2, Frühwirt 2, Linde 2, Gall 2, Valenti 2, Grundmann 2

165. - 05.04.2001 CHN - GER 0:0 (0:0, 0:0, 0:0)
Plymouth, Ice Center; Z: 300; SR: Laitanen (FIN); LR: Konstantinova (RUS), Lischetti (SUI)
Wartosch-Kürten (Pfreundschuh n.e.) - Kinza, Kuisle - Ziegenhals, Linde - Schreckenbach, Berndaner - Becker, Schaffrik, Frühwirt - Grundmann, Oswald (C), Evers - Valenti, Wolf, Scheytt - Gall, Wierscher, Ritter
S: Kuisle 2, Berndaner 2, Schreckenbach 2, Frühwirt 2, Wartosch-Kürten 2

SPIEL UM PLATZ 5-8

166. - 06.04.2001 SWE - GER 2:6 (1:2, 1:1, 1:3)
Fridley, Columbia Arena; Z: 305; SR: Knight (USA); LR: Lischetti (SUI), Hujdušová (SVK)
Wartosch-Kürten (Pfreundschuh n.e.) - Kinza, Kuisle - Ziegenhals, Linde - Schreckenbach, Berndaner - Becker, Schaffrik, Frühwirt - Grundmann, Oswald (C), Evers - Valenti, Wolf, Scheytt - Gall, Wierscher, Ritter
T: 0:1 (04:40) Oswald (Grundmann) - 0:2 (06:48) Schaffrik (Frühwirt, Becker) / 1:3 (24:32) Valenti (Scheytt, Ziegenhals) / 2:4 (56:53) Oswald (Grundmann, Evers) - 2:5 (58:51) Kuisle (---) - 2:6 (59:41) Frühwirt (Schaffrik)
S: Valenti 2, Frühwirt 2, Becker 2, Wartosch-Kürten 4

SPIEL UM PLATZ 5

167. - 08.04.2001 CHN - GER 0:1 (0:1, 0:0, 0:0)
Fridley, Columbia Arena; Z: 303; SR: Haanpää (FIN); LR: Lischetti (SUI), Bandlovsky (GER)
Wartosch-Kürten (Pfreundschuh n.e.) - Linde, Schreckenbach - Kuisle, Berndaner - Ziegenhals Kinza - Becker, Schaffrik, Frühwirt - Grundmann, Oswald (C), Evers - Valenti, Wolf, Scheytt - Gall, Wierscher, Ritter
T: 0:1 (03:53) Oswald (Grundmann, Evers)
S: Frühwirt 2, Becker 2, Wierscher 2, Wartosch-Kürten 2, Teamstrafe 2

2001/02

168. - 05.10.2001 CZE - GER 2:5 (0:2, 2:0, 0:3)
Teplice, Zimní stadion; Z: 50; SR: Fuscová (CZE); LR: Nelibová (CZE), Zítková (CZE)
Wartosch-Kürten (TV Kornwestheim; E. Thyßen (Grefrather EC 2001) n.e.) - R. Thyßen (Grefrather EC 2001),
Merkel (SC Riessersee), Ziegenhals (TV Kornwestheim), Linde (TV Kornwestheim), Kruck (SC Riessersee),
Katharina Grandl (TEV Miesbach), Kinza (OSC Berlin) - Scheytt (Mannheimer ERC), Ritter (SC Riessersee),
Oswald (C - SC Riessersee), Frühwirt (TV Kornwestheim), Rörig (OSC Berlin), Grundmann (OSC Berlin),
Tomczyk (geb. Schaffrik; ERC Sonthofen 1999), Gall (EC Bergkamener Bären), Wierscher (EC Bergkamener
Bären), Becker (SC Riessersee), Hübner (OSC Berlin), Rumswinkel (ESC Planegg), Reindl (TuS Geretsried)
T: Frühwirt 3, Grundmann 2
V: Becker 3, Scheytt 1, Oswald 1
S: Kruck 4, Kinza 4, Becker 4, Scheytt 2, Oswald 2

169. - 06.10.2001 CZE - GER 2:1 (0:1, 2:0, 0:0)
Litvínov, Zimní stadion; Z: 225; SR: Ivičičová (CZE); LR: Korčeková (CZE), Zítková (CZE)
E. Thyßen (Wartosch-Kürten n.e.) - R. Thyßen, Merkel, Ziegenhals, Linde, Kruck, Grandl, Kinza - Scheytt, Ritter,
Oswald (C), Frühwirt, Rörig, Grundmann, Tomczyk, Gall, Wierscher, Becker, Hübner, Rumswinkel, Reindl
T: 0:1 (?) Oswald (Merkel)
S: Ziegenhals 4, Frühwirt 4, Kinza 2, Ritter 2, Tomczyk 2, Becker 2

170. - 07.10.2001 CZE - GER 3:2 (1:1, 1:0, 1:1)
Teplice, Zimní stadion; Z: ?; SR: Ivičičová (CZE); LR: Korčeková (CZE), Zítková (CZE)
Wartosch-Kürten (E. Thyßen n.e.) - R. Thyßen, Merkel, Ziegenhals, Linde, Kruck, Grandl, Kinza - Scheytt, Ritter,
Oswald (C), Frühwirt, Rörig, Grundmann, Tomczyk, Gall, Wierscher, Becker, Hübner, Rumswinkel, Reindl
T: Ritter 1, Gall1
V: Grandl 1, Oswald 1
S: Ziegenhals 4, Hübner 4, Becker 2, Grandl 2, Oswald 2, Frühwirt 2

Fünf-Nationen-Turnier
Die deutsche Mannschaft belegte Platz 5.

171. - 07.11.2001 SUI - GER 1:0 (1:0, 0:0, 0:0)
Füssen, BLZ-Arena; Z: ?; SR: ?; LR: ?
Harrer (ESC Planegg; Wartosch-Kürten n.e.) - Ziegenhals, Linde, Kruck, Schreckenbach (Mannheimer ERC),
Berndaner (SC Riessersee), Kuisle (ERC Sonthofen 1999), S. Fellner (TV Kornwestheim) - Reindl, Scheytt,
Ritter, Oswald (C), M. Lanzl (Wanderers Germering), Rörig, Frühwirt, Grundmann, Tomczyk, Wierscher, Becker
(DHC Lyss), Valenti (Mannheimer ERC), Merk (DEC Tigers Königsbrunn)
S: Schreckenbach 4, Berndaner 2, Reindl 2, Valenti 2

172. - 08.11.2001 GER - KAZ 2:5 (0:1, 1:3, 1:1)
Füssen, BLZ-Arena; Z: 83; SR: ?; LR: ?
Wartosch-Kürten (Harrer n.e.) - Ziegenhals, Linde, Kruck, Schreckenbach, Berndaner, Grandl, S. Fellner -
Scheytt, Ritter, Oswald (C), M. Lanzl, Rörig, Frühwirt, Grundmann, Tomczyk, Wierscher, Becker, Valenti, Gall,
Rumswinkel
T: 1:? (?) Kruck (---) / 2:? (?) Valenti (Tomczyk)
S: Valenti 4, Oswald 2, Frühwirt 2

173. - 09.11.2001 GER - CHN 0:2 (0:0, 0:2, 0:0)
Sonthofen, Eissporthalle; Z: 600; SR: ?; LR: ?
Harrer (Wartosch-Kürten n.e.) - Ziegenhals, Linde, Kruck, Schreckenbach, Berndaner, Kuisle, S. Fellner -
Reindl, Scheytt, Ritter, Oswald (C), M. Lanzl, Rörig, Frühwirt, Grundmann, Tomczyk, Wierscher, Becker, Valenti,
Rumswinkel
S: Kruck 2, Schreckenbach 2, Berndaner 2
Wierscher absolvierte als zehnte Spielerin ihr 100. Länderspiel.

174. - 11.11.2001 RUS - GER 4:2 (2:0, 0:2, 2:0)
Neu-Ulm; Eisstadion; Z: 450; SR: ?; LR: ?
Wartosch-Kürten (Harrer n.e.) - Ziegenhals, Linde, Schreckenbach, Berndaner, Kuisle, S. Fellner - Reindl,
Scheytt, Oswald (C), M. Lanzl, Frühwirt, Grundmann, Tomczyk, Wierscher, Becker, Valenti, Merk, Gall
T: 2:1 (?) Becker (---) - 2:2 (?) Frühwirt (Oswald)
S: Becker 6, Frühwirt 2, Oswald 2, M. Lanzl 2

Holiday Cup 2001
Die deutsche Mannschaft belegte Platz 4.

29.12.2001 GER - Dartmouth College 1:3 (0:1, 1:1, 0:1)
Lake Placid, vermutl. 1932 Rink Olympic Center; Z: ?; SR: ?; LR: ?
E. Thyßen (Wartosch-Kürten n.e.) - Reindl, Wolf (University of Maine), ?
T: 1:2 (?) Reindl (?)
V: keine Angaben
S: keine Angaben, darunter Reindl 6

175. - 30.12.2001 GER - RUS 0:6 (0:4, 0:2, 0:0)
Lake Placid, vermutl. 1932 Rink Olympic Center; Z: ?; SR: ?; LR: ?
Wartosch-Kürten (ab 20:01 E. Thyßen) - Ziegenhals, Linde, Schreckenbach, Berndaner, Kuisle, ? - Scheytt, Ritter*, Oswald, Grundmann, Wierscher, Becker*, Reindl, Valenti, Wolf, **Susann Götz** (OSC Berlin), ?
* möglicherweise Spiel 176
S: keine Angaben

176. - 31.12.2001 USA - GER 7:1 (3:1, 2:0, 2:0)
Lake Placid, vermutl. 1932 Rink Olympic Center; Z: ?; SR: ?; LR: ?
E. Thyßen (Wartosch-Kürten n.e.) - Ziegenhals, Linde, Schreckenbach, Berndaner, Kuisle, ? - Evers (Telus Lightning), Scheytt, Oswald, Grundmann, Wierscher, Reindl, Valenti, Wolf, Götz, ?
T: 0:1 (07:40) Evers (Wierscher)
S: keine Angaben
Wartosch-Kürten absolvierte als elfte Spielerin ihr 100. Länderspiel.

177. - 12.01.2002 GER - FRA 5:1 (2:0, 2:1, 1:0)
Herrischried, Eishalle; Z: 400; SR: Schreiber (GER); LR: Botsch (GER), Kirschner (GER)
E. Thyßen (Harrer n.e.) - Linde, Schreckenbach - Rückauer (TV Kornwestheim), Kruck - Ziegenhals, Berndaner, Kuisle, Kinza - Valenti, Tomczyk, Wolf - Becker, Oswald (C), M. Lanzl - Evers, Wierscher, Frühwirt - Scheytt, Ritter, Gall - Reindl
T: 1:0 (09:41) Wolf (Valenti) - 2:0 (17:42) Gall (Kinza) / 3:0 (27:25) Becker (---) - 4:0 (33:36) Scheytt (Kruck) / 5:1 (44:08) M. Lanzl (Becker, Oswald)
S: Kuisle 2, Gall 2, Wolf 2, M. Lanzl 2, Frühwirt 2, Reindl 2

178. - 13.01.2002 GER - FRA 6:3 (1:0, 5:0, 0:3)
Herrischried, Eishalle; Z: 200; SR: ?; LR: ?
Harrer (E. Thyßen n.e.) - Linde, Schreckenbach - Rückauer, Kruck - Ziegenhals, Berndaner, Kuisle, Kinza - Valenti, Tomczyk, Wolf - Becker, Oswald (C), M. Lanzl - Reindl, Wierscher, Frühwirt - Scheytt, Ritter, Gall
T: 1:0 (05:00) M. Lanzl (Becker, Kuisle) / 2:0 (26:30) Wolf (Ritter) - 3:0 (28:00) Ritter (Becker, M. Lanzl) - 4:0 (31:40) M. Lanzl (Kruck) - 5:0 (36:45) Becker (Kruck) - 6:0 (38:24) Wolf (Linde)
S: Valenti 4, Berndaner 2, Wolf 2

179. - 25.01.2002 GER - SUI 2:1 (0:0, 0:1, 2:0)
Füssen, BLZ-Arena; Z: 157; SR: Walter (GER); LR: Botsch (GER), Kirschner (GER)
E. Thyßen (Wartosch-Kürten n.e.) - Schreckenbach, Linde - Kinza, Kruck - Rückauer, Ziegenhals - Becker, M. Lanzl, Scheytt - Valenti, Wolf, Grundmann - Evers, Ritter, Frühwirt - Wierscher (C), Reindl
T: 1:1 (45:28) Scheytt (---) - 2:1 (47:14) Valenti (Kruck, Reindl)
S: Frühwirt 4, Becker 2, Kruck 2, M. Lanzl 2, Rückauer 2, Kinza 2

180. - 26.01.2002 GER - SUI 0:3 (0:3, 0:0, 0:0)
Garmisch-Partenkirchen, Olympia-Eissport-Zentrum; Z: 170; SR: Walter (GER); LR: Erhard (GER), Schober (GER)
Wartosch-Kürten (E. Thyßen n.e.) - Schreckenbach, Linde - Kinza, Kruck - Rückauer, Ziegenhals - Becker, M. Lanzl, Scheytt - Valenti, Wolf, Grundmann - Evers, Ritter, Frühwirt - Wierscher, Reindl, Oswald (C)
S: Becker 4, Valenti 4, Reindl 2, M. Lanzl 2, Frühwirt 2

181. - 06.02.2002 GER - KAZ 1:0 (0:0, 0:0, 1:0)
Murray, Salt Lake County Ice Center; Z: ?; SR: ?; LR: ?
Wartosch-Kürten (E. Thyßen n.e.) - Schreckenbach, Linde - Kinza, Kruck - Rückauer, Ziegenhals - Becker, Oswald (C), M. Lanzl - Valenti, Wolf, Reindl - Frühwirt, Ritter, Evers - Scheytt, Wierscher, Grundmann
T: 1:0 (42:20) Wolf (Kruck, Becker)
S: Becker 2, Reindl 2, Ritter 2, Linde 2

182. - 07.02.2002 GER - SWE 0:5 (0:1, 0:2, 0:2)
Provo, Peaks Ice Arena; Z: 500; SR: ?; LR: ?
Wartosch-Kürten (E. Thyßen n.e.) - Schreckenbach, Linde - Kinza, Kruck - Rückauer, Ziegenhals - Becker,
Oswald (C), M. Lanzl - Valenti, Wolf, Reindl - Ritter, Evers - Scheytt, Wierscher, Grundmann
S: Kinza 4, Ziegenhals 2, Becker 2

19. Olympische Winterspiele 2002 - Damen-Eishockeyturnier

Die deutsche Mannschaft belegte in ihrer Vorrundengruppe den 3. Platz. Damit verpasste die Mannschaft das Halbfinale. Am Ende belegte das Team den 6. Platz.

VORRUNDE - GRUPPE B

183'. - 12.02.2002 USA - GER 10:0 (2:0, 4:0, 4:0)
West Valley City, The E Center; Z: 8.504; SR: Vanderhorst (CAN); LR: Hujdušová (SVK), Konstantinova (RUS)
Wartosch-Kürten (ab 28:54 E. Thyßen) - Schreckenbach, Linde - Rückauer, Ziegenhals - Kinza, Kruck - Becker,
Oswald (C), M. Lanzl - Frühwirt, Ritter, Evers - Valenti, Wolf, Scheytt - Wierscher, Grundmann, Reindl
S: Schreckenbach 6, Kruck 2

184'. - 14.02.2002 FIN - GER 3:1 (1:0, 2:0, 0:1)
Provo, Peaks Ice Arena; Z: 4.769; SR: Knight (USA); LR: Hujdušová (SVK), Piacentini (USA)
Wartosch-Kürten (E. Thyßen n.e.) - Schreckenbach, Linde - Rückauer, Ziegenhals - Kinza, Kruck - Becker,
Oswald (C), M. Lanzl - Valenti, Wolf, Evers - Frühwirt, Wierscher, Scheytt - Ritter, Grundmann, Reindl
T: 3:1 (53:55) Wierscher (Frühwirt, Rückauer)
S: Oswald 4, Becker 4, Kruck 2, Frühwirt 2, Wolf 2, Teamstrafe 2

185'. - 16.02.2002 GER - CHN 5:5 (1:1, 1:4, 3:0)
Provo, Peaks Ice Arena; Z: 5.418; SR: Haanpää (FIN); LR: Lischetti (SUI), Piacentini (USA)
E. Thyßen (ab 40:01 Wartosch-Kürten) - Schreckenbach, Linde - Rückauer, Ziegenhals - Kinza, Kruck - Becker,
Oswald (C), M. Lanzl - Valenti, Wolf, Evers - Frühwirt, Wierscher, Scheytt - Ritter, Grundmann, Reindl
T: 1:0 (01:37) Ritter (Valenti) / 2:3 (32:18) M. Lanzl (Rückauer) / 3:5 (43:36) Becker (Ziegenhals, Wartosch-Kürten) - 4:5 (55:16) Oswald (Linde, Wolf) - 5:5 (58:19) M. Lanzl (Oswald, Becker)
S: Rückauer 2, M. Lanzl 2,

SPIEL UM PLATZ 5-8

186'. - 17.02.2002 GER - KAZ 4:0 (1:0, 3:0, 0:0)
West Valley City, The E Center; Z: 7.773; SR: Knight (USA); LR: Konstantinova (RUS), MacKenzie (USA)
Wartosch-Kürten (E. Thyßen n.e.) - Schreckenbach, Linde - Rückauer, Ziegenhals - Kinza, Kruck - Becker,
Oswald (C), M. Lanzl - Valenti, Wolf, Evers - Frühwirt, Wierscher, Scheytt - Ritter, Grundmann, Reindl
T: 1:0 (15:27) M. Lanzl (Oswald, Becker) / 2:0 (22:21) Grundmann (Scheytt) - 3:0 (24:29) Becker (---) - 4:0 (35:50) Becker (Ziegenhals, M. Lanzl)
S: Frühwirt 4, M. Lanzl 2, Schreckenbach 2, Becker 2, Ziegenhals 2, Reindl 2, Wolf 2
Becker erzielte mit dem 4:0 als dritte Spielerin 50 Tore.

SPIEL UM PLATZ 5

187'. - 19.02.2002 RUS - GER 5:0 (2:0, 1:0, 2:0)
Provo, Peaks Ice Arena; Z: 5.781; SR: Haanpää (FIN); LR: Cassidy (CAN), Robben (NED)
Wartosch-Kürten (E. Thyßen n.e.) - Schreckenbach, Linde - Rückauer, Ziegenhals - Kinza, Kruck - Becker,
Oswald (C), M. Lanzl - Valenti, Wolf, Evers - Frühwirt, Wierscher, Scheytt - Ritter, Grundmann, Reindl
S: Kinza 2, Becker 2, Valenti 2, M. Lanzl 2, Grundmann 2, Kruck 2

Challenge international des Hautes-Alpes
Die deutsche Mannschaft belegte nach der Vorrunde den 2. Platz und kam damit ins Finale.

VORRUNDE

188. - 07.03.2002 GER - CZE 2:1 (2:0, 0:1, 0:0)
Gap, ?; Z: ?; SR: ?; LR: ?
Harrer (**Jenny Harß** (SC Riessersee) n.e.) - **Kerstin Adlhoch** (EV Regensburg), **Lydia Gramüller** (ERSC Ottobrunn) - Fleck (OSC Berlin), **Anabel Dörr** (Mannheimer ERC) - Grandl, **Sabrina Splitter** (ESC Planegg) - **Miriam Kresse** (OSC Berlin), R. Thyßen - Friede (OSC Berlin), Götz, Seiler (ESC Planegg) - Behnke (TV Kornwestheim), **Denise Soesilo** (Altonaer SV Hamburg), **Kathrin Fring** (Mannheimer ERC) - Hübner, Rörig, **Nina Kamenik** (OSC Berlin) - **Sybille Kretzschmar** (ERC Lechbruck), **Andrea Lanzl** (SC Riessersee), Moller (SC Riessersee)
T: 1:0 (08:15) Seiler (A. Lanzl) - 2:0 (13:03) Seiler (---)
S: keine Strafen

189. - 08.03.2002 FRA - GER 4:1 (2:1, 1:0, 1:0)
Briançon, ?; Z: ?; SR: ?; LR: ?
Harß (Harrer n.e.) - Adlhoch, Gramüller - Fleck, Dörr - Grandl, Splitter - Kresse, R. Thyßen - Friede, Götz, Seiler - Behnke, Soesilo, Fring - Hübner, Rörig, Kamenik - Kretzschmar, A. Lanzl, Moller
T: 1:1 (?) A. Lanzl (---)
S: R. Thyßen 2, Gramüller 2, A. Lanzl 2, Rörig 2

FINALE

190. - 09.03.2002 FRA - GER 2:3 (1:1, 1:0, 0:1, 0:0, 0:1) OT (5 min.) und PS
Gap, ?; Z: ?; SR: ?; LR: ?
Harrer (Harß n.e.) - Adlhoch, Gramüller - Fleck, Dörr - Grandl, Splitter - Kresse, R. Thyßen - Friede, Götz, Seiler - Behnke, Soesilo, Fring - Hübner, Rörig, Kamenik - Kretzschmar, A. Lanzl, Moller
T: 0:1 (?) Splitter (A. Lanzl) / 2:2 (?) Moller (Kresse) / 2:3 (65:00) Hübner (GWS)
PS: *0:1 Hübner (GWS)*
S: Götz 4, Kresse 2, Seiler 2

2002/03

Neuer Bundestrainer Peter Kathan Sen.

191. - 04.10.2002 GER - CZE 4:2 (0:2, 3:0, 1:0)
Bergkamen, Eissporthalle; Z: 203; SR: Schreiber (GER); LR: Bandlofsky (GER), Kirschner (GER)
Wartosch-Kürten (TV Kornwestheim; E. Thyßen (Grefrather EC 2001) n.e.) - Linde (TV Kornwestheim), Schmitten (EC Bergkamener Bären) - Schreckenbach (Mannheimer ERC), Ziegenhals (TV Kornwestheim) - Fleck (OSC Berlin), Kruck (EHC Memmingen) - Grandl (ESC Planegg) - Kamenik (OSC Berlin), Oswald (C - SC Riessersee), Becker (DHC Lyss) - Frühwirt (TV Kornwestheim), Valenti (Mannheimer ERC), Reindl (ERC Sonthofen 1999) - Grundmann (OSC Berlin), Götz (OSC Berlin), Friede (OSC Berlin) - Ritter (Hamburger SV), Evers (WSV Braunlage), Gall (ESC Wedemark)
T: 1:2 (23:11) Ritter (---), 2:2 (25:46) Fleck (---), 3:2 (28:15) Oswald (---) / 4:2 (58:33) Grundmann (---)
S: Becker 2, Ritter 2, Fleck 2, Götz 2, Valenti 2, Oswald 2

192. - 05.10.2002 GER - CZE 3:2 (1:2, 1:0, 1:0)
Grefrath, Eissportzentrum; Z: 711; SR: B. Walter (GER); LR: Kiefer (GER), Kirschner (GER)
E. Thyßen (Harrer (ESC Planegg) n.e.) - Linde, Schmitten - Schreckenbach, Ziegenhals - Fleck, R. Thyßen (Grefrather EC 2001) - Kruck, Grandl - Oswald (C), Becker, Scheytt (OSC Berlin) - Frühwirt, Valenti, Reindl - Grundmann, Götz, Friede - Ritter, Evers, Gall - Kamenik
T: 1:2 (12:43) Scheytt (Oswald, Linde) / 2:2 (31:49) Frühwirt (Linde) / 3:2 (57:35) Grandl (Oswald, Becker)
S: Scheytt 2, Ziegenhals 2, Schmitten 2, Valenti 2, Reindl 2, Becker 2

193. - 06.10.2002 GER - CZE 5:0 (2:0, 2:0, 1:0)
Bergkamen, Eissporthalle; Z: 199; SR: Schreiber (GER); LR: Bandlofsky (GER), B. Walter (GER)
Harrer (Wartosch-Kürten n.e.) - Linde, Schreckenbach - Grandl, Oswald (C) - Ziegenhals, Kruck - Fleck, R. Thyßen - Becker, Kamenik, Friede - Frühwirt, Valenti, Reindl - Scheytt, Grundmann, Götz - Ritter, Evers, Gall
T: 1:0 (02:13) Oswald (Becker) - 2:0 (08:45) Kamenik (Becker) / 3:0 (33:31) Valenti (Evers) - 4:0 (38:16) Frühwirt (---) / 5:0 (55:21) Gall (Evers, Ritter)
S: Grundmann 4, Becker 4, Ritter 2, Schreckenbach 2, Gall 2, Kruck 2, Friede 2, Scheytt 2
Scheytt absolvierte als zwölfte Spielerin ihr 100. Länderspiel.

194. - 09.11.2002 SUI - GER 1:3 (1:2, 0:0, 0:1)
Weinfelden, Güttingersreuti; Z: 102; SR: Stöckli (SUI); LR: Lischetti (SUI), Sereinig (SUI)
E. Thyßen (ab 34:51 Pfreundschuh (Mannheimer ERC)) - Dörr (Mannheimer ERC), Ziegenhals - Fleck, R. Thyßen - Oswald (C), Berndaner (ERC Sonthofen 1999) - Schreckenbach, Valenti - Reindl, Frühwirt, Friede - Gall (EC Bergkamener Bären), Moller (ERC Sonthofen 1999), Rumswinkel (ESC Planegg) - Götz, Scheytt, Ritter - Seiler (ESC Planegg), Becker
T: 0:1 (03:40) Scheytt (Frühwirt) - 1:2 (18:53) Moller (Ziegenhals) / 1:3 (52:21) Ritter (Becker, Scheytt)
S: Berndaner 2, Frühwirt 2, Dörr 2

195. - 10.11.2002 SUI - GER 0:2 (0:1, 0:1, 0:0)
Weinfelden, Güttingersreuti; Z: ?; SR: Stöckli (SUI); LR: Lischetti (SUI), Sereinig (SUI)
E. Thyßen (ab 40:01 Wartosch-Kürten) - Dörr, Ziegenhals - Fleck, R. Thyßen - Oswald (C), Berndaner - Schreckenbach, Valenti - Reindl, Frühwirt, Friede - Gall, Moller, Rumswinkel - Götz, Scheytt, Ritter - Seiler, Becker
T: 0:1 (18:28) Ziegenhals (Oswald) / 0:2 (39:31) Ritter (Oswald)
S: Friede 2, Moller 2, Frühwirt 2, Seiler 2, Oswald 2

Internationales Turnier
Die deutsche Mannschaft belegte den 2. Platz.

196. - 10.01.2003 KAZ - GER 1:2 (0:1, 1:0, 0:1)
Odintsovo, Dvorets sporta; Z: 250; SR: Bezshaposhnikova (RUS); LR: Konstantinova (RUS), Petushkova (RUS)
Wartosch-Kürten (Harrer n.e.) - R. Thyßen, Ziegenhals, Kruck, Oswald (C), Linde, Schreckenbach - Valenti, Rörig (OSC Berlin), Grundmann, Reindl, Frühwirt, Friede, Seiler, Scheytt, Becker, Ritter, Evers, Götz, **Franziska Busch** (WSV Braunlage), Gall
T: 0:1 (12:14) Frühwirt (Ritter) / 1:2 (53:41) Götz (Scheytt)
S: R. Thyßen 2, Oswald 2, Friede 2, Becker 2

11.01.2003 SKIF Moskva - GER 1:0 (0:0, 1:0, 0:0)
Odintsovo, Dvorets sporta; Z: 512; SR: Bezshaposhnikova (RUS); LR: Konstantinova (RUS), Petushkova (RUS)
Harrer (Wartosch-Kürten n.e.) - R. Thyßen, Ziegenhals, Kruck, Oswald (C), Linde, Schreckenbach - Valenti, Rörig, Grundmann, Reindl, Frühwirt, Friede, Seiler, Scheytt, Becker, Ritter, Evers, Götz, Busch, Gall
S: Valenti 4, Becker 4, Scheytt 2, Busch 2

197. - 12.01.2003 GER - RUS 1:5 (0:2, 1:2, 0:1)
Odintsovo, Dvorets sporta; Z: 1.000; SR: Bezshaposhnikova (RUS); LR: Konstantinova (RUS), Petushkova (RUS)
Wartosch-Kürten (ab 41:19 Harrer) - R. Thyßen, Ziegenhals, Kruck, Oswald (C), Linde, Schreckenbach - Valenti, Rörig, Grundmann, Reindl, Frühwirt, Friede, Seiler, Scheytt, Becker, Ritter, Evers, Götz, Busch, Gall
T: 1:4 (33:58) Götz (Frühwirt, Linde)
S: Linde 2, Reindl 2, Götz 2

198. - 05.02.2003 GER - CAN (u22) 2:7 (0:2, 2:1, 0:4)
Salzgitter, Eissporthalle am Salzgittersee; Z: 434; SR: Stöckli (SUI); LR: ?
E. Thyßen (ab 30:25 Pfreundschuh) - R. Thyßen, Linde, Ziegenhals, Fleck, Oswald (C) - Valenti, Reindl, Frühwirt, Friede, Seiler, Scheytt, Becker, Ritter, Gall (Mannheimer ERC), Rörig, Grundmann, Kamenik, Evers, Busch, A. Lanzl (SC Riessersee)
T: 1:2 (30:07) Ritter (Busch) - 2:2 (30:24) Frühwirt (Becker)
S: Becker 4, Grundmann 2, Seiler 2, Frühwirt 2, Valenti 2

1. Air Canada Cup 2003
Die deutsche Mannschaft belegte den 4. Platz.

199'. - 06.02.2003 GER - SUI 1:2 (0:2, 1:0, 0:0)
Braunlage, Eisstadion; Z: 560; SR: Stöckli (SUI); LR: Kiefer (GER), Lischetti (SUI)
Wartosch-Kürten (59:18 out; Harrer n.e.) - R. Thyßen, Ziegenhals, Berndaner, Fleck, Oswald (C), Linde, Valenti - Rörig, Grundmann, Reindl, Frühwirt, Friede, Seiler, Scheytt, Becker, Ritter, Evers, Busch, A. Lanzl, Gall
T: 1:2 (36:12) Grundmann (Scheytt)
S: Oswald 2, Fleck 2, Grundmann 2, Valenti 2, Scheytt 2, A. Lanzl 2, Frühwirt 2, Reindl 2

200'. - 07.02.2003 FIN (u22) - GER 2:2 (0:1, 1:0, 1:1)
Hannover, Preussag Arena; Z: 662; SR: Stöckli (GER); LR: Lischetti (SUI), Schreiber (GER)
Harrer (ab 32:52 Pfreundschuh) - R. Thyßen, Ziegenhals, Berndaner, Fleck, Oswald (C), Linde, Valenti - Rörig, Grundmann, Reindl, Frühwirt, Friede, Seiler, Kamenik, Becker, Ritter, Evers, Busch, A. Lanzl, Gall
T: 0:1 (10:23) Frühwirt (Oswald) / 1:2 (51:24) Becker (Oswald)
S: Ziegenhals 4, Reindl 2, R. Thyßen 2, Berndaner 2, Seiler 2, Fleck 2, Evers 2, Becker 2, Frühwirt 2, Rörig 2, Grundmann 2

201'. - 08.02.2003 GER - CAN (u22) 1:6 (0:2, 0:3, 1:1)
Hannover, Preussag Arena; Z: 852; SR: Walter (GER); LR: Bandlofsky (GER), Lischetti (SUI)
E. Thyßen (ab 30:06 Wartosch-Kürten) - R. Thyßen, Ziegenhals, Berndaner, Fleck, Oswald (C), Linde, Valenti - Rörig, Reindl, Frühwirt, Friede, Seiler, Kamenik, Becker, Ritter, Evers, Busch, A. Lanzl, Gall
T: 1:5 (40:20) Becker (Valenti, A. Lanzl)
S: Oswald 4, Becker 2, Valenti 2, Ziegenhals 2, Seiler 2, Frühwirt 2

202. - 09.03.2003 GER - NED 6:0 (2:0, 2:0, 2:0)
Ratingen, Eissporthalle am Sandbach; Z: 150; SR: Schreiber (GER); LR: Kiefer (GER), ?
Pfreundschuh (ab 30:36 E. Thyßen) - R. Thyßen, Ziegenhals, S. Fellner (EV Ravensburg), Dörr, Oswald, Linde, Schreckenbach, **Britta Schröder** (Grefrather EC 2001), Reindl, Seiler, Ritter, Evers, Busch, Gall, A. Lanzl, Fring (Mannheimer ERC), **Chantal Schneidereit** (GSC Moers), **Sarah Weyand** (Grefrather EC 2001)
T: 1:0 (14:08) Reindl (---) - 2:0 (17:18) Oswald (A. Lanzl) / 3:0 (20:41) Ritter (Evers) - 4:0 (23:01) Ziegenhals (---) - 5:0 (37:09) Ritter (Linde) / 6:0 (41:49) Gall (---)
S: Oswald 2, B. Schröder 2, Linde 2
Evers absolvierte als dreizehnte Spielerin ihr 100. Länderspiel.

Das Spiel vom 23.03.2003 wurde nie als A-Länderspiel gewertet. Allerdings rechnete der DEB den Spielerinnen den Einsatz als A-Länderspiel an.

B - 23.03.2003 GER (B) - SUI (B) 0:1 (0:0, 0:1, 0:0)
Memmingen, Eissporthalle am Hühnerberg; Z: 400; SR: Schreiber (GER); LR: Botsch (GER), Merath (GER)
Harrer (ab 31:04 Harß (ERC Sonthofen 1999)) - Berndaner, Dörr - Julia Gemsjäger (ECDC Memmingen), Tatjana Hentschke (Mad Dogs Mannheim) - Andrea Karrer (ESC Bad Liebenzell), Kresse (OSC Berlin) - Gramüller (ERSC Ottobrunn) - Nicole Franke (ETC Crimmitschau), Patricia Speyer (ERC Sonthofen 1999), Soesilo (OSC Berlin) - Valesca Siebert (DEC Tigers Königsbrunn), Rörig, Reindl - Mirjam Ludwig (TV Kornwestheim), Kretzschmar (ERC Lechbruck), Kamenik - Tracy Hauptmann (ETC Crimmitschau), Aniela Grünzig (ECDC Memmingen), Grandl - Splitter (ESC Planegg), Friede
S: Berndaner 2, Gemsjäger 2, Karrer 2, Reindl 2, Kretzschmar 2, Hauptmann 2

203. - 27.03.2003 GER* - SWE 0:5 (0:0, 0:3, 0:2)
* Vorbereitungsspiel auf die Weltmeisterschaft, die vom 03.-09.04.2003 in Beijing durchgeführt werden sollte, jedoch wegen Ausbruch der Lungenentzündung SARS in China, von der IIHF abgesagt wurde.
Beijing, ?; Z: ?; SR: ?; LR: ?
keine Angaben bekannt - rekonstruierte mögliche Besetzung anhand von Einsatzstatistiken:
Pfreundschuh, E. Thyßen - Linde, Oswald, R. Thyßen, Ziegenhals, Schreckenbach, S. Fellner - Wolf (University of Maine), Frühwirt, Becker, Evers, Ritter, Seiler, A. Lanzl, Busch, Götz, Scheytt

2003/04

Die Spiele vom 06. und 07.09.2003 wurden später aus der offiziellen Länderspiel-Statistik des DEB gestrichen, dabei wurden die persönlichen Statistiken der Spielerinnen auch korrigiert.

06.09.2003 AUT (A) - GER (B) 2:8 (0:2,1:1,1:5)
Lustenau, Rheinhalle; Z: 300; SR: Mathis (AUT); LR: Winter (AUT), Deisenhammer (AUT)
Harrer (ESC Planegg; ab 30:01 Harß (ERC Sonthofen 1999)) - Fring (Mannheimer ERC), Dörr (Mannheimer ERC) - Hentschke (Mad Dogs Mannheim), Gramüller (ERSC Ottobrunn) - Schreckenbach (Mannheimer ERC) - Adlhoch (SC Riessersee), Speyer (ERC Sonthofen 1999), Seiler (SC Reinach) - A. Lanzl (SC Riessersee), Hauptmann (ETC Crimmitschau), Grandl (ESC Planegg) - Gall (WSV Braunlage), Frühwirt (TV Kornwestheim), Franke (ETC Crimmitschau) - Splitter (ERC Sonthofen 1999)
T: 0:1 (16:12) Fring (---) - 0:2 (19:16) Franke (Hauptmann) / 0:3 (23:59) Seiler (---) / 1:4 (41:25) Gall (---) - 1:5 (51:12) Frühwirt (---) - 1:6 (52:27) Seiler (---) - 2:7 (53:45) A. Lanzl (---) - 2:8 (56:35) Frühwirt (A. Lanzl)
S: Frühwirt 4, Adlhoch 2, Speyer 2, Grandl 2, Gall 2, Splitter 2

07.09.2003 AUT (A) - GER (B) 0:6 (0:3, 0:3, 0:0)
Lustenau, Rheinhalle; Z: ?; SR: Bogen (AUT); LR: Winter (AUT), Deisenhammer (AUT)
Harß (ab 30:01 Harrer) - Dörr, Fring - Hentschke, Gramüller - Schreckenbach - Adlhoch, Speyer, Seiler - A.
Lanzl, Hauptmann, Grandl - Gall, Frühwirt, Franke - Splitter
T: 0:1 (01:38) Fring (Franke) - 0:2 (02:04) Gall (---) - 0:3 (06:22) Seiler (Gall) / 0:4 (23:31) Speyer (Seiler) - 0:5
(26:33) Speyer (Gall, Seiler), 0:6 (32:20) Gall (Dörr, Seiler)
S: Fring 2, Hentschke 2, Gramüller 2, Schreckenbach 2, Adlhoch 2

Drei-Nationen-Turnier
Die deutsche Mannschaft belegte den 1. Platz.

204. - 07.11.2003 RUS - GER 2:3 (1:0, 1:1, 0:2)
Romanshorn, EZO Eissportzentrum Oberthurgau AG; Z: 80; SR: Blasimann (SUI); LR: Huguenin (SUI), Lischetti (SUI)
Harrer (ab 31:01 Wartosch-Kürten (TV Kornwestheim)) - S. Fellner (TV Kornwestheim), Kruck (SC Riessersee), Fleck (OSC Berlin), Oswald (SC Riessersee), Linde (Young Lions Frankfurt), Schreckenbach, Weyand (GSC Moers) - A. Lanzl, Wierscher (EC Bergkamener Bären), Frühwirt, M. Lanzl (Wanderers Germering), Seiler, Scheytt (OSC Berlin), Becker (HC Lugano), Ritter (Hamburger SV), Evers (WSV Braunlage), Götz (OSC Berlin), Busch (WSV Braunlage), Gall
T: 1:1 1:2 (25:36) Seiler (Ritter, Oswald) / 2:2 (54:14) Linde (---) - 2:3 (57:35) M. Lanzl (Seiler, Oswald)
S: Seiler 2, Linde 2, Evers 2, Fleck 2

205. - 08.11.2003 SUI - GER 3:3 (0:2, 2:0, 1:1, 0:0) OT (5 min.)
Romanshorn, EZO Eissportzentrum Oberthurgau AG; Z: 220; SR: Huguenin (SUI); LR: Blasimann (SUI), Lischetti (SUI)
Harrer (ab 40:01 Wartosch-Kürten) - S. Fellner, Kruck, Fleck, Oswald, Linde, Schreckenbach, Weyand - A. Lanzl, Wierscher, Frühwirt, M. Lanzl, Seiler, Scheytt, Becker, Ritter, Evers, Götz, Busch, Gall
T: 2:1 (26:29) Becker (M. Lanzl, Oswald) - 2:2 (29:45) M. Lanzl (Oswald, Becker) / 2:3 (42:50) Becker (---)
S: Linde 6+10 (Disziplinarstrafe), Becker 4, Wierscher 2, Seiler 2, Oswald

B - 08.11.2003 SUI (B) - GER (B) 1:5 (0:3, 1:1, 0:1)
Engelberg, Sporting Park; Z: ?; SR: Schuler (SUI); LR: Eberli (SUI), Binggeli (SUI)
E. Thyßen (Grefrather EC 2001; Harß n.e.) - Hentschke, Adlhoch - R. Thyßen (Grefrather EC 2001), Splitter - Speyer, **Lisa Schuster** (ESC Planegg) - Schröder (Grefrather EC 2001), **Bernadette Schauer** (SC Riessersee), Moller (ERC Sonthofen 1999) - Ludwig (TV Kornwestheim), Kretzschmar (ERC Sonthofen 1999), **Nikola Holmes** (ECDC Memmingen) - Grandl, Fring, **Monika Bittner** (SC Riessersee) - Weyand
T: 0:1 (02:46) Bittner (Fring, Holmes) - 0:2 (06:00) Splitter (---) - 0:3 (12:11) Ludwig (Hentschke) / 1:4 (36:06) Bittner (Fring) / 1:5 (50:33) Holmes (---)
S: R. Thyßen 4, Speyer 2, Ludwig 2, Grandl 2, Weyand 2

B - 09.11.2003 SUI (B) - GER (B) 1:5 (0:1, 0:3, 1:1)
Engelberg, Sporting Park; Z: ?; SR: Wiez (SUI); LR: Eberli (SUI), Binggeli (SUI)
E. Thyßen (Harß n.e.) - Hentschke, Adlhoch - R. Thyßen, Splitter - Speyer, Li. Schuster - B. Schröder, Schauer, Moller - Ludwig, Kretzschmar, Holmes - Grandl, Fring, Bittner, Weyand
T: 0:1 (07:01) Grandl (Fring, Bittner) / 0:2 (35:19) Ludwig (Adlhoch) - 0:3 (39:50) Weyand (Grandl) - 0:4 (39:50) Ludwig (Kretzschmar) / 0:5 (43:41) Speyer (Holmes, Hentschke)
S: R. Thyßen 2, Schauer 2, Kretzschmar 2, Holmes 2, Bittner 2

206. - 26.12.2003 GER - SUI 1:2 (0:0, 0:2, 1:0)
Bad Tölz, Eissporthalle an der Peter-Freisl-Straße; Z: 698; SR: ?; LR: ?
Harrer (Wartosch-Kürten n.e.) - S. Fellner, Kruck, Oswald, Linde, Ziegenhals (Bemidji State University) - A. Lanzl, Wierscher, Frühwirt, M. Lanzl, Seiler, Scheytt, Becker, Ritter, Evers, Götz, Busch, Gall, Wolf (Oakville Ice), Grundmann (OSC Berlin)
T: 1:2 (52:56) Evers (Oswald, Becker)
S: Scheytt 2, Oswald 2, Frühwirt 2, Kruck 2
Ritter absolvierte als vierzehnte Spielerin ihr 100. Länderspiel.

207. - 27.12.2003 GER - SUI 7:0 (2:0, 4:0, 1:0)
Memmingen, Eissporthalle am Hühnerberg; Z: 470; SR: ?; LR: ?
Wartosch-Kürten (Harrer n.e.) - S. Fellner, Kruck, Oswald, Linde, Ziegenhals - Wierscher, Frühwirt, M. Lanzl, Seiler, Scheytt, Becker, Ritter, Evers, Götz, Busch, Gall, Wolf, Grundmann, Holmes
T: 1:0 (02:30) Holmes (Wolf) - 2:0 (05:51) Scheytt (---) / 3:0 (29:19) Grundmann (Götz) - 4:0 (33:49) Wolf (Holmes) - 5:0 (35:17) Becker (Oswald) - 6:0 (38:56) Frühwirt (---) / 7:0 (44:09) Evers (Ritter, M. Lanzl)
S: Holmes 4, Ziegenhals 2, Wolf 2, Linde 2
Grundmann absolvierte als fünfzehnte Spielerin ihr 100. Länderspiel.

B - 03.01.2004 GER (B) - FRA (A) 6:1 (3:0, 1:0, 2:1)
Freiburg, Franz-Siegel-Halle; Z: 160; SR: ?; LR: ?
Harß (ab 47:54 **Melanie Heldenmaier** (TV Kornwestheim)) - Berndaner (ERC Sonthofen 1999), Gemsjäger (ECDC Memmingen) - Grünzig (ECDC Memmingen), **Anke Henger** (Mad Dogs Mannheim) - Hentschke, Adlhoch - Speyer, Li. Schuster, B. Schröder - Reindl (ERC Sonthofen 1999), Moller, **Sarah Merath** (ECDC Memmingen) - A. Lanzl, Holmes, Fring - Bittner, Splitter
T: 1:0 (08:34) Holmes (Reindl) - 2:0 (10:48) Holmes (---) - 3:0 (19:41) Moller (Holmes, Reindl) / 4:0 (29:13) Splitter (Bittner, Moller) / 5:0 (50:30) Holmes (Reindl, Moller) - 6:1 (53:03) Reindl (Berndaner, Holmes)
S: Hentschke 4, Li. Schuster 2, Moller 2

B - 04.01.2004 FRA (A) - GER (B) 1:0 (0:0, 1:0, 0:0)
Mulhouse, Patinoire de l'Illberg; Z: 250; SR: ?; LR: ?
Harß (ab 30:30 Heldenmaier) - Berndaner, Gemsjäger - Grünzig, Henger - Merath, B. Schröder - Adlhoch, Splitter, Speyer - Li. Schuster, Moller, A. Lanzl - Holmes, Hentschke, Fring - Bittner, Reindl
S: Adlhoch 4, Berndaner 2, Moller 2, A. Lanzl 2, Holmes 2

208. - 08.01.2004 CZE - GER 1:5 (1:1, 0:2, 0:2)
Mariánské Lázně, Zimní stadion; Z: ?; SR: ?; LR: ?
Wartosch-Kürten (Harrer n.e.) - S. Fellner, R. Thyßen, Kruck, Oswald, Linde, Schreckenbach - Busch, Wierscher, Grundmann, Holmes, Frühwirt, M. Lanzl, Scheytt, Ritter, Weyand, Evers, Götz, Gall
T: M. Lanzl 2, Holmes 1, Frühwirt 1, Scheytt 1
V: S. Fellner 1, Grundmann 1, Weyand 1, Götz 1, Gall 1
S: S. Fellner 2, Oswald 2, Busch 2, Scheytt 2, Gall 2

209. - 09.01.2004 CZE - GER 0:10 (0:3, 0:3, 0:4)
Mariánské Lázně, Zimní stadion; Z: ?; SR: ?; LR: ?
E. Thyßen (Harrer n.e.) - S. Fellner, R. Thyßen, Kruck, Oswald, Linde, Schreckenbach - Busch, Wierscher, Grundmann, Holmes, Frühwirt, M. Lanzl, Scheytt, Ritter, Weyand, Evers, Götz, Gall
T: Grundmann 2, Holmes 2, M. Lanzl 2, Ritter 1, Kruck 1, Oswald 1, Busch 1
V: Scheytt 3, Ritter 2, Oswald 2, Schreckenbach 1, Götz 1, Busch 1, M. Lanzl 1
S: Ritter 2, Weyand 2, Götz 2

210. - 10.01.2004 CZE - GER 1:4 (0:4, 0:0, 1:0)
Mariánské Lázně, Zimní stadion; Z: ?; SR: ?; LR: ?
Wartosch-Kürten (E. Thyßen n.e.) - S. Fellner, R. Thyßen, Kruck, Oswald, Linde, Schreckenbach - Busch, Wierscher, Grundmann, Frühwirt, M. Lanzl, Scheytt, Ritter, Weyand, Evers, Götz, Gall
T: Scheytt 2, Oswald 1, Grundmann 1
V: S. Fellner 1, Schreckenbach 1, Grundmann 1, Götz 1
S: Kruck 2, Oswald 2, Wierscher 2, Frühwirt 2, M. Lanzl 2, Weyand 2

2. Air Canada Cup 2004
Die deutsche Mannschaft belegte den 2. Platz.

211. - 05.02.2004 SUI - GER 1:1 (1:0, 0:1, 0:0)
Garmisch-Partenkirchen, Olympia-Eissport-Zentrum; Z: 163; SR: ?; LR: ?
Wartosch-Kürten (Harrer n.e.) - **Jessica Hammerl** (ESC Planegg), R. Thyßen, Kruck, Oswald (C), Linde, Schreckenbach - Busch, Wierscher, Rörig (OSC Berlin), Grundmann, Frühwirt, M. Lanzl, Seiler, Rumswinkel (ESC Planegg), Scheytt, Becker, Ritter, Evers, Götz, Gall
T: 1:1 (39:06) Oswald (---)
S: Becker 2, Frühwirt 2, Rörig 2, Oswald 2

212. - 06.02.2004 FIN (u20) - GER 0:4 (0:1, 0:2, 0:1)
Bad Tölz, Hacker-Pschorr-Arena; Z: 500; SR: ?; LR: ?
Harrer (Wartosch-Kürten n.e.) - Hammerl, R. Thyßen, Kruck, Oswald (C), Linde, Schreckenbach - Busch, Wierscher, Rörig, Grundmann, Frühwirt, M. Lanzl, Seiler, Rumswinkel, Scheytt, Becker, Ritter, Evers, Götz, Gall
T: 0:1 (15:33) Götz (Scheytt) / 0:2 (28:17) Götz (---) - 0:3 (29:57) Wierscher (Gall) / 0:4 (53:39) Becker (---)
S: Ritter 2, Harrer 2

213. - 07.02.2004 CAN (u22) - GER 5:3 (0:2, 2:0, 3:1)
Bad Tölz, Hacker-Pschorr-Arena; Z: 1.000; SR: ?; LR: ?
Wartosch-Kürten (ab 30:30 Harrer) - Hammerl, R. Thyßen, Kruck, Oswald (C), Linde, Schreckenbach - Busch, Wierscher, Rörig, Grundmann, Frühwirt, M. Lanzl, Seiler, Rumswinkel, Scheytt, Becker, Ritter, Evers, Götz, Gall
T: 0:1 (03:38) Becker (M. Lanzl) - 0:2 (17:42) Becker (M. Lanzl, Ritter) / 2:3 (50:14) M. Lanzl (Becker, Oswald)
S: M. Lanzl 2, Frühwirt 2

214. - 27.03.2004 JPN - GER 2:0 (0:0, 1:0, 1:0)
Bridgewater, Ice Arena; Z: 1.000; SR: Reddy (CAN); LR: Caughey (CAN), Gates (CAN)
Wartosch-Kürten (ab 30:01 Harrer) - R. Thyßen, Ziegenhals, Kruck, Oswald (C), Schreckenbach - Wierscher, Wolf, Grundmann, Frühwirt, M. Lanzl (HC Lugano), Rumswinkel, Scheytt, Becker, Ritter, Evers, Götz, Busch, Gall
S: Kruck 2, Grundmann 2, Frühwirt 2, Ritter 2
Oswald absolvierte als erste Spielerin ihr 200. Länderspiel.

215. - 28.03.2004 GER - FIN 1:6 (1:2, 0:2, 0:2)
Yarmouth, Mariners Center; Z: 1.300; SR: Berado (CAN); LR: Caughey (CAN), Gates (CAN)
Harrer (ab 30:45 Wartosch-Kürten) - R. Thyßen, Ziegenhals, Kruck, Oswald (C), Schreckenbach - Wierscher, Wolf, Grundmann, Frühwirt, M. Lanzl, Rumswinkel, Scheytt, Becker, Ritter, Evers, Götz, Busch, Gall
T: 1:1 (11:02) Scheytt (Frühwirt)
S: R. Thyßen 2, Oswald 2, Wolf 2, Frühwirt 2, Scheytt 2, Becker 2, Gall 2

8. Weltmeisterschaft 2004

Die deutsche Mannschaft belegte in ihrer Vorrundengruppe den 2. Platz und kam damit in die Platzierungsrunde Gruppe E. Am Ende belegte das Team den 6. Platz.

VORRUNDE - GRUPPE B

216'. - 31.03.2004 GER - CHN 4:2 (0:1, 1:1, 3:0)
Halifax, Metro Centre; Z: 3.507; SR: Ivičičová (CZE); LR: Robichaud (CAN), Haapanen (FIN)
Wartosch-Kürten (Harrer n.e.) - Ziegenhals, Kruck, Oswald (C), Schreckenbach, Frühwirt, Rumswinkel - Ritter, Soesilo (Calgary Oval X-Treme), Wierscher, Wolf, M. Lanzl, Scheytt, Seiler, Becker, Evers, Götz, Busch, Gall
T: 1:1 (25:02) Seiler (M. Lanzl) / 2:2 (40:21) M. Lanzl (Becker) - 3:2 (41:27) Scheytt (Wierscher) - 4:2 (59:04) Becker (---)
S: Götz 4, Becker 4, Evers 4, Wolf 2, Teamstrafe 2 (dafür Seiler auf der Strafbank)

217'. - 01.04.2004 CAN - GER 13:0 (8:0, 3:0, 2:0)
Halifax, Metro Centre; Z: 7.251; SR: Hirvonen (FIN); LR: Zítková (CZE), Suban (FIN)
Harrer (ab 13:29 Wartosch-Kürten) - Ziegenhals, Kruck, Oswald (C), Schreckenbach, Frühwirt, Rumswinkel - Ritter, Soesilo, Wierscher, Wolf, M. Lanzl, Scheytt, Seiler, Becker, Evers, Götz, Busch, Gall
S: Frühwirt 2, M. Lanzl 2, Becker 2, Oswald 2, Ritter 2

PLATZIERUNGSRUNDE - GRUPPE E

218'. - 03.04.2004 GER - RUS 2:4 (0:1, 2:2, 0:1)
Halifax, Metro Centre; Z: 4.144; SR: Voracek (USA); LR: Pellerin (CAN), Robichaud (CAN)
Wartosch-Kürten (Harrer n.e.) - Ziegenhals, Kruck, Oswald (C), Schreckenbach, Frühwirt, Rumswinkel - Ritter, Soesilo, Wierscher, Wolf, M. Lanzl, Scheytt, Seiler, Becker, Evers, Götz, Busch, Gall
T: 1:1 (22:49) Becker (M. Lanzl) - 2:1 (26:04) Wolf (---)
S: Kruck 2, Ritter 2

219'. - 04.04.2004 FIN - GER 4:0 (2:0, 1:0, 1:0)
Halifax, Metro Centre; Z: 6.599; SR: Normand (CAN); LR: Zítková (CZE), Konstantinova (RUS)
Harrer (Wartosch-Kürten n.e.) - Ziegenhals, Kruck, Oswald (C), Schreckenbach, Frühwirt, Rumswinkel - Ritter, Soesilo, Wierscher, Wolf, M. Lanzl, Scheytt, Seiler, Becker, Evers, Götz, Busch, Gall
S: Oswald 4, Frühwirt 4, Scheytt 2, Götz 2, Ritter 2

2004/05

B - 03.09.2004 GER (B*) - AUT (A) 5:3 (0:0, 1:0, 4:3)
* süddeutsche Auswahl
Berchtesgaden, Eishalle „An der Schießstätte"; Z: ?; SR: ?; LR: ?
Harß (ECDC Memmingen; **Susanne Seeßle** (ESC Planegg) n.e.) - Berndaner (ERC Sonthofen 1999), Hammerl (ESC Planegg) - **Sylvia Dandlberger** (ESC Planegg), Kretzschmar (ECDC Memmingen) - **Monika Pink** (ESC Planegg) - Adlhoch (SC Riessersee), **Elke Wiegand** (ESC Planegg), Splitter (ERC Sonthofen 1999) - Li. Schuster (ESC Planegg), Schauer (SC Riessersee), Moller (ECDC Memmingen) - Ludwig (TV Kornwestheim), Holmes (ECDC Memmingen), Grandl (ESC Planegg) - Bittner (SC Riessersee), Wolf (ECDC Memmingen)
T: 1:0 (36:56) Ludwig (Splitter, Berndaner) / 2:0 (41:36) Ludwig (Berndaner, Splitter) - 3:1 (44:54) Ludwig (Bittner, Grandl) - 4:3 (54:48) Pink (Li. Schuster, Kretzschmar) - 5:3 (56:09) Wolf (Holmes)
S: Berndaner 2, Pink 2, Harß 2

B - 04.09.2004 GER (B*) - AUT (A) 4:3 (2:1, 1:1, 1:1)

* süddeutsche Auswahl
Berchtesgaden, Eishalle An der Schießstätte"; Z: ?; SR: ?; LR: ?
Seeßle (Harß n.e.) - Berndaner, Hammerl - Dandlberger, Kretzschmar - Pink - Adlhoch, Wiegand, Splitter - Li. Schuster, Schauer, Moller - Ludwig, Holmes, Grandl - Bittner, Wolf
T: 1:0 (02:38) Wolf (---) - 2:1 (10:35) Pink (Li. Schuster, Wiegand) / 3:2 (35:36) Wolf (Holmes, Moller) / 4:2 (54:35) Li. Schuster (Wiegand)
S: Pink 2, Schauer 2, Ludwig 2, Holmes 2, Grandl 2

B - 04.09.2004 GER (B*) - NED (A) 1:1 (1:0, 0:0, 0:1)**

** nord-west-ostdeutsche Auswahl; ** im Rahmen eines Turniers*
Grefrath, Eissportzentrum; Z: ?; SR: ?; LR: ?
Ivonne Schröder (ES Weißwasser), **Julia Tschirner** (Herner EG) - **Selina Frey** (EC Bergkamener Bären), Dörr (Mannheimer ERC), Kresse (OSC Berlin), **Anne Renger** (?), Weyand (EC Bergkamener Bären), Schmitten (EC Bergkamener Bären), **Mona Pötzsch** (EC Bergkamener Bären), Friede (OSC Berlin), Hauptmann (ETC Crimmitschau), Franke (ETC Crimmitschau), **Caroline Sauer** (EC Bergkamener Bären), **Lisa-Maria Kuchnia** (EC Bergkamener Bären), Schneidereit (EC Bergkamener Bären), **Jasmin Schebitz** (EC Hannover Indians)
T: 1:0 (09:08) Schneidereit (Kuchnia)
S: Kuchnia 2, Hauptmann 2

Drei-Nationen-Turnier

Die deutsche Mannschaft belegte den 1. Platz.

220. - 08.09.2004 GER - JPN 3:2 (1:2, 0:0, 1:0, 1:0) OT (5 min.)

Harbin, Baqu Arena; Z: 600; SR: Yang Yuyu (CHN); LR: Liu Chunhua (CHN), Dai Liping (CHN)
Wartosch-Kürten (TV Kornwestheim; Harrer (EC Bad Tölz) n.e.) - Hammerl, S. Fellner (TV Kornwestheim), Ritter (Hamburger SV), Kruck (SC Riessersee), Oswald (C - SC Riessersee), Linde (Ilves Tampere) - A. Lanzl (TuS Geretsried), Grundmann (OSC Berlin), M. Lanzl (DSC Oberthurgau), Kamenik (OSC Berlin), Rumswinkel (ESC Planegg), Bittner, Scheytt (OSC Berlin), Becker (DSC Oberthurgau), Evers (WSV Braunlage), Götz (OSC Berlin), Busch (WSV Braunlage), Wierscher (EC Bergkamener Bären)
T: 1:1 (07:39) Becker (Hammerl) / 2:2 (48:55) Oswald (---) / 3:2 (?) M. Lanzl (Becker)
S: Oswald 6, Kruck 2

221. - 09.09.2004 CHN - GER 2:5 (0:1, 1:2, 1:2)

Harbin, Baqu Arena; Z: 900; SR: Zhang Jiayu (CHN); LR: Zhang Yuenan (CHN), Cui Lei (CHN)
Harrer (Wartosch-Kürten n.e.) - Hammerl, S. Fellner, Ritter, Kruck, Oswald (C), Linde - A. Lanzl, Grundmann, M. Lanzl, Kamenik, Rumswinkel, Bittner, Scheytt, Becker, Evers, Götz, Busch, Wierscher
T: 0:1 (11:48) Scheytt (---) / 0:2 (27:11) Busch (Ritter) - 0:3 (32:01) Becker (S. Fellner) / 2:4 (49:19) Rumswinkel (---) - 2:5 (54:37) Evers (Becker, M. Lanzl)
S: Grundmann 4, Kruck 2, A. Lanzl 2, Becker 2, Wierscher 2

222. - 10.09.2004 (10:00) GER - JPN 0:1 (0:0, 0:0, 0:1)*

* 3x18 min. wegen der hohen Belastung von zwei Spielen an einem Tag
Harbin, Baqu Arena; Z: 500; SR: Zhang Jiayu (CHN); LR: Meng Guijie (CHN), Dai Liping (CHN)
Harrer, Wartosch-Kürten - Hammerl, S. Fellner, Ritter, Kruck, Oswald (C), Linde - A. Lanzl, Grundmann, M. Lanzl, Kamenik, Rumswinkel, Bittner, Scheytt, Becker, Evers, Götz, Busch, Wierscher
S: Grundmann 2, M. Lanzl 2

223. - 10.09.2004 (18:30) CHN - GER 0:6 (0:1, 0:3, 0:2)*

* 3x18 min. wegen der hohen Belastung von zwei Spielen an einem Tag
Harbin, Baqu Arena; Z: 800; SR: Yang Yuyu (CHN); LR: Liu Chunhua (CHN), Cui Lei (CHN)
Wartosch-Kürten (Harrer n.e.) - Hammerl, S. Fellner, Ritter, Kruck, Oswald (C), Linde - A. Lanzl, Grundmann, M. Lanzl, Kamenik, Rumswinkel, Bittner, Scheytt, Becker, Evers, Götz, Busch, Wierscher
T: Kamenik 2, Ritter 1, Bittner 1, Becker 1, Evers 1
V: Becker 1
S: Evers 4, Becker 2, M. Lanzl 2, Ritter 2, Scheytt 2

224. - 09.10.2004 SUI - GER 3:5 (1:1, 2:2, 0:2)

Zuchwil, Sportzentrum; Z: 150; SR: Stöckli (SUI); LR: Lischetti (SUI), Tangui (SUI)
Harß (Seeßle n.e.) - Kresse, Hammerl, S. Fellner, Ritter, **Jenny Tamás** (ERV Schweinfurt), Rückauer (TV Kornwestheim), Kruck, Oswald (C) - A. Lanzl, Grundmann, Moller, Reindl (Calgary Hurricanes), Holmes, Seiler (TV Kornwestheim), Hentschke (Mad Dogs Mannheim), Bittner, Scheytt, Becker, Ludwig, Weyand, Götz, Wolf
T: 1:1 (05:37) Scheytt (Götz, Grundmann) / 1:2 (20:13) Becker (Seiler, Oswald) - 3:3 (39:10) Götz (Oswald) / 3:4 (55:23) Scheytt (Grundmann, Götz) - 3:5 (58:41) Holmes (Wolf)
S: Oswald 4, Hammerl 2, Grundmann 2, Seiler 2

225. - 10.10.2004 SUI - GER 2:4 (1:0, 1:1, 0:3)
Zuchwil, Sportzentrum; Z: 120; SR: Stöckli (SUI); LR: Lischetti (SUI), Tangui (SUI)
Seeße (Harß n.e.) - Kresse, Hammerl, S. Fellner, Ritter, Tamás, Rückauer, Kruck, Oswald (C) - A. Lanzl, Grundmann, Moller, Reindl, Holmes, Seiler, Hentschke, Bittner, Scheytt, Becker, Ludwig, Weyand, Götz, Wolf
T: 1:1 (31:24) Holmes (Kruck) / 2:2 (51:40) Grundmann (Götz) - 2:3 (52:15) Götz (Holmes) - 2:4 (56:20) Ritter (Becker)
S: Kresse 2, Reindl 2, Becker 2, Weyand 2

Qualifikation zu den Olympischen Winterspielen 2006 - Gruppe B
Die deutsche Mannschaft belegte den 1. Platz und qualifizierte sich für die Olympischen Winterspiele 2006.

226. - 11.11.2004 LAT - GER 1:5 (1:2, 0:1, 0:2)
Bad Tölz, Hacker-Pschorr-Arena; Z: 425; SR: Ivičičová (CZE), Tottman (GBR); LR: Boniface (FRA), Quagliato (CZE)
Wartosch-Kürten (Harrer n.e.) - Ziegenhals (Bemidji State University), Rückauer, Ritter, Oswald (C), Linde, Kruck, Frühwirt (TV Kornwestheim), S. Fellner - Wolf, Götz, Scheytt, Soesilo (Calgary Oval X-Treme), Seiler, M. Lanzl, Busch, Grundmann, Evers, Becker
T: 0:1 (04:52) Wolf (Oswald) - 0:2 (06:13) Becker (Oswald) / 1:3 (23:33) Becker (M. Lanzl) / 1:4 (58:08) Grundmann (Scheytt) - 1:5 (59:04) Seiler (M.Lanzl, Becker)
S: Oswald 2, Kruck 2

227. - 13.11.2004 GER - SLO 10:1 (3:0, 4:0, 3:1)
Bad Tölz, Hacker-Pschorr-Arena; Z: 575; SR: Tottman (GBR); LR: Skovbakke (DEN), Slivková (SVK)
Harrer (Wartosch-Kürten n.e.) - Ziegenhals, Rückauer, Ritter, Oswald (C), Linde, Kruck, Frühwirt, S. Fellner - Wolf, Götz, Scheytt, Soesilo, Seiler, M. Lanzl, Busch, Grundmann, Evers, Becker
T: 1:0 (08:44) Wolf (Evers) - 2:0 (13:54) Götz (Kruck) - 3:0 (16:17) Evers (Busch) / 4:0 (34:14) Grundmann (S. Fellner, Götz) - 5:0 (37:44) Evers (Busch) - 6:0 (38:56) Ritter (Scheytt, Kruck) - 7:0 (39:48) Seiler (Becker) / 8:0 (48:00) M. Lanzl (---) - 9:0 (48:49) M. Lanzl (Becker) - 10:1 (58:26) Scheytt (Ritter)
S: Wolf 4, Scheytt 2, Seiler 2, Ziegenhals 2, Kruck 2, M. Lanzl 2, Ritter 2, Frühwirt 2
M. Lanzl absolvierte als sechzehnte Spielerin ihr 100. Länderspiel.

228. - 14.11.2004 GER - KAZ 5:0 (1:0, 2:0, 2:0)
Bad Tölz, Hacker-Pschorr-Arena; Z: 1.498; SR: Tottman (GBR); LR: Skovbakke (DEN), Boniface (FRA)
Wartosch-Kürten (ab 57:24 Harrer) - Ziegenhals, Rückauer, Ritter, Oswald (C), Linde, Kruck, Frühwirt, S. Fellner - Wolf, Götz, Scheytt, Soesilo, Seiler, M. Lanzl, Busch, Grundmann, Evers, Becker
T: 1:0 (04:21) Becker (Kruck, M. Lanzl) / 2:0 (28:11) M. Lanzl (Ritter, Grundmann) - 3:0 (31:16) Seiler (Becker, M. Lanzl) / 4:0 (45:01) Becker (Seiler) - 5:0 (53:41) Wolf (Evers)
S: Becker 4, Seiler 4, Wolf 2

229. - 07.01.2005 GER - CZE 6:2 (1:1, 2:1, 3:0)
Selb, Hutschenreuther-Eissporthalle; Z: 774; SR: Schreiber (GER); LR: Sauer (GER), Adler (GER)
Harß (I. Schröder n.e.) - Kresse, **Carina Spuhler** (TV Kornwestheim), S. Fellner, Schauer, Tamás, Kruck, Oswald (C), **Heike Paschke** (EV Regensburg) - Frühwirt, A. Lanzl, Franke, Grundmann, Holmes, Seiler, Kamenik, Hentschke, Bittner, Scheytt, Ludwig, Götz, Hauptmann
T: Grundmann 3, Seiler 1, Kamenik 1, Götz 1
V: Oswald 4, A. Lanzl 2, Bittner 1, Götz 1, Schauer 1, Kruck 1
S: Götz 4, Hentschke 2

230. - 08.01.2005 GER - CZE 3:2 (2:0, 1:0, 0:2)
Crimmitschau, Kunsteisstadion im Sahnpark; Z: 721; SR: Walter (GER); LR: Adler (GER), Sauer (GER)
I. Schröder (Seeße n.e.) - Kresse, Spuhler, S. Fellner, Schauer, Tamás, Kruck, Oswald (C), Paschke - Frühwirt, A. Lanzl, Franke, Grundmann, Holmes, Seiler, Kamenik, Hentschke, Bittner, Scheytt, Ludwig, Götz, Hauptmann
T: 1:0 (13.) Scheytt - 2:0 (14.) Bittner / 3:0 (25.) Frühwirt
V: A. Lanzl 2, Kresse 1, S. Fellner 1, Oswald 1
S: Scheytt 4, Spuhler 2
Kruck absolvierte als siebzehnte Spielerin ihr 100. Länderspiel.

231. - 09.01.2005 GER - CZE 4:1 (2:0, 0:1, 2:0)
Mitterteich, Städtische Eishalle; Z: 400; SR: Walter (GER); LR: Adler (GER), Sauer (GER)
Seeße (I. Schröder n.e.) - Kresse, Spuhler, S. Fellner, Schauer, Tamás, Kruck, Oswald (C), Paschke - Frühwirt, A. Lanzl, Franke, Grundmann, Holmes, Seiler, Kamenik, Hentschke, Bittner, Scheytt, Ludwig, Götz, Hauptmann
T: Scheytt 2, Oswald 1, Seiler 1
V: Holmes 2, Götz 2, Hauptmann 1, Kruck 2, Grundmann 1
S: Scheytt 4, Kruck 2, Paschke 2, Grundmann 2

232. - 08.02.2005 GER - CAN (u22) 1:11 (0:4, 0:4, 1:3)
Troisdorf, IceDome; Z: 700; SR: ?; LR: ?
I. Schröder (ab 40:01 E. Thyßen (Grefrather EC 2001); Harß n.e.) - Kresse, Spuhler, Hammerl, S. Fellner, Pötzsch, Kruck, Weyand, Linde - Frühwirt, A. Lanzl, Grundmann, Holmes, M. Lanzl, Bittner, Scheytt, Becker, Evers, Götz, Busch, Wierscher
T: 1:11 (59:19) M. Lanzl (Becker)
S: Weyand 4, Evers 2, Kruck 2, Bittner 2

3. Air Canada Cup 2005
Die deutsche Mannschaft belegte den 4. Platz.

233. - 10.02.2005 SUI - GER 3:0 (1:0, 1:0, 1:0)
Duisburg, SCANIA-Arena; Z: 444; SR: ?; LR: ?
Harß (E. Thyßen n.e.) - Kresse, Spuhler, Hammerl, S. Fellner, Oswald (C), Pötzsch, Kruck, Weyand, Linde - Frühwirt, A. Lanzl, Grundmann, Holmes, M. Lanzl, Bittner, Scheytt, Becker, Evers, Götz, Busch, Wierscher
S: A. Lanzl 2+10 (Disziplinarstrafe), Evers 2, Becker 2, Grundmann 2, Scheytt 2, Holmes 2

234. - 11.02.2005 GER - FIN (u20) 4:2 (1:0, 1:2, 2:0)
Duisburg, SCANIA-Arena; Z: 512; SR: ?; LR: ?
E. Thyßen (ab 31:24 I. Schröder) - Kresse, Spuhler, Hammerl, S. Fellner, Oswald (C), Pötzsch, Kruck, Weyand, Linde - Frühwirt, A. Lanzl, Grundmann, Holmes, M. Lanzl, Bittner, Scheytt, Becker, Evers, Götz, Busch, Wierscher
T: 1:0 (11:27) Becker (A. Lanzl) / 2:2 (33:31) Becker (Evers) / 3:2 (45:35) Grundmann (Scheytt, Götz) - 4:2 (58:53) Grundmann (Becker, Oswald)
S: Kruck 6, Becker 4, Oswald 2, Hammerl 2

235. - 12.02.2005 GER - CAN (u22) 0:13 (0:2, 0:5, 0:6)
Duisburg, SCANIA-Arena; Z: 1.066; SR: Michaud (CAN); LR: Sauer (GER), Schreiber (GER)
I. Schröder (ab 40:01 Harß) - Kresse, Spuhler, Hammerl, S. Fellner, Oswald (C), Pötzsch, Kruck, Weyand, Linde - Frühwirt, A. Lanzl, Grundmann, Holmes, Bittner, Scheytt, Becker, Evers, Götz, Busch, Wierscher
S: Kruck 2, Oswald 2, Götz 2, Wierscher 2

236. - 22.03.2005 GER - CHN 3:0 (0:0, 2:0, 1:0)
Adendorf, Walter-Maack-Eisstadion; Z: 802; SR: Bandlovsky (GER); LR: Hahnel (GER), Adler (GER)
Wartosch-Kürten (ab 30:30 Harß) - S. Fellner, Ritter, Tamás, Ziegenhals, Kruck, Oswald (C), Linde - Frühwirt, A. Lanzl, Grundmann, M. Lanzl, Seiler, Bittner, Scheytt, Becker, Evers, Götz, Busch, Wolf
T: 1:0 (27:15) Tamás (Scheytt, Becker) - 2:0 (30:27) Becker (---) / 3:0 (49:28) Bittner (Grundmann, Wolf)
S: Becker 4, Linde 2, Scheytt 2, Oswald 2

237. - 23.03.2005 GER - CHN 1:0 (0:0, 1:0, 0:0)
Hamburg, Eissporthalle Farmsen; Z: 950; SR: ?; LR: ?
Harß (ab 32:07 Wartosch-Kürten) - S. Fellner, Ritter, Tamás, Ziegenhals, Kruck, Oswald (C), Linde - Frühwirt, A. Lanzl, Grundmann, M. Lanzl, Seiler, Bittner, Scheytt, Becker, Evers, Götz, Busch, Wolf, Soesilo, Holmes
T: 1:0 (24.) Busch (Evers)
S: Becker 4, Tamás 2, Seiler 2

B - 24.03.2005 GER (B) - LAT (A) 5:5
Füssen, BL-Zentrum; Z: ?; SR: ?; LR: ?
keine Angaben

B - 26.03.2005 GER (B) - DEN (A) 2:1 (0:0, 2:1, 0:0)
Memmingen, Eissporthalle am Hühnerberg; Z: 100; SR: ?; LR: ?
Harß (ab 30:20 I. Schröder) - **Manuela Geiger** (ERC Sonthofen 1999), Gemsjäger (ECDC Memmingen) - Grandl, Grünzig (ECDC Memmingen) - Hammerl, Schauer - Spuhler, Wolf - Hentschke, **Miriam Thimm** (Grefrather EC 2001), Tamás - Li. Schuster, Rumswinkel, Pink - Moller, **Carla Manca** (ECDC Memmingen), Ludwig - Wiegand
T: 1:0 (23:51) Wolf (Geiger) - 2:0 (38:15) Li. Schuster (Wiegand)
S: Wolf 4, Moller 4, Ludwig 4, Thimm 2, Tamás 2

238. - 31.03.2005 SWE - GER 3:0 (2:0, 0:0, 1:0)
Linköping, Cloetta Center; Z: ?; SR: ?; LR: ?
Harrer (Wartosch-Kürten n.e.) - S. Fellner, Ritter, Ziegenhals, Kruck, Oswald (C), Linde - Frühwirt, A. Lanzl, Grundmann, M. Lanzl, Seiler, Scheytt, Becker, Evers, Götz, Busch, Wolf, Soesilo
S: Oswald 4, Scheytt 2, Kruck 2

9. Weltmeisterschaft 2005

Die deutsche Mannschaft belegte in ihrer Vorrundengruppe den 4. Platz. Damit verpasste die Mannschaft das Halbfinale. Am Ende belegte das Team den 5. Platz.

VORRUNDE - GRUPPE B

239. - 03.04.2005 FIN - GER 5:1 (3:0, 2:0, 0:1)
Norrköping, Himmelstalundshallen; Z: 125; SR: Normand (CAN); LR: Robben (NED), Zítková (CZE)
Wartosch-Kürten (Harrer n.e.) - S. Fellner, Ritter, Ziegenhals, Kruck, Oswald (C), Linde - Frühwirt, A. Lanzl, Grundmann, M. Lanzl, Seiler, Scheytt, Becker, Evers, Götz, Busch, Wolf, Soesilo
T: 5:1 (55:48) M. Lanzl (Seiler)
S: Frühwirt 2, Oswald 2, Scheytt 2, Linde 2, A. Lanzl 2, Soesilo 2

240. - 05.04.2005 GER - USA 0:7 (0:5, 0:1, 0:1)
Linköping, Cloetta Center; Z: 1.008; SR: Ivičičová (CZE); LR: Kiefer (GER), Zítková (CZE)
Harrer (ab 33:32 Wartosch-Kürten) - S. Fellner, Ritter, Ziegenhals, Kruck, Oswald (C), Linde - Frühwirt, A. Lanzl, Grundmann, M. Lanzl, Seiler, Scheytt, Becker, Evers, Götz, Busch, Wolf, Soesilo
S: Oswald 2, Götz 2, M. Lanzl, Grundmann 2

241. - 06.04.2005 CHN - GER 3:3 (1:1, 0:2, 2:0)
Norrköping, Himmelstalundshallen; Z: 87; SR: Tottman (GBR); LR: Mattila (FIN), Robben (NED)
Wartosch-Kürten (Harrer n.e.) - S. Fellner, Ritter, Ziegenhals, Kruck, Oswald (C), Linde - Frühwirt, A. Lanzl, Grundmann, M. Lanzl, Seiler, Scheytt, Becker, Evers, Götz, Busch, Wolf
T: 1:1 (09:21) Scheytt (---) / 1:2 (20:19) M. Lanzl (---) - 1:3 (24:18) Oswald (Ritter, Becker)
S: M. Lanzl 6, Ziegenhals 2, Oswald 2, Becker 2

SPIEL UM PLATZ 5-8

242. - 08.04.2005 RUS - GER 1:2 (1:1, 0:1, 0:0)
Norrköping, Himmelstalundshallen; Z: 60; SR: Howard (USA); LR: Flödén (SWE), Robben (NED)
Wartosch-Kürten (Harß n.e.) - S. Fellner, Ritter, Ziegenhals, Kruck, Frühwirt, Oswald (C), Linde - A. Lanzl, Grundmann, M. Lanzl, Seiler, Scheytt, Becker, Evers, Götz, Busch, Wolf
T: 0:1 (10:52) S. Fellner (Frühwirt) / 1:2 (24:48) Götz (Scheytt)
S: Ritter 2, Scheytt 2, Busch 2
Wolf absolvierte als achtzehnte Spielerin ihr 100. Länderspiel.

SPIEL UM PLATZ 5

243. - 09.04.2005 GER - CHN 3:0 (1:0, 1:0, 1:0)
Norrköping, Himmelstalundshallen; Z: 65; SR: Tottman (GBR); LR: Huguenin (CAN), Konstantinova (RUS)
Wartosch-Kürten (ab 59:26 Harß) - S. Fellner, Ritter, Ziegenhals, Kruck, Frühwirt, Oswald (C), Linde - A. Lanzl, Grundmann, M. Lanzl, Seiler, Scheytt, Becker, Evers, Götz, Busch, Wolf
T: 1:0 (18:37) M. Lanzl (Becker) / 2:0 (35:36) Frühwirt (Busch) / 3:0 (43:42) M. Lanzl (Becker)
S: Evers 4, Wolf 2

B - 08.05.2005 ITA (A) - GER (B) 2:4 (0:1, 2:2, 0:1)
Asiago, Palazzo del ghiaccio; Z: ?; SR: ?; LR: ?
Harß (ab 40:01 Seeßle) - Berndaner, Oswald - S. Fellner, Hammerl - Hentschke, Kruck - Pink, Spuhler - Bittner, Frühwirt, Grandl - **Sophie Kratzer** (ESC Planegg), **Franziska Meinicke** (ESC Planegg), Reindl (SC Riessersee) - Li. Schuster, Seiler, Wiegand - Scheytt
T: 0:1 (18:27) Bittner (Reindl) / 0:2 (29:10) Reindl (Scheytt) - 1:3 (36:55) Reindl (Bittner) / 2:4 (47:54) Reindl (Scheytt)
S: Oswald 4, Kruck 2, Pink 2, Grandl 2

2005/06

244. - 08.10.2005 SUI - GER 0:2 (0:0, 0:1, 0:1)
Romanshorn, EZO Eissportzentrum Oberthurgau AG; Z: 27; SR: ?; LR: ?
Wartosch-Kürten (OSC Berlin; Harß (ECDC Memmingen) n.e.) - Spuhler (TV Kornwestheim), Hammerl (ESG Planegg-Würmtal), Ritter (Hamburger SV), Tamás (ERV Scheinfurt), Kruck (SC Riessersee), Frühwirt (TV Kornwestheim), Oswald (C - SC Riessersee), Linde (Ilves Tampere) - A. Lanzl (EC Bergkamener Bären), Wolf (ECDC Memmingen), Grundmann (OSC Berlin), Holmes (OSC Berlin), Kamenik (OSC Berlin), Scheytt (OSC Berlin), Becker (DSC Oberthurgau), Evers (WSV Braunlage), Götz (OSC Berlin), Busch (WSV Braunlage), Wierscher (EC Bergkamener Bären)
T: 0:1 (38.) Ritter (Wierscher) / 0:2 (59.) Becker (---)
S: Götz 4, Becker 2

245. - 09.10.2005 SUI - GER 1:2 (0:2, 0:0, 1:0)
Romanshorn, EZO Eissportzentrum Oberthurgau AG; Z: 20; SR: ?; LR: ?
Wartosch-Kürten (Harß n.e.) - Spuhler, Hammerl, Ritter, Tamás, Kruck, Frühwirt, Oswald (C), Linde - A. Lanzl, Wolf, Grundmann, Holmes, Kamenik, Scheytt, Evers, Götz, Busch, Wierscher, Seiler (DSC Oberthurgau)
T: 0:1 (7.) Kamenik (Grundmann) - 0:2 (8.) Busch (Oswald, Evers)
S: Kruck 2

Vier-Nationen-Turnier
Die deutsche Mannschaft belegte in der Vorrunde den 2 Platz. Damit erreichte die Mannschaft das Halbfinale. Am Ende belegte das Team den 1. Platz.

VORRUNDE

246. - 22.10.2005 JPN - GER 1:2 (1:0, 0:1, 0:1)
Harbin, Baqu Arena; Z: 100; SR: Yuyu Yang (CHN); LR: Gang Wang (CHN), Yu Fu (CHN)
Harß (Wartosch-Kürten n.e.) - Hammerl, S. Fellner (DSC Oberthurgau), Ritter, Tamás, Kruck, Frühwirt, Oswald (C) - Soesilo (Hamburger SV), Grundmann, Holmes, Seiler, Kamenik, Bittner (SC Riessersee), Scheytt, Becker, Evers, Götz, Busch, Wolf
T: 1:1 (34:33) Frühwirt (Busch) / 2:1 (51:45.) Scheytt (---)
S: Tamás 2, Frühwirt 2, Grundmann 2

247. - 23.10.2005 GER - RUS 1:3 (0:1, 1:1, 0:1)
Harbin, Baqu Arena; Z: 100; SR: Gang Wang (CHN); LR: Bin Yin (CHN), Zhian Wang (CHN)
Wartosch-Kürten (Harß n.e.) - Hammerl, S. Fellner, Ritter, Tamás, Kruck, Frühwirt, Oswald (C) - Soesilo, Grundmann, Holmes, Seiler, Kamenik, Bittner, Scheytt, Becker, Evers, Götz, Busch, Wolf
T: 1:2 (36.) Becker (---)
S: Ritter 2, Kruck 2, Scheytt 2, Busch 2

248. - 24.10.2005 GER - CHN 4:0 (1:0, 1:0, 2:0)
Harbin, Baqu Arena; Z: 100; SR: Gang Wang (CHN); LR: Zhian Wang (CHN), Yu Fu (CHN)
Harß (Wartosch-Kürten n.e.) - Hammerl, S. Fellner, Ritter, Tamás, Kruck, Frühwirt, Oswald (C) - Soesilo, Grundmann, Holmes, Seiler, Kamenik, Bittner, Scheytt, Becker, Evers, Götz, Busch, Wolf
T: Soesilo 1, Seiler 1, Grundmann 1, Becker 1
V: Holmes 1
S: Frühwirt 4, Oswald 2, Kruck 2, Scheytt 2

HALBFINALE

249. - 25.10.2005 GER - JPN 6:2 (2:0, 3:0, 1:2)
Harbin, Baqu Arena; Z: 100; SR: Jiayu Zhang (CHN); LR: Lei Cui (CHN), Yu Fu (CHN)
Harß (Wartosch-Kürten n.e.) - Hammerl, S. Fellner, Ritter, Tamás, Kruck, Frühwirt, Oswald (C) - Soesilo, Grundmann, Holmes, Seiler, Kamenik, Bittner, Scheytt, Becker, Evers, Götz, Busch, Wolf
T: Holmes 2, Kruck 1, Grundmann 1, Evers 1, Busch 1
V: S. Fellner 2, Seiler 2, Becker 2
S: Kruck 4, Frühwirt 2, Oswald 2

FINALE

---

250. - 26.10.2005 GER - RUS 4:2 (0:1, 3:0, 1:1)
Harbin, Baqu Arena; Z: 150; SR: Yuyu Yang (CHN); LR: Gang Wang (CHN), Jiayu Zhang (CHN)
Harß (ab 40:01 Wartosch-Kürten) - Hammerl, S. Fellner, Ritter, Tamás, Kruck, Frühwirt, Oswald (C) - Soesilo, Grundmann, Holmes, Seiler, Kamenik, Bittner, Scheytt, Becker, Evers, Götz, Busch, Wolf
T: Holmes 2, Scheytt 1, Busch 1
V: Holmes 1, Evers 1, Götz 1
S: Kruck 2, Scheytt 2, Becker 2, Evers 2

B - 28.12.2005 GER (B) - SUI (B) 3:2 (2:0, 0:2, 1:0)
Trainerin der B-Auswahl 2005/06: Julia Wierscher
Füssen, BL-Zentrum; Z: 53; SR: Walter (GER); LR: Stenzel (GER), Singer (GER)
Lisa Geml (SC Riessersee; E. Thyßen (Grefrather EC 2001) n.e.) - Berndaner (ESC Planegg), Grandl (ESC Planegg) - Spuhler, R. Thyßen (Grefrather EC 2001) - **Claudia Weltermann** (C - EC Bergkamener Bären), Weyand (Grefrather EC 2001) - Ziegenhals (Bemidji State University), **Manuela Anwander** (EV Landsberg 2000) - B. Schröder (TV Kornwestheim), Schauer (SC Riessersee), Rörig (OSC Berlin) - Reindl (SC Riessersee), Ludwig (TV Kornwestheim), Kresse (OSC Berlin) - Kamenik, **Nina Gregorius** (ESC Moskitos Essen), Friede (OSC Berlin) - **Isabel Brückl** (SC Riessersee), Bittner, Speyer (ECDC Memmingen)
T: 1:0 (06:37) Weyand (Berndaner) - 2:0 (18:50) Weyand (---) / 3:2 (59:24) Berndaner (---)
S: R. Thyßen 4, Weyand 2, Reindl 2, Ludwig 2, Speyer 2, Bittner 2

B - 29.12.2005 GER (B) - SUI (B) 6:4 (1:1, 2:2, 3:1)
Füssen, BL-Zentrum; Z: 50; SR: Schreiber (GER); LR: Klemm (GER), Eisenschmid (GER)
E. Thyßen (L. Geml n.e.) - Berndaner, Kresse - Spuhler, Anwander - Weyand, Weltermann (C), R. Thyßen - Speyer, B. Schröder, Schauer - Rörig, Reindl, Ludwig - Kamenik, Gregorius, Grandl - Friede, Brückl, Bittner - Ziegenhals
T: 1:0 (04:01) Ludwig (Speyer) / 2:2 (36:33) Ludwig (Bittner) - 3:2 (37:28) Rörig (---) / 4:4 (51:48) Bittner (B. Schröder) - 5:4 (58:07) Speyer (Anwander, Reindl) - 6:4 (59:53) Ludwig (---)
S: R. Thyßen 2, Rörig 2, Reindl 2, Ludwig 2, Friede 2

---

251. - 03.01.2006 GER - CAN (u22) 0:2 (0:2, 0:0, 0:0)
Heilbronn, Knorr Arena; Z: 880; SR: Schreiber (GER); LR: Stenzel (GER), Kirschner (GER)
Wartosch-Kürten (Harß n.e.) - Hammerl, S. Fellner, Ritter, Tamás, Ziegenhals, Kruck, Oswald (C), Linde - Frühwirt, A. Lanzl, Grundmann, Holmes, M. Lanzl (University of Minnesota Duluth), Seiler, Scheytt, Becker, Evers (Grefrather EC 2001), Götz, Busch, Soesilo, Wolf (ESG Planegg-Würmtal)
S: Götz 6, Becker 4, M. Lanzl 2, Grundmann 2, Ritter 2, Kruck 2, Scheytt 2, Wolf 2, Busch 2, Linde 2, Hammerl 2

---

4. Air Canada Cup 2006
Die deutsche Mannschaft belegte den 4. Platz.

---

252. - 05.01.2006 SUI - GER 3:0 (0:0, 1:0, 2:0)
Ravensburg, Eissporthalle; Z: 1.200; SR: Hirvonen (FIN); LR: Kirschner (GER), Stenzel (GER)
Wartosch-Kürten (Harß n.e.) - Hammerl, S. Fellner, Ritter, Tamás, Ziegenhals, Kruck, Oswald (C), Linde - Frühwirt, A. Lanzl, Grundmann, Holmes, M. Lanzl, Seiler, Scheytt, Becker, Evers, Götz, Busch, Soesilo, Wolf
S: Becker 2, Tamás 2, Evers 2, Oswald 2, S. Fellner 2, M. Lanzl 2, Ziegenhals 2

---

253. - 06.01.2006 GER - FIN (u23) 0:2 (0:0, 0:1, 0:1)
Ravensburg, Eissporthalle; Z: 850; SR: Blasimann (SUI); LR: Kiefer (GER), Stenzel (GER)
Harß (Wartosch-Kürten n.e.) - Hammerl, S. Fellner, Ritter, Tamás, Ziegenhals, Kruck, Oswald (C), Linde - Frühwirt, A. Lanzl, Grundmann, Holmes, M. Lanzl, Seiler, Scheytt, Becker, Evers, Götz, Busch, Soesilo, Wolf
S: Frühwirt 4, S. Fellner 2, Seiler 2, Ritter 2

---

254. - 07.01.2006 GER - CAN (u22) 6:4 (1:2, 1:1, 4:1)
Ravensburg, Eissporthalle; Z: 1.560; SR: Hirvonen (FIN); LR: Kiefer (GER), Kirschner (GER)
Wartosch-Kürten (L. Geml n.e.) - Hammerl, S. Fellner, Ritter, Tamás, Kruck, Oswald (C), Linde - Frühwirt, A. Lanzl, Grundmann, Holmes, M. Lanzl, Seiler, Scheytt, Becker, Evers, Götz, Busch, Soesilo, Wolf
T: 1:2 (17:12) Busch (S. Fellner, Kruck) / 2:3 (36:54) M. Lanzl (Becker, Oswald) / 3:4 (43:38) S. Fellner (Kruck) - 4:4 (44:15) Oswald (Ritter, Becker) - 5:4 (56:11) Busch (Scheytt, Götz) - 6:4 (59:21) A. Lanzl (M. Lanzl, Oswald)
S: Oswald 4, Evers 4, S. Fellner 2, Busch 2, Becker 2, Wartosch-Kürten 2

B - 06.01.2006 CZE (A) - GER (B) 3:2 (1:1, 2:1, 0:0)
Cheb, Zimmí stadion; Z: ?; SR: ?; LR: ?
E. Thyßen (Seeßle (ECDC Memmingen) n.e.) - Hentschke (Mad Dogs Mannheim), Spuhler - R. Thyßen, Anwander - Weltermann, Speyer - B. Schröder, Schauer, Rörig - Moller (ECDC Memmingen), Ludwig, Kamenik - Gregorius, Friede, Brückl - Bittner, Weyand
T: 0:1 (14:44) Gregorius (Anwander) / 2:2 (31:48) Bittner (Hentschke)
S: R. Thysen 2, Weltermann 2, Ludwig 2, Friede 2, Weyand 2

B - 07.01.2006 CZE (A) - GER (B) 2:1 (0:1, 2:0, 0:0)
Cheb, Zimmí stadion; Z: ?; SR: ?; LR: ?
Seeßle (I. Schröder (ES Weißwasser) n.e.) - Hentschke, Spuhler - R. Thyßen, Anwander - Weltermann, Speyer - B. Schröder, Schauer, Rörig - Moller, Ludwig, Kamenik - Gregorius, Friede, Brückl - Bittner, Weyand
T: 0:1 (02:17) Ludwig (Weyand)
S: Bittner 4, Hentschke 2, Speyer 2, B. Schröder 2, Schauer 2, Rörig 2

B - 08.01.2006 CZE (A) - GER (B) 3:3 (1:1, 1:1, 1:1)
Cheb, Zimmí stadion; Z: ?; SR: ?; LR: ?
I. Schröder (E. Thyßen n.e.) - Hentschke, Spuhler - R. Thyßen, Anwander - Weltermann, Speyer - B. Schröder, Schauer, Rörig - Moller, Ludwig, Kamenik - Gregorius, Friede, Brückl - Bittner, Weyand
T: 0:1 (01:15) Kamenik (---) / 1:2 (37:29) B. Schröder (Kamenik) / 3:3 (45:51) Speyer (Anwander)
S: Bittner 4, Spuhler 2, Speyer 2, Friede 2, Brückl 2

255. - 04.02.2006 FRA - GER 1:10 (0:3, 0:6, 1:1)
Albertville, Halle olympique; Z: ?; SR: Hurth (FRA); LR: Petieux (FRA), Boniface (FRA)
Harß (Wartosch-Kürten n.e.) - S. Fellner, Ritter, Tamás, Kruck, Frühwirt, Oswald - A. Lanzl, Grundmann, Holmes, M. Lanzl, Seiler, Scheytt, Becker, Evers, Götz, Busch, Soesilo, Wolf
T: M. Lanzl 3, Götz 2, Soesilo 1, Frühwirt 1, A. Lanzl 1, Grundmann 1, Holmes 1
V: Soesilo 2, Tamás 1
S: Ritter 2, Kruck 2, A. Lanzl 2, M. Lanzl 2, Seiler 2, Busch 2

256. - 05.02.2006 FRA - GER 0:9 (0:3, 0:3, 0:3)
Albertville, Halle olympique; Z: ?; SR: Modlovitz (?); LR: Petieux (FRA), Boniface (FRA)
Wartosch-Kürten (Harß n.e.) - S. Fellner, Ritter, Tamás, Kruck, Frühwirt, Oswald - A. Lanzl, Grundmann, Holmes, M. Lanzl, Seiler, Scheytt, Becker, Evers, Götz, Busch, Soesilo, Wolf
T: M. Lanzl 4, Soesilo 2, Kruck 1, Oswald 1, Holmes 1
V: Becker 3, S. Fellner 2, Ritter 1, Holmes 1, Seiler 1
S: Holmes 4, Soesilo 4, Oswald 2, Götz 2
M. Lanzl erzielte mit ihrem ersten Treffer als vierte Spielerin 50 Tore.

257. - 08.02.2006 ITA - GER 0:4 (0:0, 0:1, 0:3)
Lecco, ?; Z: ?; SR: ?; LR: ?
Wartosch-Kürten (ab 40:01 Harß) - S. Fellner, Ritter, Tamás, Kruck, Frühwirt, Oswald - A. Lanzl, Grundmann, Holmes, M. Lanzl, Seiler, Scheytt, Becker, Evers, Götz, Busch, Soesilo, Wolf
T: 0:1 (29.) A. Lanzl / 0:2 (41.) Scheytt - 0:3 (54.) Busch - 0:4 (60.) Kruck
V: Ritter 1, Götz 1, Busch 1
S: Scheytt 4, Becker 4, Soesilo 4, S. Fellner 2, Holmes 2, Seiler 2

20. Olympische Winterspiele 2006 - Damen-Eishockeyturnier

Die deutsche Mannschaft belegte in ihrer Vorrundengruppe den 3. Platz. Damit verpasste die Mannschaft das Halbfinale. Am Ende belegte das Team den 5. Platz.

VORRUNDE - GRUPPE B

258'. - 11.02.2006 FIN - GER 3:0 (2:0, 0:0, 1:0)
Torino, Esposizioni; Z: 3.200; SR: Ustinova (RUS); LR: Boniface (FRA), Quagliato (CZE)
Wartosch-Kürten (Harß n.e.) - S. Fellner, Ritter, Tamás, Kruck, Frühwirt, Oswald (C) - A. Lanzl, Grundmann, Holmes, M. Lanzl, Seiler, Scheytt, Becker, Evers, Götz, Busch, Soesilo, Wolf
S: Frühwirt 2, Oswald 2, Seiler 2

259'. - 12.02.2006 GER - USA 0:5 (0:2, 0:2, 0:1)
Torino, Palasport Olimpico; Z: 7.794; SR: Hirvonen (FIN); LR: Flödén (SWE), Høve (NOR)
Harß (Wartosch-Kürten n.e.) - S. Fellner, Ritter, Tamás, Kruck, Frühwirt, Oswald (C) - A. Lanzl, Grundmann, Holmes, M. Lanzl, Seiler, Scheytt, Becker, Evers, Götz, Busch, Soesilo, Wolf
S: Becker 4, Oswald 4, Scheytt 2, A. Lanzl 2, Tamás 2, Grundmann 2, Götz 2, Seiler 2

260'. - 14.02.2006 SUI - GER 1:2 (0:0, 1:2, 0:0)
Torino, Esposizioni; Z: 2.000; SR: Howard (USA); LR: Konstantinova (RUS), Robben (NED)
Harß (Wartosch-Kürten n.e.) - S. Fellner, Ritter, Tamás, Kruck, Frühwirt, Oswald (C) - A. Lanzl, Grundmann, Holmes, M. Lanzl, Seiler, Scheytt, Becker, Evers, Götz, Busch, Soesilo, Wolf
T: 0:1 (23:16) M. Lanzl (Becker) - 1:2 (29:36) Oswald (M. Lanzl, Ritter)
S: Seiler 4, Scheytt 4, Grundmann 4, Götz 2, Frühwirt 2, Oswald 2

SPIEL UM PLATZ 5-8

261'. - 17.02.2006 GER - ITA 5:2 (3:2, 0:0, 2:0)
Torino, Esposizioni; Z: 2.750; SR: Ustinova (RUS); LR: Høve (NOR), Zítková (CZE)
Wartosch-Kürten (Harß n.e.) - S. Fellner, Ritter, Tamás, Kruck, Frühwirt, Oswald (C) - A. Lanzl, Grundmann, Holmes, M. Lanzl, Seiler, Scheytt, Becker, Evers, Götz, Busch, Soesilo, Wolf
T: 1:0 (00:27) Becker (M. Lanzl) - 2:0 (05:32) Seiler (Tamás) - 3:2 (07:47) Holmes (Soesilo) / 4:2 (42:50) Becker (Ritter) - 5:2 (55:35) Ritter (Becker, M. Lanzl)
S: Becker 6, Frühwirt 4, Götz 2, A. Lanzl 2, Oswald 2, Tamás 2, Ritter 2, M. Lanzl 2

SPIEL UM PLATZ 5

262'. - 20.02.2006 GER - RUS 1:0 (0:0, 0:0, 0:0, 0:0, 1:0) OT (10 min.) und PS
Torino, Esposizioni; Z: 2.570; SR: Howard (USA); LR: Piacentini (USA), Robben (NED)
Harß (Wartosch-Kürten n.e.) - S. Fellner, Ritter, Tamás, Kruck, Frühwirt, Oswald (C) - A. Lanzl, Grundmann, Holmes, M. Lanzl, Seiler, Scheytt, Becker, Evers, Götz, Busch, Soesilo, Wolf
T: 1:0 (70.) Becker (GWS)
PS: 0:0 Oswald (rechts vorbei) - 0:0 RUS - 0:0 M. Lanzl (gehalten) - 0:0 RUS - 0:0 Scheytt (Pfostentreffer) - 0:0 RUS - 1:0 Becker (GWS) - 1:0 RUS - 2:0 Holmes
S: Kruck 2, Scheytt 2

263. - 11.03.2006 GER - SUI 7:1 (1:0, 2:0, 4:1)
Dresden, Eissporthalle Pieschener Allee; Z: 1.022; SR: Uhlmann (GER); LR: ?
Seeßle (ab 21:41 I. Schröder) - Hammerl, Tamás, Weltermann, Oswald, **Stephanie Zander** (WSV Braunlage) - Anwander, Grundmann, Kamenik, Bittner, **Isabell Brückl** (SC Riessersee), Ritter, Weyand, **Annabel Beyer** (ES Weißwasser), Evers, Götz, Busch, **Stephanie Träger** (ES Weißwasser)
T: 1:0 (4.) Götz / 2:0 (25.) Busch - 3:0 (37.) Götz / 4:0 (41.) Evers - 5:0 (43.) Brückl - 6:0 (44.) Beyer - 7:0 (56.) Götz
V: Kamenik 2, Evers 2, Hammerl 1, Tamás 1, Grundmann 1, Busch 1, Träger 1
S: Zander 4, Hammerl 2, Götz 2, Weltermann 2, Grundmann 2, Beyer 2, Träger 2

2006/07

264'. - 23.08.2006 FIN (u20) - GER 4:0 (4:0, 0:0, 0:0)
Vierumäki, Vierumäen jäähalli; Z: 41; SR: Hirvonen (FIN); LR: Mattila (FIN), Masapuro (FIN)
I. Schröder (ES Weißwasser; Wartosch-Kürten (OSC Berlin) n.e.) - L. Geml (SC Riessersee) n.e.) - Tamás (ERV Schweinfurt), Spuhler (TV Kornwestheim), Ziegenhals (Bemidji State University), B. Schröder (Grefrather EC 2001), S. Fellner (DHC Oberthurgau), **C. Fellner** (geb. **Oswald**; C - SC Riessersee), Kruck (SC Riessersee), Grundmann (OSC Berlin) - Anwander (EV Landsberg 2000), Speyer (ERC Sonthofen 1999), Kamenik (OSC Berlin), Holmes (OSC Berlin), Götz (OSC Berlin), Scheytt (OSC Berlin), Busch (WSV Braunlage), Bittner (SC Riessersee), A. Lanzl (EC Bergkamener Bären), Evers (Hamburger SV), Becker (DHC Oberthurgau)
S: C. Fellner 4, Kamenik 4, A. Lanzl 2, Becker 2, Tamás 2, Kruck 2, Scheytt 2

265'. - 24.08.2006 FIN (u20) - GER 2:3 (0:1, 0:0, 2:1, ---, 0:1) nach PS ohne OT
Vierumäki, Vierumäen jäähalli; Z: 35; SR: Mattila (FIN); LR: Haapanen (FIN), Masapuro (FIN)
Wartosch-Kürten (60:00; I. Schröder n.e.) - Tamás, Spuhler, Ziegenhals, B. Schröder, S. Fellner, C. Fellner (C), Kruck, Grundmann - Anwander, Kamenik, Holmes, Götz, Scheytt, Busch, Bittner, A. Lanzl, Evers, Becker
T: 0:1 (02:40) Scheytt (Holmes, Kruck) / 1:2 (49:04) Bittner (Tamás, B. Schröder) / 2:3 (60.) Anwander (GWS)
PS: 1:0 FIN - 1:0 Busch (vergeben) - 2:0 FIN - 2:0 Holmes (vergeben) - 2:0 FIN - 2:1 Becker - 2:1 FIN - 2:2 A. Lanzl - 2:2 FIN - 2:2 Tamás (vergeben) - 2:2 C. Fellner (vergeben) - 2:2 FIN - 2:3 Scheytt - 3:3 FIN - 3:3 Evers (vergeben) - 3:3 FIN - 3:3 Götz (vergeben) - 3:3 FIN - 3:3 Kamenik (vergeben) - 3:3 FIN - 3:3 FIN - 3:4 Anwander
S: Kruck 4, Grundmann 4, Scheytt 4, Becker 2, Evers 2, Holmes 2, Götz 2
C. Fellner (geb. Oswald) absolvierte als erste Spielerin ihr 250. Länderspiel.

266'. - 26.08.2006 FIN (u20) - GER 3:2 (0:1, 2:0, 0:1, ---, 1:0) nach PS ohne OT
Vierumäki, Vierumäen jäähalli; Z: 83; SR: Martinson (FIN); LR: Haapanen (FIN), Mattila (FIN)
I. Schröder (ab 20:01 L. Geml; ab 40:01 Wartosch-Kürten) - Tamás, Spuhler, B. Schröder, S. Fellner, C. Fellner (C), Kruck, Grundmann - Anwander, Speyer, Kamenik, Holmes, Götz, Scheytt, Busch, Bittner, A. Lanzl, Evers, Becker
T: 0:1 (19:10) Kamenik (A. Lanzl, Götz) / 2:2 (55:44) Bittner (Holmes, Scheytt)
PS: 1:0 Bittner (vergeben) - 1:0 FIN - 1:0 Holmes (vergeben) - 1:0 FIN - 1:0 A. Lanzl (vergeben) - 1:0 FIN - 1:0 Becker (vergeben) - 1:0 FIN - 1:0 Scheytt (vergeben)
S: Grundmann 4, Scheytt 2, Götz 2, Bittner 2, Evers 2, B. Schröder 2, Kruck 2, Becker 2

Vier-Nationen-Turnier
Die deutsche Mannschaft belegte in der Vorrunde den 1 Platz. Damit erreichte die Mannschaft das Finale. Am Ende belegte das Team den 1. Platz.

VORRUNDE

267. - 25.10.2006 GER - KAZ 1:1 (0:0, 0:1, 1:0)
Tomakomai, Hakucho Oji Ice Arena; Z: 100; SR: ?; LR: ?
Harß (59:57 (ECDC Memmingen); Harrer (EC Bad Tölz) n.e.) - B. Schröder, Spuhler, S. Fellner, Tamás, Kruck, Grundmann, C. Fellner (C) - A. Lanzl, Kamenik, Bittner, Scheytt, Becker, Weyand (Grefrather EC 2001), Evers, Busch, Anwander, Götz, Speyer, Holmes
T: 1:1 (54:54) A. Lanzl (Becker)
S: Weyand 2, Holmes 2, Becker 2, Grundmann 2

268. - 26.10.2006 GER - CHN 3:1 (1:1, 1:0, 1:0)
Tomakomai, Hakucho Oji Ice Arena; Z: 91; SR: ?; LR: ?
Wartosch-Kürten (Harß n.e.) - B. Schröder, Spuhler, S. Fellner, Tamás, Kruck, Grundmann, C. Fellner (C) - A. Lanzl, Kamenik, Bittner, Scheytt, Becker, Weyand, Evers, Busch, Anwander, Götz, Speyer, Holmes
T: 1:1 (17:36) Becker (Anwander) / 1:2 (21:54) Tamás (Evers) / 1:3 (54:32) C. Fellner (Anwander, Becker)
S: Becker 6, Kruck 4, Bittner 2, Spuhler 2, Anwander 2, Teamstrafe 2 (dafür Götz auf der Strafbank)

269. - 28.10.2006 JPN - GER 2:3 (0:1, 2:0, 0:2)
Tomakomai, Hakucho Oji Ice Arena; Z: 480; SR: ?; LR: ?
Harrer (Wartosch-Kürten n.e.) - B. Schröder, Spuhler, S. Fellner, Tamás, Kruck, Grundmann, C. Fellner (C) - A. Lanzl, Bittner, Scheytt, Becker, Weyand, Evers, Busch, Anwander, Götz, Speyer, Holmes
T: 0:1 (06:48) Anwander (C. Fellner, Becker) / 2:2 (49:52) Kruck (S. Fellner) - 2:3 (55:01) C. Fellner (Becker)
S: Evers 2, Kruck 2, Götz 2, Spuhler 2, Scheytt 2, B. Schröder 2, Bittner 2, Becker 2

FINALE

270. - 29.10.2006 JPN - GER 0:3 (0:2, 0:0, 0:1)
Tomakomai, Hakucho Oji Ice Arena; Z: 620; SR: ?; LR: ?
Wartosch-Kürten (ab 30:16 Harß) - B. Schröder, Spuhler, S. Fellner, Tamás, Kruck, Grundmann, C. Fellner (C) - A. Lanzl, Bittner, Scheytt, Becker, Weyand, Evers, Busch, Anwander, Götz, Speyer, Holmes
T: 0:1 (16:38) A. Lanzl (Anwander, Becker) - 0:2 (18:21) Scheytt (Bittner) / 0:3 (46:24) Scheytt (Tamás)
S: C. Fellner 4, S. Fellner 2, Becker 2, Tamás 2, B. Schröder 2
Becker absolvierte als zweite Spielerin ihr 200. Länderspiel.

Euro Hockey Tour 2006/07 - Erstes Turnier
Die deutsche Mannschaft belegte im Turnier den 3. Platz.

271. - 17.12.2006 GER - SWE 2:5 (0:3, 0:1, 2:1)
Vierumäki, Vierumäen jäähalli; Z: 32; SR: ?; LR: ?
Harß (Harrer n.e.) - Spuhler, S. Fellner, Grundmann, B. Schröder, Tamás, Weltermann (EC Bergkamener Bären), C. Fellner (C) - A. Lanzl, Holmes, M. Lanzl (University of Minnesota Duluth), Seiler (Université du Québec), Hentschke (Mad Dogs Mannheim), Bittner, Götz, Scheytt, Becker, Weyand, Evers, Busch, Anwander
T: 1:5 (53:31) Busch (C. Fellner) - 2:5 (59:58) Scheytt (Holmes, Seiler)
S: C. Fellner 4, Scheytt 4, Weyand 4, Tamás 2, Weltermann 2, Götz 2, Bittner 2, Holmes 2, M. Lanzl 2, Grundmann 2

272. - 18.12.2006 FIN - GER 11:0 (3:0, 3:0, 5:0)
Hollola, jäähalli; Z: 200; SR: ?; LR: ?
Harrer (Harß n.e.) - Spuhler, S. Fellner, Grundmann, B. Schröder, Tamás, Weltermann, C. Fellner (C) - A. Lanzl, Holmes, M. Lanzl, Seiler, Hentschke, Bittner, Götz, Scheytt, Becker, Weyand, Evers, Busch, Anwander
S: C. Fellner 6, Seiler 2, Grundmann 2, Tamás 2, S. Fellner 2, Becker 2, A. Lanzl 2, Scheytt 2, Holmes 2, Evers 2

273. - 19.12.2006 GER - RUS 2:1 (2:0, 0:0, 0:1)
Vierumäki, Vierumäen jäähalli; Z: 42; SR: ?; LR: ?
Harß (ab 31:36 Harrer) - Spuhler, S. Fellner, Grundmann, B. Schröder, Tamás, Weltermann, C. Fellner (C) - A. Lanzl, Holmes, M. Lanzl, Seiler, Hentschke, Bittner, Götz, Scheytt, Becker, Weyand, Evers, Busch, Anwander
T: 1:0 (07:09) Seiler (M. Lanzl) - 2:0 (15:50) Götz (Busch, Evers)
S: C. Fellner 2, M. Lanzl 2, Becker 2, Bittner 2

Seit 2007 wird bei einem Unentschieden nach 60 min. bei jedem Spiel eine 5-minütige Sudden death overtime und wenn nötig ein Penaltyschießen (je drei Schützen) zur Ermittlung des Siegers ausgetragen.

---

274. - 02.01.2007 GER - CAN (u22) 1:5 (1:4, 0:1, 0:0)
Memmingen, Eissporthalle am Hühnerberg; Z: 600; SR: ?; LR: ?
Harß (ab 30:30 Harrer) - Spuhler, S. Fellner, Götz, Tamás, Weyand, Ziegenhals, C. Fellner (C) - A. Lanzl, Kresse (OSC Berlin), Hentschke, Bittner, Scheytt, Becker, Evers, Busch, Anwander, Seiler
T: 1:1 (07:08) Becker (Götz, A. Lanzl)
S: C. Fellner 4, Seiler 2, Ziegenhals 2, Evers 2

5. Air Canada Cup 2007

Die deutsche Mannschaft belegte in ihrer Vorrundengruppe den 2. Platz. Damit erreichte die Mannschaft das Halbfinale. Am Ende belegte das Team den 2. Platz.

VORRUNDE - GRUPPE B

275. - 04.01.2007 GER - JPN 2:1 (0:0, 1:0, 0:1, 1:0) OT
Ravensburg, Eissporthalle; Z: 1.750; SR: ?; LR: ?
Harß (Harrer n.e.) - Spuhler, S. Fellner, Tamás, Weyand, Ziegenhals, Grundmann, C. Fellner (C) - A. Lanzl, Kresse, Holmes, M. Lanzl, Seiler, Hentschke, Götz, Bittner, Scheytt, Becker, Evers, Busch, Anwander
T: 1:0 (32:53) Evers (Tamás, C. Fellner) / 2:1 (61:36) A. Lanzl (Grundmann, Becker)
S: Tamás 2, Spuhler 2
Ziegenhals absolvierte als neunzehnte Spielerin ihr 100. Länderspiel.

276. - 05.01.2007 CAN (u22) - GER 5:0 (0:0, 1:0, 4:0)
Ravensburg, Eissporthalle; Z: 3.000; SR: ?; LR: ?
Harrer (Harß n.e.) - Spuhler, S. Fellner, Tamás, Ziegenhals, Grundmann, C. Fellner (C) - A. Lanzl, Kresse, Holmes, M. Lanzl, Seiler, Götz, Bittner, Scheytt, Becker, Evers, Busch, Anwander
S: C. Fellner 2, Grundmann 2, M. Lanzl 2

HALBFINALE

277. - 06.01.2007 RUS - GER 0:5 (0:1, 0:3, 0:1)
Ravensburg, Eissporthalle; Z: 1.300; SR: ?; LR: ?
Harß (Harrer n.e.) - Spuhler, S. Fellner, Tamás, Ziegenhals, Grundmann, C. Fellner (C) - A. Lanzl, Kresse, Holmes, M. Lanzl, Seiler, Götz, Bittner, Scheytt, Becker, Evers, Busch, Anwander
T: 0:1 (02:23) Götz (S. Fellner, Evers) / 0:2 (26:58) Becker (A. Lanzl) - 0:3 (33:13) M. Lanzl (Becker, C. Fellner) - 0:4 (39:08) Becker (Holmes, Harß) / 0:5 (44:15) A. Lanzl (Grundmann, Becker)
S: C. Fellner 4, Becker 4, Spuhler 2, Evers 2, Götz 2

FINALE

278. - 07.01.2007 GER - CAN (u22) 1:6 (1:1, 0:3, 0:2)
Ravensburg, Eissporthalle; Z: 1.850; SR: ?; LR: ?
Harrer (ab 45:03 Harß) - Spuhler, S. Fellner, Tamás, Ziegenhals, Grundmann, C. Fellner (C) - A. Lanzl, Kresse, Holmes, M. Lanzl, Seiler, Götz, Bittner, Scheytt, Becker, Evers, Busch, Anwander
T: 1:1 (13:09) M. Lanzl (A. Lanzl, Becker)
S: Seiler 2, Becker 2, Tamás 2

B - 05.01.2007 GER (B) - CZE (A) 1:5
Trainer der B-Auswahl 2007: Schneider
Passau, Eis-Arena; Z: ?; SR: ?; LR: ?
Seeßle (ECDC Memmingen) - **Mandy Dibowski** (ECDC Memmingen) - **Corinna Lenz** (ECDC Memmingen),
Hammerl (ESC Planegg)
keine weiteren Angaben

B - 06.01.2007 GER (B) - CZE (A) 1:6
Deggendorf, Eisstadion; Z: ?; SR: ?; LR: ?
keine Angaben

B - 07.01.2007 GER (B) - CZE (A) 3:4
Regen, Eissportzentrum; Z: 120; SR: ?; LR: ?
keine Angaben

Euro Hockey Tour 2006/07 - Zweites Turnier
Die deutsche Mannschaft belegte im Turnier und auch in der Gesamtwertung den 4. Platz.

279'. - 16.02.2007 SWE - GER 5:0 (0:0, 2:0, 3:0)
Guldsmedshyttan, Råsshallen; Z: 540; SR: Noord (SWE); LR: Björkman (SWE), Eriksson (SWE)
I. Schröder (Harß n.e.) - Hammerl, C. Fellner (C) - Grundmann, Ziegenhals - S. Fellner, Kruck - Weltermann - Busch, Götz, Evers - Scheytt, Rörig (OSC Berlin), Holmes - Becker, A. Lanzl, Kresse - Speyer, Bittner, Li. Schuster (ESC Planegg)
S: C. Fellner 4, Kruck 4, Scheytt 4, Rörig 2, Becker 2, Weltermann 2, Teamstrafe 2 (dafür Weltermann auf der Strafbank)

280'. - 17.02.2007 GER - FIN 1:2 (1:0, 0:0, 0:2)
Lindesberg, Lindehov; Z: 107; SR: Sjökvist (SWE); LR: Flödén (SWE), Eriksson (SWE)
Harß (Harrer n.e.) - S. Fellner, Kruck - Hammerl, C. Fellner (C) - Grundmann, Ziegenhals - Weltermann - Busch, Götz, Evers - Becker, A. Lanzl, Kresse - Speyer, Bittner, Li. Schuster - Scheytt, Rörig, Holmes
T: 1:0 (02:53) Evers (Kruck)
S: Scheytt 6, Becker 2, Bittner 2, C. Fellner 2, Götz 2, Evers 2

281'. - 18.02.2007 GER - RUS 3:5 (1:2, 0:0, 2:3)
Örebro, Obol Arena; Z: 52; SR: Noord (SWE); LR: Björkman (SWE), Eriksson (SWE)
Harrer (Harß n.e.) - Grundmann, Kresse - Hammerl, C. Fellner (C) - S. Fellner, Kruck - Weltermann - Becker, A. Lanzl, Holmes - Busch, Götz, Evers - Scheytt, Rörig, Ziegenhals - Speyer, Bittner, Li. Schuster
T: 1:0 (04:45) Busch (Evers, Götz) / 2:2 (43:09) A. Lanzl (Holmes, Becker) - 3:3 (49:20) Holmes (S. Fellner, Grundmann)
S: Grundmann 6, Becker 4, S. Fellner 2, Holmes 2, A. Lanzl 2, Ziegenhals 2, Götz 2

282. - 31.03.2007 GER - CHN 4:2 (0:0, 1:0, 3:1)*
* in allen Quellen die gleichen unkorrekten Drittelergebnisse
Morden, Recreation Centre; Z: 700; SR: ?; LR: ?
Harrer (ab ? Harß) - C. Fellner (C), Grundmann - S. Fellner (EV Ravensburg), Kruck - Tamás, Spuhler - Becker, A. Lanzl, M. Lanzl - Evers, Götz, Busch - Holmes, Seiler (Ottawa Raiders), Scheytt - Bittner, Soesilo (Yale University), Kresse - Speyer
T: 1:0 (?) Evers, 2:0 (?) Bittner, 3:1 (?) M. Lanzl, 4:2 (?) Becker
V+S: keine Angaben

10. Weltmeisterschaft 2007
Die deutsche Mannschaft belegte in ihrer Vorrundengruppe den 3. Platz. Damit musste die Mannschaft in die Abstiegsrunde. Am Ende belegte das Team den 8. Platz.

VORRUNDE - GRUPPE B

283'. - 04.04.2007 GER - SUI 0:1 (0:0, 0:1, 0:0)
Winnipeg, MTS Centre; Z: 4.102; SR: Wrazidlo (USA); LR: Mattila (FIN), Richardson (CAN)
Harß (58:43-59:56 out; Harrer n.e.) - C. Fellner (C), Grundmann - S. Fellner, Kruck - Tamás, Spuhler - Becker, A. Lanzl, M. Lanzl - Evers, Götz, Busch - Holmes, Seiler, Scheytt - Bittner, Soesilo, Kresse
S: Kruck 4, Grundmann 4, Kresse 2, C. Fellner 2, Becker 2

284'. - 05.04.2007 CAN - GER 8:0 (2:0, 2:0, 4:0)
Winnipeg, MTS Centre; Z: 10.715; SR: Ivičičová (CZE); LR: Boniface (FRA), Flödén (SWE)
Harrer (ab 54:52 Harß) - C. Fellner (C), Grundmann - S. Fellner, Kruck - Tamás, Spuhler - Becker, A. Lanzl, M. Lanzl - Evers, Götz, Busch - Holmes, Seiler, Scheytt - Bittner, Soesilo, Kresse
S: S. Fellner 4, Grundmann 4, Evers 2, Holmes 2, Kresse 2

ABSTIEGSRUNDE - GRUPPE F

285'. - 07.04.2007 KAZ - GER 0:3 (0:2, 0:0, 0:1)
Winnipeg, MTS Centre; Z: 2.124; SR: Champagne (CAN); LR: Konstantinova (RUS), O'Brian (USA)
Harß (Harrer n.e.) - C. Fellner (C), Grundmann - Tamás, Spuhler - S. Fellner, Kruck - Holmes, Seiler, Scheytt - Becker, A. Lanzl, M. Lanzl - Evers, Götz, Busch - Bittner, Soesilo, Kresse
T: 0:1 (04:57) Busch (Kruck, S. Fellner) - 0:2 (11:59) A. Lanzl (M. Lanzl, Becker) / 0:3 (45:32) Evers (Kruck)
S: Becker 4, Kresse 4, Götz 2, M. Lanzl 2, A. Lanzl 2, Scheytt 2, Teamstrafe 2 (dafür A. Lanzl auf der Strafbank)

286'. - 09.04.2007 GER - RUS 1:4 (1:2, 0:0, 0:2)
Winnipeg, MTS Centre; Z: 10.741; SR: Høve (NOR); LR: Hishmeh (USA), Stanley (GBR)
Harrer (58:01-59:12 out; Harß) - S. Fellner, Kruck - Tamás, Spuhler - C. Fellner (C), Grundmann - Evers, Götz, Busch - Becker, Seiler, Bittner - Kresse, Holmes, Scheytt - A. Lanzl, Soesilo
T: 1:2 (08:47) Spuhler (Soesilo)
S: C. Fellner 2, Tamás 2, Soesilo 2

2007/08

287. - 08.09.2007 GER - SUI 3:1 (1:0, 1:0, 1:1)
Kaufbeuren, Eisstadion am Berliner Platz; Z: 200; SR: Vozar (GER); LR: Seitz GER), Kunz (GER)
Harrer (EC Bad Tölz; I. Schröder (ES Weißwasser) n.e.) - Spuhler (Ratinger Ice Aliens), Hammerl (TSV Erding), Grundmann (OSC Berlin), B. Schröder (EC Bergkamener Bären), S. Fellner (EV Ravensburg), Weyand (EHC Wesel), Tamás (ERV Schweinfurt), Kruck (ESC Planegg) - Kresse (OSC Berlin), A. Lanzl (EC Bergkamener Bären), Li. Schuster (ESC Planegg), Bittner (SC Riessersee), Scheytt (OSC Berlin), Evers (Hamburger SV), Götz (OSC Berlin), Busch (WSV Braunlage), Anwander (EV Landsberg 2000), Speyer (EV Füssen) **Jacqueline Janzen** (Schwenninger ERC)
T: 1:0 (7.) Busch (S. Fellner, Kruck) / 2:0 (38.) A. Lanzl (Busch) / 3:0 (51.) A. Lanzl (Busch, Grundmann)
S: Spuhler 4, Götz 4, Tamás 2, Kruck 2, Scheytt 2

288. - 09.09.2007 GER - SUI 4:2 (2:2, 0:0, 2:0)
Füssen, BLZ-Arena; Z: 200; SR: Vozar (GER); LR: Seitz (GER), Kunz (GER)
Harß (ECDC Memmingen; I. Schröder n.e.) - Spuhler, Hammerl, Grundmann, B. Schröder, S. Fellner, Weyand; Tamás, Kruck - Kresse, A. Lanzl, Li. Schuster, Bittner, Scheytt, Evers, Götz, Busch, Anwander, Speyer, Janzen
T: 1:1 (12:51) A. Lanzl (Anwander, Scheytt) - 2:2 (18:15) Götz (Busch, Evers) / 3:2 (46:22) Anwander (Speyer, Kruck) - 4:2 (55:37) S. Fellner (A. Lanzl, Li. Schuster)
S: Kresse 2, Spuhler, Hammerl 2, Scheytt 2

Drei-Nationen-Turnier
Die deutsche Mannschaft belegte den 1. Platz.

289. - 01.11.2007 (10:00) SVK - GER 2:3 (0:0, 1:1, 1:1, 0:0, 0:1) OT und PS
Nymburk, Zimní stadion; Z: ?; SR: ?; LR: ?*
* im offiziellen Spielbericht keine Angaben zu Zuschauern, SR oder LR
Harß (I. Schröder (EHC Jonsdorfer Falken) n.e.) - Weltermann (EC Bergkamener Bären), Grundmann - **Ronja Richter** (Hamburger SV), S. Fellner - A. Lanzl, Evers - Kamanik (OSC Berlin), Busch (EHC Wolfsburg) - Spuhler, Tamás, Kruck - Götz, Scheytt, Kresse - Anwander, Bittner, Li. Schuster - Weyand
T: 1:1 (39:27) Li. Schuster (Kruck, Anwander) / 1:2 (50:16) Kresse (Kamenik) / 2:3 (65:00) A. Lanzl (GWS)
PS: 0:0 Götz (vergeben) - 0:0 SVK - 0:0 Scheytt (vergeben) - 0:0 SVK - 1:0 A. Lanzl (GWS) - 1:0 SVK
S: Tamás 4, Spuhler 2, S. Fellner 2, Scheytt 2, Evers 2, Busch 2

290. - 01.11.2007 (17:00) CZE - GER 1:3 (0:2, 1:0, 0:1)
Nymburk, Zimní stadion; Z: ?; SR: ?; LR: ?
I. Schröder (Harß n.e.) - Weltermann, Grundmann - R. Richter, S. Fellner - A. Lanzl, Evers - Kamanik, Busch - Spuhler, Tamás, Kruck - Götz, Scheytt, Kresse - Anwander, Bittner, Li. Schuster - Weyand
T: 0:1 (02:27) Kamenik (---) - 0:2 (18:03) Götz (Busch) / 1:3 (49:45) Kruck (Kresse)
S: Kruck 8, Grundmann 4, Spuhler 2, Busch 2, Scheytt 2, Götz 2, R. Richter 2, Tamás 2, Weltermann 2
Götz absolvierte als zwanzigste Spielerin ihr 100. Länderspiel.

291. - 02.11.2007 GER - SVK 2:0 (1:0, 0:0, 1:0)
Nymburk, Zimní stadion; Z: ?; SR: ?; LR: ?
I. Schröder (Harß n.e.) - Kresse, Spuhler, R. Richter, S. Fellner, Weyand, Tamás, Weltermann, Kruck - A. Lanzl, Kamenik, Li. Schuster, Bittner, Scheytt, Evers, Götz, Busch, Anwander, Grundmann
T: 1:0 (18:51) Götz (Kruck) / 2:0 (51:46) Weltermann (Tamás)
S: Scheytt 6, Evers 2, Spuhler 2, Tamás 2

292'. - 03.11.2007 CZE - GER 2:1 (0:1, 1:0, 0:0, 1:0) OT und PS
Nymburk, Zimní stadion; Z: ?; SR: Růžičková (CZE); LR: ?*
* im offiziellen Spielbericht keine Angaben zu Zuschauern oder LR
Harß (I. Schröder n.e.) - Weltermann, Grundmann - R. Richter, S. Fellner - A. Lanzl, Evers - Kamanik, Busch - Spuhler, Tamás, Kruck - Götz, Scheytt, Kresse - Anwander, Bittner, Li. Schuster - Weyand
T: 0:1 (06:27) Busch (Li. Schuster)
PS: 0:0 Kruck (vergeben) - 0:0 CZE - 0:0 Tamás (vergeben) - 1:0 CZE - 1:0 Kamenik (vergeben)
S: Götz 2+10 (Disziplinarstrafe), R. Richter 4, Busch 4, Grundmann 2, Weltermann 2, Kresse 2, A. Lanzl 2

293'. - 10.11.2007 SUI - GER 1:1 (0:1, 0:0, 1:0)*
* inoffiziell 2:1; Auf Wunsch des Publikums wurde nach dem offiziellen Schluss das Spiel um 5 Minuten verlängert. Nach 64:21 erzielte die Schweizer Spielerin Ruhnke das Tor für die Schweiz. In der Schweizer Länderspielstatistik als Sieg geführt.
Romanshorn, EZO Eissportzentrum Oberthurgau AG; Z: 153; SR: Rutishauser (SUI); LR: Flury (SUI), Gick (SUI)
I. Schröder (Harß n.e.) - Grundmann, Hammerl, B. Schröder, S. Fellner, Weltermann, Weyand, Tamás, Kruck - Kresse, A. Lanzl, Li. Schuster, Bittner, Scheytt, Evers, Götz, Busch, Anwander, Speyer, Kamenik, Becker (C - AIK Solna)
T: 0:1 (14:27) A. Lanzl (Becker)
S: Grundmann 4, Becker 2, Scheytt 2, Götz 2, I. Schröder 2, Teamstrafe 2

294. - 11.11.2007 SUI - GER 0:2 (0:2, 0:0, 0:0)
Romanshorn, EZO Eissportzentrum Oberthurgau AG; Z: 150; SR: ?; LR: ?
Harß (I. Schröder n.e.) - Grundmann, Hammerl, B. Schröder, S. Fellner, Weltermann, Weyand, Tamás, Kruck - Kresse, A. Lanzl, Li. Schuster, Bittner, Scheytt, Evers, Götz, Busch, Anwander, Speyer, Kamenik, Becker (C)
T: 0:1 (10.) Bittner (Scheytt) - 0:2 (13.) Bittner (Kamenik, Scheytt)
S: Kruck 2, Bittner 2, Götz 2, Speyer 2

Euro Hockey Tour 2007/08 - Erstes Turnier

Die deutsche Mannschaft belegte im Turnier den 4. Platz.

295. - 14.12.2007 GER - SWE 0:5 (0:1, 0:3, 0:1)
Kuortane, Jäähalli; Z: 27; SR: Laurla (FIN); LR: Pennanen (FIN), Visala (FIN)
Harß (I. Schröder n.e.) - Spuhler, Hammerl, R. Richter, B. Schröder, S. Fellner, Weyand, Weltermann, Kruck - A. Lanzl, Kamenik, Li. Schuster, Bittner, Scheytt, Becker (C), Evers, Götz, Schebitz (EHC Wolfsburg), Busch, Grundmann, Ritter (Hamburger SV)
S: Götz 2, Becker 2, Hammerl 2, Grundmann 2, Kamenik 2, Scheytt 2

296. - 15.12.2007 FIN - GER 5:1 (1:0, 1:1, 3:0)
Virrat, Jäähalli; Z: 355; SR: Hirvonen (FIN); LR: Haapalathi (FIN), Visala (FIN)
I. Schröder (ab 29:48 Harß) - Spuhler, Hammerl, R. Richter, B. Schröder, S. Fellner, Weyand, Weltermann, Kruck - A. Lanzl, Kamenik, Li. Schuster, Bittner, Scheytt, Becker (C), Evers, Götz, Schebitz, Busch, Grundmann, Ritter
T: 2:1 (36:26) Weyand (A. Lanzl)
S: Weltermann 2, Bittner 2, Becker 2

297. - 16.12.2007 GER - RUS 4:6 (1:2, 1:2, 2:2)
Kuortane, Jäähalli; Z: 57; SR: Laurla (FIN); LR: Pennanen (FIN), Tauriainen (FIN)
I. Schröder (58:57; Harß n.e.) - Spuhler, Hammerl, R. Richter, B. Schröder, S. Fellner, Weyand, Weltermann - A. Lanzl, Kamenik, Li. Schuster, Bittner, Scheytt, Becker (C), Evers, Götz, Schebitz, Busch, Grundmann, Ritter
T: 1:2 (16:49) S. Fellner (Ritter, Becker) / 2:3 (22:42) Evers (Götz, Busch) / 3:4 (41:53) Busch (Götz) - 4:5 (51:07) Becker (R. Richter, A. Lanzl)
S: Weltermann 4, Bittner 2, Becker 2, Ritter 2, Scheytt 2
Scheytt absolvierte als dritte Spielerin ihr 200. Länderspiel.

6. Air Canada Cup 2008

Die deutsche Mannschaft belegte in ihrer Vorrundengruppe den 3. Platz. Damit verpasste die Mannschaft das Halbfinale. Am Ende belegte das Team den 6. Platz.

VORRUNDE - GRUPPE B

298' - 02.01.2008 GER - RUS 1:4 (0:1, 0:2, 1:1)
Ravensburg, Eissporthalle; Z: 1.500; SR: Michaud (CAN); LR: Konen (GER), Weiss (GER)
Harß (I. Schröder n.e.) - Kresse, Hammerl, B. Schröder, S. Fellner, Weyand, Kruck, Spuhler, Tamás, Weltermann - A. Lanzl, Kamenik, Li. Schuster, Bittner, Scheytt, Becker (C), Evers, Götz, Busch, Seiler (SC Reinach), Anwander
T: 1:3 (40:57) A. Lanzl (Becker)
S: Becker 2, Weyand 2, Scheytt 2, Tamás 2

299'. - 04.01.2008 CAN (u22) - GER 7:0 (2:0, 4:0, 1:0)
Ravensburg, Eissporthalle; Z: 2.050; SR: Michaud (CAN); LR: Stenzel (GER), D. Kiefer (GER)
I. Schröder (ab 36:28 Harrer) - Kresse, Hammerl, B. Schröder, S. Fellner, Weyand, Weltermann - Janzen, A. Lanzl, Kamenik, Li. Schuster, Bittner, Scheytt, R. Richter, Becker (C), Evers, Götz, Busch, Seiler
S: Hammerl 4, S. Fellner 2, A. Lanzl 2, Becker 2
S. Fellner absolvierte als einundzwanzigste Spielerin ihr 100. Länderspiel.

SPIEL UM PLATZ 5

300'. - 06.01.2008 SUI - GER 3:2 (1:0, 0:1, 2:1)
Ravensburg, Eissporthalle; Z: 800; SR: Michaud (CAN); LR: Weiss (GER), Konen (GER)
Harrer (Harß n.e.) - Kresse, Hammerl, B. Schröder, S. Fellner, Weyand, Weltermann - Janzen, A. Lanzl, Kamenik, Li. Schuster, Bittner, Scheytt, R. Richter, Becker (C), Evers, Götz, Busch, Seiler
T: 1:1 (20:19) Seiler (Becker) / 3:2 (49:09) Li. Schuster (Seiler)
S: Weyand 2, A. Lanzl 2, Bittner 2, Becker 2
Busch absolvierte als zweiundzwanzigste Spielerin ihr 100. Länderspiel.

Euro Hockey Tour 2007/08 - Zweites Turnier

Die deutsche Mannschaft belegte im Turnier und auch in der Gesamtwertung den 4. Platz.

301'. - 15.02.2008 GER - FIN 0:7 (0:2, 0:1, 0:4)
Ängelholm, Ishall; Z: 35; SR: Nyman (SWE); LR: Cole (SWE), Axelsson (SWE)
Harß (L. Geml (SC Riessersee) n.e.) - Weyand, Kruck - Kresse, Frühwirt (OSC Berlin) - Tamás, Spuhler - Weltermann, R. Richter - Busch, Götz, Evers - Scheytt, Grundmann, Kamenik - Li. Schuster, Bittner, A. Lanzl - **Julia Zorn** (ESC Planegg), **Jessica Geml** (SC Riessersee), Anwander
S: Grundmann 4, R. Richter 2, Kresse 2, Frühwirt 2, Kamenik 2, Scheytt 2, Weyand 2

302'. - 16.02.2008 SWE - GER 3:0 (0:0, 0:0, 3:0)
Ängelholm, Ishall; Z: 455; SR: Lindgren (SWE); LR: Eriksson (SWE), Axelsson (SWE)
Harß (L. Geml n.e.) - Weyand, Kruck - Kresse, Frühwirt - Tamás, Spuhler - Weltermann, R. Richter - Busch, Götz, Evers - Scheytt, Grundmann, Kamenik - Li. Schuster, Bittner, A. Lanzl - Zorn, J. Geml, Anwander
S: Kruck 4, Bittner 2, Kamenik 2, Frühwirt 2, Kresse 2, Evers 2, Scheytt 2, Busch 2

303'. - 17.02.2008 GER - RUS 2:4 (0:1, 1:0, 1:3)
Ängelholm, Ishall; Z: 40; SR: Nyman (SWE); LR: Björkman (SWE), Eriksson (SWE)
Harß (L. Geml n.e.) - Weyand, Kruck - Kresse, Frühwirt - Tamás, Spuhler - Weltermann, R. Richter - Busch, Götz, Evers - Scheytt, Grundmann, Kamenik - Li. Schuster, Bittner, A. Lanzl - Zorn, J. Geml, Anwander
T: 1:1 (39:15) Götz (Evers) / 2:4 (53:27) Evers (Busch)
S: Grundmann 2, Tamás 2, Frühwirt 2, Kamenik 2, Kruck 2

11. Weltmeisterschaft 2008

Die deutsche Mannschaft belegte in ihrer Vorrundengruppe den 3. Platz. Damit musste die Mannschaft in die Abstiegsrunde. Am Ende belegte das Team den 9. Platz und stieg in die Division I ab.

VORRUNDE - GRUPPE B

304'. - 04.04.2008 GER - USA 1:8 (1:1, 0:3, 0:4)
Harbin, Baqu Arena; Z: 1.390; SR: Zítková (CZE); LR: Boniface (FRA), Richardson (CAN)
Harrer (Harß n.e.) - Tamás, Weyand, Kresse, Frühwirt, B. Schröder, S. Fellner, Kruck - Anwander, Götz, Scheytt, Seiler, Kamenik, Li. Schuster, Busch, Bittner, A. Lanzl, Evers, Ritter
T: 1:1 (15:41) Anwander (A. Lanzl)
S: Evers 4, Li. Schuster 2, Seiler 2, Scheytt 2

305'. - 05.04.2008 SUI - GER 3:0 (1:0, 2:0, 0:0)
Harbin, Baqu Arena; Z: 887; SR: Lapratte (CAN); LR: Richardson (CAN), Slivková (SVK)
Harß (Harrer n.e.) - Tamás, Weyand, Kresse, Frühwirt, B. Schröder, S. Fellner, Kruck - Anwander, Götz, Scheytt, Seiler, Kamenik, Li. Schuster, Busch, Bittner, A. Lanzl, Evers, Ritter
S: Götz 2, Ritter 2, Tamás 2, Kresse 2, Scheytt 2, Kamenik 2

ABSTIEGSRUNDE - GRUPPE F

306'. - 08.04.2008 GER - JPN 2:1 (2:1, 0:0, 0:0)
Harbin, Baqu Arena; Z: 833; SR: Sipilä (FIN); LR: Boniface (FRA), Liu (CHN)
Harrer (Harß n.e.) - Tamás, Weyand, Kresse, Frühwirt, B. Schröder, S. Fellner, Kruck - Anwander, Götz, Scheytt, Seiler, Kamenik, Li. Schuster, Bittner, A. Lanzl, Evers, Ritter
T: 1:0 (02:47) Evers (Seiler, S. Fellner) - 2:0 (03:32) Anwander (A. Lanzl, Tamás)
S: Ritter 6, Kruck 4, Scheytt 2, A. Lanzl 2

307'. - 10.04.2008 CHN - GER 4:2 (1:1, 0:1, 3:0)
Harbin, Baqu Arena; Z: 1.984; SR: Lapratte (CAN); LR: Boniface (FRA), Flödén (SWE)
Harß (Harrer n.e.) - Tamás, Weyand, Kresse, Frühwirt, B. Schröder, S. Fellner, Kruck - Anwander, Götz, Scheytt, Seiler, Kamenik, Li. Schuster, Busch, Bittner, A. Lanzl, Evers, Ritter
T: 0:1 (10:23) Götz (Kruck) / 1:2 (23:46) Ritter (Tamás, Frühwirt)
S: Kruck 4, Ritter 2, Scheytt 2, S. Fellner 2, A. Lanzl 2
Evers absolvierte als vierte Spielerin ihr 200. Länderspiel.

2008/09

308. - 03.10.2008 GER - CZE 0:1 (0:0, 0:0, 0:0, 0:0, 0:1) OT und PS
Augsburg, Curt-Frenzel-Stadion; Z: 485; SR: ?; LR: ?
Harß (EV Pfronten) (L. Geml (SC Riessersee) n.e.) - Kresse (OSC Berlin), B. Schröder (EC Bergkamener Bären), **Carina Hoffmann** (EV Regensburg), Weyand (EHC Wesel), Tamás (ERV Schweinfurt), Kruck (ESC Planegg), C. Fellner (SC Riessersee), Pink (ESC Planegg) - Anwander (ESC Planegg), Li. Schuster (EC The Ravens Salzburg), Bittner (ESC Planegg), Scheytt (OSC Berlin), Becker (C - AIK Solna), Kratzer (ESC Planegg), Evers (OSC Berlin), Götz (OSC Berlin), Busch (OSC Berlin), Grundmann (OSC Berlin), Kamenik (OSC Berlin), Zorn (ESC Planegg)
PS: 0:1 für CZE
S: Scheytt 4, Becker 4, Evers 4, Weyand 2, Kresse 2, Li. Schuster 2, Kruck 2

309. - 04.10.2008 GER - CZE 3:0 (1:0, 2:0, 0:0)
Königsbrunn, Königstherme; Z: 252; SR: ?; LR: ?
Harß (ab 40:01 L. Geml) - Kresse, B. Schröder, Hoffmann, Weyand, Tamás, Kruck, C. Fellner, Pink - Anwander, Li. Schuster, Bittner, Scheytt, Becker (C), Kratzer, Evers, Götz, Busch, Grundmann, Kamenik, Zorn
T: 1:0 (12:49) Becker (---) / 2:0 (23:21) Kresse (Scheytt, C. Fellner) - 3:0 (38:32) Becker (Götz, Scheytt)
S: Becker 2 + 5+ 20 (Spieldauer), C. Fellner 6, Kruck 2, Anwander 2, Hoffmann 2

Qualifikation zu den Olympischen Winterspielen 2010 - Gruppe C

Die deutsche Mannschaft belegte den 3. Platz und qualifizierte sich damit nicht für die Olympischen Winterspiele 2010.

310'. - 06.11.2008 GER - SVK 0:2 (0:1, 0:1, 0:0)
Bad Tölz, Hacker-Pschorr-Arena; Z: 294; SR: Tottman (GBR); LR: Ivanova (RUS), Skovbakke (DEN)
Harß (59:34 out; I. Schröder (EHC Jonsdorfer Falken) n.e.) - Tamás, C. Fellner - S. Fellner (EV Ravensburg), Kruck - Kresse, Pink - Seiler (Carleton University), M. Lanzl (Minnesota Whitecaps), Becker (C) - Götz, Busch, Evers - Anwander, A. Lanzl (EC Bergkamener Bären), Bittner - Kamenik, Li. Schuster, Grundmann
S: Tamás 2, Anwander 2, Becker 2, Grundmann 2

311'. - 08.11.2008 FRA - GER 2:7 (0:1, 0:3, 2:3)
Bad Tölz, Hacker-Pschorr-Arena; Z: 310; SR: Høve (NOR); LR: Arazimová (CZE), Ivanova (RUS)
I. Schröder (Harß n.e.) - Tamás, C. Fellner - S. Fellner, Kruck - Kresse, Pink - Seiler, M. Lanzl, Becker (C) - Götz, Busch, Evers - Anwander, A. Lanzl, Bittner - Kamenik, Li. Schuster, Grundmann
T: 0:1 (09:21) A. Lanzl (Bittner) / 0:2 (20:42) Busch (Anwander, Evers) - 0:3 (23:06) A. Lanzl (Tamás) - 0:4 (32:25) Evers (---) / 0:5 (46:18) Kamenik (---) - 0:6 (46:43) Evers (Becker, Götz) - 2:7 (59:44) Li. Schuster (Kamenik)
S: Pink 2+5+20 (Spieldauer), M. Lanzl 2, Kruck 2, Busch 2, Teamstrafe 2

312'. - 09.11.2008 GER - KAZ 1:3 (1:0, 0:2, 0:1)
Bad Tölz, Hacker-Pschorr-Arena; Z: 255; SR: Tottman (GBR); LR: Arazimová (CZE), Skovbakke (DEN)
Harß (bis 30:33; 30:34-58:42 + 59:03-59:19 + 59:29-60:00 I. Schröder) - Tamás, C. Fellner - S. Fellner, Kresse - Kruck, Pink - Seiler, Busch, Bittner - Götz, Becker (C), Evers - Anwander, M. Lanzl, A. Lanzl - Kamenik, Li. Schuster, Grundmann
T: 1:0 (13:51) Grundmann (Kamenik)
S: C. Fellner 4, Kamenik 2
Seiler absolvierte als dreiundzwanzigste Spielerin ihr 100. Länderspiel.

Euro Hockey Tour 2008/09 - Erstes Turnier

Die deutsche Mannschaft belegte im Turnier den 4. Platz.

313. - 12.12.2008 GER - SWE 1:4 (0:0, 0:3, 1:1)
Leppävirta, Jäähalli; Z: ?; SR: ?; LR: ?
I. Schröder (Harß n.e.) - R. Richter (Hamburger SV), B. Schröder, Hoffmann, Pink, Weyand, Tamás, Weltermann (EC Bergkamener Bären), Pötzsch (EC Bergkamener Bären) - **Tabatha Schury** (ECDC Memmingen), Li. Schuster, Bittner, Scheytt, Becker (C), Kratzer, Evers, Götz, Busch, Kamenik, Zorn, A. Lanzl
T: 1:3 (45:11) Becker (Evers, Tamás)
S: Pötzsch 2, Becker 2, Weltermann 2, A. Lanzl 2

314. - 13.12.2008 FIN - GER 2:3 (1:1, 1:1, 0:0, 0:0,0:1) OT und PS
Kuopio, Jäähalli; Z: 858; SR: ?; LR: ?
Harß (I. Schröder n.e.) - R. Richter, B. Schröder, Hoffmann, Pink, Weyand, Tamás, Weltermann, Pötzsch - Schury, Li. Schuster, Bittner, Scheytt, Becker (C), Kratzer, Evers, Götz, Busch, Kamenik, Zorn, A. Lanzl
T: 1:1 (10:54) Busch (Scheytt) / 1:2 Becker (R. Richter) / 2:3 (65:00) Zorn (GWS)
PS: 1:0 Zorn (GWS)
S: Scheytt 4

315. - 14.12.2008 GER - RUS 4:7 (1:1, 0:3, 3:3)
Leppävirta, Jäähalli; Z: ?; SR: ?; LR: ?
I. Schröder (ab 30:24 Harß) - R. Richter, B. Schröder, Hoffmann, Pink, Weyand, Tamás, Weltermann, Pötzsch - Schury, Li. Schuster, Bittner, Scheytt, Becker (C), Kratzer, Evers, Götz, Busch, Kamenik, Zorn, A. Lanzl
T: 1:1 Weyand (Li. Schuster) / 2:4 Götz (Weyand, Busch), 3:5 Götz (---), 4:6 Zorn (---)
S: Weltermann 4, B. Schröder 2

7. MLP Nations Cup 2009 (bisher Air Canada Cup)

Die deutsche Mannschaft belegte in ihrer Vorrundengruppe den 2. Platz und erreichte damit das Halbfinale. Am Ende belegte das Team den 4. Platz.

VORRUNDE - GRUPPE B

316'. - 03.01.2009 SUI - GER 3:4 (2:2, 0:0, 1:2)
Ravensburg, Eissporthalle; Z: 1.200; SR: M. Kiefer (GER); LR: Pencun (GER), Stenzel (GER)
Harrer (TSV Erding; Harß n.e.) - Weltermann, R. Richter, Hoffmann, Weyand, Pötzsch, C. Fellner, Pink - M. Lanzl, Seiler, Li. Schuster, Bittner, Scheytt, Becker (C), Kratzer, Evers, Götz, Busch, Zorn, A. Lanzl
T: 0:1 (03:11) Becker (M. Lanzl) - 0:2 (07:16) A. Lanzl (C. Fellner) / 3:3 (49:02) M. Lanzl (C. Fellner, R. Richter) - 3:4 (58:21) A. Lanzl (C. Fellner, Becker)
S: Li. Schuster 2, Kratzer 2, C. Fellner 2, M. Lanzl 2, Pink 2, Scheytt 2, Götz 2

317'. - 04.01.2009 GER - SWE 1:4 (1:2, 0:0, 0:2)
Ravensburg, Eissporthalle; Z: 1.000; SR: Michaud (CAN); LR: Kirschner (GER), Pencun (GER)
Harß (Harrer n.e.) - Weltermann, R. Richter, Hoffmann, Weyand, Pötzsch, C. Fellner, Pink - M. Lanzl, Seiler, Li. Schuster, Bittner, Scheytt, Becker (C), Kratzer, Evers, Götz, Busch, Zorn, A. Lanzl
T: 1:1 (11:05) Weyand (Pink, Götz)
S: C. Fellner 4, Götz 2, Weltermann 2, Busch 2, Pink 2, Weyand 2, Scheytt 2

HALBFINALE

318'. - 05.01.2009 CAN (u22) - GER 3:0 (1:0, 0:0, 2:0)
Ravensburg, Eissporthalle; Z: 1.200; SR: Michaud (CAN); LR: Stenzel (GER), Pencun (GER)
Harrer (Harß n.e.) - Weltermann, Hoffmann, Weyand, Pötzsch, C. Fellner, Pink - M. Lanzl, Seiler, Li. Schuster, Bittner, Scheytt, Becker (C), Kratzer, Evers, Götz, Busch, Zorn, A. Lanzl
S: C. Fellner 2, Becker 2, Weltermann 2, Pink 2, M. Lanzl 2
A. Lanzl absolvierte als vierundzwanzigste Spielerin ihr 100. Länderspiel.

SPIEL UM PLATZ 3

319'. - 06.01.2009 GER - RUS 0:2 (0:0, 0:1, 0:1)
Ravensburg, Eissporthalle; Z: 1.000; SR: Michaud (CAN); LR: Weiss (GER), Pencun (GER)
Harß (Harrer n.e.) - Weltermann, R. Richter, Hoffmann, Weyand, Pötzsch, C. Fellner, Pink - M. Lanzl, Seiler, Li. Schuster, Bittner, Scheytt, Becker (C), Kratzer, Evers, Götz, Busch, Zorn, A. Lanzl
S: Weyand 2, C. Fellner 2, Bittner 2, Götz 2

Euro Hockey Tour 2008/09 - Zweites Turnier

Die deutsche Mannschaft belegte im Turnier und auch in der Gesamtwertung den 4. Platz.

320'. - 13.02.2009 GER - FIN 1:4 (0:2, 1:1, 0:1)
Segeltorp, Segeltorpshallen; Z: 47; SR: Wåhlin (SWE); LR: Forsberg (SWE), Cole (SWE)
I. Schröder (ab 32:55 Zorn) - C. Fellner, Tamás - Weyand, Götz - B. Schröder, Weltermann - A. Lanzl, Becker (C), Kamenik - Evers, Busch, Scheytt - Bittner, Pink, Kratzer - Li. Schuster, J. Geml (TSV Peißenberg), **Anja Weißer** (ECDC Memmingen)
T: 1:3 (33:50) Busch (---)
S: B. Schröder 2, Weyand 2, Becker 2, Götz 2, Pink 2

321'. - 14.02.2009 SWE - GER 5:0 (4:0, 1:0, 0:0)
Segeltorp, Segeltorpshallen; Z: 216; SR: Nyman (SWE); LR: Kongshöj (SWE), Forsberg (SWE)
I. Schröder (ab 20:01 Harrer) - C. Fellner, Tamás - Weyand, Pink - B. Schröder, Weltermann - Weißer - A. Lanzl, Becker (C), Zorn - Busch, Götz, Scheytt - Bittner, Kratzer, Evers - Li. Schuster, J. Geml, Kamenik
S: C. Fellner 6, Götz 2, Weltermann 2, A. Lanzl 2, Pink 2, Zorn 2

322'. - 15.02.2009 GER - RUS 0:2 (0:1, 0:1, 0:0)
Segeltorp, Segeltorpshallen; Z: 128; SR: Nyman (SWE); LR: Kongshöj (SWE), Cole (SWE)
Harrer (I. Schröder n.e.) - Weyand, Pink - A. Lanzl, Tamás - B. Schröder, Weltermann - Busch, Götz, Scheytt - Li. Schuster, Bittner, Kamenik - Kratzer, Evers, Zorn - J. Geml, Weißer
S: Götz 4, Pink 2, A. Lanzl 2

Weltmeisterschaft Division I 2009

Die deutsche Auswahl belegte Platz 2.

323'. - 04.04.2009 GER - FRA 5:3 (2:2, 2:1, 1:0)

Graz, Eisstadion Liebenau; Z: 360; SR: Howard (USA); LR: Kuonen (SUI), Sándor (HUN)
Harrer (I. Schröder n.e.) - Tamás, Weltermann - Weyand, Pink - C. Fellner - Evers, Becker (C), A. Lanzl - Bittner, Kamenik, Seiler - Götz, Scheytt, Busch - Zorn, Kratzer, Li. Schuster - M. Lanzl
T: 1:1 (10:04) Becker (M. Lanzl) - 2:1 (11:19) Becker (M. Lanzl) / 3:2 (27:43) Bittner (Tamás) - 4:3 (39:46) M. Lanzl (Becker) / 5:3 (59:50) M. Lanzl (Becker, A. Lanzl)
S: M. Lanzl 4, Becker 2, Evers 2, Götz 2, Scheytt 2, Li. Schuster 2, Pink 2

324'. - 06.04.2009 GER - NOR 4:3 (3:1, 1:0, 0:2)

Graz, Eisstadion Liebenau; Z: 120; SR: Laurla (FIN); LR: Björkman (SWE), Kuonen (SUI)
I. Schröder (Harrer n.e.) - Tamás, Weltermann - Weyand, Pink - C. Fellner - Evers, Becker (C), A. Lanzl - Bittner, Kamenik, Li. Schuster - Scheytt, Busch, Seiler - Zorn, Kratzer, M. Lanzl
T: 1:0 (00:34) Becker (C. Fellner) - 2:0 (03:46) Seiler (Busch, Weyand) - 3:0 (17:33) Seiler (Busch, Scheytt) / 4:1 (28:36) Evers (A. Lanzl, C. Fellner)
S: C. Fellner 8, Bittner 2, M. Lanzl 2, Pink 2, A. Lanzl 2, Teamstrafe 2

325'. - 07.04.2009 CZE - GER 2:4 (1:2, 0:1, 1:1)

Graz, Eisstadion Liebenau; Z: 100; SR: Michaud (CAN); LR: Pennanen (FIN), Sándor (HUN)
Harrer (I. Schröder n.e.) - Tamás, C. Fellner - Weyand, Pink - Evers, Becker (C), A. Lanzl - Bittner, Kamenik, Götz - Scheytt, Busch, Seiler - Li. Schuster, Zorn, Kratzer - M. Lanzl
T: 0:1 (08:16) C. Fellner (M. Lanzl, Becker) - 1:2 (14:32) Evers (Becker, A. Lanzl) / 1:3 (27:13) C. Fellner (A. Lanzl, Becker) / 2:4 (58:35) C. Fellner (Becker)
S: Weyand 6, Becker 4, Li. Schuster 2, Bittner 2, A. Lanzl 2, Scheytt 2

326'. - 09.04.2009 GER - SVK 1:2 (0:0, 0:2, 1:0)

Graz, Eisstadion Liebenau; Z: 200; SR: Howard (USA); LR: Pennanen (FIN), Weissman (USA)
Harrer (59:30 out; I. Schröder n.e.) - Weyand, C. Fellner - Tamás, Pink - Evers, Becker (C), M. Lanzl - Bittner, Kamenik, A. Lanzl - Götz, Scheytt, Busch - Li. Schuster, Zorn, Kratzer - Seiler
T: 1:2 (47:29) Li. Schuster (---)
S: Bittner 2+10 (Disziplinarstrafe), Scheytt 4, Tamás 2, C. Fellner 2, A. Lanzl 2, Li. Schuster 2, Pink 2, Kratzer 2, Teamstrafe 2

327'. - 10.04.2009 AUT - GER 3:6 (2:1, 1:3, 0:2)

Graz, Eisstadion Liebenau; Z: 1.700; SR: Howard (USA); LR: Björkman (SWE), Wieler (CAN)
I. Schröder (41:19-42:01 Harrer) - Weyand, C. Fellner (C) - Tamás, Pink - Evers, Zorn, M. Lanzl - Bittner, Kamenik, A. Lanzl - Götz, Scheytt, Busch - Li. Schuster, Kratzer, Seiler
T: 2:1 (18:48) Kamenik (Götz, Pink) / 2:2 (21:14) Seiler (Busch, Scheytt) - 3:3 (34:56) M. Lanzl (Evers, C. Fellner) - 3:4 (39:09) Busch (Scheytt) / 3:5 (41:19) Evers (Zorn, C. Fellner) - 3:6 (54:15) Götz (Seiler, Scheytt)
S: Götz 2, Tamás 2

2009/10

328. - 08.08.2009 SUI - GER 1:1 (1:0, 0:0, 0:1)

Lugano, Resega; Z: 200; SR: Michaud (CAN); LR: Kallai (SUI), Kuonen (SUI)
Harrer (TSV Erding; **Jule Flötgen*** (EC Bergkamener Bären) n.e.) - Hammerl (ESC Planegg), Janzen (Schwenninger ERC), B. Schröder (EC Bergkamener Bären), Hoffmann (EV Regensburg), Dibowski (EV Regensburg), Weyand (EHV Wesel 2009), Tamás (ESC Planegg), Weltermann (EC Bergkamener Bären), **Alexandra Kuhn** (Mad Dogs Mannheim) - Speyer (EV Füssen), Schebitz (OSC Berlin), Busch (OSC Berlin), Götz (OSC Berlin), Kratzer (ESC Planegg), Bittner (ESC Planegg), **Tanja Golebiowski** (Mad Dogs Mannheim), Kamenik (OSC Berlin), Zorn (ESC Planegg)
* nicht auf dem offiz. Spielbericht
T: 0:1 (12:16) Busch (---)
S: Hammerl 2, Janzen 2, Zorn 2

329. - 09.08.2009 SUI - GER 2:1 (0:0, 2:1, 0:0)

Lugano, Resega; Z: 150; SR: Michaud (CAN); LR: Kallai (SUI), Kuonen (SUI)
Harrer (Flötgen* n.e.) - Hammerl, Janzen, B. Schröder, Hoffmann, Dibowski, Weyand, Tamás, Weltermann, Kuhn - Speyer, Schebitz, Busch, Götz, Kratzer, Bittner, Golebiowski, Kamenik, Zorn
* nicht auf dem offiz. Spielbericht
T: 1:1 (31:22) Götz (Busch)
S: Zorn 4+10 (Disziplinarstrafe), Kratzer 2, Kamenik 2, Hammerl 2, Janzen 2, Busch 2

Euro Hockey Tour 2009/10 - Erstes Turnier
Die deutsche Mannschaft belegte im Turnier den 4. Platz.

330'. - 23.10.2009 FIN - GER 2:1 (0:0, 1:0, 1:1)
Stockholm, Stora Mossens ishall; Z: 52; SR: Axelsson (SWE); LR: Björkman (SWE), Flödén (SWE)
Harrer (I. Schröder (ELV Tornado Niesky) n.e.) - Weyand, Weißer (ECDC Memmingen) - Hammerl, R. Richter (ESC Planegg) - **Tanja Eisenschmid** (ESV Kaufbeuren), Li. Schuster (EC The Ravens Salzburg) - Weltermann, B. Schröder - Busch, Götz, A. Lanzl (EC Bergkamener Bären) - Bittner, Kratzer, Kamenik - Anwander (ESC Planegg), Janzen, Zorn - Kuhn, Golebiowski, Hentschke (Mad Dogs Mannheim)
T: 2:1 (54:49) Kamenik (---)
S: A. Lanzl 2, Golebiowski 2, Bittner 2, Harrer 2

331'. - 24.10.2009 SWE - GER 4:1 (2:0, 1:1, 1:0)
Stockholm, Stora Mossens ishall; Z: 100; SR: Wåhlin (SWE); LR: Björkman (SWE), Leander Olsson (SWE)
Harrer (I. Schröder n.e.) - Weltermann, B. Schröder - A. Lanzl, T. Eisenschmid - Weyand, Weißer - Hammerl, R. Richter - Li. Schuster, Bittner, Kamenik - Busch, Götz, Kuhn - Zorn, Janzen, Anwander - Golebiowski, Kratzer, Hentschke
T: 3:1 (35:02) Weyand (Götz)
S: Weißer 2, T. Eisenschmid 2

332'. - 25.10.2009 GER - RUS 1:4 (1:0, 0:2, 0:2)
Stockholm, Stora Mossens ishall; Z: 40; SR: Axelsson (SWE); LR: Flödén (SWE), Kongshöj (SWE)
I. Schröder (ab 30:26 Harrer) - A. Lanzl, T. Eisenschmid - Weltermann, B. Schröder - Weyand, Weißer - Hammerl, R. Richter - Busch, Götz, Kuhn - Li. Schuster, Bittner, Kamenik - Zorn, Janzen, Anwander - Golebiowski, Kratzer, Hentschke
T: 1:0 (19:30) Kamenik (Li. Schuster)
S: T. Eisenschmid 4, Götz 2

Halloween-Cup 2009
Die deutsche Mannschaft belegte den 1. Platz.

333. - 12.11.2009 GER - CZE 6:1 (1:0, 4:1, 1:0)
Prievidza, Mestský zimný štadión; Z: 81; SR: Zemiaková (SVK); LR: Zvadová (SVK), Boldišová (SVK)
Harrer (Seeßle (ESC Planegg) n.e.) - Hammerl, Janzen, Weißer, R. Richter, **Yvonne Rothemund** (ECDC Memmingen), Weyand (OSC Berlin), Tamás - **Tatjana Voigt** (ECDC Memmingen), Anwander, Busch, Götz (C), Evers (ESC Planegg), Bittner, Li. Schuster (ESC Planegg), Kamenik, Zorn, A. Lanzl
T: 1:0 (13:03) Busch (Weyand, Evers) / 2:0 (20:19) Bittner (Kamenik, Harrer) - 3:0 (22:11) Zorn (Anwander) - 4:0 (24:38) Busch (Götz) - 5:0 (34:23) Kamenik (R. Richter) / 6:1 (42:28) Janzen (Zorn)
S: Weyand 4, T. Voigt 2, Hammerl 2, Anwander 2, R. Richter 2

334. - 13.11.2009 SVK - GER 0:1 (0:0, 0:0, 0:0, 0:1) OT
Prievidza, Mestský zimný štadión; Z: 245; SR: Lokšík (SVK); LR: Kúdelova (SVK), Šilhavíková (SVK)
Harrer (Seeßle n.e.) - Hammerl, Janzen, Weißer, R. Richter, Rothemund, Weyand, Tamás - T. Voigt, Anwander, Busch, Götz (C), Evers, Bittner, Li. Schuster, Kamenik, Zorn, A. Lanzl
T: 0:1 (63:44) Tamás (Busch, A. Lanzl)
S: Tamás 4, Weyand 2, Hammerl 2, A. Lanzl 2, Evers 2, Busch 2, Li. Schuster 2

335. - 14.11.2009 SUI - GER 0:3 (0:1, 0:0, 0:2)
Prievidza, Mestský zimný štadión; Z: 115; SR: Zemiaková (SVK); LR: Kúdelová (SVK), Boldišová (SVK)
Harrer (Seeßle n.e.) - Hammerl, Janzen, Weißer, R. Richter, Rothemund, Weyand, Tamás - T. Voigt, Anwander, Busch, Götz (C), Evers, Bittner, Li. Schuster, Kamenik, Zorn, A. Lanzl
T: 0:1 (11:26) Anwander (Zorn) / 0:2 (45:01) Weißer (A. Lanzl, Evers) - 0:3 (45:33) Anwander (Janzen, Zorn)
S: Hammerl 4, Tamás 4, Bittner 2, T. Voigt 2, Busch 2

336. - 17.12.2009 CHN - GER 1:3 (0:0, 1:1, 0:2)
Kisakallio, Jäähalli; Z: ?; SR: Salonen (FIN); LR: ?
I. Schröder (ab 32:03 Zorn) - Hammerl, Tamás, T. Eisenschmid, B. Schröder, R. Richter, Weißer, **Daria Gleißner** (ESV Kaufbeuren), Weltermann - Weyand, Anwander, Busch, Götz, Evers, Kratzer, Bittner, Kamenik, A. Lanzl, Janzen, **Rebecca Graeve** (EC Bergkamener Bären)
T: 0:1 (39:21) Götz (Weyand) / 1:2 (54:12) Kamenik (---) - 1:3 (56:48) Anwander (Kratzer)
S: Götz 2

Euro Hockey Tour 2009/10 - Zweites Turnier
Die deutsche Mannschaft belegte im Turnier und auch in der Gesamtwertung den 4. Platz.

337. - 18.12.2009 GER - SWE 0:8 (0:3, 0:4, 0:1)
Kisakallio, Jäähalli; Z: 47; SR: Hirvonen (FIN); LR: Holma (FIN), Koivu (FIN)
I. Schröder (ab 34:54 Zorn) - Hammerl, Tamás, T. Eisenschmid, B. Schröder, R. Richter, Weißer, Gleißner, Weltermann - Weyand, Anwander, Busch, Götz, Evers, Kratzer, Bittner, Kamenik, A. Lanzl, Janzen, Graeve
S: Weyand 4, Tamás 2

338. - 19.12.2009 FIN - GER 3:0 (2:0, 0:0, 1:0)
Salo, Jäähalli; Z: 398; SR: Sipilä (FIN); LR: Nieminen (FIN), Visala (FIN)
I. Schröder (Zorn n.e.) - Hammerl, Tamás, T. Eisenschmid, B. Schröder, R. Richter, Weißer, Gleißner, Weltermann - Weyand, Anwander, Busch, Götz, Evers, Kratzer, Bittner, Kamenik, A. Lanzl, Janzen, Graeve
S: Weltermann 2, Hammerl 2, Kamenik 2, Weyand 2, Tamás 2, Evers 2, Götz 2, Anwander 2

339. - 20.12.2009 GER - RUS 1:5 (0:3, 0:1, 1:1)
Kisakallio, Jäähalli; Z: 32; SR: Sipilä (FIN); LR: Holma (FIN), Strand (FIN)
I. Schröder (ab 20:01 Zorn) - Hammerl, Tamás, Weyand, R. Richter, B. Schröder, Graeve, T. Eisenschmid, Gleißner, Weißer, Janzen, Weltermann - Anwander, Busch, Götz, Evers, Kratzer, Bittner, Kamenik, A. Lanzl
T: 1:5 (47:20) Busch (Götz, A. Lanzl)
S: T. Eisenschmid 4, B. Schröder 4, Graeve 2, Gleißner 2, R. Richter 2, Tamás 2, Hammerl 2

340. - 04.01.2010 GER - CAN (u22) 1:5 (1:3, 0:1, 1:1)
Schwenningen, Helios Arena; Z: 800; SR: Hertich (GER); LR: Strohmenger (GER), Bandlofsky (GER)
Harß (University of Minnesota Duluth; ab 29:20 Harrer) - Hammerl, Gleißner, T. Eisenschmid, R. Richter, B. Schröder, Weyand, Tamás - Kuhn, Seiler (Carleton University), Li. Schuster, Bittner, Kratzer, Evers, Götz, Busch, Anwander, Kamenik, Zorn, Janzen, A. Lanzl
T: 1:1 (03:50) Zorn (Anwander)
S: Busch 2, Hammerl 2, R. Richter 2, Gleißner 2

8. MLP Nations Cup 2010
Die deutsche Mannschaft belegte in ihrer Vorrundengruppe den 3. Platz und verpasste damit das Halbfinale. Am Ende belegte das Team den 6. Platz.

VORRUNDE - GRUPPE B

341'. - 06.01.2010 SUI - GER 5:4 (3:2, 1:2, 0:0, 1:0) OT
Ravensburg, Eissporthalle; Z: 1.500; SR: Bandlofsky (GER); LR: Lorentan (GER), Pencun (GER)
Harrer (60:56 out; Harß n.e.) - Hammerl, Gleißner, T. Eisenschmid, R. Richter, B. Schröder, Weyand, Tamás - Kuhn, Seiler, Li. Schuster, Bittner, Kratzer, Evers, Götz, Busch, Anwander, Kamenik, Zorn, Janzen, A. Lanzl
T: 1:1 (04:06) B. Schröder (---) - 3:2 (15:34) Evers (Götz, Busch) / 3:3 (21:03) Li. Schuster (R. Richter, Kamenik) - 3:4 (24:46) Anwander (Zorn, Janzen)
S: R. Richter 4, Anwander 4, Kuhn 2, Tamás 2, Li. Schuster 2, Hammerl 2, Zorn 2, Gleißner 2, Evers 2

342'. - 07.01.2010 GER - CAN (u22) 0:7 (0:2, 0:2, 0:3)
Ravensburg, Eissporthalle; Z: 1.700; SR: Hertich (GER); LR: Adler (GER), Strohmenger (GER)
Harß (Harrer n.e.) - Hammerl, Gleißner, T. Eisenschmid, R. Richter, B. Schröder, Weyand, Tamás - Kuhn, Seiler, Li. Schuster, Bittner, Kratzer, Evers, Götz, Busch, Anwander, Kamenik, Zorn, Janzen, A. Lanzl
S: Kamenik 4, Gleißner 4, B. Schröder 2, Harß 2
Bittner absolvierte als fünfundzwanzigste Spielerin ihr 100. Länderspiel.

SPIEL UM PLATZ 5

343'. - 09.01.2010 FIN - GER 4:0 (1:0, 1:0, 2:0)
Ravensburg, Eissporthalle; Z: 800; SR: Fialová (CZE); LR: Lorentan (GER), Adler (GER)
Harrer (ab 31:15 Harß) - Hammerl, Gleißner, T. Eisenschmid, R. Richter, B. Schröder, Weyand - Kuhn, Seiler, Li. Schuster, Bittner, Kratzer, Evers, Götz, Busch, Anwander, Kamenik, Zorn, Janzen, A. Lanzl
S: Hammerl 2, Weyand 2, Li. Schuster 2, Janzen 2, Evers 2

2010/11

344. - 04.09.2010 CZE - GER 1:7 (1:1, 0:4, 0:2)
Slaný, Zimní stadion; Z: 45; SR: Růžičková (CZE); LR: Arazimová (CZE), Kmoníčková (CZE)
Harrer (TSV Erding; I. Schröder (ELV Tornado Niesky) n.e.) - Janzen (Schwenninger ERC), T. Eisenschmid (ESV Kaufbeuren), Graeve (EC Bergkamener Bären), R. Richter (ESC Planegg), S. Fellner (ECDC Memmingen), Rothemund (ECDC Memmingen), Weyand (OSC Berlin), T. Voigt (ECDC Memmingen), Kuhn (Mad Dogs Mannheim) - **Miriam Pokopec** (ECDC Memmingen), **Julia Seitz** (ESV Kaufbeuren), Busch (OSC Berlin), Götz (OSC Berlin), **Marie Delarbre** (ECDC Memmingen), Kratzer (ESC Planegg), Bittner (ESC Planegg), Kamenik (OSC Berlin), Zorn (ESC Planegg)
T: 1:1 (09:21) Zorn (---) / 1:2 (22:27) Kamenik (Kratzer) - 1:3 (25:51) Kuhn (Janzen) - 1:4 (31:36) Seitz (Delarbre) - 1:5 (34:34) Bittner (Kratzer) / 1:6 (46:36) Janzen (Kuhn) - 1:7 (57:12) Kratzer (Rothemund)
S: T. Eisenschmid 2, Busch 2

345. - 05.09.2010 CZE - GER 4:7 (0:2, 1:3, 3:2)
Slaný, Zimní stadion; Z: 45; SR: Nelibová (CZE); LR: Šťastná (CZE), Štefková (CZE)
I. Schröder (Harrer n.e.) - Janzen, T. Eisenschmid, Graeve, R. Richter, S. Fellner, Rothemund, Weyand, T. Voigt, Kuhn - Pokopec, Seitz, Busch, Götz, Delarbre, Kratzer, Bittner, Kamenik, Zorn
T: 0:1 (09:26) Zorn (S. Fellner) - 0:2 (10:24) Kuhn (Pokopec) / 0:3 (20:45) Kamenik (---) - 0:4 (24:52) Bittner (Kratzer) - 1:5 (37:29) Kuhn (Janzen) / 2:6 (44:19) Busch (Zorn, T. Voigt) - 3:7 (51:33) Janzen (T. Eisenschmid)
S: Rothemund 2, T. Voigt 2, Götz 2, Zorn 2

346. - 01.10.2010 GER - AUT 4:0 (1:0, 0:0, 3:0)
Füssen, BLZ-Arena; Z: 20; SR: Palk (?); LR: Dreier (?), Bittner (?)
I. Schröder (Flötgen (EC Bergkamener Bären) n.e.) - Hammerl (ESC Planegg), Weltermann (EC Bergkamener Bären), Rothemund, S. Fellner, B. Schröder (EC Bergkamener Bären), T. Eisenschmid, Gleißner (ESV Kaufbeuren), T. Voigt - Hoffmann (EV Regensburg), **Michaela Gritl** (ESC Planegg), **Ines Strohmair** (ESC Planegg), Bittner, Delarbre, Evers (ESC Planegg), Götz, Anwander (ESC Planegg), Pokopec, Janzen, Kamenik, A. Lanzl (EC Bergkamener Bären)
T: 1:0 (04:19) Anwander (Janzen, A. Lanzl) / 2:0 (43:21) Kamenik (Bittner, Evers) - 3:0 (47:08) Janzen (Anwander, A. Lanzl) - 4:0 (58:05) Anwander (Janzen, A. Lanzl)
S: T. Voigt 2, Götz 2, Janzen 2

> Das Spiel vom 02.10.2010 wurde später als A-Länderspiel gestrichen. Der Einsatz wurde den Spielerinnen aber weiterhin als A-Länderspiel angerechnet.

> *02.10.2010 (19:30) AUT - GER (u22) 2:1 (2:1, 0:0, 0:0)*
> *Salzburg, Eisarena; Z: 300, SR: Sporer (AUT); LR: Weiser (AUT), Winklmayr (AUT)*
> *I. Schröder (ab 40:01 L. Geml (SC Garmisch-Partenkirchen) - Rothemund, T. Voigt, Gemsjäger (ECDC Memmingen), Gleißner, Hoffmann, **Stefanie Wolfgruber** (SC Garmisch-Partenkirchen) - Pokopec, Pink (C - ESC Planegg), **Antje Sabautzki** (ECDC Memmingen), J. Geml (SC Garmisch-Partenkirchen), Gritl, **Nadine Marx** (SC Garmisch-Partenkirchen), Strohmair, Meinicke (SC Garmisch-Partenkirchen), Ludwig (ESC Planegg)*
> *T: 1:2 (10:33) Ludwig (Marx, J. Geml)*
> *S: Strohmair 4, Gemsjäger 2, Gritl 2, J. Geml 2, T. Voigt 2, Ludwig 2, Hoffmann 2*

347. - 02.10.2010 SUI - GER 0:4 (0:0, 0:1, 0:3)
Huttwil, Nationales Sportzentrum; Z: 50; SR: Blasimann (SUI); LR: Kuonen (SUI), Loretan (SUI)
Harrer (Seeßle (ESC Planegg) n.e.) - R. Richter, Weyand, Tamás (ESC Planegg), Hammerl, Weltermann, S. Fellner, B. Schröder, T. Eisenschmid - Kratzer, Bittner, Delarbre, Evers, Götz, Anwander, Zorn, Kamenik, Janzen, A. Lanzl, Busch
T: 0:1 (23:34) Kamenik (Janzen) / 0:2 (43:55) Götz (Zorn) - 0:3 (45:49) S. Fellner (Götz) - 0:4 (54:13) Kratzer (Bittner, B. Schröder)
S: S. Fellner 4, Weltermann 2, Evers 2, T. Eisenschmid 2, Tamás 2

348. - 03.10.2010 SUI - GER 5:2 (0:1, 2:1, 3:0)
Huttwil, Nationales Sportzentrum; Z: 55; SR: Eskola (FIN); LR: Kuonen (SUI), Loretan (SUI)
Seeßle (ab 38:59 Flötgen) - R. Richter, Weyand, Tamás, Hammerl, Weltermann, B. Schröder, T. Eisenschmid - Kratzer, Bittner, Delarbre, Evers, Götz, Anwander, Zorn, Kamenik, Janzen, A. Lanzl, Busch
T: 0:1 (13:09) Götz (Zorn, Hammerl) / 2:2 (38:59) Götz (R. Richter)
S: Delarbre 4, Hammerl 2, Götz 2, Tamás 2, B. Schröder 2, A. Lanzl 2, T. Eisenschmid 2, Busch 2, Teamstrafe 2

Halloween-Cup 2010
Die deutsche Mannschaft belegte den 2. Platz.

349'. - 12.11.2010 SVK - GER 1:3 (0:0, 1:2, 0:1)
Monthey, Patinoire du Forum d'Octodure; Z: 79; SR: Fialová (CZE); LR: Kuonen (SUI), Mauelshagen (SUI)
Harrer (**Janina Fuchs** (ESC Planegg) n.e.) - S. Fellner, T. Eisenschmid - Hammerl, R. Richter - Rothemund, T. Voigt - Weyand, B. Schröder - Zorn, Götz (C), Busch - Kratzer, Kamenik, Bittner - Anwander, Janzen, Evers - Kuhn, Strohmair
T: 1:1 (28:26) Anwander (Evers) - 1:2 (35:33) Weyand (B. Schröder, Evers) / 1:3 (41:43) Anwander (---)
S: Kratzer 2, T. Eisenschmid 2, Kuhn 2, Hammerl 2, R. Richter 2, Janzen 2

350'. - 13.11.2010 GER - CZE 5:2 (2:1, 2:1, 1:0)
Monthey, Patinoire du Forum d'Octodure; Z: 156; SR: Eskola (FIN), LR: Kuonen (SUI), Mauelshagen (SUI)
Harrer (Fuchs n.e.) - S. Fellner, T. Eisenschmid - Hammerl, R. Richter - Rothemund, T. Voigt - Weyand, B. Schröder - Zorn, Götz (C), Busch - Kratzer, Kamenik, Bittner - Anwander, Janzen, Evers - Kuhn, Strohmair
T: 1:1 (06:13) Anwander (Janzen) - 2:1 (11:08) Evers (Janzen, B. Schröder) / 3:1 (25:18) Götz (---) - 4:2 (38:37) Anwander (---) / 5:2 (50:00) Götz (Strohmair, Rothemund)
S: Bittner 2, Götz 2, Janzen 2, Weyand 2

351'. - 14.11.2010 SUI - GER 3:1 (0:1, 0:0, 3:0)
Monthey, Patinoire du Forum d'Octodure; Z: 550; SR: Fialová (CZE); LR: Anex (SUI), Kuonen (SUI)
Harrer (Fuchs n.e.) - S. Fellner, T. Eisenschmid - Hammerl, R. Richter - Rothemund, T. Voigt - Weyand, B. Schröder - Zorn, Götz (C), Busch - Kratzer, Kamenik, Bittner - Anwander, Janzen, Evers - Kuhn, Strohmair
T: 0:1 (03:08) Götz (T. Eisenschmid)
S: T. Voigt 4, Janzen 2, Busch 2, Kratzer 2, Bittner 2, B. Schröder 2

Euro Hockey Tour 2010/11 - Erstes Turnier
Die deutsche Mannschaft belegte im Turnier den 3. Platz.

352. - 17.12.2010 GER - SWE 0:2 (0:1, 0:0, 0:1)
Vierumäki, Vierumäen jäähalli; Z: 21; SR: Ketonen (FIN); LR: Petell (FIN), Visala (FIN)
Harrer (Seeße n.e.) - Hammerl, Weltermann, Tamás, Weyand, S. Fellner, B. Schröder, R. Richter, T. Eisenschmid, Weißer (ECDC Memmingen) - Kuhn, Busch, Götz (C), Evers, Kratzer, Bittner, Strohmair, Kamenik, Zorn, A. Lanzl
S: Tamás 2, Busch 2
Harrer absolvierte als sechsundzwanzigste Spielerin ihr 100. Länderspiel.

353. - 18.12.2010 FIN - GER 5:2 (1:0, 3:0, 1:2)
Kuusankoski, Jäähalli; Z: 253; SR: Sipilä (FIN); LR: Tanhua (FIN), Tauriainen (FIN)
Seeße (Harrer n.e.) - Hammerl, Weltermann, Tamás, Weyand, S. Fellner, B. Schröder, R. Richter, T. Eisenschmid, Weißer - Kuhn, Busch, Götz (C), Evers, Kratzer, Bittner, Strohmair, Kamenik, Zorn, A. Lanzl
T: 4:1 (46:53) R. Richter (Weyand, Zorn) - 5:2 (54:51) Weyand (Strohmair)
S: T. Eisenschmidt 4, Hammerl 4, Weißer 2, Weyand 2, Tamás 2

354. - 19.12.2010 GER - RUS 2:1 (1:1, 0:0, 1:0)
Vierumäki, Vierumäen jäähalli; Z: 18; SR: Sipilä (FIN); LR: Tanhua (FIN), Tauriainen (FIN)
Harrer (Seeße n.e.) - Hammerl, Weltermann, Tamás, Weyand, S. Fellner, B. Schröder, R. Richter, T. Eisenschmid, Weißer - Kuhn, Busch, Götz* (C), Evers, Kratzer, Bittner, Strohmair, Kamenik, Zorn, A. Lanzl
T: 1:0 (04:12) Kuhn (A. Lanzl) / 2:1 (59:21) Kratzer (Hammerl, Busch)
* Götz verschießt beim Stand von 1:1 einen Penalty (36:06).
S: Hammerl 4, Kuhn 2, Strohmair 2, A. Lanzl 2, Tamás 2

355. - 03.01.2011 GER - CAN (u22) 0:5 (0:2, 0:2, 0:1)
Lindau, Eissportarena; Z: 1.075; SR: Maier (GER); LR: Schmia (GER), Klein (GER)
Harß (University of Minnesota Duluth) (ab 29:37 Harrer) - Hammerl, R. Richter, B. Schröder, S. Fellner, Weyand, Weltermann, T. Voigt - Seiler (Carleton University), Strohmair, Bittner, Kratzer, Evers, Götz, Busch, Anwander, Kamenik, Zorn, A. Lanzl
S: Kratzer 2

9. MLP Nations Cup 2011

Die deutsche Mannschaft belegte in ihrer Vorrundengruppe den 2. Platz und erreichte damit das Halbfinale. Am Ende belegte das Team den 4. Platz.

VORRUNDE - GRUPPE B

356'. - 05.01.2011 SUI - GER 4:5 (1:1, 1:2, 2:1, 0:1) OT
Kreuzlingen, Bodensee Arena; Z: 120; SR: Michaud (CAN); LR: Adler (GER), Eriksson (SWE)
Harrer (Harß n.e.) - R. Richter, S. Fellner - Weltermann, B. Schröder - Hammerl, T. Voigt - Weyand - Zorn, Götz (C), Busch - Kratzer, Kamenik, Bittner - Anwander, A. Lanzl, Evers - Strohmair, Seiler, Kuhn
T: 0:1 (01:36) Evers (A. Lanzl) / 1:2 (21:15) Zorn (Bittner, Busch) - 1:3 (21:49) A. Lanzl (Evers) / 2:4 (40:58) Busch (Zorn) / 4:5 (60:43) Zorn (Götz)
S: T. Voigt 2, Weltermann 2, Götz 2, Seiler 2, Evers 2, Busch 2, S. Fellner 2, Teamstrafe 2

357'. - 06.01.2011 GER - CAN (u22) 0:9 (0:3, 0:2, 0:4)
Kreuzlingen, Bodensee Arena; Z: 212; SR: Michaud (CAN); LR: Eriksson (SWE), Strohmenger (GER)
Harß (Harrer n.e.) - S. Fellner, Weyand - Hammerl, R. Richter - Weltermann, B. Schröder - T. Voigt - Zorn, Götz (C), Busch - Kratzer, Kamenik, Bittner - Anwander, A. Lanzl, Evers - Strohmair, Seiler, Kuhn
S: Kamenik 2, Busch 2, Kratzer 2

HALBFINALE

358'. - 07.01.2011 SWE - GER 3:1 (2:0, 0:0, 1:1)
Kreuzlingen, Bodensee Arena; Z: 105; SR: Michaud (CAN); LR: Adler (GER), Pencum (GER)
Harrer (Harß n.e.) - S. Fellner, Weyand - Hammerl, T. Voigt - Weltermann, B. Schröder - R. Richter - Zorn, Götz (C), Seiler - Kratzer, Kamenik, Bittner - Anwander, A. Lanzl, Evers - Strohmair, Busch, Kuhn
T: 3:1 (54:45) T. Voigt (Kuhn, Strohmair)
S: Weyand 2, Busch 2, Götz 2

SPIEL UM PLATZ 3

359'. - 08.01.2011 RUS - GER 7:2 (2:1, 3:1, 2:0)
Kreuzlingen, Bodensee Arena; Z: ?; SR: Bandlowsky (GER); LR: Grond (SUI), Strohmenger (GER)*
* im offiz. Spielbericht keine Angabe zur Zuschauerzahl
Harß (Harrer n.e.) - S. Fellner, Weyand - Hammerl, Weltermann - B. Schröder, T. Voigt - R. Richter - Zorn, Götz (C), Seiler - Kratzer, Kamenik, Bittner - Anwander, A. Lanzl, Evers - Strohmair, Busch, Kuhn
T: 0:1 (03:59) Kratzer (Bittner, Kamenik) / 4:2 (26:05) Bittner (Kamenik)
S: R. Richter 4, Weltermann 2, S. Fellner 2, B. Schröder 2, Bittner 2, Hammerl 2

Euro Hockey Tour 2010/11 - Zweites Turnier

Die deutsche Mannschaft belegte im Turnier und auch in der Gesamtwertung den 3. Platz.

360. - 18.02.2011 GER - FIN 0:4 (0:2, 0:0, 0:2)
Rönnäng, Tjörns Ishall; Z: 52; SR: ?; LR: ?
Nadja Gruber (ESC Planegg); I. Schröder n.e.) - Rothemund, S. Fellner, **Anna -Maria Fiegert** (ESC Planegg), B. Schröder, R. Richter, T. Eisenschmid, T. Voigt - Seiler, Bittner, Kratzer, Delarbre, Evers, Götz (C), Busch, Anwander, Weyand, Kamenik, Zorn, Graeve, A. Lanzl
S: Zorn 2

361. - 19.02.2011 SWE - GER 4:0 (2:0, 1:0, 1:0)
Rönnäng, Tjörns Ishall; Z: 203; SR: ?; LR: ?
I. Schröder (Gruber n.e.) - Rothemund, S. Fellner, **Anna-Maria Fiegert** (ESC Planegg), B. Schröder, R. Richter, T. Eisenschmid, T. Voigt - Seiler, Bittner, Kratzer, Delarbre, Evers, Götz (C), Busch, Anwander, Weyand, Kamenik, Zorn, Graeve, A. Lanzl
S: R. Richter 2, Kamenik 2, Fiegert 2, Weyand 2

362. - 20.02.2011 GER - RUS 5:1 (1:0, 0:0, 4:1)
Rönnäng, Tjörns Ishall; Z: 25; SR: ?; LR: ?
I. Schröder (Gruber n.e.) - Rothemund, S. Fellner, **Anna-Maria Fiegert** (ESC Planegg), B. Schröder, R. Richter, T. Eisenschmid, T. Voigt - Seiler, Bittner, Kratzer, Delarbre, Evers, Götz (C), Busch, Anwander, Weyand, Kamenik, Zorn, Graeve, A. Lanzl
T: 1:0 (12:32) Anwander (PS) / 2:0 (42:07) Delarbre (S. Fellner, T. Eisenschmid) - 3:0 (43:15) Zorn (---) - 4:1 (50:12) Anwander (Evers) - 5:1 (53:40) Evers (---)
S: Zorn 2, Delarbre 2, T. Voigt 2, Bittner 2

363. - 25.03.2011 SUI - GER 4:5 (1:1, 2:2, 1:1, 0:1) OT
Sursee, Eishalle; Z: 33; SR: Eskola (FIN); LR: Magali (SUI), Kuonen (SUI)
Harß (I. Schröder n.e.) - Hammerl, R. Richter, B. Schröder, S. Fellner, Weyand, Weltermann, T. Eisenschmid,
Fiegert - Seiler, Bittner, Kratzer, Evers, Götz, Busch, Anwander, Kamenik, Janzen, Zorn, A. Lanzl, Delarbre
T: 0:1 (08:49) Anwander (Evers, S. Fellner) / 3:2 (32:32) Bittner (R. Richter, Kratzer) - 3:3 (38:18) Zorn (A. Lanzl)
/ 3:4 (54:42) Busch (A. Lanzl, Zorn) / 4:5 (62:57) Evers (Kamenik)
S: Bittner 2, Kratzer 2, Teamstrafe 2
Kamenik absolvierte als siebenundzwanzigste Spielerin ihr 100. Länderspiel.

364. - 26.03.2011 SUI - GER 5:1 (2:1, 0:0, 3:0)
Sursee, Eishalle; Z: 48; SR: Blasimann (SUI); LR: Loretan (SUI), Kuonen (SUI)
I. Schröder (Harß n.e.) - Hammerl, R. Richter, B. Schröder, S. Fellner, Weyand, Weltermann, T. Eisenschmid,
Fiegert - Seiler, Strohmair, Bittner, Kratzer, Evers, Götz, Busch, Anwander, Kamenik, Janzen, Zorn, A. Lanzl
T: 1:1 (03:02) Evers (Janzen)
S: R. Richter 4, Busch 2, Strohmair 2, Anwander 2, Seiler 2

Weltmeisterschaft Division I 2011

Die deutsche Mannschaft belegte den 1. Platz und schaffte den Aufstieg in die WM 2012.

365'. - 11.04.2011 AUT - GER 0:4 (0:0, 0:1, 0:3)
Ravensburg, Eissporthalle; Z: 1.600; SR: Allen (USA); LR: Kúdeľová (SVK), Štefková (CZE)
Harrer (I. Schröder n.e.) - S. Fellner, T. Eisenschmid - Hammerl, B. Schröder - R. Richter - Zorn, Busch, A. Lanzl
- Anwander, Evers, Janzen - Kratzer, Kamenik, Bittner - Delarbre, Seiler, Götz (C) - Weyand
T: 0:1 (38:20) Bittner (Kamenik) / 0:2 (45:12) A. Lanzl (Zorn, Busch) - 0:3 (56:13) Evers (Janzen, Anwander) -
0:4 (56:44) Seiler (Delarbre)
S: Kratzer 2, A. Lanzl 2, Anwander 2, Zorn 2

366'. - 13.04.2011 GER - LAT 2:1 (1:1, 1:0, 0:0)
Ravensburg, Eissporthalle; Z: 1.100; SR: Picavet (FRA); LR: Loretan (SUI), Stanley (GBR)
I. Schröder (Harrer n.e.) - S. Fellner, T. Eisenschmid - Hammerl, B. Schröder - R. Richter - Zorn, Busch, A. Lanzl
- Anwander, Evers, Janzen - Kratzer, Kamenik, Bittner - Delarbre, Seiler, Götz (C) - Weyand
T: 1:0 (07:33) Busch (Götz) / 2:1 (31:16) Götz (Kamenik, Kratzer)
S: Kamenik 2, Janzen 2, Zorn 2, Seiler 2, Götz 2
Busch schoss das 1000. Tor für die deutsche Auswahl.

367'. - 16.04.2011 CHN - GER 0:3 (0:0, 0:1, 0:2)
Ravensburg, Eissporthalle; Z: 1.600; SR: Gage (CAN); LR: Caughey (CAN), Loretan (SUI)
Harrer (I. Schröder n.e.) - S. Fellner, T. Eisenschmid - Hammerl, R. Richter - B. Schröder - Zorn, Busch, A. Lanzl
- Anwander, Evers, Janzen - Kratzer, Kamenik, Bittner - Delarbre, Seiler, Götz (C) - Weyand
T: 0:1 (37:01) Zorn (A. Lanzl, Hammerl) / 0:2 (46:40) Bittner (---) - 0:3 (57:26) Bittner (Götz, Kratzer)
S: Seiler 2

368'. - 17.04.2011 GER - NOR 3:1 (0:0, 0:0, 3:1)
Ravensburg, Eissporthalle; Z: 2.000; SR: Allen (USA); LR: Caughey (CAN), Štefková (CZE)
Harrer (I. Schröder n.e.) - - S. Fellner, T. Eisenschmid - Hammerl, B. Schröder - R. Richter, Götz (C) - Zorn,
Busch, A. Lanzl - Anwander, Evers, Janzen - Kratzer, Kamenik, Bittner - Delarbre, Seiler, Weyand
T: 1:0 (41:51) Delarbre (B. Schröder) - 2:1 (51:38) Bittner (Götz, Kratzer) - 3:1 (59:18) Kratzer (Kamenik)
S: T. Eisenschmid 2, B. Schröder 2, Bittner 2
Weyand absolvierte als achtundzwanzigste Spielerin ihr 100. Länderspiel.

2011/12

IIHF 12 Nationen Einladungsturnier - Pool C

> Die 12 teilnehmenden Nationen waren in drei Leistungsgruppen (Pool A-C) eingeteilt. Deutschland gehörte zum Pool C.

Die deutsche Mannschaft belegte den 1. Platz.

369. - 28.08.2011 FRA - GER 1:2 (0:1, 1:0, 0:1)
Courchevel, Patinoire du Forum; Z: 200; SR: Gabay (FRA); LR: Germaneaud (FRA), Florentin (FRA)
Harrer (TSV Erding; Flötgen (EC Bergkamener Bären) n.e.) - Hammerl (ESC Planegg), S. Fellner (ECDC Memmingen), Fiegert (ESC Planegg), B. Schröder (EC Bergkamener Bären), R. Richter (ESC Planegg), Graeve (EC Bergkamener Bären), T. Eisenschmid (ECDC Memmingen), Gleißner (ECDC Memmingen), Weyand (EC Bergkamener Bären) - Seitz (ECDC Memmingen), Götz (C - OSC Berlin), Evers (ESC Planegg), Delarbre (ECDC Memmingen), **Valerie Offermann** (EC Bergkamener Bären), **Kerstin Spielberger** (ESC Planegg), Janzen (ECDC Memmingen), Kratzer (ESC Planegg), Bittner (ESC Planegg), Zorn (ESC Planegg), A. Lanzl (EC Bergkamener Bären)
T: 0:1 (13:06) Zorn (Bittner, Kratzer) / 1:2 (52:34) Kratzer (Weyand, Bittner)
S: S. Fellner 2, B. Schröder 2, T. Eisenschmid 2

370. - 29.08.2011 GER - CZE 4:1 (2:0, 0:1, 2:0)
Courchevel, Patinoire du Forum; Z: 200; SR: Gabay (FRA); LR: Germaneaud (FRA), Girard (FRA)
Flötgen (Harrer n.e.) - Hammerl, S. Fellner, Fiegert, B. Schröder, R. Richter, Graeve, T. Eisenschmid, Gleißner, Weyand - Seitz, Götz (C), Evers, Delarbre, Offermann, Spielberger, Janzen, Kratzer, Bittner, Zorn, A. Lanzl
T: 1:0 (07:41) R. Richter (B. Schröder) - 2:0 (13:47) Zorn (Kratzer) / 3:1 (41:00) Zorn (Götz) - 4:1 (59:52) Seitz (---)
S: Hammerl 2, Evers 2, Delarbre 2, Spielberger 2

371. - 30.08.2011 GER - NOR 4:3 (1:1, 1:0, 1:2, 1:0) OT
Courchevel, Patinoire du Forum; Z: 42; SR: Picavet (FRA); LR: Girard (FRA), Florentin (FRA)
Harrer (Flötgen n.e.) - Hammerl, S. Fellner, Fiegert, B. Schröder, R. Richter, Graeve, T. Eisenschmid, Gleißner, Weyand - Seitz, Götz (C), Evers, Delarbre, Offermann, Spielberger, Janzen, Kratzer, Bittner, Zorn, A. Lanzl
T: 1:0 (03:17) Evers (A. Lanzl) / 2:1 (22:19) Spielberger (Seitz) / 3:1 (43:02) A. Lanzl (Evers, B. Schröder) / 4:3 (61:31) A. Lanzl (Zorn, S. Fellner)
S: Götz 6, A. Lanzl 6, T. Eisenschmid 2

IIHF 12 Nationen Einladungsturnier - Pool B/C

> Die 4 Nationen des Pools C spielten jeweils gegen ein Team des Pools B.

Die deutsche Mannschaft belegte den 3. Platz.

372'. - 09.11.2011 SVK - GER 0:3 (0:0, 0:2, 0:1)
Füssen, BLZ-Arena; Z: 60; SR: Weiss (GER); LR: Klaffki (GER), Strohmenger (GER)
Harrer (I. Schröder (ELV Tornado Niesky) n.e.) - Hammerl, Gleißner, Graeve, R. Richter, S. Fellner, **Kira Kanders** (EC Bergkamener Bären), Weltermann (EC Bergkamener Bären) - B. Schröder, Kuhn (Mad Dogs Mannheim), Strohmair (ESC Planegg), Bittner, Kratzer, Delarbre, Evers, Götz (C), Busch (OSC Berlin), Seitz, Zorn, A. Lanzl
T: 0:1 (29:31) Gleißner (A. Lanzl) - 0:2 (37:43) Delarbre (Gleißner, Bittner) / 0:3 (52:02) Busch (A. Lanzl)
S: keine

373'. - 10.11.2011 GER - JPN 1:3 (1:1, 0:0, 0:2)
Füssen, BLZ-Arena; Z: ?; SR: Bandlofsky (GER); LR: Bauer (GER), Hüffner (GER)
I. Schröder (59:50 out; Harrer n.e.) - Hammerl, Gleißner, Graeve, R. Richter, S. Fellner, Kanders, Weltermann - B. Schröder, Kuhn, Strohmair, Bittner, Kratzer, Delarbre, Evers, Götz (C), Busch, Zorn, A. Lanzl
T: 1:0 (09:53) Gleißner (Götz)
S: Busch 2, R. Richter 2, Kanders 2

374'. - 12.11.2011 RUS - GER 2:3 (1:0, 0:1, 1:1, 0:0, 0:1) OT und PS
Füssen, BLZ-Arena; Z: ?; SR: Weiss (GER); LR: Klaffki (GER), Hüffner (GER)
Harrer (I. Schröder n.e.) - Hammerl, Gleißner, Graeve, R. Richter, S. Fellner, Kanders, Weltermann - B. Schröder, Kuhn, Strohmair, Bittner, Kratzer, Delarbre, Evers, Götz (C), Busch, Zorn, A. Lanzl
T: 1:1 (39:01) Zorn (Busch, B. Schröder) / 2:2 (59:11) Kratzer (S. Fellner) / 2:3 (65:00) A. Lanzl (GWS)
PS: 0:0 RUS - 0:0 Zorn (vergeben) - 0:0 RUS - 0:1 A. Lanzl (GWS) - 0:1 RUS
S: Hammerl 4, Busch 2, Gleißner 2

375'. - 13.11.2011 GER - SUI 2:1 (1:0, 0:1, 1:0)
Füssen, BLZ-Arena; Z: 80; SR: Weiss (GER); LR: Klaffki (GER), Hüffner (GER)
Harrer (I. Schröder n.e.) - Hammerl, Gleißner, Graeve, R. Richter, S. Fellner, Weltermann - B. Schröder, Kuhn, Strohmair, Bittner, Kratzer, Delarbre, Evers, Götz (C), Busch, Zorn
T: 1:0 (05:05) Kuhn (Götz) / 2:1 (52:59) Zorn (Kuhn, Gleißner)
S: keine

Euro Hockey Tour 2011/12 - Erstes Turnier
Die deutsche Mannschaft belegte im Turnier den 4. Platz.

376. - 16.12.2011 FIN - GER 3:1 (0:0, 2:1, 1:0)
Heinola, Versowood Areena; Z: ?; SR: ?; LR: ?
Harrer (I. Schröder n.e.) - Hammerl, Weyand, S. Fellner, B. Schröder, R. Richter, Graeve, T. Eisenschmidt, Gleißner, Weißer (ECDC Memmingen), Weltermann - Evers, Anwander (ESC Planegg), Busch, Götz (C), Li. Schuster (ESC Planegg), Bittner, Kratzer, Kamenik (OSC Berlin), Zorn, A. Lanzl
T: 1:1 (29:21) Bittner (Li. Schuster)
S: Götz 4, Hammerl 2, Gleißner 2, Busch 2

377. - 17.12.2011 GER - SWE 1:4 (0:0, 0:3, 1:1)
Vierumäki, Vierumäen jäähalli; Z: ?; SR: ?; LR: ?
I. Schröder (Harrer n.e.) - Hammerl, Weyand, S. Fellner, B. Schröder, R. Richter, Graeve, T. Eisenschmidt, Gleißner, Weißer, Weltermann - Evers, Anwander, Busch, Götz (C), Li. Schuster, Bittner, Kratzer, Kamenik, Zorn, A. Lanzl
T: 1:? (?) Li. Schuster (Götz)
S: Hammerl 4, S. Fellner 2, B. Schröder 2, T. Eisenschmid 2, Weltermann 2

378. - 18.12.2011 GER - RUS 0:1 (0:0, 0:0, 0:1)
Vierumäki, Vierumäen jäähalli; Z: ?; SR: ?; LR: ?
Harrer (I. Schröder n.e.) - Hammerl, Weyand, S. Fellner, B. Schröder, R. Richter, Graeve, T. Eisenschmidt, Gleißner, Weißer, Weltermann - Evers, Anwander, Busch, Götz (C), Li. Schuster, Bittner, Kratzer, Kamenik, Zorn, A. Lanzl
S: Weyand 4, Li. Schuster 4, Hammerl 2, Weltermann 2, Anwander 2, Götz 2

10. Meco Nations Cup (bisher MLP Nations Cup) 2012
Die deutsche Mannschaft belegte den 5. Platz.

379'. - 03.01.2012 CAN (u22) - GER 4:1 (1:1, 1:0, 2:0)
Sonthofen, Eissporthalle; Z: 400; SR: Bandlofski (GER); LR: Hüffner (GER), Kiefer (GER)
Harrer (Gruber (ESC Planegg) n.e.) - Hammerl, Weltermann, S. Fellner, R. Richter, Graeve, T. Eisenschmidt, Gleißner, Weißer - Kuhn, Seiler (Carleton University), Li. Schuster, Bittner, Kratzer, Evers, Götz (C), Busch, Anwander, Kamenik, Zorn, A. Lanzl
T: 1:1 (11:22) Evers (Li. Schuster)
S: Hammerl 2, Busch 2

380'. - 04.01.2012 SWE - GER 2:1 (0:1, 1:0, 1:0)
Miesbach, Eissporthalle; Z: 730; SR: Kiefer (GER); LR: Pencun (GER), Klaffki (GER)
Harrer (Gruber n.e.) - Hammerl, Weltermann, S. Fellner, R. Richter, Graeve, T. Eisenschmidt, Gleißner, Weißer - Kuhn, Seiler, Li. Schuster, Kratzer, Evers, Götz (C), Busch, Anwander, Kamenik, Zorn, A. Lanzl
T: 0:1 (05:38) Zorn (Busch)
S: S. Fellner 2, Hammerl 2

381'. - 06.01.2012 GER - RUS 4:1 (1:0, 1:0, 2:1)
Lindau, Eissportarena; Z: 510; SR: Weiss (GER); LR: Strohmenger (GER), Bauer (GER)
Harrer (**Lena Schuster** (ESC Planegg) n.e.) - Hammerl, Weltermann, S. Fellner, R. Richter, Graeve, T. Eisenschmidt, Gleißner, Weißer - Kuhn, Seiler, Li. Schuster, Bittner, Kratzer, Evers, Götz (C), Busch, Anwander, Kamenik, Zorn, A. Lanzl
T: 1:0 (10:01) Zorn (A. Lanzl, R. Richter) / 2:0 (32:40) Li. Schuster (---) / 3:0 (43:18) A. Lanzl (Götz, Anwander) - 4:1 (56:47) A. Lanzl (Busch)
S: Weißer 2, Hammerl 2

382'. - 07.01.2012 GER - FIN 0:3 (0:1, 0:2, 0:0)
Peißenberg, Eissporthalle; Z: 677; SR: Hertrich (GER); LR: Pencun (GER), Klaffki (GER)
Harrer (Gruber n.e.) - Hammerl, Weltermann, S. Fellner, R. Richter, Graeve, T. Eisenschmidt, Gleißner, Weißer
- Kuhn, Seiler, Li. Schuster, Bittner, Kratzer, Evers, Götz (C), Busch, Anwander, Kamenik, Zorn, A. Lanzl
S: Li. Schuster 2, Kuhn 2, Busch 2

383'. - 08.01.2012 GER - SUI 1:3 (0:2, 1:1, 0:0)
Füssen, BLZ-Arena; Z: 179; SR: Hertrich (GER); LR: Pencun (GER), Klaffki (GER)
Gruber (Le. Schuster n.e.) - Hammerl, Weltermann, S. Fellner, R. Richter, Graeve, T. Eisenschmidt, Gleißner,
Weißer - Kuhn, Seiler, Li. Schuster, Bittner, Kratzer, Evers, Götz (C), Busch, Anwander, Kamenik, Zorn, A. Lanzl
T: 2:1 (21:56) Zorn (Busch, T. Eisenschmid)
S: Gleißner 4, Evers 2, Busch 2, Hammerl 2, Li. Schuster 2, T. Eisenschmid 2

Euro Hockey Tour 2011/12 - Zweites Turnier
Die deutsche Mannschaft belegte im Turnier und auch in der Gesamtwertung den 4. Platz.

384. - 10.02.2012 GER - FIN 1:3 (1;1, 0:2, 0:0)
Oskarshamn, Arena; Z: 125; SR: Flödén (SWE); LR: ?
Harrer (58:42; Gruber n.e.) - Hammerl, Gleißner, T. Eisenschmid, Graeve, R. Richter, Fiegert, S. Fellner,
Weyand - Kuhn, Evers, Anwander, Busch, Götz (C), Li. Schuster, Bittner, Delarbre, Spielberger, Kamenik, Zorn,
A. Lanzl
T: 1:1 (13:16) A. Lanzl (Busch, Zorn)
S: Götz 2

385. - 11.02.2012 SWE - GER 6:0 (2:0, 1:0, 3:0)
Oskarshamn, Arena; Z: 680; SR: Flödén (SWE); LR: ?
Harrer (Gruber n.e.) - Hammerl, Gleißner, T. Eisenschmid, Graeve, R. Richter, Fiegert, S. Fellner, Weyand -
Kuhn, Evers, Anwander, Busch, Götz (C), Li. Schuster, Bittner, Delarbre, Spielberger, Kamenik, Zorn, A. Lanzl
S: Weyand 2, Götz 2

386. - 12.02.2012 GER - RUS 1:3 (0:0, 1:1, 0:2)
Oskarshamn, Arena; Z: 87; SR: Skotte (SWE); LR: ?
Harrer (58:12; Gruber n.e.) - Hammerl, Gleißner, T. Eisenschmid, Graeve, R. Richter, Fiegert, S. Fellner,
Weyand - Kuhn, Evers, Anwander, Busch, Götz (C), Li. Schuster, Bittner, Delarbre, Spielberger, Kamenik, Zorn,
A. Lanzl
T: 1:1 (37:45) A. Lanzl (Busch, Zorn)
S: Fiegert 2, Götz 2

14. Weltmeisterschaft 2012
*Die deutsche Mannschaft belegte in der Vorrundengruppe der schwächeren Teams den 3. Platz. Damit spielte
die Mannschaft gegen den 4. Platz eine Best-of-Three-Serie gegen den Abstieg und gewann diese mit 2:0
Siegen.*

VORRUNDE - GRUPPE B

387'. - 07.04.2012 SUI - GER 2:3 (1:1, 1:2, 0:0)
South Burlington, Cairns Arena; Z: 277; SR: Allen (USA); LR: Johnson (USA), Tauriainen (FIN)
Harrer (Harß (University of Minnesota Duluth) n.e.) - S. Fellner, T. Eisenschmid - Hammerl, Gleißner - B.
Schröder, Graeve - R. Richter, Weyand - Weißer - Zorn, Götz (C), Busch - Spielberger, Anwander, Evers -
Kamenik, Li. Schuster, Bittner - A. Lanzl, Seiler
T: 0:1 (16:49) Bittner (---) / 1:2 (22:11) Weyand (Götz, Seiler) - 1:3 (37:32) Zorn (Götz, Busch)
S: Götz 2, Li. Schuster 2, Hammerl 2, T. Eisenschmid 2, Spielberger 2

388'. - 08.04.2012 SWE - GER 2:1 (0:0, 0:0, 1:1, 1:0) OT
South Burlington, Cairns Arena; Z: 342; SR: Tottman (GBR); LR: Arazimová (CZE), Hanrahan (USA)
Harß (60:24; I. Schröder n.e.) - S. Fellner, T. Eisenschmid - Hammerl, R. Richter - B. Schröder, Graeve -
Gleißner, Weyand - Weißer - Zorn, Götz (C), Busch - Spielberger, Anwander, Evers - Kamenik, Li. Schuster,
Bittner - A. Lanzl, Seiler
T: 1:1 (59:12) Zorn (A. Lanzl)
S: R. Richter 2, T. Eisenschmid 2, Weißer 2, Busch 2

389'. - 10.04.2012 GER - SVK 2:4 (0:1, 1:2, 1:1)
South Burlington, Cairns Arena; Z: 237; SR: Høve (NOR); LR: Hanrahan (USA), Tauriainen (FIN)
Harrer (I. Schröder n.e.) - S. Fellner, T. Eisenschmid - Hammerl, R. Richter - B. Schröder, Graeve - Gleißner, Weyand - Weißer - Zorn, Götz (C), Busch - Spielberger, Anwander, Evers - Kamenik, Li. Schuster, Bittner - A. Lanzl, Seiler
T: 1:3 (39:50) Li. Schuster (Kamenik) / 2:3 (43:56) Evers (S. Fellner)
S: R. Richter 2, Gleißner 2, T. Eisenschmid 2

RELEGATION

390'. - 11.04.2012 GER - SVK 2:1 (0:1, 1:0, 0:0, 0:0, 1:0) OT und PS
South Burlington, Cairns Arena; Z: 174; SR: Bordeleau (CAN); LR: Arazimová (CZE), Tauriainen (FIN)
Harrer (Harß n.e.) - Gleißner, T. Eisenschmid - Hammerl, Weißer - B. Schröder, Graeve - R. Richter, Weyand - S. Fellner - Zorn, Götz (C), Busch - Spielberger, Anwander, Evers - Kamenik, Li. Schuster, Bittner - A. Lanzl, Seiler
T: 1:1 (27:57) Zorn (Busch) / 2:1 (65:00) Anwander (GWS)
PS: 0:0 Anwander (gehalten) - 0:1 SVK - 1:1 A. Lanzl - 1:1 SVK - 1:1 Zorn (gehalten) - 1:1 SVK / 1:1 SVK - 2:1 Anwander (GWS)
S: Hammerl 4, Anwander 2, Zorn 2, Götz 2, Spielberger 2

391'. - 13.04.2012 SVK - GER 1:3 (0:1, 0:1, 1:1)
South Burlington, Cairns Arena; Z: 187; SR: Picavet (FRA); LR: Hanrahan (USA), Johnson (USA)
Harß (Harrer n.e.) - Gleißner, T. Eisenschmid - Hammerl, Weißer - B. Schröder, Graeve - R. Richter, Weyand - S. Fellner - Zorn, Götz (C), Busch - Spielberger, Anwander, Evers - Kamenik, Li. Schuster, Bittner - A. Lanzl, Seiler
T: 0:1 (04:20) Zorn (---) / 0:2 (38:17) Anwander (Götz) / 1:3 (54:02) T. Eisenschmid (S. Fellner)
S: Gleißner 2, Kamenik 2, S. Fellner 2, A. Lanzl 2, Teamstrafe 2 (dafür Seiler auf der Strafbank)
Götz absolvierte als fünfte Spielerin ihr 200. Länderspiel.

2012/13

392'. - 06.10.2012 GER - AUT 4:0 (0:0, 2:0, 2:0)
Füssen, BLZ-Arena; Z: 58; SR: Hertrich (GER); LR: Klaffki (GER), Butt (GER)
Harß (ECDC Memmingen; I. Schröder (ELV Tornado Nisky) n.e.) - Hammerl (ESC Planegg), B. Schröder (EC Bergkamener Bären), Götz (OSC Berlin), S. Fellner (ECDC Memmingen), Gleißner (ECDC Memmingen), R. Richter (ESC Planegg), Strohmair (ESC Planegg), Graeve (EC Bergkamener Bären) - Seitz (ECDC Memmingen), Kratzer (ESC Planegg), Anwander (ERC Ingolstadt), Evers (ESC Planegg), Kamenik (OSC Berlin), Zorn (ESC Planegg), Becker (ESC Planegg), **Katja-Lisa Engel** (ESC Planegg), Janzen (ECDC Memmingen), A. Lanzl (ESC Planegg), Bittner (ESC Planegg), Li. Schuster (OSC Berlin)
T: 1:0 (32:40) Janzen (Engel, Seitz) - 2:0 (34:29) Anwander (Becker) / 3:0 (50:28) A. Lanzl (---) - 4:0 (53:37) Anwander (Janzen)
S: Janzen 4, Götz 2

393'. - 07.10.2012 GER - AUT 7:5 (3:1, 1:2, 3:2)
Füssen, BLZ-Arena; Z: 34; SR: Hertrich (GER); LR: Klaffki (GER), Butt (GER)
I. Schröder (**Franziska Albl** (ECDC Memmingen) n.e.) - Hammerl, B. Schröder, Götz, S. Fellner, Gleißner, R. Richter, Strohmair, Graeve - Seitz, Anwander, Evers, Kamenik, Zorn, Becker, Engel, Janzen, A. Lanzl, Bittner, Li. Schuster
T: 1:0 (02:19) Kamenik (Evers, A. Lanzl) - 2:0 (05:23) Zorn (A. Lanzl) - 3:1 (18:11) Zorn (---) / 4:3 (35:08) A. Lanzl (---) / 5:3 (50:25) Bittner (Kamenik) - 6:4 (54:08) A. Lanzl (Kamenik, Evers) - 7:4 (57:31) Becker (Anwander)
S: Hammerl 2

Halloween-Cup 2012

Die deutsche Mannschaft belegte den 2. Platz.
394'. - 09.11.2012 GER - SVK 7:1 (2:1, 4:0, 1:0)
Füssen, BLZ-Arena; Z: ?; SR: Weiss (GER); LR: Hüffner (GER), Mauelshagen (GER)*
* im offiz. Spielbericht keine Angabe zur Zuschauerzahl
Harrer (Tölzer Löwen; Harß n.e.) - Hammerl, Götz (C), S. Fellner, Gleißner, R. Richter, Strohmair, Graeve, Kanders (EC Bergkamener Bären) - Seitz, Kratzer, Anwander, Evers, Kamenik, Zorn, Spielberger (EHC Waldkraiburg), Janzen, A. Lanzl, Busch (OSC Berlin), Bittner, Li. Schuster
T: 1:0 (01:56) Janzen (---) - 2:0 (13:20) Zorn (A. Lanzl, Kratzer) / 3:1 (24:55) A. Lanzl (Zorn, Gleißner) - 4:1 (30:28) Li. Schuster (Anwander, Gleißner) - 5:1 (33:35) Götz (Kamenik, Li. Schuster) - 6:1 (37:44) Spielberger (Anwander, R. Richter) / 7:1 (57:49) Anwander (Bittner, Spielberger)
S: S. Fellner 2
Hammerl absolvierte als neunundzwanzigste Spielerin ihr 100. Länderspiel.

395'. - 10.11.2012 CZE - GER 2:1 (1:0, 1:1, 0:0)
Füssen, BLZ-Arena; Z: ?; SR: Kiefer (GER); LR: Pencun (GER), Strohmenger (GER)*
* im offiz. Spielbericht keine Angabe zur Zuschauerzahl
Harß (Harrer n.e.) - Hammerl, Götz (C), S. Fellner, Gleißner, R. Richter, Strohmair, Graeve, Kanders - Seitz, Kratzer, Anwander, Evers, Kamenik, Zorn, Spielberger, Janzen, A. Lanzl, Busch, Bittner, Li. Schuster
T: 2:1 (26:47) Bittner (Spielberger, Anwander)
S: Götz 4, S. Fellner 2, Bittner 2

396'. - 11.11.2012 GER - SUI 3:0 (0:0, 2:0, 1:0)
Füssen, BLZ-Arena; Z: 50; SR: Weiss (GER); LR: Pencun (GER), Strohmenger (GER)
Harrer (ab 31:49 Harß) - Hammerl, Götz (C), S. Fellner, Gleißner, R. Richter, Strohmair, Graeve, Kanders - Seitz, Kratzer, Anwander, Evers, Kamenik, Zorn, Spielberger, Janzen, A. Lanzl, Busch, Bittner, Li. Schuster
T: 1:0 (23:56) Li. Schuster (Anwander, Kratzer) - 2:0 (27:09) Li. Schuster (Kamenik, Kratzer) / 3:0 (51:51) Li. Schuster (Kamenik, Hammerl)
S: keine
Harß absolvierte als dreißigste Spielerin ihr 100. Länderspiel.

Euro Hockey Tour 2012/13 - Erstes Turnier
Die deutsche Mannschaft belegte im Turnier den 4. Platz.

397'. - 14.12.2012 GER - FIN 1:2 (0:0, 0:1, 1:1)
Örebro, Trängens IP Hall B; Z: 36; SR: Flödén (SWE); LR: Hammar (SWE), Forsberg (SWE)
Harrer (Harß n.e.) - Götz (C), S. Fellner - Fiegert (Scanlon Creek Hockey Academy), Weißer (University of Prince Edward Island) - T. Eisenschmid (University of North Dacota), Gleißner - Hammerl, R. Richter - Zorn, Evers, A. Lanzl - Anwander, Bittner, Spielberger - Janzen, Busch, Becker - Li. Schuster, Kratzer, Kamenik
T: 1:1 (44:47) Janzen (Becker, T. Eisenschmid)
S: Fiegert 2, T. Eisenschmid 2

398'. - 15.12.2012 SWE - GER 3:0 (1:0, 0:0, 2:0)
Örebro, Trängens IP Hall B; Z: 137; SR: Flödén (SWE); LR: Andersson (SWE), Johansson (SWE)
Harß (Harrer n.e.) - S. Fellner, T. Eisenschmid - Hammerl, Weißer - Fiegert, Gleißner - Götz (C), R. Richter - Janzen, Busch, Becker - Anwander, Bittner, Spielberger - Zorn, Evers, A. Lanzl - Li. Schuster, Kratzer, Kamenik
S: Evers 2, Teamstrafe 2

399'. - 16.12.2012 GER - RUS 1:6 (1:2, 0:2, 0:2)
Örebro, Trängens IP Hall B; Z: 31; SR: Weiss (GER); LR: Hammar (SWE), Andersson (SWE)
Harrer (ab 33:06 Harß) - Götz (C), R. Richter - Fiegert, T. Eisenschmid - S. Fellner, Gleißner - Hammerl, Weißer - Li. Schuster, Kratzer, Kamenik - Zorn, Evers, A. Lanzl - Janzen, Busch, Becker - Anwander, Bittner, Spielberger
T: 1:0 (02:48) Spielberger (Hammerl, S. Fellner)
S: Spielberger 4, Fiegert 2, Becker 2, T. Eisenschmid 2, Teamstrafe 2

400'. - 02.01.2013 GER - CAN (u22) 1:8 (0:3, 1:3, 0:2)
Memmingen, Eissporthalle am Hühnerberg; Z: 450; SR: Hertrich (GER); LR: Strohmenger (GER), Klaffki (GER)
I. Schröder (ab 29:53 Harß) - Hammerl, Weißer, Gleißner, T. Eisenschmid, Götz (C), R. Richter, S. Fellner - Seiler (Ottawa Ice Cats), Janzen, Seitz, Anwander, Busch, Li. Schuster, Bittner, Delarbre (University of Minnesota Duluth), Kratzer, Evers, Kamenik, Zorn, A. Lanzl
T: 1:4 (28:12) Zorn (---)
S: Weißer 2, Kratzer 2, Gleißner 2, S. Fellner 2

11. Meco Nations Cup 2013
Die deutsche Mannschaft belegte in ihrer Vorrundengruppe den 2. Platz und erreichte damit das Spiel um Platz 3.

VORRUNDE - GRUPPE A

401'. - 03.01.2013 SWE - GER 3:2 (0:1, 0:0, 3:1)
Ravensburg, Eissporthalle; Z: 812; SR: Kiefer (GER); LR: Bandlofsky (GER), Klaffki (GER)
Harrer (59:42; I. Schröder n.e.) - Hammerl, Weißer, Gleißner, T. Eisenschmid, Götz (C), R. Richter, S. Fellner - Seiler, Janzen, Seitz, Anwander, Busch, Li. Schuster, Bittner, Delarbre, Kratzer, Evers, Kamenik, Zorn, A. Lanzl
T: 0:1 (16:05) Zorn (S. Fellner, Busch) / 2:2 (52:16) Janzen (Götz, S. Fellner)
S: A. Lanzl 2, Kamenik 2, Li. Schuster 2, Busch 2

402'. - 05.01.2013 GER - RUS 2:1 (1:1, 1:0, 0:0)
Füssen, BLZ-Arena; Z: ?; SR: Gran (SWE); LR: Strohmenger (GER), Mauelshagen (GER)
Harß (Harrer n.e.) - Hammerl, Weißer, Gleißner, T. Eisenschmid, Götz (C), R. Richter, S. Fellner - Seiler, Janzen, Seitz, Anwander, Busch, Li. Schuster, Bittner, Delarbre, Kratzer, Evers, Kamenik, Zorn, A. Lanzl
T: 1:0 (03:07) Bittner (A. Lanzl) / 2:1 (38:15) Seiler (Delarbre, Kamenik)
S: Kamenik 2, Li. Schuster 2, Kratzer 2

SPIEL UM PLATZ 3

403'. - 06.01.2013 GER - FIN 3:6 (2:3, 0:1, 1:2)
Ravensburg, Eissporthalle; Z: 600; SR: Hertrich (GER); LR: Strohmenger (GER), Klaffki (GER)
Harrer (Harß n.e.) - Hammerl, Gleißner, T. Eisenschmid, Götz (C), R. Richter, S. Fellner - Seiler, Janzen, Seitz, Anwander, Busch, Li. Schuster, Bittner, Delarbre, Kratzer, Evers, Kamenik, Zorn, A. Lanzl
T: 1:1 (09:18) Janzen (Evers) - 2:3 (15:05) Zorn (---) / 3:6 (55:15) Seitz (Li. Schuster)
S: T. Eisenschmid 4, Li. Schuster 2, R. Richter 2, S. Fellner 2, Hammerl 2

Euro Hockey Tour 2012/13 - Zweites Turnier
Die deutsche Mannschaft belegte im Turnier und auch in der Gesamtwertung den 4. Platz.

404. - 01.02.2013 FIN - GER 3:0 (1:0, 1:0, 1:0)
Rantasalmi, SuurSavohalli; Z: 415; SR: Kontturi (FIN); LR: Puhakka (FIN), Koivuluoma (FIN)
Harrer (I. Schröder n.e.) - Hammerl, Graeve, Gleißner, Götz (C), R. Richter, **Ann-Kathrin Voog** (ESC Planegg) - Seiler, Becker, Janzen, Busch, Li. Schuster, Bittner, Spielberger, Kratzer, Evers, Kamenik, Zorn, A. Lanzl
S: Kamenik 2

405. - 02.02.2013 GER - SWE 3:4 (0:1, 2:0, 1:2, 0:0, 0:1) OT und PS
Tanhuvaara, Jäähalli; Z: 20; SR: Kontturi (FIN); LR: Puhakka (FIN), Koivuluoma (FIN)
I. Schröder (65:00; Harß n.e.) - Hammerl, Graeve, Gleißner, Götz (C), R. Richter, Voog - Seiler, Becker, Busch, Li. Schuster, Bittner, Spielberger, Kratzer, Evers, Kamenik, Zorn, A. Lanzl
T: 1:1 (20:24) Li. Schuster (Kamenik, Götz) - 2:1 (35:17) Li. Schuster (Kratzer, Kamenik) / 3:2 (57:21) Zorn (---)
PS: 1:0 für SWE
S: Gleißner 2, Götz 2, Voog 2

406. - 03.02.2013 GER - RUS 0:2 (0:0, 0:1, 0:1)
Tanhuvaara, Jäähalli; Z: 30; SR: Kontturi (FIN); LR: Puhakka (FIN), Koivuluoma (FIN)
Harß (Harrer n.e.) - Hammerl, Graeve, Gleißner, Götz (C), R. Richter, Voog - Seiler, Becker, Busch, Li. Schuster, Bittner, Spielberger, Kratzer, Evers, Kamenik, Zorn, A. Lanzl
S: Busch 2, A. Lanzl 2

Qualifikation zu den Olympischen Winterspielen 2014 - Gruppe D
Die deutsche Mannschaft belegte den 1. Platz und qualifizierte sich damit für die Olympischen Winterspiele 2014.

407'. - 07.02.2013 GER - CHN 3:1 (1:0, 0:1, 2:0)
Weiden, Eisstadion an der Raiffeisenstraße; Z: 485; SR: Tottman (GBR); LR: Hanrahan (USA), Mollen (NED)
Harrer (Harß n.e.) - S. Fellner, Götz (C) - T. Eisenschmid, Gleißner - Hammerl, R. Richter - Zorn, A. Lanzl, Busch - Seiler, Becker, Spielberger - Li. Schuster, Kamenik, Kratzer - Bittner, Anwander, Evers
T: 1:0 (10:52) Zorn (Busch, A. Lanzl) / 2:1 (48:41) T. Eisenschmid (Anwander) - 3:1 (56:14) Zorn (A. Lanzl, Busch)
S: T. Eisenschmid 4, Götz 2, Zorn 2, A. Lanzl 2, Becker 2
Busch absolvierte als sechste Spielerin ihr 200. und Anwander als einunddreißigste Spielerin ihr 100. Länderspiel.

408'. - 08.02.2013 CZE - GER 1:3 (1:1, 0:2, 0:0)
Weiden, Eisstadion an der Raiffeisenstraße; Z: 1.014; SR: Picavet (FRA); LR: Heikkinen (FIN), Mollen (NED)
Harrer (Harß n.e.) - S. Fellner, Götz (C) - T. Eisenschmid, Gleißner - Hammerl, R. Richter - Zorn, A. Lanzl, Busch - Seiler, Becker, Spielberger - Li. Schuster, Kamenik, Kratzer - Bittner, Anwander, Evers
T: 0:1 (05:46) Bittner (Anwander, Evers) / 1:2 (27:51) Götz (S. Fellner) - 1:3 (29:20) Anwander (Bittner)
S: Hammerl 2, Busch 2, Götz 2, Seiler 2
Zorn absolvierte als zweiunddreißigste Spielerin ihr 100. Länderspiel.

409'. - 10.02.2013 GER - KAZ 5:0 (1:0, 2:0, 2:0)
Weiden, Eisstadion an der Raiffeisenstraße; Z: 750; SR: Høve (NOR); LR: Hanrahan (USA), Heikkinen (FIN)
Harß (ab 35:54 I. Schröder) - S. Fellner, Götz (C) - T. Eisenschmid, Gleißner - Hammerl, R. Richter - Zorn, A. Lanzl, Busch - Seiler, Becker, Spielberger - Li. Schuster, Kamenik, Kratzer - Bittner, Anwander, Evers
T: 1:0 (06:50) Kamenik (R. Richter) / 2:0 (20:50) Kamenik (Li. Schuster) - 3:0 (33:48) Kratzer (S. Fellner, Götz) / 4:0 (52:21) A. Lanzl (Busch, Götz) - 5:0 (58:25) A. Lanzl (Bittner)
S: keine

15. Weltmeisterschaft 2013

Die deutsche Mannschaft belegte in der Vorrundengruppe der schwächeren Teams den 2. Platz. Damit spielte die Mannschaft gegen den Drittplatzierten der Vorrundengruppe der stärkeren Teams um den Einzug ins Halbfinale. Nach der Niederlage in diesem Spiel folgte nur noch das Spiel um Platz 5.

VORRUNDE - GRUPPE B

410'. - 02.04.2013 RUS - GER 4:0 (1:0, 0:0, 3:0)
Ottawa, Nepean Sportsplex; Z: 409; SR: Langley (USA); LR: Björkman (SWE), Caughey (CAN)
Harrer (Harß n.e.) - S. Fellner, Götz (C) - T. Eisenschmidt, Gleißner - Hammerl, R. Richter - Weißer - Zorn, A. Lanzl, Busch - Bittner, Anwander, Evers - Seiler, Becker, Spielberger - Delarbre, Kratzer, Kamenik - Li. Schuster
S: Gleißner 4, A. Lanzl 2, T. Eisenschmid 2

411'. - 03.04.2013 GER - SWE 2:3 (2:1, 0:0, 0:1, 0:1) OT
Ottawa, Nepean Sportsplex; Z: 291; SR: Picavet (FRA); LR: Caughey (CAN), Gagnon (CAN)
Harß (60:53; I. Schröder n.e.) - S. Fellner, Götz (C) - Weißer, Gleißner - Hammerl, R. Richter - T. Eisenschmidt - Zorn, Delarbre, Busch - Seiler, Becker, Spielberger - Bittner, Anwander, Evers - Kratzer, Kamenik, Li. Schuster - A. Lanzl
T: 1:0 (13:04) Götz (Seiler) - 2:0 (14:59) Seiler (Becker)
S: Bittner 2, Spielberger 2, Hammerl 2, T. Eisenschmid 2

412'. - 05.04.2013 CZE - GER 3:6 (1:1, 0:3, 2:2)
Ottawa, Nepean Sportsplex; Z: 1.234; SR: Bordeleau (CAN); LR: Gagnon (CAN), Tauriainen (FIN)
Harrer (Harß n.e.) - S. Fellner, Götz (C) - Weißer, Gleißner - Hammerl, R. Richter - T. Eisenschmidt - Zorn, Delarbre, Busch - Seiler, Becker, Spielberger - Bittner, Anwander, Evers - Kratzer, Kamenik, Li. Schuster - A. Lanzl
T: 0:1 (09:27) Zorn (Busch, Anwander) / 1:2 (21:13) A. Lanzl (Spielberger) - 1:3 (29:04) Busch (Zorn, Anwander) - 1:4 (30:29) Becker (Spielberger) / 1:5 (46:51) Busch (S. Fellner) - 1:6 (49:44) Li. Schuster (Kamenik, Kratzer)
S: Weißer 4, Busch 2, Becker 2, Bittner 2
R. Richter absolvierte als dreiunddreißigste Spielerin ihr 100. Länderspiel.

VIERTELFINALE

413'. - 06.04.2013 FIN - GER 1:0 (1:0, 0:0, 0:0)
Ottawa, SBP Arena; Z: 5.406; SR: Langley (USA); LR: Caughey (CAN), Connolly (USA)
Harß (I. Schröder n.e.) - S. Fellner, Götz (C) - Weißer, Gleißner - Hammerl, R. Richter - T. Eisenschmidt - Zorn, Delarbre, Busch - Seiler, Becker, Spielberger - Bittner, Anwander, Evers - Kratzer, Kamenik, Li. Schuster - A. Lanzl
S: Kratzer 2, Hammerl 2, Götz 2, Seiler 2, Teamstrafe 2 (dafür Busch auf der Strafbank)

SPIEL UM PLATZ 5

414'. - 08.04.2013 SUI - GER 3:5 (1:1, 0:3, 2:1)
Ottawa, SBP Arena; Z: 4.008; SR: Picavet (FRA); LR: Björkman (SWE), Taurianinen (FIN)
Harrer (Harß n.e.) - S. Fellner, Gleißner - T. Eisenschmidt, R. Richter - Hammerl, Weißer - Kamenik, Götz (C), Li. Schuster - Zorn, Anwander, Evers - Seiler, A. Lanzl, Spielberger - Kratzer, Becker, Bittner - Delarbre, Busch
T: 1:1 (09:57) Delarbre (Seiler, Spielberger) / 1:2 (24:05) Busch (Anwander) - 1:3 (25:37) Busch (Götz, S. Fellner) - 1:4 (39:11) Li. Schuster (Kamenik, Gleißner) / 2:5 (58:55) Anwander (---)
S: Busch 2, Becker 2
Evers absolvierte als erste Spielerin ihr 300. Länderspiel.

2013/14

Euro Hockey Tour 2013/14 - Erstes Turnier
Die deutsche Mannschaft belegte im Turnier den 4. Platz.

415. - 29.08.2013 GER - SWE 0:3 (0:0, 0:3, 0:0)
Vierumäki, Vierumäen jäähalli; Z: 10; SR: Kontturi (FIN); LR: Koivoludma (FIN), Puhakka (FIN)
Harrer (Tölzer Löwen; I. Schröder (ELV Tornado Niesky) n.e) - Hammerl (ESC Planegg), Gleißner (ECDC Memmingen), Graeve (EC Bergkamener Bären), R. Richter (ESC Planegg), S. Fellner (ECDC Memmingen), Götz (C - OSC Berlin), Strohmair (ESC Planegg), A. Lanzl (ERC Ingolstadt) - Janzen (ECDC Memmingen), Li. Schuster (OSC Berlin), Becker (ERC Ingolstadt), Kratzer (ESC Planegg), Spielberger (EHC Klostersee), Busch (ECDC Memmingen), Anwander (ERC Ingolstadt), Seitz (ECDC Memmingen), Seiler (Ottawa Ice Cats), Evers (ESC Planegg), Kamenik (OSC Berlin), Zorn (ESC Planegg)
S: Becker 2

416. - 30.08.2013 FIN - GER 8:2 (2:0, 2:2, 4:0)
Kotka, Jäähallissa; Z: ?; SR: Åberg (FIN); LR: ?
I. Schröder (Harrer n.e) - Hammerl, Gleißner, Graeve, R. Richter, S. Fellner, Götz (C), Strohmair, A. Lanzl - Janzen, Li. Schuster, Becker, Kratzer, Spielberger, Busch, Anwander, Seitz, Seiler, Evers, Kamenik, Zorn
T: 4:1 (31:27) Anwander (A. Lanzl, Janzen) - 5:2 (36:00) Zorn (Becker, R. Richter)
S: Hammerl 4, Graeve 4, S. Fellner 2, Janzen 2, Busch 2

417. - 31.08.2013 GER - RUS 1:2 (0:0, 0:0, 1:2)
Vierumäki, Vierumäen jäähalli; Z: ?; SR: Kontturi (FIN); LR: Koivoludma (FIN), Puhakka (FIN)
Harrer (I. Schröder n.e) - Hammerl, Gleißner, Graeve, R. Richter, S. Fellner, Götz (C), Strohmair, A. Lanzl - Janzen, Li. Schuster, Becker, Kratzer, Spielberger, Busch, Anwander, Seitz, Seiler, Evers, Kamenik, Zorn
T: 1:1 (47:38) Li. Schuster (Becker)
S: Gleißner 2, R. Richter 2, Becker 2, Busch 2

418. - 24.10.2013 RUS - GER 2:1 (0:0, 0:0, 2:1)
Novogorsk, Uchebno-trenirovochniy Centr; Z: 150; SR: Ivanova (RUS); LR: Steinberg (RUS), Brusentseva (RUS)
Harrer (I. Schröder n.e) - Hammerl, Gleißner, Graeve, R. Richter, S. Fellner, Götz (C), A. Lanzl - Janzen, Li. Schuster, Bittner (ESC Planegg), Becker, Kratzer, Spielberger, Busch, Anwander, Seitz, Evers, Kamenik, Zorn
T: 1:1 (49:19) Anwander (Janzen, Becker)
S: Becker 4, Hammerl 4, R. Richter 2, Evers 2, Gleißner 2

419. - 25.10.2013 RUS - GER 5:1 (2:1, 2:0, 1:0)
Novogorsk, Uchebno-trenirovochniy Centr; Z: 90; SR: Brusentseva (RUS); LR: Steinberg (RUS), Ivanova (RUS)
I. Schröder (Harrer n.e) - Hammerl, Gleißner, Graeve, R. Richter, S. Fellner, Götz (C), A. Lanzl - Janzen, Li. Schuster, Bittner, Becker, Kratzer, Spielberger, Busch, Anwander, Seitz, Evers, Kamenik, Zorn
T: 0:1 (04:21) S. Fellner (---)
S: Li. Schuster 4, Anwander 2, Busch 2, Hammerl 2, S. Fellner 2

420. - 26.10.2013 RUS - GER 3:0 (1:0, 1:0, 1:0)
Novogorsk, Uchebno-trenirovochniy Centr; Z: 90; SR: Ivanova (RUS); LR: Steinberg (RUS), Brusentseva (RUS)
Harrer (I. Schröder n.e) - Hammerl, Gleißner, Graeve, R. Richter, S. Fellner, Götz (C), A. Lanzl - Janzen, Li. Schuster, Bittner, Becker, Kratzer, Spielberger, Busch, Anwander, Seitz, Evers, Kamenik, Zorn
S: Becker 4, Busch 2, Hammerl 2

Smile Japan Bridgestone Blizzac Challenge
Die deutsche Mannschaft belegte im Turnier den 2. Platz.

421'. - 07.11.2013 GER - SUI 2:3 (1:1, 0:0, 1:1, 0:1) OT
Yokohama, Shin-Yokohama Skate Center; Z: 503; SR: Nakayama (JPN); LR: Inoue (JPN), Igarashi (JPN)
Harß (ERC Sonthofen 1999; 64:40; I. Schröder n.e.) - Gleißner, T. Eisenschmid (University of North Dacota), Graeve, Götz (C), R. Richter, Fiegert (Minnesota State University) - Janzen, Spielberger, Delarbre (University of Minnesota Duluth), Bittner, Li. Schuster, Busch, Anwander, Seitz, Kratzer, Evers, Kamenik, Zorn
T: 0:1 (02:19.) Janzen (Delarbre, Spielberger) / 1:2 (53:05) Seitz (Fiegert, T. Eisenschmid)
S: R. Richter 2, Spielberger 2, Götz 2
Li. Schuster absolvierte als vierunddreißigste Spielerin ihr 100. Länderspiel.

422'. - 09.11.2013 GER - SVK 7:0 (1:0, 2:0, 4:0)
Yokohama, Shin-Yokohama Skate Center; Z: 506; SR: Utsumi (JPN); LR: Yoshiara (JPN), Narusawa (JPN)
I. Schröder (ab 29:43 Harß) - Gleißner, T. Eisenschmid, Graeve, Götz (C), R. Richter, Fiegert - Janzen, Spielberger, Delarbre, Bittner, Li. Schuster, Busch, Anwander, Seitz, Kratzer, Evers, Kamenik, Zorn
T: 1:0 (04:33) Anwander (Evers) / 2:0 (22:34) Delarbre (Spielberger) - 3:0 (39:09) Janzen (Li. Schuster) / 4:0 (43:46) Anwander (Bittner) - 5:0 (46:10) Janzen (Götz) - 6:0 (46:39) Delarbre (Spielberger) - 7:0 (53:15) Delarbre (Janzen, Spielberger)
S: Kratzer 4, Bittner 2, Götz 2, Graeve 2, T. Eisenschmid 2

423'. - 10.11.2013 JPN - GER 1:3 (0:1, 0:2, 1:0)
Yokohama, Shin-Yokohama Skate Center; Z: 820; SR: Ugajin (JPN); LR: Wada (JPN), Inoue (JPN)
I. Schröder (Harß n.e.) - Gleißner, T. Eisenschmid, Graeve, Götz (C), R. Richter, Fiegert - Janzen, Spielberger, Delarbre, Bittner, Li. Schuster, Busch, Anwander, Seitz, Kratzer, Evers, Kamenik, Zorn
T: 0:1 (15:32) Delarbre (Anwander) / 0:2 (20:58) Delarbre (Anwander) - 0:3 (38:50) Busch (Götz)
S: Busch 2, Gleißner 2
Kratzer absolvierte als fünfunddreißigste Spielerin ihr 100. Länderspiel.

Euro Hockey Tour 2013/14 - Zweites Turnier
Die deutsche Mannschaft belegte im Turnier und auch in der Gesamtwertung den 4. Platz.

424'. - 13.12.2013 GER - FIN 1:2 (1:0, 0:0, 0:1, 0:0, 0:1) OT und PS
Örebro, Trängens IP Hall B; Z: 35; SR: Gran (SWE); LR: Johansson (SWE), Sauer (GER)
Harß (Albl (ECDC Memmingen) n.e.) - Hammerl, R. Richter - Evers, A. Lanzl - Weißer (Universty of Prince Edward Island), Gleißner - Seitz - Becker, Götz (C), Seiler (ERC Ingolstadt) - Zorn, Busch, Kratzer - Spielberger, Bittner, Kamenik - Li. Schuster, Janzen, Anwander
T: 1:0 (10:06) A. Lanzl (Janzen, Anwander)
PS: 0:0 Becker (vergeben) - 0:0 FIN - 0:0 Götz (vergeben) - 0:1 FIN - 1:1 A. Lanzl - 1:1 FIN / 1:1 FIN - 1:1 Evers(vergeben) - 1:1 FIN - 1:1 Becker (vergeben) - 1:2 FIN - 1:2 Becker (vergeben)
S: Janzen 4, Evers 2, Zorn 2, Weißer 2, Li. Schuster 2, Busch 2

425'. - 14.12.2013 SWE - GER 2:1 (0:0, 0:1, 2:0)
Örebro, Trängens IP Hall B; Z: 212; SR: Høve (NOR); LR: Andersson (SWE), Johansson (SWE)
Albl (59:58 out; Harß n.e.) - Evers, A. Lanzl - Hammerl, Weißer - Gleißner, R. Richter - Becker, Götz (C), Anwander - Spielberger, Bittner, Kamenik - Li. Schuster, Seiler, Seitz - Janzen, Busch
T: 0:1 (38:00) Kamenik (Janzen)
S: A. Lanzl 2, Evers 2

426'. - 15.12.2013 GER - RUS 1:4 (0:2, 1:2, 0:0)
Örebro, Trängens IP Hall B; Z: 35; SR: Høve (NOR); LR: Andersson (SWE), Sauer (GER)
Harß (Albl n.e.) - Evers, A. Lanzl - Hammerl, Weißer - Gleißner, R. Richter - Becker, Götz (C), Anwander - Spielberger, Bittner, Kamenik - Li. Schuster, Seiler, Seitz - Janzen, Busch
T: 1:4 (37:59) Götz (Anwander)
S: Bittner 2, Becker 2, Weißer 2, Hammerl 2, A. Lanzl 2
Die deutsche Auswahl belegte Platz 4

427'. - 02.01.2014 GER - SWE 0:2 (0:0, 0:1, 0:1)
Pfronten, Eisstadion; Z: 550; SR: Hertrich (GER); LR: Bauer (GER), Bertele (GER)
Harß (Albl n.e.) - Weißer, Gleißner, T. Eisenschmid, Götz (C), R. Richter, Fiegert, Evers, S. Fellner - Janzen, Seiler, Li. Schuster, Bittner, Becker, Spielberger, Delarbre, Busch, Anwander, Kamenik, A. Lanzl, Seitz
S: Becker 2, Delarbre 2, Fiegert 2

12. Nations Cup (bisher Meco Nations Cup) 2014
Die deutsche Mannschaft belegte in ihrer Vorrundengruppe den 3. Platz und erreichte damit das Spiel um Platz 5.

VORRUNDE - GRUPPE A

428'. - 03.01.2014 GER - FIN 1:4 (0:1, 1:2, 0:1)
Ingolstadt, Saturn-Arena; Z: 340; SR: Hertrich (GER); LR: Haack (GER), ?*
* auf dem offiz. Spielbericht keine LR verzeichnet
Harrer (Harß n.e.) - Hammerl, Weißer, Gleißner, T. Eisenschmid, Götz (C), R. Richter, Fiegert, Evers, S. Fellner - Janzen, Seiler, Li. Schuster, Bittner, Becker, Spielberger, Delarbre, Busch, Anwander, Kamenik, A. Lanzl, Zorn
T: 1:3 (35:17) Götz (Anwander, Evers)
S: T. Eisenschmidt 4, Becker 2, Bittner 2, Kamenik 2

429'. - 04.01.2014 GER - RUS 1:4 (0:0, 0:3, 1:1)
Garmisch-Partenkirchen, Olympia-Eissport-Zentrum; Z: 484; SR: Weiss (GER); LR: Tschirner (GER), Johansson (SWE)
Harß (Harrer n.e.) - Hammerl, Weißer, Gleißner, T. Eisenschmid, Götz (C), R. Richter, Fiegert, Evers, S. Fellner - Janzen, Seiler, Li. Schuster, Bittner, Becker, Spielberger, Delarbre, Kratzer, Busch, Anwander, Kamenik, A. Lanzl, Zorn
T: 1:4 (55:24) Anwander (Götz, Janzen)
S: R. Richter 2, Spielberger 2, Janzen 2, Anwander 2, Gleißner 2
A. Lanzl absolvierte als siebente Spielerin ihr 200. Länderspiel.

SPIEL UM PLATZ 5

430'. - 06.01.2014 GER - SUI 1:4 (0:1, 0:1, 1:2)
Füssen, BLZ-Arena; Z: 91; SR: Kiefer (GER); LR: Hüffner (GER), ?*
* auf dem offiz. Spielbericht nur ein LR verzeichnet
Harrer (ab 20:01 I. Schröder) - Hammerl, Weißer, Gleißner, T. Eisenschmid, Götz (C), R. Richter, Fiegert, Evers - Janzen, Seiler, Li. Schuster, Bittner, Becker, Spielberger, Delarbre, Kratzer, Busch, Anwander, Kamenik, A. Lanzl, Zorn
T: 1:4 (56:22) Zorn (Götz)
S: Li. Schuster 2, Kratzer 2, Götz 2, Hammerl 2, Spielberger 2

22. Olympische Winterspiele 2014 - Damen-Eishockeyturnier

Die deutsche Mannschaft belegte in der Vorrundengruppe der schwächeren Teams den 3. Platz. Damit spielte die Mannschaft in der Platzierungsrunde 5-8 und belegte am Ende den 7. Platz.

VORRUNDE - GRUPPE B

431'. - 09.02.2014 RUS - GER 4:1 (0:0, 0:1, 4:0)
Sochi, Ledovaya arena Shayba; Z: 5.048; SR: Eskola (FIN); LR: Johnson (USA), Novotná (CZE)
Harrer (Harß n.e.) - Götz (C), S. Fellner - A. Lanzl, T. Eisenschmid - Hammerl, Weißer - Seiler, Li. Schuster, Becker - Anwander, Janzen, Busch - Kamenik, Spielberger, Bittner - Kratzer, Evers, Zorn
T: 0:1 (26:48) Busch (Anwander, Weißer)
S: Anwander 2, Weißer 2, T. Eisenschmidt 2, Götz 2

432'. - 11.02.2014 GER - SWE 0:4 (0:1, 0:0, 0:3)
Sochi, Ledovaya arena Shayba; Z: 4.015; SR: Høve (NOR); LR: Gagnon (CAN), Kúdeľová (SVK)
Harß (I. Schröder n.e.) - Götz (C), S. Fellner - A. Lanzl, T. Eisenschmid - Hammerl, Weißer - Seiler, Li. Schuster, Becker - Anwander, Janzen, Busch - Kamenik, Spielberger, Bittner - Kratzer, Evers, Zorn
S: T. Eisenschmid 2, Teamstrafe 2 (dafür Bittner auf der Strafbank)

433'. - 13.02.2014 JPN - GER 0:4 (0:1, 0:1, 0:2)
Sochi, Ledovaya arena Shayba; Z: 2.618; SR: Bordeleau (CAN); LR: Björkman (SWE), Girard (FRA)
Harrer (I. Schröder n.e.) - Götz (C), S. Fellner - A. Lanzl, T. Eisenschmid - Hammerl, Weißer - Seiler, Li. Schuster, Kratzer - Anwander, Janzen, Evers - Kamenik, Spielberger, Bittner - Zorn, Becker, Busch
T: 0:1 (13:23) Anwander (Kratzer, Becker) / 0:2 (20:48) Busch (A. Lanzl) / 0:3 (58:31) Spielberger (T. Eisenschmid, Kamenik, Kamenik) - 0:4 (59:28) Busch (Götz)
S: T. Eisenschmid 2, Götz 2, Spielberger 2, Bittner 2, Hammerl 2

SPIELE UM PLATZ 5-8

434'. - 16.02.2014 FIN - GER 2:1 (2:0, 0:1, 0:0)
Sochi, Ledovaya arena Shayba; Z: 2.009; SR: Høve (NOR); LR: Kúdeľová (SVK), Svobodová (CZE)
Harß (58:55 out; Harrer n.e.) - Götz (C), S. Fellner - A. Lanzl, T. Eisenschmid - Hammerl, Weißer - Seiler, Li. Schuster, Kratzer - Anwander, Janzen, Evers - Kamenik, Spielberger, Bittner - Zorn, Becker, Busch
T: 2:1 (28:59) Evers (Götz)
S: Becker 2, Bittner 2, T. Eisenschmid 2, Zorn 2

SPIEL UM PLATZ 7

435'. - 18.02.2014 GER - JPN 3:2 (1:1, 2:0, 0:1)
Sochi, Ledovaya arena Shayba; Z: 2.012; SR: Bordeleau (CAN); LR: Björkman (SWE), Kúdeľová (SVK)
Harrer (Harß n.e.) - Götz (C), S. Fellner - A. Lanzl, T. Eisenschmid - Hammerl, Weißer - Seiler, Li. Schuster, Kratzer - Anwander, Janzen, Evers - Kamenik, Spielberger, Bittner - Zorn, Becker, Busch
T: 0:1 (09:18) Götz (Busch, Janzen) / 2:1 (24:30) Zorn (Busch, Götz) - 3:1 (35:49) Seiler (Li. Schuster, Kratzer)
S: T. Eisenschmid 2, Busch 2, Evers 2, Weißer 2

2014/15

Neuer Bundestrainer Benjamin Hinterstocker

436'. - 03.10.2014 GER - RUS 2:4 (0:1, 1:1, 1:2)
Füssen, BLZ-Arena; Z: ?; SR: Oberdörfer (GER); LR: ?*
* auf dem offiz. Spielbericht keine Zuschauer und LR angeben
I. Schröder (ELV Tornado Niesky; Albl (ECDC Memmingen) n.e.) - Hammerl (ERC Ingolstadt), Voog (SC Riessersee), **Carina Strobel** (ECDC Memmingen), **Lena Düsterhöft** (ESC Planegg), Rothemund (ESC Planegg), **Jessica Ujcik** (ESC Planegg), Graeve (EC Bergkamener Bären), Gleißner (ECDC Memmingen), **Anne Bartsch** (OSC Berlin) - Spielberger (ESC Planegg), **Paula Nix** (OSC Berlin), **Alena-Laura Hahn** (EC Bergkamener Bären), Seitz (ECDC Memmingen), **Laura Kluge** (OSC Berlin), **Bernadette Karpf** (ESC Planegg), Bittner (ESC Planegg), **Eva Byszio** (ERC Ingolstadt), Kamenik (OSC Berlin), Zorn (C - ESC Planegg), A. Lanzl (ERC Ingolstadt)
T: 1:2 (37:33) Kamenik (Bittner, Rothemund) / 2:2 (41:44) Zorn (Kluge)
S: Ujcik 2, Düsterhöft 2, E. Byszio 2
Kluge war die 200. Spielerin mit einem Einsatz in der deutschen Auswahl.

437'. - 04.10.2014 GER - RUS 4:3 (1:2, 0:1, 3:0)
Füssen, BLZ-Arena; Z: ?*; SR: Fröschle (GER); LR: Gazzo (GER), Wimberger (GER)
* auf dem offiz. Spielbericht keine Zuschauer angeben
Albl (**Paula Byszio** (ERC Ingolstadt) n.e.) - Hammerl, Voog, Strobel, Düsterhöft, **Saskia Wirth** (ECDC Memmingen), Rothemund, Graeve, Gleißner, Bartsch - Spielberger, Seitz, Kluge, Karpf, Bittner, E. Byszio, Kamenik, Zorn (C), A. Lanzl, **Nicola Eisenschmid** (ECDC Memmingen), **Vanessa Gasde** (OSC Berlin)
T: 1:1 (08:08) Spielberger (Kamenik, Bittner) / 2:3 (42:50) Spielberger (---) - 3:3 (46:15) Spielberger (Wirth) - 4:3 (50:47) Spielberger (A. Lanzl, Zorn)
S: Kluge 4, Zorn 2

438'. - 05.10.2014 GER - RUS 0:5 (0:1, 0:3, 0:1)
Füssen, BLZ-Arena; Z: ?; SR: Fröhlich (GER); LR: Kubica (GER), ?*
* auf dem offiz. Spielbericht keine Zuschauer und nur ein LR angeben
P. Byszio (ab 21:59 Albl) - Hammerl, Voog, Düsterhöft, Rothemund, Ujcik, Graeve, **Anna Düsberg** (OSC Berlin), Gleißner, Bartsch - Spielberger, P. Nix, Hahn, Kluge, Karpf, Bittner, Kamenik, Zorn (C), A. Lanzl, N. Eisenschmid, **Theresa Wagner** (ESC Planegg)
S: Hammerl 4, Hahn 2, Gleißner 2, A. Lanzl 2, Rothemund 2

International Chablais Hockey Trophy
Die deutsche Mannschaft belegte im Turnier den 1. Platz.

439'. - 07.11.2014 SVK - GER 1:7 (0:1, 0:3, 1:3)
Monthey, Patinoire du Forum d'Octodure; Z: 125; SR: Fialová (CZE), Weiss (GER); LR: Cadonau (SUI), Kuonen (SUI)
Albl (ab 51:36 P. Byszio) - Rothemund, Bartsch - Graeve, Voog - Düsterhöft, Gleißner - Ujcik, Düsberg - Zorn (C), Spielberger, Bittner - Kamenik, Li. Schuster (OSC Berlin), Kluge - P. Nix, A. Lanzl, Seitz - N. Eisenschmid, Karpf, E. Byszio
T: 0:1 (11:51) A. Lanzl (Voog, Graeve) / 0:2 (25:20) Li. Schuster (Kamenik) - 0:3 (31:16) Kluge (Graeve) - 0:4 (33:07) Zorn (Spielberger, Bittner) / 1:5 (46:09) Spielberger (Bittner, Rothemund) - 1:6 (51:35) Rothemund (Spielberger) - 1:7 (57:31) Seitz (P. Nix, A. Lanzl)
S: Gleißner 2, Düsberg 2, P. Nix 2

440'. - 08.11.2014 SUI - GER 2:1 (1:1, 0:0, 0:0, 0:0, 1:0) OT und PS
Monthey, Patinoire du Forum d'Octodure; Z: 850; SR: Fialová (CZE), Ketonen (FIN); LR: Anex (SUI), Kuonen (SUI)
Albl (P. Byszio n.e.) - Rothemund, Bartsch - Graeve, Voog - Düsterhöft, Gleißner - Ujcik, Düsberg - Zorn (C), Spielberger, Bittner - Kamenik, Li. Schuster, Kluge - P. Nix, A. Lanzl, Seitz - N. Eisenschmid, Karpf, E. Byszio
T: 1:1 (08:52) Voog (Graeve, Kluge)
PS: 0:0 SUI - 0:0 Kluge (vergeben) - 0:0 SUI - 0:0 A. Lanzl (vergeben) - 0:0 SUI - 0:0 Zorn (vergeben) - 1:0 SUI - 1:0 Li. Schuster (vergeben)
S: Bittner 4, Rothemund 2, Gleißner 2, Düsterhöft 2

441'. - 09.11.2014 GER - FRA 3:1 (0:0, 2:0, 1:1)
Monthey, Patinoire du Forum d'Octodure; Z: ?*; SR: Ketonen (FIN), Weiss (GER); LR: Anex (SUI), Cadonau (SUI)
* auf dem offiz. Spielbericht keine Zuschauer angeben
Albl (P. Byszio n.e.) - Rothemund, Bartsch - Graeve, Voog - Düsterhöft, Gleißner - Ujcik, Düsberg - Zorn (C), Spielberger, Bittner - Kamenik, Li. Schuster, Kluge - P. Nix, A. Lanzl, Seitz - N. Eisenschmid, Karpf, E. Byszio
T: 1:0 (22:47) Kluge (Li. Schuster, Kamenik) - 2:0 (32:09) Zorn (Bartsch) / 3:1 (59:20) Zorn (Rothemund)
S: Ujcik 2, N. Eisenschmid 2, Karpf 2, Kamenik 2, P. Nix 2, Bittner 2

Euro Hockey Tour 2014/15 - Erstes Turnier
Die deutsche Mannschaft belegte im Turnier den 4. Platz.

442'. - 19.12.2014 FIN - GER 6:1 (2:0, 2:0, 2:1)
Uppsala, Metallåtervinning Arena; Z: 49; SR: Gran (SWE), Timglas (SWE); LR: Nilsson (SWE), Andersson (SWE)
I. Schröder (Harß (ERC Sonthofen 1999) n.e.) - Bartsch, Rothemund - Graeve, Ujcik - Düsterhöft, Gleißner - T. Eisenschmid (University of North Dacota), Fiegert (Minnesota State University) - Spielberger, Karpf, Zorn - Li. Schuster, Kluge, Kamenik - E. Byszio, A. Lanzl, Delarbre (ohne Verein) - P. Nix, Kratzer (ESC Planegg), Seitz
T: 4:1 (42:04) Delarbre (A. Lanzl)
S: Fiegert 2, Kamenik 2, Gleißner 2, Spielberger 2, Karpf 2

443'. - 20.12.2014 SWE - GER 3:0 (2:0, 0:0, 1:0)
Uppsala, Metallåtervinning Arena; Z: 288; SR: Gran (SWE), Kiefer (GER); LR: Andersson (SWE), Tauriainen (FIN)
Harß (I. Schröder n.e.) - Bartsch, Rothemund - Graeve, Ujcik - Düsterhöft, Gleißner - T. Eisenschmid, Fiegert - Spielberger, Karpf, Zorn - Li. Schuster, Kluge, Kamenik - E. Byszio, A. Lanzl, Delarbre - P. Nix, Kratzer, Seitz
S: A. Lanzl 2, Spielberger 2, Kluge 2, Delarbre 2, Kamenik 2, Graeve 2

444'. - 21.12.2014 GER - RUS 2:5 (1:1, 0:2, 1:2)
Uppsala, Metallåtervinning Arena; Z: 61; SR: Timglas (SWE), Kiefer (GER); LR: Andersson (SWE), Tauriainen (FIN)
I. Schröder (ab 29:53 Harß) - Bartsch, Rothemund - Graeve, Ujcik - Düsterhöft, Gleißner - T. Eisenschmid, Fiegert - Spielberger, Karpf, Zorn - E. Byszio, Kluge, Kamenik - Li. Schuster, A. Lanzl, Delarbre - P. Nix, Kratzer, Seitz
T: 1:1 (17:15) Karpf (Spielberger, Rothemund) / 2:4 (54:08) Kluge (Delarbre)
S: Fiegert 2, Gleißner 2, Spielberger 2, Delarbre 2, Kamenik 2

445'. - 02.01.2015 GER - CAN (u22) 1:6 (0:3, 0:2, 1:1)
Pfronten, Eisstadion; Z: 208; SR: Kiefer (GER), Mauelshagen (GER); LR: Bauer (GER), Kiefer (GER)
Albl (P. Byszio n.e.) - Düsterhöft, Rothemund, Ujcik, Fiegert, Graeve, T. Eisenschmid, Gleißner, Bartsch - Spielberger, Bittner, E. Byszio, Li. Schuster, Karpf, N. Eisenschmid, Delarbre, Kluge, Kamenik, Zorn, A. Lanzl, Seitz
T: 1:5 (51:20) Zorn (Bittner)
S: Bittner 2, Gleißner 2, N. Eisenschmid 2, T. Eisenschmid 2, Düsterhöft 2

13. Nations Cup 2015
Die deutsche Mannschaft belegte in ihrer Vorrundengruppe den 2. Platz und erreichte damit das Spiel um Platz 3.

VORRUNDE - GRUPPE A

446'. - 03.01.2015 GER - SWE 0:3 (0:1, 0:2, 0:0)
Füssen, BLZ-Arena; Z: ?; SR: Kiefer (GER), ?; LR: Hüffner (GER), ?*
* auf dem offiz. Spielbericht keine Zuschauer und keine weiteren SR bzw. LR angeben
Harß (Albl n.e.) - Hammerl, Rothemund, Fiegert, Graeve, T. Eisenschmid, Gleißner, Voog, Bartsch - Spielberger, Bittner, Li. Schuster, Hahn, Karpf, N. Eisenschmid, Delarbre, Kluge, **Marie-Kristin Schmid** (ERC Ingolstadt), Kamenik, Zorn, A. Lanzl
S: T. Eisenschmid 4, Zorn 2, Li. Schuster 2, Kamenik 2, Gleißner 2

447'. - 05.01.2015 SUI - GER 1:3 (1:0, 0:1, 0:2)
Füssen, BLZ-Arena; Z: 100; SR: Kiefer (GER), Mauelshagen (GER); LR: Häring (GER), ?*
* auf dem offiz. Spielbericht keine Zuschauer und nur ein SR angeben
Harß (Albl n.e.) - Hammerl, Düsterhöft, Ujcik, Fiegert, Graeve, T. Eisenschmid, Gleißner, Bartsch - Spielberger, Bittner, E. Byszio, Li. Schuster, Karpf, N. Eisenschmid, Delarbre, Kluge, Schmid, Kamenik, Zorn, A. Lanzl
T: 1:1 (37:58) Spielberger (A. Lanzl) / 1:2 (42:34) A. Lanzl (T. Eisenschmid) - 1:3 (50:20) Li. Schuster (Delarbre, T. Eisenschmid)
S: Kluge 2, Schmid 2, T. Eisenschmid 2, Zorn 2, Gleißner 2

SPIEL UM PLATZ 3

448'. - 06.01.2015 GER - FIN 0:6 (0:0, 0:4, 0:2)
Füssen, BLZ-Arena; Z: ?; SR: Mauelshagen (GER), Fröhlich (GER); LR: Kiefer (GER), ?*
* auf dem offiz. Spielbericht keine Zuschauer und nur ein LR angeben
Albl (Harß n.e.) - Hammerl, Düsterhöft, Rothemund, Ujcik, T. Eisenschmid, Voog, Bartsch - Spielberger, Bittner, E. Byszio, Li. Schuster, Hahn, Karpf, N. Eisenschmid, Delarbre, Kluge, Schmid, Kamenik, Zorn, A. Lanzl
S: Bittner 4, Hahn 2, Düsterhöft 2, N. Eisenschmid 2, Spielberger 2, Kamenik 2, Bartsch 2

Euro Hockey Tour 2014/15 - Zweites Turnier
Die deutsche Mannschaft belegte im Turnier und auch in der Gesamtwertung den 4. Platz.

449. - 05.02.2015 GER - SWE 1:2 (0:0, 0:1, 1:1)
Vierumäki, Vierumäen jäähalli; Z: 30; SR: Kontturi (FIN); LR: Haack (GER), ?
I. Schröder (Harß n.e.) - Hammerl, Gleißner, Ujcik, Voog, Strobel, Bartsch - E. Byszio, Seitz, Kluge, N. Eisenschmid, Karpf, Spielberger, Li. Schuster, Bittner, Schmid, Kamenik, Zorn (C), A. Lanzl
T: 1:2 (54:19) E. Byszio (Spielberger, Zorn)
S: Bartsch 2
Bittner absolvierte als achte Spielerin ihr 200. Länderspiel.

450. - 06.02.2015 RUS - GER 3:0 (0:0, 2:0, 1:0)
Vierumäki, Vierumäen jäähalli; Z: 15; SR: ?; LR: ?
Harß (59:51; I. Schröder n.e.) - Hammerl, Gleißner, Ujcik, Voog, Strobel, Bartsch - E. Byszio, Seitz, Kluge, N. Eisenschmid, Karpf, Spielberger, Li. Schuster, Bittner, Schmid, Kamenik, Zorn (C), A. Lanzl
S: Gleißner 2, Li. Schuster 2, Ujcik 2, Voog 2, Hammerl 2

451. - 07.02.2015 FIN - GER 2:1 (1:1, 0:0, 0:0, 1:0) OT
Mäntsälä, Jäähalli; Z: 430; SR: ?: LR: Haack (GER), ?
Harß (30:21-63:39 I. Schröder) - Hammerl, Düsterhöft, Gleißner, Ujcik, Voog, Strobel, Bartsch - E. Byszio, Seitz, Kluge, N. Eisenschmid, Karpf, Spielberger, Li. Schuster, Bittner, Schmid, Kamenik, Zorn (C), A. Lanzl
T: 0:1 (03:16) Gleißner (Kluge, Kamenik)
S: Hammerl 2, Karpf 2, Düsterhöft 2, Bartsch 2, Li. Schuster 2, Kluge 2

16. Weltmeisterschaft 2015
Die deutsche Mannschaft belegte in der Vorrundengruppe der schwächeren Teams den 4. Platz. Damit spielte die Mannschaft gegen den 3. Platz eine Best-of-Three-Serie gegen den Abstieg und verlor diese mit 0:2 Siegen.

VORRUNDE - GRUPPE B

452'. - 28.03.2015 GER - SUI 2:5 (0:1, 1:1, 1:3)
Malmö, Rosengårds Ishall; Z: 129; SR: Gran (SWE), Huntley (USA); LR: Johansson (SWE), Nygard (NOR)
Harß (57:18-59:34 out; I. Schröder n.e.) - Rothemund, T. Eisenschmid - Fiegert, Düsterhöft - Graeve, Gleißner - Strobel, Bartsch - Zorn (C), Spielberger, Bittner - E. Byszio, Kluge, Kluge - A. Lanzl, Delarbre, Li. Schuster - Seitz, N. Eisenschmid, Karpf
T: 1:1 (29:36) Fiegert (T. Eisenschmid, Seitz) / 2:4 (57:23) A. Lanzl (Spielberger)
S: A. Lanzl 4, Li. Schuster 2, E. Byszio 2, T. Eisenschmid 2

453'. - 29.03.2015 JPN - GER 2:0 (1:0, 0:0, 1:0)
Malmö, Rosengårds Ishall; Z: 108; SR: Fialová (CZE), Timglas (SWE); LR: Connolly (USA), Heikkinen (FIN)
I. Schröder (57:02-58:35 + 59:32-60:00 out; Harß n.e.) - Rothemund, T. Eisenschmid - Fiegert, Düsterhöft - Graeve, Gleißner - Strobel, Bartsch - Zorn (C), Spielberger, Bittner - E. Byszio, Kamenik, Kluge - A. Lanzl, Delarbre, Li. Schuster - Seitz, N. Eisenschmid, Karpf
S: Graeve 2, Spielberger 2, T. Eisenschmid 2, Kluge 2, Teamstrafe 2 (dafür Spielberger auf der Strafbank)

454'. - 31.03.2015 GER - SWE 0:4 (0:1, 0:2, 0:1)
Malmö, Isstadion; Z: 1.274; SR: Eskola (FIN), Picavet (FRA); LR: Leet (EST), Novotná (CZE)
Harß (I. Schröder n.e.) - Rothemund, T. Eisenschmid - Fiegert, Düsterhöft - Graeve, Gleißner - Strobel, Bartsch - Zorn (C), Spielberger, Bittner - A. Lanzl, Delarbre, Li. Schuster - Seitz, N. Eisenschmid, Karpf- E. Byszio, Kamenik
S: Li. Schuster 2, Bartsch 2, Bittner 2, Fiegert 2, T. Eisenschmid 2, N. Eisenschmid 2, Teamstrafe 2 (dafür Spielberger auf der Strafbank)

RELEGATION

455'. - 01.04.2015 JPN - GER 3:2 (0:1, 1:1, 1:0, 1:0) OT
Malmö, Rosengårds Ishall; Z: 83; SR: Fialová (CZE), Gran (SWE); LR: Angerer (AUT), Gagnon (CAN)
I. Schröder (69:01; Harß n.e.) - Rothemund, T. Eisenschmid - Fiegert, Strobel - Graeve, Gleißner - Düsterhöft, Bartsch - Zorn (C), Spielberger, A. Lanzl - Li. Schuster, Kamenik, Kluge - N. Eisenschmid, Delarbre, Bittner - Seitz, Karpf, E. Byszio
T: 0:1 (07:52) Delarbre (T. Eisenschmid, Fiegert) / 0:2 (25:23) Delarbre (---)
S: N. Eisenschmid 2, Graeve 2, Spielberger 2, T. Eisenschmid 2, Kluge 2

456'. - 03.04.2015 GER - JPN 1:2 (0:1, 1:0, 0:0, 0:1) OT
Malmö, Rosengårds Ishall; Z: 109; SR: Ariano-Lortie (CAN), Eskola (FIN); LR: Johansson (SWE), Nygard (NOR)
Harß (62:31; I. Schröder n.e.) - Rothemund, T. Eisenschmid - Fiegert, Strobel - Graeve, Gleißner - Düsterhöft, Bartsch - Zorn (C), Spielberger, A. Lanzl - Li. Schuster, Kamenik, Kluge - N. Eisenschmid, Delarbre, Bittner - Seitz, Karpf, E. Byszio
T: 1:1 (34:42) Fiegert (T. Eisenschmid, Delarbre)
S: Kluge 4, A. Lanzl 2, Spielberger 2, Strobel 2, Delarbre 2, T. Eisenschmid 2

2015/16

457'. - 28.08.2015 CZE - GER 8:1 (1:0, 4:0, 3:1)
Sokolov, Zimní stadion; Z: 150; SR: Růžičková (CZE); LR: Novotná (CZE), Štreitová (CZE)
Albl (ECDC Memmingen; ab 40:01 P. Byszio (ERC Ingolstadt) - **Tabea Botthof** (ESC Planegg), Rothemund (ESC Planegg), Strobel (ECDC Memmingen), Gleißner (ECDC Memmingen), R. Richter (ESC Planegg), Ujcik (HTI Stars Utopia), **Franziska Brendel** (Augsburger EV), **Sorsha Sabus** (ESC Planegg) - Seitz (ECDC Memmingen), Kratzer (ESC Planegg), E. Byszio (ERC Ingolstadt), Zorn (ESC Planegg), **Franziska Feldmeier** (ESC Planegg), **Emily Nix** (Hannover Scorpions), A. Lanzl (ERC Ingolstadt), P. Nix (Hannover Scorpions), Schmid (ERC Ingolstadt), Karpf (ESC Planegg), Spielberger (ESC Planegg), Bittner (ESC Planegg)
T: 8:1 (53:11) E. Nix (Gleißner)
S: Spielberger 2, Strobel 2, Kratzer 2

458'. - 29.08.2015 CZE - GER 2:0 (1:0, 1:0, 0:0)
Sokolov, Zimní stadion; Z: 132; SR: Malá (CZE); LR: Novotná (CZE), Štreitová (CZE)
Albl (59:09; P. Byszio n.e.) - Botthof, Rothemund, Strobel, Gleißner, R. Richter, Ujcik, F. Brendel, Sabus - Seitz, Kratzer, E. Byszio, Zorn, Feldmeier, E. Nix, A. Lanzl, P. Nix, Schmid, Karpf, Spielberger, Bittner
S: Bittner 6, Gleißner 4, Rothemund 2, Strobel 2, Kratzer 2, Spielberger 2, Karpf 2, Ujcik 2

459. - 01.10.2015 GER - RUS 1:2 (0:1, 1:1, 0:0)
Füssen, BLZ-Arena Z: ?; SR: ?; LR: ?
Harß (ERC Sonthofen 1999; Albl n.e.) - Gleißner, Strobel - R. Richter, Rothemund - Bartsch (OSC Berlin), **Irene Heise** (OSC Berlin) - A. Lanzl, Kluge (OSC Berlin), Schmid - Kamenik (OSC Berlin), Kratzer, P. Nix - Zorn, Karpf, N. Eisenschmid (ECDC Memmingen) - Düsberg (OSC Berlin), Hahn (EC Bergkamener Bären), Graeve (EC Bergkamener Bären)
T: 1:1 (24:20) P. Nix (Kratzer, Gleißner)
S: Gleißner 2, Strobel 2, Rothemund 2, R. Richter 2, Karpf 2, Zorn 2

460. - 02.10.2015 GER - RUS 1:3 (0:2, 0:0, 1:1)
Füssen, BLZ-Arena Z: ?; SR: ?; LR: ?
I. Schröder (ELV Tornado Niesky; Albl n.e.) - Graeve, Bartsch - Gleißner, Strobel - R. Richter, Rothemund - Düsberg, Heise - A. Lanzl, Kluge, Anwander (ECDC Memmingen) - Zorn, Karpf, N. Eisenschmid - Kamenik, Kratzer, P. Nix - Hahn, Bittner, Seitz
T: 1:3 (57:46) Seitz (Kamenik, Karpf)
S: Gleißner 2, Kratzer 2, Bittner 2
I. Schröder absolvierte als sechsunddreißigste Spielerin ihr 100. Länderspiel.

461. - 03.10.2015 GER - RUS 1:5 (0:0, 1:2, 0:3)
Füssen, BLZ-Arena; Z: ?; SR: ?; LR: ?
I. Schröder (Albl n.e.) - R. Richter, Rothemund - Strobel, Gleißner - Barsch, Graeve - Heise, Düsberg - Schmid, Bittner, Zorn - A. Lanzl, Kluge, Anwander - Seitz, Karpf, Kamenik - P. Nix, N. Eisenschmid, Hahn
T: 1:0 (20:33) A. Lanzl (Kluge)
S: Gleißner 4, Hahn 2, Kluge 2, Zorn 2

Fünf-Nationen-Turnier
Die deutsche Mannschaft belegte den 3. Platz.

462'. - 04.11.2015 GER - SVK 4:2 (0:1, 3:1, 1:0)
Hodonín, Zimní stadion Václava Nedomanského; Z: 67; SR: Malá (CZE); LR: Novotná (CZE), Blümel (CZE)
Harß (Albl n.e.) - Gleißner, **Sinja Paurat** (OSC Berlin), Strobel, Düsberg, Bartsch, Heise, Voog (ERC Ingolstadt) - Hahn, P. Nix, Wagner (ESC Planegg), Kluge, N. Eisenschmid, Karpf, Schmid, Spielberger, Kratzer, Kamenik, Zorn, A. Lanzl
T: 1:2 (27:59) Kamenik (Zorn) - 2:2 (30:18) Spielberger (Zorn) - 3:2 (39:21) Spielberger (Zorn) / 4:2 (45:33) Kamenik (---)
S: Düsberg 2, Gleißner 2, Hahn 2, Heise 2

463'. - 05.11.2015 GER - SUI 3:1 (0:1, 1:0, 2:0)
Hodonín, Zimní stadion Václava Nedomanského; Z: 52; SR: Růžičková (CZE); LR: Šťastná (CZE), Štefková (CZE)
Albl (Harß n.e.) - Gleißner, Paurat, Strobel, Düsberg, Bartsch, Heise, Voog - Hahn, P. Nix, Wagner, Kluge, N. Eisenschmid, Karpf, Schmid, Spielberger, Kratzer, Kamenik, Zorn, A. Lanzl
T: 1:1 (24:23) N. Eisenschmid (Kamenik) / 2:1 (53:17) Spielberger (Kamenik) - 3:1 (56:47) A. Lanzl (---)
S: Düsberg 4, N. Eisenschmid 2, Teamstrafe 2 (dafür N. Eisenschmid auf der Strafbank)

464'. - 06.11.2015 CZE - GER 3:2 (1:0, 1:1, 1:1)
Hodonín, Zimní stadion Václava Nedomanského; Z: 313; SR: Celárová (SVK); LR: Šťastná (CZE), Štreitová (CZE)
Harß (58:40; Albl n.e.) - Gleißner, Paurat, Strobel, Düsberg, Bartsch, Heise, Voog - Hahn, P. Nix, Wagner, Kluge, N. Eisenschmid, Karpf, Schmid, Spielberger, Kratzer, Kamenik, Zorn, A. Lanzl
T: 1:1 (25:59) A. Lanzl (Kluge) / 2:2 (42:46) Kratzer (Kamenik)
S: Karpf 2, Voog 2, N. Eisenschmid 2, P. Nix 2

465'. - 08.11.2015 RUS - GER 4:1 (1:1, 2:0, 1:0)
Hodonín, Zimní stadion Václava Nedomanského; Z: 64; SR: Malá (CZE); LR: Novotná (CZE); Štefková (CZE)
Albl (58:19; Harß n.e.) - Gleißner, Paurat, Strobel, Düsberg, Bartsch, Heise, Voog - Hahn, P. Nix, Wagner, Kluge, N. Eisenschmid, Karpf, Schmid, Spielberger, Kratzer, Kamenik, Zorn, A. Lanzl
T: 0:1 (07:48) Kratzer (Spielberger, N. Eisenschmid)
S: Gleißner 4, Zorn 2, Spielberger 2, Bartsch 2, Kluge 2, Kamenik 2
Gleißner absolvierte als siebenunddreißigste Spielerin ihr 100. Länderspiel.

Euro Hockey Tour 2015/16 - Erstes Turnier
Die deutsche Mannschaft belegte im Turnier den 4. Platz.

466. - 17.12.2015 GER - SWE 0:1 (0:1, 0:0, 0:0)
Leppävirta, Jäähalli; Z: 146; SR: ?; LR: ?
Harß (I. Schröder n.e.) - Gleißner, T. Eisenschmid (University of North Dakota), Graeve, Fiegert (Minnesota State University), Ujcik, Rothemund, Düsterhöft (Minnesota State University), Strobel - Seitz, Li. Schuster (OSC Berlin), Bittner, Kratzer, E. Byszio, Spielberger, Karpf, N. Eisenschmid, Delarbre (Merrimack College), Anwander, Kamenik, Bartsch
S: Düsterhöft 2, Strobel 2, Kratzer 2

467. - 18.12.2015 FIN - GER 7:0 (2:0, 4:0, 1:0)
Suonenjoki, Jäähalli; Z: 636; SR: ?; LR: ?
I. Schröder (ab 40:01 Harß) - Gleißner, T. Eisenschmid, Graeve, Fiegert, Ujcik, Rothemund, Düsterhöft, Strobel - Seitz, Li. Schuster, Bittner, Kratzer, E. Byszio, Spielberger, Karpf, N. Eisenschmid, Delarbre, Anwander, Kamenik, Bartsch
S: E. Byszio 2, N. Eisenschmid 2, Kratzer 2, Fiegert 2, I. Schröder 2

468. - 19.12.2015 RUS - GER 3:2 (0:0, 2:2, 0:0, 1:0) OT
Leppävirta, Jäähalli; Z: 35; SR: ?; LR: ?
I. Schröder (40:01-62:58 Harß) - Gleißner, T. Eisenschmid, Graeve, Fiegert, Ujcik, Rothemund, Düsterhöft, Strobel - Seitz, Li. Schuster, Bittner, Kratzer, E. Byszio, Spielberger, Karpf, N. Eisenschmid, Delarbre, Anwander, Kamenik, Bartsch
T: 2:1 (36:28) Anwander (T. Eisenschmid, Spielberger) - 2:2 (39:34) N. Eisenschmid (Fiegert, Kamenik)
S: Bittner 6, Kamenik 2

02.01.2016 GER - SWE 3:2 (1:2, 2:0, 0:0)*
* inoffizielles Länderspiel
Pfronten, Eisstadion; Z: 325; SR: Hertrich (GER), Kiefer (GER); LR: Bauer (GER), Männlein (GER)
*Harß, Albl - Graeve, Rothemund, Fiegert, Düsterhöft, Strobel, R. Richter, T. Eisenschmid, Ujcik - Kratzer, Anwander, Zorn (C), N. Eisenschmid, A. Lanzl, E. Nix, Spielberger, Delarbre, Kluge, Schmid, **Vena Marie Kanters** (EC Bergkamener Bären)*
T: 1:0 (04:42) Kluge (---) / 2:2 (31:55) Fiegert (T. Eisenschmid) - 3:2 (34:34) Jenike (E. Nix)
S: Rothemund 4, Delarbre 2, Düsterhöft 2

14. Nations Cup 2016
Die deutsche Mannschaft belegte in ihrer Vorrundengruppe den 2. Platz und erreichte damit das Spiel um Platz 3.

VORRUNDE - GRUPPE A

469'. - 04.01.2016 GER - FIN 1:5 (1:1, 0:3, 0:1)
Füssen, BLZ-Arena; Z: 111; SR: Haack (GER), Hertrich (GER); LR: Strohmenger (GER), ?*
* auf dem offiz. Spielbericht nur ein LR angeben
Harß (Albl n.e.) - Gleißner, T. Eisenschmid, R. Richter, Fiegert, Ujcik, Rothemund, Düsterhöft, Strobel - Karpf, E. Byszio, Spielberger, Bittner, N. Eisenschmid, Delarbre, Li. Schuster, Anwander, Kratzer, Kamenik, Zorn (C), A. Lanzl
T: 1:0 (03:01) Spielberger (---)
S: Fiegert 2, T. Eisenschmid 2, Li. Schuster 2, Gleißner 2

470'. - 06.01.2016 SUI - GER 2:5 (0:2, 2:1, 0:2)
Füssen, BLZ-Arena; Z: 74; SR: Weiss (GER), Hertrich (GER); LR: Fichtl (GER), Schmid (GER)
Albl (P. Byszio n.e.) - Gleißner, T. Eisenschmid, Graeve, R. Richter, Rothemund, Düsterhöft, Bartsch, Strobel - Karpf, E. Byszio, Spielberger, Bittner, N. Eisenschmid, Delarbre, Li. Schuster, Anwander, Seitz, Kratzer, Zorn (C), A. Lanzl
T: 0:1 (07:13) Anwander (Strobel) - 0:2 (12:15) A. Lanzl (Li. Schuster) / 0:3 (27:02) Bittner (Zorn, T. Eisenschmid) / 2:4 (57:25) Li. Schuster (A. Lanzl, Anwander) - 2:5 (58:54) Spielberger (---)
S: T. Eisenschmid 2, Karpf 2

SPIEL UM PLATZ 3

471'. - 07.01.2016 GER - RUS 1:2 (0:1, 1:1, 0:0)
Füssen, BLZ-Arena; Z: 125; SR: Weiss (GER), ?; LR: Strohmenger (GER), ?*
* auf dem offiz. Spielbericht nur jeweils ein SR und LR angeben
Harß (Albl n.e.) - Gleißner, T. Eisenschmid, Graeve, R. Richter, Ujcik, Rothemund, Bartsch, Strobel - Karpf, Spielberger, Bittner, N. Eisenschmid, Delarbre, Li. Schuster, Anwander, Seitz, Kratzer, Zorn (C), A. Lanzl
T: 1:2 (35:29) Bittner (Li. Schuster, T. Eisenschmid)
S: Gleißner 2, N. Eisenschmid 2, T. Eisenschmid 2

Euro Hockey Tour 2015/16 - Zweites Turnier
Die deutsche Mannschaft belegte im Turnier und auch in der Gesamtwertung den 4. Platz.

472'. - 12.02.2016 SWE - GER 2:0 (0:0, 0:0, 2:0)
Oskarshamn, Be-Ge Hockey Center*; Z: 884; SR: Gran (SWE), Sandstedt (SWE); LR: Andersson (SWE), Johansson (SWE)
* bis 2015 Arena
Harß (59:24 out; I. Schröder n.e.) - Graeve, Voog - Heise, Gleißner - Strobel, Rothemund - Bartsch, R. Richter - Li. Schuster, Kratzer, Kamenik - Anwander, A. Lanzl, Hahn - N. Eisenschmid, Karpf, Schmid - Spielberger, Bittner, Zorn (C)
S: Gleißner 2

473'. - 13.02.2016 RUS - GER 2:0 (1:0, 0:0, 1:0)
Oskarshamn, Be-Ge Hockey Center; Z: 296; SR: Sandstedt (SWE); LR: Andersson (SWE), Lundgren (SWE)
I. Schröder (Harß n.e.) - Graeve, Voog - Heise, Gleißner - Strobel, Rothemund - Bartsch, R. Richter - Li. Schuster, Kratzer, Kamenik - Anwander, A. Lanzl, Hahn - N. Eisenschmid, Karpf, Schmid - Spielberger, Bittner, Zorn (C)
S: Spielberger 2, Gleißner 2, Heise 2, Teamstrafe 2 (dafür Anwander auf der Strafbank)

474'. - 14.02.2016 GER - FIN 1:6 (1:3, 0:1, 0:2)
Oskarshamn, Be-Ge Hockey Center; Z: 110; SR: Sandstedt (SWE), Weiss (GER); LR: Andersson (SWE), Hammar (SWE)
Harß (zw. 33:03-59:18 I. Schröder) - Graeve, Voog - Heise, Gleißner - Strobel, Rothemund - Bartsch, R. Richter - Li. Schuster, Kratzer, Kamenik - Anwander, A. Lanzl, Hahn - N. Eisenschmid, Karpf, Schmid - Spielberger, Bittner, Zorn (C)
T: 1:0 (00:52) A. Lanzl (Gleißner, Anwander)
S: A. Lanzl 4, Graeve 2, Bittner 2
Kamenik absolvierte als neunte Spielerin ihr 200. Länderspiel.

475. - 15.02.2016 GER - TUR 22:0 (8:0, 3:0, 11:0) - t,a,s
Bad Tölz, Hacker-Pschorr-Arena; Z: 2.200; SR: ?; LR: ?
Albl (ab 40:01 **Lisa Hemmerle** (EHC Klostersee)) - Gleißner, R. Richter, E. Byszio, Sabus, Rothemund, Strobel - Spielberger, N. Eisenschmid, Karpf, Voog, Schmid, Kratzer, Bittner, Zorn (C), A. Lanzl, Anwander, Feldmeier, **Marina Swikull** (ECDC Memmingen)
T: Karpf 4, Kratzer 2, A. Lanzl 2, Zorn 2, N. Eisenschmid 2, Swikull 2, Gleißner 1, R. Richter 1, Spielberger 1, Voog 1, E. Byszio 1, Schmid 1, Feldmeier 1, Sabus 1 - *durch Abgleich mit der DEB-Spielerstatistik ermittelt*
V: keine Angaben, davon Swikull 3
S: keine Angaben

476. - 20.03.2016 GER - AUT 5:4 (1:1, 1:3, 2:0, 1:0) ohne OT, nur PS
Füssen, BLZ-Arena; Z: ?; SR: Niejodek (GER); LR: Jung (GER), ?
Harß (I. Schröder n.e.) - Gleißner, T. Eisenschmid, R. Richter, Fiegert, Rothemund, Düsterhöft, Strobel, Bartsch - Spielberger, Kratzer, Feldmeier, Li. Schuster, N. Eisenschmid, Karpf, Delarbre, Kluge, Anwander, Seitz, Bittner, Kamenik, Zorn (C), A. Lanzl
T: 1:0 (13:25) Kluge (A. Lanzl) / 2:1 (24:55) Kluge (Anwander, A. Lanzl) / 3:4 (50:28) Kamenik (Kratzer, Feldmeier) - 4:4 (58:13) Kratzer (Kamenik, Fiegert) / 5:4 (60:00) A. Lanzl (GWS)
PS: 1:0 Gleißner, 1:1 AUT, 2:1 A. Lanzl (GWS)
S: Düsterhöft 2, N. Eisenschmid 2

Weltmeisterschaft Division IA 2016
Die deutsche Mannschaft belegte den 1. Platz und schaffte den Aufstieg in die WM 2017.

477'. - 25.03.2016 SVK - GER 2:4 (1:1, 1:2, 0:1)
Aalborg, Gigantium; Z: 154; SR: Åberg (FIN); LR: Lack (GBR), Štefková (CZE)
Harß (I. Schröder n.e.) - Fiegert, R. Richter - Strobel, Gleißner - Rothemund, T. Eisenschmid - Feldmeier - Kratzer, Kamenik, Delarbre - Anwander, A. Lanzl, Kluge - N. Eisenschmid, Karpf, Li. Schuster - Bittner, Zorn (C), Spielberger
T: 1:1 (12:42) Kamenik (---) / 1:2 (27:29) Kluge (A. Lanzl) - 1:3 (30:08) Kluge (A. Lanzl, Anwander) / 2:4 (43:24) Anwander (Kluge) - *N. Eisenschmid verschoss einen Penalty (25:27)*
S: R. Richter 2, Fiegert 2, Kratzer 2

478'. - 26.03.2016 GER - DEN 3:2 (3:2, 0:0, 0:0)
Aalborg, Gigantium; Z: 325; SR: Guay (USA); LR: Andersson (SWE), Dinant (BEL)
I. Schröder (Harß n.e.) - Fiegert, R. Richter - Strobel, Gleißner - Rothemund, T. Eisenschmid - Feldmeier, Graeve - Kratzer, Kamenik, Delarbre - Anwander, A. Lanzl, Kluge - N. Eisenschmid, Karpf, Li. Schuster - Bittner, Zorn (C), Spielberger
T: 1:0 (00:21) Zorn (Bittner) - 2:0 (05:50) Kluge (Anwander) - 3:2 (13:37) Rothemund (Zorn)
S: Li. Schuster 2, Karpf 2, Kluge 2

479'. - 28.03.2016 GER - NOR 3:0 (1:0, 2:0, 0:0)
Aalborg, Gigantium; Z: 157; SR: Guay (USA); LR: Fenstermacher (USA), Lack (GBR)
Harß (I. Schröder n.e.) - Fiegert, R. Richter - Strobel, Gleißner - Rothemund, T. Eisenschmid - Feldmeier, Graeve - Kratzer, Kamenik, Delarbre - Anwander, A. Lanzl, Kluge - N. Eisenschmid, Karpf, Li. Schuster - Bittner, Zorn (C), Spielberger
T: 1:0 (15:15) Strobel (Kluge, Anwander) / 2:0 (30:00) Kluge (Anwander) - 3:0 (33:41) Anwander (Li. Schuster, Kluge)
S: Delarbre 4, T. Eisenschmid 2

480'. - 29.03.2016 FRA - GER 0:5 (0:1, 0:0, 0:4)
Aalborg, Gigantium; Z: 155; SR: Cuglietta (ITA); LR: Dinant (BEL), Fenstermacher (USA)
Harß (I. Schröder n.e.) - Fiegert, R. Richter - Strobel, Gleißner - Rothemund, T. Eisenschmid - Feldmeier, Graeve - Kratzer, Kamenik, Delarbre - Anwander, A. Lanzl, Kluge - N. Eisenschmid, Karpf, Li. Schuster - Bittner, Zorn (C), Spielberger
T: 0:1 (02:48) Spielberger (Zorn, Bittner) / 0:2 (45:20) A. Lanzl (Anwander, T. Eisenschmid) - 0:3 (46:46) Kluge (A. Lanzl, Fiegert) - 0:4 (53:36) Kluge (A. Lanzl, Anwander) - 0:5 (59:59) Zorn (Spielberger, Fiegert)
S: Gleißner 4, Karpf 2
T. Eisenschmid absolvierte als achtunddreißigste Spielerin ihr 100. Länderspiel.

481'. - 31.03.2016 GER - AUT 1:3 (0:2, 0:0, 1:1)
Aalborg, Gigantium; Z: 102; SR: Åberg (FIN); LR: Andersson (SWE), Anex (SUI)
I. Schröder (59:04-59:16+59:29-60:00 out; Harß n.e.) - Fiegert, Graeve - Strobel, Gleißner - Rothemund, T. Eisenschmid - Feldmeier - Kratzer, Kamenik, Delarbre - Anwander, A. Lanzl, Kluge - N. Eisenschmid, Karpf, Li. Schuster - Zorn (C), Spielberger
T: 1:2 (45:39) Anwander (Spielberger)
S: Spielberger 2, Kratzer 2, T. Eisenschmid 2

2016/17

482. - 08.10.2016 GER - AUT 4:1 (0:0, 2:1, 2:0)
Füssen, BLZ-Arena; Z: ?; SR: ?; LR: ?
Harß (ERC Sonthofen 1999; I. Schröder (ELV Tornado Niesky) n.e.) - **Jenike (geb. R. Richter;** ESC Planegg), Rothemund (ESC Planegg) - Graeve (EC Bergkamener Bären), Strobel (ESC Memmingen) - Heise (OSC Berlin), Gleißner (ECDC Memmingen) - Bartsch (HV71 Jönköping), Hahn (EC Bergkamener Bären) - E. Byszio (ERC Ingolstadt), Kratzer (ESC Planegg), Zorn (C - ESC Planegg) - N. Eisenschmid (ECDC Memmingen), Karpf (EC Bergkamener Bären), Anwander (ECDC Memmingen) - A. Lanzl (ERC Ingolstadt), Kluge (Linköping HC), Kanters (EC Bergkamener Bären) - P. Nix (HV71 Jönköping), **Tamara Lan Yee Chiu** (ESC Planegg), E. Nix (HV71 Jönköping)
T: 1:0 (26:38) Zorn (---) - 2:0 (29:51) Rothemund (Jenike) / 3:1 (46:58) Karpf (Anwander, Graeve) - 4:1 (52:38) Kratzer (E. Nix, Rothemund)
S: Gleißner 2, Strobel 2, Kluge 2, Teamstrafe 2 (dafür Anwander auf der Strafbank)

483. - 09.10.2016 GER - AUT 7:2 (1:1, 4:1, 2:0)
Füssen, BLZ-Arena; Z: ?; SR: ?; LR: ?
I. Schröder (ab 33:46 Flötgen (EC Bergkamener Bären)) - Jenike, Rothemund - Graeve, Strobel - Heise, Gleißner - Bartsch, E. Byszio - A. Lanzl, Kluge, E. Nix - N. Eisenschmid, Lan Yee Chiu, Hahn - P. Nix, Kratzer, Zorn (C) - Seitz (ECDC Memmingen), Karpf, Anwander
T: 1:1 (06:54) E. Nix (---) / 2:1 (26:25) N. Eisenschmid (---) - 3:2 (32:36) E. Nix (Graeve, A. Lanzl) - 4:2 (34:17) Lan Yee Chiu (Hahn, N. Eisenschmid) - 5:2 (39:56) Lan Yee Chiu (Seitz) / 6:2 (52:58) E. Nix (A. Lanzl) - 7:2 (58:39) Kluge (---)
S: Gleißner 2, Rothemund 2, Heise 2, Graeve 2

Halloween-Cup 2016

Die deutsche Mannschaft belegte den 4. Platz.

484'. - 03.11.2016 GER - RUS 3:7 (2:2, 1:4, 0:1)
Füssen, BLZ-Arena; Z: 89; SR: Fischer (GER); LR: Bauer (GER), Männlein (GER)
Harß (ab 32:53 I. Schröder) - Gleißner, Graeve, Rothemund, **Kelsey Soccio** (OSC Berlin), Bartsch, Heise - Kluge, Schmid (ERC Ingolstadt), Kratzer, Kanters, Lan Yee Chiu, P. Nix, Karpf, Hahn, **Jennifer Richter** (SC Weinfelden), N. Eisenschmid, Anwander, Zorn (C), A. Lanzl
T: 1:1 (03:56) Kratzer (Gleißner) - 2:1 (04:29) Kluge (Kanters) / 3:5 (35:25) A. Lanzl (Graeve, Kanters)
S: Gleißner 4+10 (Disziplinarstrafe), Kratzer 4, Lan Yee Chiu 2, Bartsch 2, Kanters 2, Harß 2, I. Schröder 2
A. Lanzl erzielte als fünfte Spielerin 50 Tore.

485'. - 04.11.2016 GER - SUI 0:2 (0:0, 0:1, 0:1)
Füssen, BLZ-Arena; Z: 65; SR: Oswald (GER); LR: Rajic (GER), Koller (GER)
I. Schröder (59:14; Flötgen n.e.) - Gleißner, Graeve, Rothemund, Soccio, Bartsch, Heise - E. Byszio, Kluge, Schmid, Kanters, Lan Yee Chiu, P. Nix, Karpf, Hahn, J. Richter, N. Eisenschmid, Anwander, Zorn (C), A. Lanzl
S: A. Lanzl 2, J. Richter 2, Kanters 2

486'. - 05.11.2016 GER - CZE 1:2 (0:1, 1:0, 0:1)
Memmingen, Eissporthalle am Hühnerberg; Z: 353; SR: Paule (GER); LR: Bauer (GER), Männlein (GER)
Albl (58:57; ECDC Memmingen; Flötgen n.e.) - Gleißner, Graeve, Rothemund, Soccio, Bartsch, Heise - E. Byszio, Kluge, Schmid, Kanters, Lan Yee Chiu, P. Nix, Karpf, Hahn, J. Richter, N. Eisenschmid, Anwander, Zorn (C), A. Lanzl
T: 1:1 (38:16) Kluge (Soccio)
S: Rothemund 2, Lan Yee Chiu 2

Euro Hockey Tour 2016/17
Die deutsche Mannschaft belegte den 4. Platz. Die Tour bestand in dieser Saison aus nur einem Turnier.

487'. - 16.12.2016 SWE - GER 3:2 (0:0, 2:1, 0:1, 0:0, 1:0) OT und PS
Linköping, Stångebro Ishall; Z: 343; SR: Lyth (SWE), Eriksson (SWE); LR: Kainberger (AUT), Hammar (SWE)
Albl (I. Schröder n.e.) - Rothemund, Strobel - Gleißner, T. Eisenschmid (Minnesota Whitecaps) - Ujcik (Morrisville State College), Graeve - Bartsch, Botthof (ESC Planegg) - Zorn (C), Kratzer, Spielberger (ESC Planegg) - E. Nix, Kluge, A. Lanzl - Schmid, Karpf, N. Eisenschmid - Delarbre (Merrimack College), Lan Yee Chiu, Kanters
T: 2:1 (37:10) Kluge (A. Lanzl, T. Eisenschmid) / 2:2 (56:52) T. Eisenschmid (A. Lanzl, Kluge)
PS: 0:0 SWE - 0:0 Gleißner (vergeben) - 0:0 SWE - 0:0 E. Nix (vergeben) - 0:0 SWE - 0:0 A. Lanzl (vergeben) / 0:0 Kluge (vergeben) - 1:0 SWE
S: Gleißner 2, A. Lanzl 2

488'. - 17.12.2016 RUS - GER 7:0 (1:0, 4:0, 2:0)
Linköping, Stångebro Ishall; Z: 109; SR: Eriksson (SWE), Magnusson (SWE); LR: Johansson (SWE), Herrwaldsson (SWE)
I. Schröder (ab 29:32 Albl) - Rothemund, Strobel - Gleißner, T. Eisenschmid - Ujcik, Graeve - Bartsch, Botthof - Zorn (C), Kratzer, Spielberger - E. Nix, Kluge, A. Lanzl - Schmid, Karpf, N. Eisenschmid - Delarbre, Lan Yee Chiu, Kanters
S: T. Eisenschmid 4, Ujcik 2, Gleißner 2, Kratzer 2, Lan Yee Chiu 2

489'. - 18.12.2016 GER - FIN 0:4 (0:1, 0:2, 0:1)
Linköping, Stångebro Ishall; Z: 33; SR: Lyth (SWE), Eriksson (SWE); LR: Kainberger (AUT), Herrwaldsson (SWE)
I. Schröder (Albl n.e.) - Rothemund, Strobel - Gleißner, T. Eisenschmid - Ujcik, Graeve - Bartsch, Botthof - Zorn (C), Kratzer, Spielberger - E. Nix, Kluge, A. Lanzl - Schmid, Karpf, N. Eisenschmid - Delarbre, Lan Yee Chiu, Kanters
S: T. Eisenschmid 4, Kluge 2, Botthof 2, Kratzer 2

490. - 02.01.2017 GER - CAN (u23) 3:2 (1:1, 2:1, 0:1)
Pfronten, Eisstadion; Z: 400; SR: ?; LR: ?
Harß (Albl n.e.) - T. Eisenschmid, Jenike, Fiegert (Minnesota State University), Ujcik, Rothemund, Düsterhöft (Minnesota State University), Graeve, Strobel - Kluge, Schmid, Kratzer, Kanters, Lan Yee Chiu, E. Nix, Spielberger, N. Eisenschmid, Delarbre, Anwander, Zorn (C), A. Lanzl
T: 1:0 (04:42) Kluge (---) / 2:2 (31:55) Fiegert (T. Eisenschmid) - 3:2 (34:34) Jenike (E. Nix)
S: Rothemund 4, Delarbre 2, Düsterhöft 2

15. Nations Cup 2017
Die deutsche Mannschaft belegte in ihrer Vorrundengruppe den 2. Platz und erreichte damit das Spiel um Platz 3.

VORRUNDE - GRUPPE A

491'. - 04.01.2017 SWE - GER 0:2 (0:0, 0:0, 0:2)
Füssen, BLZ-Arena; Z: 130; SR: Winklmayr (AUT), Ketonen (FIN); LR: Männlein (GER), Pagon (SLO)
Harß (Albl n.e.) - Gleißner, T. Eisenschmid, Jenike, Fiegert, Rothemund, Strobel, Bartsch, Graeve - Kluge, Kratzer, Lan Yee Chiu, E. Nix, Spielberger, Karpf, Hahn, N. Eisenschmid, Delarbre, Anwander, Zorn, A. Lanzl
T: 0:1 (50:50) N. Eisenschmid (Graeve, Bartsch) - 0:2 (59:56) A. Lanzl (T. Eisenschmid)
S: Bartsch 2, Graeve 2, Kluge 2, N. Eisenschmid 2

492'. - 05.01.2017 GER - CZE 2:1 (1:0, 0:1, 0:0, 1:0) OT
Füssen, BLZ-Arena; Z: 145; SR: Winklmayr (AUT), Gran (SWE); LR: Männlein (GER), Klaffki (GER)
I. Schröder (Albl n.e.) - Gleißner, T. Eisenschmid, Jenike, Fiegert, Ujcik, Düsterhöft, Bartsch, Graeve - Kluge, Lan Yee Chiu, E. Nix, Karpf, Hahn, N. Eisenschmid, Delarbre, Anwander, A. Lanzl, Kanters, Schmid, Kamenik (OSC Berlin)
T: 1:0 (03:01) Karpf (E. Nix) / 2:1 (62:09) Anwander (A. Lanzl, T. Eisenschmid)
S: Anwander 2, A. Lanzl 2, Bartsch 2

493'. - 06.01.2017 CAN (u23) - GER 5:0 (1:0, 2:0, 2:0)
Füssen, BLZ-Arena; Z: 53; SR: Gran (SWE), Ketonen (FIN); LR: Klaffki (GER), Bauer (GER)
I. Schröder (Flötgen n.e.) - Gleißner, T. Eisenschmid, Jenike, Fiegert, Ujcik, Düsterhöft, Rothemund, Strobel, Graeve - Kratzer, E. Nix, Spielberger, Karpf, Hahn, N. Eisenschmid, Delarbre, Zorn, A. Lanzl, Kanters, Schmid
S: Strobel 6, T. Eisenschmid 4, Rothemund 2, N. Eisenschmid 2

SPIEL UM PLATZ 3

494'. - 07.01.2017 GER - RUS 2:5 (0:2, 2:0, 0:3)
Füssen, BLZ-Arena; Z: ?*; SR: Winklmayr (AUT), Ketonen (FIN); LR: Männlein (GER), Bauer (GER)
* auf dem offiz. Spielbericht keine Zuschauer angeben
Albl (59:50; Harß n.e.) - Gleißner, Jenike, Fiegert, Düsterhöft, Rothemund, Strobel, Bartsch - Kluge, Kratzer, Lan Yee Chiu, Karpf, Hahn, N. Eisenschmid, Delarbre, Anwander, Zorn, A. Lanzl, Kanters, Schmid, Kamenik
T: 1:2 (33:09) Anwander (A. Lanzl) - 2:2 (37:36) Kluge (Anwander, A. Lanzl)
S: Rothemund 2, Bartsch 2, Gleißner 2, Kluge 2

Qualifikation zu den Olympischen Winterspielen 2018 - Gruppe D

Die deutsche Mannschaft belegte den 2. Platz und qualifizierte sich damit nicht für die Olympischen Winterspiele 2018.

495'. - 09.02.2017 GER - FRA 3:2 (0:1, 1:0, 1:1, 0:0, 1:0) OT und PS
Tomakomai, Hakucho Oji Ice Arena; Z: 450; SR: Bordeleau (CAN), Fialová (CZE); LR: Heikkinen (FIN), Novotná (CZE)
Harß (I. Schröder n.e.) - Rothemund, Strobel - Fiegert, Jenike - Gleißner, T. Eisenschmid - Graeve - Kratzer, Zorn (C), Spielberger - Kamenik, N. Eisenschmid, Karpf - Anwander, A. Lanzl, Kluge - E. Nix, Delarbre
T: 1:1 (34:58) Kratzer (Spielberger, Zorn) / 2:2 (58:56) Delarbre (Rothemund) / 3:2 (65:00) Anwander (GWS)
PS: 0:0 Zorn (gehalten) - 0:0 FRA - 1:0 Anwander - 1:0 FRA - 2:0 A. Lanzl
S: Gleißner 4, Strobel 2, Jenike 2, Kluge 2

496'. - 11.02.2017 GER - AUT 4:1 (2:1, 0:0, 2:0)
Tomakomai, Hakucho Oji Ice Arena; Z: 851; SR: Fialová (CZE), Huntley-Park (USA); LR: Leclerc (USA), Novotná (CZE)
Harß (I. Schröder n.e.) - Rothemund, Strobel - Fiegert, Jenike - Gleißner, T. Eisenschmid - Graeve - Kratzer, Zorn (C), Spielberger - Kamenik, N. Eisenschmid, Karpf - Anwander, A. Lanzl, Kluge - E. Nix, Delarbre
T: 1:0 (06:00) A. Lanzl (Kluge, Anwander) - 2:1 (13:46) T. Eisenschmid (Anwander) / 3:1 (53:00) Gleißner (Kluge, A. Lanzl) - 4:1 (53:22) Spielberger (Kratzer, Zorn)
S: Karpf 2, Anwander 2, Kluge 2
Spielberger absolvierte als neununddreißigste Spielerin ihr 100. Länderspiel.

497'. - 12.02.2017 JPN - GER 3:1 (0:0, 2:1, 1:0)
Tomakomai, Hakucho Oji Ice Arena; Z: 3.111; SR: Bordeleau (CAN), Huntley-Park (USA); LR: Heikkinen (FIN), Leclerc (USA)
Harß (58:00 out; I. Schröder n.e.) - Rothemund, Strobel - Fiegert, Jenike - Gleißner, T. Eisenschmid - Graeve - Kratzer, Zorn (C), Spielberger - Kamenik, N. Eisenschmid, Karpf - Anwander, A. Lanzl, Kluge - E. Nix, Delarbre
T: 2:1 (36:30) T. Eisenschmid (A. Lanzl, Anwander)
S: E. Nix 2, T. Eisenschmid 2, Jenike 2

498. - 28.03.2017 GER - SWE 2:3 (0:1, 1:1, 1:0, 0:0, 0:1) OT und PS
Ann Arbor, ?; Z: ?; SR: ?; LR: ?
I. Schröder (20:01-40:00 Harß; 40:01-65:00 Albl) - Gleißner, T. Eisenschmid, Jenike, Fiegert, Rothemund, Düsterhöft, Strobel, Botthof, Bartsch - N. Eisenschmid, Graeve, Anwander, Kluge, Delarbre, Kratzer, Karpf, Spielberger, Kamenik, Zorn (C), A. Lanzl (Linköping HC)
T: 2:1 (39:58) A. Lanzl (---) / 2:2 (57:01) N. Eisenschmid (A. Lanzl, Gleißner)
PS: 1:0 für SWE
S: Spielberger 4, Gleißner 2, Bartsch 2

18. Weltmeisterschaft 2017

Die deutsche Mannschaft belegte in der Vorrundengruppe der schwächeren Teams den 1. Platz. Damit spielte die Mannschaft gegen den Viertplatzierten der Vorrundengruppe der stärkeren Teams um den Einzug ins Halbfinale. Am Ende belegte die Mannschaft den 4. Platz.

VORRUNDE - GRUPPE B

499'. - 31.03.2017 SWE - GER 1:3 (0:0, 1:3, 0:0)
Plymouth, USA Hockey Arena 1; Z: 480; SR: Ariano-Lortie (CAN), Eskola (FIN); LR: Novotná (CZE), Todd (CAN)
Harß (I. Schröder n.e.) - Botthof, Rothemund - Strobel, Gleißner - Fiegert, Jenike - Graeve, Düsterhöft - Bartsch - Kratzer, Kamenik, Delarbre - Anwander, Spielberger, Kluge - Zorn (C), N. Eisenschmid, A. Lanzl - Karpf
T: 0:1 (22:40) N. Eisenschmid (A. Lanzl, Kluge) - 1:2 (38:47) Anwander (Strobel, Kluge) - 1:3 (39:08) A. Lanzl (Zorn)
S: Karpf 2

500'. - 01.04.2017 CZE - GER 1:2 (0:0, 0:1, 1:1)
Plymouth, USA Hockey Arena 1; Z: 496; SR: Allen (USA), Celárová (SVK); LR: Leclerc (USA), Tauriainen (FIN)
I. Schröder (Harß n.e.) - Botthof, Rothemund - Strobel, Gleißner - Fiegert, Jenike - Graeve, Düsterhöft - Bartsch - Kratzer, Kamenik, Delarbre - Anwander, Spielberger, Kluge - Zorn (C), N. Eisenschmid, A. Lanzl - Karpf
T: 0:1 (34:39) Zorn (Kluge) / 1:2 (58:23) Kluge (Delarbre)
S: Fiegert 4, Rothemund 2, Kluge 2

501'. - 03.04.2017 GER - SUI 2:4 (0:3, 0:0, 2:1)
Plymouth, USA Hockey Arena 1; Z: 404; SR: Ariano-Lortie (CAN), Gran (SWE); LR: Johansson (SWE), Todd (CAN)
Albl (20:01-58:56+59:08-60:00 Harß) - Botthof, Rothemund - Strobel, Gleißner - Fiegert, Jenike - Graeve, Düsterhöft - Bartsch - Kratzer, Kamenik, Delarbre - Anwander, Spielberger, Kluge - Zorn (C), N. Eisenschmid, A. Lanzl - Karpf
T: 1:3 (40:23) Delarbre (Kratzer) - 2:3 (55:22) Fiegert (Zorn, Anwander)
S: N. Eisenschmid 2, Jenike 2
Graeve absolvierte als vierzigste Spielerin ihr 100. Länderspiel.

VIERTELFINALE

502'. - 04.04.2017 RUS - GER 1:2 (1:0, 0:1, 0:1)
Plymouth, USA Hockey Arena 1; Z: 486; SR: Eskola (FIN), Høve (NOR); LR: Johansson (SWE), Novotná (CZE)
Harß (I. Schröder n.e.) - Botthof, Rothemund - Strobel, Gleißner - Fiegert, Graeve - Jenike, Düsterhöft - Bartsch, T. Eisenschmid - Kratzer, Kamenik, Delarbre - Anwander, Spielberger, Kluge - Zorn (C), N. Eisenschmid, A. Lanzl - Karpf
T: 1:1 (34:44) Spielberger (Zorn, Fiegert) / 1:2 (49:12) Delarbre (Graeve, Spielberger)
S: T. Eisenschmid 2, Karpf 2, Fiegert 2

HALBFINALE

503'. - 06.04.2017 USA - GER 11:0 (2:0, 5:0, 4:0)
Plymouth, USA Hockey Arena 1; Z: 1.872; SR: Ariano-Lortie (CAN), Høve (NOR); LR: Tauriainen (FIN), Todd (CAN)
Harß (ab 26:15 I. Schröder) - Botthof, Rothemund - Strobel, Gleißner - Fiegert, Graeve - Jenike, Düsterhöft - Bartsch, T. Eisenschmid - Kratzer, Kamenik, Delarbre - Anwander, Spielberger, Kluge - Zorn (C), N. Eisenschmid, A. Lanzl - Karpf
S: Rothemund 4, Delarbre 2, Kamenik 2, Kratzer 2

SPIEL UM PLATZ 3

504'. - 07.04.2017 FIN - GER 8:0 (3:0, 5:0, 0:0)
Plymouth, USA Hockey Arena 1; Z: 836; SR: Ariano-Lortie (CAN), Szkola (USA); LR: Leclerc (USA), Todd (CAN)
Harß (ab 20:01 I. Schröder) - Botthof, Rothemund - Strobel, Gleißner - Fiegert, Graeve - Jenike, Düsterhöft - Bartsch, T. Eisenschmid - Kratzer, Kamenik, Delarbre - Anwander, Spielberger, Kluge - Zorn (C), N. Eisenschmid, A. Lanzl - Karpf
S: T. Eisenschmid 2+10 (Disziplinarstrafe), Kratzer 2, Strobel 2, Delarbre 2

2017/18

Euro Hockey Tour 2017/18
Die deutsche Mannschaft belegte den 4. Platz. Die Tour bestand in dieser Saison aus nur einem Turnier.

505'. - 25.08.2017 SWE - GER 7:0 (2:0, 3:0, 2:0)
Tranås, Stiga Arena; Z: 320; SR: Timglas (SWE), Furberg (SWE); LR: Brännlund (SWE), Lundgren (SWE)
Harß (ERC Sonthofen 1999; Flötgen (Göteborg HC) n.e.) - Sabus (ERC Ingolstadt), Gleißner (ECDC Memmingen) - Heise (Eisbären Juniors Berlin), Botthof (Kent School) - **Anna-Maria Nickisch** (ETC Crimmitschau), **Korinna Fiedler** (ESC Dresden) - F. Brendel (HC Landsberg), Strobel (ECDC Memmingen) - Delarbre (ECDC Memmingen), J. Richter (SC Weinfelden), N. Eisenschmid (ECDC Memmingen) - **Naemi Bär** (EC Bergkamener Bären), Graeve (EC Bergkamener Bären), Bartsch (Eisbären Juniors Berlin) - **Hanna Amort** (Eisbären Juniors Berlin), Soccio (Eisbären Juniors Berlin), Hahn (EC Bergkamener Bären) - Kanters (Düsseldorfer EG), A. Lanzl (ERC Ingolstadt), Kamenik (Eisbären Juniors Berlin)
S: Strobel 2, N. Eisenschmid 2

506'. - 26.08.2017 RUS - GER 3:1 (1:0, 2:1, 0:0)
Tranås, Stiga Arena; Z: 60; SR: Åberg (SWE), Gran (SWE); LR: Carlén (SWE), Johansson (SWE)
Flötgen (Harß n.e.) - F. Brendel, Strobel - Heise, Botthof - Nikisch, K. Fiedler - Sabus, Gleißner - Kanters, A. Lanzl, Kamenik - Bär, Graeve, Bartsch - Amort, Soccio, Hahn - N. Eisenschmid, Delarbre, **Franziska Klinger** (EC Bad Tölz)
T: 1:1 (20:57) F. Brendel (---)
S: Sabus 2, Delarbre 2

507'. - 27.08.2017 GER - FIN 0:7 (0:2, 0:2, 0:3)
Tranås, Stiga Arena; Z: 54; SR: Furberg (SWE), Gran (SWE); LR: Johansson (SWE), Brännlund (SWE)
Harß (Flötgen n.e.) - F. Brendel, Strobel - Heise, Botthof - Nikisch, K. Fiedler - Sabus, Gleißner - Kanters, A. Lanzl, Kamenik - Bär, Graeve, Bartsch - J. Richter, Soccio, Amort - N. Eisenschmid, Delarbre, Klinger
S: Delarbre 4, Gleißner 2, Bartsch 2, Strobel 2

508'. - 07.10.2017 SUI - GER 2:0 (0:0, 0:0, 2:0)
Zuchwil, Sportzentrum; Z: 73; SR: Wiegand (SUI), Fialová (CZE); LR: Egli (SUI), Kuonen (SUI)
Harß (59:13 out; Albl (ESC Planegg n.e.) - Rothemund (ESC Planegg), F. Brendel - Gleißner, Sabus - Graeve, Strobel - **Lea Welcke** (Mad Dogs Mannheim), Bartsch - Spielberger (ESC Planegg), A. Lanzl, Zorn (C - ESC Planegg) - Delarbre, Karpf (ESC Planegg), N. Eisenschmid - Feldmeier (ESC Planegg), Soccio, Amort - Kamenik, Bär, Anwander (ECDC Memmingen)
S: Graeve 2, Gleißner 2

509'. - 08.10.2017 SUI - GER 2:1 (0:0, 0:0, 2:1)
Zuchwil, Sportzentrum; Z: 89; SR: Fialová (CZE), Matejová (SVK); LR: Egli (SUI), Anex (SUI)
Albl (58:34-59:52 out; **Saskia Serbest** (ECDC Memmingen) n.e.) - Rothemund, F. Brendel - Gleißner, Sabus - Graeve, Strobel - Delarbre, A. Lanzl, Zorn (C) - Kamenik, Karpf, Anwander - Feldmeier, Soccio, Amort - Bartsch, Bär, Le. Welcke
T: 2:1 (54:18) Delarbre (Zorn)
S: Kamenik 4, Karpf 2, Strobel 2, Rothemund 2

Halloween-Cup 2017
Die deutsche Mannschaft belegte den 3. Platz.

510. - 09.11.2017 SUI - GER 5:2 (1:1, 4:1 , 0:0)
Dmitrov, Ledoviy dvorets; Z: 40; SR: ?; LR: ?
Harß (Albl n.e.) - Heise, Rothemund, F. Brendel, Strobel, Gleißner, Sabus, Bartsch - Feldmeier, Kamenik, Zorn (C), Graeve, N. Eisenschmid, A. Lanzl, E. Nix (ERC Ingolstadt), Karpf, Spielberger, Delarbre, Bär, Kanters, Amort
T: 0:1 (08:37) A. Lanzl (Zorn, Rothemund) / 3:2 (33:41) Kamenik (Strobel, Delarbre)
S: Bartsch 2, N. Eisenschmid 2, Karpf 2, Delarbre 2

511. - 10.11.2017 GER - RUS 1:6 (0:1, 0:5, 1:0)
Dmitrov, Ledoviy dvorets; Z: ?; SR: ?; LR: ?
Albl (ab 29:45 l. Schröder (ELV Tornado Niesky) - Heise, Rothemund, F. Brendel, Strobel, Gleißner, Sabus, Bartsch - Feldmeier, Kamenik, Zorn (C), Graeve, N. Eisenschmid, A. Lanzl, E. Nix, Karpf, Spielberger, Delarbre, Bär, Kanters, Amort
T: 1:6 (45:49) E. Nix (N. Eisenschmid, Delarbre)
S: Rothemund 2, Kamenik 2, N. Eisenschmid 2, Delarbre 2, Bär 2

512. - 11.11.2017 CZE - GER 0:1 (0:0, 0:0, 0:0, 0:1) OT
Dmitrov, Ledoviy dvorets; Z: 250; SR: ?; LR: ?
I. Schröder (ab 31:16 Harß) - Heise, Rothemund, F. Brendel, Strobel, Gleißner, Sabus, Bartsch - Feldmeier, Kamenik, Zorn (C), Graeve, N. Eisenschmid, A. Lanzl, E. Nix, Karpf, Spielberger, Delarbre, Bär, Kanters, Amort
T: 0:1 (?) A. Lanzl (Zorn, Spielberger)
S: Rothemund 4, Strobel 2, Gleißner 2, N. Eisenschmid 2, A. Lanzl 2, Bär 2

Vorolympischer Pokal
Die deutsche Mannschaft belegte den 4. Platz.

513'. - 12.12.2017 GER - SWE 2:3 (0:0, 1:1, 1:1, 0:1) OT
Rauma, ?; Z: 80; SR: Ketonen (FIN), Åberg (FIN); LR: Sainio (FIN), Tauriainen (FIN)
Harß (I. Schröder n.e.) - Nickisch, Graeve, Rothemund, Fiegert (Minnesota Whitecaps), Strobel, T. Eisenschmid (Minnesota Whitecaps), Ujcik (Morrisville State College), F. Brendel - Bartsch, Feldmeier, **Celina Haider** (ESC Planegg), Kamenik, Zorn (C), N. Eisenschmid, A. Lanzl, Karpf, Delarbre, Kluge (St. Cloud State University), Bär, Amort
T: 1:1 (31:09) A. Lanzl (T. Eisenschmid, Delarbre) / 2:2 (47:19) Kluge (T. Eisenschmid, Strobel)
S: Graeve 4, Delarbre 2, Nickisch 2, Rothemund 2

514'. - 13.12.2017 JPN - GER 1:2 (0:0, 0:1, 1:0, 0:0, 0:1) OT und PS
Rauma, ?; Z: 80; SR: Ketonen (FIN), Nurmi (FIN); LR: Puhakka (FIN), Sainio (FIN)
I. Schröder (Albl n.e.) - Sabus, Graeve, Rothemund, Fiegert, Strobel, T. Eisenschmid, Ujcik, F. Brendel - Feldmeier, Haider, Kamenik, Zorn (C), N. Eisenschmid, A. Lanzl, Karpf, Delarbre, Kluge, Bartsch, Bär, Amort
T: 0:1 (30:25) Rothemund (Fiegert, Zorn) / 1:2 (65:00) Zorn (GWS)
PS: 0:0 JPN - 0:1 Delarbre -0:1 JPN - 0:1 A. Lanzl (vergeben) - 1:1 JPN - 1:1 Graeve (vergeben) / 1:1 Rothemund (vergeben) - 1:1 JPN - 1:2 Zorn (GWS) - 1:2 JPN
S: Graeve 4, Kamenik 2, Karpf 2

515'. - 14.12.2017 RUS - GER 3:1 (2:0, 0:1, 1:0)
Rauma, ?; Z: 110; SR: Ketonen (FIN), Koivuluoma (FIN); LR: Puhakka (FIN), Tauriainen (FIN)
Harß (57:05-57:47 out; Albl n.e.) - Nickisch, Sabus, Graeve, Rothemund, Fiegert, Strobel, T. Eisenschmid, Ujcik - Feldmeier, Haider, Kamenik, Zorn (C), N. Eisenschmid, A. Lanzl, Karpf, Delarbre, Kluge, Bartsch, Bär, F. Brendel
T: 2:1 (34:16) Delarbre (T. Eisenschmid, Kluge)
S: A. Lanzl 2, Delarbre 2

516'. - 15.12.2017 FIN - GER 3:2 (0:0, 1:2, 1:0, 0:0, 1:0) OT und PS
Uusikaupunki, Jäähalli; Z: 760; SR: Kontturi (FIN), Nurmi (FIN); LR: Puhakka (FIN), Heikkinen (FIN)
Albl (I. Schröder n.e.) - Nickisch, Sabus, Rothemund, Fiegert, Strobel, T. Eisenschmid, Ujcik, F. Brendel - Feldmeier, Haider, Kamenik, Zorn (C), Graeve, N. Eisenschmid, A. Lanzl, Karpf, Delarbre, Kluge, Amort, Bartsch
T: 1:1 (27:36) Delarbre (Fiegert, Strobel) - 1:2 (39:54) N. Eisenschmid (Zorn, Fiegert)
PS: 0:0 Delarbre (vergeben) - 0:0 FIN - 0:1 Kluge - 0:1 FIN -0 :1 Graeve (vergeben) - 1:1 FIN / 1:1 FIN - 1:1 N. Eisenschmid (vergeben) - 1:1 FIN - 1:1 Rothemund (vergeben) - 2:1 FIN - 2:1 Zorn (vergeben)
S: Feldmeier 2

16. Nations Cup 2018
Die deutsche Mannschaft belegte in ihrer Vorrundengruppe den 3. Platz und erreichte damit das Spiel um Platz 5.

VORRUNDE - GRUPPE A

517. - 03.01.2018 GER - SWE 0:3 (0:1, 0:1, 0:1)
Füssen, BLZ-Arena; Z: 250; SR: ?; LR: ?
Harß (Albl n.e.) - **Juliana Palmeira-Kerkhoff** (Düsseldorfer EG), Le. Welcke, Rothemund, Strobel, Düsterhöft (Minnesota State University), Sabus, T. Eisenschmid, Ujcik - Feldmaier, Kamenik, Zorn (C), Graeve, N. Eisenschmid, A. Lanzl, Karpf, Delarbre, Soccio, Amort, Hahn
S: T. Eisenschmid 2, Graeve 2

518. - 05.01.2018 SUI - GER 4:0 (1:0, 3:0, 0:0)
Füssen, BLZ-Arena; Z: 250; SR: Gossmann (GER), Kiefer (GER); LR: Matic (GER), Bauer (GER)
Harß (Albl n.e.) - Gleißner, Le. Welcke, Rothemund, Strobel, Düsterhöft, Sabus, T. Eisenschmid, Ujcik - Feldmaier, Kamenik, Zorn (C), Graeve, N. Eisenschmid, A. Lanzl, Karpf, Spielberger, Delarbre, Soccio, Amort, Hahn
S: T. Eisenschmid 4, A. Lanzl 2, Spielberger 2, Delarbre 2
Zorn absolvierte als zehnte Spielerin ihr 200. Länderspiel.

SPIEL UM PLATZ 5

519. - 06.01.2018 GER - CAN (u23) 1:5 (0:1, 1:3, 0:1)
Füssen, BLZ-Arena; Z: 195; SR: ?; LR: ?
Albl (Harß n.e.) - Palmeira-Kerkhoff, Gleißner, Le. Welcke, Rothemund, Strobel, Düsterhöft, Sabus, Ujcik - Feldmaier, Kamenik, Zorn (C), Graeve, N. Eisenschmid, A. Lanzl, Karpf, Spielberger, Delarbre, Soccio, Amort, Hahn
T: 1:3 (39:33) Zorn (Spielberger, Kamenik)
S: Zorn 2, Gleißner 2, Teamstrafe 2 (dafür Amort auf der Strafbank)

520'. - 24.01.2018 JPN - GER 6:0 (1:0, 5:0, 0:0)
Tokyo, DyDo Drinco Ice Arena; Z: 689; SR: Nakayama (JPN), Wada (JPN); LR: Tochigi (JPN), Mura (JPN)
Albl (ab 40:01 I. Schröder) - Rothemund, Nickisch - Graeve, Sabus - Heise, Gleißner - Strobel, Le. Welcke - Feldmeier, N. Eisenschmid, Delarbre - Haider, Zorn (C), Spielberger - Kamenik, Karpf, Amort - Hahn, Soccio, Bär
S: Haider 2, Rothemund 2, Graeve 2

521'. - 26.01.2018 JPN - GER 3:1 (0:1, 1:0, 2:0)
Tokyo, DyDo Drinco Ice Arena; Z: 852; SR: Nakayama (JPN), Wada (JPN); LR: Mizuhori (JPN), Sato (JPN)
I. Schröder (Albl n.e.) - Rothemund, Nickisch - Graeve, Sabus - Heise, Gleißner - Strobel, Le. Welcke - Feldmeier, N. Eisenschmid, Delarbre - Zorn (C), Karpf, Spielberger - Kamenik, Soccio, Amort - Hahn, Bär
T: 0:1 (17:59) N. Eisenschmid (Rothemund, Strobel)
S: keine

Wörthersee Trophy
Die deutsche Mannschaft belegte den 2. Platz.

522'. - 16.02.2018 AUT - GER 2:3 (0:2, 2:0, 0:1)
Klagenfurt, Stadthalle; Z: 947; SR: Malá (CZE); LR: Angerer (AUT), Schweighofer (AUT)
Harß (ab 03:05 Albl) - Rothemund, Nickisch - Gleißner, Strobel - Klinger, Graeve - Sabus - Kamenik, Karpf, N. Eisenschmid - Zorn (C), Delarbre, A. Lanzl - Feldmeier, Haider, Spielberger - F. Brendel, Bartsch, Amort
T: 0:1 (04:01) Nickisch (N. Eisenschmid, Feldmeier) - 0:2 (18:56) Spielberger (Kamenik) / 2:3 (44:14) Haider (Feldmeier, Graeve)
S: Sabus 2, Graeve 2

523'. - 17.02.2018 GER - CZE 1:2 (1:0, 0:1, 0:0, 0:0, 0:1) OT und PS
Klagenfurt, Sepp Puschnig Halle; Z: 85; SR: Malá (CZE); LR: Weegh (GER), Grascher (AUT)
Albl (Serbest n.e.) - Rothemund, Nickisch - Gleißner, Strobel - Klinger, Graeve - Sabus - Kamenik, Karpf, N. Eisenschmid - Zorn (C), Delarbre, A. Lanzl - Feldmeier, Haider, Spielberger - F. Brendel, Bartsch, Amort
T: 1:0 (11:32) Gleißner (Strobel, A. Lanzl)
PS: 1:0 für CZE
S: Spielberger 2, N. Eisenschmid 2, Strobel 2
Delarbre absolvierte als einundvierzigste Spielerin ihr 100. Länderspiel.

524'. - 18.02.2018 GER - SVK 3:1 (1:0, 2:0, 0:1)
Klagenfurt, Sepp Puschnig Halle; Z: 45; SR: Winklmayr (AUT); LR: Weegh (GER), Grascher (AUT)
Albl (Serbest n.e.) - Rothemund, Nickisch - Gleißner, Klinger - Strobel, F. Brendel - Sabus - Zorn (C), A. Lanzl, Spielberger - Feldmeier, Delarbre, N. Eisenschmid - Kamenik, Karpf, Amort - Bartsch, Haider, Graeve
T: 1:0 (18:06) Zorn (Spielberger, A. Lanzl) / 2:0 (22:50) Karpf (Kamenik) - 3:0 (39:52) Zorn (Rothemund, Spielberger)
S: Gleißner 2, Bartsch 2
Zorn erzielte mit dem 1:0 als sechste Spielerin 50 Tore.

525. - 31.03.2018 GER - HUN 3:2 (1:0, 1:1, 1:0)
Memmingen, Eissporthalle am Hühnerberg; Z: 230; SR: ?; LR: ?
Albl, Flötgen - Rothemund, Strobel, Sabus, Düsterhöft, Botthof, Nickisch, F. Brendel - Feldmeier, Anwander, Kamenik, Zorn (C), Graeve, N. Eisenschmid, A. Lanzl, Karpf, Spielberger, Kluge, Delarbre
T: Zorn 1, A. Lanzl 1, Delarbre 1
V: Nickisch 1, Feldmeier 1, Anwander 1, A. Lanzl 1, Kluge 1
S: Botthof 4, Strobel 2, Feldmeier 2, N. Eisenschmid 2

526. - 02.04.2018 FRA - GER 2:5 (1:0, 0:2, 1:3)
Besançon, ?; Z: ?; SR: ?; LR: ?
Albl (Flötgen n.e.) - Rothemund, Strobel, Sabus, Düsterhöft, Botthof, Nickisch, F. Brendel - Feldmeier, Anwander, Kamenik, Zorn (C), Graeve, N. Eisenschmid, A. Lanzl, Karpf, Spielberger, Kluge
T: 1:1 (20:11) Zorn (---) - 1:2 (30:13) Zorn (Feldmeier) / 2:3 (44:38) Feldmeier (Spielberger) - 2:4 (54:03) Rothemund (---) - 2:5 (59:58) Kluge (Anwander)
S: Sabus 4, Zorn 2, Kluge 2

527. - 03.04.2018 FRA - GER 4:3 (3:1, 1:1, 0:1)
Besançon, ?; Z: ?; SR: ?; LR: ?
Flötgen (Albl n.e.) - Rothemund, Strobel, Sabus, Düsterhöft, Botthof, Nickisch, F. Brendel - Feldmeier, Anwander, Kamenik, Zorn (C), Graeve, N. Eisenschmid, A. Lanzl, Karpf, Spielberger, Kluge
T: 0:1 (04:54) A. Lanzl (Kluge) / 3:2 (31:53) Spielberger (Zorn, Feldmeier) / 4:3 (57:35) Zorn (Spielberger)
S: Rothemund 2, Düsterhöft 2, Graeve 2, N. Eisenschmid 2

2018/19

528. - 05.10.2018 GER - SUI 4:0 (1:0, 1:0, 2:0)
Füssen, BLZ-Arena; Z: 110; SR: Oberdorfer (GER); LR: Männlein (GER), Pletzer (GER)
Albl (EV Pfronten; Flötgen (EC Bergkamener Bären) n.e.) - K. Fiedler (Eisbären Juniors Berlin), Rothemund (ESC Planegg) - Klinger (EC Bad Tölz), Gleißner (ECDC Memmingen) - Sabus (ERC Ingolstadt), Strobel (ECDC Memmingen) - **Heidi Strompf** (ERC Ingolstadt) - **Sarah Kubiczek** (ESC Planegg), Karpf (ESC Planegg), Kamenik (Eisbären Juniors Berlin) - Spielberger (ESC Planegg), Haider (ESC Planegg), A. Lanz (ERC Ingolstadt) - Graeve (C - EC Bergkamener Bären), Bär (Eisbären Juniors Berlin), **Tanja Krause** (SC Weinfelden) -), **Katarina Jobst-Smith** (ECDC Memmingen)
T: 1:0 (03:13) Kubiczek (Kamenik, Karpf) / 2:0 (24:15) Karpf (Gleißner, Strobel) / 3:0 (43:10) Karpf (A. Lanzl, Strobel) - 4:0 (53:48) Gleißner (A. Lanzl, Spielberger)
S: Gleißner 2, A. Lanzl 2, Spielberger 2

529. - 06.10.2018 GER - SUI 3:4 (0:1, 1:1, 2:2)
Füssen, BLZ-Arena; Z: 98; SR: Flad (GER); LR: Sauer (GER), Weger (GER)
Flötgen (Albl n.e.) - K. Fiedler, Rothemund - Klinger, Gleißner - Sabus, Strobel - Strompf - Kubiczek, Karpf, Kamenik - Spielberger, Haider, A. Lanz (C) - Graeve, Bär, Krause - Jobst-Smith
T: 1:2 (34:27) Gleißner (Strompf, Spielberger) / 2:2 (41:37) Gleißner (A. Lanzl, Spielberger) - 3:2 (52:56) Bär (Haider, Kamenik)
S: Sabus 2, Kamenik 2

International Chablais Hockey Trophy
Die deutsche Mannschaft belegte im Turnier den 4. Platz. Das Turnier war Teil der Euro Hockey Tour 2018/19.

530'. - 09.11.2018 SUI - GER 3:2 (1:1, 0:0, 1:1, 0:0, 1:0) OT und PS
Monthey, Patinoire du Forum d'Octodure; Z: 400; SR: Fialová (CZE), Høve (NOR); LR: Anex (SUI), Müller (SUI)
Albl (I. Schröder (ELV Tornado Niesky) n.e.) - Rothemund, Strobel - Sabus, Gleißner - **Lucia Schmitz** (Mad Dogs Mannheim), Graeve - Nickisch (Eisbären Juniors Berlin), F. Brendel (HC Landsberg) - K. Fiedler - Kamenik, N. Eisenschmid (ERC Ingolstadt), Karpf - Spielberger, Delarbre (ECDC Memmingen), Bartsch (Eisbären Juniors Berlin) - A. Lanzl (C), E. Nix (Crocodiles Hamburg), Haider - Bär, Amort (Eisbären Juniors Berlin)
T: 1:1 (10:56) Delarbre (A. Lanzl, Rothemund) / 1:2 (43:10) Delarbre (Amort)
PS: 0:0 A. Lanzl / 0:0 Graeve (links vorbei) - 0:0 SUI - 0:1 Delarbre - 1:1 SUI - 1:2 Spielberger - 2:2 SUI - A. Lanzl (gehalten) - 3:2 SUI - 3:3 Karpf / 3:3 Delarbre (gehalten) - 3:3 SUI - 3:3 Spielberger (gehalten) - 3:3 SUI - 3:3 E. Nix (rechts vorbei) - 3.3 SUI - 3:3 A. Lanzl (gehalten) - 3:3 SUI - 3:3 Delarbre (gehalten) - 4:3 SUI
S: Graeve 4, N. Eisenschmid 2, Nickisch 2, Strobel 2, Teamstrafe 2 (dafür Delarbre auf der Strafbank)

531'. - 10.11.2018 GER - RUS 0:4 (0:2, 0:2, 0:0)
Monthey, Patinoire du Forum d'Octodure; Z: 355; SR: Boverio (SUI); Høve (NOR); LR: Kuonen (SUI), Müller (SUI)
I. Schröder (58:54 out; Albl n.e.) - Rothemund, Strobel - Sabus, Gleißner (C) - L. Schmitz, Graeve - Nickisch, F. Brendel - K. Fiedler - Kamenik, N. Eisenschmid, Karpf - Spielberger, Delarbre, Bartsch - A. Lanzl, E. Nix, Haider - Bär, Amort
S: Graeve 2+10 (Disziplinarstrafe), Gleißner 6, Delarbre 4, L. Schmitz 2, Rothemund 2, A. Lanzl 2, Karpf 2, Sabus 2, Teamstrafe 2 (dafür Nickisch auf der Strafbank)

532'. - 11.11.2018 GER - CZE 3:6 (1:3, 1:2, 1:1)
Monthey, Patinoire du Forum d'Octodure; Z: 275; SR: Fialová (CZE), Høve (NOR); LR: Egli (SUI), Vicha (SUI)
I. Schröder (ab 20:01 Albl) - Rothemund, F. Brendel - Sabus, Gleißner - L. Schmitz, Graeve (C) - Nickisch, Strobel - K. Fiedler - Bär, Amort, Bartsch - A. Lanzl, E. Nix, Haider - N. Eisenschmid, Spielberger, Delarbre - Kamenik, Karpf
T: 1:0 (03:45) Spielberger (Gleißner, A. Lanzl) / 2:3 (20:40) Bär (---) / 3:6 (54:37) Amort (Karpf)
S: Haider 8, N. Eisenschmid 4, Spielberger 2, Karpf 2, Graeve 2, Bartsch 2

Euro Hockey Tour 2018/19 - Drittes Turnier
Die deutsche Mannschaft belegte im Turnier den 4. Platz.

533'. - 11.12.2018 GER - SWE 4:2 (1:0, 2:1, 1:1)
Vierumäki, Vierumäen jäähalli; Z: 20; SR: Nurmi (FIN), Åberg (FIN); LR: Heikkinen (FIN), Sainio (FIN)
Harß (EHC Königsbrunn; I. Schröder n.e.) - Gleißner, T. Eisenschmidt (Minnesota Whitecaps), Fiegert (ESC Planegg), Rothemund, Düsterhöft (Minnesota State University), Strobel, Botthof (Yale University), Sabus - A. Lanzl (C), Kluge (St. Cloud State University), Bartsch, Haider, Bär, Amort, E. Nix, Spielberger, Karpf, N. Eisenschmid, Delarbre, Kamenik
T: 1:0 (08:15) Delarbre (E. Nix, Fiegert) / 2:0 (27:07) Rothemund (E. Nix) - 3:1 (36:58) Kluge (Karpf) / 4:1 (43:27) E. Nix (Delarbre, T. Eisenschmid)
S: Sabus 2, Amort 2, Gleißner 2, Kluge 2

534'. - 12.12.2018 JPN - GER 4:1 (1:1, 2:0, 1:0)
Vierumäki, Vierumäen jäähalli; Z: 20; SR: Kauhanen (FIN), Ketonen (FIN); LR: Halme (FIN), Härkönen (FIN)
I. Schröder (59:01; Albl n.e.) - Gleißner, T. Eisenschmidt, Fiegert, Rothemund, Düsterhöft, Strobel, Botthof, Sabus - A. Lanzl (C), Kluge, Bartsch, Haider, Bär, Amort, E. Nix, Spielberger, Karpf, N. Eisenschmid, Delarbre, Kamenik
T: 1:1 (17:00) Spielberger (Bär)
S: T. Eisenschmid 2+10 (Disziplinarstrafe), Gleißner 2, E. Nix 2
A. Lanzl absolvierte als zweite Spielerin ihr 300. Länderspiel.

535'. - 13.12.2018 SUI - GER 1:2 (0:1, 0:0, 1:0, 0:0, 0:1) OT und PS
Vierumäki, Vierumäen jäähalli; Z: 20; SR: Kauhanen (FIN), Åberg (FIN); LR: Puhakka (FIN), Ronkainen (FIN)
Harß (Albl n.e.) - Gleißner, T. Eisenschmidt, Fiegert, Rothemund, Düsterhöft, Strobel, Botthof, Sabus - A. Lanzl (C), Kluge, Bartsch, Haider, Bär, Amort, E. Nix, Spielberger, Karpf, N. Eisenschmid, Delarbre, Kamenik
T: 0:1 (19:06) Kluge (Bär, E. Nix) / 1:2 (65:00) Spielberger (GWS)
PS: 0:0 SUI - Fiegert (vorbei) - 0:0 SUI - 0:1 Spielberger - 0:1 SUI - 0:1 A. Lanzl (gehalten) - 0:1 SUI - Delarbre (gehalten) - 0:1 SUI
S: Amort 2, Rothemund 2
Rothemund absolvierte als zweiundvierzigste Spielerin ihr 100. Länderspiel.

536'. - 14.12.2018 GER - FIN 1:6 (0:4, 1:1, 0:1)
Vierumäki, Vierumäen jäähalli; Z: 30; SR: Koivuluoma (FIN), Åberg (FIN); LR: Härkönen (FIN), Puhakka (FIN)
Albl (I. Schröder n.e.) - Gleißner, T. Eisenschmidt, Fiegert, Rothemund, Düsterhöft, Strobel, Botthof, Sabus - A. Lanzl, Kluge, Bartsch, Haider, Bär, Amort, E. Nix, Spielberger, Karpf, N. Eisenschmid, Delarbre, Kamenik (C)
T: 1:4 (22:39) Delarbre (Kluge)
S: Amort 2, Strobel 2

Neuer Bundestrainer Christian Künast

Euro Hockey Tour 2018/19 - Finalturnier

Die deutsche Mannschaft belegte in ihrer Vorrundengruppe den 3. Platz. Damit spielte die Mannschaft um Platz 5.

VORRUNDE - GRUPPE A

537'. - 07.02.2019 FIN - GER 7:0 (1:0, 3:0, 3:0)
Dmitrov, Ledoviy dvorets; Z: 345; SR: ?; LR: ?*
* auf dem offiz. Spielbericht keine SR und LR angeben
Harß (I. Schröder n.e.) - Sabus, F. Brendel - Rothemund, Düsterhöft - Graeve, Strobel - Gleißner, T. Eisenschmid - Bartsch, Bär, Amort - Kamenik, Kubiczek, Haider - Zorn (C - ESC Planegg), Karpf, Krause - N. Eisenschmid, A. Lanzl, Delarbre
S: Bartsch 2, Bär 2

538'. - 08.02.2019 GER - CZE 1:4 (0:1, 0:0, 1:3)
Dmitrov, Ledoviy dvorets; Z: 150; SR: ?; LR: ?*
* auf dem offiz. Spielbericht keine SR und LR angeben
I. Schröder (Albl n.e.) - Rothemund, Strobel - Düsterhöft, Gleißner - Graeve (C), F. Brendel - Sabus - Krause, Karpf, Zorn - A. Lanzl, Delarbre, N. Eisenschmid - Amort, Bär, Bartsch - Kubiczek, Haider, Kamenik
T: 1:1 (44:51) N. Eisenschmid (---)
S: Düsterhöft 2, Gleißner 2, Bär 2

SPIEL UM PLATZ 5

539'. - 10.02.2019 GER - SUI 1:3 (0:0, 1:1, 0:2)
Dmitrov, Ledoviy dvorets; Z: 25; SR: Mokhova (RUS), Steinberg (RUS); LR: Smirnova (RUS), Kovalyova (RUS)
Albl (Harß n.e.) - Düsterhöft, Gleißner - Rothemund, Graeve (C) - F. Brendel, Strobel - Sabus - A. Lanzl, Delarbre, Bartsch - N. Eisenschmid, Karpf, Zorn - Amort, Bär, Krause - Kubiczek, Haider, Kamenik
T: 1:0 (37:46) Gleißner (Delarbre, A. Lanzl)
S: F. Brendel 2, Düsterhöft 2, Gleißner 2
Karpf absolvierte als dreiundvierzigste Spielerin ihr 100. Länderspiel.

540'. - 30.03.2019 GER - FRA 0:2 (0:1, 0:0, 0:1)
Füssen, BLZ-Arena; Z: 152; SR: Harrer (GER); LR: Kriebel (GER), Zettl (GER)
Harß (59:37 out; I. Schröder n.e.) - Gleißner, Graeve, Fiegert, Rothemund, Düsterhöft, Strobel, Botthof, Bär - A. Lanzl, Kluge, Schmid (ERC Ingolstadt), Bartsch, Haider, E. Nix, Spielberger, Karpf, N. Eisenschmid, Delarbre, Zorn (C), Kamenik
S: Gleißner 2

19. Weltmeisterschaft 2019

Die deutsche Mannschaft belegte in der Vorrundengruppe der schwächeren Teams den 2. Platz. Damit spielte die Mannschaft gegen den Zweitplatzierten der Vorrundengruppe der stärkeren Teams um den Einzug ins Halbfinale.

VORRUNDE - GRUPPE B

541'. - 04.04.2019 GER - SWE 2:1 (0:0, 1:1, 0:0, 0:0, 1:0) OT und PS
Espoo, Metro Areena*; Z: 1.893; SR: Huntley (USA), Wiegand (SUI); LR: Mokhova (RUS), Štefková (CZE)
* früher LänsiAuto Areena
Harß (I. Schröder n.e.) - Fiegert, Botthof - Strobel, Gleißner - Graeve, Rothemund - Düsterhöft, Bär - A. Lanzl, E. Nix, Kluge - Zorn (C), Spielberger, Delarbre - N. Eisenschmid, Karpf, Bartsch - Schmid, Kamenik, Haider
T: 1:1 (34:09) E. Nix (Gleißner, A. Lanzl) / 2:1 (65:00) Kluge (GWS)
PS: 0:0 E. Nix (gehalten) - 0:0 SWE - 0:0 A. Lanzl (gehalten) - 0:0 SWE - 1:0 Kluge - 1:0 SWE - 1:0 Zorn (links vorbei) - 1:0 SWE - 1:0 Spielberger (gehalten) - 1:0 SWE
S: Kluge 6, Delarbre 4

542'. - 06.04.2019 JPN - GER 2:3 (0:1, 0:0, 2:2)
Espoo, Metro Areena Halle II; Z: 135; SR: Fuhrberg (SWE), Gran (SWE); LR: Kainberger (AUT), Lovensnö (SWE)
Harß (I. Schröder n.e.) - Fiegert, Botthof - Strobel, Gleißner - Graeve, Düsterhöft - Rothemund, Bär - A. Lanzl, E. Nix, Kluge - Zorn (C), Spielberger, Delarbre - N. Eisenschmid, Karpf, Bartsch - Schmid, Kamenik, Haider
T: 0:1 (10:51) Fiegert (Zorn, Spielberger) / 0:2 (46:07) Haider (Kluge, Fiegert) - 2:3 (56:55) Delarbre (Zorn, Spielberger)
S: E. Nix 2, Delarbre 2

543'. - 08.04.2019 GER - FRA 2:3 (1:1, 1:1, 0:0, 0:1) OT
Espoo, Metro Areena Halle II; Z: 136; SR: Celárová (SVK), Fuhrberg (SWE); LR: Jaatinen (FIN), Štefková (CZE)
Harß (61:44; I. Schröder n.e.) - Fiegert, Botthof - Strobel, Gleißner - Graeve, Düsterhöft - Rothemund, Bär - A. Lanzl, E. Nix, Kluge - Zorn (C), Spielberger, Delarbre - N. Eisenschmid, Karpf, Bartsch - Schmid, Kamenik, Haider
T: 1:1 (12:37) N. Eisenschmid (Karpf) / 2:1 (21:59) Spielberger (Zorn)
S: Zorn 2, Delarbre 2, Spielberger 2, Gleißner 2

544'. - 09.04.2019 CZE - GER 2:0 (0:0, 2:0, 0:0)
Espoo, Metro Areena Halle II; Z: 102; SR: Ketonen (FIN), Zuyeva (RUS); LR: Heikkinen (FIN), Todd (CAN)
I. Schröder (Flötgen n.e.) - Fiegert, Botthof - Strobel, Gleißner - Graeve, Düsterhöft - Rothemund, Bär - A. Lanzl, E. Nix, Kluge - Zorn (C), Spielberger, Delarbre - N. Eisenschmid, Karpf, Bartsch - Schmid, Kamenik, Haider
S: Bartsch 4, Gleißner 4, Graeve 2, E. Nix 2, Karpf 2
N. Eisenschmid absolvierte als vierundvierzigste Spielerin ihr 100. Länderspiel.

VIERTELFINALE

545'. - 11.04.2019 CAN - GER 5:0 (1:0, 2:0, 2:0)
Espoo, Metro Areena; Z: 744; SR: Gran (SWE), Ketonen (FIN); LR: Lovensnö (SWE), Mokhova (RUS)
Harß (I. Schröder n.e.) - Fiegert, Botthof - Strobel, Gleißner - Graeve, Rothemund - Düsterhöft, Bär - A. Lanzl, E. Nix, Kluge - Zorn (C), Spielberger, Delarbre - N. Eisenschmid, Karpf, Bartsch - Schmid, Kamenik, Haider
S: Gleißner 4, Haider 2, Karpf 2

2019/20

Drei-Nationen-Turnier
Die deutsche Mannschaft belegte im Turnier den 1. Platz.

546'. - 22.08.2019 GER - HUN (u25) 5:1 (3:0, 0:0, 2:1)
Budapest, Érdi Jégcsarnok; Z: 108; SR: Wolf (HUN); LR: Abonyi (HUN), Horváth (HUN)
Sandra Abstreiter (Providence College; Flötgen (Leksands IF) n.e.) - Gleißner (C - ECDC Memmingen), Graeve (EC Bergkamener Bären), Fiegert (ESC Planegg), Rothemund (ESC Planegg), Düsterhöft (Leksands IF), Strobel (ECDC Memmingen), Botthof (Yale University), Sabus (ERC Ingolstadt) - A. Lanzl (ERC Ingolstadt), Kamenik (Eisbären Juniors Berlin), Kluge (St. Cloud State University), Bartsch (Eisbären Juniors Berlin), Soccio (Mad Dogs Mannheim), Bär (Eisbären Juniors Berlin), Amort (ERC Ingolstadt), E. Nix (Eisbären Juniors Berlin), Karpf (ERC Ingolstadt), Delarbre (ECDC Memmingen), Zorn (ESC Planegg), **Sonja Weidenfelder** (ECDC Memmingen)
T: 1:0 (01:44) Weidenfelder (---) - 2:0 (08:58) Fiegert (Bär) - 3:0 (19:21) Strobel (---) / 4:0 (44:30) Soccio (Amort, Bär) - 5:1 (52:53) Zorn (A. Lanzl)
S: Gleißner 4, Graeve 2, Weidenfelder 2, Teamstrafe 2

547'. - 23.08.2019 SUI - GER 3:2 (1:1, 1:1, 1:0)
Budapest, Érdi Jégcsarnok; Z: 14; SR: Varjú (HUN); LR: Pálkövi (HUN), Paulheim (HUN)
Flötgen (58:22 out; Abstreiter n.e.) - Gleißner (C), Graeve, Fiegert, Rothemund, Düsterhöft, Strobel, Botthof, Sabus - A. Lanzl, Kamenik, Kluge, Bartsch, Soccio, Bär, Amort, E. Nix, Karpf, Delarbre, Zorn, Weidenfelder
T: 1:1 (17:34) Weidenfelder (Botthof, Strobel) / 1:2 (22:08) Zorn (Gleißner, Fiegert)
S: Soccio 2, Karpf 2, Kluge 2, Fiegert 2, A. Lanzl 2

Euro Hockey Tour 2019/20 - Zweites Turnier
Die deutsche Mannschaft belegte im Turnier den 5. Platz.

548'. - 07.11.2019 RUS - GER 5:0 (0:0, 2:0, 3:0)
Dmitrov, Ledoviy dvorets; Z: 1.010; SR: ?; LR: ?*
* auf dem offiz. Spielbericht keine SR und LR angeben
Harß (EHC Königsbrunn; Flötgen n.e.) - Fiegert, Gleißner - Strobel, Jobst-Smith (Okanagan Hockey Academy) - Graeve, Rothemund - Klinger (ESC Planegg), **Michelle Lübbert** (EC Bergkamener Bären) - Zorn (C), Spielberger (ESC Planegg), Bartsch - E. Nix, Delarbre, Weidenfelder - N. Eisenschmid (ERC Ingolstadt), A. Lanzl, Karpf - Kubiczek (ESC Planegg), Kamenik, Amort
S: Weidenfelder 2, Kubiczek 2, Kamenik 2, Amort 2, Teamstrafe 2

549'. - 08.11.2019 CZE - GER 2:1 (0:0, 1:1, 1:0)
Dmitrov, Ledoviy dvorets; Z: 310; SR: ?; LR: ?*
* auf dem offiz. Spielbericht keine SR und LR angeben
Harß (58:40 out; Flötgen n.e.) - Graeve, Rothemund - Strobel, Jobst-Smith - Fiegert, Gleißner - Klinger - Lübbert
- N. Eisenschmid, A. Lanzl, Karpf - E. Nix, Delarbre, Weidenfelder - Zorn (C), Spielberger, Bartsch - Kubiczek,
Kamenik, Amort
T: 0:1 (29:47) Weidenfelder (Delarbre)
S: Lübbert 2, Fiegert 2, Bartsch 2, Gleißner 2, Teamstrafe 6
Harß absolvierte als elfte Spielerin ihr 200. Länderspiel.

550'. - 09.11.2019 FIN - GER 7:1 (3:0, 2:1, 2:0)
Dmitrov, Ledoviy dvorets; Z: 163; SR: ?; LR: ?*
* auf dem offiz. Spielbericht keine SR und LR angeben
Flötgen (Harß n.e.) - Gleißner, Strobel - Jobst-Smith, Fiegert - Graeve, Rothemund - Klinger - E. Nix, Delarbre,
Weidenfelder - Kubiczek, A. Lanzl (C), Spielberger - N. Eisenschmid, Karpf, Amort - Kamenik, Bartsch, Lübbert
T: 4:1 (26:30) N. Eisenschmid (A. Lanzl)
S: Delarbre 4, Bartsch 2
Strobel absolvierte als fünfundvierzigste Spielerin ihr 100. Länderspiel.

551'. - 10.11.2019 GER - SUI 2:3 (0:1, 0:0, 2:1, 0:0, 0:1) OT und PS
Dmitrov, Ledoviy dvorets; Z: 105; SR: ?; LR: ?*
* auf dem offiz. Spielbericht keine SR und LR angeben
Harß (Flötgen n.e.) - Gleißner, Strobel - Jobst-Smith, Fiegert - Graeve, Rothemund - Klinger - Bartsch, Karpf,
Amort - E. Nix, A. Lanzl, Spielberger - Delarbre, N. Eisenschmid, Weidenfelder - Kamenik, Kubiczek, Lübbert
T: 1:2 (52:12) Delarbre (---) - 2:2 (57:32) E. Nix (---)
*PS: 0:0 A. Lanzl (gehalten) - 0:0 SUI - 1:0 Delarbre - 1:0 SUI - 1:0 Spielberger (vorbei) - 1:1 SUI - 2:1 N.
Eisenschmid - 2:1 SUI - 2:1 E. Nix (vorbei) - 2:2 SUI / 2:3 SUI - 2:3 Delarbre (gehalten)*
S: Spielberger 4, A. Lanzl 2, Karpf 2, Rothemund 2, E. Nix 2

Euro Hockey Tour 2019/20 - Drittes Turnier
Die deutsche Mannschaft belegte im Turnier den 3. Platz.

552'. - 12.12.2019 GER - SWE 3:2 (1:1, 2:1, 0:0)
Füssen, BLZ-Arena; Z: 95; SR: Vogt (GER); LR: Bauer (GER), Männlein (GER)
Harß (Abstreiter n.e.) - Fiegert, Botthof - Sabus, Gleißner (C) - Graeve, Rothemund - Klinger, Düsterhöft - N.
Eisenschmid, Karpf, A. Lanzl - Weidenfelder, Delarbre, Spielberger - Kluge, Bartsch, E. Nix - Kamenik, Kubiczek,
Wagner (ESC Planegg)
T: 1:0 (05:46) Kubiczek (Gleißner, E. Nix) / 2:1 (20:41) Spielberger (Kluge, Botthof) - 3:1 (27:23) Bartsch (Kluge,
Sabus)
S: Bartsch 2

553'. - 13.12.2019 GER - SUI 4:5 (2:1, 0:2, 2:1 0:1) OT
Füssen, BLZ-Arena; Z: 150; SR: Wohlgemuth (GER); LR: Knapp (GER), Sowa (GER)
Abstreiter (63:54; Harß n.e.) - Fiegert, Botthof - Sabus, Gleißner (C) - Graeve, Rothemund - Klinger, Düsterhöft
- N. Eisenschmid, Karpf, A. Lanzl - Weidenfelder, Delarbre, Spielberger - Kluge, Bartsch, E. Nix - Kamenik,
Kubiczek, Wagner
T: 1:0 (11:25) Gleißner (Karpf) - 2:0 (15:17) Karpf (A. Lanzl, N. Eisenschmid) / 3:3 (41:54) A. Lanzl (Kluge,
Klinger) - 4:3 (45:13) N. Eisenschmid (Delarbre)
S: Spielberger 2, Rothemund 2, N. Eisenschmid 2, Delarbre 2

554'. - 14.12.2019 GER - FIN 2:3 (0:1, 1:1, 1:1)
Füssen, BLZ-Arena; Z: 120; SR: Holzer (GER); LR: Bauer (GER), Männlein (GER)
Harß (Abstreiter n.e.) - Fiegert, Klinger - Sabus, Botthof - Graeve, Rothemund - Düsterhöft, Gleißner (C) - A.
Lanzl, Kluge, E. Nix - Weidenfelder, Delarbre, N. Eisenschmid - Wagner Karpf, Spielberger - Kamenik, Bartsch,
Kubiczek
T: 1:2 (34:33) Botthof (A. Lanzl, Kluge) / 2:3 (56:51) Kluge (A. Lanzl, E. Nix)
S: Graeve 2, Kluge 2, Spielberger 2

Euro Hockey Tour 2019/20 - Finalturnier

Die deutsche Mannschaft belegte in ihrer Vorrundengruppe den 3. Platz. Damit spielte die Mannschaft um Platz 5.

VORRUNDE - GRUPPE A

555'. - 05.02.2020 FIN - GER 3:1 (1:0, 2:0, 0:1)
Eksjö, Storegårdshallen; Z: 179; SR: Haack (GER), Nurmi (FIN); LR: Hammar (SWE), Andersson (SWE)
Harß (Albl (EV Pfronten) n.e.) - Strobel, Gleißner (C) - **Fine Raschke** (Mad Dogs Mannheim), Fiegert - Graeve, Rothemund - Sabus, Jobst-Smith - Weidenfelder, Delarbre, N. Eisenschmid - Spielberger, A. Lanzl, Zorn - Wagner, Haider (ERC Ingolstadt), Karpf - Amort, Bartsch, Kamenik
T: 3:1 (59:02) N. Eisenschmid (Delarbre, Weidenfelder)
S: Graeve 2, Jobst-Smith 2

556'. 06.02.2020 GER - SUI 1:2 (0:0, 1:1, 0:1)
Eksjö, Storegårdshallen; Z: 152; SR: Nurmi (FIN), Kainberger (AUT); LR: Hammar (SWE), Johansson (SWE)
Harß (59:58 out; Albl n.e.) - Raschke, Feigert - Sabus, Gleißner (C) - Strobel, Jobst-Smith - Graeve, Rothemund - Spielberger, A. Lanzl, Zorn - Amort, Bartsch, Kamenik - Weidenfelder, Delarbre, N. Eisenschmid - Wagner, Haider, Karpf
T: 1:1 (35:17) Gleißner (Delarbre, N. Eisenschmid)
S: Kamenik 2, Graeve 2

SPIEL UM PLATZ 5

557'. - 08.02.2020 GER - CZE 1:2 (0:1, 1:0, 0:1)
Tranås, Stiga Arena; Z: 127; SR: Wiklander (SWE), Eriksson (SWE); LR: Hellström (SWE), Hanning (SWE)
Albl (58:15 out; Harß n.e.) - Graeve, Rothemund - Raschke, Feigert - Sabus, Gleißner (C) - Strobel, Jobst-Smith - Spielberger, Zorn, Wagner - Weidenfelder, Delarbre, Kamenik - N. Eisenschmid, Karpf, Bartsch - A. Lanzl, Haider, Amort
T: 1:1 (31:39) Delarbre (Spielberger, Wagner)
S: Jobst-Smith 2, Weidenfelder 2

Legacy-Cup

Bei diesem Turnier trat ein deutsches Perspektivteam unter der Trainerin Franziska Busch an und belegte den 1. Platz.

'. - 07.02.2020 CZE - GER 3:5 (2:1, 0:2, 1:2)
Gangneung, Ice Arena; Z: 108; SR: Ma (KOR), Kuroda (JPN); LR: Yu (KOR), Park J.Y. (KOR)
Sofie Disl (EC Bad Tölz; **Stefanie Neuert** (Deggendorfer SC) n.e.) - **Lea Badura** (EC Bergkamener Bären), F. Brendel (Eisbären Juniors Berlin) - K. Fiedler (Eisbären Juniors Berlin), **Joyce König** (Eisbären Juniors Berlin) - Nickisch (Eisbären Juniors Berlin), **Tara Schmitz** (Mad Dogs Mannheim) - Le. Welcke (ERC Ingolstadt) - Bär (Eisbären Juniors Berlin), **Thea-Marleen Bartell** (Eisbären Juniors Berlin), **Alina Fiedler** (Eisbären Juniors Berlin) - **Pauline Gruchot** (EC Bergkamener Bären), **Lisa Heinz** (SC Bietigheim-Bissingen), Kubiczek - **Alina Leveringhaus** (Düsseldorfer EG), **Jennifer Miller** (ECDC Memmingen), **Jule Schiefer** (C - Bishop Kearney High School) - L. Schmitz (Mad Dogs Mannheim), **Lena Schurr** (ECDC Memmingen), Soccio
T: 2:1 (14:46) Kubiczek (T. Schmitz) / 2:2 (22:31) Soccio (Schurr) - 2:3 (27:36) Gruchot (Miller, Heinz) / 3:4 (43:01) Bartell (L. Schmitz) - 3:5 (56:41) Schurr (Bär, Soccio)
S: A. Fiedler 2, T. Schmitz 2

'. - 08.02.2020 GER - POL 4:3 (2:1, 1:1, 0:1, 1:0) OT
Gangneung, Ice Arena; Z: 108; SR: Choi (KOR), Nakayama (JPN); LR: Park J.Y. (KOR), Park J.S. (KOR)
Neuert (**Lilly Uhrmann** (EHC Straubing) n.e.) - Badura, F. Brendel - K. Fiedler, König - Nickisch, T. Schmitz - Le. Welcke - Bär, Bartell, A. Fiedler - Gruchot, Heinz, Kubiczek - Leveringhaus, Miller, Schiefer (C) - L. Schmitz, Schurr, Soccio
T: 1:0 (04:49) Soccio (---) - 2:1 (12:20) Miller (Heinz) / 3:2 (34:42) Heinz (Gruchot) / 4:3 (63:17) Schiefer (Kubiczek)
S: K. Fiedler 4, Soccio 4, Nickisch 2, Schurr 2, Miller 2

'. - 09.02.2020 KOR - GER 1:0 (0:0, 1:0, 0:0)
Gangneung, Ice Arena; Z: 248; SR: Kuroda (JPN), Nakayama (JPN); LR: Lee (KOR), Jeong (KOR)
Uhrmann (58:34 out; Disl n.e.) - Badura, F. Brendel - K. Fiedler, König - Nickisch, T. Schmitz - Le. Welcke - Bär, Bartell, A. Fiedler - Gruchot, Heinz, Kubiczek - Leveringhaus, Miller, Schiefer (C) - L. Schmitz, Schurr, Soccio
S: Bartell 4, Heinz 2, F. Brendel 2, Teamstrafe 2

> Die Weltmeisterschaft in Kanada musste wegen der Corona-Pandemie abgesagt werden.

2020/21

Das vom 25.-29.08.2020 in Kloten (SUI) geplante Vier-Länder-Turnier und die Länderspiele gegen die Schweiz am 17., 18. und 19.12.2020 mussten wegen der Corona-Pandemie abgesagt werden.
Die Mannschaft wurde in dieser Saison von der U18-Frauen-Bundestrainerin Franziska Busch betreut, da Christian Künast interimsmäßig als DEB-Sportdirektor tätig war.
Alle Spiele der Saison fanden wegen der Corona-Pandemie unter Ausschluss von Zuschauern statt.

558'. - 11.02.2021 SUI - GER 0:1 (0:0, 0:0, 0:0, 0:0, 0:1) OT und PS
Romanshorn, EZO Eissportzentrum Oberthurgau AG; Z: ---; SR: Boverio (SUI), Dale (SUI); LR: Egli (SUI), Müller (SUI)
Harß (ECDC Memmingen; Albl (ESC Planegg) n.e.) - T. Eisenschmid (ERC Ingolstadt), A. Lanzl (ERC Ingolstadt) - Gleißner (C - ECDC Memmingen), **Orendorz (geb. Graeve**; EC Bergkamener Bären) - Fiegert (ESC Planegg), **Ronja Hark** (ECDC Memmingen) - Botthof (ESC Planegg), Strobel (ECDC Memmingen) - N. Eisenschmid (ERC Ingolstadt), Delarbre (ERC Ingolstadt), Weidenfelder (ECDC Memmingen) - Spielberger (ESC Planegg), Karpf (ERC Ingolstadt), Wagner (ERC Ingolstadt) - E. Nix (Eisbären Juniors Berlin), Haider (ERC Ingolstadt), Bartsch (ECDC Memmingen) - Schiefer (ERC Ingolstadt), Feldmeier (ESC Planegg), **Annabella Sterzik** (Eisbären Juniors Berlin)
T: 0:1 (65:00) E. Nix (GWS)
PS: 0:0 SUI - 0:0 N. Eisenschmid - 0:0 SUI - 0:0 Delarbre - 0:0 SUI - 0:0 Spielberger - 0:0 SUI - 0:0 E. Nix - 0:0 SUI - 0:0 A. Lanzl / 0:0 N. Eisenschmid - 0:0 SUI - 0:1 Feldmeier - 1:1 SUI - 1:1 Haider - 1:1 SUI - 1:1 Feldmeier - 1:1 SUI - 1:1 Schiefer - 1:1 SUI / 1:1 SUI - 1:1 Botthof - 1:1 SUI - 1:1 Weidenfeller - 1:1 SUI - 1:1 Gleißner - 1:1 SUI - 1:1 N. Eisenschmid - 1:1 SUI - 1:1 Spielberger / 1:2 E. Nix - 1:2 SUI
S: Weidenfelder 2+10 (Disziplinarstrafe), Wagner 2, Delarbre 2, N. Eisenschmid 2

559'. - 12.02.2021 SUI - GER 1:2 (0:1, 1:1, 0:0)
Romanshorn, EZO Eissportzentrum Oberthurgau AG; Z: ---; SR: Boverio (SUI), Dale (SUI); LR: Monard (SUI), Vicha (SUI)
Albl (Harß n.e.) - T. Eisenschmid, Botthof - Gleißner (C), Strobel - Fiegert, Hark - Ann. Sterzik, Orendorz - N. Eisenschmid, Delarbre, Weidenfelder - Spielberger, A. Lanzl, E. Nix - Karpf, Haider, Bartsch - Wagner, Feldmeier, Schiefer
T: 0:1 (04:07) Spielberger (E. Nix) / 0:2 (22:07) E. Nix (Botthof, Bartsch)
S: T. Eisenschmid 2, Bartsch 2, A. Lanzl 2
Bartsch absolvierte als sechsundvierzigste Spielerin ihr 100. Länderspiel.

560'. - 13.02.2021 SUI - GER 4:3 (2:1, 1:1, 1:1)
Romanshorn, EZO Eissportzentrum Oberthurgau AG; Z: ---; SR: Fialová (CZE), Matejová (SVK); LR: Egli (SUI), Maurer (SUI)
Harß (ab 30:07 Albl; 58:55 out) - T. Eisenschmid, Botthof - Gleißner (C), Strobel - Fiegert, Hark - Orendorz - N. Eisenschmid, Karpf, Weidenfelder - Spielberger, A. Lanzl, E. Nix - Wagner, Haider, Bartsch - Schiefer, Feldmeier, Ann. Sterzik
T: 0:1 (04:17) Strobel (Fiegert, Haider) / 2:2 (31:25) Wagner (---) / 3:3 (43:25) Spielberger (A. Lanzl, E. Nix)
S: Bartsch 2, E. Nix 2

561'. - 07.04.2021 GER - AUT 5:1 (1:0, 1:1, 3:0)
Füssen, BLZ-Arena; Z: ---; SR: Wohlgemuth (GER); LR: Bauer (GER), Männlein (GER)
Albl (Abstreiter (Providence College) n.e.) - Strobel, Gleißner - Fiegert, Botthof - Jobst-Smith (University of Minnesota Duluth), T. Eisenschmid - Raschke (Mad Dogs Mannheim), Rothemund (ESC Planegg) - Düsterhöft (ERC Ingolstadt), Kluge (Eisbären Juniors Berlin), Weidenfelder - Feldmeier, Zorn (C - ESC Planegg), Spielberger - N. Eisenschmid, A. Lanzl, Wagner - Amort (Eisbären Juniors Berlin), Karpf, Ann. Sterzik
T: 1:0 (05:16) A. Lanzl (N. Eisenschmid) / 2:1 (34:14) Kluge (Weidenfelder) / 3:1 (47:44) N. Eisenschmid (Gleißner) - 4:1 (50:57) Botthof (Zorn, Spielberger) - 5:1 (58:16) Jobst-Smith (---)
S: Gleißner 4, Wagner 2

562'. - 08.04.2021 GER - AUT 2:3 (1:0, 0:2, 1:0, 0:1) OT
Füssen, BLZ-Arena; Z: ---; SR: Flad (GER); LR: Egger (GER), Männlein (GER)
Abstreiter (63:14; Albl n.e.) - Strobel, Orendorz - Jobst-Smith, T. Eisenschmid - Botthof, Fiegert - Raschke, Rothemund - Karpf, Kluge, Weidenfelder - Feldmeier, Zorn (C), Spielberger - N. Eisenschmid, A. Lanzl, Wagner - Amort, **Katharina Häckelsmiller** (ECDC Memmingen), Ann. Sterzik
T: 1:0 (11:31) Karpf (Kluge, T. Eisenschmid) / 2:2 (56:54) N. Eisenschmid (Fiegert, Botthof)
S: Zorn 2, Jobst-Smith 2, Strobel 2

Die Weltmeisterschaft fand wegen der Corona-Pandemie erneut nicht statt.

2021/22

Neuer Bundestrainer Thomas Schädler
Wegen der Corona-Pandemie fanden die Spiele 563 - 569 unter Ausschluss von Zuschauern statt.

563'. - 18.08.2021 GER - DEN 4:3 (0:1, 3:1, 0:1, 0:0, 1:0) OT und PS
Calgary, WinSport Arena; Z: ---; SR: Nurmi (FIN), Rapin (USA); LR: Blair (CAN), Strong (USA)
Albl (ESC Planegg; ab 30:02 Harß (ESC Kempten)) - Strobel (ECDC Memmingen), Botthof (Yale University) - Orendorz (ESC Planegg), **Reich** (**geb. Fiegert;** ESC Planegg) - T. Eisenschmid (ERC Ingolstadt), Jobst-Smith (University of Minnesota Duluth) - Rothemund (ESC Planegg), Düsterhöft (ERC Ingolstadt) - Wagner (ERC Ingolstadt), Weidenfelder (ECDC Memmingen), Kluge (ECDC Memmingen) - Zorn (C - ESC Planegg), Karpf (ERC Ingolstadt), Spielberger (ESC Planegg) - N. Eisenschmid (ERC Ingolstadt), Delarbre (ERC Ingolstadt), **Nina Christof** (Bishop Kearney High School) - **Svenja Voigt** (Stanstead College), Häckelsmiller (ECDC Memmingen), Schiefer (ERC Ingolstadt)
T: 1:1 (28:51) Zorn (Orendorz) - 2:1 (29:16) Delarbre (N. Eisenschmid) - 3:2 (36:55) Strobel (Weidenfelder, Zorn) / 4:3 (65.) Zorn (GWS)
PS: 1:0 N. Eisenschmid - 1:0 DEN - 1:0 Kluge (gehalten) - 1:0 DEN - 2:0 Zorn - 2:0 DEN - 2:0 Weidenfelder (gehalten) - 2:1 DEN - 2:1 Delarbre (gehalten) - 2:1 DEN
S: Strobel 2, Jobst-Smith 2, Botthof 2, Teamstrafe 2 (dafür S. Voigt auf der Strafbank)

20. Weltmeisterschaft 2021
Die im Frühjahr ausgefallene WM wurde im August nachgeholt.
Die deutsche Mannschaft belegte in der Vorrundengruppe der schwächeren Teams den 3. Platz. Damit spielte die Mannschaft gegen den Erstplatzierten der Vorrundengruppe der stärkeren Teams um den Einzug ins Halbfinale. Nach dem dieses Spiel verloren wurde, spielte die Mannschaft noch ein Platzierungsspiel und belegte am Ende den 8. Platz.

VORRUNDE - GRUPPE B

564'. - 21.08.2021 GER - HUN 3:0 (2:0, 0:0, 1:0)
Calgary, WinSport Arena; Z: ---; SR: Furberg (SWE), Lieffers (CAN); LR: Blair (CAN), Heikkinen (FIN)
Harß (Albl n.e.) - Strobel, Botthof - Orendorz, Reich - T. Eisenschmid, Jobst-Smith - Rothemund, Düsterhöft - Weidenfelder, Kluge, Christof - Zorn (C), Karpf, Spielberger - Wagner, N. Eisenschmid, Delarbre - S. Voigt, Schiefer
T: 1:0 (12:55) Christof (Weidenfelder) - 2:0 (13:53) Christof (Jobst-Smith, T. Eisenschmid) / 3:0 (52:42) Zorn (Spielberger)
S: Kluge 4, S. Voigt 2, Reich 2, N. Eisenschmid 2

565'. - 23.08.2021 GER - DEN 3:1 (1:0, 2:0, 0:1)
Calgary, WinSport Arena; Z: ---; SR: Cooke (USA), Yermak (RUS); LR: Blair (CAN), Chartrand (CAN)
Harß (Albl n.e.) - Orendorz, Reich - Strobel, Botthof - T. Eisenschmid, Jobst-Smith - Rothemund, Düsterhöft - Zorn (C), Karpf, Spielberger - Weidenfelder, Kluge, Christof - Wagner, N. Eisenschmid, Delarbre - S. Voigt, Schiefer
T: 1:0 (12:30) Zorn (Karpf) / 2:0 (28:08) Schiefer (Rothemund, Düsterhöft) - 3:0 (31:17) Wagner (Reich)
S: Botthof 2

566'. - 25.08.2021 CZE - GER 2:0 (0:0, 1:0, 1:0)
Calgary, WinSport Arena; Z: ---; SR: Furberg (SWE), Senuk (CAN); LR: Chartrand (CAN), Mokhova (RUS)
Albl (59:20 out; Harß n.e.) - T. Eisenschmid, Jobst-Smith - Strobel, Botthof - Orendorz, Reich - Rothemund, Düsterhöft - Wagner, N. Eisenschmid, Delarbre - Weidenfelder, Kluge, Christof - Zorn (C), Karpf, Spielberger - S. Voigt, Schiefer
S: Orendorz 4, T. Eisenschmid 2, Strobel 2, N. Eisenschmid 2, Albl 2 (Schiefer auf der Strafbank)

567'. - 26.08.2021 JPN - GER 2:1 (0:1, 2:0, 0:0)
Calgary, WinSport Arena; Z: ---; SR: Nurmi (FIN), Wiegand (SUI); LR: Heikinen (FIN), Mokhova (RUS)
Harß (Albl n.e.) - Rothemund, Botthof - Orendorz, Reich - T. Eisenschmid, Jobst-Smith - Düsterhöft - Weidenfelder, Kluge, Christof - Zorn (C), Karpf, Spielberger - Wagner, N. Eisenschmid, Delarbre - S. Voigt, Häckelsmiller, Schiefer
T: 0:1 (14:52) Spielberger (Zorn)
S: Delarbre 2

VIERTELFINALE

568'. - 28.08.2021 CAN - GER 7:0 (3:0, 2:0, 2:0)
Calgary, WinSport Arena; Z: ---; SR: Rapin (USA), Wiegand (SUI); LR: Hanley (USA), Spresser (USA)
Albl (ab 40:01 Abstreiter (Providence College)) - T. Eisenschmid, Jobst-Smith - Orendorz, Reich - Rothemund, Botthof - Düsterhöft - N. Eisenschmid, Häckelsmiller, Delarbre - Zorn (C), Karpf, Spielberger - Wagner, S. Voigt, Schiefer
S: Düsterhöft 5+20 (Spieldauer), Wagner 2, Delarbre 2

PLATZIERUNGSSPIEL 5-8

569'. - 29.08.2021 ROC* - GER 3:2 (0:0, 1:2, 2:0)
* Russian Olympic Committee = Gemäß einem Urteil des internationalen Sportgerichts CAS vom Dezember 2020 zu Dopingsanktionen war es russischen Athleten und Mannschaften bis zum 16.12.2022 untersagt, bei Olympischen Spielen oder Weltmeisterschaften unter russischer Flagge anzutreten oder die russische Nationalhymne zu verwenden.
Calgary, WinSport Arena; Z: ---; SR: Cooke (USA), Neary (CAN); LR: Blair (CAN), Chartrand (CAN)
Albl (59:16 out; Abstreiter) - T. Eisenschmid, Jobst-Smith - Orendorz, Reich - Rothemund, Botthof - Düsterhöft - Zorn (C), Karpf, Spielberger - Wagner, S. Voigt, Häckelsmiller - N. Eisenschmid, Delarbre
T: 0:1 (23:49) N. Eisenschmid (T. Eisenschmid) - 1:2 (37:22) Spielberger (Reich, Karpf)
S: Orendorz 2, Düsterhöft 2

570'. - 06.11.2021 GER - JPN 0:6 (0:2, 0:2, 0:1, 0:0, 0:1) OT und PS
Füssen, BLZ-Arena; Z: 40; SR: Rajic (GER); LR: Koziol (GER), Pletzer (GER)
Albl (Hemmerle (ESC Planegg) n.e.) - Sabus (ERC Ingolstadt), Düsterhöft - T. Eisenschmid, Jobst-Smith - Rothemund, Botthof - Orendorz, Reich - Miller (SC Bietigheim-Bissingen), **Lilli Welcke** (Mad Dogs Mannheim), Amort (Eisbären Juniors Berlin) - N. Eisenschmid, Delarbre, Christof - Zorn (C), Karpf, Feldmeier (ESC Planegg) - Schiefer, Bartsch (Eisbären Juniors Berlin), Weidenfelder
PS: 1:0 für JPN
S: Bartsch 2, N. Eisenschmid 2, Christof 2

571'. - 07.11.2021 GER - JPN 2:3 (1:1, 0:1, 1:1)
Füssen, BLZ-Arena; Z: ?; SR: Polaczek (GER); LR: Riemel (GER), Butzen (GER)*
* auf dem offiz. Spielbericht keine Zuschauer angeben
Albl (ab 40:01 Hemmerle; 57:12-57:25 + 59:11-60:00 out) - Orendorz, Reich - Rothemund, Botthof - T. Eisenschmid, Jobst-Smith - Sabus, Düsterhöft - Schiefer, Bartsch, Weidenfelder - Zorn (C), Karpf, Feldmeier - N. Eisenschmid, Delarbre, Christof - Miller, Li. Welcke, Amort
T: 1:0 (06:32) Feldmeier (Reich, Zorn) / 2:3 (57:25) Zorn (Jobst-Smith)
S: Feldmeier 2, Miller 2, Düsterhöft 2, Orendorz 2

Qualifikation zu den Olympischen Winterspielen 2022 - Gruppe D
Die deutsche Mannschaft belegte den 3. Platz und qualifizierte sich damit nicht für die Olympischen Winterspiele 2022.

572'. - 11.11.2021 GER - AUT 0:3 (0:1, 0:1, 0:1)
Füssen, BLZ-Arena; Z: 386; SR: Celárová (SVK), Wiegand (SUI); LR: Moore (USA), Strong (USA)
Abstreiter (Albl n.e.) - T. Eisenschmid, Jobst-Smith - Orendorz, Reich - Rothemund, Botthof - Düsterhöft - Kluge, Bartsch, Weidenfelder - Feldmeier, Zorn (C), Karpf - N. Eisenschmid, Delarbre, Christof - Wagner, Li. Welcke, Schiefer - Amort
S: Zorn 2, Kluge 2

573'. - 13.11.2021 ITA - GER 1:4 (0:1, 1:1, 0:2)
Füssen, BLZ-Arena; Z: 452; SR: Celárová (SVK), Mantha (CAN); LR: Kainberger (AUT), Strong (USA)
Albl (Abstreiter n.e.) - Reich, Botthof - T. Eisenschmid, Jobst-Smith - Orendorz, Rothemund - Düsterhöft - N. Eisenschmid, Li. Welcke, Delarbre - Kluge, Christof, Weidenfelder - Feldmeier, Zorn (C), Karpf - Wagner, Schiefer, Bartsch - Amort
T: 0:1 (03:05) N. Eisenschmid (Delarbre, Li. Welcke) / 1:2 (29:30) Li. Welcke (Zorn) / 1:3 (47:16) Delarbre (N. Eisenschmid, Li. Welcke) - 1:4 (51:46) Jobst-Smith (---)
S: Botthof 4, Christof 2, Kluge 2, Rothemund 2, Amort 2

574'. - 14.11.2021 GER - DEN 3:2 (0:0, 2:1, 0:1, 0:0, 1:0) OT und PS
Füssen, BLZ-Arena; Z: 565; SR: Lieffers (CAN), Wiegand (SUI); LR: Kainberger (AUT), Moore (USA)
Albl (58:40-60:00 out; Abstreiter n.e.) - T. Eisenschmid, Jobst-Smith - Reich, Botthof - Orendorz, Düsterhöft - Rothemund - N. Eisenschmid, Li. Welcke, Delarbre - Kluge - Christof, Weidenfelder - Feldmeier, Zorn (C), Karpf - Wagner, Schiefer, Bartsch - Amort
T: 1:0 (30:24) T. Eisenschmid (Zorn, Jobst-Smith) - 2:0 (34:15) Li. Welcke (Karpf, Weidenfelder) / 3:2 (65.) Zorn (GWS)
PS: 0:0 N. Eisenschmid (rechts vorbei) - 0:1 DEN - 1:1 Zorn - 1:1 DEN - 2:1 Kluge - 2:1 DEN - 2:1 Feldmeier (oben drüber) - 2:2 DEN - 2:2 T. Eisenschmid (gehalten) - 2:2 DEN / 2:2 DEN - 3:2 Zorn
S: Jobst-Smith 2, Delarbre 2
Reich absolvierte als siebenundvierzigste Spielerin ihr 100. Länderspiel.

Drei-Nationen-Turnier
Die deutsche Mannschaft belegte im Turnier den 3. Platz.

575'. - 17.12.2021 GER - SWE 1:4 (0:1, 1:3, 0:0)
Basel, St. Jakob Arena; Z: 30; SR: Wiegand (SUI), Staiger (SUI); LR: Egli (SUI), Monard (SUI)
Uhrmann (ESC Planegg; ab 30:35 Harß) - Hark (ECDC Memmingen), Botthof - Orendorz, Rothemund - Strompf (ŽHK 2000 Šarišanka Prešov), Raschke (Eisbären Juniors Berlin) - **Xenia Merkle** (Mad Dogs Mannheim) - Bartsch, Kluge (C), Feldmeier - Schiefer, Karpf, Miller - Heinz (Mad Dogs Mannheim), Li. Welcke, **Luisa Welcke** (Mad Dogs Mannheim)
T: 1:2 (30:34) Li. Welcke (Lu. Welcke)
S: Schiefer 2, Feldmeier 2, Bartsch 2, Raschke 2, Hark 2

576'. - 19.12.2021 SUI - GER 6:1 (1:0, 0:0, 5:1)
Basel, St. Jakob Arena; Z: 150; SR: Fialová (CZE), Boverio (SUI); LR: Anex (SUI), Vicha (SUI)
Harß (ab 32:21 Uhrmann) - Hark, Botthof - Orendorz, Rothemund - Strompf, Raschke - Merkle - Bartsch, Kluge (C), Feldmeier - Schiefer, Karpf, Miller - Heinz, Li. Welcke, Lu. Welcke
T: 3:1 (53:58) Lu. Welcke (---)
S: Botthof 4, Heinz 2, Merkle 2

2022/23

577'. - 18.08.2022 GER - HUN 1:0 (1:0, 0:0, 0:0)
Füssen, BLZ-Arena; Z: 50; SR: Haas (GER); LR: Koziol (GER), Männlein (GER)
Abstreiter (Providence College; ab 40:01 Uhrmann (ECDC Memmingen)) - Jobst-Smith (University of Minnesota Duluth), T. Eisenschmid (Djurgårdens IF) - Botthof (Yale University), Strobel (ECDC Memmingen) - Strompf (ŽHK 2000 Šarišanka Prešov), Gleißner (C - ECDC Memmingen) - Düsterhöft (ERC Ingolstadt), Hark (ECDC Memmingen) - Christof (Rensselaer Polytechnic Institute), Kluge (ECDC Memmingen), Weidenfelder (ECDC Memmingen) - Karpf (Leksands IF), Li. Welcke (University of Maine), Lu. Welcke (University of Maine) - Feldmeier (ESC Planegg), Delarbre (Djurgårdens IF) - Bartsch (ECDC Memmingen), Ann. Sterzik (Eisbären Juniors Berlin), Schiefer (ERC Ingolstadt)
T: 1:0 (15:43) Karpf (Li. Welcke, Strompf)
S: T. Eisenschmid 4, Delarbre 2, Gleißner 2, Düsterhöft 2

578'. - 19.08.2022 GER - HUN 2:1 (1:1, 1:0, 0:0)
Füssen, BLZ; Z: 100; SR: Rajic (GER); LR: Koziol (GER), Reinold (GER)
Albl (Wanderers Germering; ab 40:01 Uhrmann) - Strobel, Gleißner (C) - Botthof, Strompf - Jobst-Smith, T. Eisenschmidt - L. Schmitz (Mad Dogs Mannheim) - N. Eisenschmid, Delarbre, Feldmeier - Li. Welcke, Karpf, Lu. Welcke - Christof, Kluge (ECDC Memmingen), Weidenfelder - S. Voigt (St. Cloud State University), Haider (ERC Ingolstadt), Wagner (ERC Ingolstadt)
T: 1:1 (18:05) Jobst-Smith (T. Eisenschmidt, Feldmeier) / 2:1 (35:23) Wagner (Haider)
S: Voigt 2, Feldmeier 2, Lu. Welcke 2, Delarbre 2

579. - 23.08.2022 GER - CZE 3:2 (2:0, 1:1, 0:1)
Frederikshavn, Iscenter Nord; Z: ?; SR: ?; LR: ?
Abstreiter (ab 31:01 Albl) - Botthof, Düsterhöft - T. Eisenschmid, Gleißner (C) - Jobst-Smith, Strobel - Strompf - Bartsch, Christof, Delarbre - Feldmeier - N. Eisenschmid, Haider - Karpf, Kluge, Schiefer - Wagner, Weidenfelder, Li. Welcke - Lu. Welcke
T: 1:0 (01:53) Feldmeier (Kluge, T. Eisenschmid) - 2:0 (05:36) Feldmeier (Delarbre) / 3:0 (38:19) N. Eisenschmid (T. Eisenschmid, Bartsch)
S: Li. Welcke 2, N. Eisenschmid 2, Delarbre 2, Jobst-Smith 2, Strobel 2, Kluge 2

21. Weltmeisterschaft 2022

Die deutsche Mannschaft belegte in der Vorrundengruppe der schwächeren Teams den 4. Platz und verpasste damit das Viertelfinale.

VORRUNDE - GRUPPE B

<u>580'. - 25.08.2022 GER - HUN 2:4 (2:1, 0:2, 0:1)</u>
Frederikshavn, Iscenter Nord; Z: 526; SR: Ketonen (FIN), Neary (CAN); LR: Jalbert (CAN), Saarimäki (FIN)
Albl (58:09-59:51 out; Abstreiter n.e.) - T. Eisenschmid, Jobst-Smith - Strobel, Gleißner (C) - Botthof, Strompf - Düsterhöft - Kluge, Haider, Weidenfelder - Feldmeier, N. Eisenschmid, Delarbre - Lu. Welcke, Karpf, Li. Welcke - Wagner, Bartsch, Christof - Schiefer
T: 1:0 (01:56) Lu. Welcke (Strompf, Botthof) - 2:0 (10:29) Kluge (T. Eisenschmid, Jobst-Smith)
S: Gleißner 4, Wagner 2, Karpf 2, N. Eisenschmid 2

<u>581'. - 27.08.2022 SWE - GER 4:3 (0:0, 2:0, 1:3, 0:0, 1:0) OT und PS</u>
Frederikshavn, Iscenter Nord; Z: 395; SR: Kārkliņa (LAT), Neary (CAN); LR: Jalbert (CAN), Sainio (FIN)
Abstreiter (58:15-59:18 out; Albl n.e.) - Strobel, Gleißner (C) - T. Eisenschmid, Jobst-Smith - Botthof, Strompf - Düsterhöft - Feldmeier, N. Eisenschmid, Delarbre - Kluge, Haider, Weidenfelder - Lu. Welcke, Karpf, Li. Welcke - Wagner, Bartsch, Christof - Schiefer
T: 3:1 (52:43) Christof (T. Eisenschmid, Bartsch) - 3:2 (56:31) N. Eisenschmid (T. Eisenschmid, Kluge) - 3:3 (59:18) T. Eisenschmid (Kluge, Feldmeier)
PS: 0:0 Feldmeier (gehalten) - 1:0 SWE - 1:0 Kluge (gehalten) - 2:0 SWE - 2:0 Jobst-Smith (Puck verloren) - 2:0 SWE - 2:0 N. Eisenschmid (gehalten)
S: Weidenfelder 2, Haider 2, Wagner 2, T. Eisenschmid 2

<u>582'. - 29.08.2022 GER - CZE 0:6 (0:2, 0:3, 0:1)</u>
Frederikshavn, Iscenter Nord; Z: 332; SR: Kārkliņa (LAT), Nurmi (FIN); LR: Cameron (USA), Dinant (BEL)
Abstreiter (ab 40:01 Albl) - T. Eisenschmid, Jobst-Smith - Strobel, Gleißner (C) - Botthof, Strompf - Düsterhöft - Kluge, Haider, Weidenfelder - Feldmeier, N. Eisenschmid, Delarbre - Lu. Welcke, Karpf, Li. Welcke - Wagner, Bartsch, Christof - Schiefer
S: Bartsch 4, Wagner 2, Delarbre 2, Strobel 2, Teamstrafe 2 (dafür Schiefer auf der Strafbank)

<u>583'. - 30.08.2022 DEN - GER 2:3 (1:1, 1:0, 0:2)</u>
Frederikshavn, Iscenter Nord; Z: 1.150; SR: Hanson (USA), Neary (CAN); LR: Dinant (BEL), Jonáková (SVK)
Abstreiter (57:48 out; Albl n.e.) - Strobel, Gleißner (C) - T. Eisenschmid, Jobst-Smith - Botthof, Strompf - Düsterhöft - Feldmeier, N. Eisenschmid, Delarbre - Kluge, Li. Welcke, Weidenfelder - Lu. Welcke, Karpf, Haider - Schiefer, Bartsch, Christof - Wagner
T: 1:1 (08:05) Feldmeier (T. Eisenschmid, Jobst-Smith) / 2:2 (55:49) Kluge (Li. Welcke) - 2:3 (59:59) T. Eisenschmidt (---)
S: N. Eisenschmid 2, Haider 2

Euro Hockey Tour 2022/23 - Erstes Turnier

Die deutsche Mannschaft belegte im Turnier den 5. Platz.

<u>584'. - 08.11.2022 GER - SWE 0:7 (0:3, 0:2, 0:2)</u>
Vierumäki, Vierumäen jäähalli; Z: 10; SR: Tauriainen (FIN), Lusi (FIN); LR: Parantainen (FIN), Halme (FIN)
Uhrmann (EV Ravensburg; **Felicity Luby** (EHC Troisdorf) n.e.) - **Mathilde Vetter** (Fargo Davies High School), Strompf - Düsterhöft, Hark - Badura (Mad Dogs Mannheim), Schmitz (Mad Dogs Mannheim) - Nickisch - Ann. Sterzik, Karpf (C), Weidenfelder - Schiefer, Haider, Wagner - Heinz (Mad Dogs Mannheim), Bartsch, Häckelsmiller (ECDC Memmingen) - **Lola Liang** (Mad Dogs Mannheim), **Yvette Reichelt** (Mad Dogs Mannheim)
S: Hark 2

<u>585'. - 09.11.2022 SUI - GER 0:2 (0:0, 0:1, 0:1)</u>
Vierumäki, Vierumäen jäähalli; Z: 10; SR: Ketonen (FIN), Jaatinen (FIN); LR: Sainio (FIN), Saarimäki (FIN)
Luby (58:20-59:45 out; Uhrmann n.e.) - Hark, Düsterhöft - Vetter, Strompf - Nickisch, Badura - T. Schmitz - Wagner, Haider, Schiefer - Ann. Sterzik, Karpf (C), Weidenfelder - Heinz, Bartsch, Häckelsmiller - Liang, Reichelt
S: Bartsch 6, Haider 2, Heinz 2

   10.11.2022 CZE - GER
Vierumäki, Vierumäen jäähalli
Das Spiel konnte wegen eines Stromausfalls nicht durchgeführt werden.

586'. - 11.11.2022 GER - FIN 0:4 (0:1, 0:2, 0:1)
Vierumäki, Vierumäen jäähalli 2; Z: 43; SR: Åberg (FIN), Tauriainen (FIN); LR: Oksanen (FIN), Anttila (FIN)
Uhrmann (ab 29:57 Luby) - Düsterhöft, Strompf - Nickisch, Hark - Vetter, T. Schmitz - Badura - Haider, Karpf (C), Weidenfelder - Schiefer, Bartsch, Wagner - Liang, Häckelsmiller, Heinz - Reichelt
S: Nickisch 2, Hark 2, Wagner 2, Vetter 2

Euro Hockey Tour 2022/23 - Zweites Turnier
Die deutsche Mannschaft belegte im Turnier den 5. Platz.

587'. - 13.12.2022 SWE - GER 4:1 (1:1, 2:0, 1:0)
Helsingborg, Olympiarinken A-Hall; Z: 120; SR: Henriksson (SWE), Staiger (SUI); LR: Littmar (SWE), Egli (SUI)
Leonie Kühberger (Elmira College; Abstreiter n.e.) - T. Eisenschmidt, Düsterhöft - Gleißner (C), Botthof - Strobel, Strompf - Hark - Schiefer, Delabre, N. Eisenschmidt - Weidenfelder, Karpf, Bartsch - Wagner, Haider, S. Voigt - Häckelsmiller, Ann. Sterzik, Merkle (Mad Dogs Mannheim)
T: 1:1 (09:14) Wagner (Strobel, Haider)
S: Haider 2, Karpf 2, Strobel 2

588'. - 15.12.2022 GER - CZE 0:4 (0:2, 0:0, 0:2)
Helsingborg, Olympiarinken A-Hall; Z: 65; SR: Kainberger (AUT), Lovensnö (SWE); LR: Hardtmann (SWE), Classon (SWE)
Abstreiter (Kühberger n.e.) - Gleißner (C), Botthof - T. Eisenschmidt, Düsterhöft - Strobel, Strompf - Haider, Karpf, Häckelsmiller - S. Voigt, Delarbre, N. Eisenschmidt - Wagner, Bartsch, Schiefer - Hark, Ann. Sterzik, Merkle
S: T. Eisenschmidt 2, Teamstrafe 2

589'. - 16.12.2022 SUI - GER 8:0 (2:0, 4:0, 2:0)
Ängelholm, Catena Arena; Z: 34; SR: Kainberger (AUT), Staiger (SUI); LR: Lundgren (SWE), Nilsson (SWE)
Kühberger (Abstreiter n.e.) - Strompf, Botthof - Gleißner (C), Strobel - T. Eisenschmidt, Düsterhöft - Merkle - Weidenfelder, Delarbre, N. Eisenschmidt - Häckelsmiller, Karpf, Haider - Wagner, Bartsch, S. Voigt - Hark, Ann. Sterzik, Schiefer
S: T. Eisenschmidt 4, Strompf 4, S. Voigt 2, Teamstrafe 2

590'. - 17.12.2022 GER - FIN 0:4 (0:2, 0:2, 0:0)
Ängelholm, Catena Arena; Z: 57; SR: Hammar (SWE), Lovensnö (SWE); LR: Lundgren (SWE), Öberg (SWE)
Abstreiter (Kühberger n.e.) - Gleißner (C), Strobel - Strompf, Botthof - T. Eisenschmidt, Merkle - Wagner, Bartsch, S. Voigt - Häckelsmiller, Karpf, Haider - Weidenfelder, Delarbre, N. Eisenschmidt - Düsterhöft, Ann. Sterzik, Schiefer
S: Bartsch 4, Gleißner 4, Haider 2, Karpf 2

Euro Hockey Tour 2022/23 - Drittes Turnier
Die deutsche Mannschaft belegte im Turnier und auch in der Gesamtwertung den 5. Platz.

591'. - 08.02.2023 GER - CZE 1:5 (1:1, 0:3, 0:1)
Füssen, BLZ-Arena; Z: 50; SR: Hjelmström (SWE), Orlandini (ITA); LR: Smetková (CZE), Vicha (SUI)
Albl (**Johanna May (ESC River Rats Geretsried)** n.e.) - Strobel, Gleißner (C) - T. Eisenschmid, **Charlott Schaffrath** (ECDC Memmingen) - Botthof (SDE HF), Strompf - Nickisch, Hark - Haider, Karpf, Weidenfelder - N. Eisenschmid, Delarbre, Schiefer - Heinz, Bartsch, Wagner - Häckelsmiller, Feldmeier, **Anastasia Gruß** (Eisbären Juniors Berlin)
T: 1:0 (01:45) Bartsch (---)
S: Häckelsmiller 5, Hark 4, Schiefer 4, Nickisch 2, Botthof 2, T. Eisenschmid 2, Delarbre 2

592'. - 09.02.2023 FIN - GER 3:0 (1:0, 1:0, 1:0)
Füssen, BLZ-Arena; Z: 60; SR: Haack (GER), Orlandini (ITA); LR: Vicha (SUI), Ernst (GER)
May (Albl n.e.) - T. Eisenschmid, Schaffrath - Gleißner (C), Strobel - Botthof, Strompf - Nickisch, Hark - N. Eisenschmid, Delarbre, Schiefer - Haider, Karpf, Weidenfelder - Heinz, Bartsch, Wagner - Gruß, Feldmeier, Häckelsmiller
S: N. Eisenschmid 2, Haider 2, T. Eisenschmid 2, Schaffrath 2, Karpf 2, Schiefer 2, Delarbre 2, Wagner 2
Gleißner absolvierte als zwölfte Spielerin ihr 200. Länderspiel.

593'. - 11.02.2023 SWE - GER 4:1 (2:0, 1:0, 1:1)
Füssen, BLZ-Arena; Z: 56; SR: Zedníková (CZE), Orlandini (ITA); LR: Smetková (CZE), Strube (GER)
Albl (May n.e.) - Botthof, Strompf - Strobel, Gleißner (C) - T. Eisenschmid, Hark - Nickisch, Schaffrath - Feldmeier, Bartsch, Heinz - Haider, Karpf, Weidenfelder - N. Eisenschmid, Delarbre, Schiefer - Liang, Gruß, Häckelsmiller
T: 4:1 (59:36) Haider (Strompf)
S: Hark 4, Karpf 2, Haider 2

594'. - 12.02.2023 GER - SUI 1:2 (1:2, 0:0, 0:0)
Füssen, BLZ-Arena; Z: 100; SR: Zedníková (CZE), Haack (GER); LR: Ernst (GER), Smetková (CZE)
May (58:38 out; Albl n.e.) - T. Eisenschmied, Hark - Gleißner (C), Strobel - Botthof, Strompf - Nickisch, Schaffrath - N. Eisenschmid, Delarbre, Schiefer - Haider, Karpf, Weidenfelder - Feldmeier, Bartsch, Heinz - Liang, Gruß, Häckelsmiller
T: 1:1 (04:29) Bartsch (---)
S: Strobel 2, Weidenfelder 2, Gleißner 2, Strompf, N. Eisenschmid 2

595'. - 31.03.2023 GER - SUI 0:2 (0:1, 0:0, 0:1)
Barrie, Sadlon Arena; Z: 514; SR: ?; LR: ?*
* auf dem offiz. Spielbericht keine SR und LR angeben
May (Abstreiter n.e.) - Strobel, Gleißner (C) - Hark, Jobst-Smith - Botthof, Strompf - Schaffrath, S. Voigt - Feldmeier, N. Eisenschmid, Delarbre - Lu. Welcke, Kluge, Weidenfelder - Wagner, Karpf, Haider - Bartsch, Christof, Li. Welcke
S: Delarbre 4, Gleißner 2, Kluge 2, N. Eisenschmid 2, S. Voigt 2, Jobst-Smith 2

596'. - 02.04.2023 HUN - GER 0:1 (0:0, 0:1, 0:0)
North York, Canlan Sports; Z: ?; SR: ?; LR: ?*
* auf dem offiz. Spielbericht keine Zuschauer, SR und LR angeben
Abstreiter (**Chiara Schultes** (EHC Straubing) n.e.) - Strobel, Gleißner (C) - Hark, Jobst-Smith - Botthof, Strompf - Schaffrath, S. Voigt - Feldmeier, N. Eisenschmid, Delarbre - Lu. Welcke, Kluge, Weidenfelder - Wagner, Karpf, Haider - Bartsch, Christof
T: 0:1 (31:13) Weidenfelder (Hark, Lu. Welcke)
S: Botthof 2, S. Voigt 2, N. Eisenschmid 2, Jobst-Smith 2, Strobel 2

22. Weltmeisterschaft 2023

Die deutsche Mannschaft belegte in der Vorrundengruppe der schwächeren Teams den 2. Platz. Damit spielte die Mannschaft gegen den Zweitplatzierten der Vorrundengruppe der stärkeren Teams um den Einzug ins Halbfinale. Nach dem dieses Spiel verloren wurde, spielte die Mannschaft noch ein Platzierungsspiel und belegte am Ende den 8. Platz.

VORRUNDE - GRUPPE B

597'. - 06.04.2023 GER - SWE 6:2 (1:1, 3:1, 2:0)
Brampton, CAA Centre; Z: 1.021; SR: Haack (GER), Hiller (USA); LR: Chartrand (CAN), Jonáková (SVK)
Abstreiter (May n.e.) - Strobel, Gleißner (C) - Hark, Jobst-Smith - Botthof, Strompf - Schaffrath, S. Voigt - Feldmeier, N. Eisenschmid, Delarbre - Lu. Welcke, Kluge, Weidenfelder - Wagner, Karpf, Haider - Bartsch, Christof, Schiefer
T: 1:1 (18:15) Feldmeier (Strobel, Haider) / 2:1 (24:47) Kluge (Lu. Welcke, Weidenfelder) - 3:1 (25:31) Haider (Wagner, Karpf) - 4:2 (33:05) S. Voigt (Jobst-Smith, Haider) / 5:2 (47:21) Haider (Wagner, Karpf) - 6:2 (55:07) Feldmeier (Strobel, Botthof)
S: Delarbre 4

598'. - 07.04.2023 FIN - GER 3:0 (2:0, 1:0, 0:0)
Brampton, CAA Centre; Z: 1.532; SR: Kärkliņa (LAT), Tassoni (USA); LR: Gottlibet (HUN), Todd (CAN)
May (Abstreiter n.e.) - Strobel, Gleißner (C) - Hark, Jobst-Smith - Botthof, Strompf - Schaffrath, S. Voigt - Lu. Welcke, Kluge, Weidenfelder - Feldmeier, N. Eisenschmid, Delarbre - Wagner, Karpf, Haider - Bartsch, Christof, Schiefer
S: Gleißner 2, Hark 2
Kluge absolvierte als achtundvierzigste Spielerin ihr 100. Länderspiel.

599'. - 09.04.2023 GER - FRA 3:0 (1:0, 1:0, 1:0)
Brampton, CAA Centre; Z: 1.020; SR: Cooke (USA), Neary (CAN); LR: Gottlibet (HUN), Zach (CAN)
Abstreiter (06:40-07:15 + 14:00-14:05 out; May n.e.) - Strobel, Gleißner (C) - Hark, Jobst-Smith - Botthof, Strompf - Schaffrath, S. Voigt - Lu. Welcke, Kluge, Weidenfelder - Feldmeier, N. Eisenschmid, Delarbre - Wagner, Karpf, Haider - Bartsch, Christof, Schiefer
T: 1:0 (15:49) Haider (Strobel, Feldmeier) / 2:0 (20:28) N. Eisenschmid (---) / 3:0 (50:39) Jobst-Smith (Kluge, N. Eisenschmid)
S: Botthof 4, S. Voigt 2, Haider 2, Weidenfelder 2

600'. - 11.04.2023 HUN - GER 1:2 (0:2, 1:0, 0:0)
Brampton, CAA Centre; Z: 1.232; SR: Neary (CAN), Rapin (USA); LR: Greenen (USA), Smetková (CZE)
Abstreiter (May n.e.) - Strobel, Gleißner (C) - Hark, Jobst-Smith - Botthof, Strompf - Schaffrath, S. Voigt - Feldmeier, N. Eisenschmid, Delarbre - Lu. Welcke, Kluge, Weidenfelder - Wagner, Karpf, Haider - Bartsch, Christof, Schiefer
T: 0:1 (10:34) Hark (Delarbre, Jobst-Smith) - 0:2 (19:25) N. Eisenschmid (Feldmeier)
S: Christof 2, Bartsch 2, Gleißner 2

VIERTELFINALE

601'. - 13.04.2023 USA - GER 3:0 (1:0, 1:0, 1:0)
Brampton, CAA Centre; Z: 1.375; SR: Mantha (CAN), Neary (CAN); LR: Chartrand (CAN), Gottlibet (HUN)
Abstreiter (May n.e.) - Strobel, Gleißner (C) - Hark, Jobst-Smith - Botthof, Strompf - Schaffrath, S. Voigt - Feldmeier, N. Eisenschmid, Delarbre - Lu. Welcke, Kluge, Weidenfelder - Wagner, Karpf, Haider - Bartsch, Christof, Schiefer
S: Haider 4, Botthof 2

PLATZIERUNGSSPIEL 5-8

602'. - 14.04.2023 FIN - GER 8:2 (1:1, 3:1, 4:0)
Brampton, CAA Centre; Z: 679; SR: Cooke (USA), Dewar (CAN); LR: Jonáková (SVK), Saarimäki (FIN)
Abstreiter (ab 49:19 May) - Strobel, Gleißner (C) - Hark, Jobst-Smith - Botthof, Strompf - Schaffrath, S. Voigt - Feldmeier, N. Eisenschmid, Delarbre - Lu. Welcke, Kluge, Weidenfelder - Wagner, Karpf, Haider - Bartsch, Christof, Schiefer
T: 0:1 (10:17) Weidenfelder (Feldmeier, Haider) / 2:2 (21:49) Wagner (Karpf, Hark)
S: Strobel 4, S. Voigt 2, Schiefer 2

2023/24

Neuer Bundestrainer Jeff MacLeod (CAN)

Vier-Nationen-Turnier

Die deutsche Mannschaft belegte im Turnier den 4. Platz.

603'. - 24.08.2023 FRA - GER 1:0 (0:0, 0:0, 1:0)
Kloten, stimo arena; Z: 34; SR: Orlandini (ITA), Williner (SUI); LR: Salzmann (SUI), Perrin (SUI)
Abstreiter (58:43 out; ECDC Memmingen; Uhrmann (ECDC Memmingen) n.e.) - Gleißner (C - ECDC Memmingen), Strobel (ECDC Memmingen) - Hark (ECDC Memmingen), Düsterhöft (ERC Ingolstadt) - Strompf (ŽHK 2000 Šarišanka Prešov), Botthof (Mad Dogs Mannheim) - Mayer (Williams College), T. Schmitz (Mad Dogs Mannheim) - N. Eisenschmid (ECDC Memmingen), Kluge (ECDC Memmingen), Christof (Rensselaer Polytechnic Institute) - Haider (ERC Ingolstadt), Karpf (ERC Ingolstadt), Wagner (ERC Ingolstadt) - Reichelt (Mad Dogs Mannheim), Schiefer (ECDC Memmingen), Häckelsmiller (ECDC Memmingen) - Liang (Mad Dogs Mannheim), Heinz (Mad Dogs Mannheim), **Lucy Klein** (ERC Ingolstadt)
S: Mayer 2, Botthof 2, Strobel 2, N. Eisenschmid 2, Teamstrafe 2

604'. - 25.08.2023 GER - HUN 0:4 (0:0, 0:1, 0:3)
Kloten, stimo arena; Z: 55; SR: Matejová (SVK), Orlandini (ITA); LR: Salzmann (SUI), Ernst (GER)
Hemmerle (ERC Ingolstadt; Abstreiter n.e.) - Gleißner (C), Strobel - Hark, Düsterhöft - Strompf, Botthof - Mayer, T. Schmitz - N. Eisenschmid, Kluge, Christof - Haider, Karpf, Wagner - Heinz, Schiefer, Häckelsmiller - Liang, Klein, Reichelt
S: Kluge 4, Hark 2, Haider 2, Strompf 2, Schiefer 2, N. Eisenschmid 2, Botthof 2, Mayer 2, Karpf 2

26.08.2023 SUI - GER 5:0 (Wertung)
Kloten, stimo arena
Das Spiel musste auf Grund einer akuten Magen-Darm-Erkrankung im DEB-Team abgesagt werden.

1. Deutschland-Cup 2023

Die deutsche Mannschaft belegte Platz 3.

605'. - 08.11.2023 GER - DEN 1:0 (0:0, 1:0, 0:0)
Landshut, Fanatec Arena; Z: 1.028; SR: Kainberger (AUT), Strohmenger (GER); LR: Dinant (BEL), Ernst (GER)
Abstreiter (Schultes (ESC Planegg) n.e.) - Gleißner (C), Strobel - Botthof, Hark - Düsterhöft, Strompf - T. Schmitz, Schaffrath (ECDC Memmingen) - E. Nix (ERC Ingolstadt), Schiefer, Feldmeier (Linköping HC) - Amort (Mad Dogs Mannheim), Karpf, N. Eisenschmidt - Miller (Mad Dogs Mannheim), L. Schmitz (Mad Dogs Mannheim), Häckelsmiller - Liang, Klein, Reichelt
T: 1:0 (28:24) Miller (Häcksmiller, L. Schmitz)
S: Karpf 2, Gleißner 2, Liang 2

606'. - 10.11.2023 GER - FIN 1:8 (0:2, 0:4, 1:2)
Landshut, Fanatec Arena; Z: 1.667; SR: Anselm (GER), Haack (GER); LR: Dinant (BEL), Strube (GER)
Schultes (Abstreiter n.e.) - Gleißner (C), Strobel - Botthof, Hark - Düsterhöft, Strompf - T. Schmitz, Schaffrath - E. Nix, Schiefer, Feldmeier - Amort, Karpf, N. Eisenschmidt - Kluge, Häckelsmiller, Wagner - Klein, L. Schmitz, Miller
T: 1:7 (49:05) Wagner (Kluge)
S: Gleißner 2, Wagner 2

607'. - 11.11.2023 GER - CZE 0:8 (0:3, 0:1, 0:4)
Landshut, Fanatec Arena; Z: 3.007; SR: Haack (GER), Kainberger (AUT); LR: Ernst (GER), Fischer (GER)
Abstreiter (Schultes n.e.) - Gleißner (C), Strobel - Botthof, Hark - Schaffrath, Strompf - T. Schmitz, Düsterhöft - E. Nix, Kluge, N. Eisenschmidt - L. Schmitz, Schiefer, Feldmeier - Amort, Karpf, Wagner - Miller, Klein, Häckelsmiller
S: Strobel 2, Amort 2, Feldmeier 2, E. Nix 2, Hark 2, Wagner 2, Gleißner 2, Schiefer 2

Euro Hockey Tour 2023/24 - Erstes Turnier

Die deutsche Mannschaft belegte im Turnier den 5. Platz.

608'. - 13.12.2023 SWE - GER 3:2 (1:0, 2:2, 0:0)
Falun, Lugnets isstadion; Z: 112; SR: Nurmi (FIN), Furberg (SWE); LR: Saarimäki (FIN), Schüpbach-Egli (SUI)
Hemmerle (58:22 out; Schultes n.e.) - Gleißner (C), Schaffrath - Strobel, Mayer - Botthof, Sabus (ERC Ingolstadt) - Vetter (Mad Dogs Mannheim), T. Schmitz - Christof, Schiefer, N. Eisenschmid - Amort, Feldmeier, Wagner - Lu. Welcke (Boston University), Li. Welcke (Boston University), Voigt (St. Cloud State University) - Klein, L. Schmitz, Miller
T: 2:1 (30:03) Lu. Welcke (Strobel, Botthof) - 3:2 (39:17) Botthof (Wagner)
S: Christof 4, N. Eisenschmid 2, Vetter 2, Lu. Welcke 2, Voigt 2, Gleißner 2

609'. - 14.12.2023 GER - FIN 1:4 (0:3, 1:0, 0:1)
Falun, Lugnets isstadion; Z: 43; SR: Küller (SWE), Kārkliņa (LAT); LR: Schüpbach-Egli (SUI), Hjálmarsdóttir (ISL)
Schultes (ab 22:56 Hemmerle) - Gleißner (C), Schaffrath - Strobel, Mayer - Botthof, Sabus - Vetter, T. Schmitz - Christof, Schiefer, N. Eisenschmid - Amort, Feldmeier, Wagner - Lu. Welcke, Li. Welcke, Voigt - Klein, L. Schmitz, Miller
T: 1:3 (38:19) Klein (Miller)
S: Mayer 2, Botthof 2, Gleißner 2

610'. - 15.12.2023 GER - SUI 0:2 (0:0, 0:2, 0:0)
Falun, Lugnets isstadion; Z: 79; SR: Nurmi (FIN), Furberg (SWE); LR: Lundgren (SWE), Hjálmarsdóttir (ISL)
Hemmerle (58:25 out; **Sara Brammen** (Eisbären Juniors Berlin) n.e.) - Gleißner (C), Schaffrath - Strobel, Mayer - Botthof, Sabus - Vetter, T. Schmitz - Christof, Schiefer, N. Eisenschmid - Amort, Feldmeier, Wagner - Lu. Welcke, Li. Welcke, Voigt - Klein, L. Schmitz, Miller
S: Christof 2, Gleißner 2

611'. - 16.12.2023 CZE - GER 6:1 (3:0, 0:0, 3:1)
Falun, Lugnets isstadion; Z: 46; SR: Küller (SWE), Kārkliņa (LAT); LR: Classon (SWE), Schüpbach-Egli (SUI)
Hemmerle (Brammen n.e.) - Gleißner (C), Schaffrath - Strobel, Mayer - Botthof, Sabus - Vetter, T. Schmitz - Christof, Schiefer, N. Eisenschmid - Amort, Feldmeier, Wagner - Lu. Welcke, Li. Welcke, Voigt - Klein, L. Schmitz, Miller
T: 4:1 (46:28) Lu. Welcke (Li. Welcke)
S: N. Eisenschmid 4, Wagner 2, Botthof 2

Euro Hockey Tour 2023/24 - Zweites Turnier
Die deutsche Mannschaft belegte im Turnier und auch in der Gesamtwertung den 5. Platz.

612'. - 07.02.2024 SUI - GER 2:0 (0:0, 2:0, 0:0)
Liberec, Home Credit Arena; Z: 311; SR: Svobodová (CZE), Martin (CAN); LR: Hájková (CZE), Suchanek (POL)
Abstreiter (PWHL Ottawa; 59:47 out; Hemmerle n.e.) - Gleißner (C), Strobel - Hark, Schaffrath - Botthof, T. Schmitz - **Martina Schrick** (Löwen Frankfurt), **Hanna Hoppe** (Eisbären Juniors Berlin) - E. Nix, Feldmeier, N. Eisenschmid - Häckelsmiller, Delarbre (ERC Ingolstadt), Schiefer - Amort, Karpf, Wagner - Klein, L. Schmitz, Miller
S: Feldmeier 2

613'. - 08.02.2024 GER - CZE 1:7 (0:2, 1:3, 0:2)
Liberec, Home Credit Arena; Z: 1.767; SR: Svobodová (CZE), Martin (CAN); LR: Zedníková (CZE), Suchanek (POL)
Hemmerle (Abstreiter n.e.) - Gleißner (C), Strobel - Hark, Schaffrath - Botthof, T. Schmitz - Schrick, Hoppe - E. Nix, Schiefer, N. Eisenschmid - Häckelsmiller, Delarbre, Feldmeier - Amort, Karpf, Wagner - Klein, L. Schmitz, Miller
T: 1:4 (33:32) Amort (Karpf, Wagner)
S: E. Nix 2, Botthof 2, Feldmeier 2

614'. - 10.02.2024 GER - SWE 0:4 (0:1, 0:2, 0:1)
Liberec, Home Credit Arena; Z: 687; SR: Zedníková (CZE), Martin (CAN); LR: Pavlačková (CZE), Hájková (CZE)
Abstreiter (Hemmerle n.e.) - Gleißner (C), Strobel - Hark, Schaffrath - Botthof, T. Schmitz - Schrick, Hoppe - E. Nix, Schiefer, N. Eisenschmid - Häckelsmiller, Delarbre, Feldmeier - Amort, Karpf, L. Schmitz - Klein, Miller
S: Hark 4, Strobel 4, Gleißner 2, Feldmeier 2, T. Schmitz 2

615'. - 11.02.2024 FIN - GER 4:0 (2:0, 1:0, 1:0)
Liberec, Home Credit Arena; Z: 663; SR: Svobodová (CZE), Henriksson (SWE); LR: Cheyroux (FRA)
Hemmerle (Abstreiter n.e.) - Gleißner (C), Strobel - Hark, Schaffrath - Botthof, T. Schmitz - Schrick, Hoppe - E. Nix, Schiefer, N. Eisenschmid - Häckelsmiller, Delarbre, Feldmeier - Amort, Karpf, **Charleen Poindl** (ES Weißwasser) - Klein, L. Schmitz, Miller
S: T. Schmitz 2, Amort 2, Häckelsmiller 2

616'. - 01.04.2024 GER - SUI 1:2 (0:0, 1:0, 0:1, 0:0, 0:1) OT und PS
Utica, University Nexus Center; Z: 10; SR: Kainberger (AUT), Svobodová (CZE); LR: ?
Abstreiter (Hemmerle n.e.) - Gleißner (C), Hark - Strobel, Jobst-Smith (University of Minnesota Duluth) - Schaffrath, Botthof - T. Schmitz, L. Schmitz - N. Eisenschmid, E. Nix, Kluge - Voigt, Lu. Welcke, Li. Welcke - Feldmeier (ECDC Memmingen), Schiefer, Haider - Wagner, Karpf, Christof
T: 1:0 (32:09) Li. Welcke (Lu. Welcke)
PS: 0:0 SUI - 0:0 Feldmeier (verschießt) - 0:1 SUI - 0:1 Lu. Welcke (gehalten) - 0:1 SUI - 0:1 Kluge (gehalten) - 0:1 SUI - 0:1 Botthof (gehalten) - 0:1 SUI - 1:1 Li. Welcke / 1:1 Lu. Welcke (gehalten) - 1:2 SUI
S: Jobst-Smith 2, Voigt 2, Schaffrath 2

23. Weltmeisterschaft 2024

Die deutsche Mannschaft belegte in der Vorrundengruppe der schwächeren Teams den 1. Platz. Damit spielte die Mannschaft gegen den Drittplatzierten der Vorrundengruppe der stärkeren Teams um den Einzug ins Halbfinale. Nach dem dieses Spiel verloren wurde, spielte die Mannschaft noch ein Platzierungsspiel und belegte am Ende den 6. Platz.

VORRUNDE - GRUPPE B

617'. - 04.04.2024 DEN - GER 1:5 (0:1, 0:1, 1:3)
Utica, Adirondack Bank Center; Z: 1.385; SR: Hiller (USA), Svobodová (CZE); LR: Buckner (USA), Suchanek (POL)
Abstreiter (Hemmerle n.e.) - Gleißner (C), Hark - Strobel, Jobst-Smith - Schaffrath, Botthof - T. Schmitz, L. Schmitz - N. Eisenschmid, E. Nix, Kluge - Voigt, Lu. Welcke, Li. Welcke - Feldmeier, Schiefer, Haider - Wagner, Karpf, Christof
T: 0:1 (19:46) Li. Welcke (Lu. Welcke, Botthof) / 0:2 (39:10) Kluge (Gleißner, Hark) / 0:3 (44:49) Hark (E. Nix, Kluge) - 0:4 (52:43) Schiefer (Haider) - 1:5 (57:14) E. Nix (---)
S: Karpf 2, Jobst-Smith 2, Li. Welcke 2, N. Eisenschmid 2

618'. - 06.04.2024 JPN - GER 1:4 (0:0, 0:2, 1:2)
Utica, Adirondack Bank Center; Z: 1.831; SR: Berezowski (CAN), Lieffers (CAN); LR: Gotsdiner (USA), Smetková (CZE)
Abstreiter (Hemmerle n.e.) - Gleißner (C), Hark - Strobel, Jobst-Smith - Schaffrath, Botthof - T. Schmitz, L. Schmitz - N. Eisenschmid, E. Nix, Kluge - Voigt, Lu. Welcke, Li. Welcke - Feldmeier, Schiefer, Haider - Wagner, Karpf, Christof
T: 0:1 (35:45) Schiefer (Feldmeier, Strobel) - 0:2 (38:23) Karpf (Strobel, Li. Welcke) / 0:3 (58:14) Lu. Welcke (Voigt, Li. Welcke) - 1:4 (59:06) N. Eisenschmid (---)
S: Kluge 2, Li. Welcke 2, Hark 2, Jobst-Smith 2

619'. - 08.04.2024 GER - SWE 1:0 (0:0, 0:0, 1:0)
Utica, Adirondack Bank Center; Z: 1.808; SR: Anselm (GER), Nurmi (FIN); LR: Cheyroux (FRA), Suchanek (POL)
Abstreiter (Hemmerle n.e.) - Gleißner (C), Hark - Strobel, Jobst-Smith - Schaffrath, Botthof - T. Schmitz, L. Schmitz - N. Eisenschmid, E. Nix, Kluge - Voigt, Lu. Welcke, Li. Welcke - Feldmeier, Schiefer, Haider - Wagner, Karpf, Christof
T: 1:0 (48:06) Feldmeier (Botthof, Haider)
S: Kluge 2, Hark 2, Christof 2, Voigt 2

620'. - 09.04.2024 GER - CHN 3:0 (2:0, 0:0, 1:0)
Utica, Adirondack Bank Center; Z: 2.638; SR: Doyle (USA), Svobodová (CZE); LR: Suchanek (POL), Todd (CAN)
Hemmerle (**Hannah Loist** (EHC Wolfsburg) n.e.) - Gleißner (C), Hark - Strobel, Jobst-Smith - Schaffrath, Botthof - T. Schmitz, L. Schmitz - N. Eisenschmid, E. Nix, Kluge - Voigt, Lu. Welcke, Li. Welcke - Feldmeier, Schiefer, Haider - Wagner, Karpf, Christof
T: 1:0 (00:28) Kluge (Gleißner) - 2:0 (15:57) E. Nix (N. Eisenschmid, Kluge) / 3:0 (57:22) Karpf (---)
Feldmeier verschoss einen Penalty (50:01)
S: Strobel 2, Wagner 2, Kluge 2, Haider 2

VIERTELFINALE

621'. - 11.04.2024 CZE - GER 1:0 (0:0, 0:0, 1:0)
Utica, Adirondack Bank Center; Z: 1.388; SR: Lieffers (CAN), Nurmi (FIN); LR: Cheyroux (FRA), Welsh (CAN)
Abstreiter (59:04 out; Hemmerle n.e.) - Gleißner (C), Hark - Strobel, Jobst-Smith - Schaffrath, Botthof - T. Schmitz, L. Schmitz - N. Eisenschmid, E. Nix, Kluge - Voigt, Lu. Welcke, Li. Welcke - Feldmeier, Schiefer, Haider - Wagner, Karpf, Christof
S: Hark 2

SPIEL UM PLATZ 5

622'. - 13.04.2024 SUI - GER 3:2 (1:0, 1:2, 0:0, 1:0) OT
Utica, Adirondack Bank Center; Z: 1.423; SR: Hiller (USA), Neary (CAN); LR: Gutauskas (CAN), Welsh (CAN)
Abstreiter (64:07; Hemmerle n.e.) - Gleißner (C), Hark - Strobel, Jobst-Smith - Schaffrath, Botthof - T. Schmitz, L. Schmitz - N. Eisenschmid, E. Nix, Kluge - Voigt, Lu. Welcke, Li. Welcke - Feldmeier, Schiefer, Haider - Wagner, Karpf, Christof
T: 1:1 (30:20) Lu. Welcke (Li. Welcke, Feldmeier) - 2:2 (38:18) E. Nix (Kluge, N. Eisenschmid)
S: Christof 2, Teamstrafe 2 (Voigt auf der Bank)

Nationalspielerinnen seit 1988 von A bis Z

	Spielerin	Verein	P	Zeitraum	A-Sp Einsatz/Tor	B-Sp
1.	Abstreiter Sandra		T	22.08.19-13.04.24	45/0	
		Providence College		22.08.19-14.04.23	30/0	
		ECDC Memmingen		24.08.-11.11.23	5/0	
		PWHL Ottawa		07.02.-13.04.24	10/0	
2.	Adlhoch Kerstin		S	07.03.02-04.09.04	3/0	8/0
		EV Regensburg		07.03.-09.03.02	3/0	
		SC Riessersee		06.09.03-04.09.04		8/0
3.	Albl Franziska		T	07.10.12-12.02.23	96/0	
		ECDC Memmingen		07.10.12-03.04.17	38/0	
		ESC Planegg		07.10.17-03.04.18	18/0	
		EV Pfronten		05.10.18-08.02.20	13/0	
		ESC Planegg		11.02.-14.11.21	17/0	
		Wanderers Germering		19.08.22-12.02.23	10/0	
4.	Amort Hanna		S	25.08.17-11.02.24	56/2	
		Eisbären Juniors Berlin		25.08.17-14.11.21	45/1	
		Mad Dogs Mannheim		08.11.23-11.02.24	42/9	
5.	Anwander Manuela		S	28.12.05-03.04.18	170/40	5/0
		EV Landsberg 2000		28.12.05-10.04.08	32/5	5/0
		ESC Planegg		03.10.08-13.04.12	55/15	
		ERC Ingolstadt		06.10.12-18.02.14	41/11	
		ECDC Memmingen		02.10.15-03.04.18	42/9	
6.	Augst Silke	ESV Kaufbeuren	S	11.03.-12.03.95	2/0	
7.	Aumüller Bettina	ESC Planegg	S	12.11.94-30.12.96	34/1	
8.	Austin Patricia „Patty"		S	27.12.93-25.03.95	11/0	
		EV Füssen		27.12.-30.12.93	4/0	
		ESC Planegg		11.03.-25.09.95	7/0	
9.	Badura Lea		S	07.02.20-11.11.22	3/0	3/0
		EC Bergkamener Bären		07.02.-09.02.20		3/0
		Mad Dogs Mannheim		08.11.-11.11.22	3/0	
10.	Baert Beate	Mannheimer ERC	S	16.12.88-12.03.91	21/4	
11.	Bandelow Birgit	OSC Berlin	S	11.03.91-17.04.94	14/1	
12.	Bär Naemi		S	25.08.17-09.02.20	33/2	3/0
		EC Bergkamener Bären		25.08.17-26.01.18	13/0	
		Eisbären Juniors Berlin		05.10.18-09.02.20	20/2	3/0
13.	Bartell Thea-Marleen	Eisbären Juniors Berlin	S	07.02.-09.02.20		3/1
14.	Bartsch Anne		S	03.10.14-14.04.23	133/3	
		OSC Berlin		03.10.14-20.03.16	37/0	
		HV71 Jönköping		08.10.16-07.04.17	18/0	
		Eisbären Juniors Berlin		25.08.17-08.02.20	43/1	
		ECDC Memmingen		11.02.21-14.04.23	35/2	
15.	Becker Maritta		S	24.02.95-18.02.14	276/93	
		Heilbronner EC		24.02.95-30.12.96	29/8	
		Mannheimer ERC		03.10.97-08.04.01	81/36	
		SC Riessersee		05.10.-07.10.01	3/0	
		DHC Lyss		07.11.01-27.03.03	28/8	
		HC Lugano		07.11.03-04.04.04	13/8	
		DSC Oberthurgau		08.09.04-09.04.07	62/22	
		AIK Solna		10.11.07-09.04.09	26/9	
		ESC Planegg		06.10.12-08.04.13	16/2	

		ERC Ingolstadt		29.08.13-18.02.14	18/0	
16.	Behnke Miriam	TV Kornwestheim	S	07.03.-09.03.02	3/0	
17.	Berger Kira	EHC Eisbären Düsseldorf	S	03.12.88-25.03.90	17/0	
18.	Berlinghof Karin	Mannheimer ERC	T	02.12.89-30.12.93	36/0	
19.	Berndaner Christine		S	02.10.99-29.12.05	37/0	8/1
		TuS Geretsried		02.10.99-08.04.01	24/0	
		SC Riessersee		07.11.01-13.01.02	8/0	
		ERC Sonthofen 1999		09.11.02-08.05.05	5/0	6/0
		ESC Planegg		28.12.-29.12.05		2/1
20.	Beyer Annabel	ES Weißwasser	S	11.03.2006	1/1	
21.	Bittner Monika		S	05.02.04-29.03.16	226/26	12/5
		SC Riessersee		05.02.04-10.04.08	65/8	12/5
		ESC Planegg		03.10.08-29.03.16	161/18	
inoff.	*Bohlig Linda*	*ESV Hügelsheim*	*S*	*14.02.1999*		*1/0*
22.	Botthof Tabea		S	28.08.15-13.04.24	95/3	
		ESC Planegg		28.08.15-07.04.17	12/0	
		Kent School		25.08.17-03.04.18	6/0	
		Yale University		11.12.18-14.12.19	15/1	
		ESC Planegg		11.02.-08.04.21	5/1	
		Yale University		18.08.21-17.12.22	25/0	
		SDE HF		08.02.-14.04.23	12/0	
		Mad Dogs Mannheim		24.08.23-13.04.23	20/1	
23.	Brammen Sara	Eisbären Juniors Berlin	T	15.12.-16.12.23	2/0	
24.	Brendel Birgit	Mannheimer ERC	S	28.12.-29.12.91	2/0	
25.	Brendel Franziska		S	28.08.15-09.02.20	26/1	3/0
		Augsburger EV		28.08.-29.08.15	2/0	
		HC Landsberg		25.08.17-10.02.19	24/1	
		Eisbären Juniors Berlin		07.02.-09.02.20		3/0
26.	Brückl Isabel	SC Riessersee	S	28.12.05-11.03.06	1/1	5/0
27.	Buchener Sigrid	1. Hennefer EC Bonn	S	08.12.90-12.03.91	5/0	
28.	Busch Franziska		S	10.01.03-18.02.14	228/38	
		WSV Braunlage		10.01.03-09.09.07	88/14	
		EHC Wolfsburg		01.11.07-10.04.08	18/3	
		OSC Berlin		03.10.08-08.04.13	101/17	
		ECDC Memmingen		29.08.13-18.02.14	21/4	
29.	Byszio Eva	ERC Ingolstadt	S	03.10.14-05.11.16	31/1	
	ältere Schwester von Paula					
30.	Byszio Paula	ERC Ingolstadt	T	04.10.14-06.01.16	9/0	
31.	Christof Nina		S	18.08.21-13.04.24	38/3	
		Bishop Kearney High School		18.08.-14.11.21	10/2	
		Rensselaer Polytechnic Institute		18.08.22-13.04.24	28/1	
32.	Dandlberger Sylvia	ESC Planegg	S	03.09.-04.09.04		2/0
33.	Delarbre Marie		S	04.09.10-11.02.24	171/28	
		ECDC Memmingen		04.09.10-12.02.12	23/3	
		University of Minnesota Duluth		02.01.13-06.01.14	16/6	
		ECDC Memmingen		19.12.14-03.04.15	12/3	
		Merrimack College		17.12.15-07.04.17	30/3	
		ECDC Memmingen		25.04.17-08.02.20	49/11	
		ERC Ingolstadt		11.02.21-14.11.21	14/2	
		Djurgårdens IF		18.08.22-14.04.23	23/0	
		ERC Ingolstadt		07.02.-11.02.24	4/0	
34.	Dibowski Mandy		S	05.01.07-09.08.09	2/0	1/0
		ECDC Memmingen		05.01.2007		1/0
		EV Ravensburg		08.08.-09.08.09	2/0	
inoff.	*Dinkelacker Tanja*	*SC Bietigheim-Bissingen*	*S*	*14.02.1999*		*1/0*
35.	Disl Sofie	EC Bad Tölz	T	07.02.-09.02.20	2/0	
36.	Dörr Anabel	Mannheimer ERC	S	07.03.02-04.09.04	6/0	4/0
37.	Düsberg Anna	OSC Berlin	S	05.10.14-08.11.15	11/0	
38.	Düsterhöft Lena		S	03.10.14-11.11.23	90/0	
		ESC Planegg		03.04.14-03.04.15	18/0	
		Minnesota State University		17.12.15-11.04.19	36/0	
		Leksands IF		22.08.-14.12.19	5/0	
		ERC Ingolstadt		07.04.21-11.11.23	31/0	
inoff.	*Dufrene Karine*	*französische Gastspielerin*	*S*	*14.02.1999*		*1/0*
39.	Eisenschmid Nicola		S	04.10.14-13.04.24	171/24	

	jüngere Schwester	ECDC Memmingen		04.10.14-03.04.18	85/10	
	von Tanja und	ERC Ingolstadt		09.11.18-14.11.21	43/9	
	Markus	Djurgårdens IF		18.08.22-14.04.23	23/4	
		ECDC Memmingen		24.08.23-13.04.24	20/1	
40.	Eisenschmid Tanja		S	23.10.09-12.02.23	158/8	
		ESV Kaufbeuren		23.10.09-17.04.11	31/0	
		ECDC Memmingen		28.08.11-13.04.12	19/1	
		University of North Dakota		14.12.12-31.03.16	51/1	
		Minnesota Whitecaps		16.12.16-07.02.19	25/3	
		ERC Ingolstadt		11.02.-14.11.21	17/1	
		Djurgårdens IF		18.08.22-12.02.23	15/2	
41.	Engel Katja-Lisa	ESC Planegg	S	06.10.-07.10.12	2/0	
42.	Ettensberger Maria		T	04.04.89-11.03.91	8/0	
		University of Sherbrooke		04.04.-09.04.89	5/0	
		EV Füssen		08.12.90-11.03.91	3/0	
43.	Evers Bettina		S	05.10.96-18.02.14	321/47	
		EC in Hannover		05.10.96-25.03.98	22/8	
		KEV Hannover		30.09.98-08.04.01	57/7	
		Telus Lightning		31.12.01-19.02.02	11/1	
		WSV Braunlage		04.10.02-26.10.05	53/7	
		Grefrather EC 2001		03.01.-11.03.06	13/1	
		Hamburger SV		23.08.06-10.04.08	44/7	
		OSC Berlin		03.10.08-10.04.09	20/5	
		ESC Planegg		12.11.09-18.02.14	101/11	
44.	Feldmeier Franziska		S	28.08.15-13.04.24	78/9	
		ESC Planegg		28.08.15-14.04.23	60/8	
		Linköping HC		08.11.23-11.02.24	11/0	
		ECDC Memmingen		01.04.-13.04.24	7/1	
45.	Fellner Christina		S	03.12.88-10.04.09	287/74	1/0
		SC Riessersee		03.12.88-23.03.91	28/14	
		TuS Geretsried		23.11.91-08.04.01	129/41	
		SC Riessersee		05.10.01-10.04.09	130/19	1/0
46.	Fellner Susanne		S	30.09.00-18.02.14	189/6	1/0
		TV Kornwestheim		30.09.00-11.11.01	14/0	
		EV Ravensburg		09.03.-27.03.03	2/0	
		TV Kornwestheim		07.11.03-08.05.05	31/1	1/0
		DSC Oberthurgau		22.10.05-18.02.07	35/1	
		EV Ravensburg		31.03.07-09.11.08	26/2	
		ECDC Memmingen		04.09.10-18.02.14	81/2	
47.	Fiedler Alina	Eisbären Juniors Berlin	S	07.02.-09.02.20		3/0
48.	Fiedler Korinna		S	25.08.17-11.11.18	8/0	3/0
		ESC Dresden		25.08.-27.08.17	3/0	
		Eisbären Juniors Berlin		05.10.- 09.02.20	5/0	3/0
	Fiegert Anna-Maria	*verheiratete Reich*				
49.	Fischhaber Alin	TuS Geretsried	S	27.12.92-12.11.94	9/0	
50.	Fleck Yvonne	OSC Berlin	S	13.03.01-08.11.03	16/1	
51.	Flötgen Jule		T	08.08.09-10.11.19	26/0	
		EC Bergkamener Bären		08.08.09-06.01.17	11/0	
		Göteborg HC		25.08.17-03.04.18	6/0	
		EC Bergkamener Bären		05.10.18-09.04.19	3/0	
		Leksands IF		22.08.-10.11.19	6/0	
52.	Franke Nicole	ETC Crimmitschau	S	23.03.03-09.01.05	3/0	4/1
53.	Frey Selina	EC Bergkamener Bären	S	04.09.2004		1/0
54.	Friede Jenny	OSC Berlin	S	10.11.00-08.01.06	17/0	7/0
55.	Fring Kathrin	Mannheimer ERC	S	07.03.02-04.01.04	4/0	6/2
56.	Frühwirt Stephanie		S	12.11.94-10.04.08	193/44	3/2
		TuS Geretsried		12.11.94-30.12.96	24/10	
		ESG Esslingen		03.10.97-25.03.98	19/5	
		TV Kornwestheim		30.09.98-20.02.06	143/29	3/2
		OSC Berlin		15.02.-10.04.08	7/0	
57.	Fuchs Janina	ESC Planegg	T	12.11.-14.11.10	3/0	
58.	Gall Nina		S	25.12.98-04.04.04	83/5	2/3
		KEV Hannover		25.12.98-09.04.00	24/0	
		EC Bergkamener Bären		29.09.00-13.01.02	31/3	
		ESC Wedemark		04.10.-06.10.02	3/1	

		EC Bergkamener Bären		09.11.02-12.01.03	4/0	
		Mannheimer ERC		05.02.-09.03.03	5/1	
		WSV Braunlage		06.09.03-04.04.04	16/0	2/3
59.	Gasde Vanessa	OSC Berlin	S	04.10.2014	1/0	
60.	Geiger Manuela	ERC Sonthofen 1999	S	26.03.2005		1/0
61.	Geml Jessica		S	15.02.08-02.10.10	6/0	1/0
	jüngere Schwester	SC Riessersee		15.02.-17.08.08	3/0	
	von Lisa	TSV Peißenberg		13.02.-15.02.09	3/0	
		SC Garmisch-Partenkirchen		02.10.2010		1/0
62.	Geml Lisa		T	28.12.05-02.10.10	8/0	3/0
		SC Riessersee		28.12.05-04.10.08	8/0	2/0
		SC Garmisch-Partenkirchen		02.10.2010		1/0
63.	Gemsjäger Julia	ECDC Memmingen	S	23.03.03-02.10.10		5/0
64.	Gleißner Daria		S	17.12.09-13.04.24	230/12	1/0
		ESV Kaufbeuren		17.12.09-02.10.10	9/0	1/0
		ECDC Memmingen		28.08.11-13.04.24	221/12	
65.	Götz Susann	OSC Berlin	S	30.12.01-18.02.14	244/39	
66.	Golebiowski Tanja	Mad Dogs Mannheim	S	08.08.-25.10.09	5/0	
	Graeve Rebecca	verheiratete Orendorz				
67.	Gramüller Lydia	ERSC Ottobrunn	S	07.03.02-07.09.03	3/0	3/0
68.	Grandl Katharina		S	05.10.01-29.12.05	10/1	11/1
		TEV Miesbach		05.10.01-09.03.02	7/0	
		ESC Planegg		04.10.02-29.12.05	3/1	11/1
69.	Gregorius Nina	ESC Moskitos Essen	S	28.12.05-08.01.06		5/1
70.	Gritl Michaela	ESC Planegg	S	01.10.-02.10.10	1/0	1/0
71.	Gruber Nadja	ESC Planegg	T	18.02.11-12.02.12	10/0	
72.	Gruchot Pauline	EC Bergkamener Bären	S	07.02.-09.02.20		3/1
73.	Grünzig Aniela	ECDC Memmingen	S	23.03.03-26.03.05		4/0
74.	Grundmann Claudia	OSC Berlin	S	30.10.97-09.11.08	193/30	
75.	Gruß Anastasia	Eisbären Juniors Berlin	S	08.02.-12.02.23	4/0	
76.	Haaf Claudia	Mannheimer ERC	S	29.12.89-12.03.91	12/0	
77.	Häckelsmiller Katharina	ECDC Memmingen	S	08.04.21-11.02.24	24/0	
78.	Hahn Alena-Laura	EC Bergkamener Bären	S	03.10.14-26.01.18	30/0	
79.	Haider Celina		S	12.12.17-13.04.24	66/6	
		ESC Planegg		12.12.17-11.04.19	26/2	
		ERC Ingolstadt		05.02.20-13.04.24	40/4	
80.	Hammerl Jessica		S	05.02.04-07.02.15	146/0	5/0
		ESC Planegg		05.02.04-18.02.07	28/0	5/0
		TSV Erding		08.09.07-06.01.08	10/0	
		ESC Planegg		08.08.09-18.02.14	99/0	
		ERC Ingolstadt		03.10.14-07.02.15	9/0	
81.	Hark Ronja	ECDC Memmingen	S	11.02.21-13.04.24	40/2	
82.	Harrer Viona		T	28.12.00-18.02.14	161/0	3/0
		ESC Planegg		28.12.00-04.04.04	35/0	3/0
		EC Bad Tölz		08.09.04-10.04.08	35/0	
		TSV Erding		03.01.09-13.04.12	62/0	
		Tölzer Löwen		09.11.12-18.02.14	29/0	
83.	Harß Jennifer „Jenny"		T	07.03.02-19.12.21	218/0	11/0
		SC Riessersee		07.03.-09.03.02	3/0	
		ERC Sonthofen 1999		23.03.03-04.01.04		7/0
		ECDC Memmingen		03.09.04-10.04.08	66/0	4/0
		EV Pfronten		03.10.08-06.01.09	12/0	
		University of Minnesota Duluth		04.01.10-13.04.12	15/0	
		ECDC Memmingen		06.10.12-08.04.13	20/0	
		ERC Sonthofen 1999		07.11.13-16.02.18	73/0	
		EHC Königsbrunn		11.12.18-08.02.20	19/0	
		ECDC Memmingen		11.02.-13.02.21	3/0	
		ESC Kempten		18.08.-19.12.21	7/0	
inoff.	Hartmann Anna	ESV Hügelsheim	S	14.02.1999		1/0
84.	Hauke Astrid	EV Füssen	S	04.12.-18.12.88	3/0	
85.	Hauptmann Tracy	ETC Crimmitschau	S	23.03.03-09.01.05	3/0	4/0
86.	Heidler Petra	DEC Eishasen Berlin	S	03.12.1988	1/0	
87.	Heinz Lisa		S	07.02.20-25.08.23	11/0	3/1
		SC Bietigheim-Bissingen		07.02.-09.02.20		3/1
		Mad Dogs Mannheim		17.12.21-25.08.23	11/0	

#	Name	Verein		Zeitraum		
88.	Heise Irene		S	01.10.15-26.01.18	23/0	
		OSC Berlin		01.10.15-05.11.16	15/0	
		Eisbären Juniors Berlin		25.08.17-26.01.18	8/0	
89.	Heldenmaier Melanie	TV Kornwestheim	T	03.01.-04.01.04		2/0
90.	Hemmerle Lisa		T	15.02.16-13.04.24	19/0	
		EHC Klostersee		15.02.15-06.11.21	3/0	
		ERC Ingolstadt		25.08.23-11.02.24	16/0	
91.	Henger Anke	Mad Dogs Mannheim	S	03.01.-04.01.04		2/0
92.	Hentschke Tatjana	Mad Dogs Mannheim	S	23.03.03-25.10.09	13/0	12/0
93.	Hertrich Nicole	EC Bergkamener Bären	S	24.03.93-12.03.95	11/2	
94.	Heußen Iris		S	23.11.91-30.12.96	42/2	
		Grefrather EC		23.11.91-06.04.92	7/0	
		Grefrather EV		27.03.93-30.12.96	35/2	
95.	Hildebrandt Michaela	OSC Berlin	S	08.12.90-23.03.91	11/4	
96.	Hirschbeck Manuela	Augsburger EV	T	30.09.98-09.04.00	17/0	
97.	Hockauf Silvia	EV Füssen	S	02.12.89-17.04.94	29/3	
98.	Hoebel Birgit	???	T	03.12.1988	1/0	
99.	Hoffmann Carina	EV Regensburg	S	03.08.08-02.10.10	12/0	1/0
100.	Holliday Ilona	Mannheimer ERC	S	03.12.88-17.04.94	25/0	
101.	Holmes Nikola		S	08.11.03-09.04.07	54/14	6/4
		ECDC Memmingen		08.11.03-23.03.05	13/6	6/4
		OSC Berlin		08.10.05-09.04.07	41/8	
102.	Hoppe Hanna	Eisbären Juniors Berlin	S	07.02.-11.02.24	4/0	
103.	Hübner Romy	OSC Berlin	S	30.09.00-09.03.02	11/1	
104.	Janzen Jacqueline		S	08.09.07-18.02.14	71/12	
		Schwenninger ERC		08.09.07-17.04.11	34/4	
		ECDC Memmingen		28.08.11-18.02.14	37/8	
105.	Jenike Ronja		S	01.11.07-07.04.17	152/4	
	Ehefrau von Andreas	Hamburger SV		01.11.07-06.01.09	18/0	
		ESC Planegg		23.10.09-07.04.17	134/4	
106.	Jobst-Smith Katarina		S	05.10.18-13.04.24	45/4	
		ECDC Memmingen		05.10.-06.10.18	2/0	
		Okanagan Hockey Academy		07.11.19-08.02.20	7/0	
		University of Minnesota Duluth		07.04.21-13.04.24	36/4	
107.	Jonas Isabel		S	27.03.93-29.03.96	10/2	
	ältere Schwester	EV Füssen		27.03.93-26.02.95	5/0	
	von Oliver	DEC Tigers Königsbrunn		23.03.-29.03.96	5/2	
108.	Kahlert Ulrike	EC Bergkamener Bären	S	08.12.90-23.03.91	7/0	
109.	Kanders Kira	EC Bergkamener Bären	S	09.11.11-13.11.12	6/0	
110.	Kamenik Nina		S	07.03.02-08.02.20	271/27	6/1
		OSC Berlin		07.03.02-07.04.17	218/26	6/1
		Eisbären Juniors Berlin		25.08.17-08.02.20	53/1	
111.	Kanters Vena Marie		S	08.10.16-11.11.17	17/0	
		EC Bergkamener Bären		08.10.16-07.01.17	11/0	
		Düsseldorfer EG		25.08.-11.11.17	6/0	
112.	Karpf Bernadette		S	03.10.14-13.04.24	179/13	
		ESC Planegg		03.10.14-11.04.19	106/8	
		ERC Ingolstadt		22.08.19-19.12.21	31/2	
		Leksands IF		18.08.22-14.04.23	26/1	
		ERC Ingolstadt		24.08.23-13.04.24	16/2	
113.	Karrer Andrea	ESC Bad Liebenzell	S	23.03.2003		1/0
114.	Kinza Sandra		S	04.04.89-19.02.02	99/6	
		EHC Eisbären Düsseldorf		04.04.89-25.03.90	14/4	
		OSC Berlin		08.12.90-19.02.02	85/2	
115.	Kirchner Nadine	DEC Tigers Königsbrunn	S	11.03.95-30.12.96	26/1	
116.	Kirschner Bettina	ESG Esslingen	S	16.12.88-12.03.91	15/1	
117.	Klein Lucy	ERC Ingolstadt	S	25.08.23-11.02.24	13/0	
118.	Klinger Franziska		S	26.08.17-14.12.19	14/0	
		EC Bad Tölz		26.08.17-06.10.18	7/0	
		ESC Planegg		07.11.-14.12.19	7/0	
119.	Kluge Laura		S	03.10.14-13.04.24	115/30	
		OSC Berlin		03.10.14-31.03.16	33/11	
		Linköping HC		08.10.16-07.04.17	22/7	
		St. Cloud State University		12.12.17-14.12.19	22/6	
		Eisbären Juniors Berlin		07.04.-08.04.21	2/1	

		ECDC Memmingen		18.08.21-13.04.24	36/5	
120.	König Joyce	Eisbären Juniors Berlin	S	07.02.-09.02.20		3/0
121.	Kohl Marion	???	S	03.12.-04.12.1988	2/0	
122.	Korn Karin	EV Füssen	S	03.12.88-23.03.91	26/4	
123.	Kratzer Sophie	ESC Planegg	S	08.05.05-07.04.17	155/16	1/0
124.	Krause Tanja	SC Weinfelden	S	05.10.18-10.02.19	5/0	
125.	Kresse Miriam	OSC Berlin	S	07.03.02-09.11.08	48/2	5/0
126.	Kretzschmar Sybille		S	07.03.02-04.09.04	3/0	5/0
		ERC Lechbruck	S	07.03.02-23.03.03	3/0	1/0
		ERC Sonthofen 1999		08.11.-09.11.03		2/0
		ECDC Memmingen		03.09.-04.09.04		2/0
127.	Kruck Sabrina		S	03.10.97-09.11.08	170/8	1/0
		TuS Geretsried		03.10.97-14.03.01	51/1	
		SC Riessersee		05.10.01-19.02.02	17/1	
		EHC Memmingen		04.10.02-12.01.03	5/0	
		SC Riessersee		07.11.03-09.04.07	74/5	1/0
		ESC Planegg		08.09.07-09.11.08	23/1	
128.	Krudwig Andrea	ESC Moskitos Essen	S	11.03.-12.03.95	2/0	
129.	Kubiczek Sarah	ESC Planegg	S	05.10.18-09.02.20	12/2	3/1
130.	Kuchina Lisa Maria	EC Bergkamener Bären	S	04.09.2004		1/0
131.	Küchler Brigitte		S	03.12.88-03.12.89	10/4	
		Kölner EDM „Die Panther"		03.12.88-09.04.89	8/4	
		1. Hennefer EC Bonn		02.12.-03.12.89	2/0	
132.	Kühberger Leonie	Elmira College	T	13.12.-17.12.22	4/0	
133.	Kühnhackl Kirstin	EV Landshut	S	06.10.-03.11.96	3/0	
	Tochter von Erich und Schwester von Tom					
	Kürten Sabine	*verheiratete Rückauer, älteste Kürten-Schwester*				
	Kürten Sandra	*verheiratete Westrich, jüngste Kürten-Schwester*				
	Kürten Stephanie	*verheiratete Wartosch-Kürten*				
134.	Kuhn Alexandra	Mad Dogs Mannheim	S	08.08.09-12.02.12	33/5	
135.	Kuisle Sonja		S	24.03.93-13.01.02	122/13	
		EV Füssen		24.03.93-25.03.95	27/4	
		ERC Sonthofen		04.11.95-13.01.02	49/5	
		ERC Sonthofen 1999		02.10.99-13.01.02	46/4	
inoff.	*Kunzmann Sandra*	*ESG Esslingen*	S	*14.02.1999*		*1/0*
136.	Lamers Ellen		S	12.11.94-05.11.95	4/0	
		Hennefer EC Rhein-Sieg		12.11.94-12.03.95	3/0	
		TuS Wiehl		05.11.1995	1/0	
137.	Lan Yee Chiu Tamara	ESC Planegg	S	08.10.16-07.01.17	12/2	
138.	Lange Sabine		S	16.12.88-23.03.91	12/1	
		EHC Eisbären Düsseldorf		16.12.1988	1/0	
		EC Bergkamener Bären		08.12.90-23.03.91	11/1	
139.	Lanzl Andrea		S	07.03.02-08.04.21	328/61	4/1
	jüngere Schwester	SC Riessersee		07.03.02-04.01.04	12/1	4/1
	von Michaela	TuS Geretsried		08.09.04-09.04.05	21/0	
		EC Bergkamener Bären		08.10.05-13.04.12	132/28	
		ESC Planegg		06.12.12-08.04.13	23/7	
		ERC Ingolstadt		29.08.13-12.02.17	77/16	
		Linköping HC		28.03.-07.04.17	7/2	
		ERC Ingolstadt		25.08.17-08.04.21	56/7	
140.	Lanzl Michaela		S	27.12.96-10.04.09	147/61	
		TuS Geretsried		27.12.96-11.02.01	63/22	
		Wanderers Germering		07.11.01-07.02.04	25/13	
		HC Lugano		27.03.-04.04.04	6/1	
		DSC Oberthurgau		08.09.04-09.04.05	18/9	
		University of Minnesota Duluth		03.01.06-10.04.07	23/12	
		Minnesota Whitecaps		06.11.08-10.04.09	12/4	
	Leonhardt Petra	*verheiratete Weber*				
141.	Lenz Corinna	ECDC Memmingen	S	05.01.2007		1/0
142.	Leuwer Elvira		S	03.12.88-06.04.92	30/15	
		EHC Eisbären Düsseldorf		03.12.88-23.03.91	26/15	
		Neusser EC		23.11.91-06.04.92	4/0	
143.	Leveringhaus Alina	Düsseldorfer EG	S	07.02.-09.02.20		3/0
144.	Liang Lola	Mad Dogs Mannheim	S	08.11.22-08.11.23	8/0	
145.	Linde Nina		S	12.11.94-07.01.06	180/3	

#	Name	Verein		Zeitraum		
		ERSC Ottobrunn		12.11.94-25.03.95	15/0	
		ESC Planegg		04.11.95-09.04.00	76/2	
		Mannheimer ERC		29.09.00-08.04.01	23/0	
		TV Kornwestheim		05.10.01-27.03.03	31/0	
		Young Lions Frankfurt		07.11.03-07.02.04	10/1	
		Ilves Tampere		08.09.04-07.01.06	25/0	
146.	Lisewski Birgit	EHC Eisbären Düsseldorf	S	03.12.88-23.03.91	29/11	
147.	Loist Hannah	EHC Wolfsburg	T	09.04.2024	1/0	
148.	Luby Felicity	EHC Troisdorf	T	08.11.-11.11.22	3/0	
149.	Ludwig Mirjam		S	23.03.03-02.10.10	5/0	12/11
		TV Kornwestheim		23.03.03-08.01.06	5/0	11/10
		ESC Planegg		02.10.2010		1/1
150.	Lübbert Michelle	EC Bergkamener Bären	S	07.11.-10.11.19	4/0	
151.	Lutz Petra	EV Füssen	S	16.12.88-22.03.90	5/0	
152.	Maier Christine		T	04.11.95-29.03.00	30/0	
		DEC Tigers Königsbrunn		04.11.95-04.01.98	11/0	
		EHC Memmingen		01.10.98-29.03.00	19/0	
153.	Maluga Traudel	EC Bergkamener Bären	S	12.11.94-30.12.95	11/1	
154.	Manca Carla	ECDC Memmingen	S	26.03.2005		1/0
155.	Marenbach Rebekka	TuS Wiehl	S	03.10.-30.11.97	9/1	
156.	Marx Nadine	SC Garmisch-Partenkirchen	S	02.10.2010		1/0
157.	May Johanna	ESC River Rats Geretsried	T	08.02.-14.04.23	11/0	
158.	Mayer Celine		S	19.08.22-16.12.23	7/0	
		Stanstead College		19.08.2022	1/0	
		Williams College		24.08.-16.12.23	6/0	
159.	McKenzie Susan		S	05.10.96-14.03.01	20/0	
		DEC Tigers Königsbrunn		05.10.96-29.11.98	15/0	
		ESC Planegg		02.10.-03.10.99	2/0	
		Mannheimer ERC		17.11.00-14.03.01	3/0	
160.	Meding Sandra	Neusser EC	S	05.04.92-30.12.93	13/1	
161.	Meinicke Franziska		S	08.05.05-02.10.10		2/0
		ESC Planegg		08.05.2005		1/0
		SC Garmisch-Partenkirchen		02.10.2010		1/0
162.	Merath Sarah	ECDC Memmingen	S	03.01.-04.01.04		2/0
163.	Merk Johanna		S	30.09.98-11.11.01	18/1	
		Augsburger EV		30.09.-29.11.98	8/0	
		DEC Tigers Königsbrunn		02.10.99-11.11.01	10/1	
164.	Merkel Anja		S	08.12.90-07.10.01	105/5	
		EV Regensburg		08.12.-09.12.90	2/0	
		EV Landshut		12.11.94-04.01.98	50/3	
		TuS Geretsried		23.03.98-11.02.01	50/2	
		SC Riessersee		05.10.-07.10.01	3/0	
165.	Merkle Xenia	Mad Dogs Mannheim	S	17.12.21-17.12.22	6/0	
166.	Michael Jutta	SG Eintracht Frankfurt	S	08.12.-09.12.90	2/0	
167.	Miller Jennifer		S	07.02.20-11.02.24	15/1	3/1
		ECDC Memmingen		07.02.-09.02.20		3/1
		SC Bietigheim-Bissingen		06.11.-19.12.21	4/0	
		Mad Dogs Mannheim		08.11.23-11.02.24	11/1	
168.	Molitor Ines		S	03.12.88-17.04.94	38/0	
		EHC Eisbären Düsseldorf		03.12.88-23.03.91	19/0	
		EC Bergkamener Bären		23.11.91-27.03.93	14/0	
		Toronto Aeros		11.04.-17.04.94	5/0	
169.	Moller Nicole		S	29.09.00-08.01.06	17/2	10/1
		EHC Memmingen		29.09.-31.12.00	10/0	
		SC Riessersee		07.03.-09.03.02	3/1	
		ERC Sonthofen 1999		09.11.02-04.01.04	2/1	4/1
		ECDC Memmingen		03.09.04-08.01.06	2/0	6/0
170.	Nauert Stefanie	Deggendorfer SC	T	07.02.-08.02.20		2/0
171.	Neußer Petra	SC Memmingen	S	23.11.-30.12.91	5/1	
172.	Nickisch Anna-Maria		S	25.08.17-12.02.23	24/1	3/0
		ETC Crimmitschau		25.08.17-03.04.18	14/1	
		Eisbären Juniors Berlin		09.11.18-12.02.23	10/0	3/0
173.	Nix Emily		S	28.08.15-13.04.24	56/13	
	jüngere Schwester	Hannover Scorpions		28.05.-29.08.15	2/1	
	von Paula	HV71 Jönköping		08.10.16-12.02.17	12/3	

		ERC Ingolstadt		09.11.-11.11.17	3/1	
		Crocodiles Hamburg		09.11.18-11.04.19	13/2	
		Eisbären Juniors Berlin		22.08.19-13.02.21	12/3	
		ERC Ingolstadt		08.11.23-13.04.24	14/3	
174.	Nix Paula		S	03.10.14-05.11.16	22/1	
		OSC Berlin		03.10.-21.12.14	8/0	
		Hamburger SV		28.08.-08.11.15	9/1	
		HV71 Jönköping		08.10.-05.11.16	5/0	
175.	Obermaier Karin	Mannheimer ERC	S	03.12.88-25.03.90	18/0	
176.	Offermann Valerie	EC Bergkamener Bären	S	28.08.-30.08.11	3/0	
inoff.	Ohajun Stephanie	französische Gastspielerin	S	14.02.1999		1/0
177.	Orendorz Rebecca		S	17.12.09-19.12.21	170/0	
		EC Bergkamener Bären		17.12.09-08.04.21	156/0	
		ESC Planegg		18.08.-19.12.21	14/0	
178.	Ostrowski Cornelia	OSC Berlin	S	04.12.88-23.03.91	28/0	
	Oswald Christina	verheiratete Fellner				
179.	Pätzold Claudia	EC Bergkamener Bären	S	03.12.88-30.12.92	37/0	
180.	Palmeira-Kerkhoff Juliana	Düsseldorfer EG	S	03.01.-06.01.18	2/0	
181.	Paschke Heike	EV Regensburg	S	07.01.-09.01.05	3/0	
182.	Paurat Sinja	OSC Berlin	S	04.11.-08.11.15	4/0	
183.	Pelant Corinna		S	12.11.94-30.12.96	33/5	
		FTV Hamburg		12.11.94-25.03.95	15/3	
		ESG Esslingen		04.11.-30.12.95	5/2	
		Mannheimer ERC		23.03.-30.12.96	13/0	
184.	Pfau Antje	Mannheimer ERC	S	23.11.91-30.12.95	19/4	
185.	Pfreundschuh Nadine		T	28.12.91-27.03.03	44/0	
		EHC Eisbären Düsseldorf		28.12.91-06.04.92	5/0	
		Mannheimer ERC		04.11.95-27.03.03	39/0	
186.	Pink Monika	ESC Planegg	S	03.09.04-02.10.10	20/0	5/2
187.	Pötzsch Mona	EC Bergkamener Bären	S	04.09.04-06.01.09	11/0	1/0
188.	Poindl Charleen	ES Weißwasser	S	11.02.2024	1/0	
189.	Pokopec Miriam	ECDC Memmingen	S	04.09.-02.10.10	3/0	1/0
190.	Pütz Stefanie		S	03.12.88-25.03.95	62/15	
		EHC Eisbären Düsseldorf		03.12.88-06.04.92	31/9	
		EC Bergkamener Bären		27.12.92-17.04.94	16/4	
		Grefrather EV		12.11.94-25.03.95	15/2	
191.	Raschke Fine		S	05.02.20-19.12.21	7/0	
		Mad Dogs Mannheim		05.02.20-08.04.21	5/0	
		Eisbären Juniors Berlin		17.12.-19.12.21	2/0	
192.	Reich Anna-Maria		S	18.02.11-14.11.21	100/6	
	Ehefrau von Kevin	ESC Planegg		18.02.11-12.02.12	11/0	
		Scanlon Creek Hockey Academy		14.12.-16.12.12	3/0	
		Minnesota State University		07.11.13-07.04.17	43/4	
		Minnesota Whitecaps		12.12.-15.12.17	4/0	
		ESC Planegg		11.12.18-14.11.21	39/2	
193.	Reichelt Yvette	Mad Dogs Mannheim	S	08.11.22-08.11.23	6/0	
194.	Reindl Franziska		S	30.09.98-29.12.05	42/1	6/4
	Tochter von Franz	TuS Geretsried		30.09.98-19.02.02	28/0	
		ERC Sonthofen 1999		04.10.02-04.01.04	12/1	3/1
		Calgary Hurricanes		09.10.-10.10.04	2/0	
		SC Riessersee		08.05.-29.12.05		3/3
195.	Renger Anne	???	S	04.09.2004		1/0
196.	Richter Jennifer	SC Weinfelden	S	03.11.16-27.08.17	5/0	
	Richter Ronja	verheiratete Jenike				
197.	Ritter Nina		S	03.10.97-10.04.08	157/18	
		Altonaer SV Hamburg		03.10.97-25.03.98	18/0	
		KEV Hannover		30.09.98-03.03.99	13/0	
		Altonaer SV Hamburg		02.10.99-09.04.00	20/0	
		Veddige HK		29.09.00-08.04.01	15/2	
		SC Riessersee		05.10.01-19.02.02	18/3	
		Hamburger SV		04.10.02-10.04.08	73/13	
198.	Rörig Sabrina	OSC Berlin	S	29.09.00-18.02.07	28/0	6/1
199.	Roßkothen Beate	Neusser EC	S	11.03.-12.03.91	2/0	
200.	Rothemund Yvonne		S	12.11.09-19.12.21	138/6	1/0
		ECDC Memmingen		12.11.09-20.02.11	12/0	1/0

		ESC Planegg		03.10.14-19.12.21	126/6	
201.	Rother Sibylle	ESG Esslingen	S	bis 31.08.1993	1/0	
202.	Rückauer Sabine		S	08.12.90-14.11.05	120/13	
		Neusser EC		08.12.90-17.04.94	29/0	
		ESG Esslingen		12.11.94-25.03.98	51/8	
		TV Kornwestheim		30.09.98-14.11.05	40/4	
203.	Rumswinkel Sandra	ESC Planegg	S	12.11.94-26.03.05	81/11	1/0
inoff.	*Rund Jutta*	*ESV Hügelsheim*	*S*	*14.02.1999*		*1/0*
	Saager Elvira	*verheiratete Leuwer*				
204.	Sabautzki Antje	ECDC Memmingen	S	02.10.2010		1/0
205.	Sabus Sorsha		S	28.05.15-16.12.23	51/1	
		ESC Planegg		28.05.15-15.02.16	3/1	
		ERC Ingolstadt		25.08.17-16.12.23	48/0	
inoff.	*Sachse Tammy*	*TV Kornwestheim*	*T*	*14.02.1999*		*1/0*
206.	Sauer Caroline	EC Bergkamener Bären	S	04.09.2004	1/0	
207.	Schaffelhuber Silke	EV Füssen	S	bis 31.08.1993	1/0	
208.	Schaffrath Charlott	ECDC Memmingen	S	08.02.23-13.04.24	30/0	
	Schaffrik Natascha	verheiratete Tomcyk				
209.	Schauer Bernadette	SC Riessersee	S	08.11.03-08.01.06	3/0	10/0
	jüngere Schwester von Stefan					
210.	Schebitz Jasmin		S	04.09.04-09.08.09	5/0	1/0
		EC Hannover Indians		04.09.2004		1/0
		EHC Wolfsburg		14.12.-16.12.07	3/0	
		OSC Berlin		08.08.-09.08.09	2/0	
211.	Scheibel Sabine	EV Füssen	S	03.12.-04.12.88	2/0	
inoff.	*Scherer Alexandra*	*EC Stuttgart*	*T*	*14.02.1999*		*1/0*
212.	Scheytt Anja		S	03.10.97-10.04.09	227/34	1/0
		Mannheimer ERC		03.10.97-19.02.02	98/11	
		OSC Berlin		05.10.02-10.04.09	129/23	1/0
213.	Schiefer Jule		S	07.02.20-13.04.24	59/3	3/1
		Bishop Kearney High School		07.02.-09.02.20		3/1
		ERC Ingolstadt		11.02.21-14.04.23	39/1	
		ECDC Memmingen		24.08.23-13.04.24	20/2	
214.	Schinzel Sabine	???	S	bis 31.08.1993	1/0	
215.	Schlesinger Birgitt	Neusser EC	S	24.03.93-30.12.94	7/0	
216.	Schmid Marie-Kristin	ERC Ingolstadt	S	03.01.15-11.04.19	34/1	
217.	Schmitt Martina	Mannheimer ERC	S	18.12.88-30.12.90	10/3	
218.	Schmitten Nicole		S	27.12.93-04.09.04	49/1	1/0
		EC Bergkamener Bären		27.12.93-17.04.94	9/0	
		Grefrather EV		12.11.94-30.12.96	34/1	
		TuS Wiehl		25.12.-30.12.98	4/0	
		EC Bergkamener Bären		04.10.02-04.09.04	2/0	1/0
219.	Schmitz Lucia	Mad Dogs Mannheim	S	09.11.18-13.04.24	22/0	3/0
	jüngere Schwester von Tara					
220.	Schmitz Tara	Mad Dogs Mannheim	S	07.02.20-13.04.24	23/0	3/0
221.	Schnabel Simone	EV Füssen	S	23.11.91-17.04.94	23/1	
222.	Schneegans Silvia	EC Bergkamener Bären	S	03.12.88-03.11.96	71/11	
223.	Schneidereit Chantal		S	09.03.03-04.09.04	1/0	1/0
		GSC Moers		09.03.2003	1/0	
		EC Bergkamener Bären		04.09.2004		1/0
224.	Schreckenbach Jana		S	26.11.99-04.04.04	54/0	2/0
		Tappara Tampere		26.11.-28.11.99	3/0	
		Mannheimer ERC		29.09.00-04.04.04	51/0	2/0
225.	Schrick Martina	Löwen Frankfurt	S	07.02.-11.02.24	4/0	
226.	Schröder Britta		S	09.03.03-13.04.12	86/1	9/1
		Grefrather EC 2001		09.03.03-19.12.06	11/0	4/0
		TV Kornwestheim		28.12.05-08.01.06		5/1
		EC Bergkamener Bären		08.09.07-13.04.12	75/1	
227.	Schröder Ivonne		S	04.09.04-11.04.19	152/0	5/0
		ES Weißwasser		04.09.04-09.09.07	13/0	4/0
		EHC Jonsdorfer Falken		01.11.07-10.04.09	25/0	
		ELV Tornado Niesky		23.10.09-11.04.19	114/0	1/0
228.	Schultes Chiara		T	02.04.-14.12.23	6/0	
		EHC Straubing		02.04.2023	1/0	
		ESC Planegg		08.11.-14.12.23	5/0	

229.	Schulz Alexandra	ESG Esslingen	S	11.03.-25.03.95	7/0	
230.	Schulz Petra	ESG Esslingen	S	bis 31.08.1993	1/0	
231.	Schumacher Ingke	1. Hennefer EC Bonn	S	08.12.-09.12.90	2/0	
232.	Schurr Lena	ECDC Memmingen	S	07.02.-09.02.20		3/1
233.	Schury Tabatha	ECDC Memmingen	S	12.12.-14.12.08	3/0	
234.	Schuster Lena	ESC Planegg	T	06.01.-08.01.12	2/0	
235.	Schuster Lisa		S	08.11.03-31.03.16	147/20	8/2
		ESC Planegg		08.11.03-10.08.08	24/2	8/2
		EC The Ravens Salzburg		03.10.08-25.10.09	23/2	
		ESC Planegg		12.11.09-13.04.12	23/4	
		OSC Berlin		06.10.12-31.03.16	77/12	
236.	Schweda Johanna	DEC Tigers Königsbrunn	S	27.12.-30.12.92	4/0	
237.	Seeßle Susanne		T	03.09.04-19.12.10	13/0	6/0
		ESC Planegg		03.09.04-08.05.05	4/0	3/0
		ECDC Memmingen		06.01.06-05.01.07	1/0	3/0
		ESC Planegg		12.11.09-19.12.10	8/0	
238.	Seiler Sara		S	03.10.97-18.02.14	167/21	3/3
		ESC Planegg		03.10.97-27.03.03	32/3	
		SC Reinach		06.09.03-04.04.04	11/2	2/3
		TV Kornwestheim		09.10.04-08.05.05	16/5	1/0
		DSC Oberthurgau		09.10.05-20.02.06	18/2	
		Université du Québec		17.12.06-07.01.07	8/1	
		Ottawa Raiders		31.03.-09.04.07	5/0	
		SC Reinach		02.01.-10.04.08	7/1	
		Carleton University		06.11.08-13.04.12	40/4	
		Ottawa Ice Cats		02.01.-31.08.13	18/2	
		ERC Ingolstadt		13.12.13-18.02.14	12/1	
239.	Seitz Julia		S	04.09.10-09.10.16	56/6	
		ESV Kaufbeuren		04.09.-05.09.10	2/1	
		ECDC Memmingen		28.08.11-09.10.16	54/5	
240.	Serbest Saskia	ECDC Memmingen	T	08.10.17-18.02.18	3/0	
241.	Siebert Valesca	DEC Tigers Königsbrunn	S	23.03.2003		1/0
242.	Soccio Kelsey		S	03.11.16-09.02.20	15/1	5/3
	Tochter von Len	OSC Berlin		03.11.-05.11.16	3/0	
		Eisbären Juniors Berlin		25.08.17-26.01.18	10/0	
		Mad Dogs Mannheim		22.08.19-09.02.20		5/3
243.	Soesilo Denise		S	07.03.02-09.04.07	36/4	1/0
		Altonaer SV Hamburg		07.03.-09.03.02	3/0	
		OSC Berlin		23.03.2003		1/0
		Calgary Oval X-Treme		31.03.04-05.04.05	11/0	
		Hamburger SV		22.10.05-20.02.06	17/4	
		Yale University		31.03.-07.03.07	5/0	
	Spanihel Nadine	verheiratete Pfreundschuh				
244.	Speyer Patricia		S	23.03.03-09.08.09	16/0	12/5
		ERC Sonthofen 1999		23.03.03-31.03.07	10/0	7/3
		ECDC Memmingen		28.12.05-08.01.06		5/2
		EV Füssen		08.09.07-09.08.09	6/0	
245.	Spielberger Kerstin		S	28.08.11-29.08.21	159/30	
		ESC Planegg		28.08.11-13.04.12	11/1	
		EHC Waldkraiburg		09.11.12-08.04.13	17/2	
		EHC Klostersee		29.08.13-18.02.14	21/1	
		ESC Planegg		03.10.14-29.08.21	110/26	
246.	Splitter Sabrina		S	07.03.02-04.09.04	3/1	9/2
		ESC Planegg		07.03.02-23.03.03	3/1	1/0
		ERC Sonthofen 1999		06.09.03-04.09.04		8/2
247.	Spring Monika	Mannheimer ERC	S	03.12.88-17.04.94	36/10	
248.	Spuhler Carina		S	07.01.05-17.02.08	42/1	7/0
		TV Kornwestheim		07.01.05-09.04.07	29/1	7/0
		Ratinger Ice Aliens		08.09.07-17.02.08	13/0	
249.	Sterzik Angelika	Mannheimer ERC	S	23.11.91-06.04.92	7/0	
250.	Sterzik Annabella	Eisbären Juniors Berlin	S	11.02.21-17.12.22	12/0	
251.	Strobel Carina	ECDC Memmingen	S	03.10.14-13.04.24	156/4	
252.	Strobl Rosi	TuS Geretsried	S	05.11.1995	1/0	
253.	Strohmair Ines	ESC Planegg	S	01.10.10-31.08.13	25/0	1/0
254.	Strompf Heidi		S	05.10.18-11.11.23	35/0	

	Tochter von Ladislav	ERC Ingolstadt		05.10.-06.10.18	2/0	
		ŽHK 2000 Šarišanka Prešov		17.12.21-11.11.23	33/0	
255.	Swikull Marina	ECDC Memmingen	S	15.02.2016	1/2	
256.	Tamás Jenny		S	09.10.04-19.12.10	96/3	1/0
		ERV Schweinfurt		09.10.04-10.04.09	79/2	1/0
		ESC Planegg		08.08.09-19.12.10	17/1	
257.	Tatzel Bettina	EHC Klostersee	S	03.10.97-04.01.98	16/0	
inoff.	*Tepper Ulrike*	*TV Pforzheim*	S	*14.02.1999*		*1/0*
258.	Thimm Miriam	Grefrather EC 2001	S	26.03.2005		1/0
259.	Thyßen Esther		T	05.11.95-08.01.06	73/0	6/0
	ältere Schwester	Grefrather EV		05.11.95-01.10.00	44/0	
	von Rachel	Grefrather EC 2001		05.10.01-08.01.06	29/0	6/0
260.	Thyßen Rachel		S	05.10.96-08.01.06	45/0	7/0
		Grefrather EV		05.10.96-14.03.01	19/0	
		Grefrather EC 2001		05.10.01-08.01.06	26/0	7/0
261.	Tomcyk Natascha		S	02.12.89-13.01.02	159/25	
		Mannheimer ERC		02.12.89-17.04.94	40/5	
		TuS Wiehl		12.11.94-30.12.96	34/4	
		Mannheimer ERC		03.10.97-08.04.01	76/16	
		ERC Sonthofen		05.10.01-13.01.02	9/0	
inoff.	*Tousovsky Rita*	*TV Pforzheim*	S	*14.02.1999*		*1/0*
262.	Träger Stephanie	ES Weißwasser	S	11.03.2006	1/0	
263.	Tschirner Julia	Herner EG	S	04.09.2004		1/0
264.	Uhrmann Lilly		T	08.02.20-24.08.23	8/0	2/0
		EHC Straubing		08.02.-09.02.20		2/0
		ESC Planegg		17.12.-19.12.21	2/0	
		ECDC Memmingen		18.08.22-24.08.23	6/0	
265.	Ujcik Jessica		S	03.10.14-06.01.18	34/0	
		ESC Planegg		03.10.14-07.02.15	14/0	
		HTI Stars Utopia		28.08.15-07.01.16	7/0	
		Morrisville State College		16.12.16-06.01.18	13/0	
266.	Valenti Maren		S	02.12.89-08.02.03	163/79	
	jüngere Schwester	Mannheimer ERC		02.12.89-25.03.95	53/30	
	von Sven	Heilbronner EC		04.11.95-30.12.96	19/14	
		Mannheimer ERC		03.10.97-25.03.98	16/19	
		EHC Freiburg		30.09.98-14.03.99	18/4	
		Mannheimer ERC		02.10.99-09.04.00	16/6	
		Panthères de Sainte-Julie		28.12.00-08.04.01	13/3	
		Mannheimer ERC		07.11.01-08.02.03	28/3	
267.	Vetter Mathilde		S	08.11.22-16.12.23	7/0	
		Fargo Davies High School		08.11.-11.11.22	3/0	
		Mad Dogs Mannheim		13.12.-16.12.23	4/0	
268.	Voigt Svenja		S	18.08.21-13.04.24	31/1	
		Stanstead College		18.08.-29.09.21	7/0	
		St. Cloud State University		19.08.22-13.04.24	24/1	
269.	Voigt Tatjana	ECDC Memmingen	S	12.11.09-20.02.11	17/1	1/0
270.	Von der Straß Aurelia		T	03.12.88-25.03.95	64/0	
		EHC Eisbären Düsseldorf		03.12.88-25.03.90	18/0	
		EC Bergkamener Bären		28.12.90-17.04.94	32/0	
		Grefrather EV		12.11.94-25.03.95	14/0	
271.	Voog Ann-Kathrin		S	01.02.13-15.02.16	22/2	
		ESC Planegg		01.02.-03.02.13	3/0	
		SC Riessersee		03.10.14-07.02.15	11/1	
		ERC Ingolstadt		04.11.15-15.02.16	8/1	
272.	Wagner Theresa		S	05.10.14-13.04.24	66/6	
		ESC Planegg		05.10.14-08.02.20	11/0	
		ERC Ingolstadt		11.02.21-13.04.24	55/6	
273.	Wartosch-Kürten Stephanie		T	11.04.94-29.10.06	171/0	
		Neusser EC		11.04.-17.04.94	5/0	
		ESG Esslingen		12.11.94-25.03.98	48/0	
		TV Kornwestheim		27.11.98-09.04.05	93/0	
		OSC Berlin		08.10.05-29.10.06	25/0	
274.	Weber Petra		S	08.12.90-17.04.94	27/1	
		Darmstädter TSG 1846		08.12.90-23.03.91	11/1	
		Frankfurter ESC		23.11.91-17.04.94	16/0	

275.	Weidenfelder Sonja	ECDC Memmingen	S	22.08.19-14.04.23	52/5	
276.	Weißbach Andrea	TuS Geretsried	S	23.11.91-30.12.94	28/6	
277.	Weißer Anja		S	13.02.09-18.02.14	52/1	
		ECDC Memmingen		13.02.09-13.04.12	29/1	
		University of Prince Edward Island		14.12.12-18.02.14	23/0	
278.	Welcke Lea		S	07.10.17-09.02.20	7/0	3/0
		Mad Dogs Mannheim		07.10.17-26.01.18	7/0	
		ERC Ingolstadt		07.02.-09.02.20		3/0
279.	Welcke Lilli		S	06.11.21-13.04.24	26/5	
	jüngere Schwester von	Mad Dogs Mannheim		06.11.-19.12.21	7/3	
	Lea und Zwillings-	University of Maine		18.08.22-31.03.23	8/0	
	schwester von Luisa	Boston University		13.12.23-13.04.24	11/2	
280.	Welcke Luisa		S	17.12.21-13.04.24	28/6	
		Mad Dogs Mannheim		17.12.-19.12.21	2/1	
		University of Maine		18.08.22-14.04.23	15/1	
		Boston University		13.12.23-13.04.24	11/4	
281.	Weltermann Claudia	EC Bergkamener Bären	S	28.12.05-08.01.12	68/1	5/0
inoff.	*Wessinger Denise*	*TV Kornwestheim*	S	*14.02.1999*		*1/0*
282.	Westrich Sandra		S	12.11.94-14.03.99	56/6	
		ESG Esslingen		12.11.94-25.03.98	44/6	
		TV Kornwestheim		01.10.98-14.03.99	12/0	
283.	Weyand Sarah		S	09.03.03-13.04.12	114/7	8/3
		Grefrather EC 2001		09.03.2003	1/0	
		GSC Moers		07.11.03-10.01.04	5/0	2/1
		EC Bergkamener Bären		04.09.04-12.02.05	6/0	1/0
		Grefrather EC 2001		28.12.05-04.01.07	10/0	5/2
		EHC Wesel		08.09.07-25.10.09	43/4	
		OSC Berlin		12.11.09-17.04.11	35/2	
		EC Bergkamener Bären		28.08.11-13.04.12	14/1	
284.	Wichmann Irina		S	08.12.90-12.11.94	19/0	
		Neusser EC		08.12.90-06.04.92	18/0	
		TuS Wiehl		12.11.1994	1/0	
285.	Wiegand Elke	ESC Planegg	S	03.09.04-08.05.05		4/0
286.	Wierscher Julia		S	04.11.95-09.10.05	140/9	
		EC in Hannover		04.11.95-25.03.98	34/1	
		KEV Hannover		30.09.98-14.03.99	18/3	
		TuS Wiehl		02.10.99-09.04.00	20/3	
		EC Bergkamener Bären		29.09.00-09.10.05	140/9	
287.	Wirth Saskia	ECDC Memmingen	S	04.10.2014	1/0	
288.	Woelk Susann	ESV Kaufbeuren	S	bis 31.08.1993	1/0	
289.	Wörschhauser Gabriele	TuS Geretsried	S	04.11.1995	1/0	
290.	Wolf Raffaela		S	27.12.92-20.02.06	120/31	3/4
		EC Bergkamener Bären		27.12.92-30.12.93	11/3	
		EHC Wesel		12.11.-30.12.94	5/0	
		Grefrather EV		04.11.95-03.11.96	15/6	
		Calgary Oval X-Treme		26.12.97-25.03.98	7/4	
		University of Maine		27.12.99-27.03.03	42/13	
		Oakville Ice		26.12.03-04.04.04	8/2	
		ECDC Memmingen		03.09.04-26.10.05	20/3	3/4
		ESC Planegg		03.01.-20.02.06	12/0	
291.	Wolfgruber Stefanie	SC Garmisch-Partenkirchen	S	02.10.2010		1/0
292.	Zander Stephanie	WSV Braunlage	S	11.03.2006	1/0	
293.	Ziegenhals Nina		S	30.09.98-18.02.07	105/2	2/0
		TuS Wiehl		30.09.98-09.04.00	21/0	
		KEV Hannover		29.09.-12.11.00	6/0	
		TV Kornwestheim		28.12.00-27.03.03	46/2	
		Bemidji State University		26.12.03-18.02.07	32/0	2/0
294.	Zils Monika	1. Hennefer EC Bonn	S	08.12.-29.12.90	4/0	
295.	Zorn Julia	ESC Planegg	S	15.02.08-14.11.21	239/63	

ANMERKUNGEN:
Spalte B-Sp einschließlich Perspektivteam 2020
inoff. an Stelle der lfd. Nummer = nur in einem inoffiziellen Länderspiel eingesetzt

Vereinsrangliste seit 1988

	Verein	Zeitraum	A-Sp		B-Sp	
			Spielerinnen		Einsätze/Tore	
1.	ESC Planegg	12.11.94-14.12.23	49	2100/222	17	53/8
2.	OSC Berlin	04.12.88-07.04.17	29	1462/184	6	26/2
3.	SC/EHC/ECDC Memmingen	23.11.91-13.04.24	38	1348/104	19	53/12
	SC Memmingen	*23.11.-30.12.91*	*1*	*5/1*		
	EHC Memmingen	*01.10.98-12.01.03*	*3*	*34/0*		
	ECDC Memmingen	*23.03.03-13.04.24*	*35*	*1309/103*	*19*	*53/12*
4.	EC Bergkamener Bären	03.12.88-08.04.21	29	951/65	9	17/1
5.	Mannheimer ERC	03.12.88-04.09.04	22	738/148	3	12/2
6.	ERC Ingolstadt	06.10.12-13.04.24	22	681/69	1	3/0
7.	TV Kornwestheim	30.09.98-09.04.07	11	463/42	7	30/13
8.	TuS/ESC River Rats Geretsried	23.11.91-14.04.23	13	440/82		
	TuS Geretsried	*23.11.91-09.04.05*	*12*	*429/82*		
	ESC River Rats Geretsried	*08.02.-14.04.23*	*1*	*11/0*		
9.	SC Riessersee	03.12.88-07.02.15	15	390/54	9	46/9
10.	Grefrather EC/EV/EC 2001	23.11.91-04.01.07	11	273/12	5	23/2
	Grefrather EC	*23.11.91-06.04.92*	*1*	*7/0*		
	Grefrather EV	*27.03.93-14.03.01*	*7*	*176/11*		
	Grefrather EC 2001	*05.10.01-04.01.07*	*6*	*90/1*	*5*	*23/2*
11.	Eisbären Juniors Berlin	25.08.17-11.02.24	15	232/9	7	21/1
12.	Mad Dogs Mannheim	03.01.04-13.04.24	18	228/20	5	25/3
13.	ERC Sonthofen/ERC Sonthofen 1999	04.11.95-16.02.18	7	206/11	8	38/7
	ERC Sonthofen	*04.11.95-13.01.02*	*2*	*58/5*		
	ERC Sonthofen 1999	*02.10.99-16.02.18*	*6*	*148/6*	*8*	*38/7*
14.	ESG Esslingen	16.12.88-25.03.98	9	191/22		
15.	EC in/KEV Hannover/EC Hannover Indians	04.11.95-09.04.04	5	174/19	1	1/0
	EC in Hannover	*04.11.95-25.03.98*	*2*	*56/9*		
	KEV Hannover	*30.09.98-08.04.01*	*5*	*118/10*		
	EC Hannover Indians	*04.09.2004*			*1*	*1/0*
16.	Hamburger SV	04.10.02-08.11.15	5	161/25		
17.	EHC Eisbären Düsseldorf	03.12.88-06.04.92	9	160/39		
18.	WSV Braunlage	04.10.02-09.09.07	4	158/21	1	2/3
19.	EV Füssen	03.12.88-09.08.09	12	134/12		
20.	DSC Oberthurgau (SUI)	08.09.04-09.04.07	4	133/34		
21.	ELV Tornado Niesky	23.10.09-11.04.19	1	114/0	1	1/0
22.	University of Minnesota Duluth (USA)	03.01.06-13.04.24	4	90/22		
23.	TuS Wiehl	12.11.94-09.04.00	7	90/8		
24.	DEC Tigers/EHC Königsbrunn	27.12.92-08.02.20	7	90/4	1	1/0
	DEC Tigers Königsbrunn	*27.12.92-23.03.03*	*6*	*71/4*	*1*	*1/0*
	EHC Königsbrunn	*11.12.18-08.02.20*	*1*	*19/0*		
25.	Minnesota State University (USA)	07.11.13-11.04.19	2	79/4		
26.	ERV Schweinfurt	09.10.04-10.04.09	1	79/2	1	1/0
27.	Neusser EC	08.12.90-30.12.94	7	78/1		
28.	TSV Erding	08.09.07-13.04.12	2	72/0		
29.	EC Bad Tölz/Tölzer Löwen	08.09.04-09.02.20	2	71/0	1	2/0
	EC Bad Tölz	*08.09.04-09.02.20*	*2*	*42/0*	*1*	*2/0*
	Tölzer Löwen	*09.11.12-18.02.14*	*1*	*29/0*		
30.	University of Maine (USA)	27.12.99-14.04.23	3	65/14		
31.	Djurgårdens IF (SWE)	18.08.22-14.04.23	3	61/6		
32.	EV Landsberg 2000/HC Landsberg	28.12.05-10.02.19	2	56/6	1	5/0
	EV Landsberg 2000	*28.12.05-10.04.08*	*1*	*32/5*	*1*	*5/0*
	HC Landsberg	*25.08.17-10.02.19*	*1*	*24/1*		
33.	EV Landshut	12.11.94-04.01.98	2	53/3		
34.	University of North Dakota (USA)	14.12.12-31.03.16	1	51/1		
35.	Heilbronner EC	24.02.95-30.12.96	2	48/22		
36.	EHC Wesel	12.11.94-25.10.09	2	48/4		
37.	St. Cloud State University (USA)	12.12.17-13.04.24	2	46/7		
38.	ESV Kaufbeuren	<31.08.93-17.04.11	5	45/1	1	1/0
39.	Yale University (USA)	31.03.07-17.12.22	2	45/1		
40.	Minnesota Whitecaps (USA)	06.11.08-07.02.19	3	41/7		
41.	Altonaer SV Hamburg	03.10.97-09.03.02	2	41/0		
42.	Linköping HC (SWE)	08.10.16-11.02.24	3	40/9		

43.	Carleton University (CAN)	06.11.08-13.04.12	1	40/4		
44.	EHC Klostersee	03.10.97-06.11.21	3	40/1		
45.	Leksands IF (SWE)	22.08.19-14.04.23	3	37/1		
46.	Wanderers Germering	07.11.01-12.02.23	2	35/13		
47.	HV71 Jönköping (SWE)	08.10.16-07.04.17	3	35/3		
48.	Schwenninger ERC	08.09.07-17.04.11	1	34/4		
49.	ŽHK 2000 Šarišanka Prešov (SVK)	17.12.21-11.11.23	1	33/0		
50.	Eintracht/Fr. ESC/Young Lions/Löwen Frankfurt	08.12.90-11.02.24	4	32/1		
	SG Eintracht Frankfurt	*08.12.-09.12.90*	*1*	*2/0*		
	Frankfurter ESC	*23.11.91-17.04.94*	*1*	*16/0*		
	Young Lions Frankfurt	*07.11.03-07.02.04*	*1*	*10/1*		
	Löwen Frankfurt	*07.02.-11.02.24*	*1*	*4/0*		
51.	Bemidji State University (USA)	26.12.03-18.02.07	1	32/0	1	2/0
52.	Merrimack College (USA)	17.12.15-07.04.17	1	30/3		
53.	EV Ravensburg	09.03.03-09.08.09	2	30/2		
54.	Providence College (USA)	22.08.19-14.04.23	1	30/0		
55.	DHC Lyss (SUI)	07.11.01-27.03.03	1	28/8		
56.	FTV/Crocodiles Hamburg	12.11.94-11.04.19	2	28/7		
	FTV Hamburg	*12.11.94-23.03.95*	*1*	*15/3*		
	Crocodiles Hamburg	*09.11.18-11.04.19*	*1*	*13/4*		
57.	Rensselaer Polytechnic Institute (USA)	18.08.22-13.04.24	1	28/1		
58.	Augsburger EV	30.09.98-29.08.15	3	27/0		
59.	AIK Solna (SWE)	10.11.07-09.04.09	1	26/9		
60.	Ilves Tampere (FIN)	08.09.04-07.01.06	1	25/0		
61.	EHC Jonsdorfer Falken	01.11.07-10.04.09	1	25/0		
62.	EV Pfronten	03.10.08-08.02.20	2	25/0		
63.	EC The Ravens Salzburg (AUT)	03.10.08-25.10.09	1	23/2		
64.	University of Prince Edward Island (CAN)	14.12.12-18.02.14	1	23/0		
65.	Boston University (USA)	13.12.23-13.04.24	2	22/6		
66.	EHC Wolfsburg	01.11.07-09.04.24	3	22/3		
67.	EV Regensburg	08.12.90-02.10.10	4	20/0	1	1/0
68.	ETC Crimmitschau	23.03.03-03.04.18	3	20/1	2	8/1
69.	HC Lugano (SUI)	07.11.03-04.04.04	2	19/9		
70.	HEC Bonn/HEC Rhein-Sieg/EHC Troisdorf	02.12.89-11.11.22	6	19/0		
	1. Hennefer EC Bonn	*02.12.89-12.03.91*	*4*	*13/0*		
	Hennefer EC Rhein-Sieg	*12.11.94-12.03.95*	*1*	*3/0*		
	EHC Troisdorf	*08.11.-11.11.22*	*1*	*3/0*		
71.	EHC Freiburg	30.09.98-14.03.99	1	18/4		
72.	Calgary Oval X-Treme (CAN)	26.12.97-05.04.05	2	18/4		
73.	SC Reinach (SUI)	06.09.03-10.04.08	1	18/3	1	2/3
74.	Ottawa Ice Cats (CAN)	02.01.-31.08.13	1	18/2		
75.	ERSC Ottobrunn	12.11.94-07.09.03	2	18/0	1	3/0
76.	EHC Waldkraiburg	09.11.12-08.04.13	1	17/2		
77.	ES Weißwasser	04.09.04-11.02.24	4	16/1	1	4/0
78.	Veddige HK (SWE)	29.09.00-08.04.01	1	15/2		
79.	Panthères de Sainte-Julie (CAN)	28.12.00-08.04.01	1	13/3		
80.	Ratinger Ice Aliens	08.09.07-17.02.08	1	13/0		
81.	Morrisville State College (USA)	16.12.16-06.01.18	1	13/0		
82.	SDE HF (SWE)	08.02.-14.04.23	1	12/0		
83.	Darmstädter TSG 1846	08.12.90-23.03.91	1	11/1		
84.	Telus Lightning (CAN)	31.12.01-19.02.02	1	11/1		
85.	Bishop Kearney High School (USA)	07.02.20-14.11.21	1	10/3	1	3/1
86.	PWHL Ottawa (CAN)	07.02.-13.04.24	1	10/0		
87.	SC Weinfelden (SUI)	03.11.16-10.02.19	2	10/0		
88.	Kölner EDM „Die Panther"	03.12.88-09.04.89	1	8/4		
89.	Oakville Ice (CAN)	26.12.03-04.04.04	1	8/2		
90.	Université du Québec (CAN)	17.12.06-07.01.07	1	8/1		
91.	Düsseldorfer EG	25.08.17-09.02.20	2	8/0	1	3/0
92.	Stanstead College (USA)	18.08.21-19.08.22	2	8/0		
93.	TEV Miesbach	05.10.01-09.03.02	1	7/0		
94.	HTI Stars Utopia (CAN)	28.08.15-07.01.16	1	7/0		
95.	Okanagan Hockey Academy (AUT)	07.11.19-08.02.20	1	7/0		
96.	ESC Kempten	18.08.-19.12.21	1	7/0		
97.	GSC Moers	09.03.03-10.01.04	2	6/0	1	2/1
98.	Kent School (USA)	25.08.17-03.04.18	1	6/0		

99.	Göteborg HC (SWE)	25.08.17-03.04.18	1	6/0		
100.	Williams College (USA)	24.08.-16.12.23	1	6/0		
101.	University of Sherbrooke (CAN)	04.04.-09.04.89	1	5/0		
102.	Toronto Aeros (CAN)	11.04.-17.04.94	1	5/0		
103.	Ottawa Raiders (CAN)	31.03.-09.04.07	1	5/0		
104.	SC Bietigheim-Bissingen	07.02.20-19.12.21	1	4/0	1	3/1
105.	Elmira College (USA)	13.12.-17.12.22	1	4/0		
106.	ESC Wedemark	04.10.-06.10.02	1	3/1		
107.	ERC Lechbruck	07.03.-23.03.03	1	3/0	1	1/0
108.	Tappara Tampere (FIN)	26.11.-28.11.99	1	3/0		
109.	TSV Peißenberg	13.02.-15.02.09	1	3/0		
110.	Scanlon Creek Hockey Academy (CAN)	14.12.-16.12.12	1	3/0		
111.	ESC Dresden	25.08.-27.08.17	1	3/0		
112.	Fargo Davies High School (USA)	08.11.-11.11.22	1	3/0		
113.	Hannover Scorpions	28.05.-29.08.15	1	2/1		
114.	ESC Moskitos Essen	11.03.95-08.01.06	1	2/0	1	5/1
115.	Calgary Hurricanes (CAN)	09.10.-10.10.04	1	2/0		
116.	EHC Straubing	08.02.20.-02.04.23	1	1/0	1	2/0
117.	DEC Eishasen Berlin	03.12.1988	1	1/0		
118.	SC Garmisch-Partenkirchen	02.10.2010			5	5/0
119.	Deggendorfer SC	07.02.-08.02.20			1	2/0
120.	ESC Bad Liebenzell	23.03.2003			1	1/0
121.	Herner EG	04.09.2004			1	1/0

A-Länderspiel-Bilanz seit 1988

			GESAMT					davon HEIMSPIELE				
	Zeitraum	Land	Sp	S	U	N	Tore	Sp	S	U	N	Tore
1.	10.04.09-11.11.21	AUT	14	11	0	3	56:28	10	8	0	2	42:19
2.	21.03.90-28.08.21	CAN	36	2	0	34	30:241	26	2	0	24	28:149
	21.03.90-28.08.21	*CAN*	*8*	*0*	*0*	*8*	*0:78*	*-*	*-*	*-*	*-*	*-*
	25.12.98-02.01.15	*CAN (u22)*	*25*	*1*	*0*	*24*	*26:151*	*23*	*1*	*0*	*22*	*24:137*
	02.01.17-06.01.18	*CAN (u23)*	*3*	*1*	*0*	*2*	*4:12*	*3*	*1*	*0*	*2*	*4:12*
3.	07.04.00-09.04.24	CHN	22	15	4	3	64:30	7	5	1	1	18:7
4.	11.03.95-11.04.24	CZE	66	39	1	26	214:146	26	18	1	7	92:47
5.	06.04.89-15.03.91	TCH	2	2	0	0	24:1	1	1	0	0	15:0
6.	18.12.88-04.04.24	DEN	25	19	1	5	97:47	9	7	0	2	30:11
7.	05.04.89-11.02.24	FIN	68	4	1	63	63:322	16	2	1	13	20:63
	05.04.89-11.02.24	*FIN*	*61*	*1*	*0*	*60*	*46:305*	*12*	*0*	*0*	*12*	*8:55*
	06.02.04-26.08.06	*FIN (u20)*	*5*	*3*	*0*	*2*	*13:11*	*2*	*2*	*0*	*0*	*8:2*
	11.02.00-07.02.03	*FIN (u22)*	*2*	*0*	*1*	*1*	*4:6*	*2*	*0*	*1*	*1*	*4:6*
8.	30.12.89-24.08.23	FRA	24	18	0	6	112:45	6	5	0	1	33:10
9.	16.03.1991	GBR	1	1	0	0	6:0	-	-	-	-	-
10.	31.03.18-25.08.23	HUN	9	7	0	2	19:12	3	3	0	0	6:2
11.	24.02.95-13.11.21	ITA	4	4	0	0	19:3	1	1	0	0	4:1
12.	19.03.90-06.04.24	JPN	34	17	2	15	74:70	7	1	1	5	8:18
13.	11.02.01-10.02.13	KAZ	10	6	1	3	25:12	4	2	0	2	13:8
14.	21.03.95-13.04.11	LAT	3	3	0	0	12:6	2	2	0	0	7:2
15.	08.12.90-09.03.03	NED	3	3	0	0	31:2	2	2	0	0	17:2
16.	09.04.89-28.03.16	NOR	16	8	2	6	58:45	6	5	1	0	34:6
17.	29.12.95-29.08.21	RUS	75	17	2	56	122:253	23	7	2	14	44:72
	29.12.95-07.11.19	*RUS*	*74*	*17*	*2*	*55*	*120:250*	*23*	*7*	*2*	*14*	*44:72*
	29.08.2021	*ROC*	*1*	*0*	*0*	*1*	*2:3*	*-*	*-*	*-*	*-*	*-*
18.	13.11.2004	SLO	1	1	0	0	10:1	1	1	0	0	10:1
19.	03.12.88-13.04.24	SUI	116	43	10	63	264:294	46	20	5	21	123:107
20.	01.11.07-18.02.18	SVK	16	13	0	3	52:20	3	2	0	1	10:3
21.	08.04.89-08.04.24	SWE	64	11	1	52	85:235	14	5	0	9	26:35
22.	15.02.2016	TUR	1	1	0	0	22:0	1	1	0	0	22:0
23.	12.04.94-13.04.23	USA	12	0	0	12	5:116	1	0	0	1	1:13
	12.04.94-13.04.23	*USA*	*11*	*0*	*0*	*11*	*4:103*	*-*	*-*	*-*	*-*	*-*
	29.12.1999	*USA (B)*	*1*	*0*	*0*	*1*	*1:13*	*1*	*0*	*0*	*1*	*1:13*
	Gesamt		**622**	**245**	**25**	**352**	**1464:1929**	**215**	**100**	**12**	**103**	**603:576**

B-Länderspiel-Bilanz seit 1990

	Zeitraum	Land	GESAMT					davon HEIMSPIELE				
			Sp	S	U	N	Tore	Sp	S	U	N	Tore
1.	06.09.03-04.09.04	AUT (A)	4	4	0	0	23:8	2	2	0	0	9:6
2.	21.03.90-28.08.21	CZE (A)	6	0	1	5	11:23	3	0	0	3	5:15
3.	26.03.2005	DEN (A)	1	1	0	0	2:1	1	1	0	0	2:1
4.	03.01.-06.02.04	FRA (A)	2	1	0	1	6:2	1	1	0	0	6:1
5.	05.05.2005	ITA (A)	1	1	0	0	4:2	-	-	-	-	-
6.	24.03.2005	LAT (A)	1	0	1	0	5:5	1	0	1	0	5:5
7.	04.09.2004	NED (A)	1	0	1	0	1:1	1	0	1	0	1:1
8.	23.03.03-29.12.05	SUI (B)	5	4	0	1	19:9	3	2	0	1	9:7
	Gesamt		21	11	3	7	71:51	12	6	2	4	37:36

Deutsche B-Länderspiele der Männer 1952 - 1991

Generelle Hinweise:
- bei den mit ' gekennzeichneten lfd. Nummern der Spiele, ist die Grundlage der Angaben, der offiz. Spielbericht
- Spiel bzw. Spielername kursiv: in der offiziellen DEB-Statistik nicht aufgeführt

1952/53

1. - 21.11.1952 FRG (B) - SUI (B) 8:3 (0:3, 7:0, 1:0)
Bad Tölz, Eisstadion an der Peter-Freisl-Straße (Freiluft, Kunsteis); Z: 2.500; SR: ?
Wilhelm Bechler (EV Füssen; **Karl Fischer*** (EV Füssen) - **Johann Langhans** (Preußen Krefeld), **Dr. Ernst Eichler** (VfL Bad Nauheim), **Martin Beck** (EV Füssen) - **Xaver Unsinn** (EV Füssen), **Georg Guggemos** (EV Füssen), **Johannes Huber** (EV Rosenheim) - **Fritz Kleber** (EV Füssen), **Artur Endreß** (SC Riessersee), **Hans Grüner** (SC Riessersee) - **Josef Wörschhauser** (EC Bad Tölz), **Martin Zach** (EC Bad Tölz), **Jacob Probst** (EC Bad Tölz) - **Siegfried Fottner** (EC Bad Tölz)
* K. Fischers Einsatz lt. DEB-Statistik durch Quellen nicht bestätigt
T: 1:3 (?) Endreß (?) - 2:3 (?) Kleber (?) - 3:3 (?) J. Huber (?) - 4:3 (?) G. Guggemos (?) - 5:3 (?) M. Zach (?) - 6:3 Dr. Eichler (?) - 7:3 (?) Endreß (?) / 8:3 (?) Fottner (?)
S: keine Angaben

2. - 23.11.1952 FRG (B) - SUI (B) 3:5 (0:0, 2:3, 1:2)
Bad Nauheim, 100-Tage-Stadion (Freiluft, Kunsteis); Z: 5.000; SR: Unger (FRG), Krick (FRG)
Wilhelm Egginger (SC Riessersee; K. Fischer*) - Dr. Eichler, **Georg Kowarik** (VfL Bad Nauheim) - Langhans, **Kurt Schmolinga** (VfL Bad Nauheim) - **Walter Kremershof** (Preußen Krefeld), **Otto Brandenburg** (Preußen Krefeld), **Franz Dolna** (Düsseldorfer EG) - Grüner* **Helmut Langsdorf** (VfL Bad Nauheim), **Reinhard Pfundtner** (VfL Bad Nauheim), **Leo Barczikowski** (VfL Bad Nauheim) - Probst, M. Zach, Fottner
* K. Fischers und Grüners Einsatz lt. DEB-Statistik durch Quellen nicht bestätigt
T: 1:0 (?) Brandenburg (W. Kremershoff) - 2:1 (?) Probst (Schmolinga) / 3:3 (?) Langsdorf (---)
S: Brandenburg 2

1953/54

3. - 01.01.1954 AUT (A*) - FRG (B**) 3:6 (0:2, 0:1, 3:3)
* Auswahl Kärnten/Tirol bzw. ** Süddeutsche Auswahl (EC Bad Tölz und SC Weßling) (in den Spielen 3 - 4)
Kitzbühel, Eisstadion; Z: 3.000; SR: ?
Richard Wörschhauser (EC Bad Tölz - ab ? **Wilhelm Edelmann** (SC Weßling)*) - *Ferdinand Peterhans (EC Bad Tölz)*, **Hermann Aumann** (C - EC Bad Tölz) - **Hans Wechsel** (EC Bad Tölz), **Franz Deisenrieder** (EC Bad Tölz) - M. Zach (EC Bad Tölz), Probst (EC Bad Tölz), **Hans Rampf** (EC Bad Tölz) - Fottner (EC Bad Tölz), *J. Wörschhauser (EC Bad Tölz)*, **Anton Ott** (EC Bad Tölz) - *Raimund Ressemann (SC Weßling)*, *Anton Edelmann (EC Weßling)*, *Albert Dellinger (SC Weßling)*
* R. Wörschhauser verletzt
T: Probst 3, Rampf 2, Fottner 1
A, S: keine Angaben

4. - 03.01.1954 AUT (A*) - FRG (B**) 6:5 (2:2, 3:0, 1:3)
Klagenfurt, Eisarena in der Glangasse (Natureis); Z: 4.000; SR: ?
W. Edelmann *(R. Wörschhauser n.e.)* - Peterhans, Aumann (C) - Wechsel, Deisenrieder - M. Zach, Probst, *H. Rampf* - Fottner, *J. Wörschhauser, Ant. Ott* - Ressemann, A. Edelmann, Dellinger
T: M. Zach 4, Probst 1
S: keine Angaben

5. - 06.02.1954 SUI (B) - FRG (B) 5:3 (3:0, 2:1, 0:2)
Sankt Moritz, Kurvereins-Eisplatz (Natureis); Z: 1.200; SR: Schmid (SUI), Egginger (FRG)
W. Edelmann (*Josef Buchinger (EC Bad Tölz) n.e.*) - Peterhans, **Georg Eberl*** (EC Bad Tölz) - Aumann (C) -
Ressemann, **Thomas Schaberer** (SC Weßling), A. Edelmann - **Rudolf Pittrich** (SC Riessersee), J. Huber (SC
Riessersee), **Xaver Breitsamer** (SC Riessersee) - Dellinger, Fottner, **Hermann Lechner** (TSV Holzkirchen) -
Ant. Ott**
* Eberls Einsatz wurde vom DEB in seiner persönlichen Bilanz nicht berücksichtigt.
** Ant. Otts Einsatz lt. DEB-Statistik durch Quellen nicht bestätigt
T: 1:5 (?) Schaberer (?) / 2:5 (44.) Fottner (?) - 3:5 (46.) Ressemann (?)
S: Eberl 2

6. - 07.02.1954 SUI (B) - FRG (B) 5:5 (1:1, 2:2, 2:2)
Arosa, Sportanlage am Obersee (Natureis); Z: 2.000; SR: Lohrer (SUI), Egginger (FRG)
W. Edelmann (*Buchinger n.e.*) - Peterhans, Eberl* - Aumann (C) - Ressemann, Schaberer, A. Edelmann -
Pittrich, J. Huber, Breitsamer - Dellinger, Fottner, Lechner
* Eberls Einsatz wurde vom DEB in seiner persönlichen Bilanz nicht berücksichtigt.
T: 0:1 (5.) Schaberer (A. Edelmann) - 1:2 (25.) *Eigentor Hans Pfosi* - 2:3 (?) Pittrich (J. Huber) / 3:4 (42.) J.
Huber (Gedränge) - 3:5 (45.) J. Huber (Breitsamer)
S: Eberl 2, Aumann 2

Trainer Erich Konecki

1954/55

7. - 01.01.1955 FRA (A) - FRG (B) 4:1 (2:0, 1:0, 1:1)
Chamonix, Stade Olympique (Freiluft, Natureis); Z: ?; SR: ?
W. Edelmann (SC Weßling; **Wolfgang Schmidt** (Preußen Krefeld) - **Rudolf Hoffmann** (EV Füssen),
Deisenrieder (EC Bad Tölz) - Wechsel (EC Bad Tölz), **Virgil Schoor** (Krefelder EV) - Ressemann (SC Weßling),
Schaberer (SC Weßling), A. Edelmann (SC Weßling) - **Horst Brandt** (VfL Bad Nauheim), L. Barczikowski (VfL
Bad Nauheim), Langsdorf (VfL Bad Nauheim) - **Bernhard Peltzer** (Krefelder EV), **Max Pfefferle** (EV Füssen)*
* W. Edelmann, W. Schmidt und Peterhans nur in einem Spiel eingesetzt.
T: 4:1 (?) Ressemann (---)
A, S: keine Angaben

8. - 02.01.1955 FRA (A) - FRG (B) 7:2 (0:0, 1:2, 6:0)
Chamonix, Stade Olympique; Z: ?; SR: ?
W. Schmidt (W. Edelmann n.e.) - R. Hoffmann, Deisenrieder - Wechsel, Schoor - Ressemann, Schaberer, A.
Edelmann - Brandt, L. Barczikowski, Langsdorf - Peltzer, Pfefferle*
* W. Edelmann, W. Schmidt und Peterhans nur in einem Spiel eingesetzt.
T: 1:1 (?) Pfefferle (?) - 1:2 (?) Langsdorf (?)
A, S: keine Angaben

In den Spielen 9 und 10 wurde die Mannschaft von Bruno Leinweber betreut.

9. - 22.01.1955 FRG (B) - FRA (A) 11:1 (1:1, 6:0, 4:0)*
*Garmisch-Partenkirchen, Olympia-Eisstadion (Freiluft, Kunsteis); Z: 6.000; SR: Egginger (FRG), Le Bas
(FRA)*
* im Rahmen der X. Internationalen Wintersportwoche
W. Edelmann (*Alfred Hoffmann (SC Riessersee) n.e.*) - J. Huber (SC Riessersee), Langhans (Preußen Krefeld)
- Peterhans (EC Bad Tölz), Deisenrieder - Pittrich (SC Riessersee), **Lorenz Fries** (SC Riessersee), Breitsamer
(SC Riessersee) - H. Rampf (EC Bad Tölz), Probst (EC Bad Tölz), J. Wörschhauser (EC Bad Tölz) - A. Edelmann
n.e., Schaberer n.e., Ressemann n.e.*
** Da FRA nur mit 2 Sturmreihen spielte, setzte Deutschland die dritte Sturmreihe vom SC Weßling nicht ein.
Laut DEV-Jahrbuch 1955/56 wurde jedoch für die drei Spieler ein Einsatz aufgeführt.*
T: 1:0 (3.) J. Wörschhauser (Pittrich) / 2:1 (22.) Fries (---) - 3:1 (29.) Pittrich (Nachschuss) - 4:1 (34.) J.
Wörschhauser (Probst) - 5:1 (35.) Pittrich (Breitsamer) - 6:1 (37.) Pittrich (Breitsamer) - 7:1 (39.) J.
Wörschhauser (H. Rampf) / 8:1 (42.) Pittrich (---) - 9:1 (43.) Pittrich (Breitsamer) - 10:1 (50.) J. Wörschhauser
(H. Rampf) - 11:1 (59.) Fries (Breitsamer)
S: keine

10. - 23.01.1955 FRG (B) - FRA (A) 3:4 (2:1, 0:1, 1:2)
Weßling, Eisstadion (Freiluft, Natureis)*; Z: 2.500; SR: Neumaier (FRG), Le Bas (FRA)
* vorm Spiel Regen, milde Witterung
W. Edelmann (A. *Hoffmann n.e.*) - Peterhans, Deisenrieder - Wechsel, **Hanns Schneider** (SC Weßling) - Rampf,
Probst, J. Wörschhauser - A. Edelmann (C), Schaberer, Ressemann - Brandt, L. Barczikowski, Langsdorf
T: 1:0 (2.) J. Wörschhauser (H. Rampf) - 2:1 (?)Ressemann (Weitschuß) / 3:3 (57.) J. Wörschhauser (?)
S: Probst 2

Eishockey-Weltmeisterschaft 1955 Junior-Cup (B-Gruppe)
FRG (B) nahm ohne Wertung teil. Details zu allen Spielen siehe unter A-Länderspiele

11. - 25.02.1955 FRG (B) - ITA 2:2 (1:1, 0:1, 1:0)

12. - 26.02.1955 FRG (B) - NED 11:1 (3:0, 2:1, 6:0)

13. - 27.02.1955 FRG (B) - AUT 3:2 (1:0, 2:1, 0:1)

14. - 01.03.1955 FRG (B) - YUG 5:1 (4:0, 0:0, 1:1)

15. - 04.03.1955 FRG (B) - BEL 11:1 (1:0, 4:0, 6:1)

1955/56

16. - 25.11.1955 SUI (A/B*) - FRG (B) 10:2 (4:0, 1:2, 5:0)
* Kombination der Schweizer A- und B-Auswahl (in den Spielen 16 - 17)
Genève, Pavillon des Sports (Halle); Z: 3.000; SR: Braun (SUI), Egginger (FRG)
Obermann (Krefelder EV; **Michael Hobelsberger** *(SC Riessersee) n.e.*) - Grüner (C - SC Riessersee), **Günther Sailer** (SC Riessersee) - **Heinz Kaltenhäuser** (Düsseldorfer EG), **Rolf Bunte** (Düsseldorfer EG) - **Karl Zippel** (Preußen Krefeld) - Günzrodt (SC Riessersee), Fries (SC Riessersee), Breitsamer (SC Riessersee) - Sillenberg (Krefelder EV), **Robert Haas** (Preußen Krefeld), **Willy Pabelik** (Düsseldorfer EG) - A. Edelmann (SC Weßling), L. Barczikowski (VfL Bad Nauheim), Schaberer (SC Weßling)
T: 4:1 (26.) Fries (Breitsamer) - 5:2 (31.) Günzrodt (---)
S: Fries 5+10 (Disziplinarstrafe), Kaltenhäuser 2, Günzrodt 2, keine weiteren Angaben

17. - 26.11.1955 SUI (A/B) - FRG (B) 10:1 (3:0, 3:1, 4:0)
Lausanne, Patinoire de Montchoisi (Freiluft, Kunsteis); Z: 4.000; SR: Briggen (SUI), Egginger (FRG)
Hobelsberger *(Obermann n.e.)* - Grüner (C), Sailer - Kaltenhäuser, Bunte - Zippel - Günzrodt, Fries, Breitsamer - Sillenberg, Haas, Pabelik - Schaberer, A. Edelmann, L. Barczikowski
T: 4:1 (23.) L. Barczikowski (?)
S: Günzrodt 2, Bunte 2, keine weitere keine Angaben

Trainer Jacki Lang (Spiele 18 - 22)

18. - 28.01.1956 FRG (B) - SUI (B) 4:2 (2:1, 2:0, 0:1)
Garmisch-Partenkirchen, Olympia-Eisstadion; Z: 2.000; SR: Schmid (SUI), Egginger (FRG)
Obermann *(W. Edelmann (SC Weßling) n.e.)* - Grüner, Deisenrieder (EC Bad Tölz) - Kaltenhäuser, Bunte - R. Hoffmann (EV Füssen) - Günzrodt, Fries, Breitsamer - Pfefferle (EV Füssen), Sillenberg, Pabelik - A. Edelmann, **Alois Mayr** (EC Bad Tölz), Eberl (EC Bad Tölz)
T: 1:1 (7.) Eberl (Gedränge) - 2:1 (19.) A. Mayr (Eberl) / 3:1 (37.) Eberl (A. Mayr) - 4:1 (39.) Pabelik (Sillenberg)
S: R. Hoffmann 2, Grüner 2, Fries 2

19. - 29.01.1956 FRG (B) - SUI (B) 4:3 (1:1, 1:0, 2:2)
Mannheim, Eisstadion am Friedrichspark (Freiluft*, Kunsteis); Z: 3.000; SR: Neumaier (FRG), Mühlenbrink (FRG)
* leichter Regen
W. Edelmann *(Obermann n.e.)* - Grüner, Deisenrieder - R. Hoffmann, Bunte - Günzroth, Fries, Breitsamer - Pfefferle, Sillenberg, R. Haas - A. Edelmann, Schaberer, Eberl
T: 1:0 (?) Schaberer (*) / 2:1 (?) Deisenrieder (?) / 3:2 (?) A. Edelmann (?) - 4:2 (?) Günzrodt (?)
* Schuß vom Schweizer Torwart Stäbler ins eigene Tor gelenkt
S: Günzrodt 2

20. - 03.02.1956 FRG (B) - YUG (A) 7:0 (2:0, 1:0, 4:0)
München, Prinzregentenstadion (Freiluft, Kunsteis); Z: 1.000; SR: Ostermair (FRG), ? (YUG)
W. Edelmann *(Buchinger (EC Bad Tölz) n.e.)* - Grüner, Deisenrieder - Wechsel (EC Bad Tölz), Sailer - Breitsamer, Günzrodt, **Max Kornexl** (SC Riessersee) - Eberl, A. Mayr, Sillenberg - A. Edelmann, Schaberer, Ressemann (SC Weßling)
T: 1:0 (6.) Schaberer (A. Edelmann) - 2:0 (9.) Grüner (Weitschuß) / 3:0 (25.) Ressemann (Nachschuss) / 4:0 (42.) A. Mayr (---) - 5:0 (45.) A. Edelmann (Ressemann) - 6:0 (52.) Ressemann (Schaberer) - 7:0 (57.) A. Mayr (---)
S: Eberl 2

21. - 04.02.1956 FRG (B) - YUG (A) 8:2 (3:1, 2:0, 3:1)
Bad Tölz, Eisstadion an der Peter-Freisl-Straße; Z: 300; SR: Rammelmeier (FRG), David (YUG)
Buchinger *{W. Edelmann n.e.)* - Grüner, Deisenrieder - Wechsel, Sailer - Günzrodt, Sillenberg, Breitsamer - Eberl, A. Mayr, Kornexl - A. Edelmann, Schaberer, Ressemann
T: 1:0 (7.) Ressemann (A. Edelmann) - 2:0 (12.) A. Mayr (Kornexl) - 3:1 (16.) Breitsamer (Abstauber) / 4:1 (24.) Günzrodt (Breitsamer) - 5:1 (26.) Günzrodt (Breitsamer) / 6:1 (48.) A. Edelmann (---) - 7:2 (52.) Breitsamer (Nachschuss) - 8:2 (58.) A. Edelmann (---)
S: Deisenrieder 2, Wechsel 2

22. - 10.03.1956 YUG (A) - FRG (B*) 5:5 (1:1, 2:2, 2:2)
* nur Spieler des SC Weßling eingesetzt; Die nominierte Sturmreihe des SC Riessersee, erhielt wegen des Entscheidungsspiels um die deutsche Meisterschaft gegen den EV Füssen keine Freigabe vom Verein.
Jesenice, Športni Park Podmežakla (Freiluft, Kunsteis); Z: 4.000; SR: Pogačnik (YUG), Zeller (FRG)
W. Edelmann *(Buchinger n.e.)* - **Roland von Rebay** (SC Weßling), **Ludwig Bichler** (SC Weßling) - H. Schneider (SC Weßling), **Paul Jakob** (SC Weßling) - Dellinger (SC Weßling), Schaberer, **Bruno Köpf** (SC Weßling) - Ressemann, **Manfred Schneider** (SC Weßling), **Alfred Riedl** (SC Weßling) - **Josef Riedl** (SC Weßling)
T: 0:1 (13.) Ressemann (?) / 2:2 (35.) Br. Köpf (?) - 2:3 (36.) H. Schneider (?) / 5:4 (56.) Br. Köpf (?) - 5:5 (57.) Schaberer (?)
S: keine Angaben

1956/57

23. - 09.12.1956 SUI (B*) - FRG (B) 2:9 (1:3, 0:2, 1:4)
* Schweizer Nachwuchsauswahl
Visp, Kunsteisbahn (Freiluft); Z: 4.000; SR: Ostermair (FRG), Lutta (SUI)
W. Edelmann (SC Weßling; **Hans Stafforth** *(ESV Kaufbeuren) n.e.)* - Ambros (EV Füssen), **Ernst Eggerbauer** (EV Füssen) - R. Hoffmann (EV Füssen) - Pfefferle (EV Füssen), **Ernst Trautwein** (EV Füssen), **Siegfried Schubert** (EV Füssen) - Schaberer (SC Weßling), Ressemann (SC Weßling), A. Edelmann (SC Weßling) - **Alfred Hynek** (ESV Kaufbeuren), M. Schneider (SC Weßling), Kornexl (SC Weßling)
T: 0:1 (4.) A. Edelmann (?) - 0:2 (8.) Pfefferle (?) - 0:3 (15.) Trautwein (?) / 1:4 (29.) Ambros (?) - 1:5 (34.) Schubert (?) / 1:6 (45.) Pfefferle (?) - 2:7 (50.) Trautwein (?) - 2:8 (51.) Schubert (?) - 2:9 (52.) A. Edelmann (?)
S: keine Angaben

24. - 19.01.1957 FRG (B) - SUI (B) 6:2 (3:0, 2:2, 1:0)
Kaufbeuren, Eisstadion (Freiluft, Kunsteis); Z: 2.000; SR: Braun (SUI), Klopfer (FRG)
W. Edelmann *(Hans-Werner Pescher (Krefelder EV) n.e.)* - Sailer (SC Riessersee), Grüner (SC Riessersee) - Zippel (Preußen Krefeld), **Karl-Heinz Baumeister** (Preußen Krefeld) - **Albert Loibl** (SC Riessersee), **Richard Kappelmeier** (SC Riessersee), Hynek - Ressemann, A. Edelmann, Schaberer - Kornexl, **Willi Winkes** (Preußen Krefeld), **Horst Metzer** (Krefelder EV)
T: 1:0 (1.) Hynek (---) - 2:0 (11.) A. Edelmann (Ressemann) - 3:0 (17.) Kornexl (Metzer) / 4:1 (29.) Loibl (Weitschuss) - 5:1 (36.) Kappelmeier (Weitschuss) / 6:2 (59.) Ressemann (Schaberer)
S: Loibl 2, Zippel 2

25. - 20.01.1957 FRG (B) - SUI (B) 3:8 (2:2, 0:2, 1:4)
Oberstdorf, Eisstadion Fuggerstraße (Freiluft, Natureis); Z: 1.500; SR: Braun (SUI), Gantschnig (FRG)
Pescher *(W. Edelmann n.e.)* - Zippel, Baumeister - R. Hoffmann - **Werner Krötz** (EV Füssen), **Oskar Mayrhans** (EV Füssen), Schubert - Ressemann, A. Edelmann, Schaberer - Kornexl, Winkes, Metzer*
* nach Verletzung R. Hoffmanns im Schlussdrittel wurde der 3. Sturm aufgelöst, Kornexl und Metzer spielten in der Verteidigung
T: 1:0 (6.) Baumeister (?) - 2:2 (18.) Metzer (?) / 3:4 (41.) A. Edelmann (?)
S: keine Angaben

26. - 26.01.1957 FRG (B) - ITA (B) 5:2 (2:0, 0:1, 3:1)
Landshut, Städtisches Eisstadion (Freiluft, Kunsteis); *Z: 4.000; SR: Zeller (FRG), Ostermair (FRG)*
* während des 1. Drittel starker Schneefall
W. Edelmann *(R. Wörschhauser (EC Bad Tölz) n.e.)* - **Siegfried Mayr** (EC Bad Tölz), **Otto Schneitberger** (EC Bad Tölz) - **Walter Rauhmeier** (EV Landshut), R. Hoffmann - **Walter Arnold** (EC Bad Tölz), **Josef Riedelsheimer** (EC Bad Tölz), **Adolf Floßmann** (EC Bad Tölz) - Jakob (SC Weßling), A. Edelmann, Kornexl - **Albert Pauli** (VfL Bad Nauheim), **Toni Barczikowski** (VfL Bad Nauheim), Zippel
T: 1:0 (1.) Ad. Floßmann (---) - 2:0 (16.) Kornexl (?) / 3:1 (43.) Riedelsheimer (?) - 4:2 (52.) S. Mayr (?) - 5:2 (58.) Pauli (?)
S: keine Angaben

27. - 27.01.1957 FRG (B) - ITA (B) 4:1 (1:0, 2:1, 1:0)
* auf Grund der Witterung verkürzte Spielzeit 3x15 Minute
Deggendorf, Eisstadion an der Edlmairstraße (Freiluft, Natureis)*; Z: 2.000; SR: Zeller (FRG), Ostermair (FRG)
** Tauwetter, starker Regen während der gesamten Spielzeit
Pescher *(W. Edelmann n.e.)* - S. Mayr, Schneitberger - R. Hoffmann, Zippel - Arnold, Riedelsheimer, Ad. Floßmann - A. Edelmann, T. Barczikowski, Pauli - Kornexl*, Jakob*
* lt. Deggendorfer Zeitung nur zwei Sturmreihen
T: 1:0 (5.) A. Edelmann (?) / 2:1 (28.) Riedelsheimer (Arnold) - 3:1 (29.) Ad. Floßmann (?) / 4:1 (55.) Ad. Floßmann (?)
S: keine Angaben

1958/59

Trainer Gerhard Kießling

28. - 31.01.1959 AUT (A*) - FRG (B**) 0:16 (0:4, 0:4, 0:8)
* Auswahl der Vereine Klagenfurt, Kitzbühel und Leoben bzw. ** Kombination A- und B-Auswahl (in den Spielen 28 - 29)
Klagenfurt, Eisarena in der Glangasse; Z: ?; SR: Platzer (AUT), Zeller (FRG)
Hobelsberger (SC Riessersee; *W. Edelmann (EG Weßling/ Starnberg) n.e.*) - **Leonhard Waitl** (EV Füssen), **Markus Egen** (EV Füssen) - Ambros (EV Füssen), J. Huber (SC Riessersee) - E. Eggerbauer (EV Füssen) - Pfefferle (EV Füssen), Unsinn (EV Füssen), Trautwein (EV Füssen) - Loibl (SC Riessersee), Endreß (SC Riessersee), **Horst Franz Schuldes** (SC Riessersee) - **Peter Schmitz** (Düsseldorfer EG), **Peter Rohde** (Düsseldorfer EG), **Peter Gregory** (Düsseldorfer EG)
T: Waitl, Unsinn, Trautwein, Loibl / Unsinn, Pfefferle, Schmitz, Loibl / Pfefferle 2, Rohde 2, Schuldes 2, Unsinn, Loibl
S: keine Angaben

29. - 01.02.1959 AUT (A*) - FRG (B**) 3:5 (1:1, 2:3, 0:1)
Innsbruck, ?; Z: ?; SR: Platzer (AUT), Zeller (FRG)
Hobelsberger (*W. Edelmann n.e.*) - Waitl, M. Egen - Ambros, J. Huber - Pfefferle, Unsinn, Trautwein - Loibl, Endreß, Schuldes - Schmitz, Rohde, Gregory
T: 1:1 (8.) Pfefferle (?) / 1:2 (?) Pfefferle (?) - 3:3 (38.) Ambros (?) - 3:4 (39.) Pfefferle (?) - 3:5 (?) Endreß (?)
S: keine Angaben

30. - 25.02.1959 FRG (B) - AUT (A*) 3:0 (1:0, 2:0, 0:0)
* Kombination Klagenfurt und Kitzbühel (in den Spielen 30 - 31)
Ravensburg, Eisstadion am St. Christina-Hang (Freiluft, Kunsteis); Z: 3.000; SR: ? (FRG), ? (AUT)
W. Edelmann *(? n.e.)* - **Peter Kohlenberg** (Krefelder EV), Schubert (EV Füssen) - Schneitberger (EC Bad Tölz), **Bernhardt Farthmann** (Düsseldorfer EG) - Ad. Floßmann (EC Bad Tölz), Riedelsheimer (EC Bad Tölz), **Josef Reif** (EC Bad Tölz) - **Reinhard Rief** (ESV Kaufbeuren), Mayrhans (EV Füssen), Krötz (EV Füssen) - Loibl, A. Edelmann (EG Weißling/ Starnberg), **Bernd Herzig** (HG Nürnberg)
T: 1:0 (15.) Schneitberger (---) / 2:0 (28.) Loibl (Herzig) - 3:0 (34.) Loibl (Schubert)
S: keine Angaben

31. - 27.02.1959 FRG (B) - AUT (A*) 1:3 (0:0, 0:3, 1:0)
Oberstdorf, Eisstadion an der Roßbichlstraße (Freiluft, Kunsteis); Z: 3.000; SR: ?
W. Edelmann *(? n.e.)* - Farthmann, Schneitberger - **Karl-Ludwig Jung** (VfL Bad Nauheim), Kohlenberg - Ad. Floßmann, Riedelsheimer, Reif - Rief, Mayrhans, Krötz - Herzig, **Werner Bachmann** (VfL Bad Nauheim), Loibl - A. Edelmann
T: 1:3 (51.) Bachmann (?)
S: keine Angaben

1959/60

Trainer Willi Overath

32. - 18.11.1959 FRG (B) - ITA (B) 7:4 (3:2, 3:1, 1:1)
Sonthofen, Kunsteisstadion (Freiluft); Z: 3.000; SR: Klopfer (FRG), Gasser (ITA)
Reinhold Winter *(ESV Kaufbeuren; W. Edelmann* (EC Bad Tölz))* - Deisenrieder (EC Bad Tölz)**, Walter Riedl** (EC Bad Tölz) - **Ekhard Pirschel** (Preußen Krefeld), Jung (VfL Bad Nauheim) - Loibl (SC Riessersee), Metzer (Preußen Krefeld), Bachmann (VfL (Bad Nauheim; 20:00-40:00 Herzig (SC Riessersee)) - **Georg Scholz** (ESV Kaufbeuren), Rief (ESV Kaufbeuren), Hynek (ESV Kaufbeuren) - Mayrhans (EV Füssen), **Helmut Zanghellini** (EV Füssen), Krötz (EV Füssen)
* W. Edelmann am Vortag im Training verletzt
T: 1:0 (?) Rief (Hynek) - 2:0 (?) Krötz (---) - 3:1 (?) Krötz (Mayrhans) / 4:2 (?) Krötz (Nachschuss) - 5:3 Hynek (G. Scholz) - 6:3 Krötz (Zanghellini) / 7:3 (?) Rief (Hynek)
S: Rief 2

33. - 20.11.1959 FRG (B) - ITA (B) 5:1 (2:1, 1:0, 2:0)
Kaufbeuren, Eisstadion*; Z: 3.000; SR: Haff (FRG), Gasser (ITA)
*- Tauwetter, Nebel auf der Eisfläche
Winter *(W. Edelmann n.e.)* - Pirschel, Jung - Sailer (SC Riessersee), Kappelmeier (SC Riessersee) - G. Scholz, Rief, Hynek - Krötz, Zanghellini, Mayrhans - Loibl, Bachmann, Herzig - Metzer
T: 1:0 (?) Rief (Hynek) - (?) 2:0 Mayrhans (Krötz) / 3:1 (?) Hynek (---) / 4:1 (?) Zanghellini (Mayrhans) - 5:1 (?) Hynek (Abpraller)
S: Sailer 2, G. Scholz 2

Drei-Länder-Turnier
Die deutsche B-Auswahl belegte bei diesem Turnier im Rahmen der Internationalen Wintersportwoche den 1. Platz.

34. - 13.02.1960 FRG (B) - AUT (A) 7:1 (3:0, 2:2, 2:0)
Garmisch-Partenkirchen, Olympia-Eisstadion; Z: 3.000; SR: Zeller (FRG), Göbner (AUT)
Herbert Lindner *(EV Füssen; W. Edelmann n.e.)* - W. Riedl, Deisenrieder - Jung, **Erwin Riedmeier** (SC Riessersee) - Krötz, Zanghellini, **Ernst Köpf** (EV Füssen) - Herzig, Ad. Floßmann (EC Bad Tölz), Loibl - Rief, Hynek, Bachmann
T: 1:0 (7.) Riedmeier (---) - 2:0 (14.) Riedmeier (Weitschuss) - 3:0 (19.) Loibl (Rief) / 4:1 (34.) Hynek (Nachschuss) - 5:1 (?) Krötz (Weitschuss) / 6:1 (?) E. Köpf (Nachschuss) - 7:1 (?) Krötz (Nachschuss)
S: Riedmeier 4 - keine weitere Angaben

35. - 14.02.1960 FRG (B) - HUN (A) 11:4 (1:1, 5:3, 5:0)
Garmisch-Partenkirchen, Olympia-Eisstadion; Z: 3.000; SR: ?
Lindner *(W. Edelmann n.e.*)* - W. Riedl, Deisenrieder - Jung, Riedmeier - Krötz, Zanghellini, E. Köpf - Herzig, Ad. Floßmann, Loibl - Rief, Hynek, Bachmann
* lt. DEB-Statistik W. Edelmann an Stelle von Lindner im Tor, durch Quellen nicht bestätigt
T: 1:0 (4.) Zanghellini (?) / 2:1 (21.) Zanghellini (?) - 3:4 (28.) Rief (?) - 4:4 (30.) Zanghellini (?) - 5:4 (35.) Hynek (Weitschuss) - 6:4 (37.) Loibl (?) / 7:4 (42.) Loibl (?) - 8:4 (44.) Rief (?) - 9:4 (49.) E. Köpf (?) - 10:4 (50.) Krötz (?) - 11:4 (56.) Herzig (?)
S: Loibl 2, Jung 2

1960/61

Trainer Erich Konecki

36. - 26.02.1961 FRG (B) - NOR (A) 5:11 (2:3, 2:4, 1:4)
Nürnberg, Linde-Eisstadion (Freiluft, Kunsteis); Z: 5.500; SR: Klopfer (FRG), Krülls (FRG)
Richard Drax (SC Riessersee; *Lindner (EV Füssen) n.e*) - **Peter Schwimmbeck** (EV Füssen), Riedmeier (SC Riessersee) - **Manfred Kramarczyk** (Krefelder EV), **Manfred Hüttmann** (ESV Kaufbeuren) - **Heinz Bader** (EC Bad Tölz), **Klaus Retzer** (EC Bad Tölz), **Peter Lax** (EC Bad Tölz) - **Peter Kuba** (SC Riessersee), **Paul-Eberhard von Ostmann** (Krefelder EV), **Klaus Stenders** (Krefelder EV) - **Manfred Gmeiner** (EV Füssen), **Erich Franke** (EV Füssen), **Dieter Lang** (EV Landshut)
T: 1:3 (17.) Stenders (?) - 2:3 (19.) Lang (?) / 3:3 (22.) E. Franke (Gmeiner) - 4:7 (38.) K. Retzer (?) / 5:11 (59.) Stenders (?)
S: Riedmeier 2, Schwimmbeck 2

37. - 27.02.1961 FRG (B) - NOR (A) 3:8 (1:2, 1:4, 1:2)
Oberstdorf, Eisstadion an der Roßbichlstraße; Z: 2.500; SR: Klopfer (FRG), Krülls (FRG)
Drax (*Lindner n.e.*) - Schwimmbeck, Hüttmann - Kramarczyk, Riedmeier - **Hansjörg Nagel** (SC Ziegelwies) - Bader, K. Retzer, Lax - von Ostmann, Stenders, **Hans Stenger** (EC Obersdorf) - Gmeiner, E. Franke, **Eugen Seidl** (Mannheimer ERC), Lang - **Herbert Fichtl** (EC Oberstdorf)
T: 1:2 (?) Stenders (?) / 2:6 (?) Stenger (?) / 3:6 (?) von Ostmann (?)
S: 4 x 2 Minuten

1961/62

Trainer Xaver Unsinn

38. - 24.11.1961 FRG (B) - SUI (B) 2:7 (1:3. 1:3, 0:1)
Sonthofen, Kunsteisstadion; Z: 2.000; SR: Klopfer (FRG), Krülls (FRG)
Lindner (EV Füssen; *Fritz Hafensteiner (EC Bad Tölz) n.e.*) - Schwimmbeck (EV Füssen), **Gerd Junghans** (EV Füssen) - **Rudolf Dentges** (Krefelder EV), **Günther Kauertz** (EV Landsberg) - **Peter Grimm** (EV Füssen), E. Franke (EV Füssen), Krötz (EV Füssen) - **Franz Kriegl** (ERC Sonthofen), **Horst Rädler** (C - ERC Sonthofen), **Wolfgang Kriegl** (ERC Sonthofen) - Bachmann (VfL Bad Nauheim), **Werner Bingold** (SG Nürnberg), **Kurt Schloder** (EV Landshut)
T: 1:3 (10.) Dentges (Weitschuss) / 2:5 (?) F. Kriegl (Rädler, W. Kriegl)
S: keine

39. - 25.11.1961 FRG (B) - SUI (B) 1:5 (1:1, 0:3, 0:1)
Miesbach, Kunsteisstadion (Freiluft); Z: 2.500; SR: Zeller (FRG), Krülls (FRG)
Lindner (*Hafensteiner n.e.*) - Schwimmbeck, E. Franke - Junghans, **Max Pöschl** (TEV Miesbach) - Dentges, Krötz, Grimm - F. Kriegl, Rädler (C), W. Kriegl - **Gerhard Keller** (TEV Miesbach), K. Retzer (EC Bad Tölz), K. Schloder
T: 1:0 (6.) G. Keller (K. Retzer)
S: Grimm 2, K. Retzer 2, Schwimmbeck 2

40. - 19.01.1962 SUI (B) - FRG (B) 6:0 (2:0, 1:0, 3:0)
Moutier, Patinoire (Freiluft, Kunsteis); Z: 3.200; SR: Braun (SUI), Toffel (SUI)
Drax (SC Riessersee; *Hafensteiner n.e.*) - **Dieter Hoja** (TuS Eintracht Dortmund), Kramarczyk (Krefelder EV) - Schwimmbeck, Nagel (EV Füssen) - Riedmeier (SC Riessersee), Stenger (EC Oberstdorf), E. Seidl (Mannheimer ERC) - Gmeiner (EV Füssen), Krötz, **Christoph Müller** (ESV Kaufbeuren) - **Anton Floßmann** (EC Bad Tölz), **Erwin Zeidler** (SC Riessersee), **Walter Schacherbauer** (SC Riessersee)
S: Krötz 2, E. Seidl 2, Hoja 2

41. - 20.01.1962 SUI (B) - FRG (B) 0:3 (0:3, 0:0, 0:0)
Luzern, Kunsteisbahn Tribschen; Z: 4.500; SR: Briggen (SUI), Schmid (SUI)
Hafensteiner* (ab 40:01 Drax) - Hoja, Nagel - Riedmeier, Kramarczyk - Schwimmbeck, Gmeiner, Krötz - Stenger, An. Floßmann, Hüttmann (ESV Kaufbeuren) - Zeidler, Schacherbauer, E. Seidl
T: 0:1 (6.) Gmeiner (---) - 0:2 (8.) Stenger (An. Floßmann) - 0:3 (12.) E. Seidl (Kramarczyk)
S: 4 x 2 Minuten
* Zu Beginn des 2. Drittels wurde der Torwart verletzt und verließ für 12 Minuten die Eisbahn.

42. - 17.02.1962 FRG (B) - ITA (B) 11:3 (2:1, 6:1, 3:1)
Rosenheim, Eisstadion (Freiluft, Kunsteis); Z: 2.000; SR: Keller (FRG), Demetz (ITA)*
* während des Spiels starkes Schneetreiben
Hafensteiner (*Drax n.e.*) - Hoja, Nagel - Kramarczyk, **Thomas Mixius** (Mannheimer ERC) - **Sylvester Wackerle** (SC Riessersee) - Zeidler, Bachmann, Hüttmann - Stenders (Krefelder EV), Kuba (SC Riessersee), **Horst Ludwig** (Krefelder EV) - **Siegfried Huber** (EV Rosenheim), **Karl-Ernst Larbalette** (Krefelder EV), E. Seidl*
* Die dritte Sturmreihe wurde im 2. Drittel nicht eingesetzt.
T: 1:0 (?) Larbalette (?) - 2:1 (?) Bachmann (?) / 3:2 (?) Bachmann (?) - 4:2 (?) Mixius (?) - 5:2 (?) Ludwig (?) - 6:2 (?) Hoja (?) - 7:2 (?) Zeidler (?) - 8:2 (?) Zeidler (?) / 9:3 (?) Nagel (?) - 10:3 (?) Larbalette (?) - 11:3 (?) Stenders (?)
S: keine Strafen

43. - 18.02.1962 FRG (B) - ITA (B) 7:3 (4:2, 2:0, 1:1)
Oberstdorf, Eisstadion an der Roßbichlstraße (Halle)*; Z: 2.000; SR: Keller (FRG), Demetz (ITA)
* 1961 überdacht
Drax *(Hafensteiner n.e.)* - Hoja, Nagel - Kramarczyk, Wackerle - Mixius - Larbalette, Ludwig, Stenders - Hüttmann, Bachmann, E. Seidl - Stenger, Kuba, Zeidler
T: 1:2 (?) Stenders (---) - 2:2 (?) Stenders (---) - 3:2 (?) Hüttmann (---) - 4:2 (?) Nagel (Weitschuss) / 5:2 (?) Ludwig (---) - 6:2 (?) Kuba (Stenger) / 7:3 (?) Bachmann (---)
S: keine Angaben

1962/63

44. - 26.01.1963 YUG (A) - FRG (B) 6:6 (3:0, 3:5, 0:1)
Ljubljana, Hala Tivoli; Z: 4.000; SR: Čebulj (YUG), Kerkoš (YUG)
Günter Knauss (EV Füssen; **Klaus-Peter Wolff** *(Mannheimer ERC) n.e.)* - Mixius (Mannheimer ERC), **Werner Lorenz** (Mannheimer ERC) - Bader (EC Bad Tölz), Krötz (EV Füssen) - **Gustav Hanig** (EV Füssen), **Rudolf Gröger** (EV Füssen), **Rudolf Simon** (EV Füssen) - C. Müller (ESV Kaufbeuren), Rief (ESV Kaufbeuren), Hüttmann (ESV Kaufbeuren) - **Hans Schichtl** (EC Bad Tölz; **Günther Adrian** (ESV Kaufbeuren)), Rohde (Mannheimer ERC), E. Seidl (Mannheimer ERC)
T: 3:1 (22.) Rohde (?) - 3:2 (24.) R. Gröger (?) - 5:3 (33.) Rief (?) - 5:4 (33.) Hanig (?) - 5:5 (39.) R. Gröger (?) / 6:6 (51.) Mixius (?)
S: Mixius 2, C. Müller 2

45. - 27.01.1963 YUG (A) - FRG (B) 5:5 (2:2, 2:1, 1:2)
Zagreb, Sportski kompleks "Šalata"; Z: 3.000; SR: Škrtić (YUG), Tarabokija (YUG)
Knauss *(Wolff n.e.)* - Mixius, Lorenz - Bader, Krötz - Hanig, R. Gröger, Simon - C. Müller, Rief, Hüttmann - Schichtl (Adrian), Rohde, E. Seidl
T: 0:1 (2.) R. Gröger (?) - 2:2 (20.) Rohde (?) / 4:3 (38.) Hanig (?) / 4:4 (41.) Hanig (?) - 4:5 (44.) Rohde (?)
S: keine Angaben

46. - 22.02.1963 FRG (B) - YUG (A) 5:4 (1:1, 1:0, 3:3)
Mannheim, Eisstadion am Friedrichspark; Z: 4.000; SR: Keller (FRG), Tomić (YUG)
Bernhard Seiffert (Berliner SSC; **Wolff n.e.)** - Mixius, Lorenz - Bader, W. Riedl (EC Bad Tölz) - Simon, Krötz, Hanig - E. Seidl, Rohde, Rief - **Horst Philipp** (VfL Bad Nauheim), Bachmann (VfL Bad Nauheim), R. Haas (Preußen Krefeld - ab ? **Hans-Werner Maier** (Mannheimer ERC))
T: 1:1 (16.) Rohde (---) / 2:1 (25.) Krötz (W. Riedl) / 3:3 (52.) H. Philipp (---) - 4:3 (54.) Krötz (Bader) - 5:4 (57.) Rohde (Rief)
S: keine Strafen

47. - 23.02.1963 FRG (B) - YUG (A) 7:3 (2:2, 3:0, 2:1)
Landshut, Städtisches Eisstadion; Z: 2.500; SR: Egginger (FRG), Čebulj (YUG)
Knauss (ab 21. **Josef Schramm** (EV Landshut)) - Bader, W. Riedl - Lorenz, Mixius - Hanig, Krötz, Simon (ab 21. **Egmond Scheibenzuber** (EV Landshut)) - Hüttmann, Rohde, Rief - **Erwin Krauß** (EV Landshut), Lang (EV Landshut), **Gerd Wagner** (EV Landshut)
T: 1:0 (3.) G. Wagner (---) - 2:2 (17.) Rief (Weitschuss) / 3:2 (30.) Lang (Krauß) - 4:2 (38.) Rohde (Hüttmann) - 5:2 (39.) Hanig (Gedränge) / 6:2 (43.) Krauß (Lorenz) - 7:3 (53.) Lang (G. Wagner)
S: Lorenz 4

48. - 02.03.1963 FRG (B) - SUI (B) 7:4 (2:1, 0:2, 5:1)
Düsseldorf, Eisstadion an der Brehmstraße (Freiluft, Kunsteis); Z: 7.000; SR: Keller (FRG), Krülls (FRG)
Seiffert (**Axel Brück** *(Düsseldorfer EG) n.e.)* - W. Riedl, Farthmann (Düsseldorfer EG) - **Harald Kadow** (Preußen Krefeld), Kramarczyk (Krefelder EV) - Simon, Krötz, Hanig - **Wolfgang Wylach** (Düsseldorfer EG), **Jürgen Breidenbach** (Düsseldorfer EG), Schmitz (Düsseldorfer EG) - **Remigius Wellen** (Krefelder EV), von Ostmann (Krefelder EV), Stenders (Krefelder EV)
T: 1:0 (?) Stenders (?) - 2:0 (?) Breidenbach (?) / 3:3 (?) Hanig (?) - 4:3 (?) Stenders (?) - 5:3 (?) Wylach (?) - 6:3 (?) Krötz (?) - 7:4 (?) Breidenbach (?)
S: Stenders 2, W. Riedl 2

49. - 03.03.1963 FRG (B) - SUI (B) 2:5 (0:2, 0:1, 2:2)
Dortmund, Eissportzentrum Westfalenhallen; Z: 1.500; SR: Rommerskirchen (FRG), Perkuhn (FRG)
Seiffert *(Brück n.e.)* - W. Riedl, Farthmann - Hoja (TuS Eintracht Dortmund), **Horst Roes** (TuS Eintracht Dortmund) - Simon, Krötz, Hanig - **Hans Seidl** (TuS Eintracht Dortmund), **Karl-Heinz Löggow** (TuS Eintracht Dortmund), **Richard Grun** (TuS Eintracht Dortmund) - Wylach, Schmitz, **Lothar Schleh** (Berliner SSC) - Breidenbach
T: 1:4 (49.) Breidenbach (Schmitz) - 2:4 (56.) Hanig (Roes)
S: Hoja 2, Schmitz 2

1963/64

50. - 02.11.1963 FRG (B) - YUG (A) 2:4 (1:1, 1:0, 0:3)
Rosenheim, Eisstadion; Z: 3.000; SR: ? (FRG), Kerkoš (YUG)
Heinz Ohlber (TuS Eintracht Dortmund; Knauss (EV Füssen) n.e.) - H. Kadow (Preußen Krefeld), **Hans Schwaiger** (SC Riessersee) - Hoja (TuS Eintracht Dortmund), W. Riedl (EC Bad Tölz) - **Gottfried Groß** (ESV Kaufbeuren), Hanig (EV Füssen), Gmeiner (EV Füssen) - **Helmut Klotz** (SC Riessersee), **Georg Maurer** (SC Riessersee), **Anton Pohl** (SC Riessersee) - **Norbert Scholltze** (EV Rosenheim), Schacherbauer (Mannheimer ERC), **Erwin Haas** (Preußen Krefeld)
T: 1:0 (6.) E. Haas (Scholltze) / 2:1 (?) Schacherbauer (E. Haas)
S: 5 x 2 Minuten

51. - 03.11.1963 FRG (B) - YUG (A) 5:3 (2:0, 3:2, 0:1)
Ravensburg, Eisstadion am St. Christina-Hang*; Z: 1.000; SR: Klopfer (FRG), Kerkoš (YUG)
* während des Spiels starker Regen
Knauss (Ohlber n.e.) - W. Riedl, Schwaiger - H. Kadow, Hoja - G. Groß, Hanig, Gmeiner - **Günther Loher** (SC Riessersee), A. Pohl, Klotz - Schichtl (EC Bad Tölz), Schacherbauer, E. Haas - G. Maurer, Scholltze
T: 1:0 (7.) G. Groß (Gmeiner) - 2:0 (14.) Hanig (---) / 3:1 (?) Hanig (---) - 4:1 (?) Loher (---) - 5:1 (36.) Hanig (Weitschuss)
S: keine Angaben

52. - 23.11.1963 SUI (B) - FRG (B) 3:3 (2:1, 1:1, 0:1)
Olten, Kunsteisbahn Kleinholz (Freiluft); Z: 2.100; SR: Dr. Kuhnert (AUT), Grillmayer (AUT)
Knauss (**Theo Groß** (Münchener EV) n.e.) - Schwimmbeck (EV Füssen), Hoja - Schichtl, W. Riedl - Gmeiner, Hanig, G. Groß - K. Schloder (EV Landshut), Ludwig (Krefelder EV), Lax (EC Bad Tölz) - Stenger (EC Oberstdorf), Lohrer, A. Pohl - E. Haas
T: 2:1 (16.) Ludwig (?) / 2:2 (27.) Gmeiner (?) / 3:3 (53.) Ludwig (?)
S: 1 x 2 Minuten

53. - 24.11.1963 SUI (B) - FRG (B) 2:5 (1:1, 1:2, 0:2)
Weinfelden, Kunsteisbahn (Freiluft); Z: 2.500; SR: Dr. Kuhnert (AUT), Grillmayer (AUT)
T. Groß (Knauss n.e.) - Schwimmbeck, Hoja - Schichtl, W. Riedl - Gmeiner, Hanig, G. Groß - K. Schloder, Ludwig, Lax - Stenger, Lohrer, A. Pohl - E. Haas
T: 1:1 (13.) Schichtl (Weitschuss) / 1:2 (28.) Gmeiner (?) - 2:3 (36.) A. Pohl (?) / 2:4 (51.) Hanig (?) - 2:5 (54.) Stenger (?)
S: keine Strafen

54. - 21.01.1964 AUT (A) - FRG (B) 8:1 (1:1, 4:0, 3:0)
Innsbruck, Olympia-Eisstadion (Halle); Z: 8.000; SR: ?
Knauss (T. Groß n.e.) - Bader (EC Bad Tölz), **Heinz Geiger** (ESV Kaufbeuren) - Hoja, Hüttmann (ESV Kaufbeuren) - Rohde (Mannheimer ERC), Hanig, Gmeiner - G. Groß, Rief (ESV Kaufbeuren), Stenger - A. Pohl, Ludwig, K. Schloder - Kuba (SC Riessersee)
T: 1:1 (17.) Gmeiner (3. Nachschuss)
S: keine Angaben

55. - 23.01.1964 YUG (A) - FRG (B) 2:10 (0:7, 2:0, 0:3)
Zagreb, Sportski kompleks "Šalata"; Z: 3.000; SR: Dušanović (YUG), Perkuhn (FRG)
Knauss (T. Groß n.e.) - Bader, Geiger - Hoja, Hüttmann - Ludwig, Hanig, Gmeiner - G. Groß, Rief, Stenger - Kuba, A. Pohl, Loher - G. Maurer, **Michael Mauer** (Münchener EV)
T: Hanig 3, Gmeiner 2, A. Pohl 2, Bader 1, Rief 1, Ludwig 1
S: keine Angaben

56. - 24.01.1964 YUG (A) - FRG (B) 3:1 (2:0, 0:0, 1:1)
Jesenice, Športni Park Podmežakla; Z: 3.000; SR: Čebulj (YUG), Perkuhn (FRG)
Knauss (T. Groß n.e.) - Bader, Geiger - Hoja, Hüttmann - Ludwig, Hanig, Gmeiner - G. Groß, Rief, Stenger - Kuba, A. Pohl, Loher - G. Maurer
T: 3:1 (58.) Ludwig (?)
S: keine Angaben

1964/65

57. - 30.11.1964 YUG (A) - FRG (B) 3:4 (1:1, 2:1, 0:2)
Zagreb, Sportski kompleks "Šalata"; Z: 2.000; SR: Kerkoš (YUG), Janežič (YUG)
Knauss (EV Füssen; *Hans Kerpf (ESV Kaufbeuren) n.e.*) - Bader (EC Bad Tölz), **Otto Wierl** (ESV Kaufbeuren) - C. Müller (ESV Kaufbeuren), Geiger (ESV Kaufbeuren) - G. Groß (ESV Kaufbeuren), Stenger (EC Oberstdorf), Hüttmann (ESV Kaufbeuren) - **Peter Maus** (Münchener EV), **Alois Schloder** (EV Landshut), **Alfred Lutzenberger** (ESV Kaufbeuren) - **Manfred Hubner** (ESV Kaufbeuren), Schleh (Berliner SSC), **Wolfgang Boos** (ESV Kaufbeuren) - Loher (SC Riessersee)
T: 3:4 (58.) ? - Lutzenberger 2, Boos 1, G. Groß 1
S: keine Angaben

58. - 01.12.1964 YUG (A) - FRG (B) 3:4 (1:3, 1:1, 1:0)
Jesenice, Športni Park Podmežakla; Z: 3.000; SR: Kneževiž (YUG), Čebulj (YUG)
Knauss *(Kerpf n.e.)* - Bader, Wierl - C. Müller, Geiger - Riedmeier (SC Riessersee), Stenger, G. Groß - Hüttmann, Loher, Schleh - A. Schloder, Lutzenberger, Boos - Hubner
T: Hüttmann 2, Boos 1, Schleh 1
S: keine Angaben

16.12.1964 FRG (A) - FRG (B) 6:1 (1:0, 3:0, 2:1)
Details zum Spiel siehe unter A-Länderspiele

59. - 20.12.1964 FRG (B) - SUI (B) 2:1 (2:1, 0:0, 0:0)
Bad Nauheim, 100-Tage-Stadion; Z: 3.000; SR: Dr. Kuhnert (AUT), Grillmayer (AUT)
Hafensteiner (EC Bad Tölz; *Erwin Getreu (VfL Bad Nauheim) n.e.*) - Bader, Schwaiger (SC Riessersee) - Hoja (TuS Eintracht Dortmund), Roes (TuS Eintracht Dortmund), Kramarczyk (Krefelder EV) - Loher, Zeidler (SC Riessersee), Stenger - H. Philipp (VfL Bad Nauheim), Bachmann (VfL Bad Nauheim), Dentges (Krefelder EV) - Klotz (SC Riessersee)
T: 1:1 (13.) Bachmann (H. Philipp) - 2:1 (18.) Loher (Nachschuss)
S: 2 x 2 Minuten

60. - 10.02.1965 FRG (B) - YUG (A) 3:5 (1:2, 2:2, 0:1)
Holzkirchen, Stadion an der Thanner Straße (Freiluft,Kunsteis); Z: 817; SR: ? (ITA), ? (ITA)
Schramm (EV Landshut; *Robert Merkle (EV Landsberg) n.e.*) - Wierl, Geiger - Hoja, Hüttmann - **Alois Wohlschläger** (EHC Holzkirchen), Schwaiger - Hubner, Boos, Lutzenberger - Bachmann, H. Philipp, Schleh - Klotz, Loher, Stenger (C)
T: 1:0 (9.) H. Philipp (Schleh) / 2:3 (27.) Boos (---) - 3:4 (38.) Bachmann (H. Philipp)
S: Schwaiger 2, Boos 2, Lutzenberger 2

61. - 11.02.1965 FRG (B) - YUG (A) 4:2 (1:1, 0:1, 3:0)
Oberstdorf, Eisstadion an der Roßbichlstraße; Z: 2.500; SR: ?
Merkle *(Schramm n.e.)* - Wierl, Geiger, Hoja, Hüttmann - Stenger (C), Schleh, Klotz, H. Philipp, Bachmann, Hubner, Boos, Lutzenberger, Loher
T: 1:1 (15.) Klotz (Stenger) / 2:2 (44.) Schleh (Hüttmann) - 3:2 (57.) Stenger (Schleh) - 4:2 (59.) H. Philipp (Bachmann)
S: 4 x 2 Minuten + Boos Matchstrafe

62. - 13.03.1965 FRA (A) - FRG (B) 4:2 (1:1, 1:1, 2:0)
Gap, Patinoire Brown-Ferrand (Freiluft, Kunsteis); Z: ?; SR: ?
Merkle (*T. Groß (Münchener EV) n.e.*) - Bader, **Michael Eibl** (EV Landshut) - Geiger - C. Müller - Lutzenberger, Hubner, Boos - Loher, Schleh, A. Schloder - Klotz, Stenger (C), Hüttmann - **Bernd Kuhn** (EV Füssen)
T: 0:1 (11.) Klotz (?) / 2:2 (33.) Boos (?)
S: keine Angaben

Mit Beginn der Saison 1965/66 wurde vom DEB die Wertung von Länderspieleinsätzen geändert: Ab jetzt wurde allen Spieler, die auf dem offiziellen Spielbericht aufgeführt sind, (in der Regel) ein Länderspieleinsatz zuerkannt, unabhängig davon, ob sie eingesetzt wurden oder nicht.

1965/66

Trainer Gerhard Kießling

63. - 13.02.1966 FRG (B) - FRA (A) 8:3 (2:0, 4:1, 2:2)
Bad Nauheim, 100-Tage-Stadion; Z: 2.000; SR: Dr. Kuhnert (AUT), Grillmeier (AUT)
T. Groß (FC Bayern München; **Anton Kehle** (EV Füssen) n.e.) - **Heinz Bickleder** (EV Landshut), Kramarczyk (Krefelder EV) - Geiger (ESV Kaufbeuren), Eibl (EV Landshut) - H. Kadow (Preußen Krefeld) - **Hans Walk** (FC Bayern München), Stenger (EC Obersdorf), Ludwig (Krefelder EV) - Klotz (SC Riessersee), **Dieter Buchner** (Mannheimer ERC), Loher (SC Riessersee) - **Heinz Zerres** (EV Landshut), **Hubert Just** (Preußen Krefeld), **Werner Trautmann** (VfL Bad Nauheim) - G. Maurer (SC Riessersee)
T: 1:0 (8.) Klotz (Loher) - 2:0 (?) Klotz (Geiger) / 3:0 (?) Buchner (Walk) - 4:0 (?) Geiger (Klotz) - 5:1 (?) Just (---) - 6:1 (?) Ludwig (---) / 7:1 (?) Stenger (Walk) - 8:1 (?) Just (---)
S: Walk 2

64. - 18.02.1966 YUG (A) - FRG (B) 6:1 (1:0, 2:1, 3:0)
Zagreb, Sportski kompleks "Šalata"; Z: 800; SR: Moser (AUT), Valentin (AUT)
Rainer Goßmann (Düsseldorfer EG; T. Groß n.e.) - Geiger, Kramarczyk - Eibl, Bickleder - H. Kadow, Walk - Stenger, Buchner, Loher - Ludwig, Klotz, Trautmann - Zerres, G. Maurer, Just - **Max Pfaller** (EV Landshut)
T: 3:1 (37.) Klotz (?)
S: keine Angaben

65. - 20.02.1966 YUG (A) - FRG (B) 7:1 (1:1, 2:0, 4:0)
Zagreb, Sportski kompleks "Šalata"; Z: 800; SR: Moser (AUT), Valentin (AUT)
Goßmann (T. Groß n.e.) - Geiger, Kramarczyk - Eibl, Bickleder - H. Kadow, Walk - Stenger, Buchner, Loher - Ludwig, Klotz, Trautmann - Zerres, G. Maurer, Just
T: Ludwig 1
S: keine Angaben

1966/67

Trainer Ernst Trautwein

66. - 29.10.1966 SUI (B) - FRG (B) 3:4 (1:0, 1:1, 1:3)
Luzern, Kunsteisbahn Tribschen*; Z: 1.000; SR: Brenzikofer (SUI), Ehrensperger (SUI)
* während des Spiels Regen
Hans-Joachim Schmengler (Düsseldorfer EG - ab 28. T. Groß (FC Bayern München)) - Roes (Düsseldorfer EG), **Josef Niederberger** (EC Bad Tölz) - Pfaller (EV Landshut), **Hubert Wörmann** (SC Riessersee) - **Theo Pieper** (Krefelder EV) - Buchner (Mannheimer ERC), Zerres (EV Landshut), G. Maurer (SC Riessersee) - **Herwig Seitz** (FC Bayern München), **Karl Frütel** (FC Bayern München), **Adolf von Thun** (FC Bayern München) - **Richard Riedel** (SC Riessersee), **Andreas Kink** (SC Riessersee), **Hubert Engel** (SC Riessersee)
T: 2:1 (38.) Zerres (?) / 2:2 (55.) Frütel (?) - 3:3 (58.) Zerres (?) - 3:4 (59:40) Seitz (?)
S: 4 x 2 Minuten

67. - 30.10.1966 SUI (B) - FRG (B) 9:5 (3:3, 1:1, 5:1)
Weinfelden, Kunsteisbahn; Z: 1.000; SR: Brenzikofer (SUI), Ehrensperger (SUI)
T. Groß (Schmengler n.e.) - Roes, J. Niederberger - Pfaller, Wörmann - Pieper - Buchner, Zerres, G. Maurer - Seitz, K. Frütel, von Thun - Riedel, A. Kink, Engel
T: 0:1 (7.) Seitz (?) - 2:2 (17.) Zerres (?) - 2:3 (18.) Buchner (?) / 4:4 (29.) Riedel (?) / 4:5 (43.) Buchner (?)
S: 4 x 2 Minuten

1967/68

Trainer Gerhard Kießling

68. - 30.09.1967 FRA (A) - FRG (B) 3:2 (1:1, 1:1, 1:0)
Lyon, Palais des sports; Z: 2.000; SR: ?
Michael Lotz* (Mannheimer ERC; **Wolfgang Haberstock** (SG Oberstdorf/ Sonthofen) - Wörmann (SC Riessersee), **Jürgen Steckmeier** (Mannheimer ERC) - Eibl (EV Landshut), Engel (SC Riessersee) - **Kaspar Fichtner** (EC Bad Tölz) - **Herbert Stowasser** (EV Füssen), Stenger (SG Oberstdorf/ Sonthofen), **Jürgen Hadraschek** (SG Oberstdorf/ Sonthofen) - Riedel (SC Riessersee), **Anton Hofherr** (SC Riessersee), A. Kink (SC Riessersee) - **Werner Anwander** (Preußen Krefeld), **Klaus Volland** (Preußen Krefeld), **Karl Löckher** (SG EC Obersdorf/ERC Sonthofen) - **Reinhold Meister** (Mannheimer ERC)
* Für das Spiel war eigentlich Robert Merkle (FC Bayern München) nominiert. Er war dann jedoch Ersatztorwart für die Spiele der A-Auswahl am 01.und 03.10.1967 gegen die USA.
T: 1:1 (?) Stenger (?) / 2:2 (?) Steckmeier (?)
S: keine Angaben

10. Turnier um den Stadtpokal von Bukarest
Die deutsche B-Auswahl belegte den 3. Platz.

Spiel gegen die weiteren Teilnehmer: 19.01.1968 FRG (B) - SKA Leningrad (URS) 1:13 (0:3, 0:6, 1:4) und 21.01.1968 FRG (B) - TJ CHZ ČSSP Litvínov (TCH) 2:3 (0:0, 0:0, 2:3)

69. - 18.01.1968 ROU (A*) - FRG (B) 3:6 (1:2, 2:1, 0:3)
* Lt. rumänischen Quellen handelte es sich um eine Bukarester Auswahl.
București, Patinoarul "23.August"; Z: 2.000; SR: ?
Kehle (EV Füssen; T. Groß (FC Bayern München) n.e.) - Schwimmbeck (EV Füssen), **Herbert Kuran** (SG Oberstdorf/ Sonthofen) - Eibl, **Helmut Eberhardt** (EC Bad Tölz) - **Reinhold Driendl** (EV Füssen), **Willi Leitner** (EC Bad Tölz), **Johann Eimansberger** (EC Bad Tölz) - **Josef Adlmaier** (EC Bad Tölz), **Frank Neupert** (EV Füssen), Hubner (ESV Kaufbeuren) - K. Volland, Löckher, Re. Meister - **Jürgen Stieger** (Krefelder EV), **Walter Köberle** (ESV Kaufbeuren), **Hans Zach** (EC Bad Tölz)
T: Köberle 3, Eimansberger 1, J. Adlmaier 1, H. Zach 1
S: keine Angaben

70. - 20.01.1968 ROU (N*) - FRG (B) 3:7 (1:2, 1:2, 1:3)
* Lt. rumänischen Quellen handelte es sich um eine Bukarester Nachwuchsauswahl.
București, Patinoarul "23.August"; Z: 3.000; SR: ?
Kehle (T. Groß n.e.) - Schwimmbeck, Kuran - Eibl, Eberhardt - Driendl, J. Eimansberger, Leitner - J. Adlmaier, Neupert, Hubner - K. Volland, Löckher, Re. Meister - Stieger, Köberle, H. Zach
T: Köberle 2, Hubner 1, H. Zach 1, J. Adlmaier 1, J. Eimansberger 1, Eibl 1
S: keine Angaben

71. - 23.01.1968 YUG (A) - FRG (B) 3:1 (0:0, 2:1, 1:0)
Ljubljana, Hala Tivoli; Z: 1.000; SR: Valentin (AUT), Langhammer (AUT)
Kehle (T. Groß n.e.) - Schwimmbeck, Kuran - Eibl, Eberhardt - Driendl, J. Eimansberger, Leitner - J. Adlmaier, H. Zach, Neupert - Hubner, Köberle, K. Volland - Löckher, Re. Meister, Stieger
T: 2:1 (39.) J. Eimansberger (?)
S: keine Angaben

72. - 24.01.1968 YUG (A) - FRG (B) 8:0 (5:0, 2:0, 1:0)
Ljubljana, Hala Tivoli; Z: 1.000; SR: Valentin (AUT), Langhammer (AUT)
Kehle (T. Groß n.e.) - Schwimmbeck, Kuran - Eibl, Eberhardt - Driendl, J. Eimansberger, Leitner - J. Adlmaier, H. Zach, Neupert - Hubner, Köberle, K. Volland - Löckher, Re. Meister, Stieger
S: Eberhardt 5

1969/70

Ab jetzt häufig auch als Olympia-Auswahl bezeichnet.

73. - 21.10.1969 FRG (B) - NOR (A) 1:1 (0:0, 0:0, 1:1)
Bad Nauheim, 100-Tage-Stadion; Z: 3.000; SR: Gasser (ITA), Stenico (ITA)
Rainer Makatsch (VfL Bad Nauheim; **Franz-Xaver Funk** (Augsburger EV) n.e.) - **Georg Kink** (Augsburger EV), **Paul Langner** (SC Riessersee) - Kuran (SG Oberstdorf/ Sonthofen), **Erich Weide** (Krefelder EV) - **Bernhard Schoof** (SG Eintracht Frankfurt) - **Rainer Philipp** (C - VfL Bad Nauheim), **Reinhold Bauer** (EV Landsberg), **Georg Hartelt** (SC Riessersee) - Hadraschek (SG Oberstdorf/ Sonthofen), A. Kink (SC Riessersee), **Norbert Scholz** (EV Füssen) - **Ivars Weide** (Krefelder EV), **Dieter Langemann** (Kölner EK), **Anton Steiger** (EV Landshut) - **Peter Müller** (Düsseldorfer EG), **Hans Müller** (EC Holzkirchen)
T: 1:0 (44.) Langemann (Ha. Müller)
S: 3 x 2 Minuten, davon G. Kink 2, Hartelt 2

74. - 23.10.1969 FRG (B) - NOR (A) 2:1*
Frankfurt am Main, Radrennbahn und Kunsteisbahn (Freiluft); Z: 200; SR: Gasser (ITA), Stenico (ITA)
* Abbruch des Spiels nach 10 Minuten im 1. Drittel wegen Nebels
Gerhard Roßkopf (SG Eintracht Frankfurt; F.-X. Funk n.e.) - G. Kink, Langner - Kuran, Schoof - E. Weide - R. Philipp, Bauer, Hartelt - P. Müller, A. Kink, N. Scholz - I. Weide, Langemann, A. Steiger - Ha. Müller
T: 1:0 (3.) A. Steiger (?) - 2:0 (6.) R. Philipp (?)
S: Kuran 2

75. - 08.11.1969 SUI (B) - FRG (B) 3:0 (0:0, 1:0, 2:0)
La Chaux-de-Fonds, Patinoire des Mélèzes (Halle); Z: 1.000; SR: Ehrensperger (SUI), Vuillemin (SUI)
F.-X. Funk (Makatsch n.e.) - Langner, Kuran - G. Kink, E. Weide - Bauer, N. Scholz, Hartelt - A. Kink, **Harald Siegmund** (EV Landshut), A. Steiger - Langemann, **Franz Hofherr** (SC Riessersee), I. Weide - **Peter Neumann** (EV Füssen), R. Philipp, P. Müller
S: 3 x 2 Minuten

76. - 09.11.1969 SUI (B) - FRG (B) 4:4 (3:1, 1:3, 0:0)
Bern, Eisstadion Allmend (Freiluft, Kunsteis); Z: 1.500; SR: Gerber (SUI), Brenzikofer (SUI)
Makatsch (F.-X. Funk n.e.) - G. Kink, E. Weide - Langner, Kuran - Ha. Müller, F. Hofherr, Hartelt - Neumann, A. Kink, P. Müller - Langemann, I. Weide, Bauer - A. Steiger, Siegmund, R. Philipp - N. Scholz
T: 0:1 (10.) I. Weide (?) / 3:2 (21.) Bauer (?) - 4:3 (24.) Langemann (?) - 4:4 (27.) Langemann* (?)
* lt. Schweizer Presse Neumann Torschütze
S: 4 x 2 Minuten

77. - 05.12.1969 FRG (B) - SWE (B) 2:6 (0:1, 0:2, 2:3)
Rosenheim, Eisstadion; Z: 916; SR: ?*
* während des Spiels starkes Schneetreiben
F.-X. Funk (Roßkopf n.e.) - Langner, G. Kink - Kuran, E. Weide - **Josef Jocher** (SC Riessersee), Eberhardt (EC Bad Tölz) - R. Philipp (C), Bauer, **Erich Kühnhackl** (EV Landshut) - Hartelt, A. Kink, Siegmund - P. Müller, Hubner (ESV Kaufbeuren), Ha. Müller - A. Steiger
T: 1:4 (?) P. Müller (?) - 2:4 (?) A. Steiger (Hartelt)
S: 5 x 2 Minuten + A. Kink 10 (Disziplinarstrafe)

78. - 06.12.1969 FRG (B) - SWE (B) 1:7 (1:2, 0:2, 0:3)
Landshut, Städtische Eissporthalle (1967 überdacht); Z: 1.000; SR: Gerber (SUI), Brenzikofer (SUI)
Roßkopf (F.-X. Funk n.e.) - Langner, G. Kink - Kuran, E. Weide - Jocher, Eberhardt - A. Steiger, Bauer, Hartelt - Siegmund, Kühnhackl, A. Kink - Ha. Müller, Hubner, P. Müller - R. Philipp
T: 1:2 (20.) A. Steiger (---)
S: 14 Minuten

1974/75

| Trainer Hans Rampf |

79. - 22.11.1974 FRG (B) - HUN (A) 5:5 (3:0, 1:2, 1:3)
Grefrath, Eissportzentrum (Halle); Z: 1.200; SR: Kompalla (FRG), Ruhrmann (FRG)
Sigmund Suttner (EC Bad Tölz; **Peter Wasl** (SC Riessersee); **Karl-Heinz Eberle** (Augsburger EV) n.e.) - **Matthias Maurer** (Kölner EC), **Peter Bachl** (EV Landshut), **Hans-Peter Egen** (EV Füssen), **Herbert Sigulla** (EV Landshut), **Joachim Reil** (SC Riessersee), **Peter Scharf** (EC Bad Tölz), **Wilhelm Feierabend** (EC Bad Tölz) - **Lothar Kremershof** (Krefelder EV), **Andreas Jochinke** (Krefelder EV), **Wolfgang Hellwig** (VfL Bad Nauheim) - **Christian Vogl** (EV Landshut), **Georg Herrmann** (EV Landshut), **Fritz Rottluff** (EC Bad Tölz) - **Gerhard Steinberger** (EC Bad Tölz), **Franz Reindl** (SC Riessersee), **Hans Meister** (EC Bad Tölz)
T: 1:0 (1.) L. Kremershof (?) - 2:0 (10.) Reil (?) - 3:0 (18.) Reindl (?) / 4:2 (40.) Jochinke (?) / 5:4 (53.) Hellwig (?)
S: 2 x 2 Minuten

80. - 23.11.1974 FRG (B) - HUN (A) 7:5 (5:0, 1:3, 1:2)
Neuss, Eishalle am Südpark; Z: 2.000; SR: ?
Suttner (Wasl; Eberle n.e.) - M. Maurer, Bachl, H.-P. Egen, Sigulla, Reil, Scharf, Feierabend - L. Kremershof, Jochinke, Hellwig - Vogl, Herrmann, F. Rottluff - Steinberger, Reindl, H. Meister
T: 1:0 (5.) L. Kremershof (?) - 2:0 (6.) Steinberger (?) - 3:0 (14.) Steinberger (?) - 4:0 (18.) Hellwig (?) - 5:0 (19.) Joschinke (?) / 6:0 (21.) Herrmann (?) / 7:3 (41.) L. Kremershof (?)
S: keine Angaben

81. - 28.01.1975 FRG (B) - JPN (A) 2:3 (0:1, 1:0, 1:2)
Braunlage, Eisstadion (Halle); Z: 3.000; SR: ?
Wasl, Suttner - **Rainer Wesener** (VfL Bad Nauheim), Bachl, M. Maurer, H.-P. Egen, Scharf, Feierabend - L. Kremershof, Vogl, Herrmann, Steinberger, H. Meister, **Ernst Adlmaier** (EC Bad Tölz), Reindl, **Martin Wild** (SC Riessersee), **Gerhard Schuster** (ESV Kaufbeuren), **Hans-Joachim Metz** (Krefelder EV), **Franz-Xaver Müller** (Krefelder EV)
T: 1:1 (?) Reindl (?) / 2:3 (57.) Feierabend (?)
S: keine Angaben

82. - 14.03.1975 FRG (B) - URS (A) 0:14 (0:5, 0:3, 0:6)
Bremerhaven, Stadthalle; Z: 3.000; SR: ?
Wasl (Suttner n.e.) - **Helmut Keller** (VfL Bad Nauheim), Bachl, M. Maurer, H.-P. Egen, Reil, Scharf, Feierabend - L. Kremershof, Vogl, Herrmann, Steinberger, H. Meister, Reindl, G. Schuster, Metz, **Günther Kaczmarek** (Krefelder EV), **Werner Maier** (EC Bad Tölz), **Josef Wünsch** (EV Landshut)
S: keine Angaben

83. - 16.03.1975 FRG (B) - URS (A) 3:20 (0:6, 1:8, 2:6)
Braunlage, Eisstadion; Z: 3.000; SR: ?
Suttner (Wasl n.e.) - H. Keller, H.-P. Egen, Scharf, Feierabend - L. Kremershof, Herrmann, Steinberger, H. Meister, Reindl, Metz, Kaczmarek, Wünsch, Reil
T: 1:14 (40.) Kaczmarek (?) / 2:16 (50.) L. Kremershof (?) - 3:20 (58.) H.-P. Egen (?)
S: Reil 5 (große Strafe), keine weiteren Angaben

1975/76

84. - 28.01.1976 AUT (A) - FRG (B) 4:3 (1:3, 1:0, 2:0)
Innsbruck, Olympia-Eisstadion; Z: ?; SR: ?
*Suttner (EC Bad Tölz), **Roland Kilian** (EV Füssen) - Bachl (EV Landshut), Scharf (EC Bad Tölz), Vogl (EV Landshut), Herrmann (EV Landshut), H. Meister (EC Bad Tölz), M. Maurer (Kölner EC), Feierabend (EC Bad Tölz), W. Maier (EC Bad Tölz), **Ulrich Egen** (EV Füssen), **Vladimir Vacatko** (Düsseldorfer EG), **Nikolaus Mangold** (Berliner SSC), **Josef Schreindl** (EC Bad Tölz), Hermann Hinterstocker (EV Rosenheim), **Jörg Hiemer** (EV Füssen), **Klaus Guggemos** (EV Füssen)*
T: Vogl 1, Hinterstocker 1, W. Maier 1
S: keine Angaben

85. - 29.01.1976 HUN (A) - FRG (B) 4:3 (1:0, 1:2, 2:1)
Budapest, Kissstadion (Freiluft, Kunsteis); Z: 1.500; SR: Barnet (TCH), Pláteník (TCH)
Kilian (Suttner n.e.) - Bachl, Scharf, Vogl, Herrmann, H. Meister, M. Maurer, Feierabend, W. Maier, U. Egen, Vacatko, Mangold, Schreindl, Hinterstocker, Hiemer, K. Guggemos
T: 1:1 (35.) Mangold (?) - 2:2 (36.) Vogl (?) / 3:3 (44.) Scharf (?)
S: 14 Minuten

86. - 31.01.1976 HUN (A) - FRG (B) 4:4 (1:1, 2:2, 1:1)
Dunaújváros, Jégpálya (Freiluft, Kunsteis); Z: 1.000; SR: Barnet (TCH), Pláteník (TCH)
Suttner (Kilian n.e.) - Bachl, Scharf, Vogl, Herrmann, H. Meister, M. Maurer, Feierabend, W. Maier, U. Egen, Vacatko, Mangold, Schreindl, Hinterstocker, Hiemer, K. Guggemos
T: 1:1 (17.) U. Egen (?) / 2:2 (34.) H. Meister (?) - 3:3 (40.) U. Egen (?) / 4:4 (59.) K. Guggemos (?)
S: 2 x 2 Minuten

87. - 05.02.1976 FRG (B) - NOR (A) 8:5 (1:2, 2:1, 5:2)
Hamburg, Eisbahn Stellingen (Freiluft, Kunsteis); Z: 1.000; SR: ?
Suttner (Kilian n.e.) - *Scharf, H. Meister, M. Maurer, Feierabend,* Wild (SC Riessersee), *H. Keller (VfL Bad Nauheim), U. Egen, Schreindl, Hinterstocker, Hiemer, K. Guggemos,* **Horst-Peter Kretschmer** *(Düsseldorfer EG),* Vacatko, **Heiner Bayer** (Hamburger SV), Reil (SC Riessersee), Mangold
T: 2:2 (?) Bayer - 4:2 (?) Bayer - Bayer 1, Reil 2, Vacatko 1, Wild 1, Mangold 1
S: keine Angaben

88. - 06.02.1976 6:3 ((B) - NOR (A) 4:6 (1:2, 2:1, 1:3)
Braunlage, Eisstadion; Z: 2.000; SR: ?
Suttner (Kilian n.e.) - *Scharf, H. Meister, M. Maurer, Feierabend, Wild, H. Keller, U. Egen, Schreindl, Hinterstocker, Hiemer, K. Guggemos,* Kretschmer, Vacatko, *Reil, Mangold,* **Michael Wanner** *(Berliner SSC),* Kaczmarek (Krefelder EV)
T: Vacatko 2, Kretschmer 1, Kaczmarek 1
S: keine Angaben

89. - 07.02.1976 FRG (B) - NOR (A) 6:3 (1:1, 2:2, 3:0)
Bremerhaven, Stadthalle; Z: 3.200; SR: Schavelkoulsch (NED), Zaalberg (NED)
Killian (Suttner n.e.) - Kretschmer, **Peter Ustorf** (RSC Bremerhaven) - M. Maurer, Reil - Scharf, Feierabend - Hinterstocker, Vacatko - Mangold - Kaczmarek, Wild, H. Meister - Hiemer, U. Egen, K. Guggemos - Schreindl, Bayer, E. Adlmaier (EC Bad Tölz)
T: 1:1 (11.) Hiemer (?) / 2:2 (29.) Mangold (?) - 3:2 (33.) Bayer (?) / 4:3 (43.) Wild (?) - 5:3 (46.) Hinterstocker (?) - 6:3 (58.) Hinterstocker (?)
S: 7 x 2 Minuten davon Kretschmer 2

90. - 06.03.1976 ITA (A) - FRG (B) 1:2 (1:2, 0:0, 0:0)
Bozen, Messehalle; Z: 500; SR: Grgec (YUG), Heguš (YUG)
Suttner (Kilian n.e.) - H. Keller, **Werner Klatt** (EV Landshut) - M. Maurer, Reil - Feierabend, W. Maier - Schreindl, Vacatko, **Walter Stadler** (Düsseldorfer EG) - Kaczmarek, Wild, E. Adlmaier - Herrmann, Vogl, H. Meister
T: 0:1 (00:47) Kaczmarek (?) - 1:2 (08:44) Stadler (?)
S: Stadler 4, M. Maurer 4, Vacatko 2, Reil 2, Feierabend 2

91. - 07.03.1976 ITA (A) - FRG (B) 10:3 (2:1, 4:2, 4:0)
Ortisei (dt. St. Ulrich), Eisstadion Setil; Z: ?; SR: Grgec (YUG), Heguš (YUG)
Kilian (ab 21. Suttner) - H. Keller, Klatt - M. Maurer, Reil - Feierabend, W. Maier - Schreindl, Vacatko, Stadler - Kaczmarek, Wild, E. Adlmaier - Herrmann, Vogl, H. Meister
T: 1:1 (?) Reil (?) / 4:2 (?) Klatt (?) - (?) 6:3 E. Adlmaier (?)
S: keine Angaben

1976/77

Trainer Siegfried Schubert

92. - 19.12.1976 FRG (B) - JPN (A) 6:5 (3:2, 0:1, 3:2)
Bad Nauheim, Kunsteisstadion am Nördlichen Park*; Z: 2.000; SR: Böhm (FRG); LR: Kirchner (FRG), Presl (FRG)
* bis zur Überdachung 1969 100-Tage-Stadion
Eberle (Augsburger EV; ab ? **Axel Richter** (Kölner EC)) - F.-X. Müller (Krefelder EV), **Rudolf Goth** (Augsburger EV) - Reil (SC Riessersee), M. Maurer (Kölner EV) - Feierabend (EC Bad Tölz), W. Maier (EC Bad Tölz) - Kaczmarek (Krefelder EV), Hellwig (Krefelder EV), L. Kremershof (Krefelder EV) - Wesener (VfL Bad Nauheim), **Dieter Ballhausen** (VfL Bad Nauheim), **Hans-Jürgen Pöpel** (VfL Bad Nauheim) - Herrmann (C - EV Landshut), U. Egen (EV Füssen), **Henryk Jaworowski** (Kölner EC) - **Robert Heinrich** (SC Riessersee), K. Guggemos (Krefelder EV), G. Schuster (ESV Kaufbeuren)
T: 1:0 01:15) L. Kremershof (Hellwig) - 2:1 (10.) Hellwig (L. Kremershof) - 3:2 (19.) Goth (Weitschuss) / 4:3 (?) F.-X. Müller (Weitschuss) - 5:4 (?) F.-X. Müller (Weitschuss) - 6:5 (?) F.-X. Müller (Weitschuss)
S: 4 x 2 Minuten

93. - 20.12.1976 FRG (B) - JPN (A) 3:5 (1:0, 2:2, 0:3)
Aalen, Eiskunsthalle; Z: 2.500; SR: Kořínek (TCH); LR: ? (TCH), ? (TCH)
Eberle, Richter - F.-X. Müller, Goth - Reil, M. Maurer - Feierabend, W. Maier - H. Keller (EV Rosenheim) - Kaczmarek, Hellwig, L. Kremershof - Herrmann (C), U. Egen, **Helmut Guggemos** (Krefelder EV) - Heinrich, K. Guggemos, G. Schuster - Ballhausen, H.-J. Pöpel - *Rekonstruktion der Aufstellung lt. DEB-Jahrbuch 1978*
T: 1:0 (10.) U. Egen (?) / 2:1 (31.) L. Kremershof (---) - 3:1 (37.) Hellwig (?)
S: keine Angaben

94. - 21.12.1976 FRG (B) - ITA (A) 1:3 (1:1, 0:1, 0:1)
Füssen, Eisstadion am Kobelhang (Halle); Z: 500; SR: ?
Eberle, Richter - Eberhardt (EC Bad Tölz), Scharf (Berliner SSC), W. Maier, Goth, Hiemer (EV Füssen), Klatt (EV Landshut) - H. Zach (Berliner SSC), Kaczmarek, Hellwig, L. Kremershof, U. Egen, Heinrich, K. Guggemos, Ballhausen, H.-J. Pöpel, G. Schuster, **Michael Muus** (Kölner EC) - *Rekonstruktion der Aufstellung lt. DEB-Jahrbuch 1978*
T: Ballhausen 1

95. - 03.01.1977 FRG (B) - AUT (A) 11:5 (6:1, 3:1, 2:3)
Ingolstadt, Eisstadion an der Jahnstraße; Z: 3.000; SR: Gürtner (FRG); LR: Hanel (FRG), Ondertoller (FRG)
Wasl (SC Riessersee; *Richter n.e.*) - Reil, M. Maurer - H.-P. Egen (EV Füssen), Feierabend - W. Maier - Hellwig, L. Kremershof, H. Guggemos - Ballhausen, H.-J. Pöpel, G. Schuster - Wild (SC Riessersee), U. Egen, Heinrich, K. Guggemos
T: 1:0 (1.) L. Kremershof (Hellwig) - 2:0 (4.) Hellwig (?) - 3:0 (4.) Wild (?) - 4:1 (11.) L. Kremershof (?) - 5:1 (17.) H.-P. Egen (?) - 6:1 (20.) U. Egen (?) / 7:1 (21.) M. Maurer (?) - 8:1 (26.) G. Schuster (?) - 9:2 (38.) Ballhausen (?) / 10:5 (57.) G. Schuster (?) - 11:5 (59.) H.-P. Egen (?)
S: 3 x 2 Minuten

96. - 04.01.1977 FRG (B) - AUT (A) 4:6 (1:2, 1:1, 2:3)
Waldkraiburg, Eisstadion; Z: 1.600; SR: Böhm (FRG); LR: Ondertoller (FRG), Hanel (FRG)
Richter (Wasl n.e.) - Reil, Eberhardt - H.-P. Egen, Feierabend - W. Maier, Klatt - Hellwig, L. Kremershof, H. Guggemos - K. Guggemos, H.-J. Pöpel, G. Schuster - Wild, U. Egen, Heinrich - *Rekonstruktion der Aufstellung lt. DEB-Jahrbuch 1978*
T: 1:0 (4.) U. Egen (H.-P. Egen) / 2:3 (31.) H.-P. Egen (U. Egen) / 3:3 (49.) Hellwig (Feierabend) - 4:3 (50.) L. Kremershof (Hellwig)
S: 3 x 2 Minuten

97. - 18.02.1977 FRG (B) - NOR (A) 3:3 (1:0, 1:1, 1:2)
Wiehl, Eissporthalle; Z: 2.200; SR: Toemen (NED); LR: ?
Suttner (EV Landshut; **Max Fink** (SC Riessersee)) - Reil, **Dieter Medicus** (ESV Kaufbeuren), Scharf, F.-X. Müller, W. Maier, Hiemer, **Werner Jahn** (EV Füssen) - K. Guggemos, H, Guggemos, Hellwig, L. Kremershof, H. Zach, Kaczmarek, U. Egen, H.-J. Pöpel, G. Schuster, **Michael Muus** (Kölner EC), **Hubert Müller** (SC Riessersee) - *Rekonstruktion der Aufstellung lt. DEB-Jahrbuch 1978*
T: 1:0 (18.) Hellwig (L. Kremershof) / 2:1 (?) H. Guggemos (?) / 3:2 (53.) Hellwig (?)
S: 28 Minuten, davon Hellwig 10 (Disziplinarstrafe), Reil 2, ?. Guggemos 2

98. - 19.02.1977 FRG (B) - NOR (A) 2:2 (1:1, 1:0, 0:1)
Herne, Eissporthalle am Gysenberg; Z: 3.500; SR: ?
Bernhard Englbrecht (EV Landshut; Fink) - F.-X. Müller, H. Keller - Reil, Medicus - W. Maier, Feierabend - Jahn - Kaczmarek, L. Kremershof, Hellwig - K. Guggemos, H. Guggemos, U. Egen - G. Schuster, Hu. Müller, **Hans Scherer** (SC Riessersee) - H.-J. Pöpel, Vacatko (Düsseldorfer EG)
T: 1:0 (10.) Vacatko (?) / 2:1 (26.) Vacatko (?)
S: keine Angaben

99. - 20.02.1977 FRG (B) - NOR (A) 2:2 (0:1, 1:1, 1:0)
Nordhorn, Eissporthalle; Z: 2.500; SR: Toemen (NED); LR: ?
Englbrecht (Suttner n.e.) - W. Maier, H. Keller - Reil, Jahn - Feierabend, Medicus - F.-X. Müller - Hellwig, Vacatko, Kaczmarek - K. Guggemos, U. Egen, G. Schuster - H.-J. Pöpel, Hu. Müller, Scherer, Muus
T: 1:1 (31.) Hu. Müller (?) / 2:2 (58.) Scherer (Hu. Müller, Medicus)
S: 2 x 2 Minuten + Kaczmarek 5

100. - 26.03.1977 ITA (A) - FRG (B) 5:2 (2:1, 2:1, 1:0)
Varese, PalAlbani; Z: ?; SR: ?
Josef Schlickenrieder (EC Bad Tölz), **Jan Marek** (Krefelder EV) - Eberhardt, M. Maurer, Feierabend, Medicus, F.-X. Müller, Hiemer, Klatt - K. Guggemos, Hellwig, F. Rottluff (Düsseldorfer EG), Kaczmarek, U. Egen, Kretschmer, Heinrich, Hu. Müller, **Josef Rottluff** (Düsseldorfer EG) - *Rekonstruktion der Aufstellung lt. DEB-Jahrbuch 1978*
T: 2:1 (?) Hellwig (?) / 4:2 (?) F.-X. Müller (?)
S: keine Angaben

101. - 27.03.1977 ITA (A) - FRG (B) 4:8 (1:2, 2:5, 1:1)
Varese, PalAlbani; Z: ?; SR: ?
Schlickenrieder, Marek - Eberhardt, M. Maurer, Feierabend, Medicus, F.-X. Müller, Hiemer, Klatt - K. Guggemos, Hellwig, F. Rottluff, Kaczmarek, U. Egen, Kretschmer, Heinrich, Hu. Müller, J. Rottluff - *Rekonstruktion der Aufstellung lt. DEB-Jahrbuch 1978*
T: U. Egen 2, Hu. Müller 2, J. Rottluff 2, F. Rottluff 1, M. Maurer 1
S: keine Angaben

102. - 09.06.1977 AUS (A) - FRG (B) 1:15 (?)
Melbourne, Iceland Ringwood; Z: ?; SR: ?
Richter, Suttner - M. Maurer, F.-X. Müller, Feierabend, W. Maier, Medicus, Reil - K. Guggemos, Hellwig, L. Kremershof (C), **Ralph Pöpel** (VfL Bad Nauheim), Hu. Müller, Heinrich, Scherer, Herrmann, Hinterstocker (EV Rosenheim), U. Egen - *Rekonstruktion der Aufstellung lt. DEB-Jahrbuch 1978*
T: Reil 3, U. Egen 2, Hinterstocker 2, R. Pöpel 2, L. Kremershof 1, Scherer 1, Herrmann 1, Hellwig 1, Medicus 1, K. Guggemos 1
S: keine Angaben

103. - 12.06.1977 AUS (A) - FRG (B) 0:13 (?)
Melbourne, Iceland Ringwood; Z: ?; SR: ?
Richter, Suttner - M. Maurer, F.-X. Müller, Feierabend, W. Maier, Medicus, Reil - K. Guggemos, Hellwig, L. Kremershof (C), Hu. Müller, Heinrich, Scherer, Herrmann, Hinterstocker, U. Egen - *Rekonstruktion der Aufstellung lt. DEB-Jahrbuch 1978*
T: U. Egen 2, Reil 2, Hinterstocker 2, Hu. Müller 2, Hellwig 2, Scherer 2, Herrmann 1
S: keine Angaben

104. - 13.06.1977 AUS (A) - FRG (B) 2:6 (?)
Melbourne, Colosseum Dandenong; Z: ?; SR: ?
Richter, Suttner - M. Maurer, F.-X. Müller, Feierabend, W. Maier, Medicus, Reil - K. Guggemos, H. Guggemos, Hellwig, L. Kremershof (C), Hu. Müller, Heinrich, Scherer, Herrmann, Hinterstocker, U. Egen - *Rekonstruktion der Aufstellung lt. DEB-Jahrbuch 1978*
T: Hellwig 2, H. Guggemos 1, Hu. Müller 1, Medicus 1, Heinrich 1
S: keine Angaben

105. - 15.06.1977 AUS (A) - FRG (B) 3:9 (?)
Melbourne, Iceland Ringwood; Z: ?; SR: ?
Richter, Suttner - M. Maurer, F.-X. Müller, Feierabend, W. Maier, Medicus, Reil - K. Guggemos, Hellwig, L. Kremershof (C), R. Pöpel, Hu. Müller, Heinrich, Scherer, Herrmann, Hinterstocker, U. Egen - *Rekonstruktion der Aufstellung lt. DEB-Jahrbuch 1978*
T: Reil 2, Hu. Müller 2, Hellwig 2, R. Pöpel 2, Scherer 1
S: keine Angaben

1978/79

Trainer Dieter Hoja
Auf der Asienreise wurden folgende Spieler wie folgt eingesetzt: **Matthias Hoppe** (Mannheimer ERC) 5 Spiele, Schlickenrieder (EC Bad Tölz) 5 Sp - Hiemer (EV Füssen) 5 Sp, H. Keller (C - SB Rosenheim) 5 Sp, **Norbert Käfer** (EV Füssen) 5 Sp, **Anton Forster** (EV Füssen) 4 Sp, Jahn (Mannheimer ERC) 3 Sp, **Peter Eimansberger** (EC Bad Tölz) 2 Sp, H.-P. Egen (EV Füssen) 2 Sp, **Manfred Schuster** (ESV Kaufbeuren) 2 Sp - Ballhausen (VfL Bad Nauheim) 5 Sp, R. Pöpel (VfL Bad Nauheim) 5 Sp, Wesener (VfL Bad Nauheim) 3 Sp, H. Guggemos (Mannheimer ERC) 4 Sp T, Hu. Müller (SC Riessersee) 5 Sp, Schreindl (VfL Bad Nauheim) 4 Sp, **Andreas Gröger** (EV Füssen) 4 SpT, **Lutz Schirmer** (Berliner SSC) 5 Sp, **Günter Lupzig** (TSV Straubing) 2 Sp, **Armin Kauer** (ESV Kaufbeuren) 4 Sp

Fünf-Länder-Turnier

Die deutsche B-Auswahl belegte bei diesem Turnier den 5. Platz.

106. - 15.12.1978 FRG (B) - ROU (A) 1:8 (0:1, 0:5, 1:2)
Beijing, ?; Z: ?; SR: ?
T: In den vier Spielen des Fünf-Länder-Turniers erzielten folgende Spieler die Tore: Ballhausen 3, H. Guggemos 1, R. Pöpel 1, Wesener 1, Schreindl 2 (Die Tore von Schreindl wurden in der DEB-Statistik unterschlagen!)

107. - 16.12.1978 CHN (A) - FRG (B) 3:2 (?)
Beijing, ?; Z: ?; SR: ?

108. - 18.12.1978 FRG (B) - JPN (A) 3:4 (?)
Beijing, ?; Z: ?; SR: ?

109. - 19.12.1978 FRG (B) - FIN (B*) 2:6 (?)
* finnische Juniorenauswahl
Beijing, ?; Z: ?; SR: ?

110. - 27.12.1978 KOR (A) - FRG (B) 2:9 (?)
Seoul, ?; Z: ?; SR: Böhm (FRG)
T: G. Lupzig 2, Hiemer 2, Jahn 1, Käfer 1, P. Eimansberger 1, A. Gröger 1, Schirmer 1

1979/80

Trainer Georg Scholz

Vier-Länder-Turnier

Die deutsche B-Auswahl belegte bei diesem Turnier den 3. Platz.

111. - 27.12.1979 FRG (B) - NOR (A) 3:3 (2:0, 1:2, 0:1)
Tilburg, Pellikaanhal; Z: ?; SR: ?
Bernhard Köpf (EV Füssen), Fink (SC Riessersee) - **Thomas Gandorfer** (EV Landshut), **Franz Steer** (EV Landshut), H.-P. Egen (EV Füssen), Forster (EV Füssen), **Karl Altmann** (EV Landshut), Jahn (Mannheimer ERC), M. Schuster (ESV Kaufbeuren) - **Jochen Mörz** (EV Füssen), Hiemer (EV Füssen), **Manfred Wolf** (Mannheimer ERC), **Roy Roedger** (Mannheimer ERC), **Miroslav Nentvich** (SB DJK Rosenheim), **Horst Heckelsmüller** (ESV Kaufbeuren), **Josef Riefler** (ESV Kaufbeuren), **Wolfgang Rosenberg** (Düsseldorfer EG), Muus (ECD Iserlohn), **Martin Müller** (SG Nürnberg)
T: 1:0 (?) Hiemer - 2:0 (?) Roedger / 3:2 (?) Wolf
S: 4x 2 Minuten

112. - 28.12.1979 NED (A) - FRG (B) 4:2 (1:0, 1:1, 2:1)
Tilburg, Pellikaanhal; Z: 2.500; SR: Toemen (NED); LR: Douwes (NED), Van de Plas (NED)
Be. Köpf (Fink n.e.) - Gandorfer, Steer, H.-P. Egen, Forster, Altmann, Jahn, M. Schuster - Mörz, Hiemer, Wolf, Roedger, Nentvich, Heckelsmüller, Riefler, Rosenberg, Muus, M. Müller
T: 1:1 (34.) Wolf (Jahn, Roedger) / 3:2 (52.) Wolf (Jahn, Roedger)
S: 4 x 2 Minuten

113. - 29.12.1979 FRG (B) - AUT (A) 3:2 (1:2, 1:0, 1:0)
Den Haag, De Uithof (Freiluft, Kunsteis); Z: ?; SR: ?
Be. Köpf, Fink - Gandorfer, Steer, H.-P. Egen, Forster, Altmann, Jahn, M. Schuster - Mörz, Hiemer, Wolf, Roedger, Nentvich, Heckelsmüller, Riefler, Rosenberg, Muus, M. Müller
T: 1:? (?) Wolf / 2:2 (?) Wolf / 3:2 (?) Rosenberg
S: keine Angaben

1980/81

Trainer Otto Schneidberger

Gold-Market-Trophy
Die deutsche B-Auswahl belegte bei diesem Turnier den 2. Platz.
Bei dem Turnier wurden folgende Spieler wie folgt eingesetzt: Hoppe (Berliner SSC) 3 Spiele, Fink (SC Riessersee) 3 Sp - **Josef Klaus** (Düsseldorfer EG) 2 Sp, **Michael Eggerbauer** (EV Füssen) 3 Sp, Gandorfer (EV Landshut) 3 Sp, Steer (EV Landshut) 3 Sp, P. Eimansberger (EHC 70 München) 3 Sp, **Anton Maidl** (SB DJK Rosenheim) 2 Sp/ 1 Tor - Schirmer (Berliner SSC) 3 Sp, **Alexander Groß** (Düsseldorfer EG) 3 Sp/ 3 T, **Michael Tack** (Düsseldorfer EG) 3 Sp/ 2 T, **Frank Hakenewert** (Düsseldorfer EG) 2 Sp, **Wilhelm Hofer** (EV Füssen) 3 Sp/ 1 T, **Harry Pflügl** (EV Füssen) 3 Sp/ 2 T, **Bernhard Retzer** (EV Landshut) 1 Sp, **Hans Diepold** (SC Riessersee) 3 Sp, **Jürgen Lechl** (SB DJK Rosenheim) 3 Sp, Muus (Duisburger SC) 3 Sp/ 1 T, R. Pöpel (VfL Bad Nauheim) 2 Sp/ 2 T, Kauer (ESV Kaufbeuren) 3 Sp/ 1 T

114. - 19.12.1980 ITA (A) - FRG (B) 4:2 (3:0, 0:2, 1:0)
Ortisei (dt. St. Ulrich), Eisstadion Setil; Z: ?; SR: ?

115. - 20.12.1980 FRG (B) - NOR (A) 4:1 (1:0, 1:0, 2:1)
Ortisei (dt. St. Ulrich), Eisstadion Setil; Z: ?; SR: ?

116. - 21.12.1980 FRG (B) - CAN (B*) 7:3 (2:0, 1:3, 4:0)
* kanadische Amateurverein Thompson Hawks; Teilnahme nach Absage der DDR
Ortisei (dt. St. Ulrich), Eisstadion Setil; Z: ?; SR: ?

1986/87

Trainer Hans Rampf
Auf der Chinareise wurden folgende Spieler wie folgt eingesetzt: **Joseph Heiß** (Düsseldorfer EG) 3 Sp, **Gerhard Hegen** (ESV Kaufbeuren) 3 Sp - F.-X. Müller (Schwenninger ERC) 3 Sp/ 1 T, Medicus (ESV Kaufbeuren) 3 Sp/ 1 T, Klaus (Mannheimer ERC) 3 Sp/ 1 T, **Rainer Blum** (SB DJK Rosenheim) 3 Sp, **Rainer Lutz** (Düsseldorfer EG) 3 Sp, **Peter Weigl** (EV Landshut) 3 Sp, **Bernd Wagner** (EV Landshut) 3 Sp, **Robert Sterflinger** (Düsseldorfer EG) 3 Sp - Hiemer (Düsseldorfer EG) 1 Sp/ 1 T, Wolf (Düsseldorfer EG) 3 Sp/ 5 T, Roedger (Düsseldorfer EG) 3 Sp/ 1 T, **Jürgen Adams** (Mannheimer ERC) 3 Sp/ 1 T, **Fritz Brunner** (EV Landshut) 3 Sp, **Günther Preuß** (SC Riessersee) 1 Sp, **Ewald Steiger** (EV Landshut) 1 Sp, **Udo Schmid** (Kölner EC) 1 Sp, **Michael Betz** (SB DJK Rosenheim) 3 Sp, Heckelsmüller (ESV Kaufbeuren) 3 Sp, **Raimond Hilger** (SB DJK Rosenheim) 1 Sp

117. - 23.11.1986 CHN (A) - FRG (B) 3:5 (?)
Beijing, ?; Z: 4.500; SR: ?
T: Wolf 3, F.-X. Müller 1, Hiemer 1
S: keine Angaben

118. - 24.11.1986 CHN (A) - FRG (B) 4:1 (1:0, 1:1, 2:0)
Beijing, ?; Z: 3.500; SR: ? (CHN)
T: Wolf 1
S: keine Angaben

119. - 30.11.1986 CHN (A) - FRG (B) 1:5 (0:4, 0:1, 1:0)
Harbin, Eishalle; Z: 6.000; SR: ?
T: Medicus 1, Klaus 1, Roedger 1, Wolf 1, Adams 1
S: keine Angaben

Trainer Gerd Wittmann und Martin Wild

13. Turnier um den Preis der Zeitung „Leningradskaya Pravda"

Die deutsche B-Auswahl belegte bei diesem Turnier den 6. Platz.

120. - 01.04.1987 URS (B) - FRG (B) 4:3 (1:0, 2:2, 1:1)
Leningrad, Dvorets sporta „Yubileyniy"; Z: 1.500; SR: Jokela (FIN); LR: Bokarev (URS), Galinovskiy (URS)
Hoppe (Schwenninger ERC; Heiß n.e.) - F.-X. Müller, Altmann (Schwenninger ERC) - **Stefan Königer** (Schwenninger ERC), R. Sterflinger - B. Wagner, **Peter Gailer** (ECD Iserlohn) - **Christian Reuter** (ESV Kaufbeuren) - **Peter Obresa** (C - Mannheimer ERC), **Peter Draisaitl** (Mannheimer ERC), Hilger - Betz, **Markus Berwanger** (SB DJK Rosenheim), **George Fritz** (Schwenninger ERC) - Heckelsmüller, **Dietrich Adam** (ESV Kaufbeuren), **Thomas Gröger** (Kölner EC) - Schmid, Hiemer, **Andreas Volland** (Mannheimer ERC) - **Dieter Willmann** (Schwenninger ERC - n.e.)
T: 2:1 (25:01) R. Sterflinger (T. Gröger) - 3:2 (28:00) Schmid (Hilger) / 4:3 (41:35) Schmid (---)
S: R. Sterflinger 2, Hiemer 2, Draisaitl 2, Altmann 2, Berwanger 2

121. - 02.04.1987 FRG (B) - SWE (B) 3:4 (1:2, 2:0, 0:2)
Leningrad, Dvorets sporta „Yubileyniy"; Z: 300; SR: Morozov (URS); LR: Gonchar (URS), Boikov (URS)
Hoppe (Heiß n.e.) - F.-X. Müller, Altmann - Königer, R. Sterflinger - B. Wagner, Gailer - Reuter - Obresa (C), Draisaitl, Hilger - Betz, Berwanger, Fritz - Heckelsmüller, Adam, T. Gröger - Schmid, Hiemer, Willmann - A. Volland (n.e.)
T: 1:1 (06:19) Willmann (Königer) / 2:2 (27:27) Betz (---) - 3:2 (27:54) Obresa (Berwanger)
S: Berwanger 4, T. Gröger 2, Altmann 2, Königer 2, Hilger 2, Heckelsmüller 2, R. Sterflinger 2, F.-X. Müller 2, Betz 2, Fritz 2, Schmid 2

122. - 04.04.1987 FRG (B) - TCH (B) 2:4 (0:3, 1:0, 1:1)
Leningrad, Dvorets sporta „Yubileyniy"; Z: 300; SR: Jokela (FIN); LR: Gonchar (URS), Boikov (URS)
Hoppe (Heiß n.e.) - F.-X. Müller, Altmann - Königer, R. Sterflinger - B. Wagner, Gailer - Reuter - Obresa (C), Draisaitl, Hilger - Betz, Berwanger, Fritz - Heckelsmüller, Adam, T. Gröger - Schmid, Hiemer, A. Volland (n.e.) - Willmann (n.e.)
T: 1:3 (21:43) Schmid (Hiemer) / 2:3 (54:22) F.-X. Müller (---)
S: Berwanger 4, Schmid 4, Fritz 4, F.-X. Müller 2, Draisaitl 2, R. Sterflinger 2, Adam 2, B. Wagner 2, Hoppe 2

123. - 05.04.1987 FRG (B) - USA (B) 5:4 (2:1, 3:3, 0:0)
Leningrad, Dvorets sporta „Yubileyniy"; Z: 1.200; SR: Morozov (URS); LR: Prusov (URS), Bokarev (URS)
Heiß (Hoppe n.e.) - F.-X. Müller, Altmann - Königer, R. Sterflinger - B. Wagner, Gailer - Reuter - Obresa (C), Draisaitl, Hilger - Betz, Berwanger, Fritz - Heckelsmüller, Adam, T. Gröger - Schmid, Hiemer, A. Volland (n.e.) - Willmann (n.e.)
T: 1:0 (04:39) Heckelsmüller (Gailer) - 2:0 (15:19) Draisaitl (F.-X. Müller) / 3:3 (36:09) Schmid (F.-X. Müller, Draisaitl) - 4:3 (36:59) B. Wagner (Betz) - 5:3 (37:17) Fritz (Obresa)
S: Reuter 5, Obresa 2, Schmid 2

124. - 07.04.1987 FRG (B) - FIN (B) 3:6 (1:3, 0:2, 2:1)
Leningrad, Dvorets sporta „Yubileyniy"; Z: 400; SR: Morozov (URS); LR: Gonchar (URS), Boikov (URS)
Hoppe (ab 20:01 Heiß) - F.-X. Müller, Altmann - Königer, R. Sterflinger - B. Wagner, Gailer - Reuter (n.e.) - Obresa, Draisaitl, Hilger - Betz, Berwanger, Fritz - Heckelsmüller, Adam, T. Gröger - Schmid, Hiemer, A. Volland (n.e.) - Willmann (n.e.)
T: 1:0 (06:35) Obresa (---) / 2:5 (53:31) Draisaitl (---) - 3:5 (55:57) Schmid (Altmann)
S: Berwanger 4, Altmann 2, F.-X. Müller 2, Hiemer 2, Gailer 2, Draisaitl 2, R. Sterflinger 2, Obresa 2

1988/89

In der DEB-Statistik werden die Spiele der B-Auswahl dieser Saison nicht aufgeführt. Allerdings werden in den in den persönlichen Statistiken der B-Nationalspieler die Einsätze in den Spielen am 16. und 18.12.1988 mitgezählt.
Trainer Gerd Wittmann

16.12.1988 FRG (B) - TCH (O) 3:5 (0:3, 2:0, 1:2)
Augsburg, Curt-Frenzel-Stadion; Z: 3.500; SR: Pfarrkirchner (AUT); LR: ?
Klaus Merk *(Berliner SC Preußen;* Heiß *(Kölner EC) n.e.)* - **Klaus Micheller** *(Berliner SC Preußen),* **Stefan Steinecker** *(Berliner SC Preußen)* - **Michael Schmidt** *(Düsseldorfer EG),* **Anton Raubal** *(Mannheimer ERC)* - **Heinrich Schiffl** *(SB DJK Rosenheim),* Königer *(Düsseldorfer EG) -* Altmann *(Schwenninger ERC) -* Schmid *(Kölner EC),* **Oliver Kasper** *(Düsseldorfer EG),* T. Gröger *(Kölner EC) -* **Harald Birk** *(C - Berliner SC Preußen),* Preuß *(Berliner SC Preußen),* **Jürgen Rumrich** *(EHC Freiburg) -* Hilger *(SB DJK Rosenheim),* **Michael Pohl** *(SB DJK Rosenheim),* **Josef Wassermann** *(Mannheimer ERC) -* Brunner *(EV Landshut),* **Andreas Brockmann** *(Düsseldorfer EG),* **Andreas Lupzig** *(EV Landshut) -* **Marcus Bleicher** *(Mannheimer ERC)*
T: *1:3 (28.) Brunner (Königer) - 2:3 (30.) M. Schmidt (?) / 3:3 (54.) Wassermann (?)*
S: *30 Minuten + Hilger 10 (Disziplinarstrafe), Altmann 10 (Disziplinarstrafe)*

18.12.1988 FRG (B) - TCH (O) 1:2 (0:0, 0:2, 1:0)
Weiden, Eisstadion an der Raiffeisenstraße; Z: 3.000; SR: Pfarrkirchner (AUT); LR: Lichtnecker (FRG), Weitl (FRG)
Heiß **(Peter Franke** *(Mannheimer ERC) n.e.)* - *Micheller, Steinecker - M. Schmidt, Königer - Schiffl, Raubal - Altmann - H. Birk (C), Preuß, Bleicher - Schmid, T. Gröger, Kasper - Wassermann, M. Pohl, Hilger - Brunner, Brockmann, A. Lupzig*
T: *1:2 (42.) A. Lupzig (Brunner)*
S: *18 Minuten*

16.03.1989 SUI (B) - FRG (B) 6:2 (1:0, 1:0, 4:2)
Davos, Eisstadion; Z: 2.800; SR: Tyszkiewicz (POL); LR: Ramseier (SUI), Zimmermann (SUI)
Hoppe (Schwenninger ERC; Merk n.e.) - **Stephan Sinner** *(SG Eintracht Frankfurt),* Steinecker - Micheller, **Michael Heidt** *(Schwenninger ERC) -* B. Wagner *(EV Landshut),* **Stephan Eder** *(EV Landshut) -* Willmann *(Schwenninger ERC),* **Georg Holzmann** *(Berliner SC Preußen),* H. Birk (C) - **Klaus Birk** *(Berliner SC Preußen),* Preuß, **Axel Kammerer** *(Berliner SC Preußen) - A. Lupzig,* **Bernd Truntschka** *(EV Landshut),* **Günther Oswald** *(EV Landshut)*
T: *2:1 (46.) Willmann (---) - 5:2 (56.) Kammerer (Heidt)*
S: *7 x 2 Minuten, davon A. Lupzig 2*

18.03.1989 SUI (B) - FRG (B) 3:4 (1:1, 0:0, 2:3)
Biel, Eisstadion; Z: 3.050; SR: Tyszkiewicz (POL); LR: Chies (SUI), Clémençon (SUI)
Merk (Hoppe n.e.) - Sinner, Steinecker - Micheller, Eder - B. Wagner - Willmann, Holzmann, H. Birk (C) - **Walter Kirchmaier** *(Schwenninger ERC),* Preuß, Kammerer - A. Lupzig, Truntschka, Oswald
T: *1:1 (3.) Eder (A. Lupzig) / 1:2 (40.) A. Lupzig (Kammerer) - 1:3 (44.) Willmann (---) - 2:4 (53.) A. Lupzig (Willmann)*
S: *12 x 2 Minuten, davon Micheller 2, A. Lupzig 2, Willmann 2*

15. Turnier um den Preis der Zeitung „Leningradskaya Pravda"
Die deutsche B-Auswahl belegte in ihrer Vorrundengruppe den 4. Platz und spielte damit um Platz 7.

VORRUNDE - GRUPPE A

01.04.1989 FRG (B) - USA (B) 4:8 (2:2, 1:1, 1:5)
Leningrad, Dvorets sporta „Yubileyniy"; Z: 1.500; SR: Vrábel (TCH); LR: Shakirov (URS), Zainutdinov (URS)
Merk (P. Franke n.e.) - **Jörg Hanft** *(Mannheimer ERC),* Raubal - Eder, Königer - Sinner, Micheller - A. Lupzig, Truntschka, Oswald - A. Volland *(Mannheimer ERC),* Wassermann, T. Gröger - **Jürgen Trattner** *(SB DJK Rosenheim),* **Ernst Köpf jr.** *(Kölner EC),* Hilger - K. Birk, Kasper, Preuß
T: *1:0 (11:48) A. Volland (Königer) - 2:2 (16:13) E. Köpf jr. (K. Birk, Micheller) / 3:3 (29:36) Eder (---) / 4:8 (55:06) T. Gröger (---)*
S: *A. Lupzig 4, Schiffl 2, Kasper 2, T. Gröger 2, Sinner 2, Hilger 2, Hanft 2*

03.04.1989 URS (B) - FRG (B) 8:2 (1:1, 5:0, 2:1)
Leningrad, Dvorets sporta „Yubileyniy"; Z: 1.500; SR: Björkman (SWE); LR: Kozin (URS), Bervenskiy (URS)
Merk (ab 40:01 P. Franke) - Hanft, Raubal - Eder, Königer - Sinner, Schiffl - Micheller - A. Lupzig, Truntschka,
Oswald - A. Volland, Wassermann, T. Gröger - Trattner, E. Köpf jr., Hilger - K. Birk, Kasper, Preuß - Schmid
T: 1:0 (18:42) A. Lupzig (Schmid) / 2:8 (44:01) Trattner (---)
S: Micheller 5+10 (Disziplinarstrafe), Königer 4, A. Lupzig 2, Schiffl 2, E. Köpf jr. 2, Oswald 2, T. Gröger 2, Eder
2

05.04.1989 FRG (B) - SWE (B) 1:3 (0:2, 1:1, 0:0)
Leningrad, Dvorets sporta „Yubileyniy"; Z: 650; SR: Vrábel (TCH); LR: Kozin (URS), Bervenskiy (URS)
Merk (P. Franke n.e.) - Hanft, Raubal - Eder, Königer - Sinner, Schiffl - Micheller - A. Lupzig, Truntschka, Schmid
- A. Volland, Wassermann, T. Gröger - Trattner, E. Köpf jr., Hilger - K. Birk, Kasper, Preuß
T: 1:2 (25:49) Truntschka (Wassermann)
S: A. Lupzig 2+10 (Disziplinarstrafe), Wassermann 2, Königer 2, Hanft 2

SPIEL UM PLATZ 7

07.04.1989 FRG (B) - FIN (B) 1:8 (0:0, 0:5, 1:3)
Leningrad, Dvorets sporta „Yubileyniy"; Z: 100; SR: Vrábel (TCH); LR: Kozin (URS), Bervenskiy (URS)
Merk (ab 40:01 P. Franke) - Hanft, Raubal - Eder, Königer - Sinner, Schiffl - A. Lupzig, Truntschka, Schmid - A.
Volland, Wassermann, T. Gröger - Trattner, E. Köpf jr., Hilger - K. Birk, Kasper, Preuß
T: 1:6 (48:27) Hanft (Raubal, Kasper)
S: Hilger 4+10 (Disziplinarstrafe), Kasper 5+2, Eder 4, Schiffl 2, Sinner 2, T. Gröger 2

1989/90

Trainer Gerd Wittmann und Ulrich Rudel

125. - 25.03.1990 FRG (O)* - GDR (A) 3:1 (1:0, 0:1, 2:0)
Die Auswahl bestand nur aus Spielern, deren Vereine in der Bundesliga 1989/90 die Plätze 5-10 belegt hatten.
Bad Tölz, Eisstadion an der Peter-Freisl-Straße; Z: 2.500; SR: Häusle (AUT); LR: ?
Merk (Berliner SC Preußen; **Rupert Meister*** (EC Hedos München) n.e.) - Micheller (Berliner SC Preußen),
Marco Rentzsch (Berliner SC Preußen) - **Harold Kreis** (Mannheimer ERC), Sinner (SG Eintracht Frankfurt) -
Steinecker (Berliner SC Preußen), **Engelbert Grzesiczek** (EC Hedos München) - A. Volland (Mannheimer
ERC), Holzmann (Berliner SC Preußen), H. Birk (Berliner SC Preußen) - Schmid (Berliner SC Preußen), Draisaitl
(Mannheimer ERC), **Anton Krinner** (Mannheimer ERC) - K. Birk (Berliner SC Preußen), **Thomas Werner** (SG
Eintracht Frankfurt), Kammerer (Berliner SC Preußen) - **Ladislav Strompf** (SG Eintracht Frankfurt),
Wassermann (Mannheimer ERC), Bleicher (Mannheimer ERC)
* oder dafür im Spiel 126
T: 1:0 (17.) A. Volland (---) / 2:1 (47.) Draisaitl (---) - 3:1 (55.) Strompf (Schmid)
S: 6 x 2 Minuten

126. - 26.03.1990 FRG (O)* - GDR (A) 6:4 (1:0, 1:1, 4:3)
Die Auswahl bestand nur aus Spielern, deren Vereine in der Bundesliga 1989/90 die Plätze 5-10 belegt hatten.
Füssen, BLZ-Arena; Z: 500; SR: Häusle (AUT); LR: ?
Merk (P. Franke* (Mannheimer ERC) n.e.) - Micheller, Rentzsch - Kreis, Sinner - Steinecker, Grzesiczek -
Strompf, A. Volland, Holzmann - H. Birk, Schmid, Draisaitl - Krinner, Wassermann, Bleicher - Werner, K. Birk,
Kammerer
* oder dafür im Spiel 125
T: 1:0 (4.) Holzmann (A. Volland, H. Birk) / 2:1 (25.) Draisaitl (Krinner) / 3:2 (47.) Krinner (---) - 4:2 (49.) Rentzsch
(H. Birk) - 5:3 (52.) Werner (---) - 6:3 (56.) H. Birk (Penalty)
S: 5 x 2 Minuten

16. Turnier um den Preis der Zeitung „Leningradskaya Pravda"

Die deutsche B-Auswahl belegte in ihrer Vorrundengruppe den 4. Platz und spielte damit um Platz 7.

VORRUNDE - GRUPPE A

127. - 01.04.1990 URS (B) - FRG (B) 4:0 (1:0, 1:0, 2:0)

Leningrad, Dvorets sporta „Yubileyniy"; Z: 4.000; SR: Galinoskiy (URS); LR: Komissarov (URS), Pavlovskiy (URS)

Ru. Meister (P. Franke n.e.) - Micheller, Rentzsch - Sinner, Strompf - **Christian Gerum** (Mannheimer ERC), Steinecker - Krinner, Bleicher, Wassermann - Kammerer, K. Birk, Grzesiczek - E. Köpf jr. (Kölner EC), T. Gröger (Kölner EC), **Christian Baier** (EC Hedos München) - Werner, **Reemt Pyka** (SB DJK Rosenheim), M. Pohl (SB DJK Rosenheim)

S: Baier 2, Rentzsch 2, Strompf 2, Krinner 2, Pyka 2, Bleicher 2, Sinner 2

128. - 03.04.1990 FRG (B) - FIN (B) 5:7 (2:3, 1:2, 2:2)

Leningrad, Dvorets sporta „Yubileyniy"; Z: 500; SR: Yakushev (URS); LR: Balin (URS), Zainutdinov (URS)

Ru. Meister (P. Franke n.e.) - Micheller, Rentzsch - Sinner, Strompf - Gerum, Steinecker - Krinner, Bleicher, Wassermann - Kammerer, K. Birk, Grzesiczek - E. Köpf jr., T. Gröger, Baier - Werner, Pyka, M. Pohl

T: 1:2 (09:54) Bleicher (Werner, Krinner) - 2:3 (18:58) Krinner (---) / 3:3 (20:26) E. Köpf jr. (---) / 4:5 (53:59) Bleicher (---) - 5:6 (54:44) K. Birk (Gerum)

S: Bleicher 4, T. Gröger 2, Gerum 2, Rentzsch 2

129. - 05.04.1990 FRG (B) - SWE (B) 2:4 (1:2, 0:1, 1:1)

Leningrad, Dvorets sporta „Yubileyniy"; Z: 500; SR: Yakushev (URS); LR: Komissarov (URS), Pavlovskiy (URS)

P. Franke (Ru. Meister n.e.) - Micheller, Rentzsch - Sinner, Strompf - Gerum, Steinecker - Krinner, Bleicher, Wassermann - Kammerer, K. Birk, Grzesiczek - E. Köpf jr., T. Gröger, Baier - Werner, Pyka, M. Pohl

T: 1:2 (17:56) Pyka (Micheller) / 2:3 (40:47) E. Köpf jr. (---)

S: Bleicher 6, Gerum 2, Pyka 2, Strompf 2, Krinner 2

SPIEL UM PLATZ 7

130. - 07.04.1990 FRG (B) - NOR (B) 3:2 (1:1, 0:1, 2:0)

Leningrad, Dvorets sporta „Yubileyniy"; Z: 152; SR: Yakushev (URS); LR: Feofanov (URS), Shakirov (URS)

P. Franke (Ru. Meister n.e.) - Micheller, Rentzsch - Sinner, Strompf - Gerum, Steinecker - Krinner, Bleicher, Wassermann - Kammerer, K. Birk, Grzesiczek - E. Köpf jr., T. Gröger, Baier - Werner, Pyka, M. Pohl

T: 1:0 (01:47) Bleicher (Krinner, Werner) / 2:2 (53:36) Krinner (Rentzsch) - 3:2 (58:24) Krinner (Werner)

S: Gerum 4, Micheller 4, Krinner 2, K. Birk 2

1990/91

> In der DEB-Statistik werden die Spiele der B-Auswahl dieser Saison nicht aufgeführt.
> Trainer Gerd Wittmann und Ulrich Rudel

17. Turnier um den Preis der Zeitung „Leningradskaya Pravda"

Die deutsche B-Auswahl belegte bei diesem Turnier den 5. Platz.

31.03.1991 GER (B) - USA (B) 4:7 (0:4, 3:0, 1:3)

Leningrad, Dvorets sporta „Yubileyniy"; Z: 4:500; SR: Galinovskiy (URS); LR: Minyailo (URS), Cherenkov (URS)

*Ru. Meister (EC Hedos München), **Udo Döhler** (SG Eintracht Frankfurt) - **Andreas Ott** (SG Eintracht Frankfurt), Anton Plattner (Mannheimer ERC) - Eder (EV Landshut), **Christof Kreutzer** (Düsseldorfer EG) - **Dirk Perschau** (EHC Dynamo Berlin), **Torsten Deutscher** (EHC Dynamo Berlin) - **Olaf Scholz** (Düsseldorfer EG), **Rainer Zerwesz** (Düsseldorfer EG), Bleicher (Mannheimer ERC) - J. Rumrich (Berliner SC Preußen), **Michael Rumrich** (SG Eintracht Frankfurt), **Tobias Abstreiter** (EV Landshut) - **Lorenz Funk jr.** (EV Landshut), **Jan Schertz** (EHC Dynamo Berlin), **Mario Naster** (EHC Dynamo Berlin) - **Thomas Sterflinger** (EC Hedos München), **Ulrich Liebsch** (Kölner EC)*

T: 1:4 (22:19) Liebsch (Schertz) - 2:4 (34:14) Abstreiter (---) - 3:4 (38:12) L. Funk jr. (Deutscher) / 4:6 (55:37) Perschau (Abstreiter)

S: L. Funk jr. 4, Kreutzer 2, Perschau 2, J. Rumrich 2, M. Rumrich 2

01.04.1991 GER (B) - SWE (B) 1:8 (0:1, 0:3, 1:4)
Leningrad, Dvorets sporta „Yubileyniy"; Z: 1.500; SR: Mykkänen (FIN); LR: Striganov (URS), Cherenkov (URS)
Ru. Meister, Döhler - And. Ott, Plattner - Eder, Kreutzer - Perschau, Deutscher - O. Scholz, Zerwesz, Bleicher -
J. Rumrich, M. Rumrich, Abstreiter - L. Funk jr., Schertz, Naster - T. Sterflinger, Liebsch
T: 1:7 (53:43) Bleicher (Schertz)
S: L. Funk jr. 2+10 (Disziplinarstrafe), Kreutzer 4, O. Scholz 2, Bleicher 2, T. Sterflinger 2, J. Rumrich 2, Perschau
2, Deutscher 2

04.04.1991 URS (B) - GER (B) 5:3 (2:0, 2:3, 1:0)
Leningrad, Dvorets sporta „Yubileyniy"; Z: 1.000; SR: Mykkänen (FIN); LR: Komissarov (URS), Yelistratov (URS)
Ru. Meister, Döhler - And. Ott, Plattner - Eder, Kreutzer - Perschau, Deutscher - O. Scholz, Zerwesz, Bleicher -
J. Rumrich, M. Rumrich, Abstreiter - L. Funk jr., Schertz, Naster - T. Sterflinger, Liebsch
T: 2:1 (20:31) Bleicher (Abstreiter) - 2:2 (28:13) Naster (Schertz) - 4:3 (39:40) M. Rumrich (L. Funk jr.)
S: Deutscher 4, Perschau 2, And. Ott 2, Plattner 2, Zerwesz 2, M. Rumrich 2

06.04.1991. GER (B) - FIN (B) 3:9 (1:4, 0:2, 2:3)
Leningrad, Dvorets sporta „Yubileyniy"; Z: 1.000; SR: Grundström (SWE); LR: Zaitsev (URS), Minyailo (URS)
Ru. Meister, Döhler - And. Ott, Plattner - Eder, Kreutzer - Perschau, Deutscher - O. Scholz, Zerwesz, Bleicher -
J. Rumrich, M. Rumrich, Abstreiter - L. Funk jr., Schertz, Naster - T. Sterflinger, Liebsch
T: 1:0 (09:10) M. Rumrich (Perschau) / 2:8 (48:40) Schertz (Naster, O. Scholz) - 3:8 (56:30) J. Rumrich (---)
S: O. Scholz 2, T. Sterflinger 2, And. Ott 2, Bleicher 2, J. Rumrich 2

Spiele von „B-Auswahlen" (z.B. die Vorbereitungsspiele vor den Weltmeisterschaften ohne die noch in der
Meisterschaft involvierten Spieler) werden seither alle als A-Länderspiele gewertet.

B-Nationalspieler 1952 - 1991 von A bis Z

	Spieler	Verein	P	Zeitraum	Einsatz/Tor
inoff.	Abstreiter Tobias*	EV Landshut	S	31.03.-06.04.91	4/1
1.	Adam Dietrich	ESV Kaufbeuren	S	01.04.-07.04.87	5/0
2.	Adams Jürgen	Mannheimer ERC	S	23.11.-30.11.86	3/1
3.	Adlmaier Ernst*	EC Bad Tölz	S	28.01.75-07.03.76	4/1
	jüngerer Bruder von Josef				
4.	Adlmaier Josef*	EC Bad Tölz	S	18.01.-24.01.68	4/2
5.	Adrian Günther	ESV Kaufbeuren	S	26.01.-27.01.63	2/0
6.	Altmann Karl		S	27.12.79-18.12.88	10/0
		EV Landshut		27.12.-29.12.79	3/0
		Schwenninger ERC		01.04.87-18.12.88	7/0
7.	Ambros Paul*	EV Füssen	S	25.02.55-01.02.59	8/5
8.	Anwander Werner	KTSV Preußen 1885 Krefeld	S	30.09.1967	1/0
9.	Arnold Walter	EC Bad Tölz	S	26.01.-27.01.57	2/0
10.	Aumann Hermann	EC Bad Tölz	S	01.01.-07.02.54	4/0
11.	Bachl Peter*	EV Landshut	S	22.11.74-31.01.76	7/0
12.	Bachmann Werner	VfL Bad Nauheim	S	27.02.59-11.02.65	12/6
13.	Bader Heinz*	EC Bad Tölz	S	26.02.61-13.03.65	13/1
14.	Baier Christian	EC Hedos München	S	01.04.-07.04.90	4/0
15.	Ballhausen Dieter	VfL Bad Nauheim	S	19.12.76-27.12.78	9/5
16.	Barczikowski Leo	VfL Bad Nauheim	S	23.11.52-26.11.55	6/1
	älterer Bruder von Toni				
17.	Barczikowski Toni	VfL Bad Nauheim	S	26.01.-27.01.57	2/0
18.	Bauer Reinhold*	EV Landsberg	S	21.10.-06.12.69	6/1
19.	Baumeister Karl-Heinz	KTSV Preußen 1885 Krefeld	S	19.01.-20.01.57	2/1
20.	Bayer Heiner	Hamburger SV	S	05.02.-07.02.76	2/4
21.	Bechler Wilhelm*	EV Füssen	T	21.11.1952	1/0
22.	Beck Martin „Bolly"*	EV Füssen	S	21.11.1952	1/0
23.	Berwanger Markus*	SB DJK Rosenheim	S	01.04.-07.04.87	5/0
24.	Betz Michael*	SB DJK Rosenheim	S	23.11.86-07.04.87	8/1
25.	Bichler Ludwig	SC Weßling	S	10.03.1956	1/0
26.	Bickleder Heinz	EV Landshut	S	13.02.-20.02.66	3/0
27.	Bingold Werner*	SG Nürnberg	S	24.11.1961	1/0
28.	Birk Harald*	Berliner SC Preußen	S	16.12.88-26.03.90	4/1

	älterer Bruder von Klaus					
29.	Birk Klaus*	Berliner SC Preußen	S	25.03.-07.04.90	6/1	
30.	Bleicher Marcus*	Mannheimer ERC	S	16.12.88-07.04.90	8/3	
31.	Blum Rainer*	SB DJK Rosenheim	S	23.11.-30.11.86	3/0	
32.	Boos Wolfgang*	ESV Kaufbeuren	S	30.11.64-13.03.65	5/4	
33.	Brandenburg Otto*	KTSV Preußen 1885 Krefeld	S	23.11.1952	1/1	
34.	Brandt Horst	VfL Bad Nauheim	S	01.01.-23.01.55	3/0	
35.	Breidenbach Jürgen	Düsseldorfer EG	S	02.03.-03.03.63	2/3	
36.	Breitsamer Xaver*	SC Riessersee	S	06.02.54-04.02.56	14/5	
37.	Brockmann Andreas*	Düsseldorfer EG	S	16.12.-18.12.88	2/0	
38.	Brück Axel	Düsseldorfer EG	T	02.03.-03.03.63	2/0	
39.	Brunner Fritz	EV Landshut	S	23.11.86-18.12.88	5/1	
40.	Buchinger Josef*	EC Bad Tölz	T	06.02.54-10.03.56	5/0	
41.	Buchner Dieter	Mannheimer ERC	S	13.02.-30.10.66	5/3	
42.	Bunte Rolf	Düsseldorfer EG	S	25.11.55-29.01.56	4/0	
43.	Deisenrieder Franz*	EC Bad Tölz	S	01.01.54-14.02.60	18/2	
44.	Dellinger Albert	SC Weßling	S	01.01.54-10.03.56	5/0	
45.	Dentges Rudolf	Krefelder EV	S	24.11.61-20.12.64	3/1	
inoff.	*Deutscher Torsten (DDR)*	*EHC Dynamo Berlin*	*S*	*31.03.-06.04.91*	*4/0*	
46.	Diepold Hans	SC Riessersee	S	19.12.-21.12.80	3/0	
inoff.	*Döhler Udo**	*SG Eintracht Frankfurt*	*T*	*31.03.-06.04.91*	*4/0*	
47.	Dolna Franz	Düsseldorfer EG	S	23.11.1952	1/0	
48.	Draisaitl Peter*	Mannheimer ERC	S	01.04.87-26.03.90	7/4	
49.	Drax Richard	SC Riessersee	T	26.02.61-18.02.62	6/0	
50.	Driendl Reinhold*	EV Füssen	S	18.01.-24.01.68	4/0	
51.	Eberhardt Helmut*	EC Bad Tölz	S	18.01.68-27.03.77	10/0	
52.	Eberl Georg*	EC Bad Tölz	S	06.02.54-04.02.56	6/2	
53.	Eberle Karl-Heinz	Augsburger EV	T	22.11.74-21.12.76	5/0	
54.	Edelmann Anton „Toni"*		S	01.01.54-27.02.59	21/9	
		SC Weßling		01.01.54-27.01.57	19/9	
		EG Weßling/Starnberg		25.02.-27.02.59	2/0	
56.	Edelmann Wilhelm „Witschi"*		T	01.01.54-14.02.60	31/0	
	älterer Bruder von Anton	SC Weßling		01.01.54-27.01.57	23/0	
		EG Weßling/Starnberg		31.01.-27.02.59	4/0	
		EC Bad Tölz		18.11.59-14.02.60	4/0	
inoff.	*Eder Stephan*	*EV Landshut*	*S*	*16.03.89-06.04.91*	*10/2*	
57.	Egen Hans-Peter*	EV Füssen	S	22.11.74-29.12.79	12/4	
	älterer Bruder von Ulrich und Sohn von Markus					
58.	Egen Markus*	EV Füssen	S	31.01.-01.02.59	2/0	
59.	Egen Ulrich „Uli"*	EV Füssen	S	28.01.76-15.06.77	20/11	
60.	Eggerbauer Ernst*	EV Füssen	S	09.12.56-31.01.59	2/0	
61.	Eggerbauer Michael*	EV Füssen	S	19.12.-21.12.80	3/0	
62.	Egginger Wilhelm „Bawa"*	SC Riessersee	T	23.11.1952	1/0	
63.	Eibl Michael*	EV Landshut	S	30.11.64-24.01.68	9/0	
64.	Eichler Dr. Ernst	VfL Bad Nauheim	S	21.11.-23.11.52	2/1	
65.	Eimansberger Johann „Huppa"*	EC Bad Tölz	S	18.01.-24.01.68	4/4	
66.	Eimansberger Peter		S	15.12.78-21.12.80	5/1	
		EC Bad Tölz		15.12.-27.12.78	2/1	
		EHC 70 München		19.12.-21.12.80	3/0	
67.	Endreß Artur*	SC Riessersee	S	21.11.52-01.02.59	3/3	
68.	Engel Hubert	SC Riessersee	S	29.10.66-30.09.67	3/0	
69.	Englbrecht Bernhard „Bernie"*	EV Landshut	T	19.02.-20.02.77	2/0	
70.	Farthmann Bernhardt	Düsseldorfer EG	S	25.02.59-03.03.63	4/0	
71.	Feierabend Wilhelm	EC Bad Tölz	S	22.11.74-15.06.77	25/1	
72.	Fichtl Herbert	EC Oberstdorf	S	27.02.1961	1/0	
73.	Fichtner Kaspar	EC Bad Tölz	S	30.09.1967	1/0	
74.	Fink Max	SC Riessersee	T	18.02.77-21.12.80	8/0	
ohne	*Fischer Karl**	*EV Füssen*	*T*	*21.11.-23.11.52*	*1/0*	
75.	Floßmann Adolf „Adi"*	EC Bad Tölz	S	26.01.57-14.02.60	6/3	
76.	Floßmann Anton	EC Bad Tölz	S	19.01.-20.01.62	2/0	

77.	Forster Anton	EV Füssen	S	15.12.78-29.12.79	7/0
78.	Fottner Siegfried	EC Bad Tölz	S	21.11.52-07.02.54	6/3
79.	Franke Erich	EV Füssen	S	26.02.-25.11.65	4/1
80.	Franke Peter*	Mannheimer ERC	T	18.12.88-07.04.90	6/0
81.	Fries Lorenz „Lori"*	SC Riessersee	S	22.01.55-29.01.56	10/5
82.	Fritz George*	Schwenninger ERC	S	01.04.-07.04.87	5/1
83.	Frütel Karl	FC Bayern München	S	29.10.-30.10.66	2/1
84.	Funk Franz-Xaver*	Augsburger EV	T	21.10.-06.12.69	6/0
	Onkel von Lorenz jr.				
inoff.	*Funk Lorenz jr.* *	*EV Landshut*	*S*	*31.03.-06.04.91*	*4/1*
85.	Gailer Peter*	ECD Iserlohn	S	01.04.-07.04.87	5/0
86.	Gandorfer Thomas*	EV Landshut	S	27.12.79-21.12.80	6/0
87.	Geiger Heinz		S	21.01.64-20.02.66	11/1
		ESV Kaufbeuren		21.01.64-13.03.65	8/0
		EC Oberstdorf		13.02.-20.02.66	3/1
88.	Gerum Christian	Mannheimer ERC	S	01.04.-07.04.90	4/0
ohne	*Getreu Erwin*	*VfL Bad Nauheim*	*T*	*20.12.1964*	*1/0*
89.	Gmeiner Manfred*	EV Füssen	S	26.02.61-24.01.64	11/6
90.	Goßmann Rainer	Düsseldorfer EG	T	18.02.-20.02.66	2/0
91.	Goth Rudolf	Augsburger EV	S	19.12.-21.12.76	3/1
92.	Gregory Peter*	Düsseldorfer EG	S	31.01.-01.02.59	2/0
93.	Grimm Peter	EV Füssen	S	24.11.-25.11.61	2/0
94.	Gröger Andreas	EV Füssen	S	15.12.-27.12.78	4/1
95.	Gröger Rudolf*	EV Füssen	S	26.01.-27.01.63	2/3
96.	Gröger Thomas	Kölner EC	S	01.04.-07.04.90	11/0
97.	Groß Alexander	Düsseldorfer EG	S	19.12.-21.12.80	3/3
98.	Groß Gottfried*	ESV Kaufbeuren	S	02.11.63-01.12.64	9/2
99.	Groß Theo		T	24.11.63-24.01.68	15/0
		Münchener EV		24.11.63-13.03.65	6/0
		FC Bayern München		13.02.66-24.01.68	9/0
100.	Grüner Hans	SC Riessersee	S	21.11.52-19.01.57	8/1
101.	Grun Richard	TuS Eintracht Dortmund 1848	S	03.03.1963	1/0
102.	Grzesiczek Engelbert	EC Hedos München	S	25.03.-07.04.90	6/0
103.	Günzrodt Heinz	SC Riessersee	S	25.02.55-04.02.56	11/7
104.	Guggemos Georg*	EV Füssen	S	21.11.1952	1/1
105.	Guggemos Helmut	Krefelder EV	S	20.12.76-27.12.78	10/3
106.	Guggemos Klaus		S	28.01.76-15.06.77	20/2
	älterer Bruder von Helmut	EV Füssen		28.01.-07.02.76	6/1
		Krefelder EV		19.12.76-15.06.77	14/1
107.	Haas Erwin*	KTSV Preußen 1885 Krefeld	S	02.11.-24.11.63	4/1
108.	Haas Robert	KTSV Preußen 1885 Krefeld	S	25.11.55-22.02.63	4/0
109.	Haberstock Wolfgang	SG EC Oberstdorf/ERC Sonthofen	T	30.09.1967	1/0
110.	Hadraschek Jürgen	SG EC Oberstdorf/ERC Sonthofen	S	30.09.67-21.10.69	2/0
111.	Hafensteiner Fritz	EC Bad Tölz	T	20.01.62-20.12.64	7/0
112.	Hakenewert Frank	Düsseldorfer EG	S	19.12.-21.12.80	2/0
inoff.	*Hanft Jörg* *	*Mannheimer ERC*	*S*	*01.04.-07.04.89*	*4/1*
113.	Hanig Gustav*	EV Füssen	S	26.01.63-24.01.64	13/13
114.	Hartelt Georg*	SC Riessersee	S	21.10.-06.12.69	6/0
115.	Heckelsmüller Horst*	ESV Kaufbeuren	S	27.12.79-07.04.87	11/1
116.	Hegen Gerhard*	ESV Kaufbeuren	T	23.11.-30.11.86	3/0
inoff.	*Heidt Michael „Mike"* *	*Schwenninger ERC*	*S*	*16.03.1989*	*1/0*
117.	Heinrich Robert*	SC Riessersee	S	19.12.76-15.06.77	11/1
118.	Heiß Joseph „Peppi"*		T	23.11.86-18.12.88	10/0
		Düsseldorfer EG		23.11.86-07.04.87	8/0
		Kölner EC		16.12.-18.12.88	2/0
119.	Hellwig Wolfgang*		S	22.11.74-15.06.77	16/16
		VfL Bad Nauheim		22.11.-23.11.74	2/2
		Krefelder EV		19.12.76-15.06.77	14/14
120.	Herrmann Georg	EV Landshut	S	22.11.74-15.06.77	16/3
121.	Herzig Bernd*		S	25.02.59-14.02.60	6/1

		HG Nürnberg		25.02.-27.02.59	2/0
		SC Riessersee		18.11.59-14.02.60	4/1
122.	Hiemer Jörg*		S	28.01.76-07.04.87	24/5
		EV Füssen		28.01.76-29.12.79	18/4
		Düsseldorfer EG		23.11.86-07.04.87	6/1
123.	Hilger Raimond*	SB DJK Rosenheim	S	23.11.86-18.12.88	8/0
124.	Hinterstocker Hermann*	EV Rosenheim	S	28.01.76-15.06.77	10/7
125.	Hobelsberger Michael „Mike"*	SC Riessersee	T	25.11.55-01.02.59	4/0
126.	Hofer Wilhelm	EV Füssen	S	19.12.-21.12.80	3/1
ohne	Hoffmann Alfred „Eipe"*	SC Riessersee	T	22.01.-23.01.55	1/0
126.	Hoffmann Rudolf	EV Füssen	S	22.02.55-27.01.57	8/0
127.	Hofherr Anton „Dago"*	SC Riessersee	S	30.09.1967	1/0
	älterer Bruder von Franz				
128.	Hofherr Franz*	SC Riessersee	S	08.11.-09.11.69	2/0
129.	Hoja Dieter*	TuS Eintracht Dortmund 1848	S	19.01.62-11.02.65	15/1
130.	Holzmann Georg*	Berliner SC Preußen	S	25.03.-26.03.90	2/1
131.	Hoppe Matthias*		T	15.12.78-07.04.87	13/0
		Mannheimer ERC		15.12.-27.12.78	5/0
		Berliner SSC		19.12.-21.12.80	3/0
		Schwenninger ERC		01.04.-07.04.87	5/0
132.	Huber Johannes „Hans"*		S	21.11.52-01.02.59	6/3
		EV Rosenheim		21.11.1952	1/1
		SC Riessersee		06.02.54-01.02.59	5/2
133.	Huber Siegfried	EV Rosenheim	S	17.02.1962	1/0
134.	Hubner Manfred*	ESV Kaufbeuren	S	30.11.64-06.12.67	11/1
135.	Hüttmann Manfred	ESV Kaufbeuren	S	26.02.61-13.03.65	16/3
136.	Hynek Alfred	ESV Kaufbeuren	S	09.12.56-14.02.60	6/6
137.	Jahn Werner*		S	18.02.77-29.12.79	9/1
		EV Füssen		18.02.-20.02.77	3/0
		Mannheimer ERC		15.12.78-29.12.79	6/1
138.	Jakob Paul	SC Weßling	S	10.03.56-27.01.57	7/0
139.	Jaworowski Henryk	Kölner EC	S	19.12.1976	1/0
140.	Jocher Josef	SC Riessersee	S	05.12.-06.12.69	2/0
141.	Jochinke Andreas	Krefelder EV	S	22.11.-23.11.74	2/2
142.	Jung Karl-Ludwig	VfL Bad Nauheim	S	27.02.59-14.02.60	5/0
143.	Junghans Gerd	EV Füssen	S	24.11.-25.11.61	2/0
144.	Just Huber	KTSV Preußen 1885 Krefeld	S	13.02.-20.02.66	3/2
145.	Kaczmarek Günther*	Krefelder EV	S	14.03.75-27.03.77	14/3
146.	Kadow Harald*	KTSV Preußen 1885 Krefeld	S	02.03.63-20.02.66	6/0
147.	Käfer Norbert	EV Füssen	S	15.12.-27.12.78	5/1
148.	Kaltenhäuser Heinz	Düsseldorfer EG	S	25.11.55-28.01.56	3/0
149.	Kammerer Axel*	Berliner SC Preußen	S	25.03.-07.04.90	6/0
150.	Kappelmeier Richard*	SC Riessersee	S	29.01.57-20.11.59	2/1
151.	Kasper Oliver*	Düsseldorfer EG	S	16.12.-18.12.88	2/0
152.	Kauer Armin	ESV Kaufbeuren	S	15.12.78-21.12.80	7/1
153.	Kauertz Günther	EV Landsberg	S	24.11.1961	1/0
154.	Kehle Anton „Toni"*	EV Füssen	T	13.02.66-24.01.68	5/0
155.	Keller Gerhard	TEV Miesbach	S	25.11.1961	1/1
156.	Keller Helmut*		S	14.03.75-27.12.78	14/0
		VfL Bad Nauheim		14.03.75-07.03.76	6/0
		EV Rosenheim		20.12.76-27.12.78	8/0
157.	Kerpf Hans	ESV Kaufbeuren	T	30.11.-01.12.64	2/0
158.	Kilian Roland	EV Füssen	T	28.01.-07.03.76	8/0
159.	Kink Andreas*	SC Riessersee	S	29.10.66-06.12.69	9/0
160.	Kink Georg*	Augsburger EV	S	21.10.-06.12.69	6/0
	Bruder von Andreas				
inoff.	Kirchmaier Walter	Schwenninger ERC	S	18.03.1989	1/0
161.	Klatt Werner*	EV Landshut	S	06.03.76-27.03.77	6/1
162.	Klaus Josef*		S	19.12.80-30.11.86	3/1
		Düsseldorfer EG		19.12.-21.12.80	2/0

		Mannheimer ERC		30.11.1986	1/1
163.	Kleber Fritz*	EV Füssen	S	21.11.1952	1/1
164.	Klotz Helmut*	SC Riessersee	S	02.11.63-20.02.66	9/5
165.	Knauss Günther „Moses"*	EV Füssen	T	26.01.63-01.12.64	12/0
166.	Köberle Walter*	ESV Kaufbeuren	S	18.01.-24.01.68	4/5
167.	Königer Stefan		S	01.04.87-18.12.88	7/0
		Schwenninger ERC		01.04.-07.04.87	5/0
		Düsseldorfer EG		16.12.-18.12.88	2/0
168.	Köpf Bernhard	EV Füssen	T	27.12.-29.12.79	3/0
169.	Köpf Bruno	SC Weßling	S	10.03.1956	1/2
170.	Köpf Ernst "Gori"*	EV Füssen	S	13.02.-14.02.60	2/2
	Vater von Ernst jr.				
171.	Köpf Ernst jr.	Kölner EC	S	01.04.-07.04.90	4/2
172.	Kohlenberg Peter	Krefelder EV	S	25.02.-27.02.59	2/0
173.	Kornexl Max		S	03.02.56-27.01.57	7/2
		SC Riessersee		03.02.-04.02.56	2/0
		SC Weßling		09.12.56-27.01.57	5/2
174.	Kowarik Georg	VfL Bad Nauheim	S	23.11.1952	1/0
175.	Kramarczyk Manfred*	Krefelder EV	S	26.02.61-20.02.66	11/0
176.	Krauß Erwin	EV Landshut	S	23.02.1963	1/1
177.	Kreis Harold*	Mannheimer ERC	S	25.03.-26.03.90	2/0
178.	Kremershof Lothar „Lola"*	Krefelder EV	S	22.11.74-15.06.77	16/10
179.	Kremershof Walter*	KTSV Preußen 1885 Krefeld	S	23.11.1952	1/0
180.	Kretschmer Horst-Peter*	Düsseldorfer EG	S	05.02.76-27.03.77	5/1
inoff.	*Kreutzer Christof*	*Düsseldorfer EG*	S	*31.03.-06.04.91*	*4/0*
	älterer Bruder von Daniel				
181.	Kriegl Franz	ERC Sonthofen	S	24.11.-25.11.61	2/1
182.	Kriegl Wolfgang	ERC Sonthofen	S	24.11.-25.11.61	2/0
183.	Krinner Anton „Toni"*	Mannheimer ERC	S	25.03.-07.04.90	6/4
184.	Krötz Werner	EV Füssen	S	20.01.57-03.03.63	17/10
185.	Kuba Peter	SC Riessersee	S	26.02.61-24.01.64	5/1
186.	Kühnhackl Erich*	EV Landshut	S	05.12.-06.12.69	2/0
	Vater von Kirstin und Tom				
187.	Kuhn Bernd*	EV Füssen	S	13.03.1965	1/0
188.	Kuran Herbert*	SG EC Oberstdorf/ERC Sonthofen	S	18.01.68-06.12.69	10/0
189.	Lang Dieter*	EV Landshut	S	26.02.61-23.02.63	3/3
190.	Langemann Dieter	Kölner EK	S	21.10.-09.11.69	4/3
191.	Langhans Johann	KTSV Preußen 1885 Krefeld	S	21.11.52-04.03.55	8/3
192.	Langner Paul*	SC Riessersee	S	21.10.-06.12.69	6/0
193.	Langsdorf Helmut	VfL Bad Nauheim	S	23.11.52-23.01.55	4/2
194.	Larbalette Karl-Ernst	Krefelder EV	S	17.02.-18.02.62	2/2
195.	Lax Peter*	EC Bad Tölz	S	26.02.61-24.11.63	4/0
196.	Lechl Jürgen*	SB DJK Rosenheim	S	19.12.-21.12.80	3/0
197.	Lechner Hermann	TSV Holzkirchen	S	06.02.-07.02.54	2/0
198.	Leitner Willi*	EC Bad Tölz	S	18.01.-24.01.68	4/0
inoff.	*Liebsch Ulrich*	*(Kölner EC*	S	*31.03.-06.04.91*	*4/1*
199.	Lindner Herbert „Harry"*	EV Füssen	T	13.02.60-19.01.62	6/0
200.	Löckher Karl	SG EC Oberstdorf/ERC Sonthofen	S	30.09.67-24.01.68	5/0
201.	Löggow Karl-Heinz* (DDR)	TuS Eintracht Dortmund 1848	S	03.03.1963	1/0
202.	Loher Günther*	SC Riessersee	S	03.11.63-20.02.66	14/2
203.	Loibl Albert*	SC Riessersee	S	19.01.57-14.02.60	9/9
204.	Lorenz Werner	Mannheimer ERC	S	26.01.-23.02.63	4/0
205.	Lotz Michael*	Mannheimer ERC	T	30.09.1967	1/0
206.	Ludwig Horst*	Krefelder EV	S	17.02.62-20.02.66	10/8
207.	Lupzig Andreas*	EV Landshut	S	16.12.-18.12.88	2/1
	jüngerer Bruder von Günter				
208.	Lupzig Günter	TSV Straubing	S	15.12.-27.12.78	2/2
209.	Lutz Rainer*	Düsseldorfer EG	S	23.11.-30.11.86	3/0
210.	Lutzenberger Alfred*	ESV Kaufbeuren	S	30.11.64-13.03.65	5/2
211.	Maidl Anton*	SB DJK Rosenheim	S	19.12.-21.12.80	2/1

Nr.	Name	Verein		Zeitraum	Spiele/Tore
212.	Maier Hans-Werner	Mannheimer ERC	S	22.02.1963	1/0
213.	Maier Werner	EC Bad Tölz	S	14.03.75-15.06.77	18/1
214.	Makatsch Rainer*	VfL Bad Nauheim	T	21.10.-09.11.69	3/0
215.	Mangold Nikolaus „Klaus"*	Berliner SSC	S	28.01.-07.02.76	6/3
216.	Marek Jan*	Krefelder EV	S	09.06.-12.06.77	2/0
217.	Mauer Michael	Münchener EV	S	23.01.1964	1/0
218.	Maurer Georg	SC Riessersee	S	02.11.63-30.10.66	9/0
219.	Maurer Matthias*	Kölner EC	S	22.11.74-15.06.77	21/2
220.	Maus Peter	Münchener EV	S	30.11.1964	1/0
221.	Mayr Alois*	EC Bad Tölz	S	28.01.-04.02.56	3/4
	älterer Bruder von Siegfried				
222.	Mayr Siegfried*	EC Bad Tölz	S	26.01.-27.01.57	2/1
223.	Mayrhans Oskar	EV Füssen	S	20.01.57-20.11.59	5/1
224.	Medicus Dieter*	ESV Kaufbeuren	S	18.02.77-30.11.86	12/3
225.	Meister Hans	EC Bad Tölz	S	22.11.74-07.03.76	13/1
226.	Meister Reinhold	Mannheimer ERC	S	30.09.67-24.01.68	5/0
227.	Meister Rupert*	EC Hedos München	T	25.03.-07.04.90	5/0
228.	Merk Klaus*	Berliner SC Preußen	T	16.12.88-26.03.90	3/0
229.	Merkle Robert „Mecky"*	EV Landsberg	T	11.02.-13.03.65	3/0
230.	Metz Hans-Joachim	Krefelder EV	S	28.01.-16.03.75	3/0
231.	Metzer Horst*		S	19.01.57-20.11.59	4/1
		Krefelder EV		19.01.-20.01.57	2/1
		KTSV Preußen 1885 Krefeld		18.11.-20.11.59	2/0
232.	Micheller Klaus*	Berliner SC Preußen	S	16.12.88-07.04.90	8/0
233.	Mixius Thomas*	Mannheimer ERC	S	17.02.62-23.02.63	6/2
234.	Mörz Jochen*	EV Füssen	S	27.12.-29.12.79	3/0
235.	Müller Christoph	ESV Kaufbeuren	S	19.01.62-13.03.65	6/0
236.	Müller Franz-Xaver*		S	28.01.75-07.04.87	20/6
		Krefelder EV		28.01.75-15.06.77	12/4
		Schwenninger ERC		23.11.86-07.04.87	8/2
237.	Müller Hans	EC Holzkirchen	S	21.10.-06.12.69	5/0
238.	Müller Hubert*	SC Riessersee	S	18.02.77-27.12.78	14/8
239.	Müller Martin*	SG Nürnberg	S	27.12.-29.12.79	3/0
240.	Müller Peter	Düsseldorfer EG	S	21.10.-06.12.69	6/1
241.	Muus Michael		S	18.02.77-21.12.80	8/1
		Kölner EC		18.02.-20.02.77	2/0
		ECD Iserlohn		27.12.-29.12.79	3/0
		Duisburger SC		19.12.-21.12.80	3/1
242.	Nagel Hansjörg*		S	27.02.61-18.02.62	5/2
		SC Ziegelwies		27.02.1961	1/0
		EV Füssen		19.01.-18.02.62	4/2
inoff.	*Naster Mario* (DDR)*	*EHC Dynamo Berlin*	S	*31.03.-06.04.91*	*4/1*
243.	Nentvich Miroslav*	SB DJK Rosenheim	S	27.12.-29.12.79	3/0
244.	Neumann Peter	EV Füssen	S	08.11.-09.11.69	2/0
245.	Neupert Frank*	EV Füssen	S	18.01.-24.01.68	4/0
246.	Niederberger Josef	EC Bad Tölz	S	29.10.-30.10.66	2/0
247.	Obermann Hans-Richard*	Krefelder EV	T	25.02.55-29.01.56	9/0
248.	Obresa Peter*	Mannheimer ERC	S	01.04.-07.04.87	5/2
249.	Ohlber Heinz*	TuS Eintracht Dortmund 1848	T	02.11.-03.11.63	2/0
250.	Ostmann Paul-Eberhard von	Krefelder EV	S	26.02.61-02.03.63	3/1
inoff.	*Oswald Günther**	*EV Landshut*	S	*16.03.-03.04.89*	*4/0*
inoff.	*Ott Andreas*	*SG Eintracht Frankfurt*	S	*31.03.-06.04.91*	*4/0*
251.	Ott Anton	EC Bad Tölz	S	01.01.-03.01.54	2/0
252.	Pabelik Willy	Düsseldorfer EG	S	25.11.55-28.01.56	3/1
253.	Pauli Albert	VfL Bad Nauheim	S	26.01.-27.01.57	2/1
254.	Peltzer Bernhard	Krefelder EV	S	01.01.-04.03.55	7/1
inoff.	*Perschau Dirk (DDR)*	*EHC Dynamo Berlin*	S	*31.03.-06.04.91*	*4/1*
255.	Pescher Hans-Werner	KTSV Preußen 1885 Krefeld	T	19.01.-27.01.57	3/0
256.	Peterhans Ferdinand*	EC Bad Tölz	S	01.01.54-23.01.55	6/0
257.	Pfaller Max	EV Landshut	S	18.02.-20.10.66	3/0

258.	Pfefferle Max*	EV Füssen	S	01.01.55-01.02.59	12/12
259.	Pflügl Harry	EV Füssen	S	19.12.-21.12.80	3/2
260.	Pfundtner Reinhard	VfL Bad Nauheim	S	23.11.1952	1/0
261.	Philipp Horst „Latz"*	VfL Bad Nauheim	S	22.02.63-11.02.65	4/3
262.	Philipp Rainer „Flipper"*	VfL Bad Nauheim	S	21.10.-06.12.69	6/1
	jüngerer Bruder von Horst				
263.	Pieper Theo	Krefelder EV	S	29.10.-30.10.66	2/0
264.	Pirschel Ekhard	KTSV Preußen 1885 Krefeld	S	18.11.-20.11.59	2/0
265.	Pittrich Rudolf*	SC Riessersee	S	06.02.54-22.01.55	3/6
266.	Pöpel Hans-Jürgen	VfL Bad Nauheim	S	19.12.76-20.02.77	8/0
	jüngerer Bruder von Ralph				
267.	Pöpel Ralph*	VfL Bad Nauheim	S	09.06.77-19.12.80	9/7
268.	Pöschl Max	TEV Miesbach	S	25.11.1961	1/0
269.	Pohl Anton*	SC Riessersee	S	02.11.63-24.01.64	7/3
270.	Pohl Michael*	SB DJK Rosenheim	S	16.12.88-07.04.90	6/0
271.	Preuß Günther		S	24.11.86-18.12.88	3/0
		SC Riessersee		24.11.1986	1/0
		Berliner SC Preußen		16.12.-18.12.88	2/0
272.	Probst Jacob*	EC Bad Tölz	S	21.11.52-04.03.55	11/10
273.	Pyka Reemt*	SB DJK Rosenheim	S	01.04.07.04.90	4/1
274.	Rädler Horst	ERC Sonthofen	S	24.11.-25.11.61	2/0
275.	Rampf Hans*	EC Bad Tölz	S	01.01.54-04.03.55	8/5
276.	Raubal Anton	Mannheimer ERC	S	16.12.-18.12.88	2/0
277.	Rauhmeier Walter	EV Landshut	S	26.01.1957	1/0
278.	Rebay Roland von	SC Weßling	S	10.03.1956	1/0
279.	Reif Josef „Sepp"*	EC Bad Tölz	S	25.02.-27.02.59	2/0
280.	Reil Joachim „Butzi"*	SC Riessersee	S	22.11.74-15.06.77	20/11
281.	Reindl Franz*	SC Riessersee	S	22.11.74-16.03.75	5/2
	Vater von Franziska				
282.	Rentzsch Marco*	Berliner SC Preußen	S	25.03.-07.04.90	6/1
283.	Ressemann Raimund	SC Weßling	S	01.01.54-20.01.57	14/8
284.	Retzer Bernhard „Benno"	EV Landshut	S	19.12.1980	1/0
285.	Retzer Klaus	EC Bad Tölz	S	26.02.-25.11.61	3/1
286.	Reuter Christian	ESV Kaufbeuren	S	01.04.-07.04.87	5/0
287.	Richter Axel	Kölner EC	T	19.12.76-15.06.77	9/0
288.	Riedel Richard	SC Riessersee	S	29.10.-30.09.67	3/1
289.	Riedelsheimer Josef	EC Bad Tölz	S	26.01.57-27.02.59	4/2
290.	Riedl Alfred	SC Weßling	S	10.03.1956	1/0
291.	Riedl Josef	SC Weßling	S	10.03.1956	1/0
292.	Riedl Walter*	EC Bad Tölz	S	18.11.59-24.11.63	11/0
293.	Riedmeier Erwin*	SC Riessersee	S	13.02.60-01.12.64	7/2
294.	Rief Reinhard	ESV Kaufbeuren	S	25.02.59-24.01.64	13/8
295.	Riefler Josef	ESV Kaufbeuren	S	27.12.-29.12.79	3/0
296.	Roedger Roy*		S	27.12.79-30.11.86	6/2
		Mannheimer ERC		27.12.-29.12.79	3/1
		Düsseldorfer EG		23.11.-30.11.86	3/1
297.	Roes Horst*	Düsseldorfer EG	S	03.03.63-30.10.66	4/0
298.	Rohde Peter*		S	31.01.59-21.01.64	7/8
		Düsseldorfer EG		31.01.-01.02.59	2/2
		Mannheimer ERC		26.01.63-21.01.64	5/6
299.	Rosenberg Wolfgang*	Düsseldorfer EG	S	27.12.-29.12.79	3/1
300.	Roßkopf Gerhard	SG Eintracht Frankfurt	T	23.10.-06.12.69	3/0
301.	Rottluff Fritz		S	22.11.74-27.03.77	4/1
		EC Bad Tölz		22.11.-23.11.74	2/0
		Düsseldorfer EG		26.03.-27.03.77	2/1
302.	Rottluff Josef	Düsseldorfer EG	S	26.03.-27.03.77	2/2
303.	Rumrich Jürgen*	EHC Freiburg	S	16.12.1988	1/0
	jüngerer Bruder von Michael				
inoff.	Rumrich Michael*	*SG Eintracht Frankfurt*	S	*31.03.-06.04.91*	4/2
304.	Sailer Günther*	SC Riessersee	S	25.11.55-20.11.59	6/0

305.	Schaberer Thomas	SC Weßling	S	06.02.54-20.01.57	15/5
306.	Schacherbauer Walter*		S	19.01.62-03.11.63	4/1
		SC Riessersee		19.01.-20.01.62	2/0
		Mannheimer ERC		02.11.-03.11.63	2/1
307.	Scharf Peter*		S	22.11.74-18.02.77	13/1
		EC Bad Tölz		22.11.74-07.02.76	11/1
		Berliner SSC		21.12.76-18.02.77	2/0
308.	Scheibenzuber Egmond	EV Landshut	S	23.02.1963	1/0
309.	Scherer Hans*	SC Riessersee	S	19.02.-15.06.77	6/5
inoff.	*Schertz Jan* (DDR)*	*EHC Dynamo Berlin*	S	*31.03.-06.04.91*	*4/1*
310.	Schichtl Johannes „Hans"*	EC Bad Tölz	S	26.01.-24.11.63	5/1
311.	Schiffl Heinrich*	SB DJK Rosenheim	S	16.12.-18.12.88	2/0
312.	Schirmer Lutz	Berliner SSC	S	15.12.78-21.12.80	8/1
313.	Schleh Lothar	Berliner SSC	S	03.03.63-13.03.65	6/2
314.	Schlickenrieder Josef „Beppo"*	EC Bad Tölz	T	09.06.77-27.12.78	7/0
315.	Schloder Alois*	EV Landshut	S	30.11.64-13.03.65	3/0
	jüngerer Bruder von Kurt				
316.	Schloder Kurt*	EV Landshut	S	24.11.61-21.01.64	5/0
317.	Schmengler Hans-Joachim*	Düsseldorfer EG	T	29.10.-30.10.66	2/0
318.	Schmid Udo		S	30.11.86-26.03.90	10/5
		Kölner EC		30.11.86-18.12.88	8/5
		Berliner SC Preußen		25.03.-26.03.90	2/0
319.	Schmidt Michael „Mike"*	Düsseldorfer EG	S	16.12.-18.12.88	2/1
320.	Schmidt Wolfgang	KTSV Preußen 1885 Krefeld	T	01.01.-02.01.55	2/0
321.	Schmitz Peter	Düsseldorfer EG	S	31.01.59-03.03.63	4/1
322.	Schmolinga Kurt	VfL Bad Nauheim	S	23.11.1952	1/0
323.	Schneider Hanns	SC Weßling	S	23.01.55-10.03.56	2/1
324.	Schneider Manfred	SC Weßling	S	10.03.-09.12.56	2/0
325.	Schneitberger Otto*	EC Bad Tölz	S	26.01.57-27.02.59	4/1
326.	Scholltze Norbert	EV Rosenheim	S	02.11.-03.11.63	2/0
327.	Scholz Georg*	ESV Kaufbeuren	S	18.11.-20.11.59	2/0
328.	Scholz Norbert*	EV Füssen	S	21.10.-09.11.69	4/0
inoff.	*Scholz Olaf*	*Düsseldorfer EG*	S	*31.03.-06.04.91*	*4/0*
329.	Schoof Bernhard	SG Eintracht Frankfurt	S	21.10.-23.10.69	2/0
330.	Schoor Virgil	Krefelder EV	S	01.01.-02.01.55	2/0
331.	Schramm Josef*	EV Landshut	T	23.02.63-11.02.65	3/0
332.	Schreindl Josef		S	28.01.76-27.12.78	12/2
		EC Bad Tölz		28.01.-07.03.76	8/0
		VfL Bad Nauheim		15.12.-27.12.78	4/2
333.	Schubert Siegfried „Silla"*	EV Füssen	S	09.12.56-25.02.59	3/2
334.	Schuldes Horst Franz	SC Riessersee	S	31.01.-01.02.59	2/2
335.	Schuster Gerhard	ESV Kaufbeuren	S	28.01.75-20.02.77	10/2
	älterer Bruder von Manfred				
336.	Schuster Manfred*	ESV Kaufbeuren	S	15.12.78-29.12.79	5/0
337.	Schwaiger Hans	SC Riessersee	S	02.11.63-10.02.65	4/0
338.	Schwimmbeck Peter*	EV Füssen	S	26.02.61-24.01.68	12/0
339.	Seidl Eugen	Mannheimer ERC	S	27.02.61-22.02.63	8/1
340.	Seidl Hans	TuS Eintracht Dortmund 1848	S	03.03.1963	1/0
341.	Seiffert Bernhard „Bernd"*	Berliner SSC	T	22.02.-03.03.63	3/0
342.	Seitz Herwig	FC Bayern München	S	29.10.-30.10.66	2/2
343.	Siegmund Harald	EV Landshut	S	08.11.-06.12.69	4/0
344.	Sigulla Herbert	EV Landshut	S	22.11.-23.11.74	2/0
345.	Sillenberg Lothar*	Krefelder EV	S	25.02.55-04.02.56	11/1
346.	Simon Rudolf	EV Füssen	S	26.01.-03.03.63	6/0
347.	Sinner Stephan*	SG Eintracht Frankfurt	S	25.03.-07.04.90	6/0
348.	Stadler Walter*	Düsseldorfer EG	S	06.03.-07.03.76	2/1
349.	Stafforth Hans	ESV Kaufbeuren	T	09.12.1956	1/0
350.	Steckmeier Jürgen	Mannheimer ERC	S	30.09.1967	1/1
351.	Steer Franz	EV Landshut	S	27.12.79-21.12.80	6/0
352.	Steiger Anton*	EV Landshut	S	21.10.-06.12.69	6/3

353.	Steiger Ewald*	EV Landshut	S	24.11.1986	1/0
354.	Steinberger Gerhard	EC Bad Tölz	S	22.11.74-16.03.75	5/2
355.	Steinecker Stefan*	Berliner SC Preußen	S	16.12.88-07.04.90	8/0
356.	Stenders Klaus	Krefelder EV	S	26.02.61-02.03.63	5/8
357.	Stenger Hans		S	27.02.61-30.09.67	19/6
		EC Oberstdorf		27.02.61-20.02.66	18/5
		SG EC Oberstdorf/ERC Sonthofen		30.09.1967	1/1
358.	Sterflinger Robert*	Düsseldorfer EG	S	23.11.86-07.04.87	8/1
	Cousin von Thomas und von Heiß Joseph				
inoff.	*Sterflinger Thomas*	*EC Hedos München*	*S*	*31.03.-06.04.91*	*4/0*
359.	Stieger Jürgen	Krefelder EV	S	18.01.-24.01.68	4/0
360.	Stowasser Herbert*	EV Füssen	S	30.09.1967	1/0
361.	Strompf Ladislav*	SG Eintracht Frankfurt	S	25.03.-07.04.90	6/1
	Vater von Heidi				
362.	Suttner Sigmund „Siggi"*		T	22.11.74-15.06.77	19/0
		EC Bad Tölz		22.11.74-07.03.76	13/0
		EV Landshut		18.02.-15.06.77	16/0
363.	Tack Michael	Düsseldorfer EG	S	19.12.-21.12.80	3/2
364.	Thun Adolf von	FC Bayern München	S	29.10.-30.10.66	2/0
inoff.	*Trattner Jürgen*	*SB DJK Rosenheim*	*S*	*01.04.-07.04.89*	*4/1*
365.	Trautmann Werner	VfL Bad Nauheim	S	13.02.-20.02.66	3/0
366.	Trautwein Ernst	EV Füssen	S	09.12.56-01.02.59	3/3
inoff.	*Truntschka Bernd*	*EV Landshut*	*S*	*16.03.89-06.04.91*	*6/1*
367.	Unsinn Xaver „Xari"*	EV Füssen	S	21.11.52-01.02.59	3/3
368.	Ustorf Peter	RSC Bremerhaven	S	07.02.1976	1/0
	Vater von Stefan				
369.	Vacatko Vladimir*	Düsseldorfer EG	S	28.01.76-20.02.77	10/5
370.	Vogl Christian	EV Landshut	S	22.11.74-07.03.76	9/2
371.	Volland Andreas*	Mannheimer ERC	S	01.04.87-26.03.90	7/1
372.	Volland Klaus	KTSV Preußen 1885 Krefeld	S	30.09.67-24.01.68	5/0
373.	Wackerle Sylvester*	SC Riessersee	S	17.02.-18.02.62	2/0
374.	Wagner Bernd*	EV Landshut	S	23.11.86-07.04.87	8/1
375.	Wagner Gerd	EV Landshut	S	23.02.1963	1/1
376.	Waitl Leonhard „Hartl"*	EV Füssen	S	31.01.-01.02.59	2/1
377.	Walk Hans	FC Bayern München	S	13.02.-20.02.66	3/0
378.	Wanner Michael*	Berliner SSC	S	06.02.1976	1/0
379.	Wasl Peter*	SC Riessersee	T	22.11.74-04.01.77	7/0
380.	Wassermann Josef	Mannheimer ERC	S	16.12.88-07.04.90	8/1
381.	Wechsel Hans	EC Bad Tölz	S	01.01.54-04.02.56	12/0
382.	Weide Erich*	Krefelder EV	S	21.10.-06.12.69	6/0
	jüngerer Bruder von Ivars				
383.	Weide Ivars	Krefelder EV	S	21.10.-09.11.69	4/1
384.	Weigl Peter	EV Landshut	S	23.11.-30.11.86	3/0
385.	Wellen Remigius „Remy"*	Krefelder EV	S	02.03.1963	1/0
386.	Werner Thomas*	SG Eintracht Frankfurt	S	25.03.-07.04.90	6/1
387.	Wesener Rainer	VfL Bad Nauheim	S	28.01.75-15.12.77	5/1
388.	Wierl Otto	ESV Kaufbeuren	S	30.11.64-11.02.65	4/0
389.	Wild Martin*	SC Riessersee	S	28.01.75-04.01.77	8/3
390.	Willmann Dieter*	Schwenninger ERC	S	01.04.-07.04.87	5/1
391.	Winkes Willi	KTSV Preußen 1885 Krefeld	S	19.01.-20.01.57	2/0
392.	Winter Reinhold	ESV Kaufbeuren	T	18.11.-20.11.59	2/0
393.	Wörmann Hubert	SC Riessersee	S	29.10.66-30.09.67	3/0
394.	Wörschhauser Josef*	EC Bad Tölz	S	21.11.52-04.03.55	10/10
395.	Wörschhauser Richard*	EC Bad Tölz	T	01.01.54-26.01.57	3/0
396.	Wohlschläger Alois	EHC Holzkirchen	S	10.02.1965	1/0
397.	Wolf Manfred „Mannix"*		S	27.12.79-30.11.86	6/10
		Mannheimer ERC		27.12.-29.12.79	3/5
		Düsseldorfer EG		23.11.-30.11.86	3/5
398.	Wolff Klaus-Peter	Mannheimer ERC	T	26.01.-22.02.63	3/0
399.	Wünsch Josef*	EV Landshut	S	14.03.-16.03.75	2/0

400.	Wylach Wolfgang	Düsseldorfer EG		S	02.03.-03.03.63	2/1
401.	Zach Hans*			S	18.01.68-18.02.77	6/2
	jüngerer Bruder von Martin	EC Bad Tölz			18.01.-24.01.68	4/2
		Berliner SSC			21.12.76-18.02.77	2/0
402.	Zach Martin*	EC Bad Tölz		S	21.11.52-03.01.54	4/5
403.	Zanghellini Helmut*	EV Füssen		S	18.11.59-14.02.60	4/4
404.	Zeidler Erwin*	SC Riessersee		S	19.01.62-20.12.64	5/2
405.	Zerres Heinz	EV Landshut		S	13.02.-30.10.66	5/3
inoff.	Zerwesz Rainer*	Düsseldorfer EG		S	31.03.-06.04.91	4/0
406.	Zippel Karl	KTSV Preußen 1885 Krefeld		S	25.11.55-27.01.57	6/0

ANMERKUNGEN:

inoff. an Stelle der lfd. Nummer = nur in einem inoffiziellen Länderspiel eingesetzt
ohne an Stelle der lfd. Nummer = Ersatztorwart ohne das damals ein Länderspieleinsatz gezählt wurde
* war auch A-Nationalspieler
(DDR) = bestritt auch Länderspiele für die DDR

B-Vereinsrangliste 1952 - 1991

	Verein	Zeitraum	Spieler	Einsätze/Tore
1.	EC Bad Tölz	21.11.52-27.12.78	46	304/67
2.	SC Riessersee	21.11.52-24.11.86	45	272/88
3.	EV Füssen	21.11.52-21.12.80	49	268/95
4.	Krefelder EV	01.01.55-27.12.78	26	171/61
5.	ESV Kaufbeuren	09.12.56-07.04.87	25	157/38
6.	EV Landshut	26.01.57-18.12.88	32	145/20
7.	Mannheimer ERC	27.02.61-07.04.90	27	117/38
8.	Düsseldorfer EG	23.11.52-18.12.88	35	116/34
9.	SC Weßling/ EG Weßling/Starnberg	01.01.54-27.02.59	14	99/27
	SC Weßling	*01.01.54-27.01.57*	*14*	*93/27*
	EG Weßling/Starnberg	*31.01.-27.02.59*	*2*	*6/0*
10.	VfL Bad Nauheim	21.11.52-19.12.80	22	98/32
11.	EV/SB DJK Rosenheim	21.11.52-07.04.90	15	66/11
	EV Rosenheim	*21.11.52-27.12.78*	*5*	*22/8*
	SB DJK Rosenheim	*27.12.79-07.04.90*	*10*	*44/3*
12.	Kölner EK/EC	21.10.69-07.04.90	9	62/12
	Kölner EK	*21.10.-09.11.69*	*1*	*4/3*
	Kölner EC	*22.11.74-07.04.90*	*8*	*58/9*
13.	KTSV Preußen 1885 Krefeld	23.11.52-24.01.68	16	52/8
14.	Berliner SC Preußen	16.12.88-07.04.90	10	47/4
15.	ERC Sonthofen/EC Oberstdorf/ SG Oberstd./Sonth.	27.02.61-06.12.69	7	41/7
	EC Oberstdorf	*27.02.61-20.02.66*	*3*	*22/6*
	ERC Sonthofen	*24.11.-25.11.61*	*3*	*6/1*
	SG EC Oberstdorf/ERC Sonthofen	*30.09.67-06.12.69*	*5*	*19/1*
16.	Schwenninger ERC	23.11.86-18.12.88	6	35/4
17.	Berliner SSC	22.02.63-21.12.80	8	31/6
18.	Münchener EV/FC Bayern München	24.11.63-24.01.68	7	26/3
	Münchener EV	*24.11.63-13.03.65*	*3*	*8/0*
	FC Bayern München	*13.02.66-24.01.68*	*5*	*18/3*
19.	SG Eintracht Frankfurt	21.10.69-07.04.90	5	23/2
20.	Augsburger EV	21.10.69-21.12.76	4	20/1
21.	TuS Eintracht Dortmund 1848	19.01.62-11.02.65	5	20/1
22.	EC Hedos München	25.03.-07.04.90	3	15/0
23.	EV Landsberg	24.11.61-06.12.69	3	10/1
24.	ECD Iserlohn	27.12.79-07.04.87	2	8/0
25.	TSV/EHC/EC Holzkirchen	06.02.54-06.12.69	3	8/0
	TSV Holzkirchen	*06.02.-07.02.54*	*1*	*2/0*
	EHC Holzkirchen	*10.02.1965*	*1*	*1/0*
	EC Holzkirchen	*21.10.-06.12.69*	*1*	*5/0*
26.	HG/SG Nürnberg	25.02.59-29.12.79	3	6/0
	HG Nürnberg	*25.02.-27.02.59*	*1*	*2/0*
	SG Nürnberg	*24.11.61-29.12.79*	*2*	*4/0*

27. Duisburger SC	19.12.-21.12.80	1	3/1
28. EHC 70 München	19.12.-21.12.80	1	3/0
29. Hamburger SV	05.02.-07.02.76	1	2/4
30. TSV Straubing	15.12.-27.12.78	1	2/2
31. TEV Miesbach	25.11.1961	2	2/1
32. SC Ziegelwies	27.02.1961	1	1/0
33. RSC Bremerhaven	07.02.1976	1	1/0
34. EHC Freiburg	16.12.1988	1	1/0

B-Länderspiel-Bilanz 1952 - 1991

			GESAMT					davon HEIMSPIELE			
	Zeitraum	Land	Sp	S	U	N	Tore	Sp	S	U	N	Tore
1.	09.06.-15.06.77	AUS (A)	4	4	0	0	43:6	-	-	-	-	-
2.	05.04.89-11.02.24	AUT (A)	13	8	0	5	68:43	6	4	0	2	29:17
3.	04.03.1955	BEL (A)	1	1	0	0	11:1	1	1	0	0	11:1
4.	21.12.1980	CAN (B)	1	1	0	0	7:3	-	-	-	-	-
5.	16.12.78-30.11.86	CHN (A)	4	2	0	2	13:11	-	-	-	-	-
6.	19.12.78-03.04.90	FIN (B)	3	0	0	3	10:19	-	-	-	-	-
7.	01.01.55-30.09.67	FRA (A)	7	2	0	5	29:26	3	2	0	1	22:8
8.	25.03.-26.03.90	GDR (A)	2	2	0	0	9:5	2	2	0	0	9:5
9.	14.02.60-31.01.76	HUN (A)	5	2	2	1	30:22	3	2	1	0	23:14
10.	25.02.55-19.12.80	ITA (A)	7	2	1	4	20:29	2	0	1	1	3:5
11.	26.01.57-18.02.62	ITA (B)	6	6	0	0	39:14	6	6	0	0	39:14
12.	28.01.75-18.12.78	JPN (A)	4	1	0	3	14:17	3	1	0	2	11:13
13.	27.12.1978	KOR (A)	1	1	0	0	9:2	-	-	-	-	-
14.	26.02.55-28.12.79	NED (A)	2	1	0	1	13:5	1	1	0	0	11:1
15.	26.02.61-20.12.80	NOR (A)	12	4	5	3	43:46	10	3	4	3	36:42
16.	07.04.1990	NOR (B)	1	1	0	0	3:2	-	-	-	-	-
17.	18.01.68-15.12.78	ROU (A)	2	1	0	1	7:11	-	-	-	-	-
18.	20.01.1968	ROU (N)	1	1	0	0	7:3	-	-	-	-	-
19.	21.11.52-09.11.69	SUI (B)	22	10	3	9	83:87	11	6	0	5	42:45
20.	25.11.-26.11.55	SUI (A/B)	2	0	0	2	3:20	-	-	-	-	-
21.	05.12.69-05.04.90	SWE (B)	4	0	0	4	8:21	2	0	0	2	3:13
22.	04.04.1987	TCH (O/B)	3	0	0	3	6:11	2	0	0	2	4:7
23.	14.03.-16.03.75	URS (A)	2	0	0	2	3:34	2	0	0	2	3:34
24.	01.04.87-01.04.90	URS (B)	2	0	0	2	3:8	-	-	-	-	-
25.	05.04.1987	USA (B)	1	1	0	0	5:4	-	-	-	-	-
26.	01.03.55-24.01.68	YUG (A)	20	10	3	7	84:75	9	7	0	2	46:24
	Gesamt		**132**	**61**	**14**	**57**	**570:525**	**63**	**35**	**6**	**22**	**292:243**

100 und mehr Spiele bei OS, A/B-WM, EM

einschließlich Qualifikationsspielen

Kießling Udo	170	31.03.73-22.02.92
Hegen Dieter	152	15.04.82-07.11.98
Müller Moritz	143	05.02.09-23.05.24
Peters Dietmar (DDR)	130	04.02.68-29.03.86
Funk Lorenz	127	03.03.66-26.04.79
Frenzel Dieter (DDR)	122	05.04.74-09.04.89
Schloder Alois	118	03.03.66-13.05.78
Peters Roland (DDR)	114	05.03.71-02.04.87
Philipp Rainer	112	24.02.70-25.04.81
Truntschka Gerd	108	14.04.79-27.04.93
Niederberger Andreas	108	07.02.84-30.04.95
Braun Frank (DDR)	104	28.02.69-01.05.83
Kühnhackl Erich	101	04.02.72-02.05.85
Fengler Reinhardt	100	14.03.75-05.04.87

30 und mehr Tore bei OS, A/B-WM, EM

einschließlich Qualifikationsspielen

Kühnhackl Erich	69	06.02.72-30.04.85
Hegen Dieter	55	24.04.82-03.05.98
Köpf Ernst	51	12.03.62-14.02.76
Philipp Rainer	47	27.02.70-23.04.81
Schloder Alois	45	03.03.66-29.04.78
Egen Markus	44	16.02.52-28.02.60
Bielas Rolf (DDR)	44	14.03.70-23.03.81
Radant Detlef (DDR)	42	19.03.79-05.04.90
Patschinski Rainer (DDR)	41	28.02.69-17.03.79
Jaenecke Gustav	38	25.01.27-12.02.39
Peters Dietmar (DDR)	38	12.02.68-20.03.86
Slapke Peter (DDR)	37	01.03.69-24.03.79
Ziesche Joachim (DDR)	34	07.03.59-28.03.70
Noack Rüdiger (DDR)	32	12.03.65-18.03.77
Funk Lorenz	32	04.03.66-24.04.77
Fellner (geb. Oswald) Christina	32	25.03.90-07.04.09
Frenzel Dieter (DDR)	31	20.03.75-25.03.86
Kuhnke Harald (DDR)	31	19.03.79-06.04.90
Truntschka Gerd	31	22.04.79-25.04.93

Spiele der Auswahl des Arbeiter-Turn- und Sportbundes (ATSB)

Neben dem „bürgerlichen" DEV gab es Eishockey auch im Arbeiter-Turn- und Sportbundes (ATSB). Kontakte untereinander gab es kaum und Wettkämpfe gegeneinander fanden nicht statt. Hatten die bürgerlichen Sportverbände ihre vom IOC organisierten Olympischen Winterspiele, so veranstalteten die in der Sozialistische Arbeitersport Internationalen (SASI) zusammengeschlossenen nationalen Arbeitersportverbände 1925, 1931 und 1937 Arbeiter-Winterolympiaden. Eishockey stand allerdings nur 1931 auf dem Programm. Anfang 1933 verboten die nationalsozialistischen Machthaber alle Arbeitersportverbände und -vereine in Deutschland.

1. - 16.02.1930 LAT - GER 1:0 (1:0, 0:0, 0:0, 0:0)*
* erstes Ländertreffen der in der SASI organisierten Arbeitersportverbände überhaupt; Im Arbeitersport gingen die Spiele bis 1931 über vier Viertel.
Rīga, ?; Z: ca. 2.000; SR: Radau (Königsberg)
Knorr (ARSV Königsberg*) - E. Schischefski (ARSV Königsberg), Ruske (ARSV Königsberg) - Karweina (ARSV Königsberg), Borowski (ARSV Königsberg) - Birkicht (SV Vorwärts Königsberg) - Bojahr (SV Vorwärts Königsberg), W. Kühn (Freie Turner Königsberg), Odwald (ARSV Königsberg)
* Arbeiter-Rasensportverein Königsberg (heute russisch Kaliningrad)

2. - 02.03.1930 GER - LAT 1:3 (0:1, 0:1, 0:1, 1:0)
Königsberg, Eisbahn des (bürgerlichen) Schlittschuclubs; Z: ?; SR: Radau (Königsberg)
Knorr - E. Schischefski, Ruske - Karweina, Borowski, Birkicht - Bojahr, W. Kühn
T: 1:3 ?

2. Arbeiter-Wintersport-Olympiade vom 05.-08.02.1931 in Mürzzuschlag (AUT)

Die ATSB-Auswahl belegte den 3.

3. - 06.02.1931 AUT - GER 4:0 (0:0, 1:0, 2:0, 1:0)
Mürzzuschlag, Eislaufplatz in der Au; Z: 8.000; SR: Šteins LAT
Knorr - E. Schischefski, Bojahr - Radau (ARSV Königsberg), Karweina, Kerwien (ARSV Königsberg) - W. Kühn, Schwarz (Königsberg)

4. - 07.02.1931 GER - LAT 1:3 (1:1, 0:0, 0:1, 0:1)
Mürzzuschlag, Eislaufplatz in der Au; Z: 3.500; SR: ?
Knorr - E. Schischefski, Bojahr - Radau, Karweina, Kerwien - W. Kühn, Schwarz
T: 1:0 ?

5. - 09.02.1931 AUT - GER 4:1 (1:0, 1:0, 1:1, 1:0)
Wien, Kunsteisbahn Engelmann; Z: ?; SR: ?
Knorr - E. Schischefski, Bojahr - Radau, Karweina, Kerwien - W. Kühn, Schwarz
T: ?:1 (?) Kerwien

6. - 13.02.1931 GER - LAT 0:2 (0:1, 0:0, 0:1, 0:0)
Berlin, Sportpalast; Z: 5.000; SR: Dr. Bihse (GER)
Knorr - E. Schischefski, Bojahr - Kerwien, Karweina, W. Kühn, Jurkun (Berlin), Kähne (Berlin)

7. - 14.02.1932 LAT - GER 2:1 (1:0, 1:0, 0:1)*
* 3x15 min.
Rīga, Eisbahn der SSS* (Ecke Marijas/ Artilerijas Straße); Z: 500; SR: Langbeins (Rīga)
* Strādnieku sports un sargs (lettische Arbeitersport-Organisation)
Knorr - Bojahr, Birkicht - E. Schischefski, Kerwien, Radau - Hindel (Königsberg), Günther (ARSV Königsberg), Karweina
T: 2:1 (kurz vor Ende) Kerwien

Spiele der Auswahl des Deutschen Kreises des Makkabi-Weltverbandes

Die im Deutschen Kreises des Makkabi-Weltverbandes organisierten jüdischen Vereine hatten zwar eine gewisse Distanz zu den paritätischen und neutralen Verbänden gewahrt, waren aber bis zur Machtergreifung durch die Nationalsozialisten fast völlig im (bürgerlichen) deutschen Sport integriert. Ab 1933 begannen die deutschen Sportverbände nach und nach, jüdische Sportler und Vereine auszuschließen. Die Organisation eines eigenen Sportbetriebes wurde durch die neuen Machthaber zunehmend erschwert und war nach den Olympischen Spielen 1936 kaum noch möglich. Nach den Novemberpogromen 1938 wurden alle jüdischen Organisationen verboten.
Der Makkabi-Weltverband veranstaltete 1933 und 1936 Makkabi-Winterspiele, bei denen auch Eishockey auf dem Programm stand. Die Nazis erlaubten die Teilnahme deutscher Juden. Allerdings durften sie sich dort nicht als Deutsche bezeichnen. Eine deutsche Makkabi-Auswahl wurde nur für diese Veranstaltungen aufgestellt.

1. Maccabi Winterspiele vom 02.-05.02.1933 in Zakopane (POL)
Die geplante Teilnahme einer deutschen Eishockeymannschaft kam nicht zu Stande.

2. Maccabi Winterspiele vom 18.-24.02.1936 in Banská Bystrica (TCH)
Witterungsbedingt konnte im gesamten Eishockeyturnier lediglich dieses eine Spiel ausgetragen werden:

1. - 19.02.1936 GER - TCH 0:2 (0:1, 0:0, 0:1)
Banská Bystrica, Eisbahn im Mestský Park, Z: ?, SR: ?
Kobor* (BK-Hakoah Berlin) - Herbert Brück** (Berlin), Granat (Berlin) - Bloch (BK Frankfurt/Main), Hirschberger (BK Dresden), Wohlauer (Berlin), Meyer (Berlin), Schmoller (JSK Berlin) - Ersatzspieler: Kahn (Bamberg)
* war eigentlich Handballtorwart!
** Der österreichische Altinternationale lebte in Berlin und fungierte als Spielertrainer.

Quellen

Berichte zu den Länderspielen aus Tageszeitungen
Augsburger Allgemeine, Berliner Zeitung, Gießener Allgemeine, Münchner Merkur, Neues Deutschland und weitere diverse lokale und regionale Tageszeitungen aus dem In- und Ausland

Berichte zu den Länderspielen aus Sporttageszeitungen
Československý sport (Tschechoslowakei)
Deutsches Sportecho (DDR)
Internationales Sportecho (DDR)
Naroden Sport (Bulgarien)
Népsport (Ungarn)
Przegląd Sportowy (Polen)
Sportske novosti (Jugoslawien)
Sportul (Rumänien)
Sport (Schweiz)

Internet
www.deb-online.de
www.hockeyarchives.info
www.ice-hockey-stat.com
www.iihf.com
www.rodi-db.de

Publikationen
Deutscher Wintersport	19.1909/10 - 23.1913/14
Der Eissport	36.1926/27 - 39.1929/30, 44.1934/35 - 45.1935/36
Der weiße Sport	40.1930 - 43.1932/33
Der Winter	27.1933/34
Eis- und Rollsport	46.1936 - 52.1941,7/8
Eis- und Roll-Sport	2.1951 - 17.1966
Deutscher Eissport	1.1954(1.11.) - 13.1966
DEV-Jahrbuch	1.1952/53(1952) - 43.1994(1993)
Jahrbuch des Eissports	1996 - 2004
Eishockey-Magazin	1977 - 1998,2
Eishockey-Jahrbuch	1985 - 1994/95
Eishockey News	1993 - 2020
DEB-Journal	1995/96 - 1997/98
Sportkurier	1946,2 - 1995,35
Wasser- und Wintersport (DDR)	2.1951
Wintersport (DDR)	1.1957,1 - 2.1958,4

Ausschreibungen, Bekanntmachungen und Terminkalender für die Eissport-Wettbewerbe (DDR) 1961/62
Terminplan und Ausschreibungen des DELV der DDR   1962/63 - 1966/67
Terminkalender und Ausschreibungen des DELV der DDR   1967/68, 1968/69
Termine und Ausschreibungen des DELV der DDR   1969/70 - 1989/90
Sport-Almanach (DDR)   1.1958(1957) - 12.1970(1969)
Das Jahr des Sports (DDR)   1971 - 1980
Sport. Ein Jahrbuch des DDR-Sports   1980(1981) - 1989(1990)
Horst Eckert: „40 Jahre Deutscher Eishockey Bund"
Ernst Martini: „Deutschlands Eishockey-Länderspiele 1910-1914" (Manuskript 2007)

Spielberichtsbögen
Sofern vorhanden ist die laufende Nummer des Spiels mit einem Hochkomma versehen.

Unterlagen des DELV der DDR im Bundesarchiv, Stiftung Parteien und Massenorganisationen der DDR
Spielberichtsbögen und Analysen der Länderspiele der Saison

Zuarbeiten in- und ausländischer Eishockeystatistiker
Aleksandr Arjannikov, Dirk Assen, Franco Beffa, Michael Fischer, Igor Kuperman, Birger Nordmark, Toshi Takahashi, Vanhala Teemu, Dieter Timmer und Andris Zeļenkovs

Weitere Veröffentlichungen der Autoren

Stephan Müller: International Ice Hockey Encyclopaedia 1904 - 2005
ISBN 3-8334-4189-5

Stephan Müller: Deutsche Eishockey Meisterschaften 1912 - 2020
ISBN 978-3-7519-9603-7

Stephan Müller mit Hilmar Bürger:
Gewichtheben Deutschland Total: Geballte Statistik auf drei CD (2006 - 2009)

Stephan Müller mit Helmut Laaß:
Deutsche Handball Länderspiele - Namen, Daten und Zahlen (2015) als CD

Bestellmöglichkeit und frei zugängliche Statistiken und Ergebnisse vieler weiterer Sportarten von Bankdrücken bis Wasserspringen finden Sie auf **www.sport-record.de**